2018

전자정부론

정보기술을 활용한 정부혁신론

The Theory of
ELECTRONIC GOVERNMENT

전면
개정판

2018
전자정부론

정보기술을 활용한 정부혁신론

| 정충식 지음 |

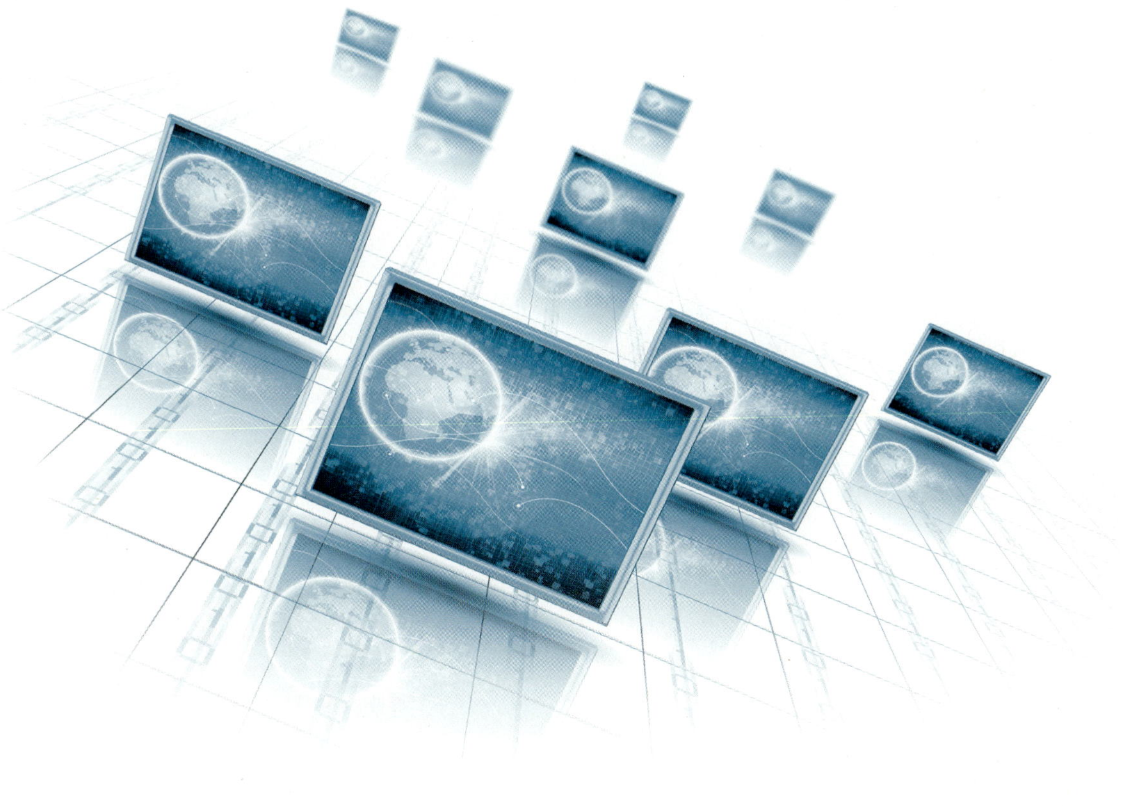

서울경제경영

2018 전면 개정판

머리말

저자는 1997년 2월에 전자정부를 주제로 하여 박사학위를 취득한 이후, 지금까지 전자정부론 한 분야만을 집중적으로 연구하여 왔다. 그 동안 대한민국 전자정부 발전에 기여한 공로를 인정받아서, 2007년에는 홍조근정훈장을 수여받았다. 그리고 2017년 말에는 "탁월한 혜안과 지혜, 열정과 헌신으로 대한민국 전자정부가 UN 전자정부 평가에서 3회 연속 1위를 차지하는 등 전자정부 글로벌 선도국으로서 위상을 드높이는 데 기여한 인물 30인" 가운데 한 사람으로 선정되어, '대한민국 전자정부 명예의 전당'에 헌정되었다. 따라서 저자는 전자정부의 구현을 통한 대한민국의 지속적인 발전에 무한한 책임감을 지니고 있다.

2007년 전자정부론 초판이 출간된 이후에 벌써 10년 이상의 세월이 흘렀다. 그 사이에 모두 네 차례에 걸쳐서 개정판이 출간되었으며, 우리나라 전자정부의 추진 과정은 많은 변화를 겪었다. 저자는 2007년 초판의 머리글에서 "전자정부란 정보기술을 활용하여 정부를 총체적으로 혁신시키는 과정이며, 이러한 일련의 작업들에 철학적 기반을 제공해야 할 책무를 지니고 있다"고 기술하였다.

노무현정부에서 추진되었던 이러한 전자정부를 통한 정부혁신의 기조는 지난 이명박정부와 박근혜정부를 거치면서 많이 퇴보하였다. 이명박정부는 4대강 사업을 위하여, 과거 정부에서 추진해온 정보화 사업들의 고도화 예산들을 일률적으로 20~30%씩 삭감하도록 요구하였다. 이 과정에서 정보자원 및 시스템의 연계와 통합만 강조되었으며, 전자정부를 정부혁신이 아니라 정보시스템의 구축사업으로 전락시켰다. 박근혜정부는 기존의 전자정부를 활용하여 부정부패의 척결을 포함하는 정보기술을 활용한 행정개혁을 추진할 수 있었음에도 불구하고, 데이터의 개방에 치중하는 정부3.0을 선택함으로 인하여 스스로 혼란을 자초하였고, 입지를 축소시킨 결과를 초래하였다.

이처럼 이명박정부와 박근혜정부의 실패에서 얻을 수 있는 교훈은 간단하다. 이제 문재인정부가 진정으로 정부혁신이나 행정개혁을 추진하기를 원한다면, 정보기술을 활용한 행정혁신 즉 전자정부를 구현하면 될 것이다. 이때는 전자정부를 단순히 정보시스템을 구축하고 고도화하는 기술지향적인 관점이 아니라, 도래하는 스마트 지능정보사회에서 새로운 정부의 국정이념을 지원하는 정보기술을 활용한 총체적인 정부혁신으로 인식하여야 한다.

이번 전면 개정판은 지능정보사회의 출현과 4차 산업혁명의 등장에 대응하여 대폭적인 개정을 시도하였다. 기존 21개의 장을 15개로 축소하였으며, 인공지능과 블록체인 등 다양한 지능정보기술을 공공부문에서 활용하는 사례를 제시하였다.

제1부는 전자정부의 등장을 중심으로 전자정부의 학문적 성격과 정보화정책의 변화 과정을 기술하였다. 이 과정에서 전자정부의 개념 정립을 우선적으로 1장에 배치하였으며, 2장에서는 스마트 지능정보사회와 4차 산업혁명을 설명하였다. 3장에서는 정보화정책의 변화 과정 및 전자정부의 시작을 정리하였다.

제2부에서는 전자정부의 발전과정과 추진 내용을 기술하였다. 4장의 우리나라 전자정부의 발전과정에서는 역대 정부의 전자정부 정책을 묶어서 하나의 장으로 정리하였다. 5장에서는 전자정부 추진 정책의 현황을 기술하였다. 이어서 6장과 7장에서는 외국의 추진 동향 및 UN의 전자정부 평가를 발전 단계를 중심으로 설명하였다.

제3부에서는 기존의 적용업무 분야를 대폭 축소하여 네 개의 장으로 구성하였다. 8장의 전자정부법 해설을 시작으로 9장과 10장에서 전자적 업무처리와 민원행정서비스 발전과정 및 현황을 기술하였다. 11장에서는 기존의 개별 장으로 기술되어 있던 다양한 적용업무 분야들을 하나로 묶어서 기반 구조로 정리하였다.

제4부에서는 전자정부의 역기능에 대하여 다루었다. 이 분야의 중요성은 날로 커지고 있다. 12장에서는 역기능을, 13장에서는 프라이버시 및 개인정보보호 정책을 포괄하여 설명하였다.

제5부는 성공적인 전자정부 구현을 위한 과제들이다. 우선 14장에서 정보기술을 활용한 행정개혁, 그리고 15장에서 성공적인 전자정부 구현을 위한 정책제안들을 제시하였다.

이번 개정판을 준비하면서 여러 분들의 도움을 받았다. 우선 미래 지능정보사회의 도래와 4차 산업혁명에의 대응 방안을 탐색하고 비교 검토하는 과정에서, 지난 2011년부터 한국연구재단의 지원을 받아 함께 연구를 진행해 온 서울대학교 지능정보사회 정책연구센터 팀원들이 좋은 의견을 많이 주었다. 서울대 행정대학원의 김동욱교수, 고려대 정보보호대학원의 권헌영교수, 서울과학기술대학교 IT정책전문대학원의 성욱준교수 및 전주대학교 행정학과의 전대성교수께 감사드린다.

그리고 개별 주제의 자료 수집과 내용 검토에서도 많은 분들의 도움을 받았다. 우선 배재대의 신영진교수는 13장의 개인정보보호 정책 분야에서 실제 정책의 추진 현황과 관련하여 도움을 주었다. 그리고 부산인재평생교육진흥원의 진영빈박사는 10장의 전자적 민원행정서비스 분야의 최신 자료를 수집해 주었다. 또한 자료 정리와 편집

작업을 도와 준 서울대학교 행정대학원의 이민상, 신승윤 박사과정생, 최한별 석사과정생 및 경성대 행정학과의 손주희 석사과정생에게도 고마운 마음을 전한다.

마지막으로 서울경제경영의 김은중사장께도 감사드린다. 김은중사장은 지난 10여년 동안을 변함없이 지속적으로 개정판이 출간될 수 있도록 지원해 주었다. 이제 다음 기회에는 전자정부의 국제화에 발맞추어 전자정부론의 영문판을 가지고 독자 여러분들과 만나고자 한다.

2018년 5월

경성대학교 연구실에서

정 충 식 (egovernment@naver.com)

2015 제4판

머리말

필자는 지난 2006년부터 올해까지 10년간을 전자정부론 집필에 몰두해왔다. 2007년 초에 전자정부론 초판이 발간된 이후, 2007년에 개정 2판 그리고 2012년에 개정 3판을 거쳐서 이제 2015년 전자정부론 개정 4판을 출간하게 되었다.

2012년에 출간된 개정 3판 역시도 독자들로부터 과분한 사랑을 받아서 많은 대학교 행정학과와 고시준비반에서 교재로 활용되고 있다, 따라서 강의하시는 교수님들과 수강생들로부터 개정판 출간에 대한 문의가 잇따라서 더 이상 개정판의 출간을 미룰 수 없는 상황이 되었다.

지난 3년간 전자정부와 관련하여 국내외에서 많은 변화가 있었다. 국제적으로는 우리나라가 2010년, 2012년 및 2014년 3회 연속하여 UN 전자정부 세계 평가에서 1위를 달성하였다는 점이다. 이로 인하여 아시아 국가들은 물론이고 아프리카에서부터 중남미에 이르기까지 세계 수 많은 나라들이 우리나라 전자정부 시스템을 도입하여 활용하기를 희망하고 있다. 국내적으로는 박근혜정부가 출범하면서 미국 오바마정부의 열린정부(Open Government) 정책을 벤치마킹하면서 정부3.0을 국정과제로 제시하여 추진하고 있다는 점이다. 그냥 전자정부 정책을 지속적으로 추진하면 될 일을 웹3.0 환경에 대응한다는 명분으로 새로운 국정과제를 도출하여 혼란을 자초하고 있다.

저자는 2015년 1월과 2월의 겨울 방학에 개정판을 준비하였다. 이번 개정판 역시도 장의 수를 대폭 축소하지 못하고, 현상 유지에 급급하여 개정 3판의 구성에 변화를 주지 못하였다. 따라서 크게 다섯 개의 부문으로 구성되어 있으며, 15~16주 강의를 염두에 두고 21개의 장으로 편집되어 있다.

제1부에서는 전자정부의 학문적 성격에서 시작하여 정보사회의 도래 및 전자정부의 등장과 개념을 다루었다. 이번 개정판에서는 전자정부의 개념 정의를 앞쪽으로 배치하였다. 2장에서 급속하게 변화하는 정보기술에 대하여 상세하게 추가하였다. 따라서 대학에서 강의할 때에는 두 개의 장씩을 묶어서 두 주에 걸쳐서 강의할 수 있는 내용을 담고 있다.

제2부에서는 전자정부의 발전과정 및 추진내용을 포함하고 있다. 이번 개정판에서

는 이명박정부와 박근혜정부를 묶어서 하나의 장으로 처리하였다. 이 과정에서 분량이 늘어나게 되었고, 특히 최근의 전자정부 사업들에 대하여 상세히 기술하였다. 그 이유는 이 책의 독자들이 학생들만이 아니라 전자정부 사업을 추진하는 많은 소프트웨어 중소기업 직원들이 있다는 것을 알았기 때문이다. 제2부는 외국과 우리나라의 전자정부 발전 과정 및 단계를 다루고 있으므로 전자정부법을 별도로 취급한다고 하더라도 세 주에 걸쳐서 강의할 수 있는 내용일 것이다.

제3부에서는 전자정부의 핵심 적용업무들을 묶어보았다. 제2부에 묶어 놓은 전자정부법도 이곳에서 함께 논의할 수 있을 것이다. 이번 개정판에서는 이 부분에 대하여 제대로 손을 대지 못하였다. 만약에 다음 개정판이 출간된다면 14장의 전자서명이나 13장의 정보자원관리 등이 대폭 수정되어야 한다. 제3부는 강의내용에 따라서 1~2개씩 묶어서 살펴보아도 3~4주에 걸쳐서 진행되어야 할 내용을 담고 있다.

제4부는 전자정부의 역기능들을 다루고 있다. 최근에 공공기관을 대상으로 하는 사이버 공격이 늘어나고, 개인정보보호의 관점이 중요하게 인식되면서 이러한 역기능의 분야가 부각되고 있다. 또한 현재 지속적으로 주민등록번호 개편 및 주민등록증 갱신이 논의되고 있기 때문에 두 주 이상에 걸쳐서 역기능의 분야가 다루어져야 할 것이다.

제5부는 전자정부 구현의 문제점과 정책방안을 묶어 보았다. 이 분야도 두 개씩 묶어서 두 주에 걸쳐서 강의할 수 있는 내용들이다. 물론 이러한 모든 내용들은 강의 방식 및 구성에 따라서 다양하게 활용될 수 있을 것이다.

이번 개정판을 준비하면서 많은 분들의 도움을 받았다. 우선 금융기관에서 대외경제협력기금(Economic Development Cooperation Fund)을 담당하고 계신 독자 남재일님은 2013년 2월에 이메일을 통하여 오타(맞춤법 및 띄어쓰기) 및 수정해야 할 항목들을 요약해서 3쪽의 분량을 보내주셨다. 남재일님 덕에 필자는 전자정부를 통한 저개발국 공적개발원조(Official Development Assistance)에도 관심을 가지게 되었다. 그리고 2014년 여름에 경성대학교 행정학과에서 스마트워크 활성화 정책을 주제로 박사학위를 취득한 진영빈님은 여러 분야에서 최근 자료들을 수집해 주었다. 또한 2015년 3월에 서울과학기술대학교 IT정책전문대학원에 교수로 부임한 성욱준님도 자료 수집과 교정을 도와주었다. 서울대학교 행정대학원 박사과정에 재학 중인 이민상님도 함께 최종 교정 작업을 도와주었다. 특기할만한 분은 과거에 행정안전부 차관과 공무원연금공단 이사장을 지낸 안양호님이다. 이 분은 2015년 봄학기에 제주대학교 행정학과에서 전자정부론을 강의하면서 교재로 채택한 2012 전자정부론 책의 내용과 오타에 대해서 조언을 해주셨다. 이 모든 분들에게 깊은 감사를 드린다.

서울경제경영의 김은중사장께도 감사드린다. 김은중사장은 2년마다 개정판을 출간하자는 10년 전의 저자와의 약속을 지켜서 전자정부론 개정 4판이 출간될 수 있도록 지원해 주었다.

전자정부의 분야는 워낙 급속하게 발전하는 영역이므로 이 책의 여러 군데에서 시의적절하지 않은 내용이 발견될 수 있을 것이다. 특히 제2장의 IT기술 변화와 제6장의 정부3.0 및 전자정부 사업 등은 독자들에 따라서는 다양한 이견을 제시할 수 있는 분야일 것이다. 이러한 점들은 모두 필자의 부족한 능력 때문에 나타나는 한계일 것이므로, 학생들과의 수업 중간에 확인을 거치고, 또한 급속히 변화하는 정보화 환경에 대응하여 다음 개정판의 출간 시에 보완하고자 한다. 다음 개정판은 젊고 유능한 교수와 함께 진행하려고 지금부터 준비하고 있다. 마지막으로 이 책을 우리나라 전자정부의 세계 확산을 위하여 노력하는 모든 분들에게 바치고자 한다.

2015년 6월

경성대학교 연구실에서
정 충 식 (cschung@ks.ac.kr)

2012 제3판

머리말

필자는 2007년 초에 전자정부론 서문에서 2년마다 개정판을 출간하겠다고 약속하였다. 그 약속을 지키기 위해 2009년에 2009 전자정부론을 출간하였다. 그리고 머리말에서 2년 후인 2011년에 다시 개정판을 낼 수 있을지는 우리 정부의 향후 정책방향에 달려 있다고 기술하였다. 따라서 이것을 핑계 삼아서 게으름을 부리면서 개정판의 출간을 미루어 왔다.

2009년에 출간된 개정판은 지난 3년간 30여개 대학교에서 강의 교재로 사용되었다. 따라서 이러한 독자들의 과분한 사랑은 더욱 더 개정판 출간에 대한 부담감으로 작용하였다. 그러나 2011년 9월에 개인정보보호법이 시행되고, 2012년 UN의 세계 각국에 대한 전자정부 평가가 발표되는 이 시점에서 더 이상 개정판의 출간을 미룰 수 없는 상황이 되었다.

지난 3년간 전자정부와 관련하여 국내외에서 큰 변화는 없었다. 특기할만한 점은 미국 오바마정부의 전자정부 추진정책은 국정운영 방식의 혁신을 위한 '열린정부(Open Government)' 정책으로 집약할 수 있는데, 이것은 우리나라 과거 참여정부의 전자정부 정책을 그대로 벤치마킹하고 있다는 사실이다. 저자는 15년 전에 대한민국 최초의 전자정부 비전과 전략 수립에 참여하면서, 당시 미국 클린턴정부의 전자정부 전략을 벤치마킹했던 기억을 지니고 있다. 따라서 지난 10여년 사이의 노력으로 전자정부의 분야에서 만큼은 우리나라가 세계 최고의 수준에 올라와 있다는 것을 실감할 수 있게 되었다.

저자는 2012년 1월과 2월의 겨울 방학에 개정판을 준비하였다. 처음에는 기존의 20개 장을 16개 정도로 대폭 축소하면서 많은 변화를 주고자 하였다. 그러나 집필 과정에서 오히려 1개의 장이 추가되면서 시간이 지체되었다. 따라서 이 책의 구성은 초판과 크게 다르지 않다. 이 책은 크게 다섯 개의 부문으로 구성되어 있으며, 15~16주 강의를 염두에 두고 21개의 장으로 편집되어 있다.

제1부에서는 전자정부의 학문적 성격에서 시작하여 정보사회의 도래 및 전자정부의 등장과 개념을 다루었다. 이번 개정판에서는 스마트 전자정부를 추가하였다. 따라서 대학에서 강의할 때에는 두 개의 장씩을 묶어서 두 주에 걸쳐서 강의할 수 있는 내용을 담고 있다.

제2부에서는 전자정부의 발전과정 및 추진내용을 포함하고 있다. 이번 개정판에서는 이명박정부의 국가정보화를 별도의 장으로 신설하였고, UN 전자정부 평가를 상세하게 기술하였다. 외국과 우리나라의 전자정부 발전 과정 및 단계를 다루고 있으므로 전자정부법을 별도로 취급한다고 하더라도 세 주에 걸쳐서 강의할 수 있는 내용일 것이다.

제3부에서는 전자정부의 핵심 적용업무들을 묶어보았다. 제2부에 묶어 놓은 전자정부법도 이곳에서 함께 논의할 수 있을 것이다. 이번 개정판에서는 정부통합전산센터와 G4B를 추가하여 기술하였다. 제3부는 강의내용에 따라서 1~2개씩 묶어서 살펴보아도 3~4주에 걸쳐서 진행되어야 할 내용을 담고 있다.

제4부는 전자정부의 역기능들을 다루고 있다. 최근에 개인정보보호의 관점이 중요하게 인식되면서 이러한 역기능의 분야가 부각되고 있다. 이번 개정판에서는 개인정보보호법의 내용을 추가하였다. 따라서 두 주 이상에 걸쳐서 역기능의 분야가 다루어져야 할 것이다.

제5부는 전자정부 구현의 문제점과 정책방안을 묶어 보았다. 이 분야도 두 개씩 묶어서 두 주에 걸쳐서 강의할 수 있는 내용들이다. 물론 이러한 모든 내용들은 강의 방식 및 구성에 따라서 다양하게 활용될 수 있을 것이다.

2011년 가을에 필자는 서울대학교 행정대학원에서 전자정부론을 강의할 수 있는 기회를 가지게 되었다. 이 책을 교재로 행정대학원 학생들과 한 학기 동안 즐거운 토론을 할 수 있어서, 개정판의 내용을 보완하는데 큰 도움을 받을 수 있었다. 이처럼 서울대학교 행정대학원 강의를 주선해 주신 김동욱 정보통신정책연구원장님과 강의를 허락해 주신 김병섭 행정대학원장님께 깊은 감사를 드린다.

서울경제경영의 김은중사장께도 감사드린다. 김은중사장은 2년마다 개정판을 출간하자는 저자와의 약속을 지켜서 2012 전자정부론이 출간될 수 있도록 지원해 주었다.

전자정부의 분야는 워낙 급속하게 발전하는 영역이므로 이 책의 여러 군데에서 시의적절하지 않은 내용이 발견될 수 있을 것이다. 이러한 점들은 모두 필자의 부족한 능력 때문에 나타나는 한계일 것이므로, 학생들과의 수업 중간에 확인을 거치고, 또한 급속히 변화하는 정보화 환경에 대응하여 다음 개정판의 출간 시에 보완하고자 한다. 마지막으로 이 책을 우리나라 전자정부의 구현을 위하여 노력하는 모든 분들에게 바치고자 한다.

2015년 5월
경성대학교 연구실에서
정 충 식 (cschung@ks.ac.kr)

2009 제2판

머리말

필자는 2007년 초에 전자정부론 서문에서 2년마다 개정판을 출간하겠다고 약속하였다. 이제 그 약속을 지키기 위해 2009 전자정부론을 출간하고자 한다. 이 책은 지난 2년간 우리나라 20여개 대학교에서 강의 교재로 사용되었다. 따라서 공무원 시험을 준비하는 수많은 학생들로부터 이메일을 받았다. 이처럼 독자들의 과분한 사랑을 받았음에도 불구하고 필자에게는 늘 두려운 마음이 앞서고 있다. 2007년 초판에서 오탈자가 발견될 때마다 쥐구멍에라도 들어가고픈 심정이었다.

필자는 2008년 여름부터 개정판을 준비하였다. 지난 2년간 전자정부와 관련하여 국내외에서 많은 변화가 있었다. 물론 가장 큰 것은 한국과 미국에서 모두 정권이 교체되어 새로운 정부가 들어선 것이다. 새 정부의 출범 이후에 우리나라와 미국은 대조적인 모습을 보여주고 있다. 미국은 오바마정부가 이전의 부시정부에서 추진했던 전자정부 정책을 계승하고 보다 발전시키고 있다. 우리나라의 경우, 전자정부는 참여정부에서 이미 완성되었다고 판단하고 국정과제에 포함시키지 않고 있다.

2009년 개정판은 2009년 1월 중에 출간을 목표로 준비되었다. 그러나 필자의 게으름으로 인하여 지체된 측면이 있다. 또 하나 굳이 변명을 하자면 전자정부를 포함하는 국가정보화 추진체계가 정립되지도 못하고, 전자정부관련 법안들도 전혀 개정되지 못하는 상황에서 개정판을 출간한다는 것은 무의미한 작업이라고 생각했다. 하지만 계속해서 법, 제도 및 추진체계의 정비를 기다리다가는 언제 개정판을 출간하게 될지 알 수 없는 상황이 지속되었다. 따라서 전자정부법 개정안이 국회에 계류 중인 현 시점에서 개정판을 출간하기로 결정하였다.

따라서 이 책의 구성은 초판과 크게 다르지 않다. 이 책은 크게 다섯 개의 부문으로 구성되어 있으며, 15~16주 강의를 염두에 두고 20개의 장으로 편집되어 있다.

제1부에서는 전자정부의 학문적 성격에서 시작하여 정보사회의 도래 및 전자정부의 등장과 개념을 다루었다. 따라서 대학에서 강의할 때에는 두 개의 장씩을 묶어서 두 주에 걸쳐서 강의할 수 있는 내용을 담고 있다.

제2부에서는 전자정부의 발전과정 및 추진내용을 포함하고 있다. 외국과 우리나라의 전자정부 발전 과정 및 단계를 다루고 있으므로 전자정부법을 별도로 취급한다고 하더라도 세 주에 걸쳐서 강의할 수 있는 내용일 것이다.

제3부에서는 전자정부의 핵심 적용업무들을 묶어보았다. 제2부에 묶어 놓은 전자정부법도 이곳에서 함께 논의할 수 있을 것이다. 제3부는 강의내용에 따라서 1~2개씩 묶어서 살펴보아도 3~4주에 걸쳐서 진행되어야 할 내용을 담고 있다.

제4부는 전자정부의 역기능들을 다루고 있다. 최근에 개인정보보호의 관점이 중요하게 인식되면서 이러한 역기능의 분야가 부각되고 있다. 따라서 두 주 이상에 걸쳐서 역기능의 분야가 다루어져야 할 것이다.

제5부는 전자정부 구현의 문제점과 정책방안을 묶어 보았다. 이 분야도 두 개씩 묶어서 두 주에 걸쳐서 강의할 수 있는 내용들이다. 물론 이러한 모든 내용들은 강의 방식 및 구성에 따라서 다양하게 활용될 수 있을 것이다.

개정판을 준비하면서 경성대학교 대학원 박사과정 학생들(이상현, 진영빈)의 도움을 많이 받았다. 이들은 2007년 대학원에서 전자정부론을 수강하면서 초판의 미흡한 내용을 많이 지적해 주었다. 이들에게 고마운 마음을 전하고자 한다.

2009년 필자는 연구년을 얻어 개정판을 준비할 수 있는 좋은 기회를 가지게 되었다. 연구년을 제공해 준 경성대학교 당국에 감사드린다. 그리고 필자를 객원연구위원으로 초빙하여 연구실과 연구 환경을 조성해주신 한국행정연구원의 정용덕원장님께 깊은 감사를 드린다.

서울경제경영의 김은중사장께도 감사드린다. 김은중사장은 2년마다 개정판을 출간하자는 저자와의 약속을 지켜서 2009 전자정부론이 출간될 수 있도록 지원해 주었다. 하지만 이제 2년 후에 다시 개정판을 낼 수 있을지는 우리 정부의 향후 정책방향에 달려 있다고 생각한다.

전자정부의 분야는 워낙 급속하게 발전하는 영역이므로 이 책의 여러 군데에서 시의적절하지 않은 내용이 발견될 수 있을 것이다. 이러한 점들은 모두 필자의 부족한 능력 때문에 나타나는 한계일 것이므로, 학생들과의 수업 중간에 확인을 거치고 또한 급속히 변화하는 정보화 환경에 대응하여 다음 개정판의 출간 시에 보완하고자 한다. 마지막으로 이 책을 우리나라 전자정부의 구현을 위하여 노력하는 모든 분들에게 바치고자 한다.

2009년 6월

한국행정연구원 연구실에서

정 충 식 (cschung@ks.ac.kr)

2007 제1판

머리말

저자는 10년전에 전자정부를 연구주제로 하여 박사학위를 취득하였다. 아마도 국내에서는 전자정부관련 최초의 박사학위로 기록되어 있을 것이다. 이후 저자는 지난 10년 동안 전자정부 한 분야만을 연구하면서 대학에서 전자정부론을 강의하여 왔다. 지난 10년간 우리나라는 물론 세계 여러 나라들도 전자정부의 추진에 있어서 엄청난 변화의 모습을 보여주었다.

급변하는 정보기술의 발전에 따라서 전자정부도 초기의 행정정보체계론에서 시작하여 이제는 유비쿼터스 환경하에서 사이버 거버넌스를 포괄하면서 끊임없이 영역을 확장하고 있다. 저자는 이러한 변화의 물결을 지속적으로 지켜보면서 새로운 전자정부의 사업과 서비스를 이해하고 이러한 변화의 모습을 학생들에게 쉽게 전달하고자 항상 고민하여 왔다.

일반적으로 전자정부론은 학생들에게 가장 체계를 잡기가 어려운 과목으로 인식되고 있다. 그 이유는 여러 가지가 있겠지만 가장 큰 문제는 이제까지 전자정부를 기술이나 정보시스템의 관점에서 접근하였기 때문일 것이다. 그러나 전자정부는 단순히 공공부문에 정보기술을 도입하는 것에서 그치는 것이 아니다. 전자정부란 정보기술을 활용하여 정부를 총체적으로 혁신시키는 과정이며, 이러한 일련의 작업들에 철학적 기반을 제공해야 할 책무를 지니고 있다.

따라서 이 책은 기존의 전자정부관련 저서들과는 다른 관점에서 집필되었다. 즉 정보기술과 정보시스템의 분야는 최소화하면서 적용업무의 분야들 및 법과 제도의 관점에서 기술하고자 노력하였다.

이 책은 크게 다섯 개의 부문으로 구성되어 있으며, 15~16주 강의를 염두에 두고 20개의 장으로 편집되어 있다. 제1부에서는 전자정부의 학문적 성격에서 시작하여 정보사회의 도래 및 전자정부의 등장과 개념을 다루었다. 따라서 대학에서 강의할 때에는 두 개의 장씩을 묶어서 두 주에 걸쳐서 강의할 수 있는 내용을 담고 있다.

제2부에서는 전자정부의 발전과정 및 추진내용을 포함하고 있다. 외국과 우리나라의 전자정부 발전 과정 및 단계를 다루고 있으므로 전자정부법을 별도로 취급한다고 하더라도 세 주에 걸쳐서 강의할 수 있는 내용일 것이다.

제3부에서는 전자정부의 핵심 적용업무들을 묶어보았다. 제2부에 묶어 놓은 전자정부법도 이곳에서 함께 논의할 수 있을 것이다. 제3부는 강의내용에 따라서 1~2개씩 묶어서 살펴보아도 3~4주에 걸쳐서 진행되어야 할 내용을 담고 있다.

제4부는 전자정부의 역기능들을 다루고 있다. 최근에 개인정보보호의 관점이 중요하게 인식되면서 이러한 역기능의 분야가 부각되고 있다. 따라서 두 주 이상에 걸쳐서 역기능의 분야가 다루어져야 할 것이다.

제5부는 전자정부 구현의 문제점과 정책방안을 묶어 보았다. 이 분야도 두 개씩 묶어서 두 주에 걸쳐서 강의할 수 있는 내용들이다. 물론 이러한 모든 내용들은 강의 방식 및 구성에 따라서 다양하게 활용될 수 있을 것이다.

이제까지 전자정부론의 분야는 강의 내용에 있어서 표준화가 이루어지지 못한 과목으로 남아 있다. 물론 학문적인 다양성의 관점에서 표준화가 필수적인 것은 아닐 수 있지만 기술지향적인 관점이 부각된다면 계속해서 어려운 분야로 남게될 것이다. 따라서 이 책은 조금이라도 쉽게 읽힐 수 있도록 복잡한 기술적인 내용은 최대한 배제하였다. 물론 판단은 독자 여러분들의 몫으로 남을 것이다.

이 책을 집필하면서 경성대학교 대학원 박사과정 학생들(이신주, 김민천 및 이영)의 도움을 많이 받았다. 이들은 2006년 1년 동안 대학원에서 전자정부론을 수강하면서 교재도 없이 매 주 유인물로 수업을 들으면서 자료 정리를 도와주었다. 이들 세 학생들에게 고마운 마음을 전하고자 한다.

그리고 서울경제경영의 김은중사장께도 깊이 감사드린다. 김은중사장은 책의 출간이 늦어지는 상황에서도 독촉하지 않고, 오히려 2년마다 개정판을 출간하자는 저자의 제의를 흔쾌히 수락해 책의 제목을 2007전자정부론으로 해주었다. 따라서 이번 2007전자정부론은 이후 2009전자정부론으로 거듭날 것이다.

전자정부의 분야는 워낙 급속하게 발전하는 영역이므로 이 책의 여러 군데에서 시의적절하지 않은 내용이 발견될 수 있을 것이다. 이러한 점들은 모두 필자의 부족한 능력 때문에 나타나는 한계일 것이므로, 학생들과의 수업 중간에 확인을 거치고 또한 급속히 변화하는 정보화 환경에 대응하여 2009년초 개정판의 출간 시에 보완하고자 한다. 마지막으로 이 책을 우리나라 전자정부의 구현을 위하여 노력하는 모든 분들에게 바치고자 한다.

2007년 1월

정 충 식 (cschung@ks.ac.kr)

차례

PART 2 전자정부의 발전 과정 및 추진내용

PART 3 전자정부의 핵심 적용 업무들

PART 4 전자정부의 역기능에 대한 대비

PART 5 성공적인 전자정부 구현을 위한 과제들

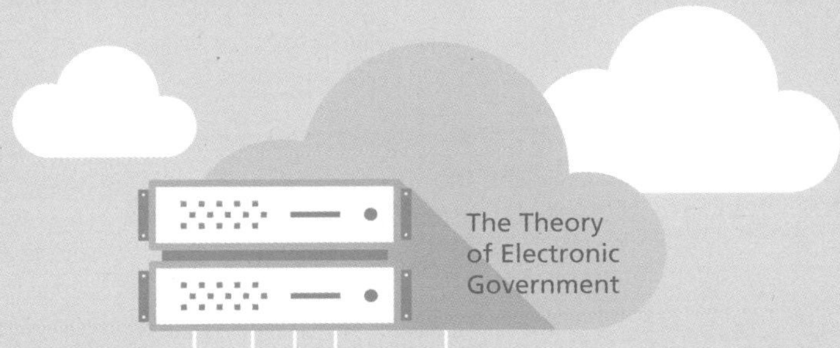

PART 1

전자정부의 등장

CHAPTER 1

전자정부론의 학문적 성격

1993년에 미국에서 전자정부라는 용어가 처음으로 등장한 이후에 세계 여러 나라들은 정보기술을 활용한 행정혁신을 추구하기 위하여 많은 노력을 기울여 왔다. 우리나라도 지난 20년간 전자정부의 구현을 위하여 다양한 사업들을 전개하여 왔다. 그 결과 세계 193개국을 대상으로 하는 UN 전자정부 평가에서 2010년, 2012년 및 2014년 연속하여 3번 세계1위를 달성하는 위업을 이루어내었다.

전자정부는 정보기술을 활용한 행정혁신이며 정부경쟁력을 강화시킬 수 있는 가장 강력한 수단이다. 지금 이 순간에도 세계 각국은 전자정부의 구현을 통한 정부혁신을 지속적으로 추진하여 정부경쟁력을 향상시키고 있다. 이러한 급변하는 환경에 대응하고자 행정학의 분야들도 다양한 시도를 하여 왔다. 따라서 최근에는 우리나라 대부분의 대학교에서 행정학 전공분야의 하나로 전자정부론을 개설하고 있다. 하지만 전자정부론이라는 교과목이 행정학에서 하나의 분과학문으로 제대로 자리매김하고 있다고 볼 수는 없을 것이다.

왜냐하면 전자정부는 연구 대상의 특성상 끊임없이 변화하는 모습을 보여주고 있기 때문이다. 따라서 연구의 범위 및 방법을 한정하기 곤란한 측면이 있다. 또한 급속한 정보기술의 발전을 수용하여 이를 행정 분야에 접목시켜야 하므로 개념 자체도 지속적으로 변모하고 있다. 그러므로 이 장에서는 행정학의 분과학문으로서 전자정부의 연구범위, 발전과정 및 최근의 연구경향 등을 간략하게 소개하고자 한다.

1.1 전자정부의 개념 정립

현재 전자정부의 용어는 정보화 및 정보통신(ICT: Information & Communication Technology)정책 등과 함께 섞여서 사용되고 있기 때문에 일반인들에게 혼란이 가중되고 있다. 이러한 전자정부의 개념과 범위를 명확하게 정리하면 다음과 같다.

1. 전자정부의 개념과 범위

전자정부의 개념에 대하여는 아직까지 국제적으로도 합의가 이루어져 있는 상황은 아니다. 세계 여러 나라들이 나름대로 전자정부를 구현하기 위하여 노력하고 있으며, 그 나라의 실정에 맞게끔 사업을 추진하고 있다. 전자정부는 단순히 정보기술에 의하여 정부의 업무처리 방식만을 변화시키는 것이 아니라, 정부와 시장 및 정부와 국민간의 의사소통 및 권력적 변화의 내용도 포함하고 있다. 따라서 전자정부에 대하여 개념을 정립하고 이것을 한국적인 관점에서 이해하는 작업이 필수적으로 요망된다.

1) 전자정부의 개념

(1) 국내-전자정부법의 개념

전자정부의 개념은 다양하게 정의될 수 있으며, 아직까지도 연구하는 학자들 사이에서 합의가 이루어진 것은 없다. 따라서 우리나라 전자정부법[1)]에 조문화되어 있는 개념을 먼저 살펴보면 다음과 같다.

2018년 현재의 전자정부법 제2조(정의)에서는 전자정부를 다음과 같이 정의하고 있다. "전자정부"란 정보기술을 활용하여 행정기관 및 공공기관(이하 "행정기관등"이라 한다)의 업무를 전자화하여 행정기관등의 상호간의 행정업무 및 국민에 대한 행정업무를 효율적으로 수행하는 정부를 말한다. 이러한 전자정부법의 개념 정의는 2001년 법이 제정될 당시부터 행정기관 사무의 전자화에 초점을 두었다. 이후 여러 차례의 개정을 거치면서도 행정업무의 전자화 등으로 전자정부의 정의를 너무 좁게 규정해 놓았다는 비판을 받고 있다.

이러한 정의에서 추출해 낼 수 있는 전자정부의 주요 요소들로는 ① 정보기술의 활용, ② 행정업무의 전자화, ③ 행정업무의 효율적 수행 등이 있다. 비록 법률 조문에서는 전자정부가 폭넓게 정의되지는 못했지만, 법률 제정의 목적을 살펴보면 전자정부의 개념이 보다 확실해진다. 전자정부법의 제1조(목적)은 다음과 같이 조문화되어 있다.

제1조(목적) 이 법은 행정업무의 전자적 처리를 위한 기본원칙, 절차 및 추진방법 등을 규정함으로써 전자정부를 효율적으로 구현하고, 행정의 생산성, 투명성 및 민주성을 높여 국민의 삶의 질을 향상시키는 것을 목적으로 한다.

따라서 전자정부법의 목적은 크게 ① 기본원칙, 절차 및 추진방법 규정 ② 전자정부 구현사업의 촉진 ③ 행정기관의 생산성, 투명성 및 민주성 향상 ④ 국민의 삶의 질 향상 등으로 구

1) 2001년 법률이 제정될 당시의 정식 명칭은 '전자정부구현을위한행정업무등의전자화촉진에관한법률'이었다. 이후 2006년 개정 시에 '전자정부법'으로 명칭이 변경되었다.

성되어 있다.[2)]

현재 전자정부법에서 정의하고 있는 전자정부의 개념을 앞으로는 확장시킬 필요가 있다. 즉 전자정부의 개념을 정의할 때, 그 나라가 처한 기술적인 기반수준과 정치사회적인 배경이 고려되어야 한다. 이러한 관점에서 볼 때, 전자정부를 개념 정의하면서 우선적으로 기술적인 측면이 강조될 수밖에 없을 것이다. 이러한 전자정부의 기술적 정의는 행정업무에 정보통신기술(ICT)의 활용을 중심으로 이를 부처의 네트워크를 통하여 대국민서비스로 연결시켜 파악된다. 따라서 전자정부의 가장 단순한 기술적 정의는 대부분의 행정업무가 온라인 정보기술에 의해 수행되어 신속 · 정확한 서비스를 제공한다는 시각이다. 우리나라의 전자정부 정의는 결국 이 수준에 머무르고 있는 것이다.

그러나 단순히 정보기술을 도입하는 것에 의해서 전자정부가 구현될 수는 없으며, 따라서 정부의 업무 절차, 기능 및 조직에 대한 근본적인 재구성과 개혁이 선행되어야 한다. 그러므로 전자정부의 개념은 이러한 관점에서 새로이 조명되어야 한다. 현재 우리나라의 경우에는 행정개혁이 아닌 국가경쟁력이 정보기술과 연결되어 전자정부로 인식되고 있다. 그러나 전자정부는 기회의 평등, 사회정의, 민주주의와 같은 정치적인 이상과 더불어 정의되어야 하고 그 이상을 실현하는 방향으로 구현되어 국가행정이 지향해야 하는 미래 정보사회의 이상적인 정부형태로 정의되어야 한다.

왜냐하면 현재 우리나라의 경우에는 다른 선진국에 비해 보편적 서비스 환경의 수준이 매우 낮은 실정이다. 따라서 전자정부의 개념을 정의하면서 전자정부를 미래 행정의 이상적인 모습을 나타내는 이념적인 수준까지 확대하여 규정할 필요가 있다.

(2) 해외의 전자정부 개념

외국의 전자정부는 정보통신기술을 활용하여 행정의 효율성을 개선함으로써 행정서비스에 대한 국민의 접근성과 활용성을 높일 수 있도록 대부분의 국가에서 채택하고 있는 정부혁신 전략의 일환이다. 이러한 전자정부는 단순히 정보통신기술을 행정업무에 적용만 하는 것이 아니라, 정부운영 시스템의 개선, 조직체계의 재편, 정부기능의 합리적 조정, 서비스 전달 방식의 개선 등 행정개혁과 정부 서비스 혁신을 위한 핵심수단으로 인식되고 있다. 이러한 외국의 초창기 전자정부 개념은 다음 〈표 1-1〉과 같이 정리해 볼 수 있다.

물론 이러한 외국의 전자정부 개념들도 이후 정보통신기술의 발전과 행정환경의 변화를

---

2) 2000년 봄에 전자정부법의 초안 제정에 참여했던 저자는 이 법의 제1조(목적)에서 크게 두 가지 용어 선택에 의미를 부여하고자 한다. 첫째는 구현이라는 단어의 사용이다. 법률 제정의 이전에는 전자정부를 구축한다는 용어가 일반적으로 사용되었다. 그 이유는 당시에 전자정부를 정보시스템 구축사업으로 파악하는 분위기가 지배적이었기 때문일 것이다. 이에 저자는 1990년대 중반부터 일관되게 전자정부의 구축이 아니라 구현이 적절한 표현이라고 주장하였고, 이것이 법안에 반영되었다. 둘째는 민주성이라는 용어의 사용이다. 1990년대 중반에는 초고속정보통신기반이 구축되거나 정부고속망이 완비되면 전자정부는 당연하게 완성되는 것으로 생각하였다. 따라서 전자정부의 구현이 행정기관의 민주성과 결부되어 국민의 삶의 질을 향상시킬 것이라는 점에 대다수의 공무원들은 동의하지 않았다. 그러나 이러한 점이 법률의 목적에 명기되어 전자정부 구현의 목적이 보다 분명하게 정의되었다

표 1-1 외국의 초기 전자정부 개념

구분		개념 정의	핵심 요소
정부	미국 (2004)	네트워크, 인터넷, 모바일컴퓨터 등 정보기술을 정부가 사용하여 시민, 기업, 다른 정부와의 정보 및 서비스를 교환하도록 하는 것(OMB, 2004)	정보기술, 정보 · 서비스, 교환
	영국 (2000)	공공부문 전반에 전자상거래 응용기술을 적용하여 시민과 기업에 대한 서비스 개선, 보다 효과적인 정부 정보자원의 활용을 달성하고, 궁극적으로는 정부 활동의 근본적 혁신(transformation)을 추구하는 정부(CITU, 2000)	전자상거래, 서비스, 정부활동 혁신
국제 기구	UN (2002)	인터넷과 웹을 활용하여 국민에게 정부정보와 서비스를 제공하고, 정부와 국민간의 관계를 개선하는 정부	인터넷 · 웹, 서비스 제공, 관계개선
	EU (2002)	정부와 공공기관에 ICT를 적용하여 정부와 시민과의 상호작용 수단을 변화시키는 것-정부의 효율성과 효과성을 강화하고 근본적으로는 공공과의 관계를 변화시킴(e-Gov. Conference, 2002)	정보통신기술, 상호작용, 관계변화
	World Bank	시민, 기업 및 정부기관과의 관계를 전환시키는 능력을 갖는 정보기술을 정부기관이 사용하는 것	정보기술 활용, 관계 전환
	OECD (2004)	보다 나은 정부(better government) 를 달성하는 도구로서 정보통신기술, 특히 인터넷을 활용하는 것(OECD, 2004: 23)	보다 나은 정부, 정보통신기술, 인터넷
민간	Deloitte (2000)	정보기술을 활용하여 정부혁신을 추구하는 정부	정보기술, 정부혁신
	Accenture (2001)	정보기술 자체에 관한 것이 아니라 정부 운영방식을 혁신하기 위한 수단으로 정보기술을 활용하는 정부	정보기술, 정부운영방식

거치면서 다양한 관점으로 변모하고 있다. 이것은 최근에 미국 오바마정부의 열린정부(Open Government) 정책의 추진을 거치면서 보다 가속화되고 있다.

2) 전자정부의 범위

지난 20년간 대한민국의 국가정보화는 정보통신부와 미래창조과학부 및 현재의 과학기술정보통신부에 의해서 추진되어 오고 있다. 그리고 오늘날의 전자정부 민원행정서비스 기반 역시 초고속정보통신망의 구축에 의하여 실현될 수 있었다. 따라서 기술지향적인 관점의 시각에서는 전자정부를 초고속정보통신기반의 연장선상에서 이해하던 시절이 있었다. 그러나 정부혁신의 관점에서 볼 때, 전자정부의 구현은 정보통신망의 구축과는 무관하게 전개될 수밖에 없다. 따라서 이러한 두 가지의 시각이 상충되면서 국가정보화와 전자정부의 범위에 대한 부처 간의 갈등이 유발되어 왔다.

(1) 협의의 전자정부

과거에 정보통신부는 국가정보화의 주무 부처로서 전자정부의 출발을 국가정보화에서 시작하면서 대상에 따른 구분을 시도하였다. 즉 정보화의 비전과 대상범위에 따라 (그림 1-1)과 같이 국가사회 정보화 > 전자정부화 > 행정정보화(협의)의 개념으로 구분이 가능하다고 보았다.

	비전 및 목표	대상
국가사회 정보화	• 국가 경쟁력 제고 (정부, 기업, 개인) • 개인 삶의 질 향상	• 정부, 기업, 개인 등 국가사회 모든 영역
전자정부화	• 정부 생산성, 투명성 제고 • 국민참여 확대로 민주성 증진 • 고객 지향적 정부서비스	• 입법, 사법, 행정을 포괄하는 전 정부영역 – 공통행정 영역 – 국정분야별 업무영역
행정 정보화	• 각 기관 공통업무의 효율화 • 민원 서비스 개선	• 중앙정부 공통행정 • 지자체 공통행정

그림 1-1 정보화 및 전자정부의 비전, 목표 및 대상 구분

이러한 과거 정보통신부의 시각에 따르면 전자정부는 정부의 정보화를 의미하는 것으로서 넓은 의미의 국가사회 정보화에 포함되게 된다. 즉 행정정보화(협의)는 중앙행정기관 및 지방자치단체를 대상으로 공통 행정사무와 민원업무 처리를 효율화하고 민원서비스를 개선하기 위한 정보화를 의미한다.

따라서 이러한 행정정보화의 확장으로서의 전자정부는 정부(행정)의 생산성 및 투명성 제고, 국민참여 등 민주성 증진, 고객지향적 행정서비스 제고를 목표로 입법 · 사법 · 행정 등 전체 정부를 정보화하는 것을 의미한다.

일반적으로 이러한 개념에 국한되어 진행되는 전자정부의 개념을 가리켜 협의의 전자정부라 할 수 있다. 협의의 전자정부는 궁극적으로 정부가 정보기술을 활용하여 국민들에게 전자적인 민원행정서비스를 제공하는 것으로 인식된다.

(2) 광의의 전자정부

오늘날의 정보화 추진 환경은 전자정부의 기반에서 끊임없이 정보기술의 도입을 요구하면서 다부처 사업으로 진행되는 양상이다. 즉 (그림 1-2)와 같이 정보화와 전자정부의 구분 영역이 점차 무의미해지는 상황이 전개되고 있기 때문에 전자정부 범위의 혼란이 야기되고 있다.

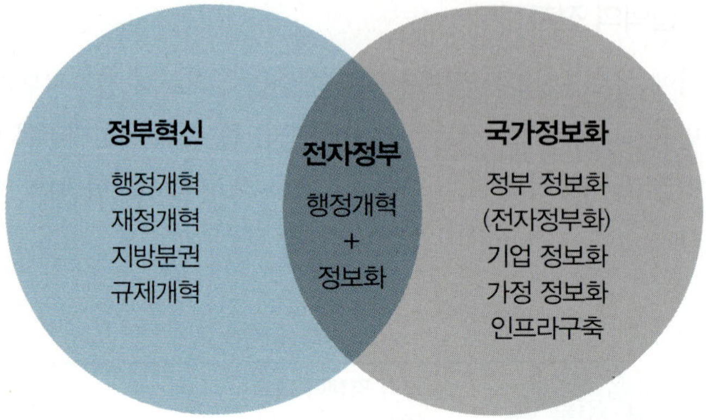

그림 1-2 정보화와 전자정부의 영역

전자정부는 산업사회에서 정보사회로의 거대한 변화(great transition)에 정부가 대응하는 개념이다. 이러한 전자정부는 최근의 급속한 정보기술 발전에 힘입어 협의의 개념에서 광의의 개념으로 급속하게 확장되고 있다.

광의의 전자정부는 단순하게 전자적인 민원행정서비스만을 전달하는 정부에서 벗어나서 정보기술을 활용하여 정부를 혁신시키는 것에 초점을 두고 있다. 더 나아가 전자민주주의를 통하여 국민이 정부에 직접참여하고 국민이 정치에 직접 참여 할 수 있는 열린 행정과 열린 정치를 의미하는 것이다. 국민과 정치가 일체화된 기반 위에서 국민을 위해 작동하는 정부를 가리켜 광의의 전자정부, 즉 민주적 전자정부라 할 수 있다.

따라서 이제까지의 이러한 좁은 의미로서의 전자정부 보다는 다른 차원에서의 접근이 시도되어야 한다. 즉 전자정부는 행정정보화의 연장선상에서의 정보화가 아니라 행정개혁의 핵심수단으로서의 총체적 정부혁신을 의미하는 것이다. 현재 세계 여러 나라들은 정부 기능을 재정립하고 정부혁신의 수단으로 정보기술을 적극 도입 · 활용하는 추세이다. 이처럼 세계 각국은 정보화를 행정개혁의 핵심수단으로 인식하고, 전자정부를 적극 추진 중이며, 우리 정부 역시도 노무현정부 시절에 이러한 관점에서 전자정부를 추진하였다. 이제까지 우리나라에서 전자정부의 주무부처가 정보통신부나 미래창조과학부가 아니라 행정자치부였던 것도 이러한 관점에서 매우 적절한 것이었다.

오늘날의 정보화 추진 환경은 전자정부의 기반에서 끊임없이 정보기술의 도입을 요구하면서 다부처 사업으로 진행되는 양상이다. 즉 (그림 1-3)과 같이 국가정보화와 전자정부의 구분 영역이 점차 무의미해지는 상황이 전개되고 있고 국가정보화에 비하여 전자정부의 비중이 상대적으로 커지고 있다.

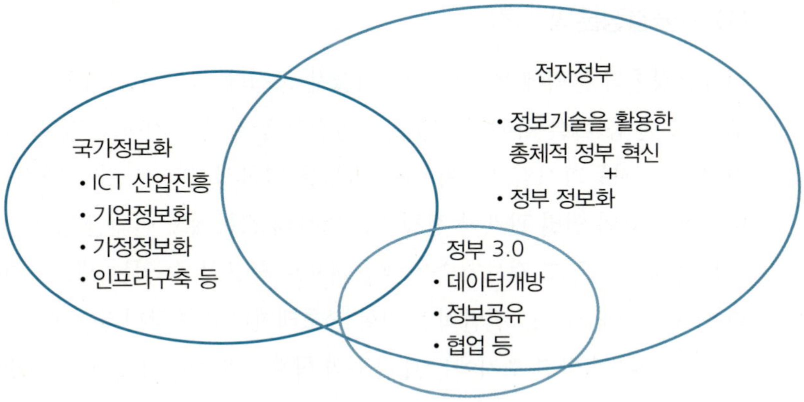

그림 1-3 국가정보화와 전자정부 및 정부3.0의 영역

2. 전자정부 개념의 정립

전자정부의 개념을 정의하기 위해서는 전자정부와 관련되는 기술적 및 사회적 요인들을 종합적으로 고찰하여야 하며, 특히 전자정부의 구현과 관련한 기술 및 사회적 요인의 비중과 양자의 관련을 고려해야만 한다. 또한 한국 사회가 처한 특수성을 감안하여 한국형 전자정부의 개념정립을 시도할 필요가 있다. 따라서 이러한 관점에서 전자정부의 개념을 분류해 보면 다음과 같다.

1) 기술발전에 의한 사회변화로서의 전자정부

기술의 발달과 사회의 변화와 관련해서는 대체로 세 가지 관점이 제시되고 있다(한국전산원, 1996c). 첫째는 기술발달이 사회변화를 유발시킨다는 기술결정론(technological determinism)이 있고, 둘째로 기술은 원천적으로 기술 외적인 목적에 의해 개발 · 발전되지만, 이러한 기술 개발은 사회적 목적달성에 있어서 핵심적인 수단이 된다고 보는 사회결정론(social determinism)적 입장이 있으며, 셋째로 기술발달은 독립적으로 이루어지지만 사회의 필요에 의해 채택될 때 변화를 유발한다고 보는 중립적인 입장이 있다.[3)]

3) 기술결정론과 중립적 입장은 둘 다 기술이 '자율적으로' 발전한다는 데는 동의한다는 점에서 공통된다. 다만 전자는 기술발전이 사회변화에 주된 동인이 된다는 견해이고, 후자는 어떻게 이용하느냐에 따라 달라진다는 입장이다.

(1) 기술결정론의 시각

기술결정론의 논리에 의하면 정보기술은 조직에 있어서 하나의 하위시스템으로서 직무, 구조, 구성원 등 다른 하위시스템들과 밀접한 관계를 유지하고 있다. 즉 새로운 정보기술은 관련 직무를 자동화시킴으로써 이들 직무를 변화시킨다. 따라서 조직구조에 변화를 가져오고 다른 직무와의 연결 관계와 전체적인 업무의 흐름에도 변화를 유발시킨다고 본다. 그리고 새로운 정보기술은 그 정보기술을 효율적으로 활용할 수 있는 새로운 기술 인력과 직무수행 인력을 요구하게 됨으로 전반적인 변화를 초래한다고 주장한다(박희서, 1991).

전자정부의 발전 초기에는 대다수의 학자들과 실무자들이 전자정부를 개념정의하면서 기술적인 측면을 강조하였다. 이러한 전자정부의 기술적 정의는 행정업무에 정보기술(IT)의 활용을 중심으로 이를 부처의 네트워크를 통하여 대국민서비스로 연결시켜 파악하고 있다. 따라서 전자정부의 가장 단순한 기술적 정의는 대부분의 행정업무가 온라인 정보기술에 의해 수행되어 신속 · 정확한 서비스를 제공한다는 시각이다. 이러한 시각은 전자정부라는 용어[4]에서, 전자 즉 초소형전자기술(microelectronics)에 바탕을 둔 컴퓨터와 데이터통신의 결합에 의한 디지털화와 네트워크화에 그 강조점을 두고 있다고 파악된다.

결국 이러한 기술적 정의는 기술결정론의 범주를 벗어날 수 없는 한계를 가지고 있으며 전자정부의 개념을 축소시켜서 정보기술의 발전으로 한정하고 있다. 이러한 관점에서의 전자정부라는 용어는 정보기술의 발전에 따라서 자연스럽게 모바일정부 및 유비쿼터스정부라는 용어로 대치될 수 있을 것이다. 이러한 기술결정론적 시각은 이제까지 전자정부의 개념을 정의하면서 당연하게 받아들여져 왔다.

(2) 사회결정론의 시각

사회결정론자들은 기술의 발달이 사회변동을 유발시킬 수는 있으나 기술 그 자체만으로는 사회적 관계나 제도를 변화시킬 수 없다고 주장한다. 사회결정론자들에게 있어 사회변화란 미시적으로는 구성원들의 이해관계에 영향을 미치는 것이고, 거시적으로는 사회의 권력관계나 계급구조를 변화시키는 것이다. 그들은 사회는 단순히 수동적으로 기술발달의 결과를 받아들이거나 그에 적응하는 것이 아니라, 능동적으로 기술의 발달과 이용에 개입하게 되어 결국 사회경제적인 요인에 의해서 기술의 발달이 규정된다고 주장한다.

따라서 사회구조결정론자들에 의하면 새로운 정보기술은 직무, 인력, 그리고 조직구조 등 행정조직에 많은 변화를 가져올 수 있지만 정보기술과 행정조직의 관계는 정보기술이 항상

4) 초기에 연구자들 사이에서도 전자정부라는 용어에 대한 많은 다양한 의견과 대안이 제시되었다. 정보화정부, 네트워크정부, 가상정부, 온라인정부 등 많은 용어들이 제시되었으나 전자정부가 현재 널리 사용되고 있고, 또한 정부가 공식적으로 용어를 사용함으로 인하여 연구자들 간에 합의가 이루어진 상태이다. 하지만 최근까지도 모바일정부, 유비쿼터스정부 및 Government3.0 등의 용어가 널리 활용되었다. 이제 우리 정부는 스마트지능정보사회에 대응하여 지능형 전자정부를 추진하고 있다.

행정조직의 변화를 가져오는 일방적인 관계에 있지는 않다고 본다. 즉 직무의 변화는 이에 적합한 인력의 기술 수준을 요구하며, 조직구조의 개선은 사무절차의 자동화와 인력절감 등 행정의 기술시스템과 인력구성에 많은 변화를 가져올 수 있다. 따라서 전자정부의 개념정의도 정보기술의 도입보다는 업무의 재설계 관점에서 파악하게 된다.

이러한 관점에서는 전자정부를 조직구조 및 업무처리 절차의 변화관점에서 파악할 수 있다. 구체적으로는 행정업무 처리 절차의 개선을 통하여 행정의 효율성을 극대화하여 국민의 삶의 질 및 국가경쟁력의 향상까지 연결시킬 수 있다. 이것은 전자정부 정의를 정보기술의 활용을 통한 업무의 재설계(BPR: Business Process Reengineering)와 정부의 역할 변화까지 언급하고 있다. 더구나 최근 들어 정부는 정보화를 국가경쟁력의 수단으로 인식하고 있기 때문에 이러한 전자정부의 개념정의는 많이 확산되었다.

2) 정부혁신을 통한 전자정부

전자정부는 기회의 평등, 사회정의, 민주주의와 같은 정치적인 이상과 더불어 정의되어야 하고 그 이상을 실현하는 방향으로 구현되어 국가행정이 지향해야 하는 정보사회의 이상적인 정부형태로 정의되어야 한다. 이를 위해서는 다음과 같은 세 가지 관점에서 전자정부의 개념이 정립되어야 한다.

(1) 확장된 보편적 서비스의 제공

우리 정부는 전자정부 정책을 추진하면서 항상 국민들의 삶의 질 향상을 정책과제로 제시하여 왔다. 그러나 우리 정부는 전자적인 민원행정서비스의 제공 및 행정의 능률성 향상에 전자정부 구현의 목표를 두고 있기 때문에 정보격차의 문제를 해소할 수 없는 한계를 지니고 있다. 사교육비 부담완화를 위한 교육정보화나 지역정보화를 통한 지역의 균형발전 정책은 미봉책에 그칠 수 있다.

이를 위해서는 '정보화촉진기본법'에 규정되어 있던 보편적 서비스의 원칙[5]을 실현하여야 한다. 미국의 NII Action Agenda에도 정부의 역할로서 정보자원에 접근을 보장하는 보편적 서비스의 개념이 포함되어 있다. 이처럼 미국은 초고속정보통신기반(NII)을 구축함에 있어서 핵심 원칙 중의 하나로 '확장된 보편적 서비스(extended universal service)'[6]의 보장, 즉

5) 원래 전기통신의 보편적 서비스란 언제, 어디서나 누구라도 적절한 요금에 서비스를 이용할 수 있는 것을 말하며, 의미는 다르지만 용어의 기원은 1907년 AT&T의 Theodore Vail이 밝힌 "One Policy, One System and Universal Service"에서 유래한다(홍필기, 1996).

6) 미국에서 '보편적 서비스'의 개념 확장은 다음의 3가지로 분류된다(김기훈, 1996). 첫째는 기존의 '보편적 서비스' 관련 정책이 초고속 멀티미디어 서비스를 고려하고 있지 못하다는 인식하에 전화 이외의 현대적 정보통신서비스들을 보편적 서비스의 대상 목록에 추가한다는 의미에서의 확장이다. 둘째는 기존의 '보편적 서비스'관련 정책이 '규제하의 독점'상황에 적합하게 되어 있는 만큼, 다수 사업자간 경쟁 상황에 맞도록 재조정한다는 의미에서의 확장이다. 셋째는 방향과 관련하여 현대의 발달된 정보기술을 이용하여 누구나 정보통신 시스템에 접근 할 수 있도록 정보통신 시스템을 설계(universal design)한다는 의미에서의 확장이다.

"모든 미국 국민이 소득 · 장애 · 지역에 관계없이 고도정보통신서비스에 쉽고, 적절한 비용으로 접근(access)할 수 있도록 보장"하는 것을 설정하고 있다.

이 기본개념에는 미래의 멀티미디어 사회에서 정보통신기반이 미국산업의 경쟁력을 강화하여 자유시장제도와 민주주의에 활력을 주어 정보부자와 정보빈자로 양극화되는 현상을 방지하는 것이 중요하다는 인식이 포함되어 있다. 따라서 교육기회의 균등과 의료 · 복지의 향상 등 국민생활에 필수불가결한 멀티미디어 서비스를 이용함에 있어서 지역 간의 격차를 방지하는 보편적 서비스의 개념을 공공정책의 대상으로 하고 있다. 미국의 경우 특히, 장애인의 정보통신 접근을 보장하기 위한 법(장애인통신법, 미국장애인법, 개정 통신법 등) 제정을 통하여 제도적 장치들을 마련하기 위한 노력을 기울여 왔다. 또한 일본의 경우에도 고령화사회에의 대비책으로서 정보통신 시스템을 적극 활용하기 위해 고령자 지원을 위한 다양한 정보통신시스템을 개발, 구축하여 왔다.

그러나 우리나라의 경우에는 이들 선진국에 비해 보편적 서비스 환경의 수준이 매우 낮은 실정이다. 따라서 전자정부의 개념을 정의하면서 전자정부를 행정의 이상적인 모습을 나타내는 이념적인 수준까지 확대하여 규정할 필요가 있다.

(2) 행정혁신의 관점

전자정부는 정보기술을 활용한 행정혁신으로 정의되어야 한다. 이처럼 행정혁신의 관점에서 전자정부의 개념을 파악할 경우, 다음과 같은 관점들을 전자정부 추진의 모든 단계에서 고려하여야 한다.

전자정부의 구현을 통하여 행정기능, 규모 및 역할 등 정부의 모든 것을 총체적으로 변화시키는 공공행정의 새로운 패러다임으로 접근하여야 한다. 구체적으로는 행정업무 처리에 정보기술을 도입하여 업무처리에 소요되는 시간과 비용을 단축시키고 대민 서비스의 질을 향상시킨다. 또한 업무처리의 투명성을 제고시켜서 부정부패를 척결하는 수단으로 활용하여야 한다. 그리고 전자적 정보공개를 통하여 정부의 투명성이 보장되는 가운데 국민의 알 권리를 신장시킨다. 마지막으로는 기존의 부처할거주의를 타파하고 정보기술의 활용으로 지식정부의 구현과 부처별 업무의 융합을 통하여 조직혁신을 추구한다.

(3) 민주주의의 관점

우리는 민주주의라는 관점에서 전자정부에 대해 생각해야 한다(박동진, 2005). 정치적인 제도의 차원을 고려하지 않았을 때, 전자정부는 항상 두 가지의 경향을 보일 것이다. 하나는 전체주의적 전자정부의 경향성이며, 다른 하나는 민주주의적 전자정부의 경향성일 것이다. 전체주의로 전락하는 것은 전자감시가 이루어지기 쉬운 기술적 특성을 가지고 있으며, 데이터가 통합되어 있음으로 인해 프라이버시의 침해가 일상적으로 일어날 가능성이 높고, 또한 그

럼으로 인해 정보가 정부조직에 의해 완전 독점되거나 통제될 수 있는 개연성을 내포하고 있다.

더 나아가 정보격차(digital divide)로 인한 사회적 계급, 계층 간의 구조적 격차의 심화로 인한 다수에 의한 소수에 대한 폭력 혹은 소수에 의한 다수의 억압 등과 같은 비민주적 정치 행태가 민주주의라는 절차적 외피를 쓰고 등장할 수 있으며, 나아가 기계문명에 의한 인간의 종속을 통해서 인간성 상실이라는 극단적 현상의 등장도 배제할 수 없다. 이것이 전체주의적 전자정부의 단적인 모습들이다.

반대로 민주주의적인 전자정부는 전자민주주의라는 개념적 직접민주주의의 의식 확산을 통해 민주적인 정부가 항상 재생산될 수 있는 제도적 메커니즘을 마련하고, 이를 기반으로 행정의 투명성을 높이며, 행정과정 및 정치과정 등 모든 공적인 과정에 국민이 직접 참여하기를 원하고, 또한 참여할 수 있는 제도가 항상 열려있는 정부이다. 또한 정보공개와 정보격차의 문제가 사회적 계층화의 심화를 불러일으키지 않으며, 지식정보사회에 조응한 정보적 휴머니즘을 통한 정신적 가치의 활성화가 민주적 전자정부가 추구하는 사회상이라 할 수 있다.

따라서 우리는 전자정부를 추진함에 있어 전자정부에 국민이 참여할 수 있는 가능한 모든 제도적 장치들을 마련하는데 주력할 필요가 있다. 이것은 곧 전자정부로 인해 직접적이든 간접적이든 사회의 모든 부문에서 전자적 시민의 권익을 보호하는 길이기도 하다.

1.2 학문분야로서의 전자정부

1. 전자정부론 논의의 출발

학문분야로서의 전자정부 논의를 시작하기 위해서는 우선 전자정부의 연구 범위와 대상에서 출발하여야 한다.

1) 연구의 범위

서울시립대학교 전자정부연구소는 지난 2001년부터 2004년까지 전자정부 연구를 한눈에 볼 수 있는 목록을 매년 출간하여 왔다. 이 목록에 따르면 전자정부의 연구범위는 일반적인 연구의 흐름에 근거하여 (그림 1-4)과 같이 분류되고 있다. 즉 일반적인 연구의 범위는 우선 기초적 · 이론적 측면, 이어서 분석적 · 실제적 측면, 그리고 향후의 정책방향 측면 등으로 구분할 수 있다(서울시립대학교 전자정부연구소, 2004).

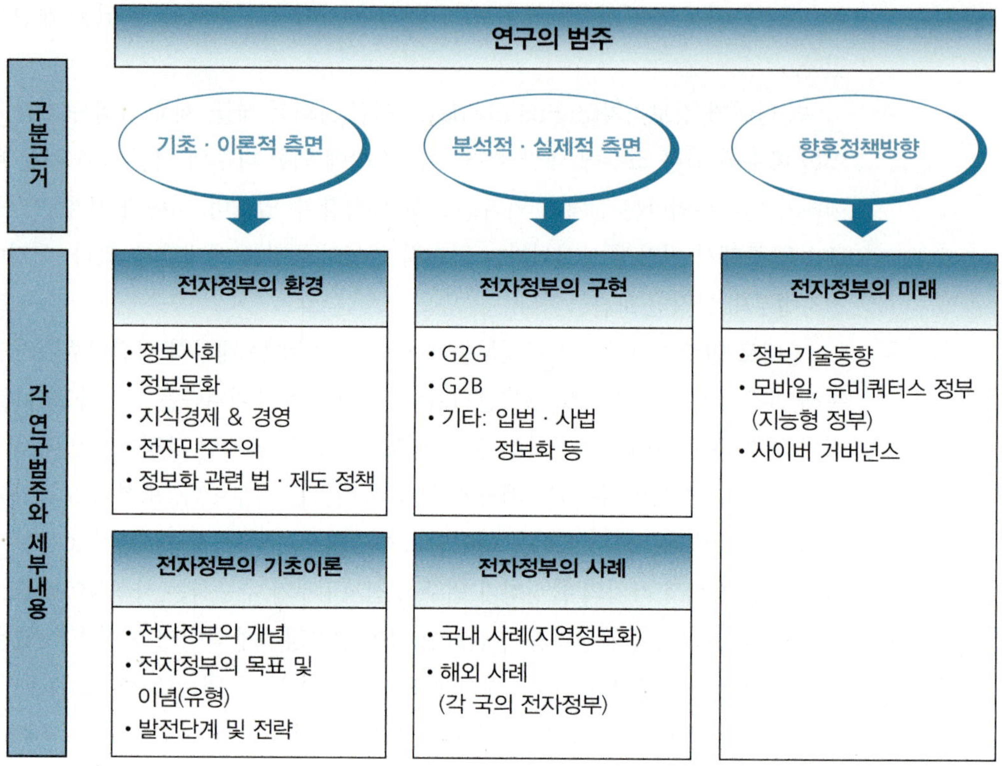

자료 : (서울시립대학교 전자정부연구소, 2004: 3)

그림 1-4 전자정부론 연구의 범위

2) 연구의 대상

이러한 연구 범위에 근거하여 세부적인 연구 대상을 살펴보면 다음과 같다. 먼저 이론적인 배경으로서 전자정부의 환경적 · 이론적인 측면이 있다. 이어서 실제 전자정부의 운영 · 구현과 국 · 내외 사례 부분과 마지막으로 전자정부의 미래상에 관련된 부분으로 나누어 볼 수 있다.

(1) 환경적 측면에 관한 연구 분야

이 분야는 정보정책과 정보사회에서 출현하는 전반적인 내용에 관한 연구들이 중심을 이루고 있다. 이 분야의 주제들로는 정보사회에 관한 연구, 정보윤리나 정보격차 등의 정보문화에 관한 연구, 전자상거래 등 지식경제나 지식경영에 관한 연구, 전자투표 등 전자민주주의에 관한 연구, 그리고 정보화관련 법 · 제도 정책에 관한 연구를 포함하고 있다.

최근에는 스마트폰의 확산으로 인하여 전자정부의 환경에도 급속한 변화가 야기되고 있다. 특히 SNS(Social Networking Service)가 확산되면서 모바일 전자정부의 중요성이 보다 강조되고 있다. 또한 스마트 전자정부의 개념도 확산되고 있으며, 구체적으로 스마트워크 정책이 추진되고 있다. 더 나아가 프라이버시 침해로 인한 전자정부의 역기능이 부각되고 있다.

(2) 기초이론에 관한 분야

이 부분에서는 전자정부의 개념 측면, 전자정부의 비전 및 추진방향, 전자정부가 목표로 하는 이념들에 대한 연구가 수행되고 있다. 그리고 전자정부의 측정지표나 성공요인 등 발전단계 및 전략에 관한 이론적인 연구들을 포함하고 있다.

이 분야에서는 2010년 UN 전자정부 순위 평가에서 우리나라가 1위를 기록한 이후에 전자정부의 발전단계 및 성공요인에 대한 연구가 수행되고 있으며, 개발도상국들에 대한 전자정부 지원 전략이 새로이 부각되고 있다.

(3) 운영 · 구조 · 구현에 관한 분야

이 분야는 그동안 전자정부 사업들이 추진됨에 따라 전자정부가 어떻게 운영되고 구조화되었는지, 그리고 실제 구현되는 내용은 어떠한 것인지에 관한 연구들을 포괄한다. 이 부분에서는 실제 전자정부의 구현에 해당하는 정부와 정부간 관계(G2G), 정부와 기업간 관계(G2B, B2G) 그리고 정부와 시민간 관계(G2C, C2G)에 관한 내용을 포함하고 있다.

먼저 G2G 부문에서는 행정업무의 전자적 처리(전자결재, 전자문서, 전자우편, 예산회계시스템 등), 행정정보공동이용 · 지식관리 · 정보자원관리, 전자적 업무처리에 기반을 둔 조직 · 업무재설계 등이 해당된다. 이어서 G2B · B2G 부문에서는 전자거래, 전자조달 그리고 전자입찰 등이 포함된다. 마지막으로 G2C · C2G 부문에는 전자적 민원신청 · 처리, 전자적 행정정보공개 청구 · 제공, 전자적 민의수렴 · 전자공청회, 전자투표, 전자고지 · 납세 그리고 인증 및 전자서명 등이 해당된다.

특히 이러한 전자적 민원행정서비스 분야에서 우리나라 전자정부가 세계 최고의 수준을 보여주고 있다.

(4) 실제 국 · 내외 사례에 관한 연구 분야

이는 국내와 세계 각 국에서 이루어지고 있는 전자정부의 실제 정책과 운영에 관한 연구들로서, 먼저 국내 사례 부분에서는 특히 지역정보화에 관련한 연구들이, 다음으로 해외 사례부분에서는 세계 각국의 전자정부 관련 연구들이 해당된다.

우리나라의 경우, 역사적으로 지방자치의 경험이 부족하여 전자정부가 중앙집중식으로 추진되어 왔다. 따라서 향후 지역주민들을 위한 전자정부 사업들의 추진 시에 세계 여러 나라와의 비교 연구가 요망되는 분야이다. 특히 전자정부 추진 시에 추진체계의 구성에 대하여 선진 각국의 리더십에 대한 동향을 수집하여 분석할 필요가 있다.

(5) 미래상에 관한 연구 분야

이는 최근 정보통신기술의 급격한 변화와 그로 인한 전자정부의 위상 및 관련 정책의 변화에 관한 연구들이 포함된다. 먼저 정보통신기술의 동향이 하나의 주제를 형성한다. 이어서 지능형정부나 사이버 거버넌스(Cyber Governance)에 관한 논의와 더불어 차세대 전자정부로서 인지되고 있는 모바일 · 유비쿼터스 정부와 관련된 연구들이 포함될 수 있다.

최근에는 빅데이터(Big Data)와 클라우드 컴퓨팅(Cloud Computing)을 활용하여 시민 개개인의 맞춤형 스마트 전자정부 구현이 추진되고 있다.

2. 전자정부론의 발전과정

한국행정학회가 설립된 1956년을 기점으로 볼 때, 우리나라에 행정학이 도입된 지 60년이 되었다. 지난 60년간 한국의 행정학은 다양한 분야에서 눈부신 발전을 이루어내었다. 이것은 행정학의 발상지인 미국에서 행정학이 전문대학원에서만 교육되고 있는 것과는 달리, 우리나라에서는 거의 모든 대학교의 학부에 전공이 개설되어 있기 때문일 것이다.

교과목으로서의 전자정부론은 정보체계론에서 발전하여 왔다. 기존의 정보체계론은 처음에는 행정정보체계론(Public Management Information System: PMIS)에서 시작하였다. 행정정보체계론은 경영정보론(Management Information System: MIS)에서 발전하여 왔다. 미국의 경우, 경영정보론은 전자자료처리론(Electronic Data Processing System: EDPS)에서 출발하였다. 따라서 이러한 전자정부론의 발전단계를 처음부터 시대적 배경과 함께 정리하면 다음과 같다.

1) 전자자료처리론(Electronic Data Processing System: EDPS)

조직에 컴퓨터가 도입되어 기존에 수작업으로 수행하던 업무를 자동화시키는 단계이다. 따라서 정보화라는 용어 대신에 자동화 및 전산화라는 단어를 주로 사용하였으며, 다량의 데이터를 처리하는데 초점을 두었다. 이 시기에는 네트워크의 개념도 생소하여, 부처의 자체 업무를 개별적으로 전산화하였다. 우리나라의 경우, 1978년부터 1980년대 중반까지 행정전산화사업을 실시하였다.

2) 경영정보론(Management Information System: MIS)

조직에 도입된 정보기술이 단순히 업무의 자동화에 그치지 않고 전략적으로 활용되는 것을 의미한다. 따라서 기업의 최고경영자에게 의사결정을 지원하는 정보를 제공하고, 다른 기업과의 경쟁에서 정보기술의 우위로 시장을 지배하게 되는 결과를 가져와서 조직내에서 정보처리 부문의 위상이 격상되었다. 미국의 경우, 1980년대 초반부터 경영정보론이 활성화되었으며, 우리나라의 경우, 1980년대 중반 이후에 기업에서 도입하기 시작하였고, 경영학의 분과 학문으로 자리잡게 되었다.

3) 행정정보체계론(Public Management Information System: PMIS)

기업에서 정보시스템의 도입이 활발하게 이루어지자 행정 부문에서도 이를 받아들이게 되었다. 따라서 기존의 경영정보론에 공공부문의 특성을 도입하여 행정정보체계론으로 접근하게 되었다. 1980년대 후반부터 1990년대 중반까지 각 대학의 행정학과에 정보체계론 교과목이 개설되었다. 또한 우리 정부도 1990년대 중반까지 행정정보화사업을 추진하였다.

4) 전자정부론(Electronic Government: e-Gov)

1993년 미국에서 전자정부 개념이 처음 등장한 이후, 세계 각국은 경쟁적으로 전자정부의 구현에 나서게 되었다. 우리나라도 1998년에 처음으로 전자정부의 비전과 전략을 수립하면서 전자정부 구현을 시작하였다. 우리나라의 경우, 이처럼 정보화의 발전단계에 따라서 행정전산화, 행정정보화의 시기를 거쳐서 전자정부 구현의 시기로 발전하여 왔다. 학계에서는 2000년대에 들어와서 상당수의 대학들에서 기존의 행정정보체계론 교과목을 전자정부론으로 바꾸고 있다. 하지만 아직까지 행정정보체계론의 교과목이 더 많이 개설되어 있기 때문에 과도기가 지속되고 있다고 볼 수 있다.

1.3 행정학과 전자정부

1. 고시 교과목으로 출발한 정보체계론

행정학과에서 정보화 교육을 촉발시킨 중요 요인은 아무래도 1980년대 중반에 행정고시 1차 과목에 '정보체계론'이 포함된 사건일 것이다(이하 유평준, 2002의 부분 수정).[7)]

7) 일부 대학 행정학프로그램에서는 1980년대 이전에 정보화 관련 과목을 개설하고 있었다. 예를 들면, 서울대학교 행정대학원은 1970년 후반에 MIS과목을 개설하였다. 2018년 현재는 '전자정부론' 교과목이 개설되어 있다.

1) 정보체계론의 출발

행정학과 내 교과목으로서 정보체계론 또는 행정정보체계론(이하 정보체계론으로 통칭)은 고시준비 과목으로 출발했다고 해도 과언이 아니다. 물론 이러한 고시 과목을 통해 공무원 및 학자들에게 직접 간접으로 정보화의 중요성을 인식시키고, 나아가서 공직에 진출하고자 하는 미래의 공무원들에게 정보화에 대해 사전 준비를 시키는 효과도 있었다고 본다.

그러나 당시 정보체계론은 1차 과목으로 객관식 시험이 실시되었기 때문에 변별력에 끊임없이 문제가 제기되었다. 그 이유는 급속하게 변화하는 정보기술을 대상으로 하여 선다형의 문제를 출제하는 데 따르는 어려움 때문이었다. 그러므로 1990년대 초반에 1차 과목에서 2차 과목으로 전환되었고, 비중이 상대적으로 위축된 상태에서, 현재까지 행정고시와 입법고시 등의 2차 선택과목으로 명맥을 유지하고 있다.

그러므로 대부분의 행정학과에서는 정보체계론을 개설하여 왔다. 정보체계론이 여전히 고시과목으로 존재하고 있고, 행정기관에서의 정보화 및 전자정부 추진이 가속화되고 있는 실정에서 행정학 교과과정은 최소한 1과목 정도의 정보화 관련 과목을 개설하고 있다고 보아도 무리가 없을 것이다.

그러나 문제는 지난 수년간, 1990년대 중반 이후부터 행정정보화의 단계적 발전을 거쳐 전자정부 구현에 초점이 맞춰지면서 정보체계론의 대상이 급속하게 변화하고 있다는 것이다. 즉 정보화사업과 행정개혁의 문제가 연계되면서 정보화를 통한 대민서비스 방식의 전환과 전자결재 등 내부업무처리방식의 개선 등에 초점이 모아지게 되었다. 따라서 전자적 자료처리 및 정보시스템의 구조 등에 초점을 두던 정보체계론이 내용면에서 행정기관 정보화를 통한 업무혁신에 비중을 두어야 하는 변화에 직면하게 되었다.

이런 상황에서 정보체계론 과목명의 적실성에 의문이 제기되고 있으며, 행정학과 내 정보화 교육내용의 양적 측면에서도 하나의 교과목으로 소화하지 못할 정도로 성장했음을 보여주고 있다.

2) 정보체계론 문제분석

최근 2000년 이후에 실시된 행정고시 2차 선택과목인 정보체계론의 문제 변화를 분석해 보면 다음과 같다. 우선 2000년의 시험은 ① 지식정보사회에서 정부의 역할 및 정보정책의 방향, ② B2G의 등장배경, 의의, 기능, 향후 정책방향, ③ 정보보안을 위한 암호화방안 등에서 출제되었다. 2001년의 경우, ① 정책과정을 지원할 수 있는 정보체계의 구축방안 ② 정보격차(Digital Divide)극복을 위한 지방자치단체의 역할과 전략 ③ 정보체계를 아웃소싱(outsourcing) 할 경우의 장단점 등에서 출제되었다. 이처럼 2000년 이후에 출제된 정보체계론 문제들은 시대적 요구를 반영하여 이전의 출제범위를 넘어서서 점차 전자정부 영역으로 이동하고 있다. 이러한 경향은 2002년 이후 두드러지게 나타나고 있다.

2002년의 경우, ① 전자정부에서 전자민주주의의 활성화방안 ② 휴대기기(mobile devices)를 통하여 행정서비스를 제공하기 위한 정보보안 기술 ③ 정보활용능력(information literacy)관련 문제가 등장하였다. 2003년의 기출문제는 ① 전자정부가 국가 · 사회운영시스템(Governance) 구현에 기여하는 방안 ② 전자정부가 지식정부로 효과적으로 변환되는데 필요한 요소 ③ 행정정보공개의 필요성과 윤리적 쟁점 등이다. 따라서 이제 더 이상 컴퓨터 H/W 및 S/W의 구분 및 전산화의 단계 등은 시험의 대상이 아님을 알 수 있다.

이러한 경향은 이후 보다 두드러지게 나타나고 있다. 2004년의 경우, ① 전자정부의 비전과 지향점 ② 정보보안의 대응방안 ③ 유비쿼터스 컴퓨팅(Ubiquitous Computing)의 개념 등이 출제되었다. 2005년의 경우, ① 전자거버넌스(e-Governance)의 내용과 방향 ② 고객관계관리(CRM: Customer Relationship Management)기법에 의한 고객 중심 정보화 추진전략 ③ 정보의 보유 · 사용 · 유통 등에 있어서의 윤리성 확보방안 분야가 출제되었다.

2006년의 경우, 2005년 국정감사에서 G4C 전자민원 서류발급 과정에서 보안의문제점이 지적된 상황을 반영하여 전자정부의 안정성 확보를 위한 정책방안이 출제되었다.

2007년의 경우, 정보자원관리에 대한 포괄적인 문제와 정보사회의 이론적 법칙 및 정보보호를 위한 암호화기법에 대한 문제가 출제되었다. 2008년의 경우, 사이버공간에 대한 정부규제의 포괄적인 내용과 전자정부의 미래 모습 및 보편적 서비스에 대한 문제가 출제되었다.

2009년의 경우, 지식경영(Knowledge Management)에 대한 이해와 적용, Green IT 도입 및 전자민주주의의 실현수단으로 전자투표제도의 도입 등에 대한 문제가 출제되었다. 2010년의 경우, 전자정부 사업에서 나타난 부처 간 갈등, 스마트오피스(smart office) 추진 정책 및 정보 공동이용의 효과와 문제점 등이 출제되었다. 2011년에는 개인정보침해를 최소화할 수 있는 방안, 수요자 중심의 가치 창출적 행정을 실현하기 위한 구현기술과 실현방안 및 스마트폰의 등장으로 인한 환경변화 및 영향에 대한 문제가 출제되었다.

2012년에는 국민이 체감할 수 있는 전자정부를 통한 행정효율화 및 대국민서비스 방안, 정보취약계층에 대한 웹접근성 향상 방안 등이 출제되었다. 2013년에는 지식공유의 장애요인 및 활성화방안, 전자거버넌스(e-governance)의 장단점 및 전자정부 포털 기반의 통합 행정서비스관련 문제가 출제되었다. 2014년에는 박근혜정부에서 추진되고 있는 정부3.0관련 문제들과 IT 아웃소싱 및 빅데이터관련 문제들이 출제되었다.

최근 3년 간의 출제 경향은 다음과 같다. 우선 2015년에는 스마트워크 정책과 관련한 문제가 출제되었다. 또한 모바일 행정환경에서 행정서비스의 효율적 연계와 통합 방안 그리고 행정정보공개와 개인정보보호의 조화 방안 등이 출제되었다. 2016년의 경우, 클라우드 컴퓨팅, 정보격차 및 사물인터넷 등과 관련한 문제가 제시되었다. 2017년에는 4차 산업혁명과 지능정보기술에 대응하여 미래 사회 및 정부 조직 운영 시스템의 변화 방향에 대한 문제가 출제되었다. 또한 지식관리 및 전자부패 관련 문제가 출제되었다.

따라서 최근 출제경향에 의하면, 정보체계론이라는 제목 안에서 전자정부 관련 문제들이 출제되고 있음을 알 수 있다. 특히 전자정부의 역기능, 개인정보보호 및 프라이버시 침해에 대한 이슈 등이 강조되고 있다. 또한 스마트폰의 영향으로 인한 행정환경의 변화에 대응하는 정책방안이 출제되고 있다. 더 나아가 시사적인 IT 이슈들을 포함하여 전자정부의 고도화 방안에 대한 문제들이 주로 출제되고 있다. 최근에는 지능정보사회 관련 문제들과 심화되는 역기능에 대한 대비 방안이 주로 출제되고 있다.

이러한 추세를 반영하여 대학에서는 기존의 정보체계론 교과목에서 전자정부를 소개하고 이를 구체적으로 강의하고 있다. 또한 많은 대학들이 정보체계론 교과목을 전자정부론으로 대체하고 있는 실정이다.

2. 정보체계론과 전자정부론의 비교

현재 많은 대학의 행정학과에 정보체계론이 개설되어 있다. 이러한 상항에서 행정학과 교과과정에서 전자정부론이라는 새로운 교과목의 개설이 필요한지, 전자정부론의 신설은 행정학과 교과과정에 어떤 영향을 미칠 것인지, 나아가서 전자정부론을 개설한다면 어떤 내용을 어떻게 가르칠 것인가에 초점을 두어 살펴보고자 한다.

1) 전자정부론의 교과목 개설

행정학과 내에 전혀 정보화 관련 과목이 없는 상태에서 전자정부론 교과목의 개설은 오히려 더 용이할 수 있다. 하지만 기존에 정보체계론이라는 과목이 대부분 개설되어 있기 때문에 이와 더불어 어떻게 개설한 것인가가 쟁점이 될 수 있다. 교과목 개설 방안은 다음과 같이 세 가지로 나누어 볼 수 있다. 첫째는 정보체계론을 전자정부론으로 대체하는 방안이다. 둘째는 정보체계론과 전자정부론을 함께 개설하는 것이다. 셋째는 전자정부론과 정보정책론을 개설하는 방안이다. 이들 방안을 살펴보면 다음과 같다.

(1) 정보체계론을 전자정부론으로 대체

이 문제는 기존 정보체계론의 교과 내용에 전자정부론을 포함시켜 교과목의 명칭을 변경하면 되므로 단순해 보인다. 그러나 실제로는 전자정부론의 내용구성을 어떻게 할 것인가와 연관된 문제이므로 다소 복잡해질 수 있다.

기존 정보체계론에 대해서는 행정학 내 일개 하위분야(a subfield)라는 인식이 어느 정도 있다고 본다(유평준, 2002). 인사행정과 재무행정이 인적 자원과 물적 자원의 동원 · 배분의 문제를 다루는 하위분야인 것처럼, 정보체계론은 정보자원 관리의 문제를 다루고 있기 때문에 하위분야라는 생각이다. 따라서 만일 정보체계론을 대체해서 전자정부론 과목을 개설하

표 1-2 정보체계론과 전자정부론 구분

과목명	과목 구성 내용
정보체계론	• 시스템적 접근 • 정보시스템 구축 • 조직 내적 영향 • 정보자원관리 • 효율성
전자정부론	• 인터넷/ 네트워크 • 정부 역할범위 • 정부-고객 관계 • 행정개혁 • 대민서비스

자료: (유평준, 2002)

고, 내용적으로 정보체계론의 골격을 그대로 유지하면서 전자정부 관련 수업내용을 일부 추가하는 식으로 교과목을 운영한다면 여전히 행정학의 하위분과 과목으로 존재할 것이다.

하지만 전자정부를 보는 시각을 달리 하여, 정부를 보는 새로운 시각 또는 정부가 나아가야 할 지향점으로 간주한다면, 전자정부는 사이버공간이라는 새로운 공간에서 이루어지는 새로운 유형의 정부가 될 수 있는 것이다. 이는 기존의 행정학에 새롭게 많은 내용을 추가해 줄 것이다. 이 경우 교과목으로서 전자정부론은 사이버공간에서 발생하는 정부활동과 행정행위를 설명하는 입문적 과목이 될 수 있으며. 또한 인사행정, 예산 및 재정 등 관련 과목에도 정보화 및 전자정부 관련 논의들이 포함되어야 바람직한데 이들에 대한 이해를 제고시키기 위해 필요한 사전지식을 습득하기 위해 선수(先受)하는 과목으로 인정될 수 있다.

(2) 정보체계론과 전자정부론을 함께 개설

기존에 행정학과 내에 정보화 관련 과목이 정보체계론 1개만 개설되었을 경우, 과목명의 영향을 받지 않고 교육내용을 구성할 수 있었다. 하지만 문제는 과목을 2개 이상 개설하고 있을 때 과목간의 차별화 및 내용구성을 어떻게 할 것인가가 쟁점이 될 수 있다.

행정학과 교과과정에서 정보화 관련 수업내용의 증가는 바람직하다고 본다. 적어도 2개 과목 정도는 개설 가능하다고 보며, 2학기에 걸쳐 '정보체계론-전자정부론'의 패턴으로 받아들여 질 수 있다고 본다. 정보체계론과 전자정부론은 일종의 연속적인 과목으로 개설되어, 〈표 1-2〉에 요약되어 있는 것처럼 서로 시각과 내용을 달리하며 교육될 수도 있다.

하지만 상당 부분에서 내용이 중복될 수 있으므로 정보화 관련 교과목을 2개 개설할 경우 전자정부론과 정보정책론의 조합이 훨씬 효과적일 것이다.

(3) 전자정부론과 정보정책론을 개설

기존의 정보체계론과 전자정부론의 과목을 차별화하여 구성하기 보다는 전자정부론과 정보정책론을 개설하는 방안이 미래지향적일 수 있다. 전자정부론의 교과목은 10년전에는 존재

표 1-3 전자정부론과 정보정책론의 비교

분야	전자정부론	정보정책론
연구 초점	정보기술에 의한 행정의 변화	정보사회에서 국가의 역할
관련 법	전자정부법	국가정보화기본법
연구 대상	정보사회, Cyber Space	디지털경제, E-Governance
주무부처	행정안전부 – 전자정부의 비전과 전략	과학기술정보통신부(정보산업육성) 방송통신위원회(방송통신융합)
연구 사례	전자적 민원행정서비스(민원24) 서울시 OPEN시스템	정보통신산업의 현황 및 발전 이동통신 사업자 선정
역기능 대응	전자정부 역기능 – 전자감시사회, 주민번호유출	정보보호정책, 정보통신망법 – 사이버모욕죄 등

하지 않았다. 따라서 급변하는 정보기술의 환경하에서, 앞으로 10년후에는 어떤 교과목이 생존할 수 있을까? 이 경우, 정보체계론보다는 전자정부론이, 그리고 전자정부론 보다는 정보정책론이 그 답이 될 수 있을 것이다. 앞으로 10년 후에 행정의 정보화가 완성되어, 전자정부 수준이 일정 단계를 넘어선다면 지금과 같은 내용의 전자정부론은 필요성이 반감될 수 있다.

물론 전자정부론과 정보정책론 역시도 많은 부분에서 중복될 수 있다. 또한 2008년 이명박정부의 출범에 따르는 조직개편에서 정보통신부가 해체되었기 때문에 정보정책의 주무부서에서 혼란이 야기될 수 있다. 그러나 이들 분야는 〈표 1-3〉과 같이 여러 관점에서 분명한 차이점을 지니고 있다. 따라서 앞으로는 정보정책론이 전자정부론의 내용을 포괄하면서 보다 깊이 있는 내용을 전달해줄 수 있는 교과목으로 등장할 가능성이 있다.

1.4 전자정부론의 연구 경향

1. 연구대상의 특성

전자정부론은 급변하는 정보기술을 행정에 도입하는 것이기 때문에 다음과 같은 연구 대상의 특성을 지니고 있다.

1) 빠른 변화

전자정부의 연구 대상은 엄청나게 빠른 변화를 그 특징으로 한다. 우리가 10년전의 PC나 5년전의 휴대전화를 계속해서 사용하지 않는 것과 마찬가지 이치이다. 또한 최근에는 축적되는 데이터의 양에서 엄청난 변화가 야기되고 있다. 구체적으로 지난 5,000년 동안 인류가 창조한 데이터의 양보다 지난 1년 동안 발생한 데이터의 양이 많은 실정이다. 물론 이것은 최근의 급속한 영상물의 확산에도 영향을 받았겠지만, 행정환경이 그만큼 빠르게 변화하고 있음을 보여주고 있는 사례이다.

또한 전자정부의 연구 대상인 정보기술은 단선적인 발전이 아니라 창조적 파괴에 의한 혁신을 바탕으로 진화해나가기 때문에, 이러한 정보기술이 행정에 도입되는 분야를 연구대상으로 하는 전자정부는 행정학의 다른 분야와는 차별화될 수밖에 없는 실정이다. 구체적으로 행정학의 다른 분야들은 기존의 연구업적을 바탕으로 하여 그 위에 새로운 연구를 할 수 있지만, 전자정부는 기존의 연구대상이 소멸해버리는 상황에 직면하기 때문에 기존 접근방식을 다시 사용할 수 없는 특성이 있다.

2) 실무적

전자정부는 단순히 정보기술 그 자체를 연구의 대상으로 하는 것이 아니라 행정부문에 정보기술의 도입 및 활용에 초점을 둔다. 따라서 정부 내에서의 적용업무에 대한 이해가 선행되어야 한다. 즉 단순 반복적인 업무를 전산화나 자동화시키는 것이 아니라, 정보기술을 활용하여 업무처리 전반을 혁신시켜야 하기 때문에 이론보다는 실무가 강조되는 분야이다.

또한 정부는 지속적으로 다양한 전자정부 사업들을 추진하고 있다. 이러한 상황을 반영해 볼 때, 주로 정부기관에서 발주하는 정보통신 관련 정책과제 및 학술연구과제들이 많은 연구의 시발점이 되었으며, 이러한 연구는 상당 부분 실무적 필요에 대응하는 것이었다. 이들 연구는 주로 정보화 추진방향 정립, 기본계획 수립, 사업과제 도출, 사업 우선순위 결정, 사업 효과성 분석, 추진전략 및 추진체계 구성과 같은 정책형성 및 운용에 크게 공헌하였다(유평준, 2002). 그러나 한편으로는 연구자들이 발주처에 포획되어서, 정부 부처의 입장을 대변하는 논리에 빠져 있지는 않은지 항상 스스로를 점검할 필요성이 있다.

3) 기술적

전자정부에 대한 연구는 정보기술에 대한 깊은 지식을 필요로 한다. 따라서 행정학을 전공하는 사회과학도가 자연과학의 분야, 그것도 기술혁신이 급속하게 전개되는 정보통신에 대하여 높은 수준의 지식을 유지한다는 것은 힘들 수밖에 없다. 또한 학문의 분야가 보다 세분화되고 있는 현실을 감안할 때, 정보통신의 분야도 보다 전문화되고 있는 실정이다.

특히 최근에는 스마트폰과 RFID/USN(Radio Frequency Identification/Ubiquitous Sensor Network), 빅데이터, 클라우드 컴퓨팅 등 다양한 지능정보기술이 활용되면서 스마트 전자정부의 개념이 등장하고 있다.

그러므로 전자정부에 대한 연구는 다학제간(多學制間) 접근이 필수적이다. 이처럼 다학제간(interdisciplinary)연구를 위해서는 정보기술 및 경영과학의 분야 전문가들과 포럼이나 학회를 통하여 지속적인 교류를 유지하여야 한다.

4) 광범위-흡수 통합의 영향력

행정의 거의 모든 분야에 정보기술의 도입과 활용이 확대되면서 행정학의 전통분야로 알려진 조직, 인사, 재무, 정책 등의 분야와 전자정부의 관계 설정이 문제가 될 수 있다. 즉 기존의 행정학 분야는 상호 배타적인 관점에서 독립영역을 구축하여 왔다. 따라서 전자정부 역시 행정학의 세부 분야로 취급하여, 계량분석이나 관리과학의 수준으로 기존의 전통 분야와 나란히 위치시키면 간단한 해결될 수 있다.

그러나 정보기술의 발전이 독자적인 분야의 유지가 아니라 상호 융합(convergence)에 기초하여 새로운 분야를 창출하는 것처럼, 전자정부 역시도 행정학의 하나의 분과학문으로 위치하기 보다는 다른 분과학문들을 흡수하여 변화할 가능성이 존재한다. 즉 전통적 행정학의 분과들이 전자정부론에 포함되어 전자정부론의 틀 속에서 행정학이 다시 정립될 가능성도 존재한다.

사회 전반의 정보화 추세에 부응하여 기존의 행정학이 변화한다면 전자정부가 그 하나의 대안이 될 수 있겠지만, 그러기 위해서는 앞으로 넘어야 할 산이 많이 있다. 특히 전자정부의 철학과 이념이 제대로 정립되어 있는 않은 현실에서는 무리한 관점일 수도 있다. 그러나 행정학의 분야에서 앞으로도 전자정부의 영향력이 계속 확대될 것이라는 점은 분명해 보인다.

2. 연구 경향

행정정보화에서 전자정부에 이르기까지의 연구 경향을 단행본 및 한국행정학보에 게재된 논문을 중심으로 하여 살펴보면 다음과 같다.

1) 행정정보화 및 전자정부 분야의 단행본 출간

한국행정학에 있어서 행정정보화에 관한 체계적인 논의는 안문석교수의 선구자적인 저술에서 시작되었다(이하 김영삼 · 최영훈, 2001의 수정). 1989년 안문석교수에 의해 정보체계론의 저서가 출간된 이후, 방석현, 이윤식교수 등에 의해 행정정보체계론이라는 제하의 교재들이 개발되었다(안문석, 1989; 방석현, 1989; 이윤식, 1990). 이후 1990년대 중반부터 행정정보체계론의 저서들이 꾸준하게 출간되었다(이용규, 1996; 하미승, 1996; 김성태, 1999; 정철현, 2000). 초기의 행정정보체계론 저작들은 제목이 말하듯이, 상당 부분 정보시스템적 관점에서 행정정보화를 다루는 것들이었다.

행정정보화가 주류를 이루는 상황에서 전자정부에 관한 주제를 하나의 별개 영역으로 분리시킨 시점은, 1997년에 정충식교수에 의해 전자정부론이 출간되면서 부터이다(정충식, 1997). 이후 전자정부에 관한 별도의 관심이 증가함과 동시에 기존의 정보체계론에 이를 반영하려는 노력들이 나타났다(김성태, 1999; 이윤식, 2000), 특히 김성태교수는 1999년에 출간된 자신의 행정정보체계론을 2003년에 전자정부론과 정보정책론으로 분리, 출간하여 전자정부론 연구의 방향 정립에 큰 기여를 하였다(김성태, 2003). 이와 함께 전자정부를 대상으로 하는 단행본들이 최근까지 다양한 연구자들에 의해 지속적으로 출간되고 있다(강근복 외, 1999; 서순복, 2002; 오철호 외, 2002; 황성돈 · 정충식, 2002; 권기헌, 2003; 최영훈 외, 2006).

최근에는 권기헌교수에 의해서 새롭게 전자정부론이 출간되어 전자정부를 국정관리와 정책학의 관점에서 조명하여 연구대상의 초점(focus)과 범위(locus)를 명확히 하는 데 기여하고 있다(권기헌, 2007; 2012). 또한 안문석교수는 기존 정보체계론과는 별도로 한국전자정부론을 출간하여 전자정부특별위원회위원장으로 재직했던 경험을 바탕으로 전자정부에 대한 경제학적 접근을 시도하였다(안문석, 2008).

특히 스마트 정보사회의 도래에 대응하여 명승환교수는 정보체계와 전자정부를 포괄하는 스마트 전자정부론을 출간하였다(명승환, 2012). 또한 김성태교수 역시도 정보정책과 전자정부를 결합하여 스마트사회의 정보정책과 전자정부를 발간하였다(김성태, 2013).

전자정부 분야의 단행본은 아니지만 최근에 특기할만한 점은 유민봉교수의 한국행정학에서 전자정부를 다루고 있다는 것이다(유민봉, 2012). 2006년에 출간된 한국행정학은 고시를 준비하는 수험생들에게 가장 널리 읽히는 책이다. 2010년에 출간된 제3판까지는 전자정부에 대한 기술이 없으나, 2012년에 출간된 제4판에서는 신설된 16장 모두의 내용을 전자정부 분야에 할애하고 있다.

저자는 한국행정학 4판 머리말에서 "전자정부는 이미 행정을 효율화하고 민주화하는 데 많은 변화를 가져왔고 앞으로도 행정에 많은 영향을 미칠것으로 보인다"고 기술하고 있다. 따라서 이것은 우리나라 행정학계에서 이제 전자정부가 확고하게 하나의 분과학문 분야로 자리매김하였음을 의미한다.

기존의 행정정보체계론이든 이후의 전자정부론이든 지금까지 정보화와 관련된 주요 저서들이 전자정부의 이론적 토대를 구축하는 데 큰 기여를 하였지만, 아직까지 단일의 전자정부론이 되기 위해서는 체계화되어야 할 많은 요소들을 지니고 있다. 그러므로 전자정부를 무엇으로 보고 이에 대해 어떤 접근을 취할 것인지에 따라, 전자정부를 주제로 하는 합의된 개념이 이미 존재한다고 볼 수도 있고, 아니면 단일의 분야로서 전자정부론의 성립가능성에 대해 회의론이 제기될 수도 있다.

2) 행정정보화 분야의 연구경향 변화–한국행정학보를 중심으로

1980년대 후반 국가기간전산망 사업에 의해 행정전산망이 구축되고, 정보체계론이 행정고시 1차 교과목으로 선택됨에 따라 행정정보화에 대한 연구가 활성화되기 시작하였다. 미국의 경우, 1986년에 미국행정학보(Public Administration Review, Vol. 46)에서 당시 행정정보체계론(Public Management Information System, PMIS)에 대한 특집호를 기획하였다. 이에 한국행정학보도 1990년에 정보화 특집호를 출간하였다. 당시 한국행정학보 특집호의 연구 주제는 정보화와 행정기능의 변화, 행정전산화의 조직내적 동기와 영향, 사무자동화와 행정행태의 변화, 정보사회의 행정이념 및 정보공개 등이었다(방석현, 1990; 유평준, 1990; 안문석, 1990, 박영기, 1990; 김만기, 1990).

또한 이 당시의 연구들은 행정부문에 컴퓨터의 실용화(노화준 · 이달곤, 1990), 행정전산망사업의 효과분석(송희준 · 김준한, 1991), 정보공개와 프라이버시(이준형, 1991), 지역간 정보격차 분석(김영삼, 1992), 행정전산화에 따른 조직변화 분석(유평준 · 김도훈 · 유병욱, 1994), 행정정보체계 관리(김현성, 1996) 등 다양한 주제를 보여주고 있다. 하지만 1990년대 중반까지의 연구 주제들은 모두 행정정보화의 관점에서 수행된 것이었다.

이후 1990년대 후반부터 2000년대까지는 전자정부의 등장에 따라서 연구 주제들 역시도 보다 세분화되기 시작하였다. 정보기술이 정책결정과정에 미치는 영향(목진휴 · 최영훈 · 명승환, 1998), 정보화 추진체계(김동욱 · 이원희, 1998), 보편적 서비스 및 정보프라이버시 보호를 위한 자율규제(강휘원, 1999, 2000). 지식행정(한세억, 1999) 정보리터러시(서진완, 2000), 인증기반 구축(김용훈, 2000) 및 전자정부 추진실태(김성태, 2000)에 이르기까지 다양한 주제들에 대하여 연구가 진행되었다.

2001년부터는 정보통신기술의 활용성 제고(김구, 2001), 정보화 평가체제의 정립(김준한, 2002), 웹사이트 운영성과의 영향요인(김종무, 2003) 등에 관한 주제들이 나타났다. 이어서 최근에는 인터넷을 통한 시민참여(조화순 · 송경재, 2004; 임준형, 2006), 행정조직의 변화(이창원 · 임영제, 2004)나 정부간 관계(김현성 · 이미정, 2005) 및 정보기술이 정책결정과정에 미치는 영향(명승환 외, 2007) 등 다양한 방면에서 연구가 수행되었다.

2001년 이후부터는 한국행정학보에 정보화관련 논문들이 급속하게 줄어드는 모습을 보이고 있다. 그 이유는 1990년대 중반 이후에는 한국정책학회보, 정책분석평가학회보, 정보화정책 및 한국지역정보화학회지 등에 전자정부 및 정보통신정책과 관련한 논문들이 게재되기 시작하여 학회지가 분산되었기 때문일 것이다. 특히 2005년에는 행정자치부와 한국전자정부포럼 등에서도 전자정부연구라는 제호의 논문지를 발간하여 전자정부 연구가 활성화되고 있다.

1.5 전자정부론의 발전 방향

1. 전자정부의 철학과 이념 정립

현재 전자정부의 철학이나 이상 또는 비전은 학술적 연구의 대상이라기보다는 정부문건이나 연구보고서 또는 정책언명에서나 발견할 수 있는 선언적인 성격이 강하다(이하 김영삼 · 최영훈, 2001의 수정). 이처럼 전자정부에 대한 철학과 이념에 있어서 강한 선언적 성격은 전자정부의 방향성에 있어서, 우리나라와 해외 각국의 전자정부 추진정책에서 차이점을 발견할 수 없게 만들었다.

물론 우리나라와 세계 각국에 공통적으로 적용되는 전자정부의 모습이 존재하겠지만, 전자정부를 주창하게 되는 맥락이 다른 나라들과 과연 동일한 것인지는 의문의 여지가 있다. 따라서 전자정부에 대한 기존의 연구 결과들은 이러한 전자정부 구현 동기에 있어서 국내외의 차이, 특히 발생 맥락적 차이, 발생 과정적 차이, 결과적 차이 등을 체계적으로 다루지 못하였다.

이제 전자정부의 분야에서는 우리나라가 세계 일류국가의 반열에 들어섰기 때문에 벤치마킹을 할 나라는 별로 존재하지 않는다. 따라서 이제부터는 한국적 전자정부의 발전 모형 및 추진 전략을 수립하여야 한다. 이처럼 독자적인 발전 모형과 추진 전략을 수립하기 위해서는 전자정부의 이념을 명확하게 정립하여야 한다. 현재 전자정부 논의를 지원하는 차원에서 고객중심의 사회, 거버넌스, 정보사회, 지식사회 등의 많은 논거들이 준거개념으로 제시되고 있다. 하지만 중요한 것은 한국행정의 맥락에서 어떤 문제가, 얼마나 있어서, 어떻게 하기 위해 전자정부를 추구하는지에 대한 논의를 통하여 전자정부 이념에 대한 합의를 도출할 필요가 있다.

이점은 특히 우리의 경우, 학자들과 실무공무원들에 의해 상당 부분 홍보성의 성격으로 제시되고 있는 전자정부의 이념과 철학이 한국의 현재를 사는 일반국민들에게 "피부로 느껴지고 있는지" 확인하는 차원에서 절실히 필요하다고 생각된다.

2. 종합학제적인 발전

전자정부는 연구 대상의 특성상 다학제적 연구를 필요로 한다. 따라서 경영정보학 및 정보기술 관련 분야와 긴밀한 연구협력 관계를 유지하여야 한다. 이와 더불어서 고려되어야 할 분야가 법학이다. 우리나라 행정학의 경우, 행정학과 행정법이 전혀 별개의 분야로 설정되면서, 행정학에 있어서 법률적 측면에 대한 고려(법학의 관점에서 행정을 보는 것이 아니라 행정의 관점에서 법률을 이해하려는 측면)가 매우 취약한 상태에 있다. 특히 전자정부법을 기반으로 한 전자정부의 구현노력을 통해 기존의 법률을 개정 또는 폐지하는 작업이 현재는 물론 앞으로도 지속적으로 요구되고 있다. 따라서 전자정부의 구현과 관련한 각종의 구체적인 행정적 사안에 대한 전자정부의 법률적 기반을 제공하기 위한 작업이 필요하다고 생각된다.

우리나라의 경우, 행정기관의 주된 업무가 법률의 형태를 빌어 그 근거를 갖게 되며, 따라서 공무원의 주된 업무 중 하나가 소관 사무에 관한 법률을 지속적으로 개정 또는 제정하는 것으로 볼 수 있다. 이 점에서, 전자정부에 대한 연구는 관련법제도와의 관계를 떠나서 생각할 수 없게 되었다. 그러나 현재 전자정부의 연구 분야와 관련하여 개인정보보호의 관점만이 강조되고 있을 뿐, 법제도적 측면의 중요성이 인식되지 못하고 있다.

3. 전자정부 학회의 필요성

앞에서 제시한 전자정부의 발전 방안들이 구체화되기 위해서는 행정학의 분과위원회가 아닌 독립된 전자정부 학회의 설립이 필수적이다. 이것은 학문 분야의 전공과 관련하여 민감한 문제일 수도 있으나 전자정부의 특성상 불가피하게 요청되는 측면이 있다. 즉 독립된 전자정부 학회가 설립된다면 다양한 전공 배경을 지닌 연구자들이 함께 모여서 토론하고 연구할 수 있는 장이 마련되는 것이다.

이 경우, 자연스럽게 다학제적 연구가 가능해져서 전자정부의 연구 수준을 한 단계 높일 수 있게 될 것이다. 또한 현재는 행정학의 전공분야에서 주로 전자정부가 강의되고 있으나, 앞으로는 다양한 전공 분야에서 전공과 결합된 전자정부론의 교과과정이 개발될 수 있을 것이다.

구체적인 사례는 2000년대 초반부터 한국과학기술원 테크노경영대학원에서 운영하고 있는 전자정부 고위과정일 것이다. 한국과학기술원은 전자정부연구센터를 설립하고 전자정부 고위과정 교육만이 아니라 전자정부 방향 제시를 위한 정책자문 및 민 · 관 · 학 전문가들의 유비쿼터스 정부 포럼을 운영하고 있다. 따라서 전자정부는 이제 행정학의 영역을 넘어 다양한 분야에서 실무적으로 활발히 사업들이 추진되고 있다.

4. 행정개혁과 연계된 전자정부

그러므로 이제 행정학의 분과학문으로서의 전자정부는 학문적 정체성을 새로이 수립하여야 한다. 이제까지 국내의 전자정부 연구는 이론 보다는 실무, 즉 전자정부 사업에 초점을 두었다. 전자정부와 관련하여 행정학계가 공헌한 점으로 보다 자신 있게 내세울 수 있는 것은 아마도 시행중 또는 예정인 전자정부 사업에 대한 정당화논리의 개발, 전자정부구현을 위한 새로운 사업의 개발일 것이다.

행정학계의 전자정부 사업에 대한 공헌은 각종의 위원회의 참여를 통해서는 물론, 정책용역연구 또는 공식 · 비공식적인 자문활동을 통해 이루어져 왔다. 이와 같은 공헌에도 불구하고 전자정부에 관심을 지닌 학자들에게 아쉽게 생각될 수 있는 점은 사업 참여 또는 사업관련 연구결과를 체계화하려는 노력이 극히 미약하였다는 점이다.

따라서 이제 전자정부에 대한 연구는 이러한 사업 참여를 바탕으로 행정학의 관점에서 전자정부의 이론화를 지원하는 데 초점을 두어야 한다. 이러한 관점에서 가장 중요하게 부각되는 점이 정보기술을 활용한 행정개혁이다. 즉 전자정부는 정보기술의 공공부문에의 적용에 그치는 것이 아니라 정부의 총체적인 변환을 이끌어 낸다는 점을 강조하여야 한다. 이러한 논리적 배경에 정보기술을 활용한 행정개혁이 자리 잡고 있다.

따라서 앞으로 대한민국의 전자정부 비전은 정보기술을 활용한 행정개혁을 통하여 행정 내부의 투명성을 향상시켜 국민들로부터 신뢰받는 정부를 구현하는 것에 모아져야 한다.

5. 공적개발원조(ODA)를 통한 글로벌 전자정부

2010년, 2012년 및 2014년의 UN 전자정부 평가 결과, 우리나라는 전자정부 준비지수, 온라인 참여지수 모두 세계 1위를 달성하였다. 따라서 UN 평가를 통해 한국의 전자정부는 세계 최고 수준임을 국제적으로 공인받은 것이다.

이에 따라서 세계 여러 나라에서 우리나라의 전자정부 시스템을 도입하여 활용하려는 움직임을 보이고 있다. 또한 우리나라 통합전산센터는 외국 공무원들의 한국 방문 시에 필수 견학 코스로 자리매김하였다. 이제까지 우리 정부는 정보접근센터(IAC) 구축 지원, ICT 전문가 초청연수 및 대한민국 ICT 봉사단 파견 등의 정보화 해외원조사업을 추진하여 왔다.

최근 우리정부는 2010년 UN 전자정부 평가 1위를 계기로 대한민국 전자정부를 차세대 수출 주력 상품으로 키워 오고 있다. 따라서 세계 1위의 전자정부 구축 경험과 역량을 공적개발원조(ODA: Official Development Aid) 체계에 반영하여 어떻게 한국형 전자정부 시스템을 구축하여 개발도상국가들을 지원할 것인가가 큰 과제로 부각되고 있다. 참고로 우리나라 전자정부 시스템의 해외 진출 현황은 다음 (그림 1-5)와 같다.

그림 1-5 전자정부 시스템의 해외 진출 현황

쉬어가기

대한민국 전자정부 명예의 전당(http://www.e-gov50.kr)

대한민국 전자정부를 이끈 '전자정부를 빛낸 50선' 선정

— 인물 30선, 서비스 10선, 산업체 및 단체 10선 —

행정안전부(장관 김부겸)는 대한민국 역사상 가장 위대한 도약으로 세계적인 지도자로서의 위상을 드높인 전자정부 역사의 동반자 50선을 선정, 발표하였다.

- '전자정부를 빛낸 50선'은 전자정부 50주년을 맞이하여 지나온 반세기의 업적을 평가하고, 미래 100년을 이끌어가기 위한 사표로 삼기 위하여 기획되었다.
- 50선은 2017년 7월 공개 모집을 통하여 인물 288명, 서비스 56건, 산업체 및 단체 52건의 후보 추천을 받아, 이 중에서 전자정부 발전에 중요한 역할을 하였거나 뚜렷한 성과가 있는 인물 30명, 서비스 10건, 산업체 및 단체 10건을 선정하였다.
- 인물, 산업체 · 단체 분야는 전자정부 전문가의 심사, 서비스 분야는 온라인 공개 투표(5만7천여 명 참여)를 거쳐 최종 선정되었다.
- '전자정부를 빛낸 50선'을 분야별로 살펴보면,
- 인물 30선은 전자정부 31대 로드맵을 통해 정부의 일하는 방식 · 대국민서비스 · 정보자원관리 혁신 등 전자정부를 행정 전분야로 확산하고, 온나라시스템을 전 행정 · 공공기관에 보급하여 결재시스템을 표준화하는데 기여한 고(故) 노무현 대통령,
- 최초로 전전자교환기를 도입하고 88올림픽 전산시스템을 구축하여 정보통신 혁명의 기틀을 마련하였을 뿐만 아니라, 정보문화센터 구축으로 범국민정보화 교육을 선도한 오명 전(前) 체신부장관,
- 세계 최초의 전자정부법 제정, 전자정부 11대 과제 및 31대 로드맵 선정 · 추진으로 전자정부의 비약적 발전에 기여한 안문석 전(前) 전자정부특별위원장 등이 선정되었다.
- 서비스 10선에는 민원24(현 정부24), 홈택스, 인터넷 등기소 등 국민들이 언제 어디서나 각종 증명서를 발급받고 민원을 신청하는 등 일상에서 쉽고 편리하게 이용할 수 있는 대표적인 대국민서비스(9개)와 모든 행정서비스의 기초가 되는 주민등록정보시스템이 선정되었다.
- 산업체 및 단체 10선에는 새올, 나라장터, 전자여권시스템 등 다수의 전자정부사업에 참여하여 기획부터 구축까지 성공적으로 완료한 삼성 SDS(주), (주)LG CNS 등 5개 산업체와,
- 설립 이래 30년 동안 전자정부 전문기관으로서 국가기간전산망사업, 전자정부 11대 과제, 2020 계획 등 우리나라 전자정부 비전 · 정책 수립에 기여한 한국정보화진흥원 등 5개 단체가 선정되었다.
- '전자정부를 빛낸 50선'의 상세내역 및 공적은 전자정부 50년사 사이버 홍보관(http://www.e-gov50.kr)의 '전자정부 명예의 전당'을 통해 소개될 예정이다.

자료: 행정안전부 보도자료. 대한민국 전자정부를 이끈 '전자정부를 빛낸 50선' 선정. 2017년 10월 30일.

CHAPTER

2

지능정보사회의 등장

21세기는 우리들 모두에게 정보사회[1]라고 알려져 있다. 정보사회는 흔히 정보가 사회의 기축적인 재화가 되는 사회로 정의된다. 농업사회에서는 풍요한 자연자원이, 산업사회에서는 공업생산력이 국부(國富)의 원천이 되었듯이 정보사회에서는 지식과 정보자원이 국부의 원천이 된다는 것이다. 따라서 여러 선진국들은 21세기의 주도권을 장악하기 위하여 각 나라마다 정보통신기술(ICT)의 개발과 그 활용기반의 구축에 국력을 경주(競走)하고 있다.

이러한 정보기술의 활용은 단순한 기술의 개발 차원을 넘어서 개인과 가정은 물론 국가사회 전반에 걸쳐 커다란 혁명적인 변화를 가져올 것으로 예상된다. 특히 최근에는 스마트폰과 인공지능(AI)의 등장으로 인하여 스마트 지능정보사회가 출현하였다. 이러한 스마트 지능정보사회의 도래는 행정의 측면에서도 행정조직, 행정행태, 정책과정, 인력관리, 사무능률, 행정서비스 및 정보관련 제도와 정책 등 거의 모든 부문에 영향을 미쳐 커다란 변화를 초래하게 될 것이다. 따라서 정보사회에서 스마트 지능정보사회로의 변화를 이해하기 위하여 정보사회 및 스마트 지능정보사회의 개념과 이에 따른 스마트 전자정부의 특성 등을 살펴보고자 한다.

1) 정보사회에 대한 최초의 개념화는 1960년대 일본의 학자들에 의해 이루어졌으며, 1968년 토쿄에서 개최된 미국과 일본의 미래학자 심포지움에서 후기산업사회를 가리켜 정보화사회라고 부르자는 일본측 학자의 제안에 의해 채택되어 세계적으로 통용되기 시작하였다(Hartley외, 1985: 273). 그들이 '정보사회'가 아닌 '정보화사회'라는 개념을 채택한 이유는 그 당시의 일본사회가 이제 막 정보화가 시작되는 단계로서 아직 본격적인 정보화가 이루어지지 않은 상태였으므로 과도기적 특징을 강조하기 위한 것으로 보인다. 우리나라에서도 일본의 용어를 받아들여서 종래에는 정보화사회라는 용어가 지배적으로 사용되어 왔었다. 그러나 이제 정보화가 진행중인 사회는 벗어난 것으로 생각되므로 '정보사회'라는 용어의 사용이 일반화되고 있다.

2.1 정보사회에서 스마트 지능정보사회로의 변화

오늘날 우리가 살고 있는 사회에서 가장 중요한 특징 중의 하나가 바로 '변화'이다. 우리는 지금 급격한 변화의 소용돌이 속에서 살아가고 있으며, 이러한 변화의 속도는 보다 빠르게 진행되어 불확실성이 크게 증가하고 있다. 따라서 미래에 대한 불안감도 증폭되고 있는 실정이므로 그 어느 때보다 정보사회의 개념과 특징을 파악하여 이에 대처하는 능력이 요구된다. 그러므로 정보사회의 개념정립을 위한 논의를 정보사회의 여러 정의들과 정보사회에서의 특징적인 사회변화를 중심으로 살펴보고자 한다.

1. 정보사회의 개념

날로 다양화되고 급격히 변화하는 사회의 여러 양상들을 집약하여 오늘날의 사회를 정의하는 것이 쉬운 일은 아닐 것이다. 그 동안 무수히 많은 사람들이 각자의 관점에 따라 시대의 본질적인 측면을 정의하고 미래를 예측해 왔다. 오늘날의 사회를 대부분의 학자들이 정보의 역할 증대와 관련하여 정보사회라고 정의하는 데 동의하고 있다. 그러나 정보사회에 대한 개념은 무수한 논의만큼 다양하게 정의되고 있는 실정이다(소영진, 1998: 55-79).

1) 정보사회에 대한 개념 정의

(1) 소득 · 산업 및 취업구조 등 경제지표의 변화에 주목하는 정의

이러한 관점에서의 정보사회는 “경제활동의 영역이 상품의 제조에서 정보와 지식을 제조하는 영역으로 이동하고 전문화된 정보와 새로운 테크놀로지의 효율적 이용에 관한 분야가 각광을 받는 사회”로 정의된다(O'Brien, 1986). 이러한 정의들은 국민계정에서 차지하는 정보산업의 비중이나 전체 노동인구 중 정보상품의 생산 · 분배 · 전달에 종사하는 노동력의 비중 등을 통하여 정보사회로의 변화를 보여주려고 한다. 그러나 정보사회의 총체적 변화상을 주목하기보다는 경제적 측면에만 초점을 맞추고 있다는 한계를 가지고 있다.

(2) 정보 및 정보기술의 생산과 유통에 초점을 맞춘 정의

이러한 측면에서 일본의 이토(伊藤, 1981)는 정보사회를 “풍부한 정보를 저장 · 유통시킬 수 있으며, 정보의 분배와 변형이 신속하고 효율적이며 사회의 모든 구성원이 값싸게 정보에 접근할 수 있는 사회”로 정의하고 있다. 그러나 이러한 정의는 정보기술의 생산 · 유통의 확대가 어떠한 사회적 귀결을 가져오는지, 변화된 사회의 특징을 담아내지 못한다는 단점이 있다.

(3) 정보가치 및 사회 기축원리의 변화를 중요시하는 정의

이러한 관점에서의 정보사회는 "노동방식이나 사람들의 생활양식, 가치체계, 관습, 사회제도 등이 정보와 지식, 그리고 컴퓨터와 통신망을 바탕으로 하는 정보기술에 의하여 새롭게 형성된 사회로 이전의 농경사회나 산업사회와 비교되는 개념"으로 파악된다(배규한, 1995: 356). 특히 이러한 관점에서 토플러(Toffler, 1980)와 네이스빗(Naisbitt, 1982) 등의 미래학자들은 각각 '제3의 물결'(The Third Wave), '거대한 조류'(Megatrend) 등의 용어를 사용함으로써 사회의 기본적 원리가 바뀐다는 점을 강조하고 있다. 이러한 정의는 정보사회의 특징들을 포괄적으로 포착하고 있다는 점에서 매우 유력하며 또한 일반적으로 널리 알려져 있다. 그러나 정보사회로의 변화가 어떠한 동인(動因)에 의해 일어나는 것이며, 특히 사회적 가치의 배분과정은 어떻게 변화되는 것인지에 대해서는 별로 말해 주는 것이 없다는 문제를 가지고 있다. 이러한 다양한 정보사회의 개념정의 이외에도 정보 그 자체의 측면에 초점을 두어 정보사회를 수학적 커뮤니케이션 이론에 의한 정보이론적인 관점이나 상품으로서의 정보자원을 파악하는 정치경제학적 관점도 나타나고 있다.

2) 다니엘 벨의 후기산업사회론

오늘날 정보사회를 설명하는 데 있어서 가장 일반적인 이론은 1960년대 말과 1970년대 초에 등장한 후기산업사회(post-industrial society)로서의 정보사회론일 것이다. 정보사회의 변화상에 대해 가장 영향력이 있는 모델을 제시한 다니엘 벨은 현재의 사회가 여러 가지 면에서 이제까지의 산업사회적 특징에서 벗어난 새로운 모습들을 보여주고 있으며, 이러한 현상들을 이해하기 위해서는 새로운 사회관이 필요함을 역설하면서 새로운 사회에 후기산업사회라는 이름을 붙였다. 그가 지적하고 있는 대표적인 변화는 아래와 같은 것들이다(Bell, 1981).

(1) 경제영역에서 상품생산 중심 경제에서 서비스 중심 경제로 전환

서비스업도 여러 가지가 있으나 후기산업사회를 이끌어갈 계층으로는 새로이 등장하는 전문적인 지식집단이 중요한 위치를 차지한다.

(2) 직업구조에서 전문직과 기술직이 급속히 증가

산업사회에서 가장 큰 직업군을 형성한 것은 반숙련, 미숙련 노동자들이었다. 그러나 서비스산업의 비중이 증가할수록 육체노동자(blue-collar)보다 정신노동자(white-collar)의 비율이 늘어나며 특히 고등교육을 필요로 하는 전문직과 기술직이 급속히 늘어난다.

(3) 사회혁신과 정책형성의 근원으로 이론적 지식의 중심적 역할

이것은 벨이 후기산업사회의 기축적 원리로 제시하고 있는 중요한 변화이다. 지식의 역할은 물론 어느 사회에서나 중요하였다. 그러나 산업사회가 물질생산을 위한 인간과 기계의 결합을 중심으로 조직화되었다면, 후기산업사회는 변화와 혁신의 관리, 사회적 통제를 위한 지식을 중심으로 조직화되는 사회라 할 수 있다.

(4) 기술의 창조 · 관리 · 계획 등 일련의 기술통제 강화

과학기술이 고도로 발달하고 그에 대한 사회의 의존도가 높아질수록 과학기술의 예측치 못한 피해의 가능성도 커진다. 따라서 과학기술의 발달과 함께 이러한 기술을 관리하고 통제하기 위한 기술 역시 발달하게 된다.

(5) 새로운 지적기술의 창출

정보이론, 인공두뇌학, 게임이론 등 고도의 연산 · 논리 · 확률 · 수리 · 통계에 기반을 둔 새로운 지적 기술(new intellectual technology)들이 창출된다.

이러한 벨의 주장에는 합리적인 지식과 정보의 역할에 대한 무한한 낙관이 깔려있다. 이처럼 후기산업사회론 또는 정보사회론을 주장하는 이들은 공통적으로 정보가 가장 중요한 재화, 수단, 요소 또는 자원으로 등장하게 된다는 점을 강조하고 있다.

그러므로 정보사회의 개념은 다양하게 정의되고 있어서 그것이 과연 무엇을 의미하는 것인지에 대해서 통일된 입장이 없다고 하는 것이 정확할 것이다. 이것은 정보사회라는 개념이 사회의 한 측면만을 지칭하는 것이라기보다는 전체사회의 특징을 드러내는 것이어서 포함될 수 있는 범위가 매우 넓으며, 따라서 학자들마다 자신의 입장과 관점에 따라 각각 정보사회의 주요 측면들을 다르게 강조하여 왔기 때문이다. 이처럼 정보사회의 개념을 정의하기가 매우 어려운 작업이긴 하지만, 우리사회가 필연적으로 정보사회로 이행하고 있다는 사실을 감안할 때, 앞으로 한국사회에서의 행정을 이해하기 위해서 꼭 필요한 작업의 하나이다. 이것을 위해서는 정보사회의 특징을 살펴보는 것이 도움이 될 것이다.

2. 정보사회의 특징

정보사회가 이제까지의 산업사회와는 근본적으로 다른 사회변화를 불러일으킴에 따라 사회의 기본적 운영원리에서도 많은 차이점이 발생하고 있다. 따라서 기존의 산업사회의 사회이론으로는 변화된 사회현상을 설명할 수 없으며, 정보사회를 이해하기 위해서는 전적으로 새로운 개념과 용어들을 사용하여야 한다. 오늘날 한국사회가 처한 여러 가지의 어려움도 결국은 이러한 정보사회로의 변화에 국가행정이 제대로 대응하지 못한 결과이기도 하다.

1) 정보재(Information Goods)의 특징

정보사회론을 주장하는 모든 사람들에게는 정보가 가장 중요한 재화, 수단, 요소 또는 자원으로 등장하게 된다는 점을 강조하고 있다. 그런데 이 정보라는 자원은 이제까지의 자연자원, 금융자본과 같은 물질적 재화와 판이하게 다른 성격을 가지고 있기 때문에 이를 근간으로 하는 정보사회의 성격까지도 그 이전의 사회와는 완전히 달라지게 된다.

물질적 자원과 구분되는 정보자원 또는 정보재의 특징은 여러 가지로 지적되고 있지만, 그 가운데 중요한 것들만 들어보면 〈표 2-1〉과 같다.

표 2-1 일반 재화와 구분되는 정보재의 특징

정보재의 특징	내용
비소모성	정보는 아무리 사용해도 소모되지 않는다
비이전성	일단 정보를 소유하면 이를 타인에게 양도하더라도 이전되지 않고 소유주에게 계속 남아있게 된다
누적효과성	정보는 쌓이면 쌓일수록 그 효과가 누증한다
비분할성	물질적 재화는 여러 사람들에게 분할되어 소비되지만 정보는 집합되어 있는 그대로 사용된다
의존가치성	정보는 다른 자원의 응용과 평가에 필요한 것이지 직접적으로 사용되는 것이 아니다 abc
자기조직성	정보간 융합이 쉽게 일어날 수 있다
전유불가능성	재산권에 대한 법적 개념이 잘 적용되지 않는다
저장성	인간의 서비스와 달리 정보서비스는 저장할 수 있다
무한재생산성	대부분의 정보는 복제를 통해 매우 낮은 가격으로 무한히 재생산할 수 있다
무한가치성	하나의 정보가 여러사람에게 공유됨으로써 총가치가 무한히 증가될 수 있다
가치의 불확실성	정보가치는 정보에 고유한 것이 아니라 사용자와 사용목적에 따라 천차만별로 달라진다

자료: (소영진,1998:72).

이러한 정보재의 특징들은 왜 정보재가 일반재화와 달리 새롭게 각광 받는가를 설명해준다. 일반재화의 생산에는 자원과 에너지가 필요하며 일단 소모된 에너지는 재생이 불가능하다. 그러나 정보자원의 생산 및 재생산은 이와는 달리 확대하거나 압축할 수 있고, 대체 및 이동이 가능하며, 누설되기 쉽고 공유할 수 있다. 따라서 이런 식으로 재생산된 정보는 사회의 모든 구성원들에게 공유됨으로써 저렴한 비용으로 무한한 가치를 창출할 수 있게 된다. 따라서 정보는 오늘날의 사회에서 가장 중요한 공공재(public goods)라 할 수 있다.

2) 정보사회의 특징

이러한 정보재의 특성을 기본 바탕으로 하여 도래한 정보사회의 주요한 특징들은 다음과 같이 정리될 수 있다(한국전산원, 1996c: 63~76).

(1) 양(量)의 사회에서 질(質)의 사회로 변화

정보사회는 육체적 노동량이 가치를 결정하는 시대에서 정신적 노동의 질이 가치를 결정하는 시대로 변화한다. 이것은 현재 세계최고의 부자로 알려져 있는 미국의 빌게이츠가 설립한 마이크로소프트 회사의 모든 상품이 육체노동이 아닌 정신적 노동의 산물임에서도 확연히 증명되고 있다.

(2) 거리의 소멸

산업사회에서 자동차나 항공기 등과 같은 교통수단의 발달이 지역간, 국가간 거리를 대폭 단축시켰다. 그러나 정보통신기술의 발전으로 인한 거리의 소멸은 이보다 훨씬 광범위하고 강력하게 일어난다. 따라서 세계 어느 곳이라도 실시간으로 접속할 수 있게 되었으며 멀티미디어 기술의 발전으로 화상회의(Teleconference)나 원격교육 등이 가능해졌다.

(3) 영역간에 경계가 모호해지는 무경계(無境界)사회(borderless society or fuzzy society)의 출현

과거에는 지역간에 교류가 적었기 때문에 문화와 풍습, 언어, 제도 등이 상이하게 발전했으며 국가간에는 이러한 차이가 더욱 뚜렷했다. 그러나 오늘날 다국적 기업이나 국제적 투기자본(hot money) 등은 국경을 초월하여 세계적 규모로 이동하며, 한 나라의 정책이나 제도가 이러한 움직임 앞에서 무력해지는 상황이 발생한다. 또한 국가내에서도 공공부문과 민간부문간, 또는 공공부문이나 민간부문 자체내에서 끊임없는 상호침투와 이합집산이 발생한다. 따라서 이러한 무경계사회에 적응하고 생존하기 위해서는 기존의 경직되고 폐쇄적인 사고로부터 유연하고 개방적인 사고로 우리 자신의 태도를 끊임없이 개방화시킬 필요가 있다.

(4) 네트워크 사회도래

네이스빗(1982)은 네트워크를 위계제(hierarchy) 구조와 대비되는 개념으로 제시하였다. 그는 위계제가 상명하복(上命下服)의 권위주의에 의해 움직이는 구조인데 반하여 네트워크는 수평적 협력에 의해 움직이는 구조이며, 따라서 보다 민주적인 구조로 묘사하고 있다. 그러나 이러한 변화는 네트워크화의 본질이라기 보다는 결과일 뿐이다. 네트워크 사회는 기존에 단일 시스템에 의해 수행되던 일들이 분산처리되면서 독립적인 시스템들의 협력에 의해 수행되어진다. 이러한 사회에서는 개인들은 조직의 구성원이라는 정체성을 상실할 수도 있다. 따라서 관료제하에서의 경력직(career) 원칙이 무너지고 종신고용이라는 개념이 사라지게 된다. 오늘날 우리에게 친숙해진 구조조정이라는 단어도 이러한 관점에서 인식되어야 한다.

그러므로 이러한 정보사회의 특징과 오늘날 우리의 현실을 비교해 볼 때, 한국사회도 이미 정보사회에 진입하였음을 알 수 있다. 그러면 이러한 정보사회에 대응하는 방법은 무엇인가? 그것은 보다 많은 가능성을 준비하는 것이다. 즉 정보사회가 변화의 복잡성으로 인해 미래의 불확실성을 증가시키기 때문에 미래 예측은 점점 힘들어질 수밖에는 없는 실정이다. 이러한 상황하에서는 예기치 못하게 발생하는 사태에 대하여 즉각적으로 대처하고 적응할 수 있는 유연성을 길러야한다. 이러한 유연성을 늘리기 위해서는 정보수집 능력을 키워 환경의 동향을 민감하게 포착하여야 한다. 또한 정보가 무엇을 의미하는지 판단하여 행동의 방침을 신속하게 결정하여야 한다. 그러므로 이러한 능력을 신장시키기 위해서는 개인의 생애에 있어서 끊임없이 교육을 받을 자세를 갖추고 일상생활에서 정보활동의 비중을 높여 나가야만 한다.

3. 사회 패러다임의 변화와 스마트 지능정보사회

오늘날 사회는 기술변화의 소용돌이가 점차 빨라지면서 지난 5,000년의 역사보다 최근 20년 동안에 더욱 급변하는 모습을 보여주고 있다. 현재 정보통신 분야의 기술들은 발전할수록 그 발전에 가속도가 붙고 있다. 따라서 우리들은 속도의 시대에 살고 있다.

세계화에 따르는 국가 간 상호작용의 증대, 복잡성의 증가, 기술의 융합 및 서비스의 통합 등은 사회변화를 가속화시키는 요인으로 작용하고 있다(김문조, 2013). 농업사회가 산업사회로 전환되는 기간은 6,000년에서 7,000년 정도가 소요되었다. 그러나 산업사회에서 정보사회로 전환되는 데에는 그것의 1/20도 안 되는 250년 정도밖에 걸리지 않았다. 또한 이러한

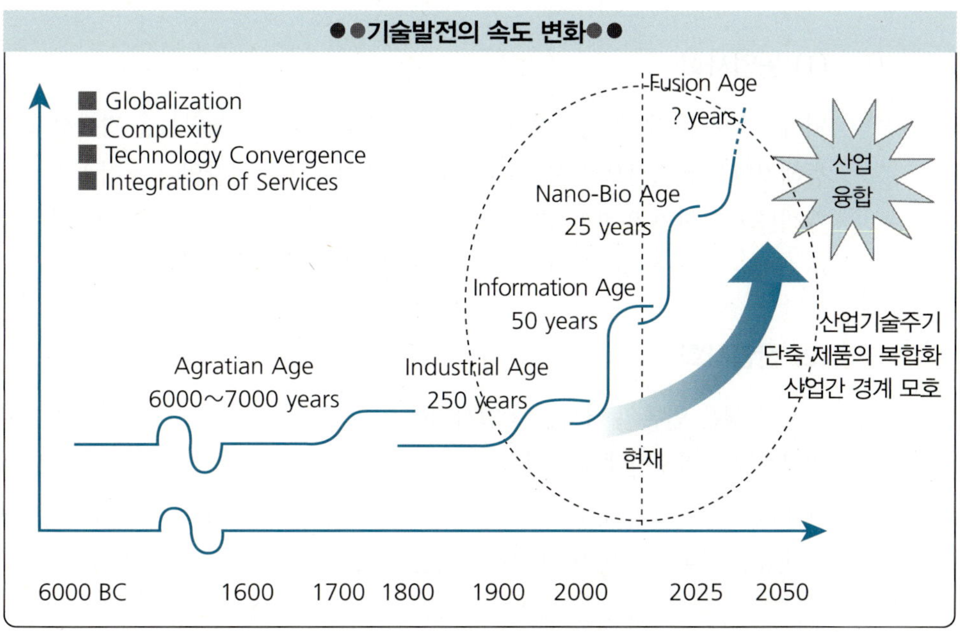

자료: NSF(2002, 2005), Ahiquvist(2005) 자료 재구성

그림 2-1 기술발전에 따른 사회변화

정보사회는 (그림 2-1)과 같이 나노-바이오 사회를 넘어 융합을 거쳐서 스마트사회로 진화하고 있는 실정이다.

1) 인류 역사의 변화와 사회적 특징

인류의 역사는 기술의 발전, 사회적 가치의 변화 등과 같은 여러 핵심 동인들에 의해서 〈표 2-2〉와 같이 패러다임의 변화가 이루어지고 있다(이하 김성태, 2011: 17~19).

표 2-2 인류 역사의 변화와 사회적 특징

구분	농업사회	산업사회	정보사회	스마트 지능정보사회
기술	체력, 근면	제조기술	디지털기술	네트워크 개방적 협력 스마트 IT
일하는 방식	자급자족 육체적 근면	대량생산 노동집약	지식집약적 수평적 질서	스마트워크
경영전략	자연재해 극복	H/W 중심	S/W 중심	컨버전스 모바일, 1인기업
인재상	근면한 농부	근면한 공장노동자	지식역량보유 근로자	창의적, 개방적 인재
핵심가치	공동체 의식	폐쇄적, 정형화	지식, 공유, 개방	유연성, 창의성 인간중심

자료: (김성태, 2011:18).

(1) 농업사회

역사적으로 볼 때, 농업사회는 부족 공동체를 중심으로 농작물을 경작하고 가축의 사육이 가능해지면서 본격적으로 시작되었다. 농업사회에서는 인간의 기초적 노동력을 바탕으로 자연재해를 극복하기 위한 다양한 방법들이 개발되고, 이러한 시대적 상황에 맞게 육체적 근면성이 가장 중요한 핵심 덕목으로 고려되었다.

(2) 산업사회

산업혁명은 인류의 역사를 농업사회에서 산업사회로 변화시켰다. 이 시대는 기계적 기술을 바탕으로 대량생산체계가 만들어지고 이를 통해 인류는 배고픔과 가난으로부터 벗어날 수 있게 되었다. 이 사회에서는 숙련된 공장 노동자들의 역할이 매우 중요했기 때문에 노동자들은 오랫동안 기술을 익히기 위해서 훈련을 받았으며, 근면과 성실한 태도가 주요 덕목이었다.

(3) 정보사회

산업사회는 컴퓨터의 등장, 정보통신 기술의 발전에 따라서 지식과 정보가 중요시되는 정보사회로 진화하였다. 정보사회는 지식과 정보가 사회의 가장 핵심적인 자원이며, 이를 공유하고 개방하는 것이 사회적 가치로서 중요하게 여겨졌다.

(4) 스마트 지능정보사회

정보기술은 유비쿼터스 기술과 융합되고, 사물조차도 지능을 갖게 되는 스마트기술로 급속하게 변화하고 있다. 따라서 공유와 개방의 정보사회 가치를 기반으로 인간 중심의 창의성과 유연성의 가치가 더욱 중요시되고 있다. 스마트기술과 사회적 핵심가치의 변화는 인류의 역사를 정보사회에서 스마트사회로 진화시키고 있다. 스마트사회의 등장에 따라서 이러한 기술과 가치를 바탕으로 모바일관련 산업, 1인 기업의 활성화 등 산업형태가 다양하게 변화하고, 시간과 장소에 구애받지 않고 근무할 수 있는 스마트워크가 일하는 방식으로 자리잡게 될 것이다.

2) 스마트 지능정보사회의 특징

오늘날 지능기술이 핵심 이슈로 등장하며 주목받는 기술로 급속하게 변화하고 있다. 여러 전문가들은 앞으로 2025년까지 지능기술들이 공공 영역에 깊숙이 스며들 것으로 예상하고 있다. 이러한 지능기술은 인간과 사물의 생각하는 능력을 획기적으로 강화시킬 것이다. 이로 인해 인간은 보다 올바른 의사결정을 내릴 수 있게 되고, 사물은 인간을 대신해서 문제를 해결하며, 미래 지능화 시대를 이끌어 갈 부가가치 창출의 새로운 핵심 원천으로 주목받고 있다.

구체적으로 컴퓨터와 인터넷에 이어 사물인터넷, 인공지능, 로보틱스, 빅데이터 등 다양한 지능기술들이 결합되어 경제, 기업, 사회 및 개인 등에 새로운 지능화 시대의 패러다임 변화를 견인할 것이다. 이러한 내용을 정리하면 다음과 같다(한국정보화진흥원, 2016c).

(1) 신제조업이 경제 성장을 견인(기계+컴퓨터): 제조업의 서비스화

산업들 간에 경계가 붕괴하고 제조업의 서비스화가 진행되면서 전통적 산업 영역과 경쟁구도가 크게 변화한다. 하드웨어, 소프트웨어, 네트워크가 융합된 위에 제조와 서비스 영역이 하나로 합쳐진 '프로비스(Provice; Product+Service)' 시대가 본격화한다. 산업사회와 정보사회에서는 기계 기반 제조업과 컴퓨터 기반 ICT가 성장을 견인했다면, 지능화 시대에는 기계와 컴퓨터가 융합되어 자동차, 에너지 등 제조업의 서비스화가 가속화되며 융합형 신제조업이 경제 성장을 견인한다.

산업사회에서 기계가 단순한 도구에 불과했으나, 지능정보사회에서는 컴퓨터와 융합되어 인간과 사물의 사고능력을 강화하고 기계가 인간의 유능한 조력자로 등장한다.

(2) 무역 중심이 상품 교역에서 디지털 교역으로 변화

세계 무역이 상품에서 디지털 중심으로 급변하는 등 글로벌 교역의 패러다임이 변화한다. 산업사회에서는 물리적 상품이 세계 무역의 주류였다면, 지능정보사회는 데이터와 디지털 상품이 교역의 중심으로 부상한다. 소셜 미디어와 빅데이터를 활용하게 됨에 따라서 정보의 급격한 양적 증대와 공간적 확대로 보다 빠르게 정보의 글로벌화가 진행된다. 이러한 소셜미디어와 인터넷 플랫폼을 통해 개인들이 상당한 경제적 영향력을 가지며 세계화에 직접 참여하게 된다.

실제 상품과 서비스, 자본 교역 등 전통적 의미의 세계 교역은 감소하는 반면, 국가 간에 디지털 정보(데이터) 교역은 급격히 증가하고 있다. 실제로 개인과 기업이 국경을 넘어 주고받는 데이터량은 2005년에 비해 약 45배 증가했으며, 2021년에는 2014년 대비 약 3배가 증가할 전망이다.

(3) 신뢰 · 협력 중심의 혼계(Heterarchy) 사회 등장

기존 위계사회와 네트워크사회의 사회조직원리가 복합적으로 결합된 혼계 사회가 등장한다. 기존의 위계적 구조의 산업사회는 각종 규제를 기반으로 신뢰 관리에 능했으나 수평적 협력이 어려웠으며, 네트워크(연계) 구조의 정보사회에서는 수평적 협력이 능했으나 신뢰 관리가 어려우며 보안과 신뢰의 문제가 계속 대두되었다. 따라서 지능정보사회는 위계와 연계 사회가 복합적으로 결합된 혼계 사회로 변화하게 된다.

혼계사회에서는 보다 작은 조직, 유연한 네트워크 조직으로 변화하며 국가, 시민사회, 기업이 공동으로 협력하면서 지배하는 협치가 확대될 것이다. 이러한 지능화 시대는 인간과 기계가 경쟁하는 것이 아니라 신뢰와 협력을 통한 혁신으로 인간과 기계가 협력 · 공존하여 새로운 가치를 창출하고 부를 함께 나누는 사회로 변화한다. 이 과정에서 지능정보기술의 발전에 따른 일자리 감소, 오작동 피해, 책임 문제, 윤리적 문제 등 부작용이 대두되며 사회적 신뢰와 협력이 더욱 중요해진다.

(4) 대량 지능(Mass Intelligence) : 지식과 능력을 서비스화하여 공유

산업사회는 대량생산체계를 통해 재화를 제공했고, 정보사회는 인터넷을 통해 무한한 정보를 제공했다면, 지능정보사회는 알고리즘을 통해 지식과 능력을 공유할 수 있게 되었다. 따라서 지능정보사회는 과거 소수 전문가만 할 수 있었던 일을 지능기술을 통해 누구나 활용할 수 있게 되는 지능 공유 사회로 발전하고 있다.

구체적으로는 자율주행과 인공지능 번역 등을 통하여 운전이나 통역과 같은 중간 수준의 능력 뿐 아니라, 의료, 주식거래 같은 고도의 능력까지도 지능기술에 의해 제공되고 있다. 그러므로 일반인들도 다양한 능력을 구사할 수 있게 되었다. 이처럼 지능정보사회에서는 지능

기술의 도움을 받아 누구나 아이디어만 있으면 지식과 능력으로 파괴적 비즈니스 모델을 만드는 것이 가능해졌다.

(5) 데이터와 알고리즘이 힘

지능화 시대에는 컴퓨터가 인간의 통제를 일일이 받는 대신 스스로 판단하고 작동하기 때문에 데이터와 알고리즘(Algorithm)[2)]이 필수적이다. 사람이 데이터를 생산 · 분석 · 판단하는 정보화 시대와 달리, 지능정보화시대에는 사물이 데이터를 생산하고, 사람이 만든 알고리즘에 따라 컴퓨터가 분석하며, 사물과 컴퓨터가 융합되어 사물 스스로 배우고 판단하여 작동하게 된다.

따라서 모든 것을 데이터로 기록(Datafication) → 컴퓨터가 데이터 분석 → 사물이 스스로 배우고 판단하여 작동하도록 되어 있다. 이제 네트워크의 활성화로 많은 데이터가 축적되고, 컴퓨팅 자원 가격의 하락으로 컴퓨팅 능력의 개선과 딥러닝 등의 알고리즘이 발전하여 기계가 스스로 판단하여 작동하는 것이 가능해졌다. 과거 정보화 시대에는 크게 부각되지 못했으나, 지능정보화 시대에서는 모든 것이 연결되어 데이터화되고 생산된 데이터를 분석 · 활용한 부가가치 창출이 중요해지며 가장 중요한 요소로 데이터와 알고리즘이 부각되고 있다. 특히, 신뢰성 있는 알고리즘 역량과 양질의 데이터에 따라 인공지능의 성능에 결정적 차이가 발생하고 있다. 양질의 더 많은 데이터가 더 똑똑한 알고리즘과 더 나은 서비스를 만들고, 더 많은 사용자가 사용함으로써 다시 더 많은 데이터를 만들어 내는 선순환 (Intelligent Loop)에 의해 알고리즘 경쟁력이 확대 재생산되는 구조이다.

(6) 플랫폼사회 : 사회 플랫폼이 지능화 수준 결정

지능정보화화 시대에는 정보기술이 언제 어디서나 동일한 성능을 내는 것이 아니라, 제품과 서비스의 성능이 구현되는 사회의 각종 플랫폼에 좌우된다. 즉 정보사회에서는 인터넷 같은 정보기술이 작동하기 위해 컴퓨터 가상공간의 플랫폼이 필요했다면, 지능정보사회는 현실세계에서 작동하기 때문에 현실 공간의 플랫폼이 필요하게 된다. 산업사회의 제품은 물리 공간에 상관없이 동일한 성능을 내지만, 지능정보사회는 물리 공간의 상황이 성능을 결정하며 그 사회의 플랫폼에 따라 성능이 좌우된다.

따라서, 지능정보화 시대에는 기술에 앞선 사회보다 플랫폼에서 앞선 사회가 더 큰 경쟁력을 가지며, 그 사회 플랫폼의 발전수준이 지능화 수준을 결정하게 된다. 즉 서비스들이 플랫폼 간 연계 및 통합을 통해 발전하며, 개방된 다양한 플랫폼 위에서 다른 비즈니스와 융합되고 심화되면서 새로운 가치를 창출한다. 그러므로 애플, 구글, 페이스북, 아마존 등과 같이

2) 지능화 시대의 알고리즘 개념은 모델로서의 알고리즘으로 인간의 다양한 행위를 데이터로 변환해 최적의 해결책이나 서비스를 제시하는 절차를 의미함(한국정보화진흥원, 2016b)

데이터와 플랫폼을 기반으로 사업을 확장하는 기업들이 세계 시장의 새로운 강자로 부상하며, 성장을 주도하게 된다. 그러므로 플랫폼 간 연계 · 통합 측면에서 볼 때, 지능정보화 시대는 기술 이슈보다 사회혁신 이슈가 더 중요하며 물리적, 기술적, 제도적 요소의 조화로운 융합이 중요하게 부각된다.

2.2 제4차 산업혁명의 시대

1. 제4차 산업혁명의 등장

1) 제4차 산업혁명의 시작

제4차 산업혁명은 20세기 후반 이후 정보통신기술을 기반으로 한 인터넷 확산과 정보처리 능력의 획기적 발전을 기초로 한다. 4차 산업혁명은 사물인터넷(IoT), 클라우드, 빅데이터 및 인공지능 등의 디지털화를 기반으로, 물리적 · 생물학적 영역을 포함한 모든 영역의 경계가 없어지고 연결성이 극대화되면서 융합이 가속화되는 것이다.

2016년 다보스포럼의 주제는 '제4차 산업혁명의 이해(Mastering the Fourth Industrial Revolution)'로서 제4차 산업혁명을 여러 글로벌 경제적 위기상황들을 극복할 수 있는 대안으로 선정하고 이를 위한 다양한 논의의 장이 마련되었다. 기존 1, 2, 3차 산업혁명과 제4차 산업혁명의 시점과 특징을 정리하면 〈표 2-3〉과 같다.

제4차 산업혁명의 핵심은 인공지능 기반의 초지능성과 IoT 기반의 초연결성을 통해 새로운 사업모델과 혁신을 거두는 것이 핵심으로 이에 대한 대응이 필요하다. 과거에 3차 산업혁명의 핵심 키워드가 ICT를 기반으로 한 정보화, 자동화였다면 제4차 산업혁명의 핵심 키워드는 초연결(Hyper-Connectivity) 기반의 지능화(Intelligence)를 통한 자율화라고 볼 수 있다.

1차 산업혁명은 기계의 발명으로 인한 자동화의 탄생, 그리고 증기기관의 발명을 통한 국가 내의 연결성 강화이다. 2차 산업혁명은 전기 등의 에너지원의 활용과 작업의 표준화를 통해 기업 간/국가 간 노동부문의 연결성을 강화하고, 대량생산체제를 성공적으로 실현하는 것이다.

3차 산업혁명은 전자장치/ ICT를 통하여 급진적인 정보처리 능력의 발전을 이루었으며, 이를 바탕으로 정교한 자동화를 이루고 사람, 환경, 기계를 아우르는 연결성을 강화하는 것이다. 이어서 제4차 산업혁명은 인공지능에 의해 자동화와 연결성이 극대화되는 단계이다. 따라서 인공지능의 출현으로 사람의 두뇌를 대체하는 시대의 도래를 포함하기 때문에 경제적으로나 사회적으로 파격적인 변화를 가져오는 전환점이 될 것으로 전망된다.

표 2-3 각 산업혁명의 단계별 변화

		1차 산업혁명	2차 산업혁명	3차 산업혁명	4차 산업혁명
시기		18세기 후반	19~20세기 초	20세기 후반	2000년대 이후
연결성		국가내부 연결성 강화	기업-국가 간 연결성 강화	사람 · 환경 · 기계의 연결성 강화	자동차 연결성의 극대화
최초 사례		방직기 (1784)	신시내티 도축장 (1870)	PLC:Modicon 084 (1969)	-
혁신 동인		증기기관 (Steam Power)	전기에너지 (Electric Power)	컴퓨터, 인터넷 (Electronics & IT)	IoT, 빅데이터, AI기반 초연결 (Hyper-Connection, CPS)
		동력원의 변화(유형자산 기반)		정보처리 방식의 변화(무형자산 기반)	
특징	원인	기계화	전기화	정보화	지능화
	결과	산업화(Industrialisation)	대량생산 (Mass Production)	자동화 (Automation)	자율화 (Autonomisation)
	결과	산업화(Industrialisation)	대량생산 (Mass Production)	기계, SW가 데이터를 생산	데이터가 기계, SW를 제어
현상		영국 섬유공업의 거대 산업화	컨베이어 벨트를 활용 기반 대량생산 달성한 미국으로 패권 이동	인터넷 기반의 디지털 혁명, 미국의 글로벌 IT 기업 부상	사람-사물-공간의 초연결, 초지능화를 통한 산업구조 개편

자료: (김상훈, 2017).

2) 제4차 산업혁명의 의미

최근의 인공지능관련 기술은 인간의 개입이 최소화된 상태에서 인간의 육체노동은 물론 일부 지적 판단기능까지 수행 가능한 수준으로 발전하였다. 인류는 이제까지 사회 대부분에 영향을 미치는 범용기술(GPT: General Purpose Technology)의 혁신적 발전을 바탕으로 진보를 이루어냈다. 이제 지능정보 기술의 혁신으로 인하여 새로운 혁명의 시기를 맞이하고 있다. 이러한 핵심기술들에 의하여 산업의 변화는 물론 인간의 생활방식에 이르기까지 사회 전체가 변화할 것이다.

앞으로는 이러한 혁명적 변화과정에 대한 적절한 대응 여부가 개인 · 기업뿐 아니라 국가의 경쟁력에 근본적 차이를 촉발하므로, 변화 동인과 변화 모습을 명확히 이해하여 경제 · 사회 전반에 준비를 추진할 필요가 있다.

이러한 4차 산업혁명은 인공지능, 빅데이터 등 디지털 기술로 촉발되는 초연결 기반의 지능화 혁명이다. 앞으로는 네트워크에 많은 사람과 사물이 연결되고, 데이터가 기하급수적으로 늘어나고, 인공지능 SW가 이를 스스로 학습하여 일부 지적 판단기능을 수행하게 될 것이다. 따라서 이러한 네트워크 (IoT, 5G), 데이터(Cloud, BigData), 및 인공지능 SW(기계학습, 알고리즘) 등의 디지털 기술들은 다양한 기술과 융합, 범용으로 영향을 미치는 4차 산업혁명의 핵심 동인으로 자리 잡고 있다.

3) 제4차 산업혁명으로 인한 변화 전망

제4차 산업혁명은 산업구조를 바꾸고 일자리, 삶의 모습 등 사회에 파급되어 인간의 삶 전반에 총체적인 변화를 야기할 전망이다. 우선 산업구조의 측면에서는 데이터에 대한 자가 학습을 통해 지속적으로 알고리즘 성능을 강화하므로 데이터가 산업의 새로운 경쟁원천으로 부각되고 있다. 현재 플랫폼을 기반으로 하여 스스로 데이터를 확보할 수 있는 생태계를 구축하고, 이를 활용할 수 있는 알고리즘을 보유한 기업들이 시장을 주도하면서 세계적인 거대 기업으로 성장하고 있다.

따라서 데이터를 지속적으로 생성 · 활용하는 플랫폼 및 생태계 경쟁 중심으로 산업의 경쟁방식이 급속하게 변화하고 있다. 현재 세계적인 거대 ICT 기업들은 자사 플랫폼과 연결되는 다양한 제품 서비스로 사업 영역을 확장하여, 이종 산업으로 진출하고 있다. 따라서 대규모 플랫폼 기업은 많은 사용자로부터 데이터를 수집 · 축적하고 양질의 서비스를 저렴하게 제공하여 사용자를 더욱 확보(네트워크 효과)함으로써 시장을 독과점하는 승자독식의 현상이 발생하고 있다.

또한 고용 구조의 측면에서 볼 때, 사회 전반에 인공지능이 인간을 대신하여 일을 수행함으로써, 생산성 향상, 근로시간 감소, 건강수명 증가 등 경제 사회적 혜택이 고루 확대될 수 있다. 그러나 자동화로 인해 단순 반복 업무의 일자리 수요가 감소하고, 고부가가치 업무의 인력수요가 증가하는 고용 구조 변화도 야기될 수 있다. 현재 위험 직무와 단순 반복 업무는 자동화되어 축소되고 있는 반면, 창의성이나 고도의 기술력 등이 요구되는 양질의 일자리는 증가하고 있다. 따라서 단순 노동의 감소로 인하여 일자리의 질은 급속하게 낮아지고 있으나, 한편으로 근로자의 역할은 자동화로 대체되기 어려운 창의 · 감성 직무로 고부가가치 업무가 재편성되어 가치가 상승하고 있는 실정이다.

특히 플랫폼을 통해 기업 기능이 산업 간에 경계 없이 적용되면서 업무도 기능 전문성 중심으로 전환되어 비전형적 고용형태가 확산되고 있다. 이것은 공유경제, O2O서비스 등 플랫폼 기반의 서비스 발전으로 노동시간, 장소, 고용주에 종속되지 않는 대중노동 확산으로 이어지고 있다.

삶의 질의 측면에서 볼 때, 순기능으로는 각종 제품과 서비스가 지능화됨으로써 삶의 편의성 향상, 안전한 생활환경 조성, 맞춤형 서비스 제공 등 국민 삶에 큰 혜택이 제공될 수 있다. 그러나 역기능의 측면에서는 승자독식 구조로 인한 양극화 심화, 데이터, 네트워크 활용 확대에 따른 해킹 · 개인정보침해 위협이 급격하게 증대될 수 있다. 따라서 정부의 적극적인 대응이 필요한 시점이다.

4) 제4차 산업혁명에의 대응 현황

2016년 다보스포럼의 4차 산업혁명 발표 이후 미국 · 독일 · 중국 · 일본 등 주요국의 디지털 전략은 〈표 2-4〉와 같이 디지털 기술 확산을 넘어 국가 전체의 디지털 혁명으로 개념을 재정립하고, 그에 맞는 정보화 및 디지털 전략을 수립하고 있다. 이에 우리나라도 4차 산업혁명의 거대한 변화에 대응하여 디지털 경제를 주도하기 위한 혁신성장 동력 확충, 국민주권 강화 및 사회 현안 해결을 위한 공공 서비스 혁신, 모든 국민의 지능정보기술 활용 역량 강화를 통한 포용적 사회 발전 실현, 지능정보사회 혜택을 누구나 누릴 수 있는 기반 마련 등 지능정보사회 종합대책을 마련하여 이에 대응하고 있다.

표 2-4 주요국의 4차 산업혁명 및 지능정보사회 대응 현황

국가	주요내용
한국	• 4차 산업혁명이 초래할 경제 · 사회 전반의 혁신적 변화에 대응하고자 '지능정보사회 중장기 종합대책'전략 마련 • 4차 산업혁명에 필요한 국가적 전략 및 방안은 주로 기술, 산업, 고용, 문화 등과 관련된 부처 중심으로 논의
미국	• 백악관을 중심으로 인공지능의 미래를 위해 8개 분야 32개의 권고사항을 담은 '인공지능의 미래를 위한 준비' 발간 • 과학기술위원회는 4차 산업혁명 선도를 위해 R&D 비전과 방향을 담은 '인공지능 기술개발 계획' 수립
독일	• ICT와 제조업 융합을 통해 고도화 지능화된 제조업 육성 전략인 '인더스트리 4.0' 수립 • 민관 협력체계에 기반을 둔 공동 대응체제 구축을 통해 기업 전반의 '인더스트리 4.0' 도입 및 확산 지원
프랑스	• 디지털공화국법을 다양한 이해관계자가 참여해서 크라우드소싱 방식으로 수립 • 지능화 시대 미래전략을 대비하기 위해 세계 경제와 그 변화에 영향을 끼치는 문제에 대한 연구 조사를 수행하는 전략분석센터 운영
중국	• 민간과의 협력을 바탕으로 글로벌 제조 강국으로 도약하기 위한 업종별 육성 방안인 '중국 제조2025 전략' 추진 (중국의 민간은 정부가 투자한 성격이 강함)
일본	• 기술, 교육, 금융 등 경제 사회 전반을 포괄하는 '4차 산업 혁명 선도 전략'을 마련하고, 총리 주도의 정방위적 차원의 대응전략 추진

자료: (한국정보화진흥원, 2017b:3).

구체적으로 공공서비스의 지능화 전략은 다음과 같이 요약할 수 있다. 우선 공공 분야의 지능화로 사회문제 해결 및 편리하고 안전한 공공 서비스를 제공함으로써 국민의 삶의 질을 높이고 혁신성장을 위한 선도적 시장 창출하는 것이다. 이것의 구체적인 내용은 다음〈표 2-5〉와 같다.

표 2-5 공공분야의 지능화서비스 추진 내용

분야	주요 내용
스마트 건강	개인 맞춤형 정밀의료 확산, 지능형 의료로봇 상용화, 인공지능 기반 신약개발 혁신 등 예방부터 간병까지 스마트 의료 · 바이오 구현
스마트 도시	스마트 도시 선도모델 실증 · 확산, 딥러닝 기반 교통신호 최적제어 시스템 보급 등 도시 문제 해결 혁신 플랫폼인 스마트 도시 확산
스마트 복지	지능형 돌보미 로봇 개발, 근력 강화 웨어러블 로봇 확산, 치매환자 지능형 모니터링 등 사회적 약자의 지능형 일상생활 보조 서비스 확산
스마트 환경	미세먼지 정밀 예보, 스마트 상하수도 시스템 구축 등 환경오염 예측 정확도 제고 및 무인 관리로 대응체계 고도화
스마트 안전	노후 SOC 관리, 지능형 CCTV 분석 기반 범죄예측 · 사전대응 강화, 산불 · 병충해 대응 고도화 등 안전체계 지능화로 사고예방 및 피해 최소화

2. 제4차 산업혁명에 대응하는 지능정보사회의 등장

1) 지능정보사회의 시작

지능정보사회는 고도화된 정보통신기술 인프라를 통해 생성, 수집, 축적된 데이터와 인공지능(AI)이 결합한 지능정보기술이 경제, 사회, 삶 모든 분야에 보편적으로 활용됨으로써 새로운 가치가 창출되고 발전하는 사회로 정의할 수 있다. 아울러, 데이터와 지식이 기존 생산요소(노동, 자본 등)보다 중요해지고 다양한 제품, 서비스 융합으로 산업간 경계가 붕괴되며, 지능화된 기계를 통한 자동화가 지적노동 영역까지 확장되는 등 경제, 사회 전반에 혁신적인 변화가 발생하는 현상을 보이고 있다.

이전의 정보사회에서 인간은 여전히 판단과 실행의 주체였지만, 지능정보사회에서는 지능적 판단을 하는 인공지능의 등장으로 인해 사람만이 이러한 판단과 실행의 주체가 아니게 된다. 즉 사람과 유사한 수준으로 또는 더 뛰어난 수준으로 판단하고 실행하는 '지능적 주체'가 등장하게 된다. 이러한 지능정보사회에 유망할 것으로 선정된 10대 서비스는 다음과 같다(미래창조과학부, 2016).

자료: (미래창조과학부, 2016).

그림 2-2 지능정보기술 기반 유망서비스

2) 지능정보기술의 개념과 특징

정부의 제4차 산업혁명에 대응한 "지능정보사회 중장기 종합대책"에 의하면 지능정보기술은 인간의 고차원적 정보처리를 ICT를 통해 구현하는 기술로 인공지능으로 구현되는 "지능"과 데이터 · 네트워크 기술(ICBM)에 기반한 "정보"가 결합된 형태이다(미래창조과학부, 2016).

이러한 지능정보기술의 개념은 인공지능 기술과 데이터 활용기술(ICBM)을 융합하여 기계에 인간의 고차원적 정보처리 능력(인지, 학습, 추론)을 구현하는 기술을 의미한다. 여기에서 인공지능 기술이란 인간 정보처리 활동의 원리를 분석하는 기초 기술과 ICT를 통해 이를 구현하는 인공지능 SW 및 HW 기술을 의미한다. 데이터 활용기술이란 인공지능의 빠른 성능 향상과 보급 확산을 위한 핵심 기반인 데이터를 수집 · 전달 · 저장 · 분석하는 필수적인 ICT를 의미한다. 구체적으로는 각종 데이터를 수집하고 실시간으로 전달하며(IoT · Mobile), 수집된 데이터를 효율적으로 저장하고 그 의미를 분석(Cloud · Big Data)하는 것을 의미한다.

이러한 지능정보기술의 개념과 특징을 도식화 하면 (그림 2-3)과 같다.

개념	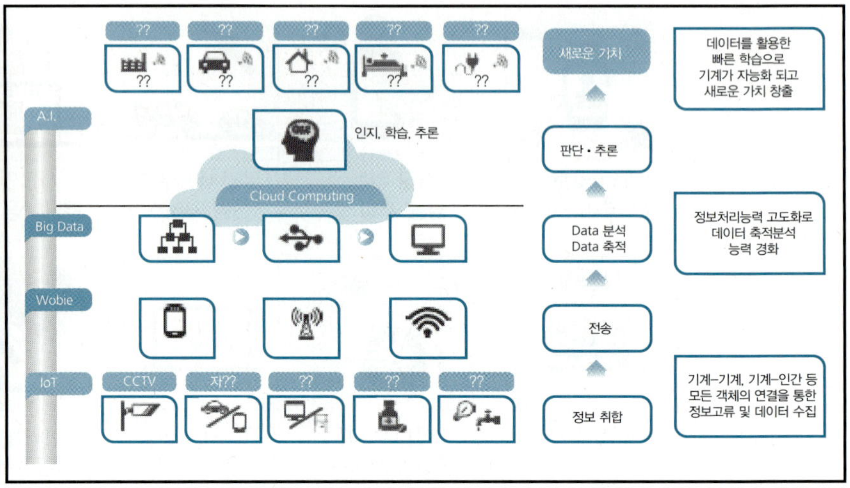
특징	•(무인 의사결정) 기계가 인간의 고차원적 판단기능을 수행하여 독립된 주체로 활동함으로써 자동화 및 무인화가 확산 • (실시간 반응) 정보수집, 데이터 분석, 판단 • 추론 등 일련의 과정들이 ICT 기술(IoT, Cloud, Big Data, Mobile)을 통해 즉각 처리되어 기계가 실시간으로 응답 • 반응 • (자율 진화) 덥러닝 등 기계 학습을 통해 스스로 진화하여 기계의 성능이 기하급수적으로 항상 • (만물의 데이터화) 과거에는 보관 • 활용이 곤란했던 다양한 데이터(생체 • 행태정보, 비정형 정보 등)도 기계 학습 과정을 거쳐 의미 추출 가능

자료: (미래창조과학부, 2016).

그림 2-3 지능정보기술 개념 및 특징

2.3 스마트지능정보사회의 전자정부 10대 기술들

스마트 지능정보사회에서는 음성인식, 인공지능, 스마트 컴퓨터, 가상환경 등의 발전을 통하여 우리가 별도의 조작을 하지 않아도 컴퓨터와 자연스럽게 접촉할 수 있는 환경이 조성될 것이다. 따라서 행정의 분야에서는 (그림 2-4)와 같이 이동성, 지능성, 양방향성 및 융합성의 특징을 기반으로 개개인의 특성이 반영된 맞춤형 서비스가 가능해질 것이다.

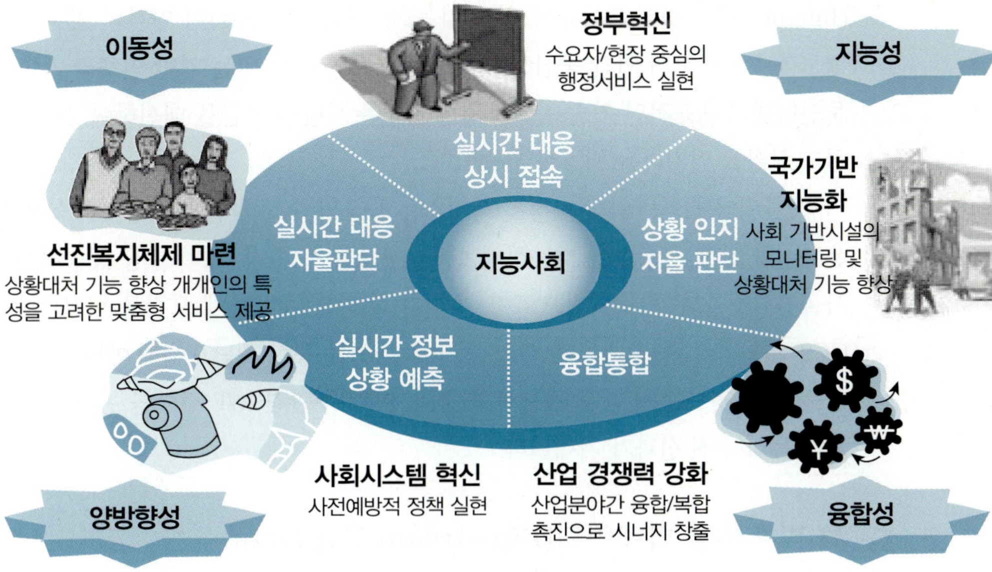

그림 2-4 스마트지능정보사회의 모습 및 특징

1. 2015년 전자정부 10대 기술트랜드 분석

스마트 지능정보사회는 구체적으로는 사물인터넷(IoT: Internet of Things)을 그 기반으로 한다. 이러한 사물인터넷을 통해서 지능화된 지식획득을 가능케 하며, 모든 사물, 유무형의 시스템의 지능화를 통해 손쉽게 정보 획득이 가능하고, 객체들 간에 정보교류가 원활하게 이루어질 것이다. 따라서 모든 사용자들에게 더 편하고 유용한 서비스를 제공할 수 있는 기반이 마련되고, 지능화되고 더 똑똑해진 시스템을 사용한 경험을 바탕으로, 사회의 모든 시스템이 더 똑똑해지는 스마트화가 진행될 것이다.

이러한 스마트 전자정부를 구현할 수 있는 기본 기술들을 간략하게 정리하면 다음과 같다(한국정보화진흥원, 2015)[3].

1) 지능형 센싱 사물인터넷(Intelligent Sensing IoT)

모든 사물들이 실시간 웹으로 연결되는 '사물인터넷' 시대가 도래할 것이다. '사물인터넷'(Internet of Things)이란 모든 사물 · 기기들이 언제, 어디서나 네트워크에 연결되어 상호 정보를 주고받으며 다양한 지능화된 서비스를 제공하는 개념이다. 사물인터넷은 네트워크

3) 한국정보화진흥원은 2014년 11월 20일부터 12월 5일까지 2015년 전자정부관련 10대 기술트랜드를 조사하여 선정하였다. 우선 1차로 가트너, IBM, Mckinsey, IDC, Accenture, METATREND 등 국내외 15개 유명 컨설팅 · 연구소와 미래도서 등에서 약 160여 개 기술트렌드 조사하여 분석한 이후에 30개 기술트렌드 후보군을 선정하였다. 이후 2차로 10인의 전자정부 전문가를 대상으로 30개 후보군 중 16개 기술트렌드를 선정하였다. 이어서 3차로 전자정부 전문가 100인을 대상으로 온라인 델파이 조사를 진행하여 최종 10개 기술트렌드를 선정하였다.

(Internet)에 연결된 고유하게 식별 가능한 사물들(Things)이 인간의 명시적 개입 없이 상호 정보를 주고받으며 인간 중심적인 서비스를 제공할 수 있는 기반 인프라 기술을 의미한다. 사물인터넷의 대표적인 기술요소인 센싱 기술은 사람의 오감을 대신하여 주변 환경정보를 감지하고 상황을 인지하는 지능형 기술이다.

사물인터넷 기반의 전자정부 서비스는 공공의 수요 창출과 기업서비스 확대 및 국민의 이용활성화 간에 선순환을 가능하게 한다. 재난안전, 환경, 에너지 등 공공부문에 지능형 센싱 사물인터넷을 우선 도입함으로써, 우리가 살고 있는 사물에 오감을 심고 읽을 수 있다. 또한 CCTV, 노약자 관련 데이터, GPS 등 IoT 정보를 통한 재난 · 재해 예방, 대기의 질, 쓰레기의 양 등 IoT 정보를 통한 환경오염 최소화, 에너지 관련 IoT 정보를 통한 에너지 관리 효율성 증대 등의 추진 성과가 기대된다.

2) 빅스트림 빅데이터(Big-stream Big Data)

전자정부 서비스가 한 단계 발전하기 위해서는 다양한 정보원에서 수집된 데이터들을 기반으로 국민에게 양질의 서비스를 제공할 수 있는 고도의 빅데이터 분석 능력이 필수적이다. 빅데이터의 개념은 모바일과 웹 기술 등의 발달로 데이터의 양이 기하급수적으로 늘어난 2010년 무렵부터 관심을 받기 시작했다. 이에 따라, 대용량 데이터를 수집하고 처리할 수 있는 기술적 여건이 마련된 가운데, 시간과 함께 연속성을 지니며 변화하는 대규모 스트림 기반의 빅데이터가 보다 확장될 것으로 전망되고 있다.

향후 정부는 실시간 교통 정보, 기후 정보, 각종 통계 데이터 등을 수집해 사회 변화를 추정하고 각종 재해 관련 정보를 얻을 수 있으며, 이렇게 수집한 데이터를 통해 미래를 예측하고 해결책을 모색할 수 있다. 날로 복잡해지고 다양화되고 있는 각종 사회문제의 해결을 위해서는 선제적이고 과학적인 접근 및 대응이 가능해지는 빅데이터 기반 분석기술이 필수적인 것으로 변하고 있다.

정부가 빅데이터를 활용하면서 국민들은 맞춤형 서비스를 저렴한 비용으로 이용하게 되고 적시에 필요한 정보를 얻음으로써 다양한 형태로 기회비용을 절약할 수 있게 된다. 정부의 빅데이터 활용이 확산되면서 사람들의 생활이 점점 더 스마트해지고 있는 것이다.

이처럼 전자정부 서비스가 한 단계 발전하기 위해서는 다양한 정보원에서 수집된 데이터들을 기반으로 국민에게 양질의 서비스를 제공하기 위해 고도의 빅데이터 분석 능력이 필수적이다. 그러므로 앞으로는 데이터 분석 역량을 가진 데이터 전문가(Data Scientist)들이 각광을 받게 될 것이다.

3) 웨어러블 사용자경험(Wearable User-Experience)

웨어러블 사용자경험은 미래의 일상생활에 가장 밀접한 영향을 미치는 대표적인 기술트렌드로 부상하고 있다. 이를 가능케 하는 웨어러블 디바이스도 현재의 액세서리형에서 생체이식형으로 발전해 나갈 것이다. 이러한 웨어러블 사용자경험은 다양한 서비스를 가능케 함으로써 '모두를 위한 전자정부'를 실현하는 데 기여할 것으로 기대된다.

웨어러블 디바이스는 시계, 안경, 밴드와 같이 착용할 수 있는 형태로 된 스마트 기기를 말한다. 이는 사용자 신체의 가장 가까운 위치에서 사용자와 소통할 수 있는 전자기기로서 주변 환경에 대한 상세정보나 개인 신체의 변화를 실시간으로 끊김 없이 수집할 수 있다. 웨어러블 사용자경험(UX)이란, 사용자가 웨어러블 디바이스를 거부감 없이 신체의 일부처럼 항상 착용하고 사용할 수 있으며, 궁극적으로 사용자의 능력을 보완하거나 확장시켜 주는 디지털경험을 말한다.

현재 상용화되어 있는 웨어러블 제품들은 음성인식, 제스처 인식, NFC, 헬스 모니터링 및 증강현실 등의 기술을 적용하고 있다. 이러한 기술들은 2~10년 사이에 대부분의 디바이스에 포함되는 기본 기능으로 자리 잡을 것으로 예측된다. 빅데이터, 웨어러블 UI(Wearable User Interface), 증강현실(Augmented Reality), 모바일 헬스 모니터링(Mobile Health Monitoring) 등이 이에 해당한다.

4) 옴니채널 서비스화(Omni Channel Service)

옴니(Omni)는 라틴어로 모든 것이라는 뜻이다. 옴니채널 서비스란 유통업에서 파생된 서비스 전략으로 온라인 · 오프라인 · 모바일 등 소비자를 둘러싸고 있는 모든 서비스 채널들이 유기적으로 연결되어 고객 입장에서 마치 하나의 매장을 이용하는 것처럼 느끼도록 하는 것을 의미한다. 정부도 국민을 위한 새로운 서비스로 옴니채널 서비스를 도입할 필요가 있다. 이를 위해 국민 중심 서비스 리엔지어링과 플랫폼 중심 기술 인프라 개편 등 노력이 뒤따라야 한다.

최근 IDC는 영국을 중심으로 한 유럽 정부들이 국민을 위한 새로운 서비스 개편 전략으로 옴니채널 중심의 혁신을 발 빠르게 추진하고 있다고 발표하였다. 이때 옴니채널 서비스는 국민에게 하나의 채널에서 다른 채널로 이동하는 것을 강요하지 않고, 국민이 원하는 채널을 선택하게 함으로써 삶을 더욱 풍요롭게 할 수 있는 기술이다.

정부가 옴니채널 서비스를 실행하기 위해 최우선으로 고려해야 할 것은 국민 중심 서비스 리엔지니어링과 플랫폼 중심 기술 인프라 개편이다. 국민 중심의 변화 측면에서 기존 전자정부 채널별 원스톱 서비스 개념은 옴니채널 연계 서비스로 변화될 것이다. 옴니채널 서비스는 국민의 기쁨과 편익을 중심에 놓고, 온라인과 오프라인 각각의 채널별 역할을 나누고 결합하는 Re-Engineering을 통해 새로운 서비스를 혁신하는 것이다.

국내 온라인 민원 서비스인 민원24는 온라인을 통해 원스톱으로 처리 가능한 서비스만을 제공하고, 그렇지 않은 것은 오프라인(정부기관)을 직접 방문하여 접수 및 처리해야 한다. 즉,

채널별로 원스톱 처리 가능한 서비스를 규정하고 그 규정에 의해 국민이 서비스를 이용하는 방식이다. 반면, 옴니채널 서비스 전략은 오프라인과 온라인 그리고 모바일을 넘나드는 벽이 없는 연계 서비스를 제공하는 것이다. 예를 들어, 운전면허증 재발급을 하려면 운전면허시험장에 방문해야 하는 이른바, 현장방문형 원스탑서비스를 제공하고 있다. 이를 옴니 서비스로 개편하면 언제 어디서나 온라인 또는 모바일에서 신청서와 사진을 송부하고 결제할 수 있다. 운전면허시험장에서 신분만을 확인하고 미리 준비된 운전면허증을 교부 받을 수도 있고, 더 나아가 국민이 원하는 오프라인의 주민센터에서 전달 받음으로써 국민의 시간을 획기적으로 절감해 줄 수 있을 것이다.

5) 에브리웨어 웹(Everywhere Web)

에브리웨어 웹이란, PC 내의 브라우저에서만 사용하던 웹 기술이 수평적으로는 PC를 벗어난 모든 스마트 기기에, 수직적으로는 응용 프로그램, 운영체제(OS)까지 거의 모든 기술 영역에 보편적으로 사용되는 기술이다. 스마트폰의 출현을 기점으로 웹 기술은 PC는 물론, 스마트폰과 태블릿을 넘어 컴퓨팅이 가능한 거의 모든 영역으로 확대 적용되고 있다.

스마트폰이 등장하기 이전의 웹은 PC안에서만 존재감을 드러내던 기술이었다. 아이폰이 등장하기 직전에는 HTML4를 지원하는 풀브라우징 브라우저가 출현하여 처음으로 PC가 아닌 다른 영역에 웹 기술의 적용이 시도되었으나, PC 주도로 발전하고 있던 웹 환경의 발전 방향은 모바일 환경에 적합하지 않았다. 그러나 아이폰이 등장하면서 상황이 달라졌다.

키보드와 마우스 대신 터치 기반의 새로운 사용자 경험을 제공하는 모바일 웹이 등장하여 본격적으로 PC 환경을 탈출하게 되었다. 스마트폰으로 대표되었던 모바일 환경은 아이패드를 비롯한 태블릿과 패블릿이 등장하여 보다 다양한 환경과 크기에 적용되었으며, 이를 위해 반응형 웹이라는 기술도 새롭게 등장했다.

최근 각광받고 있는 사물인터넷(IoT) 환경에서는 각종 사물이 인터넷으로 연결되고, 디스플레이를 갖춘 환경 구축이 가능해지고 있다. 이에 따라, 웹 기술은 스마트폰과 태블릿을 넘어 모든 디지털 기기들 즉 스마트 TV, 스마트 시계의 영역에서 콘텐츠를 보여주는 기술로서 컴퓨팅이 가능한 거의 모든 영역으로 확대 적용되고 있다.

전자정부에서는 에브리웨어 웹 기술을 통하여 특정 플랫폼에 대한 종속성을 탈피하고 일관되고 우수한 사용자 환경을 제공할 수 있다. 이를 위해서는 먼저 패키지 기반에 있던 공공 소프트웨어들이 다양한 플랫폼에 적용 가능한 웹 기반의 클라우드 소프트웨어로의 발전 가능성을 모색하여야 하며, 이를 통해 글로벌 진출에 용이한 소프트웨어 기술 확보가 가능해져 소프트웨어 산업 발전도 기대할 수 있을 것이다.

6) 제3의 플랫폼(The 3rd Platform)

제3의 플랫폼은 클라우드, 모바일, 소셜, 빅데이터를 중심으로 이들 기술이 빠르게 융·복합하면서 새롭게 만들어지고 있는 플랫폼을 지칭한다. 2020년까지 해마다 11.7%의 성장률을 예측할 정도로 급성장하고 있는 시장이다. 전자정부는 제3의 플랫폼 시대에 우리나라의 ICT 산업 경쟁력을 키우고 글로벌 주도권을 선점하기 위해 공정한 플랫폼 비즈니스 기반을 조성하는 데 앞장서야 한다.

전 세계적으로 ICT산업이 경제를 견인하는 새로운 시장으로 부상함에 따라, 신기술 확산과 이를 운용할 플랫폼 역시 진화해 왔다. 플랫폼의 진화는 보통 세 번의 시기별로 구분이 가능하며, 순차적으로 제1, 2, 3의 플랫폼 시대라 명명한다. 먼저, '제1의 플랫폼' 시대는 1985년까지로 메인 프레임 컴퓨터와 터미널을 운용하던 플랫폼의 시대이고, 2011년까지 해당하는 '제2의 플랫폼' 시대는 퍼스널 컴퓨터의 발명과 인터넷의 등장으로 이를 운용할 수 있는 플랫폼의 시대였다. 그리고 오늘날 바야흐로 '제3의 플랫폼' 시대가 도래했다.

ICT 리서치 기관인 IDC에 따르면, 제3의 플랫폼은 클라우드, 모바일, 소셜, 빅데이터를 중심으로 이들 기술이 빠르게 융·복합하면서 새롭게 만들어지고 있는 플랫폼을 지칭한다. 예를 들어, 구글과 애플의 모바일 OS, 페이스북, 트위터와 같은 소셜 네트워크 서비스, 아마존의 클라우드 서비스 등이 대표적이다. 2015년에는 IoT, 로보틱스, 생체인식기술, 3D 프린팅, 스마트머신, 무인자동차 등 새롭게 주목 받는 기술들과 기존의 플랫폼들이 결합하여 제3의 플랫폼이 더욱 더 다변화되고 경쟁이 치열해지는 한 해가 될 것으로 예측된다.

정부 역시 제3의 플랫폼 시대에 맞추어 전자정부 플랫폼에 변화를 주고 있다. 2014년 6월 안전행정부와 미래창조과학부는 '전자정부 표준프레임워크 기반의 개방형 클라우드 플랫폼' 프로젝트에 착수했다. 2016년까지 진행될 이 프로젝트를 통해 전자정부 대국민 서비스의 품질 도약 및 클라우드 플랫폼을 우리나라가 주도함으로써 창조경제 실현의 기반을 다질 수 있을 것으로 기대된다.

7) 컨텍스트 딥러닝(Context-based Deep Learning)

컨텍스트 딥러닝은 사람이 사람을 보다 잘 이해하는 것이 기술의 영역에서도 가능하게 해준다. 이러한 신기술은 미래 비즈니스 경쟁력을 키우는 데 막대한 영향력을 미칠 것이다. 우리가 보고 듣고 느끼는 것을 어떻게 공유, 확산시킬지에 대한 딥러닝 활용은 미래 비즈니스 가치를 키우는 최고의 전략 툴이 될 것이다. 또한 미래 전자정부 환경에서 국민 개인의 상황에 맞는 생생한 정보를 제공하고, 국민의 요구를 인지하고 알아서 찾아가는 서비스도 가능해진다.

딥러닝은 컴퓨터가 스스로 인간의 인지 능력을 확보하는 인식 기술이다. 얼굴 인식부터 음성 인식은 물론 빅데이터에서 중요한 의미를 가지는 패턴을 추출하는 능력까지 포함된다.

수십 년 전부터 연구되어 온 전통 학문의 하나인 딥러닝이 최근 들어 다시 세상의 주목을 받고 있다.

사람이 사물을 인지하고 상황을 이해하는 것이 왜 기계에게 중요해진 것일까? 기계를 학습시키는 행위, 그것도 사람의 감정과 상황적 맥락을 이해하도록 만드는 컨텍스트 딥러닝 기술은 디지털 세상을 살고 있는 우리의 일상적인 경험까지 가치 있게 만들어 주기 때문이다. 기존의 기술은 ICT를 활용하여 그저 유용한 정보를 생산 · 열람하고, 의사결정에 필요한 정보를 가공해서 제공하는 것이 중요했다. 그러나 앞으로의 기술의 역할은 일상의 경험을 처리하는 데까지 확장될 것이다.

전자정부 역시 중장기적으로 연결경제 환경에서 컨텍스트 딥러닝을 응용한 서비스 발굴에 앞장서야 할 것이다. 지금까지의 지식정보 사회를 넘어 네트워크 기반의 관계사회로 완전히 전환할 미래 전자정부 환경에서 컨텍스트 딥러닝은 그저 유용한 정보검색과 서비스 제공을 넘어 국민 개개인의 상황에 맞는 생생한 정보를 제공하고, 국민 간 관계 속에서 요구를 인지하고 알아서 찾아가는 서비스를 제공해야 한다. 따라서 이러한 컨텍스트 딥러닝을 통하여 선제적 맞춤형 전자정부 서비스가 가능하게 될 것이다.

8) 클라우드 클라이언트(Cloud Client)

클라우드 분야의 핵심 기술들 중에서도 최근에 특히 주목받는 기술은 클라우드/클라이언트(Cloud/Client) 아키텍처를 기반으로 한 컴퓨팅이다. 이는 사물인터넷, 다양한 모바일 기기가 보급됨에 따라 이를 수용할 수 있는 새로운 아키텍처가 필요하다는 인식에 따른 것이다. 이 서비스를 활용하면 언제 어디서나 동일한 환경에서 필요한 서비스를 이용할 수 있게 되고 사용 자원의 확장도 가능해진다.

클라우드 컴퓨팅은 서버와 솔루션, 스토리지 등 컴퓨팅 자원을 한 곳에 모아놓고 필요한 만큼 쓰고 사용량에 따라 돈을 지불하는 형태의 컴퓨팅 서비스이다. 크게 보면 퍼블릭 클라우드 서비스와 프라이빗 클라우드 서비스로 나눌 수 있다. 퍼블릭 클라우드 서비스는 아마존이나 구글, 네이버 등 ICT 기업들이 시스템을 관리하고 서비스를 제공하는 것이다. 프라이빗 클라우드 서비스는 기업 또는 기관별로 데이터센터를 두고 서버, 데이터 저장, 네트워크 관리, 애플리케이션 등을 함께 묶어 서비스하는 것이다. 이 서비스를 활용하면 언제 어디서나 같은 환경에서 필요한 서비스를 이용할 수 있음은 물론, 사용 자원을 쉽게 확장할 수 있다. 이를 통해 초기 비용 절감, 유연한 ICT 환경 구축, 사내 ICT 인력 운용의 향상 등도 꾀할 수 있다.

클라우드 분야에서 가장 핵심이 되는 기술은 데이터와 네트워크, 시스템 등 다양한 시스템 자원을 분산 처리하는 기술과 가상화 기술, 휴대전화나 태플릿PC 등 모바일 기기와 컴퓨팅 자원간 연계기술 등이 있다. 이들 기술 중에서도 특히 주목받는 클라우드 기술은 클라우드/클라이언트(Cloud/Client) 아키텍처를 기반으로 한 컴퓨팅이다. 이 기술이 부상하는 것은 사물인터넷, 다양한 모바일 기기의 보급에 대응해 기존 클라이언트 · 서버 기반의 아키텍처를 대체할 새로운 아키텍처가 필요하다는 인식에 따른 것이다.

새로운 컴퓨팅 환경은 기존 시스템과의 연동은 물론 PC와 모바일, 태블릿PC 외에도 스마트워치나, 스마트카 등으로의 확장을 고려해야 한다. 또한 안드로이드나 윈도우, iOS 등 다양한 OS에 기반한 앱이나 웹 기반의 프로그램과도 손쉽게 연동해 동기화를 지원해야 한다. 전문가들은 모든 모바일 애플리케이션이 클라우드를 기반으로 구축될 것이고 사용자들은 여러 가지 모바일 기기로 하나의 애플리케이션을 동시에 이용할 수 있게 될 것으로 전망한다.

우리 정부도 2014년 1월 관계부처 합동으로 클라우드 산업육성계획을 확정, 2017년까지 공공기관의 15% 이상에 민간 클라우드 서비스를 활용할 수 있도록 유도하겠다고 밝혔다. 또한 이를 지원하기 위한 클라우드 발전법이 2015년 3월에 국회에서 제정되었다. 클라우드 발전법은 정부와 지방자치단체가 정보화 사업 예산 편성 시에 클라우드 도입을 우선적으로 고려하도록 하고 있다. 또한 공공기관이 민간의 클라우드 서비스를 이용할 수 있는 근거도 마련되었다.

9) 클라우드 콜라보 워크(Cloud Collaborative Work)

클라우드 환경에서의 스마트 디바이스 워크는 구성원간의 긴밀한 협업체계를 통해 더 큰 성과를 창출해 낸다. 이른바, 클라우드 콜라보 워크이다. 클라우드 콜라보 워크는 클라우드 기반 스마트 디바이스 워크가 가지는 비용절감과 고효율의 장점을 넘어 가상과 현실을 결합한 협업 및 집단지성 활용으로 고부가 업무성과를 창출하는 차세대 스마트워크를 말한다.

바야흐로 모든 것이 연결되는 시대가 되었다. 개인 근로자는 PC, 스마트폰, 태블릿 등 최소 1대 이상의 연결기기를 이용해서 개인의 일상은 물론, 모든 업무를 처리할 수 있다. 협업을 위한 네트워크도 공기처럼 어디에나 존재하는 것이 되었다. 이렇게 연결된 네트워크 환경에서 서로가 일하고 협업하는 새로운 방법을 통틀어 스마트 디바이스 워크라고 부른다. 스마트 디바이스 워크 환경에서 모든 업무는 시간과 장소에 구애받지 않고 처리가 가능하다.

스마트 디바이스 워크는 모바일 기반의 클라우드 서비스 확산과 함께 새로운 전환기에 접어들었다. 클라우드에 기반한 스마트 디바이스 워크는 무료에 가까운 비용으로 안전성과 효율성을 가진 모바일 워킹 서비스를 이용할 수 있다는 점에서 각광을 받고 있다.

이러한 클라우드 환경에서의 스마트 디바이스 워크는 최근 보다 더 긴밀한 구성원간 협업체계를 통한 성과를 창출해 낼 것으로 기대된다. 즉, 클라우드 콜라보 워크는 클라우드 기반 스마트 디바이스 워크가 가지는 비용절감과 고효율의 장점을 넘어 가상과 현실을 결합한 협업 및 집단지성 활용으로 고부가 업무성과를 창출하는 차세대 스마트 워크를 말한다.

모든 것이 연결된 시대, 이제 개인의 지혜는 절대 집단의 지혜를 뛰어넘을 수 없다. 집단의 지혜를 연결하는 일이야말로 우리가 새로운 혁신을 만들어내는 진정한 촉매가 될 것이다.

이제부터는 이렇게 도래한 클라우드 서비스 환경에 맞추어 보다 혁신적 협업과 창조적 활동을 위한 다양한 사례들을 조명하고 방법을 제시하는 노력을 경주해야 한다.

10) 위험인식형 자기보안(Risk-sensitive Self-protection)

방화벽이나 네트워크 보안 등 전통적인 보안 시스템만으로는 폭증하는 보안 위협을 방어할 수 없다. 이제는 개별 애플리케이션이 위협을 자각하고 스스로 방어할 수 있는 기술을 갖출 수 있도록 돕는 위험인식형 자기보안 기술이 각광을 받을 것이다. 자기보안 기술이란 지능화되는 위협적인 사이버 공격을 막아낼 수 있는 기술이다.

위험인식형 자기보안(Risk-sensitive Self-protection)이라는 개념은 근본적으로 각종 IT 시스템에 정도의 차이는 있지만 보안 위험이 내재돼 있다는 점을 스스로 인식하는 지능형 보안기술을 의미한다. 정부의 서비스에서 가장 중요한 것이 서비스의 안정성과 신뢰성이라는 점을 고려할 때 각종 전자정부 서비스에서 능동적인 보안 시스템 구축은 앞으로 더욱 중요할 전망이다. 그러나 현실에서 각종 위협요인에 100% 안전한 환경을 구현하는 것은 불가능한 일이다. 위험인식형 자기보안은 완전무결한 보안 시스템을 구축할 수 없다는 상황을 인정하고 출발한다. 그래서 더욱 정교한 위험 평가를 하고 합리적인 위험완화 도구를 적용할 수 있다.

이와 관련해 특히 강조되는 것은 애플리케이션 단계의 보안이다. 보안 인식 애플리케이션 디자인, 애플리케이션 보안 테스트, 상황 인식, 적응적 접근 통제와 결합한 런타임 애플리케이션 자가 방어 등의 도구들이 필요하다는 것이다. 이렇게 애플리케이션 단계에서 보안을 고려해 시스템을 구축하면 인증 기반의 보안 시스템보다 훨씬 효율적이고 안전할 것이다.

최근 사이버 공격은 더욱 치밀하고 정교해지는 추세다. 해커는 악성코드와 명령제어(CnC) 서버와의 통신을 은폐하기 위해 다양한 기술을 적용하고 있다. 해커는 CnC 통신을 은폐하기 위한 기술을 채택하고, 트래픽을 전달하고 탐지를 우회하기 위해 터널링 및 릴레이 기술을 악용하고 있다. 이는 네트워크 보안 장비를 우회해 내부 시스템에 침투하기 위해서다. 워터링 홀 공격 및 소셜미디어를 통한 표적 공격도 빠르게 늘어나고 있다. 이메일을 통한 스피어 피싱과 함께 소셜미디어 기반의 공격은 사회공학적 기법을 이용하기 때문에 전통적인 보안시스템을 아무리 강화해도 사용자를 속여 악성코드를 스스로 설치하도록 만들고 내부 시스템에 침투한다. 특히 사물인터넷(IoT) 환경이 확산되면서 많은 악성코드가 IoT 제품 제조과정에 포함돼 확산되고 있다.

앞으로는 전자정부가 보유한 시스템과 외부 민간 시스템 간의 연동이 더욱 늘어날 전망이고, 모바일에 대응한 웹 서비스나 앱 서비스도 늘어날 것이다. 이에 맞춰 각 요소별 보안에 대한 대응과 위협요소 탐지기술이 적용돼야 할 것이다.

2. 2018년 전자정부 10대 기술트랜드 분석

우리나라 전자정부 추진의 주무부처인 행정안전부는 2018년 1월말에 〈표 2-6〉과 같이 2018년 주목해야 할 전자정부 10대 유망기술을 발표하였다.

표 2-6 2018년 전자정부 10대 기술트렌드

구분	기술명	주요 내용
마음을 살피는 맞춤형 행정	대화형 인공지능 플랫폼	모바일, 웹을 통한 챗봇 서비스에서 블루투스 스피커 등을 활용한 대민서비스까지 대화형 인공지능 생태계가 확장되면서 이를 위한 인공지능 플랫폼의 본격 등장
	온디맨드 빅데이터	국민의 상황별 수요, 혹은 특정 사건(이벤트) 기반의 실시간 데이터를 수집 · 분석하는 기술
	공공 멀티 드론	군사용, 산림용, 재난재해용 등 다양한 공공분야에서 개별적으로 개발 · 활용하는 드론의 기능을 융합하여, 하나의 드론을 다목적으로 활용
다함께 누리는 체감형 서비스	스마트시티 사물인터넷	사람과 도시의 만물이 연결되어 스마트그리드, 자율주행 도로체계, 각종 센싱 기반 데이터 수집, 측정, 분석 등이 구현되는 지능화된 스마트시티 인프라
	혼합현실(MR) Mixed Reality	가상현실(VR)의 몰입감과 증강현실(AR)의 현실감을 결합하여 현실세계와 가상세계를 동시에 구현하는 기술
	비접촉 생체인식	접촉을 통한 전염, 위 · 변조 위험 등이 잔존하는 본인인식 대신, 홍채, 안면, 걸음걸이 등을 활용하는 생체인증 방식의 확장
신뢰를 만드는 안전한 인프라	블록체인 네트워크	블록체인 간 네트워크 연결을 통해 데이터 및 거래정보 등이 위 · 변조 없이 안전하게 유통되는 기술
	클라우드 플랫폼	빅데이터 등 신기술을 연계하고 다양한 서비스를 접목 · 활용할 수 있는 플랫폼으로서 클라우드 기술 확대
	지능형 자동 보안	신기술의 등장 및 발전에 따라 새롭게 등장하는 위협을 스스로 인지하고 방어하는 보안 체계
	초고속 5G	초고대역 주파수를 활용해 데이터 처리속도를 획기적으로 향상시키고 지능정보기술의 상용화를 촉진하는 네트워크 인프라

자료: (행정안전부, 2018a).

이러한 10대 유망기술은 "마음을 살피는 맞춤형 행정", "다함께 누리는 체감형 서비스", "신뢰를 만드는 안전한 인프라(기반)"를 구현하고, 기술과 서비스 간 융합과 상호작용을 통해 국민을 우선하는 '사람 중심'의 전자정부를 제공할 계획이다. 우선 '대화형 인공지능 플랫폼', '온디맨드 빅데이터', '공공 멀티 드론' 등을 활용하여 유능하고 똑똑한 정부로 거듭난다. 구체적으로는 각종 민원행정서비스에 인공지능 기반 대화로봇(챗봇) 서비스가 확대 적용될 것으로 예상되며, 자연어처리 기술 및 음성인식 기술의 발달로 국민과 직접 소통하는 "비서형 서비스"가 제공될 예정이다. 또한 주요 정책결정 시, 해당분야의 대규모 데이터 분석을 통해 국민 수요를 미리 파악한 선제적인 정책수립이 가능해진다. 또한 군사용, 산림용, 재난재해용, 물류 및 우편, 연예오락(엔터테인먼트) 등 다양한 분야에서 개별적으로 개발된 드론의 기능이 융합되어 다목적으로 활용된다.

이어서 지능형 전자정부는 지능형도시 사물인터넷, 혼합현실(MR), 비접촉 생체인식 기술 등을 활용하여 전 국민이 차별 없이 누리는 체감형 서비스를 제공할 예정이다. 구체적으로는 사물인터넷을 통한 만물의 연결로 자율주행, 스마트그리드 등 지능형도시 구현이 가속화되어 전국 방방곡곡 전자정부서비스를 누릴 것으로 보인다. 또한 혼합현실(MR) 기술을 활용하여 이동이 어려운 국민, 소외계층에게 관광, 교육, 스포츠, 연예오락 등 다양한 분야의 콘텐츠를 제공함으로써 실감이 극대화된 경험을 제공할 수 있다. 이어서 본인인증 수단이 지문인식, 홍채인식, 걸음걸이 등 생체인식, 비접촉 생체인식까지 확장됨으로써 나에게 가장 적합하고 편리한 방식을 선택할 수 있을 것이다.

마지막으로 초고속 5G, '블록체인 네트워크', '클라우드 활용'이 점차 확대되면서 안심하고 신뢰할 수 있는 전자정부 생태계 조성과 미래형 신산업 발굴 · 육성에도 기여한다. 특히 '블록체인 네트워크'를 통해 각종 전자문서를 유통하여, 문서 위 · 변조를 방지하고 국민에게 편리하고 신속한 서비스 제공할 수 있을 것이다.

이러한 2018년 전자정부 10대 기술트렌드의 내용을 간략하게 정리하면 다음과 같다.

1) 대화형 인공지능 플랫폼

대화형 인공지능 플랫폼은 모든 사물들이 자연어로 대화해 고객이 요청하는 업무를 지원하고 수행하는 지능형 서비스를 제공하는 것이다. 이것은 사용자가 요청하는 업무를 처리하기 위해 자연어 이해와 추론 및 학습이 가능한 대화형 AI엔진을 적용하는 것이 가장 큰 특징이다. 이러한 대화형 인공지능 플랫폼은 단순히 개별 제품에 탑재되는 AI를 넘어 하나의 생태계를 이루는 AI 플랫폼으로 급속하게 진화하고 있다.

지난 2014년 스마트 스피커 '에코'를 통해 처음 등장한 아마존의 AI 비서 '알렉사'는 이제 로봇 청소기, 공기 청정기, 커피메이커 및 전구 등 다양한 제품과 연동되고 있다. 후발 주자인 구글 역시도 대화형 인공지능 어시스턴트를 통해 TV 등 다양한 가전제품들과 연계하고 있으며, 삼성전자는 독자 개발한 AI 플랫폼 '빅스비'로 맞서고 있다. 따라서 이러한 대화형 인공지능 플랫폼이 민원행정서비스에 도입될 경우에 챗봇을 통한 다양한 행정서비스 제공이 가능해질 것이다.

2) 온디맨드 빅데이터

온디맨드(On-Demand) 서비스는 이용자의 요구에 따라 상품이나 서비스가 찾아오는 것이고, 온디맨드 O2O(Onlie to Offline) 서비스는 ICT 기술을 활용하여 수요자와 공급자를 좀 더 긴밀하게 연결시켜주는 것을 의미한다. 소비자의 요구는 다양해지고 점점 더 편리함을 추구하기 때문에, 우버나 음식배달 앱과 같은 온디맨드 O2O 서비스는 ICT산업의 큰 축으로 자리 잡게 되었다. 이제 이러한 온디맨드가 빅데이터와 결합하게 되면, 특정 재난 지역내의 국민들이나 특정 질병을 앓고 있는 국민들에게 맞춤형 서비스를 제공할 수 있는 기반이 마련될 것이다.

3) 공공 멀티 드론

정부는 2017년 12월 "드론산업발전 기본계획"을 발표하였다. 세계 드론 시장은 연 29% 성장, 2026년 820억달러 규모로 성장할 전망이다. 개인 레저용 드론은 중국 업체가 두각을 나타내지만, 사업용 드론은 절대강자가 없는 미개척 분야다. 정부가 국내 드론 시장 규모를 2017년 말 현재 704억원에서 2022년 1조4000억원, 2026년 4조4000억원 규모로 키운다. 이를 위해 공공 분야에서 드론을 활용해 초기 시장을 창출하고 인프라 구축, 규제 혁신, 한국형 시스템을 구축한다.

정부는 공공기관 업무에 드론을 도입해 5년 동안 3500억원 규모 시장을 창출할 예정이다. 공공 시장은 공공건설, 도로 · 철도 시설물 관리, 하천 · 해양 등 자연자원 관리 등에서 5년 동안 3,700여대를 투입한다. 안전 · 재난 분야에도 드론을 도입, 수색 시간을 83% 단축한다. 따라서 앞으로 군사 · 산림 · 재난재해, 물류 · 우편, 연예오락(엔터테인먼트) 등 다양한 분야에서 개발된 드론 기능이 융합돼 다목적으로 활용될 것이다.

4) 스마트시티 사물인터넷

전 세계적으로 스마트시티에 관심을 갖는 이유는 도시화의 진전에 따른 자원 및 인프라 부족, 기후변화, 교통 · 에너지 등 각종 도시 문제가 심화되고 있기 때문이다. 우리 정부는 기존 유비쿼터스도시(U-City)라는 용어와 개념을 스마트도시로 변경하고, 2017년 3월 「유비쿼터스 도시의 건설 등에 관한 법률」을 「스마트도시 조성 및 산업진흥 등에 관한 법률」로 개정했다. 2017년 5월에 문재인 정부가 들어서면서 스마트 시티는 자율주행차, 공간정보, 스마트홈 등 각종 신산업을 담을 수 있는 4차 산업혁명의 플랫폼으로 인식되면서 스마트시티 사업의 위상이 높아지고 있다.

스마트시티 구조는 7개 계층으로 나누어 볼 수 있으며, 인프라 영역(도시 인프라, ICT 인프라, 공간정보 인프라), 데이터 영역(IoT, 데이터공유 계층), 서비스와 제도 영역(알고리즘&서비스, 도시혁신 계층)으로 구분 가능하다. '플랫폼으로서의 도시'로 전환이 성공적으로 이루어지기 위해서는 도시 내 수집되는 정보를 공개할 수 있는 플랫폼을 구축하고, 기술 융복합이 원활하게 이루어지도록 하는 기술 · 인프라와 새로운 융복합 서비스가 실제로 운영될 수 있도록 지원하는 제도가 뒷받침되어야 한다(국가정보화백서: 145~149).

5) 혼합현실(MR: Mixed Reality)

증강현실(Augmented Reality, AR)이란 '확장된 현실'이란 뜻이다. 현실의 어느 장면을 볼 때, 실제론 그 장면 속에 존재하지 않으나 거기 관련된 이미지나 정보가 덧붙여 보이는 걸 말한다. 가상현실(Virtual Reality, VR) '실제로 존재하진 않으나 꼭 실제로 존재하는 것 같은 현실'을 말한다. 증강가상현실(Augmented Virtuality, AV)이란 가상현실 기법을 기반으로 콘텐츠를 만들되, 거기에 현실적 요소가 추가돼 상호작용 되도록 하는 기술을 일컫는다.

혼합현실이란 '증강현실과 가상현실을 통합하고 사용자와의 인터랙션을 더욱 강화한 방식'을 말한다. 즉 현실과 증강현실, 가상현실의 요소가 모두 혼합된 상태를 구현하는 것이다. 혼합현실에 의해 국민들은 같은 공간에 있지 않아도 같은 정보를 공유할 수 있게 된다. 왜냐하면 사용자와 물체의 움직임을 카메라로 포착, 같은 프로그램에 로그인된 타인도 볼 수 있게 하기 때문이다. 따라서 아주 멀리 떨어져 있는 곳의 사람들도, 그 과정을 실시간으로 공유하며 집단지성을 발휘할 수 있게 된다.

6) 비접촉 생체인식

생체인식 기술은 사람의 신체적, 행동적 특징을 자동화된 장치로 추출하여, 개인을 식별하거나 인증하는 기술로, 바이오인식 기술이나 바이오매트릭스라고 한다. 이러한 생체인식 기술로 활용되기 위해서는 누구나 가지고 있으며, 각 사람마다 고유하여, 변하지 않고 변화시킬 수도 없으며, 센서에 의한 획득과 정량화가 쉬운 특징을 갖고 있어야 한다.

생체 인식은 신체적 특징과 행동적 특징으로 구분할 수 있다. 신체적 특징은 각 개인의 얼굴 모양(Face)과 얼굴열상(Thermal image)을 이용하는 얼굴인식, 홍채(Iris)를 이용하는 홍채인식, 정맥(Vein)을 이용하는 정맥인식, 지문(Fingerprint)을 이용하는 지문인식과 그 외에 망막(Retina), 손모양(Hand geometry) 등을 이용한 것이 있다.

행동적 특징은 음성인식, 걸음걸이 인식, 서명인식 등이 있으며, 최근에는 생체인식의 정확도를 높이기 위해 행동특징인 걸음걸이, 서명(Signature), 음성(Voice) 등을 신체적 특징과 복합하여 활용하고 있다.

이제까지 행정의 분야에서는 지문을 통한 생체인식 방식을 활용하여 왔다. 그러나 지능형 폐쇄회로TV(CCTV)의 등장으로 앞으로는 걸음걸이나 안면인식 및 홍체인식 등 비접촉 생체인식의 활용 범위가 확장되는 추세이다.

7) 블록체인 네트워크

블록체인(block chain)은 관리 대상 데이터를 '블록'이라고 하는 소규모 데이터들이 P2P 방식을 기반으로 생성된 체인 형태의 연결고리 기반 분산 데이터 저장환경에 저장되어 누구도 임의로 수정될 수 없고 누구나 변경의 결과를 열람할 수 있는 분산 컴퓨팅 기술 기반의 데이터 위변조 방지 기술이다. 이는 근본적으로 분산 데이터 저장기술의 한 형태로, 지속적으로 변경되는 데이터를 모든 참여 노드에 기록한 변경 리스트로서 분산 노드의 운영자에 의한 임의 조작이 불가능하도록 고안되었다. 잘 알려진 블록체인의 응용 사례는 암호화폐의 거래과정을 기록하는 탈중앙화된 전자장부로서 비트코인이 있다(유성민, 2017).

2016년 2월 두바이는 '글로벌 블록체인 의회(Global Blockchain Council)'를 설립하고, 2016년 5월에는 블록체인 추진전략을 발표했다. 핵심은 '전자정부 구현'이다. 투명하고 간편한 행정 서비스를 국민뿐만 아니라 관광에도 제공하는 것이 목표이다. 일본 정부도 블록체인을 행정서비스에 적용하는 방안을 추진하고 있다. 블록체인 기반으로 정부 계약을 하는 시스템을 2017년 4월부터 2018년 8월까지 테스트 하고 있다.

'유엔 미래보고서 2050'는 10대 유망 기술 중 하나로 블록체인을 꼽았다. 다양한 산업에 블록체인인 적용될 전망이다. 이러한 동향에 따라 전자정부에도 블록체인이 적용될 전망이다. 현재 미국 정부는 의료정보의 위변조 방지를 막기 위해 블록체인으로 보관하는 방안을 검토 중이다. 해커가 악의적으로 의료정보를 위변조해 환자들의 건강에 위해를 가할 수 있기 때문이다.

2017년 2월 23일 경기도는 주민제안 공모사업인 '따복'에 블록체인을 적용해 전자투표를 진행한 바 있다. 블록체인은 기존 전자정부에 보안성, 효율성, 그리고 신뢰성의 이점을 추가로 제공한다. 2017년 11월에 서울시는 블록체인 기술을 행정 업무에 접목하기 위해 '서울시 블록체인 기반 시정혁신을 위한 정보화전략계획(ISP) 수립' 사업을 시작했다. 서울시는 이번 사업에서 복지, 안전, 교통 등 전체 시정업무를 대상으로 블록체인 적용이 가능한 미래 모델을 발굴 · 설계하고 사업 효과와 타당성을 검토할 예정이다. 또한 서울시는 미취업 청년 수당 지급과 장안평 중고자동차 매매 등 개인정보 활용이 필요한 분야에 블록체인 기술을 우선 적용한 후, 2022년까지 전체 시정 업무에 확산하여 시민 편의성과 행정 투명성을 강화할 예정이다.

이처럼 우리 정부는 '개방형 전자정부'로 나가기 위한 준비를 하고 있다. 이에 블록체인을 적용하면 더 나은 모습의 개방형 전자정부를 구현할 수 있을 것으로 예상된다.

8) 클라우드 플랫폼

클라우드가 4차 산업혁명 시대의 핵심 인프라로 자리 잡으며, 각 분야별 클라우드 특화 플랫폼 구축에 대한 필요성이 증가하고 있다. 클라우드 플랫폼이란 기업들이 클라우드 환경을 구축할 때 좀 더 쉽게 개발할 수 있도록 필요한 구성요소를 제공하는 소프트웨어이다. 클라우드 플랫폼은 프로비저닝 자동화 및 자동스케일링을 비롯한 가상 서버 관리, 스토리지 관리, 네트워크 관리, 보안관리 등의 기능을 제공한다. 아마존, 구글, IBM 등 글로벌 선도 기업들이 풍부한 응용서비스 생태계를 기반으로 앞 다투어 클라우드 플랫폼 시장에 뛰어들고, 자사 플랫폼 중심의 생태계를 조성하고 확대해 나가고 있다.

이에 우리 정부는 2017년 12월에 한국정보화진흥원(NIA) 주관으로 국내 기업이 개발한 오픈소스 기반 클라우드 개방형 플랫폼인 '파스-타 3.0'(PaaS-TA)을 제공하고 있다. 이번에 공개된 파스-타 3.0은 클라우드 기반의 응용 SW 개발 · 활용에 최적화된 플랫폼으로 고도화되었을 뿐만 아니라, 실제로 다양한 분야에 적용되고 있는 파스-타의 실행력을 높여줄 것으로 기대된다.

9) 지능형 자동 보안

최근 알려지지 않은 신종 사이버공격이 증가하며 지능형 보안 시스템이 요구되고 있다. 이에 정부는 지능정보사회의 점차 다양해지는 사이버위협을 능동적 · 자동적으로 방어하는 '지능형 보안" 체계를 추진하고 있다. 정부에서 기존에 운영 중인 보안관제시스템은 일정한 패턴을 가지는 소위 '알려진 공격' 위주의 탐지 및 분석만 가능해 전문화, 지능화되는 새로운 사이버 침해유형의 탐지와 대응에는 어려움이 있었다.

이에 지능형 자동 보안체계는 전자정부 시스템에서 생성되는 다양한 보안로그를 빅데이터 기반으로 수집 · 분석해 보안상태를 실시간으로 확인하고, 사전에 침해위협을 예측해 차단 · 방어하는 보안관제체계를 구축하는 것이다.

2017년에는 보안관제센터의 보안로그 수집서버와 저장장치를 교체해 빅데이터 기반의 대용량 로그 수집 · 분석이 가능한 체계를 마련하였다. 이어서 2018년에는 수집 대용량 보안로그를 기반으로 자율 학습 기반의 사이버 위협 탐지 모델을 적용해 알려지지 않은 이상행위 기반의 지능형 사이버위협까지 차단할 수 있도록 하고 있다.

10) 초고속 5G

5G는 차세대 이동통신 규격으로 현재 4G(LTE) 방식에 비해 전송 속도나 용량이 크게 개선되고, 수많은 사물들을 연결할 수 있으며, 전송 오류나 지연이 크게 감소한다. 이처럼 초고속, 초연결, 초저지연 통신이 가능한 5G 시대가 열리면 기존의 음성통화, 데이터 통신 서비스를 넘어 다양한 미래형 서비스들이 가능해진다. 고화질 영상, 다자간 화상회의, 증강현실/가상현실, 사물인터넷, 자율주행차 등은 대표적인 사례이다. 5G 전개가 가져올 기술적, 경제적 파급효과는 엄청나다. 이 때문에 앞으로 기업 간에 국제 표준화 경쟁뿐만 아니라, 국가 간에도 선점 경쟁이 한층 치열해질 전망이다.

2018년 평창동계 올림픽은 국가 간 5G 선점 경쟁의 분수령이 되었다. 평창 동계올림픽에서는 세계 최초 5G 시범 서비스가 선보였다. 앞으로 5G의 초실감 영상 서비스를 활용하면 집 안에서도 경기 현장 이상의 시각 체험이 가능해진다. 예를 들어 피겨 스케이터의 안무동작을 여러 각도에서 시청 한다거나, 봅슬레이 선수의 시점에서 트랙의 속도감을 느낄 수 있다. 360도 VR을 착용하면 크로스 컨트리 경기장 내의 설경도 마음껏 감상할 수 있게 된다.

2019년에는 한국과 미국을 중심으로 대중 시장에서 5G 상용화가 시작될 계획이다. 물론 이는 통신사가 추진하는 일정으로, 장비, 칩, 단말의 대량 생산이 충분히 뒷받침되어야 한다. 2020년에는 일본이 동경 올림픽을 계기로 5G를 상용화하고, 2023년까지 전국으로 서비스를 확장한다는 계획을 가지고 있다. 2022년에는 중국이 북경 동계올림픽에서 좀 더 개량된 5G 기술인 5G advanced를 선보일 예정이다.

2.4 스마트 지능정보사회에서 행정의 변화

오늘날 스마트지능정보사회의 도래에 대응하여 전자정부의 패러다임도 변모하고 있다. 특히 전자정부의 서비스 측면에서 많은 변화를 보여주고 있다. 따라서 정부서비스의 관점에서 전자정부 패러다임의 변화를 살펴보면 다음과 같다.

1. 전자정부 패러다임의 변화

1990년대 중반부터 개인용 컴퓨터와 인터넷의 보급으로 시작된 전자정부의 민원행정서비스는 정보기술의 발전에 따라서 〈표 2-7〉과 같이 다양한 패러다임의 변화를 보여주고 있다.

1) 산업사회의 전자정부

인터넷 가상공간의 등장과 함께 시작된 전자정부는 공무원들의 업무 효율성을 증대시키고, 민원인의 대기 시간을 획기적으로 단축시켰다. 정부는 초기에 홈페이지를 통하여 단순한 민원 구비서류 정보와 서식을 제공하는 수준에서 출발하였다. 이어서 전자정부 단일창구를 통하여 다양한 민원행정서비스가 전자적으로 제공되었기 때문에 국민들은 행정관청을 방문할 필요가 없어졌다. 이른바 '안방민원 시대'가 개막된 것이다.

그러나 제공되는 민원행정서비스들이 단위 업무별로 처리되어, 시간적 · 공간적인 제약을 받았으며 공급자 위주의 서비스가 제공되었다. 따라서 정부로부터 국민들에게 일방향 정보만이 제공되는 수준이었다. 전자민주주의 관점에서는 정부로부터 시민사회에 대한 정보공개가 활성화되는 단초를 제공하였다.

표 2-7 웹 진화에 따른 정부서비스 패러다임 변화

구분		산업사회 전자정부	정보사회 전자정부	스마트사회 전자정부
주요특징		• Government 1.0 • World Wide Web • 정부 중심	• Government 2.0 • Web 2.0 • 시민 중심	• Government 3.0 • Real-World Web • 개인 중심
서비스		• 일방향 정보제공 • 제한적 정보공개 • 서비스의 시공간제약 • 공급 위주의 서비스 • 서비스 전자화	• 양방향 정보제공 • 정보공개 확대 • 모바일 서비스 • 정부/민간 융합서비스 • 신규서비스 가치창출	• 상호작용형 정보제공 • 실시간 정보공개 • 중단없는 서비스 • 개인별 맞춤형서비스 • 서비스의 지능화
접근성		• First-Stop-Shop • 단일창구(포털)	• One-Stop-Shop • 서비스 연계시도	• My Gov • 개인별 정부서비스포털
기술환경	채널	유선 인터넷	유무선 인터넷	유무선 모바일 기기통합(채널 통합)
기술환경	업무통합	단위업무별 처리	프로세스 통합 (공공/민간 협업)	서비스 통합
기술환경	기반기술	브라우저 웹 저장	브로드 밴드 Rich Link/ Content Models	시멘틱 기술/ 센서 네트워크

자료: (김성태, 2011:78).

2) 정보사회의 전자정부

산업사회를 거쳐 정보사회의 전자정부로 진화함에 따라 변화한 가장 큰 특징은 민원행정서비스 제공이 정부중심에서 시민중심으로 전환되었다는 것이다. 즉 정부와 시민들 간에 쌍방향의 의사교류가 활성화될 수 있는 기반이 마련되어, 참여민주주의를 실현할 수 있는 가능성이 높아졌다. 특히 과거에 제한적으로 공개되던 정보들이 행정정보의 공동활용과 부처 간 연계를 통하여 범위가 확대되었다. 또한 공공과 민간의 협업을 통하여 다양한 융합서비스들이 제공되고 있다.

그러나 전자민주주의의 관점에서 볼 때, 시민들이 능동적으로 참여하여야만 정부와 소통할 수 있는 한계를 지니고 있다. 따라서 현실적으로 높은 수준의 시민사회 성숙도를 갖추지 못한 상황에서, 정부와 시민들 사이에 신뢰기반이 형성되지 못하는 문제점이 노출되고 있다.

3) 스마트사회의 전자정부

스마트사회 전자정부의 가장 큰 특징은 개인중심으로의 변화이다. 즉 스마트사회에서는 다양한 유무선 모바일 기기들을 통하여 개인별 맞춤형서비스가 My-Gov를 통하여 제공될 것이다(정윤수 외, 2009). 또한 다양한 스마트 정보기술들이 정부업무 및 공공서비스에 활용되어 전자적 민원행정서비스의 수준을 고도화시키게 될 것이다.

행정정보의 제공 역시도 개인별 맞춤형 정보를 제공하기 때문에 국민과 정부와 협업을 통하여 소통할 수 있는 기반이 마련될 것이다. 따라서 국민들의 의견과 제안이 전자정부 기반하에서 직접적으로 정부 정책에 반영될 수 있도록 시민사회의 성숙도를 높여나갈 필요가 있다.

2. 스마트지능정보사회의 정부서비스 변화

스마트사회에서 변화하는 전자정부의 민원행정서비스는 〈표 2-8〉과 같이 정리해 볼 수 있다.

표 2-8 스마트정부의 민원행정서비스 변화

수요자	변화 구분	기존정부		스마트정부
국민	접근방법	정부가 정한 방식 (이용시간 제한/ 지정된 처리 관서)	→	내가 원하는 방식 (24시간, 지역무관, 매체 다변화)
	관공서 이용	여러 번 방문 (관청 또는 인터넷) 같은 서류도 필요 시 복수 제출	→	1회방문 일괄민원으로 연관민원 동시 처리
	수혜방식 (지원금/복지 등)	국민이 자격 증명/신청 필요	→	정부가 자격 요건 확인 & 지원
	서비스 방식	국민중심 서비스 (보편적)	→	개인중심 서비스 (맞춤형)
공무원	근무위치	사무실(PC 기반)	→	위치 무관 (스마트워크, 모바일서비스)
	현장근무	기록은 본부(사무실)에서	→	현장에서 실시간 기록/관리
	일하는 방식 (재난/안전 등)	사후 복구 위주	→	사전 예방/예측
국민과 소통	소통창구 운영	통합 창구 (해당 기관에 중개/배포)	→	통합창구/직접접수
	정책 반영	통계적/종합적 반영	→	선별적 직접 반영
	소통 방식	단방향 (국민 → 정부)	→	양방향 (정책 반영결과 등 회신)

자료(한국정보화진흥원, 2010c:17)

스마트사회 전자정부에서 국민들과 공무원들의 일하는 방식의 변화를 간략하게 정리하면 다음과 같다.

1) 내가 편한 시간과 장소에서 내 방식대로

지금까지는 정부가 정한 방식대로 국민들이 따라야 했다. 행정업무 처리를 위해서는 동사무소와 구청 및 거주지관할 행정관청을 민원인이 알아서 찾아가야 했다. 또한 물리적인 장소의 접근만이 아니라 가상공간의 홈페이지에서도 시간 제약을 받았다.

그러나 스마트사회에서는 이러한 불편들이 사라지고, 국민들은 본인이 원하는 시간과 장소에서 원하는 방식으로 정부의 서비스를 이용하게 될 것이다. 구체적으로는 정부를 만나는 시간과 장소 및 방법까지 정부가 아니라 국민이 스스로 선택하도록 스마트 전자정부의 기반이 제공될 것이다.

2) 방문은 한 번으로

스마트사회 전자정부 민원행정서비스에서 가장 중요한 것은 국민들이 관공서를 이용하는 횟수를 획기적으로 줄이는 것이다. 이를 위해서는 정보시스템의 고도화도 중요하지만, 보다 강조되어야 하는 분야가 업무처리 방식의 변화일 것이다. 정부도 오래전부터 행정업무 처리의 절차를 간소화하고 구비서류를 감축하기 위한 노력을 기울여왔다.

앞으로 스마트기술을 활용하여 정부가 보유하고 있는 다양한 행정정보를 공동활용하면서, 이를 기관내에서 기관 간으로, 그리고 공공부문에서 민간부문의 영역까지 대상기관을 확장하여 연계시스템을 구축할 것이다. 이에 따라서 일괄민원행정서비스를 제공할 수 있게 되어, 인터넷 민원창구든 관공서를 방문하던 간에 단 한번으로 복합민원도 처리될 것이다. 다만 이 경우, 국민들의 개인정보가 오 · 남용되지 않도록 정보의 조회결과를 철저하게 기록으로 남겨서 관리할 필요성이 있다.

3) 알아서 처리하는 맞춤 서비스

앞으로의 전자정부 서비스는 국민의 요구에 반응(Response)하는 것이 아니라 먼저 알아서 반응(Sensing)하는 식으로 변화할 것이다. 즉 국민들이 여러 가지의 민원행정서비스를 신청하지 않더라도, 정부가 스스로 감지해서 해당 행정서비스를 선제적으로 제공하는 것을 의미한다. 여기에는 장애인보조금, 노령연금, 실업수당 및 육아휴직급여 등 다양한 행정업무들이 해당될 수 있다. '권력 위에 잠자는 자는 국가가 보호하지 않는다'는 현재의 정부서비스 행태는 스마트사회에서는 더 이상 용납되지 않을 것이다.

또한 정부는 모든 국민들을 대상으로 하여 행정서비스를 제공하고 있다. 그러나 국민들은 연령과 직업, 거주 지역에 따라서 각기 다른 서비스를 필요로 한다. 이제까지는 투자의 효과를 극대화하기 위하여 폭넓은 계층을 우선 대상으로 하여 서비스를 제공하여 왔다. 그러나 앞으로는 직장인, 주부, 장애인, 다문화가정 외국인, 학생, 노인 및 해외 거주자에 이르기까지 다양한 계층에 맞도록 민원행정서비스가 개인화될 것이다. 국민들은 스마트 정보기술의 발전으로 자동차세 납부고지, 예비군훈련 소집 통보, 자동차 검사 안내, 건강검진 통지 및 훈련 연기 신청에 이르기까지 다양한 분야에서 개인화된 맞춤형 서비스를 최적화된 방법으로 제공받게 될 것이다.

4) 스마트워크의 확산

공공부문에서 근무하는 사람들의 상당 부문은 사무실이 아니라 현장에서 일하고 있다. 가축질병 검역, 국제협상, 자동차관리, 우편업무, 산림자원 관리 등 수 많은 분야의 공무원들은 업무의 특성상 현장에 나가서 일해야 한다. 이제까지는 현장에서 일하더라도 사무실로 복귀하여 정보시스템에 자료를 입력하여 관리하는 것으로 업무가 마무리되었다. 하지만 앞으로는 다양한 모바일 기기를 활용하여 현장에서 업무를 수행하고 바로 입력하는 것이 가능해졌다. 따라서 업무의 효율성과 생산성이 증대되는 것은 물론 위기관리의 대응성도 크게 향상될 것이다(이신주, 2012).

이처럼 앞으로는 현장에서 종이에 기록하고 사무실에 복귀하여 입력하는 방식은 모두 모바일 기기를 활용하여 현장에서 전자적으로 실시간 처리하는 방식으로 변환될 것이다. 특히 자연재해의 분야에서는 현장의 재해 발생 상황 및 피해 현황을 실시간으로 보고하고 관리하여, 대피와 구조의 분야에서 위기 대응 능력이 향상될 것이다. 이처럼 스마트정부에서는 클라우드컴퓨팅을 기반으로 하여 모바일 기기들을 활용하여, 재택근무, 스마트워크 센터근무, 현장근무 등 다양한 형태의 업무처리 환경이 마련될 것이다(진영빈, 2014).

5) 사고 조치보다 예방이 최선

정부의 기본 역할 중에 하나인 국민의 생명과 안전을 보장하는 재난, 안전의 영역에서는 사고가 발생한 이후에 최대한 빠른 기간 내에 복구하는 것이 이제까지의 정책목표였다. 즉 사후 응급 복구를 목표로 하여 정부의 업무 프로세스를 재설계하고 시스템을 구축하여 왔다. 그러나 스마트정부에서는 이러한 정책목표는 사전 예방으로 바뀌고 있다.

정부는 이제까지 축적된 방대한 양의 정보를 지능형 정보기술을 활용하여 통합하여 검색하고, 이를 바탕으로 재난사고를 사전에 예방하고 재산과 인명 피해를 최소화하는 정책목표를 설정하였다. 스마트 정보기술을 활용하여, 전염병과 가축질병, 태풍과 폭우 등 자연재해와 재난분야에서 위기관리와 위험 예측을 통하여 발생 가능성을 낮추고 피해를 줄이는 방안이 마련될 것이다.

6) 국민과의 소통으로 진화하는 정부

기존의 전자정부를 통하여 구축된 정부의 홈페이지들은 국민들의 민원에 대한 답변을 시작으로 다양한 민원행정서비스를 제공하여 정부와 민간 간에 협력의 구심점을 제공하여 왔다. 이러한 웹은 이제 정보를 자발적으로 공개하고 네트워킹하는 단계로 발전하였다. 즉 개방과 참여 그리고 공유의 가치를 바탕으로 하는 이러한 시대에 공공부문 역시도 대응하여야 한다.

오늘날의 정보환경에서는 어떤 사회적인 문제가 시간과 공간의 제약없이 전국적인 이슈가 되고 바로 집단행동이 가능해져서, 국민들이 국회를 통하지 않고 바로 정부와 소통할 수 있는 기반이 마련되었다. 이처럼 소셜미디어와 소셜 네트워크 서비스의 확산은 국민과 정부의 소통방식을 진일보시킬 것으로 전망된다. 소셜미디어는 앞으로도 정부 정책이나 홍보 수단으로 활용되어 국민과의 소통이 증가될 것이다. 또한 스마트전자정부에서는 국민과의 소통을 기반으로 정부가 보유하고 있는 방대한 양의 정보와 연계시켜서 가치를 확장할 수 있도록 새로운 국민체감형 서비스 모델이 제공될 것이다.

3. 스마트 지능정보사회에서 지능형 전자정부로의 변화

이제 지능정보기술의 급속한 발전으로 인하여 기존의 행정환경에 큰 변화가 예상된다. 이러한 지능형 전자정부에서 나타나는 행정의 변화 패러다임은 크게 다음과 같은 네 가지로 정리된다(황종성, 2017).

1) 절차중심에서 결과중심 정부로

기존의 산업사회와 관료제하에서는 인간의 판단 오류 가능성에 대비하여 구체적인 절차를 만들어서 실행하였다. 그러나 이러한 관료제는 절차에 대한 강조로 인하여 형식주의(Red Tape)와 같은 부작용을 수반하였고, 따라서 목적보다 수단에 집착하게 되었다.

그러나 이제 인공지능의 등장으로 인하여 정책결정 과정에서 인간의 인지능력의 한계를 극복할 수 있게 되었기 때문에, 절차보다는 결과에 초점을 맞춘 정부의 구현이 가능하게 되었다. 따라서 이제 결과 중심의 정부는 규칙 중심의 정책시스템을 상황중심의 정책으로 변화시킬 것이며, 데이터의 분석을 통하여 보다 성과중심주의를 지향할 수 있게 되었다.

2) 네트워크를 넘어 플랫폼 조직으로

기존의 전자정부가 수직적 정부조직을 네트워크 조직으로 바꾸었다면, 지능형 전자정부에서는 플랫폼 조직이 등장한다. 네트워크 조직에서는 수직적 위계조직을 수평적으로 바꾸고 필요에 따라서 다양한 조직들이 협업을 할 수 있게 하는 장점은 있었지만, 조직 간의 칸막이는 여전히 존재하였다. 그러나 플랫폼 조직에서는 조직들이 서로 연결될 뿐만 아니라 동일한 플랫폼을 공유하여 조직 운영에 필요한 기본적인 제도, 규칙, 데이터 등을 공동활용하여 하나의 조직처럼 기능한다.

과거에는 이러한 플랫폼의 구축이 힘들 일이었기 때문에 제한된 범위내에서만 플랫폼을 적용하고 나머지는 네트워크화 하였다. 그러나 이제 인공지능의 급속한 발전과 적용으로 인하여 다양한 플랫폼 구성 요소들이 자동적으로 연계되기 때문에 정부내에서 플랫폼의 적용 범위가 빠르게 확산될 것이다. 따라서 인공지능을 활용한 정부의 문제해결 능력이 급속하게 강화될 것이다.

3) 정부와 민간의 융합을 통한 새로운 거버넌스

기존의 전자정부에서 정부와 시장은 서로 대립적인 관계를 형성하여 오면서, 정부 개입이 늘어나면 시장의 자율성이 축소되고, 반대로 시장의 자율성을 늘리면 정부의 역할이 줄어드는 것으로 인식하였다. 그러나 이제 지능형 전자정부에서는 정부와 시장의 관계가 대립적인 것에서 벗어나 융합적인 것으로 전환된다.

이것은 인공지능의 활용으로 지능형 전자정부에서는 사회문제의 해결을 정부와 민간이 힘을 합쳐서 해결하는 협업모델을 지향하기 때문이다(Deloitte, 2015). 지능형 전자정부에서는 시장과 정부의 고유 영역이 존재하지 않고 융합에 의한 협업만이 존재하기 때문에 서로 끊임없는 상호작용이 필수적이다. 따라서 이러한 정부와 민간 간의 지능정보기술의 융합을 통한 새로운 거버넌스는 복지, 사법, 도시 운영 등 많은 공공영역에서 근본적인 변화를 초래할 것이다.

4) 알고리즘 민주주의의 대두

인공지능 기술에 기초한 지능형 전자정부의 등장은 민주주의의 발전에 기회와 위기의 양면적 요소로 작용할 수 있다. 기회의 측면에서는 직접민주주의를 통하여 국민들이 실질적인 주권자로서의 역할을 할 수 있는 길이 제공될 수 있다. 그러나 위기의 측면에서는 정부가 국민 개개인의 개인정보 뿐만이 아니라 심리조작과 감정조작을 통하여 행동을 통제할 수 있기 때문에 국민들의 주체적인 자기결정권이 침해될 수 있다. 최근에 선거에서의 댓글 조작은 이러한 상황의 아주 원초적인 단계를 보여주고 있다.

따라서 이러한 상황에 대응하기 위하여 앞으로는 공무원에 대한 견제보다는 알고리즘의 투명성을 확보하고 이를 통제하는 방안이 크게 부상하고 있다. 2016년에 유럽연합은 '일반데이터보호규제(GDPR: General Data Protection Regulation)'를 통과시키고, 이를 2018년부터 시행하고 있다. 이것의 구체적인 내용은 국민 개개인에 대한 정보를 정부나 기업들이 마음대로 보유하거나 활용할 수 없도록 하고, 국민에 대한 데이터와 알고리즘을 정확하게 유지하여 국민들이 정당한 서비스를 받도록 보장하는 것이다. 그러므로 지능형 전자정부에서는 이제까지 소수의 정책결정자가 모든 것을 판단하던 시대를 마감하고 국민들이 참여하는 집단적 결정과 인공지능의 집단지능을 모두 활용할 수 있는 개방적 정책결정 시스템이 구축되어야 한다.

쉬어가기

2015~2018년 전자정부 10대 기술트렌드 비교

구분	2015년	2016년	2017년	2018년
AI	컨텍스트 딥러닝	지능형 머신러닝	강력해진 인공지능 상황인지 로보틱스	대화형 인공지능 플랫폼
IoT	지능형 센싱 사물인터넷	개방형 사물인터넷 플랫폼	사물인터넷 트랜드 포메이션	스마트시티 사물인터넷
Cloud	클라우드 클라이언트 클라우드 콜라보워크	스마트 퍼블릭 클라우드	멀티클라우드	클라우드 플랫폼
Big Data	빅스트림 빅데이터	순간 빅데이터 알고리즘 기반 데이터 분석	빅데이터와 니치데이터	온디맨드 빅데이터
Security	위험인식형 자기보안	생체인식기반 인증·보안	지능형 보안 아키텍처	지능형 자동 보안 비접촉 생체인식
기타 신기술	옴니채널 서비스화	모바일 증강현실	가상현실과 증강현실	혼합현실
	에브리웨어 웹	O_2O 서비스 기술	블록체인	블록체인 네트워크
	제3의 플랫폼	지능형 모바일 라이프케어	차세대 이동통신 5G	초고속 5G
	웨어러블 사용자 경험	실감형 UX기반 웨어러블	스마트 시티 그리드	공공 멀티드론

자료: (행정안전부, 2018a).

CHAPTER 3

정보화정책의 변화와 전자정부의 등장

오늘날 정부의 정보화는 거의 모두가 전자정부 사업이라는 이름하에 진행되고 있다. 하지만 전자정부 이전에는 행정전산화 사업들이 추진되었다. 우리나라 정부 정보화는 1975년 1월, 당시 박정희대통령이 행정전산화를 추진할 것을 지시하면서 시작되어 오늘날까지 지속적으로 추진되고 있다. 따라서 이 장에서는 본격적으로 전자정부 사업이 시작되기 전까지 추진되어 왔던 행정정보화의 전개과정을 살펴보고자 한다. 이어서 전자정부 사업들과 함께 진행되어 온 국가정보화의 변천과정을 분석하고, 가장 최근의 정보화정책인 4차 산업혁명 대응계획을 살펴본다. 마지막으로는 1990년대 중반에 시작된 전자정부의 등장을 국내외 전개과정을 중심으로 설명하고자 한다.

3.1 우리나라 정보화정책의 변화 과정

우리나라에서 정보통신기술(ICT)의 경제사회적 영향력이 확대될 수 있었던 가장 큰 동력은 정부가 주도적이고 적극적으로 정보화 정책을 수립 · 추진하였기 때문이다. 1990년대에 접어들면서 우리나라는 "산업화는 뒤졌지만, 정보화에는 앞서야 한다"는 공감대를 바탕으로 정보화를 본격 추진하였다.

1994년 12월 정부는 정보화에 능동적으로 대처하고, 정보통신산업을 국가발전 전략산업으로 집중 육성하기 위해 주무부처인 '정보통신부'를 신설하고, 국가정보화를 촉진하기 위한 「정보화촉진기본법」을 제정(현재 「국가정보화기본법」으로 법률명 변경)하였으며, 정보화촉진기금 마련 등 국가정보화 추진의 실행력을 담보하기 위한 제도적 기반을 구축하였다. 이를 바탕으로 〈표 3-1〉과 같이 지난 30년간 정보화 도입 · 발전 · 성숙기별 시대적 요구를 반영한

표 3-1 국가정보화 추진 연혁

		1975 20년 전의 정보화		1994 20년 동안의 정보화 2013				현재, 앞으로의 정보화
정보화 패러 다임		PC 시대		인터넷 시대		모바일 시대		초연결 시대
		디지털화, 전산화		온라인화, 정보화		모바일화, 소셜화		기능화, 정보화
정보화 이슈		데이터베이스, PC통신, GPS, 초고속 인터넷 망		전자정부, 온라인		스마트폰, 모바일 인터넷, 포털, SNS		융합, 클라우드, 빅데이터, IoT, 웨어러블
국가정보화 기본계획 추진	목적	행정전산화 추진	국가기간전산망	국가사회 정보화 촉진		지식정보사회 구현		초연결사회의 창조경제 구현
	근거	박정희 대통령 행정전산화 추진지시 (1975)	전산망 보급과 이용 촉진에 관한 법률	정보화촉진기본법		국가정보화기본법		국가정보화기본법
	정책	〈1978년 수립〉 1차 행정전산화 기본계획 (1978~1987)	〈1988년 수립〉 1차 국가기간 전산망 기본계획 (1987~1991)	〈1996년 수립〉 1차 정보화촉진 기본계획 (1996~2000)	〈1999년 수립〉 2차 Cyber Korea21 (1999~2002)	〈2002년 수립〉 3차 e-Korea (2002~2006)	〈2008년 수립〉 4차 국가정보화 기본계획 (2008~2012)	〈2013년 수립〉 5차 국가정보화 기본계획 (2013~2017)
		〈1982년 수립〉 2차 행정전산화 기본계획 (1988~1996)	〈1992년 수립〉 2차 국가기관 전산망 기본계획 (1992~1996)			〈2003년 수립〉 3차 개정 브로드밴드 IT KOREA Vision 2007 (2003~2007)	〈2012년 수립〉 4차 수정 국가정보화 기본계획 (2008~2012)	
						〈2006년 수립〉 3차 연동 u-Korea 기본계획(2006~2010)		

국가정보화 마스터플랜을 수립 · 추진하여 오고 있다.

이러한 우리나라 정보화 정책의 변화 과정을 간략하게 살펴보면 다음과 같다.

1. 행정정보화의 전개 과정

1970년대부터 1990년대 후반에 이르기까지 거의 30여년에 걸친 정부의 행정전산화 노력에 따라 이제는 전국 대부분의 행정기관들이 컴퓨터를 행정사무처리의 필수도구로 활용하고 있는 실정이다. 초기의 이러한 행정업무의 전산화사업은 오늘날의 행정정보화 및 전자정부 사업으로 이어지고 있다. 이러한 전자정부 구현 이전의 행정정보화 추진정책을 시기구분에 의한 내용 측면과 추진주체의 변천 측면에서 간략히 살펴보면 다음과 같다(이하 정충식, 1999: 102~106).

우리나라 최초의 컴퓨터 도입은 1967년에 경제기획원 통계국에 인구조사를 목적으로 도입된 전자계산기로 알려져 있다. 이후 1967년 중엽에 한국과학기술연구원(KIST)에 전자계산실이 설치되면서 이 당시에는 우리나라의 정보화를 공공부문이 선도하게 되었다. 정부의 정보화사업은 일차적으로 정부업무의 전산화 작업에서부터 시작되었으며, 컴퓨터와 통신의 결합에 따라 전산망의 개념으로 발전해왔다. 정부의 정보화 추진과정은 그 시기구분에 대해 다양한 견해들이 제시되고 있다(신윤식, 1992; 안문석, 1996). 그러나 정부의 공식적인 시기구분은 행정전산화 사업의 계획기간에 따라 이루어지고 있다. 이러한 계획기간도 일정 기간에서는 중복되는 부분도 있으나 정부의 행정정보화 사업은 아래와 같이 5차에 걸쳐 이루어져 왔다.

1) 제1차 행정전산화 사업(1978~1982)

우선 제1차 행정전산화사업은 부처별로 단위업무를 개발하는 것에 치중하였다. 이 당시에는 컴퓨터와 통신은 각각 독립된 영역에 속해 있었으며 양자의 결합으로서의 정보화 개념은 보편화되지 않고 기존의 수작업을 전산화하는 것에 치중하는 시기였다.

2) 제2차 행정전산화 사업(1983~1986)

이어 1983년부터 시작된 제2차 행정전산화 사업은 정부차원의 정보화에 있어 전환의 계기를 마련하였다. 즉 이전의 전산화 작업은 목표설정의 대상범위가 행정시스템에 국한되어 왔으나 이때부터 대상범위가 국민들에게까지 확대되었다. 이때부터 정부차원에서도 정보화가 정책의 대상으로 부각되기 시작하였다. 2차 행정전산화 사업은 각 부처 전산화 대상업무를 중심으로 그 추진실태를 사후관리하는 체제로 추진되었다. 1984년에 국가기간전산망조정위원회가 구성되어 '행정전산화'의 개념 대신에 '행정전산망'의 개념이 보급되기 시작하였다.

3) 제1차 행정전산망 사업(1987~1991)

이어서 국가기간 5대 전산망사업의 일환으로 1987년부터 1991년까지 5년간에 걸친 제1차 행정전산망사업이 시행되었다. 특히 제1차 행정전산망의 사업에서는 이제까지의 부처별 개별적 전산화의 전략에서 벗어나 전산망의 개념을 도입하여, 전 행정부처와 지방행정단위에 이르기까지 전국적으로 연결하는 전국적 단일 행정권화를 위한 사업을 추진하였다. 제1차 행정전산망 사업은 주민등록관리, 부동산관리, 고용관리, 자동차관리, 통관관리, 경제통계관리 등 전국적 대민 서비스 업무를 대상으로 6대 우선추진사업으로 선정하여 전담사업자를 지정하여 국가적 사업으로 추진되었다.

이러한 국가기간 전산망사업이 성공하게 된 배경에는 강력한 예산 배분의 방식이 자리 잡고 있다. 즉 당시에 정부는 국가기간전산망사업의 성공적인 추진을 위하여 '톱다운(Top-Down)'방식의 사업추진 전략과 함께, 지금에는 상상하기 힘든 '선투자, 후정산'이라는 사업 추진 방식을 채택하였다. 따라서 이러한 정부의 정책의지를 바탕으로 행정전산망 사업은 강력하게 추진될 수 있었다.

4) 제2차 행정전산망 사업(1992~1996)

이어 제2차 행정전산망사업은 1단계 사업의 추진으로 조성된 행정전산화 기반을 토대로 행정정보의 전국적 공동활용체제를 구축하고 대민 서비스 개선과 행정능률제고 등 전산화 효과가 큰 국가주요정책업무 개발촉진 및 제1단계 행정전산망 우선업무의 지속적인 보완 · 발전을 추진하였다. 동시에 국민편의를 증진시키고 행정전산망의 표준을 제고할 수 있는 업무로 우체국종합서비스, 국민복지업무, EDI형 통관자동화, 산업재산권정보관리, 기상정보관리, 물품목록관리, 어선관리 등 7개 업무를 우선추진업무로 선정하여 시스템을 구축하였다. 또한 행정전산망의 전국적인 확산에 따른 개인정보보호, 전산자료의 안전관리 등 행정전산망 관련 제도를 정비하는 것을 추가적인 목표 및 추진전략으로 내세우게 되었다.

제2차 기간전산망사업에서는 지방행정전산화를 추진하기 위하여 시군구 지방전산화 시범 사업을 실시하였다. 또한 주민등록전산망사업은 주민등록 전출입 일원화시스템을 구축 완료하였으며, 여권발급전산망을 구축하여 1995년부터 전국적인 서비스를 실시하였다. 1995년에는 토지종합정보망을 구축하여 토지실명제, 가구별 종합과세 등을 지원하였다.

5) 행정정보화촉진 시행사업(1996~2000)

제2차 행정전산망 사업의 추진시기인 1996년 6월에 정부는 정보화촉진기본계획(1996~2000)을 발표하였다. 이것은 정보통신부가 주관하여 각 부처의 정보화 추진계획을 하나로 모은 범정부적인 국가정보화계획이었다. 이 정보화촉진기본계획에 의하면 우리나라의 정보화 촉진을 위한 정책분야를 정보화 촉진, 정보통신산업 기반 조성, 초고속정보통신망의 구축 및 사회적 여건의 정비 등 네 가지 분야로 분류하였다.

또한 우리나라를 정보화 선진국으로 도약시키기 위하여 분야별로 방대한 사업계획을 수립하였다. 이것은 정보화촉진을 위한 10대 중점과제의 선정에서도 나타나고 있다. 정보화 10대 과제는 정부, 교육, 학술연구, 산업, 교통물류, 지역, 의료, 환경, 안전, 국방 등 거의 전 분야를 망라하고 있다. (구)총무처는 이에 따라 행정정보화촉진 시행계획(1996~2000)을 준비하여 작고 생산성이 높은 전자정부의 구현을 추진목표로 제시하였다(총무처, 1997b).

따라서 1990년대 후반부터 우리나라의 행정정보화 추진정책의 목표는 전자정부의 구현으로 집약될 수 있다. 그리고 이러한 전자정부의 구현정책은 2000년 이후 '국민의정부'와 '참여정부'를 거쳐서 정부의 정책기조로 계승되어 계속 추진되어 오고 있다.

2. 국가정보화의 추진 과정

우리 정부는 1996년 '제1차 정보화촉진기본계획'을 수립하여 정보화촉진 10대 중점과제, 고속정보통신망 조기 구축, 정보통신산업 기반 조성 등을 차질 없이 추진함으로써 정보통신 선진국으로 도약하기 위한 준비를 진행하였다.

이어서 1997년 IMF 경제위기와 지식기반경제로의 전환 등 정보화 추진환경이 크게 변화함에 따라 지식정보화 선진국으로 발돋움 할 수 있도록 정책의 수정 · 보완이 요구되어, 1999년 3월 '창조적 지식기반 국가 건설'이라는 비전 달성을 위한 'Cyber KOREA21'을 수립하였다.

그 후 2002년 4월에는 글로벌화와 전 국민의 정보화 능력함양 요구 등의 환경변화를 반영한 'e-KOREA VISION 2006'을 수립하였고, 2003년 12월에는 새로운 정부의 정보화 비전을 반영하여 제3차 계획의 수정버전으로 'Broadband IT KOREA VISION 2007'을 수립하였다. 한편 2006년에는 기술의 빠른 발달 속도에 맞춰 유비쿼터스 사회를 앞당겨 실현하기 위해 'u-KOREA 기본계획'을 수립하였다.

이후 탄탄한 인터넷 인프라를 기반으로 인터넷 이용이 보편화 되고 정보화가 국가사회 전반으로 확산됨에 따라, 촉진과 확산 중심의 기존 정책의 한계가 노출되었으며 해킹, 개인정보 유출 등 IT의 활용과 관련된 다양한 사회문제가 대두 되면서 정보화 정책에 대한 새로운 요구들이 발생하게 되었다. 이러한 문제점들을 근본적으로 해소하고 촉진에서 활용으로의 정보화 패러다임 변화에 대응하기 위하여 정부는 2008년 12월 '창의와 신뢰의 선진 지식정보사회 실현'을 비전으로 하는 '제4차 국가정보화 기본계획(2008~2012)'을 수립하여 추진하였다.

최근에는 글로벌 저성장의 장기화, 불확실성의 증대 등 경제사회적 문제를 극복하기 위해 정보화에 대한 새로운 역할 설정 및 전환의 필요성이 대두되었다. ICT가 사회 전반에 내재화되면서 그간 추진해온 정부 주도의 정책 추진에서 나아가 국민의 상상력과 창의력을 ICT와 결합하여 사회 현안을 해결하고, 새로운 가치를 창출하는 것에서 정보화의 역할을 찾는 것이 매우 중요해졌다.

이에 정부는 2013년 12월 창조경제 실현과 국민이 행복한 대한민국 건설을 위한 '제5차 국가정보화 기본계획(2013~2017)'을 수립 · 추진하였다. 이러한 내용을 보다 구체적으로 정리하면 다음과 같다.

1) 정보화촉진기본계획 (1996~2000)

(1) 추진목적

1996년 6월에 수립된 제1차 정보화촉진기본계획은 정보화시대를 맞이하는 정부의 새로운 역할을 보여주고 있다. 즉, 범정부차원의 정보화계획 수립은 정보화 초기단계에서 정부가 국가차원의 종합적 · 체계적인 장기 비전을 제시함으로써 정보기술의 선도적인 이용자로서 초기 정보화 수요를 창출하여 민간투자를 유발시키는 중요한 계기로 작용하였다.

더욱이 1990년대 들어 공공부문의 전산화에서 벗어나 국가사회 전반의 정보화 추진의 중요성이 부각되면서 범정부차원의 종합적인 정보화 사업 추진전략과 방향을 제시하는 기본적인 틀 마련이 무엇보다 중요하게 부각되었다. 정보화 초기단계에서는 아직 시장의 수요가 충분히 창출되지 못하여 시장기능에 의존하는 것이 어려운 시기였음으로 정부가 할 수 있는 선도투자 및 각종 지원시책을 통한 기반조성에 역점을 두었다.

(2) 주요내용

정보화촉진기본계획은 1단계(1996~2000), 2단계(2001~2005), 3단계(2006~2010)로 5년씩 구분하여 추진계획을 설정하였으며, 2010년 세계 최고 수준의 정보화 실현을 목표로 범국가적 10대 과제를 제시하였다.

제 1단계(1996~2000)는 정보화촉진 기반조성 단계로서, 국가사회 각 분야에서 정보 활용을 활성화시킬 수 있는 기반을 조성하는 것이었다. 응용서비스, 정보통신기술, 정보통신망, 환경여건 등 정보화 촉진에 필수적인 기초 요소를 확보하고, 민간에 의한 정보화기반조성이 어려운 부분에 정부의 투자와 지원시책을 적극 추진하기 위해 핵심 응용서비스를 개발하여 초기수요를 창출하고, 초고속정보통신의 조기구축과 정보통신산업을 촉진 하는 것이 주요 사업 내용이다.

제 2단계(2001~2005)는 정보확산 단계로서 민간 주도의 정보화를 정착시키고 고도의 정보사회를 구현하기에 충분한 수요를 창출하는 것이었다. 이를 위해 기본적인 정보통신의 보편적 서비스를 실현하고, 고도정보사회로의 원활한 이행을 촉진하기 위한 대국민 정부서비스 고도화, 사회 각 부문의 구조조정 지원, 건전한 정보사회 규범 확립 등이 주요 사업 내용이다.

제 3단계(2006~2010)는 정보활용 고도화 단계로서 언제, 어디서나 필요한 정보를 생산, 유통, 이용할 수 있는 고도 정보활용 단계의 진입이 중요 목표이다. 유 · 무선통신, 위성, CATV가 통합된 초고속통신망을 가정과 개인까지 연결하고, 정보의 생산과 고도 멀티미디어 서비스를 강화하여 정보화 선진국으로 도약 하는 구체적인 목표를 설정하였다.

2) Cyber KOREA21 (1999~2002)

(1) 추진목적

1999년 3월에 수립된 Cyber Korea21(1999~2002) 계획은 창조적 지식기반국가 건설이라는 비전하에 당시 인터넷으로 대표되는 새로운 시대적 흐름과 이를 위한 정책적 과제를 망라하였다. 따라서 Cyber Korea21은 정보인프라를 조기 구축하여 새로운 정보화에 앞서 나가려는 의지 표명과 더불어 인터넷 중심의 사회경제적 변화에 대한 종합적인 지원방향을 제시하고 실질적으로 지원하는 계획이었다.

Cyber Korea21은 지식정보사회의 기반인 정보인프라 조기 구축과 고속 · 고도화된 정보통신망 및 정보기술을 활용하여 정부, 기업, 개인 등 모든 경제주체의 생산성과 투명성을 제고하는 것을 목표로 하고 있다. 또한 정보인프라를 활용하여 새로운 비즈니스를 창출하고 정보통신산업을 활성화하여 새로운 일자리를 획기적으로 마련하는 것과 세계 시장에서 경쟁력을 가질 수 있는 정보통신품목을 수출전략상품으로 선정하여 기술개발을 집중 지원 하는 것을 기본목표로 하고 있다.

(2) 주요내용

Cyber Korea21의 중점추진과제 첫 번째는 창조적 지식기반국가 건설을 위한 정보인프라 구축이다. 미국, 영국 등 선진 각국이 정보인프라의 조기구축과 기술개발에 국가적 역량을 집중하고 있을 무렵 우리나라도 선진국의 추세에 뒤지지 않는 인프라 환경을 조성할 수 있도록 초고속 정보통신기반을 조기에 구축하겠다는 내용을 담고 있었다.

또한 인터넷을 중심으로 운영시스템의 글로벌화 추진, 세계에서 컴퓨터를 가장 잘 쓰는 나라를 구현하기 위해 모든 국민들이 정보화교육을 받을 수 있는 환경 조성, 지식정보사회에 맞게 법 · 제도 환경을 정비하고 안전한 정보이용체계와 건전한 정보문화 구현 등을 주요내용으로 하고 있다.

두 번째는 지식정보기반을 활용한 국가전반의 생산성 향상이다. 정보인프라와 정보기술을 활용하여 정부, 기업, 개인 등 모든 경제주체들의 혁신을 추진하고자 하였다. 행정, 교육 등 파급효과가 큰 분야부터 정보화를 추진하여 국가전반의 효율성과 투명성 제고하고, 기업활동을 혁신하는 지식경영체제를 구축하여 생산성을 높이는 등 정보화를 통한 경제전반의 체질개선을 추진하여 국민 누구나 지식과 정보를 활용하여 부가가치를 창출하고 생산성을 높이도록 하는 내용을 담고 있다.

세 번째는 정보인프라를 활용한 새 일자리 창출이다. 정보화를 기반으로 지식기반의 새로운 산업을 육성하여 새로운 일자리를 창출하고 산업현장과 사회 각 부문의 효율성 증대로 퇴출되는 인력을 흡수하여 실업문제를 해소하고자 하였다. 또한 인터넷 기반의 신산업을 활성화하고 정보통신산업의 지속적인 발전을 통한 100만 일자리 창출을 목표로 하는 내용을 담고 있다.

이러한 목표와 과제를 추진하여 지식정보의 창출, 축적, 활용능력의 선진화로 2002년 세계 10위권의 정보화 선진국 진입과 지식기반산업의 GDP 비중을 OECD 수준으로 향상시키는 등 경제사회 발전의 핵심 요소로 정보화를 활용하고자 하였다.

3) e-KOREA VISION 2006 (2002~2006)

(1) 추진목적

1990년대 중반부터 국가사회 전반의 정보화를 촉진하기 위하여 '정보화촉진기본계획(1996)'과 'Cyber Korea21(1999)'을 범정부적으로 수립 · 추진한 결과 당초 목표를 조기 달성하고 세계적 수준의 정보인프라를 구축하는 등의 성과를 이루었다. 그러나 우리나라가 정보화 시대에 진정한 선진국으로 자리 잡기 위해서는 당면한 도전과 과제들을 해결해야 했다. 정보화의 실질적 효과를 높이기 위해 각종 제도와 관행을 혁신하고, 정부, 기업, 개인 등 주체별 정보화 역량을 강화해야 했고, 정보화에 따라 더욱 가속화될 것으로 전망되는 사회환경 변화추세에 대한 대응능력 및 세계 경제의 글로벌화에 따른 대외경쟁력 강화 등 정보화와 국가발전을 연계해야 하는 과제들이 남아 있었다.

e-KOREA VISION 2006은 이러한 과제들을 효과적으로 해결하여 21세기 지식정보사회의 글로벌 리더로의 도약을 목표로 5년간의 새로운 국가정보화 청사진을 제시하였다.

(2) 주요내용

주요 목표별 추진과제를 살펴보면 다음과 같다. 국가사회 정보화 촉진을 위한 주요 과제 첫 번째로는 국민의 정보활용능력 제고이다. 전 국민의 보편적 인터넷 접근 환경 보장 및 정보활용능력을 극대화하여 모든 국민이 정보의 수요자이면서 생산자(Prosumer)로서 정보사회의 주역으로 부상할 수 있도록 차등화된 정보화 눈높이 교육 프로그램 개발, 보편적 서비스개념을 초고속 인터넷 등 정보통신서비스에까지 도입하여 정보소외계층이 정보화교육을 통해 자활할 수 있는 기회 확충 등을 추진하고자 하였다. 또한, 범국가적인 e-learning 기반 구축 등 평생학습체제 조성과 고학력 미취업자, 여성, 고령자 등에 대한 IT활용교육 내실화로 e-work 인력 풀 확충 및 IT를 활용한 원격근무 등 국가 인적자원의 효율적 활용과 경제사회의 효율성 증대를 위한 과제를 담고 있다.

두 번째는 산업부분의 정보화 촉진으로 산업경쟁력을 제고하고 부가가치를 극대화하며, 정보화에 취약한 소기업의 디지털 경제참여를 적극 유도 · 지원하는 등 전 산업의 정보화 확산으로 산업 전반의 경쟁력을 강화하고자 하였다. 또한, 기업간 전자거래(B2B) 확산 · 고도화와 전자거래 분쟁조정 및 온라인 프라이버시 보장 등 누구나 안심하고 거래할 수 있는 온라인 환경 조성을 위한 과제를 제시하였다.

세 번째는 공공부문의 정보화 촉진으로 온라인 서비스를 전체 민원업무로 확대하고 각종 정부서비스를 민원인이 원하는 방식으로 제공하는 맞춤형 디지털 민원서비스를 제공하여 신속하고 투명한 온라인 민원서비스를 하고자 하였다. 또한, 정부전산자원 통합관리, 행정정보 공동이용 활성화 등 정보기술을 활용한 정부운영시스템 혁신으로 열린 행정을 구현하는 등의 내용을 담고 있다.

정보인프라의 지속적 고도화를 위한 첫 번째 과제는 헌법, 민법, 상법, 형법 등 일반법의 개정 필요성을 검토 · 추진하는 등 지식정보사회에 적합한 법체계 확립으로 지식정보사회의 안정적 기능을 위한 제도의 재설계를 종합적으로 추진하는 내용을 포함하고 있다 . 두 번째는 사이버 공간의 안전성 · 신뢰성 보장을 위한 민 · 관 합동의 사이버 테러 대응체계 구축 및 국가 정보통신기반의 체계적 관리 등 사회 안전성을 확보하는 내용을 담고 있다. 세 번째는 차세대 정보통신 인프라 확충을 위한 초고속 정보통신 인프라의 지속적인 고도화와 세계 최초의 유무선 통합 초고속네트워크 구현 등의 내용을 담고 있다. 네 번째로는 IT산업의 전략적 육성을 위한 원천 · 기반기술개발 지원과 우수 IT인력양성 기반 마련, 소프트웨어 및 콘텐츠 산업 육성을 위한 제도 정비 등의 과제를 제시하였다.

4) Broadband IT Korea Vision 2007 (2003~2007)

(1) 추진목적

Broadband IT Korea Vision 2007은 참여정부의 정보화 촉진 및 정보통신 발전전략을 부재로 하여 2002년 수립된 e-Korea(2002~2006)계획의 개정 계획으로 2003년 12월 수립되었다. 전 세계적으로 기존 주력산업과 새로운 성장동력 창출을 위한 IT산업의 중요성이 부각되면서 IT 신성장 동력의 적극적 발굴 및 육성이 필요하였으며, 정보화의 진전에 따라 해킹, 바이러스, 불건전 정보의 확산 등 정보화 역기능이 사회문제로 대두되면서 이를 해결할 수 있는 방안의 필요성도 더욱 확대 되었다.

또한 2003년 2월 새 정부인 '참여정부'의 출범에 따라 국가사회 전반에 IT가 새로운 변혁의 원동력으로 작동되는 '지식정보사회 전면화'를 비전으로 제시하였으며, 우리나라의 경쟁력을 혁신적으로 제고 하고 참여정부의 '국민소득 2만불 시대 도약기반'을 마련하기 위해 정보화를 통한 국가발전 전략을 수립 · 추진하게 되었다.

(2) 주요내용

Broadband IT KOREA Vision 2007은 세계 최고의 열린 전자정부 구현으로 행정서비스 전달의 혁신 및 효율성 제고, 전 산업의 정보화 촉진을 통한 국제경쟁력 강화, 광대역통합망 구축 및 IT 신성장동력의 전략적 발굴 및 육성으로 국민소득 2만불 시대 도약 추진, 모든 국민이 지식정보사회의 주역이 되는 디지털 복지사회 구현, 국제협력 강화를 통한 글로벌 정보사회 주도를 목표로 하고 있다. 목표별 중점 추진내용은 다음과 같다.

지식정보사회의 전면화 추진을 위해 첫 번째는 혁신적인 전자정부 추진과 관련된 계획과 방향을 제시하였다. 기관별 창구 · 방문 · 대면처리 방식에서 단일창구 · 무방문 · 비대면(온라인) 처리로 대국민 서비스를 혁신하는 것과 전자정부프로젝트 실명제 및 성과지표 사전 제시제를 도입하고 사업성과와 인사 · 예산 연계방안을 마련하여 중복투자를 방지하는 등 전자정부 추진에 관한 추진계획을 담고 있다. 두 번째는 디지털 경제의 확산을 위한 전 산업의 정보화 확산, 기업 간 전자거래(B2B) 확산, 누구나 안심하고 거래할 수 있는 온라인 환경 조성 등의 계획과 방향을 제시하였다. 세 번째는 디지털 복지사회 실현을 위해 여유롭고 쾌적한 디지털 라이프(Digital Life) 창출로 국민 삶의 질 향상에 기여할 수 있는 e-work, 복지 · 의료 서비스의 정보화 확대 등의 과제를 제시하였다. 네 번째로는 평등한 정보접근권 확립을 목표로 전 국민의 보편적 인터넷 접근 환경 보장, 급속히 발전하는 기술과 사회변화에 대한 국민들의 대응능력 제고 등의 과제를 제시하였다.

지식정보사회 토양조성을 위해서는 첫 번째는 지식정보사회형 법체계 확립을 위한 정보사회 특성을 반영하는 법제도 기반 조성 및 기술의 발전과 융합에 대응하는 제도 재설계 과제를 제시하였다. 두 번째는 지식 정보사회의 안전성 · 신뢰성 보장을 위해 정보보호 및 사이버 규범과 질서 정립 등 안전하고 신뢰받는 사이버 공간 건설에 관한 전략과제를 제시하였다. 세 번째는 경쟁력 있는 IT 인적자원 확충을 위한 IT 전문인력 양성 전략을 제시하였고, 네 번째로는 예산계획-평가결과를 연계하는 등 국가사회 정보화 성과관리 체계 구축 방안을 제시하였다.

IT 신성장동력 창출 기반 조성을 위한 과제 첫 번째는 차세대 이동통신, 디스플레이, D-TV, 홈네트워크 기술개발 등 파급효과가 높은 IT 기술 개발 추진 등 국민소득 2만불 달성을 위한 IT 신성 장동력 발굴 및 육성 과제이다. 두 번째는 광대역통합망 구축, 언제, 어디서나, 끊김없이 이용할 수 있는 품질보장형 광대역 멀티미디어 서비스 이용환경 조성 등 차세대 정보통신 인프라 고도화 과제이다. 세 번째는 해외진출 지원, M&A 펀드 조성 등 국제경쟁력을 갖춘 IT중소 · 벤처 기업을 지원하는 것이다.

국제협력 강화를 위해서는 동북아 e-비즈니스 활성화를 통한 동북아 비즈니스 중심국가로의 도약, 국제기구에서의 글로벌 거버넌스 및 IT 표준형성을 주도하는 등의 글로벌 IT협력 추진, IT기업의 해외진출 강화를 통한 수출 확대 등의 전략과제를 제시하고 있다.

전체적인 큰 틀과 지향하고자 하는 바가 e-KOREA VISION 2006과 일맥상통하며, 과제도 크게 다르지 않고 중복되어 계속과제 형태로 포함된 경우도 있다. 다만, Broadband IT KOREA Vision 2007의 경우 정보화 성과관리체계 구축이 지식정보사회의 기반으로 추가되었다는 것과 전자정부 추진에 중점을 두었다는 것, 국민소득 2만불 달성을 위한 신성장동력 발굴 등 보다 경제적인 목표를 구체화 했다는 점이 e-KOREA VISION 2006과의 차이라고 할 수 있다.

5) u-KOREA 기본계획(2006~2010)

(1) 추진목적

정치 · 사회적 불투명성과 비효율성 극복을 위한 정부혁신의 필요성이 지속적으로 제기되었는데, 이는 공급자 중심과 조직 중심의 업무처리로 인한 정부업무의 비효율성이 큰 원인으로 지적되었다. 또한 형식적 국민참여로 국가운영시스템의 투명성이 미흡하고 참여, 협력, 분권, 자율 등을 강조하는 새로운 패러다임의 등장과 시민사회 및 시장 영향력 증대에 대응할 필요가 있었다.

또한 산업화 시대에 구축된 사회간접자본에 대한 새로운 국가사회 기반으로의 발전과 변화 요구도 증대되었으며, 인구, 공공기관, 대기업 등 수도권집중 현상이 생활의 질을 저하시키고 지방재정이 악화 되는 등 새로운 국가운영시스템에 대한 필요가 증대하였다. 이 밖에도, 장기적 경제성장 정체, 양극화 심화, 환경, 안전에 대한 수요 증대, 고령화와 같은 복지 요구의 증대 등 다양한 경제사회적 해결과제에 직면하게 되었다.

당시 사회가 처한 다양한 문제를 해결하기 위해 정부는 e-KOREA VISION 2006과 Broadband IT KOREA Vision 2007에 이어 2006년 3월 u-KOREA 기본계획을 수립 · 발표하게 되었다. u-KOREA 기본계획에서는 정부혁신, 국가기반 지능화, 산업경쟁력 강화, 사회시스템 혁신, 선진복지체제 마련 등을 위해 유비쿼터스 IT를 활용하는 전략을 제시하였다. 당시 기본계획은 유비쿼터스 IT를 "모든 객체에 컴퓨팅 파워가 편재하고 이들이 네트워크로 연결되어 시간과 장소에 상관없이 자유롭게 사용가능한 것"으로 정의 내리고 있다.

(2) 주요내용

u-KOREA의 비전은 세계 최고 수준의 u-인프라 위에 세계 최초의 u-사회 실현을 통해 선진한국 건설에 기여하는 것이다. 이 비전을 달성하기 위하여 u-KOREA 기본계획은 5대 분야 선진화 목표와 4대 엔진 최적화 목표를 설정하였다.

5대 분야 선진화의 첫 번째 목표는 국민에게 다가가는 정부(Friendly Government)로 공급자 중심의 행정 서비스 제공에서 벗어나 국민의 행정 수요에 적극적으로 대응하고 국민이 필요로 하는 행정 서비스를 맞춤식으로 제공하며 복잡한 민원 프로세스를 간편화하여 자율적으로 제공하는 것이다.

두 번째 목표는 첨단 지능형 국토 건설(Intelligent Land)로 기존의 국가 기반 인프라 시설들을 지능화하여 국가 전반의 효율성을 증진하고 경쟁 기반을 마련하는 것이다. 세 번째는 경제 활력 및 성장 잠재력 제고(Regenerative Economy)로 유비쿼터스 IT 신규 시장 개척, 유비쿼터스 정보화를 통한 전통산업 경쟁력 강화 등 국가 경제를 회생시키고 국민소득 3만불 달성에 기여하는 것이다.

네 번째는 안전하고 깨끗한 사회(Secure & Safe Social Environment)로 모든 국민이 안심하고 생활할 수 있는 유비쿼터스 IT 기반의 안전 시스템 및 환경 시스템 구축을 통한 안전하고 깨끗한 사회 구현이다. 마지막 목표는 편리하고 윤택한 개인생활(Tailored u-Life Services)로 지능화를 통한 맞춤식 자율 서비스 제공을 통하여 보다 편리하고 윤택한 생활환경을 제공하는 것이다.

이를 위한 4대 엔진 최적화 목표의 첫 번째는 균형 잡힌 글로벌 리더십(Balanced Global Leadership)으로 정보통신 선도 국가에 걸맞는 국제적 위상 확보 및 역할 강화 등을 목표로 했다. 두 번째 목표는 자생력 있는 생태적 산업 기반(Ecological Industrial Infrastructure)으로 인위적인 단기 육성 정책을 지양하고 자생력 있는 산업 기반이 형성될 수 있도록 생태적 기반을 제공하는 것을 목표로 하였다. 세 번째 목표는 효율적이고 유연한 사회제도 기반 마련(Streamlining Social Infrastructure)으로 다양한 유비쿼터스 서비스들이 원활히 제공되고 활성화 될 수 있도록 효율적이고 유연한 사회 기반을 조성하는 것이며, 마지막 네 번째 목표는 융복합 및 연계가 용이한 투명한 기술 개발(Transparent Technological Infrastructure)로 IT는 물론 BT, NT, ST, CT, ET 등 다양한 기술들이 상호 융복합 및 연계를 통하여 시너지를 발휘할 수 있는 기술 개발 여건을 조성하는 것이다.

6) 4차 국가정보화 기본계획(2008~2012)

(1) 추진목적

4차 국가정보화 기본계획 수립당시인 2008년 우리는 그간의 정부가 추진해온 지속적인 정보화 정책 및 사업 추진의 성과로 세계 최고 수준의 전자정부 서비스와 초고속 인터넷 가입률을 달성하는 등 정보화 강국으로 발전해 있었다. 그러나 인터넷 이용이 보편화되고 정보화가 국가사회 전반으로 확산됨에 따라 촉진중심의 기존 정책의 한계와 문제점이 드러나기 시작했다.

당시 지속적인 전자정부 사업의 결과 중앙 및 지방정부에 많은 정보화 시스템들이 구축되었으나, 데이터와 시스템들이 기관별로 운영되어 호환성이 낮고, 공동 활용을 통한 비용절감 및 성과창출 효과가 높지 못하였다. 또한, 인터넷 이용자가 3천 4백만 명에 이르는 등 정보화가 사회전반으로 확산되었으나, 허위 정보의 확산과 해킹 및 개인정보 유출 등의 사건사고가 지속적으로 발생하여 사회적 신뢰가 심각하게 훼손되고 있었으며, ICT 산업의 성장률 둔화와 ICT 산업간 불균형 문제 등을 해결하기 위한 새로운 정책이 요구되었다.

이에 따라서 당시 정보화추진위원회는 새로운 이명박 정부의 정보화 비전을 제시하고 이를 실천하기 위한 국가정보화 기본계획을 수립 · 발표하였다. 그 이후 정보화촉진법이 국가정보화기본법으로 개정되었고, 이에 따라 정보화추진위원회도 국가 정보화전략위원회로 새롭게 출범되면서, 2012년 3월 국가정보화전략위원회가 4차 국가정보화기본 계획의 수정계획을 발표하였다.

(2) 주요내용

4차 국가정보화 기본계획은 선진일류국가 건설이라는 국정비전을 달성하기 위해 창의와 신뢰의 선진 지식정보사회를 정보화 비전으로 제시하였으며, 디지털로 잘사는 국민, 신뢰의 정보사회, 창의적 소프트파워, 첨단 디지털 융합인프라, 일 잘하는 지식정부 등 5대 목표를 설정하였다.

'창의적 소프트 파워' 목표는 웹2.0 시대의 도래로 전 세계가 개방과 협력을 통해 비용을 절감하고 혁신의 속도를 높이고 있는 반면, 우리나라는 역동적인 네티즌과 훌륭한 인프라를 갖추고 있음에도 개방, 공유, 협업의 활용이 미숙하다는 데에서 출발하였다.

'첨단 디지털 융합 인프라' 목표는 세계적 수준으로 구축된 ICT 인프라를 타분야와 융합 · 공유하는 개방형 인프라가 미흡하고 다양한 비즈니스, 인프라 간의 연계 활용을 위한 표준화, 법제도 및 기술개발이 미흡하여 융합서비스 활성화가 지연되는 것과 같이 융합 활성화 저해요인을 해결하기 위한 세부과제를 제시하였다.

'신뢰의 정보사회'는 신뢰(Trust)가 선진 일류국가 진입에 필요한 핵심 사회적 자본으로 중요성이 부각되는데 반해 정보화의 진전으로 발생하는 부정확한 정보의 확산, 사회적 갈등, 정보격차 심화, 재난, 안전에 대한 위험과 불확실성의 급증 등 다양한 역기능을 해결하기 위한 목표로 설정되었다.

'일 잘하는 지식정부'는 웹의 진화로 국민이 정부서비스의 수동적 이용자에서 능동적 · 협력자적 지위를 갖추었음에도 불구하고 국정운영에 집단지성 및 소셜네트워킹을 활용하고 국정현안을 국민과 함께 해결해 나가는 것이 부족하다는 점에서 향후 행정서비스, 국정운영 등에 국민과의 개방 · 공유 · 협업 선도, 서비스 지향적 개방 · 공유 · 협업 기반 확립, 범국민적 개방형 협업과 참여 활성화, 개방형 지식거래시장 구축 등 지식의 창출 및 활용을 위한 개방 · 공유 · 협업 기반 마련을 내용으로 한다.

'디지털로 잘사는 국민'은 온라인 기반의 소비 · 문화생활 확산으로 국민 편익이 크게 증대되고, ICT 산업이 국민소득 증대 및 수출확대에 기여하는 등 국가경제 성장에 중요한 역할 수행하게 되었으나 정보화를 통한 삶의 질, 부가가치 창출 등을 위한 지식화, 생산적 ICT 활용에는 이르지 못한 실정 등을 반영하여 설정된 목표이다. 이 목표는 향후 우리가 지닌 ICT 강점과 저력을 바탕으로 환경변화에 대응하고 창의적 ICT 활용을 촉진하여 경제 활력을 제고하기 위해 제시되었다.

7) 제5차 국가정보화 기본계획(2013~2017)

(1) 추진목적

우리나라는 지난 20여년간 국가사회 발전 동력으로 정보화를 추진한 결과 세계 최고 수준의 ICT 인프라, 전자정부서비스, 인터넷경제 확대(GDP의 7.3%) 등 괄목할 성과를 달성하였다. 구체적으로 살펴보면 유 · 무선 네트워크 고도화를 통한 융 · 복합 서비스 구현 기반 조성, 초고속인터넷 전국 확산을 통한 매우 빠른 ICT 이용환경 조성, 모바일 네트워크 확산 등 세계 최고 수준의 ICT 인프라를 확보할 수 있었으며, 경제적 측면에서는 ICT 산업의 자체 성장과 ICT 융합을 통한 타산업에 기여 등 ICT 기반의 경제 활성화와 지속가능한 성장기반을 마련하였다. 또한 SNS, LBS 등 새로운 기술 및 트렌드와 결합된 신비즈니스 모델 확산으로 모바일 기반 국민의 경제사회적 활동의 보편화를 이끌었으며, 세계 최고 수준의 전자정부 서비스 확충과 ICT를 공공서비스에 활용하는 등 생활편의 및 국민안전을 위한 신기술 서비스 확산 기반을 마련하였다.

한편으로는 전 세계적으로 글로벌 저성장 기조의 장기화, 세계적인 고령화 추세, 고용 · 의료 · 교육 · 복지 · 재난 · 안전 등 다양한 분야에서 사회 문제가 빈번하게 발생 되면서 우리의 강점인 정보화로 이러한 사회 문제를 해결할 필요성도 제기되었다. 이에 2013년 출범한 박근혜 정부의 국가정보화 총괄부처인 '미래창조과학부'가 우리나라의 ICT 역량과 그간 축적된 정보화 자산을 토대로 사회 현안을 해결하고 미래 국가발전의 기반을 마련하고자, 2013년 12월 제5차 국가정보화 기본계획을 수립 · 발표하였다.

(2) 주요내용

제5차 국가정보화 기본계획은 새로운 국가정보화의 역할을 "ICT의 창의적 활용으로 ICT 신수요 창출 및 사회현안 해결에 기여하고, 국민의 창조역량 강화와 국가핵심 인프라를 고도화하여 창조경제 · 창조한국을 견인하는 것"으로 정의하고 있다.

새로운 국가정보화의 역할에 부합하는 향후 5년간의 국가정보화 추진을 위해 '국민행복을 위한 디지털 창조한국 실현'을 비전으로 설정하였다. '디지털 창조한국'은 ICT를 창의적으로 활용하여 모든 영역에서 새로운 경제 · 사회적 가치를 창출하고 성장활력이 불어 넘치는 국가, 첨단 ICT 환경에서 보다 안전하고 수준 높은 생활을 영위하고, 국민 모두에게 참여와 기회가 확대되는 행복한 사회를 의미한다.

비전 실현을 위한 3대 목표는 창의적인 아이디어와 ICT가 결합하여 새로운 가치와 일자리가 창출되는 지속성장이 가능한 활기차고 역동적인 경제, ICT로 구현되는 최첨단 환경에서 보다 편리하고 윤택하게 향유할 수 있는 살기 좋고 걱정 없는 국민생활, 국민 누구나 ICT 인프라 위에서 안심하고 자신의 아이디어 상상력을 발휘할 수 있는 신뢰 속에 상생하는 디지털 풍토이다.

또한 비전과 목표의 체계적 실행을 위해 4대 CORE 전략 및 15대 과제를 제시하였다. 4대 CORE 전략으로 정보화를 통한 창조경제 견인(Creative Economy), 국가사회의 창의적 ICT 활용 (Optimized Society via ICT), 국민의 창조역량 강화 (Renewed Human Capacity), 디지털 창조한국 인프라 고도화(Enhanced ICT Infrastructure)를 제시하였고, 15대 과제는 다음과 같다.

① 국가데이터 기반의 新산업 육성
② 신기술 확산을 통한 수요 창출
③ ICT 기반의 창의적 기업역량 강화
④ 인터넷 新비즈니스 창출기반 조성
⑤ 국민을 위한 지능형 맞춤 행정 구현
⑥ ICT로 건강한 국민생활 보장
⑦ 윤택한 지능형 생활환경 조성
⑧ ICT 기반의 국가 · 사회안전망 구축
⑨ 지속가능한 新SOC 지능화
⑩ 미래주도형 ICT 역량 강화
⑪ 건강한 인터넷문화 정착
⑫ 차별 없는 정보복지 구현
⑬ 지능형 미래 네트워크 구축
⑭ 사이버 안전국가 기반 확충
⑮ 국가 정보자원체계 고도화

제5차 국가정보화 기본계획은 이러한 과제를 차질 없이 추진하면 2017년에는 소상공인, 전통 · 중소기업 등의 생산 · 판매 현장에 ICT를 적용하여 활력이 넘치는 비즈니스 환경이 조성되고, 경쟁력 있는 국내 SW기업의 세계시장 진출이 활성화되며, ICT 기반의 지능형 사회안전망 조성으로 안심할 수 있는 사회에서 국민 모두가 보다 편리한 의료 · 복지서비스와 고품격 문화생활을 누리고, 인터넷 · 디지털 기기를 활용하여 창의성을 발휘하는 사회가 구현될 것으로 기대하였다. 또한 맞춤형 행정서비스를 고도화하고, 모바일 · SNS 등 국민과 활발히 소통하여 국민과 함께 협력하는 정부가 될 것으로 기대하였다.

그러나 2016년의 촛불시위 및 2017년의 정권 교체로 인하여 체계적인 추진이 이루어졌다고 볼 수는 없을 것이다. 특히 2016년 스위스 다보스 포럼에서 제4차 산업혁명에 대한 준비가 화두로 등장하면서, 우리나라 정보화 정책은 급속하게 4차 산업혁명에 대응하는 지능정보사회 구현 정책으로 전환된다.

3.2 최근의 정보화정책 분석: 4차 산업혁명 대응계획

2017년 5월에 출범한 문재인 정부는 과거 미래창조과학부를 과학기술정보통신부로 개편하고 중소벤처기업부를 신설하였다. 그리고 2017년 11월 30일에 관계부처들이 합동하여 혁신성장을 위한 사람 중심의 "4차 산업혁명 대응계획"을 I-KOREA 4.0의 이름으로 발표하였다. 이 장에서는 이러한 4차 산업혁명의 대응계획을 정책의 추진배경, 비전 및 추진과제들을 중심으로 하여 살펴보고자 한다.

1. 추진배경

최근 우리나라는 "저성장 고착화 · 사회문제 심화"의 경제 · 사회의 구조적 · 복합적 위기상황에 직면해 있다. 이처럼 장기적인 성장 잠재력의 저하가 우려되는 가운데, 청년실업 등 일자리 문제가 최대의 사회적 이슈로 대두되고 있다. 한국 사회는 그 동안 경제성장에 집중하면서, 사회문제 해소에 대한 관심은 상대적으로 부족하여, 국민 삶의 질 개선과 괴리된 성장이라는 비판에 노출되어 있다.

이러한 상황에서 4차 산업혁명은 지능화 혁명을 기반으로 '경제 · 사회 구조적 과제'의 동시 해결이 가능한 혁신성장의 새로운 동력으로 주목받고 있다. 4차 산업혁명은 산업지형, 고용구조, 국민 삶 등 국가 경제 사회 전반의 대변혁을 유발, 성공적 대응 여부에 따라 미래 국가경쟁력을 좌우하게 될 것이다. 따라서 세계 주요국도 4차 산업혁명 선점을 위해 경쟁하는 가운데, 지능화 융합화를 통한 경제 · 사회 전반의 혁신이 공통의 핵심 전략으로 부상하고 있다.

그러므로 4차 산업혁명이 위기가 아닌 새로운 기회가 될 수 있도록 과거 산업화(2차 혁명)는 늦었으나 정보화(3차 혁명)에 성공한 사례를 계승할 필요가 있다. 우리나라의 강점인 세계적 과학기술과 ICT 역량을 바탕으로, 실체가 있는 4차 산업혁명 선도를 통해 혁신성장을 적극적으로 뒷받침해야 한다. 이를 통해, 경제 성장의 과실을 모든 국민이 함께 누리는 '사람 중심 경제'로의 도약을 한걸음 앞당길 필요가 있다.

4차 산업혁명은 지능화를 통해 자본 · 노동의 제약을 극복함으로써 생산성 제고, 노동력 부족 해소 등 새로운 성장원천을 제공할 잠재력이 있다. 그러나 산업구조가 재정의되는 새로운 산업질서 변화에 대응하지 못할 경우, 산업 · 서비스 전반의 글로벌 경쟁력이 뒤쳐질 위기가 공존하고 있다. 따라서 지금 우리는 4차 산업혁명에 어떻게 대응하느냐에 따라 기회가 될 수도, 위기가 될 수도 있는 기로에 있는 상황이다. 이제 정부는 우리의 강점을 살려, 먹거리와 일자리를 창출하는 실체가 있는 4차 산업혁명 실현을 위해 과학 기술, 산업 경제, 사회 제도를 연계한 4대 추진방향 제시하였다.

2. 비전

문재인정부 4차 산업혁명 대응의 비전은 (그림 3-1)과 같이 모두가 참여하고 모두가 누리는 사람 중심의 4차 산업혁명을 구현하는 것이다. 이를 위한 기본 방향은 크게 네 가지를 설정하였다.

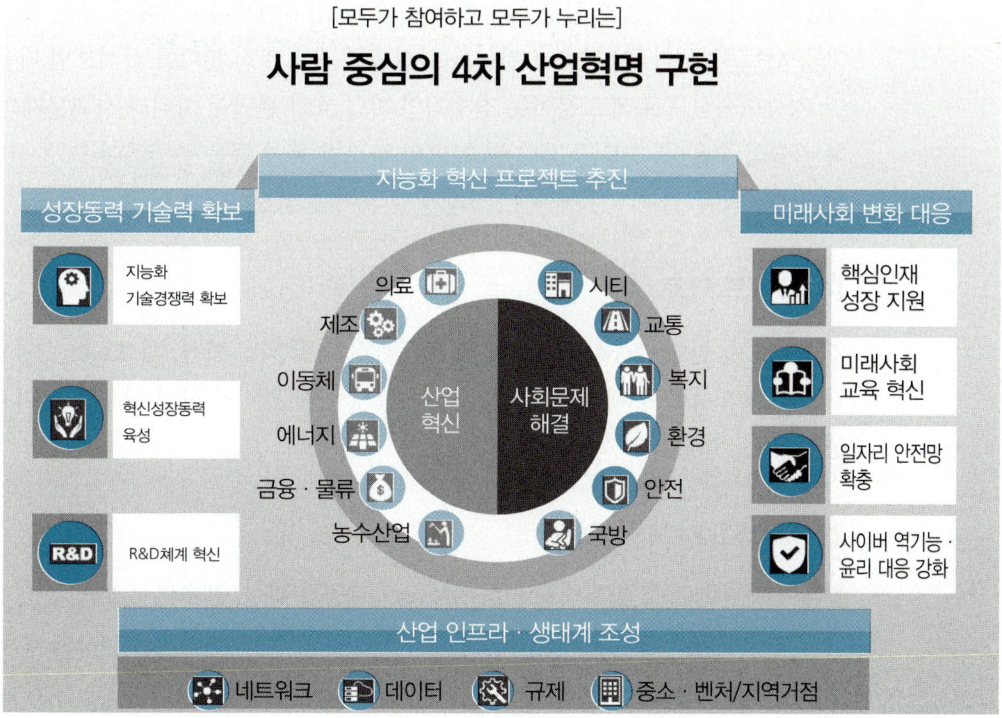

그림 3-1 4차 산업혁명의 대응 비전

첫째는 지능화의 혁신으로 다양한 신산업을 창출하고, 튼튼한 주력산업을 육성하는 것이다. 이를 위하여 산업, 사회 각 부문별로 지능화로 인한 경제적 파급효과가 큰 분야를 도출하였다. 이어서 우선 스마트의료에서 스마트 농수산업에 이르기까지 지능화 기반의 산업 혁신 분야를 선정하였다.

둘째는 지금까지 해결하지 못했던 고질적인 사회문제 해결하여 국민의 삶의 질을 제고하는 것이 목표이다. 구체적으로 사회와 공공분야의 지능화 혁신을 위하여 스마트시티에서 스마트 국방에 이르는 다양한 분야를 선정하여 사회문제 해결을 위한 지능화혁신 프로젝트를 진행하고 있다.

셋째는 양질의 새로운 일자리를 창출하고, 일자리의 변화에 대응하여 사회안전망을 강화하는 것이다.

넷째는 누구나 이용할 수 있는 세계 최고 수준의 지능화 기술 · 데이터 · 네트워크를 확보하는 것이다. 이러한 기본 방향을 따른 구체적인 추진 전략들은 다음과 같다.

3. 추진과제들

4차 산업혁명의 대응 계획에서 추진과제들은 크게 다음 네 가지의 분야이다. 구체적으로는 지능화혁신 프로젝트와 성장동력 기술력 확보, 산업인프라 · 생태계 조성 및 미래사회 변화 대응으로 구분된다. 이 가운데 지능화 혁신 프로젝트 추진 분야를 살펴보면 다음고 같다.

지능화혁신 프로젝트 분야는 경제적인 파급 효과 뿐만이 아니라 사회문제의 심각도, 지능화 기술의 수용성, 정부 투자의 필요성 및 글로벌 동향 등을 종합하여 크게 산업혁신과 사회문제 해결의 두 가지 분야에서 12개의 중점 분야를 선정하였다.

1) 스마트의료

의료비 증가 등에 대응하여 예방부터 치료까지 정밀 의료 확산, 의료로봇 상용화, AI 기반 신약개발 혁신 등을 통해 국민 건강 증진과 함께 미래 먹거리 산업 창출로 바이오 경제 시대를 선도하는 것이다.

2) 제조업 디지털 혁신

한계에 직면한 제조업의 재도약을 위해 스마트공장 확산, 제조로봇 보급 등으로 생산성을 제고하여 중기 제조업의 활력을 회복한다. 구체적으로는 제조업의 서비스화 촉진 등으로 해외 생산기지의 국내복귀(리쇼어링)의 전기를 마련하여 일자리 기반을 확충한다.

3) 스마트 이동체

교통혼잡, 안전사고 등을 극복할 수 있는 준자율주행차를 2020년까지 조기에 상용화한다. 이어 2022년에는 자율운항선박 개발하는 등, 스마트 이동체의 선도국가로 도약하고 고령자 · 장애인 등 교통약자 배려의 기반을 마련한다.

4) 미래형 에너지 혁신

전기 사용량의 원격검침 수준을 넘어, 전력 생산 · 거래 · 소비정보 분석 등을 통해, 전력 효율화가 가능한 스마트그리드를 실제 전력시장(주택, 공장 등)에서 구현한다. 또한 온실가스 감축, 신재생에너지의 새로운 비지니스 창출 등 스마트 에너지 분야의 신산업을 확산시킨다.

5) 스마트 금융 · 물류

엄격한 기존 금융 규제의 한계 극복, 혁신적인 핀테크 서비스의 활성화 기반 구축을 통해 핀테크 산업의 지속적인 성장을 촉진한다. 또한 물류비 상승 등에 대응하여 스마트 물류센터 확산 등으로 금융 · 물류의 혁신을 촉진한다.

6) 스마트 농수산업

원격제어 중심의 1세대 스마트팜을 정밀재배 · 자동제어 기반의 2세대 스마트팜으로 고도화하여 확산시킨다. 또한 데이터 기반의 정밀농업으로 생산성을 향상시킨다. 특히 일손부족, 재해 확산 등에 대응하기 위하여 생산–유통–재해대응 전반의 AI 기반 스마트팜 고도화를 추진하고, 농업 · 해양 로봇 보급 등으로 경쟁력을 제고시킨다.

7) 스마트시티

도시기능을 효율화하고 도시문제를 해결하는 혁신 플랫폼인 스마트시티 확산으로 도시의 삶의 질 향상 및 신성장동력으로 육성한다. 이러한 스마트시티는 지방자치단체들이 도시기반시설을 ICT로 관리하는 기존의 U-City 수준을 탈피하는 것이다. 스마트시티는 지능화 기술 등을 집적 · 활용하고, 시민 · 기업의 참여로 도시 문제를 효율적으로 해결하는 지속가능한 스마트시티 혁신 모델 · 플랫폼을 구현한다. 이러한 스마트시티 추진을 위하여 2017년 11월에 4차 산업혁명위 내에 민간 전문가로 스마트시티 특위를 구성하여 운영하고 있다. 이러한 스마트시티 사업들은 국가 시범사업[1) 등 기본 추진계획을 마련하였고, 실제적으로 12대 추진전략들 가운데서 가장 활발하게 진행되고 있다.

8) 스마트교통

교통혼잡 개선 및 안전 확보를 위해 지능형 교통체계, 스마트 신호시스템 등 빠르고 안전한 지능형 교통체계로 전면 전환한다. 차세대 지능형교통체계는 자율협력주행 도로 구축을 통한 안전 서비스 제공으로 교통사고 사망자 감소, 자율주행 안전 및 효율성을 향상시킨다. 스마트신호시스템은 교통 혼잡 등 교통상황에 실시간으로 대응하여, 교통신호를 최적화함으로써 교통 혼잡을 개선하고 교통안전을 확보한다.

---

1) 스마트시티 국가 시범사업이란 새로운 부지에 국가적인 역량을 한데 집적한 세계적 수준의 첨단 스마트시티를 신규로 조성하는 것이다. 정부는 2018년 1월말에 세종시와 부산 강서구 에코델타시티를 스마트시티 시범지구로 지정했다. 정부는 매년 스마트시티를 4곳씩 지정할 계획이며 향후 스마트시티 통합플랫폼을 80여개 지방자치단체로 확산시킬 예정이다.

9) 스마트복지

AI 기반의 스마트 복지시스템을 구축, 사회적 약자가 겪는 일상의 어려움을 해결하는 돌보미 로봇, 지능형 치매관리 등을 통해 복지 사각지대 제거 및 차세대 복지 산업의 동반성장을 추구한다. 특히 빅데이터 분석을 활용하여 사회취약계층을 발굴하여 지원하는, "찾아주는 복지 서비스"로 복지 사각지대 해소한다.

10) 스마트환경

미세먼지, 수질오염 등에 대응하여 미세먼지 정밀 예보, 스마트 상하수도 시스템 등으로 쾌적한 청정국가를 실현하고 환경오염 · 기후변화에 대응하는 신산업을 창출한다. 미세먼지는 인공지능 · IoT · 빅데이터 기술을 활용, 원인규명 및 예보 정확도를 향상시키고, 실생활 보호 · 대응 기술개발을 추진한다. 측정 · 예보의 경우, 원격탐사 및 위성자료 등을 통해 수집된 빅데이터를 기반으로 한국형 대기질 측정 · 예보 시스템을 구축한다.

11) 스마트안전

안전사고 및 생활범죄 등에 대응, IoT 시설물 유지관리, 지능형 CCTV, 해상 스마트 내비게이션 등 안전체계 지능화로 사고예방과 피해를 최소화하고, 스마트 재난안전 산업의 시장을 선도한다. 특히 범죄 · 사고 예방을 위해 지능화 기술과 치안 인프라 융합 등을 통해 치안현장의 문제 해결 및 국민생활 안전을 제고한다. 구체적으로는 실종아동 · 용의자의 신원확인 지능형 CCTV, 3D 얼굴인식, 인공지능 기반 범죄분석, 온라인상 음란물 차단, 드론 기반 자율 순찰 · 추적 등을 개발하여 운영한다.

12) 스마트국방

감시 · 지휘통제 · 군수관리 등 국방 전반에 지능화 기술을 적용, 지능형 경계시스템, 지능형 지휘결심지원체계, 지능형 정비수요 예측서비스 등을 도입하여 효율적인 국방 운영체계를 구축하고 군병력 감소에 대응한다.

3.3 미국에서 세계 최초로 전자정부의 등장

오늘날 우리나라는 2010년 UN전자정부 세계 순위 평가에서 1위를 차지한 이후에 전자정부 구현에 있어서 선진국임을 자부하고 있다. 그러나 1990년대 중반의 시절에는 미국의 전자정부 구현 전략을 답습하여 추진하는 실정이었다. 따라서 이 절에서는 1990년대 중반 미국에서 추진된 전자정부 구현전략을 살펴보고자 한다.

1. 미국의 초고속정보통신기반 구축정책

1993년 미국의 클린턴정부는 정보통신기반의 고도화가 미국의 산업정책의 강화와 사회적 문제들의 해결에 불가결하다는 인식 하에 국가정보통신기반구조(National Information Infrastructure: NII)의 구축을 추진하였다. 미국의 정보하이웨이 구상은 1993년 9월에 발표한 NII: Agenda for Action의 보고서에서 NII 추진을 위한 조직체계로 국가정보화추진위원회(Information Infrastructure Task Force: IITF) 결성을 제안함과 동시에 NII구축을 위한 9대 목표와 구체적인 시책을 〈표 3-2〉와 같이 제시하였다.

표 3-2 미국의 NII추진원칙 및 세부시책

추진원칙	세부시책
민간부문 투자 촉진	• 통신관련 법률의 개정 – 시내전화와 CATV의 경쟁 · 신규참여 촉진 법률의 개정 • 조세정책의 개정 – R&D 투자의 신규사업을 위한 세제상의 인센티브 부여
보편적 서비스 개념의 확대	• 정보에 대한 보편적 서비스이념 개발과 전국민이 정보자원 및 고용기회에 접할 수 있는 제도의 추진
기술혁신과 새로운 이용분야 개발	• HPCC프로그램의 계속 실시 – 고성능컴퓨터, 소프트웨어 개발을 위한 연구개발자금 지원 • NII Pilot Project 계획 실시 • NII 응용프로젝트 일람표 작성 및 공표
상호접속기준 및 이용자중심의운영	• NII 응용업무의 신속한 개발을 위한 기술표준 제정촉진 • 응용기술의 발전을 저해하는 규제의 완화
정보의안전성 및 통신망의 신뢰성 확보	• NII 프라이버시 문제 및 암호기술의 검토 • 네트워크 신뢰성 증진을 위한 자문위원회 설립
무선주파수의 유효이용 촉진	• 무선주파수의 할당과 이용의 간편화 • 무선주파수 배분에 시장원리 도입 및 촉진
지적재산권의 보호 및 강화	• 저작권법의 타당성 검토 • 국내 저작권법 및 국제 지적재산권 조약의 강화
정부기관 및 기타기관과의 협조	• 국내: 각주의 지방정부 관료와의 협조개선 방안의 강구 • 국외: 해외시장의 개방 • 호환성이 없는 표준에 기인하는 장벽의 제거 • 국제 및 미국무역 규제의 검토
정부정보의 접근제공 및 정부조달 개선	• 정부보유 정보의 이용가능성 향상과 접근 방법의 개선 • 정부간 협조체제의 개선 • 전자우편을 통한 부처간 조정 강화 • 정부가 최신기술을 채택할 수 있는 연방조달과정 개혁

자료: (NII Agenda for Action, 1993).

정보고속도로 구상은 미국 전지역을 고속정보통신망으로 정비하여 정보기반을 강화하고 미국의 경제 활성화를 위해 기술표준의 설정 및 상호연동 가능한 네트워크를 설계하는 하는 것이다. 또한 이를 활용하여 고성능 컴퓨팅 · 통신(High Performance Computing & Communications: 이하 HPCC) 프로그램의 추진과 통신산업의 규제완화, 통신사업자와 CATV 사업자의 상호참여정책의 적극유도 등을 통하여 NII를 조기에 확립한다는 산업정책의 개념이다.

미국 정부는 NII구축으로 관공서, 기업, 학교, 병원, 가정 등을 초고속정보통신망으로 연결하여, 누구나 멀티미디어 정보를 쉽게 주고받을 수 있도록 하여 미국의 경쟁력 강화와 함께 교육, 의료 등의 각 분야에서 국민 복지를 향상시키는 것을 목표로 하였다. 더 나아가 미국 정부는 정보통신 분야를 미래의 성장 잠재력이 가장 큰 분야로 보고 그 하부구조인 NII로서 정보고속도로를 건설하였다. 1994년부터는 지역 및 국가 네트워크를 결합한 범세계적인 네트워크를 구축하기 위해 GII(Global Information Infrastructure) 정책을 추진하였다.[2] 특히 1996년 2월 8일, 당시 클린턴대통령은「1996년 전기통신법」에 서명하면서 "오늘의 이 법률 제정으로 우리는 모든 미국인들에게 더욱 풍요로운 미래로 이끌어갈 정보슈퍼하이웨이를 건설하고 있다"라고 언급함으로써 이 법에 큰 의미를 부여하였다(김환선, 1996). 따라서 1996년 이후 미국은 통신 · 정보 · 미디어산업 간에 진입장벽이 허물어져 무한경쟁의 시대로 접어들게 되었다. 결국 이러한 흐름은 세계 최강의 정보통신산업 경쟁력을 바탕으로 NII를 넘어서 GII추진에 주도권을 확보하여 21세기 정보사회에서 초강대국으로서의 지위를 확보하고자 하는 미국의 야심찬 전략의지가 담겨 있었다(정신량, 1996).

2. 미국의 전자정부 추진정책

1) 미국의 전자정부 개념

미국에서 전자정부의 개념은 처음에는 명확하게 정의되지 않았으나 개념의 출처를 살펴보면 NPR의 부속보고서인 "정보기술을 통한 리엔지니어링"에 다음과 같이 서술되어 있다.

2) 1994년 3월에 열린 ITU회의에서 미국의 고어부통령은 GII에 대한 미국의 비전을 발표하고 1995년 2월 브뤼셀에서 열린 G-7 정보통신 각료회의에서 GII의 건설을 위한 방안을 마련했다. 이 회의에서는 8가지 원칙에 합의하고 2000년까지 11개의 공동프로젝트를 추진하기로 하였다.

> 전자정부 "Electronic Government"는 전자은행서비스 "Electronic Banking"에서 처음 대두된 개념을 확장한 것이다. ATM, 플라스틱으로 된 접근 카드, 전국에 걸친 네트워크가 은행 업무 처리를 보다 편리하게 해 주었듯이, 전자정부도 정부와 고객 간의 의사소통을 보다 용이하고 신속하게 만들어 줄 것이다. 전자은행서비스에서와 마찬가지로, 전자정부에서도 프라이버시 및 보안 문제가 중요하게 다루어져야 한다.
>
> (NPR. 1993, Executive Summary)

이어서 미래 정보사회의 전자정부에서 요구하는 정보기술의 위상과 전자 정부의 모습을 다음과 같이 설명하고 있다.

> 정부 관료는 21세기를 대비하는 정부의 필수적 기반이라는 관점에서 정보 기술을 이해해야 한다. 21세기를 대비한 정부라 함은 효율적이고 고객 응답적(Customer-Responsive)인 과정을 통해 시민들이 정보 및 서비스에 보다 폭넓게, 그리고 보다 적시에 접근하게 해주는 현대화된 "전자정부 (Electronic Government)"를 의미한다.
>
> (NPR. 1993, Executive Summary)

또한 NII에 대한 NPR의 권고사항을 집행하기 위해 설치된 행정정보기술서비스작업반(Government Information Technology Services: 이하 GITS)에서는 전자정부에 대해 다음과 같이 정의하고 있다.

> 현대화된 전자정부를 국민들에게 제공 : 전자정부는 국민들이 정보와 서비스를 즉각적이고 효율적으로 이용할 수 있도록 함과 동시에 사생활을 보호한다.
>
> (Information Infrastructure Task Force, 1994)

이처럼 미국에서의 전자정부 개념은 1993년부터 단편적으로 언급되기 시작한다. 처음에는 은행이 고객에게 보다 편리한 서비스를 제공하기 위해 개발한 "전자은행서비스(Electronic Banking)" 개념에서 출발하여 이후에 정부가 정부의 고객인 국민들에게 보다 편리한 정부서비스를 제공해야 한다는 차원에서 전자정부의 개념으로 변화하였다고 할 수 있다.

2) 전자정부와 정부혁신

여기서 한 가지 특기할 사항은 전자정부에서는 정부가 국민을 정부의 고객으로 이해하고 있다는 점이다. 즉 정부의 기본 존재 이유로 국민에 대한 봉사를 내세우고 있으며, 국민에 대한 봉사 차원에서 기존 정부에서는 제공하지 못했던 고도화된 정부의 서비스를 제공하기 위한 방편으로 전자정부의 개념을 창출해낸 것으로 보인다. 따라서 미국의 전자정부는 "정보기술을 이용하여 정부의 행정조직 · 업무 · 시스템을 효율적으로 개혁하여, 정부의 행정능률을 최고로 하며, 국민에 대한 정부의 각종 정보 및 행정서비스가 언제, 어디서나, 어떤 방법으로든 국민에게 효과적으로 제공될 수 있도록 하는 정부"를 의미한다. 따라서 이러한 미국의 전자정부의 개념은 단순한 비용절감이나 정부 규모의 축소와 같은 외형적인 실현에 그치지 않고 국민의 만족도를 높이고 민주주의의 심화라는 보다 상위의 목표를 추구하는 정부개혁운동으로 확대된 것이다(박은아, 1997a).

이처럼 미국에서 전자정부의 개념은 정보통신기술을 활용하여 정책결정과정의 합리성을 제고시키며, 국민위주의 정부를 구현하기 위하여 도입되었다. 여기서 국민위주의 정부란 ① 국민이 접근하기 용이한 정부, ② 적시에 신뢰성 있는 정보를 제공하는 정부, ③ 국민들의 요구를 사전에 조사하고 이에 대응하는 정부를 의미한다(한국전산원, 1994). 따라서 초기에 미국 전자정부 구축의 기본 방침은 문서감축법(Paperwork Reduction Act : PRA)에서 강조한 각 부처별로 흩어져 있는 정부정보의 통합관리, 정보자원의 효율적 활용을 통한 대국민 서비스 제공의 향상, 그리고 정부 내에서 정보기술의 효과적이고 혁신적인 적용 및 응용 등이었다(방석호, 1996). 그런데 이러한 기본방침들은 1993년 9월에 Clinton행정부가 발표한 바 있는 국가정보통신기반구조(NII) 정책 및 같은 해에 제정된 정부성과 및 결과법(Government Performance and Result Act)에 의거한 NPR정책으로 구체화되었다.

NPR정책은 정부의 경쟁력 강화를 위한 정보기술의 적용, 행정부문의 리엔지니어링 촉진, 그리고 정부의 전략적 계획수립 능력 및 업무평가 능력을 함양하기 위한 정책이다. 이러한 맥락에서 볼 때, 미국 연방정부에서 각 부처별로 추진하고 있는 정보자원관리계획(Information Resource Management Plan: IRM Plan)과 정보화관련 신규사업들은 정보기술을 통한 효율적인 정보자원관리와 대국민서비스의 향상, 그리고 나아가서 NII라는 국가적 과제를 풀어나가는 과정에서 선도적인 역할을 수행하였다(한국전산원, 1995c).

여기에서 중요한 사실 하나는 미국의 NPR정책은 단순한 통신망의 구축이나 정보기술의 도입이 아니라 행정부문의 리엔지니어링을 통한 행정개혁의 일환으로 추진되고 있다는 사실이다.[3)] 이것은 ① 리엔지니어링을 통한 관료제 간소화 ② 연방구매의 재창조 ③ 정보기술을

---

3) 1900년대 들어서서 미국 연방정부의 행정개혁은 Keep Commission(1905~1909)부터 Grace Commission(1982~1984)까지 10여 차례가 있었다. 그러나 이들의 행정 개혁은 대부분 행정부내의 조직개편이나 사무관리 방법의 개선 등 단편적인 행정 효율성 목적으로 추진되었고, 정보기술의 활용과 연계되지 못하여 그 효과는 제한적이었다(송희준, 1996).

통한 리엔지니어링 ④ 정부 사이의 행정비용 감축 ⑤ 개별 행정기관의 예산 절감 등과 같은 NPR의 다섯 가지 권고안에서도 알 수 있다. 따라서 이 당시 미국은 행정의 리엔지니어링을 통하여 '효율적이고 고객지향적인 전자정부'를 지향하였다.

3) 초창기 전자정부의 추진

당시 미국의 전자정부 추진은 국가정보화추진위원회(IITF : Information Infrastructure Task Force) 아래의 GITS가 담당하였다. GITS는 총무청, 국방부, 상무부, 재무부, 법무부, 의료복지부, 과학기술정책국 등 16개 관련부처 및 기관으로 구성, 운영되었다. 여기에서 총무청(General Service Administration)이 사무국 역할을 수행하였다. 행정정보기술서비스작업반의 설립목적은 정부가 정보기술을 효과적으로 응용하여 전자정부를 구현함으로써 민간기업과 같은 정도의 국내 · 외적 행정서비스를 제공하는데 있었다.[4] 행정정보기술서비스작업반은 ① 정보자원의 사용에 대한 계획 수립, ② 연방기관간 그리고 연방기관내 정보자원관리상의 리더십과 권한을 개선시키는 전략의 개발, ③ 연방 정보자원관리활동에 대한 우선순위의 설정, ④ NPR보고서에 언급된 정보기술정책들에 대한 실행계획을 수립하고 그 추진과정을 감독, ⑤ 정보공동활용을 위하여 주정부, 지방정부 및 민간부문과 협력, ⑥ 범정부적 애플리케이션을 설계, 개발, 구현하기 위하여 지속적인 보완계획을 수립, ⑦ 정보기술 정책의 집행을 위하여 부처간 조직에 권한을 부여하는 것을 주요 임무로 하였다(IITF, 1994).

이러한 GITS 여러 업무들 가운데서 초창기 미국의 전자정부 구현과 관련되는 13가지 실행계획은 다음과 같다(한국전산원, 1994b).

① 강력한 리더십에 의한 정보기술(IT)의 대 정부 적용
② 전국적인 전자급부전달시스템 EBT(Electronic Benefit Transfer) 시행
③ 행정 정보 및 서비스에 대한 종합전자접근 시스템 개발
④ 전국 법집행 및 공공안전망의 구현
⑤ 정부간 세금관련문서의 관리, 보고 및 납세과정 지원
⑥ 국제무역정보시스템 구축
⑦ 국가환경자료 목록의 작성
⑧ 범정부적 전자우편시스템의 계획, 시현 및 제공
⑨ 정부의 정보기반구조의 구축
⑩ 프라이버시 보호 및 보안 보장을 위한 시스템 및 메커니즘의 개발

4) 국가정보기반(NII)은 초고속정보통신 기술이지만 이러한 정보기술을 행정에 활용한 NPR정책에 의해서 전자정부의 개념이 등장하게 된다. 따라서 전자정부는 NII를 행정에 적용하는 의미로 파악될 수도 있으며 이러한 NII와 NPR의 중복되는 영역에서 정보기반에 대한 NPR의 권고사항을 집행하는 기관이 당시 GITS였다(한국전산원, 1994b : 11).

⑪ 정보기술 구매방법의 개선
⑫ 혁신동기의 제공
⑬ 연방정부 공무원들에 대한 정보기술 교육 훈련 및 기술지원 제공

이러한 13가지 실행계획은 모두 47개의 구체적인 조치항목으로 구성되어, 지난 1993년부터 1997년까지 지속적으로 추진되어 왔다. GITS는 1997년에 발간된 보고서인「Access America」에서 47개의 조치항목들이 1997년초까지 62%가 완료되고 38%가 진행 중에 있다고 보고하였다.

4) 클린턴 집권2기 전자정부의 추진

미국은 또한 이에 그치지 않고 이러한 실행계획을 최신의 정보기술하에서 새로이 작성하였다. 즉 클린턴정부 집권2기에는 국민들에게 이전과는 다른 서비스를 제공하기 위해 보다 더 구체화시켜 다음과 같이 새로이 18개의 실행계획을 준비하여 전자정부의 구현을 추진하였다. 이러한 새로운 실행계획은 다음과 같다(NPR, 1997).

① 정부 서비스에 대한 국민의 접근을 향상시킨다.
② 전국적으로 통합된 전자급부시스템을 시행한다.
③ 모든 연방지불은 1999년까지 전자자금이체에 의해 지불되도록 한다.
④ 환경정보를 국민들에게 제공한다.
⑤ 비즈니스를 위한 환경 · 안전 · 보건지원 자원을 전자적으로 구축한다.
⑥ 정부간 무선 공공안전 네트워크를 구성한다.
⑦ 국가의 범죄재판 분야에서 정보기술의 필요성에 대처한다.
⑧ 사업자의 세금 정리 및 신고를 단순화한다.
⑨ 국제무역에서 보다 실용적인 데이터를 보다 빠르게 사용하도록 제공한다.
⑩ 전자적인 수출지원센터를 설립한다.
⑪ 효율적인 정부업무 처리를 위해 전자상거래를 이용한다.
⑫ 정부 간 정보사업을 확대한다.
⑬ 전 세계적으로 정보기술 경험의 공유를 향상시킨다.
⑭ 프라이버시와 보안을 보장한다.
⑮ 정부서비스 정보기반을 통합한다.
⑯ 정보기술의 조달을 개선한다.
⑰ 연방 공무원들의 생산성을 향상시킨다.
⑱ 정보기술의 학습을 강화한다.

3.4 우리나라 전자정부의 시작 — 태동기: 용어의 등장 —

1993년 미국에서 정보기술을 활용한 행정서비스의 혁신으로 출발한 전자정부는 그 이듬해 우리나라에 용어가 도입되었다. 초창기에는 단순히 전자적인 민원행정서비스의 고도화 수준에서 출발하였으나, 점차 그 외연을 확장하여 1990년대 후반에는 종합적인 추진정책을 마련하게 된다.

1. 초고속정보통신기반 구축 당시의 전자정부

우리나라에서 전자정부에 대한 개념은 초고속정보통신기반의 구축에 대한 논의가 시작된 1994년말부터 등장하기 시작한다. 전자정부는 초고속정보통신기반 구축의 개념과 의의를 설명하는 과정에서 행정서비스 분야의 변화 가능성으로 다음과 같이 정의되었다.

> "초고속정보통신기반이 구축되면 정부가 제공하는 여러 행정서비스 분야에도 획기적인 변화가 일어날 수 있다. 정보 중심의 전자정부(electronic government)가 곧 그것이다. 전자정부는 현재와 같이 수많은 종이더미 속에 휩싸여 국민에 대한 서비스가 지연되고 소홀하게 되는 비효율적이고 비능률적인 관료정부에 대한 획기적인 조치이다. 전자정부는 정부와 시민을 전자우편 및 전자민원 등으로 연결함으로써 신속하고 즉각적인 업무처리와 신속한 반응을 통하여 시민에 대한 봉사와 신속성을 극대화해 나가는 새로운 정부의 모습이다".
>
> (초고속정보통신기반연구반, 1994:50)

이어서 초고속정보통신기반을 국민들에게 홍보하기 위하여 1995년 6월에 발간된 책자에서는 초고속정보통신기반의 구축에 따르는 행정의 변화 모습으로 원스톱 · 논스톱 민원처리 및 신속한 행정을 강조하며 다음과 같이 전자정부 개념을 소개하고 있다.

> "초고속정보통신망이 구축되면 각 공공기관은 신속하고도 효율적인 대국민 서비스 체계를 갖추게 됩니다. 동사무소에 가지 않고 집에서 주민등록 등본을 신청하고 발급받을 수 있게 되며 각 기관 간의 업무 공조체제 완비로 이리저리 뛰어 다닐 일이 없어집니다. 작고 효율적인 전자정부의 실현으로 진정한 대국민 봉사행정 시대가 열리는 것입니다".
>
> (초고속정보통신망구축기획단, 1995:17)

이러한 전자정부의 개념은 정보 중심의 전자정부 또는 작고 효율적인 전자정부의 개념으로 단편적으로 소개되고 있으며 초고속정보통신기반의 구축효과 가운데서 행정의 변화상으로 설명되고 있다. 특히 초고속정보통신기반의 구축을 담당했던 실무책임자 역시도 당시에는 전자정부를 "공통의 정보통신기반위에 하나로 연결된 각종 행정서비스를 언제, 어디서나, 어떻게 해서든(anytime, anywhere, anyhow) 제공할 수 있는 정부"라고 정의하여 행정서비스의 관점에서 접근하고 있다(서삼영, 1995 : 32).

2. 정보화촉진기본계획 수립 당시의 전자정부

이러한 전자정부라는 용어는 1996년부터 정부에서 공식적으로 사용하기 시작하였다. 정부는 1996년 6월 11일에 '정보화촉진기본계획'을 확정하고 고도정보사회의 실현을 앞당기기 위한 종합적인 발전계획을 마련하였다. 이 계획은 21세기 세계일류국가로 도약하기 위한 최고의 국가전략으로 정보화를 설정한 것으로, 우리나라 정보화사업이 지향해야 할 목표로 2010년까지 고도정보사회의 실현을 제시하고 있다. 이를 위해 기본계획은 (그림 3-2)와 같이 2010년까지의 기간을 3단계로 구분하고 각 단계에서 달성해야 할 목표와 주된 과제들을 설정하였다. 1996~2000년까지의 제1단계에서는 정보화촉진에 필요한 기반을 조성하고, 2001~2005년까지의 제2단계에서는 국가사회 각분야에서 정보활용을 확산시키며, 2006~2010년까지의 제3단계에서는 정보활용의 질적 수준을 고도화시킨다는 것이다.

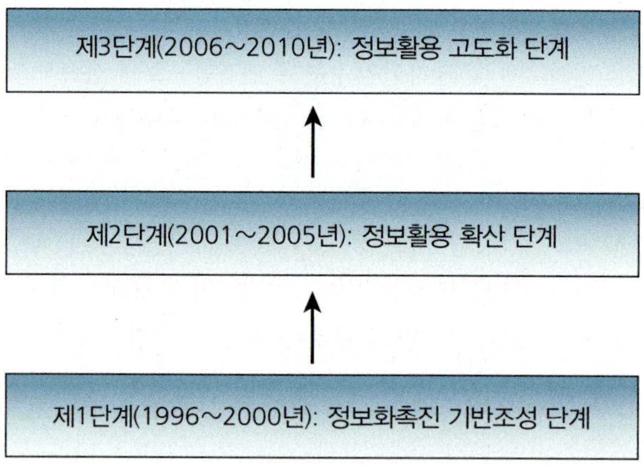

자료: (한국전산원, 1996d:29).

그림 3-2 정보화촉진의 단계별 목표

이 계획은 2010년까지 정보화를 추진하기 위한 단계별 목표와 전략을 설정하고, 제1단계 기간인 1996년부터 2000년까지 정부가 집중적으로 추진해야 할 과제를 종합적으로 제시하고 있으며 이를 위해 정보화촉진을 위한 10대 중점과제를 선정하였다. 정보화촉진을 위한 10대 중점과제는 아래와 같이 정부, 교육, 학술연구, 산업, 교통물류, 지역정보화, 의료, 환경, 안전관리 및 국방에 이르기까지 거의 모든 분야를 망라하고 있으며 여기에서 전자정부가 나타나고 있다.

① 작지만 효율적인 전자정부 구현

② 정보사회 인재양성을 위한 교육정보화 기반구축

③ 지식기반 고도화를 위한 학술 · 연구정보 이용환경 조성

④ 산업정보화 촉진을 통한 기업의 경쟁력 강화

⑤ 정보화를 통한 사회간접자본 시설의 활용도 제고

⑥ 지역균형 발전을 위한 지역정보화 지원

⑦ 정보기술을 활용한 의료서비스의 고도화

⑧ 쾌적한 생활을 위한 환경관리의 정보화

⑨ 재난 · 재해에 대비한 국가안전관리정보시스템 구축

⑩ 선진 외교 · 국방 정보체계 확립

정보화촉진기본계획에 사용된 "작지만 효율적인 전자정부"는 다음과 같이 설명되고 있다.

> 고도정보사회에서 정부는 정보통신기술을 활용하여 최소의 비용으로 최고의 서비스를 생산하는 민주적 전자정부(electronic government)로 발전하게 된다. 정부 내에서는 행정문서의 전자교환 및 전자결재, 영상회의시스템 도입, 정부 정보의 공동활용 등이 촉진되어 조직 및 절차가 간소화되고 신속한 업무처리가 가능하게 됨으로써 생산성을 크게 높일 수 있다. 그리고 민원인이 행정기관을 방문하지 않고도 정보통신망을 이용하여 여러 부처가 관련된 복합민원도 일회에 처리되어 정부의 민원서비스가 획기적으로 개선된다. 특히 정부와 국민간에 자유롭게 정보를 주고받을 수 있는 기반이 구축됨으로써 국민이 필요로 하는 정부정보를 편리하게 제공받을 수 있고, 국민들의 의사가 정책결정과정에 신속히 반영되는 열린정부가 실현된다.
>
> (한국전산원, 1996d:33)

3. 초기의 전자정부 추진정책

1990년대 중반 시절 초창기 우리나라 전자정부의 구현을 위해 정부는 다음과 같은 시책을 강구하였다(정보통신부, 1996).

첫째, 2000년까지 대국민 민원서비스를 획기적으로 개선하고자 일회민원처리서비스를 확대하고 PC통신을 통한 '안방민원' 서비스를 확대할 방침이다. 또한 현재 부처별로 나누어져 있는 자동차 등록, 검사, 세금 등 자동차 관련 민원업무를 관련기관의 정보망을 연계하여 일괄처리(One-Stop)할 수 있도록 1998년까지 자동차 종합 민원정보망 구축을 추진할 예정이다. 그리고 현행 주민등록증, 운전면허증, 의료보험증 등 7가지 기능을 통합한 전자주민카드를 1998년부터 본격적으로 발급할 수 있도록 발급센터 구축 등 준비를 완료한다. 또한 주

민등록 정보를 필요로 하는 행정기관을 정보망으로 연계하여 국민이 주민등록 등 · 초본을 발급 받아 타 국가기관에 제출하는 불편을 대폭 감소시킬 수 있도록 의료보험, 고용보험, 국민연금, 국세, 지방세, 자동차 등 6개 업무를 대상으로 하는 시범사업을 실시할 예정이다.

둘째, 정부정보의 공동활용 및 공개를 촉진하기 위하여 정보를 공동활용해야 할 필요성이 높은 부문부터 정보공동활용체제를 구축할 계획이다. 2000년까지 국회와 법원을 중심으로 각각 입법 및 사법과 관련된 종합정보시스템을 구축하는 한편 정보공조체제가 절실히 요구되는 법원이나 검찰, 경찰 등 사법기관 간 범죄수사정보 공동활용체제를 구축할 것이다. 나아가 정부와 국민사이에 원활한 정보교류 및 정보공유를 촉진하기 위해 열린정부서비스 및 부처별 인터넷 홈페이지를 구축하여 행정정보를 적극적으로 제공할 예정이다.

셋째, 행정정보의 활용확대를 위한 기반조성을 위하여 2000년까지 공무원 1인당 1PC 보급을 추진하며 정부청사 및 입법부, 사법부를 연결하는 고속통신망을 구축하여 정보 공동활용과 전자적 업무처리의 기반을 확보할 예정이다.

당시 이러한 전자정부 구축을 위한 정책들은 정부가 정보화를 국가경쟁력 강화를 위한 수단으로 인식함에 따라 범정부적으로 추진되었다. 특히 1997년부터는 전자정부의 구현을 행정개혁의 관점에서도 언급하고 있으나 주로 행정정보의 공동활용의 측면에서 전자정부의 구축을 파악하고 있다. 이것은 1997년 발간된 정부 자료에 의해서도 다음과 같이 확인되고 있다.

> 정보통신기술은 사회 전반에 영향을 미치면서 정부 공공부문에도 예외 없이 큰 변화를 가져오고 있다. 기존의 정부가 가지고 있는 여러 가지 문제를 그 어떤 수단이나 방법보다 가장 효과적으로 해결할 수 있는 기술로 정보기술이 부각되고 있는 것이다. 정보기술을 통해 공공부문을 개혁하려는 이러한 활동들은 '전자정부'라는 것으로 집약된다. 전자정부가 지향하는 목표는 현재의 초고속정보통신망과 애플리케이션이라는 정보기술의 기반 위에서 정부의 행정정보를 공동활용함으로써 정부의 고객지향성을 극대화시키는 것이라고 할 수 있다. 미국과 일본은 전자정부 실현에 있어 고객지향성을 최우선으로 놓고 정보기술 도입과 정부혁신을 같은 선상에서 진행시켜 가고 있다. 우리나라도 행정전산망 사업이 궤도에 오른 '94년 이후부터 공공부문정보화를 위한 전자정부에 대한 논의가 이루어지기 시작했으며, 전자정부 구현을 위해 2000년까지 일회민원처리서비스을 확대하고 정부정보의 공동활용 및 공개를 추진중이다.
>
> (한국전산원, 1997a:15)

이처럼 우리나라의 경우 초창기에는 전자정부의 구축을 위해 선결해야 하는 과제로 행정개혁 보다는 정보의 공동활용에 초점을 두고 있었다. 따라서 행정정보의 공동활용을 위한 시스템의 구축이나 더 나아가 정보자원관리의 측면에서 전자정부의 구현을 추진하였다.

쉬어가기

대한민국 전자정부 연표

연도	주요내용
1975. 01	박정희 대통령 행정전산화 추진 지시
1975. 08	'행정전산화추진위원회'구성
1978. 02	"1차 행정전산화 기본계획"수립
1978. 07	행정전산시범사업 추진
1982. 12	"2차 행정전산화 기본계획"수립
1983. 05	'정보산업육성위원회'구성 및 "행정전산화계획"확정
1984. 02	'국가기간전산망조정위원회'구성
1984. 12	"행정전산망사업 추진계획(안)"수립
1986. 05	「전산망보급확장과이용촉진에관한법률」제정
1987. 04	"행정전산망 종합계획"확정
1987. 05	'전산망조정위원회'구성
1988. 12	"1차 국가기간전산망사업 기본계획"확정
1991. 01	주민등록등본 발급서비스 개시
1993. 06	행정 종합정보망 개통, "초고속정보통신망구축 기본계획"수립
1994. 05	'초고속정보화추진위원회'구성
1994. 12	체신부에서 정보통신부로 확대개편
1995. 08	「정보화촉진기본법」제정
1996. 04	'정보화추진위원회'구성
1996. 06	"정보화촉진기본계획"수립, 정보통신부에 정보화기획실 설치
1998. 09	국민의정부 전자정부 비전과 전략 확정
1999. 09	전자정부 실천 추진계획 수립
2001. 01	전자정부특별위원회 구성
2001. 05	"전자정부구현 전략"수립
2002. 04	"e-Korea Vision 2006"수립
2002. 11	전자정부 구현 기반 완성 선언
2003. 08	"참여정부의 전자정부 로드맵"수립
2003. 12	"Broadband IT KOREA VISION 2007"수립
2004. 11	"IT839전략 8대 서비스 Master Plan"수립
2005. 03	행정자치부에 전자정부 본부 신설
2008. 02	정보통신부 해체
2008. 02	행정안전부에 정보화전략실 신설

〈계속〉

연도	주요내용
2008. 12	이명박정부 국가정보화 기본계획 발표
2009. 05	「국가정보화기본법」 제정
2009. 11	국가정보화전략위원회 구성
2013. 02	안전행정부에 전자정부국 신설
2013. 12	제5차 국가정보화기본계획 수립 발표
2014. 07	정부 3.0 추진위원회 구성
2016. 03	전자정부추진위원회 구성
2016. 04	전자정부 2020 추진계획 발표
2017. 11	전자정부 50주년 기념식: (대한민국 전자정부 명예의 전당)

자료: (행정안전부, 2017 부분 수정).

PART 2

전자정부의 발전 과정 및 추진내용

CHAPTER 4

우리나라 전자정부의 발전 과정

우리나라 전자정부 사업들의 대다수는 국민의정부에서 시작하여 참여정부에서 완료되었다. 그 이전인 문민정부와 그 이후인 이명박정부는 전자정부라는 용어보다는 국가정보화라는 용어를 사용하였다. 또한 박근혜정부는 정부3.0을 적극적으로 추진하였다. 따라서 이 장에서는 김대중정부에서 시작된 전자정부 사업들이 노무현정부를 거쳐서 이명박, 박근혜 정부에서 어떻게 발전하여 왔는지를 살펴보고자 한다.

4.1 김대중정부의 전자정부 추진정책(1998~2002)

김대중정부의 전자정부 추진 정책은 시기별로 크게 둘로 나누어 볼 수 있다. 김대중정부는 대한민국 최초로 전자정부의 비전과 전략을 수립하여 국무회의 심의를 거쳤으나, 1998년 외환위기와 함께 집권하였기 때문에 초반에는 공공부문을 포함하는 4대 개혁에 몰두하였다. 이후 새천년을 맞이하여 정부혁신을 위한 수단으로 전자정부를 적극적으로 활용하였다.

1. 김대중정부 전반기의 전자정부 추진정책(1998~2000)

행정자치부는 1997년 가을 (구)총무처 시절부터 전자정부의 구현을 위한 준비작업을 시작하여 1998년 3월에 「전자정부의 비전과 전략」 초안을 작성하였다(행정자치부, 1998a). 이어 이 자료를 우리나라에 적합한 한국형 전자정부의 모델을 정립하고자 일반인들에게 공개하여 의견을 수렴하였고, 행정자치부 장관이 1998년 5월 21일 대통령께 전자정부의 구현방안으로 보고하였다(행정자치부, 1998b). 이러한 전자정부의 비전과 전략은 당시에 정보화추진위원회의 심의를 거쳐 우리나라 국가정보화 추진정책으로 확정되었다.

1) 전자정부의 개념과 비전

당시 우리나라의 행정정보화 정책의 추진목표는 전자정부의 구현으로 설정되어 있었다. 국민의정부 초창기 전자정부의 개념과 비전은 다음과 같이 요약될 수 있다(김경섭, 1998: 262~266의 수정).

(1) 전자정부의 개념

1990년대 후반 선진국들의 정부개혁의 공통점은 정보기술을 행정에 적극 도입하여 "고객지향적 정부" 실현을 목표로 하고 있다는 점이었다. 행정업무의 자동화 · 정보화로 신속 정확하고 효율적인 행정서비스를 제공하려고 출발한 전자정부의 개념은 정부업무의 디지털화와 네트워크화 등 기술적인 측면을 강조하거나 정보의 공개 · 공유와 서비스 질 향상의 측면을 중시하기도 하고, 행정의 투명성과 민주성을 중시하기도 하는 등 국가별 환경이나 정치 · 행정의 발전정도에 따라 다양하게 전개되고 있었다.

따라서 당시 국민의정부는 전자정부의 개념을 전 세계적으로 공통적으로 사용하는 의미에다 우리의 특수한 환경을 가미하여 "정보기술을 활용하여 행정활동의 모든 과정을 혁신함으로써, 정부의 고객인 국민과 기업에게 제공하는 각종 서비스와 정보를 손쉽게 이용할 수 있도록 하고, 행정 및 정책활동의 생산성을 향상시켜, 한반도의 지식정보화를 선도할 수 있는 정부로 재창출"하는 것이라고 정의하였다.

(2) 전자정부의 비전

당시 우리나라 전자정부의 비전은 "단번에 통하는 온라인 열린 정부"를 구현하는 것이었다. 이를 위한 구체적인 목표는 다음의 세 가지가 제시되었다. 첫째, 집 안팎에서 밤낮으로 가능한 원스톱서비스와 구비서류 없이 신청만 하면 되는 전자민원서비스가 가능한 누구나, 언제, 어디서나 한 번에 서비스되는 정부를 실현하는 것이었다. 둘째, 종이문서나 자료가 전자적으로 생산 · 처리되고 각종 정보가 물 흐르듯이 유통되도록 하여, 정부의 생산성을 민간기업 수준을 뛰어넘는 일류정부로 만드는 것이었다. 셋째, 국민과 공무원이 언제나 가까이 대화할 수 있는 네트워크를 구축하여 정보공개와 정보보호가 잘 어울리는 효율적인 정보자원관리를 통하여 투명한 정부를 건설하는 것이었다.

이러한 전자정부의 비전을 실현하기 위해서는 (그림 4-1)과 같이 행정서비스, 행정업무, 행정정보, 정보기술기반, 공무원, 법 · 제도 등 여섯 가지 요소들 별로 추진방향을 정하고, 이들을 일관성 있게 상호 통합하는 방향으로 추진하였다.

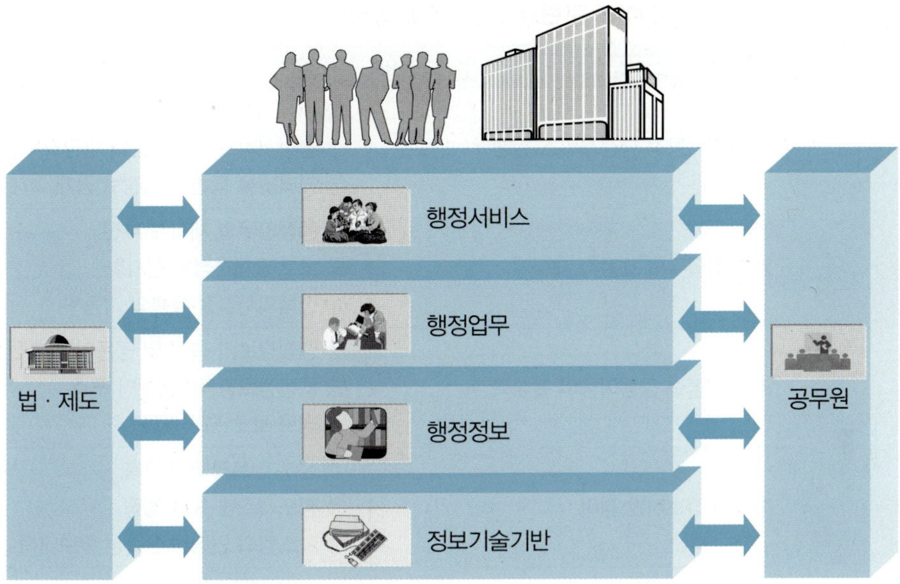

그림 4-1 김대중정부 초기 한국형 전자정부 구조

2) 추진 전략

행정자치부는 앞의 (그림 4-1)에서 제시된 여섯 가지 요소들 별로 각각 3개씩의 추진 방향을 도출하여 〈표 4-1〉과 같이 모두 18개의 전자정부 구현을 위한 과제를 정립하였다. 이러한 전자정부의 구현과제들은 세부적으로는 다음과 같이 설명되고 있다.

(1) 고객지향적 행정서비스 실현

정부의 대민서비스 행정은 그 동안 많이 개선되어 왔지만, 아직도 민원인의 편의를 우선하기보다는 서비스를 제공하는 정부기관 위주로 운영되고 있는 경우가 많다. 예를 들면, 주민등록등본 등 부처간의 통신망을 통해 정부기관끼리 확인할 수 있는 증명자료도 민원인에게 서류의 제출을 요구하고 있는 경우가 아직도 많이 있다.

이와 같은 관행을 탈피하고 국민우선의 행정서비스의 혁신을 이루기 위해서는 첫째, 어느 곳에서든 한 번의 신청으로 서비스를 제공받을 수 있는 One-Stop서비스와 민원자동처리기(KIOSK)나 인터넷에 의해 24시간 서비스를 실시하는 Non-Stop서비스를 개발 · 확대하고, 둘째, 행정정보를 인터넷을 통하여 국민에게 적극적으로 공개하며, 셋째, 전자상거래 진전에 대응한 민 · 관 EDI시스템을 구축해야 한다.

(2) 행정업무의 효율적 재설계

전자정부에서의 정보시스템은 국민과 정부와의 매개체로서, 국민이 하나의 서비스 제공창구

표 4-1 전자정부의 구현을 위한 18대 과제

전자정부의 구현 요소	세부 구현 과제들
1) 국민지향적 행정서비스 실현	① ONE-STOP, NON-STOP 서비스 실시 ② 행정서비스 전달수단의 다양화 ③ 인터넷을 통한 행정정보 공개 확대
2) 행정업무의 효율적 재설계	④ 행정업무의 재설계 추진 ⑤ 보고·결재과정의 전자화 ⑥ 정책의사결정 흐름의 자동화
3) 행정정보 공동이용의 활성화	⑦ 행정정보의 축적 및 공동이용 촉진 ⑧ 행정정보공동이용센터 구축 ⑨ 정보 보호관리 강화
4) 행정정보기반 정비	⑩ 정부 인트라넷의 구축 ⑪ 정보시스템 표준 정립 ⑫ 시스템의 안정성·신뢰성 확보대책 강화
5) 공무원 개인 사무의 생산성 제고	⑬ 개인 사무 자동화 촉진 ⑭ 원격근무제 도입 ⑮ 정보화 자격증 우대 및 교육강화
6) 법·제도 개선	⑯ 전자정부 구현을 위한 법·제도의 정비 ⑰ 고위정보관리자(CIO) 제도의 도입 ⑱ 범정부적 정보자원관리체제 확립

자료: 행정자치부(1998a:13).

(Single Windows)를 통해 민원을 신청하면, 정보시스템이 관련된 모든 행정기관을 연결하여 행정업무를 처리함으로써 직접 공무원을 접촉하지 않고도 민원이 처리되는 투명하고 효율적인 개방형 행정업무체제가 이루어져야 한다.

그러기 위해서는 행정업무 처리절차의 재설계(BPR)가 선행되어야 하는데 첫째, 2002년까지는 다부처가 관련된 행정업무의 재설계를 완료하여 정부기능을 고도화하고, 둘째, 보고 및 결재과정을 전자화하여 처리시간을 단축하며, 셋째, 행정업무의 통합환경을 구축함으로써 정책의사결정 흐름을 간소화하도록 할 예정이다.

(3) 행정정보 공동이용의 활성화

대국민 서비스의 개선 · 향상과 행정업무 처리절차의 재설계는 정보공개 및 공동이용을 전제로 하고 있으며, 정보에 대한 접근가능성의 증가는 의사결정과정에 국민참여를 활성화시켜 새로운 형태의 전자민주주의를 발전시킬 수 있다.

행정정보의 공동이용을 촉진하기 위해서는 첫째, 기관간의 정보제공 방법 및 절차 등에 관한 법률이나 규정을 제정하여 공동활용을 제도적으로 뒷받침하고, 둘째, "행정정보공동이용센터"를 구축하여 각급 중앙행정기관간, 중앙과 지방자치단체간 DB 등을 상호 유통토록 하면서, 셋째, 공동이용에 따른 개인정보의 유출 등의 역기능을 예방하기 위한 안전관리 대책을 마련할 예정이다.

(4) 정보기술기반 정비

행정정보시스템은 현재뿐만 아니라 미래의 정보기술 환경도 최소의 비용으로 수용하고 이질적인 정보통신 운용체계 및 다양한 응용프로그램과 호환성을 유지해야 하며, 세계 각국과의 정보유통을 위해서는 국제표준에 의한 개방형 시스템을 구축하여 정보기술의 발전에 유연하게 적응할 수 있도록 해야 한다.

정보자원의 활용도를 높이기 위한 정보기술 기반으로 첫째, 초고속국가정보통신망 위에 정부고속망과 부처별 LAN을 근간으로 하는 "정부인트라넷"을 구축하고, 둘째, 행정기관 네트워크간의 상호운용성 확보 및 행정정보의 공동활용을 위한 정보시스템의 표준을 정립하며, 셋째, 컴퓨터 2000년 연도표기문제 해결 등 시스템의 안전성, 신뢰성을 확보하기 위한 대책을 수립 · 추진할 방침이다.

(5) 공무원 개인의 생산성 제고

사무환경, 사무자동화기기가 개선 · 보급되어 공무원의 사무처리 능력이 향상되고, 다시 조직체계, 조직관리 기법과 어우러져 행정생산성이 향상된다.

공무원 개인의 생산성을 향상시키기 위해서는 첫째, 컴퓨터를 필요로 하는 모든 공무원들에게 1인 1대의 PC와 전자우편주소(E-Mail ID) 및 공무원전자신분카드를 보급하고 이를 행정업무 수행의 필수도구로 정착시킬 수 있도록 정보화 환경에 적합한 일처리 방식을 확립하고, 둘째, 공무원들이 근무하는 장소도 사무실에서 벗어나 재택이나 자택인근에 통신센터를 설치하여 근무할 수 있는 원격근무제를 도입하며, 셋째, 업무의 특성과 정보활용 능력에 따라 정보기술을 행정업무에 창의적으로 접목시킬 수 있도록 다양하고 차별화된 정보화교육을 확대하여 행정업무에 실질적인 생산성향상이 이루어지도록 할 것이다.

(6) 법 · 제도의 개선

정보시스템의 구축은 현행 업무의 단순한 전산화 단계를 벗어나 업무절차를 간소화하고 실질적인 능률향상과 서비스의 개선이 이루어질 수 있도록 관련 제도의 개선과 병행되어야 한다.

시급히 정비해야 할 정보화추진에 필수적인 법 · 제도로는 첫째, 전자정부를 저해하는 행정관행 및 제도상의 불합리성을 제거하기 위한 법 · 제도를 개선하고, 둘째, 정부의 정보화와 그에 따른 행정개혁을 촉진하기 위해 각 부처에 행정기술의 도입 · 활용을 총괄적으로 책임지는 정보화책임관(CIO)제도를 도입하며, 셋째, 정보화투자의 효율성과 정보자원의 활용도를 극대화하기 위해『정보자원관리법』을 제정하고 정보시스템 운영관리에도 아웃소싱 제도 등을 도입할 것이다.

그리고 "행정서비스 만족도", "행정업무 혁신", "정보화 성과" 등 구체적인 평가항목에 대한 사전평가와 사후검증을 실시하고 평가결과를 공표하여 일반국민들도 진척사항을 알 수 있도록 할 예정이다.

2. 김대중정부 후반기의 전자정부 추진정책(2001~2002)

행정자치부가 1998년에 전자정부의 비전과 전략을 수립한 이후에 정보통신부는 별도로 준비한 Cyber Korea 21에서 보다 구체적인 전자정부 구현 과제를 제시하였다. 그러나 Cyber Korea 21 역시도 구체적인 실천전략이 미흡하고 또한 매년 각 부처의 계획을 토대로 행정정보화 시행계획을 수립하여야 하므로, 장기적인 비전과 목표가 결여되어 부처 간의 유기적인 조정을 이끌어내는 데 한계가 있었다.

따라서 이러한 문제점을 인식하고 정부는 2001년 1월 30일 대통령 기관으로서 전자정부특별위원회를 설치 · 운영하게 되었다. 전자정부특별위원회는 대통령 자문기구인 정부혁신추진위원회의 특별위원회로 발족하고, 업무 추진 면에서 전자정부추진 실무지원단장을 청와대 정책비서관이 맡았기 때문에, 실질적으로는 독립적인 임시조직으로 운영하도록 되어 있었다.

1) 전자정부의 개념과 비전

전자정부특별위원회는 기존 정보화추진위원회 체제를 대체하는 것이 아니었다. 전자정부특별위원회는 기존 추진체제가 전자정부가 추구하는 이념인 정보 공동활용을 통한 행정업무의 질적 개선 및 대국민 서비스를 획기적으로 향상시키는 데는 다소 한계가 있다는 문제를 보완하기 위하여 발족되었다. 그러나 이것은 보다 종합적이고 체계적인 전자정부 구현을 위한 전기를 마련하였다는 점에서 의의가 크다고 평가할 수 있다.

당시에 전자정부특별위원회는 전자정부 구현의 추진원칙을 현재와 미래의 전자정부 사업을 반영할 수 있도록 지속적으로 점검하는 한편, 2002년까지 완성해야할 핵심적 전략과제의 향후 청사진을 제시하는 역할을 담당하였다. 이와 관련하여 전자정부특별위원회는 2001년 5월 그간의 성과평가를 토대로 전자정부의 비전과 2002년까지 달성해야할 목표와 중점과제를 담은「세계일류국가 도약을 위한 전자정부 구현전략」을 수립하였다.

(1) 전자정부의 개념

전자정부는 다양한 행정서비스를 온라인화 함으로써 언제 어디서나 고객의 접근과 이용이 가능한 서비스형 정부를 말한다. 아울러 행정서비스 체계를 일원화하고 공개함으로써 정부의 생산성과 투명성도 획기적으로 높일 수 있다. 전자정부의 핵심은 곧 첨단 정보통신기술을 활용한 정부업무와 대민서비스의 전자적 처리에 있으며, 전자정부 구현의 궁극적 이념은 민주주의 실현과 인간다운 삶의 보장에 있다(전자정부특별위원회, 2003: 95~96).

(2) 전자정부의 비전

2001년 당시 전자정부특별위원회에서 수립한 전자정부의 비전은 21세기 세계 일류국가로의 도약을 궁극적인 과제로 삼고 있다. 이를 달성하기 위해 정부는 (그림 4-2)와 같이 투명하고 생산성 높은 행정을 펼치고, 국민은 24시간 안방과 사무실에서 민원서비스를 제공받으며, 세계에서 제일 기업하기 좋은 환경이 조성될 수 있도록 사업 방향을 정했다.

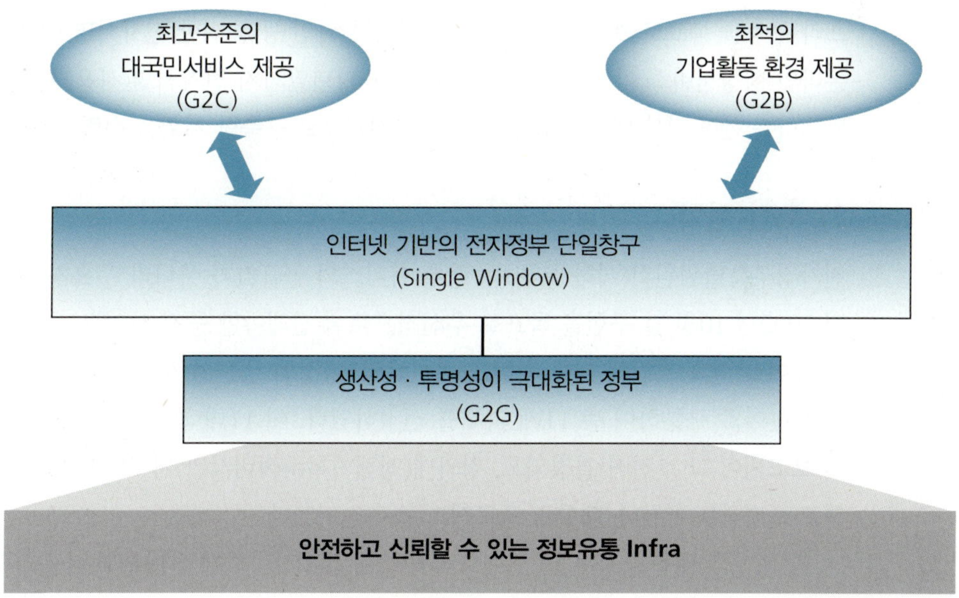

자료: (전자정부특별위원회, 2001)

그림 4-2 김대중정부 후반기 우리나라 전자정부의 비전

전자정부특별위원회는 우리나라가 2002년까지 달성해야할 전자정부의 목표를 정부의 대고객 정부서비스(G2C와 G2B), 정부내 업무처리(G2G), 그리고 정보의 유통과 관리 인프라(Infra) 차원에서 구체적으로 제시하였다.

먼저 정부의 대국민 서비스 차원(G2C)에서는 인터넷 기반의 전자정부 단일창구 구축을 통한 국민지향적 대민 서비스의 실현을 목표로 제시하였다. 주소변경 등 국민생활과 밀접한 민원서비스의 온라인 처리를 실현하고, 주민, 부동산, 자동차, 기업 등 국가 주요 민원정보DB의 공동활용 체제 구축을 통해 주민등록등초본, 사업자 등록증 등 구비서류 최소화와 기관방문 횟수의 최소화로 행정능률과 국민편의 제고를 도모하였다.

또한 정부의 대기업 서비스 차원(G2B)의 전자정부 목표는 정부와 기업 간 전자상거래 방식에 적용 · 확산을 통한 정부와 기업 간 업무처리의 효율성과 투명성을 극대화하는데 있었다. 이를 위해 구매결정에서 입찰, 대금지불까지 정부조달 전 과정의 전자적 처리를 모든 공공기관에 확산시키고, 조달관련 온라인 서비스를 통합적으로 제공하기 위해 정부통합전자조달시스템 구축을 추진하였다.

한편 정부 내 기관, 정부 기관 간 그리고 정부와 정부(지방정부)간 업무처리(G2G)에 있어서는 인사 · 재정 · 교육 등 국가 핵심 업무의 정보화기반을 완성하고, 전자결재 및 문서유통으로 종이 없는 행정의 구현을 통해 행정업무 처리의 생산성 · 투명성 극대화를 목표로 제시하였다.

끝으로 정보의 유통과 관리 인프라(Infra) 차원에서는 안전하고 신뢰성 있는 정보유통 인프라 구축을 목표로 개인정보보호, 전자적 신원확인 등을 위한 전자서명 이용과 확산을 통해 온라인 행정서비스 이용기반을 구축하고, 2002년말까지 전자서명 사용자를 1,000만명으로 확대하는 한편 정부 내 통합 전산환경을 단계적으로 구축할 계획을 수립하였다.

2) 추진 전략

전자정부특별위원회(이하 특위)는 정부 서비스의 공급자가 아니라 수요자, 사용자의 관점에서 2002년 10월 말 구현을 목표로 우선적으로 추진해야할 중점 사업으로서 다음의〈표 4-2〉와 같이 국민과 기업에 대한 서비스 혁신사업, 행정의 생산성 제고 사업, 전자정부 기반 구축 사업 분야로 구분하여 총 11개 과제를 선정하였다. 이 11대 과제의 중요성은 대통령에게 직접 보고되어 그 추진이 결정되고, 청와대(정책기획수석비서관)가 그 추진상황을 수시로 점검하고 조정하는 이른바 '대통령 프로젝트'로 추진되었다.

각 과제의 내용을 목표 및 기대효과를 중심으로 간략하게 살펴보면 다음과 같다.

(1) 단일창구를 통한 민원업무 혁신 사업

일명 G4C(Government for Citizens)사업으로 불리는 이 사업의 목표는 주민, 부동산, 자동차, 기업, 세금 등 5대 국가 주요 데이터베이스 공동활용 시스템을 구축함으로써 구비서류 폐지 및 기관방문 최소화로 국민편의를 제고하는 것이다. 또한 정부대표전자민원실 구축을 통해 원스톱 · 논스톱 서비스를 실시하여 민원처리는 물론, 행정정보제공, 국민 의견수렴 등 다양한 행정서비스 제공으로 행정의 민주성 · 투명성을 향상시키는 것이다.

(2) 4대 사회보험 연계시스템 구축 사업

이 사업의 목표는 4대 사회보험 정보시스템들의 정보자원을 상호 연계하여 대국민 민원서비스의 질적 향상을 도모하고, 4대 사회보험 관리 및 운영체계의 효율성을 제고하는 사업이다.

표 4-2 전자정부특별위원회의 11대 중점 추진과제

분야	사업과제	부처
국민과 기업에 대한 서비스 혁신 사업	• 단일창구를 통한 민원업무 혁신 – 주민, 자동차 등 5대 국가 주요 DB 공동활용체계 구축 – 정부대표전자민원실 구축	행정자치부 정보통신부 기획예산처
	• 4대 사회보험 정보시스템 연계구축 – 4대 사회보험간 통합고지, 신상정보 연계관리, 보험관련 통합검색서비스 제공 등	보건복지부 노동부
	• 정부 통합전자조달 시스템 구축 – 업체등록, 입찰, 계약, 대금지급 등 모든 조달절차 온라인화 및 단일 조달창구 구축	기획예산처 정보통신부
	• 인터넷을 통한 종합국세서비스 제공 – 인터넷 기반의 세무행정서비스	국세청 재정경제부
행정의 생산성 제고사업	• 국가 재정정보시스템 구축 – 복식부기, 발생주의 회계제도 기반의 정보시스템 구축 – 재정관련 기관별 시스템간 정보공유 · 연계체계 구축	재정경제부 기획예산처
	• 시 · 군 · 구 행정 종합 정보화 – 기 완료 업무(10종)외 호적 등 11종 업무의 정보화	행정자치부 서울시
	• 전국단위의 교육행정 정보시스템 구축 – 학교 · 교육청 · 교육부를 연계하는 학사 및 교육행정자료의 온라인 유통체계 구축	교육 인적자원부 재정경제부
	• 표준인사관리시스템 구축 – 종이 없는 인사행정 구현 및 전 공무원 인사정보 DB화를 통한 인사정책의 적실성 향상	중앙인사위
	• 전자결재 및 전자문서유통 정착 – 정부 문서업무의 전산화 및 실시간 공문서 유통체계 구축	행정자치부
전자정부 기반 구축 사업	• 전자관인시스템 구축 및 전자서명시스템 확산 – 범정부적 전자인증시스템 구축 및 확산	행정자치부 정보통신부
	• 범정부적 통합전산환경의 단계적 구축 – 부처별로 운영되는 전산실의 공동 운영시스템 구축	행정자치부 정보통신부 기획예산처

이 시스템이 구축되면 민원인은 4개의 보험 공단 중 아무 공단이든 한 공단에서 다른 공단 관련 업무를 함께 처리 받을 수 있게 되도록 하는 것이다. 예를 들어, 이 네 개 보험 중 3개의 보험에 가입되어 있던 사람이 직장을 옮기게 되는 경우, 그 변동 사실을 각각 네 개 보험 공단에 민원인이 일일이 통보해 주어야 했으나, 앞으로는 한 기관에만 통보해 주면 되고, 이 변동 정보는 나머지 공단과 전자적으로 공유되도록 함으로써, 민원인이 나머지 공단에 통보하는 수고가 덜어지게 된다.

(3) 정부 통합 전자조달 시스템 구축 사업

일명 G2B(Government to Business)사업으로 불리는 이 사업은 전자적인 민원행정서비스의 일환으로 진행되는 사업이다. 이 사업의 추진목표는 우선적으로 조달관련 내부 행정절차를 혁신하고 전자적으로 연계하여 업체등록, 입찰, 계약, 대금지급 등 모든 조달관련 절차를 온라인화하는 것이다. 이러한 시스템이 구축되면 공공부문 거래의 투명성을 획기적으로 제고하고 행정비용 절감 등 효율적인 조달행정을 구현할 수 있게 될 것이다. 또한 기관별 조달관련 정보를 일괄적으로 제공하고 1회 업체등록으로 전 공공기관의 조달에 참여하는 조달단일창구를 구축하는 것이 목표이다. 이 경우에는 기업의 조달비용 절감 및 민간 디지털 경제의 활성화 효과를 거둘 수 있을 것이다.

(4) 인터넷을 통한 종합 국세서비스 제공 사업

이 사업은 역시도 전자적인 민원행정서비스의 일환으로 투명하고 신속한 행정서비스를 제공하기 위한 사업의 하나이다. 인터넷을 통한 종합국세서비스(HTS: Home Tax Service System)는 신고 · 고지 · 민원 · 상담 등의 국세관련 대국민 서비스를 국세청과 납세자간에 인터넷으로 구축된 네트워크를 통하여 전자적으로 일괄 · 연계 처리하는 인터넷 종합 국세서비스 체제를 말한다.

이 서비스가 개시되어 납세자들은 세무서에 갈 필요가 없고 은행에도 갈 필요가 없도록 국세행정을 Home Tax Service로 제공하게 되었다. 이 사업의 기본 목표는 인터넷을 통하여 선사신고, 전자고지, 전자납부, 전자민원, 신고안내 등 국세관련 업무를 가정이나 사무실에서 해결할 수 있는 국세행정서비스를 실시간으로 제공하는 것이다.

(5) 국가 재정정보시스템 구축 사업

이 사업은 재정운영 현황을 실시간으로 파악하고 국가재정 전반을 통합 · 연계 관리하는 정보시스템을 구축함으로써 전자고지 · 납부 · 이체서비스를 제공하며, 아울러 복식부기 · 발생주의 회계를 기반으로 결산 및 자금 · 자산 · 부채관리 업무를 연계처리 하는 것이 목표이다.

(6) 시 · 군 · 구 행정 종합 정보화 사업

이 사업은 다른 분야들 보다 오래전부터 추진되어온 사업이다. 정부는 2002년까지 시군구 행정전반(21개 분야)에 대한 종합정보화를 추진하였다. 이것은 행정정보 공동활용 및 인터넷 기반의 민원서비스를 실시함으로써 행정의 생산성 제고 및 대민서비스를 획기적으로 개선하고자 하는 목적을 지니고 있었다.

그 동안 행정자치부가 주관이 되어 1998년 1월부터 2000년 12월까지 1단계 사업으로 21개 행정업무 중 10개 주요 업무(지적, 보건복지, 농촌, 지역산업, 환경, 민원, 주민, 차량,

재 · 세정, 건축)를 선정하여 업무별로 구축되어 있는 행정전산망 시스템을 공동 활용이 가능토록 전환하여 거주지와 무관하게 주민등록 등 민원업무가 이루어질 수 있도록 하는 것과 무인민원서류 발급 시스템을 구축하는 일이 추진되었다.

이러한 1단계 사업을 기초로 하여 2단계 사업으로 지역개발 등 11개 업무(지역개발, 도로교통, 문화체육, 축산, 수산, 호적, 산림, 재난재해, 민방위, 상하수도, 내부행정)를 전 시군구에 보급하고 전국 서비스로 확산하였다.

(7) 전국 단위의 교육행정 정보시스템 구축 사업

이 사업은 16개 시 · 도 교육청을 핵으로 교육청과 교육인적자원부 등의 교육행정기관과 학교를 온라인으로 연계하여 학사, 인사, 재정 등 10대 교육 행정 업무를 연계하는 이른바 교육행정 자료의 온라인 유통체계를 구축하는 사업이다.

당시 교육인적자원부가 전자정부특별위원회를 통해 대통령에게 보고한 자료에 의하면 향후 시스템이 구축되고 나면 현재 교사들이 수작업으로 처리 중인 각종 업무가 표준화되어 전산 처리되므로 교사 입장에서의 교육행정업무가 효율화되고, 일반 국민은 전국 어디서나 졸업 · 재학 · 성적 증명서 등 교육행정 관련 민원서류(연간 500만건)를 인터넷으로 신청할 수 있게 될 것으로 전망되었다. 또한 학부모는 자신들 자녀 학생의 성장 발달, 생활 지도, 교과성취 등에 관한 정보를 안방에서 열람하여 학교와 상의하는 것이 가능해지게 된다.

(8) 표준인사관리시스템 구축 사업

일명 PPSS(Personnel Policy Supporting System)로 불리는 이 사업은 원래 중앙인사위원회가 자체적으로 추진해 오던 중 전자정부특별위원회가 설치되자 전자정부특별위원회가 지원하는 사업에 포함시켜 줄 것을 요청하여 11대 사업에 포함되게 된 사업이다. 이 사업은 다음과 같은 목적으로 추진되었다.

첫째, 기관장이 자신의 관할 내에 있는 전 직원들의 인사 자료를 일목요연하게 확인할 수 있게 하여 필요시에, 적절한 인력을 적절한 곳에 인사 배치할 수 있는 정보를 제공한다. 둘째, 인사담당자들도 그동안 인사관리대장, 급여 산정, 교육훈련 수요 파악 등 수기로 처리해 오던 일들을 전자적으로 보다 효율적으로 처리할 수 있게 한다. 셋째, 공무원 개개인들도 수시로 자신의 인사 관련 자료를 검색하여 상황을 파악하고 필요시 수정할 수 있게 한다. 넷째, 중앙인사위원회와 같이 정부 전체의 인력정책을 수립하는 곳에서는 이 시스템을 통해 보다 정확한 인사 관련 통계를 적시에 확보하여 정책결정에 활용할 수 있도록 함으로써 인사행정의 효율성과 투명성, 민주성을 높인다.

(9) 전자결재 및 전자문서유통 정착 사업

이 사업은 "종이 서류 없는 정부"를 구현하는 것의 초석에 해당되는 사업이다. 전자결재 사업은 이미 전자정부특위가 구성되기 이전에 각 부처별로 상당 부분 추진되어 있던 사업인데, 11대 사업의 하나로 선정된 것은 전자결재율이 정부 기관 간에 상당한 편차를 보이고 있던 것을 모든 기관에서 대부분의 결재 업무가 공히 높은 수준의 전자적 처리가 되도록 하자는 것과, 각 기관별로 서로 다른 전자 결재용 그룹웨어가 사용되고 있어 전자문서 유통에 장애를 일으키고 있으므로 이를 표준화하여 상호 원활하게 유통되도록 하는 인프라를 구축하자는 취지에서이다.

전자문서유통 정착 사업의 경우에는 지금까지는 문서의 표지에 해당하는 부분만 전자적으로 유통되었으나 향후에는 내용까지도 전자적인 방법으로 유통될 수 있도록 하는 인프라를 구축한다는 취지에서 11대 사업의 한 사업으로 선정된 것이다.

이러한 전자결재 및 전자문서 유통을 지원하기 위해서는 기술적인 측면뿐만이 아니라 법과 제도적인 측면에서의 정비가 요망된다. 따라서 정부는 사무관리 규정뿐만 아니라 최근에 전자정부 구현을 위한 법률에 이르기까지 다양하게 관련 법령을 정비하고 있다.

(10) 전자관인시스템 구축 및 전자서명시스템 확산 사업

이 사업의 목표는 모든 공무원들에게 행정전자서명을 보급하여 공무원 신원확인, 유통정보의 보안성 유지 등 정부차원의 정보보호 체계를 구현함으로써 전자정부의 조기정착을 유도하는 것이다. 또한 2002년말까지 전자서명 사용자를 1,000만명으로 확대하는 등 전자서명 이용을 활성화하는 것이다.

(11) 범정부적 통합전산환경 구축 사업

부처들 간의 이견으로 인해 11대 사업들 중 가장 늦게 착수된 이 사업은 지금까지 부처 내지 행정기관별로 구축 · 운영되고 있는 전산실을 범정부적으로 통합 운영함으로써 예산과 인력의 절감과 전산지원 내용의 질적 향상을 기한다는 취지로 추진되고 있는 사업이다. 예를 들어 그 동안에는 광화문의 정부종합청사 안에 여러 부처가 함께 한 건물을 사용하고 있는데도 불구하고, 각자 전산실을 따로따로 운영해 오고 있었다. 이로 인해 부처 간의 시스템 통합이 사실상 불가능했고, 우수한 전산인력을 부처마다 배치하기에는 예산의 제약이 따를 수밖에 없었다. 범정부적 통합환경 구축 사업은 이런 불합리를 해결하기 위해 추진되는 사업이다.

4.2 노무현정부의 전자정부 추진정책(2003~2007)

전자정부 사업은 앞에서 살펴본 바와 같이 국민의정부에서 그 기반이 구축되었다. 그리고 이러한 전자정부 사업의 구체적인 성과에 대하여 국민의 기대가 급증하는 시점에 참여정부가 출범하게 되었다. 2003년 2월 출범한 참여정부는 정부혁신과 전자정부를 연계함으로써 정부혁신 효과를 극대화하는 데 높은 관심을 표명하였다. 따라서 집권 초기부터 전자정부르 국정과제로 선정하여 적극적으로 추진하였다.

1. 노무현정부 전반기의 전자정부 추진정책(2003~2004)

노무현정부는 정부혁신과 연계된 범정부적 전자정부를 추진하기 위하여 2003년 4월「정부혁신지방분권위원회규정」(대통령령)에 따라 설치된 대통령자문 정부혁신지방분권위원회에 전자정부전문위원회를 설치하고, 5월부터 8월까지의 준비작업 끝에 전자정부 로드맵을 확정 발표하였다. 참여정부 전자정부 로드맵은 4대 분야, 10대 어젠다, 31대 과제로 구성되어 있다(정부혁신지방분권위원회, 2003).

1) 전자정부의 비전과 이념

(1) 전자정부 비전

전자정부 로드맵에서는 참여정부의 국정 비전과 목표를 달성하기 위하여 참여민주주의 실현, 균형발전 사회 구축, 동북아 시대 구현, 국민소득 2만불 시대 달성을 구현하려는 원대한 목표가 제시되었다. 이를 위하여 전자정부는 공무원의 일하는 방식 혁신을 통한 투명한 행정, 정보자원관리 혁신을 통한 효율적 행정, 그리고 정부 서비스 혁신을 통한 참여하는 행정을 추구함으로써 선진행정을 구현하는 데 초점을 맞추고 있다.

참여정부는 전자정부 비전을 (그림 4-3)과 같이 '세계 최고수준의 열린 전자정부 구현'으로 설정하였다.

이것은 크게 두 가지 관점에서 해석할 수 있다. 첫째, '세계 최고수준'은 최근까지 달성한 우리나라 국가정보화의 성과를 바탕으로 전자정부 사업을 세계 최고수준까지 성숙시키는 것을 목표로 한다는 의미이다.

둘째, '열린'전자정부는 정부 운영의 투명성을 바탕으로 국민의 국정과정에의 참여를 활성화하는 의미를 지니고 있다. 투명성은 정부의 정책 의도, 내용, 과정 등에 대한 정보를 충분히 공개하여 국민이 잘 인식함으로써 정부와 국민 사이에 정보 비대칭이 없는 상태를 말한다. 투명성은 국민의 알 권리와 정보 접근성, 인력과 자원의 효율적 배분, 그리고 부패방지를 통한 깨끗하고 신뢰받는 행정을 촉진한다. 또한 행정의 투명성은 공직자의 책임성을 향상시킨다.

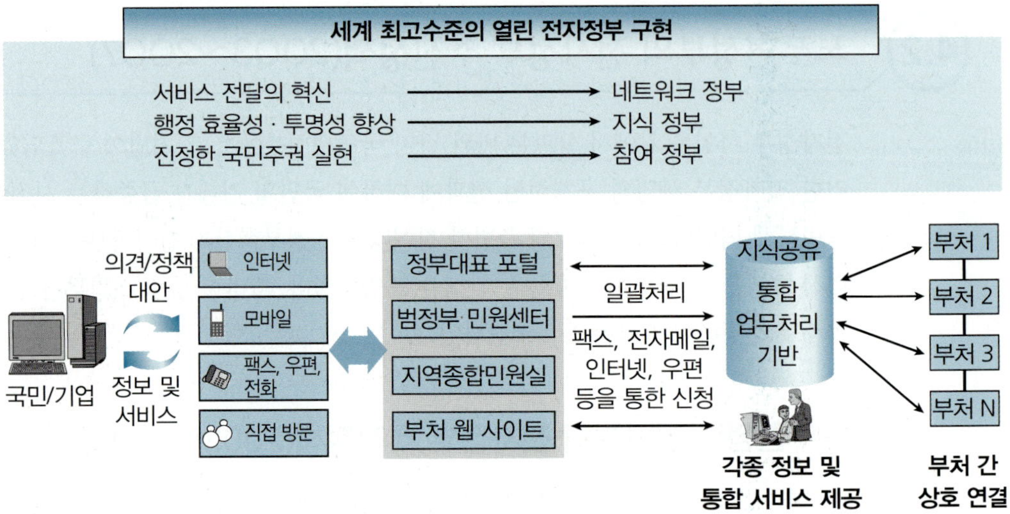

그림 4-3 참여정부의 전자정부 비전 및 모형

전자정부는 서비스 개발 단계에서 정보기술의 활용, 법과 제도의 개선, 인간행태의 변화를 통하여 투명성과 책임성을 향상시켜 국민의 알 권리를 보장하고, 부패를 방지하는 데 기여한다. 특히 투명성의 제고를 통하여 국민의 정보 접근성이 향상되면, 국민은 국정에 보다 능동적으로 참여할 수 있다. 국민의 알 권리를 제약하면 고객(국민)은 자신의 이해와 관련된 행정 정보에 접근할 수 없으며, 일반 국민은 전반적인 국정 참여를 제약받는다. 이 점에서 전자정부는 국정에 대한 정부와 기업, 그리고 시민사회 사이의 협의적 거버넌스를 정착시키는 데 크게 기여할 것이다.

투명성은 정부의 정책결정에 영향을 미치고 의견을 투입한 개인이나 집단에 대한 정보 등 정책결정 과정의 공개를 의미하는 것으로 정책문제의 정의와 고려 대상인 대안에 대한 정보 등 정책결정의 실체적 내용의 공개를 말한다. 이것은 민주주의의 절차적 합리성과 실체적 합리성을 공히 보장하는 핵심조건이다. 이 점에서 열린 전자정부 비전은 참여정부가 전자정부를 통하여 민주주의의 성숙된 이상을 지향하고 있음을 보여주고 있다.

(2) 전자정부 이념

참여정부의 전자정부 비전은 국정목표와 긴밀하게 연계되어 있다. 다음 (그림 4-4)는 전자정부 관점에서 국정목표와 국정과제(정부혁신), 그리고 전자정부의 비전을 나타낸 것이다.

전자정부 비전	국정과제(정부혁신)	국정목표
세계 최고수준의 열린 전자정부 구현	부패없는 사회 봉사하는 행정 참여와 통합의 정치개혁	국민과 함께 하는 민주주의 더불어 사는 균형발전 사회 평화와 번영의 동북아 시대
1. 서비스 전달 혁신 → 네트워크 정부 구축 2. 행정 효율성 · 투명성 향상 → 지식정부 구현 3. 진정한 국민주권 실현 → 참여정부 구축	1. 투명한 행정 2. 효율적 행정 3. 참여하는 행정	1. 참여민주주의 실현 2. 균형발전 사회 구축 3. 동북아 시대 구현 4. 소득 2만 달러 시대 달성

자료: (정부혁신지방분권위원회, 2003).

그림 4-4 참여정부 국정목표, 국정과제 및 전자정부 비전의 연계

이상과 같은 연계구조에 의하면 세계 최고의 열린 전자정부 구현은 우리나라가 정치적으로나 행정적으로 선진국에 진입하는 데 기여할 수 있을 것이다. 이러한 전자정부 비전을 보다 구체화한 세 가지 이념은 다음과 같다.

① 서비스 전달 혁신을 통한 네트워크 정부의 구축

이것은 인간의 시 · 공간적 제약을 극복하는데 결정적으로 기여하는 정보통신기술을 활용하여 전자정부 서비스를 구현함으로써, 정부의 국민에 대한 각종 민원 서비스의 양적 확대와 질적 고도화를 도모하는 것이다. 전자정부는 프론트 오피스 서비스에 대한 전면적인 혁신을 통하여 정부와 시민 및 기업과의 수평적 네트워크를 구축하는데 기여한다.

② 행정의 효율성과 투명성의 향상을 통하여 지식정부 구현

전자정부를 통하여 정부가 보유하고 있는 행정정보의 공개, 공유 및 공동 활용을 획기적으로 확대함으로써, 행정의 투명성과 공직의 책임성이 제고된다. 그리고 이를 통하여 정책 결정과 서비스 전달 등 전반적인 정부 활동의 지적 수준을 제고하는 지식정부를 구축하는데 기여한다.

③ 진정한 국민주권을 실현하는 참여정부 구축

국민은 전자정부를 통하여 정부의 행정 서비스를 전달받을 뿐만 아니라, 더 나아가 주권자로서 국정 과정 전반에 참여하여 의견을 개진하고 피드백을 받는 등 주권재민 원리를 구현할 수 있다. 즉 전자정부는 대의민주주의의 참여위기를 극복하는데 크게 기여한다.

지금까지 논의된 내용을 통하여 참여정부의 전자정부 비전은 그 자체로 참여정부의 국정이념과 과제를 전자정부 사업부문에서 구현하기 위하여 압축된 표현임을 알 수 있다.

(3) 전자정부 목표

참여정부는 전자정부 비전을 구현하는 구체적 목표로 현재 상황에 대한 진단모형(As-

Is Model)을 바탕으로 참여정부 임기가 종료되는 5년 후의 달성목표(To-Be Model)를 〈표 4-3〉과 같이 제시하고 있다.

표 4-3 참여정부 전자정부의 목표

목표	목표의 설명	주요 지표 예시	2003년 수준	2006년 기대수준
대민 서비스	대부분의 민원 및 대기업 업무의 관청 무방문 처리로 행정서비스 수준 및 기업 경쟁력 제고	민원 온라인화	15%	85%
		기업지원 경쟁력	24위	10위
		관청 방문횟수	10회/년	3회 이내/년
		전자정부 활용률	23%	60%
행정 효율성	모든 행정업무 전자화와 정보공유 확대, 정보자원 실시간 통합관리로 행정 효율성 극대화	기관 공통업무 처리	부분적 전자화, 미연계	전면적 전자화, 연계
		문서대장 전자화	종이/전자대장 병존	전자대장 일원화
		행정정보 공유	부처 간 제한 공유	부처 간 전면 공유
		정보자원 관리	분산, 독립	통합, 연계
행정 민주성	행정정보 능동적 · 개방적 제공으로 정책참여 활성화와 개인정보 자기통제 강화	전자적 참여	여론조사 수준	정책참여 및 협회
		행정정보 공개	수동적, 제한적 공개	능동적, 개방적 공개
		프라이버시 보호	프라이버시 침해 우려	개인정보 자기통제권 강화

자료: (정부혁신지방분권위원회, 2003).

이처럼 참여정부의 전자정부 목표는 대민 서비스, 행정 효율성, 행정 민주성 등 세 가지로 구분된다. 이 중에서 계량화가 가능한 목표는 그 성과목표를 제시하였고, 그렇지 않은 목표는 개념적인 목표를 제시하여 전자정부 사업에 반영하고 있다. 예로써 열거한 성과목표들은 2003년도 당시 우리나라의 수준에 대한 절대적 개선도와 다른 선진 국가와 비교한 상대적 개선도를 포함하고 있다.

이 점에서 전자정부 목표는 성과 지향적 사업관리 모형에 따라 설정되어 있는 것으로 평가되고 있다. 이러한 목표들에 대하여 2008년에 달성이 기대되는 기대성과에 대하여 전자정부 로드맵은 '전자정부 완성도를 통합처리 단계로 진입시킴으로써 세계 최고수준에 도달'하도록, UN, IDC, TI 등 국제기구들이 관리하는 몇 가지 핵심 성과지표에 있어서 구체적인 목표치를 제시하였다.

2) 추진 전략

참여정부는 전자정부 구현을 위해 31대 로드맵 과제를 4대 추진전략에 따라서 진행하였다. 이를 간략하게 살펴보면 다음과 같다.

(1) 전자정부 4대 추진 전략

참여정부 전자정부 로드맵은 전자정부 비전과 목표에 부합된 적절한 추진전략을 포함하고 있다. 네 가지 전자정부 추진전략은 그동안의 우리나라 전자정부 수준과 성패요인에 대한 철저한 진단과 학습을 바탕으로 각종 장애요인을 극복하고 성공요인을 극대화하는 방향으로 제시되었다(이하 정부혁신지방분권위원회, 2005: 23~29의 수정).

① 행정개혁과의 연계성

전자정부 사업과 행정개혁과의 연계 추진은 1980년대 이후 많은 경험을 통하여 하나의 원칙으로 자리 잡았다. 전자정부 로드맵도 정부혁신과의 긴밀한 연계 속에서 추진한다는 대원칙을 선언하였다. 이를 위하여 로드맵 제1단계(2003~2005)는 기반정비로서 행정 내부업무 정비 및 공통기반 구축과 선별적 대국민 및 대기업 서비스 혁신이다. 이 단계에서는 기관별, 기능별로 제한적 정보제공, 정보의 주기적 현행화, 전자우편, 전자민원 등에 있어서 들쑥날쑥하게 제공되는 서비스 수준을 각종 민원의 온라인 처리와 조세 및 수수료 등 전자납부(e-Transactions)가 가능한 수준으로 향상시킨다.

제2단계(2006~2007)에서는 전자거래의 완성도를 높임으로써 부처 간 통합처리가 가능한 단계이다. 이러한 단계적 전략은 로드맵의 개별사업들에 대한 거시적인 일정(Milestone)을 제시하여 이에 따르도록 함으로써 전자정부의 점진적 고도화를 위하여 채택되었다.

또한 이러한 정보화와 업무혁신의 선순환적 연계는 정부업무에 대한 전수조사로부터 시작하여 업무 프로세스의 재정립, 중복기능의 폐지, 그리고 업무절차의 간소화 단계를 거친 이후 정보화를 함으로써 정부혁신과 업무혁신의 기대효과를 극대화하는데 필수적이다.

② 수요자(이용자) 중심의 사업추진

참여정부 전자정부 사업은 이용자 중심으로 진행되어야 한다. 대체로 전자정부 사업의 초기단계에서는 시스템이 공급자 중심으로 개발됨으로써 수요자의 만족과 선호를 제한함으로써, 결과적으로 고객의 활용도도 낮은 경우가 많았다. 권위주의적이거나 편의주의가 지배하는 행정문화에서는 수요자보다 공급자의 입장이 반영되는 경우가 많다. 또한 정보화의 초기 단계에서는 미숙한 경험으로 인하여 그런 경우도 많다. 따라서 철저한 고객 지향성이 없으면 낮은 활용도로 인하여 전자정부 목표달성이 미흡하고 예산만 낭비되는 결과에 이른다.

그러므로 고객 관점에서 접근성과 다양한 선택수단을 보장하고, 시민참여를 활성화하는 전자정부 추진은 가장 중요한 성공요인의 하나이다. OECD에서 제안하는 전자정부 점검항목에서 고객과 관련된 사항은 접근성, 선택성, 시민참여성, 개인정보보호 등에 걸쳐서 제시되어 있다(OECD, 2003: 153~159). 참여정부의 전자정부 로드맵은 이러한 OECD의 점검항목들을 반영하여 추진전략이 수립되었다.

③ 성과목표 설정 및 단계별 성과관리

전자정부 로드맵은 비전 구현을 위한 구체적인 목표로 현황 진단모형과 성과목표모형을 제시하고 있다. 대민 서비스, 행정효율성, 행정 민주성 등에서 계량화가 가능한 목표는 그 성과목표를 제시하고, 그렇지 않은 목표는 개념적 목표를 제시하고 있다. 동시에 로드맵의 우선순위를 설정하고, 이에 따른 기대성과를 제시하였다.

이를 바탕으로 전자정부 과제들의 성과 지향적이고 책임성 있는 관리를 위하여 책임 성과관리제를 도입하였다. 우선 프로젝트 관리에 대한 실명제를 도입하고, 성과지표를 사전에 제시하여 관리하고 사업완료 후에 성과를 평가하는 시스템을 도입하고 있다. 더 나아가 사업성과와 인사 · 예산 등 행정관리 요소들을 연계하여 중복투자를 방지하는 원칙을 제시하고 있다.

④ IT산업 육성에 활용

마지막으로 전자정부 사업에 첨단 정보기술을 개발 및 적용하여 테스트베드(Test Bed)로 활용함으로써 정보통신산업을 진흥하고, 이를 바탕으로 전자정부 솔루션을 외국정부에 보급하는 해외진출을 적극 추진한다. 이러한 IT산업 육성 목표는 정보통신산업을 포함한 산업정책에서 정부 주도적 수출정책을 통하여 경제발전을 도모해 온 우리 정부로서는 중요한 전략적 의미가 있다.

표 4-4 31대 로드맵 과제별 추진분야 주관기관

추진분야	아젠다	로드맵 과제명	주관기관
일하는 방식 혁신	전자적 업무처리의 정착	1. 문서처리 전 과정의 전자화	행정자치부/국가기록원
		2. 국가 및 지방재정 고도화	행정자치부/재정경제부
		3. 전자지방정부 구현	행정자치부
		4. 전자감사체계 구축	감사원
		5. 전자국회 구현	국회사무처
		6. 통합 형사사법 정보체계 구축	법무부/대검찰청/경찰청/법원행정처
		7. 인사행정 종합 정보화	중앙인사위/행정자치부
		8. 외교통상 정보화	외교통상부
		9. 국정과제 실시간 과제	대통령 비서실/행정자치부
	행정정보 공동이용	10. 행정정보공유 확대	행정자치부
	서비스 중심의 업무 재설계	11. 정부기능연계모델(BRM) 개발	행정자치부

〈계속〉

표 4-4 31대 로드맵 과제별 추진분야 주관기관(계속)

<table>
<tr><th>추진분야</th><th>아젠다</th><th>로드맵 과제명</th><th>주관기관</th></tr>
<tr><td rowspan="14">대국민
서비스
혁신</td><td rowspan="8">대국민
서비스
고도화</td><td>12. 인터넷 민원서비스 고도화</td><td>행정자치부</td></tr>
<tr><td>13. 국가안전관리종합서비스</td><td>소방방재청</td></tr>
<tr><td>14. 건축 · 토지 · 등기 연계 및 고도화</td><td>건설교통부/행정자치부</td></tr>
<tr><td>15. 종합국세서비스 고도화</td><td>국세청</td></tr>
<tr><td>16. 국가복지종합서비스</td><td>보건복지부</td></tr>
<tr><td>17. 식의약품 종합정보서비스</td><td>식품안전청/농림부/해수부</td></tr>
<tr><td>18. 고용 · 취업 종합정보서비스</td><td>노동부</td></tr>
<tr><td>19. 행정심판인터넷서비스</td><td>법제처</td></tr>
<tr><td rowspan="5">대기업
서비스
고도화</td><td>20. 기업지원단일창구서비스</td><td>산업자원부</td></tr>
<tr><td>21. 국가물류종합서비스</td><td>해수부/관세청</td></tr>
<tr><td>22. 전자무역서비스</td><td>산자부/관세청</td></tr>
<tr><td>23. 외국인종합지원서비스</td><td>산자부/법무부/노동부</td></tr>
<tr><td>24. 전자정부 해외진출지원</td><td>정보통신부</td></tr>
<tr><td>전자적 국민참여 확대</td><td>25. 온라인 국민참여</td><td>행정자치부/중앙선관위</td></tr>
<tr><td rowspan="5">정보자원
관리
혁신</td><td rowspan="3">정보자원의
통합 표준화</td><td>26. 범정부통합전산환경 구축</td><td>정보통신부</td></tr>
<tr><td>27. 전자정부 통신망고도화</td><td>정보통신부</td></tr>
<tr><td>28. 범정부 정보기술아키텍처 적용</td><td>정보통신부</td></tr>
<tr><td>정보보호체계의 강화</td><td>29. 정보보호체계 구축</td><td>국정원/행자부/정통부</td></tr>
<tr><td>정보화인력 · 조직 전문화</td><td>30. 정보화인력 및 운영조직 강화 · 정비</td><td>행정자치부</td></tr>
<tr><td>법제
정비</td><td>전자정부관련 법제정비</td><td>31. 전자정부구현 및 안전성관련 법제정비</td><td>정부혁신위원회</td></tr>
</table>

(2) 전자정부 31대 과제

참여정부에서 추진된 31대 로드맵 과제들 및 주관기관은 〈표 4-4〉와 같다.

이러한 31대 과제에 대한 간략한 설명은 다음과 같다(이하 한국전산원, 2006: 47~61의 수정).

① 문서처리 전 과정의 전자화

문서처리 전 과정의 전자화 과제는 문서의 생산부터 이관 및 보존에 이르기까지 문서처리의 전 과정을 전자화하고 공공기관과 민간기관을 포함한 전 행정기관 간에 전자적으로 문서를 유통하기 위한 체계를 구축하기 위한 과제이다.

② 국가 및 지방재정 종합 정보화

국가 및 지방재정 종합 정보화는 국가 재정부문에 프로그램 예산제도, 발생주의. 복식부기 및 회계제도 등 선진 회계제도를 도입하고 이를 전자적으로 실시간 처리할 수 있는 체계를 구축하여 통합재정 관리기반의 위험관리 체계를 구축하기 위한 과제이다.

③ 전자지방정부 구현

전자지방정부 구현은 국민과 맞닿은 민원 및 행정 처리의 최일선 행정기관인 시도 및 시군구에 표준 행정업무 시스템을 개발, 보급함으로써 전자적인 처리를 통해 업무 효율성을 향상시키기 위한 과제이다.

④ 전자감사체계 구현

전자감사체계 구현은 감사관련 정보를 공유하고 감사 업무의 효율성 향상을 위해 감사자료 수집부터 분석, 결과처리까지 감사 전 과정에 대한 전자적인 처리기반을 구축하기 위한 과제이다.

⑤ 전자국회 구현

전자국회란 인터넷을 통한 전자적인 국민 참여의 장(場)을 통한 참여국회, 행정기관 등 관련기관 간 연계를 통한 네트워크 국회, 지식공유 활성화를 통한 지식국회를 의미한다. 전자국회 구현을 위해 정보화발전계획을 수립하고, 국회 의정활동에 필요한 서류 제출을 전자화하기 위해 국회와 관련기관 간 전자적 문서유통체계를 구축하여 2004년 9월 17대 국회부터 시행중이다.

⑥ 통합형사사법체계 구축

본 과제는 대검찰청, 법원, 법무부, 경찰청 등 형사사법유관기관 간의 형사사법업무 절차를 표준화하고 전자화하여 기관 간 정보공동 활용체계 구축을 목표로 한다. 통합형사사법체계가 구축되면 업무 효율성과 정확성, 신속성이 향상되며, 형사사건에 대한 통합적인 민원창구 구축으로 투명하고 신속한 정보공개 및 민원처리가 가능하다.

⑦ 인사행정 종합정보화

본 과제는 인사 · 교육 · 채용 · 급여 등 인사 관련 업무를 통합관리하는 표준인사행정정보시스템을 개발 · 보급하여 효율적인 인적자원관리 및 합리적인 인사정책 수립 지원을 목표로, 2000년 11월부터 2004년 5월까지 약 208억을 투입하여 중앙행정기관을 대상으로 표준 인사 관리시스템을 개발하여 51개 기관에 보급 완료하였다. 2005년에는 고위공무원제도, 성과관리제도 도입 등 제도 변화에 따른 기능 개선을 추진하였으며, 자치단체에 대해서는 2004년 8월부터 표준 인사행정정보시스템을 개발하여 2005년 6월 경기도 및 부산시에 시범적용한 후, 2006년 2월에는 14개 시 · 도, 2006년에는 전국의 시군구까지 확대 적용하였다.

⑧ 외교통상 정보화

외교통상 정보화는 외교기밀을 취급하는 외교통상부의 특성을 고려하여 본부와 139개 재외공관 간에 네트워크 및 보안인프라를 구축하여 관련 정보를 공유하고 안전한 전자문서유통 기반을 마련함으로써 급변하는 외교 환경에 효율적으로 대응할 수 있는 환경을 구축하기 위한 과제이다.

⑨ 국정과제 실시간 관리

주요 국정과제의 추진현황을 실시간으로 관리하고 정책결정에 필요한 정보의 온라인 검색과 협업기반의 업무처리체계를 마련하고자, 대통령비서실 주관의 e-지원 과제관리와 행정자치부 주관의 정부업무관리시스템 구축으로 나뉘어 과제가 추진되었다.

⑩ 행정정보 공동이용 확대

본 과제는 민원인의 구비서류를 감축하고 기관 방문을 최소화하기 위해 공동이용이 가능한 정보를 확대하고 공동이용 대상기관 확대를 목표로 하며, 이 과제가 완료되면 전자정부의 성공적인 기반이 구축되게 된다. 이와 관련하여 국민생활에 파급효과가 큰 주민 · 부동산 · 자동차 · 기업 · 세금 등 5대 분야 20종의 행정정보에 대해 2002년 11월부터 민원처리 공무원들을 대상으로 공동이용서비스를 제공 중이다. 이로써 약 680여 민원사무 처리 시, 민원인이 구비서류를 직접 제출하지 않고 주민 등록등초본, 토지(임야)대장, 호적 등 20종의 행정정보를 담당 공무원이 직접 온라인으로 관련 정보를 조회하여 확인함으로써, 민원업무를 처리할 수 있게 되었다.

⑪ 정부기능연계모델(BRM) 개발

정부기능연계모델(BRM)이란, 정부기능을 부처중심이 아닌 기능 수행의 목적과 결과 등에 따라 구분 · 분류하여 서비스 및 업무절차에 따라 체계적으로 구조화한 것으로, 정부가 수행하는 대 · 중 · 소 기능을 조사하여 각 기능과 관련된 담당조직, 법령, 예산, 정보시스템을 연계(mapping)하고, 각 기능을 부처에 관계없이 수행 목적 · 이해관계자 · 서비스 유형에 따라 연계 · 재분류하여 상시적으로 관리하는 것이다.

⑫ 인터넷 민원서비스 고도화

본 과제는 국민이 일상생활에 필요한 민원서류의 발급 또는 안내를 기관 방문 없이 인터넷을 통해 제공하는 대 국민 전자민원 단일창구(G4C: Government for Citizen) 구축을 목표로 한다. 전자정부 11대 과제의 일환으로, 2002년 11월부터 4,400여종에 이르는 행정기관의 전체 민원안내 서비스와 400여종의 인터넷 민원 신청, 주민등록등초본, 토지대장, 장애인증명서 등 18종의 인터넷 발급서비스를 개시하였다.

⑬ 국가안전관리종합서비스

본 사업은 각종 재난상황에서 재난관리책임기관, 지자체 등 관계기관간의 유기적 공조체계를 구축하고 재난예방, 대비, 대응 및 복구 기능의 고도화를 통해 선진국 수준의 국가재난관리체계 마련을 목표로 한다.

⑭ 건축 · 토지 · 등기 연계 및 고도화

본 과제는 건축 행정의 전 과정을 인터넷 기반으로 재구축하고, 건축물대장을 정비하여 건축행정을 효율화하고, 부동산정보의 종합적인 관리 운영을 위한 부동산정보관리센터를 구축하는 것이 주요 내용이다.

⑮ 종합국세서비스

본 과제는 납세자가 세무서를 방문하지 않고도 인터넷을 통해 국세 신고 · 고지 · 납부 및 각종 민원의 신청 · 열람 · 발급 서비스를 받을 수 있는 인터넷 기반의 대국민서비스(HTS : Home Tax Service) 구축을 목표로 한다. 이와 관련해 2001년부터 2004년까지 소득세, 법인세 등 국세 14종 중 빈도가 높은 12종에 대한 전자신고 및 납부, 전자고지, 인터넷 민원신청 및 증명발급 서비스체계를 구축하였다.

⑯ 국가복지종합정보서비스

본 과제는 각 분야별, 기관별로 분산되어 운영되고 있는 복지정보화 시스템을 연계하여 대상자별, 생애주기별, 개인별 맞춤형 등 종합적이고 체계적인 복지정보서비스를 제공하기 위해 추진하고 있다.

⑰ 식 · 의약품 종합정보서비스

국민 건강과 직결된 식 · 의약품 관련 대국민 · 대기업 정보 제공 서비스를 획기적으로 개선할 수 있도록 식 · 의약품정보 종합 포털을 구축하고, 식품안전관리 업무의 신뢰성과 효율성을 제고할 수 있도록 유관부처 간 식품 안전정보 공유 및 정보공동 활용체계를 구축하고 있는 과제이다.

⑱ 고용 · 취업종합정보서비스

본 과제의 목표는 각 업무별, 기관별로 구축된 취업 및 훈련, 고용보험 등 노동시장 관련 정보를 상호 통합 · 연계하여 구인 · 구직자에게 원스톱으로 정보를 제공하고, 노동시장 및 인력수급 정책수립을 위한 기반을 구축하는 데 있다.

⑲ 행정심판 인터넷서비스

법제처 주관으로 추진하는 행정심판 인터넷 서비스는 행정심판과 관련된 사건 접수, 사건배정, 안건검토, 의결처리 등 처분청, 재결청, 행정심판위원회의 업무 전반에 대한 전자적 업무처리 기반을 구축하고 진행과정을 국민에게 실시간으로 공개함으로써 국민 편의를 향상하고 권익구제를 증진하기 위한 과제이다.

⑳ 기업지원 단일창구서비스

본 과제는 기업의 창업에서 폐업에 이르기까지 기업의 생애주기 전 과정을 지원하는 온라인 기업단일창구를 구축하여 기업과 정부간(G2B: Government to Business) 업무처리의 효율성과 민원행정의 편의성을 향상시키기 위한 과제이다.

㉑ 국가물류종합정보서비스

본 과제는 수출입물류와 관련한 유사 · 중복적인 서식을 표준화하고 물류주체 간 정보 공동활용을 확대하여 수출입물류 업무와 프로세스를 개선하고 이용자 중심의 물류 일괄처리서비스를 구현하는 것을 목표로 한다.

㉒ 전자무역서비스

전자무역이란 무역업체들이 마케팅, 외환 · 결제, 상역, 통관 · 물류 등 모든 무역 업무를 처리함에 있어 단절 없는 처리를 지원하는 것으로, 무역 관련 유관기관과 네트워크를 무역절차별로 연계하는 전자무역 플랫폼(e-Trade Platform)을 구축하고 전자적 수출입 대금결제체계, 여러 기관에 유통되는 문서의 원본을 증명하는 전자 문서보관소 등의 서비스를 개발하는 것을 목표로 한다.

㉓ 외국인종합지원서비스

이는 산업자원부와 법무부, 노동부가 주관이 되어 외국인 투자, 출입국, 외국인 등록 및 취업 등 인터넷 기반의 온라인 행정 처리서비스를 지원하고, 의료, 조세, 문화, 교육, 관광 등 외국인의 생활 편의 정보를 종합적으로 지원하는 서비스 체계를 마련하기 위한 과제이다.

㉔ 전자정부 해외진출 지원

이는 우리나라의 정보통신 인프라와 전자정부 위상을 기반으로 국내 정보통신 기업이나 시스템 통합(SI)업체의 해외진출 지원체계를 확립하는 과제이다. 정보통신부 주관으로 2004년 전자정부 해외진출을 위한 마스터플랜을 수립하였다. 국가 간 협력 강화를 위해 2003년 멕시코에 이어 2004년에는 칠레에 중남미 IT협력센터를 개소 · 운영하고 있고 2005년에는 브라질, 터키와도 국가 간 양해각서(MOU)를 체결하였으며, 주요 5개국 8개소에 i-Park를 설립하여 진출거점으로 삼고 있다.

㉕ 온라인 국민참여

본 과제는 전자적 국민참여 수단 확대, 전자투표제 도입 등을 통해 행정과정과 정치에 국민의 참여를 활성화하고 적극적인 행정정보 공개를 통해 국민의 접근권을 확대하기 위함으로, 온라인 국민참여 확대, 행정정보 온라인 공개 확대, 전자정부 서비스 이용 활성화, 전자투표 및 전자선거 등 4개 세부과제별로 추진되고 있다.

㉖ 범정부 통합전산환경 구축

이는 부처별로 구축 · 운영되고 있는 전산자원을 범정부적으로 통합함으로써 규모의 경제를 실현하고 국가 주요시스템을 효율적으로 관리하고, 보호 및 백업시스템을 구축하기 위한 과제로, 2007년까지 2개의 통합전산센터 구축과 통합백업체계 구축을 목표로 추진하고 있다.

㉗ 전자정부 통신망 고도화

전자정부 통신망 고도화 과제는 보안성과 안정성, 확장성이 보장된 국가기관 전용의 전자정부 통신망을 구축 · 운영함으로써 편의성과 품질이 보장되는 정보통신 서비스를 제공하고 범정부 차원의 보안 관리체계를 마련하기 위해, 국가기관 통신환경을 기관별로 구축하던 기존 방식을 범정부적인 수요를 기반으로 공동활용이 가능한 형태로 점진적으로 변환하고, 통신 · 방송 · 데이터 · 음성, 유 · 무선 등이 통합되는 광대역통합망(BcN) 환경에 부합되는 통신망으로 진화시키는 것이다.

㉘ 범정부 정보기술아키텍처 적용

정보기술아키텍처(ITA: Information Technology Architecture)는 일정한 기준과 절차에 따라 조직 전체의 정보화 현황을 종합적으로 분석하여 정보시스템을 효율적으로 구축하기 위한 체제와 방법으로, 본 과제는 이 ITA를 범 부처에 적용함으로써 기관 전체의 정보화 현황을 파악하고 계획을 수립하여 이를 표준을 적용시켜 체계적으로 관리하여 정보화 투자 효과와 성과를 제고하도록 하는 데 목적이 있다.

㉙ 정보보호체계 구축

본 과제는 전자정부 서비스의 안전한 정보유통기반을 구축하고 강력한 정보보호대응체계를 확립하기 위해 정부 암호검증체계(GKMI) 구축과 행정전자서명 암호키 관리시스템 구축, 전자정부의 정보보호기반 적용 등의 내용을 포함하고 있다.

㉚ 정보화 인력 및 운영조직 강화 정비

본 과제는 범정부적 관점에서 정보화 조직과 인력 운영에 대한 중장기적인 계획을 수립하고 정보화 조직과 인력을 재정비하여 정보화 추진 효율성을 제고하고 인력의 전문성을 강화하기 위함으로, 2005년 정부혁신지방분권위원회 내에 정보통신부, 행정자치부, 중앙인사위원회, 한국전산원 등 각 기관이 참여하는 태스크포스(TF)를 구성하여 정비방안을 마련하였다.

㉛ 전자정부 구현 및 안전성 관련 법제정비

본 과제는 전자정부 사업 추진에 따라 구축되는 각종 전자정부 서비스가 안전하고 신뢰성 있게 운영될 수 있도록 법적 근거를 마련하고, 전자적 업무처리를 촉진하기 위한 법과 제도의 정비를 위해 로드맵에 포함되었다.

2. 노무현정부 후반기의 전자정부 추진정책(2005~2007)

참여정부 후반기의 전자정부 추진정책은 전자정부의 개념, 비전 및 전략의 측면에서는 전반기와 거의 달라진 것이 없었다. 참여정부는 전자정부 구현을 단계적으로 추진하였으며, (그림 4-5)와 같이 준비 단계(2003년), 기반조성 단계(2004년), 프로세스 혁신 및 시스템 구축단계(2005년)를 거쳐 2006년에는 시스템 통합 · 보급을 추진하였다.

그러므로 참여정부의 전자정부 추진 시기는 2006년을 기점으로 하여 후반기로 구분하는 것이 일반적이다. 참여정부에서 전자정부 사업들은 2005년까지 프로세스의 혁신 및 시스템 구축을 완료하였고, 2006~2007년에는 그 동안의 사업들에 대한 점검과 평가가 이루어졌다. 그러나 여기에서는 추진체계의 변화에 따라서 2005년을 기점으로 시기구분을 하고자 한다.[1)]

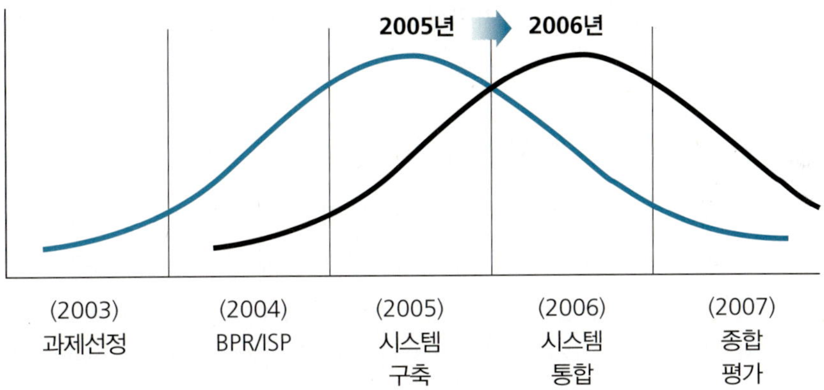

그림 4-5 참여정부의 전자정부 추진단계

그 이유는 참여정부 전자정부 추진에서 추진체계의 변화가 가장 큰 전환점이 되었기 때문이다. 따라서 이 절에서는 추진체계 변화의 전개과정을 중심으로 기술하고자 한다.

1) 전자정부 지원체계의 변화

참여정부 전자정부 구현은 전반기와 후반기에 추진하는 조직에 있어서 크게 변화된 모습을 보여주었다. 우선 참여정부 내에서 전자정부 행정지원 체계는 세 차례에 걸쳐 변화하였다.

1) 일반적으로 참여정부 전자정부 로드맵 과제들은 모두 2003~2005년까지를 1단계의 기반정비 단계로, 2006~2007년까지를 부처 간 통합처리 단계로 구분하여 추진하였다. 이러한 관점에 따르면 참여정부 후반기 전자정부는 2006년부터 시작되어야 한다. 그러나 전자정부 추진체계의 변화는 2004년 말부터 2005년 초에 걸쳐서 발생하였기 때문에 여기에서는 2005년부터를 후반기로 구분하였다.

첫째, 참여정부 초기에는 국민의 정부 전자정부특별위원회와 유사하게 전자정부전문위원회가 발굴 추진한 전자정부 로드맵을 행정자치부, 정보통신부, 기획예산처가 행정지원하며, 한국전산원이 기술 지원하는 형태로 출발하였다.

둘째, 2003년 중반부터 2004년 상반기에 걸쳐 정부혁신과 전자정부 행정지원 기능은 행정자치부로 통합 · 조정되었다. 행정자치부는 지방분권과 인사 기능을 타 부처로 이관하는 대신, 정부혁신과 전자정부를 전담하는 기구로 자리하게 된 것이다.

셋째, 2004년 11월 전자정부 로드맵 과제 중 통합전산센터를 정보통신부 산하로 배치하면서 전자정부 기술관리 업무를 정보통신부에 배정하였다. 따라서 행정자치부는 국가정보화책임관(Chief Information Officer: CIO)으로서 정보화전략기획(ISP)과 시스템 개발 지원 업무를, 정보통신부는 국가정보기술책임관(Chief Technology Officer: CTO)으로서 정보기술 지원업무를 담당하게 되었다. 행정자치부는 국민의 정부에서 설치된 행정정보계획관실을 확대, 개편하여 2004년 행정개혁본부 전자정부국, 그리고 2005년 4월 전자정부본부를 설치하는 등 전자정부 업무담당 부서의 위상과 기능을 강화하여 왔다. 반면 국가정보화를 총괄하는 정보통신부는 정보화기획실 조직이 큰 변화 없이 전자정부에 대한 기술지원 기능만을 수행하였다.

2) 전자정부특별위원회로의 전환

2005년 4월에 이제까지 정부혁신 로드맵을 확정 및 추진한 제1기 정부혁신지방분권위원회가 해체되고 제2기 위원회가 출범하였다. 이에 따라서 전자정부 추진체계도 큰 변화를 겪게 되었다. 제1기 위원회는 행정개혁, 인사개혁, 전자정부, 재정세제, 혁신관리, 기록관리 등 6개 전문위원회 중심으로 운영되었으나. 제2기 위원회는 6개 분야별 전문위원회가 해체되고 혁신기획전문위원회와 혁신평가전문위원회 등 2개 기능별 전문위원회가 등장하였다. 이러한 변화는 로드맵 과제의 집행은 과제 담당부처로 이관하는 대신, 위원회는 로드맵 전체의 추진상황 점검과 평가를 강화하는 방향으로 기능과 역할이 전환되었기 때문이다.

전자정부 로드맵에 대하여, 임기 말까지 추진할 계획으로 전자정부전문위원회의 역할과 기능을 승계하면서 당연직 위원의 위상을 차관급으로 격상하여 전자정부특별위원회가 출범하게 되었다. 전자정부특별위원회는 김대중 정부의 경험과 선진 국가의 최근 동향을 고려하고, 전자정부사업에 막대한 국민세금이 투입되며, 범부처 및 다 부처 사업의 특성상 부처 간 조정이 중요하다는 판단에 따른 것이다. 출범 당시 전자정부특별위원회는 그 설립 및 활동의 법적 근거가 취약한 점이 우려되었다. 그러나 전자정부 사업들에 대한 심의 조정 기능을 강화하여야 한다는 의견을 바탕으로 2005년 6월 출범하였고, 행정자치부, 정보통신부, 기획예산처 등 3개 부처의 차관을 당연직 위원으로 포함하여, 외형상 김대중 정부와 유사한 체계를 구축하도록 하였다.

바로 이 시기에 대통령비서실도 정부혁신과 전자정부를 총괄하는 혁신관리 수석실을 신설하였다. 따라서 외견상으로 전자정부 추진체계가 더욱 탄력을 받게 된 것으로 평가받을 수 있다. 그러나 전자정부 관점에서는 전자정부특별위원회 위에 정부혁신지방분권위원회, 혁신관리수석실, 정책실이 상급 조정체계로 자리 잡게 되어 조정력을 상실하게 된 셈이다.

출범 이후 전자정부특별위원회는 2회의 국정보고회의(행정정보 공유확대사업, 형사사법통합정보체계구축사업)와 6회의 본회의(통합전산센터 출범 등)를 개최하는 등의 업무를 수행하였다. 그러나 행정자치부와 정보통신부 등 부처들 사이의 이해를 조정하는 주체인 전자정부특별위원회가 통합전산센터 조직 인력과제와 정부혁신 홍보관 사업 등 몇 가지 사안에 있어서 주무부처와 이견이 발생하였다. 그 결과 2006년 1월 혁신관리수석실의 조정에 의하여 전자정부특별위원회는 기능과 역할이 순수한 대통령 자문기능으로 전환되어 전자정부사업과 관련된 모든 집행 기능은 행정자치부로 이관 되었다. 따라서 참여정부 후반기의 전자정부 정책은 전적으로 행정자치부의 주도로 추진되었다.

4.3 이명박정부의 전자정부 추진정책(2008~2012)

이명박정부는 출범 초기에 참여정부와의 차별화 전략의 일환으로 전자정부를 국정과제에 포함시키지 않았다. 또한 정부조직 개편을 통해 정보통신부를 해체하여 국가정보화의 기능은 행정안전부로 이관되었다. 따라서 행정안전부는 전자정부와 국가정보화를 함께 수행하게 되었고, 기존의 전자정부본부를 정보화전략실로 개편하였다. 추진체계의 측면에서는 정보화촉진기본법의 전면 개정이 지연되면서 초반에는 기존의 정보화추진위원회를 통한 임시방편의 업무가 수행되었으며, 2009년 11월에 가서야 새로이 국가정보화전략위원회를 출범시켰다.

따라서 이 절에서는 우선 이명박정부의 국가정보화 개념과 비전 및 추진과제들을 살펴보고, 이명박정부에서 추진되어 온 전자정부 사업 현황들을 기술하였다.

1. 이명박정부 국가정보화의 개념과 비전

이명박정부는 2008년 12월 3일에 정보화를 통해 미래 성장동력을 발굴하고 창의와 신뢰의 선진 지식정보사회를 구현하기 위하여 국가정보화 기본계획을 확정하여 발표하였다. 이러한 기본계획은 (그림 4-6)과 같이 선진일류국가의 국정비전에 따라서 정보화의 비전과 목표 및 전략으로 구성되어 있다. 그 구체적인 내용을 간략하게 살펴보면 다음과 같다.

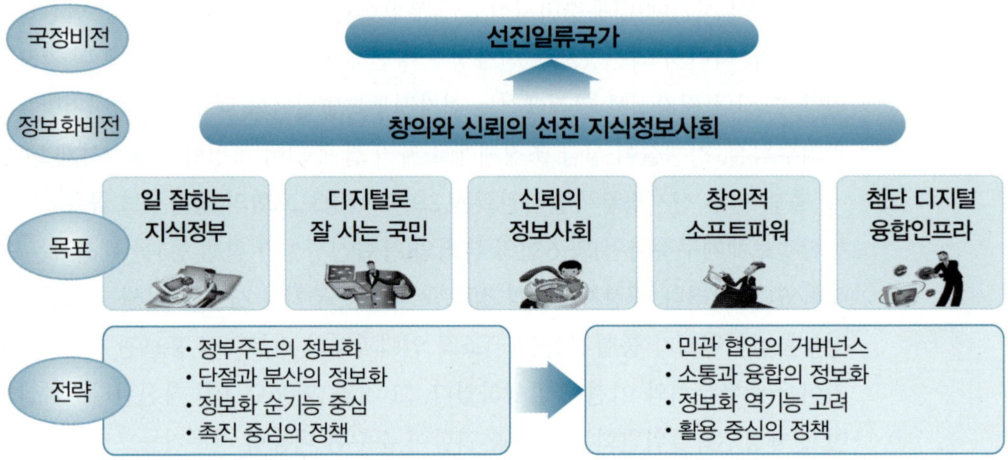

그림 4-6 이명박정부 국가정보화의 비전과 전략

1) 국가정보화의 비전

정보화 비전에 나타나는 창의란 ICT와 비ICT 부문 간 융합을 통해 다양한 분야에 적용 가능하고 미래지향적인 새로운 가치를 창출하는 것을 의미한다. 즉 기존의 단절과 분산의 정보화에서 소통과 융합의 정보화를 의미한다. 앞에서 살펴본 유비쿼터스 기반기술 및 웹 3.0 등을 통해 창조적 융합과 협업으로 신규 가치를 창출하고 기존의 촉진 중심의 정책을 활용 중심의 정책으로 전환하여 개방형 혁신, 창의적 공유제 확대, 과학 2.0(협업적 과학)등을 통해 개방적으로 협입을 추구한다.

정보화 비전에 나타나는 신뢰란 '배려와 통합'을 통하여 지속가능한 발전을 도모하는 것이다. 이제까지 정부주도의 정보화에서 민관 협업의 거버넌스 체제로 전환하는 것을 의미한다. 구체적으로는 참여와 소통, 위키 등 집단지성을 활용한 민 · 관 협업 및 사회적 통합을 극대화하려는 전략이다.

2) 국가정보화의 목표 : 2대 엔진, 3대 분야

국가정보화의 목표는 크게 2대 엔진과 3대 분야로 설정되어 있다.

첫째는 일 잘하는 지식정부이다. 이것은 참여 · 공유 · 개방의 문화를 행정에 접목하여 정부 업무의 효율성과 신뢰를 제고하고, 맞춤형 통합서비스 제공으로 국민과 기업의 실질적 가치 창출을 뒷받침하고자 하는 것이다.

둘째는 디지털로 잘사는 국민이다. 이것은 ICT의 강점과 저력을 바탕으로 경제 전반의 실질적 ICT 활용성과를 제고하고, 경제 구조의 선진화로 국가경제 활성화에 기여하고자 하는 것이다.

셋째는 신뢰의 정보 사회이다. 이것은 사이버 공간 상의 신뢰성 확보와 아울러, 재난재해, 식품안전, 복지 등 정보화에 기반을 두면서 국민생활 전반의 신뢰 제고를 통해 사회적 자본을 축적하고, 신뢰받는 선진 지식정보사회를 실현하고자 하는 것이다.

이어서 창의적 소프트파워는 사회변화의 엔진이다. 이것은 국가지식 창출 및 활용체계를 종합적으로 혁신시키고, 다양한 아이디어나 문화콘텐츠를 창의적으로 융합 · 발전시켜 국가 성장 및 사회변화의 엔진을 제공하고자 하는 것이다.

마지막으로 첨단 디지털 융합인프라는 국가성장의 엔진이다. 이것은 차세대 네트워크 구축 및 지능형 융합서비스 기반을 조성하여, 국민 · 기업 · 정부의 경쟁력을 제고하고자 하는 것이다.

3) 국가정보화의 전략

국가정보화의 전략은 크게 네 가지로 구분되어 있다.

첫째는 정부주도의 정보화에서 민관 협업의 거버넌스로의 전환이다. 이것은 민과 관의 협업을 통한 정보화 정책의 개발 · 추진으로 참여와 공유의 新인터넷 문화 환경에 대응하고, 정보화 성과를 제고하고자 하는 것이다.

둘째는 단절과 분산의 정보화에서 소통과 융합의 정보화로의 전환이다. 이것은 지식과 서비스의 공유, 정보자원의 통합, 방송 · 통신의 융합 등 정보화 제 영역의 소통 · 융합으로 새로운 미래가치를 창출하고 ICT와 전통산업, 서비스, 문화, 예술의 결합을 통해 사회전반의 부가가치를 제고하고자 하는 것이다.

셋째는 정보화 순기능 중심에서 정보화 역기능 고려로의 전환이다. 이것은 스팸메일, 해킹, 개인정보유출 등 정보보호에 대한 정책 강화로 지속 발전가능한 정보화의 기반을 마련하고, 사이버상의 질서 · 윤리를 확립하여 부정확한 정보의 확산에 따른 갈등 예방 등 신뢰할 수 있는 정보사회를 실현하고자 하는 것이다.

넷째는 촉진 중심의 정책에서 활용 중심의 정책으로의 전환이다. 이것은 국가정보화 기본설계도(EA)에 기반한 체계적 정보화로 기존의 정보화 문제점을 극복하고 시스템 활용도를 극대화하고, 사회 전 분야에서 축적된 지식정보를 효율적으로 공유 · 활용할 수 있는 지식 기반 인프라를 구축하고자 하는 것이다.

이명박정부는 2008년 국가정보화기본계획 작업반을 구성하였다. 작업반은 국가정보화의 추진과제들을 도출하기 위하여 메가트랜드 분석, 각 부처 정보화계획, 국정과제 분석결과를 우선적으로 분석하였다. 이를 토대로 먼저 정부가 지속적으로 추진할 정보화 비전과 목표 및 과제의 방향성을 수립하였다. 이와 함께 전 중앙행정기관, 대국민 및 시스템통합 업체 등을 대상으로 정보화 사업 영역 및 수요조사를 실시하였다. 이 결과 5개 분야, 21개 어젠다 및 75개 정보화 과제를 선정하여 추진하였다.

2. 이명박정부 전자정부 사업 추진 현황

이명박정부에서는 국가정보화전략위원회의 국가정보화 사업들과는 별도로 행정안전부의 주도로 전자정부 사업들을 진행하였다. 행정안전부는 전자정부서비스 및 시스템 간 연계·통합을 통한 단절 없는 행정서비스를 강화하고 사이버보안, 가축방역, 사회안전 강화 등 국가현안을 해결하는 중요한 수단으로 정보화를 활용하였다.

1) 전자정부 사업의 추진 방향

이명박 정부의 전자정부 지원사업은 '선진화를 통한 세계 일류 국가건설'이라는 국가비전과 '창의와 신뢰의 선진 지식정보사회 구현'이라는 국가정보화 기본계획의 비전을 실현하기 위해 〈표 4-5〉와 같이 국민편익 증진, 경제활성화, 행정효율성 제고, 사회안전 강화, 정보화기반 강화 및 정보보호 체계 강화 등 6대 분야 과제를 2012년까지 지속적으로 추진하였다.

표 4-5 이명박정부 전자정부 사업 추진현황

분야	과제명	세부 사업명	주관기관
국민편의 증진	1. 수요자 맞춤형 행정정보 유통	수요자 맞춤형 행정정보공동 이용체계 구축	행정정보공유 추진단
	2. 주민생활 통합정보체계	주민생활 통합정보시스템 3단계 구축	행정안전부
	3. 국가 대표포털 구축	국가 대표포털 구축 2차	행정안전부
	4. 온라인 완결민원서비스	민원서비스 선진화 2단계	행정안전부
	5. 다부처 복지정보 연계 시스템 구축	범정부 복지전산망 연계 BPR/ISP	행정안전부
		범정부 복지전산망 연계시스템 구축	행정안전부
경제 활성화	6. 기업경쟁력 지원	기업경쟁력 강화 2단계	지식경제부 등
	7. 국가 물류·무역정보망 통합	글로벌 물류·무역정보망 통합 2단계	국토해양부 등
행정효율 제고	8. 공간정보(GIS) 융복합 서비스	국가공간정보체계 확산	국토해양부
		행정공간정보체계 구축	헹정안전부
	9. 국가통계선진화를 위한 범용통계조사시스템 구축	국가통계 생산 및 관리체계 선진화 방안 수립	통계청
	10. 디지털 기반 국정협업 체계 구축	디지털 행정협업체계 BPR/ISP	국무총리실
			행정안전부
	11. 국가 외교정보통합관리 체계 구축	국가 외교통상정보통합관리체계 BPR/ISP	외교통상부
	12. 온라인 국민소통시스템	온라인 국민소통시스템 구축	국민권익위원회

〈계속〉

표 4-5 이명박정부 전자정부 사업 추진현황(계속)

분야	과제명	세부 사업명	주관기관
사회안전 강화	13. 국가안전정보서비스 구축	비상대비자원 통합관리체계 구축	행정안전부
		비상대비자원 통합관리시스템 장비 보강	행정안전부
		재난영상정보(CCTV)통합 · 연계 2차	소방방재청
	14. 국가기상관측자료 표준화 및 공동활용체계 구축	국가기상관측자료 표준화 및 공동활용체계 구축	기상청
	15. 예방 중심의 가축 위생관리	디지털 가축방역체계 구축 2차	수의과학검역원
	16. 전자정부 웹표준화 및 장애인 접근성 강화	행정안전 등 6개 분야 전자정부 웹표준화 및 장애인 접근성 강화	행정안전부 등
정보화 기반 강화	17. 전자정부 공통서비스 및 개발 프레임워크 구축	전자정부 개발 프레임워크 3단계 구축	행정안전부
	18. 국가 EA 기반의 공동활용체계 구축	국가정보자원개방 및 공동활용 체계 구축	행정안전부
	19. 서비스 지향적 국가자원 개방 · 공유체계 구축	교통보육 분야 서비스 지향적 국가자원 개방공유체계 구축	행정안전부
		식품공연법률 등 7개 서비스 지향적 국가자원개방공유체계 구축	행정안전부
	20. 통합 인증체계 구축	차세대 통합인증체계 구축	행정안전부
	21. 방송통신기반 녹색업무환경 조성	스마트워크센터 구축	행정안전부
정보보호 체계 강화	23. 인터넷망과 업무망 분리	조달청 등 27개 기관 네트워크 분리	조달청 등
	24. 보안관제센터 구축	법무 분야 등 6개 분야 보안관제 센터 구축	법무부등
	25. 비밀관리시스템 보급	비밀관리시스템 구축	행정안전부
			국정원
	신규 추진	좀비PC 탐지 제거시스템 구축	행정안전부
		스마트 전자정부 앱보안성 검증 체계 구축	행정안전부

* "22. 정부전산자원통합 전문기술지원사업"은 미추진

이명박정부의 전자정부 사업들의 추진방향은 다음과 같이 정리할 수 있다.

첫째, 국민편익 증진을 위해 정부기관이 보유하고 있는 행정정보에 대한 기관 간 공동이

용을 확대함으로써 민원인의 제출서류를 대폭 감축시켜 민원서비스를 획기적으로 개선하고, 부처별로 운영중인 복지정보를 연계하여 민원인 제출서류 경감 및 대상자 선정을 위한 행정처리 간소화 등 복지행정의 효율성을 대폭 제고시킨다.

둘째, 경제활성화를 위해 기업의 창업 · 폐업 등 다부처 복합민원을 단일창구에서 일괄 처리하고 기업 애로 사항을 기관 간 협업하여 처리할 수 있는 체계를 고도화하며, 물류 · 무역 · 통관의 각종 서비스들을 연계한 국가 통합물류 · 무역정보망을 확대한다.

셋째, 행정효율성 제고를 위해 기관에 산재한 공간정보를 표준화하여 통합 구축함으로써 각 기관에서 공동으로 활용토록 하고, 이를 행정업무에 연계함으로써 인 · 허가 등 지방자치단체의 행정업무를 획기적으로 개선하며, 범정부 국민소통 단일창구인 국민신문고에 접수되는 민원 · 국민제안 등을 체계적으로 분석하여 정책에 환류시킨다.

넷째, 사회안전 강화를 위해 정부와 민간에서 보유하고 있는 미아 · 여성 등을 위한 지원정보를 연계하여 공동활용하고, 사회적 약자에 대한 신속한 지원체계를 확립하여 이를 통한 대국민 체감서비스를 실현하고, 축산관계자에 대한 방역조치 강화 및 각종 가축질병에 대한 효율적인 예방 · 방역체계의 구축으로 가축전염병의 발생 및 전파를 최소화한다.

다섯째, 정보화기반 강화를 위해 전자정부 표준프레임워크와 공통컴포넌트의 개발 · 확산을 통해 정보화예산 절감, 중소기업의 사업 진입장벽 해소 및 사업자 간 공정경쟁 여건을 조성하고, 공공과 민간에서 활용수요가 높은 국가 정보자원을 개방하여 공공정보를 민간에서 활용하고, 신규서비스를 통해 부가가치 창출을 활성화시킨다.

한편 전자정부 지원사업이 타 국가 정보화 사업의 선도역할을 하고 있다는 점을 감안하여 S/W 분리발주와 대기업 참여제한 기준을 엄격하게 적용하여 중소 전문기업의 보호 및 육성 등을 강력하게 추진하였다.

2) 전자정부 사업의 추진 현황

행정안전부는 이명박 정부의 국정지표 및 국정과제를 실천하고, 국정현안을 해결하기 위하여 해당 분야의 BPR/ISP 및 1단계 구축 사업을 추진하였다. 또한 이들 사업을 2008년 11월에 확정된 '국가정보화 기본계획'에 반영함으로써 향후 5년간 전자정부 지원사업을 성공적으로 추진하기 위한 기반을 마련하였다.

2009년에는 2008년에 추진한 BPR/ISP를 바탕으로 하여 시스템 구축과 경제위기 극복을 위한 추경예산의 확보를 통해 새롭게 추가된 사업을 포함하여 총 28개 사업을 추진하였다. 2010년도에는 기존 주요과제의 2단계 사업을 추진함과 동시에 범정부복지전산망 연계, 국가정보자원 개방, 스마트워크센터 시범 구축 등 사회적 현안관련 사업을 추가적으로 추진하였다.

이명박정부의 전자정부 사업들은 국민편익 증진, 경제활성화, 행정효율 제고, 사회안전 강화, 정보기반 강화, 정보보호 체계강화 등 6개 분야에서 추진되었다. 이 사업들의 성과를 간단하게 정리하면 다음과 같다.

(1) 국민편익 증진 분야

국민편익 증진 분야에서는 수요자 맞춤형 행정정보 공동이용, 주민생활 통합정보체계, 국가 대표포털, 온라인 완결민원서비스, 다부처 복지정보 연계시스템 구축 5개 사업을 추진하였다.

① 수요자 맞춤형 행정정보 공동이용 사업

수요자 맞춤형 행정정보 공동이용 사업은 행정기관이 보유한 행정정보를 전산망을 통해 공동이용함으로써 국민과 기업의 민원서류 제출을 경감하기 위한 사업이다. 행정정보의 공동이용이 가능한 구비서류는 2009년 82종에서 92종으로 확대되었으며, 행정정보를 온라인으로 조회하는 기관은 중앙행정기관, 지자체, 금융기관 등 414개 기관에 달한다. 주민생활 통합정보시스템 구축 사업은 주민생활과 밀접한 주민복지, 보건, 주거, 평생교육 등 8대 분야의 서비스를 인터넷으로 제공한다.

② 민원서비스 선진화 사업

민원서비스 선진화 사업은 관공서 방문 등 국민의 민원처리에 대한 불편을 경감하기 위해 정부기관의 민원을 인터넷으로 신청 · 발급할 수 있는 서비스를 제공하기 위한 사업이다. 온라인으로 제공되는 민원의 수는 2009년 1,820종에서 2010년 3,019종으로 대폭 확대되었다. 특히 여러 기관에 걸친 다수의 생활민원 업무를 하나로 묶어 한 번에 처리함으로써 국민편의를 극대화하는 '생활민원 일괄서비스'는 2009년 5종에서 2010년에 15종으로 확대되었다. 정부는 인터넷 민원업무처리를 통해 민원인 기관방문 및 종이사용 감소, 행정비용 감소 등으로 연간 4~6,000여 억 원의 비용절감효과를 기대하고 있다.

③ 범정부 복지전산망 구축 사업

범정부 복지전산망 구축 사업은 각 부처에 분산되어 있는 복지사업에 대한 정보를 통합하여 관리하기 위한 사업으로 범정부 복지정보 연계추진단을 구성하고 BPR/ISP를 거쳐 1차 구축 사업을 추진하였다. 보건복지부, 노동부 등 복지 관련 6개 부처, 통합 노동보험시스템, 보훈 정보시스템 등 8개 시스템을 연계함으로써 민원인이 제출해야 하는 서류를 줄이고, 부정 또는 중복 수급을 예방하여 복지예산의 낭비를 사전에 방지할 수 있을 것으로 기대된다.

(2) 경제활성화 분야

경제활성화 분야에서는 기업경쟁력 지원체계 구축, 글로벌 물류무역정보망 구축 등 2개 사업을 추진하였다.

① 기업경쟁력 지원체계 구축 사업

기업경쟁력 지원체계 구축 사업은 기업 활동을 지원하기 위한 정보와 업무 서비스를 인터넷으로 제공하기 위한 사업이다. 2010년에는 신규로 4개 기관의 기업애로 접수창구를 단일화하였고, 66종의 시험(검사)성적서를 온라인으로 신청 · 발급할 수 있는 서비스를 제공하여 기업 애로처리와 행정부담 감소에 기여하고 있다.

② 글로벌 물류 · 무역 정보망 구축 사업

글로벌 물류 · 무역 정보망 구축 사업은 국토해양부, 관세청 등 소관부처에서 개별적으로 운영 중인 물류 · 무역 · 통관 정보망을 상호 연계하여 물류주체(정부기관, 화주, 운송회사, 무역회사 등)에 제공함으로써 수출입 화물의 신속한 통관, 국내외 물류비용 절감, 무역업무의 효율 제고를 도모하기 위한 사업이다. 사업을 통해 국가물류 정보연계는 2009년 35종에서 2010년 40종으로, 화물추적거점은 2009년 12개에서 2010년 24개로, 수출입통관요건확인기관은 2009년 2개에서 2010년 6개로 확대되었다.

(3) 행정효율성 제고 분야

행정효율성 제고 분야에서는 국가공간정보체계 구축, 온라인 국민소통시스템 구축 사업 등 5개 사업을 추진하였다.

① 국가공간정보체계 구축 사업

국가공간정보체계 구축은 국토해양부, 산림청, 문화재청 등 다수의 정부기관에서 각각 구축하여 보유하고 있던 공간정보를 표준화하고, 연계 · 통합하여 범국가적인 활용기반을 마련하여 공동활용하는 사업이다. 공간정보연계를 위한기반시스템을 2009년 44개 지자체에서 65개 지자체로 확대 보급하였고, 중앙부처 및 공공기관의 유관시스템 12개를 연계 하였으며 기본 공간정보, 임상도, 문화재보존관리지도, 연안정보도 등의 공간정보를 확대 구축하였다. 국토부 등 중앙행정기관과 지자체가 공간정보를 활용하여 각종 인허가 등 대민 행정업무에 적용함으로써 행정서비스의 제공방식을 획기적으로 개선할 수 있게 되었다.

② 온라인 국민소통시스템 구축 사업

온라인 국민소통시스템 구축 사업은 국민 신문고, 콜센터 등 온라인으로 접수되는 국민의 민원과 제안 등을 체계적이고, 과학적으로 분석하기 위한 사업이다. 시스템을 구축함으로써 2009년에 주간 분석보고 1종만 제공되던 것이 2010년에는 일일분석, 빈발민원분석 등 5종의 민원정보 분석이 가능하게 되었으며 민원정보 분석처리량도 2009년 월 평균 1만 7,000건에서 2010년 7만건으로 확대되었다. 이를 통해 국민의 소리를 정확하고 빠르게 분석하여 정부의 정책에 신속하게 반영하는 데 기여할 것으로 기대하고 있다.

(4) 사회안전 강화 분야

사회안전 강화 분야에서는 비상대비 자원통합관리 체계구축, 재난영상정보통합 · 연계, 국가 기상관측자료 표준화 및 공동활용 체계구축 등 5개 사업을 추진하였다.

① 비상대비 자원통합관리체계 구축 사업

비상대비 자원통합관리체계 구축 사업은 국가의 비상사태 시에 소요되는 자원에 대한 정보를 관련 기관 간에 연계하여 효율적으로 운영 · 관리하기 위한 사업이다. 이를 위해 2010년 5개 유관기관의 9개 시스템을 연계하였으며, 이를 통해 각종 국가비상 상황 및 재난발생에 대한 정부의 선제적이고 능동적인 대응능력을 제고할 것으로 기대하고 있다.

② 재난 영상정보(CCTV) 통합체계 구축 사업

재난 영상정보(CCTV) 통합체계 구축 사업은 지방자치단체별로 설치 · 관리하고 있는 CCTV 정보의 공동활용을 통해 재난을 신속하게 인지하고 대응하기 위한 체계를 구축하는 사업으로, 2009년 152개 지자체 3,971개 CCTV에서 2010년 202개 지자체, 5,479개 CCTV로 연계를 확대하였다. 정부는 각종 재난의 파악과 대응시간이 대폭 단축될 것으로 기대하고 있다.

③ 국가 기상관측자료 표준화 및 공동활용체계 구축 사업

국가 기상관측자료 표준화 및 공동활용체계 구축 사업은 26개 공공기관 3,600여 개의 관측장비에서 측정하는 기상관측 데이터를 표준화하고 이를 공동활용할 수 있는 체계를 구축하는 사업이다. 2008년부터 2011년까지 3차에 걸친 사업 추진결과 26개 기관의 관측장비 표준화가 완성되었다. 이를 통해 기상관측의 조밀도를 향상시켜 기상예측의 정확도 향상과 기상재해 감시 능력이 강화되고, 기상관측장비에 대한 중복투자도 크게 해소될 것으로 기대하고 있다.

(5) 정보화기반 강화 분야

정보화기반 강화 분야는 국가자원개방 및 공동활용체계 구축, 스마트워크센터 구축 등 5개 사업을 추진하였다.

① 국가자원개방 및 공동활용체계 구축 사업

국가자원개방 및 공동활용체계 구축 사업은 국가에서 보유하고 있는 버스운행정보, 위해식품정보, 보육시설정보, 문화재정보 등 정보자원을 민간에 개방하여 고부가가치를 가진 신규 비즈니스의 창출과 관련 서비스 산업을 육성하고자 하는 사업이다. 2010년 13종의 공유서비스를 새로이 개발하였고 공유자원포털(www.data.go. kr)을 통해 서비스하고 있다.

② 스마트워크센터 구축 사업

스마트워크센터 구축 사업은 원격근무가 가능한 스마트워크센터를 시범 구축하여 저탄소 업무 환경기반을 확산하고, 녹색성장의 기반을 마련하기 위한 사업이다. 2010년에 도봉과 분당에 2개소를 구축하고 공무원과 민간인을 대상으로 원격근무를 시범적으로 시행하였다. 2011년까지 추가로 8개소를 구축하였으며, 2012년부터는 스마트워크센터 10개소가 운영되고 있다. 정부는 스마트워크 센터를 통해 저출산 · 육아문제 해소와 출퇴근 교통량 감소를 통해 저탄소사회 구현을 촉진할 것으로 기대하고 있다.

(6) 정보보호체계 강화 분야

정보보호체계 강화 분야에서는 인터넷과 업무망 분리, 보안관제 센터구축 등 5개 사업을 추진하였다.

① 인터넷과 업무망 분리사업

인터넷과 업무망 분리사업은 해킹 등 주요 사이버공격으로부터 국가기밀 등 중요자료의 유출을 근본적으로 차단하기 위한 사업으로 2008년에 18개 기관, 2009년 3개 기관, 2010년 27개 기관을 대상으로 추진하였다. 중앙행정기관(본부)과 높은 보안수준이 요구되는 주요 지방청 · 소속기관 등의 망분리가 완료되었다. 이 사업을 통해 기관의 업무망과 인터넷망을 분리하여 외부의 공격을 원천적으로 차단함으로써 정부의 중요 정보를 안전하게 보호할 수 있을 것으로 전망된다.

② 보안관제센터 구축 사업

보안관제센터 구축 사업은 해킹, 개인정보유출, DDoS 공격 등 사이버 침해행위에 대한 조기 식별 및 대응체계를 구축하는 사업으로, 2010년 6개 기관에 분야별 보안관제센터를 구축하여 정부기관의 보안정보를 모니터링하고, 외부의 공격에 효과적으로 대응할 수 있는 환경을 마련하였다.

4.4 박근혜정부의 전자정부 추진정책(2013~2017)

2013년에 출범한 박근혜정부는 미래창조과학부를 신설하여 창조경제를 추진하면서, 행정안전부를 안전행정부로 바꾸었다가 다시 행정자치부로 전환하고 정부3.0 정책을 추진하였다.

1. 박근혜정부 정부3.0의 개념과 비전

박근혜정부는 2013년 6월 19일에 정부3.0 비전 선포식을 갖고 “국민과의 약속, 정부3.0”을 발표하였다. 박근혜정부는 '국민 모두가 행복한 대한민국'을 비전으로 '수요자 맞춤형 서비스 제공'과 '일자리 · 신성장 동력 창출'이라는 목표 달성을 위해 '소통하는 투명한 정부', '일 잘하는 유능한 정부', '국민 중심의 서비스 정부' 등 3대 전략과 10대 중점추진과제를 제시했다. 그 구체적인 내용을 간략하게 살펴보면 다음과 같다.

1) 정부3.0의 비전

정부3.0이란 공공정보를 적극 개방 · 공유하고, 부처 간 칸막이를 없애고 소통 · 협력함으로써 국정과제에 대한 추진동력을 확보하고 국민 맞춤형 서비스를 제공함과 동시에 일자리 창출과 창조경제를 지원하는 새로운 정부운영의 패러다임이다.

이러한 정부3.0의 추진 방향은

① 공공정보의 개방과 공유, 정부-국민간의 소통과 협력을 확대,

② 국가보다 국민 개개인의 행복에 초점을 두어 맞춤형 서비스 제공,

③ 민간의 창의와 활력이 증진되는 혁신 생태계 조성,

④ 부처 간 칸막이를 뛰어넘는 통합형 정부운영 지향,

⑤ 정부가 직접 개입하지 않고, 민간의 능동적 참여를 유도하는 플랫폼 정부를 구현하는 것이다.

이러한 정부3.0의 비전은 다음 (그림 4-7)과 같다.

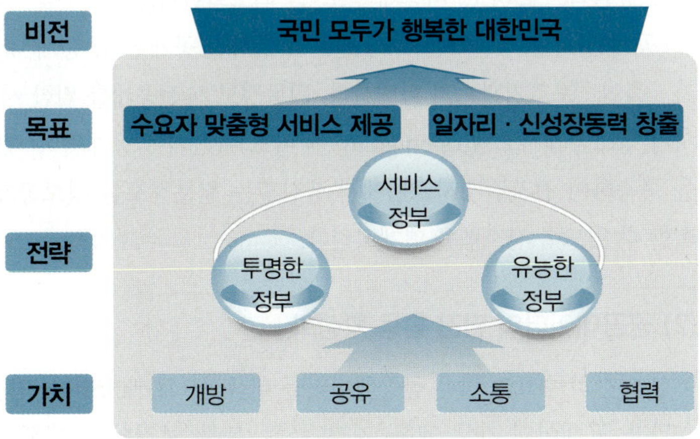

그림 4-7 정부3.0의 비전과 전략

2) 정부3.0의 중점 추진 과제

정부3.0의 중점 추진과제들은 다음과 같이 정리된다.

목표	과제
소통하는 투명한 정부	① 공공정보 적극 공개로 국민의 알권리 충족
	② 공공데이터의 민간 활용 활성화
	③ 민 · 관 협치 강화
일 잘하는 유능한 정부	④ 정부 내 칸막이 해소
	⑤ 협업 · 소통 지원을 위한 정부운영 시스템 개선
	⑥ 빅데이터를 활용한 과학적 행정 구현
국민 중심의 서비스 정부	⑦ 수요자 맞춤형 서비스 통합 제공
	⑧ 창업 및 기업활동 원스톱 지원 강화
	⑨ 정보 취약계층의 서비스 접근성 제고
	⑩ 새로운 정보기술을 활용한 맞춤형 서비스 창출

(1) 공공정보 적극 공개로 국민의 알권리 충족

현재의 '공급자 위주'에서 '국민 중심' 정보공개로 패러다임을 전환한다. 사실을 있는 그대로, 전 과정에 대하여, 국민 중심으로 공개한다. 정책실명제 활성화를 통한 정책의 결정 · 집행과정의 참여자 및 이력관리를 강화한다. 정보공개 대상기관 및 범위 대폭 확대하여 모든 정보는 공개를 원칙으로 하고, 비공개 정보[2]를 최소화한다.

공개 문서는 생산하는 즉시 원문까지 사전 공개한다. 공개 대상기관을 부처별 위원회, 출자 · 출연 · 보조기관까지 확대한다. 원문정보 사전공개를 위한 시스템을 구축한다. 생산된 문서가 정보공개시스템(open.go.kr)에 바로 이관되어 공개될 수 있도록 「원문정보공개시스템」을 구축하여 전자결재시스템에서 생산되는 원문정보를 정보공개시스템에서 실시간으로 조회할 수 있도록 시스템을 연계시킨다.

(2) 공공데이터의 민간 활용 활성화

우선 민간의 수요가 많은 공공데이터를 대폭적으로 개방한다. 민간의 개방 수요가 많고, 파급효과가 큰 데이터 기상, 교통, 지리, 특허, 복지, 보건의료, 재해 · 안전, 교육, 공공정책, 재정 등의 부분에서 우선적으로 개방한다.

이어서 공공DB 보유현황 전수조사 및 '개방 5개년 로드맵'을 수립한다. 이러한 공공데이터 활용을 통하여 신성장동력을 창출한다. 이를 위하여 관련부처 간(미래부－중기청－행자부

2) 비공개대상(정보공개법 제9조) : 법령상 비밀, 국가안보, 국민생명 · 신체보호, 사생활 보호, 공정한 의사결정, 재판, 경영 · 영업상 비밀, 투기우려 정보

등) 협업체계를 구축하여 종합적으로 지원한다. 이를 위한 구체적인 실행계획은 다음과 같다. 공공데이터 개방 · 활용 인프라를 구축하고, 공공정보 제공 창구를 '공공데이터포털(data.go.kr)'로 일원화하며, 공공데이터 개방 · 활용 지원을 위한 '공공데이터활용지원센터'를 설치 · 운영한다. 또한 공공데이터 개방 · 활용에 관한 총괄 심의 · 조정 역할을 수행하는 '공공데이터전략위원회'(국무총리, 민간 공동위원장)를 구성하여 운영한다. 이를 지원하기 위하여 2013년 6월에 「공공데이터의 제공 및 이용활성화에 관한 법률」 제정하여 9월부터 시행하고 있다.

(3) 민 · 관 협치 강화

주요 국정과제 등 정책 전 과정에 집단지성을 구현하기 위하여 민관 협치를 강화한다. 이를 통하여 정책의 수립 · 집행 · 평가 전 과정에 국민과의 정보공유 · 소통 · 참여를 확대하고 정부에 대한 신뢰를 바탕으로 국정운영의 효율성을 증진하고 확장된 민주주의를 구현한다.

민관협치를 통한 국민참여 확대방안은 다음과 같다.

① 현장 · 국민 중심의 행정 구현 및 전자적 직접 참여 확대

② 행정제도개선 과정에 민간전문가, 정책고객 등 참여 활성화

③ 현장의 목소리 반영을 위한 행정예고 범위 등 확대

④ 전화 · 문자메시지 · SNS(트위터, 페이스북 등) 등 다양한 수단을 통해 아이디어 및 국민 불편사항 · 의견 등 수렴

⑤ 국민신문고(epeople.go.kr)에 「국민행복제안센터」 설치 · 운영('13.5)

⑥ ('정책토론') 대규모 국책사업(예: 5천억 이상) 및 주요 국정과제는 국민신문고 온라인 ' 정책토론' 상정, 국민의 소리 적극 반영 추진

⑦ (가칭 '아이디어 마당') 주요정책 · 제도 마련시 일반국민, 전문가, 관계공무원 등이 참여하는 온라인 참여 플랫폼 마련

(4) 정부 내 칸막이 해소

국정 · 협업과제는 정보공유 및 시스템 연계를 통해 적극 지원한다. 구체적으로는 국정과제(140개) 및 협업과제(170개) 중 부처 간 시스템 연계 · 통합이 필요한 과제에 대해 전자정부 지원사업을 통해 우선 지원한다. 부처 간 이해상충 수준이 높은 '조정과제' (대상 : ODA, 유아교육 · 보육 통합, 물관리, 다문화가족) 등을 지원한다.

(5) 협업 · 소통 지원을 위한 정부운영 시스템 개선

정부3.0의 효과적인 추진을 위하여 다음과 같이 다양한 지원 시스템을 구축할 예정이다.

① 부처 간 협업을 지원하는 기반시스템을 마련

② 원격근무 비효율 극복을 위한 디지털 협업 시스템 구축

③ 지식 · 정보 공유 기반 마련을 위한 클라우드 컴퓨팅 환경 구축

④ 부처간 칸막이 제거를 위한 정부운영제도 혁신

(6) 빅데이터를 활용한 과학적 행정 구현

① 국가미래전략 수립 지원

② 데이터 기반의 과학적 정책 수립 지원

③ 각 부처가 공동으로 활용할 수 있는 빅데이터 기반시스템 구축

(7) 수요자 맞춤형 서비스 통합 제공

① 생애주기별 맞춤형 서비스 제공

② 개인 유형별 맞춤형 서비스 제공

③ 국민생활과 밀접한 건강검진일, 운전면허갱신일 등 생활민원정보를 통합 제공(민원24)

④ 시스템 연계 · 통합을 통한 국민불편사항 해소 추진

(8) 창업 및 기업활동 원스톱 지원 강화

① 맞춤형 창업 · 기업활동 지원 강화

② 원스톱 기업민원 서비스 제공

(9) 정보 취약계층의 서비스 접근성 제고

① 주민센터 등 최접점 민원창구 확대

② 장애인 · 고령자 등에 대한 웹 접근성 제고

③ 모바일을 활용한 생활밀착형 서비스 제공

(10) 새로운 정보기술을 활용한 맞춤형 서비스 창출

① 첨단 IT 기술을 활용한 행정서비스 확대

② 모바일을 활용한 생활밀착형 행정서비스 제공

2. 박근혜정부의 전자정부 사업 추진 현황

박근혜정부에서는 정부3.0 사업들과는 별도로 행정자치부의 주도로 전자정부 사업들을 진행

하였다. 행정자치부는 박근혜정부의 출범과 함께 과거의 정보화전략실을 전자정부국으로 개편하여 유지하였다. 박근혜정부는 출범 첫해인 2013년에 전자정부 사업으로 정보계획수립(ISP) 9개 사업과 정보시스템 구축 19개 사업 등 모두 28개 전자정부 사업에 688억원의 예산을 투자하였다. 이어서 최근까지 추진한 전자정부 사업들을 살펴보면 다음과 같다.

1) 2014년 전자정부 사업 현황

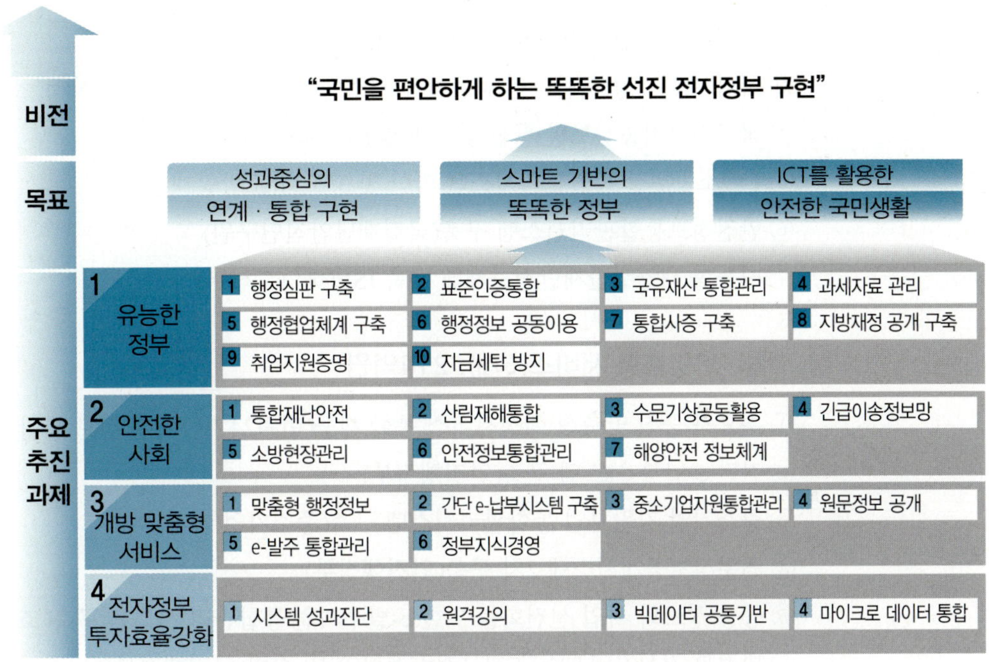

그림 4-8 박근혜정부 2014년 전자정부 추진 사업

2014년 전자정부 사업예산은 모두 27개의 과제에 839억원이 집행되었다. 이러한 전자정부 사업들을 분야별로 간략하게 살펴보면 다음과 같다.

(1) 일 잘하는 유능한 정부 구현 (10개): 310억원

① 행정심판 허브시스템 2단계 구축(국민권익위원회)
② 국가 표준 · 인증 통합 정보시스템 구축(산업통상자원부)
③ 국유재산통합관리시스템 구축사업 3단계(기획재정부)
④ 과세자료 · 체납정보 통합관리 시스템 구축(안전행정부)
⑤ 범정부 행정협업체계(정부통합의사소통시스템) 고도화(안전행정부)
⑥ 행정정보공유 확대를 위한 범정부 정보유통허브(HUB)구축(안전행정부)

⑦ 통합사증정보시스템 2차 구축(법무부)

⑧ 지방재정정보 공개를 위한 BPR／ISP(안전행정부)

⑨ 수요자 중심 맞춤형 행정서비스 통합 제공(1차)(안전행정부)

⑩ 국가 자금세탁 위험평가시스템 구축(금융위원회)

(2) 국민이 행복한 안전한 사회구현(7개): 220억원

① 통합재난안전체계 구축(소방방재청)

② 산림재해 통합관리체계 구축(산림청)

③ 국가 수문기상 재난안전 공동활용 시스템 구축(국토교통부, 기상청, 소방방재청)

④ 국가긴급이송정보망 통합 및 공동활용체계 구축(소방방재청)

⑤ 119소방현장 통합관리시스템 확산 및 고도화(소방방재청)

⑥ 안전정보통합관리시스템 구축(국립재난안전연구원)

⑦ 지능형 해양수산재난정보체계 구축 ISP(해양수산부)

(3) 개방 및 맞춤형 서비스(6개): 214억원

① 수요자 중심 맞춤형 행정서비스 통합 제공(민원24기반 생활정보 통합서비스 구축)

② 간단 e-납부 시스템 구축(안전행정부)

③ 중소기업 지원사업 통합관리시스템 구축(중소기업청)

④ 원문정보공개시스템 2차 구축(안전행정부)

⑤ 공공 정보화 사업 선진화를 위한 e-발주지원 통합관리 시스템 구축(조달청)

⑥ 범정부 지식경영시스템 정보전략계획(ISP) 수립(안전행정부)

(4) 전자정부 투자효율 강화(4개): 95억원

① 범정부 정보자원 운영 효율화를 위한 정보시스템 성과진단 및 지원체계 마련(안전행정부)

② 실시간 원격강의시스템 구축(안전행정부)

③ 빅데이터 공통기반 활용체계 구축(안전행정부)

④ 국가통계 마이크로데이터 통합서비스시스템 구축(통계청)

2) 2015년 전자정부 사업 현황

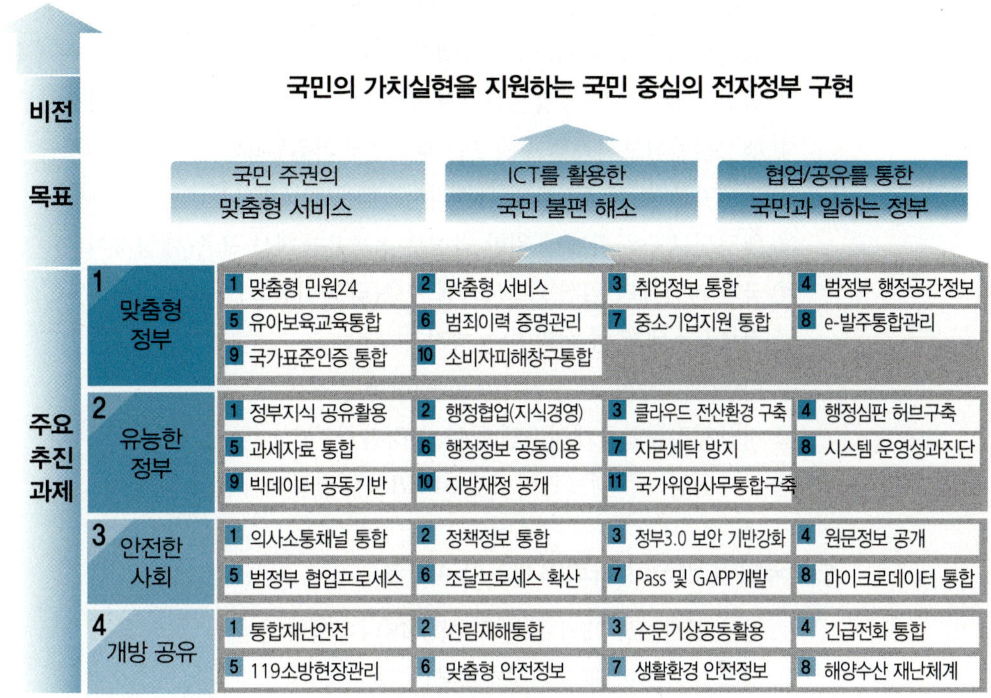

그림 4-9 **박근혜정부 2015년 전자정부 추진 사업**

2015년 전자정부 사업예산은 모두 37개의 과제에 1,215억원이 책정되었다. 이후 실제 추진과정에서 1,262억원이 투입되었다. 이러한 전자정부 사업들을 분야별로 간략하게 살펴보면 다음과 같다.

(1) 국민주권 맞춤형 정부(10개): 259억원

① 민원24 기반 생활정보 통합서비스 구축 · 확대 (행정자치부)
② 수혜자 맞춤형 서비스 통합 제공(확산1차) (행정자치부)
③ 종합 취업정보 및 연관교육 포털(고용노동부)
④ 범정부 행정공간정보 개방 지원 ISP (행정자치부)
⑤ 유아 보육 · 교육 정보통합서비스(주관기관 미정)
⑥ 범죄이력(유 · 무)증명 관리시스템 구축(경찰청)
⑦ 중소기업 통합관리시스템 3차 구축(중소기업청)
⑧ e-발주지원 통합관리시스템 2차 구축(조달청)
⑨ 국가표준 · 인증 통합정보시스템 구축(산업통상자원부 국가기술표준원)
⑩ 소비자 피해구제 등 종합지원체계 ISP 수립(공정거래위원회)

(2) 일 잘하는 유능한 정부(11개): 376억원

① 정부지식 공유활용기반 고도화(행정자치부)
② 범정부 협업 프로세스 구현 (행정자치부)
③ 범정부 클라우드 통합전산환경 구축 정보화전략계획 수립(행정자치부)
④ 행정심판허브시스템 구축 3단계(국민권익위원회)
⑤ 과세자료 및 체납정보 통합관리시스템 구축 (행자부)
⑥ 행정정보공유 확대를 위한 범정부 정보유통허브 구축(행정자치부)
⑦ 국가 자금세탁 위험평가시스템 구축(금융위원회)
⑧ 정보시스템 운영 성과진단(행정자치부)
⑨ 빅데이터 분석 및 공통기반 고도화(행정자치부)
⑩ 지방재정통합공개시스템 구축(행정자치부)
⑪ 국가위임사무 정보관리체계 BPR/ISP (행정자치부)

(3) 국민이 안전한 사회(8개): 454억원

① 정부 의사소통 채널 통합 구축(SNS) (행정자치부)
② 정책정보 통합제공(행정자치부)
③ 정부3.0 정보보호 기반강화 (행정자치부)
④ 원문정보공개시스템 3차 구축 (행정자치부)
⑤ 범정부행정협업체계(지식경영)구축(행정자치부)
⑥ 정부 IT자원 조달프로세스 혁신(행정자치부)
⑦ 클라우드 PaaS기반 GAPP 시범개발 및 확산(행정자치부)
⑧ 국가통계 마이크로데이터 통합서비스시스템 2단계 구축(통계청)

(4) 개방공유 및 변화관리(8개): 126억원

① 통합재난안전체계 구축(국민안전처)
② 산림재해 통합관리체계 구축 2차(산림청)
③ 국가 수문기상 재난안전 공동활용 시스템 구축 사업(국토지리정보원, 기상청, 국민안전처)
④ 긴급전화 통합서비스 제공 BPR/ISP (국민안전처)
⑤ 119소방현장 통합관리시스템 고도화 및 확산(국민안전처)
⑥ 안전정보통합관리시스템구축 3단계사업(국립재난안전연구원)
⑦ 생활환경 안전정보 통합 관리 · 제공시스템 (환경부)
⑧ 지능형 해양수산재난정보체계 구축(해양수산부)

3) 2016년 전자정부 사업 현황

2016년 전자정부 사업예산은 모두 30개의 과제에 1,237원이 책정되었다. 2016년 전자정부 사업의 목표는 (그림 4-10)과 같이 국민에게 행복과 믿음을 주는 지능형 정부를 구현하는 것이었다. 이러한 전자정부 사업들을 분야별로 간략하게 살펴보면 다음과 같다.

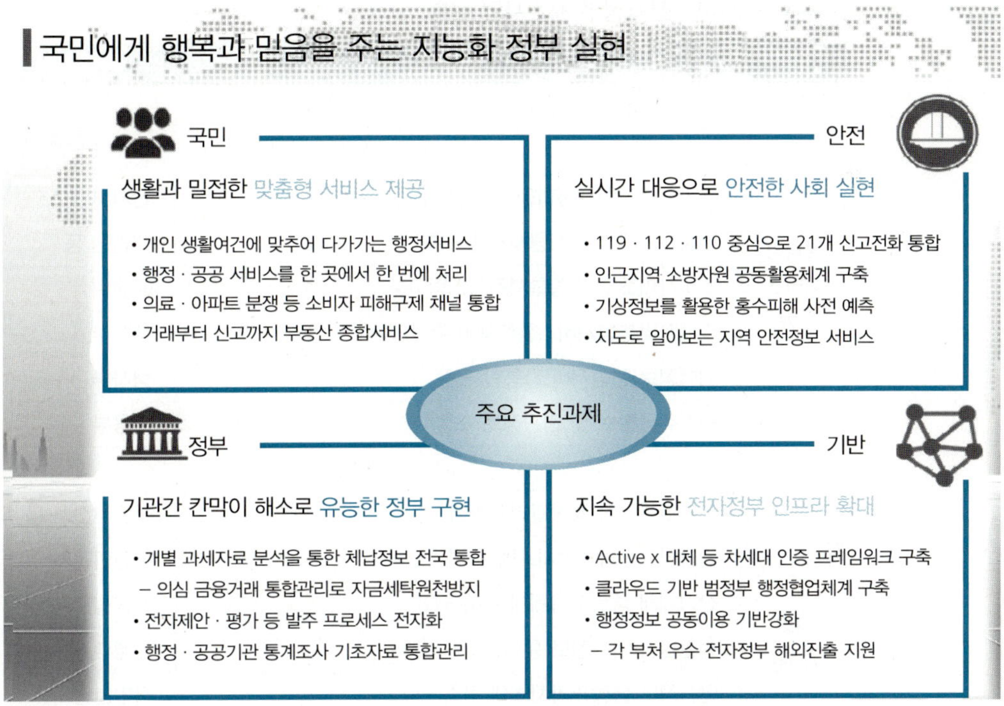

그림 4-10 박근혜정부 2016년 전자정부 추진 사업

생활과 밀접한 맞춤형 서비스 제공 사업들(6개)에는 231억원이 배정되어, 부동산 전자계약을 기반으로 실거래신고 · 금융 · 등기 등 정보 공유를 통해 거래안전과 국민 재산을 보호하고, 창업 · 세금 · 문화 · 여가 등 국민 생활과 밀접한 개인 맞춤서비스를 제공하였다.

실시간 대응으로 안전한 사회를 실현하는 사업들(7개)에는 527억원이 배정되어, 20여개의 신고전화를 112(범죄) · 119(재난) · 110(민원)으로 통합하고, 생활안전지도를 제공하는 등 실시간으로 대응하는 안전한 사회 구현을 지원하였다.

기관간 칸막이 해소로 유능한 정부를 구현하는 사업들(9개)에는 297억원이 배정되어, 6천여개 금융회사를 대상으로 자금세탁 및 지하경제 위험을 효율적으로 관리 · 감독하고, 부처별로 산재되어 있는 통계기초자료(마이크로데이터)를 통합 관리하는 등 정부 업무의 생산성을 향상시켰다.

마지막으로 지속가능한 전자정부 인프라 확대 사업들(8개)에는 192억원이 배정되어, 행정 업무환경을 클라우드 기반으로 전환하고, 사용자 인증 · 접근통제의 특정기술 종속성 및 인증서비스를 개선하는 등 신뢰기반의 통합인프라를 확대하였다.

이러한 사업의 구체적인 사업과 주관기관 및 예산 내용들은 다음 〈표 4-6〉과 같다.

표 4-6 2016년 전자정부 지원사업 현황

(단위: 백만원)

구분	사업명	주관기관	예산액
총계	30개 사업		123,705
맞춤형 서비스 (6개)	소계		23,097
	국가표준 · 인증통합정보시스템구축	산자부	1,909
	부동산거래 통합지원시스템 구축*	대법원 등	5,288
	소비자피해구제 종합지원시스템구축	공정위	3,200
	수혜자맞춤형서비스통합제공(확산2차)*	행자부	3,700
	정책정보(행정서비스)통합제공*	행자부	8,000
	종합취업정보 및 연관정보 포털*	고용부	1,000
안전한 사회 (7개)	소계		52,689
	국가수문기상 통합관리시스템	국민안전처 등	2,579
	긴급신고전화통합시스템구축*	국민안전처	27,290
	산림재해 통합관리체계 구축(3차)	산림청	4,970
	생활환경 안전정보 통합관리시스템	환경부	3,750
	안전정보 통합관리시스템 구축*	국민안전처	1,500
	지능형 해양수산재난정보체계 구축	해수부	3,500
	통합재난안전체계 구축*	국민안전처	9,100
유능한 정부 (9개)	소계		28,671
	과세자료 및 체납정보 통합관리 시스템	행자부	3,200
	국가자금세탁방지시스템구축	금융위	3,290
	국가통계 마이크로데이터 통합서비스시스템구축*	통계청	5,734
	국고보조금 통합관리망 구축	행자부 등	4,744
	스마트농정 농식품통계 종합DB 구축	농림부	3,140
	외국인 정보 공동이용시스템 구축	법무부	1,433
	재외공관 통합업무관리시스템 확산 사업	외교부	1,800
	행정심판 허브시스템 구축	권익위	3,050
	e-발주지원 통합관리시스템 3단계 구축*	조달청	2,280

〈계속〉

표 4-6 2016년 전자정부 지원사업 현황(계속)

구분	사업명	주관기관	예산액
범정부 인프라 (8개)	소계		19,248
	각 부처의 우수 전자정부 해외진출 지원	행자부	1,540
	범정부 행정협업체계(지식경영)구축*	행자부	2,034
	업무관리시스템(온나라) 보안성 강화	행자부	800
	자치단체 정보자원통합관제체계 강화	행자부	1,000
	정부디렉토리시스템 전환구축	행자부	1,949
	정부지식 공유활용기반 고도화*	행자부	7,142
	차세대 인증 프레임워크 구축(액티브엑스 대체 등)	행자부	1,000
	행정정보 공동이용체계구축*	행자부	3,783

※ "*"표시된 사업은 정부3.0관리과제 : 12개 과제 76,851백만원

생각해 볼 문제들

1. 2010년 국가정보화전략위원회는 국가정보화의 비전을 제시하고 새로운 도약의 토대를 마련하기 위한 국가정보화 10대 주요 과제를 채택하였다. 국가정보화 10대 주요 과제를 설명하시오. 제28회 입법고시(2012)

2. 최근 정부3.0에 대한 관심과 논의가 증대하고 있다. 다음 물음에 답하시오
   1) 정부3.0의 추진배경과 의의를 기술하시오
   2) 정부3.0의 특징을 인터넷기술의 진화과정과 연계하여 설명하시오
   3) 전자정부를 활용해 정부3.0을 구현해 나가는 과정에서 예상되는 문제점과 극복 방안을 제시하시오. 5급(행정) 공채시험(2014)

쉬어가기

김대중정부 – 박근혜정부 전자정부지원 사업 변화

과거 정부의 전자정부 지원사업 예산 및 사업 수 추이

구분	시기	주요 내용
국민의정부	2001년 ~ 2002년	• 전자정부 11대 과제 추진 • 정부업무와 대민서비스의 전자적 처리
참여정부	2003년 ~ 2007년	• 전자정부 로드맵 31대 과제 추진 • 다수 부처 서비스 연계 및 전자적 국민 참여 확대
이명박정부	2008년 ~ 2012년	• 일 잘하는 지식정부 • 행정서비스 연계 · 통합
박근혜정부	2013년 ~ 2016년	• 정부3.0 구현을 위한 전자정부 사업 (일 잘하는 유능한 정부, 국민이 행복한 안전한 사회구현, 개방 및 맞춤형 서비스, 전자정부 투자효율 강화)

CHAPTER 5

최근의 전자정부 추진정책들

현재 우리나라 전자정부 추진 정책의 초점은 지능형 전자정부 구현에 맞추어져 있다. 이를 추진하기 위하여 우리 정부는 2016년부터 준비하여 왔다. 이것은 2016년 다보스포럼에서 제기된 4차 산업혁명에 대응하고, 전자정부의 추진 환경 변화에 맞춘 것이다. 따라서 이 장에서는 전자정부 기본계획과 실행계획 및 지능형 정부의 추진 정책에 대하여 살펴보고자 한다.

5.1 2016년 전자정부 2020 기본계획

우리 정부는 2016년 4월에 행정자치부와 한국정보화진흥원이 중심이 되어「전자정부 2020 기본계획」을 수립하였다. 이러한 "전자정부 2020 기본계획"은 전자정부법」 제5조에 따라 최초로 수립된 5개년 전자정부 계획으로, '국민을 즐겁게 하는 전자정부(Enjoy your e-Government)' 구현을 목표로 하고 있다.

1. 전자정부 2020 기본계획의 추진 배경

1) 전자정부 추진의 환경 변화

전자정부 추진의 환경이 급속하게 변화하였다. 이러한 전자정부 추진의 환경 변화는 크게 다음과 같은 세 가지로 정리된다.

(1) 기술

사회 전반에 IoT · 클라우드 · 빅데이터 · AI 등 지능정보기술 활용이 가속화되면서, 이를 뒷받침하는 새로운 전자정부 전략이 요구되었다. 특히 4차 산업혁명의 도래에 따라 기술 · 서비스 · 산업간 융합(Nexus)을 통한 새로운 부가가치 창출과 이를 촉진하는 전자정부 생태계 조성이 필요하게 되었다.

(2) 사회

한국 사회는 저출산 · 고령화, 저성장 · 청년실업률 증가, 사회양극화 등 각종 사회 현안 해결을 위해 민 · 관 협업 기반의 문제해결 역량을 요구하고 있다. 특히 국민행복과 개인 삶의 질 향상이 주요 가치로 부각되고, 현재와 미래의 영속을 위한 사회 · 환경 · 경제적으로 지속가능한 발전을 강조하고 있다. 특히 2015년에 UN에서는 지속가능발전(Sustainable Development)을 새로운 아젠다로 제시하였다.

(3) 행정

행정의 패러다임이 급속하게 변화하고 있다. 미국, 영국, 호주 등은 기존 전자정부의 성장한계를 극복하고, 행정과 정보통신기술(ICT) 패러다임의 변화를 반영한 국민의 가치창출 중심의 차세대 전자정부 전략을 추진하고 있다. 특히 전자정부가 정부혁신의 전략적 핵심수단으로 재인식되고 중요성이 부각되고 있다. 따라서 국민의 의식성장, 개인별 다양한 요구, 공공서비스의 고급화 · 다양화 등 국민 눈높이에 맞는 근본적인 행정서비스의 재설계가 요구된다.

2) 새로운 전자정부의 추진 방향

새로운 전자정부는 지능정보기술을 활용하여 정부 · 기업 · 시민단체 · 개인이 협업하는 새로운 생태계를 기반으로 정부혁신과 지속가능한 발전을 견인해야 한다. 이러한 전자정부의 추진 방향은 다음의 네 가지로 정리된다.

(1) 목표: 효율성/투명성 ➔ 지속가능한 발전

기존에 행정의 효율성과 투명성을 제고하는 전략에서, 복지 · 재난 · 생활안전 · 환경 등 사회 모든 분야의 현안 해결을 통한 지속가능한 발전을 견인(Enabler)하는 것을 목표로 한다.

(2) 주체: 행정분야 민관협력 ➔ 정치 · 사회분야 파트너십 확산

행정 분야뿐만 아니라 e-Democracy 등 정치와 사회의 분야까지 민관협력을 확대하여 공공서비스의 사회적 생산과 전달을 활성화한다.

(3) 서비스: 분절화된 맞춤형 서비스 ➔ 통합된 개인화 서비스

특정 이벤트 중심의 분절화(Segmented)된 맞춤형 서비스에서 국민 개개인의 복합적 속성과 요구를 반영한 통합된(Integrated) 개인 맞춤형 서비스로 전환한다.

(4) 핵심수단: PC · 인터넷 중심 ➔ 지능정보기술 중심

PC · 인터넷 중심의 정보기술 활용에서 사물인터넷(IoT), 클라우드, 데이터 분석, 인공지능(AI), 온 · 오프라인 통합(O2O), 개방형 플랫폼 등 지능정보기술 중심으로 활용 범위를 확장한다.

2. 전자정부 2020 기본계획의 비전과 전략

전자정부 2020 기본계획은 복잡하고 어려운 사회현안 증가와 지능정보기술의 발전에 대응하기 위한 것이다. 또한 국민 맞춤형 통합서비스 강화 요구와 국제사회의 글로벌 전자정부 리더십 역할제고 요청 등 급변하는 전자정부 환경 변화에 대응하고 도전을 극복하기 위한 것이다.

이를 위해 정부는 전자정부 2020의 비전으로 다음 (그림 5-1)과 같이 새로운 디지털 경험으로 "국민을 즐겁게 하는 전자정부(Enjoy your e-Government!)"를 설정하였다. 그리고 이러한 비전의 달성을 위하여 "국민감성 서비스(Citizen Experience)", "지능정보 기반 첨단행정(Intelligent Gov.)", "지속가능 디지털 뉴딜(Digital New Deal)"을 목표로 설정하였다.

이와 함께 2020년으로 향하는 전자정부 비전과 목표의 실현을 위하여 △정부서비스 Re-디자인(Enhance Digital Experience) △인지 · 예측기반의 지능행정 실현(New-building Intelligent Gov.) △산업과 상생하는 전자정부 신생태계 조성(Joining eGov Eco-system) △신뢰기반 미래형 인프라 확충(Organizing Trust Infrastructure) △글로벌 전자정부 질서 주도(Yes! K-eGov) 등의 5대 ENJOY 전략을 제시하였으며, 그 주요 내용은 다음과 같다.

1) 정부서비스 Re-디자인

"정부서비스 Re-디자인"을 통해 국민이 원하는 편리한서비스를 국민과 함께 만들어낸다. 국민이 종이서류 없이(All Digital), 하나의 인증과정을통하여(One Pass), 위치 · 시간 · 디바이스에 제한 없이(Mobile) 자신의 요구(needs)를 즉시 처리할 수 있도록하는 것이다. 그리고 국민이 원하는 서비스를 DIY(Do It Yourself),즉 국민이 직접 만들어 공공서비스 또는 비즈니스에 활용할 수 있도록 할 계획이다.

2) 인지 · 예측기반 지능행정 실현

"인지 · 예측기반 지능행정 실현"을 통해 지능정보기술을 활용하여 재난 · 안전 · 치안 등 복

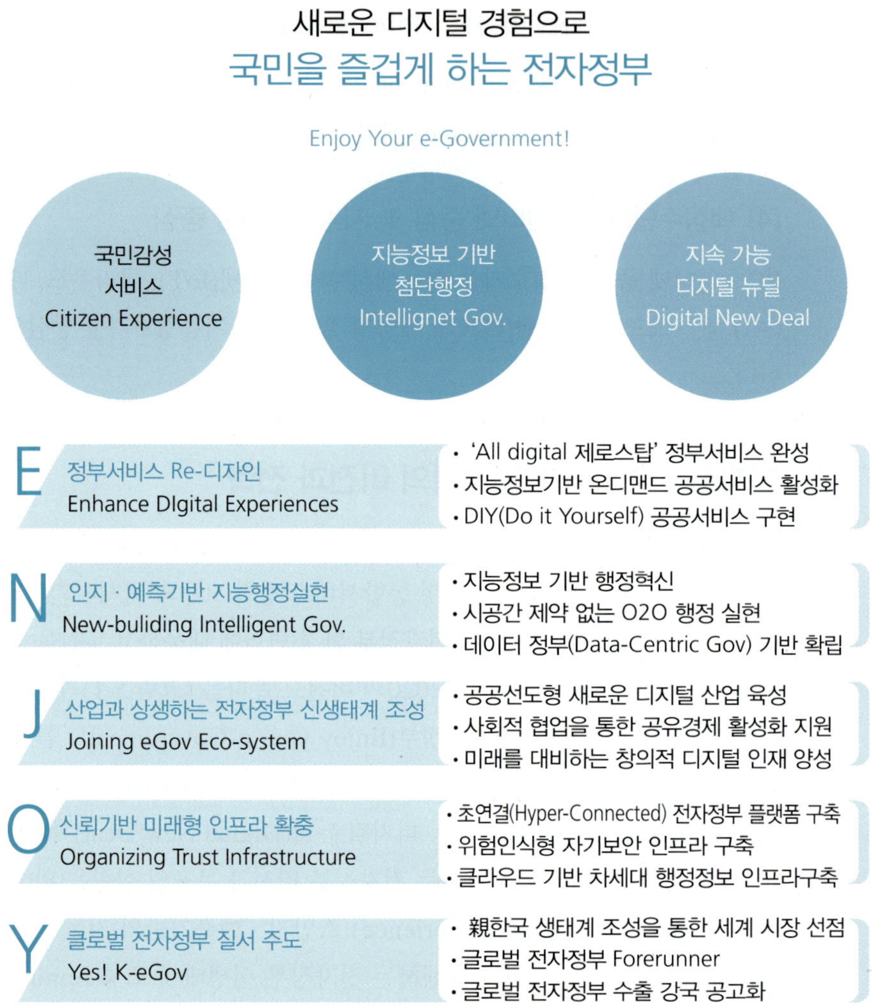

그림 5-1 전자정부 비전 2020

잡한 사회현안에 최적의 대안과 정책을 개발, 적시(On-time)에 대응하는 지능형 의사결정체계를 만든다. 인공지능 알고리즘과 소프트웨어를 행정에 적용하여 범죄예측 및 추적, 헬프데스크에서의 신속 · 정확한 응대 등 다양한 행정서비스를 더욱 스마트하게 제공하는 것이다. 또한 현장행정뿐만 아니라 소통 · 협업, 전자결재 등의 업무도 모바일로 신속하게 처리할수 있도록 할 것이다.

3) 산업과 상생하는 전자정부 新생태계 조성

"산업과 상생하는 전자정부 新생태계 조성"을 통해 인공지능(AI), 3D 프린팅, 드론 등 ICT신기술을 활용한 새로운 전자정부 서비스를 개발하여 지능정보 산업 육성을 지원한다. 이를 통해 양질의 새로운 일자리가 창출될 전망이다. 즉 민간보유자원을 활용하고 기업과도 공유 ·

협업하여 재난이나 전염병 등 사회적 위기에 함께 대응하는 새로운 생태계를 마련한다. 그뿐 아니라 미래를대비하는 창의적 디지털 인재를 양성하는 것이다.

4) 신뢰기반 미래형 인프라 확충

"신뢰기반 미래형 인프라 확충"을 통해 정부와 민간이 창의적으로 공동 활용할 수 있는 초연결(Hyper-Connected) 전자정부 플랫폼을 만든다. 새로운 유형의 정보보안 위협들에 대비, 딥러닝 기술 등을 활용하여 위험을 스스로 인지하는 자기방어 체계를 갖추게 하는 것이다. 또한 클라우드 기반 차세대 행정정보 인프라를 구축하여 정보자원의 공동활용과 부처간 정보공유 및 협업 기반을 강화해나갈 계획이다.

5) 글로벌 전자정부 질서 주도

대한민국의 "글로벌 전자정부 질서 주도"를 통해 지구촌 5대 권역별로「전자정부 협력센터」를 구축하여 글로벌 역량홍보 및 해외 수출의 현지 전진기지로 활용한다. 親대한민국 전자정부 생태계를 조성하고, 우리나라 우수 행정제도와 시스템을 수출상품으로 세계화하는 역할을 할 수 있다. 이는 우리나라의 전자정부정책과 서비스가 세계 전자정부의 표준 정책, 표준 서비스가 될 수 있도록 하는 교두보가 될 전망이다.

3. 전자정부 2020 기본계획의 중점 과제들

이러한 전자정부 2020 기본계획의 중점과제들과 추진 전략들은 크게 다음과 같은 정리할 수 있다.

1) 전략 1: 정부서비스 Re-디자인

(1) 'All Digital 제로스탑' 정부서비스 완성

민원 처리 全과정에 종이 없는 All Digital 민원행정서비스를 구현한다. 예를 들어 주민등록등 · 초본, 건축물대장, 등기부등본, 가족관계증명서 등과 같이 수요가 많은 민원서류를 최종목적지까지 온라인으로 전달한다. (이후 공공, 교육, 금융기관까지 확대)

사용자 인증체계를 간소화하고, 보안 강화를 위한 디지털 One Pass를 실현한다. 구체적으로는 범정부 통합인증 게이트웨이를 구축 · 운영하여, 하나의 ID/PW로 사용자 인증을 요구하는 정부/공공기관의 서비스를 이용 가능하도록 한다.

또한 모바일 완결 전자정부서비스를 정착시킨다. 예를 들어 정부 홈페이지, 민원24, 홈텍스 등 주요 정부서비스를 대상으로 모바일 콘텐츠 발굴, 모바일 인증 등 이용환경 개선, 신청 · 발급 등 全과정을 모바일로 개발한다.

(2) 지능정보 기반 온디맨드 공공서비스 활성화

시 · 공간은 물론, 공공의 정보자원 · 채널의 제약에서 벗어나 국민요구에 따라 즉시 대응하는 '통합된 개인 맞춤형 서비스(Me Gov)'를 제공한다. 이것은 과거의 My Gov에서 진일보한 것이다. 예를 들어 퇴직예정자의 상황(나이, 성별, 직업 등)을 식별하여 그에 적합한 정부서비스 수혜 방법, 일정 등을 안내 · 처리(Sensitive Sense & Responsible Response)한다.

또한 재난안전, 보건, 교통, 관광 등에 대한 실시간 지능정보(정부 및 민간의 데이터 · 정보, IoT 빅데이터 정보, 알고리즘/AI 분석정보 등)을 공유 · 활용하여 새로운 공공서비스들을 발굴 · 확대한다. 구체적으로는 평창올림픽 참가 외국인을 위해 공공데이터와 민간 소셜정보를 통합 · 분석하여 최적의 관광지, 이동경로/수단, 숙박 등 편의정보를 통합 제공한다.

(3) DIY(Do It Yourself) 공공서비스 구현

국민이 직접 정부서비스를 제안 · 개발 · 등록 · 평가하고, 국민 · 정부가 서비스를 상호 유통 · 활용하는 열린 마당(Open DIYard)을 구축한다. 현재 미국 비영리단체(Code for America)는 정부에 필요한 공공서비스를 국민들의 아이디어로 직접 개발하고 등록할 수 있는 Civic Commons Marketplace 개발 · 운영하고 있다.

또한 정부서비스의 정책기획부터 설계, 전달, 평가, 환류에 이르는 全 과정에 국민들이 직접 참여하는 국민 르네상스(e-Democracy)를 실현한다. 이를 위하여 특정 정책 · 서비스에 대한 결과 중심의 국민 의견 수렴에서 일반 정책 · 서비스까지 범위를 확대하고 국민 참여를 촉진한다.

2) 전략 2: 인지 · 예측기반 지능행정 실현

(1) 지능정보 기반 행정혁신

실시간 지능정보를 활용하여 재난재해 · 보건 · 치안 등 분야별 최적의 대안과 정책을 개발하여 대응하는 지능형 의사결정체계를 구현한다. 구체적으로는 인공지능 알고리즘과 소프트웨어를 행정에 적용하여 범죄예측 · 추적, 행정서비스 자문, 헬프데스크에서의 신속한 응대 등 다양한 행정 서비스를 더욱 스마트하게 제공한다.

또한 모바일과 결합된 클라우드 서비스 고도화를 통해 부처 간의 경계 없는 정보와 지식의 공유, 협업 처리가 원활한 가상통합행정을 실현한다.

(2) 시공간 제약 없는 O2O 행정 실현

정부의 온 · 오프라인 채널과 민간의 서비스를 유기적으로 연계한 민 · 관 협업형 O2O 행정서비스를 발굴하고 확산시킨다. 구체적으로는 법률 · 의료 · 특허 등 전문 분야의 공공서비스와 온라인(인터넷)을 결합한 O2O 플랫폼을 통해 국민의 서비스 이용편의성을 개선한다.

또한 모바일기기로 언제 어디서나 실시간으로 업무를 처리하는 모바일 현장행정 업무 환경을 제공한다. 이를 위하여 모바일기기로 안전점검 등 현장행정 업무뿐만 아니라 내부 행정 업무에 접속하여 문서작성, 소통 · 협업, 전자결재까지 간편하게 처리할 수 있도록 한다.

(3) 데이터 정부(Data-centric Gov't) 기반 확립

주민, 부동산, 자동차 등 범정부 차원에서 공통적으로 사용되는 마스터데이터(Master Data)를 지정 및 관리한다. 구체적으로 마스터데이터별 관리주체(Ownership)를 지정하여 데이터의 정합성 · 무결성을 확보한다.

또한 All Digital 제로스탑 행정서비스, 지능정보 기반 행정혁신을 위한 행정정보 공동이용 체계 등 차세대 전자정부 공통기반을 재설계한다. 이를 위하여 머신기반 행정데이터 실시간 모니터링, 데이터 중계, 전자문서 보관소 기능 등을 활용한다.

3) 전략 3: 산업과 상생하는 전자정부 신생태계 조성

(1) 공공선도형 새로운 디지털 산업 육성

인공지능(AI), 드론, 3D프린팅 등 지능정보기술을 활용한 전자정부 서비스의 개발 · 확산(디지털 New Deal)을 통해 새로운 산업들을 육성하고 지원한다. 이를 위하여 국민 편의 개선과 사회 · 경제적 파급효과가 큰 민원 · 안전 · 복지 · 교육 · 치안 등의 분야를 중심으로 현행 u-서비스지원사업을 '(가칭) 공공 지능정보 선도 사업'으로 확대하여 추진한다.

또한 지능정보기술 분야 산 · 학 · 연 · 관 협업 체계를 기반으로 전자정부 서비스 개발과 R&D간 善순환 생태계를 정립한다. 구체적으로는 기술개발 수요조사/우선순위 → R&D 수요제기 및 추진 → 신기술 개발 · 검증 → 전자정부서비스 시범적용 · 확산 → 환류의 생태계를 조성한다.

(2) 사회적 협업을 통한 공유경제 활성화 지원

공공 · 민간이 보유한 유 · 무형의 자원을 정부와 국민이 상호 공유 · 활용할 수 있는 공유가능 정부(Sharable Government) 서비스를 도입한다. 현재 미국의 연방재난관리청(FEMA)은 재난피해자를 위한 구호 물품, 임시숙소, 이동차량 등을 소셜 기반 공유경제 기업과 협력하여 신속하게 지원하고 있다.

또한 민간이 정부가 제공하는 서비스 · 데이터를 재가공하여 새로운 맞춤형 특화 서비스를 개발 · 제공할 수 있는 환경을 조성한다. 예를 들어 부동산 업체의 경우, 업체보유 정보 및 등기부등본(대법원), 토지대장, 공시지가 확인, 토지이용계획확인원(민원24) 등을 통합한 신규 서비스로 부가가치를 창출할 수 있다.

(3) 미래를 대비하는 창의적 디지털 인재 양성

공공부문 디지털 인재 채용 및 인력양성 교육체계를 혁신한다. 이를 위하여 데이터 분석, 인공지능 등 전문인력 채용을 확대하고, 미래 행정 수요를 고려한 전자정부 교육 훈련 프로그램을 재설계하여 시행한다.

또한 민관 협력을 통해 전자정부 분야에서의 새로운 인력 수요에 대응하고, 일자리 창출을 위한 전문인력을 양성한다. 구체적으로 데이터 수집 · 분석, 인공지능(AI), 클라우드 등 전문분야에서 전자정부 주니어 컨설턴트 양성을 지원하여 청년 일자리를 창출한다.

4) 전략 4: 신뢰기반 미래형 인프라 확충

(1) 초연결(Hyper-Connected) 전자정부 플랫폼 구축

IoT 데이터를 활용한 분야별 공공서비스 개발을 위한 개방형 IoT 공통 플랫폼 구축을 추진한다. 이를 위하여 IoT를 통해 수집되는 대규모 데이터를 활용하여 새로운 서비스를 개발할 수 있는 공통 환경(IoT 디바이스 등록, 서비스 · 데이터 · 네트워크 관리, 접근인증 등)을 조성한다.

또한 정부와 민간의 협업을 통한 IoT 서비스 이용활성화를 추진한다. 구체적으로 정부는 공통플랫폼 환경을 제공하고, 민간은 정부 데이터와 아이디어를 결합하여 신규 응용서비스를 개발할 수 있도록 지원한다.

(2) 위험인식형 자기보안 인프라 구축

예방 · 대응 · 사후관리까지의 정보보호 全주기에 대한 선제적 관리를 강화한다. 이를 위하여 이상 징후 사전 감지, 사전예방 프로세스 및 활동 점검, 시스템 보안약점 최소화, 위험인식형 지능형 보안인프라 기술 연구 및 선도 도입 등을 추진한다.

또한 개인정보에 대한 '자기 관리 · 통제권(국민데이터 주권제)' 보장을 추진한다. 현재 영국의 경우 사회적 기업이 만든 Mydex 서비스를 활용하여 정부나 기업에서 관리 · 통제하고 있는 개인정보를 국민이 실시간으로 확인 가능하다.

이어서 지능형 데이터 분석 기반의 촘촘한 과학적 사회안전망 구현을 확대한다. 구체적으로는 선제적 재난 · 재해 통합서비스 확대, 현장의 실시간 감지 및 대응이 가능한 치안 서비스 확대, 알고리즘 기반 식 · 의약품 안전체계 강화 등을 추진한다.

(3) 클라우드 기반 차세대 행정정보 인프라 구축

범정부 통합전산센터를 클라우드 컴퓨팅 센터로 전환하여 정보시스템의 공동활용과 부처간 정보공유 기반을 강화한다. 이를 위하여 2018년까지 정부통합전산센터(1, 2센터)를 클라우드 체계로 64%까지 확대 추진하고, 정부 보유 개별 단위시스템(2만 2천개, '15년)을 2020년까지 단계적으로 감축한다.

또한 클라우드 · 빅데이터 기반 제3의 정부통합전산센터를 구축한다. 이를 통하여 클라우드 기반의 범정부 정보자원 통합관리와 지능정보기술을 활용한 공공 및 민간 부문 빅데이터 분석 · 활용 촉진을 지원한다.

이와 함께 243개 지방자치단체에 분산 보급된 정보시스템(새올, 지방재정 등)을 클라우드 기반으로 단계적으로 전환한다.

5) 전략 5: 글로벌 전자정부 질서 주도

(1) 親한국 생태계 조성을 통한 세계 시장 선점

권역별 맞춤형 수출 전략을 수립하여 K-eGov 멘토링, 대규모 전자정부사업 공동 발굴을 통한 능동적 현지 마케팅 전략을 수행한다. 이를 위하여 수준진단, 마스터플랜 수립, 행정제도 및 시스템 현지화 전략, 합작법인화 등을 맞춤형으로 지원한다.

또한 개도국형 모바일 기반 행정서비스 수출모듈 및 IoT · 클라우드 · 빅데이터 · AI 등 지능정보기술 기반 新수출상품들을 개발 · 발굴한다. 이를 위하여 국제개발협력, 대규모 SOC(교통, 원전, u-시티 등) 사업 등과 연계하여 해외시장의 외연을 확대한다.

(2) 글로벌 전자정부 Forerunner

한국의 행정제도를 先이식하고 정보시스템을 수출하는, 지속가능한 G2G 협력형 수출유망 50개 상품을 선별하여 이를 세계화한다. 구체적으로는 전자정부법, 수발주, 재정정보, 형사사법, 주민등록제도, 행복e음 및 복지카드 등을 선정하여 이를 중점적으로 상품화한다.

또한 국제기구, 전자정부 선진국 간 전자정부 글로벌 의제를 선점하고 협력 프로그램을 개발하여 글로벌 프론티어 역할을 강화한다. 이를 위하여 전자정부를 통한 지속가능발전, 전자정부 수준 진단 및 평가, 디지털 격차해소, 사이버 보안 등 국제사회 공통이슈들에 대하여 해결방안을 제시하고 상호 협력 방안을 모색한다.

(3) 글로벌 전자정부 수출 강국 공고화

중남미, 아프리카 등 5대 권역별 전자정부 협력센터를 확대하여 구축하고, 민관 협업 기반의 통합지원센터로 기능을 혁신시킨다. 이를 위하여 기존의 공동연구과제, 정보화 컨설팅, 교류 · 협력의 수준에서 향후 이를 정부/민간 네트워킹 구축, 해외사무소 · ICT협회 등 민관협업 수출지원, 기업간 교류 · 파트너社 발굴 등으로 확대한다.

또한 전자정부 수출을 획기적으로 증대시키기 위한 범정부 종합계획을 수립하고 이를 관계부처와의 합동으로 이행한다. 구체적으로 2018년 전자정부수출 10억불 조기달성을 목표로 이를 추진한다.

또한 정부와 기업, 해외공관 등이 참여하는 '(가칭)민관 K-eGov 수출협의체'를 구성 · 운영한다. 이를 위하여 개방형 기업지원 수출플랫폼을 통한 상시적 정보 공유 및 전략적 협업을 추진한다.

5.2 2016년 전자정부 2020 실행계획

정부는 향후 5년간 전자정부 추진의 비전을 담은 "전자정부 2020 기본계획"의 과제를 구체화시킨 「전자정부 2020 실행계획」을 2016년 9월에 확정하여 발표하였다.

1. 전자정부 2020 실행계획의 추진 배경

1) 추진의 배경

2016년 4월 1일에 확정된 '국민을 즐겁게 하는 전자정부'를 비전으로 수립된 전자정부 2020 기본계획의 실행을 위해 중점과제별 추진방안 및 부처 · 지자체 관련 사업을 반영한 전자정부 2020 실행계획이 마련되었다.

2) 추진 경과

2016년 4월에 여러 부처 · 지자체들을 대상으로 하여 기본계획 설명회를 가졌으며 관련사업들을 취합하였다. 이후 전자정부 민관협력포럼 분과회의를 통한 중점과제별 추진방안에 대하여 의견을 수렴하였으며, 이를 바탕으로 실행계획(안)을 마련하였다. 이후 전자정부추진회의 위원 및 부처 · 지자체 의견을 수렴하여 실행계획(안)을 준비하였고, 이것을 2016년 7월에 전자정부추진위원회 심의 · 의결을 거쳐서 확정하였다.

3) 추진 체계 및 내용

전자정부 2020 실행계획은 5년 단위의 기본계획과 달리 매년 업데이트하여 실행계획과 기관별 계획의 상호 보완 · 발전체계를 구축할 예정이다. 구체적으로는 실행계획에 (그림 5-2)와 같이 각 부처 · 지자체의 연도별 정보화 시행계획을 반영하고, 부처 · 지자체 정보화 시행계획에는 기본계획 및 실행계획을 반영할 예정이다. 따라서 연도별 예산 배정 결과에 따라 과제별 추진 내용 · 시기 등이 수정되어 반영될 것이다.

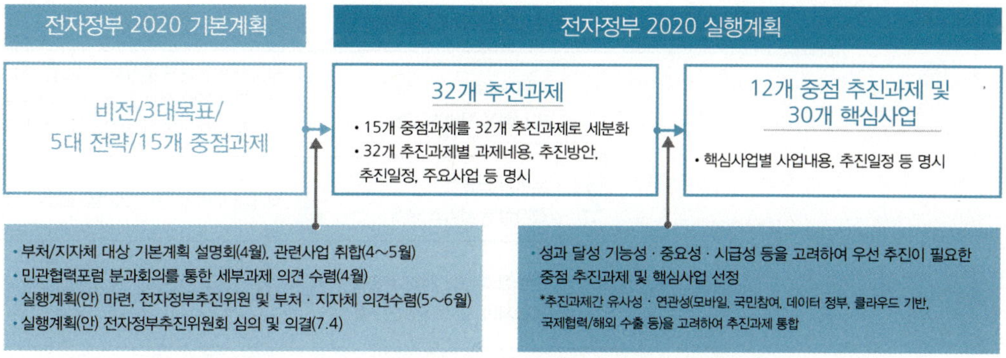

그림 5-2 전자정부 2020 실행계획 추진체계

이러한 실행계획의 내용은 기본계획상의 32개 추진과제에 대한 구체적 실행방안을 마련한 것이다. 구체적으로는 32개 추진과제별 과제내용, 추진방안, 추진일정, 주요 사업 등을 정리하였다. 이러한 추진과제 중에서 사업내용과 추진방안이 명확한 과제는 우선적으로 추진하고, 사업내용 및 추진방안이 명확하지 않은 추진과제는 기초연구, ISP 등을 통해 세부추진방안을 마련하여 수행할 것이다.

2. 전자정부 2020 실행계획의 핵심사업들

1) 전자정부 2020 실행계획

전자정부 2020 실행계획에서는 32개 추진과제에 대해 성과달성 가능성, 중요성 · 시급성 등을 고려하여 우선 집중 추진이 필요한 12개 중점 추진과제 선정하였으며, 그 분야는 모바일(3), 국민참여(2), 데이터 정부(2), 클라우드(2), 국제협력 · 수출(3) 등이다. 그리고 이러한 12개 중점 추진과제 이행을 위해, 부처 · 지자체 주요사업 중에서 우선 집중 추진이 필요한 30개 핵심사업을 (그림 5-3)과 같이 선정하였다.

2) 전자정부 2020 실행계획의 변화관리 방안

전자정부 2020 기본계획과 실행계획의 성공적 구현 및 이행이 가능하도록 하기 위해서는 지속적인 변화관리가 필수적이다. 이를 위해서는 다음과 같은 방안들이 마련되어 추진되어야 한다.

(1) 전자정부 거버넌스 확립

범정부 전자정부 정책기구인 전자정부추진위원회를 구성 · 운영하고, 크라우드소싱 기반 정책을 개발 · 제안하는 전자정부 민관협력포럼의 역할과 기능을 강화하는 등 민관협력의 범정부 전자정부 거버넌스를 확립해야 한다.

전략(5대)	중점 추진과제(12개)		핵심사업(30개)
정부 서비스 Re-디자인	1	All-Digital 민원행정 서비스 구현	❶ 부동산 안전거래 통합지원시스템 구축 ❷ 출입국, 외국인정보 공동이용 체계 구축 ❸ 소비자 피해구제 등 종합지원시스템 구축
	2	모바일 완결 전자정부 서비스 정착	❹ 차세대 모바일 전자정부 新서비스 구축
	3	지능정보 기반 개인 맞춤형 통합서비스(Me Gov) 구축	❺ 개인맞춤형 행정서비스 통합 제공 ❻ 사회보장정보시스템 서비스 확대 ❼ 종합취업정보 및 연관정보 포털
	4	국민참여 DIY 열린마당 (Open DIYard) 구축	❽ 국민주도형 공공서비스 개발을 위한 민관협업 플랫폼 구축 ❾ 클라우드 PaaS 기반 국민 소프트웨어 확대 적용
인지·예측 기반 지능행정 실현	5	지능정보 기반지능형 의사결정체계 구축	❿ 지능형 행정빅데이터 기반 질의 응답 큐레이션 시스템 구축 ⓫ 민원 빅데이터 정책활용 기반구축 및 확산 ⓬ 교통카드 빅데이터 통합정보시스템 구축 ⓭ 국가 자금세탁 위험평가시스템 구축
	6	모바일·클라우드 기반 범부처 협업 통합 행정구축	⓮ 범정부 행정협업/지식경영 체계 구축 ⓯ 정부지식 공유활용 기반 고도화구축
	7	데이터 전자정부 기반 조성	⓰ 국가 데이터관리 체계 개선 ⓱ 행정정보공유 확대를 위한 범정부 정보유통허브 구축
산업과 상생하는 전자정부 新생태계 조성	8	지능정보 기반 전자정부 新서비스 개발·확산	⓲ u-서비스 모델 발굴 및 확산 ⓳ ICT 기반 공공서비스 촉진 사업
신뢰기반 미래형 인프라 확충	9	선제적 정보보안 강화	⓴ 지능기반 적응형 보안시스템 구축 ㉑ 전자정부 인증 프레임워크 구축
	10	클라우드 기반 행정정보 인프라 강화	㉒ 클라우드 기반 범정부 정보자원 통합 ㉓ 제3정부 통합전산센터 구축 ㉔ 국가융합망 기반 구축
	11	과학적 사회안전망 구현 확대	㉕ 긴급 신고전화 통합체계 구축 ㉖ 통합 재난안전체계 구축 ㉗ 생활환경 안정정보 통합 제공시스템 구축 ㉘ 상황인지 기반 사회안전 서비스 구축
글로벌 전자정부 질서 주도	12	전자정부 해외 수출 및 국제협력 확대	㉙ 전자정부 해외진출 지원 사업 ㉚ 권역별 전자정부 협력센터 확대 구축

그림 5-3 전자정부 2020 핵심사업들

(2) 전자정부 성과관리 강화

기존 단위시스템 · 사업별 성과 점검 및 평가뿐만 아니라 행정 · 복지 · 교육 · 안전 등 분야별 전자정부 성과와 수준을 점검 · 진단하고, EA기반으로 데이터를 종합 관리하는 등 정부혁신과 연계한 전자정부 성과관리를 강화해야 한다.

(3) 예산과 연계 강화

부처 · 지자체 중기재정계획과 정보화 시행계획의 수립 시 기본계획 내용을 반영하고, 전자정부 예산 심의 시에도 중점 반영하는 등 기본계획과 부처 전자정부 예산 편성간 연계를 강화해야 한다.

(4) 기본계획과 실행계획의 연계

기본계획 이행에 필요한 관련 법제도의 일괄 정비와 추진과제에 대한 기관별 사업 수렴 및 반영을 통해 실행계획을 마련해야 한다.

5.3 2017년 지능형 정부 기본계획

2017년에 우리 정부는 미래지향의 지능형 정부로 도약하기 위하여 전자정부 추진에 많은 예산을 투입하였다. 2017년에 전자정부에 투입된 4조원의 예산 중에서 당시 행정자치부가 수립한 "전자정부 2020기본계획"과 관련된 예산이 3조75억원으로 전체 전자정부 예산의 74%에 해당하는 것으로 분석되었다. 이처럼 정부는 각 부처와 지자체가 추진하고 있는 다양한 정보화사업들을 지능형정부 사업으로 체계적으로 재편함으로써 빠르게 변화하고 있는 ICT 환경에 대응하였다. 이를 지원하기 위하여 행정안전부는 2017년 3월에 지능형 정부 기본계획을 발표하였다.

1. 지능형정부 계획의 추진 배경

1) 지능형 전자정부 추진의 환경 변화

2016년 3월에 개최된 이세돌과 알파고(AlphaGo) 간의 세기의 바둑 대결 이후에 전자정부의 추진 환경도 급속하게 인공지능의 활용으로 변화하였다. 이러한 전자정부 추진의 환경 변화는 크게 다음과 같은 두 가지로 정리된다.

(1) 인공지능 · 빅데이터 기반의 행정혁신 여건 성숙

인공지능(AI)인 알파고(구글)와 왓슨(IBM) 등 기존의 상념을 뛰어넘는 고성능 인공지능이 출현하여 인간의 욕구와 감성을 이해하는 단계로 도약 중이다. 또한 우리나라는 지속적인 전자정부 추진을 통해 행정영역에 대량의 디지털 데이터가 축적되어 활용되고 있기 때문에 무한한 잠재력을 지니고 있다. 따라서 디지털 데이터와 인공지능 기술의 결합으로 행정의 합리성과 과학성 제고 및 지역 · 계층 · 상황별 맞춤형 서비스 제공이 가능하다.

(2) On-line → Anywhere 전자정부로 추진방향 전환 필요

앞으로의 전자정부는 기존의 온라인 위주 서비스 구현을 넘어서, 인공지능과 데이터를 활용, 국민과 공무원의 개인비서가 되어 실시간으로 합리적 판단을 지원해 주고, 실생활에 맞닿아 있는 세세한 오프라인 서비스까지 제공함으로써, 국민들이 어디서나 전자정부를 체감할 수 있도록 발전할 필요성이 있다.

2) 새로운 지능형 전자정부의 추진 방향

새로운 지능형 전자정부는 언제 어디서나 현명하게 국민을 섬기는 정부로 발돋움하기 위한 것이다. 이러한 지능형 전자정부 정책의 추진 방향은 크게 다음의 두 가지로 정리된다.

(1) 추진 체계 및 시범 선도사업

현재의 기술수준 및 행정여건에 따라 추진 가능한 선도사업을 선정하여 2017년 지능형 정부 10대 사업으로 중점 추진한다. 구체적으로는 각 정부기관의 지능형정부 구현사업을 적극적으로 발굴한다. 또한 추진체계의 측면에서 전자정부추진위원회 산하에 지능형정부 소위원회를 구성하여 민관협력 계획수립 및 혁신과제를 발국하여 추진한다.

(2) 중장기 추진 과제들

중장기 과제로는 지능형 전자정부 재설계 및 핵심과제들을 발굴 · 추진한다. 구체적으로는 지능형기술 · ICT환경 기반의 행정프로세스, 전자정부 서비스 및 인프라에 대한 재설계를 추진한다. 이를 위하여 전자정부 재설계 ISP 추진 예산을 확보한다. 또한 지능형 정부 핵심과제 선정 및 중장기 로드맵을 마련하고, 로드맵에 따라서 순차적으로 사업을 추진한다.

이와 함께 지능형 정부 구현을 위한 행정내부 및 공공서비스 프로세스 개선, 정부지원체계, 규제개선 등 필요한 법제도 개선사항을 도출하여 일괄적으로 정비한다. 또한 과학기술정보통신부와 협업하여 임베디드 SW 등 기술수준이 낮은 지능형 기술에 대한 R&D 집중투자을 유도한다.

2. 지능형정부 계획의 비전 및 목표

1) 지능형 전자정부의 비전

“지능형 정부”는 (그림 5-4)와 같이 지능정보기술을 활용하여 국민 중심으로 정부 서비스를 최적화하고 스스로 일하는 방식을 혁신하며, 국민과 함께 국정운영을 실현함으로써 안전하고 편안한 상생의 사회를 만드는 디지털 新정부를 지향하는 것이다. 이를 위하여, 6개의 핵심가치(공정, 투명, 유연, 신뢰, 창의, 포용)를 바탕으로 “스스로 진화하는 WISE 정부”의 비전을 달성하는 것이다.

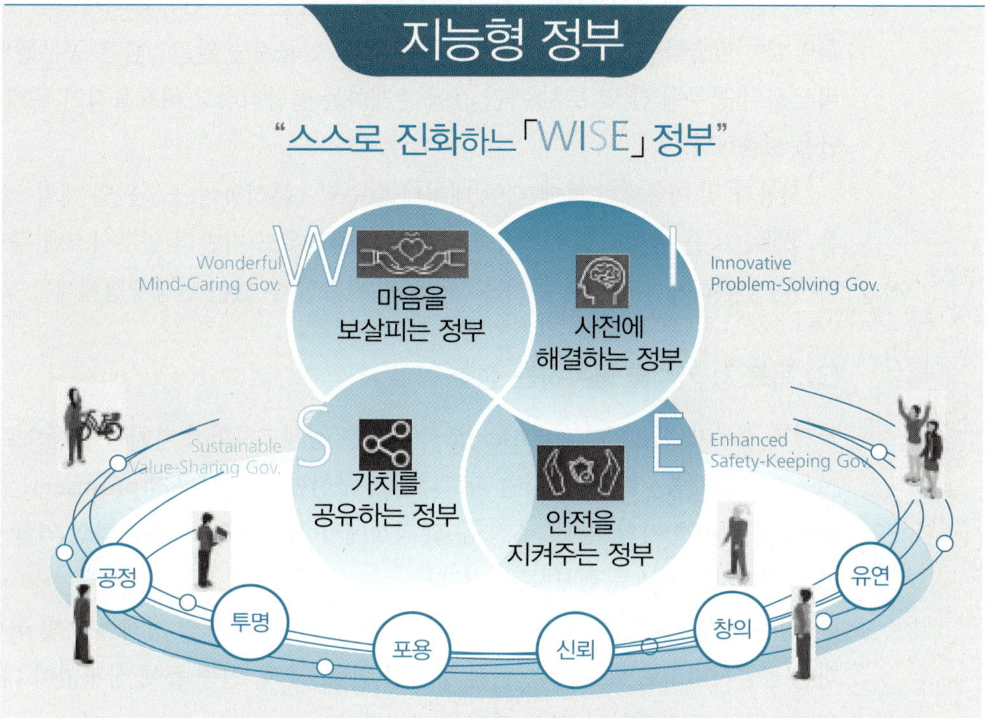

그림 5-4 지능형 정부의 비전과 목표

2) 지능형 전자정부의 목표

지능형 전자정부는 크게 네 가지의 목표(W.I.S.E.)를 추구하고 있다. 이러한 지능형 전자정부의 4대 목표는 다음과 같다.

(1) 목표 1: 마음을 보살피는 정부

특정 서비스 사용자 중심의 경험이 아닌, 서비스 대상, 채널 및 접근방식 확대와 전환을 통한 모든 시민의 디지털 경험을 극대화한다.

대상: 특정서비스 사용자→모든 시민(잠재적 사용자, 디지털 소외계층 포함),

채널: 온라인 중심→온 · 오프라인 연계,

접근방식: 개별서비스→정부서비스 전체

생애주기별 서비스는 물론, 사용자의 일상을 빈틈없이 채워주는 개인비서와 같은 지능화된 맞춤서비스 제공한다.

언제 어디서나 실시간 연결된 채널(민간포함)을 통해 사용자 환경 (사람, 사물, 세상 등)을 인식 · 판단하고 원하는 방식으로 서비스를 전달한다.

(2) 목표 2: 사전에 해결하는 정부

인공지능 기반 행정시스템(로보틱스)이 정부 내 관련 업무처리 및 의사결정 프로세스 전반을 끊임없이 학습하여 스스로 개선안을 제시한다. 인공지능 알고리즘은 공무원의 새로운 '업무비서'로서 공무원 간 및 부처/기관 간에 존재하는 불합리하고 비효율적인 문제를 탐지하고 대안을 도출한다.

사용자 및 이용패턴 등에 대한 데이터를 수집 · 분석하여 공무원의 개입 · 조정 없이도 '숨은 정책수요'를 선제적으로 발굴 · 제안한다. 클라우드 기반의 업무시스템 구축으로 언제 어디서나 신속하게 현장에서 문제를 해결하고 완료할 수 있는 현장행정체계를 구현한다.

(3) 목표 3: 가치를 공유하는 정부

국민과 정부가 프로유저(pro-user)로서 새로운 경제 · 사회적 가치를 공동으로 생산 · 공유 · 사용하는 플랫폼 기반의 디지털 파트너십을 구현한다. 프로유저(pro-user)는 서비스 사용자(user)가 서비스 기획, 발굴, 추진 등 전 과정에서 제공자 (provider)와의 역할 구분 없이 참여하고 책임지는 권리를 행사하는 것이다.

정부가 제공하는 공공인프라와 데이터를 통해 국민주도의 정책결정 및 국민이 직접 완성하는 공공서비스로 확대한다. 이를 통하여 연령, 국적, 인종 등에 상관없이 다양한 사회구성원이 디지털로 상생할 수 있는 기반을 마련한다.

(4) 목표 4: 안전을 지켜주는 정부

예측이 어려운 복합적 사회위험에 대비하기 위해 첨단기술을 활용한 사전감지 · 예방체계 재정비 및 즉각적이고 유연한 대응역량을 강화한다. 이를 위하여 경제적 효율성 중심으로 구축된 생활인프라(가로등, 공공시설, 도로 등)를 생활안전을 우선하는 지속가능한 인프라로 전환한다. 또한 AI 오작동, 지능형 사이버 공격 등 신기술 부상에 따른 역기능과 위험요소를 사전에 인지 · 분석하고, 능동형 보안체계로 업그레이드한다.

3. 지능형정부 계획의 중점 추진과제들

이러한 지능형 전자정부 계획의 목표와 추진 전략들은 크게 다음과 같은 정리할 수 있다.

1) 전략 1: 마음을 보살피는 정부(Wonderful Mind-Caring Gov.)

(1) 알아서 제공하는 'Before Service' 구현

국민이 찾거나 기다릴 필요 없이 국민 개개인의 생활요건, 위치, 상황별 요구 등에 따라 수혜서비스를 Push 방식으로 제공한다. 예를 들어 출생신고를 한 경우, 출산축하금(지자체)/양육

수당(복지부), 공공요금 감면, 보육서비스 기관/육아도우미 고용정보 등을 종합하여 제안 또는 제공한다. 또한 인공지능, 모바일, IoT 등을 활용하여 'O2O기반 사전민원신청'과 '인공지능 로보틱스 서비스' 등을 통한 지능형 주민센터를 구현한다.

(2) '3-Any(Any-Time, Any-Where, Any-Channel)개인비서' 서비스 실현

생애주기를 넘어 틈새수요까지 알아서 인지하고, '희 · 노 · 애 · 락' 등 감성을 이해할 수 있는 국민을 위한 개인비서형 서비스를 제공한다. 이를 위하여 국민 개인의 정보와 실시간 상황, 주변정보 등을 분석하여 휴대하고 있는 디바이스를 통해 정확하고 세심한 서비스를 제공한다. 예를 들어, 1인 여성가구를 위한 안심귀가, 공공택배 이용, 여성 가스검침원 방문 등 일상 속 안전을 위한 공공서비스를 개인화하여 제공한다.

또한 디지털 활용역량이 부족한 사용자도 정보 · 서비스에 대한 접근 · 활용이 가능하도록 민원인 눈높이에 맞춘 대화형 챗봇서비스를 도입한다. 예를 들어 시각장애인, 고령자 등 디지털 기기 사용이 어려운 계층을 위한 음성 · 상황인식형 대화가 가능한 서비스를 개시한다.

또한 행정절차나 수혜가능 서비스를 모르는 국민이 어려움을 겪을 때 최적의 해결방법을 찾아서 알려주고 상담해주는 '로봇 컨설턴트'를 구현한다. 구체적으로는 국민이 명확한 질문을 하지 않아도 상황정보들을 분석하여 제공 가능한 공공서비스 및 가장 편리한 수혜방법을 안내한다.

(3) 민의(民意) 분석 '로보틱스 플랫폼' 구축

단순한 채팅 등을 통한 민원처리를 넘어 정부가 보유한 모든 형태의 정보를 분석 · 제공할 수 있는 알고리즘 기반의 플랫폼을 재설계한다. 이를 위하여 민관의 채널 수렴 · 관리, 행정기관별 데이터로 구성된 메타정보 활용을 위한 봇 디렉터리(Bot Directory) 체계 구축, 상황인식 컴퓨팅 등의 기술적용도 고려한다.

또한 텍스트, 자연어, 영상 등을 포함하는 다양한 민원 빅데이터 분석이 가능한 'AI-신문고' 고도화로 국민-정부 간 대화체계를 개선한다. 이를 위하여 원시 데이터(영상, 사진 등) 내 주요 민원 사항을 자동으로 인식하여 상황인지 및 대응(예시 : 구글포토의 사진 인식 및 분류 서비스)하는 서비스를 제공한다.

2) 전략 2: 사전에 해결하는 정부(Innovative Problem-Solving Gov.)

(1) 자가학습기반 선제적 행정 프로세스로 재설계

인공지능이 공무원의 비서로서 업무 프로세스를 자가진단 · 개선하고, 기존 정책데이터 분석을 통해 '숨은 정책수요'를 발굴 · 제안한다. 예를 들어 과부하가 걸리거나 민원이 빈번한 업무 과정의 문제해결 및 이중으로 관리되는 유사한 정부서류의 일원화 등을 인공지능이 학습을 통해 인지 · 제안한다. 또한 A지역의 민원(가로등 설치 등)에 따른 정책실행 후, 타 지역을 모니터링하여 유사한 정책수요를 선제적으로 도출, 정책대안을 제시한다.

이와 함께 민원 · 인허가 처리과정 전반의 빅데이터를 분석하여 취약단계를 개선, 처리기간 단축 및 신뢰성 제고 등 민원서비스 수준을 업그레이드한다. 이를 위하여 각 부처 · 지자체가 민원처리과정을 유사한 타 기관과 비교분석하여 과도한 보완서류 요구 및 불필요한 처리지연 등을 스스로 개선할 수 있도록 환경을 제공한다. 또한 주요 현안에 대해 최적화된 정책수단 · 착수시기 등을 의사결정권자가 판단할 수 있도록 빅데이터 기반으로 조언해 주는 "AI 보좌관"을 구현한다.

(2) 블록체인 행정플랫폼으로 신뢰사회 구현

블록체인 기반의 행정데이터를 통합 · 활용하여 위 · 변조가 불가능한 전자문서 검증, 송 · 수신 등을 통해 국민의 대정부 신뢰도를 제고시킨다. 예를 들어 이중계약 차단 및 부인방지, 계약서 유통 · 보관 · 증명 등 전자문서 서비스 제공을 통해 종이 · 인감 없는 부동산 전자계약이 가능하다. 또한 음성인식, 컨텍스트 딥러닝 등을 통해 정부의사결정과정을 자동으로 기록 · 보존하고 국민이 손쉽게 접근하도록 투명하게 공개할 수 있다.

또한 블록체인을 활용한 인터넷 투표 실시 및 정책에 대한 의견 개진으로 디지털 직접민주주의를 실현할 수 있다. 실제로 호주 정당은 블록체인 기반의 당원 · 국민 정책 투표 플랫폼을 운영 중이며, 모스크바 市정부는 블록체인을 도입한 전자투표 시스템 개발을 추진하고 있다.

더 나아가 세금, 금융정보 등 민관협력 빅데이터 분석을 통해 탈세 위험군, 부정수급 등 다양한 위반 시나리오를 개발 · 대응하여 사회정의를 실현할 수 있다. 실제로 소득대비 지출비율이 평균을 상회하는 고소득 전문직 파악 후 세무조사 대상자에 포함, 고액체납자임에도 해외여행 또는 고가의 물품 구입사례 파악 등에 활용될 수 있다. 또한 행정처리 · 금융 등 빅데이터 실시간 종합분석을 통해 공직비리 및 행정오류의 가능성을 사전에 예측 · 차단하여 공직 청렴도를 제고할 수 있다.

(3) 기동성 있는 현장행정(Agile Work) 고도화

클라우드 기반 업무시스템 전환으로 디바이스 프리(Device-free) 환경을 확대하여 단순 업무처리를 넘어 문제해결이 가능한 현장행정을 구현한다. 예를 들어 차량 영치, 주차 위반 등 간단한 현장행정뿐만 아니라, 웨어러블 디바이스, 센싱기술, 실시간 데이터 분석 등을 통한 즉각적인 문제인식 · 대응이 가능하다. 구체적으로 사회복지사의 경우, 사무실 방문 없이 수급내용 관련 기록 및 수혜가능 서비스 실시간 검색, 누락 서비스 신청 · 등록 등을 현장에서 직접 처리할 필요가 있다.

또한 불필요한 내부절차를 간소화하여 현장행정 처리과정 및 결과보고까지 현장에서 즉시 완료할 수 있는 '원스톱 현장행정시스템' 도입이 가능하다. 이와 함께 시공간 제약없이 현장상황을 다자간에 생생하게 공유하고, 의사결정이 가능하도록 VR · AR · 홀로그램 기반의 초실감형 영상회의 구축도 가능하다. 이를 위하여 인공지능과 디지털데이터를 활용하여 현명하게 정책을 수립하고, 사회문제를 해결할 수 있는 지능형 공직자 양성 및 역량강화가 요망된다.

3) 전략 3: 가치를 공유하는 정부(Sustainable Value-Sharing Gov.)

(1) '지능형 데이터' 민관 분석 · 공유체계 구축

민간으로의 공공데이터 범용화를 위해 이종(異種) 데이터 변환(AI-readable) 플랫폼 구축 및 인공지능 분석 툴(Tool)을 제공한다. 이를 위하여 데이터 활용 인프라를 보유하지 못한 중소기업 및 개인이 활용할 수 있는 플랫폼을 제공함으로써 신사업 창출, 청년창업 등을 지원한다. 또한 정부에서 보유하고 있지 않거나 관리가 어려운 데이터는 국민과 공동 생산 · 거래하여 데이터의 양적 확대와 품질 향상을 도모한다. 실제로 미국 'The Internet of Turtles'은 정부에서 바다거북이 종 보전을 위해 이미지 기반 생태 정보 시스템 플랫폼을 구축하여 시민들의 데이터 수집 참여를 도모하였다.

또한 공공에서 제공하는 데이터의 체계적 관리(데이터 품질관리, 데이터 형식의 표준화 등)를 위한 '공공데이터 전략센터(가칭)'를 구축한다.

(2) 'DIO (Do It Ourselves)' 사이버마당 구현

공공 · 민간의 멀티포맷 데이터 API 및 분석기술 등을 반영한 공공서비스 국민개발 플랫폼 업그레이드로 국민주도 서비스 구현을 활성화한다. 또한 국민이 생활 속에서 습득한 정보, 서비스 평가 등을 공공서비스에 적극 접목하여 국민이 직접 완성하는 공공서비스를 구현한다. 실제로 미국 Google Earth는 전 세계의 이용자들이 특정지역의 사진 및 시설물 이용 리뷰 등을 자유로이 등재하여 다른 이용자들에게 많은 정보를 제공하고 있다.

(3) 디지털 新산업 '하이브리드형 생태계' 조성

하이브리드형 생태계는 공공선도형 신산업 육성과 시장주도형 신산업 육성방식의 융합을 의미한다. 우선 공공선도를 위하여 정부영역에 지능형 핵심기술을 선도적으로 도입하여 민간 비즈니스의 저변 확대 및 경쟁력 제고를 추진한다. 예를 들어 자본이 부족한 민간사업자가 적기에 신산업 분야에 진출할 수 있도록 민 · 관이 함께 컨소시엄을 구성하여 정부서비스에 신기술을 적용한다.

이어서 정부가 직접 공공서비스를 개발하는 방식에서 민간이 개발한 서비스를 정부가 활용하는 시장주도 방식으로 전환한다. 또한 1인 가구 증가에 따른 관련 산업(부동산, 외식, 자동차 등)의 환경 변화를 감지하여 사회적 협업과 공유경제 활성화를 지원한다.

(4) 사회배려자를 위한 디지털 밀착서비스 구현

지리적 · 신체적 소외계층(도서벽지거주자, 독거노인, 장애인 등)을 대상으로 '이동이 필요없는 서비스(Stable Service)'를 받을 수 있는 환경을 제공한다. 실제로 아마존 대시버튼(dash BUTTON)은 일일이 인터넷에 접속하여 상품을 찾지 않아도 상품에 부착한 버튼을 누르면 해당 상품이 자동으로 주문 · 배송된다.

또한 결혼이주여성 등 다문화가정 구성원에게 인공지능 · VR 등을 지원하여 의사소통 문제를 해결하고 문화적 부작용을 해소한다. 구체적으로는 인공지능을 통한 자동통번역 시스템으로 사회서비스 및 정부서비스 이용지원, 가상현실을 통한 한국어 교육콘텐츠 및 고국 가족과의 대화 지원 등이다.

(5) 국경 없는 'B-ID (Blockchain-ID)' 도입

해외투자자, 외국인 노동자, 결혼이주여성 등에게 블록체인 기반 디지털 ID를 발급하여 '비트-시티즌(Bit-Citizen)'으로 관리한다. 구체적으로는 국내 거주 외국인의 체계적 관리(출입국 관리, 테러 · 범죄 수사, 세금, 건강보험, 교육 등)와 해외 전문 인력 유입 및 해외 투자의 적극적 유치를 위한 다양한 공공서비스의 제공이 가능해진다.

4) 전략 4: 안전을 지켜주는 정부(Enhanced Safety-Keeping Gov.)

(1) 상황인지 기반 '지능형 안전망' 구현

지역별 범죄율, 재난(지진, 폭설 등) 발생 통계, 국민 행동패턴 등을 분석하여 선제적인 사고 예방 및 재난 예측력을 강화한다. 예를 들어 조류독감, 메르스 등 전염성 질병을 사전에 탐지하고 확산을 방지할 수 있는 센싱 기술 및 빅데이터 분석 플랫폼을 개발한다. 이와 함께 비콘 기술을 활용하여 수질정보, 재난 발생 가능성에 대한 실시간 정보를 push 서비스로 제공한다.

또한 피해 최소화 방안 연구, VR을 활용한 교육, 범부처간 협력 등을 통해 사고 · 재난 발생 시 정부 · 국민의 대응능력을 제고한다. 구체적으로는 IoT를 활용한 미아 찾기, 폭염시 인접 쉼터 위치정보 제공, 대설시 차량 진입불가 도로 예측 정보 제공(민간 내비게이션 업체 등과 협력) 등이다.

(2) 자가진화형 사이버 안전 기반 구축

인공지능 기반으로 최신 보안위협을 스스로 학습, 체계적으로 대응 · 방어하는 지능형 사이버 안전 체계를 마련한다. 구체적으로는 AI 오작동, 지능형 사이버 공격 등 지능형 정부 이면에 있는 역기능과 위험 요소들을 선제적으로 방지할 수 있는 사이버 안전체계를 마련한다.

(3) 전국 방방곡곡, Smart Nation 조성

농어촌 · 구도시 · 신도시 모든 지역에 거주하는 주민들의 삶의 질을 향상시키고, 보다 안전하고 편리한 생활환경을 마련한다. 예를 들어 도시 노후화 개선을 위하여 차량 상습정체지역에는 지능형교통, 안전 취약지역에는 CCTV, 화재취약지역에는 스마트가스락 서비스를 구축한다.

또한 웨어러블 기기, IoT 센서 등을 활용한 '100세 튼튼 서비스', '생활안전 지킴이 서비스' 등을 발굴 · 구현한다. 예를 들어 독거노인 안전 돌보미 서비스는 독거노인 댁내 센서 및 웨어러블 혈압혈당기, 디지털 약상자를 설치하여 활동량 분석 알고리즘 적용을 통한 응급상황 예측 및 건강정보 실시간 가족알림 서비스로 독거노인의 고독사를 예방할 수 있다. 또한 수확기 농산물 절도 예방시스템은 마을 거주인 차량이 아닌 차량이 진입 시 불빛 · 소리 등을 통해 경고, 위치추적 및 해당 논밭 소유주에게 경보할 수 있다. 그리고 시각장애인을 위한 Virtual Town은 시각장애인이 안내견 또는 별도의 도움 없이 길을 쉽게 찾아갈 수 있는 IoT 기반 Virtual Navigation 시스템을 구축하는 것이다.

또한 급속한 도시화의 부작용을 해결하기 위해 IoT에 인공지능 기술을 결합하여 도시 기반 인프라와 운영 프로세스 등에 활용할 수 있다. 실제로 미국 시카고 AoT(Array of Things)의 경우, 도시 內도로, 전봇대 등에 설치한 센서 간 네트워크를 통해 기온, 대기오염 수준 등의 데이터를 실시간 수집 · 분석, 시민에게 개방하고 정부기관에서도 활용하고 있다.

5.4 2018년 전자정부 지원사업들

이러한 지능형 전자정부의 정책 기조는 2018년에도 이어져서 2018년 전자정부 지원사업의 핵심은 '지능형 정부'이다. 행정안전부는 〈표 5-1〉과 같이 2018년 전자정부지원사업 예산(869억 원) 중에서 75%가 넘는 655억 원을 '지능형 정부' 구축에 투자한다.

이처럼 지능형 전자정부의 구현을 위한 전자정부 지원사업의 주요 과제들은 구체적으로 인공지능기반 적응형 보안시스템 구축, 지능형 정부 구현을 위한 행정서비스 재설계 ISP, 블록체인 기술 활용 전자민원서류 발급 · 유통시스템 구축 ISP, 정부업무관리시스템 클라우드 확산 및 클라우드 기반 전자정부 표준플랫폼 구축 ISP등이다. 이러한 전자정부지원사업은 범정부 전자정부 기반 조성, 다수 부처간 정보 연계 및 협업 등을 통해 정부 · 국민 · 기업에 큰 파급효과를 가져올 정보화사업을 중점관리 · 지원하는 사업이다. 그동안 전자정부지원사업을 통하여 정부는 민원 24, 조달청 나라장터 등 국민 입장에서 꼭 필요한 서비스를 편리하게

표 5-1 2018년 전자정부 지원사업 주요 과제들

과제	투입 예산	주요 내용
인공지능기반 적응형 보안시스템 구축	73억 원	인공지능 기술을 적용해 해킹 등 보안위협을 자동으로 분석 · 대응하는 시스템 구축
지능형 정부 구현을 위한 행정서비스 재설계 ISP	24억 원	행정절차, 대국민 서비스에 인공지능 기술을 활용한 행정혁신을 위해 서비스 개편 전략계획 수립
블록체인 기술 활용 전자민원서류 발급 · 유통시스템 구축 ISP	10억 원	블록체인 기술을 활용하여 행정기관 증명서 등을 신청부처 발급까지 온라인 완결서비스 제공하기 위한 정보화전략계획 수립
정부업무관리시스템 클라우드 확산	47억 원	행정기관의 정부업무관리시스템, 기록관리시스템을 클라우드 서비스로 전환
클라우드 기반 전자정부 표준플랫폼 구축 ISP	18억 원	전자정부에 클라우드, 빅데이터, 인공지능 기술을 적용하기 위한 표준플랫폼 구축 방안 수립

제공할 수 있도록 지원해 왔다.

이처럼 2018년 전자정부 지원사업의 목표는 (그림 5-5)와 같이 지능형 정부를 실현하는 것을 선도하는 것이다. 이를 위하여 〈표 5-2〉와 같이 6개 분야 26개 과제에 총 869억원을 투입하고 있다.

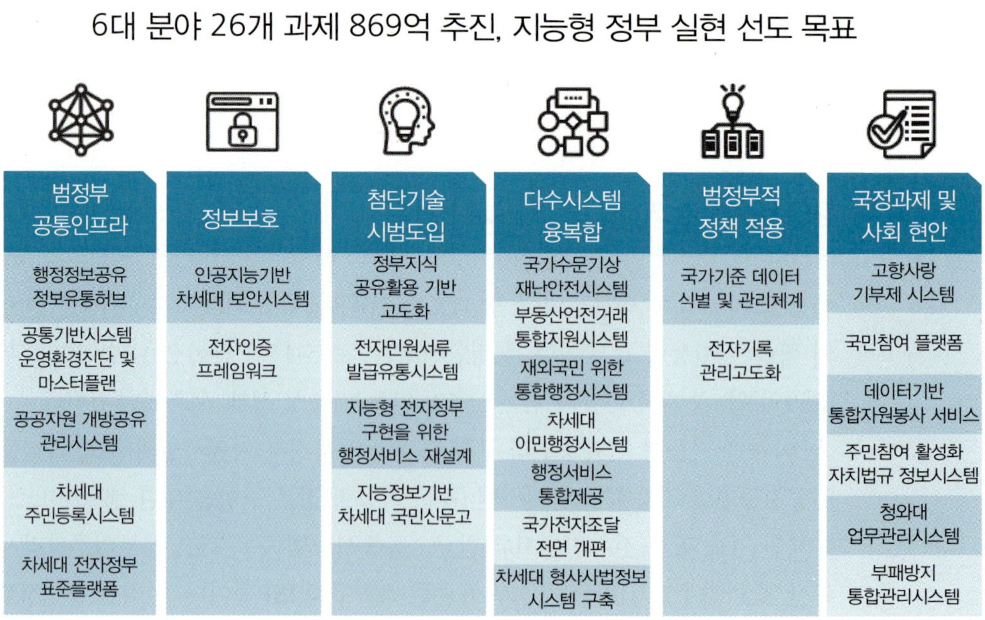

그림 5-5 2018년 지능형 전자정부 사업 목표

표 5-2 2018년 전자정부지원사업 목록

총 사업규모: 839억원(26개)

구분	과제명	주관기관	예산	비고
총계	86,947백만원		(단위: 백만원)	
과제추진	총 26개 과제(계속 11개, 신규 15개)		83,947	
범정부 공통인프라 (4)	소계		7,506	
	행정정보공유 확대를 위한 범정부 정보유통 허브 구축	행안부	3,376	계속
	공통기반시스템 운영환경 구조진단 및 개선 마스터플랜 수립	행안부	1,330	신규
	차세대 주민등록시스템 구축 ISP	행안부	1,000	신규
	차세대 정자정부 표준플랫폼 체계 구축 ISP	행안부	1,800	신규
정보보호 (2)	소계		12,154	
	인공지능기반 적용형 보안시스템 구축	행안부	7,300	계속
	전자인증 프레임워크 구축(3단계)	행안부	1,300	계속
첨단기술 시범도입 (4)	소계		12,154	
	정부지식 공유활용기반 고도화	행안부	4,740	계속
	전자민원서류 발급유통시시템 구축 ISP	행안부	1,000	신규
	지능형 전자정부구현을 위한 행정서비스 재설계 ISP	행안부	2,500	신규
	지능 정보 기반 차세대 국민신문고 구축	권익부	3,914	신규
다수시스템 융복합 (7)	소계		40,132	
	국가수문기상재난안전공동활용시스템구축	행안부	2,160	계속
	부동산 안전거래 통합지원시스템 구축	법원, 국토부	3,635	계속
	재외공간 스마트 영사민원 포털시스템 구축	외교부	8,485	계속
	차세대 이민행정시스템 구축	법무부	15,698	계속
	행정서비스 통합 제공	행안부	5,028	계속
	국가전자조달 전면개편 BPR/ISP	조달청	2,804	신규
	차세대 형사사법정보시스템(KICS) 구축 ISP	법무부 등	2,322	신규
범정부적 정책적용 (2)	소계		6,098	
	국가 마스터네이터 식별 및 관리체계 구축	행안부	5,415	계속
	전자기록관리 고도화 BPR/ISP	행안부	683	신규

〈계속〉

표 5-2 2018년 전자정부지원사업 목록(계속)

구분	과제명	주관기관	예산	비고
국정과제 및 사회현안 (7)	소계		9,457	
	고향사랑기부제 시스템 구축 ISP	행안부	500	신규
	국민참여 플랫폼 고도화	행안부	1,025	신규
	테이터기반의 통합 자원봉사 서비스 구현 ISP	행안부	500	신규
	주민참여 활성화위한 자치법규정보시스템 고도화 BPR/ISP	행안부	536	신규
	청와대 업무관리시스템 고도화	대비실	1,500	계속
	부패방지 통합관리시스템 구축	권익위	4,537	신규
	민 · 관 공유서비스 관리시스템 구축 BPR/ISP	행안부	859	신규
기반조성	전자정부지원사업 기반조성		3,000	

쉬어가기

서울시 강남구청 강남봇 사례

서울에 거주하는 박모(35)씨는 22일 강남역 인근에서 공영주차장을 찾기 위해 배회하던 중 모바일메신저 카카오톡을 켰다. 지난주 친구로 추가한 '강남구 민원봇(강남봇)'에게 인근 주차장을 묻는 질문을 던지자 강남구 도시관리공단 홈페이지로 연결되는 링크가 떴고, 이 링크를 타고 들어가자 구내 주차장 위치와 시간당 이용가격 등 상세한 정보가 제공됐다. 박씨는 이 정보를 토대로 5분당 400원을 내는 노상주차장을 찾아가 주차를 할 수 있었다.

서울시 자치구 행정서비스가 인공지능 · 전자기기 등과 결합해 진화하고 있다. 주민들은 카카오톡을 통해 실시간으로 각종 정보를 제공받거나 민원을 제기할 수 있고, 반드시 구청을 방문해야 했던 업무도 자택에서 인터넷과 모바일 기기 등을 통해 해결할 수 있게 됐다.

이달 14일부터 시범운영 중인 '강남봇' 서비스가 대표적이다. 강남구를 찾은 시민들은 누구나 주정차 관련 질문을 하고 실시간으로 대답을 들을 수 있다. 인근 주차장뿐만 아니라 견인기준, 주차 과태료, 단속대상 지역 등 궁금한 사항에 대한 키워드를 입력하면, 인공지능 기반의 딥러닝 기술을 탑재한 챗봇이 대답을 해주는 방식이다.

단순 정보제공에 그치지 않고, 실시간 이의신청도 가능하다. 기존 서면이나 팩스 또는 인터넷을 통해 이의신청을 하려고 하면, 시민들이 양식을 받아 이를 일일이 작성한 뒤 구청에 보내야 했고, 결과 통보까지도 40여일이 걸렸다.

하지만 카카오톡 '강남봇'과의 채팅창을 열어 이의신청 항목을 선택한 뒤 세부 항목을 입력해나가면 채팅창 내에서 실시간으로 양식작성이 완료된다. 또 과태료 납부, 견인 등과 관련한 이의신청을 할 경우 1일 이내에 대략적인 결과를 알 수 있다.

김청호 강남구청 전산정보과장은 "강남구는 지난해 기준 주정차 위반 적발 건수가 43만 4,332건으로 전국 자치구 중 가장 많은 지역이었고, 이 때문에 의견진술을 포함한 이의신청 건수 역시 가장 많았다"며 "단순 반복 민원이나 양식작성 등에 인공지능 기반의 민원서비스를 도입, 행정의 효율성을 높일 수 있게 됐다"고 말했다.

이 같은 편리성 때문에 일주일간의 시범운영기간에만 6,000여명의 주민들이 '강남봇' 서비스를 이용했다. 강남구청은 다음달 15일부터 '강남봇' 정식 서비스를 시작할 예정이다.

마포구도 이달부터 자치구 최초로 '건축문서 셀프서비스' 시행에 들어갔다. 기존에는 건축 인 · 허가 후 발생하는 신고필증 · 면허세 고지서 등의 문서를 발급받기 위해 직접 구청을 방문하거나 우편서비스를 이용해야 했지만, '건축물 셀프서비스' 시행 이후 주민들은 장소에 구애 받지 않고 관련 문서를 출력할 수 있게 됐다.

'건축문서 셀프서비스'는 지난해 10월부터 약 5개월간 운영한 시범운영 결과 1,116건의 서비스를 처리하면서 교통비, 인건비 및 우편발송비 등 약 2,200여만원의 비용을 절감했다. 마포구는 향후 연간 약 6,400만원의 사회적비용이 절감될 것으로 기대하고 있다. 박홍섭 마포구청장은 "주민편의를 위해 적극적인 행정 서비스를 펼치는 것이 구청 본연의 임무"라며 "향후 행정서비스 개선이 필요한 분야를 꾸준히 발굴해 나갈 것"이라고 밝혔다.

자료: (한국일보, 2017년 3월 22일)

CHAPTER

6

외국의 전자정부 추진 동향 및 사례

오늘날 스마트 지능정보사회의 도래에 따라 세계 여러 나라들은 전자정부의 추진이 필요하다는 것에 공통적으로 인식을 같이 하고, 각 나라들이 처한 상황에 따라 다양하게 전자정부 사업들을 추진하고 있다. 이처럼 다양한 관점에서 전자정부 구현을 위한 사업을 진행하고 있으므로, 각 나라가 처한 특수성 및 추진 정책의 방향에 따라서 전자정부의 모습도 다르게 나타날 수 있을 것이다.

더욱이 오늘날 여러 선진국들의 정부혁신은 정보기술을 활용한 전자정부의 구현정책으로 보다 구체화되어 실행되고 있다. 따라서 전자정부의 개념을 처음 등장시킨 미국과 2016년 UN전자정부 평가에서 세계 1위를 차지한 영국 및 우리와 가까운 나라인 일본의 전자정부의 구현 동향을 중심으로 외국의 전자정부 추진 과정을 간략하게 살펴보고 시사점을 도출하고자 한다.

6.1 미국의 전자정부 구현 정책

1. 부시정부의 전자정부 추진정책(2001~2008)

1) 전자정부 추진 배경

미국은 1993년 클린턴 행정부 출범 이후 인터넷 등 첨단 IT산업을 기반으로 하는 신경제를 실질적으로 주도하여 미국 역사상 유례없는 장기 호황을 누렸다. 이러한 성과는 클린턴 행정부가 디지털 기회창조, 전자사회(e-society)건설, 전자정부 실현, 소비자 신뢰도 증대, 글로벌 사이버마켓 창조, 인터넷을 통한 성장촉진 등 총 6대 디지털화 핵심 정책을 추진한 결과로 평가받고 있다. 그 가운데서도 정보기술을 활용하여 지속적으로 전자정부를 구현해온 것이 결정적인 계기를 마련하였다.

특히 2000년 6월에 클린턴 대통령은 대규모 전자정부 추진 계획을 발표하면서, 2000년 말까지 정부통합 포털사이트를 통하여 약 2만개의 연방정부 웹사이트의 모든 온라인 자료의 검색을 가능하게 하면서, 시민, 학생, 연구자, 공무원을 대상으로 전자정부 추진을 위해 가장 혁신적인 아이디어를 제안한 사람에게 최고 5만달러를 수여하는 방안을 제시한 바 있다. 이에 따라 같은 해 9월 22일에 27,000개 연방정부 웹사이트를 검색할 수 있는 정부차원의 포털사이트인 'firstgov.gov'를 개통하여 운영하였다.

한편으로 2001년 새롭게 출범한 부시 행정부는 향후 10년간 새로운 시대의 새로운 국가경영 비전을 제시한 'A Blueprint for New Beginnings' 제하의 2002년도 예산안을 통하여 '능동적인 작은 정부(active and limited government)' 구현을 위한 새로운 접근 방법을 제안하면서, 국민중심의 정부, 결과중심의 정부, 그리고 시장중심의 정부 구현을 추진하였다. 이를 위해 부시 대통령 역시도 총 1억불을 투입함으로써 전자정부를 조기에 구현하려는 의지를 표명하였다.

특히 2001년 8월에 미국에서 발표된 보고서에도 계속해서 전자정부의 추진을 지속적으로 추진할 것을 다짐하였다. 이에 따라서 관리예산처(Office of Management & Budget: OMB)에서 "2002 Fiscal Year 2002 The President's Management Agenda"가 발표되었는데 이 가운데 많은 부분이 정부 혁신전략으로 전자정부의 구현을 다루고 있다.

따라서 이처럼 부시행정부도 클린턴 행정부부터 지속된 공공부문 개혁을 더욱 가속화하기 위해 전자정부의 조기 구현을 적극적으로 추진하였다. 이러한 노력은 정부서비스의 온라인 제공을 위한 포털사이트(firstgov) 구축이나 '전자정부기금(e-Government Fund)' 설치, 전자정부 전담팀(e-Government Task-Force)의 신설 · 운영(2001년 7월)및 전자정부법의 제정(2002년) 등을 통해 가시화되었다.

2) 원칙과 목표

2002년 부시행정부는 전자정부를 통해 정부의 운영방식을 개혁하고 대국민 서비스의 품질을 제고하기 위하여 아래의 3가지 원칙을 발표하였다. 이러한 원칙은 다음과 같다.

① 시민중심(Citizen-centered, not bureaucracy-centered;)
② 결과중심(Result-oriented; and)
③ 시장기반(Market-based, actively promoting innovation)

이어서 전자정부 구현의 목표는 다음과 같이 설정되었다.

- 대국민 서비스 전달의 단순화
  - 정부의 일하는 방식을 표준과 지침에 따라 혁신
  - 관련규제 및 의사결정 조직들이 함께 일할 수 있도록 사전협의
- 투자효율성 달성을 위한 다양한 장치마련
  - 관리예산처(OMB)의 예산배정 프로세스에 따라 각종 예산요구 자료를 작성하도록 함으로써 전자정부 사업의 중복투자 배제 및 유관 사업 통합
  - 예산계획(Capital Planning), 투자 및 통제과정(Investment and Control Process) 등 여러 수단을 복합적으로 활용
- 개별기관의 IT투자 및 관리기법 합리화
  - 국민과 기업이 실제로 필요한 서비스를 제공하기 위하여 사업기획 시 가상으로 서비스가 활용될 수 있는 상황(business case)을 만들어 제시하도록 함
  - 업무참조모델(BRM)의 업무 기능분류(LoB)에 따라 대국민 및 기업서비스 간 유사 기능의 정보화사업을 통폐합
- 효과적인 IT 인력확보
  - 관리예산처(OMB), 최고정보책임자협의회(CIOC), 총무처(GSA)가 함께 필요한 IT전문인력의 규모를 분석하고 모집 및 교육 추진
- 전자정부 사업 및 대통령관리 아젠다(PMA)의 성공적 추진을 위한 책임기관의 리더십 보장

3) 부시정부의 전자정부 사업들

부시행정부가 출범한 이후에 관리예산처(OMB)는 전자정부 확대를 구체적으로 실현하기 위해, 2001년 7월에 77명으로 구성된 범 부처차원의 작업반(Quicksilver Task Force)을 발족시켰다. 이 작업반(Task Force)은 미국 전자정부의 구체적인 실현전략 수립 및 주요사업 개발의 역할을 수행하였다. 이들은 우선적으로 정부 아키텍처(FEA)를 검토하여 연방정부 업무 아키텍처(Business Architecture)를 개발함으로써 정부업무 분류체계(LoB)와 시민들의 수요에 기초한 범정부 통합서비스 및 중복이 없으면서 이용이 편리한 서비스 제공을 위한 평가 기반을 마련하는 데 초점을 두었다.

이 작업반은 주요 추진 사업의 선정을 위해 2001년 8월부터 3개월간 350개의 사업을 제안하고 이중 23개 사업을 확정하여, 이를 대통령관리위원회(PMC)에서 승인을 받았다. 이어서 2002년 2월에 〈표 6-1〉과 같이 24개의 확정된 사업을 토대로 '전자정부 전략(E-Government Strategy)'을 수립하여 발표하였다.

이들 작업반(Task Force)은 다음과 같은 4가지 기준(세부기준 포함)에 대하여 각각 10점 척도로 평가하고 최종 평가점수에 따라 20개 과제를 발굴하였다.

표 6-1 부시정부의 전자정부 사업들

영 역	개 요	사업 (Administration's 24 E-Gov Initiatives)
개인에 대한 서비스 (G2C: Service to individuals)	최상의 정부서비스에 시민들이 쉽게 접근할 수 있도록 one-stop-shops를 구성하는 작업	• Recreation One-stop • Eligibility Assistance Online • Online Access for Loans • USA Services • e-Tax Filing
기업에 대한 서비스 (G2B: Service to businesses)	인터넷을 활용하여 기업들에 부과되는 중복 보고를 통합함으로써 기업의 부담을 최소화하는 작업	• Online Rulemaking Management • Expanding Electronic Tax Products for Business • Federal Asset Sales • International Trade Process Streamling • One-Stop Business Compliance Information • Consolidated Health Informatics
정부간 관계 (G2G: Intergovernmental affairs)	지방정부의 연방정부에 대한 보고 의무를 쉽게 수행할 수 있게 하면서도 지방정부의 연방정부 지원산업에 대한 성과측정을 보다 정확히 하는 작업	• Geospatial Information One-stop • e-Grant • Disaster Assistance and Crisis Response • Wireless Public SAFECOM • e-Vital
내부적 효율성과 효과성 (IEE: Internal efficiency and effectiveness)	e-business 영역의 모범사례들을 활용하여 연방정부행정의 성과를 높이고 비용을 줄이는 작업	• e-Training • Recruitment One-stop • Enterprise HR Integrations • e-payroll/HR • e-Travel • Integrated Acquisition Environment • Electronic Records Management
정보화 기반		• e-Authentication • (Federal Enterprise Architecture)

- 서비스 전달성 향상(정부업무 처리 효율성, 시민 편익정도, 사용 시민 수)
- 사업가능성(사업 소요기간, 이행에 따른 위험 정도)
- 사업 효과성(비용효율성 향상 등 금전적 효과, 응답성 향상 등 운영 효과 정도)
- 소요자원(투자금액)

부시행정부에서 추진했던 전자정부 사업의 세부 내용은 다음과 같다.

- 정부 대 시민사업(G2C)과 정부 대 기업사업(G2B)은 시민과 기업이 필요한 정보와 서비스를 단일창구를 통해 원스톱으로 제공하기 위하여 추진하는 분야
- 정부 대 정부사업(G2G)은 지방정부-주정부-연방정부 간 파트너십을 재정립함으로써 시민들에게 서비스를 보다 효과적으로 전달하기 위해 추진하는 분야

- 내부 효율과 효과증진(IEE)사업은 민간분야의 모범사례를 정부부문에 적용하여 운영 효율성 향상, 비용절감 및 정부부문 업무처리 프로세스를 혁신하기 위해 추진하는 분야

부시정부에서 추진된 이러한 세부 사업들을 분야별로 살펴보면 다음과 같다.

(1) 정부 대 시민 분야(G2C)

① 여가생활(Recreation One-Stop)

- 연방, 주, 지방정부가 관리하는 국립공원, 호수, 박물관 등의 여가 장소 정보를 검색할 수 있는 온라인 지도, 각종 시설의 예약 및 결재서비스를 통합하여 제공
- 사용자 중심의 여가 정보 포털 구축 및 기관 간 중복 업무 제거를 목적으로 추진

② 정부대출서비스(E-Loans)

- 정부의 대출 프로그램을 원스톱으로 검색하고 신청할 수 있는 통합포털 제공
- 시민이 빠르고 편리하게 정부 대출프로그램 정보를 획득할 수 있도록 지원

③ 정부지원 자격 조회(GovBenefits.gov)

- 연방정부가 제공하는 각종 혜택 및 지원 서비스에 대한 정보검색부터 수혜자격 대상 조회, 신청할 수 있는 포털사이트 제공
- 시민 개개인에 적합한 서비스를 쉽게 찾을 수 있도록 고객별 맞춤서비스 제공

④ 세무신고서비스(IRS Free File)

- 변호사나 회계사에게 의뢰하지 않고도 시민 스스로 인터넷을 통해 무료로 간단한 세무신고를 할 수 있도록 통합서비스 제공

⑤ USA서비스(USA Services)

- 범정부 차원의 콜센터, 온라인 정보포탈 및 각종 인쇄물을 통해 시민중심의 서비스를 제공
- 연방정부가 제공하는 서비스에 대한 다양한 요구사항 수렴 및 각종 문의사항에 대하여 정확하고 시기적절하며 일관된 응대를 목적으로 함

(2) 정부 대 기업 분야(G2B)

⑥ 규정제정(E-Rulemaking)

- 시민들이 연방정부의 각종 규제에 대하여 관련 규정을 검색하고, 이에 대한 의견을 제출할 수 있는 통합 사이트 구축

- 각종 규제정보 검색의 편리성과 효율성을 증진하고, 규제 제정 시 시민, 기업, 정부기관들의 적극적 참여를 통해 보다 질 높은 규제 제정을 목표로 추진

⑦ 연방자산매각(Federal Asset Sales)

- 연방 자산의 구매자, 판매자, 서비스 제공자가 신뢰할 수 있는 원스톱 마켓플레이스 제공
- 이용자의 편리성 증대 및 비용 효율성 향상을 위해 구축
- 163개 사이트에 산재되어 있는 연방기관의 매각대상 자산정보를 통합 제공함으로써 구매자의 편의성을 증대하여 구매자의 폭 확대
- 매각대상 자산의 규모의 경제 실현 및 판매비용 절감
- 관련 모범사례 등을 공유

⑧ 기업세무신고서비스(Expanding E-Tax Products for Businesses)

- 기업들이 보다 정확한 세금관련 정보를 얻고, 효율적으로 편리하게 온라인으로 세금신고를 할 수 있도록 서비스 제공
- 정부기관 내부의 처리 과정의 효과성 및 효율성을 증진시키고, 전자신고 가능대상의 확대 및 관련법제 정비 추진

⑨ 기업지원포탈서비스(Business Gateway)

- 기업의 창업부터 폐업에 이르기까지 기업 라이프 사이클 전반에 필요한 정보 및 정부제공 서비스의 검색, 관련 양식 다운로드 등 통합 서비스 제공
- 중소기업청(SBA)의 주도로 상무부(DOC), 에너지부(DOE), 보건복지부(HHS), 국토안보부(DHS) 등 40여개 정부 부처가 파트너십을 맺고 추진

⑩ 수출지원(International Trade Process Streamlining)

- 20여개의 중소기업 수출지원 사이트를 통합하여 대상국가 파트너 알선 및 인증, 수출무역 자금지원, 보험 및 시장정보를 통합하여 제공
- 수출기업들이 '수출지원 사이트(www.export.gov)' 단일창구를 통해 통합된 양식으로 편리하게 무역거래를 수행할 수 있도록 지원

⑪ 통합건강정보(Consolidated Health Informatics)

- 연방정부 기관들이 의료정보를 생성, 공유할 수 있도록 정보아키텍처를 기반으로 관련 용어 및 자료구조를 표준화하여 상호운용성 확보

(3) 정부 대 정부 분야(G2G)

⑫ 지리정보(Geodata.gov)

- 연방, 주, 지방정부들이 막대하게 투자되는 지리정보화 예산의 투자효율성을 향상시키기 위하여 지리정보를 공동 활용할 수 있도록 표준화
- 보다 쉬운 지리정보의 접근으로 공공의 부담을 줄이며, 지리 관련툴과 솔루션 개발업자를 장려하고, 정부기관 간 정보공유 및 조정으로 효율적인 행정구현을 목적으로 추진

⑬ 출생, 사망정보 공유(E-Vital)

- 연방정부와 주정부 간 시민의 생명과 관련된 출생, 사망기록 등을 온라인으로 공유, 처리, 분석, 확인하는 시스템 구축
- 사회보장청(SSA)과 보건사회부(HHS)가 함께 추진

⑭ 재해재난관리 (Disaster Management)

- 데이터 교환의 상호운용성 확대로 지역, 주, 연방정부 차원의 재난 대응체계를 개선하고, 재난의 예방대비, 대응, 복구에 필요한 정보를 통합 제공

⑮ 공공안전을 위한 무선통신(SAFECOM)

- 연방정부, 주, 지방정부 간 무선으로 응급상황에 대한 정보를 신속히 공유, 교환하는 시스템 구축
- 불필요한 생명 및 재산의 손실감소와 연방, 주, 지방정부의 관련 비용절감이 목표
- 노후화된 장비, 사업의 우선순위, 단절된 의사소통 계획의 한계, 주파수문제, 통신장비의 표준화문제 등으로 인하여 사업추진에 어려움
- 재무부, 안전관리청, 국토안보부가 함께 추진

⑯ 정부보조금(Grants.gov)

- 26개 기관의 900여개 프로그램이 제공하는 연방 재정보조금에 대하여 잠재적 수혜자가 필요한 정보를 검색하고 온라인으로 신청할 수 있도록 하는 통합서비스 제공
- 중복 제공되는 정보를 통합하고, 보조금 지원대상자의 정보를 표준화

(4) 내부효율과 효과증진 분야(IEE)

⑰ 원스톱채용(Recruitment One-Stop)

- 연방정부 직원채용에 관련된 정보 및 서비스를 제공하는 통합시스템 구축

⑱ 교육훈련(E-Training)

- 연방공무원의 능력개발을 위한 온라인 교육환경 및 원스톱시스템 구축

⑲ 인적자원통합관리(Enterprise HR Integration)

- 연방공무원 정보의 표준화 및 데이터베이스화를 통해 연방정부 기관 간, 상호교환 할 수 있도록 함으로써 인적자원 관리에 필요한 분석과 예측지원
- 전자신원조회(E-Clearance)
- 각 부처별로 시행하고 있는 공무원에 대한 신원조회 절차를 통합 제공
- 신원조회 과정 관리정책, 공동시스템 구축, 자동배치를 통한 전자 신원조회의 수준을 향상시키고자 구축

⑳ 봉급관리(E-Payroll)

- 연방정부의 22개 봉급시스템을 통합 단순화하고 봉급, 인적자원, 재정기능을 유기적으로 연계하여 운영함으로써, 봉급 관리비용의 절감을 목적으로 추진

㉑ 출장관리(E-Travel)

- 연방정부의 부처별 출장관리 체계를 일원화하고 공무원에게 인터넷을 이용한 원스톱 출장서비스를 제공
- 공무원의 출장을 통합관리하여 규모의 경제를 실현함으로써 출장관리 비용절감과 효율성을 증진하고, 불필요한 출장의 최소화를 목적으로 추진

㉒ 전자기록관리(E-Records Management)

- 전자기록을 효율적으로 관리하고, 범정부적으로 보존할 수 있는 시스템 구축
- 효과적인 데이터관리와 연속성 향상으로 정부기관의 기록접근성을 높이기 위해 추진

㉓ 통합조달환경(Integrated Acquisition Environment)

- 다른 부처의 상세한 조달, 물류, 지불, 성과 등에 관한 데이터를 공유하도록 하여 효율적이고 안전한 조달환경 조성

(5) 범정부 차원의 사업 분야(Cross-Cutting)

㉔ 전자인증(E-Authentication)

- 온라인 거래에 참여 당사자 간의 신뢰를 높이기 위해 개인식별번호, 공개키, 스마트카드와 같은 기술을 토대로 확인을 위한 사업 추진
- 기업과 정부의 관련비용 절감과 시민들의 프라이버시 보호를 위해 추진

4) 사업의 성과

부시행정부가 출범한 이후에 미국 전자정부 사업들의 성과는 구체적으로 다음 〈표 6-2〉와 같이 정리된다. 부시행정부 시절에 추진된 미국의 전자정부 사업들은 정부 대 시민(G2C) 및 내부효율화(IEE)에서 큰 성과를 거두고 있는 것으로 판단된다. 따라서 전자정부 분야에 대한 고객만족도가 큰 폭으로 향상되었다.

표 6-2 부시행정부 전자정부 사업의 성과

분야	사업명	담당부처	주요성과 및 경과
정부 대 시민 (G2C)	정부지원자격 조회	노동부	320만 명 방문자 기준 1인당 평균 20분 시간 절약
	개인 세무신고 서비스	재무부	정부 차원에서 연간 900만 달러 이상 절감
	여가생활 원스톱 서비스	내무부	국민 대상 정보 제공 연방기관 사이트 3,200개 이상
	USA 서비스	총무처	Time지 '없으면 살 수 없는 25대 사이트' 에 선정
	정부대출서비스	교육부	시민들은 2회 클릭 이내로 정보화 서비스 획득 가능
정부 대 기업 (G2B)	기업지원포털서비스	중소기업청	6,000개 이상의 연방정부 양식 카탈로그서비스 구축
	규정제정	환경청	1억 3천 150만 회의 히트 수 (2005.9~2007.10)
	기업세무신고서비스	재무부	신고 대상 확대를 위해 서식 및 데이터 교환표준 확립
	연방재산매각	총무처	4사분기에 225,000회의 히트 수 기록
	수출 절차 지원	상무부	–
	통합건강정보	보건복지부	–
정부 대 정부 (G2G)	재난관리	국토안전부	재난 정보 공유로 해군에서만 450만 달러 비용절감 추정
	전자사망기록	보건복지부	18개 주 · 지역에서 EDR(전자사망기록) 시행(9월 기준)
	지리공간정보 원스톱 서비스	내무부	방문건수: 월 3만 건(2005) → 6만 건 (2007)
	정부보조금 서비스	보건복지부	신청건수: 180,681건으로 2006년 대비 100% 증가
	공공안전을 위한 무선통신	국토안전부	–
내부효율과 효과증진 (IEE)	전자 신원조회	인사처	–
	인적자원통합관리	인사처	–
	e–봉급관리	인사처	연간비용 약 30% 절감
	전자기록관리	기록관리국	–
	e–교육훈련	인사처	1,156,387명의 이용자와 320만 개의 온라인수업 완료
	e–출장관리	총무처	주택도시개발부: 출장 1건당 비용 75달러→13.75달러
	통합조달 환경	총무처	–
	원스톱채용	인사처	일평균 방문자수(24만 명)/방문건수(30만 건) 2006년 대비 25% 증가

2. 오바마정부의 전자정부 추진정책(2009~2016)

1) 전자정부 추진 배경

세계적인 글로벌 금융위기가 확산된 2009년 1월에 취임한 오바마 대통령은 미국의 경제성장 및 국가발전을 정부의 최우선 과제로 인식하고, 이러한 정책현안 해결을 위해 견고한 국가혁신과 경제성장을 지원하는 정부정책의 필요성을 강조하고 있다. 이에 따라서 오바마 대통령은 국가혁신을 통한 국민과 기업의 창조적 활동이 경쟁력 있는 일자리 창출과 지속적인 경제성장을 가져온다고 확신하면서 2009년 '미국의 혁신전략'을 발표하였다.

오바마정부는 부시정부 보다 더욱 적극적인 IT활용을 강조하며, 미국의 국가혁신을 성공적으로 실현하기 위해 기존 국가정보화 전략과 혁신과제 지원을 위한 IT활용방안을 체계적으로 연계하여 새로운 국가정보화전략을 추진하였다. (그림 6-1)과 같이 오바마정부의 전자정부 추진정책은 국정운영 방식의 혁신을 위한 '열린정부(Open Government)' 정책으로 집약할 수 있다.

2) 원칙과 목표

2009년 집권 초기부터 오바마대통령은 전자정부를 통하여 정부운영의 성과를 개선하고 비용을 낮추는 데 정보기술을 활용할 것이라고 언급하였다. 오바마정부는 전자정부를 통하여 정부의 운영비용을 줄이고, 기관들을 보다 책임감 있게 만들며, 정부 정보에 대한 접근을 향상시켜 국민들을 참여시켰다. 구체적으로는 다음의 세 가지 분야를 강조하였다.

첫째, 오바마정부는 각 문제별로 커스터마이징된 시스템을 설계하는 것이 아니라 가능한

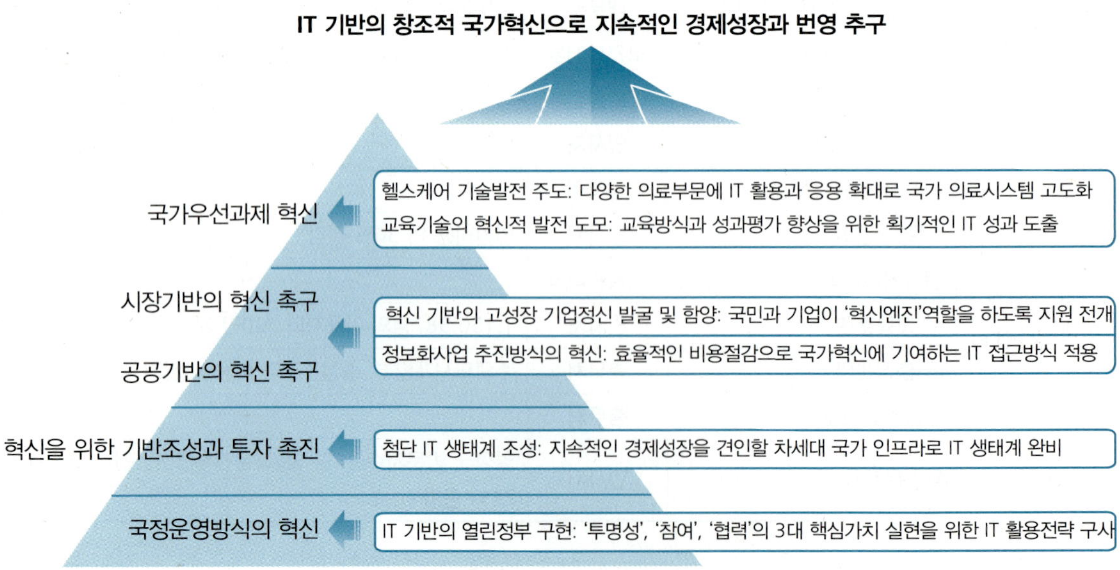

그림 6-1 오바마정부의 국가정보화 전략 개념도

한 상용 소프트웨어와 접근법을 사용하고, 또한 클라우드 컴퓨팅을 도입하여 정부의 운영비용을 근본적으로 절감하였다.

둘째, 정부업무 추진현황 및 기록을 공개하여 국민들을 의사결정 과정에 참여시킴으로써 기관들의 책임감을 높일 것이다. 이것의 예로 경기부양책에 대한 지출 현황을 공개하고 의견을 수렴하기 위하여 'Recovery.gov'를 개설하였다.

셋째, 기밀사항이나 국가안보와 관련된 정보 이외의 모든 연방정부의 정보를 국민들에게 공개함으로써 관료주의의 병폐를 줄이고 혁신을 유도할 것이다. 이것의 예로 국민들이 정부정보에 접근할 수 있도록 하는 'Data.gov'의 개설을 추진하였다.

구체적으로 오바마정부는 미국의 혁신을 위해 국정운영 방식을 최우선으로 혁신하고자, 기존 행정부 역사상 유례없는 수준의 열린정부 구현을 새로운 지향점으로 선정하였다. 오바마 대통령은 열린정부 구현으로 '보다 책임감 있고 효율성 높은 정부운영과 민주주의 강화를 달성' 할 수 있음을 확신하였다.[1] 이에 따라서 관리예산처(OMB)는 '열린정부 지침(Open Government Directive, 2009.12.8.)'을 발표하고 모든 연방부처 및 기관을 대상으로 추진을 확대하였다.

또한 웹 2.0, 모바일 인터넷, 소셜미디어, 스마트폰 등 새로운 IT기기의 활용을 통하여 열린정부의 이념을 구현하는 수단으로 활용하였다. 오바마정부는 구체적으로 (그림 6-2)와 같

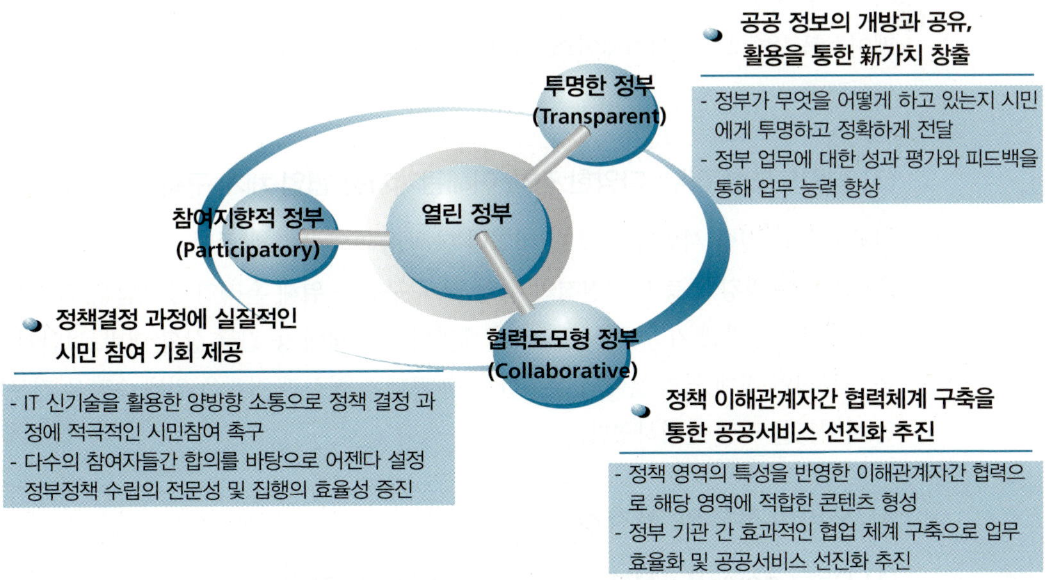

그림 6-2 오바마정부 전자정부 추진 원칙과 목표

1) 2009년 1월 21일, 대통령 취임 이후 연방기관을 대상으로 한 최초의 메모랜덤에서 '열린정부' 구현에 대한 의지를 다음과 같이 표명하였다. "My Administration is committed to creating an unprecedented level of openness in Government. We will work together to ensure the public trust and establish a system of transparency, public participation, and collaboration. Openness will strengthen our democracy and promote efficiency and effectiveness in Government..." - 오바마 대통령, 대통령 메모랜덤, 2009. 1. 21 -

이 투명성, 참여, 협업이라는 3대 구현원칙에 따라 각각의 추진전략과 서비스 모델을 개발하여 전자정부를 구현하였다.

이러한 추진원칙과 목표를 간략하게 살펴보면 다음과 같다.

(1) 투명한 정부: 공공정보 개방 · 공유 · 활용을 통한 새로운 가치 창출

지난 2009년부터 백악관을 비롯한 주요 연방기관들은 시민과 기업들이 새로운 정보 활용의 가치를 창출할 수 있도록 업무 중 생성 · 보유하고 있는 공공정보를 다양한 방식으로 무료로 공개하였다. 특히 연방정부는 국가 주요 부문의 정보(Data.gov), 정보화 예산과 프로젝트 성과 정보(IT Dashboard) 및 경기부양법 제정 관련 예산 운용 정보(Recovery.gov)등의 웹사이트 구축하여 제공하였다.

(2) 참여지향적 정부: 웹 2.0 기반의 양방향 소통 활성화

미국 정부는 정부-시민간 양방향 소통을 위한 다양한 웹 2.0 기술을 공공 웹사이트에 도입하여 채널의 다양화, 이용 접근성 및 편리성 강화 등을 통해 시민들의 참여를 촉구하였다. 특히 2009년 2월 처음 시작된 'e-타운홀' 미팅은 오바마 대통령이 직접 중소 지역 시민이 참여한 토론회를 주관하면서 온라인을 통한 실시간 질의와 피드백이 가능한 생중계 방송을 제공하는 서비스로 시민의 큰 호응을 유도하였다. 또한 백악관은 'Stay Connected'란 이름으로 트위터, 페이스북, 유튜브, 마이스페이스, 아이튠 등 8개의 소셜네트워킹사이트(SNS)를 연계하여 운영하였다.

(3) 협력도모형 정부: 다양한 정책 이해관계자간 협업 체계 구축

미국 정부는 일반 시민과 기업 및 비영리 단체 등과의 소통과 참여 촉진뿐만 아니라 그들과의 온라인 네트워킹 구축과 실질적인 협업 체계 구축을 위해 온라인 플랫폼을 적극적으로 활용하였다. 특히, 관계 기관에서는 사이버 테러나 재난재해 등 긴급 상황 대비, 보안과 국제 협력 등 전문적인 정책 영역 분야의 우수한 정책 콘텐츠 형성과 집행을 위해 수많은 전문가들이 협업 사이트를 직접 운영하였다.

3) 오바마정부의 전자정부 사업들

(1) Data.gov: 공공정보 공개 · 개방 · 공유 웹사이트

'Data.gov'는 연방 정부 차원의 범정부 기관 데이터 통합 저장소로 시민과 기업들이 공유 · 활용할 수 있도록 공공정보를 개방하는 것이다. 오바마 대통령의 열린 정부 구현을 위한 핵심 추진 전략의 일환으로 범정부 차원에서 처음으로 추진된 프로젝트이며 2009년 5월에 구축이 완료되어 서비스를 제공하였다.

이 서비스는 43개 미국 연방 정부 기관의 데이터를 〈표 6-3〉과 같이 목록별로 정리하여 'Raw Data', 'Tool Data', 'Geo Data'등 3개 카테고리로 구분하여 데이터 제목과 키워드, 관련 기관명 등으로 검색이 가능하도록 하였다 이를 통하여 데이터 검색, 다운로드 및 다양한 포맷 형태로 데이터 활용이 가능하여 사용자가 원하는 방식으로 쉽게 정보 활용이 가능해졌다.

이러한 공공정보의 개방을 통하여 일차적으로는 전 정부기관들의 데이터를 한 곳에 저장하는 연방 정부 차원의 데이터 저장소가 구축되었으며, 이에 따른 정보자원관리의 이슈가 제기되었다. 또한 정부가 디지털 정보를 제공하는 원래의 소스이며 그 소스를 활용하여 시민들이 정보를 생산하게 하는 매개체로써 플랫폼 정부의 가능성과 모델을 제시하였다.

그러므로 이 서비스를 통하여 시민과 기업들은 공공정보 공유와 활용을 통해 새로운 가치를 창출할 수 있으며, 궁극적으로 지속적인 경제성장과 국가발전에 이바지 할 것으로 기대하였다. 또한 이 서비스는 공공정보 가치 창출을 위한 정부와 기업, 시민 등 다양한 이해관계자 간의 열린 거버넌스 체계 구축의 가능성을 제시하였다.

표 6-3 Data.gov의 검색 체계 및 데이터의 주제별 분류

구분	주제별 분류
내용	출산, 사망, 결혼, 이혼 (Births, Deaths, Marriages, and Divorces)
	기업 (Business Enterprise)
	건설, 주택 (Construction and Housing)
	교육 (Education)
	에너지, 공익설비 (Energy and Utilities)
	재정, 고용 (Federal Government Finances and Employment)
	지리, 환경 (Geography and Environment)
	건강, 영양 (Health and Nutrition)
	수입, 지출, 빈곤, 부유 (Income, Expenditures, Poverty, and Wealth)
	정보, 커뮤니케이션 (Information and Communications)
	국제 통계 (International Statistics)
	노동, 고용, 소득 (Labor Force, Employment, and Earnings)
	법, 법원, 교정 (Law Enforcement, Courts, and Prisons)
	국가보안, 보훈 (National Security and Veterans Affairs)
	기타 (Other)
	인구 (Population)
	물가 (Prices)
	과학기술 (Science and Technology)
	사회보장보험, 복지 (Social Insurance and Human Services)
	도매, 소매 (Wholesale and Retail Trade)

(2) IT Dashboard: IT 예산정보제공 웹사이트

이 서비스는 모든 연방부처 및 기관의 IT예산과 프로젝트 성과 등에 관한 연도별 추이 등의 데이터를 제공하였다. 따라서 전문가들의 IT투자 분석과 성과 정보, 웹 기술을 활용한 3차원 입체 그래프 등으로 구성되어 있다.

(3) Performance.gov: 연방정부와 기관의 주요 분야별 업무성과 정보제공 웹사이트

이 서비스는 조달, 예산관리, 인적자원, 기술, 성과개선, 열린정부, 지속가능성, 고객 서비스 등 8대 주요정책 부문의 추진경과 및 성과정보를 제공하였다.

(4) We the People: 온라인 국민청원 플랫폼[2)]

2011년 9월에 오픈한 서비스이며, 미국의 전 국민을 대상으로 하여 온라인 청원을 지원하는 시스템이다. 이 서비스를 통하여 국민들은 간단한 이메일 등록으로 정부에 대한 청원을 요청하는 것이 가능해졌다. 이 시스템은 등록 이후 30일 이내에 100,000명의 온라인 서명이 모이면 정부 관계자들이 협의를 통해 정책반영 여부 및 결과 내용을 공지해준다.

(5) Stay Connected: 연방정부의 공식 소셜미디어 사이트

백악관은 페이스북, 마이스페이스, 유투브 등 8개의 소셜미디어를 연계한 소통채널을 구축하였다. 정부의 기존 웹 포털에는 댓글이나 코멘트가 어려웠지만, SNS의 자유로운 의견 게시와 토론 기능으로 이용률 및 지지도가 증가하였다.

(6) e-타운홀 미팅(e-town hall meeting)

오바마 대통령은 2009년 2월 10일 플로리다 포트마이어스 100여 명의 주민을 대상으로 시작한 순회 미팅을 꾸준히 개최하며, 이를 백악관 홈페이지와 인터넷 등으로 생중계하였다. 이러한 서비스는 현장토론과 질의응답을 보면서 인터넷으로 실시간 질문을 하는 등 대통령과의 직접 소통 기회를 제공해주었다.

(7) SF 311: 다채널 대민서비스 통합센터

샌프란시스코 시정부는 2009년부터 트위터와 페이스북, 블로그, 유튜브 등 소셜미디어 기반의 새로운 온라인 서비스 채널을 구축함으로써 온라인 대민서비스의 품질 향상과 혁신적인

---

2) 현재 문재인정부는 미국의 "We the People" 서비스를 벤치마킹하여 청와대에 홈페이지에서 국민청원 시스템을 운영하고 있다. 우리나라의 경우, 30일 이내에 20만명 이상의 추천을 받은 청원이 모이면 정부 및 청와대 관계자가 답변하도록 되어 있다.

전달 방식 체계 구현에 노력해 왔다. 시정부 소셜미디어 센터를 운영하면서 주요 민원 업무 처리를 위한 다양한 소셜미디어 채널을 소개하며, 활용 방법 및 채널 연계 정보 등을 시민에게 소개하였다. 특히, 생활민원서비스, 경제회복 관련 각종 재무서비스 및 복지서비스, 범죄 및 사회 안전서비스 등의 새로운 서비스 채널로 활용도 및 만족도가 향상되었다.

또한 트위터 콜센터 구축을 통하여 전화 콜센터(직통번호 311)대신 SNS를 활용하여 도로 청소와 보수, 쓰레기 수거, 담벼락 낙서 제거, 누수 수도관 신고 등 다양한 민원 접수와 처리 상황을 실시간으로 알려주는 모바일 SNS채널(SF 311)을 구축하여 신속한 민원행정서비스를 제공하고 있다.

(8) Challenge.gov: 정책현안 솔루션 공모 사이트

이 서비스를 통하여 연방부처 및 기관들이 정책현안 및 문제 해결을 위한 정책 솔루션 공모안을 제시하고, 일정기간 동안 다양한 정책 솔루션을 수렴하여 심사한 뒤, 선정된 아이디어에 일정 금액을 포상하는 등 시민들의 정책참여에 대한 동기부여를 촉진하고 있다.

(9) 오바마정부의 열린정부 프로그램들

오바마정부는 이러한 열린정부 프로그램들을 고도화시키기 위하여 새로운 계획을 수립하여 지속적으로 추진하였다. 지난 2011년 9월 20일 UN 총회에서 승인된 세계 열린정부 파트너십(Open Government Partnership: OGP)[3]에서 미국 정부의 주도로 오바마 정부의 열린정부는 새로운 단계로 진입하였다. 관리예산처는 2011년 9월에 다음 〈표 6-4〉와 같이 기존 열린정부 구현 전략의 추진내용과 성과를 정리하고, 이를 보완하면서 재정비하는 차원의 26개 프로그램을 선정하여 발표하였다.

(10) 국가정보화사업 추진방식의 혁신

오바마정부는 국가정보화전략 추진 시 IT투자효과가 낮고 비효과적임을 지적하고, 효율적인 비용절감으로 재정안전과 지속성장에 기여할 수 있는 '정보기술개혁계획'을 추진하였다. 미국 연방정부는 지난 10년간 IT부문에 약 6,000억 달러 이상을 투자 했지만, 민간업계보다 낮은 IT생산성과 잦은 일정지연과 중복 투자 등으로 재정적 부담과 국민의 불만이 가중되고 있다고 평가하였다.

따라서 정보기술개혁계획에 따라 '운영 효율성 향상'과 '효과적인 대규모 IT사업관리'로 나누어 범정부 협업기반의 25개 프로젝트를 관리하였다. 오바마 대통령은 범정부 차원의 협

3) 정부 투명성을 높이고, 참여 · 협력지향적인 거버넌스 강화를 위해 새로운 기술을 활용하고자 하는 국가 간 협력체이다. 2011년 미국 뉴욕에서 개최된 제66회 UN 총회에서 46개 국가가 참여한 정식위원회로 발족되었으며, 미국은 8개 국가로 구성된 조정위원회에서 주도적인 리더십을 발휘하고 있다.

표 6-4 오바마정부의 열린정부 프로그램들

3대 목표	추진 전략	세부 프로그램(26개)
공공 청렴도 향상	국민의 정부참여 촉진	• 청원플랫폼(We the People) 설치 및 소스공개
		• 국민참여를 위한 모범사례 및 기준개발
	정부기록관리 현대화	• 행정부 전반의 기록관리정책 및 관행 개혁
	정보자유법(FOIA) 지속 개선	• FOIA 관리 전문화
		• 기록검색 및 처리지원을 위한 정보기술 활용
	국가보안정보 기밀 해체	• 역사적으로 의미 있는 기밀 기록을 해체하기 위해 다기관 협력 추진
	연방기관의 열린정부 이행 개선	• 기관들의 열린정부 계획 이행 모니터링
	정부직원들을 위해 내부 고발자 보호 및 강화/확대	• 내부고발자 보호강화 · 확대 위한 입법추진
		• 의회가 추진이 어려운 경우 행정당국 활용
	준수정보의 공개 확대들 통해 규제 집행 개선	• 연방기관들의 규제 준수 및 집행 활동의 투명성 증대를 위한 계획을 계속 개발
	미국에서 설립된 법인들의 투명성 증대	• 회사 설립 시 기업들에게 유의미하고 유익한 소유권 정보를 공개하는 법률 제정 옹호
효율적인 공적자원 관리	자원 개발산업 투명성 전략 이행	• 천연자원 개발 수입이 납세자에게 확실히 배분하고 있다는 것을 보장하기 위해 자원개발 산업 적극이행: 협력을 통한 투명성 증대
	연방지출의 투명성 증대	• 투명성 증대를 위한 전략적 목표 제시
	대외원조의 투명성 증대	• 대외 원조에 대한 범정부적 보고의무 공개
	효과적이고 유연한 정부구현	• performance.gov의 지속관리 및 개선
공공 서비스 개선	규제결정과정의 참여 확대	• Regulations.gov의 국민참여 인터페이스 점검
	혁신 촉진을 위한 플랫폼으로 Data.gov 활용	• Data.gov를 플랫폼으로 활용
		• Data.gov에 커뮤니티 조성
	공무원-시민 간 소통 장려	• ExperNet(소통 채널) 오픈
	정부 웹사이트 개혁	• 국민과 온라인 토론 활성화
		• 웹사이트에 범정부 정책내용 업데이트 개시
	고객과 과학자들을 위한 데이터 공개	• 스마트 공개(smart disclosure) 촉진
		• 과학데이터에 대한 지침 발표
	국제협력을 통한 혁신 촉진	• 국제 우주 앱 대회 개최

자료: OMB, National Action Plan for the United States of America, 2011.9

업과 조율, IT업무 전문성 등이 요구되는 프로젝트의 특성상 각 부처와 기관의 CIO, 연방 CIO등이 유기적으로 연계되어 시너지 효과를 내도록 막중한 역할을 강조하였다. 따라서 '운영 효율성 향상'을 위해 25개 프로젝트 중 데이터센터 통합과 클라우드 컴퓨팅 도입 · 확산

표 6-5 오바마정부 정보기술 개혁을 위한 25개 실행 프로젝트

	과제 실행내용	실행주체	수행 기간		
			'11.6 이내	'11.6 ~ '11.12	'11.12 ~ '12.6
1	2015년까지 최소 800개 데이터센터 통합 추진	OMB, 해당기관	○		
2	데이터센터 가용성을 위한 범정부 시장 구현	OMB, GSA			○
3	'클라우드 우선도입(Cloud First)'정책으로 전환	OMB, 정부기관	○		
4	보안 IaaS 솔루션을 위한 계약수단 설정	OMB, 정부기관	○		
5	'상품(commodity)*'서비스를 위한 계약수단 설정	GSA		○	
6	공유서비스에 대한 전략 개발	연방 CIO		○	
7	공식적인 IT 프로그램 관리자 경력경로 설계	OMB, OPM	○		
8	IT 프로그램 관리자 경력경로 평가	OPM, 정부기관			○
9	프로그램 성공을 위해 통합조정된 IT 팀 요청	OMB	○		
10	협업 플랫폼 우수사례 벤치 마킹 및 이행	연방 CIO 협의회	○		
11	학계의 우수한 연구 프로그램 연계	연방 CIO		○	
12	정부, 산업전반의 IT 프로그램 관리자 순환근무 활성화	CMB, 연방 CIO 협의회, OPM			○
13	특화된 IT 조달 전문 그룹 발굴	OMB, 정부기관	○		
14	IT 조달 우수사례 발굴 및 범정부 적용 확대	OFPP	○		
15	모듈화된 개발 지원을 위한 계약 템플릿, 지침 발간	OFPP		○	
16	중소규모의 혁신기술기업의 진입장벽 축소	GSA, SBA, OFPP			○
17	의회와 모듈화된 개발을 위한 IT 예산모델 구축	OMB, 정부기관	○		
18	유연한 IT 예산모델을 위한 지침 및 자원 지원	OMB, 정부기관		○	
19	의회와 유연한 IT 예산모델 확산 추진	OMB, 정부기관			○
20	IT 상품(이메일, 데이터센터, 시스템 등) 통합 추진	OMB, 정부기관	○		
21	예산투자 검토위원회 개선 및 역할 강화	OMB, 정부기관	○		
22	기관 CIO, 연방 CIO 협의회의 역할 재정립	기관/연방 CIO	○		
23	공무원들에게 테크스탯(TechStat) 모델 확산	OFPP			○
24	그릇된 '속설깨기(myth-busters)'교육 캠페인 시작	OFPP	○		
25	정부-기업간 RFP(입찰제안요청서) 플랫폼 구축	GSA	○		

* IT상품은 조직업무 추진이나 운영에 필요한 각종 시스템과 장비, 인프라, 데이터센터 등의 정보자원을 의미

자료: US CIO, 25 Point Implementation Plan to Reform Federal Information Technology Management, 2010.9

(〈표 6-5〉에서 1-6번이 해당)을 우선 추진하고 있다.

미국 정부는 1998년 432개에서 2010년 2,094개로 증가한 데이터센터를 6단계에 걸쳐 2015년까지 최소 800개로 통·폐합을 추진하였다. 우선적으로 2012년까지 472개의 데이터

표 6-6 오바마 정부의 클라우드 컴퓨팅 주요 추진계획

주요 계획	주요 내용
연방 클라우드 컴퓨팅 전략(Federal Cloud Computing Strategy, 2011.2)	• '클라우드 우선 정책'을 구체화 시킨 전략 – 향후 클라우드 이행 계획을 (1) 클라우드로 이행할 IT 서비스 선택 (2) 클라우드로 이행 (3) 이행 후 관리 체계 구축 등 3단계로 구분 • 추진의 가속화를 위해 기관별 이행 대상 IT 서비스 3개를 정하여, 실행완료 요구: 1개 12개월 이내, 2개 18개월 이내
클라우드 우선 정책(Cloud First Policy, 2010.12)	• 2011년에 최소 한개 이상의 시스템을 클라우드 환경으로 전환 유도: 연간 800억 달러의 IT 예산 중 25%를 클라우드 환경 전환에 활용
연방 클라우드 컴퓨팅 이니셔티브(Federal Cloud Computing Initiative, 2009.3)	• 주요 목표는 IT 인프라통합(Consolidation)과 가상화(Virtualization) – 클라우드를 이용한 IT 비전 확립, 공통 솔루션 선정과 통합 추진

센터를 폐쇄하였으며, 이로 인해 약 50억 달러가 절감되었다. 또한 연방 CIO주재 하에 24개 연방기관의 담당자들이 모인 데이터센터 전략 T/F를 구성하여 기관별 데이터센터 효율성 비교와 실질적인 차원에서의 경제적 접근방식을 모색하였다.

클라우드 컴퓨팅의 도입과 확산 정책은 〈표 6-6〉과 같이 2009년 3월 발표된 '연방 클라우드 컴퓨팅 이니셔티브' 이후 지속적으로 수립되었다. 2011년 6월에는 '클라우드 우선정책'에 따라 78개 정보화 시스템을 클라우드 전환대상으로 선정하였다. 특히 2011년 회계연도부터는 클라우드 컴퓨팅의 안전한 도입을 위한 표준 기술개발, 관리지침 및 권고안이 제시되었다. 미국 정부는 클라우드 컴퓨팅 도입으로 2007년부터 2009년까지 전체 연방의 ICT인프라 구축 예산의 11%(약 66억 달러)를 절감하였으며, 특히 총무처와 국방부는 선도적으로 클라우드 컴퓨팅 기술을 도입하여 각종 비용 절감과 시민 편의성 향상 등의 성과를 도출하였다.

4) 오바마정부의 중점 IT정책

오바마정부 당시의 미국의 IT정책의 주요 주제들은 클라우드 컴퓨팅, 빅데이터, 스마트 모바일 기기, 테블릿 그리고 고속 네트워크 구축 등으로 발전하였으며, 이와 함께 지속적으로 열린정부 정책(Open Government)과 강력한 사이버보안정책 등을 추진하였다. 이 가운데 열린정부, 빅데이터 및 사이버보안의 정책 동향은 다음과 같다(이하 한국정보화진흥원, 2014a).

(1) 열린정부

미국 정부는 G7 Open Data Charter(2013)와 오바마대통령의 행정 명령(Executive Order 2013년 5월) 등에 따른 후속 계획으로 2014년 5월에 오픈 데이터 실행계획을 발표하였다. 이어서 8월에 미국 데이터혁신센터는 50개 주정부를 대상으로 오픈 데이터 정책과 포털을 평가하는 보고서(The State Open Data Policies and Portals)를 발표하였다. 이와 같은 2014년 미국의 오픈 데이터 전략은 민간의 활용 촉진을 최우선 목표로 공공 데이터를 표준화하고 개방 대상의 우선순위 선정에 민간이 직접 참여하여 결정권을 행사하도록 독려한다는 점에서 차별화된 정책으로 평가된다.

- 2차 열린정부 실행계획(Second Open Government National Action Plan) 발표(2013. 12. 5)
  - 공공 투명성 증개, 공공자원 효율적 관리, 공공 서비스 개선 등 3개 분야 23개 전략 및 관련 이니셔티브로 구성
- 오픈 데이터 실행계획(U.S. Open Data Action Plan 2014~2015) 발표(2014. 5. 9)
  - 4대 핵심 전략: 찾기 쉽고 유용한 방식으로 오픈 데이터를 표준화하여 공개, 시민사회 참여와 협력으로 오픈 데이터셋에 대한 공개 우선권 부여, 혁신 인재 지원과 피드백을 토대로 개방형 데이터 개선, 우선순위가 높은 데이터 셋 개방 촉진
- 미국 데이터혁신센터의 주정부 오픈 데이터 정책과 포털 보고서(The State Open Data Policies and Portals) 발표(2014. 8. 18)
  - 50개 주정부를 대상으로 오픈 데이터 정책과 포털을 평가

(2) 빅데이터

이제까지 미국 공공기관의 빅데이터 도입은 프라이버시 보호 이슈 및 경제 위기 등으로 인해 주춤한 상태로 평가되고 있다. 그러나 비구조화된 데이터에서 정보를 추출하는 경우가 부족하여, 미국 정부는 2012년부터 빅데이터 R&D이니셔티브를 대대적으로 추진하는 등 투자를 확대하고 있는 상황이다. 2014년 3월에도 정부는 대량의 기후 데이터 활용을 목적으로 하는 기후 데이터 이니셔티브(Climate Data Initiative)를 발표하고, 2018년까지 빅데이터 전문 인력 수요 충족률이 65%에 불과할 것으로 예상됨에 따라 인력 양성을 위해서도 노력하였다.

- 정부에서 추진 중인 신규 빅데이터 프로젝트 공개(2013. 12)
  - 2012년 3월에 발표한 빅데이터 R&D이니셔티브의 후속 프로그램
  - 미국의 유명 하이테크, 제약, 연구업체들을 포함한 90개 이상의 기관 참여

(3) 사이버보안

사이버보안은 2014년 미국 연방정부의 IT관련 방향성 조사에서도 가장 중요한 정책으로 평가되었는데, 특히 모바일 단말기의 급속한 보급 · 확산으로 발생하는 새로운 유형의 위험과 정부 시스템에 대한 외부 해킹 증가로 인해 중요성이 더욱 높아지고 있는 분야이다. 조사에서 미국 주요 정부 기관의 IT담당자들은 인터넷 접속 보안 강화, 신분 인증 관리, 지속적인 시

스템 보안 모니터링 관련 정책을 매우 강력하게 추진하고 있다고 응답하였다. 예산안에서도 사이버 보안 역량 향상을 위한 미국 정부의 예산지출액은 2015년 전체 IT관련 정부 지출의 16.5%를 차지하였다.

(4) 전자정부 평가

미국의 고객만족도 조사 전문업체가 미국 105개 연방 사이트에 대해 27만명 이상의 시민들을 대상으로 설문조사를 실시한 결과, 2014년 3/4분기 미국의 전자정부 웹사이트들에 대한 평균 시민 만족도는 100점 만점 중 75점(2014년 2/4분기 74.8점 대비 0.2점 상승)이고, 80점 이상으로 기대치 이상의 만족도 평가를 얻은 정부 웹사이트가 31%에 이르는 것으로 발표되었다.

한편 모바일 전자정부 만족도는 다소 하락한 것으로 조사되었다. 미국 연방 모바일 웹사이트 및 앱의 만족도는 2/4분기 79점에서 3/4분기 78점으로 하락(ForeSee Mobile Federal Government Benchmark)하였으나, 2014년 전반적 추이는 1/4분기 71점에서 상승한 것으로 평가되었다. 따라서 향후 모바일 기기 기반의 전자정부 접근성 향상으로 정부 부처들의 모바일 시민 행정 만족도 관리 역시 중요한 이슈로 부각될 것이다. 더 나아가 미국 전자정부 중 일부 상위 랭크 웹사이트들이 민간 웹사이트의 만족도를 넘어섰다는 것은 유의할만한 점이다. 따라서 우리나라의 경우에도 전자정부에 대한 지속적인 국민 참여 촉진과 이용자 만족도 제고를 위해 10대 및 고령층을 고려한 웹사이트 설계와 모바일 전자정부 이용 확대에 대비할 필요가 있을 것이다.

3. 트럼프정부의 전자정부 추진정책(2017~현재)

2017년 1월 트럼프대통령의 취임으로 미국은 민주당정부에서 공화당정부로 정권이 교체되었다. 그러나 전자정부와 관련해서는 커다란 변화를 보이고 있지 않다. 미국은 전자정부법에 근거하여 관리예산처(OMB)의 전자정부국에서 지속적으로 전자정부 정책을 추진하여 왔다. 따라서 트럼프정부에서도 과거 오바마정부의 전자정부 정책 기조는 유지되고 있다. 대표적인 사례가 사이버보안 분야이다. 트럼프대통령은 취임 첫날 오바마케어를 폐지하는 행정명령을 첫번째로 준비하고 있다는 등 전임 정권의 정책에 대하여 강한 반감을 보였으나, 전자정부의 분야에서는 이전 정부의 정책들을 계승하고 있다.

2017년 트럼프정부의 출범과 함께 사이버보안의 분야가 가장 먼저 논의되었지만 2017년 4월에 트럼프 대통령은 전임자인 오바마 대통령의 사이버보안 관련 행정명령 13694(Executive Order 13694)를 1년 연장하기로 했다. 해당 행정명령은 정부로 하여금 미국의 이익에 반해 심각한 사이버공격과 사이버범죄를 일으킨 사람이나 조직에 대한 제재를 하도록 한 것이다. 행정명령 13694는 2014년 4월에 만료될 예정이었다. 그러나 트럼프 대통령은 의회에 서한을 보내 이 명령을 지속하겠다고 밝혔다. 트럼프 대통령은 서한에서 "미국 영토 외부에서 직접적 혹은 간접적으로 심각한 악의적인 사이버 활동이 벌어지고 있으며, 이로 인한 국가 안보, 외교정책, 경제 등이 심각한 위협을 받고 있다"고 밝히고, "이에 따라 행정명령 13694를 연장하는 것이 필요하다고 결정했다"고 말했다. 행정명령은 미국 정부로 하여금 주요 인프라에 대한 해킹, 서비스 거부 공격(DDoS), 경제 인프라에 대한 대규모 해킹 행위 등에 대해 보복할 수 있는 권한을 부여하는 것이다.

이어서 2017년 5월, 트럼프 대통령은 사이버 보안에 관한 행정명령에 서명하였다. 주요 내용은 1) 정부 네트워크 기술 및 인프라의 현대화 및 강화, 2) 기술 공급망 자체에 있는 위험의 경우 미국 국방성으로 보고, 3) 중요 사회 인프라의 보안 지원, 4) 전기 공급망을 겨냥한 사이버 공격 및 방해 행위의 분석, 5) 사이버 보안 인력 양성으로 이뤄져 있었다. 또한 해당 기관장이 사이버 안보 리스크 관리 조치를 이행할 책임을 지도록 한 것이 행정명령의 가장 큰 특징"이고, "연방기관의 책임자는 미국 국립 표준 기술연구소에서 개발한 프레임 워크를 사용해 사이버 위험을 평가 · 관리하고 90일 이내에 보고서를 작성해 문서화해야 한다"는 것이다. 따라서 이전 정부의 행정명령과 큰 차이를 보이고 있지 않다.

트럼프정부에서 추진되는 정보화와 전자정부 관련하여 큰 변화는 미국기술위원회의 출범과 공공서비스의 인공지능 활용으로 정리할 수 있다.

1) 기술위원회(American Technology Council, ATC)의 출범

2017년 3월, 트럼프 대통령은 '미국 기술위원회(American Technology Council, ATC)' 설립을 위해 대통령 행정명령에 서명하고, 5월에 기술위원회를 출범시켰다. 이러한 기술위원회는 연방정부의 디지털 서비스 혁신 및 현대화를 목표로 하는 조직이다. 미국 연방정부는 정보기술과 관련하여 '보다 안전하고, 효율적이며, 경제적으로 이용하도록 장려해야한다'는 디지털 정책을 마련하였다. 이것은 미국인들은 더 나은 정부 디지털 서비스를 받을 자격이 있으며, 따라서 연방 정부는 해당 정책 실행을 위해 정보기술을 혁신 · 현대화하고, 대국민 디지털 서비스의 사용 및 제공 방법을 모색해야할 것이라 판단하였기 때문이다.

미국은 이러한 디지털 전략 목표를 달성하기 위해 공공 부문에서 필요한 디지털 기술, 역량 및 리더십을 구축하고, 디지털 기술에 대한 공급 부족 문제를 해결하기 위해 새로운 디지털 성장 기금을 조성할 예정이다. 미국기술위원회는 위원장인 대통령을 비롯하여 당연직 위원 19명으로 구성되었다.[4)]

미국 기술위원회의 주요 기능은 연방정부의 정보기술 사용과 정보기술을 통한 서비스 제

4) 위원들은 대통령(위원장), 부통령, 국방부 장관, 상무부 장관, 국토안보부 장관, 국가정보국장, 예산관리국장, 과학기술정책국장, 최고기술책임자(Chief Technology Officer, CTO), 총무청장, 대통령 수석 고문, 정부 · 기술 이니셔티브 보좌관, 전략 이니셔티브 보좌관, 국가안보 보좌관, 국토안보 · 대테러 보좌관, USDS(U.S. Digital Service)국장, 전자정부국장, 기술 전환 서비스 국장, ATC국장 등 총 19명이다.

공에 대한 비전 · 전략 및 방향을 조정하는 역할이다.

구체적으로는

- 정보기술 서비스 제공에 관한 정책 결정 및 절차와 관련하여 대통령에게 자문 제공
- 정보기술과 관련된 정책 결정과 절차가 행정명령에 명시된 정책들과 일관되고, 그 정책이 효과적으로 시행되고 있음을 보장하기 위해 노력

위원회의 관리를 위해 위원회는 이사회가 지명하는 특별위원회, 태스크 포스 또는 관계부처 합동으로 구성된 그룹을 수시로 활용 가능하며 다음과 같은 역할을 수행한다.

- 정보기술과 관련된 정책 문제를 고려하기 위한 고위급 기관 역할을 수행
- 포럼과 부처 간 작업을 검토 및 감독하며, 위원회에 제기 된 문제 사항들을 적절하게 분석 · 결정하기 위해 위원회를 지원하는 부위원회를 포함
- 정부 산하의 모든 기관들은 미국기술위원회와 협조하며, 법이 허용하는 권한 내에서 위원회가 요구할 수 있는 지원, 정보 및 자문을 적극적으로 제공 할 것을 권장

2017년 6월 19일 트럼프 대통령은 애플, 아마존, 구글 등 정보기술(IT) 기업 최고경영자(CEO)들과 만나 IT기업들이 트럼프 행정부의 연방시스템 현대화 노력에 동참할 것을 촉구했다. 트럼프 대통령은 이 자리에서 기술의 중요성을 강조하면서 트럼프 행정부가 항공교통시스템의 현대화와 같은 장기 실행 과제를 추진할 것이라고 밝혔다. 트럼프 정부는 낙후된 공공 부문의 전산 서비스를 민간 부문의 수준까지 끌어올린다는 계획을 갖고 1차 기술위원회를 추진했다. 트럼프정부는 수십 년 전 방식을 그대로 사용하던 정부의 전산망을 대대적으로 개혁하게 되면 앞으로 10년간 최고 1조달러 가량을 절감할 수 있다고 분석했다.

2) 공공서비스의 인공지능 활용

미국 트럼프정부는 인공지능 비서를 활용한 공공서비스 시범 프로젝트를 진행시키고 있다. 이를 위하여 2017년 5월말에 12개 이상의 연방기관이 해커톤을 진행했으며, 이를 통해 AI에서 활용할 수 있는 공공서비스 프로토타입을 수십 개 이상 개발하였다. 이어서 앞으로 모든 공공서비스를 인공지능 비서를 활용하여 제공하기 위해 필요한 자원들을 공유하고 그에 따른 로드맵을 수립하고 발표할 예정이다.

워싱턴, 시카고, 샌프란시스코, 기타 지역 내 연방기관들은 해커톤을 통해 음성 인식 비서, 챗봇, 지능형 웹사이트, 자동화 콜센터 등 오픈 데이터를 활용한 인공지능 비서 서비스 프로토타입을 개발하였는데, 해커톤을 통해 개발된 프로토타입 예는 다음과 같다.

- 미국해양대기관리청(National Oceanic and Atmospheric Administration)에서 제공 하는 토네이도 경보 및 정보 서비스
- 노동부에서 제공하는 미국 노동자를 위한 경력 센터 리소스

- 미국 중소기업청, 국세청, 산림청, 보건사회 복지성을 포함하는 9개의 각기 다른 기관들의 프로그램을 지원하는 통합 셀프 서비스 챗봇

이와 함께 미국은 공공서비스 제공을 위한 인공지능 비서 개발 프로젝트를 수행 중에 있다. 현재 30여 개의 연방기관들이 정부와 협업해 본 경험이 없는 산업계 리더, 기업가, 스타트업들과 함께 파일럿 프로젝트에 참여하고 있다. 미국 정부에서 개발 중인 인공지능 비서는 민간 기업에서 제공하는 인공 지능 플랫폼과 같은 형태로, 공공서비스의 접근성을 높이는 것이 목적이다. 따라서 수십 개의 연방 프로그램이 아마존 Alexa, 구글 Assistant, 마이크로소프트 Cortana, 페이스북 메신저와 같이 자동화 된 셀프서비스 플랫폼을 통해 사용자가 공공서비스를 어디에서나 사용할 수 있게 하는 것이 프로젝트의 목적이다.

4. 미국 전자정부의 추진체계

미국의 전자정부 추진은 관리예산처의 전자정부국과 최고정보화책임관협의회에 의해 수행되고 있다.

1) 전자정부국(Office of E-Government and Information Technology: OEG)

미국은 2003년 전자정부법(E-Government Act)의 제정에 따라 전자정부 추진확대를 위해서 관리예산처(OMB)산하에 전자정부국(Office of E-Government and Information Technology)을 설치하였다. 관리예산처는 각 부처의 대통령관리어젠다(PMA)및 전자정부 사업의 추진상황을 평가하여 분기별로 스코어카드(scorecard)[5]에 반영하여 공개하고 있으며 다음의 역할을 수행한다.

전자정부국은 최고정보책임자협의회(CIOC), 총무처(GSA)와 함께 연방정부아키텍처(FEA) 프로그램을 수립하고, 이를 통해 정보화 사업의 투자효율성 달성, 정보공유 및 시스템 간 상호운용성 확대, 시민 중심의 서비스 제공 등을 촉진하는 역할을 수행하고 있다.

또한 전자정부하에서의 개인정보 보호 및 보안성 강화를 위해 전자서명(E-Authentication), 공공 및 개인정보의 접근 및 공유에 대한 안내(guidance) 등을 제공하고, 기관들의 준수에 대한 상황을 국회에 매년 보고하여야 한다.

그리고 2003년 전자정부법(E-Government Act)에 따라 전자정부 기금(E-Government Fund)[6]을 설치하여 전자정부 사업의 원활한 추진을 지원하고 있다. 이러한 전자정부 기금은

5) 스코어카드는 각 부처별, 프로그램이니셔티브(program initiatives)별로 대통령관리아젠다(PMA)의 목표달성 정도를 달성 완료(green), 추진 중(yellow), 추진 미흡(red)의 3단계로 구분하여 매 분기별로 평가하여 발표(www.result.gov)하고 있다.
6) 기금규모는 2003년에 4,500만불, 2004년에 5,000만불, 2005년에 1억불, 2006년에 1억5천만불이 배정되었다.

총무처(GSA)가 운영하고 예산관리처(OMB)는 기금사용 승인 및 운영상황 보고의 책임을 진다.

2) 최고정보책임자협의회(Chief Information Officer Council: CIOC)

최고정보화책임자협의회는 대통령령 13011호에 의해 1996년 7월 설립되었으며, 전자정부법(E-Government Act 2002)에 의하여 설립근거가 법제화되었다. 최고정보책임자협의회의 의장은 관리예산처의 관리차장(Deputy Director for Management)이 맡으며, 부의장은 참여기관의 대표 중에서 선출하도록 되어 있다. 이 조직과 함께 연방정부의 정보관련 정책을 총괄하는 정보규제사무국(OIRA)은 전자정부국과 정보 보안, 프라이버시, 연방정부아키텍처(FEA) 개발, 정보기술 자본계획투자 통제 등과 관련하여 긴밀하게 협력하고 있다. 이들 조직들은 정보기술 관리정책, 관련 표준, 정보자원공유, 보안, 상호운용성 등과 관련한 권고안 개발, 연방정부의 정보화 인력 평가 및 조정 등을 담당하고, 이와 관련한 모범사례위원회(Best Practices Committee), 아키텍처및인프라위원회(Enterprise Architecture & Infrastructure Committee), 정보화인력위원회(IT Workforce Committee) 등 3개의 하부위원회를 운영하고 있다. 이러한 추진체계는 (그림 6-3)과 같다.

오바마정부에 들어와서는 이러한 정보화책임관협의회의 역할이 보다 중요하게 부각되고 있다. 2009년 초에 집권한 오바마대통령은 새 정부의 첫 번째 최고정보책임자(CIO)에 비벡 쿤드라(Vivek Kundra)[7]를 임명하였다. 연방 최고정보책임자는 OMB내 전자정부와 IT담당국 총괄책임자로 전자정부와 IT투자 및 성과관리, 연방 EA, 보안, 정보격차 등 범정부 정보화 전략을 지원 · 조정하고 연방 CIO협의회를 운영한다.

1대 비벡 쿤드라에 이어, 2011년 8월, FCC 위원장을 역임했던 스티븐 반뢰켈(Steven VanRoekel)이 2대 연방 CIO로 임명되었다. 이어서 2015년 2월에 VM웨어에서 일하던 토니 스콧(Tony Scott)이 오바마대통령에 의해서 3대 연방 CIO로 임명되었다. 최근에는 트럼프대통령이 2018년 1월말에 Ernst & Young의 수장인 캔트(Suzette Kuhlow Kent)를 4대 연방 CIO로 임명하였다. 이것은 연방 IT예산의 삭감에 대한 트럼프대통령의 의지를 반영한 것이라는 평가가 지배적이다.

3) 기타 기구들

이들 조직 이외에도 다음과 같은 조직들이 미국의 전자정부 구현에 있어서 기능을 담당하고 있다.

---

7) 비벡 쿤드라는 버지니아주 상무부 차관보 및 기술부 차관보를 거쳐, 워싱턴 DC의 최고기술책임관(CTO)으로 활동하였다. CTO 재임 당시에 지역 내 86개 정부기관의 정보체계를 개선하는 일을 총괄하면서 직원들이 유투브와 페이스북을 적극적으로 활용하도록 하는 등, 정부 기능과 IT의 효율적 융합을 이끌어 인포월드 선정 '2008년 세계 CTO 톱 25'에 선정되었다.

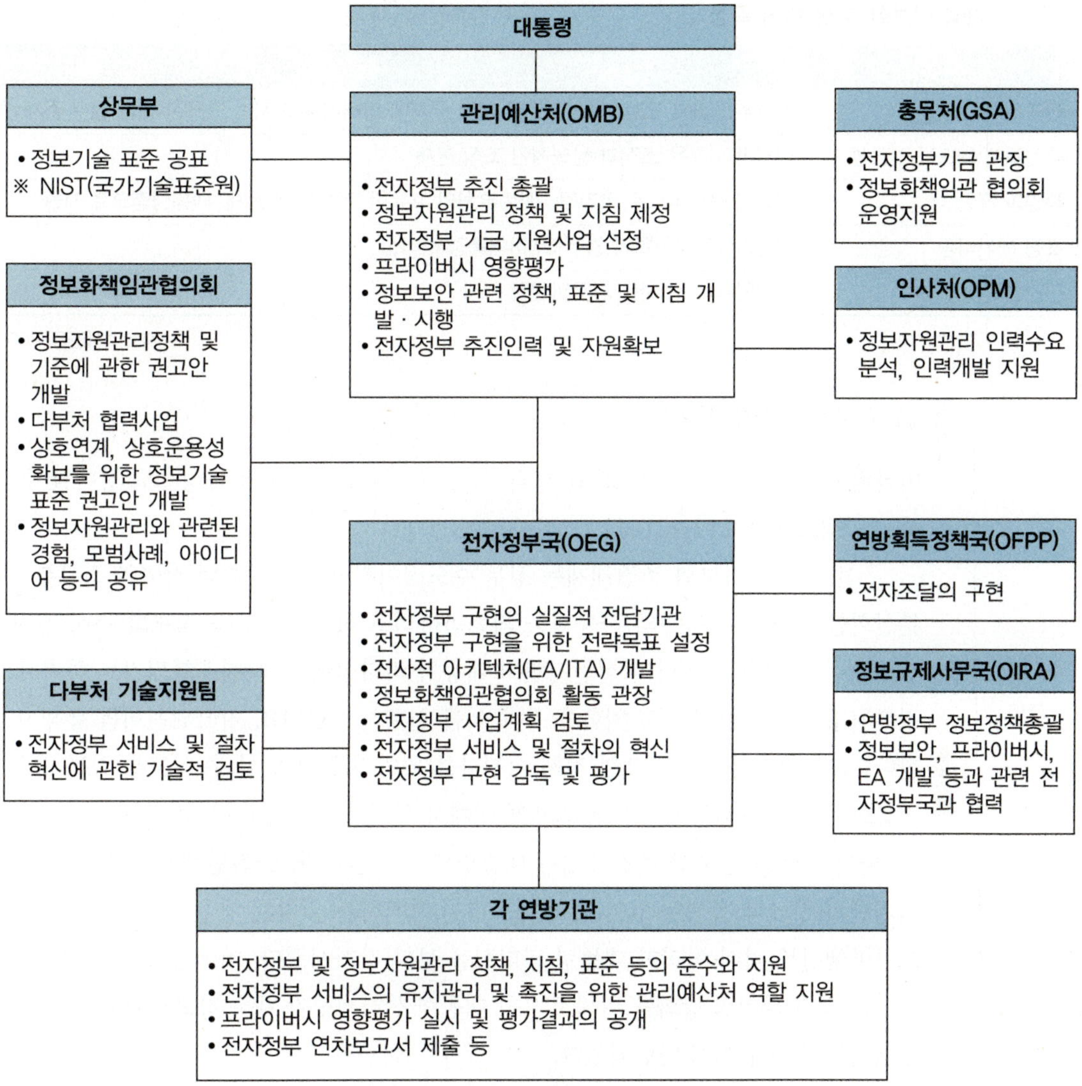

그림 6-3 미국의 전자정부 추진체계

① 상무부(DOC): 정보기술 표준 공표

② 총무처(GSA): 전자정부기금 운영, 최고정보책임자협의회(CIOC)지원, 전자서명의 상호운용성 확보를 위한 기본틀 제공

③ 인사처(OPM) :정보자원관리 인력수요 분석 및 인력개발 지원, 정보기술교육 성과기준 개발 및 정보기술인력 교환 프로그램 지원

④ 연방획득정책국(OFPP): 전자조달의 효과적 구현, 전자정부 서비스 혁신 방안 지원

⑤ 다부처기술지원팀(Interagency Committee): 전자정부 서비스 및 절차 혁신 방안에 대한 기술적 검토

표 6-7 미국 정보화 추진 체계 특성

특성	내용
전담조직 여부	전담추진 체계 있음. 분산형으로 개별 부처에 의해 이루어지는 고유한 전담 업무 존재
추진체계 제도적 안정성	작업반과 같은 조직과 상설적인 조직 혼재
책임과 권한	비교적 구체적으로 명기됨. 개별 부처의 고유한 역할 영역 존재. 대통령령으로 지원
조정 메카니즘	대통령행정위원회의 임무 OMB대통령 리더십
민간협력	민간인을 주로 하는 자문위원회 존재

자료: (정연정, 2009: 2, 13).

4) 추진체계의 특성

미국의 정보화 추진체계는 〈표 6-7〉과 같이 크게 4가지 형태의 특성으로 정리될 수 있다(이하 정연정, 2009: 213~214).

우선 미국의 정보화 추진체계는 정부 주도적이지만 시민사회의 참여와 정부부처 내부의 분산화를 통해 정부독주의 가능성을 최소화하려고 하고 있다. 즉 정보화 특히 전자정부 사업의 주요한 정책 어젠다와 실천지침이 대통령 리더십에 의해 현실화되기는 하지만 개별 행정부처의 독립적인 권한과 역할을 통해 이를 실행하고 OMB, 기타위원회를 통해 이를 조정한다. 또한 시민사회가 주요한 정책 어젠다를 위원회에 반영 할 수 있도록 하는 장치를 통해 정보화 정책의 견제와 균형을 추진체계 내에서 실행하고 있다고 볼 수 있다.

둘째 미국의 정보화 추진체계는 대통령의 리더십이다. 클린턴행정부에서 부시행정부를 거치면서 정보화 정책에 있어 미국 대통령이 차지하는 위치는 매우 크다고 할 수 있다. 또한 오바마행정부 역시 이러한 대통령 리더십을 보다 강화시켰다. 미국은 정보화 추진체계에 있어 대통령의 리더십 강화를 위해 필요한 대통령 산하기구가 계속 강화되어 왔으며, 이를 통해 구체적인 행정 지침이 마련되었다.

셋째, 미국 정보화 추진체계의 특성은 바로 추진체계의 제도적 안정성이라고 할 수 있다. 소위 작업반(task force)과 상설적인 조직이 혼재되어 운영되는 것이 바로 미국의 정보화 정책 특히 전자정부 사업이라고 할 수 있다. 이는 사안에 따라 대응할 수 있는 정부 임시 조직과 상설조직의 협력관계가 제도화되어 가고 있으며, 이들 사이의 갈등의 여지는 미국 추진체계의 발전과정에서 찾아보기 힘들 정도이다.

마지막으로 미국의 추진체계의 특성은 민간부문과의 협력이 민간을 중심으로 하는 위원회 형성에서 찾아질 수 있을 것이다. NII 자문위원회와 같은 것이 바로 이러한 민간과 정부의 협력을 위한 조직체라고 할 수 있는데, 참여 민간부문 역시 다양하다고 볼 수 있다. 이러한 민간영역에서의 참여는 분산적인 미국의 정보화 추진체계의 주요한 부분을 차지하고 통합적 수준의 자문위원회 보다는 개별 부처의 주요한 업무 수행을 위한 민간위원회가 상대적으로 많이 존재하고 있다.

6.2 영국의 전자정부 구현 정책

영국 정부는 1990년대 초반부터 인프라 구축, 공공 정보화 구현, 정보화 산업 발전, 전자정부 구현 등 단계적인 국가정보화 수순을 밟아 왔으며, 각종 국내외 위기 상황에서도 지속적인 의지로 다양한 정보화정책을 꾸준하게 추진해 오고 있다. 최근에는 노동당의 13년간 장기집권을 끝내고 등장한 보수당의 데이비드 카메론(David Cameron) 내각을 중심으로 IT를 활용하여 새로운 미래사회로의 성공적인 전환을 촉구하는 '스마트시대의 신 창조사회 재건'을 위한 정책을 추진하였다. 이후 2016년 6월부터 보수당의 당 대표인 테리사 메이가 자유민주당과의 연정으로 집권하고 있다.

1. 영국의 전자정부 발전 과정 및 현황

1990년대 초반부터 지금까지 영국의 전자정부 발전 현황을 간략하게 정리하면 다음과 같다.

1) 영국의 전자정부 개념 및 추진원칙

영국정부가 1990년대 중반에 전자정부를 처음 추진할 당시의 전자정부 개념은 다음과 같이 요약할 수 있다.

(1) 전자정부의 개념

- 정부 스스로 획기적인 사회변동의 적극적 일원이 된다.
- 국민과 민간기업에 대한 보다 나은 행정서비스를 제공한다.
- 질 높은 행정서비스, 보다 나은 정책결정, 보다 효율적인 정부운영을 위해서 정부의 정보를 귀중한 자원으로 간주하고 효과적으로 활용한다.
- 공공부문의 전 영역에 걸쳐 e-business 방식을 적용하여 행정관리를 개선한다.

(2) 추진원칙

또한 영국은 다음의 4개 원칙에 기초하여 전자정부의 구현을 도모하였다.

① 시민편익에 대한 초점

양질의 서비스를 쉽게, 편리하게, 그리고 안전하게 전달한다. 또한 시민이 정부의 조직, 기능 등을 모르는 상태에서도 필요한 서비스를 제공받을 수 있도록 한다.

② 접근성 높은 서비스

전자적으로 제공 가능한 서비스는 모두 전자적으로 제공한다. 서비스의 제공을 위해 인터넷을 적극 활용한다. 개인용 컴퓨터를 포함하여 이동전화, 디지털 TV, 전화상담 등의 각종 매체를 서비스 전달의 도구로 이용한다. 전자적 서비스가 제공되는 경우에도 공무원과의 대면접촉은 여전히 중요한 공공서비스 전달방식이다.

③ 포함성(Inclusiveness)

국내에 있거나 혹은 국외에 있거나 영국 국민이면 누구에게나 각종 매체를 통해 서비스를 제공한다.

④ 정보의 보다 개선된 관리

보다 나은 정책결정, 보다 개선된 서비스 전달, 보다 효율적인 행정운영을 위해 정부의 정보관리를 개선한다.

2) 녹서(Green Paper, 1996)

영국에서 범정부적으로 전자수단에 의한 정부서비스의 공급을 정부의 핵심전략으로 추진한 청사진이 제시된 것은 1996년 당시 공공서비스처 장관인 Roger Freeman에 의하여 발표된 녹서(Green Paper: Government Direct/A Prospectus for the Electronic Delivery of Government Services)에서 비롯한다(Office for Public Service, 1996). 이 녹서에 의하면 정보기술(IT: Information Technology)의 발전으로 정부가 일반국민들과 기업들에게 제공하는 서비스를 어떻게 변화시킬 것인가를 기술하고 있으며, 새로운 서비스 전달형태를 만들어가는 기본 준거원칙을 설정하고 자료보호 등을 포함한 여러 가지 제안을 담고 있다.

또한 특기할 만한 것은 당시까지 전자적인 정부서비스의 제공이라는 용어를 사용하던 영국이 이 녹서에서부터 전자정부의 개념을 제시하고 있다는 점이다. 이 녹서에서 전자정부는 "정부가 고객이라고 할 수 있는 일반국민과 기업에게 제공하는 각종서비스를 전달함에 있어 종래의 전통적인 수단이외에 발전된 정보기술(Information Technology)을 적용하여 서비스를 확대하고 서비스의 질을 향상시키는 한편 정부행정의 효율성을 높여 나가는 것"으로 정의되어 있다.

녹서에서 제시된 구체적인 정보기술을 활용한 정부정책의 비전은 다음과 같다.

(1) 서비스 질의 향상

전자서비스에 의한 각종 서비스는 가능한 한 어떠한 접점에서나 가능하도록 추진될 것이기 때문에 "One Stop Shop"의 개념을 더욱 발전시키게 될 것이며, 서비스 중 상당수가 하루 24시간, 주 7일간 언제나 서비스가 가능하게 될 것이고 시민들은 정부의 즉각적인 응답을 기대할 수 있게 될 것이다.

(2) 서비스의 전달수단 제공

고객 서비스의 향상을 위한 정부전략의 핵심은 고객에게 전자터미널을 통하여 정부와 고객 간에 문서로 오가던 정보를 전자적으로 주고받을 수 있도록 기회를 제공할 것이다. 이를 위해 개인들은 개인용 컴퓨터에 전화선이나 고속망을 연계하여 접속하고 기업들은 EDI를 통해 자동으로 정부에 전송할 수 있다. 일반 시민들의 경우에도 도서관, 우체국, 쇼핑센터와 같은 장소에서 사용이 쉬운 터치스크린을 활용하는 것이 가능해질 것이다.

(3) 전자적 전달의 기반(Infrastructure of Electronic Delivery)

정부는 모든 정보를 반드시 정부의 단일 데이터베이스로 통합하려는 의도를 가지고 있지 않다. 어떤 종류의 특별한 서비스는 민간이 계속 맡아야 하며, 영국 정부는 이러한 특별 서비스에 대하여는 우편서비스에 관하여 지금까지 Royal Mail과 맺고 있는 계약과 유사한 행태의 계약을 민간전자서비스 공급회사와 체결할 의도를 가지고 있다. 이러한 전자서비스의 대상서비스는 ① 정부정보의 제공(providing information) ② 조세 징수(collecting taxes) ③ 면허증 발급(granting licenses) ④ 규제관리 (administering regulations) ⑤ 장려금과 급여의 지급(paying grants and benefits) ⑥ 통계의 분석(analysing statistics) ⑦ 물품 및 용역의 구매(procuring goods and services)등이 주요 대상이 된다.

(4) 정부의 효율성 증진(Delivering Efficiency through Rationalization)

합리성을 통한 정부의 서비스전달의 효율성 증진은 ① 능률의 촉진, ② 자료의 공동이용 제한 폐지 검토, ③ 정보공개 촉진과 국가이익확대, ④ 민주주의 가치의 심화 및 ⑤ 국민고충처리에의 기여 등과 같은 다섯 가지 목표를 지니고 추진되었다.

3) 정부 현대화 백서(Modernising Government White Paper, 1999~2002)

영국 정부는 국민과 기업에게 보다 나은 삶과 서비스를 제공할 수 있는 "보다 나은 정부"(Better Government)건설이라는 목표를 달성하기 위하여 1999년 3월 "정부 현대화 백서"(Modernnising Government White Paper)를 발표하였다. 이 백서는 공공서비스의 획기적 개선을 위한 장기 프로그램으로 3대 핵심목표와 5대 실천과제를 제시하고 있으며, 이 실천과제 중의 하나가 바로 "정보시대의 정부"(information age government)구현이다.

정부 현대화 백서에서 제시하고 있는 3대 핵심목표는 협력적이고 전략적인 정책결정의 보장, 서비스 제공자의 편의가 아닌 고객중심의 공공서비스 제공, 고품질 · 고효율의 공공서비스 제공 등이다. 또한 5대 실천과제는 혁신적인 정책결정, 국민의 요구에 신속하게 대응하는 공공서비스, 양질의 공공서비스, 정보시대의 정부, 공무원의 동기부여 등으로 이를 달성하기 위한 구체적인 실행계획을 별도로 작성하였다.

정부 현대화 백서에서 "보다 나은 정부"를 구현하기 위한 5대 실천과제 중의 하나로 제시된 "정보시대의 정부"는 정보기술의 발전에 이끌려가지 않고 정보기술을 적극적으로 활용함으로써 국민과 기업의 요구를 충족시키는 것을 지향하고 있다. 이 백서에서는 "정보화 시대의 정부"의 목적을 달성하기 위한 추진 전략을 다음과 같이 제시하고 있다. 즉 통합적 정보기술 전략의 개발, 기업과 시민들을 위한 전자적 서비스 개발, 서비스 혁신을 위한 중앙정부와 지방정부간 파트너십 형성, 범정부적 정보자원의 공동활용을 위한 프레임워크 구축(데이터 표준, 전자서명, 콜 센터, 스마트카드, 웹사이트, 정부 게이트웨이 등), 시민과 정부 간 재정적 거래의 전자화, 프라이버시 보호, 전자적 서비스 전달 등을 정보화 시대의 정부 구현을 위한 전략으로 제시하고 있다.

"정보시대의 정부" 구현을 위한 전략 중의 하나인 "전자적 서비스 전달"(electronic delivery)과 관련하여 영국 정부는 정부 서비스를 2001년까지 25%, 2005년까지 50%, 2008년까지 100%제공한다는 목표를 제시하였다.

4) E-Government(2000~2005)

영국 정부는 정부 현대화 백서에서 설정된 "정보시대의 정부"를 달성하기 위한 일종의 실행계획인 "E-government: A Strategic framework for Public Services in the Information Age"라는 보고서를 2000년에 발표하였다. 이 보고서는 시민과 기업을 위한 보다 나은 서비스 제공과 정부 정보자원의 보다 효과적인 활용을 지향하면서 e-business 방식을 공공부문에 적용하여 정부활동을 전환시키기 위한 환경을 조성하는 것을 목적으로 하고 있다.

E-government보고서에서는 전자정부 구현의 4가지 원칙으로 시민의 선택을 중시하는 서비스 구축(시민중심적인 정부), 정부와 정부 서비스에 대한 접근성 개선(접근성 높은 서비스), 사회적 포용성(social inclusion), 정보자원 활용 및 관리의 개선 등을 제시하고 있다. 이러한 원칙에 입각하여 전자정부 구현을 위한 추진 전략과 추진 체계의 구축 방안이 제시되어 있다.

또한 이 보고서에서는 정부 현대화 백서에서 설정하였던 전자적 서비스 전달의 목표 연도를 앞당겨, 2008년까지 100%를 달성하는 것을 목표로 추진해 온 정부서비스의 온라인화를 2005년에 달성함으로써 전자정부를 조기에 구축하기로 하였다. 또한 2000년 여름까지 단일 창구인 정부 포털사이트를 구축하여 모든 중앙 및 지방정부의 서비스를 제공하겠다는 목표를 제시하고 있다. 아울러 정보격차 해소 정책 내용을 담고 있다.

5) Connecting the UK(2005~2008)

영국 정부는 2005년 3월에 국가발전전략으로 'Connecting the UK'를 발표하였다. 이후 토니 블레어 총리는 정보기술을 활용한 정부부문의 혁신을 목표로 하는 "기술에 기반을 둔 정부 혁신(Transformational Government-Enabled by Technology)"라는 보고서를 발표하고 경제 생산성, 사회정의 및 공공서비스 개혁이라고 하는 세 가지 과제를 전자적으로 해결하려고 시도하였다.

(1) 현황

영국 정부는 공공부문의 IT시스템 일부는 낙후되거나 유지비용이 많이 들고 있다고 설명하고, 이러한 시스템들을 수정하고 교체할 경우에 전체 IT산업이 신장될 것으로 기대하였다. 그러나 이것은 표면적인 이유이고 실제적으로는 테러리스트, 범죄에 IT이용, 정보보호 문제 및 기술컨버전스 등의 문제에 대응하기 위하여 IT를 적극적으로 활용하고자 하였다.

(2) 비전

정보기술을 보다 효과적으로 활용하여 국민들의 일상생활을 향상시키는 공공서비스 및 정책성과를 제공하고자 하였다. 구체적으로는 ① 국민생활의 질을 향상시키는 공공서비스 제공 ② 더욱 확대된 선택의 폭과 개인화를 통해 보건, 교육, 연금 등의 보다 나은 맞춤형 공공서비스 제공 ③ 일선공무원의 업무 부담을 완화하여 지역사회에 기여하고 범죄와 빈곤의 악순환 고리를 끊는 데 일조함 ④ 규제개선 및 정부조직의 합리화를 통해 경제를 발전시키는 것이었다.

(3) 추진 내용

세부 실행 계획은 CIO위원회의 승인을 받아서 2006년부터 실행하였다. 2007~2011까지는 기술투자 및 업무혁신의 최우선 순위를 공공서비스에 두고, 국민과 기업에 공급을 전환하는 것과 공통서비스 형식으로 전환하는 것을 포함하였다. 2007년과 2008년에 발표된 정부혁신 전략 이행에 대한 연차보고서에 따르면, 〈표 6-8〉과 같이 3대 추진 전략별로 가시적인 성과가 있었던 것으로 평가되고 있다(Cabinet Office, 2007; 2008).

영국 정부는 2011년 이후에는 기술에 의한 공공서비스 제공에 더욱 급진적인 변화가 야기될 것으로 예측하고, 이에 대응하여 새로운 기회를 제공할 것을 밝히고 있다. 이를 위해서 구체적으로는 공공서비스 전달의 참여 주체를 국민 및 기업 중심으로 변화시키기 위해 공유서비스 프레임워크에 대한 지원을 강화하고 있다.

6) Digital Britain (2009~2012)

영국 정부는 2009년 1월에 미래 영국 경제의 방향을 제시하고 경제성장을 촉진하기 위해서 디지털 영국 추진계획에 대한 중간보고서(Digital Britain The Interim Report)를 발표하

표 6-8 영국의 IT를 활용한 정부혁신 내용 및 성과

추진 전략	주요 내용	주요 성과
고객 중심의 서비스 (citizen-centric services)	• 고객의 요구를 파악하기 위해 부처별 정책고객그룹 구성 • 고객그룹별 담당 책임관 임명, 그룹 수요파악 및 관리 • 범정부 차원의 위원으로 구성된 서비스혁신 위원회 설치 • 서비스 제공시 인터넷, 모바일, DTV 등 다양한 접근방법 강구, 공공서비스 번호 도입, 130개 콜센터 통폐합	• 공공 웹 사이트 합리화 정책에 따라 공공부문 웹 사이트 통합 운영 – 대민서비스는 'Directgov', 대기업서비스는 'BusinessLink' 사이트로 통합 운영
공공부문의 데이터 및 서비스 공유 (shared services)	• 고객정보의 공동 활용을 위해 기관간 고객서비스센터 협력, 인적 자원 · 재정 · 조직 재정비, 정보관리, IT 아키텍처 정립 • 공통서비스 활용을 위한 표준프레임워크를 구축하기 위해 내각에 공통서비스 국장 임명	• 'Government Gateway'를 통한 정부서비스의 온라인 접근성 강화 – 운전면허 시험 등록, 자동차세 납부, 전자처방전 등 공공부문 서비스의 온라인화 가능 • 중앙–지방정부간 데이터 및 서비스 공유 방안 추진
정부의 전문성 확대 (Government IT professionalism)	• CIO협의회와 서비스혁신위원회를 통한 리더십 구축, IT지출 타당성 검증 완화, IT아카데미 설치 등 역량 강화 추진	• 공공서비스의 효율적인 전달을 위해 정책, 법, 통계 전문가 활용 • 7,000여 명의 각계 전문가 풀을 구성하여 대민 서비스에 대한 평가 프로그램 구축 방안 마련 • 영국 내 뿐만 아니라 EU회원국 간에도 공공서비스 접근 방안 모색 • 정부부문의 IT를 통한 전문성 강화 및 개발을 위해 워크샵 · 정부 IT아카데미 등 개최

였다. 이 보고서는 2012년까지 영국의 모든 가정에 브로드밴드 서비스를 제공하고, 영국의 디지털 전환을 위한 22개의 실행계획을 제시하고 있다. 디지털 영국을 위한 주요 목표 및 실행계획은 다음과 같다.

(1) 디지털 네트워크

- 시장 주도의 차세대 브로드밴드 서비스 제공을 극대화하기 위한 정부 주도의 전략그룹 신설
- 차세대 모바일 무선 네트워크 확산을 위해 무선 전파 스펙트럼 최신화 프로그램(Wireless Radio Spectrum Modernization Programme)을 실시
- '디지털 TV로의 전환 지원 계획(Digital Television Switchover Help Scheme)'을 통해 디지털 TV전환의 확산을 위한 연구 실시

(2) 디지털 콘텐츠

- 저작권 자료에 대한 합법적 사용을 위한 인센티브 제공방법 논의, 소비자의 불법적 사용 방지를 위한 규제 제정, P2P파일 공유에 대한 법제화 실시

(3) 네트워크의 보편적 서비스 및 연결

- 현재 유무선과 모바일 방식을 혼합하여 제공되는 디지털 보편적 서비스 약속(digital universal service commitment)에 대한 계획을 발전시켜 보편적 서비스에 대한 통제 및 책임구조 등을 제정하여 2012년부터 실시할 수 있도록 추진
- 공공서비스의 디지털 보급을 위해 디지털 통합 전담반(Digital Inclusion Champion) 운영

(4) 디지털 미디어 활용 강화 및 서비스 이용

- Ofcom 은 미디어 활용과 관련된 규제 및 관리 권한에 대한 내용을 재평가하고, BBC와 기타 기관과 협력하여 국가 미디어 활용계획(National Media Literacy Plan)을 정의

7) Government ICT Strategy

영국 정부는 2010년 1월에 정부 ICT전략(Government ICT Strategy)을 발표하여 더욱 스마트(Smarter)하고 저비용적(Cheaper)이며 친환경적(Greener)인 공공부문 ICT인프라 구축을 위한 전략을 제시하였다. 이 전략은 상호운용성 및 데이터 공유 지원을 통해 공공 서비스의 선진화는 물론 시민과 기업에 제공하는 공공부문 전반에서의 ICT간소화 및 표준화 실시 등의 내용을 담고 있다(HM Government, 2010).

이러한 정부 ICT 전략의 14개 세부 목표 및 추진 내용은 다음 〈표 6-9〉와 같이 정리할 수 있다.[8)]

8) Government Digital Strategy (2012~2017)

2012년 11월 영국 정부는 케머론 정부의 새로운 전자정부 계획이라 할 수 있는 '정부 디지털 전략(Government Digital Strategy)'을 발표하였다. 핵심 목표는 디지털 서비스를 사용할 수 없는 사람들을 배제하지 않으면서 사용하고자 하는 사람들은 간편하게 곧바로 사용할 수 있는 디지털 서비스라는 의미에서 '기본 디지털(digital by default)'을 구축하는데 있다.

8) 고든 브라운 총리가 2010년 1월에 발표한 정부 ICT 전략은 2020년까지 영국의 국가정보화 방향을 제시하고 있으나, 2010년 5월 데이비드 캐머런 총리가 선출됨에 따라 본 전략은 무산되었으며, 캐머런 총리의 새로운 국가정보화전략이 2011년에 발표되었다.

표 6-9 영국 정부의 ICT 추진전략 및 내용

추진 목표	추진 전략	추진 내용
공공부문 및 사회기반 시설 강화 (6개 추진 전략)	공공부문 네트워크 추진	공공부문 네트워크의 표준화를 통해 저렴한 비용 및 안전하고 우수한 서비스의 유무선 통신 시설 구축
	정부 클라우드(G-Cloud)서비스 구축	클라우드 컴퓨팅을 이용하여 공공부문 역량 및 보안성 향상을 통해 비용 절감
	데이터 센터 전략	데이터 센터를 최대 12개로 감축하여 약 3억 파운드의 비용 감소 및 데이터 센터의 전력 수요 75% 절감과 지속가능한 데이터 저장공간(storage) 구축
	정부 애플리케이션스토어 구축	온라인 컴퓨터 프로그램 사용 시 요금 지불 방식으로 공유와 재사용할 수 있는 환경을 구축하여 정부조달 소요 기간 단축 및 비용 절감 가능
	공유 서비스, 정부 클라우드로 시스템 이동	공공 서비스의 공유를 위해 정부 클라우드를 기반으로 제공되는 공유 서비스로의 지속적인 이동 추진
	공동 데스크톱 전략 구축	공동 모델을 사용하는 데스크톱 설계의 간소화 및 표준화를 통한 상호 운용성 증진
표준화 및 단순화 (4개 추진 전략)	아키텍처 및 표준화 추진	여러 공급업체들이 비용 효율적인 방식으로 상호 운용할 수 있는 환경 기반 조성
	오픈 소스, 개방형 표준, 재사용 전략	공평한 조달 체계 및 기회를 제공하고 저렴한 비용으로 기존의 툴을 재사용할 수 있는 환경 조성
	그린 ICT 전략	저렴한 비용으로 지속가능하고 더욱 효율적인 ICT를 제공
	정보 보안 및 보증 전략	외부 위협으로부터 시민과 기업의 데이터 보호
역량 강화 (4개 추진 전략)	IT활용 변화에 따른 전문 역량 강화	IT활용 프로젝트와 서비스에 맞는 수행 및 관리 능력을 갖춘 역량 인재와 조직 구축
	신뢰할 수 있는 프로젝트 수행	포트폴리오 관리 및 적극적인 혜택 관리를 이용해 정부가 신뢰할 수 있는 프로젝트를 수행
	공급 관리	개별 조직과 공공 부문 모두를 위해 공급업체들의 최대 가치를 얻을 수 있도록 협력
	국제적 연계 및 협력 체계 강화	국제 조약과 지침이 영국의 국가 필수요건을 반영하도록 하고, 영국의 ICT 서비스 선두 유지

영국 인구의 82%는 인터넷을 사용하지만 정부 온라인 서비스는 거의 사용하지 않는 상황에서 기존의 정부 오프라인 서비스를 디지털 방식으로 이전함으로써 연간 17~18억 파운드를 절감할 것이라고 내다봤다.

정부는 단일 웹사이트인 GOV.UK(www.gov.uk/)를 통해 정보를 단일화해서 제공하는 방법으로 개선하고, 650개의 업무 서비스를 온라인으로 제공함으로써 사람들은 시간을 절약하고 정부는 비용을 절감하는 계획을 내놓았다. 정부 디지털 전략의 주요 방향과 내용을 살펴보면 다음 〈표 6-10〉과 같다.

2013년 3월 감사원(NAO)에서는 영국인을 대상으로 '정부 디지털 전략'에 대한 조사를 통해 대중으로부터(bottom-up)'정부 디지털 전략을 평가한 '디지털 영국 2: 이용자를 정부디지털 서비스 중심에(Digital Britain 2: Putting users at the heart of government's digital

표 6-10 영국 디지털 전략의 주요 방향과 내용

구분	내용
정부부처 디지털 리더십 향상	• 정부부처 점검표에 능동적 디지털 리더를 포함. 10만 건이 넘는 업무서비스는 매년 재설계.
공공서비스를 통한 디지털 능력 개발	• 모든 정부부처가 전문기술을 포함한 적당한 수준의 디지털능력을 지니고 있는지 점검. 내각사무처는 각 부처의 디지털능력 향상을 지원.
업무서비스를 새로운 기본 서비스 기준에 맞추어 재설계	• 모든 부처는 연간 10만 건 이상의 모든 업무에 대해 철저하게 재설계. 2014년 4월 이후 모든 신규 또는 재설계 업무서비스는 새로운 기본 디지털 서비스 기준을 준수 (https://www.gov.uk/service-manual/digital-by-default). • 7대 핵심 정부부처: 국세청(HMRC), 교통부(DfT), 노동 및 연금부(DWP), 법무부(MoJ), 비즈니스, 혁신 및 기술부(BIS), 환경, 식품 및 농촌부(DEFRA), 내무부(Home Office) 등 이들 부처는 2012년 12월에 부서별 디지털 전략을 수립 · 발표하고, 2013년 4월부터 서비스를 재설계하여 2015년까지 완료.
GOV.UK로 전환 완료	• 2013년 3월까지 24개 중앙정부부처의 출판 활동, 2014년 3월까지 관련 기관과 산하기관의 온라인 출판을 GOV.UK로 이월.
디지털서비스 이용자 증가	• 정부부처는 더 많은 사람들의 디지털 서비스에 대한 인식을 높이고 사용을 장려하기 위해, 디지털사용 장려 인센티브를 사용하는 방법 검토.
온라인을 거의 또는 전혀 사용하지 않는 인구를 위한 일관된 서비스를 제공	• 기본 디지털로의 이행하는 가운데 누구도 배제되지 않는 것이 중요. 부처는 디지털 서비스를 사용하지 않는 사람을 이해하고 이들에게 필요한 것을 조사하여, 이 사람들이 디지털 서비스를 사용할 수 있도록 지원하고, 필요하다면 다른 방법으로 서비스에 접속하는 방식을 지원함.
디지털 서비스 제공의 입찰 범위를 중소기업을 포함하여 확대	• 내각사무처는 규제 요건 내에서 간소화된 입찰 과정을 제안.
기본 디지털 서비 스를 위한 공동 기술 플랫폼 구축	• 내각사무처는 신세대 기본 디지털 서비스를 유지하기 위해 공동 기술플랫폼의 새로운 형태를 규정하고 제공함.
불필요한 법적장벽 제거	• 내각사무처는 신속하고 편리한 디지털서비스 개발을 가로막는 규제를 관련 부처와 함께 개정.
정확하고 시기적절 한 정보관리에 기반 을 둔 서비스 결정	• 정부부처는 자신들의 업무서비스를 위해, 내각 사무처의 규정대로 일관성 있게 정보관리 진행.
정부 정책형성과 소통방식 개선	• 정부부처는 정책부서가 디지털 수단을 보다 넓게 사용하여 국내외를 막론하고 시민에게 자문을 구하고 소통하도록 권장.

services)'를 발표하였다. 이 보고서는 현 정부의 공공 디지털 서비스 전략을 이 분야에 대한 지난 어느 때보다 열정적인 계획으로 평가하였다.

9) 정부변혁 전략(Government Transformation Strategy 2017 to 2020)

영국 정부는 2017년 2월에 'Government Transformation Strategy 2017 to 2020'을 발표하였다. 이것은 2012년에 발표한 'Government Digital Strategy'를 보완하여 2020년까지 ICT

를 활용하여 다양한 차원에서 정부혁신을 추진하고자 하는 내용을 담고 있다(문정욱, 2017).

영국 정부는 기존 정부 부문의 디지털화 노력으로 공공부문 서비스 개선에 따른 시민들의 서비스 경험은 상당히 향상된 것으로 판단하였다. 그러나 여전히 공공부문 자체의 혁신은 부족한 상태로, 조직 자체의 디지털 트랜스포메이션을 위해 공공부문의 서비스 제공 접근방식 및 공공기관 내부 혁신을 추진하는 것을 주요 내용으로 하고 있다. 이 전략은 디지털을 활용하여 정부서비스를 구축 · 제공하고, ICT활용을 통해 지능정보사회에서의 시민과 정부와의 관계를 새로이 형성하는 것을 목표로 하고 있다.

이러한 정부의 디지털 전환을 위해 첫째, ICT 활용 기반 대국민 서비스 혁신을 통해 시민, 기업, 이용자에 대한 정부서비스를 개선하고, 둘째, 정부내부 혁신을 통해 공공조직이 유연한 방식으로 정책 목표를 달성하고, 정부기관 간 협력을 통해 정부서비스 개선과 업무 효율성을 향상시키며, 셋째, 다양한 채널을 통한 정부서비스 제공으로 효과적인 업무수행에 초점을 두고 정책을 추진하고 있다.

2017년 발표 전략은 세계 최고 수준의 디지털 서비스 제공뿐만 아니라 시대에 걸맞은 정부 운영 방식을 혁신하고 시민과 정부와의 관계를 새롭게 형성하는 것을 목표로 5가지 중점 분야를 제시하였다.

① 비즈니스 혁신: 사용자 경험을 근본적으로 개선한 세계 최고 수준의 디지털 서비스 확대 및 스마트하고 효율적인 방식으로 일하는 방식 혁신

② 사람, 기술 및 문화: 시민과 정부 간의 소통을 통해 적절한 기술과 문화를 개발하고 시민들의 요구에 적절히 대응할 수 있는 환경 마련

③ 도구, 프로세스 및 거버넌스: 공무원의 디지털 역량 강화 및 공무원이 일하기 좋은 IT기반 환경 구축, 업무 프로세스 및 부처 간 협업체계 정립

④ 더 나은 데이터 사용: 정부 투명성 제고 및 부가가치 창출을 위해 민관 혁신적 협업을 통한 데이터 활용 기반 마련, 안전한 보안시스템 도입

⑤ 플랫폼, 구성 요소 및 비즈니스 역량: 디지털 트랜스포메이션의 속도를 높이기 위해 표준화 기반의 공유 플랫폼 적극 활용

2. 영국 전자정부의 추진체계

영국의 전자정부 추진 조직은 시대에 따라서 다양하게 변화된 모습을 보여주고 있다. 현재는 내각부(Cabinet Office) 능률성 · 개혁실(Efficiency & Reform) 산하의 국가 CIO국(Chief Information Officer & Senior Information Risk Owners: COI&SIRO)에서 담당하고 있다. 이러한 추진체계의 변화 과정을 간략하게 살펴보면 다음과 같다.

1) 전자정부 추진조직의 변화 과정

영국의 전자정부를 추진하는 실무조직은 1990년대 중반까지 내각에서는 CITU(Central Information Technology Unit: 중앙정보기술단)를 구성하여 운영하였으며, CITU가 정보화정책을 수립하고 집행하였다. 또한 재무부에서는 CCTA(Central Computer Telecommunication Agency: 중앙컴퓨터통신원)를 운영하여 정부 내 정보통신 수요를 조사하여 정보서비스를 제공하는 역할을 담당하였다. CCTA는 1996년 4월 공공서비스국(Office of Public Service)의 집행기관으로 설립되어, 2000년 4월 OGC로 흡수되었다.

이처럼 부처별로 별도 추진되던 정보화를 범정부적으로 연계하여 조정하는 추진체계가 마련된 것은 1999년 총리직속으로 내각에 국가정보화청(Office of e-Envoy)이 신설되면서부터이다. 1999년 9월 영국 Tony Blair 총리는 2002년까지 영국을 전세계 최고의 전자상거래 환경으로 조성하겠다는 목표를 수립하고 이를 위한 전략적 보고서를 발표하였다. 이와 함께 정부 부처 간 이해관계를 조정하고 전략보고서의 실제 정책을 실행하기 위해 e-비즈니스 부문에 대해 통상산업부(Department of Trade & Industry: DTI)의 장관이 e-Minister로서의 역할을 담당하고, 전자정부 부문은 Cabinet Office에서 e-Envoy가 담당하도록 하였다. 또한 재무부의 CCTA는 2001년 통상국(Office of Government Commerce: OGC)로 변경되고, e-Envoy와 긴밀한 협조관계를 유지하게 된다(Office of e-Envoy, 2004).

당시 국가정보화추진본부(Office of e-Envoy)는 다음과 같은 기능을 담당하였다.

- 전자정부 추진전략의 책임자(owner): 전자정부의 추진방향 설정과 집행에 대한 총괄 책임
- 변화관리프로그램의 작성과 집행
- 지식경제와 관련하여 재무장관과 내각사무처의 e-Minister를 지원
- 間부처적 행정개선기회의 발굴과 개선방향 마련
- 매 6개월마다의 전자정부 전략 재검토 작업 실시
- 인프라 구축과 정책 이슈 해결의 전략적 우선순위 설정

이어서 2004년 5월 24일, 당시 Tony Blair 총리는 영국 전자정부 부문의 새로운 수장으로 Ian Watomre 임명하고 2004년 6월 2일부터 e-Government 관련 주요업무를 e-Envoy에서 e-Government Unit으로 이관한다. e-Government Unit은 내각에 기반을 둔 조직으로 고객 수요에 대응하여 전자정부 서비스를 제공함으로써 공공서비스를 향상시키고 효율성을 증진시키는 것을 주요 업무범위로 한다(서필언, 2005).

Office of the e-Envoy에서 e-Government Unit으로 이관된 주요 전자정부 관련 기능은 다음과 같다.

- 전략: 정부 내 ICT 정책 및 기획 개발, 공공서비스 제공 및 행정 효율성 증진의 정부 목표를 지원하는 실행계획관리
- 아키텍처: ① 중앙정부에 ICT에 대한 정책, 디자인, 표준, 거버넌스, 자문, 가이드 제공. ② 범정부적 인프라 및 서비스관리. ③ 정부간(중앙-지방 등)시스템 통합과 관련된 이슈 조정
- 혁신: 효과성 향상을 위해 ICT 활용 기회를 증진시켜 정부기관의 혁신을 이룰 수 있도록 고품질 자문 제공
- IT 재정: OGC와 파트너십을 가지고 정부의 주요 IT 프로젝트를 모니터링하고 투자에 관한 의상결정에 대한 자문
- IT 인력관리: 최고의 정부 IT 전문가로서 정부부문의 전문성 개발
- 프로젝트: 총리실, 재무부, 부처 등을 지원하는 ad hoc정책 및 전략 개발
- 연구: 주요 기술 동향, 정부의 기회 · 위협 · 위험요인 파악
- 보안: 정부 IT 보안 정책, 표준, 인증 등을 감독하고, 국가 중요 인프라의 우발적 사고에 대한 대비

이와 함께 영국 정부는 2005년 8월 1일 CIO Council을 발족시키면서 당시 e-Government Unit의 수장이었던 Ian Watmore가 국가CIO가 되어 두 조직을 함께 이끌게 되었다. CIO Council은 초기에는 IT를 활용한 공공서비스 제공을 목표로 하여 정부 IT 인력, 서비스 공유, 서비스 전달 및 IT 전략과 정책의 지원 기능을 수행하였다. 이어서 2007년 e-Government Unit이 해체되어 CIO Council에 통합되었고, 오늘날까지 영국의 전자정부 정책은 CIO Council에 의해서 추진되고 있다.

2) 정보화 추진조직 및 체계

영국의 정보화 정책추진에 대한 총괄업무는 컨트롤타워인 내각사무처가 담당하며, 정보화 분야별로 다양한 부처들이 나누어서 정책을 추진하고 있다. 예를 들어 정보통신산업의 진흥은 기업혁신기술부(DBIS)가 담당하며, 전자정부 분야는 정부 CIO 오피스(CIO&SIRO)에서 담당하고 있다. 구체적으로 2009년의 Digital Britain 계획은 기업혁신기술부에 의해서 수행되었으며, 2011년의 Government IT Strategy는 정부 CIO 오피스의 주도로 이루어졌다. 재무성(HM Treasury)의 경우, 2010년 6월에 정부 투명성 향상을 위한 계획의 일환으로 통합 온라인 정보시스템(Combined Online Information System: COINS)을 통하여 공공지출 데이터를 발표하기도 하였다. 이들 조직의 기능을 간략하게 살펴보면 다음과 같다.

(1) 기업혁신기술부(Department for Business, Innovation and Skills, DBIS)

- 2009년 6월 혁신대학기술부(Department for Innovation, Universities and Skills,

DIUS)와 기업사업규제개혁부(Department for Business Enterprise & Regulatory Reform, BERR)가 병합되어 Connecting the UK를 담당

- 영국 경제 및 기업 활동 전반에 걸친 정책 및 규제 수립을 담당하고 있으며, 영국의 통신 산업을 포함한 전체 산업 분야의 정책을 추진
- 문화미디어체육부(Department for Culture, Media and sport, DCMS)와 함께 'Digital Britain'보고서를 발표하고 디지털 통합(digital inclusion)을 위한 사업 수행

(2) 문화미디어체육부(Department for Culture, Media and Sport, DCMS)

- 문화미디어체육부의 전신은 1992년 설립된 국가 문화유산부(Department of National Heritage)로, 1997년 미디어 및 스포츠 분야가 추가되어 문화미디어체육부로 개명한 후, 문화 · 방송 · 스포츠 분야 정책 총괄

(3) 재무성(HM Treasury)

- 1990년대에는 CCTA를, 2000년대에 들어서는 OGC(Office of Government Commerce)를 두어, 정부조달의 e-비즈니스화를 효과적으로 달성하기 위한 조달업무 및 정부기술 구매정책과 전략의 수립 전담
- 2003년부터는 각 부처들의 프로젝트 및 프로그램 개발 · 관리를 지원하는 역할 수행

(4) 정부홍보그룹(Government Communication Group)

- 미래의 국제 사회를 선도하기 위해 기반이 되는 공공 업무 혁신 및 시민 간의 소통강화 솔루션을 찾고자 2009년 5월 신설
- 이 그룹 하에 디지털 통합 국장(Director of Digital Engagement)을 두고 앤드류 스토트(Andrew Stott)를 최초의 국장으로 임명(2009.5.13)

(5) 정부 CIO 오피스(Office of the Government Chief Information Officer)

- G-Cloud(정부용 클라우드 컴퓨팅)와 정부의 앱스토어(App Store)를 포함하여 중요한 프로젝트를 진행하는 정부 IT를 감독
- 내각사무처는 인프라를 제공하는데 있어 보다 통합적인 접근을 하기 위해 CIO의 권한을 강화할 목적으로 정부 CIO 휘하에 중앙정부 ICT 관리 팀(정부 CIO 오피스) 구성(2010.6)

(6) 중앙공보처(Central Office of Information)

- 전자정부 서비스 'Directgov' 웹사이트를 운영

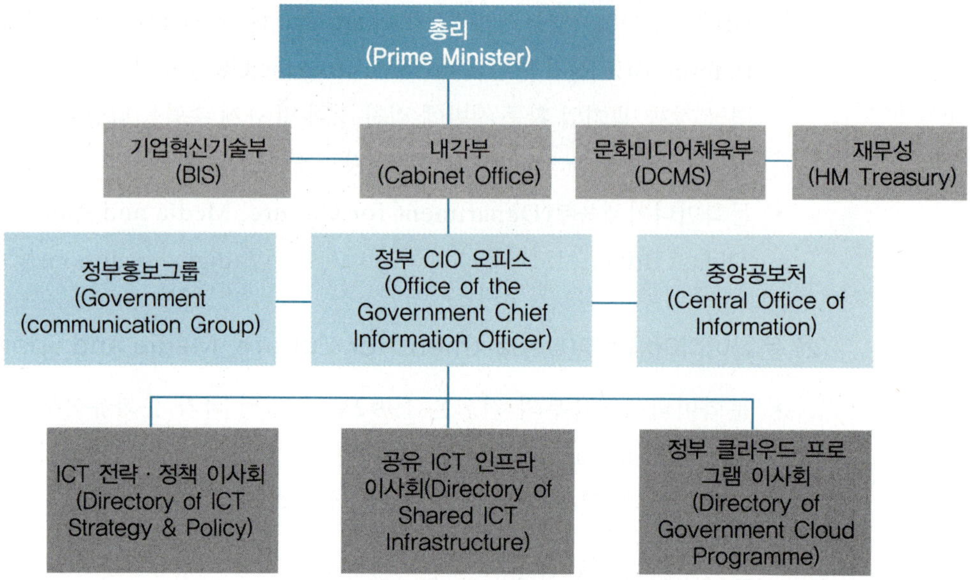

그림 6-4 영국의 정보화 추진 조직

따라서 현재 영국의 정보화 추진 조직은 다음 (그림 6-4)와 같다.

3. 영국 국가정보화의 최근 동향

1) 캐머런 총리 시기의 신창조사회 재건

2010년 5월, 13년간의 노동당 집권이후 등장한 데이비드 캐머런(David Cameron)총리가 이끄는 보수당은 내각사무처 구조개혁, 행정서비스 개혁, 공공기관 감축, 중앙정부의 ICT비용구조 축소, 정부운영의 효율화 및 투명성 제고, 사회통합 등의 내각 우선순위 강조하였다. 이를 위하여 카메론 내각은 제2의 산업 혁명을 성공적으로 이끌기 위해 스마트 기술을 핵심 동력으로 하는 창조적인 사회 재건을 통한 국가 주요 부문의 발전 및 지속가능한 성장을 도모하였다.

영국의 新 창조사회란, 미래의 다양한 기술 · 사회변화를 적극적으로 수용하는 유연한 사회문화 속에서 새로운 가치 생산과 경쟁력을 지속적으로 높여주는 창조적인 정치 · 경제 · 사회 구조를 의미한다. 이러한 영국의 新 창조사회 재건은 미래사회에서 지금보다 더 큰 파급력과 사회적 영향력을 갖게 될 IT의 재해석을 통해, 이전 전략의 성패를 분석하고 사회변화의 선제적 분석에 따른 핵심적인 3대 전략으로 구성되어 있다.

구체적으로는 (그림 6-5)와 같이 기존 경제 · 산업 구조에서 스마트 기술 중심의 新 경제체계로의 전환, 영국의 미래를 설계해 나아갈 시민의 성장 및 세계 최고의 간소화된 고품질 정부서비스 제공 등이 핵심 영역으로 선정되었다. 이러한 내용을 간략하게 살펴보면 다음과 같다.

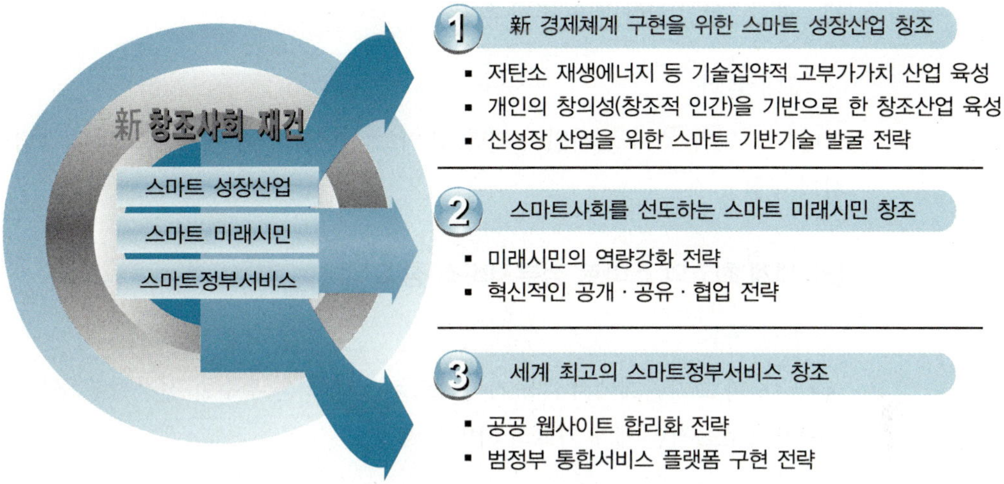

그림 6-5 스마트 시대의 新 창조사회 재건을 위한 3대 전략

(1) 新 경제체계 구현을 위한 스마트 성장산업 창조

① 추진 목표

ICT · 지식 · 바이오산업 등 스마트한 성장산업과 기존 산업 등을 융합하여 고정된 형태가 아닌 새로운 가치를 창출할 수 있는 지속가능한 스마트 사회로의 전환

② 추진 전략

고부가가치의 新 경제체계를 위한 새로운 성장 동력으로 ① 저탄소 · 재생에너지 등 기술집약적 고부가가치 산업 육성 ② 개인의 창의성을 기반으로 한 창조산업 육성 ③ 신성장 산업을 위한 스마트 기반기술 발굴 전략 등을 중점 추진

③ 기대 효과

양적인 성장에서 벗어나 질적 성장을 추구함에 따라 창조산업의 지속적인 성장과 기술집약적 고부가가치 산업을 제2의 산업혁명의 발판으로 마련

(2) 스마트 사회를 선도하는 스마트 미래시민 창조

① 추진 목표

현재의 영국시민들이 미래 영국의 스마트 사회를 이끌어 가는 실질적인 주체가 될 수 있도록 스마트한 시민의식 고취 및 시민사회 전환 지원

② 추진 전략

스마트 사회에서 요구되는 미래시민의 권한과 역할을 중심으로 ① 스마트 사회 환경에서 잘 살 수 있는 미래시민의 역량강화 전략 ② 미래시민의 선도적인 역할 증대를 위한 혁신적인 공

개 · 공유 · 협업 전략 등을 중점 추진

③ 기대 효과

스마트 시민의, 스마트 시민에 의한, 스마트 시민을 위한 세계 최고의 경쟁력을 갖춘 스마트 사회 구현

(3) 세계 최고의 스마트 정부서비스 창조

① 추진 목표

국가정보화 초기단계에서부터 지속적으로 노력해 온 우수한 전자정부 구현을 넘어, 보다 효과적이고 효율적인 세계 최고의 서비스 제공

② 추진 전략

급격하게 진화하고 있는 다양한 스마트 기술을 기반으로 ① 서비스의 양적 증대보다 질적 향상을 추구하기 위한 웹사이트 합리화 전략 ② 범정부 통합서비스 플랫폼 구현 전략 등을 중점 추진

③ 기대 효과

고도화된 온라인 정부서비스를 제공함으로써 미래사회의 '작지만 유연하며 신속하고 경제적인 스마트 정부'로의 전환

2) 테리사 메이 총리 시기의 디지털 전략 2017

2017년 3월, 영국은 심층 연구 및 창조적 사고 역량, 세계 최고 수준의 디지털 정부 서비스, 선두 디지털 기술 분야를 기반으로 세계 최고 수준의 디지털 경제를 이끌기 위한 국가적 차원의 디지털 전략 2017(UK Digital Strategy 2017)을 발표하였다. 이를 위해서 영국 정부는 핀테크, 사이버 보안, 인공지능, 게임, 가상현실, GovTech 등의 분야를 선두 디지털 기술 분야로 선정하였다.

이러한 영국 정부의 전략은 영국이 전 세계 디지털 경제 시대를 선도하고 모든 영국 국민들을 위해 일하는, 더 강력하고 공정한 국가 건설을 비전으로 설정하였으며, 디지털 정부를 포함한 제시하였다. 이러한 실행계획에는 영국 국가정보화 전략에서 중요하게 다루는 인프라, 역량 강화, 정보보안, 디지털 정부 분야와 데이터 및 디지털 비즈니스 등 경제 지원 분야 등이 포함되어 있다.

특히 디지털 정부 분야는 2017년 2월 발표한 'Government Transformation Strategy 2017 to 2020'의 내용을 주요 골자로 하고 있다. 7개 분야별 실행계획의 구체적인 내용은 다음과 같다.

① 디지털 인프라 구축

급격하게 증가하는 트래픽을 수용하고 모든 사람들이 빠르고 안정적인 유무선 네트워크 서비스를 받을 수 있도록 세계적인 수준의 디지털 인프라 구축

② 디지털 역량 강화

영국의 모든 시민들이 디지털 기술을 활용하여 생산성을 높일 수 있도록 디지털 기술 교육 강화, 특히 사회적 약자및 여성 기업가를 대상으로 특화된 디지털 기술 교육 지원

③ 디지털 비즈니스 환경 조성

영국이 디지털 경제를 선도할 수 있도록 디지털 비즈니스를 시작하고 성장할 수 있는 최적의 장소로 만들기 위해 핀테크 및 헬스케어 분야 신흥 디지털 클러스터 육성, 중소기업을 위한 세제 및 공공조달 혜택 등 제공

④ 모든 비즈니스의 디지털 트랜스포메이션 지원

기존 비즈니스의 생산성 향상을 위해 디지털 트랜스포메이션을 지원하고, 신생기업은 디지털 기술 활용을 위한 다양한 교육 프로그램을 제공

⑤ 사이버 안전 강화

모든 기업과 시민들이 사이버 공간에서 안전할 수있는 네트워크 시스템을 구축하고 중장기적으로 사이버 보안산업을 육성

⑥ 디지털 정부 구축

2012년부터 진행 중인 Government Digital Strategy를 지속 추진하여 세계 최고 수준의 온라인 공공서비스 제공

⑦ 데이터 개방 및 활용 기반 강화

민관 데이터 연계 확대 및 데이터 활용을 위한 인프라 구축, 브렉시티 이후 EU내 데이터 공유를 위한 데이터 보호법 개정, 정부 · 기업 · 시민 간의 데이터 사용에 대한 신뢰 관계 구축 및 개인정보보호 문제에 대한 강력한 대응방안 수립

3) 영국 전자정부 평가

전자정부 부문에서 영국은 과거에는 유럽 내에서 높은 수준을 보이고 있지는 못한 것으로 나타났다. 2013년 41%의 영국인이 영국의 전자정부 서비스를 이용한 것으로 나타났는데, 이는 2012년 43%보다 오히려 하락한 것이며 유럽의 평균 수준(41%)에 머무른 것이었다. 이 중 22%의 영국 국민은 온라인상에서 문서를 작성한 후 발송하는 서비스를 이용한 적이 있으

며, 이것은 2012년 26%에 비해 하락한 것이지만 유럽 평균(21%)보다는 약간 높은 실정이었다.

공급 부문에서 보면, 2014년 이용자중심 전자정부 발전지수(User-centric eGovernment Indicator)에서 영국은 60점(100점 만점)으로 유럽 평균 70보다 낮은 상태였다. 이용자중심 전자정부 발전지수는 사용자의 일상생활에서 필요한 이른바 '생활 이벤트'에 기반을 두어 7가지 정부 서비스 영역을 정하고 이 부문의 서비스 가용성을 수치화한 것이다. 또한 개인정보 처리 등, 전자정부 투명성을 평가한 전자정부 투명성지수(Transparent eGovernment Indicator)에서 영국은 38점으로 유럽 평균(49점)보다 훨씬 저조한 것으로 나타났다(한국정보화진흥원, 2014a).

그러나 영국은 2016년 UN전자정부 평가에서 세계1위를 차지하였다(UN, 2016). 2014년 평가에서 8위에 머무르던 영국은 이제까지의 국가정보화 정책 및 디지털 전략에 기초하여 7단계를 넘어서 글로벌 리더 국가로 도약하였다. 이처럼 영국이 전자정부 분야에서 세계1위를 달성하게 된 배경을 분석하면 다음과 같다(한국정보화진흥원, 2016d).

우선 2016년 UN전자정부 평가의 주안점은 지속가능발전의 목표를 실현을 지원하는 전자정부 구현에 초점을 두었다. 구체적으로는 범정부적인 접근, 공공데이터 개방, 온라인 참여, 온라인 서비스 향상 및 정보격차 해소 등의 측면을 강조하여 평가하였다.

우선 범정부적인 접근의 측면에서 영국은 온라인서비스를 통합하여 제공하는 관점에서 단일창구인 GOV.UK를 운영하였다. 이를 위하여 의회 차원에서 법률의 제정과 개정에 관련된 법률문서에 대하여 장기적인 접근성을 보장하기 위하여 온라인 포털(legistation.gov.uk)를 구축하고, 이를 통하여 온라인 청원과 승인의 처리 과정을 확인할 수 있도록 하였다.

또한 영국은 2011년에 디지털 통합을 위하여 차관급의 특별전담조직(Government Digital Service: GDS)을 설립하였다. 특별전담조직은 560명 규모로 공무원과 계약직 및 컨설턴트들이 1: 1: 1의 비율로 구성되어, 민간기업의 전문가들에게 2년 계약 방식의 공무원신분을 제공하면서 우수 인력을 유치하였다. GOV.UK서비스 콘텐츠를 GDS에서 직접 설계하고 작성하여 담당 부처에 확인을 받는 방식으로 콘텐츠의 일관성과 체계성을 확보하였다.

온라인 참여 전략은 정보제공에 대한 개방성과 투명성을 극대화하는데 초점을 두었으며, 이를 위해 모든 정책문서는 GOV.UK에 게시하였다. 또한 GOV.UK는 방문자가 쉽고 간단하게 정책을 찾아보고, 관련 자료를 검색하여 정책에 참여할 수 있도록 유도하였다. 따라서 온라인 참여 지수 평가에서도 영국이 최고점으로 1위를 차지하였다. 이처럼 영국은 대표 포털이 사용자 중심의 단일창구로서의 기능 개선을 넘어, 국민의 편의성을 고려한 서비스 분류체계 및 콘텐츠 내용을 실현하였으며, 통합 디지털 ID기반의 실질적인 범정부 통합 서비스를 제공하고 있다.

6.3 일본의 전자정부 추진현황

1. 일본의 전자정부 발전 현황

1) 일본의 IT 전략 전개과정

(1) e-Japan 전략 (2001)

일본은 국가내의 정보화 계획과 관련하여 (그림 6-6)과 같이 'e-Japan전략'을 2001년 1월부터 수립하고, 2003년에는 'e-Japan전략II' 계획을 수립하는 등 지속적으로 국가정보화를 추진하여 왔다. 전자정부 구축의 첫 단계라 할 수 있는 'e-Japan전략' 단계에서는 IT기본법을 신설하고, 전자정부 구축의 총 사업을 관장하는 IT전략본부를 설치하고 본부장에 내각총리대신을 임명하였다. 그 후 '전략Ⅱ'의 단계에서는 IT선도 7분야(의료, 식품, 생활, 중소기업, 금융, 지식, 취업, 노동, 행정서비스 등)를 설정하고, 해당 분야에 IT의 이용 및 활용을 집중하였다. 이후에 선도 일곱개 분야에서 더 발전하여 전자정부 및 전자지방정부, 의료정보화, 교육정보화, 정보 보안 등 4가지 중점 착수과제를 선정하고 전자정부를 구현하였다.

(2) i-Japan 전략 2015 (2009)

이어서 2009년 7월에 2015년까지의 중장기 전략인 i-Japan전략 2015를 수립하여 시행하였다. 이러한 i-Japan전략 2015는 2015년까지 경제 · 사회 · 문화를 포함한 일본이라는 국가

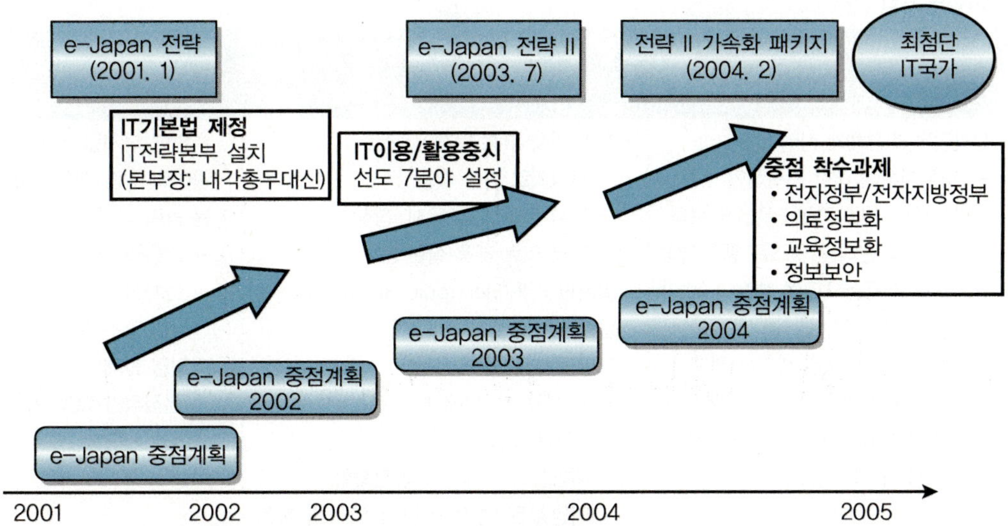

자료: 内田和紀, 행정정보시스템연구소, 『전자정부 발전을 위한 2005 한 · 일 정보화 세미나 발표자료집』

그림 6-6 일본 IT전략의 추진과정

의 경쟁력을 높이고, 아울러 저탄소 사회의 실현, 고령화 · 저출산 대응, 전자정부 실현 등 오늘날 세계 공통적인 과제를 극복하고, 글로벌 리더십을 가진 사회를 구축한다는 의지의 표명이었다.

이를 위하여 〈표 6-11〉과 같이 2015년까지 디지털 기술을 통해 생활의 풍요로움이나 사람과 사람과의 연결을 실감할 수 있는 사회를 실현하고, 개인 · 사회경제가 활력을 가지고 새로운 가치의 창조 · 혁신에 자발적으로 임할 수 있는 사회를 실현할 수 있도록 한다는 비전을 제시하였다. 이러한 비전은 구체적으로 디지털 기술이 '공기'나 '물'처럼 받아들여져 경제사회 전체를 통합(Digital Inclusion)하고, 경제사회 전체를 개혁해(Digital Innovation) 새로운 활력을 창출할 수 있도록 디지털 기술의 이 · 활용을 촉진시킨다는 의지의 표명이었다.

일본은 이를 위하여 기존 공급자 편의 중심의 IT전략에서 탈피하여 인간중심(Human Centric)의 디지털 기술을 물이나 공기처럼 이용하기 쉽게 보편적으로 국민이 수용할 수 있는 디지털 사회를 실현한다는 전략을 수립하였다.

표 6-11 일본의 i-Japan전략 2015 개요

<table>
<tr><th colspan="3">i-Japan전략 2015 – 국민 중심의 '디지털 안심 · 활력 사회' 실현</th></tr>
<tr><th colspan="2">2015년 일본의 미래 비전</th><th>미래 비전을 실현하기 위한 전략</th></tr>
<tr><td colspan="2">• 디지털 기술이 '공기'나 '물'과 같이 받아들여져 경제사회 전체를 통합(Digital Inclusion)하고, 생활의 풍요로움이나 사람과 사람과의 연결을 실감할 수 있는 사회 실현
• 디지털 기술 · 정보로 경제사회 전체를 개혁(Digital Innovation)해 새로운 활력을 창출하여, 개인 · 사회 경제가 활력을 가지고 새로운 가치의 창조 · 혁신에 자발적으로 임할 수 있는 사회 실현</td><td>• 새로운 시점의 네 가지 전략
– 사용하기 쉬운 디지털 기술
– 디지털 기술의 활용을 저해하는 장벽 제거
– 디지털 기술 이용에 맞는 안심 확보
– 디지털 기술과 정보를 경제사회에 적용해 새로운 일본 창조</td></tr>
<tr><th colspan="3">3대 중점 추진 분야</th></tr>
<tr><th>전자정부 · 전자지자체</th><th>의료 · 건강</th><th>교육 · 인재</th></tr>
<tr><td>• 전자정부 추진체계 정비
– 기존 계획에 대한 지속적인 추진
• 국민전자사서함(가칭)을 폭넓게 보급
– 국민에게 편리한 원스톱 행정서비스를 제공함으로써 행정의 '보이는 화'를 추진
– 국민전자사서함은 2013년까지 정비를 목표로 기존의 시스템 이용을 고려해서 사회보장번호 카드(가칭)와 함께 검토</td><td>• 지역 의사 부족 문제에 대응
– 원격의료 기술 활용
– 의사 등의 기술 유지, 향상
– 지역 의료 제휴 실현 등
• 일본판 EHR(Electronic Health Record) 실현
– 의료 과오 감소
– 개인의 전 생애에 이르는 지속적인 의료 실현
– 처방전과 조제정보의 전자화
– 익명화된 건강 정보의 역학적 활용 등</td><td>• 수업에 디지털 기술 등을 활용해 어린이의 학습 의욕이나 학력, 정보활용 능력 향상
– 교원의 디지털 활용 지도력 향상
– 전자칠판 등 디지털 기기를 이용한 알기 쉬운 수업 실현 등
• 디지털 인재의 지속적 육성
– 실천적인 교육 거점의 폭넓은 전개 · 충실</td></tr>
</table>

(3) 새로운 정보통신기술전략(2010)

이어서 2010년 5월에는 과거 IT전략의 연장선상에서 탈피, 지식정보사회 실현을 통해 국민 생활의 질을 비약적으로 향상시키고 새로운 국민 주권의 사회를 확립하기 위한 의지에서 '새로운 정보통신기술전략'을 수립하였다. 이 전략은 기존 정책의 비효율성을 철저히 분석하고 IT전략과 타 정책과의 연계, 관련 부처간, 중앙 정부와 자치체와의 협력, 정부와 민간과의 제휴 등을 구체적으로 진행해서 새로운 국민 중심의 사회 확립을 위한 정책이다.

구체적으로는 정부 내부의 정보통신기술 혁명을 통해 국민 본위의 전자 행정을 실현하고, 정보통신기술의 철저한 이 · 활용으로 지역 기반을 재생하며, 이와 함께 신시장 창출과 국제전개를 도모 하겠다는 전략이다. 이 전략에서는 국민 중심의 전자행정 실현, 지역 기반 정비 및 활성화, 신시장 창출과 국제전개 등의 목표를 설정하고 분야별 전략과 중점시책, 그리고 구체적인 대처 방안을 정리하였다. 이어서 2010년 6월에는 〈표 6-12〉와 같이 새로운 정보통신기술전략을 실현하기 위해 추진 부처의 구체적인 대처방안을 명시하고, 각 부처간 협력이 필요한 시책에 대해서 각각의 역할 분담과 달성해야 할 사항을 명확하게 하기 위해 새로운 정보통신기술전략의 공정표를 책정하였다. 공정표에서는 새로운 정보통신기술전략에 기재된 구체적 추진방안에 맞춰 30개의 공정표를 작성했으며, 부처별 역할을 명확히 하기위해 단기(2010년~2011년), 중기(2012년~2013년), 장기(2014년 이후)적으로 요구되는 부처별 추진방안도 제시되었다.

(4) 세계 최첨단 IT국가 창조 선언(2013)

일본 IT종합전략본부는 지난 2013년 5월 24일 제2차 아베내각의 새로운 IT전략으로 '세계 최첨단 IT창조국가 선언(안)'을 공표했다. 이 선언은 일본경제의 폐색(閉塞)을 타파하고 재생하는 일본, 세계 최고수준의 IT활용사회 실현, 그 성과의 국제적 전개를 목표로 기본이념으로 제시했다. 또 2020년을 목표로 혁신적인 신산업 · 신서비스의 창출, 전산업의 성장 촉진, 세계에서 가장 안전하고 재해에 강한 사회 실현, 모든 국민이 공공 서비스를 원스톱으로 누릴 수 있도록 한다는 기본축을 정하고 중점 어젠다와 개별시책을 제시했다.

일본의 IT종합전략본부가 분석한 선행전략들의 실패요인들은 다음과 같이 정리할 수 있다.

- IT활용을 강조하면서도, IT화 · IT활용이라는 말 뿐, 이용자 니즈를 충분히 파악하지 못했고 조직을 초월한 업무개혁이 이루어지지 않음.
- 그 결과 IT의 편리함이나 효율성이 발휘되지 못함.
- 각 성(省)에 의한 개별적인 IT투자 시책추진으로 인한 중복투자 사례로 대표되는 관계부성청(府省厅)간 연계 부족.

표 6-12 새로운 정보통신기술 전략의 분야별 세부 추진 방안

목표	중점 시책	추진 내용
국민 중심의 전자 행정 실현	ICT를 활용한 행정쇄신과 공공서비스 공유	• 지금까지의 ICT 투자의 총괄과 이를 교훈으로 한 행정 쇄신 • 행정서비스 온라인 이용에 관한 계획 책정 • 행정포털의 근본적 개혁과 행정서비스 접근성 향상 • 국민 ID제도 도입과 국민에 의한 행정 감시 구조 정비 • 정부 정보시스템의 통합 · 집약화 • 전국 공통의 전자행정 서비스 실현 • '국가와 지방의 협의의 장' 활용
지역 기반 정비 및 활성화	개방형 정부 등의 확립	• 행정정보 공개와 제공, 국민의 정책결정 참여 등의 추진 • 행정 기관이 보유한 정보의 활용
	의료 분야의 개편	• '어디에서나 MY병원' 구상 실현 • 경계 없는(seamless) 지역제휴 의료의 실현 • 의료비청구서(Rezepl) 정보 등의 활용으로 의료의 효율화 • 의료정보 DB 활용으로 의약품 등의 안전 대책 추진
	고령자 등에 대한 자원	• 고령자 재택의료 · 간병, 지킴이 서비스 지원 등의 추진 • 고령자, 장애인 등을 위한 H/W · S/W 개발 · 보급 • 텔레워크 추진
	교육 정보화	• 2010년 중에 교육 정보화 기본방침 책정
	지역 주권과 지역의 안심 · 안전 확립을 향한 대처	• 지역 활성화 • 재해 · 범죄 · 사고 대책 추진
신시장 창출과 국제전개	환경기술과 ICT 융합으로 저탄소 사회 실현	• 스마트 그리드 추진, 주택이나 오피스의 저탄소화 • 사람 · 물건 이동의 그린화 추진 • ICT 분야의 환경부하 경감
	일본이 강점을 가진 ICT 관련 연구개발 추진	• 광네트워크, 차세대 무선통신, 클라우드 컴퓨팅, 차세대 컴퓨터, 스마트 그리드, 로봇, 삼차원영상, 음성번역 등을 집중적으로 연구 개발
	젊은 세대의 능력을 살린 신사업의 창출 · 전개	• 디지털 콘텐츠 시장의 비약적 확대 • 공간위치정보서비스 외의 전자정보를 활용한 신시장 창출 • 고도 정보통신기술 인재 등의 육성
	클라우드 컴퓨팅 서비스 경쟁력 확보	• 서비스간 상호 접속 · 운용성 확보, 이용환경 정비,데이터센터 입지환경 등 정비
	체제 정비로 국제 표준 획득 · 전개 및 수출 · 투자 촉진	• 아시아 태평양 지역 내의 대처 • 국제 물류의 화물동정 공유 네트워크 구축 • ICT 글로벌 컨소시엄 조성 지원 • ICT에 의한 공공 조달 시장 확대

자료: (IT전략본부, 새로운 정보통신기술전략, 2010).

따라서 일본정부는 IT국가 '창조선언'을 하게 된다. 이러한 창조선언은 '실행중시'를 기치로 내걸고 상기 기존전략의 문제점에 대한 반성에서 기존 법률(政府CIO法)을 개정하였다.

이것은 부성(府省)의 횡단적인 권한을 갖는 일본정부 최고정보책임자(chief information officer, CIO)에 해당하는 내각정보통신정책감(内閣情報通信政策監)을 신설하고, 정보통신기술 전략추진의 사령탑 역할을 맡아 각 부성과의 조율을 통해 정부 전체의 정보통신기술 정책을 추진하도록 내각법등의 일부를 개정하는 것이었다.

이러한 2013년의 '창조선언'이 IT활용을 통해 이룩하려는 사회상은 다음과 같다.

- 혁신적인 신산업 · 신서비스의 창출 및 전체 산업의 성장을 촉진하는 사회
- 건강하고 안심하고 쾌적하게 생활할 수 있는, 세계에서 가장 안전하고 재해에 강한 사회
- 누구라도 언제 어디서나 원스톱으로 공공서비스를 받을 수 있는 사회(2015년 개정, 도쿄올림픽 · 패럴림픽 개최 시점을 타겟으로 명확히 설정)
- 미래를 향해 성장하는 사회
- 거리 · 사람 · 일의 활성화에 의한 활력 있는 사회
- 안전 · 안심 · 풍요로움을 실감할 수 있는 사회
- 공공서비스를 원스톱으로 받을 수 있는 사회(2016년 개정, 지방창생 키워드 강화)
- 중앙과 지방의 행정정보시스템 개혁 성과의 횡적 전개
- 전국 데이터유통 환경 정비
- 데이터 등을 활용한 제 문제의 해결

(5) 세계 최첨단 IT 국가 창조 선언 개정(2017년 5월)

일본 정부는 지속가능한 성장과 사회문제 해결을 위해 디지털 기술 등 신기술을 적극 활용하기 위한 국가 차원의 성장 전략 및 국가 정보화 전략을 수립 · 추진해오고 있다. 또한 시대 흐름에 기민하게 대응하고 사회 전반으로 디지털 기술의 혜택을 빠르게 확산함으로써 부가가치를 극대화하기 위해 국가전략의 주기적인 개정 및 보완을 추진하고 있다.

이를 위하여 2017년 5월에 세계 최첨단 IT국가 창조 선언을 개정하였다. 이것은 2013년 최초 발표 이래, 매년 시대 현안 및 기술 변화를 반영하여 수정 · 보완한 개정 전략을 발표하는 특징에 따른 것이다. 이번 2017년의 개정에서는 데이터 활용의 중요성을 강조하면서, 모든 국민이 IT활용 및 데이터 활용을 통해 의식하지 않고 그 혜택을 온전히 누리고 진정한 풍요로움을 누릴 수 있는 '관민 데이터 활용 사회' 실현을 목표로 '세계 최첨단 IT국가 창조 선언 · 관민 데이터 활용 추진 기본 계획'을 발표하였다.

일본 정부는 2017년 개정을 통해 기존 3대 중점분야를 데이터 활용 및 민관협력에 집중하여 새로운 라이프스타일 제안과 민관 데이터 활용을 위한 환경 정비 등 2대 분야로 재정립하여 발표하였다. 기존에는 공공부문을 포함한 사회 전분야로의 IT활용을 촉진하고 IT를 통한 사회 문제 해결을 도모하며, 데이터 공개 및 유통에 초점을 두었으나, 2017년에는

데이터 활용을 통한 디지털 사회 플랫폼 구축을 목표로 제정된 '관민 데이터 활용 추진 기본법'(2016.12.14. 시행)에 따라 IT전략을 데이터 활용으로 대전환하는 차원의 국가정보화전략을 수립한 것이다.

구체적인 내용은 다음과 같다.

우선 데이터 활용 기반의 새로운 라이프스타일 제안에서는, 급속한 인구구조 변화와 AI, 로봇 등 첨단기술에 의한 데이터 활용을 적극적으로 촉진하기 위해 ① 경제 재생 · 재정 건전화, ② 지역 활성화, ③ 안전 · 안심할 수 있는 국민 생활 확보의 3개 과제를 제시하였다.

그리고 관민 데이터 활용을 위한 환경 정비에서는, 국가 전체가 가진 데이터를 서로 공유 · 연계하여 활용할 수 있도록 ① 데이터 공개 촉진, ② 종이 중심 문화 탈피, ③ 관민 데이터 취급 규칙 정비, ④ 관민 데이터 연계 표준화 추진, ⑤ 디지털 격차 해소 및 역량 확보, ⑥ 국가 및 지방 간 시책의 일관성 확보의 6개 기본시책을 제시하였다. 이러한 내용들은 다음 〈표 6-13〉과 같이 요약될 수 있다.

표 6-13 일본의 '관민 데이터 활용 사회' 모델 주요 내용

분야	주용내용	중요 세부 분야
국가가 처한 상황을 고려한 데이터 활용 기반의 새로운 라이프 스타일 제안	• 경제 재생 · 재정 건전화	• 사회 보장 제도 개혁을 포함한 재무 행정 개혁 추진 • 생산성 향상 • 혁신 창출과 인재 양성 • 일자리 개혁의 실현 등
	• 지역 활성화	• 지역 유휴 자원 활용 • 지역 중소기업과 농가 등의 장인 기술 축적 · 상속 등
	• 안전 · 안심할 수 있는 국민 생활 확보	• 동일본 대지진과 구마모토 지진 등의 경험을 바탕으로 방재 · 감재 대책 등
관민 데이터 활용을 위한 환경 정비	• 국가, 지방 공공 단체 등의 데이터 공개 촉진	• 다양한 주체가 쉽게 활용할 수 있도록 데이터 공개 촉진
	• 종이 중심의 문화 탈피	• 온라인화 원칙에 따른 BPR 추진 • 사용자 측의 온라인화 대응 등
	• 관민 데이터 취급에 관한 규칙 정비	• 다양한 주체에 의한 관민 데이터 활용 규칙 정비 • 원활한 데이터 유통 관련 제도 재검토 • 전자 위임장 법 정비 등
	• 관민 데이터 연계를 위한 표준화 등 촉진	• 데이터 표준화 추진 • API 통합 인증 기능 등 횡단적 서비스 플랫폼 구축
	• 디지털 격차 해소, 연구 개발, 인재 육성, 보급 등	• 디지털 격차 대책 수립 • 데이터 활용의 공정성/평등성 확보 • 연구 개발/인재 육성 및 보급 등
	• 국가 및 지방 간 시책의 일관성 확보	• 행정 구역에 관계없이 관민 데이터 유통 및 활용 추진

2) 전자정부 추진 과정

이러한 e-Japan 계획과 i-Japan전략 2015 등이 사회 전반에 관한 정보화 계획이라고 한다면, 정부 분야의 정보화 계획으로는 행정정보화 추진 기본계획이 있다. 행정정보화 추진 기본계획은 1995년부터 시작되어 현재 이르고 있는 계획으로써, 주요내용으로는 행정내무사무의 전산화, 부처 간 정보유통의 고도화, 정보제공서비스 확대, 행정민원의 전자화, 제도 및 관행의 개선 등의 종합적 계획이다. 이러한 행정정보화 추진 기본계획을 근간으로 해서, (그림 6-7)과 같이 2003년에 "이용자입장의 행정서비스 제공"과 "예산효율이 높은 간소한 행정"을 목표로 하여 전자정부구축계획을 실행되었다.

일본의 전자정부 구현은 국민의 편리성 및 국민에 대한 서비스 향상을 위해 국민이 24시간 365일 내내 non-stop으로 필요한 정보를 쉽게 얻고, one-stop(인터넷상의 창구)으로 행정서비스를 받을 수 있도록 하였다. 이를 실현하기 위해 구체적으로 행정 포털 사이트의 관리를 충실히 하고, 온라인 이용향상을 위한 환경정비에 중점을 두었다. 또한 정보화에 따른 업무개혁의 일환으로 업무자체를 근본적으로 재검토하고 인사 · 급여 등 각 부처의 공통 업무에 대하여 공통시스템을 이용하고 전형적인 외부위탁을 통해 업무 시스템을 효율화하였다.

이러한 일본의 전자정부 추진과정은 다음 (그림 6-8)과 같이 요약된다.

3) 전자정부 추진의 최근 현황

2017년 5월, 일본 정부는 디지털 기술의 철저한 활용을 통해 사용자 중심의 행정 서비스 개

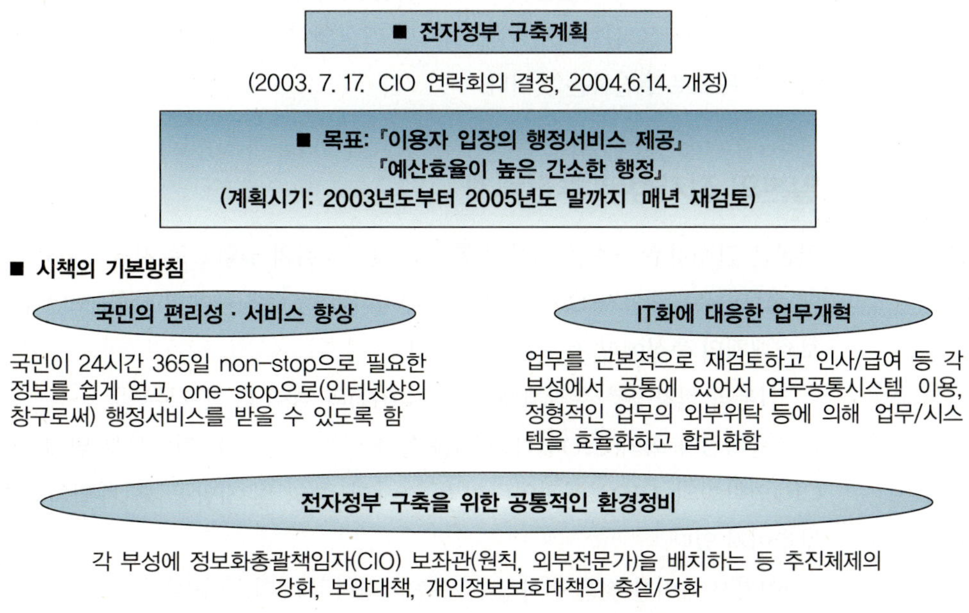

자료: 内田和紀, 행정정보시스템연구소. 『전자정부 발전을 위한 2005 한 · 일 정보화 세미나 발표자료집』

그림 6-7 일본의 전자정부 구축 계획

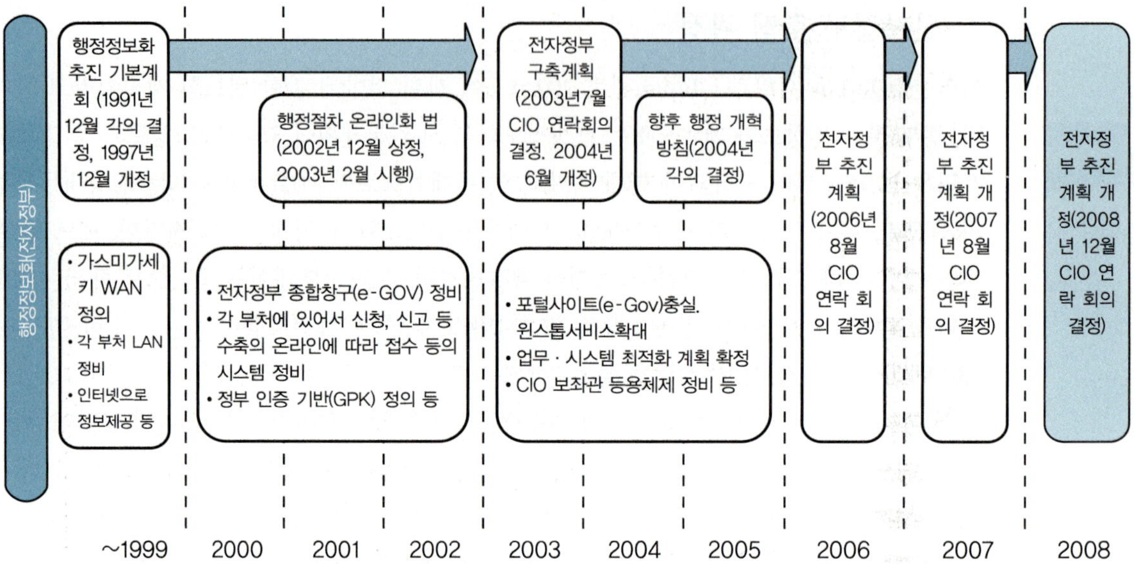

자료: 총무성 홈페이지

그림 6-8 일본의 전자정부 추진 경과

혁, 민관 협력 실현 플랫폼 마련 등을 골자로 하는 디지털 거버먼트 추진 방침을 〈표 6-14〉와 같이 발표한다.

이것은 '세계 최첨단 IT국가 창조 선언 · 관민 데이터 활용 추진 기본 계획'에 따라 국민과 기업이 공공서비스가 만들어내는 가치를 누릴 수 있도록 서비스 본연의 자세에 초점을 맞추고 디지털 사회로의 촉진을 주도하기 위한 것이다. 또한 일본이 처해있는 사회적 문제를 해결하고 경제 성장을 실현하기 위해 디지털 기술의 철저한 활용과 민관 협력 기반의 공공서비스 혁신을 목표로 추진하는 것이다.

2. 일본의 전자정부 추진체계

일본은 전자정부 구축을 위한 공통적인 환경정비의 일환으로 지난 2003년 이후부터 각 부처에 정보화총괄책임자(CIO)보좌관을 배치하는 등 추진체계의 강화, 보안대책 강구, 개인정보보호대책의 충실에 만전을 기하고 있다.

일본의 전자정부 추진체계는 (그림 6-9)와 같이 IT전략본부를 중심으로 각 부처의 정보화총괄책임자 회의(CIO연락회의)를 통해 이루어진다. IT전략본부 밑에 정보보안 정책회의, CIO연락회의, CIO보좌관연락회의, 간사회, 중앙 및 지방공공단체협의회 등의 추진 체계가 갖추어져 있다.

여기서 특이한 점은 전자정부 구축의 최적화 계획 등을 실시하기 위해서는 부처 내부체제 강화가 필요하고 이에 따라 민간으로부터 CIO보좌관 제도가 도입되었는데, CIO보좌관의 역

표 6-14 일본 디지털 정부 추진 목표와 내용들

<table>
<tr><th colspan="3">디지털 거버먼트를 통해 제공될 주체별 제공 가치 목표(예시)</th></tr>
<tr><td>• 기업활동 관련 절차 및 비용 절감 실현
• 창업 및 비즈니스 추진의 용이성 개선
• 디지털화를 통한 민간 거래 활성화 등</td><td>• 시간과 장소에 구애없는 행정 및 민간 서비스 사용
• 행정 및 민간 서비스의 찾아가는 서비스(푸시형 서비스)
• 사용의 간편성(어디서나 최소 클릭)</td><td>• BPR을 통한 행정 비용 절감
• 행정에 필요한 인원, 비용 등 자원 재분배
• 데이터를 정책 입안에 활용 등</td></tr>
<tr><th colspan="3">일본의 '디지털 거버먼트 추진 방침' 주요 내용</th></tr>
<tr><th>구분</th><th>정책 구분</th><th>세부 정책 분야</th></tr>
<tr><td rowspan="2">정책 1</td><td rowspan="2">디지털 기술의 철저한 활용을 통해 사용자 중심의 행정 서비스 개혁 추진</td><td>[정책 1-1] 서비스 디자인 사고에 따른 업무 개혁 (BPR) 추진</td></tr>
<tr><td>[정책 1-2] 디지털 기술에 대응한 정보 제공의 본연의 자세 검토</td></tr>
<tr><td rowspan="3">정책 2</td><td rowspan="3">관민 협력 실현 플랫폼 구축</td><td>[정책 2-1] 데이터 유통 촉진을 위한 환경 정비</td></tr>
<tr><td>[정책 2-2] 관민 데이터 활용을 위한 인터페이스 정비</td></tr>
<tr><td>[정책 2-3] 플랫폼 공용화 및 민간서비스 활용 촉진</td></tr>
<tr><td rowspan="2">정책 3</td><td rowspan="2">가치 창출을 위한 IT 거버넌스 체제 구축</td><td>[정책 3-1] 서비스 개혁에 대응한 추진체계 정비</td></tr>
<tr><td>[정책 3-2] IT 관리의 철저한 관리와 투자 효과의 극대화</td></tr>
</table>

할은 크게 3가지로 나누어진다. 첫째는 통일된 방법론인 EA를 통해 업무시스템 최적화 계획을 지원하는 것으로 통일된 분석과 분석을 위한 자료 제작 지원을 담당하고, 둘째는 행정부의 업무부문과 시스템 통괄부문을 지원하고 조언해주는 역할을 담당하고, 마지막으로 CIO를 보좌해 주는 역할로써 정보제공 및 조언을 해주는 역할을 담당하고 있다.

2013년 1월 일본정부는 제2차 아베 내각의 본격 적인 가동을 계기로 2001년 시행된 IT 기본법에 근거 하여 수행되어 온 기존의 IT정책을 재검토하는 작업에 착수하였다. IT종합전략본부(본부장: 수상)를 정점으로 한 IT정책 추진체제를 대폭 강화하고 2013년 5월에 성립된 정부CIO(Chief Information Officer)법에 의거 IT정책 추진의 새로운 사령탑인 '내각정보 통신정책감(정부CIO)'을 신설함으로써 2013년은 정부의 ICT거버넌스를 강화한 상징적인 해가 되었다.

3. 일본 전자정부의 최근 동향

1) 국민중심의 전자행정 실현

일본의 IT전략본부는 2010년 5월에 발표한 '새로운 정보통신기술전략'에서 국민중심의 전자

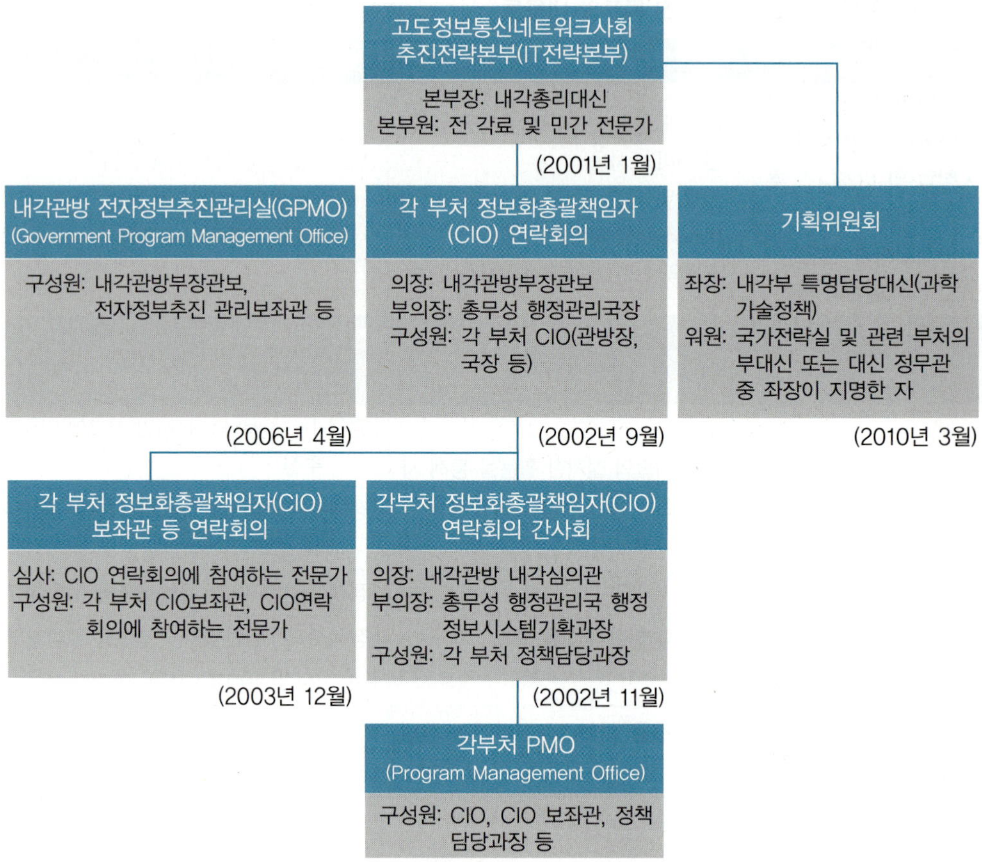

그림 6-9 일본의 전자정부 추진 체계

행정 실현을 3대 목표 중의 하나로 설정하고 전자정부 정책을 추진하고 있다. 이러한 전자정부 추진의 주요 목표는 다음과 같이 정리할 수 있다.

첫째, 2020년까지 국민 생활에 밀접한 행정서비스가 언제 어디서나 가능하도록 주 7일 24시간 원스톱 서비스를 실시한다. 이것의 일환으로 2013년까지 편의점, 행정기관 및 우체국 등에 설치된 행정 키오스크를 통해 국민의 50% 이상이 행정서비스를 이용할 수 있도록 서비스를 실현한다.

둘째, 2013년까지 중앙정부, 그리고 2020년까지 50% 이상의 지자체에서 효율적이고 공평하며 편리성 높은 전자행정 실현을 통해 국민이 실감할 수 있도록 행정을 쇄신한다.

셋째, 국민이 오픈 정부를 실감할 수 있도록, 2013년까지 개인정보보호를 충분히 고려한 상태에서 2차적 이용이 가능한 형태의 행정정보를 인터넷에서 손쉽게 입수할 수 있도록 공개한다.

일본 IT전략 본부는 새로운 정보통신전략에서 국민중심의 전자행정을 실현하기 위한 세부 추진방안을 다음 〈표 6-15〉와 같이 설정하여 추진하고 있다.

표 6-15 새로운 정보통신기술전략의 전자행정 실현 세부 추진 방안

목표	중점시책	추진내용
국민 중심의 전자행정 실현	ICT를 활용한 행정쇄신과 공공서비스 공유	• 지금까지의 ICT 투자의 총괄과 이를 교훈으로 한 행정쇄신 • 행정서비스 온라인 이용에 관한 계획 책정 • 행정포털의 근본적 개혁과 행정서비스 접근성 향상 • 국민 ID제도 도입과 국민에 의한 행정 감시 구조 정비 • 정부 정보시스템의 통합과 집약화 • 전국 공통의 전자행정 서비스 실현 • '국가와 지방의 협의의 장' 활용
	개방형 정부 등의 확립	• 행정정보 공개와 제공 • 국민의 정책결정 참여 등의 추진 • 행정 기관이 보유한 정보의 활용

2) 전자정부 구축계획의 추진 현황

일본의 IT전략본부와는 별도로 각 부처의 정보화총괄책임자(CIO) 연락회의는 지속적으로 전자정부 추진정책을 수립하여 시행해 오고 있다. 이것은 지난 1995년부터 2002년까지의 행정정보화 추진 기본계획, 2003년~2005년을 대상기간으로 한 '전자정부 구축 계획'의 결과를 토대로, 2008년 12월에 CIO 연락회의에서 결정한 새로운 전자정부 추진계획을 집행하는 것이다.

일본 정부는 이러한 전자정부 관련 각종 시책을 PDCA(Plan(계획)-Do(실시)-Check(평가)-Act(개선)) 과정에 따라 착실하게 추진하고, 정책성과를 확실히 하기 위해 다양한 사업들을 시행하고 있다. 구체적으로는 다음 〈표 6-16〉과 같은 사업들을 추진하고 있다.

첫째, 이용자 관점에서 행정서비스(신청 · 신고 등의 절차)를 근본적으로 재검토 · 개선해서 온라인 이용의 비약적인 확대를 도모한다.

둘째, 차세대 전자행정서비스(e원스톱 서비스) 실현을 향한 그랜드디자인(2008. 6) 계획에 근거해 원스톱 서비스 실증실험을 개시한다. 이를 위하여 대폭적인 첨부서류 생략을 위해 행정정보 공동이용을 검토하며, 차세대 원스톱 전자행정서비스 표준 모델을 구축해서 실용화하고 있다.

셋째, 행정운영의 간소화 · 효율화 · 합리화를 위해 업무 · 시스템 최적화의 효과를 가능한 한 조기에 실현한다. 또한 전 부처 업무 · 시스템 공통화, 집중화, 공동 이용화 등의 최적화를 추진하며 정보시스템 고도화를 도모하는 것과 동시에 안전성 · 신뢰성을 확보하기 위하여 노력하고 있다.

3) 액티브 재팬(Active Japan^ICT)

2010년대 초반 일본은 끝없이 하락하는 ICT국제 경쟁력을 높이고 산적해 가는 사회현안 해

표 6-16 일본 전자정부 목표 달성을 위한 시책

목표	주요 시책	세부 추진 내용
ROI에 기반한 성과중심 정책	이용자 중심의 온라인 이용 촉진	• 온라인 이용의 활성화 추진 – 온라인 이용 확대의 중점적 대처 – 중점 행정절차 이외의 이용촉진 대상 절차에 대처 – 융통성 있는 정책 대응 • 부처간 경계를 초월한 차세대 전자행정서비스 추진 – 기본틀 정비 및 e-Gov 온라인 신청 이용 촉진 – 수출입 및 항만 · 공항 수속의 싱글윈도우 서비스 추진 – 자동차 보유 절차 원스톱 서비스 추진 • 공공서비스 공개 · 공유 추진 – e-Gov 확충 및 이용자 지원 – 전자신청 등 접수 업무의 업무 · 시스템 최적화 추진
	최적화를 목표로 한 업무 · 시스템 최적화	• 업무 · 시스템 모니터링 및 최적화 실시 – 인사 · 급여, 물품조달이나 관리 등의 업무 · 시스템 최적화 – 문서관리, 인증, 사회보험 업무 등의 업무 · 시스템 최적화 – 각 부처 공통시스템의 공동이용 추진 • GPMO와의 조정 및 관련 정보시스템간의 연계 • 업무 · 시스템 최적화의 평가, 재검토 등
	정보시스템과 관련된 정부 조달 개선	• 정보시스템의 전략적인 조달 – 일반경쟁 입찰 추진 및 분리 조달 실시, 표준기술 활용 – 정보시스템과 관련된 정부조달 사례 DB 확충 • 정보시스템과 관련된 정부조달 모니터링 등 • 아웃소싱 확대 및 조달사무의 경감 등 • 시스템 개발 경비 및 예산요구의 타당성 확보
	최적화를 향한 과제에 대처	• 정보시스템과 관련된 각종 정보의 파악 등 – 정보시스템 자산대장 활용 및 선진국 정보 수집 • 정보보호 및 보안 대책 등 – 효과적인 ICT 도입 및 정보보호 및 보안 대책 – 정보보호 및 보안 확보를 위한 방책 강화 – 해쉬함수(SHA-1) 및 공개키 암호방식(RSA1024)의 안전성 저하에 대응 – 직원용 IC카드 조기 정비 · 도입 및 개인정보보호 대책

결 등을 위한 대응방안을 필요로 하게 되었다. 이러한 배경에서 총무성 산하 정보통신심의회(情報通信審議会)는 2012년 7월, 새로운 ICT 정책인 '액티브 재팬(Active JapanICT)[9] 전략'을 발표한다.

9) 'Active Japan^{ICT}전략'은 '액티브 재팬 전략'이라고 읽고, 새로운 전략의 창발성 강조 등을 위해 수학적 표현을 빌어 표기함

표 6-17 '액티브 재팬 전략의 5대 중점추진 전략

5대 전략	내용
1. 액티브 라이프 전략	ICT이 · 활용으로 고령자의 노동 참여를 가능하도록 하는 등 모든 세대의 사람이 적극적으로 사회 참여를 할 수 있는 ICT이 · 활용 환경 실현
2. 액티브 데이터 전략	다중다량의 데이터를 실시간으로 수집 · 전송 · 해석 등 이활용하여 과제해결에 연계함과 동시에 수십조 엔의 데이터 이활용 시장 창출
3. 리치(rich) 콘텐츠 전략	언제 어디서나 누구든지 원하는 단말로 풍부한 콘텐츠/애플리케이션을 이용할 수 있도록 차세대TV의 글로벌 플랫폼화
4. 액티브 커뮤니케이션 전략	견고하고 유연한 ICT인프라 구축으로, 재해 시에도 복구하기 쉽고, 견고한 고성능의 다중(重層的)브로드밴드를 구축함으로써 유무선 일체의 세계 최첨단 브로드밴드 환경 실현
5. 안심 · 안전 · 신뢰도 높은 ICT 전략	새로운 기술 · 서비스에 적응하고 사이버 공격 등의 영향을 받지 않는 세계 최고 수준의 사이버 보안 환경 구현

'액티브 재팬 전략'은 ICT에 의해 개인과 사회가 활성화되어 시너지를 발휘하는 일본 구현을 목표로 제시하고, 목표 달성을 위해 〈표 6-17〉과 같이 5대 중점추진전략을 설정했다.

'액티브 데이터 전략'은 일본판 오픈 데이터 전략으로, 정보자원의 개방 · 공유 · 이활용을 통한 가치창출 노력이 담겨 있다. 이 전략은 2015년까지, 행정기관이나 민간 사업자 등에게 매몰되어 있거나 산재해 있는 데이터를 민 · 관에 개방하여 횡단적인 이용과 활용 환경을 정비하는 것을 목표로 하고 있다. 일본은 이를 통해 데이터를 이용하여 다양한 사회 현안을 해결하고, 수십 조엔에 이르는 새로운 시장이 창출을 기대하고 있다.

6.4 외국의 전자정부 추진 시사점

1. 세계 각국의 전자정부 비전 및 전략

미국에서 1993년에 전자정부(Electronic Government)라는 용어가 처음 사용된 이래 영국의 Modernizing Government보고서에서는 Information Age Government로 사용되고, 호주에서는 Online Government 등으로 다양하게 지칭되어 왔다. 그러나 1990년대 후반부터는 모두 전자정부의 용어를 사용하고 있다.[10] 각 국에서 전자정부를 구현함에 있어서 제시하고 있는 비전을 보면, 전자정부에서 추구하는 목표에 있어서 공통점을 발견할 수 있다.

우선 전자정부의 추진은 국가의 경쟁력 향상을 위한 필수 불가결한 선택으로 받아들여지

10) 특히 지난 2002년부터 UN이 세계 각국의 전자정부 수준을 평가한 이후부터는 EU를 포함하여 거의 모든 나라들이 전자정부로 용어를 통일하여 사용하고 있다.

고 있다. 이러한 국가정보화는 정보사회의 출현에 따른 21세기의 환경변화에 있어서 국가가 필연적으로 대응하지 않을 수 없는 부분으로 인식한 결과라고 할 수 있다. 특히 정보화를 선도하는 국가가 앞으로 세계를 지배하고 국제사회의 질서를 주도하게 될 것이라는 주장이 광범위하게 받아들여지고 있는 점을 고려할 때, 각국의 정부가 추진하고자 하는 전자정부의 구현은 궁극적으로 국가의 발전과 직결되고 있다.

미국은 전자정부를 추진하는 목적 또는 비전으로 새로운 국제질서에 적응하는 초일류 국가건설에 두고 있으며, 싱가포르도 'Intelligent Nation 2015'에서 정보화를 통한 초일류 국가건설, 그리고 말레이시아 또한 오래전부터 정보화를 통한 국가발전을 비전으로 제시하고 있는 것이 대표적인 사례라고 볼 수 있다.

1) 각국의 전자정부 비전과 목표

다음 〈표 6-18〉은 각 국이 전자정부를 구현하면서 초기에 제시하였던 목표 및 비전을 정리한 것이다.

이처럼 세계 여러 나라에서 제시하고 있는 전자정부의 목표와 비전을 보면, 전자정부에 대한 기본적인 인식은 다음과 같이 거의 유사한 것을 알 수 있다. 첫째, 전자정부를 추진하는 중요한 환경적 변화에 대한 인식을 들 수 있다. 정보사회의 대두에 따른 국가경쟁력 향상의 중요한 수단적 요소로 정보화의 필요성이 대두되었으며, 국가의 발전을 위한 정부의 역할과 모습을 전자정부에서 찾고자 하는 것을 알 수 있다.

표 6-18 각 국의 전자정부 비전 및 목표

국가	전자정부의 목표 및 비전
미국	• 정보기술을 이용하여 정부의 고객인 국민의 요구에 따라 국민에게 봉사하는 정부 • 정보기술을 활용한 리엔지니어링을 통하여 효율적인 정부 구현
영국	• 일반국민과 기업에게 제공하는 각종 서비스를 전달함에 있어서 정보기술을 적용하여 서비스를 확대하고, 그 질을 향상시키는 한편, 정부행정의 효율성을 높여나가는 정부 • 전자적 사무 처리를 통하여 시민과 기업의 요구에 부응하는 현대화되고 효율적인 정부 구현
캐나다	• 접근이 용이하고 반응적인 정부서비스의 제공 • 적정비용으로 이용가능한 보편적 서비스 제공
호주	• 정보를 국가의 전략적 자원으로 관리하고 활용하는 정부 • 고객이 편리한 시간과 장소에서 온라인 정보와 서비스에 더 많이 접근
싱가포르	• 21세기 최고의 정보화국가 구현
말레이시아	• 국가발전을 위하여 연합 및 협력을 통한 정보화의 추진 • 멀티미디어/정보기술을 이용하여 정부개혁의 추진 • 멀티미디어산업의 육성을 위한 상호협조적 환경조성 • 국민에게 효과적이고 능력적으로 서비스를 전달하고 국민의 요구에 적극적으로 응답하는 정부의 구축

둘째, 정보사회에서의 정부를 전자정부라고 할 때, 정부는 공통의 정보통신기반을 매개로 국민과 정부 간의 의사소통이 보다 용이하고 신속하며 네트워크로 연결된 각종 행정서비스가 언제, 어디서나, 가장 적절한 방법으로 제공할 수 있어야 한다는 점이다.

셋째, 이와 같은 국민의 만족을 가져올 수 있는 정부서비스가 제공되기 위해서는 기존 방식에 의해서는 한계가 있으며, 정부서비스의 획기적인 향상을 가져올 수 있는 그리고 가능하게 하는 행정 내부적인 변화를 필요로 하고 있다. 특히 온라인 정보기술의 혁신은 그것이 가지는 쌍방향성으로 인하여 커다란 영향력을 발휘하게 된다. 특히 컴퓨터 네트워크는 일방적인 정보제공 기능뿐만 아니라 정보교환과 정보처리 기능도 갖게 되어 정보기술을 활용한 새로운 행정 내부적인 변화는 이러한 변화를 반영하고 있다.

이러한 기본적인 인식 가운데 각 국에서 제시하고 있는 전자정부의 비전은 정부서비스의 제공에 가장 많은 비중을 두고 있다. 21세기에 각 국 정부가 펼치고 있는 청사진은 국민을 만족시키는 정부를 원하고 있으며, 구체적으로 국민들이 쉽고 편리하게 정보에 접근할 수 있으며, 적정한 비용으로 정보서비스를 제공받을 수 있는 부분으로 대부분의 국가에서 강조하고 있는 전자정부의 모습이 되고 있다.

2) 세계 각국의 추진 전략

세계 각국은 〈표 6-19〉와 같이 초창기 전자정부 추진 배경 및 목적에서 다양한 모습을 보여주었다.

미국의 전자정부의 추진은 초기에는 정보기술이 행정개혁의 수단임을 강조하면서도 구체적인 전략을 수립하지는 못하였다. 그러나 현재는 행정개혁의 핵심적 과제인 성과 결과 중심의 실적평가제가 도입됨에 따라 정보기술의 도입 및 관리도 이 평가방식에 의해 운영되어야 한다는 것이 지배적이며 실제로 이와 관련된 법도 마련되었다.

리더십 및 추진체제의 측면에서 볼 때, 미국은 대통령실에서 정보화정책의 선도와 조정자로서의 역할을 성공적으로 수행하고 있다고 평가된다. 특히 오바마행정부에서는 민주주의와 정부의 효율성 강화를 위한 투명성, 참여, 협력 및 통제 확대를 구체화한 정부의 부처 및 기관별 중점 추진계획 'Open Government Flagship Initiatives'에 중점을 두고 전자정부 정책을 추진하고 있다.

영국은 전자적 공공서비스 제공방식과 관련하여 범공공기관 수준의 전자정부 구현 정책 및 지침을 마련하고, 이에 대한 공통적 집행을 도모하고 있다. 영국의 전자정부 추진계획에 있어 특히 눈여겨볼 특징으로는 중앙과 지방정부간의 이음매없는(seamless) 행정을 추구하였다는 점이다. 특히 ICT를 혁신과 성장의 핵심 동력으로 인식한 1990년대 정보화 초기부터 일관된 정책을 구사하여 정부업무 혁신 및 전자정부 발전이라는 성과를 창출하였다. 이어서 2011년부터는 정부혁신을 위한 도구에서 디지털 경제로의 전환을 위한 전략으로 전자정부

표 6-19 각 국의 전자정부 추진배경 및 목적

국가	추진 배경 및 목적
미국	정보화 및 정보기술을 이용한 행정개혁을 통한 국제경쟁력의 향상, 새로운 국제질서 속에서 초일류 국가의 건설
캐나다	정보산업 육성을 통한 고용창출: 문화적정체성 적정비용에 의한 보편적 서비스 제공
영국	대민서비스의 전달방식 및 질 개선; 정부의 효율성 증진 정부혁신을 위한 도구에서 디지털 경제로의 전환을 위한 전략으로 전자정부 구현의 역할 및 가치의 변화
프랑스	미국의 NII에 대한 대응 및 유럽연합의 정책에 순응; 자국산업의 보호; 자국문화의 보호; 전자정부나 행정개혁과의 연계성 없음
독일	독일의 산업경쟁력과 기타 성장 및 고용의 측면을 중시; 정부행정에 정보기술을 도입함으로써 행정성과의 제고, 주민중심적 공공 행정의 강화, 의사소통의 개선, 행정기능의 증대 및 인력정체 또는 인력감소 문제를 해결하기 위한 경제성의 제고, 성과지향적이고 책임성 있는 업무수행을 가능케하는 근무 조건 개선
일본	미국의 NII추진에 대응;"지식창조입국"이라는 주된 목표하에 지식산업의 육성, 발전이라는 산업정책적 요소가미; 정보기반구조를 신사회간접자본으로 규정;최근 정보화를 전자 정부에 연계
호주	정부정보관리를 국가의 전략적 자원으로 파악; 정보의 관리 및 활용을 통해 수준 높은 정책개발, 서비스의 부단한 향상 도모, 이를 통해 행정기관은 물론 일반 시민의 이익을 보호, 증진
뉴질랜드	정부서비스 전달 방식을 혁신하여 새로운 서비스를 창출하고, 보다 저렴하고 사용하기 쉽고 인간적이고 친숙한 서비스 제공

구현의 역할 및 가치의 변화를 시도하였다.

호주의 전자정부 추진은 같은 영연방 국가인 캐나다의 경우와 비슷하게 행정서비스의 전자적 제공에 보다 관심을 두고 전략적 접근을 강조하고 있다. 구체적으로는 1990년대 후반부터 'ICT 기반의 경제 성장과 번영'이라는 비전을 일관성 있게 추진하고 있다. 이를 위하여 지속적으로 인프라를 고도화시키고, 정부서비스에 ICT의 적극 활용 및 디지털 경제체계 구축 등 '지속가능한 호주'로의 실현을 위해 전자정부 전략을 적극적으로 추진하고 있다. 특히 주정부 차원에서의 실질적인 전자정부의 모습을 구현해나가고 있기 때문에 우리나라 지역정보화에 시사하는 점이 크다고 할 수 있다.

싱가포르는 전자정부 구현에 있어서 선두를 달리고 있는 국가이다. 그 대표적인 사례로 E-Citizen Centre서비스가 제공되고 있다. 이러한 서비스는 싱가포르 전자정부 구현의 일환으로, 가상공간에서 정부의 행정서비스를 국민들에게 전자적으로 제공하고 있는 실제 사례이다.[11)]

이러한 서비스는 기업부문의 특허 신청에서부터 국방부문과 특히 초 · 중 · 고 학교 지원 등을 포함하는 교육부문, 구직과 관련되는 취업관련 부문, 결혼과 출산신고를 포함하는 가정생활, 의료서비스를 지원하는 건강부문, 주거문제를 해결해주는 주택부문, 경찰업무를 포함

11) 우리나라는 2000년대 초반에 전자적 민원행정서비스(G4C) 기반을 마련하면서 싱가포르의 E-Citizen Centre를 벤치마킹하여 시스템을 구축하였다.

하는 법률지원 부문 및 해외여행 및 자동차운행을 포함하는 교통부문 등으로 망라되어 제공되고 있다.

싱가포르의 전자정부계획은 정부 개혁의 수단이자 시민중심의 정부 서비스를 실현하는 것이다. 싱가포르는 2006년 5월에 'iGov2010'이라는 마스터플랜 차세대 전략을 발표했으며, 2011년 6월에 'iGov2010'에 이은 후속 전자정부 계획으로 'eGov2015'를 발표하였다. eGov2015(e-Government Masterplan 2011~2015)는 '국민과 협업하는 정부'를 추진 목표로 진행되었다.

말레이시아는 국가주도적으로 전자정부를 추진하고 있는 대표적인 국가이다. 1990년대 후반부터 전자정부 구현을 위한 비전을 잘 제시하였고, 그 구체적인 실현계획도 방대하고 명확하다. 특히 멀티미디어 단지 조성을 위한 법적 근거 및 재정적 인센티브가 제시되었고, 전자정부 구현과 관련된 계획 또한 구체적이고 명확하였다. 이처럼 적어도 기본추진계획이나 실행방법이 잘 제시된 이유는 과거에 마하티르 총리의 정보화에 대한 신념과 전폭적인 지지가 뒷받침되었기 때문이다.

2. 추진체계의 시사점

1) 추진체계의 중요성

전자정부 추진체계는 전자정부의 성공에 매우 중요한 요소이기 때문에, 그에 대한 논의가 이론적으로, 실증적으로 활발하게 진행되어 왔다. 또한 많은 국가들도 사업성과를 극대화하기 위하여 추진체계를 지속적으로 정비해 오고 있다.

예를 들면, 미국은 부시정부 출범 이후 2002년 전자정부법을 제정하여 대통령부 관리예산처(OBM)에 전자정부국(Office of E-Government and IT)을 설치 운영하고 있고, 영국도 1999년에 수상직속으로 설치된 국가정보화청(Office of the e-Envoy)을 2004년에 전자정부단(e-Government Unit)으로 개편하였다. 이어서 최근에도 수상직속의 국가 CIO국에서 전자정부를 전담하고 있다.

외국정부가 채택하고 있는 전자정부 추진체계는 동일하지 않다. 국가마다 행정조직, 전통, 분권화 수준, 정치지도자의 관심과 리더십, 국민의 요구와 기대수준, 정보기술 기반, 법제도적 환경 등이 서로 다르기 때문이다. 그러나 추진체계가 어떻게 형성되어 있는 가에 따라 사업의 성과가 크게 달라지는 것은 분명하다.

전자정부 관련 핵심기능을 정책/전략 수립 및 조정으로 정리할 때, 추진체계는 수상(대통령)부 직속과 3개 중앙부처(IT및 과학기술, 재정 예산, 행정 서비스)등 4개 유형으로 분류할 수 있다. 이 경우 대통령(수상)직속체계는 정치적 집권성과 부처간 통합성을, 그리고 중앙부처 중심체계는 분권성과 부처간 자율성을 의미한다. 또한 중앙부처 중심체계에서 과학기술과 정보통신 부처는 정보기술을, 재정과 예산 부처는 예산과 성과관리를, 행정 서비스 부처는 행정 서비스를 상대적으로 강조한다. 이러한 분류기준에 따라 IDA가 자료를 정리해 놓은 유럽 지역 23개 국가와 그 밖에 개별적으로 자료 조사가 가능한 미국, 캐나다, 호주, 일본, 싱가포르, 중국을 포함한 29개 국가들을 조사 분석한 결과 몇 가지 특징이 나타나고 있다.

첫째, 전체적으로 산업 과학기술 정보기술 부처가 전자정부사업을 담당하는 국가가 압도적으로 많다. 이들 중 스웨덴, 호주, 싱가포르, 덴마크, 네덜란드 등은 전자정부에서 매우 높은 수준으로 평가받고 있다. 또한 과학기술과 정보통신을 산업정책 차원에서 경제발전의 지렛대로 활용하고자 하는 중국 등 개발 도상 국가들도 이러한 과학기술 정보통신 부처모형을 선택하고 있다.

둘째, 대통령(수상)직속 추진 기구는 전자정부를 범정부적 통합 및 연계 차원으로 고도화하는 데 초점을 두고 있는 미국, 영국, 일본, 아일랜드 등에서 채택하고 있다. 이들은 전자정부에서 세계 최고수준에 도달해 있는 국가들로서 정치 지도자의 리더십을 통하여 부처 간 조정과 협력을 도출하는 데 초점을 두고 있다. 특히 미국과 영국은 재정 예산 기능과 긴밀한 연계 속에서 성과관리를 하고 있다.

셋째, 프랑스, 독일 등 일부 국가는 행정 서비스 담당부처에서 전자정부사업을 담당하고 있다. 전자정부의 많은 기능이 대민 서비스나 일반 행정이라는 점에서 현실적으로 가능한 모형이다. 특히 프랑스는 행정혁신부(MCSSR)산하 전자행정개발청(ADAE)에서 정부혁신과의 연계 속에서 전자정부사업을 주관하고 있다. 그러나 행정 서비스부처모형에서 세계 전자정부를 선도하는 국가는 상대적으로 드문 것으로 나타나고 있다.

넷째, 캐나다와 핀란드 등 상대적으로 적은 수의 국가들이 재정 예산 부처에서 전자정부를 총괄하고 있다. 그러나 미국과 영국 등 대부분의 국가들이 전자정부예산의 성과관리를 강화하는 방향으로 전환됨에 따라 주목을 받고 있다.

전체적으로 미국, 영국, 호주 등 영미국가나 스웨덴, 덴마크 등 북구국가들은 대통령(수상)직속이나 산업 과학 정보통신 부처에서, 그리고 프랑스, 독일 등 대륙 국가는 행정 서비스 부처에서 전자정부사업을 주도하고 있다. 그리고 이러한 추진체계에 따라 전자정부 방향과 전략, 그리고 성과도 다른 것으로 평가된다.

특히 2010년을 기점으로 수많은 국가들이 전자정부와 국가정보화 추진체계를 통합시키고 있는 실정이다. 이것은 이제 전자정부의 추진이 단일 부처의 행정정보화 사업이 아니라 범국가 차원의 정보화전략에 포함되기 때문일 것이다. 특히 스마트폰의 등장 및 급속한 정보기술의 융합으로 인하여 정보통신의 분야에서 과거와 같은 단일 부처 차원의 정책 수립과 집행이 힘들어지고 있다. 따라서 정보화가 사회의 모든 영역에 흡수되고 융합되면서 여러 부처의 참여와 협력이 중요해졌고, 따라서 전자정부의 측면에서도 부처별 서비스의 개발 보다는 범국가 차원의 정책 수립이 강조되고 있다. 그러므로 다 부처의 협력과 조정을 핵심으로 하는

표 6-20 주요 국가별 정보화 추진체계

국가	정부형태	정보화 추진체계
미국	• 대통령중심제 • 트럼프대통령(2017.1 ~)	• 대통령 리더십 하에 위원회의 기획과 정부 부처의 집행, 전문가 및 민간과의 협력
일본	• 의원내각제 • 아베신조 총리(2012.12 ~)	• IT전략본부를 중심으로 정책을 수립하고 전략 추진은 각 담당부처가 관계부처와 연계 하여 수행
중국	• 인민공화제 • 시진핑 주석(2013.3 ~)	• 공업신식화부 중심의 정보화 정책 및 전자정부 업무 추진 – 대분업관제에 의해 방송과 통신 분리규제
싱가포르	• 내각책임제 • 리시엔룽 총리(2004.8 ~)	• IDA를 중심으로 국가정보화 총괄과 전자정부총괄 부처를 이원화하여 사업 추진
호주	• 영국식 의원내각제 • 맬컴 턴블 총리(2015.9 ~)	• 각 영역별 고유의 추진부처를 중심으로 정책을 추진하되, 범국가적 협의 · 조정체계 마련
영국	• 의원내각제 • 테리사 메이 총리(2016.7 ~)	• 1990년 정보화 추진 초기에는 정부의 개입을 최소화 하였으나, IT의 역할이 확대됨에 따라 2011년 범부처적 추진체계로 재정비
독일	• 의원내각제 • 앙겔라 메르켈 총리(2005.11 ~)	• 정책 총괄 거버넌스와 정보화 사업 추진체계를 이원화시켜 운영함으로써 전문적이고 체계적인 관리 가능

정보화 거버넌스가 강조되고 있다. 이러한 관점에서 최근에 주요 국가별 정보화 추진체계는 〈표 6-20〉과 같이 요약해 볼 수 있다(김현경 외, 2011의 수정).

우리나라의 전자정부 추진체계는 최근에 다양하게 변화하여 왔다. 지난 김대중정부에서 전자정부 정책수립 및 조정은 대통령자문 전자정부특별위원회, 집행은 정보통신부와 기획예산처 및 행정자치부의 협력체제로 운영되었다. 그러나 노무현정부에서는 전자정부 정책수립 및 조정은 대통령자문 정부혁신지방분권위원회(전자정부전문위원회), 집행은 행정자치부 단독 추진체제로 전환되었다.

지난 이명박정부는 효율적인 정보화의 추진을 위한 'IT의 산업화'에서 '산업의 IT화'로 정보화의 개념이 변화하는 추세를 반영하여 국가정보화 거버넌스를 재편하였다. 정보통신부를 해체하고 국가정보화의 기능을 행정안전부로 이관하여 전자정부와 통합시켰다. 이어서 계획수립, 재원배분, 실행, 평가 등을 포괄하는 국가정보화 추진의 기본체계 하에서 부처별 '분산적' 정보화를 인정하는 '연방형' 정보화 추진체계를 채택하였다.

이명박정부에서 신설된 국가정보화전략위원회는 통합과 협업이라는 정보화의 새로운 가치를 실현하기 위해 대통령 소속으로 둠으로써 강력한 조정력을 확보하였다. 따라서 국가정보화전략위원회는 국가정보화의 비전 및 추진방향 등의 청사진을 제시하고, 개별 부처에서 도출할 수 없는 통합과 협업의 범정부적 정보화 어젠다를 도출하며, 부처 간의 정책현안 또는 갈등을 조정하고, 부처의 정보화 관련 사업들이 중복되지 않고, 체계적으로 추진될 수 있도록 투자 및 성과를 관리하는 등의 역할을 수행하였다.

이러한 연방형 정보화추진체계를 채택하게 된 배경은 기존 '통제', '효율성'을 중시하던 정보화사업 관리가 '협력'과 '유연성'을 중시하는 패러다임으로 바뀌고 있기 때문이다. 또한 연방형 추진체계가 급변하는 대내외 정보화 환경에 보다 신속히 적응 가능한 조직이라는 장점에 근거하고 있다.

이어서 과거 박근혜정부에서는 미래창조과학부를 신설하여 국가정보화는 미래창조과학부에서 담당하였다. 미래창조과학부는 2013년 8월에 제정된 정보통신 진흥 및 융합 활성화 등에 관한 특별법(이른바 ICT특별법)에 의거하여 정보통신전략위원회를 설치하였다. 또한 한편으로는 국무총리실에 공공데이터개방위원회 및 정부3.0추진위원회가 구성되어 정보화를 진행시켰다. 그리고 전자정부는 행정자치부의 전자정부국에서 추진하였다.

이러한 과거 정보화 추진체계는 2017년 문재인정부가 출범하면서 거의 변화하지 않고 계승되었다. 과거 미래창조과학부를 과학기술정보통신부로 개편하고, 과거 창조경제 업무를 새로 신설한 중소벤처기업부로 이관하였다. 또한 정부3.0추진위원회는 폐지하였다. 그러나 과거 행정자치부를 행정안전부로 개칭하였을 뿐, 전자정부의 추진체계와 관련해서는 거의 개편이 이루어지지 않았다. 따라서 현재 우리나라의 상황은 단일화된 범부처적인 정보화 추진체계라기 보다는 다양한 분야에서 서로 다른 부처가 업무를 수행하고 있는 실정이다.

2) 국가별 시사점

미국의 전자정부의 추진은 초기에는 정보기술이 행정개혁의 수단임을 강조하면서도 구체적인 전략을 수립하지는 못하였다. 정보기술의 도입 · 적용으로 인한 생산성의 향상, 신속한 업무처리, 대국민 서비스 질 향상 등의 목표는 있었지만 실제로 다양한 영역과 성격의 정부조직에 일관성 있게 적용할 기준이 마련되지 못하였던 것이다. 더구나 정보기술의 기술개발 및 응용 수준이 사기업에 비해 현저히 떨어지고 경험도 부족하므로 사기업에 전자정부의 구축을 위임하자는 소수의견도 있었다. 그러나 20년이 지난 현재는 행정개혁의 핵심적 과제인 성과 · 결과 중심의 실적평가제가 도입됨에 따라 정보기술의 도입 및 관리도 이 평가방식에 의해 운영되어야 한다는 것이 지배적이며 실제로 이와 관련된 법도 마련되었다.

리더십 및 추진체제의 측면에서 볼 때, 대통령실의 OMB는 정보화정책의 선도와 조정자로서의 역할을 성공적으로 수행하고 있다고 평가된다. 실무적으로는 GITS 및 NPR이 전자정부의 정책들을 일관성 있게 추진하여 왔다. 이후 지난 10년간 전자정부국(OEG)이 강력한 조정력을 행사하여 왔다. 일반적인 기준에서 볼 때, 미국은 전통적으로 연방정부와 의회, 주정부의 독립적인 기능과 역할이 상호간 분담이 되어 있고 독립적이기 때문에 정보화 및 전자정부의 구축이 일관성 있게 진행되기가 힘들다. 따라서 정보화정책에 있어서는 강력한 지도자의 리더십이 뒷받침되었고, 예산권과 함께 전문성을 갖춘 OMB가 통합적 조종자의 역할을 제대로 할 수 있었다. 또한 최근에는 정보기술의 발전 속도에 맞추어서 전자적인 민원행정서비스를 제공하는 정책을 신속하게 추진하고 있다. 이러한 클린턴 행정부의 전자정부 구현 정책은 부시 행정부를 거쳐서 오바마 행정부 및 트럼프 행정부에서도 정책이 계승되어 오고 있다.

특히 오바마정부는 전자정부의 추진을 통해 시민의 참여와 협력을 도모하였다. 이러한 전자정부 거버넌스에 있어서 대통령 중심의 강력한 리더십뿐만 아니라 전문가로 구성된 다양한 합의체간 협력 및 조정체계를 구축하였다. 특히 대통령실의 OMB를 중심으로 한 강력한 리더십과 다양한 정책 이해관계자들 간 협력 거버넌스 방식을 활용하고 있다. 또한 전자정부의 정책 추진은 개별 행정기관의 목표 달성을 위한 투자기획, 집행, 성과관리 과정으로 요약할 수 있다. 정책은 OMB에 의해 기획과 예산의 연계를 통해 통제되며, 개별부처의 독립적 사업은 연방 CIO협의회에 의해 거시적으로 통합하여 조정한다.

미국의 전자정부 구현 전략이 우리에게 주는 정책적 시사점 중 중요한 것은 전자정부 구현정책 과정에서 예산을 통한 통제와 조정이다. 우리나라의 경우, 과거에 전자정부의 주무부처인 행정자치부나 정부3.0추진위원회가 예산과 결합된 리더십을 갖고 있지 못하기 때문에 강력한 조정력을 발휘할 수 없는 구조를 지니고 있었다.

영국은 전자적 공공서비스 제공방식과 관련하여 개별 기관의 특수성과 선택권을 인정하면서도, 수상실의 CIO국이 중심이 되어 범공공기관 수준의 전자정부 구현 정책 및 지침을 마련하고, 이에 대한 공통적 집행을 도모하고 있다. 이러한 점에서 영국의 전자정부 추진체계는 타국에 비해 다소 집권적 특성이 강하다고 볼 수 있다. 또한 중앙 및 지방정부 그리고 중요 공공기관의 정보화책임관급 공무원 36인으로 “정보화시대 정부의 챔피언”이란 기구를 구성하여, 전자정부 추진을 위한 범공공기관적 협력과 조정을 유도하고 있는 점도 영국 전자정부 추진체계의 큰 특징이다.

일본은 지난 2001년 수상을 본부장으로 하는 고도정보통신네트워크사회 추진전략본부 전략본부(IT 전략본부)를 설치하여 운영하여 왔다. 이러한 IT전략본부는 정보화를 총괄하여 조정하는 기구이다. 이 조직은 내각에 설치되어 고도 정보통신네트워크사회의 구축과 관련된 중요한 계획을 수립하고 범 국가적 차원에서 정보화 전략을 추진하여 왔다. 그러나 한편으로는 정부 조직 내에서 내각부, 내각관방부, 총무성 및 경제산업성 등이 자체적으로 정보화관련 주요 사업들을 추진하여 왔다. 이처럼 IT전략본부는 전략의 방향을 정립하고 이를 구체화하는 계획을 수립하고, 전략 추진은 각 담당 부처가 관계부처와 연계하여 수행하는 방식이다.

그러나 일본은 세계 최고 수준의 정보통신 인프라와 기술력에도 불구하고 충분한 성과를 얻지 못한 이유를 강력한 전략추진 사령탑의 부재로 인식하고, 2013년부터 정부 CIO제도를 정식으로 발족하였다. 과거 일본의 CIO역할은 내각부 부대신 (내각관방부장관)이 수행하였는데, 이제 정부 CIO는 정보화 전략에 관한 기획 입안 및 추진관리와 평가를 수행하고 정부 전체의 투자예산을 관리하는 역할과 지방자치단체, 민간단체와의 연계를 주도하고 인재를 확보하고 육성하는 임무를 담당하고 있다.

따라서 이처럼 일본의 사례에서 얻을 수 있는 시사점은 국가정보화 및 전자정부 추진에서 주체와 조직을 명확히 하는 것이다. 일본의 IT전략본부는 과거 우리나라의 정보화추진위원회와 비슷한 모습을 보여주고 있다. 국무총리가 위원장이고 각 부처의 장관이 위원이었던 정보화추진위원회는 전문성이 결여되었고 옥상옥이라는 비판을 받고 해체되었다. 마찬가지로 일본의 정보화추진체계도 현재까지 전문성을 갖추지 못한 것으로 평가할 수 있다.

쉬어가기

미국의 전자정부 추진 연혁

연도	추진 내용
1993년	국가행정평가위원회(NPR)가 최초의 전자정부 계획안인 '정보기술을 통한 리엔지니어링(Reengineering Through InformationTechnology)' 발표
1997년	앨고어(Al Gore) 부통령과 국가행정평가위원회(NPR)가 함께 전자정부 발전에 관한 포괄적 프로그램인 '전자정부를 향한 도정 (Access America)' 발표
1998년	2003년까지 정부의 모든 문서와 서비스를 전자적으로 제공하고 각종 양식의 전자적 제출을 위한 정부문서업무폐지법(GPEA) 제정
2000년 9월	국가행정평가위원회(NPR)와 최고정보책임자협의회(CIOC) 등이 함께 정부통합 인터넷포털서비스를 제공하는 FirstGov.gov 출범
2001년 8월	부시대통령은 '전자정부 확대계획(Expanding E-Government)'을 포함 연방정부의 운영을 개혁하기 위한 대통령관리어젠다(PMA) 발표 3대 개혁원칙, 14개추진과제(범정부적 추진과제 5개, 개별부처 추진과제 9개)로 구성
2002년 2월	예산관리처(OMB)는 24개의 전자정부 세부추진계획 및 기본전략을 제시한 '전자정부 전략(E-Government Strategy)' 발표
2002년 6월	예산관리처(OMB)는 예산요구서에 연방정부의 정보화 사업 및 전자정부 사업이 전자정부 전략에 합치하는지에 대한 검토 결과를 포함하도록 '예산 요구 준비, 신청, 집행을 위한 법률(OMB Circular A-11)'을 개정
2002년 12월	전자정부 확대에 따른 연방정부의 강력한 리더십을 보장하기 위한 '전자 정부법(E-Government Act)'과 연방정부의 정보자원 및 개인정보보호를 위한 연방정보보호관리법(FISMA)을 제정
2003년 2월	관리예산처 전자정부국에서 '전자정부 전략' 발표
2006년 8월	전자정부를 통한 비용절감을 위해 9개 주요 분야 선정 발표 예산편성 및 집행(BFE: 교육부), 판례관리(CM: 법무부), 연방보건아키텍처(FHA: 보건복지부), 재무관리(FM: 총무처), 지리공간정보(Geospatial: 내무부), 정부보조금관리(GM: 보건복지부, 국립과학재단), 인적자원관리(HR: 인사처), 정보시스템보안(ISS: 국토안전부), 정보기술기반(ITI: 총무처)
2008년 4월	2009년 IT예산안 확정: 2009년 회계연도 연방정부 예산 중 IT관련 예산으로 707억 달러가 할당되었으며, 이는 2008년의 681억 달러와 비교하면 3.8% 증가
2009년 1월	관리예산처(OMB)가 연방정부가 추진해 온 전자정부 성과보고서 발표 정보화 프로그램 및 연방 언테프라이즈 아키텍쳐(EA) 현황, 지난 3년간 목표 대비 실적 평가 및 새로운 정보화 계획과 툴 소개
2009년 2월	고객만족 조사업체인 ForeSeeResults가 미국정부의 전자정부 서비스에 대한 고객만족도 조사 결과가 역대 최고치를 기록했다고 발표 특히 전자상거래와 전자거래사이트에 대한 높은 만족도 기록
2009년 3월	오바마대통령 새 정부의 최고정보책임자(CIO)에 비벡 쿤드라 임명

〈계속〉

연도	추진 내용
2009년 5월	Data.gov 구축 완료: 오바마 대통령의 열린 정부 구현을 위한 핵심 추진 전략의 일환으로 범정부 차원에서 처음으로 추진된 프로젝트
2009년 12월	투명성, 참여 및 협업을 통한 'Open Government Directive' 발표
2011년 8월	FCC 위원장을 역임했던 스티븐 반뢰켈(Steven VanRoekel)을 2대 연방 CIO로 임명
2011년 9월	OMB, National Action Plan for the United States of America 발표 기존 열린정부 구현 전략의 추진내용과 성과를 정리하고, 이를 보완하면서 재정비하는 차원의 26개 프로그램을 선정
2013년 12월	Second Open Government National Action Plan 발표: 3개 분야 23개 전략 및 관련 사업들 발표
2013년 12월	정부 빅데이터 신규 프로젝트 발표: 2012년 3월에 발표한 빅데이터 R&D 후속프로그램 발표
2014년 5월	US Open Data Action Plan 2014~2015 발표: 4대 핵심 전략 발표
2014년 8월	백악관내에 UD Digital Service(USDS) 신설: 정부 디지털서비스 개선 및 IT 프로젝트 결과 점검
2015년 2월	VM웨어에서 일하던 토니 스콧(Tony Scott)을 3대 연방 CIO로 임명
2017년 5월	'미국 기술위원회(American Technology Council, ATC)' 출범
2018년 1월	Ernst & Young의 수장이었던 캔트(Suzette Kuhlow Kent)를 4대 연방 CIO로 임명

CHAPTER

7

전자정부의 발전단계 및 평가

전자정부에 대한 평가는 전자정부 구현을 위한 노력의 성과를 평가하고 미래의 전자정부 추진을 위한 방향성을 정립한다는 점에서 매우 필요한 작업이다. 일반적으로 전자정부의 수준을 평가하는 방법으로는 전자정부의 발전단계에 따라 구분했을 때, 현재의 상태가 어느 단계에 해당하는 가를 파악하는 발전단계에 의한 평가를 들 수 있다. 이 장에서는 UN 등 국제기관들의 연구결과물을 정리하면서 전자정부의 발전단계 및 최근의 평가결과 등을 소개하고자 한다.

7.1 전자정부의 발전단계론

전자정부 및 전자적인 민원행정서비스의 발전단계는 오래전부터 전자정부 연구의 주요 관심사로 부각되고 있다. 특히 UN과 같은 국제기구나 다국적 컨설팅회사들에 의해서 세계 여러 국가들의 전자적 민원행정서비스를 비교분석하는 작업이 진행되면서 이러한 경향이 두드러졌다. 이러한 발전단계 모형은 전자정부의 발전 정도 혹은 성숙도가 순차적으로 진행한다는 단계구분에 기초하고 있다.

전자정부의 발전단계는 학자나 연구기관들에 따라서 매우 다양하게 논의되고 있다. 특기할만한 점으로는, 전자정부가 달성해야 할 궁극적인 이념과 목표를 어느 정도나 실현하고 있는가 또는 전자정부의 이념을 어느 정도나 구현하고 있는가에 따라서 전자정부의 성숙도를 기준으로 분류할 수 있다(윤상오, 2002). 또한 정보기술의 발전단계와 전자정부 구현 수단으로서 정보기술 적용 대상영역, 즉 정보기술이 주로 정부내부(G2G)업무 효율화를 위해 적용되느냐 아니면 정부와 고객 간(G2C 또는 G2B)업무효율화 및 서비스 향상을 위해 적용[1]되느냐에 따라 전자정부의 단계적 진화 모형을 제시할 수도 있다(오강탁, 2001).

여기에서는 성숙도나 정보기술의 발전보다는 전자정부 그 자체의 발전단계 관점에서 초기에 논의되었던 전자정부의 발전단계론들을 정리해 보고자 한다.

1. 호주국립감사원의 4단계론(1999)

호주 국립감사원은 호주 공공기관이 어느 수준에 도달해 있는가를 평가하면서, (그림 7-1)과 같이 정보기술의 발달수준과 기능 및 서비스의 제공수준이라는 두 가지 기준에 따라서 실시하였다(Commonwealth Government Agencies, 1999). 그 내용은 다음과 같다.

1단계는 자체의 웹사이트를 구축하여 공공기관 및 서비스에 대한 정보를 제공하는 단계이고, 2단계는 인터넷사용자가 각 공공기관의 데이터베이스를 이용 · 검색 및 상호작용 할 수 있는 단계이다. 3단계는 1 · 2단계처럼 사용자가 웹사이트를 이용할 수 있도록 지원하며 보안정보를 입력하고 공공기관과의 거래에 참여 할 수 있는 단계를 의미하며, 4단계는 3단계에서 허용하는 수준 이외에 공공기관은 사용자의 사전 동의를 얻어 사용자가 제공한 정보를 범정부 차원의 통합서비스를 제공하기 위해 다른 공공기관과 공유하는 단계를 말한다.

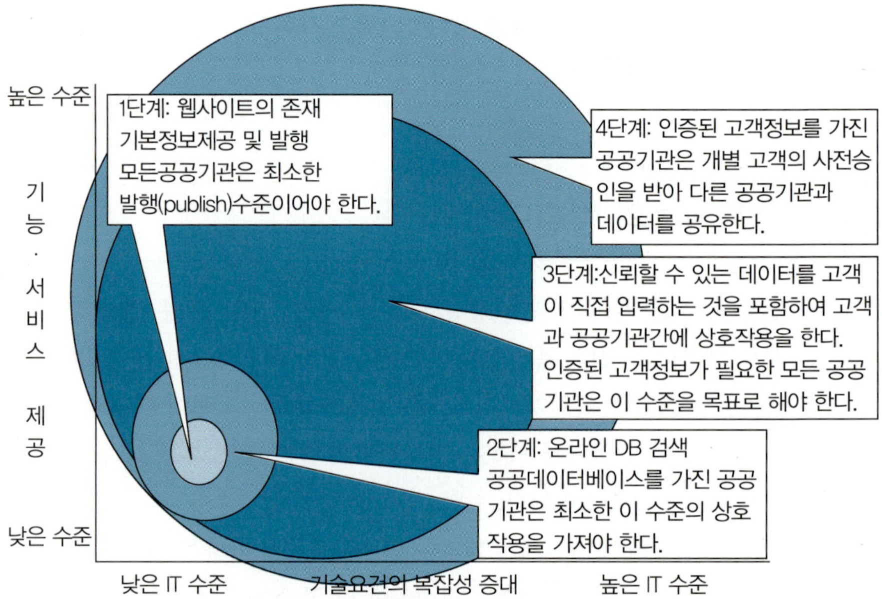

그림 7-1 호주 국립감사원(1999)의 전자정부 서비스제공의 4단계 모형

1) 정보기술(ITs)의 적용 대상영역의 문제는 전자정부가 존재하는 이유 또는 추구하는 핵심 가치의 문제로 귀결된다. 즉 정보기술이 주로 정부내(G2G)업무처리의 효율성, 생산성 제고를 위한 수단으로 활용되느냐 아니면 정부와 일반국민(G2C) · 산업계(G2B)간 업무처리, 즉 대민서비스의 질(quality)제고의 수단으로 활용되는가의 문제이다.

이상과 같이 호주 국립감사원의 개념을 바탕으로, 2000년대 초반에 세계 각국에서는 e-정부 사업을 출현, 상호활동, 거래, 정보공유 같이 4단계로 발전시키기도 하였다. 이 모델을 적용하여 행정정보화에 관한 국제기구인 ICA에서 2001년 1월에 세금, 고용 등 8개 민원 대상으로 회원국들의 전자적 민원서비스 수준을 조사 · 발표 하였고(ICA, 2001), EU에서도 4단계 모형을 이용하여 EU 국가들을 평가하였다(GOL, 2001).

2. 한국전산원의 4단계 모형(2000)

우리나라 정보화 성숙도 수준평가를 실시하였던 당시 한국전산원에서도 전자정부의 발전단계를 초창기에 호주정부의 4단계 모형을 응용하여 다음과 같이 제시하였다.

1단계(웹 구축)는 각 정부기관들이 자체 홈페이지를 구축하여 정보 및 서비스를 일방적으로 제공하는 단계이다. 정보화의 초기에 각 정부부처가 경쟁적으로 홈페이지를 구축하고 이를 통하여 정부부처의 업무 및 기능과 각종 행사 등을 홍보하는 것이 대표적인 예이다. 이 단계에서는 웹이나 인터넷을 통하여 국민들과의 상호작용이나 의사소통이 거의 발생하지 않으며 일방적 의사소통이 주류를 이룬다.

2단계(상호작용)는 구축한 홈페이지를 통하여 국민들과 정보 및 의사를 상호교환하는 단계이다. 게시판, Q&A, FAQ, 대화방 등을 통하여 국민들과 정부 간에 의사소통과 상호작용이 일어나는 단계이다.

3단계(거래)는 웹을 기반으로 국민 및 관련기관과의 거래를 온라인으로 처리하는 단계이다. 국민들이 인터넷 웹을 통하여 정부로부터 각종 공공서비스를 제공받고, 정부에 제출해야 할 각종 사항(신고, 납부)등을 수행할 수 있는 단계이다.

4단계(변환 및 통합)는 e-비즈니스를 통하여 기존 업무의 혁신 및 새로운 업무를 창출시키고, 새로운 조직구조로 전환하는 단계이다. 이 단계는 조직구조와 업무처리절차의 변화를 넘어 부처 자체의 조직이 근본적으로 변화하는 단계로 설명된다.

3. Gartner Group의 4단계론(2000)

세계적인 정보처리 조사 · 자문기관인 Gartner Group에서는 전자정부의 구현 시에 정부가 직면한 문제점 중의 하나로 전자정부 사업의 진척도 측정과 원하는 고객 서비스 달성에 필요한 로드맵(Roadmap) 작성 방법을 제시하였다. Gartner Group은 전자정부의 구현을 4단계 모형으로 제시하였다. 2000년 11월 21일에 발표된 Gartner Group의 보고서에서 제시된 전자정부의 모델은 (그림 7-2)와 같이 가상공간에서 제공단계, 상호작용(interaction)단계를 거쳐 온라인 업무처리의 거래(transaction)단계 그리고 변화(transformation)의 단계를 제시하고 있다. 변화단계에서는 궁극적으로 통합된 서비스를 제공할 수 있도록 되어 있다. 또한 이

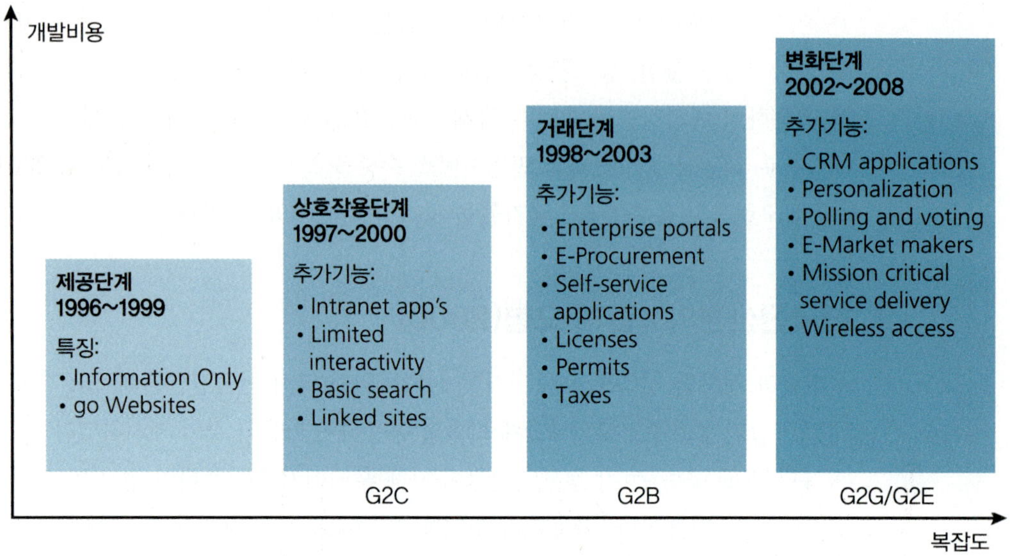

그림 7-2 가트너그룹의 전자정부발전 4단계 모형

들 전략이 시간, 고객의 가치 및 비용/복잡성이라는 3차원에서 어떻게 변화해 나가는 가를 기술하고 있다(Gartner Group, 2000).

1) 1단계: 제공단계

이 단계는 인터넷 상에서 단지 사이버 공간을 차지하는 것을 말한다. 주요 전략은 시민(고객)들에게 행정기관의 일반적인 정보 및 적절한 공식문서를 홈페이지를 통해서 제공하는 단계이다.

2) 2단계: 상호작용단계

이 단계에서는 홈페이지에 기본적인 검색기능, 다운로드 받을 수 있는 양식, 다른 관련 사이트와 링크, 행정기관 및 공무원의 전자메일주소 등록 등의 기능을 추가하는 것이다. 이 단계에서는 주요 정보를 온라인상으로 접근할 수 있으며, 해당기관에 방문하기에 앞서 필요한 서류양식을 사전에 갖도록 해준다.

3) 3단계: 거래단계

3단계에서는 고객이 온라인상으로 모든 업무를 행하도록 하는 단계이다. 여기서는 국민들이 온라인으로 접근하도록 셀프서비스 프로그램들을 구축하며, 기타 서비스 제공방법에 대한 보완적인 수단으로서 웹을 이용하도록 하고 있다. 3단계에서의 전형적인 서비스는 세금서류작성 및 지불, 자동차면허갱신, 벌금지불, 인허가 등이 포함된다. 또한 전자조달의 선행조치로서 제안서나 입찰규제를 온라인상으로 행하기도 한다. 현재 선진국의 전자정부 정책은 이 단계에 해당하며, 24시간 행정이 가동되며, 기관 간 공통의 혹은 공유서비스를 개발할 기회도 갖게 된다.

4) 4단계: 변화단계

이는 모든 중앙 및 지방정부의 장기 목표이다. 정부조직 운영을 시민들에게 모두 투명하게 보이도록 하는 단일의 고객접촉점(single point of contact)을 제공함으로써 정부서비스개념을 다시 정의하도록 만드는 것이다. 이 단계는 시민, 기업 및 정부의 관계를 재정립하는 고객관계관리(CRM)툴이나 다른 서비스 제공방법에 의존하게 된다. 한 장소에서 거래를 하면 자동적으로 관련 부서에 곧바로 인터페이스 되도록 하는 가상행정기관이 웹상에 존재하게 되는 것이다. 인트라넷을 통해 다른 기관에서 일하는 공무원들이 서로 연계되는 것이다.

4. Deloitte Consulting의 6단계론(2000)

세계적 컨설팅회사인 Deloitte는 전자정부를 하나의 연속체라고 가정하면서 정부들은 인터넷을 공공 영역으로 확대 적용할 것이며, 그 연장선상에서 정부들은 인터넷을 "언제 어디서 어떤 식으로든 모든 것을 제공할 수 있는 고객 중심적 조직구조 개편의 가장 중요한 수단으로 사용할 것이다"라고 주장하였다. 이를 위해 (그림 7-3)과 같이 전자정부 구현의 6단계를 제시하였다.

1) 제1단계(정보출간/확산: Information Publishing/Dissemination)

개별 정부부처가 대중에게 정보제공을 위하여 웹사이트를 구축하는 단계이다. 이 단계는 고

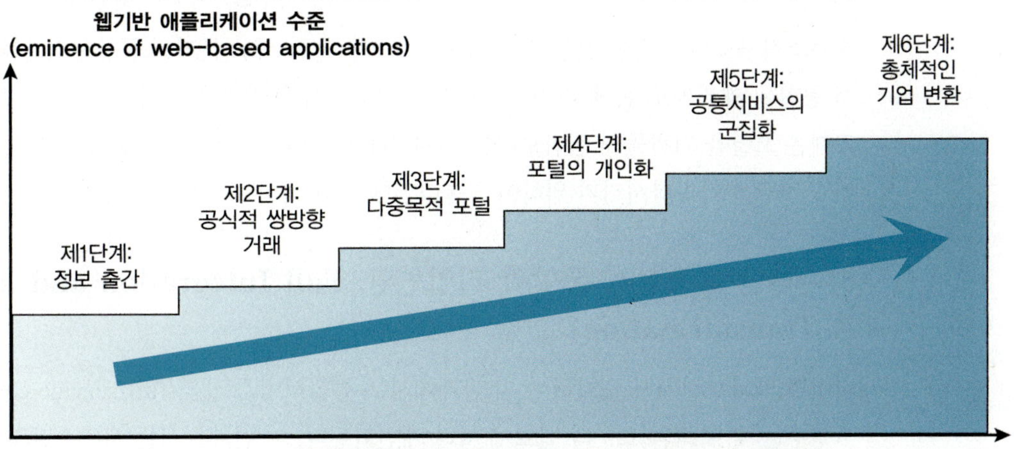

그림 7-3 Deloitte Consulting의 전자정부 성숙도 발전모형

객들이 원하는 서비스와 정보를 얻기 위하여 정부에 걸어오는 전화의 수를 줄이기 위하여 백과사전(encyclopedia)식의 홈페이지를 구축하는 단계이다.

2) 2단계(공식적인 쌍방향 거래: "Official" Two-Way Transactions)

전자서명의 법적 보장과 웹사이트의 안전 보장과 함께, 고객들은 정부에 자신의 정보를 제공하고 금전적 거래를 한다. 이 단계에서 고객들은 정부가 프라이버시를 보호해 준다는 것을 확신한다.

3) 제3단계(다중목적 포탈: Multi-Purpose Portals)

고객중심 정부가 서비스 전달에 있어서 큰 돌파구를 마련하는 시점이다. 이것은 고객의 요구가 기관의 경계를 초월한다는 점에 기반하여, 고객이 복수의 기관들과 정보를 주고받으며 금전적 거래 처리가 가능하도록 단일창구를 만들어 이용하도록 하는 것이다. 이것은 정부 내외부의 서비스에 대한 고객의 요구에 보다 광범위하게 대응하기 위하여 원스톱 서비스의 개념을 확장한 것이다.

4) 제4단계(포탈의 개인화: Portal Personalization)

제3단계를 통하여 고객들은 단일한 웹사이트에서 다양한 서비스에 접근할 할 수 있다. 4단계에서는 고객들이 자신의 요구에 맞게 정부포탈을 수정하고 최적화(customize)할 수 있는 권한이 주어진다. 이것을 실현하기 위하여 정부는 사용자가 웹 인터페이스를 조정할 수 있는 보다 정교화 된 웹 프로그램이 필요하다. 포탈의 개인화를 통하여 정부는 고객의 전자적 서비스 선호를 보다 정확하게 파악할 수 있다.

5) 제5단계(공통서비스의 군집화: Clustering of Common Services)

정부조직구조의 진정한 변환이 이루어진다. 고객들이 서로 분리된 공공서비스를 포탈로 인해서 통합된 패키지로 봄에 따라, 서로 다른 실체로서의 기관도 하나의 실체로 보기 시작한다. 고객은 포탈을 기관들의 집합보다는 민원거래의 집합으로 본다. 이렇게 되면 정부는 공유 서비스 전달을 가속화시키기 위하여 공통라인에 따라 서비스를 배열한다.

6) 제6단계(종합적 통합과 기업변환: Full Integration and Enterprise Transformation)

디지털 백과사전에서 출발하여 이 단계에서는 종합서비스 센터(full-service center)로서, 전자정부는 각 고객의 요구와 선호에 따라 개인화된다. 이 단계에서는 서비스간의 높은 담이 없어지고, 정보기술은 조직 전체를 통괄하여 통합되어 백오피스(back office)와 프런트오피스

(front office)간의 간격이 줄어든다. 일부 국가에서는 새로운 기관을 설립하기도 하고, 일부 국가는 동일한 명칭이지만 전혀 다른 성격을 가진 기관을 만들어낸다.

이 조사연구에 의하면 당시에 대부분의 국가들이 1단계(정보출간 및 확산)에 있는 것으로 파악되었다. 그러나 최근에 BPR(Business Process Reengineering), 새로운 정보기술의 도입, 인적자원의 훈련 등을 통하여 대부분의 정부들이 전자정부의 핵심적 요소를 보유함으로써 다음 단계로 성숙되어 가고 있는 것으로 판단된다.

5. Accenture의 3단계론(2001)

Accenture는 전자정부에 대한 정치적 수사(political rhetoric)와 현실(reality) 사이의 격차를 줄이려는 노력의 일환으로, 세계 22개국의 전자정부에 대한 성숙도를 평가하였다. 이를 위해서 전자정부의 서비스 측면(서비스 성숙도) 및 서비스를 전달하기 위한 전달체계 측면(전달 성숙도)를 평가기준으로 설정하였다(Accenture, 2001).

서비스 성숙도(service maturity)는 온라인으로 제공될 수 있는 정부 공공서비스의 제공수준을 의미한다. 서비스 성숙도는 양적인 측면의 서비스 성숙도 범위(service maturity breadth)와 질적인 측면의 서비스 성숙도 깊이(service maturity depth)로 나눌 수 있는데, 범위는 중앙정부가 제공할 책임이 있는 서비스 중에서 온라인으로 제공되는 서비스의 수를 의미하며, 깊이는 온라인으로 제공되는 서비스의 완전성 정도를 의미한다.

이러한 기준을 가지고 현재 정부에서 제공하고 있는 서비스에 대하여, 그 성숙도의 발전단계에 따른 유형을 구분하면 다음과 같다.

1) Publish(Passive/Passive 관계)

이용자들은 정부부처와 온라인으로 의사소통하지 않고, 정부부처도 이용자들과 온라인으로 의사소통하지 않는다. 정부부처는 웹사이트에 문서를 게시하고, 이용자들은 이러한 문서를 이용한다.

2) Interact(Active/Passive 일방향 상호작용)

이용자들은 온라인으로 정부기관과 의사소통을 할 수 있으나, 정부부처는 이용자들과 반드시 온라인으로 의사소통을 할 필요가 없다. 이용자가 인터넷 이메일을 보내면 정부부처가 이를 처리한다.

3) Transact(Active/Active 양방향 상호작용)

이용자들은 반드시 정부기관과 온라인으로 의사소통할 수 있어야 하며, 정부기관도 이용자들에게 온라인으로 응답할 수 있어야 한다.

두 번째는 전달 성숙도(delivery maturity)에 따라서 분류하는 방식이다. 전달 성숙도는 온라인 서비스 전달 메커니즘의 성숙도를 의미하며, 여기에는 단일한 접촉통로(single point of entry), 고객지향적 설계(design by customer intentions), 고객관계관리기법(CRM techniques), 포털 능력(portal capability)과 추가적인 부가서비스 등이 포함된다.

6. 서삼영의 4단계론(2001)

한국전산원의 원장을 역임했던 서삼영박사는 전자정부의 진화단계를 (그림 7-4)와 같이 착수, 촉진, 시민중심, 질적 전환의 4단계로 제시하였다(서삼영, 2001).

이 진화 단계론에서 특징적인 것은 3단계를 시민중심의 단계로 설정하였다는 것이다.[2] 즉 전자정부를 구현하는데 있어서 고객지향적인 행정시스템을 강조하면서 또한 시민과의 상호작용에 초점을 두고 있다.

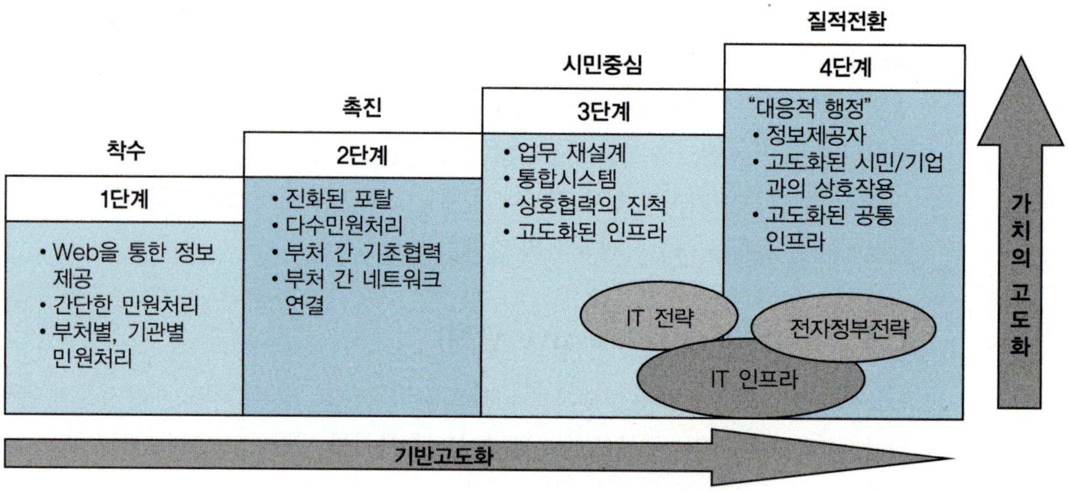

그림 7-4 서삼영의 전자정부 진화단계모형

7. 오강탁의 4단계론(2001)

한국전산원에서 참여정부 초기의 전자정부 비전과 전략의 수립 실무를 담당했던 오강탁박사는 전자정부의 단계적 진화모형으로서 (그림 7-5)와 같이 4단계 모형을 제시하였다(오강탁, 2001). 전자정부의 발전은 정보기술의 발전에 따라서 도입, 기반조성, 확산 및 통합의 단계를 지나서 이념형으로 진화해 간다는 것이다. 보다 구체적으로 보면 다음과 같다.

2) 시민중심의 단계론이 현재의 입장에서는 당연한 것일지 모르지만, 전자정부 구현의 초창기였던 2001년도에는 상당히 획기적인 접근으로 간주되었다.

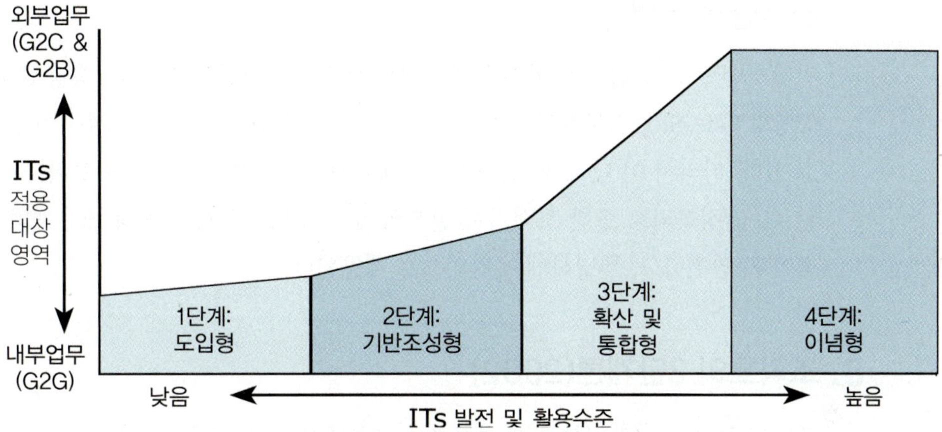

그림 7-5 오강탁(2001)의 전자정부 단계적 진화모형

1) 1단계(도입형)

주로 Punch-Card Computing 환경, 응용S/W 부족, 사회전반에 걸친 정보화에 대한 인식부족 등의 사회-기술적(socio-technical) 환경에 기반하고 있다. 따라서 이 단계에서는 주로 정부내 (G2G) 일부 단순업무—대용량 자료의 일괄처리(Bach-only)—에 제한적으로 정보기술이 도입 · 활용되기 시작한다.

2) 2단계(기반조성형)

분산형 전자정부는 중앙집중형 및 분산형 컴퓨팅 환경, 네트워크 기반 구축, 응용 S/W 개발 확대, 정보화에 대한 사회전반의 인식 확산 등의 사회-기술적 환경에 기반하고 있다. 따라서 이 단계에서는 정보기술 적용영역이 정부내(G2G) 단위기관의 주요 업무로 확산되는 기술중심의 정보화가 본격적으로 확대된다. 그러나 기관 간 정보 공동공유 체계 구축을 통한 업무연계가 이루어지지 못해 정보화 효과가 내부 효율성 향상에 그치고 정부서비스 질과 고객가치 향상으로 확대되지 못한다.

3) 3단계(확산 및 통합형)

분산 · 통합형 전자정부는 분산형 및 제한적 개방형 컴퓨팅 환경, 네트워크 기반의 고속화, 응용 S/W의 다양화, 정보화의 질적 고도화 요구 등의 사회-기술적 환경에 기반하고 있다. 따라서 이 단계는 이미 구축된 초고속정보통신망을 기반으로 정부내 기관 간 및 정부 간 정보공유 및 시스템 연계활용 체계 및 정부와 고객 간 양방향 정보교환 및 업무처리 환경 구축, 즉 전자정부 구현을 위한 각종 파일럿 프로젝트들이 추진된다.

4) 4단계(이념형)

인터넷/네트워크 컴퓨팅 환경, 고품질화, 네트워크 기반의 고도화, 응용 S/W의 컴포넌트화, 양방향 One-Stop정부통합서비스 요구, 국가 간 경쟁 격화 등의 사회–기술적 환경에 기반하고 있다. 따라서 이 단계에서는 이전 단계에서 추진하던 전자정부인프라(Back office)구축이 완료 · 안정화되고 또한 고객가치 실현의 정부서비스가 시간과 장소에 제약 없이 비용–효과적이고, 안전하고, 투명하게 온라인으로 제공된다.

8. 조덕호의 3단계론(2002)

조덕호 교수는 전자정부를 행정정보의 제공주체, 정보교류 및 상호작용, 정보수혜자를 중심으로 정부와 시민의 관계를 설정하고, 웹사이트를 통한 정보의 제공방향, 교류정도, 정보요구 및 제공주체에 따라 발전단계를 제시하고 있다. 특히 정부와 시민의 관계에 있어 상호교류의 정도와 방향성을 중심으로 전자정부의 발전과정을 분석하고 있다(조덕호 · 권윤희, 2002: 720~727).

전자정부는 다음과 같이 세 단계로 구분된다. 첫 번째 단계는 정부가 행정정보 데이터베이스를 구축하고 웹사이트를 활용하여 일방적으로 시민들에게 정보를 공개하는 단계로 정부 → 웹사이트 → 시민(Government → Website → Citizen: GWC)의 정부중심형 전자정부의 단계이다.

두 번째 단계는 정부가 제공하는 가상공간인 웹사이트에서 정부와 시민들이 서로 정보를 주고받고 시민들도 정부의 정책결정 혹은 집행에 참여할 수 있는 정부 ↔ 웹사이트 ↔ 시민(GWC, CWG)의 상호대등형 전자정부이다.

세 번째 단계는 맞춤형 행정서비스, 시민중심 혹은 고객지향행정서비스 체제 등 시민들이 정부에 대해 그들이 원하는 행정서비스를 요구하고 정부는 수요자의 입장에서 필요한 행정정보서비스를 제공하는 체제인 시민 → 웹사이트 → 정부(CWG)의 시민중심형 전자정부이다.

이제까지 살펴본 전자정부의 발전단계에 대한 논의들을 종합하여 정리하면 다음 〈표 7-1〉과 같다.

7.2 UN의 전자정부 수준 평가기준

지난 2002년부터 UN은 세계 각국의 전자정부 수준을 평가하여 오고 있다.[3] 초기에는 미국

3) UN의 전자정부 평가는 2002년부터 매년 실시되었다. 2002년 보고서(Benchmarking E-government : A Global Perspective)는 평가 체계 정립을 위한 사전 보고서였고, 2003년 이후 실행 결과가 실제 비교대상이 되었다. 따라서 2003, 2004 및 2005년까지 평가를 진행하였다. 2006년의 경우, 평가를 시행하지 않고 평가지표의 수정작업을

표 7-1 전자정부의 발전단계 논의

연구자(년도)	발전단계
호주국립감사원 (1999)	1. 웹구축단계: 웹을 통한 기본적 정보제공 단계 2. 온라인 DB검색단계: 민원인의 정부DB 온라인 검색단계 3. 정부와 고객간 상호작용단계: 고객이 관련자료의 직접입력단계 4. 기관간 정보공유단계: 고객의 승인하에 기관간 DB의 공유
한국전산원 (2000)	1. 웹 구축단계(Web Presence) 2. 상호작용단계(Interaction) 3. 거래단계(Transaction) 4. 변환 및 통합단계(Transformation/Integration)
Gartner Group (2000)	1. 제공단계 2. 상호작용단계 3. 거래단계 4. 변화단계
Deloitte Consulting (2000)	1. 정보제공(Information publishing/dissemination) 2. 공식적인 쌍방향 거래(Official two-way interaction) 3. 다중목적 포탈(Multi-Purpose Portal) 4. 고객지향적 포탈(Portal Personalization) 5. 공통서비스의 군집화(Clustering of Common Services) 6. 통합과 업무변환(Full Integration & Enterprise Transfomation)
Accenture (2001)	1. Publish(Passive/Passive 관계) 2. Interact(Active/Passive 상호작용) 3. Transact(Active/Active 상호작용)
서삼영 (2001)	1. 착수단계: 웹을 통한 정보제공 및 간단한 민원처리 2. 촉진단계: 진화된 포탈, 부처간 네트웍 연결, 다수 민원처리 3. 시민중심단계: 업무재설계, 통합시스템, 고도화된 인프라 4. 질적전환단계: 대응적 행정, 고도화된 시민/기업과의 상호작용
오강탁 (2001)	1. 도입단계: 정부 단순업무, 대용량 자료의 일괄처리 2. 기반조성단계: 정부내 단위기관으로 확산, 기술중심정보화 3. 확산 및 통합단계: 정부내 및 정부간 연결, 사회기술중심정보화 4. 이념형 단계: 고객가치실현, 서비스가 제한없이 제공
조덕호 (2002)	1. 정부중심형 전자정부 2. 상호대등형 전자정부 3. 시민중심형 전자정부

자료: 윤상오(2002: 249)의 수정

행정학회와 공동으로 매년 평가를 실시하였으나, 2008년부터는 격년으로 UN DESA(경제

진행하였으며, 수정된 평가지표를 가지고 2008년부터 다시 평가를 시행하고 있다. 2008년 평가는 192개 회원국들을 대상으로 실시되었으며, 북한이 처음으로 포함되었다.

사회처 공공행정국)중심으로 평가를 진행하고 있다. UN의 전자정부 평가 목적은 회원국들의 정책결정자들이 보다 성공적인 전자정부 추진을 이룰 수 있도록 다른 국가들의 경험과 노하우를 전달하고 정책결정자들의 전자정부 정책결정 능력을 고양시키는데 있다. 특히 우리 정부는 이러한 국제기구의 평가에 대하여 민감하게 대응하고 있으므로 UN의 평가 기준과 내용을 상세하게 살펴보고자 한다.

1. UN의 전자정부 발전단계 평가기준

UN의 전자정부 평가기준은 다양하지만 회원국들의 전자정부 수준을 크게 〈표 7-2〉와 같이 전자정부 발전지수(e-development Index)와 온라인 참여지수(e-participation Index)의 두 분야로 나누어서 평가하고 있다. 이러한 지수의 내용들을 살펴보면 다음과 같다.

표 7-2 UN 전자정부 수준 평가 기준

<table>
<tr><th>평가지수</th><th colspan="2">부문</th><th>구성요소</th></tr>
<tr><td rowspan="6">전자정부
발전지수</td><td rowspan="4">온라인서비스수준</td><td>1단계
착수
(Emerging)</td><td>• 정책, 법령, 문서 등을 온라인을 통해 시민에게 제공
• 타 부처, 소속기관, 산하기관과 링크
• 정부 부처의 새 소식 및 정보목록 제공</td></tr>
<tr><td>2단계
발전
(Enhanced)</td><td>• 시민에게 발전된 일방향 및 쌍방향 온라인 서비스 제공
• 민원신청 양식, 비디오 서비스와 다국어 서비스 제공
• 부분적으로 비온라인 양식이나 개인정보를 우편 등으로 제공받는 서비스를 온라인으로 신청</td></tr>
<tr><td>3단계
전자거래
(Transactional)</td><td>• 시민들이 정부정책, 프로그램, 법령 등을 온라인으로 요청하고 접수할 수 있는 쌍방향 서비스 제공
• 거래의 완료를 위해 신분 증명을 위한 전자인증 양식 제공
• 전자투표, 양식의 다운로드 및 업로드, 온라인 세금납부 서비스 증명/면허/허가 신청 서비스 제공</td></tr>
<tr><td>4단계
통합처리
(Connected)</td><td>• Web 2.0 등을 이용, 시민과의 커뮤니케이션 수행
• 다부처 통합 서비스, 생애주기를 고려한 맞춤형 서비스 제공
• 정책 의사결정에 시민 의견이 반영될 수 있는 온라인 환경 조성</td></tr>
<tr><td colspan="2">정보통신 인프라 수준</td><td>• 인터넷이용자수, 전화회선수, 이동전화가입건수, 유선인터넷가입자수, 유선초고속인터넷가입자수(인구 100명당 기준)</td></tr>
<tr><td colspan="2">인적자본 수준</td><td>• 성인 문해율, 취학율</td></tr>
<tr><td rowspan="3">온라인
참여지수</td><td colspan="2">온라인 정보제공</td><td>• 시민 참여를 촉진하는 각종 정보 제공 여부
• 정책 자료의 온라인 제공, 온라인 정책토론포럼 일정 공지 등</td></tr>
<tr><td colspan="2">온라인 정책참여</td><td>• 시민들의 의견제시 및 피드백 제공 여부
• 온라인 여론조사, 채팅 룸, 인스턴트 메시지, 블로그 등</td></tr>
<tr><td colspan="2">온라인 정책결정</td><td>• 공공정책 의사결정에 시민들의 의사가 반영되는 지 여부
• 온라인 토론 포럼, 온라인 진정, 온라인 투표 등</td></tr>
</table>

1) 전자정부 발전지수(e-development Index)[4)]

전자정부 발전지수는 크게 온라인 서비스, 정보통신 인프라 및 인적자본 등 세 가지 분야의 수준을 측정하는 것이다.

(1) 온라인서비스 수준

온라인서비스 수준은 '국가포털사이트 또는 정부공식홈페이지'를 중심으로 평가하되 특정 서비스의 존재 · 부존재에 따른 계량적인 평가를 수행한다. 구체적으로는 국가포탈사이트, 보건, 교육, 사회복지, 노동, 재정과 관련된 정부사이트(6개)를 대상으로 각 단계가 요구하는 서비스(전체관련 서비스 50,000여개)를 제공하는지 여부를 1점 만점으로 표준화하여 측정하고 있다.

구체적인 측정방법은 다음과 같다.

- (조사대상) 국가별 대표포털, 보건, 사회복지, 교육, 노동, 재정, 외교, 환경 관련 주무부처 웹 사이트

※ 우리나라는 국가대표포털에 민원24, Hi Korea 포함

- (조사언어) 아랍어, 중국어, 영어, 프랑스어, 러시아어, 스페인어

※ 해당 국가언어의 웹사이트도 일부 조사

- (산정방법) 해당 서비스 제공여부를 평가하여 1점 만점으로 표준화

(해당국가 원 점수 – 조사대상 국가 중 최소 값)
/(조사대상 국가 중 최대 값 – 조사대상 국가 중 최소 값)

지난 2008년 평가부터는 기존 방법론상의 문제점을 보완하고 보다 공정하고 정확한 측정을 위해서 다음과 같은 접근방식을 시도하였다.

---

4) 전자정부 발전지수는 2008년까지는 전자정부 준비지수(e-readiness index)로 구성되어 있었으나, 2010년에 발전지수로 변경되어 활용되고 있다.

① 평가 측정 기간 단축

평가자들이 60일간 2~3회 이상 대상 서비스와 기능을 찾아 평가했던 방식에서 측정 기간을 약 35일간으로 줄이고, 측정 시도를 최대 2번으로 한정시켜 공정성과 합리성을 향상시켰다.

② 새로운 웹 측정 항목 추가

주로 UN전자정부 발전 3~4단계에 해당하는 지표 측정을 위한 세부적인 문항들을 추가하여 국가 간 표준편차의 오차 범위를 축소하였다.

③ 심도 있는 문항 추가 및 차별적인 배점 부여

특정 정보 제공 유무를 조사했던 기존 문항에 제공 정보의 형태, 전달방식 등에 관한 문항을 추가하고 점수 배점을 다르게 하여 차별적으로 평가하였다.

④ 평범한 시민의 수준을 기준삼아 측정

모든 평가자 교육과 훈련을 통해 평범한 시민 수준에서 실제 검색 시간과 노력 정도에 맞추어 측정하였다.

이러한 특정 서비스의 수준을 통하여 각 단계 서비스의 기능 수행 여부에 따라 다음 〈표 7-3〉과 같이 웹수준 모델을 설정하고 있다.

(2) 정보통신 인프라 수준

정보통신 인프라 수준은 모두 다섯 개의 지표[5](인터넷 이용자 수, (유선 초고속인터넷 가입 건수, 유선전화 회선수, 이동전화 가입건수 및 무선초고속인터넷 가입 건수)의 가중 평균으로 전자 정부를 효과적으로 추진하기 위한 정보통신 기반을 측정하는 것이다.

구체적인 측정 방법은 다음과 같다.

- (자료수집) ITU(국제전기통신연합)의 국가별 데이터를 활용
- (산정방법) 항목별 동일한 가중치 부여[6]

※ 지표값 = (실제 측정값 – 최소값)/(최대값 – 최소값)

5) 2005년까지 모두 여섯 개의 인프라 지수가 사용되었으나, 온라인 사용자 수와 TV보급율이 제외되고, 브로드밴드 가입자 수가 추가되어 2008년부터 5가지 항목으로 측정하고 있다. 무선초고속인터넷 가입 건수의 경우, 2012년까지는 유선인터넷 가입 건 수 였으며, 2014년부터 무선초고속인터넷 가입 건 수로 변경되었다.)

6) 각 항목별 측정값에 전체 조사대상 국가의 최대값과 최소값을 적용하여 조정한 후, 각 항목별 가중치를 부여하는 방식이다.

1/5(인터넷 이용자 지표) + 1/5(유선 초고속인터넷 가입건수 지표) + 1/5(유선전화회선 수 지표) + 1/5(이동전화 가입건수 지표) + 1/5(무선초고속인터넷가입건수 지표)

표 7-3 UN 웹수준 모델(Web Presence Measurement Model)

1. 출현 (Emerging)	단계별 특징	• 해당 기관 책임자의 인사말 등 제한된 정보 제공 • 업데이트나 보완이 되지 않는 고정적인 정보 게시
	측정 지표	• 국가의 공식 포털 사이트의 존재 여부 • 주요 부처 및 기관의 웹 사이트 연계 • 주, 지방 정부의 웹사이트 연계 • 행정기관 이외의 위원회, 사법 기관 등의 사이트 연계
2. 발전 (Enhanced)	단계별 특징	• 보다 폭넓은 정부의 각종 정보를 제공하나 제한적임 • 사용자의 정보 검색을 도와주는 툴이나 사이트맵 제공
	측정 지표	• 기본적인 정부 정보 제공(법, 정책, 규제 등) • 현재 이슈 관련 정보 제공(보고서, 뉴스레터, 기사 등) • 관련 통계 자료 제공(데이터베이스 구축, 다운로드 등)
3. 전자거래 (Transactional)	단계별 특징	• 시민과 정부 간 쌍방향 접근 가능 • 각종 세금과 벌금 등에 대한 전자 지불 가능
	측정 지표	• 시민과 정부 간 온라인 서비스 신청, 발급 가능 • 365일 내내 온라인 서비스 사용 가능 • 세금, 벌금, 이용료 등을 은행이나 신용카드로 결제 • 관련 상품과 서비스가 온라인으로 안전하게 거래
4. 통합처리 (Networked)	단계별 특징	• 정부 기관 간 수평적 연계 정도 • 중앙과 지방정부 간 수직적 연계 정도 • 상호운용성 향상을 위한 인프라 연계 정도 • 정부와 시민 간 연계 정도 • 정부, 민간, 학계, 기업, NGOs 등 이해관계자 간 연계 정도
	측정 지표	• 온라인 포럼, 정책 투표, 선거 등 시민 참여 여부 • 정책에 대한 정부의 피드백 여부 • 각 분야별 관련 서비스의 통합 여부

(3) 인적자본 수준

인적자본 수준은 UNESCO와 UNDP의 인적역량 보고서 자료와 데이터에 기초하여 두 개 지표(15세이상 성인 문해율, 취학율)의 가중 평균으로서 전자정부서비스에 대한 수용도를 반영하는 것이다.

2/3(성인 문해율 지표) + 1/3(취학율 지표)

따라서 전자정부 발전 지수(전체)는 각 부문 지수값의 합으로 산출된다.

2) 온라인 참여지수(e-participation Index)

온라인 참여지수는 국가별 전자정부 웹사이트(국가별 대표포털, 보건, 사회복지, 교육, 노동, 재정, 외교, 환경 관련 주무부처 웹 사이트)별로 전자정보, 전자컨설팅, 전자의사결정과 관련된 서비스 제공 정도를 평가하여 1점 만점으로 표준화 후 합계하여 산출한다.

(해당국가 원 점수 − 조사대상 국가 중 최소 값)
/(조사대상 국가 중 최대 값 + 조사대상 국가 중 최소 값)

(1) 정보제공 지수

정부가 시민들의 참여 유도를 위해 필요한 공식적인 온라인 참여 정책, 참여 기회관련 정보, 알람 정보 등 기본적인 정보를 제공하고 있는지를 측정하는 것이다. 전자정보 제공은 참여지수의 3개 지표 중 대부분의 국가에서 가장 잘 실행되고 있는 항목으로 최근 웹 3.0을 활용한 다양한 형태의 시민참여 서비스를 시도하는 국가들이 늘어나고 있다.

(2) 정책참여 지수

전자적 정책참여 지수는 공식적인 온라인 회의를 포함해 인터넷 블로그와 채팅, 메신저, 게시 채널 등을 통한 시민 의견의 피드백 정도와 정부와 시민 간 상호의사소통의 방법을 측정하는 것이다.

이 분야는 과거에는 전체 회원국들 가운데 단 7%만 50점 이상의 점수를 얻을 만큼 부족한 부분이었다. 하지만 최근에는 SNS나 모바일을 활용한 정책참여의 활성화로 인하여 상당히 많은 국가들이 높은 수준을 보이고 있다.

(3) 전자의사결정 지수

전자의사결정 지수는 정책결정 과정에 시민참여 및 결과를 명확히 명시하고, 피드백을 보여주는 정부의 태도를 측정하는 것이다.

이 분야는 지난 2010년 평가에서 우리나라가 세계 최고의 전자적 의사결정 수준을 가지

표 7-4 온라인 참여지수 평가 지표 및 내용

부문	내 용
전자 정보제공 (e-information)	• 정책, 프로그램, 예산, 법률, 규제 등 주요 정보 공지 • 온라인 참여 촉구를 위한 이메일 발송 여부 • 원활한 서비스 피드백을 위한 표준 시스템(RSS)도입 • 향후 참여 관련 활동 리스트의 업데이트 여부
전자 정책참여 (e-consultation)	• 실시간 온라인 공공정책 토론의 장 제공, 공공정책에 관한 회의의 오디오 및 비디오 파일 제공 여부 • 이전 온라인 토론에 대한 내용 공지 • 공식 토론을 통한 시민 의견 전달 및 반영 정도 • 비공식 토론 시스템 활동 여부
전자 의사결정 (e-decision making)	• 공공정책 의사결정에 시민들의 참여를 유도하는지 여부, 특정 이슈의 결정 및 결과를 시민에 대한 피드백 여부

※ 참여지수 기본적인 항목은 이전 평가와 같으나, 각 항목별로 세부 측정 항목이 추가됨

고 있는 것으로 인정받았으며, 지속적으로 최고 수준을 유지하고 있다.

이러한 온라인 참여지수의 평가 지표 및 내용은 〈표 7-4〉와 같이 정리해 볼 수 있다.

2. UN의 전자정부 발전단계

UN의 전자정부 발전단계 모형은 크게 두 단계로 나누어서 볼 수 있다. 초기에는 5단계의 모형으로 설명하였으나, 2010년 이후에는 4단계로 평가하고 있다.

1) 2002년의 UN전자정부 발전 모형

UN은 지난 2002년부터 웹서비스 수준을 바탕으로 하여 5단계의 전자정부 발전단계 모형을 다음 (그림 7-6)과 같이 제시하여 왔다.

UN의 과거 전자정부 발전단계 모형은 다섯 단계(I. 출현 - II. 강화 - III. 상호작용 - IV. 전자적 업무처리 - V. 통합처리)로 구분되었다. 발전단계에서 3단계와 4단계의 가장 큰 차이점은 쌍방향의 소통 및 전자적인 금전 거래의 포함여부에 달려 있었다.

2) 2010년의 UN 전자정부 발전 모형

UN은 지난 2010년부터 온라인서비스 수준을 통합하여 (그림 7-7)과 같이 4단계의 전자정부 발전 모형을 제시하고 있다. 과거의 5단계 모형에서 3단계(Interactive)와 4단계(Transactional)을 통합하여 3단계(Transactional)로 재구분하여 전체적으로 4단계의 모형을 제시하였다. 이러한 새로운 4단계 모형의 특성은 다음과 같다.

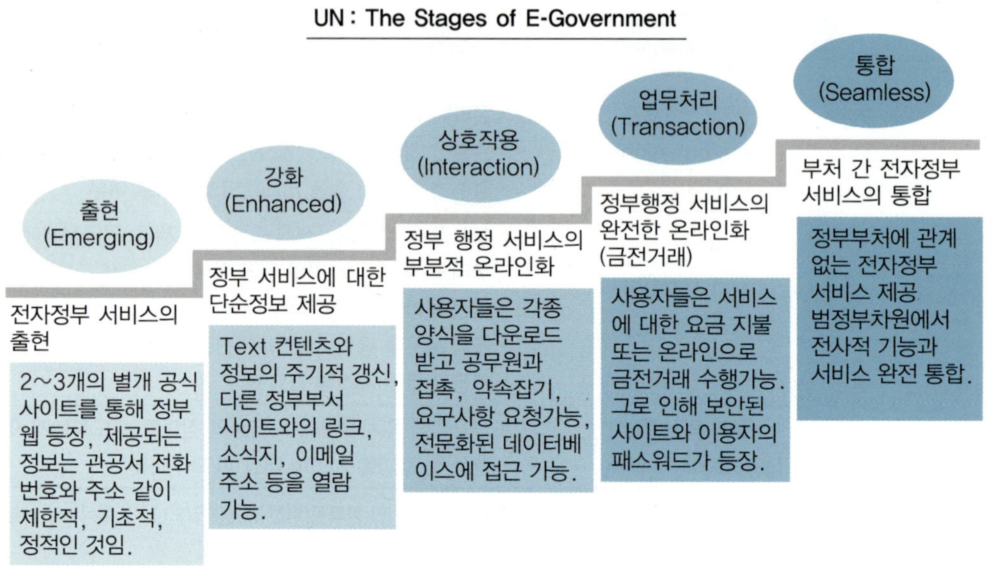

그림 7-6 UN의 초기 5단계 전자정부 발전모형

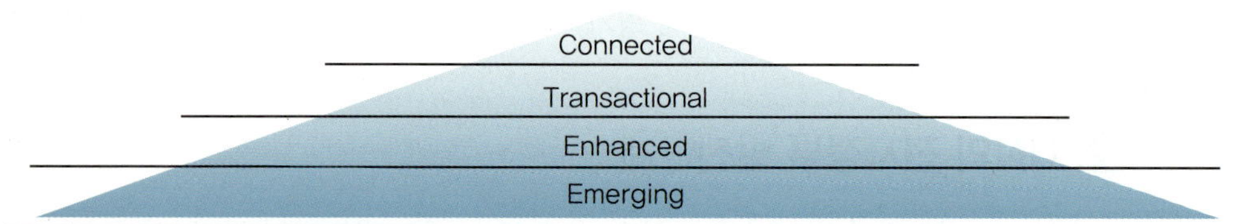

4단계 통합처리	• Web 2.0과 기타 상호작용 도구를 이용하여 시민과의 적극적인 커뮤니케이션을 수행 • 다부처 통합 서비스, 시민 생애주기를 고려한 맞춤형 서비스 제공 • 정책 의사결정에 시민 의견이 반영될 수 있는 온라인 환경 조성
3단계 전자거래	• 시민들이 정부정책, 프로그램, 법령 등을 온라인으로 요청하고 접수할 수 있는 쌍방향 서비스 제공 • 거래의 완료를 위해 시민의 신분 증명을 위한 전자인증 양식 제공 • 전자투표, 양식의 다운로드 및 업로드, 온라인 세금납부 서비스 증명/면허/허가 신청 서비스 제공 • 보안 네트워크를 통한 정부와의 금융 거래 가능
2단계 발전	• 시민에게 발전된 일방향 및 단순 쌍방향 온라인 서비스 제공 • 민원신청 양식, 오디오 및 비디오 서비스와 다국어 서비스 제공 • 부분적으로 비온라인 양식이나 개인정보를 우편 등으로 제공받는 서비스를 온라인으로 신청할 수 있는 서비스 제공
1단계 착수	• 정책, 법령, 문서 등을 온라인을 통해 시민에게 제공(일방향) • 타 부처, 소속기관, 산하기관과 링크 • 정부 부처의 새 소식 및 정보목록 제공

그림 7-7 UN 전자정부 발전 4단계 모형

7.3 UN의 전자정부 평가결과 분석 및 대응 전략

우리나라는 〈표 7-5〉와 같이 이제까지 UN의 전자정부 평가에서 꾸준하게 좋은 평가를 받아왔으며, 2010년의 평가를 계기로 세계 최고의 전자정부 선도국가로 자리매김하게 되었다. 이러한 UN전자정부지수에 따른 연도별 평가 내용을 분석하여 정리하면 다음과 같다.

1. 연도별 평가 결과 분석

1) 2004년 평가 결과

UN의 2004년 평가 결과, 우리나라는 191개 회원국을 대상으로 전자정부 수준을 계량화해 비교 평가한 '전자정부준비지수'(E-government Readiness Index)에서 0.8575점을 받아 세계 5위(아시아 1위)를 차지했다. 이것은 2003년의 13위 보다 8단계 상승한 것으로 우리나라의 전자정부 수준이 선진국 대열에 진입하였음을 세계적으로 인정받는 계기가 되었다.

2004년 평가에서 미국은 계속해서 1위를 유지하였고, 덴마크가 2위, 영국이 3위, 스웨덴이 4위로 평가됐으며, 싱가포르는 8위(아시아 2위)로 나타났다. UN은 2004년 평가를 발표하면서 한국의 성과를 가장 주목할만한 사항이라고 언급하고, 한국이 전자정부의 확산 및 통합을 성공적으로 추진한 것으로 평가를 내렸다.

또한 분야별 평가에서 웹서비스 지수가 4위('03년도 18위), 정보통신인프라 지수 12위('03년도 10위), 인적자본 지수 15위('03년도 20위)로 평가되어 웹서비스 수준의 제고가 전체 평가의 상승을 주도한 것으로 나타났다.

2004년 평가는 그동안 한국정부가 웹서비스 분야에서 노력한 점을 높이 평가하면서, 전자민원서비스시스템(G4C)을 특집기사로 다루어 한국의 대국민서비스가 세계 최우수 사례에 속함을 강조하였다.

표 7-5 UN 전자정부지수의 순위 변화

	2002	2003	2004	2005	2008	2010	2012	2014	2016
전자정부 발전지수 (종합)	15	13	5	5	6	1	1	1	3
• 온라인서비스		18	4	4	6	1	1	3	5
• 정보통신인프라		10	12	9	10	13	7	2	2
• 인자자원		20	15	12	10	7	6	6	18
온라인 참여지수(종합)		12	6	4	2	1	1	1	4

* 2002년부터 지수평가(세부지표 미발표), 2006년은 평가하지 않음.

2) 2005년 평가 결과

2005년도의 UN 평가도 전자정부 준비지수(E-government Readiness Index)에서 전년도에 이어 세계 5위(191개국 중)를 차지하여 전자정부 선진국으로서의 위상을 확고히 하였다. UN 발표에 의하면 미국이 2004년에 이어 세계 1위를 차지하였고, 덴마크와 스웨덴이 각각 2위, 3위를, 그리고 영국과 우리나라가 각각 4위, 5위를 차지하였다. 특히 아시아지역에서는 우리나라가 일본(14위)및 싱가포르(7위)를 제치고 선도국가임을 거듭 인정받게 되었다.

또한 전자정부 준비지수의 부문별 평가 순위는 전년에 비하여 전반적으로 상승하여 0.8575('04년)에서 0.8727('05년)을 기록하였다. 구체적으로는 웹 측정지수에 있어서 미국, 영국, 싱가포르에 이어 세계 4위를 차지하였고, IT인프라 부문은 전년대비 3단계 상승한 9위, 인적자본은 전년대비 3단계 상승한 12위를 각각 기록하였다.

특히, 정보의 전자적 제공(E-information)[7], 국민과 정부 간의 전자적 컨설팅(E-consultation)[8] 및 정책결정과정의 전자적 참여(E-decision-making)[9]를 위한 정부의 노력정도를 표시하는 전자적 참여지수(E-participation Index)에 있어서는 우리나라가 캐나다와 함께 공동 4위로 평가되어 '03년의 12위, '04년의 6위에 이어 계속적으로 상승해 온 것으로 나타났다.

한편, UN의 2005년 보고서는 전자정부 구현의 우수사례로 우리나라의 전자정부대표포털(http://www.egov.go.kr)과 조달청의 전자구매시스템인 나라장터(Government e-Procurement System, http://g2b.go.kr)를 소개하였다. 전자정부 대표포털에서는 민원인이 다양한 민원을 선택하여 전자화폐 등을 포함한 다양한 지불수단을 이용하여 한 번에 처리할 수 있도록 한 점(전자상거래의 장바구니 개념 활용)을 높이 평가하였으며, 전자조달(GePS)에서는 구매요청에서부터 입찰정보, 그리고 대금지불에 이르는 정부조달의 전 과정을 하나의 창에서 통합적으로 제공한 점을 높이 평가하여 우수사례로 소개하였다.

3) 2008년 평가 결과

2008년도의 UN평가는 전자정부 준비지수(E-government Readiness Index)에서 2005년도보다 순위가 하나 밀려나서 세계 6위(192개국 중)를 차지하였다. UN발표에 의하면 3년 연속 1위를 차지하던 미국을 제치고 스웨덴이 전체1위를 차지하였으며, 덴마크(2위), 노르웨이(3위), 미국(4위), 네덜란드(5위)의 순위로 평가되었다. 2008년도 평가는 순위의 변동이 크게 나타났으며, 특히 스칸디나비아 반도 3국의 약진을 비롯하여 EU회원국들이 상위 35위 가운데 70%를 차지하였다. 반면에 2005년에 각각 2위와 3위를 기록하였던 영국과 싱가포르는 10위권 밖으로 순위가 크게 하락하였다.

7) 주요 정부 행사일정을 공지하거나 뉴스레터를 보내는 등 일방적인 정보의 제공
8) 전자포럼 및 채팅 룸의 마련 등 쌍방향의 실시간 의사소통 경로 제공
9) 정책결정에 시민의 의견을 반영하거나, 제시한 의견의 접수 시기 및 접수자를 회신하여 주고, 특정 이슈에 대한 정부의 반응을 다시 알려주는 등의 활동

우리나라가 6위를 기록한 이유는 인프라지수와 인적자본 지수가 상승했음에도 불구하고 웹 수준의 측정 지수가 하락했기 때문이다. 웹 수준의 단계별 국가현황을 살펴보면 다음과 같다.

우선 조사 대상 192개 국가들 가운데 중앙아프리카, 소말리아 및 잠비아 등 세 나라는 아직도 웹사이트가 없어서 조사가 불가능했다. 그리고 모든 국가들이 1단계는 넘어서는 것으로 평가받았다. 2단계(발전)역시도 전 세계적으로 풍부하고 주기적인 정보 제공과 웹 사이트 간에 연계가 잘 이루어지고 있다. 또한 축적된 데이터 및 정보 제공은 전체 국가들 가운데 80%가 달성하고 있는 것으로 분석되었다.

하지만 3단계(상호작용)에 해당하는 정부와 시민/기업 간에 쌍방향 의사소통 서비스를 제공하는 국가는 전체의 20~30% 정도로, 1단계나 2단계에 비하여 확실하게 미흡한 모습을 보여주고 있다. 대표적인 항목인 업데이트 내용에 대한 이메일 제공이 전체 58개국(30%)에서만 가능한 실정이다.

4단계(전자적 업무처리)는 상위 국가들 가운데서도 격차가 크게 나타나고 있다. 우리나라의 경우, 온라인 문서 제출 서비스가 전체 30개 국가(20%)들 가운데서 가장 우수한 것으로 평가받았다. 현재 11개 국가들만이 각종 온라인 인증 절차의 추적이 가능한 상태이다.

5단계(통합연계)서비스 제공에서는 기본적인 참여 유도 서비스 부문의 격차가 두드러지게 나타나고 있다. 온라인 문서와 이메일에 대한 응답절차 및 시간 알람 기능은 15개국(8%)만이 제공하고 있으며, 온라인 토론 등과 같은 기본적인 시민참여 기능을 제공하는 국가도 21개국(11%)에 머무르고 있다.

우리나라의 경우, PDA와 모바일 등 다양한 서비스 전달 수단의 활용, 시민에 대한 피드백 시간 알람과 국가 및 부처 수장의 적극적인 참여 유도 서비스 등과 같은 세심한 부분 등에서 부족하다는 평가를 받았다. 하지만 한국의 공식 포털(www.korea.go.kr)은 우수한 수준의 공식 웹사이트로 평가되었으며, 특히 춘천시의 웹사이트는 시장과 시민 간에 직접적인 정책참여와 피드백의 우수 사례로 소개되었다.

온라인 참여지수에서는 2008년의 조사 결과, 2위로 순위가 상승하였다. 특히, 전자의사결정 부문에서는 세계 1위를 기록하였다. 구체적으로 'e-people'사이트(www.epeople.go.kr)는 개별 사용자들로부터 정부 정책에 대한 의견수렴, 기발한 시민 의견 제시 및 작은 팝업창을 사용한 지속적인 알람 등으로 우수성을 인정받았다.

4) 2010년 평가 결과

2010년 UN평가에서 우리나라는 전체 192개국 중 1위로 평가됨으로써 명실 공히 전자정부 부문에서 세계 1위 국가로 공인받게 되었다. 2010년은 평가 지표의 변동으로 인하여 지난 2008년도에 1위로 평가되었던 스웨덴이 12위로 평가되었고, 덴마크(2위 → 7위), 노르웨이

(3위→6위) 등 북유럽 국가의 순위가 급락한 것이 특징이다. 부문별로는 인터넷이용자 수, 이동전화가입자 수 등을 평가하는 정보통신 인프라지수는 하락한 반면, 전자정부 웹 사이트 수준을 평가하는 웹 측정 지수는 2008년 6위에서 2010년 1위로 순위가 급상승하였다. 그러므로 세계 1위 평가의 주요 원인은 전자정부 웹 사이트 서비스 수준의 향상에 기인한 것으로 볼 수 있다.

각 부문별 평가결과를 살펴보면 다음과 같다. 우선, 웹 측정 지수에서 우리나라는 UN이 설정한 온라인 서비스 성숙도 모델의 전체 4단계에서 평균 78%의 달성도를 나타낸 것으로 평가받았다. 이것은 지난 2008년과 비교하여 시민과의 쌍방향 서비스 및 맞춤형 서비스 수준에서 크게 진보하였음을 보여주는 것이며, 이로 인하여 전체 1위로 평가받을 수 있었다.

정보통신 인프라 지수에서는 주요 선진국들의 정보통신 인프라 보급 확대로 인해 인터넷 이용자 수를 제외한 모든 지표의 순위가 하락하여 2008년 10위에서 3단계 하락한 13위로 평가받았다. 이것은 이동전화의 일반화로 인한 유선전화의 급감과 선불가입자 수가 미미한 우리나라의 특수성으로 인한 이동전화가입자 수 집계의 불리함으로 인해 순위가 하락한 것으로 분석해 볼 수 있다. 인적자본 지수는 2008년 대비 큰 변화 없이 전체 7위로 평가받았다.

이어서 온라인참여지수(E-Participation Index)에서도 전체 192개국 중에서 1위(2008년: 2위)로 평가되어 온라인을 통한 시민참여 기회 보장에도 세계 최선도국임을 대내외에 입증하였다. 스페인(34위 → 3위), 영국(25위 → 4위), 일본(11위 → 6위)등이 순위 급상승을 이룬 반면, 2008년도 1위로 평가되었던 미국은 6위로 5단계나 하락하였다. 우리나라는 2008년에 비해 부문별 구현 수준은 다소 하락하였지만, 인스턴트 메시지, 블로그 등과 같은 Web 2.0서비스를 이용한 시민의 온라인 정책참여 촉진은 향상된 것으로 평가받았다.

2010년 평가에서 UN은 우리나라를 전자정부발전지수 평가에서 3, 4단계(전자거래, 통합처리)에 속하는 서비스 제공이 특히 우수한 국가로 평가하였으며, 호주, 벨기에, 캐나다, 덴마크, 일본, 싱가포르, 영국과 미국 등이 전자거래와 통합처리 단계에 도달한 선도국으로 평가받았다. UN은 우리나라의 국가대표 포털(http://www.korea.go.kr)에 대해 이례적일 정도로 디자인과 제공 서비스가 대단히 뛰어나다고 평가하였으며, 보건, 복지(보건복지부) 및 교육(교육과학기술부) 부문이 정부부처 웹 사이트 평가에서 최고 점수를 받은 것으로 분석되었다. 또한 국민권익위원회에서 운영 중인 국민신문고(http://www.epeople.go.kr)에 대해서 정부 단일창구로서 행정의 투명성 강화, 부패 개선, 시민의 정책참여에 기여하고 있는 우수사례로 소개하였다.

이러한 UN의 객관적 평가와 더불어 우리나라 순위 제고의 또 다른 중요 원인은 평가에 대비한 우리나라의 선제적 대응이 주효했다고 볼 수 있다. 정부는 2009년 3월 'UN 전자정부지수 제고 계획'을 수립하여 행안부 · 기재부 · 교과부 등 5개 부처가 참여하는 '전자정부지수 대응 TF'를 구성하여 그 동안의 취약요인을 분석하고 대응방안을 마련하였다. 또한 UN 평가기관에 대한 한국 전자정부 홍보, 평가기관 고위관계자 면담 등을 통해 한국정부의 강력한 전자정부 추진 의지와 그 동안의 정책성과를 효과적으로 전달하였다.

5) 2012년 평가 결과

2012년 UN전자정부 평가에서는 2010년에 이어 2회 연속 세계 1위를 달성하여 세계 최고의 전자정부 선도 국가임을 다시 한 번 확인시켰다. UN은 2012년 2월 28일 발표한 2012년 전자정부 평가 결과, 우리나라가 전자정부 발전지수, 온라인 참여지수 부분에서 모두 세계 1위를 차지해 종합 1위를 달성하였다고 발표하였다. UN은 190개국을 대상으로 실시한 'E-Government Survey 2012' 조사 결과, 전자정부 발전지수(E-government development Index)에서 우리나라가 1위, 네덜란드가 2위, 영국이 3위, 덴마크가 4위, 프랑스가 6위, 스웨덴이 7위를 차지하였으며, 2010년 2위였던 미국은 5위로 하락하였다. 온라인 참여지수에서는 우리나라와 네덜란드가 공동 1위, 싱가폴과 카자흐스탄이 공동 2위, 미국과 영국이 공동 3위, 이스라엘이 4위를 차지하였으며, 2010년 3위였던 스페인은 14위로 하락하였다.

2012년 전자정부 발전지수는 모든 지표에서 전반적으로 상승하여, 2010년 평균인 0.4406점보다 높은 0.4877점으로 나타났다. 이것은 여러 국가들이 시민들의 요구에 부합하기 위해 향상된 온라인 서비스를 제공한 노력이 반영된 것으로 볼 수 있다. 지역별로는 유럽 0.7188점, 동아시아 0.6344점, 북미 0.8559점, 서아시아 0.3464점, 아프리카 0.2762점으로 나타나 아직 지역적 디지털 격차가 존재하고 있음을 보여 주고 있다.

이번 평가결과는 우리 정부가 적극 추진한 차세대 전자정부 전략인「스마트 전자정부(Smart Gov)전략」의 성공적인 추진 등 그 동안의 지속적인 투자와 노력이 객관적 지표로 반영된 것이라 할 수 있다. 또한 2010년 평가결과 1위에 안주하지 않고 2011년 1월, 전 세계를 선도할「스마트 전자정부(Smart Gov)전략(2011~2015)」을 수립하고 착실히 이행한데 따른 것으로 볼 수 있다. 그 구체적인 내용은 다음과 같다.

첫째,「생활불편 민원신고 서비스」,「SOS국민안심 서비스」등 모바일 기기의 특성(이동성 · 위치기반 · 카메라 등)을 활용한 혁신적인 서비스를 적극 발굴 · 도입하고, 트위터 · 페이스북 등 소셜네트워크 서비스를 활용하여 정부의 정책 정보 제공 및 쌍방향 대국민 소통 채널을 대폭 확대하였다.

둘째, 출생 · 취업 · 이사 · 사망 등 국민의 생애 주기별 주요 민원을 해당기관에 일일이 방문할 필요 없이 온라인으로 한 번만 신청하면, 논-스탑(Non-Stop)으로 처리해 주는「생활민원 일괄서비스」(22종)를 제공하는 등 정부-국민 간, 정부-기업 간 각종 정보와 서비스가 막힘없이 흐르는 '융합(Connected) 정부' 실현에도 매진하였다. 2012년 평가에서 UN은「온라인 서비스」수준을 Emerging(1단계) → Enhanced(2단계) → Transactional(3단계) → Connected(4단계)로 구분하면서, 우리나라는 최고 단계인 Connected 단계를 87%달성한 것으로 평가하였다.

셋째, 정보화가 진전할수록 대두되는 정보격차 문제를 해소하기 위하여 정보화마을, 장애인 보조기기 보급 및 중계서비스, 다문화가정 IT방문교육 및 화상상봉 등의 서비스 제공을 통해 취약계층 서비스 접근성에도 빈틈이 없도록 하였다.

이러한 정책적 노력과 병행하여, 「UN 전자정부 국제회의(2011. 5)」, 「글로벌 전자정부 포럼(2011. 12)」 등 전자정부 관련 국제행사를 국내에 유치함으로써 우리의 성공사례를 직접 눈으로 확인시켜 주고, UN이 제시한 「6대 평가 주안점」[10]에 대한 맞춤형 홍보자료도 효율적으로 제공해 준 것이 중요한 역할을 하였다.

또한 정부는 2012년 평가에 대비하여 2011년 1월부터 기재부 · 외교부 · 방통위 등 10개 부처가 참여하는 'UN전자정부 평가 대응 범정부 TF'를 구성하여 취약요인을 분석하고 문제점을 해소하는 작업을 하였다.

5) 2014년 평가 결과

2014년 UN전자정부 평가에서는 2012년에 이어 3회 연속 세계 1위를 달성하여 다시 한 번 우리나라가 전자정부 최우수 국가임을 세계적으로 공인받으면서 동시에 앞으로 전자정부 세계 표준으로 자리매김할 수 있는 계기가 마련된 것으로 평가할 수 있다. UN은 2014년 6월 23일 발표한 2014년 전자정부 평가 결과, 우리나라가 전자정부 발전지수와 온라인 참여지수 부분에서 모두 1위를 차지하여 종합 1위를 달성하였다고 밝혔다.

2014년 UN전자정부 평가 결과를 지표별로 주요 국가들과 비교해 보면, 「전자정부 발전지수」에서는 우리나라가 1위, 호주 2위, 싱가포르 3위, 프랑스 4위, 네덜란드 5위, 일본 6위, 미국이 7위를 차지하였고, 2012년에 비해 일본과 호주의 상승 폭이 큰 것이 특징이다. 「온라인 참여지수」에서는 우리나라와 네덜란드가 공동 1위, 우루과이 2위, 프랑스, 일본 및 영국이 공동 3위, 호주가 4위를 차지하였고, 2012년 25위였던 우루과이는 2위로 대폭 상승하였다.

이번 2014년 평가에서 유엔이 제시한 6대 평가 주안점(The Six e-Government Initiatives)은 ① 범정부적 접근(Whole of government) ② 이용 확대(Expanding Usage) ③ 온라인 참여(E-participation) ④ 공공데이터 개방(Open Government Data) ⑤ 디지털 격차와 취약계층(Digital Divide and Vulnerable Group) ⑥ 다채널 서비스 제공(Multi-Channel Service Delivery)등이었다.

우리나라가 유엔 전자정부평가에서 3회 연속 1위를 수상한 것은 박근혜정부가 적극 추진해온 '수요자 중심의 맞춤형 서비스 제공을 위한 범정부적 노력', '공공정보의 개방 · 공유정책' 등을 국제사회에서 인정받은 것으로 판단된다. 특히, UN이 2014년 평가에서 '공공데이터

10) UN이 제시한 2012년 6대 평가 주안점은 「The Six e-Government Initiatives」 ① 사용자 이용 및 교육 강화, ② 인터넷 접근 및 모바일 연결성, ③ 취약계층 서비스 접근성 강화, ④ 멀티채널 서비스, ⑤ 범정부 원스톱 서비스, ⑥ 환경 정보화 등이다.

개방(Open Government Data)'을 새롭게 강조하고 있어, '개방 · 공유 · 소통 · 협력'을 핵심 가치로 하는 '정부 3.0'이 전자정부의 평가에서 큰 역할을 수행하였다.

우리나라는 공공서비스를 연계 · 통합함으로써 출생 · 취업 · 이사 · 사망 등 주요 민원을 해당기관 방문없이 온라인으로 한 번만 신청하면 논스톱으로 처리(생활민원일괄서비스)하고 있으며, 「생활불편 민원신고 서비스」, 「SOS국민안심 서비스」 등 모바일 기기를 활용한 대국민서비스와 SNS등을 통한 정책정보 제공 등 쌍방향 대국민 소통 채널을 확대해왔다. 이러한 정부의 다양한 노력이 UN에서 제시한 전자정부평가 6대 주안점과 부합하고 하고 있어 우수한 평가를 받은 것으로 보인다.

또한, "글로벌 전자정부 포럼" 개최(2012. 10, 2013. 10), 외국 장 · 차관 등 초청 연수, 정부 간 양해각서(MOU)체결 등 국제협력과 전자정부서비스 전달체계 개선을 위한 범정부적 노력이 좋은 평가를 받은 간접 요인으로 분석된다.

정부는 3회 연속 1위 달성을 계기로 전자정부의 패러다임을 행정 내부 효율화, 대국민 온라인서비스 중심에서 수요자 맞춤형 서비스, 클라우드 기반의 전자정부 구축으로 전환하는 등 새로운 도약을 위한 준비를 진행하였다. 구체적으로는 우선, 기관 간 시스템 및 데이터 연계 · 통합을 확대하여 대국민 맞춤형 서비스를 제공하였다. 또한, 클라우드, 빅데이터 기반의 과학적 행정체제 구축, 스마트 워크 확대, 영상회의 활성화 등 언제 어디서나 일하는 스마트 정부를 구현하였다. 아울러, 주요 대국민 서비스에 대한 정보보호 등급제 확대, 시스템 연계 · 통합에 따른 정보보호 등 안전한 전자정부 관리체계도 확립하였다. 그리고 스마트폰 기반 대국민서비스 및 CCTV통합관제센터 확대 등을 통해 국민생활의 편리성과 안전에도 최선을 다하여 정책들을 추진하였다.

6) 2016년 평가 결과

2016년 7월 29일 UN이 발표한 2016년 전자정부 평가에서, 우리나라는 조사대상 193개 회원국 중 세계 3위를 차지했다. 1위는 영국이 차지했으며, 호주가 2위에 선정되었다. 이번 평가에서는 영국(8위 → 1위), 핀란드(10위 → 5위), 스웨덴(14위 → 6위), 덴마크(16위 → 9위) 등의 국가 순위가 큰 폭으로 상승하여 10위권 내에 진입하였다. 이와는 달리 일본(6위 → 11위), 프랑스(4위 → 10위), 미국(7위 → 12위)의 국가 순위가 하락하였다.

우리나라의 전자정부 발전지수 평가의 세부지수는 다음과 같다. 우선 온라인서비스 지수가 2단계 하락한 5위를 기록하였고, 인적자본지수가 12단계 하락한 18위, 그리고 정보통신 인프라 지수는 2위를 그대로 유지하였다. 온라인 참여지수 평가에서는 3계단 하락한 4위를 기록하였다. 따라서 이번 평가에서 우리나라의 순위 하락은 '인적자본지수'가 6위에서 18위로 하락한 것이 주요 원인으로 파악된다.

인적자본지수가 하락한 것은, 개인의 적성과 흥미에 맞춰 진로를 결정하는 등 대학진학과 취업에 대한 국민의 정서가 전환되어, 대학진학률이 감소한 것에 기인한 것으로 판단된다.

2016년 UN 평가 보고서에서는 정부 3.0 기반의 국민 중심 맞춤형 서비스, 정부대표포털을 통한 통합서비스, 범정부 클라우드 전환계획, 국가재난정보시스템 등의 추진 성과를 높이 평가하였다.

2. UN 전자정부 평가의 최근 동향 분석

앞에서 살펴본 것처럼 UN은 2012년과 2014년 및 2016년에 지속적으로 전자정부의 평가 주안점을 수정하여 왔다. 2014년 평가에서는 다음 (그림 7-8)과 같이 2012년에 강조되었던 인터넷접근 및 모바일 그리고 환경 정보화 등이 삭제되었다. 대신에 2014년 평가에서는 온라인 참여와 공공데이터 개방이 추가되었다.

1) 2016년 UN 평가의 주요 방향

UN은 2015년 2월 서울에서 아-태지역 전자정부 자문회의를 개최하였다. UN은 2016년 전자정부 평가에서 "지속가능한 발전"을 핵심가치로 삼고 우리나라를 포함하는 7개국에서 공개 자문회의를 통하여 전자정부의 최신 경향을 논의하고 이어서 2016년 평가 방법론을 확정하였다.

아태지역 자문회의에서는 '지속가능한 발전을 위한 전자정부의 역할(e-Government for Sustainable Development)'이라는 주제로, 지속적인 발전을 위한 전자정부의 역할, 주요 추진 과제 및 새로운 전자정부 트렌드 등을 논의하였다. 따라서 UN은 2014년 평가부터 언급되어온 지속가능한 발전 및 성장에 대하여 강조하면서, UN 지속가능발전회의를 통해 모든

2012 평가		2014 평가
E. 범정부 서비스 및 원스톱 서비스 제공 (Whole-of-government and one-stop service provision)	→	1. 범정부적 접근(Whole of Government)
D. 다채널 서비스 제공(Multi-channel service provision)	→	2. 다채널 서비스 제공 (Multi-Channel Service Delivery)
B. 인터넷 접근성 및 모바일 연결성(Accessibility of Internet or mobile connectivity to all) (삭제)		3. 온라인 참여(E-participation) (추가)
C. 취약계층의 서비스 접근 (Accessibility of services vulnerable groups)	→	4. 디지털 격차와 취약계층(Digital Divide and Vulnerable Group)
A. 이용자 활용도와 교육 (User take-up and trainning)	→	5. 이용 확대(Expanding Usage)
F. 환경 평가 (Accessing the environment) (삭제)		6. 공공데이터 개방(Open Government Data) (추가)

그림 7-8 2014년 UN전자정부 평가 기준 비교

표 7-6 2016년 지속가능 발전을 위한 전자정부의 주요 과제와 이슈들

구분	주요 과제와 이슈
사회적 지속가능성 (Social Sustainability)	• 국민들의 의사결정 참여 촉진(ex: 전자투표) • 민관 파트너십(PPP) 강화 • 다채널 서비스 제공에 따른 정보격차 해소 • 크라우드 소싱(Crowd sourcing) 민간 자본 및 인력 활용 및 협력 • 데이터 보안 및 개인정보보호 등 문제해결
경제적 지속가능성 (Economic Sustainability)	• 공공데이터 개방 및 활용을 통한 일자리 창출 • 범정부적 접근을 통한 공공서비스 효율적 제공 • 신기술 활용(클라우드, 빅데이터)을 통한 e-서비스 • EA 활용을 통한 효율적 백오피스 관리
환경적 지속가능성 (Environmental Sustainability)	• 재난 위험 대응 및 관리를 통한 환경적 지속가능성 • 녹색 정부(e-서비스에 따른 탄소배출 감소, 종이사용 절감)

차원에서 효과적이고 투명하며 책임감이 수반되는 민주적인 제도가 필요하다는 글로벌 합의를 도출하고자 하였다. 또한 지속가능한 발전은 다양한 구성요소들이 상호의존적이고 복잡하게 이루어지므로, 세부 목표를 수립함으로써 전자정부와 다각도로 연결시키는 것을 희망하였다. 전자정부는 '경제적, 환경적, 사회적 세 가지 측면의 지속가능발전(Sustainable Development, SD)'을 달성하기 위한 '투명성, 효과성, 책임성 기제'의 주요 전제조건으로 강조되었다.

이처럼 지속가능 발전을 위한 전자정부의 주요 과제들과 이슈들은 다음 〈표 7-6〉과 같이 정리된다.

2) 2016년 UN 평가 결과의 시사점

2016년 UN 전자정부 평가의 결과에서는 다음과 같은 시사점을 도출할 수 있다. 첫째, 전자정부는 정보통신기술의 활용을 통하여 UN의 17개 지속가능발전 목표를 달성할 수 있는 가장 중요한 정책 실행 도구임이 입증되었다. 따라서 국가별 디지털격차 해소 수준을 넘어서 통합과 협력의 관점에서 보편적 서비스 발전, 신기술을 활용한 지역사회 문제 해결 등 사회적 · 경제적 · 환경적 지속가능발전을 위한 전자정부의 과제 도출이 필요하다. 또한 UN과 긴밀하게 협조하여 현재의 수준 진단 방식을 개편하여 지속가능한 발전을 위한 성과측정 방법론과 지표 개선이 필요하다(한국정보화진흥원, 2016d).[11]

11) UN 아-태지역 전자정부 자문회의에서 논의된 2016년 평가의 지표 개선 방안들은 다음과 같다. 크게 두 가지의 지표 수정에 대한 논의가 있었다. 첫째는 전자정부 발전지수(EGDI)의 구성요소들에 대한 가중치 조정이다. 구체적으로는 온라인 서비스 지수(OSI)가중치를 40~50%로 높이고, 인적자본 지수(HCI)의 경우 가중치는 낮추되, 현재 구성요소인 문해율을 ICT리터러시(ICT literacy)통계데이터로 활용하는 방안이다. 둘째로 정보통신인프라지수(TII)에서 모바일(무선이동전화)가입자 수의 가중치 확대와 유 · 무선 초고속 인터넷 가입자 수의 총합이 논의되었다. 또한 ,현재 유선 초고속 인터넷 가입자 수가 거주자(inhabitants)기준으로 되어 있는데 이것을 가구 수 기준으로 바꾸는 방안이 논의되었다.

둘째, 범정부적인 관점의 전자정부 추진이 필요하다. 이제 전자정부 사업들은 단일 부처의 정보화 사업을 넘어서고 있다. 따라서 범정부적인 차원에서 전자정부 서비스를 기획하고 운영하며, 성과관리 전반을 총괄하는 전담조직의 필요성이 대두되고 있다. 2016년의 UN 평가 결과를 보면, 영국과 호주는 전자정부 추진에서 강력한 기획 및 총괄 조정 역할을 수행하는 전담조직을 기반으로, 지속적인 투자 확대를 통하여 최고 수준의 전자정부 서비스를 달성하였다.

셋째, 공공데이터의 개방을 통하여 효율성과 투명성을 확보하여야 한다. 2016년 UN 전자정부 평가에서는 공공 데이터의 개방이 강조되었다. 이러한 공공 데이터 개방은 2009년 미국 오바마정부에서 시작되었다. 당시 오바마정부는 정부2.0 선언을 하였다. 주요 내용은 '정부 2.0은 민주주의를 발전시키고 정부의 능력과 효율성을 더욱 강화할 것'이라는 것이었다. 이어서 호주는 '공공 정보는 개인비밀과 국가 안보가 아닌 한 개방한다'를 포함한 정부 2.0 '8개조 선언'을 했다. 2011년에 OECD는 개방 정부 지침에서 ① 재정정보 ② 공공정보 접근성 ③ 공무원의 자산 ④ 국민의 국정 참여 활성화라는 4대 지침을 발표했다. 우리나라는 박근혜 정부에서 2013년 정부 3.0이라는 이름으로 '개인 비밀과 국가 안보가 아닌 데이터는 원칙적으로 공개한다'고 선언하였다. UN은 기존의 노동과 의료 등 보건복지와 관련된 정보들뿐만이 아니라 예산, 입법, 사법관련 데이터들을 적극적으로 개방하여 행정의 투명성과 책임성을 확보할 것을 강조하고 있다.

넷째, 온라인 기반의 정보제공, 정책참여 및 의사결정 통합을 강조한다. 현재 온라인 참여 단계의 구분과 경계가 모호하여 새로운 정보통신기술을 활용하여 혁신적인 다채널 기반의 정보제공, 정책참여 및 의사결정 반영이 동시에 이루어지는 방안을 마련하여야 한다. 구체적으로는 민관협력 기반의 새로운 참여 거버넌스 형성을 위하여 ICT 기반의 크라우드펀딩을 적극적으로 활용하는 방안을 강구하여야 한다.

다섯째, 온라인 서비스 향상 및 디지털 격차 해소 노력을 기울여야 한다. 사물인터넷(IoT), 인공지능(AI), 온라인 오프라인 연계 및 통합(O2O), 지리정보시스템(GIS) 등 신기술을 활용한 교육, 보건, 금융, 복지, 노동, 환경 등 분야별 서비스를 발굴하고 개선하는 것이 필요하다. 이 과정에서 디지털 격차 해소를 위한 국가 내의 취약계층 그룹(빈곤층, 장애인, 노인, 이민자 등)을 위한 별도의 서비스 제공을 강조하고 있다. 따라서 앞으로는 인터넷 또는 웹 부문에 대한 접근성 확대뿐만이 아니라 휴대용 기기 사용 및 모바일 서비스 제공의 접근성 격차를 해소할 필요성이 있다.

3. 우리 정부의 UN 전자정부 순위 제고방안

우리 정부는 UN의 전자정부 평가에서 높은 순위를 받고자 다음과 같은 방안들을 마련하여 시행하여 왔다.

표 7-7 UN 웹수준 지수 제고를 위한 단계별 주요조치사항

단계별	주요조치사항
Ⅰ · Ⅱ · Ⅲ단계	• 최소한 현행 수준 유지
Ⅳ단계	• 전자결재 및 전자조달 범위 확대방안 강구 • 각 부처 홈페이지에서의 국가포탈사이트 연결기능 구축으로 서비스 기능 강화
Ⅴ단계	• 부처 간 경계없는 서비스 제공을 위한 통합체제 구축 • 정부 중요정책의 온라인 설문조사 및 토론회 등을 통한 시민의 국정참여기능 강화

1) 웹수준 지수 제고방안

우선 웹수준 모델의 단계별 구성요소에 따른 대응방안을 마련하여 다음 〈표 7-7〉과 같이 단계별 조치사항을 해당 부처에 통보하였다.

구체적으로는 행정기관 홈페이지 평가 시에 UN의 웹수준 지수 평가내용을 반영하도록 하고 있다. 따라서 정부 각 부처의 홈페이지에서 다음의 내용들이 강화되고 있다.

- 전자정부 서비스 이용률을 높여 법률서비스, 공공정책 결정 참여, 전자적 시민참여와 의사결정을 위해 부처별 또는 부처 간 네트워킹 관리 강화
  - 입법예고 등은 평가자들이 찾기 쉽게 게재
  - 시민참여 광장 등 운영

지난 2004년도 UN 전자정부 평가보고서에서 '한국은 입법목적을 위한 발달된 형태의 정식 협의시스템이 부족하다'고 평가(Korea lacks a formal advanced consultation mechanism for legislative purposes)받은 이래로 다음과 같은 기능들을 추가하여 강화시켜 오고 있다.

- 장 · 차관의 주요정책 발표 · 기자회견 등을 동영상으로 제공
- 홈페이지를 주기적으로 업데이트
- 중요정책의 온라인 설문조사 · 토론회 등 시민참여기능 강화
- 영문홈페이지로 전환 시 많은 기능들이 제대로 나타날 수 있도록 개선
- 청와대, 국정홍보처, 나라장터(G2B)에 대한 링크기능 추가

2) 정보통신 인프라지수 제고방안

우선 국제전자통신연합(ITU), UN통계국, 세계은행(World Bank)등 통계자료를 발행하는 국제기구에 업데이트 된 통계자료를 제공하고, 오류정보 정정요구 등 적극적인 조치를 취해

오고 있다. 또한 이동전화보급수 항목의 가중치를 상향조정하도록 UN에 제안하였다.[12] 즉 이동전화보급수에서 세계적 강국의 위치에 있으므로 휴대폰의 중요성을 강조하고 활용할 필요성이 있음을 강조하였다. 이 결과 2007년부터 이동전화 보급수의 지표가 두 배로 상향 조정되었다. 또한 2014년부터 정보통신 인프라수준의 지표에서 기존의 유선인터넷 가입 건수를 무선초고속인터넷 가입 건수로 바꾸도록 제안하여 실행하였다.

3) 인적자본지수 제고방안

행정자치부와 소관부처인 교육부가 공동으로 대응하여 통계자료를 발행하는 국제기구 및 UN에 업데이트된 통계자료를 적극적으로 제공하였다. 특히 초등 · 중등 · 고등교육 취학률 제고의 부문은, 현재의 취학률을 더 높이는 것은 용이하지 않으므로 학생의 중도탈락 예방에 중점을 두어 현재의 취학률을 유지하는 전략을 취하고 있다. 또한 상위 그룹 국가들의 점수가 근소한 차이를 이루고 있으므로 자세한 데이터를 제공하여 점수를 상향관리 하도록 유지하고 있다.

구체적으로는 2014년 평가에서 학교 교육예상연수, 평균 학교교육 연수 지표를 신설하도록 제안하였다. 하지만 2016년의 UN평가 결과에서 나타난 것처럼, 취학률이 하락하고 있기 때문에 인적자본 지수의 평가 수준을 유지하는 것이 쉽지 않은 현실이다.

7.4 전자정부 사업 평가 및 지표의 시사점

전자정부에 대한 평가는 전자정부 발전단계를 통하여 총체적 수준에 대해 평가하는 경우도 있지만 공공기관의 정보화 수준에 대한 평가의 형태로 이루어진 경우가 많다. 우리나라의 경우, 공공기관의 정보화 수준 및 사업들에 대한 평가는 2000년대에 들어서면서 본격적으로 시작되었는데 중앙 행정기관의 홈페이지 평가, 중앙행정기관의 정보화 사업 및 수준 평가, 지방자치단체의 정보화 수준 평가 등의 다양한 평가가 이루어져 왔다. 따라서 이 절에서는 전자정부 사업의 추진 시에 적용되는 표준 성과지표들의 현황 및 시사점을 살펴보고자 한다.

1. 전자정부 사업의 성과지표

1) 한국전산원의 전자정부 사업 표준 성과지표

2003년에 한국전산원은 미국의 E-Government Strategy 2003을 기준으로 〈표 7-8〉과 같이

12) UN으로 하여금 현재와 같은 IT시장 추세가 계속될 경우, 향후 e-government뿐만 아니라 휴대폰을 통한 m-government가 새로운 대세로 등장할 것이라는 사실을 알리는데 주력하였다.

표 7-8 전자정부 사업의 표준 성과지표

이용활성화	이용도 제고	• 방문자수, 정보 조회수, 질의수, 사이트추천수 • 서식 · 정보 다운로드수 • 이용자수(신규 이용자수), 업무처리 건수 • 전체 민원대비 사용민원 비율
	서비스 범위 확대	• 제공된 자료 수, 증가된 자료 수 • 정보제공 정부기관 수 • 서비스 제공 정부기관 수 • 서비스 제공 수
고객만족도	고객시간 절감	• 정보수집 소요시간 • 응답소요시간 • 업무처리 소요시간 • 기관간 업무이동 소요시간
	고객비용절감	• 정보검색 비용절감액 • 민원처리 비용절감액
	고객편리성 증대	• 원하는 정보수집을 위한 시도 감소수
	고객만족 증대	• 내부 및 외부 고객만족도
정부 효율성	정부비용절감	• 정부관리비용절감(인력, 예산, 시간 등) • 업무처리과정 단축 • 중복자료 수집비용 감소 • 동일서비스를 제공하는 중복시스템 감소수(중복 IT 투자 방지) • 재사용가능 정보수 • 자료복구비용 절감액
	업무정확성 증대	• 오류감소수

전자정부 사업 표준지표를 작성하였다. 이것은 우리나라의 전자정부 수준 평가를 위한 목적으로 개발된 지표들이지만 다른 국가와의 비교 평가를 위한 확대 적용 가능성이 있다는 점에서 일반적 평가 모형의 개발 노력 차원으로 볼 수도 있다. 한국전산원의 전자정부 사업 표준지표에서는 이용활성화, 고객만족도, 정부효율성 등이 평가 지표로 제시되었다.

이어서 2003년 정보통신정책연구원(KISDI)의 전자정부사업 평가모델연구[13], 2004년 한국전산원의 전자정부사업 성과관리체계에 관한 연구[14] 등에서도 위의 지표와 유사하거나

13) 정보통신정책연구원은 전자정부사업 성과 지표를 품질관점의 성과, 이용관점의 성과, 효과관점의 성과(정량적 효과, 정성적 효과)의 3개 분야로 구분하고 , 각 부문의 성과를 내부성과(행정적 성과)와 외부성과(사회경제적 성과)의 20개 지표로 분석하였다.

14) 한국전산원은 2004년 전자정부사업 성과관리체계에 관한 연구에서 전자정부사업의 성과평가 지표 체계를 성과목표, 성공요인, 핵심성과지표, 성과측정항목으로 세분하고, 이 중 성공요인을 고객중심성 구현, 정부효율성 제고, 이용활성화 관리의 3개로 나누었다. 각 성공요인 분야는 고객만족도, 서비스의 범위 확대, 서비스의 품질 향상, 서비스의 적시성/반응성, 사회적 파급효과, 재정 절감, 프로세스 혁신, 사업간 연계강화, 직원성장, 만족도, 정보격차 해소, 프라이버시 보호, 정보보안 및 기술 신뢰성, 안정성 그리고 법 · 제도 정비의 13개 지표로 구성되었다.

개선된 평가 내용과 지표를 제안하였다.

최근에도 전자정부 사업의 성과를 보다 효과적으로 측정하기 위한 시도들은 계속되고 있다. 전자정부 성과 평가에 초점을 맞춘 연구들로 정보통신정책연구원(2008), 송희준 외(2008), 호진원 · 김충영(2009), 박재신 · 김병준(2013), 임정빈 · 이성춘(2014) 등이 있다.

2) 전자정부 사업의 성과평가 요소

호진원 · 김충영(2009)의 연구는 공공부문 BSC모델을 전자정부 사업에 적용하여 〈표 7-9〉

표 7-9 전자정부 사업평가를 위한 표준 성과평가요소

<table>
<tr><th>평가영역</th><th>평가항목</th><th>평가요소</th></tr>
<tr><td rowspan="3">업무 프로세스 관점</td><td>관리체계</td><td>• 기관의 미션과 목표 연계, 최고관리자의 공약(리더십)
• 사업전략 연계 및 정보기술전략 연계
• 변화관리, 갈등관리
• 영향평가, 위험평가, 수요평가(사전평가)</td></tr>
<tr><td>조직</td><td>• 범정부 및 기관간의 협업체계 구축 (네트워크 조직)
• 조직 재설계</td></tr>
<tr><td>프로세스</td><td>• 업무 표준화
• 업무 처리 재설계(행정업무 단순화)
• 기관내, 기관간 통합업무 처리</td></tr>
<tr><td>학습 및 성장 관점</td><td>인력</td><td>• IT 업무역량, 정보화 교육
• 전문성 확보
• 보상체계</td></tr>
<tr><td rowspan="2">경제적 관점</td><td>비용</td><td>• 자본지출, 운영비, 예산</td></tr>
<tr><td>편익</td><td>• 사용자 비용절감, 정부 비용절감
• 효율성, 효과성, 재무이익</td></tr>
<tr><td rowspan="2">거버넌스 관점</td><td>사용자 만족</td><td>• 고객만족도, 사용자 요구사항 파악
• 맞춤 서비스 제공
• 투명성, 책임성, 정부에 대한 신뢰</td></tr>
<tr><td>사용자 참여</td><td>• 의사결정 참여, 성과평가 참여
• 공공정보 접근성 증가, 중요한 정보 제공
• 사용자를 위한 정보화 교육</td></tr>
<tr><td rowspan="4">기술적 관점</td><td>표준화</td><td>• 호환성, 정보공유, 정보기술구조</td></tr>
<tr><td>보안</td><td>• 개인 사생활 보호, 정보 보호</td></tr>
<tr><td>정보기술 품질</td><td>• 정보 품질, 시스템 품질
• 정보부서의 서비스 품질</td></tr>
<tr><td>인프라</td><td>• 사용자와의 단일창구 마련을 위한 포탈 구축
• 시스템 통합, 관련 시스템 연계
• 재해복구, 정보자원관리(지식관리)</td></tr>
</table>

와 같이 성과평가를 위한 영역을 업무 프로세스 관점, 학습 및 성장 관점, 경제적 관점, 거버넌스 관점, 기술적 관점의 5가지 영역으로 나누었다. 업무 프로세스 관점은 관리체계, 조직, 프로세스의 3가지 평가 항목 하에 9개 평가요소를 가지고 있으며, 학습 및 성장 관점은 인력의 평가항목 하에 3개의 평가요소를, 경제적 관점은 비용과 편익의 평가 항목 하에 3개의 평가요소를, 거버넌스 관점은 사용자 만족과 사용자 참여의 항목 하에 6개의 평가 요소를, 기술적 관점은 표준화/보안/정보기술 품질/인프라의 4개 항목 하에 7개 평가 요소를 두고 있다.

3) 전자정부 통합성과 평가 모형

임정빈 · 이성춘(2014)은 전자정부 통합성과평가 모델 및 지표에 관한 연구를 통해 기존의 연구들을 비판적으로 검토하고 〈표 7-10〉과 같이 인프라, 업무, 서비스, 접근의 4가지 차원에서 통합성과평가모델을 제시하였다. 성과평가를 위한 영역을 인프라(ICT, 인력), 업무(업무처리, 지식정보), 서비스(민원, 정보), 접근(편의, 안전)으로 나누고 각 세부 영역 하에 지표들을 제안하였다.

2. 전자정부 평가모형 및 지표의 시사점

전자정부 평가에 있어서 개념적 발전단계 모형의 경우 기본적으로 시계열적(time-series)인 관점에서 전자정부의 진화적인 발전 단계를 설정하고 미래의 바람직한 혹은 개선된 상태를 사전에 개념적으로 설정해 두고 있다. 따라서 특정 시점의 상황에 대한 자료 수집을 통해 현재 상황을 분석하는 경우, 전자정부의 변화 혹은 발전 정도를 쉽게 파악할 수 있게 해줌으로써 장기적인 진화 혹은 변화의 과정에서 전자정부의 발전 상황을 정확하게 파악할 수 있게 해줄 수 있는 장점을 가지고 있다. 이러한 장점에도 불구하고 기존의 전자정부에 대한 평가 모형과 지표들은 몇 가지 점에서 개선의 필요성이 있다.

1) 정보화 패러다임의 변화를 제대로 반영하지 못함

발전단계에 의한 평가의 경우 대부분의 개념적 발전 단계가 순차적인 변화 혹은 발전 단계의 모습을 잘 제시해 주고 있지만 입체적 관점에서 다양한 사회기술적 요인들을 반영하는 데에는 일정한 한계를 가지고 있다. 사회기술적 변동 과정에서 개념적 발전 단계를 구성하고 있는 근본적 요인들의 중요성이 달라질 수 있기 때문에 새로운 개념 틀이 필요한 경우에도 과거의 틀에 맞추어 현재 상태를 분석함으로써 잘못된 상황 진단과 지향점을 설정할 수 있는 문제가 발생할 소지도 있다.

경험적 사례 평가의 경우에도 긍정적인 효과에도 불구하고 현실적합성의 문제가 나타나기도 한다. 예를 들면 정보화 수준 평가의 경우 정보화가 단편적이고 분산적인 정보시스템에서 연계와 통합의 방향으로의 변화와 하드웨어 중심에서 지식정보의 관리와 활용 중심으로의

표 7-10 전자정부 성과 영역과 영역별 측정 지표(안)

구분		세부지표
인프라	ICT	정보통신기술 활용률
		웹사이트 보유율
		사내 네트워크 보유 비율
	인력	ICT 업무 인력 비율
		정보화 전담부서 보유 비율
		CIO 임용 비율
업무	업무처리	전자문서화 비율
		정부기관간 전자문서 거래 비율
		전자결재율
	지식정보	EA 도입 기관 비율
		정보공동 활용률
		지식관리 기관 비율
서비스	민원	온라인 신청 민원 비율
		온라인 완료 민원 비율
		온라인 비용지불 민원 비율
	정보	민원처리과정 공개 비율
		온라인 행정정보 제공 기관 비율
		온라인 공공 정보 제공 기관 비율
접근	편의	서비스 채널 다양성
		서비스 제공 가능 시간 비율
		안정적 시스템 가동 비율
	안전	웹 취약성 진단 기관 비율
		시스템 취약성 진단 기관 비율
		공인인증 활용 기관 비율

변화 등과 같은 변화 양상을 제대로 반영하지 못하는 문제가 발생하고 있다. 이에 따라 정보화의 패러다임 변화에 정보화 수준 평가가 따라가지 못함으로써 현실적합성이 저하되는 문제가 지적되고 있다 (윤상오, 2002: 213).

2) 수준에 대한 평가는 공급자보다 수요자 관점에서 접근

전자정부의 수준과 발전에 대한 평가 모형의 초점이 서비스에 맞추어져 있는 경우가 많다. 전자정부의 중요한 목표가 내부 효율성의 향상과 서비스의 제공이라는 점에서 결코 잘못된 것은 아니다. 그러나 전자정부의 발전 단계에서 제시하고 있듯이 장기적 관점에서 보면 전자정부는 쌍방향적인 상호작용을 기반으로 수요자의 요구를 적시에 반영할 수 있는 맞춤형의 서비스 제공 방식으로 시민중심형의 전자정부로 변화될 것으로 예상된다.

그럼에도 불구하고 지금까지 전자정부 수준에 대한 평가는 서비스의 제공 측면에 초점을 맞춤으로써 수요 측면을 제대로 평가 · 반영하지 못하는 문제를 가지고 있다. 전 세계적인 전자정부의 공통된 비전의 특징은 전자정부 서비스를 제공받는 고객을 대상으로 하는 소비자중심의 비전을 포함하고 있다는 점을 고려하여야 한다. 즉 전자정부가 지향해야하는 미래의 방향이 소비자중심의 서비스를 국민들에게 제공하기 위하여 시스템을 구축하고 서비스가 제공되어야 한다는 점을 의미한다.

결국 전자정부는 고객(국민, 기업, 공무원)에게 최적의 서비스를 제공하기 위하여 내부 업무 시스템을 효율적으로 설계하고, 서비스제공 시스템을 고객 관점에서 구축해야 한다는 공통된 최종 목적을 갖는 것이다. 이러한 전자정부의 비전은 전자정부 구현의 단계가 고도화될수록 그 의미가 크다. 여러 선진국의 전자정부는 정부의 효율적 운영의 목적을 달성하기 위해 초기 전자정부를 구축하였고, 당시 전자정부의 수준 평가는 전자정부 시스템 공급과 전자정부 콘텐츠 구축에 대한 평가에 비중을 두었다.

그러나 전자정부의 시스템 구축이 어느 정도 완료된 현 시점에서는 국제기구의 전자정부 평가 지침에서도 나타나듯이, 전자정부 서비스 제공과 서비스 수요 관점에서의 평가로 그 방향이 변화되고 있다는 것을 알 수 있다. 이러한 변화에도 불구하고 기존 우리나라의 전자정부 사업 표준 성과지표들은 전자정부 시스템 구현과 이로 인한 서비스의 이용활성화를 중심으로 작성되었으며, 서비스의 이용활성화 또한 기술진보에 따른 전 방위적 접근성에 대한 고려와 이동성, 그리고 기술 및 서비스제공 메커니즘의 통합성 등을 고려하지 않은 채, 시스템 공급자적 입장에 치우쳐 지표가 제시되어 왔다.

3) 급속한 기술 발전의 추세를 반영하지 못함

정보통신기술의 융합화가 두드러지게 나타나는 급속한 변화 속에서 전자정부의 발전 모습을 조망하면, 우선 유선통신기술 및 내부 시스템의 어플리케이션에 집중하여 발전방향을 제시한 기존 발전모형 및 추진 전략은 한계에 부딪힐 수밖에 없다. 즉 현재의 전자정부 발전모형과 방향을 제시하는 지침 및 전략은 정보통신기술의 발전으로 인한 각 기술 · 사회 · 산업의 변화를 적절히 반영하지 않고 있다는 한계점이 있다. 기술 변화는 점진적으로 이루어지기도 하지만 새로운 구성 요소를 갖춘 혁신적 기술의 등장으로 전면적인 변화가 이루어지기도 한다. 점진적이던 혹은 혁신적이던 기술 변화는 우리가 사용할 수 있는 선택의 여지를 넓혀주고 과거에는 전혀 고려하지 않거나 못했던 요인들이 중요해지거나 덜 중요해지는 등의 변화를 초래하기도 한다.

최근 스마트폰과 지능정보기술 및 스마트 ICT의 출현은 전자정부 구현에 있어서 새로운 가능성을 제시해 주고 있다. 그러나 기존의 전자정부에 대한 평가 모형은 이러한 변화 양상을 적절하게 반영하지 못하는 한계를 가지고 있다. 따라서 기술적 변화와 이에 따라 수반되는 다양한 사회적, 경제적 변화 양상들을 포괄하는 지능형 전자정부에 대한 모형의 개발이 필요하다.

생각해 볼 문제들

1. 전자정부의 성숙수준이 높아감에 따라 그 추진체계도 새롭게 정비될 필요성이 있다. 특히 정부와 지방자치단체, 정부와 민간기업, 정부내 부처간 협력체계의 구축 등이 성공을 좌우하는 주요 요인으로 지적되고 있다. 성숙한 전자정부를 위한 전자거버넌스(e-Governance)의 내용과 방향에 대하여 논하시오. 제49회 행정고시(2005)

2. UN 전자정부 평가에서 최근 2년 연속 세계 1위를 차지하는 등 우리나라의 전자정부 인프라는 세계 최고 수준으로 인정받고 있다. 하지만 국민이 체감하는 행정효율화와 대국민 서비스수준 등은 이에 미치지 못하고 있다. 그 원인과 해결방안에 대하여 논하시오. 5급(행정) 공채시험(2012)

쉬어가기

2016년 UN 전자정부평가 우수 사례

국가명	제목	내용
터키	사회복지통합시스템(ISASS)	16개 공공기관 통합 및 1001개 지방사회 복지기관 정보 통합을 기반으로 사회복지 전 과정을 온라인으로 진행
인도	ICT기반 토지 등록 및 관리시스템	토지취득기관, 은행, 기타 금융기관과 등록부서를 온라인으로 통합해 토지등록 전 과정 간소화
오스트리아	환경서비스 통합을 위한 전자데이터 관리	오스트리아 연방정부의 전자데이터관리(EDM: Electronic Data Management): 모든 사용자와 모든 응용프로그램에 단일인증시스템을 적용해 비즈니스 전 과정을 통합
브라질	지속가능 발전 관렵에서 통합서비스를 제공하는 스마트도시	리우데자네이루는 실시간 데이터 수집도시서비스 조정을 위해 ICT를 활용하며 빅테이터 분석을 통해 필수 데이터 수집
호주	전자정부 및 사회정책 통합 집행	전자정부의 네트워크적 특성을 통해 한 정책영역의 정부 서비스와 정책이 다른 정책영역에 있는 정책의 데이터로 작용
유럽연합(EU)	유럽공동체상표청(OHIM)의 부서 간 칸막이 제거	전자정부를 사용하여 부서간 칸막이를 해소하고 제도 조정 및 장벽 제거에 강력한 영향을 미침
미국(보스턴)	보스턴 성과관리 시스템 www.Cityoflooston.gov	정책결정자가 정확한 정보를 토대로 공공 서비스를 제공하고, 이에 대한 결과 및 자원할당에 대한 정보 제공
케냐	공공데이터 개방을 통한 시민권한 강화 http://opengov-data.org	단일포털을 통해 시민들에게 공공데이터를 무료로 제공하는 케냐오픈데이터 프로그램(KODI: Kenya Open Data Initiative)
모잠비크	웹/SMS를 통한 미푸토 시민의 폐기물관리 모니터링 참여 www.mopa.coma	소외/빈민계층의 원활한 공공서비스 이용을 위해 서비스 모니터링시스템(MOPA)개설과 이를 통한 시민의 폐기물 관리모니터링 과정 참여 가능
케냐	소외지역 거주민의 자원봉사로 진행되는 공동지도제작 프로그램 http://ramanihuria.org/	나이로비 빈민가와 같은 소외지역 청년들의 조사로 GIS를 기반으로, 도로, 병원, 급수장 등의 위치를 표시해 지역의 주요 정보를 고유
탄자니아(다르에스살람)	OSM기술 기반 주택 위치 정보 수집 http://hotcom.org/	홍수로 인해 주택파손과 전염병이 자주 발발하는 지역을 대상으로 OSM(Open Street Map)기술을 기반 주택정보를 제공해 전염병 발병 시 정부의 대처를 지원
중국	환경 거버넌스의 온라인 참여 http://engish.meggov.on/	중국 환경보호부는 웹사이트를 통해 정부문서 초안에 대한 시민의견을 수렴하고, 시민들의 참여를 장려
우즈베키스탄	온라인 공동 주택 서비스 개선	공동 및 주택서비스 비용 미지급 문제 처리를 위한 웹사이트를 개설해 시민들에게 요금 확인 및 어구서 확인 서비스를 제공

〈계속〉

국가명	제목	내용
탄자니아	온라인 정책참여를 통한 정책결정 파트너십 구축 www.taknet.or.tz	탄자니아 지식네트워크(TAKNET: Tanzania Knowledge Network)는 국가 사회 발전에 대한 다양한 정보/지식을 공유하며 토론을 장려
모로코	지속가능발전 정책에 대한 온라인 정책참여	통합형 지속가능발전 모델에 관한 전문가, 시민의 참여 지원을 확대하기 위한 개방 토론포럼 조직
튀니지	직업교육 정책 관련 온라인 정책참여	튀니지 고용창업청 웹사이트를 통해 직업교육에 대한 시민 의견 및 질문 수렴
영국	온라인 공공서비스 www.gov.uk	지속적인 인프라 구축 및 범정부적 접근방식을 채택한 온라인 공공서비스 제공 정책 수립
유럽연합(EU)	해양 쓰레기 감시 www.eea.europa.eu	모바일 앱을 통한 해변 쓰레기 모니터링 및 데이터 기반 대응정책 수립
남아프리카	GIS기반 공공서비스 제공 정책 개선 http://www.dpsa.gov.za/	GIS 인프라/데이터 수집 개선 방안에 대한 국가적 비전형성과 공공정책 및 공공서비스 제공과정의 통합
호주	GIS활용 공중보건 예방 http://www.health.gld.gov.au/	GIS를 활용한 주민건강 증진 및 지역기반 시민복지 증진
유럽연합(EU)	조기 치매 탐지	ICT기반 모바일 기기를 통한 조기 치매탐지 Dem@Care 프로젝트

PART 3

전자정부의 핵심 적용 업무들

CHAPTER 8

전자정부법의 제정 및 내용

2008년 2월 이명박정부의 출범으로 정보통신부가 해체되고 국가정보화와 정보보호의 기능이 행정안전부로 이관됨에 따라서 여러 법률의 소관 역시도 당시 행정안전부로 변경되었다. 따라서 국가정보화 분야의 '지식정보자원관리법' 및 '정보격차해소에관한법률'은 폐지되고, '정보화촉진기본법'을 대치하는 '국가정보화기본법'에 흡수되었다. 또한 공공분야의 정보화는 일반법인 '전자정부법'을 중심으로 관련 법률을 재편할 필요성이 제기되어 '전자정부법'에 많은 변화가 야기되었다.

2013년 출범한 박근혜정부에서는 미래창조과학부를 신설하였으나 전자정부법에 대해서는 부분 개정만이 시도되었을 뿐 전부개정은 이루어지지 않았다. 이어서 2017년에 출범한 문재인정부에서는 전자정부법에 대하여 전부개정을 시도하고 있다. 따라서 이 장에서는 '전자정부법'의 제정과정 및 내용을 살펴보고 최근의 개정내용을 분석해보고자 한다.

8.1 전자정부법의 제정과정[1)]

우리나라에서 전자정부의 구현정책이 법으로 제정되어 구체화되는 시기의 과정은 크게 네 단계로 나누어 볼 수 있다. 첫 번째 단계는 우선 우리나라에서 전자정부가 공식화되는 1996년 6월부터 문민정부의 마지막까지인 1998년 2월까지 전자정부의 개념이 도입되는 시점이다. 두 번째 단계는 국민의정부 출범에서 시작하여 행정자치부가 법안 제정의 권한을 확정짓는 2000년 3월까지의 대안모색 시기이다. 세 번째 단계는 2000년 3월 행정자치부가 법안을 준

1) 이 절은 필자의 논문(정충식, 2001b)을 수정 요약하였다.

비하기 시작하여 2001년 2월 법안이 국회를 통과하기까지의 공식화 단계이다. 네 번째 단계는 2001년 2월의 법안통과 이후부터 현재까지의 문제점 보완의 단계이다. 이러한 네 번째의 단계는 현재까지 계속 진행되고 있다. 따라서 이러한 각각의 단계를 참여자들의 역할과 함께 분석하고자 한다.[2)]

1. 전자정부의 태동기(1996년 6월에서 1998년 2월까지)

우리나라에서 공식적으로 전자정부 구현이 정부의 정보화정책으로 확정된 것은 1996년부터이다. 정부는 1996년 6월 11일에 정보화촉진기본계획을 확정하고 "작지만 효율적인 전자정부의 구현"을 포함하는 정보화촉진 10대 중점과제를 선정하였다. 이후 1997년까지 세 차례에 걸쳐서 청와대에서 정보화추진 확대 보고회의[3)]를 개최하면서 국가정보화를 문민정부 후반의 역점 정책으로 추진하였다. 그러나 이 당시에는 전자정부의 개념이 도입되는 수준이었으며, 전자정부법의 제정과 관련하여서는 어떤 활동이나 시도도 나타나지 않는다.

1) 국회

이 당시의 국회 활동에서도 역시 전자정부의 구현과 관련된 입법 활동을 찾아보기 힘들다. 다만 일부 국회의원들 사이에 정보사회의 도래에 대응하기 위하여, 국정감사 등을 행하는 위원회가 요구한 자료를 정보통신망으로 제출할 수 있는 근거를 마련하기 위하여 '국정감사및조사에관한법률'을 개정하고자 하는 움직임이 있었다. 또한 국회 본회의장에 이미 설치된 전자투표기를 활용하기 위하여 국회법을 개정하여 전자투표에 의한 기록표결제도(표결실명제)를 도입하려고 시도하는 수준이었다.

2) 정부부처

이 당시의 전자정부 구현은 전적으로 정보통신부가 주도하였다. 즉 정보통신부는 전자정부의 구현을 초고속정보통신기반의 구축과 연계하여 추진하였다. 이러한 내용은 1996년 9월에 발간된 정보화촉진기본계획 해설서에 잘 드러나 있다(한국전산원, 1996b: 50). 당시 "작지만 효율적인 전자정부의 구현"이 정보화촉진 10대 중점과제로 선정되었으며, 전자정부의 목표는 다음과 같이 설정되어 있었다. 전자정부의 목표는 "행정부기관별 전산화를 추진하고 이를 초고속정보통신망으로 상호 연결하여, ① 정부기관 간 정보의 공동활용을 촉진하고, ② 기관

2) 전자정부법의 제정에 있어서 참여자들은 원래 대통령, 국회, 정부부처 및 학계와 시민단체 등의 비공식 참여자들로 구분하였다. 그러나 여기에서는 국회와 정부부처에 국한하여 기술하였다.

3) 정부는 1996년 10월 청와대에서 제1차 정보화추진확대보고회의를 개최하여 '국가경쟁력 강화를 위한 정보화 전략'을 발표한 이후, 1997년 5월 28일에는 제2차 정보화추진확대보고회의를 개최하여 물류, 교육, 보건복지 및 지역정보화에 대하여 주무장관이 추진상황과 향후 업무계획을 보고하였으며, 10월 15일에는 제3차 정보화추진확대보고회의를 개최하여 정보통신부 장관이 정보화의 실적 점검 · 평가 및 향후 추진방안을 보고하였다.

내 정책결정과 행정업무처리는 물론 기관 간 협조업무도 정보통신망을 통해 전자적으로 처리하는 것"이다. 또한 정보통신부 산하기관인 한국전산원은 계속하여 전자정부와 관련된 보고서들을 발간하면서 해외 사례를 소개하였다(한국전산원, 1996b; 1997b). 특히 정보통신부의 산하기관 가운데 하나인 정보통신정책연구원(KISDI)은 1995년부터 매년 정보화관련 법·제도 조사연구의 전담기관으로 지정되어 정보화관련 법제 정비방안을 연구하여 왔다.

이에 대응하여 행정자치부(당시 총무처) 역시도 전자정부에 대한 해외 동향을 수집하고(총무처, 1997a; 1997c), 전자정부의 비전과 전략을 수립하는 데 주력하였다(행정자치부, 1998a). 그러나 이러한 보고서들 어디에서도 전자정부법과 관련된 내용은 언급되어 있지 않다. 결국 이 당시에는 전자정부의 구현은 기존의 정보화관련 모법(母法)인 정보화촉진기본법으로 추진될 수 있다는 분위기가 지배적이었다고 볼 수 있다.

2. 전자정부법의 공론화 시기(1998년 2월에서 2000년 3월까지)

문민정부의 정보화 정책기조는 정권교체 이후에도 계속 이어져 왔다. 1998년 2월 12일 대통령직 인수위원회는 국민의정부 품질혁신을 위한 100대 국정과제를 발표하였다(대통령직 인수위원회, 1998). 이 가운데 중앙정부의 경쟁력강화 부문인 99번째 정책실명제와 행정정보공개확대로 열린정부 구현을 위한 추진계획 네 가지 중 하나가 바로 전자정부의 구현이다.

이처럼 새로이 집권한 이른바 국민의정부는 '작지만 강력한 정부'의 구현을 표방하면서 첨단 정보기술을 활용한 전자정부의 구현을 역점시책으로 정립하였다. 이에 따라서 국민의정부도 대통령이 주재하는 정보화전략회의를 개최하면서 지식정보사회에 대응하는 정책기조를 유지하였다.[4)]

1) 국회

1998년에 시작된 전자정부법의 논의는 정치권을 중심으로 추진되었다. 1998년 8월에 당시 집권 여당인 새정치국민회의는 부총재이던 김근태의원을 위원장으로 하여 전자정부구현 정책기획단을 발족시켰다. 이러한 전자정부구현 정책기획단은 3개월의 작업 끝에 1998년 10월에 전자정부 구현의 법적 대안인 '전자정부구현특별법(안)'과 정책 자료집인 '전자정부의 비전과 구현정책'을 공청회를 통하여 발표하였다(새정치국민회의, 1998).

따라서 우리나라의 전자정부법 제정은 1998년 하반기부터 공론화되기 시작하였다. 당시 새정치국민회의는 정보기술을 기반으로 정부의 경쟁력을 강화시켜 국민경제의 발전에 이바

4) 김대중 정부는 1998년 3월 3일 정부조직법 개정안을 공포하였다. 이 때 국회를 통과한 정부조직법 개정안의 골자는 기획예산위원회의 신설, 정무 제2장관제의 폐지, 재정경제원을 재정경제부로 개편, 외무부를 외교통상부로 개편, 통산산업부를 산업자원부로 개편, 내무부를 총무처와 통합하여 행정자치부를 신설하는 것이었다. 따라서 국가정보화와 관련한 추진조직에 대하여는 개편 없이 문민정부의 정책 기조를 계승하였다.

지함을 목적으로 '전자정부구현특별법'을 제정해야 한다고 주장하였다. 새정치국민회의는 이 법(안)을 행정자치부의 특별법의 형태로 제정하고, 1998년 10월에 국회심의에 상정하고, 정기국회 통과 이후, 11월중에 제정 · 공표하여 1999년부터 시행하고자 하였다.

이 법(안)은 5장 20조로 구성되어 있었다. 제1장의 총칙은 목적, 용어의 정의, 전자정부구현의 기본원칙, 기본계획과 시행계획의 수립 및 시행, 적용범위로 구성되었다. 제2장은 전자정부추진위원회로 전자정부추진위원회의 구성, 역할, 공공기관 장의 역할, 정보화책임관의 역할 및 전담기관 및 평가기관으로 구성되었다. 제3장은 전자정부 구현의 촉진으로 정보의 공개, 정부문서의 감축, 문서의 보존, 정보보호 및 전자서명으로 이루어져 있다. 제4장은 정보기술의 획득 및 운용으로 정보기술의 획득과 관리, 정보자원관리 및 시범사업 등으로 구성되었다.

따라서 이 법(안)은 작게는 문서관리, 보존, 감축에서 시작하여 크게는 국가의 정보자원관리까지의 여러 분야를 망라한 범위를 가지고 추진되었다. 특히 이 당시에 논란이 되었던 조문은 제7조(전자정부추진위원회의 구성)이었다. 이 조문에 의하면 위원장은 당시의 기획예산위원장이 맡고 부위원장은 행정자치부 차관과 정보통신부 차관이 되며, 위원은 공공기관의 정보화책임관 중에서 위원장이 위촉하는 자 및 위원장이 위촉하는 5인 이내의 민간전문가로 하기로 하였다.

그러나 이러한 새정치국민회의의 법안은 법 제정의 절박성에 대하여 당시에 국회, 당, 정부 내에서 폭넓은 공감대가 형성되어 있지 않았다. 따라서 형식적으로는 정책의제화 되었으나 법안제정을 둘러싸고 부처 간의 갈등, 이해조정 및 타협 등 동태적인 과정을 수행할 수 있는 실질적인 동력을 갖고 있지 못하여 실패하였다.

2) 정부부처

결국 정치권에서 마련된 이러한 법(안)은 정보통신부와 행정자치부로 하여금 내부적으로 대체 법(안) 및 부처의 업무와 관련되는 법안의 제정을 서두르게끔 하였다. 이러한 각 부처의 대체 법(안)들은 모두 전자정부의 추진에 있어서 자신의 부처 이익을 극대화시키는 것에 초점을 두고 있었다. 특히 정보통신부는 기존의 정보화촉진기본법과의 중복문제를 제기하면서 정보화촉진기본법을 활용하여 전자정부를 구현하는 입장을 표명하였다. 이처럼 각 부처의 견제를 받는 상황에서 새정치국민회의의 법(안)은 국회에 상정되지 못하였고, 전자정부구현 정책기획단도 해체되었다.

이어서 1999년 3월에 정보통신부는 창조적 지식기반 국가의 건설을 위한 비전으로서 「CYBER KOREA 21」을 발표하였다(정보통신부, 1999). 이 보고서는 전자정부와 관련하여 전자정부 구현으로 행정의 효율성과 투명성을 제고하기 위하여 행정업무를 정보화하고 민원행정서비스를 획기적으로 개선하는 등의 내용을 담고 있다. 또한 지식정보사회로의 전환에 맞는 법과 제도의 환경정비 측면에서는 전자상거래의 활성화, 원격근무, 공공행정절차의 혁신, 인력양성을 위한 교육개혁 및 정보화책임관(CIO) 제도의 활성화 등을 내용으로 하고 있다. 그러나 전자정부법의 제정에 대하여서는 기술하고 있지 않다.

이 당시 정보통신부는 전자정부의 구현과 관련하여 별도의 법안을 마련하는 것은 불필요하다는 입장을 견지하였다. 또한 구체적으로 1999년 1월에 정보화촉진기본법을 개정하여 전자정부구현특별법에서 규율하고자 하였던 내용의 상당부분을 반영하였다. 이어서 1999년 2월에는 전자서명법을 제정하였고(법률 제5792호), 1999년말에 정보자원관리법(안)의 제정을 시도하였다. 이 과정에서 부처 간의 이견이 조정되지 않자, 이 법안은 의원입법의 형식으로 2000년 1월말에 지식정보자원관리법(법률 제6232호)으로 제정되었다.[5)]

따라서 행정자치부로서는 이러한 정보통신부의 입법화전략에 대응하여 전자정부법의 제정을 시도하게 된다. 행정자치부는 1998년 중반부터 전자정부의 구현에 적극적으로 참여하기 시작하였다. 행정자치부는 1998년 6월 24일, 21세기 전자정부 구현을 위한 국제 심포지엄을 개최하면서, 이제까지의 행정정보화 추진방향을 전환하여 “전자정부를 통한 작지만 강한 정부 구현”을 추구할 것을 명백히 하였다(김경섭, 1998). 또한 1999년도에는 전자정부 구현을 위한 장단기과제논집을 발간하는 등 전자정부 구현이 정보통신망의 구축이 아니라 정보기술을 활용한 행정혁신임을 강조하기 시작하였다(행정자치부, 1999).

특히 이러한 정보화의 요인 이외에도 1999년의 정부조직 개편에 의하여 등장한 중앙인사위원회 역시도 행정자치부에 위기의식을 불러일으키게 된다. 즉 고위공무원들에 대한 개방형 임용제 등이 중앙인사위원회에 의해 도입되자, 이제까지 인사권에 대한 고유권한을 지니고 있었다고 생각했던 행정자치부는 부처 역할에 대한 정체성의 위기에 직면하게 되었다.

이러한 배경 하에서 행정자치부는 2000년 초반부터 적극적으로 전자정부법 제정을 위한 작업을 준비하였다. 이에 따라서 2000년도 주요업무 세부 추진계획에 전자정부법 제정의 추진이 포함되게 된다(행정자치부, 2000). 특히 행정자치부는 21세기 정보화환경에 맞는 총괄적인 법령의 제정을 추진하려고 시도하였다. 이에 따라서 법(안)에 포함될 내용으로는 전자정부 추진체계의 정립, 종이문서의 감축 추진, 행정정보 공동활용 활성화 및 행정정보의 공개를 확대한 국민의 알권리 보호 등을 선정하였다. 이 과정에서 2000년 3월 22일에 행정자치부 장관이 대통령에게 새천년 업무보고를 하는 자리에서 전자정부법의 제정을 부처의 중점업무로 보고하였다.

5) 우리나라에서처럼 부처 독립주의의 원칙이 강하게 작동하고, 국회의 독자적 입법 활동이 행정부의 그것에 비해 취약한 상황에서, 만일 제정하고자 하는 법이 단일 부처의 관할 영역을 넘어 다른 부처의 업무 영역에 직·간접의 영향을 주는 경우에는, 이런 개별 입법적 접근법은 엄청난 입법 비용과 법 내용의 변질을 초래할 개연성이 높다. 즉 이런 상황에서 개별적인 전자정부 관련 입법을 추진하게 되면 부처 설득이 난항을 거듭하게 되고, 이러한 법제화 과정에 부처 간 주고받기 식의 정치적 협상이 이루어져 법안의 내용이 애초의 입법 취지와는 동떨어지게 변질되기도 한다. 그런 협상조차 어려울 경우에는 부처 간 협의를 우회하여 아예 의원입법 방식으로 특정부처의 법안을 입법화하여 결국에는 법이 제정되었더라도 실제 집행되지 못하는 사태까지 발생하기도 한다. 이에 해당하는 대표적인 예로 정보통신부가 추진해 오다가 부처의 반발이 거세지자 의원 입법 형식으로 전격 국회를 통과한 지식정보자원관리법이 흔히 거론된다.

3. 전자정부법의 공식화 시기(2000년 3월에서 2001년 2월까지)

2000년 3월 대통령에 대한 새천년 업무보고에서 행정자치부는 전자정부법의 제정권한을 획득하였다. 이에 따라서 행정자치부는 외부의 학계 및 전문기관에 전자정부법에 대한 용역을 의뢰하였고 이 결과를 기초로 하여 9월 '전자정부구현을위한법률안'을 마련하였다. 그러나 이 법(안)은 국회에 제출된 이후에 제정과정에서 많은 변화를 겪게 되고, 마침내 2001년 2월 28일에 국회를 통과하였다.

1) 정부부처

행정자치부는 2000년 3월의 업무보고에서 10대 역점사업을 강력히 추진해 나갈 것을 밝혔는데, 이 가운데 ③21C型 電子政府를 早期에 構築하는 것이 포함되었다. 또한 구체적으로 행정정보화의 체계적 추진을 위하여 하반기에 전자정부법을 제정할 것임을 밝혔다. 이러한 전자정부법의 제정 이유를 행정자치부는 "21세기 지식정보화 시대를 맞이하여 정보기술(IT)과 정부의 일하는 방법의 혁신의 결합을 통한 정부경쟁력의 향상과 대민서비스의 개선이라는 전자정부의 비전 구현을 뒷받침하기 위함"이라고 밝히고 있다(행정자치부, 2001).

전자정부법의 제정을 위하여 행정자치부는 한국전자정부입법포럼에 법의 초안을 의뢰하였다. 이에 따라서 한국전자정부입법포럼은 연구진(4명의 행정학자 및 2명의 법학자)을 구성하여 (가칭)전자정부법 제정을 위한 학술연구를 수행하였고, 그 결과물을 2000년 9월에 전자정부법(안)으로 행정자치부에 제출하였다(황성돈 외, 2000).[6)]

행정자치부는 2000년 9월, 법안에 대한 연구용역 결과를 바탕으로 본문 제7장 49조 부칙 1조로 구성된 "전자정부구현을위한법률안"을 마련하였다. 이 법률안은 9월에 관계부처간의 협의를 갖고, 10월 2일부터 23일까지 20일간의 입법예고 과정을 거친 후에, 11월 14일에 국무회의에서 원안대로 의결되었다. 이어서 11월 20일에 국회에 제출되어 21일자로 상임위원회에 회부되었다.

이 과정에서 정보통신부와 기획예산처는 대통령이 행정자치부에 전자정부법 제정을 인정해줌에 따라, 더 이상 법의 불필요함을 주장하지 못하고 부처협의에서 부처의 이익을 극대화하는 방안을 모색하게 된다. 즉 정보통신부는 전자정부 구현의 추진체계를, 기획예산처는 전자정부 구현 사업에 소요되는 재원조달의 문제 등과 관련된 법조문을 수정하는데 그치게 된다. 그러나 정보통신부는 이후 국회안을 작성하는데 전문인력을 지원하여 부처의 이익을 극대화하고자 한다. 또한 기획예산처는 기존에 기획예산처에 속해있던 행정개혁위원회를 2000년 7월에 대통령직속의 정부혁신추진위원회로 격상시키고 이후 그 산하에 전자정부특

6) (가칭)전자정부법 제정을 위한 학술연구 용역안은 본문 제7장 75조 부칙 3조로 구성된 방대한 분량의 법안이었다.

별위원회를 구성하는 것을 지원하게 된다. 따라서 2001년 1월 30일에 전자정부특별위원회가 설치되어 전자정부법의 제정과정과 무관하게 정부조직으로 활동을 시작하게 된다.

2) 국회

행정부법(안)이 입법예고를 거치는 동안 정치권에서는 국회 과학기술정보통신위원회 위원장인 한나라당 이상희위원을 중심으로 하여 행정부안에 대응하는 법률(안)을 준비하였다.[7] 당시 국회의 입장에서는 입법부와 사법부를 배제한 상태에서 행정부를 중심으로 하는 전자정부법(안)은 받아들일 수 없다는 분위기가 지배하고 있었다.[8] 따라서 11월 28일에 이상희의원외 34인이 '전자정부의구현및운영에관한법률안'을 발의하였다. 이에 따라서 행정자치부는 국회의원들을 상대로 두 법안의 조정 작업을 시작하였다.

이러한 과정을 거쳐 2001년 2월 20일, 제218회 국회(임시회)에서 법안심사소위원회는 각각의 법안을 심사한 결과 2건의 법률안을 각각 본회의에 부의하지 아니하기로 하고, 그 내용을 흡수 · 보완하여 단일안인 위원회대안으로 제안하기로 하였다. 이어서 제218회 국회(임시회) 제3차위원회는 2001년 2월 23일에 법안심사소위원회의 심사결과를 받아들여 '전자정부구현을위한행정업무등의전자화촉진에관한법률안'을 위원회대안으로 심사하여 의결하였다. 이어서 국회 행정자치위(위원장 이용삼)는 23일 전체회의를 열어 이 법안을 의결하고 법사위로 넘겼다. 결국 국회는 2월 28일에 제218회 임시국회 본회의를 열고 정부와 이상희의원이 공동으로 발의한 전자정부법인 「전자정부 구현을 위한 행정업무 등의 전자화 촉진에 관한 법률」을 심의 · 의결했다. 이렇게 제정된 전자정부법은 모두 7장 52조(부칙 1조 포함)로 구성되었다.

4. 전자정부법의 시행 및 보완시기(2001년 2월에서 현재까지)

정부는 국회에서 전자정부법이 통과되자 시행령을 준비하여 지난 2001년 7월 1일부터 이 법을 시행하여 오고 있다. 이 법은 이제까지 크게 네 차례의 개정을 거쳤으며[9], 앞으로도 지속적으로 개정될 전망이다.

---

7) 이 당시에 정보통신부는 국회안(案)의 준비과정에서 정보통신정책연구원과 한국전산원 등 산하기관의 전문인력을 동원하여 지원하였다. 이것은 국회안에 행정자치부의 법안에 대응하는 조항을 삽입하기 위한 전략으로도 해석할 수 있을 것이다.

8) 이 당시 이상희의원은 일간지의 기고문에서 "전자정부는 현재 기관별로 구현되는 모습에서 벗어나 행정부 소속 기관뿐만 아니라 입법부와 사법부에 속해 있는 모든 기관이 사이버공간에서 벽이 없이 유기적으로 연결되어 하나의 큰 정부가 되는 모습으로 구현돼야 한다. 이를 위해 큰 틀의 전자정부를 위한 법체계가 마련돼야 한다"라고 주장하면서 입법부와 사법부의 참여를 강조하였다(이상희, 2000).

9) 전자정부법의 1차 개정은 2003년 5월 15일에 행정전자서명(GPKI)의 개념을 도입하기 위하여 이루어졌다. 2차 개정은 2007년 1월 3일에 법 제명의 변경과 전자정부 서비스 이용 활성화, 전자정부 추진여건의 강화 등을 위하여 이루어졌다. 3차 개정은 2010년 2월 4일에 행정정보 공동이용의 확대 및 정보주체의 권리 강화를 지원하기 위하여 이루어졌다. 4차 개정은 2017년 10월 24일에 전자정부의 날을 제정하기 위하여 이루어졌다.

1) 정부부처

행정자치부는 법안의 제정에 이어서 2001년 6월 30일에 대통령령 제17271호로 시행령을 제정하고 7월 1일부터 시행에 들어갔다. 그러나 오랫동안 전자정부의 구현을 위한 추진체계를 제대로 구성하지 못하였다. 즉 최초의 전자정부법안 제44조는 전자정부를 추진하는 조직으로 고작 문서감축위원회를 명기하고 있었다.[10] 그러나 우리나라에서 전자정부의 구현사업은 문서감축위원회가 아니라 국민의정부하에서는 전자정부특별위원회, 참여정부에서는 정부혁신지방분권위원회에 의해서 주도되어 왔다. 최초의 전자정부법에 있었던 문서감축위원회는 2010년 법 개정 시에 폐지되었으며 현재까지도 법에는 추진체계가 명문화되지 못하고 있다.

2) 국회

전자정부법이 제정된 이후에 국회의 역할은 거의 없으나 정보화관련 법령의 수정작업은 계속 진행되고 있다. 특히 전자정부법의 수정안은 거의 모두 행정부에서 발의하여 진행되었다. 최근 국회에서는 개인정보보호법을 제외하고는 정보화관련 분야에서 의원입법이 거의 이루어지지 않고 있는 실정이다.

3) 시사점

향후에 전자정부 사업들이 정부가 반드시 추진해야만 하는 법적 의무사항이 되고, 각종 전자정부 구현 사업들에 공식적인 권위가 부여되어 대통령이나 장관이 바뀌어도 지속적으로 추진될 수 있는 최소한의 여건이 조성될 수 있다는 데서 전자정부법 제정의 의미를 찾아 볼 수 있을 것이다.

그러나 이처럼 단일한 기본법으로의 전자정부법을 왜 행정자치부가 주도적으로 제정하였느냐의 문제가 남는다. 당시 우리의 정부조직에서 전자정부법의 제정을 할 수 있었던 부처는 크게 국무총리실, 기획예산처, 정보통신부 및 행정자치부였다. 이들 가운데서 전자정부 문제를 범정부적 차원에서 다룰 수 있는 유일한 법적 추진체인 정보화추진위원회가 속해있는 국무총리실은 전자정부법의 제정에 대하여 아무런 관심을 나타내지 않았다.

정보통신부는 당시에 정보화촉진기본법에 모든 정보화관련 조항을 삽입하면서, 이를 기반으로 전자정부를 구현하고자 하였으나, 정부혁신의 기능을 지니고 있지 못한 상황에서 이는 무리수에 가까운 것이었다. 기획예산처 역시도 예산을 지니고는 있었으나 전자정부에 대

---

10) 제44조(문서감축위원회) ① 중앙행정기관 및 그 소속기관과 지방자치단체 소관의 문서업무 감축을 효율적으로 추진하고 이를 위한 제반 사항을 심의하기 위하여 행정자치부장관 소속하에 문서감축위원회(이하 이 조에서 "위원회"라 한다)를 둔다. ③ 위원회는 위원장 1인을 포함한 10인 이내의 위원으로 구성한다. ④ 위원장은 행정자치부장관이 되고, 위원은 행정자치부차관 · 정보통신부차관 · 기획예산처차관 · 국가정보원차장 · 법제처차장 · 서울특별시행정부시장과 문서업무 감축에 관하여 학식과 경험이 풍부한 자 또는 시민단체(비영리민간단체 지원법 제2조의 규정에 의한 비영리민간단체를 말한다)에서 추천한 자 중에서 위원장이 위촉하는 자가 된다.

한 이해가 부족한 가운데 전문인력을 전혀 보유하지 못하고 있었다.

따라서 결국 정보기술을 활용한 행정혁신의 차원에서 행정자치부가 전자정부법을 제정한 것은 적절한 것이라고 평가할 수 있다. 다만 행정자치부내에서 전자정부법의 제정에 대하여 관료들 사이에 얼마만큼의 공감대가 형성되어 있었는지에 대하여는 의문의 여지가 있다. 즉 전자정부법은 행정자치부가 필요성을 인식하여 이를 정책의제화하여 이루어진 것이라고 파악하기에는 곤란한 측면이 있다. 그보다는 당시 법률지식을 지니고 있었던 행정자치부의 장관[11]이 향후 부처의 발전방향을 감안하고 대통령의 정보화의지를 파악하여 이를 전자정부법의 제정으로 연결시켰다고 보는 것이 적절할 것이다.

이러한 전자정부법은 행정업무의 효율성 제고와 대국민서비스의 획기적인 개선을 추진할 수 있는 법이기는 하나 추진체계의 문제점과 전자서명 관련 조항이 정비되어야 명실상부한 전자정부법으로 거듭날 것이다. 따라서 정보통신부가 해체된 현 시점에서 향후 지속적인 법의 개정이 이루어질 것으로 전망된다.

8.2 전자정부법의 내용

정부는 2001년 3월에 "전자정부구현을위한행정업무등의전자화촉진에관한법률"(이하 전자정부법)을 법률 제6439호로 공포하였고 2001년 7월부터 법 시행에 들어갔다.[12] 전자정부법은 그 동안 전부개정 세 번을 포함한 일곱 차례의 개정과정에서 보완되었다. 가장 최근의 개정은 2017년 10월에 일부 개정이 이루어져서 전자정부의 날을 제정하였다.[13] 2018년 현재의 전자정부법(법률 제14914호)에 의하면 〈표 8-1〉과 같이 본문 7장 78조, 부칙 11조로 구성되어 있다.

전자정부법에서는 이 법의 목적을 다음과 같이 명기하고 있다. 제1조(목적) 이 법은 행정업무의 전자적 처리를 위한 기본원칙, 절차 및 추진방법 등을 규정함으로써 전자정부를 효율적으로 구현하고, 행정의 생산성, 투명성 및 민주성을 높여 국민의 삶의 질을 향상시키는 것을 목적으로 한다.

이처럼 전자정부는 단순히 정부 운영비 절감(정부내부적 생산성 제고)이라든가 보다 나은 정부 서비스를 보다 저렴한 비용으로 보다 편리하게 국민들이 받을 수 있도록 하는 것(정

11) 전자정부법의 제정을 주도했던 정통 행정관료 출신의 행정자치부 최인기 장관은 김영삼정부 시절에 농림부 장관을 역임한바 있다. 당시 최인기 농림부장관은 일하는 스타일이 합리적이고 업무추진력도 탁월하였으며, 재임 중에 광복 후 첫 농지기본법이라고 할만한 농지법을 제정하여 역대 농림부 장관 가운데 가장 성공한 장관으로 평가받고 있다(김호균, 2001).

12) 전자정부법은 제정 당시에 본문 7장 52조, 부칙 1조로 구성되었다.

13) 2017년 10월의 개정에서는 제5조의3을 다음과 같이 신설하였다. 제5조의3(전자정부의 날) ① 전자정부의 우수성과 편리함을 국민에게 알리고 국제적 위상을 제고하는 등 지속적으로 전자정부의 발전을 촉진하기 위하여 매년 6월 24일을 전자정부의 날로 한다. ② 국가는 전자정부의 날의 취지에 적합한 행사를 실시할 수 있다.

표 8-1 2018년 전자정부법의 기본 골격

법의 구성	법의 내용
제1장 총 칙	목적, 정의, 행정기관 및 공무원 등의 책무, 전자정부의 원칙 등 6개조
제2장 전자정부 서비스의 제공 및 활용	전자적 민원처리 신청, 구비서류의 전자적 확인, 민원인의 본인확인, 행정정보의 전자적 제공, 세금 등의 전자적 납부, 전자적 급부제공, 이용자의 참여 확대, 유비쿼터스 기반의 전자정부서비스 도입과 활용, 전자정부서비스의 보편적 활용을 위한 대책, 전자적 대민서비스 보안대책 등 18개조
제3장 전자적 행정관리	전자문서의 작성, 전자문서의 성립, 전자문서의 송수신, 행정전사서명의 인증, 행정지식의 전자적 관리, 전자적 업무수행, 종이문서의 감축, 업무담당자의 신원 및 접근권한 등 11개조
제4장 행정정보의 공동이용	행정정보의 효율적 관리 및 이용, 행정정보 공동이용 센터, 공동이용 행정정보, 행정정보 공동이용의 신청과 승인, 정보주체의 사전동의, 정보주체의 열람청구권 등 9개조
제5장 전자정부 운영기반의 강화	정보기술아키텍처 기본계획의 수립, 정보기술아키텍처의 도입과 운영 촉진, 정보통신기술에 적합한 업무 재설계, 상호운용성 확보 등을 위한 기술평가, 표준화, 공유서비스의 지정 및 활용, 정보통신망의 구축, 정보화인력 개발계획의 수립, 정보자원 통합관리, 지역정보통합센터의 설립과 운영, 정보통신망 등의 보안대책 수립과 시행, 감리법인의 등록 등 19개조
제6장 전자정부 구현을 위한 시책 등의 추진	전자정부 사업의 추진 및 지원, 지역정보화사업의 추진 및 지원, 시범사업의 추진, 성과 분석 및 진단, 정보시스템의 보급 및 확산, 전자정부의 국제협력, 한국지역정보개발원의 설립 등 12개조
제7장 벌칙	벌칙, 양벌 규정 및 과태료 등 3개조
부칙	시행일, 경과조치 및 다른 법률의 개정 등 11개조

부외부적 생산성 제고)만을 그 구현 목적으로 하고 있지 않다. 이러한 것은 기본이고, 이보다 더 근본적인 구현 목적이 있다. 즉 정부 안에서 어떤 일이 어떻게 일어나고 있는지 국민들이 편리한 방법으로 투명하게 들여다볼 수 있도록 하고(투명성 제고), 정부에 대해 국민 자신의 의사를 보다 편리하게 보다 효과적으로 표시하며, 정부에 대한 국민의 영향력, 즉 정부에 대한 주권자로서의 국민의 권력을 증진시키는 데(민주성 제고) 전자정부 구현의 보다 중요한 목적이 있다. 그리고 가장 중요하게는 전자정부를 구현하는 목적은 궁극적으로는 국민의 삶의 질, 즉 지식정보사회에서의 국민 복지를 증진시키는 데 있는 것이다.

그러므로 이 절에서는 전자정부법에 따른 행정행태의 변화를 정부 업무처리의 생산성, 투명성 및 민주성 제고의 관점에서 살펴보고자 한다(정충식, 2000의 수정 및 보완).

1. 행정의 민주성 측면

1) 국민편익 중심의 원칙

제4조(전자정부의 원칙) ① 행정기관등은 전자정부의 구현 · 운영 및 발전을 추진할 때 다음 각 호의 사항을 우선적으로 고려하고 이에 필요한 대책을 마련하여야 한다.

1. 대민 서비스의 전자화 및 국민편익의 증진
2. 행정업무의 혁신 및 생산성 · 효율성의 향상
3. 정보시스템의 안전성 · 신뢰성의 확보
4. 개인정보 및 사생활의 보호
5. 행정정보의 공개 및 공동이용의 확대
6. 중복투자의 방지 및 상호운용성 증진

② 행정기관등은 전자정부의 구현 · 운영 및 발전을 추진할 때 정보기술아키텍처를 기반으로 하여야 한다.

③ 행정기관등은 상호 간에 행정정보의 공동이용을 통하여 전자적으로 확인할 수 있는 사항을 민원인에게 제출하도록 요구하여서는 아니 된다.

④ 행정기관등이 보유 · 관리하는 개인정보는 법령에서 정하는 경우를 제외하고는 당사자의 의사에 반하여 사용되어서는 아니 된다.

제42조(정보주체의 사전동의) ① 이용기관이 공동이용센터를 통하여 개인정보가 포함된 행정정보를 공동이용할 때에는 「개인정보보호법」 제2조제3호의 정보주체(이하 "정보주체"라 한다)가 다음 각 호의 사항을 알 수 있도록 정보주체의 사전동의를 받아야 한다.

1. 공동이용의 목적
2. 공동이용 대상 행정정보 및 이용범위
3. 공동이용 대상 이용기관의 명칭

제43조(정보주체의 열람청구권) ① 정보주체는 공동이용센터를 통하여 공동이용한 행정정보 중 본인에 관한 행정정보에 대하여 다음 각 호의 사항에 대한 열람을 행정안전부장관 또는 해당 이용기관의 장에게 신청할 수 있다.

1. 이용기관
2. 공동이용의 목적
3. 공동이용한 행정정보의 종류
4. 공동이용한 시기
5. 해당 행정정보를 공동이용할 수 있는 법적 근거

이제 우리 사회에서도 정보통신의 이용이 급격하게 확산되면서 해킹, 개인정보의 유출에 의한 프라이버시의 침해 및 컴퓨터 범죄 등 정보화의 역기능이 확대되고 있다. 또한 우리는 정보화를 추진하면서 행정의 효율성 추구라는 명분과 프라이버시 침해의 가능성이라는 두 주장이 첨예하게 대립하여 전자주민카드의 도입정책을 보류했던 경험을 가지고 있다. 따라서 이제 전자정부법은 국민의 권익보호를 우선적으로 조문화하였다.

이러한 방침은 제4조에서 구체적으로 국민편익 중심의 전자정부 원칙으로 조문화되어 있다. 더 나아가 이러한 국민편익 중심뿐만 아니라 역기능에도 대비하기 위하여 정보주체의 사전동의나 열람청구권 등도 명기하였다.

2) 비방문 민원처리

제9조(방문에 의하지 아니하는 민원처리) ① 행정기관등의 장은 민원인이 해당 기관을 직접 방문하지 아니하고도 민원사항 등을 처리할 수 있도록 관계 법령의 개선, 필요한 시설 및 시스템의 구축 등 제반 여건을 마련하여야 한다.

② 행정기관등의 장은 제1항에 따른 민원처리제도를 시행하기 위하여 인터넷에 전자민원창구를 설치 · 운영할 수 있다. 다만, 전자민원창구를 설치하지 아니하였을 때에는 제3항의 통합전자민원창구에서 민원사항 등을 처리하게 할 수 있다.

③ 중앙사무관장기관의 장은 행정기관등의 전자민원창구의 설치 · 운영을 지원하고 이를 연계하여 통합전자민원창구를 설치 · 운영 할 수 있다.

과거에 우리나라 대부분의 행정서비스는 민원인이 해당 정부기관을 직접 방문해야 받을 수 있었다. 그러나 미국, 영국, 호주, 싱가포르 및 홍콩에 이르기까지 수 많은 나라들에서는 세금납부는 물론 출생신고, 혼인신고, 사망신고 등이 인터넷을 통해 이루어지고 있다.

특히 싱가포르의 경우에는 아주 특별한 경우를 제외하고는 이미 오래전부터 민원인이 정부기관을 찾아와 담당자를 만나서 인 · 허가 등의 민원업무를 처리하는 것이 금지되어 있다.

이러한 추세에 따라서 우리도 비방문 민원처리를 명문화 하였으며 구체적인 실행수단으로 인터넷에 전자민원창구의 설치와 운영을 조문화하였다(제9조 2항).

특히 이러한 전자적인 민원행정서비스가 제공되기 위해서는 신청자의 본인확인이 필수적이다. 따라서 제10조에서 이러한 신원확인에 대하여 규정하고 있다(제10조 민원인 등의 본인 확인).

3) 확인책임 행정기관 귀속의 원칙

초기 전자정부법안은 확인 책임에 대하여 행정기관 귀속의 원칙을 확실하게 명문화하였다.[14] 그러나 2010년에 개정된 법안은 구비서류의 전자적 확인으로 후퇴한 모습을 보여주고 있다.

> **제8조(구비서류의 전자적 확인 등)** ① 행정기관등의 장은 민원인이 첨부 · 제출하여야 하는 증명서류 등 구비서류가 전자문서로 발급할 수 있는 문서인 경우에는 직접 그 구비서류를 발급하는 기관으로부터 발급받아 업무를 처리하여야 한다.

국민의 입장에서 보면 행정기관들은 모두 정부라는 한 조직에 속한 기관들인데도 불구하고 어느 한 기관으로부터 행정서비스를 제공받기 위해서는 이에 필요한 입증서류들을 그 발급업무를 담당하고 있는 다른 정부기관으로부터 민원인이 가서 발급받아 제출하여야 했다.

과거에 부동산 양도신고를 하기 위해서는 세 군데의 행정기관을 방문할 수밖에 없었다. 우선 등기부등본을 발급받기 위해서는 등기소를 방문하여야 한다. 이어서 구청을 방문해서는 토지대장을 발급받아야 한다. 가옥대장은 FAX민원을 신청하고 다음날 다시 구청을 방문하여 수령하여야 한다. 그리고 이 모든 서류들을 가지고 민원인이 직접 관할세무서를 방문하여 부동산양도신고를 마쳐야 했다.

이처럼 고객인 국민의 정보를 보유하고 있는 정부기관끼리 정보를 공동활용하지 않음으로 인하여 민원인에게 입증책임을 부과하고 있는 것이 현실이었다. 따라서 이제 법에서는 구비서류의 전자적 확인을 통한 공동활용을 조문화하였다.

2. 업무처리 투명성의 측면

1) 전자적 업무처리

> **제7조(전자적 민원처리 신청 등)** ① 행정기관등의 장(행정권한을 위탁받은 자를 포함한다. 이하 이 절에서 같다)은 해당 기관에서 처리할 민원사항 등에 대하여 관계 법령(지방자치단체의 조례 및 규칙을 포함한다. 이하 같다)에서 문서 · 서면 · 서류 등의 종이문서로 신청, 신고 또는 제출 등(이하 "신청등"이라 한다)을 하도록 규정하고 있는 경우에도 전자문서로 신청등을 하게 할 수 있다.

14) 2001년 법률은 "제10조(행정기관 확인의 원칙) 행정기관은 특별한 사유가 있는 경우를 제외하고는 행정기관간에 전자적으로 확인할 수 있는 사항을 민원인에게 확인하여 제출하도록 요구하여서는 아니된다". 라고 하여 행정기관 확인의 원칙을 명문화하였다.

이제까지 정부 업무처리에 관한 각종 현행 법규들은 종래의 방식을 고수하고 있는 것이 일반적이었다. 물론 정부조달이나 문서관리 등의 일부 업무 등에서 전자적인 처리방식이 규정되었다. 그러나 아직까지 전통적인 처리방식과 전자적인 방식이 혼재되어 있거나, 하위 법령에는 규정되어 있으나 상위법령 등에는 아예 존재하지 않는 실정이었다. 따라서 이제 행정기관의 주요 민원처리 신청에 대한 전자적 처리의 원칙이 명문화되었다.

이제 이러한 전자적 처리의 원칙에 근거하여 행정내부의 업무처리는 물론 대민행정서비스 역시도 전자적인 민원처리 방식이 도입될 수 있게 되었다. 구체적으로는 민원인들이 정보통신수단을 통하여 전자문서로 신청, 신고 또는 제출할 수 있게 되었으며 이에 행정기관도 전자공문서로 회신한 경우에는 당해 법령에서 정한 절차에 의하여 신청, 신고, 제출 또는 회신한 것으로 되어서 전자적인 민원행정서비스가 활성화되는 기반이 마련되었다.

2) 전자적 정보공개

제12조(행정정보의 전자적 제공) ① 행정기관등의 장은 민원 관련 법령, 민원사무 관련 편람, 민원사무의 처리기준 등 민원과 관련된 정보와 그 밖에 국민생활과 관련된 행정정보로서 국회규칙, 대법원규칙, 헌법재판소규칙, 중앙선거관리위원회규칙 및 대통령령으로 정하는 행정정보 등을 별도로 인터넷을 통하여 국민에게 제공하여야 한다.

정부는 보유정보의 공개를 인터넷으로 시행할 수 있는 원칙을 수립하였다. 현재 정보공개에 관해서는 공공기관의정보공개에관한법률(이하 “정보공개법”)에 기본적인 사항을 정하고 있으며, 동법시행령, 국회정보공개규칙, 법원정보공개규칙, 헌법재판소정보공개규칙, 선거관리위원회정보공개규칙 등이 헌법기관별로 법시행에 관한 세부사항을 규정하고 있다.

이러한 정보공개법 및 하위법령들은 전자적 정보도 공개의 대상으로 하고 있으며, 정보공개청구방법에 있어서도 컴퓨터통신 등 정보통신망을 이용한 청구를 인정하고 있다. 그러나 정보의 공개방법에 있어서는 열람 또는 사본 · 복제물의 교부에 그치고 있으며, 정보공개 시 청구인을 확인하도록 하고 있어, 전자적 공개의 측면에서는 부족함이 많은 실정이었다. 따라서 이제 정보공개의 구체적인 실행수단으로 전자적인 정보공개가 조문화되었다.

미국의 경우 지난 1996년에 기존의 정보자유법을 수정하여 전자적인 정보공개법안을 마련하였다. 이 법안에 따르면 정부가 보유하고 있는 모든 정보는 1999년 12월 31일까지 디지털로 전환되어야 한다. 이어서 2000년 1월 1일부터 미국 정부가 보유하고 있는 모든 정보는 전자적으로 공개되고 있는 실정이다.

3. 전자정부의 생산성 측면

1) 전자문서의 활용

> **제25조(전자문서의 작성 등)** ① 행정기관등의 문서는 전자문서를 기본으로 하여 작성, 발송, 접수, 보관, 보존 및 활용되어야 한다. 다만, 업무의 성격상 또는 그 밖의 특별한 사정이 있는 경우에는 그러하지 아니하다.

우리 정부는 사무관리규정을 개정하여 1999년 9월 1일부터 전자문서를 업무처리에서의 기본 문서로 정하였다. 그러나 그 당시에는 실제 행정처리에 있어서 전자문서가 활성화되지 못하고 있었다. 이에 정부는 사무관리규정에 있던 많은 조항들을 법조문화하여(제26조 전자공문서의 성립 등, 제27조 전자문서의 송 · 수신, 제28조 전자문서의 발송 및 도달시기 등) 보다 강력하게 공공기관의 문서사무는 전자문서를 원칙으로 하여야 함을 선언하였다.

물론 조문에서는 업무의 성격상 전자문서로 하기에 곤란한 경우에는 종이문서를 사용할 수 있도록 하였다. 이러한 예외규정이 필요한 것은 전자정부의 구현이 한순간에 이루어지는 것이 아니라 하나의 과정이기 때문이다. 보안문제나 관행 등의 이유로 종이문서의 사용이 불가피할 경우가 있다. 그러나 전자정부의 인프라가 더욱 견고하게 구축되고, 보안문제와 전자서명의 사용이 확산된다면, 앞으로는 업무의 성격상 종이 문서가 사용되는 경우를 사실상 기대하기는 어려울 것이다.

2) 문서의 감축

> **제33조(종이문서의 감축)** ① 행정기관등의 장은 행정업무 및 민원사무의 전자화, 행정정보의 공동이용 등을 통하여 종이문서의 작성 · 접수 · 유통 및 보관을 최소화하고 종이문서를 지속적으로 줄이기 위한 방안을 마련하여야 한다.

이 법에서는 단순히 전자문서의 활용뿐만이 아니라 공공기관의 업무처리과정에서 발생하는 종이문서를 최소한으로 감축하고 전자화해야 한다는 의무를 규정하였다. 즉, 전자거래기본법 등 여러 법에서 규정한 전자문서의 법적효력을 선언에 그치지 않고 실질적으로 보장할 수 있도록 종이문서 및 구비서류의 감축을 위한 공공기관의 노력을 의무화하고 있다.

미국의 경우에도 1995년의 「문서업무감축법」(Paperwork Reduction Act of 1995)과 개정안인 「문서업무삭제법」(Government Paperwork Elimination Act of 1996)에서 연방정부의 종이문서감축과 정보기술의 지원 및 이용을 통한 문서업무의 전자화 의무를 명시하고 있다.

3) 행정정보의 공동활용

> **제36조(행정정보의 효율적 관리 및 이용)** ① 행정기관등의 장은 수집 · 보유하고 있는 행정정보를 필요로 하는 다른 행정기관등과 공동으로 이용하여야 하며, 다른 행정기관등으로부터 신뢰할 수 있는 행정정보를 제공받을 수 있는 경우에는 같은 내용의 정보를 따로 수집하여서는 아니 된다.

이전까지 우리는 행정정보화를 추진하면서 행정정보 공동이용을 활성화하지 못하였다. 이러한 정보공동활용과 관련한 법령은 과거 정보화촉진기본법, 전산망법, 행정정보공동이용에관한규정 및 시행규칙 등에서 규정하고 있었으나 동일한 사항에 대한 중복적인 규정으로 사업의 추진과 부처 간의 조정측면에 있어서 혼란을 초래하였다. 따라서 이번에 공공기관 간 행정정보의 공동활용의 의무와 중복생산 방지라는 목표를 명확히 하고, 행정정보 공동이용센터 및 신청과 승인에 이르기까지 행정정보 공동이용의 절차도 정비하였다.

4. 업무처리 행태의 변화

1) 공무원의 책무

> **제3조(행정기관등 및 공무원의 책무)** ① 행정기관등의 장은 전자정부 구현을 촉진하고 국민의 삶의 질을 향상시킬 수 있도록 이 법을 운영하고 관련 제도를 개선하여야 하며, 정보통신망의 연계 및 행정정보의 공동이용 등에 적극 협력하여야 한다.
> ② 공무원 및 공공기관의 소속 직원은 담당업무의 전자적 처리에 필요한 정보기술 활용능력을 갖추어야 하며, 담당업무를 전자적으로 처리할 때 해당 기관의 편익보다 국민의 편익을 우선적으로 고려하여야 한다.

전자정부의 성공적 구현을 위해서는 관련 공무원들의 역할이 중요하다. 과거의 행정정보화사업의 경우에는 공무원에게 수작업을 점차적으로 줄이고 전산에 의한 작업을 늘려가도록 계도하였을 뿐이다. 만약 관련 시스템이 전자화되어 정부 내부 업무는 물론 국민과의 외부업무에 전자적 방식이 지배적임에도 불구하고 담당공무원이 과거의 수작업 관습에서 벗어나지 못한다면, 진정한 의미의 전자정부는 구현되지 못할 것이다.

그러므로 이처럼 공무원의 책무를 전자정부법의 조문으로 규정한 이유는 전자정부의 실현은 공무원 모두의 책임이라는 포괄적 선언으로 간주할 수 있을 것이다.

2) 온라인 원격근무

제32조(전자적 업무수행 등) ① 행정기관등의 장은 행정업무를 수행할 때 정보통신망을 이용한 온라인 원격영상회의 방식을 활용할 수 있다.
② 중앙사무관장기관의 장은 제1항에 따른 온라인 영상회의의 도입 및 활용 등을 위하여 필요한 지원을 할 수 있다.
③ 행정기관등의 장은 필요하면 소속 직원으로 하여금 특정한 근무장소를 정하지 아니하고 정보통신망을 이용한 온라인 원격근무를 하게 할 수 있다. 이 경우 행정기관등의 장은 정보통신망에 대한 불법적인 접근의 방지와 그 밖의 보호대책을 마련하여야 한다.
④ 행정기관등의 장은 정보통신망을 이용하여 소속 직원에 대한 온라인 원격교육훈련을 실시할 수 있다.

전자정부에서는 공무원들로 하여금 정해진 장소와 시간에 근무하여야 했던 과거의 제약으로부터 자유로울 수 있다. 그리하여 국민에게는 24시간 균등한 질의 행정서비스를 제공할 수 있도록 할 수 있고, 공간과 시간으로부터 자유스러워짐으로써 공무원의 창의력 발휘를 극대화할 수 있다.

그럼에도 불구하고 과거의 관련 법령의 규정에 의하면 공무원은 근무지에서 이탈할 수 없도록 되어 있어, 공무원의 원격근무에 대한 법적인 근거를 마련할 필요성이 있었다.

온라인 원격근무로 인해 기대할 수 있는 효과는 공간적 이동에 걸리는 시간과 비용을 감축함으로써 행정상의 낭비를 줄이는 것이다. 이 밖에도 공무원의 근무환경개선을 통한 사기진작 및 여성공무원, 장애인들에게도 복지를 확충할 수 있을 것이다. 그리고 온라인 원격근무를 통해 궁극적으로 기대할 수 있는 장기적 효과는 현장에서 직접 업무처리를 할 수 있음으로써 탁상행정을 극복할 수 있고 민원인에게 다가가는 행정서비스를 구현할 수 있다는 점이다.

3) 업무혁신 선행의 원칙

제48조(정보통신기술에 적합한 업무 재설계) ① 행정기관등의 장은 소관 업무에 정보통신기술을 도입할 때 기존의 조직구성, 인력배치 및 업무절차 등을 정보통신기술의 도입에 적합하도록 재설계하고 이를 시행하여야 한다.

전자정부 구현의 전제조건은 정보기술의 도입 이전에 기존의 수작업 위주의 문서처리 절차를 재설계하는 하는 것이다. 이러한 문서업무의 재설계는 단순히 컴퓨터나 네트워크 장비를 이용하여 현재 업무의 자동화를 추구하는 것이 아니라 행정업무 처리 전반의 혁신을 추구하는 것이다. 따라서 이 법에 의해 우리의 행정업무 처리는 근본적으로 변화되었으며 국민들에게 열린정부, 고객지향적 정부로 다가갈 수 있는 기반이 마련되었다.

8.3 한국과 미국의 전자정부법 비교[15)]

1. 미국의 전자정부법 제정 및 내용

1) 전자정부법 제정과정

미국의 전자정부법 제정과정에서 가장 주도적인 역할을 한 사람은 2000년 당시 코네티컷주 상원의원인 리버만(Lieberman)이다. 리버만은 지난 2000년 5월에 톰슨(Thompson)상원의원과 공동으로 전자정부관련 입법을 위한 웹사이트(experiment in interactive legislation)를 개설하여 44개의 주제에 대하여 의견을 구하였다. 주제들은 중앙집중의 리더십, 기금혁신, 전자민주주의, 정부포털, 상호운용성에 이르기까지 다양하였다. 이 사이트에서 거의 1,000여 건의 의견을 모아서 리버만은 전자정부법을 구체화하였다. 이어서 2001년 5월 1일에 리버만은 동료의원들과 전자정부법을 발의하였다.

리버만은 "전자정부법(안)"(E-Government Act of 2001)을 발의하면서, 국민들이 다양한 민원관련서비스를 인터넷을 통하여 편리하게 접근할 수 있도록 하고, 정보기술을 통한 국가 신뢰성 확보 및 혁신에 필요한 거시적인 체제를 정비하기 위한 법률이라고 입법의 필요성을 강조하였다.

리버만에 의해서 발의된 초기 법안은 크게 두 가지의 중심 내용을 담고 있었다. 첫째는 전자정부 구현에서 관리예산처의 역할을 증대시키는 것이었다. 둘째는 기획예산처뿐만 아니라 다른 부처들의 역할을 규정하는 것이었다. 이 가운데 중요하게 부각된 것이 연방정보화책임관(Federal Chief Information Officer) 직제를 신설하는 것이었다. 즉 관리예산처(OMB)에 정보정책국(Office of Information Policy)을 신설하며, 그 주요업무는 연방정보화책임관(CIO)이 담당한다. 이때 연방정보화책임관은 상원의 동의를 얻어 대통령이 임명하며, 연방정부의 정보자원의 관리, 개발 등에 있어 지도, 조정, 감독 등 전자정부 구현을 위한 전반적인 역할을 담당한다는 것이다.

이러한 법안을 가지고 상원 정무위원회는 2001년 7월 11일에 전자정부법 공청회를 개최하였다. 공청회에는 다양한 참석자들이 증언하였는데 대표적인 사람들은 관리예산처의 부국장, IBM의 관리부사장, PTI(Public Technology Inc)의 회장, 주정부 정보화책임관협의회

15) 이 절은 저자의 논문(정충식, 2003)을 수정, 보완한 것임

전국의장 등이었다.

특히 행정부를 대표하여 참석한 기획예산처 부국장(Sean O'Keefe)은 대통령의 5대 관리 의제 중의 하나인 전자정부의 성공적 구현을 위한 네 가지의 핵심 사항들을 강조하면서 전자정부법의 필요성을 강조하였다.[16] 또한 여러 부처가 관련되는 전자정부 사업을 지원하기 위한 전자정부 기금의 설립을 설명하였다. IBM의 관리부사장(Anne K. Altman)은 인터넷을 기술을 업무에 활용하여 거둔 성과에 관하여 증언하였다. 이 법안은 2002년 3월 1일에 미 상원의 정무위원회를 통과하였다.

그러나 이후에 관리예산처와 의회는 법안에 대하여 협상을 계속하였다. 특히 의회는 다양한 이해관계자들로부터 법안의 내용에 대한 의견을 청취하였다. 이 과정에서 부시행정부의 반대에 따른 협상과정이 지속되었고, 또한 공화당 프레드 톰슨 의원이 공동발의자가 되는 등 상당한 우여곡절을 겪었다. 이에 따라서 미국 상원은 2002년 7월 1일에 FCIO직제 대신에 전자정부국(OEG: Office of Electronic Government)을 신설하는 것을 골자로 하는 '전자정부법' 개정안(E-Government Act of 2002)을 통과시켰다.

이후 자매법안인 H.R. 2458과 함께 하원의 정부개혁위원회 기술조달정책소위원회에 회부되어 하원 소위원회에서 2002년 9월 18일에 입법 청문회를 거쳤다.[17] 이 결과 '전자정부법' 개정안(E-Government Act of 2002)은 2002년 11월 15일 의회에서 최종 확정되었고, 대통령의 서명으로 발효되었다.

2) 전자정부법의 주요 내용

미국은 2002회계연도 예산안에 부처간의 벽을 허무는 인터넷 기반의 프로젝트를 위해 이 1억달러의 예산('전자정부기금' 조성)을 편성하는 등 전자정부관련 사업을 강력하게 추진해 왔다. 그러나 연방정부와 주정부를 비롯한 각급 법원, 의회 등으로 조직이 복잡해 각 기관간 정보의 중복제공을 피할 수 없는 것은 물론 일반인의 이용도 쉽지 않으며, 더욱이 웹사이트간 표준화작업이 미비하여 플랫폼이 제 각각일 뿐만 아니라, 취약한 보안으로 개인정보보호에 대한 의혹이 제기되는 등 전자정부가 당초 취지만큼 활용되지 못한다는 비판에 직면하였다. 이러한 상황에서 미국 정부는 이제까지 전자정부사업 등으로 구축된 전자정부 인프라의 활용

16) 미국은 이 당시 성공적인 전자정부 구현을 위하여 다음의 네 가지 전략을 세웠다. 첫째는 전자정부의 가치는 국민에게 제공되는 가치에 의해 판단되어야 한다는 시민중심의 전략(Citizen Centric Strategy)이다. 둘째는 불필요한 중복을 제거하고 업무처리의 과정을 단순화하여 정보기술 접목의 효과를 극대화하고자 하는 업무처리 과정의 단순화(Simplifying Processes)이다. 셋째는 부처간 연결이 없는 부처별 업무처리의 문제점을 해결하기 위한 자동화 섬의 연결(Bridging Islands of Automation)이다. 넷째는 정보자원에 대한 새로운 인식에 기반한 정보구조(Information Architecture)와 지식관리(Knowledge Management)이다.

17) 하원 입법청문회에서는 GAO의 정보관리 국장인 Linda D. Koontz가 출석하여 미국 연방정부의 정보자원관리의 배경 및 이와 관련하여 GAO가 수행해 왔던 최근의 자료들을 토대로 하여 전자정부법의 내용을 비판적으로 검토하였다(GAO: 1999; 2000; 2001; 2002). 특히 GAO의 입장에서는 기존 OMB의 OIRA가 존재하는 현실에서 OEG의 신설에 대하여 중복의 문제를 집중적으로 부각시켰다.

을 극대화하기 위해서는 각 인프라간의 유기적 연계가 무엇보다 시급하다는 인식에서 연방정보화책임관의 수준이 아닌 전자정부국(OEG)의 설치로 방향을 선회한 것으로 평가할 수 있다.

전자정부국은 정부기관과 법원 등 미 정부 내 웹사이트들을 효율적으로 관리 · 운용함으로써 국민이 정부가 구축 · 운용하고 있는 사이트에 최대한 쉽게 접속할 수 있도록 할 계획이며, 전자정부국의 최고책임자는 상원의 승인을 받아 대통령이 임명하도록 하였다. 특히 전자정부국은 美정부내 웹사이트들을 효율적으로 관리, 운용해 미국 국민의 온라인 정보접속 편의성을 높여나가는 역할을 담당할 뿐만 아니라, 미 정부의 IT투자를 감시하고 각각 개발된 정부내 웹사이트 관련 플랫폼을 동질화하며 정보보안, 개인정보보호와 관련한 사안을 총괄하도록 하였다. 또한 전자정부국은 정부문서업무제거법(Government Paperwork Elimination Act)과 클린저-코헨법(Clinger-cohen Act, 1996 또는 ITMRA)의 E절, 정부정보보안개혁법(Government Information Security Reform Act, 2001)그리고 프라이버시법(Privacy Act) 등 미국내 전자정부 관련한 법을 총괄하도록 하였다.

이러한 전자정부법의 세부 내용을 조문별로 간략하게 살펴보면 다음과 같다. 우선 이 법의 명칭은 전자정부법2002 “E-Government Act of 2002”이며, 관리예산처내에 전자정부국(OEG)을 두어 전자정부 구현에 있어 연방정부의 보다 효과적인 리더십을 지원하고자 하는 목적을 지닌다.

(1) TITLE I: OFFICE OF MANAGEMENT AND BUDGET E-GOVERNMENT SERVICES

Section 101. Management and promotion of electronic government services

이 부분은 주로 전자정부 구현에 있어서 관리예산처의 역할에 대하여 조문화하였다. 우선 Section 3601에서는 전자정부의 개념을 정의하고, 정보기술에 관하여 설명하고 있다. 이어서 Section 3602에서는 관리예산처 내에 전자정부국의 신설을 명문화하였다. subsection 3602(d)에서는 기존의 정보화관련 법률들의 총괄을 기술하였으며, subsection 3602(f)에서는 전자정부국의 국장 역할을 조문화하였다.

구체적으로 살펴보면, 전자정부국 국장은 ① 연방정부 정보시스템의 효율적인 운영을 위하여 관리예산처장을 보좌하고 ② 전자정부 구현의 범정부적 우선순위 및 전략에 대하여 국장에게 추천하고 ③ 정보자원관리에 관한 모든 분야에서 리더십을 발휘하고 ④ 특히 다부처 관련 사업들에 있어서 정보기술의 활용을 통한 정부혁신을 촉진시키고 ⑤ 전자정부 기금의 배분을 감독하며 ⑥ 전자정부 구현을 위해 이미 착수된 총무청(GSA)사업에서 총무청과 협조하고 ⑦ OMB부처장이 수행하던 CIO협의회 의장직을 수행하며 ⑧ 정부내 상호운용성과 상호접속성을 위한 정보기술의 표준과 지침의 수립을 지원하며 ⑨ 전자정부 구현에서 협력을 위하여 연방, 주, 지방정부와의 대화를 지원하며 ⑩ 시민들에게 단일접속점을 제공하기 위한 인터넷에 기초한 연방정부 포털사이트의 표준화를 감독하고 ⑪ 전자적 구매를 지원하기 위하여 연방구매정책실과 협력하고 ⑫ 장애인의 접속편의를 지원하고 ⑬ 기관내 및 기관간의 공통기술의 도입을 감독하고 ⑭ 전자정부국을 감독하고 ⑮ 관리예산처장이 매년 상하 양원에 제출하는 보고서 작성을 지원하는 임무를 지니고 있다.

Section 3603에서는 CIO협의회 사무국 설치에 대하여 조문화하였다. 특히 전자정부국 국장이 협의회를 이끌며, CIO협의회와 관리예산처가 협력하여 업무를 수행하도록 책임을 다음과 같이 폭넓게 정의하였다. 협의회는 구체적으로 ① 정보자원관리(IRM)의 정책과 요구사항들을 개발하고 ② 정보자원관리의 최우수사례와 경험을 공유하고 ③ 정보기술을 활용하여 정부의 성과를 향상시키기 위한 다부처관련 사업에 있어서 관리자를 지원하고 ④ 부처 정보자원관리를 위하여 공통의 성과측정 기준을 개발하고 ⑤ 정보기술의 표준개발에 있어서 NIST(National Institute of Standards and Technology)와 협력하고 ⑥ 정보자원관리의 관점에서 공무원의 채용, 교육 및 전문직업 경로 개발 등에 있어서 인사관리처(Office of Personnel Management)와 협력한다.

Section 3604에서는 다부처 전자정부 사업의 지원을 위한 전자정부 기금을 조문화하였다. 기금의 관리는 총무청(GSA)이 담당하지만 실질적으로 제안서의 심사에서 집행에 이르기까지 모든 사항을 전자정부국의 국장이 수행하도록 하였다. 기금은 구체적으로 재정년도를 기준으로 2003년에 45,000,000달러, 2004년에 50,000,000달러, 2005년에 100,000,000달러, 2006년에 150,000,000달러이며, 이 기금은 다 지출될 때까지 유지되도록 하였다. 따라서 미국 정부는 향후 4년간 3억4,500만달러의 기금을 투입하여 전자정부의 구현을 지원할 수 있게 되었다.

Section 3605에서는 상하 양원에 대한 관리예산처의 전자정부관련 연간보고 의무를 명문화하였다.

(2) TITLE II: FEDERAL MANAGEMENT AND PROMOTION OF E-GOVERNMENT SERVICE

Section 201. **Definitions**

이 절에서는 문서감축법과 2002전자정부법에서 사용된 용어들에 대한 정의를 제공한다.

Section 202. **Federal agency responsibilities**

이 절에서는 성공적인 전자정부 구현을 위하여 여러 기관들이 관리예산처와 협조하여 단순히 업무의 자동화가 아니라 전략적인 관점에서 기관의 목표와 합치시켜야 함을 강조하고 있다. Subsection 202(a)에서는 전자정부 구현과 관련한 기관장의 책무를 명확하게 하였다. Subsection 202(b)에서는 기관으로 하여금 전자정부 구현이 기관의 전략적 목표를 어떻게 진척시켰는지 성과측정을 하도록 요구하고 있다. Subsection 202(c)에서는 기관장으로 하여금 인터넷 격차의 해소를 위하여 보편적 서비스 관점에서 사고하도록 요구하고 있다. Subsection 202(f)에서는 각 기관의 CIO의 역할에 대하여 기술하고 있다. Subsection 202(g)에서는 모든 기관들이 관리예산처에 기관의 전자정부 추진현황에 대한 연간보고서를 제출하도록 의무화하였다.

Section 203. Compatibility of methods for use and acceptance of electronic signatures

이 절은 기관내 전자서명의 확산을 통하여 안전하게 전자정부를 구현할 수 있는 수단을 제공하고 있다. Subsection 203(b)에서는 문서작업삭제법(GPEA)에서 제시된 전자서명의 활용이 관리예산처의 정책과 부합함을 밝히고 있다. Subsection 203(c)에서는 전자서명의 활용시에 총무처(GSA)가 관리예산처와 함께 효과적인 상호운용성의 기반을 마련하여야 함을 조문화하였다. Subsection 203(d)에서는 2003년 회계연도에 연방기관간의 전자서명 호환을 위하여 총무청(GSA)에게 8백만불을 사용할 수 있는 권한을 부여하였다.

Section 204. Federal Internet portal

이 절은 인터넷에 기반한 통합된 정부포털사이트의 발전을 명문화하였다. 특히 총무처에 의해 관리되고 있는 FirstGov.gov와 관련하여, 향후 전자정부국의 국장이 총무처의 작업을 감독할 수 있는 권한을 부여하였다. 구체적으로는 2003년의 회계연도에 정부포털사이트의 유지보수에 15,000,000달러를 사용할 수 있도록 승인하였다. 이후 매 회계연도마다 필요한 만큼의 액수를 지출할 권한이 있음을 명기하였다.

Section 205. Federal courts

이 절은 사법부에서도 전자정부의 구현에 동참하는 방안을 조문화하였다. 특히 모든 법원이 국민들이 접근할 수 있는 웹사이트를 2년 이내에 개설해야 하며, 여기에 모든 자료를 디지털로 전환하여 게시하도록 하였다.

Section 206. Regulatory agencies

이 절에서는 여러 규제기관들도 정보기술을 활용하여 국민들로부터 의견을 수렴하고 규제분야에서 책임성과 투명성을 확보하는 방안을 제시하고 있다.

Section 207. Accessibility, usability and preservation of government information

이 절에서는 정부가 생성, 보유, 전파하는 정보의 관리, 접근, 활용 및 보존 등에 대한 방대한 내용을 담고 있다. 우선 국립기록물보관청(NARA: National Archives and Records Administration)과 부처 CIO로 구성된 정부정보에 대한 범부처위원회를 설립하였고 관리예산처장이 위원장을 맡았다. 이 위원회는 정보의 분류, 전자적 정보의 보존과 접근, 교육적 정보자료, 연방정부에 의해 수행된 과학적 연구결과에 대한 정보의 확산 등에 대하여 국민들에 대한 자문을 거친 이후에 정책방안을 마련하는 임무를 지닌다. 또한 연방정부에 의해 수행된 연구결과물들을 보유하는 데이터베이스와 웹사이트 제작과 관리를 위하여 국립과학재단(National Science Foundation)이 2003년부터 2005년까지 매년 2,000,000불을 사용할 수 있도록 하였다. 이어서 2006회계년도부터 2007회계년도까지 매 회계연도마다 필요한 만큼의 금액을 지출할 수 있도록 하였다.

Section 208. Privacy provisions

프라이버시와 보안은 전자정부 서비스에서 신뢰성을 제공하는데 가장 중요하다. 따라서 전자정부서비스에서 각 기관들은 개인적인 프라이버시가 보호되었는지 확인하여야 한다. 이 조문에서는 다음과 같은 두 가지 측면에서 프라이버시 보호를 기술하고 있다. ① 만일 정부가 시스템 디자인의 초기 단계에서부터 프라이버시에 대한 관심을 가진다면, 개인에 대하여 정부서비스가 맞춤화된다고 해서 개인의 프라이버시를 침해하게 되는 것은 아니다. ② 프라이버시 보호의 가장 근본적인 요소의 하나인 프라이버시 통지는 분명하고, 간결하고 정확할 필요가 있다. 이 조문은 또한 연방기관들이 프라이버시 영향 선언문(Privacy Impact Statements: PIAs)을 제정하도록 하고 있다.

Section 209. Federal information technology workforce development

IT분야의 우수한 인력은 전자정부의 성공에 가장 중요한 요인이다. 특히 연방정부내에서 새로운 정보기술을 활용하여 업무를 혁신시키고, IT분야 사업을 감독할 수 있는 관리자가 필요하다. 따라서 이 조문에서는 연방 정보기술 훈련센터(Federal Information Technology Training Center)를 설립하여 연방 공무원들의 IT 능력을 향상시킬 것을 명기하였다. 따라서 인사청(Office of Personnel Management)은 요구사항을 반영하여 교육일정, 내용, 방법 등을 수립하고 교육을 감독하여야 한다. 이 조문은 2003년 회계연도부터 2007년 회계연도까지 매 회계연도마다 필요한 만큼의 지출을 인사청에 승인하였다.

(3) TITLE III: GOVERNMENT INFORMATION SECURITY REFORM Section

301. Information Security

미 의회는 지난 2000년에 정부기관의 보안시스템에 대한 보안 시스템을 매년 수행하도록 하는 "정부정보보안개혁법(Government Information Security Reform Act: GISRA)"를 제정하였다. 이 법은 원래 2002년 11월 29일까지 한시적으로 효력을 지니고 있는 일몰법이었으나 이 조문에서 영구 존속하는 것으로 개정되었다.

2. 한국과 미국의 전자정부법 비교

우선 미국의 전자정부법은 우리나라의 전자정부법과 비교해 볼 때, 훨씬 포괄적인 내용을 담고 있다. 그 이유는 우리나라의 전자정부법이 전자적인 문서처리를 기본관점으로 하여 기존의 사무관리 규정의 조항들을 법령으로 승격시킨 것이 비하여, 미국의 전자정부법은 전자정부 구현에 있어서 관리예산처의 역할을 규정하면서 연방정부의 조정력 강화에 초점을 맞추고 있기 때문일 것이다. 이제 이러한 내용을 비교하기 위하여 돈(기금), 사람(CIO), 조직(추진체계)의 관점에서 법 조문들을 살펴보고자 한다.

1) 전자정부 기금

앞에서 살펴본 바와 같이 미국은 2001년부터 전자정부 구현전략의 하나로 전자정부 기금을 신설하여 운영해오고 있다. 이러한 전자정부 기금은 단일 부처의 사업이 아닌 다부처관련 전자정부 사업을 지원하기 위하여 마련된 것이다. 특히 기금의 관리는 총무처(GSA)가 담당하지만 실질적으로 제안서의 심사에서 집행에 이르기까지 모든 사항을 전자정부국이 수행하고 있기 때문에 전자정부 사업을 추진함에 있어서 전자정부국이 조정력을 확보할 수 있게 되었다. 미국은 2003년부터 4년간 3억 4,500만 달러의 기금을 투입하여 전자정부의 구현을 지원하였다. 이러한 정책기조는 부시행정부에서 뿐만 아니라 최근에 오바마 행정부에서도 계속되고 있다.

이에 비하여 우리의 전자정부법에서는 2001년에 제49조(정보화촉진기금의 지원)에서 정보통신부장관은 정보화촉진기본법 제33조의 규정에 의한 정보화촉진기금을 행정기관의 전자정부 사업에 지원할 수 있다 라고 조문화하였다. 따라서 별도의 전자정부 사업기금은 존재하지 않았다. 원래 전자정부법을 제정하기 위한 학계의 용역안에서는 제70조(전자정부구현기금의 설치)에 정부는 전자정부의 구현과 관리 등을 지원하기 위하여 전자정부구현기금(이하 "기금"이라 한다)을 설치한다 라고 하여 전자정부구현을 위한 기금의 설치를 제안하였으나 입법과정에서 삭제되었다.

원래 정보화촉진기본법 제33조에는 정보화촉진기금의 설치가 규정되어 있었으나 2006년에 개정되면서 삭제되었다. 우리나라의 경우 단시일내에 정보통신의 분야에서 괄목할만한 수많은 사업이 추진된 것은 상당부문 정보화촉진기금을 통한 안정적인 재원조달에 기인하였다고 볼 수 있다. 향후 기술발전의 속도가 빠르고 장기간이 소요될 전자정부구현 사업의 성공적인 추진을 위해서는 재원의 안정적인 조달 및 신축적인 관리와 운용이 필수적이다. 따라서 매년 예산의 형태로 재원을 조달하기보다는 기금의 형태로 조달하여 운용하는 것이 보다 효율적일 수 있다. 하지만 2010년에 개정된 우리나라 현재의 전자정부법에는 재원조달에 관한 조문은 전혀 없는 실정이다.

2) 사람(CIO관련 제도)

미국 연방정부의 정보화책임관(Chief Information Officer: CIO)제도는 1995년의 문서작업감축법(Paperwork Reduction Act, PRA)과 1996년 8월 정보기술관리개혁법(Information

Technology Management Reform Act, ITMRA)이 발효되면서 공식적인 도입의 계기를 이루었다. 정보기술관리개혁법이 미국의 연방기관에 CIO제도 도입을 의무적으로 강제한 목적은 연방정부의 정보자원관리 활동의 명확한 책임을 확립하고, 연방정부 기관간 정보공유를 활성화하며, 각 기관내 정보활동의 가시성을 증진시키기 위해서이다.

그러므로 미국은 1996년 정보기술관리개혁법, 1996년 연방정보기술에 관한 대통령 명령 13011 등을 통해 정부문서의 감축, 정보자원의 효율적 관리, 정보기술과 조직성과의 유기적 결합, 이를 위한 제도적 장치로서의 정보화책임관(Chief Information Officer: CIO) 제도를 신설했으며, 이는 전자정부를 구축하기 위한 지속적인 노력으로 평가할 수 있다. 이어서 2002년 전자정부법에서 전자정부국이 CIO Council 사무국의 역할을 하여 다부처관련 사업들을 조정할 수 있는 권한이 부여되었다.

우리나라의 경우 지난 1998년부터 정보화책임관 제도가 도입되었으나 현재 유명무실한 모습을 보여주고 있다. 행정자치부는 1998년 5월 21일 제1차 정보화전략회의에서 정보화책임관 제도 도입의 필요성을 대통령에게 보고했으며, 대통령은 정부부문의 정보화책임관(CIO)제도를 도입할 것을 지시하였다. 이에 따라서 1998년 9월에 대통령 훈령 제73호로 제정하여 정보화책임관 제도를 실시하였다.

또한 정보통신부는 1999년에 개정된 정보화촉진기본법 제9조의2(정보화책임관의 임명 등)에서 국가기관 및 지방자치단체의 장은 당해 기관의 정보화시책의 효율적인 수립 · 시행과 정보화사업의 조정 등 정보화업무를 총괄하는 정보화책임관을 임명할 수 있도록 하였다.

이러한 정보화책임관 제도는 대통령 훈령 발령에 따라서 1998년 9월부터 모든 중앙부처, 지방자치단체에서 행정자치부에서 마련한 행정기관 정보화책임관 도입 지침에 따라 각기 후속작업을 해 정보화책임관 임명이 이루어 졌어야 했다. 특히 초기에는 국장급 정보화책임관, 그리고 정보화책임관을 보좌하는 민간 전문가 계약직 채용 운영, 나아가서는 행정기관의 정보화 추진체계의 재정비 작업이 요청되었다. 그러나 이제까지 중앙부처와 각 지방자치단체의 정보화책임관 제도는 거의 유명무실하게 운영되고 있다.

중앙부처의 경우 행정안전부, 교육과학기술부 및 국방부 그리고 지방자치단체의 경우 서울특별시와 대구광역시 등이 별도의 정보화책임관을 두고 있을 뿐, 나머지 기관들은 모두 기획관리실장이 겸직하여 왔다. 이에 따라서 국무조정실장을 의장으로 하는 정보화책임관협의회 역시도 제대로 운영되지 않았다. 이처럼 정보화책임관협의회가 제대로 운영되지 못하고 다부처관련 사업에서 조정력을 발휘할 수 없게 되자 김대중정부는 전자정부특별위원회를 구성하게 되었고, 노무현정부 역시도 정보화책임관 제도보다는 대통령직속의 정부혁신지방분권위원회를 통하여 전자정부 사업을 추진하여 왔다.

이에 행정자치부는 2007년 1월에 개정된 전자정부법에서 정보화책임관협의회 의장을 행정자치부 장관으로 변경하고 전자정부 관련된 주요 사항을 협의하도록 하였으나, 2010년 전자정부법 개정안에서 이를 삭제하고 국가정보화기본법으로 이관하였다.

3) 조직(추진체계)

현재 미국의 전자정부 추진은 대통령 행정관리위원회(PMC: President's Management Council), 관리예산처(OMB) 그리고 분야별 책임관리자와 운영위원회(steering committee)의 3단계 전자국정관리(E-Governance) 구조를 갖추고 있다. 미국은 전자정부 추진의 가장 큰 걸림돌이 변화에 대한 조직의 저항이라는 것을 인식하고 행정부 최고위층의 적극적이고 지속적인 관심을 유지하기 위하여 대통령 행정관리 위원회를 최상위에 두었다. 대통령 행정관리위원회는 전자정부 사업추진에 대한 최종적인 예산지원을 결정할 뿐만 아니라 위원들은 연방정부의 전자정부 사업들의 관리책임자로 사업추진에 적극적으로 개입하고 있다.

한편 관리예산처는 전자정부 추진과정 전반을 관할하며 각 사업의 적정한 예산지원에 대해 각 부처와 지속적으로 협의한다. 이를 위해 관리예산처에 전자정부국이 신설되었으며 이제 전자정부국이 미국 전자정부 사업의 추진과정을 총괄하도록 법제화되었다. 이를 위해 전자정부국은 전자정부 사업의 네 가지 영역별로 관리책임자(Portfolio Manager)를 두고 각 영역의 사업들을 관리하고 있다. 이처럼 미국의 전자정부법은 관리예산처에 전자정부국을 신설하고 권한을 부여하였으며, 대통령실과 긴밀한 협조하에 사업을 추진하고 있다.

이에 비하여 우리의 전자정부법은 초기에 추진체계로 문서감축위원회를 구성하였다. 이후 정보화책임관협의회로 변경하였으나 활성화되지 못하고 있다가 2010년에 국가정보화기본법으로 이관되었다.[18] 2003년에 출범한 참여정부는 전자정부법과는 무관하게 정부혁신지방분권위원회 산하 위원회인 전자정부전문위원회에서 전자정부 사업을 조정하여 왔다. 2008년 출범한 이명박정부는 기존의 정보화추진위원회를 변형시켜 활용하면서 2009년 국가정보화기본법의 제정에 따라서 국가정보화전략위원회를 중심으로 정보화전략을 추진하였다. 이후 박근혜정부는 정부3.0추진위원회를 신설하여 정보화를 추진하였다. 따라서 현재 우리나라의 전자정부법에는 추진체계를 찾아 볼 수 없는 실정이며, 전자정부의 추진체계가 형해화(形骸化)할 수밖에 없는 한계를 지니고 있다.

---

18) 정보화책임관 제도는 현재 국가정보화기본법에 다음과 같이 명문화되어 있다. 제11조(정보화책임관) ① 국가기관과 지방자치단체의 장은 해당 기관의 국가정보화 시책의 효율적인 수립 · 시행과 국가정보화 사업의 조정 등의 업무를 총괄하는 책임관(이하 "정보화책임관"이라 한다)을 임명할 수 있다. ② 정보화책임관은 해당 기관의 업무와 관련하여 다음 사항을 담당한다.
1. 국가정보화 사업의 총괄조정, 지원 및 평가 2. 국가정보화 정책과 기관 내 다른 정책 · 계획 등과의 연계 · 조정 3. 정보기술을 이용한 행정업무의 지원 4. 정보자원의 획득 · 배분 · 이용 등의 종합조정 및 체계적 관리와 정보공동활용방안의 수립 5. 정보문화의 창달과 정보격차의 해소 6. 「전자정부법」 제2조제12호에 따른 정보기술아키텍처(이하 "정보기술아키텍처"라 한다)의 도입 · 활용 7. 정보화 교육 8. 그 밖에 다른 법령에서 정보화책임관의 업무로 정하는 사항

8.4 전자정부법의 개정 방향

'전자정부법'은 2001년 3월 28일 제정 · 공포된 이래, 지식정보화시대의 정부혁신과 대국민 행정서비스 향상을 위한 기본법으로서의 역할을 해 왔다(송경주, 2006). 그동안 전자정부법은 행정전자서명, 행정기관 간 정보공동활용 분야, 그리고 명칭변경과 수수료 감면 등과 관련하여 크게 네 차례 개정이 이루어졌다.

이제는 4차 산업혁명 등 행정환경의 변화에 따라 전자정부법을 전면 개정해야 할 필요성이 대두되고 있다. 현재 전자정부법은 2010년의 개정 이후에 현재까지 큰 변화를 보여주지 못하고 있다. 따라서 지능정보기술을 도입하는 지능형 전자정부에 걸맞게 다양한 정보기술을 활용할 수 있는 기반이 마련되어야 한다.

가장 최근에는 2010년 2월에 전부개정이 이루어졌다. 2017년의 개정은 전자정부의 날을 제정하기 위한 조문 하나의 개정이었다. 따라서 2010년의 개정 내용을 살펴보면 다음과 같다.

2008년 2월 정부조직개편에 따라 정보통신부의 기능 중 국가정보화기능과 정보보호기능이 행정안전부로 이관되어, 총 7건의 관련 법률의 소관 역시 행정안전부로 변경되었다. 이에 따라 정보화와 관련한 행정안전부의 기능을 보다 효율적으로 추진하기 위해, 국가정보화 부분은「정보화촉진기본법」을 중심으로, 공공분야 정보화는 일반법인「전자정부법」을 중심으로 관련 법률을 재편할 필요성이 제기되어 왔다.

2010년 전자정부법 개정은 이러한 대 · 내외적 정보환경의 변화에 부응하기 위해, 분산된 전자정부 관련 법률과 기능을 통합하여 체계적으로 정비하여, 보다 효율적으로 차세대 전자정부를 구현 · 발전시킴으로써 대민 행정서비스 개선 및 행정업무 효율화를 위한 제도적 기반을 마련하기 위해 제안된 것이다(이하 국회행정안전위원회, 2009의 부분수정). 이하에서 개정 법률의 주요 내용과 개정이유에 대하여 살펴보고자 한다.

1. 2010년 전자정부법 개정의 주요 내용

1) 관련 법률의 통합

2010년 당시의 개정안은 (그림 8-1)과 같이「정보시스템의 효율적 도입 및 운영 등에 관한 법률(ITA법)」[19]을 폐지하여 동법 제5장으로 흡수하고, 그동안 제정법으로 추진했던「행정정보

19) 동법(일명 ITA법)은 1996년 미국 정보기술관리혁신법에서 처음 사용한 용어인 정보기술아키텍처(ITA: 정보화 기본설계도)를 도입하여 활용을 촉진하고, 정보시스템 감리제도를 확립함으로써, 정보기술자원의 효율적 관리를 도모하기 위해 2005년 12월 30일에 제정되었다.

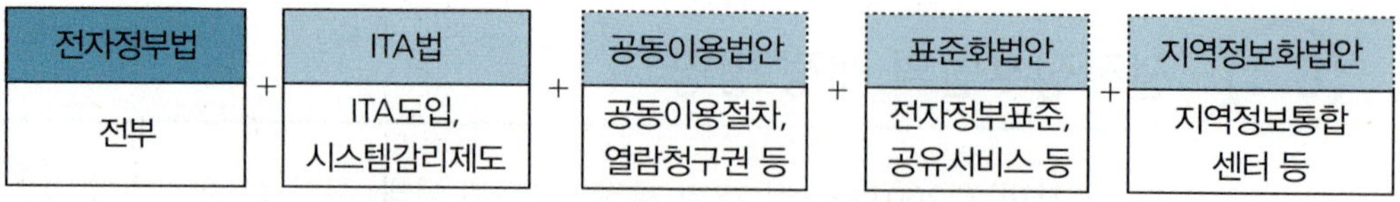

그림 8-1 2010년 개정안의 관련 법률 통합 현황

공동이용법안」, 「지역정보화법안」[20] 등의 핵심내용을 동법에 규정하여 전자정부구현과 상호 유기적으로 연결되어 있는 관련 법률을 통합 · 정비함으로써, 전자정부 추진의 효율성을 제고하도록 하였다.

2) 전자정부 관련 기능의 정비

이명박정부의 위원회 정비방침에 따라, 「전자정부서비스보안위원회」[21] 및 「문서감축위원회」를 폐지하고, 행정정보자원관리기본계획, 문서감축계획, 행정정보공동이용계획 등 세부 계획을 중장기 전자정부기본계획으로 통합하여 전자정부 관련 기능을 정비하도록 하였다.

3) 전자정부 서비스 활성화를 통한 국민편익 제고

전자정부서비스 제공시 이용자가 토론 · 건의 및 정책제안 등을 할 수 있도록 참여 폭을 확대하고, 전자정부서비스 이용실태 조사를 강화하여 중복 · 유사서비스를 지속적으로 정비함으로써, 전자정부서비스의 활성화 및 효율화를 통해 이용자의 편익을 제고하도록 하였다.

4) 행정정보공동이용의 활성화

행정정보 공동이용에 대한 절차 · 방법 및 정보보호 등에 관한 사항을 보다 구체적으로 규정하여, 공동이용의 활성화를 통한 국민편익 및 행정효율을 증진함과 동시에 이에 따른 개인정보보호 수준 역시 강화하도록 하였다.

5) 정보자원관리의 효율화 제고

각 부처의 정보자원 통합기준 및 원칙을 수립하여 중앙행정기관의 정보자원관리의 효율화를 제고함으로써, 안정적인 전자정부를 구현하기 위한 제도적 기반을 보강하였다. 개정안을 통해 중복적인 정부홈페이지의 통합 · 정비[22] 및 행정정보 공동이용의 활성화를 통해 전자정부

20) 17대 국회에서 「행정정보공동이용법안(정부제출)」, 「전자정부의 표준화 촉진 및 지원에 관한 법률안(김낙순의원대표발의)」, 「지역정보화 촉진 및 지원에 관한 법률안(양형일의원대표발의)」등 3건의 전자정부관련 제정안이 제안되었으나, 임기만료로 폐기된 바 있다.

21) 동 위원회의 기능은 유사한 형태인 정보통신기반보호위원회에서 통합 · 수행할 예정이다.

22) 정부는 2010년까지 1,637종의 중앙부처 웹사이트 중 중복성이 있는 부분을 중심으로 약 58% 감축(682종)하여 운영비 연 약 19억원을 절감할 수 있을 것으로 기대하였다.

서비스의 효율성 및 국민편익을 증진하고, 정보자원의 통합관리를 통해 전산장비 구축비를 상당 폭 절감하는 등 행정서비스의 개선 및 행정업무의 생산성이 제고될 수 있을 것으로 기대되었다.

이상의 내용을 정리하면 다음 〈표 8-2〉와 같다.

표 8-2 2010년 전자정부법 개정안의 주요내용

구분	현행	개정안
적용대상 확대	• 원칙적으로 행정기관에만 적용	• 공공기관까지 적용범위 확대
추진체계 통합	• 전자정부서비스보안위원회 • 문서감축위원회	〈폐 지〉
주요계획	• 중장기 전자정부사업계획	• 중장기 전자정부기본계획으로 변경
	• 행정정보자원관리기본계획 • 문서업무감축계획 • 행정정보공동이용계획	〈폐 지〉
전자정부 서비스	〈신 설〉	• 서비스 개발 · 제공 · 활용 기준 • 전자정부서비스 보편적 활용 추진 • 유사 · 중복서비스의 통폐합 추진
행정정보 공동이용 확대	• 공동이용 대상정보 – 행정기관의 행정정보에 한함	• 공공기관의 정보를 포함 (확대)
	• 구체적인 공동이용 절차 없음	• 공동이용 신청 · 승인 절차 등 규정
	• 행정정보공동이용센터 – 중앙사무관장기관 소속 운영	• 센터를 행정안전부에만 두도록 함
	• 공동이용에 따른 개인정보보호 – 별도의 규정 없음	• 정보주체의 사전동의 신설 • "열람청구권" 신설 • 개인정보호위원회의 심의 도입
정보자원 관리	• ITA법에서 이관	• 정보기술아키텍처(EA) 도입 • 정보시스템 감리 도입
전자정부 사업	• 전자정부사업 "성과평가"	• "성과분석 · 진단"으로 변경 • 지역정보화사업 신설
벌칙 강화	• 공동이용에 대한 벌칙 규정 – 행정정보 변경 · 말소 등 처벌	• 공동이용 관련 벌칙을 강화 – (신설)전자적체계 위조 · 변경 · 훼손 → 5년이하 징역, 5천만원이하 벌금 – (신설)비 승인된 방법으로 정보저장 → 3년이하 징역, 1천만원이하 벌금 – (벌칙강화) 행정정보 누설 등 → 벌금 1천만원을 3천만원으로 강화

2. 2018년 전자정부법 개정의 주요 방향

2018년 현재 지능정보사회의 환경에서 볼 때, 현행 전자정부법의 한계는 다음과 같은 네 가지로 정리해 볼 수 있다.

첫째는 신기술을 수용할 수 있는 법적 기반이 미흡한 점이다. 오늘날의 지능정보기술은 급속하게 발전하고 있기 때문에 클라우드 서비스, 빅데이터 및 인공지능과 관련한 새로운 기술들이 계속 등장하며 이것이 공공부문에 도입되어 행정혁신을 이루어 내어야 하지만 이러한 새로운 기술 변화를 수용하고 대응할 수 있는 법적 기반은 미흡한 실정이다. 따라서 이러한 전자정부법의 법제도적 흠결은 향후 전자정부의 지속적 발전에 장애로 작용할 수 있다.

둘째는 정책추진에 있어서 핵심이 되는 개념들 간의 중복 중첩으로 인한 혼란 이다. 이제까지 우리 정부가 사용해 온 정보화, 전자정부, 국가정보화 및 정부 3.0 등의 용어는 정보기술의 발전과 ICT산업의 발전 또는 정치지도자의 행정정보화에 대한 관심에 따라 끊임없이 진화하는 동태적이며, 상대적인 개념이다. 따라서 이러한 개념들 사이의 관계를 명확히 정립하여 법률이나 정책에 반영될 필요가 있으나 현행법상 이러한 개념들 간의 중복, 중첩으로 정책영역에서 상호 갈등이 야기되고 있다. 따라서 이러한 정보화관련 개념들에 대하여 법제도적으로 명확한 정리가 필요한 시점이다.

셋째는 전자정부 기획 · 총괄 기능의 부재이다. 과거 2000년 전자정부법의 제정 당시에 전자정부추진위원회를 구성하지 못하고 문서감축위원회로 출발하였다. 그러나 10년 이상 문서감축위원회 조차도 구성하지 못한 상태에서 전자정부가 추진되어 왔다. 따라서 이제 전자정부를 총괄할 수 있는 추진기구가 전자정부법에 명문화되어야 할 시점이다. 현재 전자정부법에 따라서 '행정기관등'이 전자정부 사업들을 추진해 나가기 위해서는 기관 간 상호 협력과 조정이 반드시 요구된다. 그러므로 사업의 중첩 및 예산 낭비 등을 막고 서비스의 상호 연계를 원활히 하려면 사업의 추진 주체들 간의 이해관계를 조정하고 유기적인 연계를 강화할 강력한 추진체계가 요망된다. 이처럼 추진주체 간의 협의와 조정 메커니즘이 바로 추진체계이며 거버넌스이다. 그러나 현재의 전자정부법에는 이러한 역할을 수행할 거버넌스에 관한 규정이 없다. 따라서 현재 행정안전부장관의 훈령으로 구성되어 있는 전자정부추진위원회를 전자정부법에 명문화하여 보다 강력한 전자정부 거버넌스를 구현하여야 한다.

넷째로 전자정부법 세부 영역의 전문화 · 고도화에 대한 입법적 대응의 비효율화이다. 정보자원관리, 공공데이터 활용, 행정정보 공동이용 등 전자정부 세부 영역이 고도화 · 전문화되면서 관련 개별 입법추진의 움직임이 있다. 이는 모두 전자정부의 일 분야로 각각 별개로 추진되어서는 안 되며 전자정부법과 일관성을 유지하면서 전자정부의 이념과 가치를 구현하여야 한다. 이러한 부분에 대한 고려 없는 전자정부관련 법령의 난립은 자칫 소모성 정책으로 인한 경쟁비용을 과다하게 지출하면서 국민들에게 혼란만을 야기할 수 있다.

따라서 2018년 현재 전자정부법의 개정안을 논의할 때에는 전자정부 개념 재정립 및 기본원칙의 수정, 그리고 전자정부 거버넌스의 구축관점에서 논의가 진행되어야 한다. 마지막으로 가장 중요한 것은 전자정부 추진 계획과 중장기 정책추진의 기본방향, 투자방향이므로 전자정부 사업들의 재원조달과 관련하여 전자정부 기금의 설치 등의 사항에 대한 보완이 필요하다.

쉬어가기

2017년 전자정부법 일부개정 내용

2017년 10월 24일

전자정부법

[시행 2017.10.24.] [법률 제14914호, 2017.10.24., 일부개정]

【제정 · 개정이유】

[일부개정]

◇ 개정이유 및 주요내용

국민에게 전자정부서비스의 우수성과 편리성을 알리고 국제적 위상을 제고하는 등 지속적으로 전자정부 발전을 촉진하기 위하여 '전자정부의 날'을 제정하려는 것임.

【제정 · 개정문】

국회에서 의결된 전자정부법 일부개정법률을 이에 공포한다.

대통령 문재인 (인)

2017년 10월 24일

국무총리 이낙연

국무위원 행정안전부 장관 김부겸

⊙법률 제14914호

전자정부법 일부개정법률

전자정부법 일부를 다음과 같이 개정한다.

제5조의3을 다음과 같이 신설한다.

제5조의3(전자정부의 날) ① 전자정부의 우수성과 편리함을 국민에게 알리고 국제적 위상을 제고하는 등 지속적으로 전자정부의 발전을 촉진하기 위하여 매년 6월 24일을 전자정부의 날로 한다.

② 국가는 전자정부의 날의 취지에 적합한 행사를 실시할 수 있다.

부칙

이 법은 공포한 날부터 시행한다.

CHAPTER 9

전자적 업무처리

이제 우리나라 공무원들은 전자보고, 전자결재 및 온라인 원격회의 등과 같은 전자적 업무처리 환경하에서 사무를 수행하고 있다. 따라서 이제까지 관행으로 굳어져 온 서면보고나 대면결재에서 탈피하여 공직사회의 효율성, 투명성 및 책임성을 전자적 업무처리를 통하여 시스템적으로 개혁할 필요가 있다. 지난 참여정부에서는 '시스템을 통한 일하는 방식의 변화'를 추구하면서 업무관리시스템을 모든 중앙부처에 확산시켰다. 또한 이명박정부에서는 스마트워크를 추진하였다. 이어서 박근혜정부는 정부 정보의 공개와 협업을 강조하였다. 따라서 이 장에서는 이러한 전자적 업무처리의 기반을 유지하는 업무처리시스템들의 내용을 살펴보고자 한다.

9.1 전자문서 유통

1. 추진배경 및 목표

우선 행정기관의 문서처리 전 과정의 전자화 흐름도를 살펴보면 (그림 9-1)과 같다.

전자문서시스템이란 문서의 기안 · 검토 · 협조 · 결재 · 등록 · 시행 · 분류 · 편철 · 보관 · 보존 · 이관 · 접수 · 배부 · 공람 · 검색 · 활용 등 문서의 모든 처리절차가 전자적으로 처리되는 시스템을 말한다. 행정기관은 전자문서시스템에서 문서를 생산하고, 정부 전자문서유통센터를 통하여 다른 행정기관과 전자적으로 문서유통을 실시하고 있으며, 전자문서시스템, 정부 전자문서유통센터, 자료관시스템, 기록관리시스템으로 역할 분담을 하여 문서의 생산,

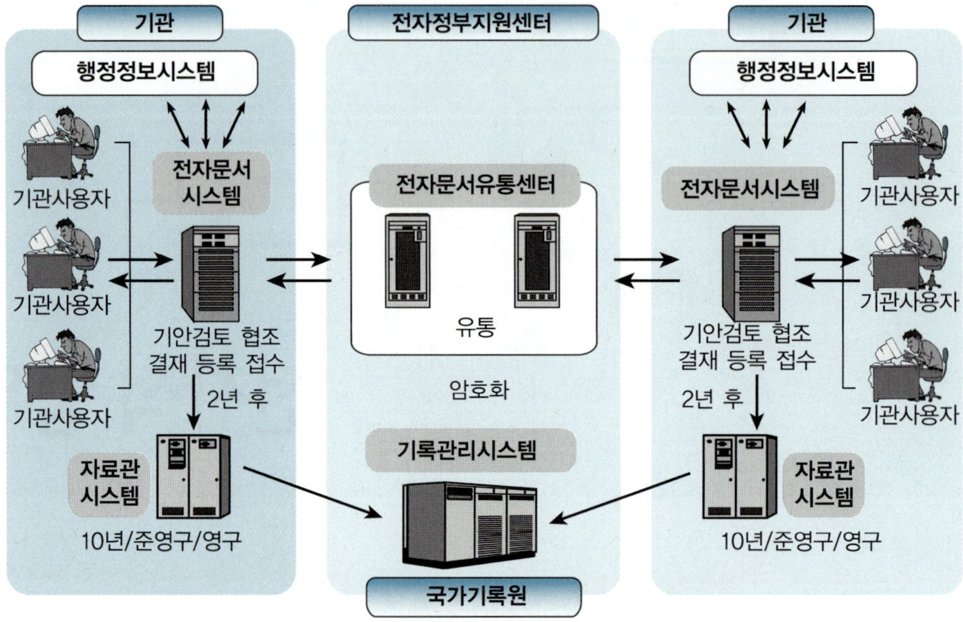

그림 9-1 문서처리 전 과정 전자화 흐름도

유통, 관리, 보존 업무를 처리하고 있다.

이 과정에서 현재 정부전자문서유통센터(Government Document Distribution Center)가 큰 역할을 담당하고 있다. 정부전자문서유통센터는 문서처리 전 과정의 전자화를 위하여 행정기관 및 공공기관의 공문서 송·수신을 전자적으로 유통하는 중계서비스와 전자문서유통시스템과 행정정보업무시스템 연계서비스를 지원하고 있다.

행정안전부(구 행정자치부)는 1998년 전자결재 및 전자문서 유통 활성화 계획을 시작으로, 1999년 5월부터 서로 다른 전자문서 시스템 간 전자문서 유통을 지원하기 위한 전자문서 표준화 작업을 추진하였다. 그리고 이러한 표준을 바탕으로 1999년 7월 중앙행정기관 간, 2001년 9월 중앙행정기관과 광역자치단체 간, 2002년 10월 중앙행정기관과 광역자치단체, 기초자치단체 간 SMTP(Simple Mail Transfer Protocol) 방식으로 전자문서 유통을 단계별로 확대 시행하였다. 그러나 이러한 SMTP 방식은 행정기관과 행정기관 간에 직접적으로 전자문서를 유통하는 방식으로 문서 송수신이 불확실하고, 문서유통 장애 발생 시 원인 파악이 어렵다는 등의 문제점을 내포하고 있었다. 이에 2001년 12월 문서의 생산부터 보존까지 문서처리 전 과정의 전자화 방안과 함께 전자문서 유통 발전 방안을 마련하기 위한 연구용역 ISP 사업을 추진하여, 행정기관의 전자문서시스템 표준 규격을 포함한 전자문서 관련 5개 표준(안)과 정부 전자문서유통센터를 이용한 전자문서 유통 발전방안을 마련하였다.

이후 연구용역 사업 결과에 따라 2002년 중앙청사에 정부 전자문서유통센터를 1단계로 구축하였으며, 2003년 대전청사에 분산백업을 위한 정부 전자문서유통센터를 2단계로 구축하여 센터를 이용한 행정기관 간 안정적인 전자문서 유통을 지원하고 있으며, 2003년 정부고속망외의 인터넷망을 사용하는 기관들을 지원하기 위하여 중앙청사에 외부센터를 추가로 구축하였다. 그리고 2002년 행정기관의 전자문서시스템 표준 규격, 행정기관 간 전자문서 유통 표준 규격, 전자문서시스템과 행정정보시스템 연계 표준을 확정 고시하였으며, 전자문서시스템 개발업체들이 표준에 따라 개발한 전자문서시스템에 대하여 2002년부터 2003년에 걸쳐 4차례 인증시험을 실시하여, e-NALA 등 14개의 새로운 전자문서시스템이 인증시험을 통과하였다.

이후 이러한 전자문서유통시스템은 고도화 작업을 지속적으로 진행하였으며, 현재 2017년말 기준으로 중앙행정기관, 시도, 시군구, 교육기관 등 2,390여 개 기관들 사이에서 전자문서유통이 실시되고 있다. 또한 조달통합시스템(G2B), 디지털예산회계시스템, 시군구행정종합정보시스템, 행정정보공개시스템 등 350여 개의 기관들 사이에서 행정정보시스템 연동이 수행되고 있다.

2. 추진과정 및 현황

전자문서유통체계 고도화 과제는 1998년부터 추진된 행정기관 간 전자문서유통과 2001년까지 추진된 문서처리 전 과정 전자화 등의 기반환경을 토대로 2003년부터 전자정부 로드맵 31대 과제로 선정되어 추진되었다. 전자문서유통체계 고도화 과제는 이와 같은 기반을 바탕으로 2004년부터 전자문서유통체계 고도화를 위한 정보화전략계획(ISP)을 수립하면서 본격적으로 추진됐으며 〈표 9-1〉과 같이 2007년까지 약 80억 원의 예산이 투입되었다(이하 행정안전부 · 한국정보사회진흥원, 2008: 48~51).

표 9-1 전자문서유통체계 고도화 과제 년도별 사업 추진 내역 (단위: 백만원)

년도	주요내용	사업기간	예산(자체)
2003년	• 정부전자문서유통센터 2단계 확충	2003.7~2003.12	(1,279)
2004년	• 정부전자문서유통체계 고도화 ISP – 유통대상 확대, 보안성 강화 등	2004.6~2004.12	338
2005년	• 정부전자문서유통체계 고도화 1단계 구축 – 표준전자문서시스템 사용 산하기관	2005.6~2005.12	1,450
2006년	• 정부전자문서유통체계 고도화 2단계 구축 – 비표준전자문서시스템 및 미사용기관 대상	2006.5~2006.12	3,475
2007년	• 정부전자문서유통체계 고도화 3단계 구축 – 보안성 · 신뢰성 확보를 위한 시스템 보완	2007.7~2007.12	1,470
총계			6,733(1,279)

1) 전자문서유통시스템 확충(2003. 7~2003.12)

2003년에는 전자문서유통시스템 확충 사업이 추진되어 기 구축된 중앙청사의 전자문서유통센터의 분산 · 백업을 통한 전자문서유통체계의 안정성을 확보하기 위해 대전청사에 정부전자문서유통센터를 구축하였다. 또한 정부고속망 이외의 독자망(또는 인터넷망)을 사용하는 기관들을 지원하기 위해 중앙청사에 외부센터를 추가로 구축하였다. 이를 통해 2003년 9월부터 본격적으로 실시된 전자문서유통체계의 안정적인 운영기반을 확보하게 되었다.

2) 전자문서유통체계 고도화 ISP(2004. 6~2004.12)

2004년에는 전자문서유통체계 고도화 과제의 내용을 구체화하기 위해 정보화전략계획(ISP)을 수립하였다. 본 사업에서는 전자문서유통대상 확대 방안과 전자문서유통체계의 안정성 확보를 위한 보안성 및 기능 강화 방안이 마련되었다.

3) 전자문서유통체계 고도화 1단계(2005. 6~2005.12)

2005년 6월부터 개방형 국제표준의 유통방식 도입 및 공공기관 시범확대를 골자로 한 전자문서유통체계 고도화 1단계 사업이 추진되었다. 기존의 MQ 방식의 유통방식을 ebMS 방식으로 전환한 전자문서유통시스템을 개발하였다. 이와 함께 전자문서유통을 희망하는 공공기관의 수요조사 결과를 반영해 표준 전자문서시스템을 사용하고 있는 80여개 기관을 대상으로 12월부터 전자문서를 시범 유통하였다. 또 전자문서유통센터 운영과정에서 발견된 지적사항을 반영해 전자문서유통 관련 표준 개정(안)도 마련하였다.

4) 전자문서유통체계 고도화 2단계(2006. 5~2006.12)

2006년 5월부터 전자문서유통체계 고도화 2단계 사업이 실시되었다. 비표준 전자문서시스템을 사용하거나 전자문서시스템을 도입하지 않은 기관들의 전자문서유통을 지원하기 위해 전자사서함이 구축되었다. 행정기관의 전자문서유통방식 역시 기존의 MQ방식에서 국제표준 개방형 방식(ebXML)으로 전면적으로 전환해 정부전자문서유통센터의 확장성은 물론 보안성, 신뢰성 등을 강화하였다.

5) 전자문서유통체계 고도화 3단계(2007. 7~2007.12)

2007년 7월부터 전자문서유통체계 고도화 3단계 사업이 진행되었다. 이 기간 동안 전자문서의 송 · 수신 사실을 객관적으로 검증할 수 있는 배달증명시스템이 구축되었다. 전자문서유통대상기관 역시 입법, 사법, 행정, 헌법기관, 공공기관 등으로 늘어났다. 배달증명시스템은 정부전자문서유통지원센터의 중계시스템을 통해 중계된 모든 전자문서에 대하여 배달증명을 위한 증적이력 정보를 생성 · 관리하고, 송신기관 및 수신기관에서는 각 기관에서 송신하거나 수신한 문서에 대한 배달증명서를 열람 · 발급하는 기능을 수행하고 있으며, 정부인증관리시스템 등과 연계되어 배달증명서를 유효기간에 따라 보관 · 관리하는 기능도 포함하고 있다.

6) DB서버 신규 도입 및 이중화 등 확충사업 수행(2009. 3~2009.8)

2009년 수행된 확충사업은 정부와 공공기관의 공문서 전자전달체계인 "정부전자문서유통시스템"의 인프라를 확충 · 이중화하고, 공공기관에 대한 문서유통의 편의성을 향상하는 등의 기능개선을 골자로 한 사업이었다. 구체적으로는 노후화되어 제 성능을 발휘하지 못하던 데이터베이스 시스템에 대한 장비 보강과 이중화를 통해 서비스의 운영능력을 개선하고 장애발생에 대비한 신뢰성을 확보했다. 또한, 공공기관은 전자문서유통 시 대표기관으로만 문서가 유통되어 지방에 위치한 지사에는 사실상 전자적 문서유통이 안되는 불편함을 해소하기 위하여, 공공기관의 부서와 지사까지도 문서유통이 가능하도록 기관코드를 다중으로 부여하는 방식으로 전환하여 범위를 확대하였다.

7) 문서유통 보안성강화 사업(2014. 7~2014.12)

2013년말에 2,000개의 기관에서 연간 1억통 이상의 공문서가 유통되었으며, 실제로 유통에서 처리하는 문서량은 Ack정보를 포함하여 표시된 문서유통량의 4배 정도이므로, 2013년 기준으로 4억 7백만건의 문서가 유통되었다. 따라서 당시 연 · 중계 서버 처리량이 시간 당 45,000건에 불과하여 송수신 지연과 잦은 재발송 문제가 나타나게 되었다. 특히 2014년 2월에 발생한 경주 마리나 리조트 폭설 사태와 관련한 중앙재난 본부장 시행공문이 지연 발송 또는 미발송됨으로 인하여 큰 문제가 야기되었다. 따라서 2014년 하반기에 문서유통 보안성 강화사업이 진행되었다.

이 사업의 결과, 병렬처리기반 환경 강화로 문서유통량 증가 시에 HW 증설이 용이해졌고, 오픈소스를 활용한 전자문서유통시스템 개편으로 특정 제품의 종속성을 제거하여 시스템 관리 예산이 절감되었다. 구체적으로는 배달증명 기능을 연 · 중계 서버에 분산 설치하여 유통 속도를 개선하였다. 또한 문서유통센터관리 서비스데스크 및 전자문서함시스템 사용자 편의기능 개선을 통하여 고객 만족도를 제고하였다.

8) 관련 법 · 제도 정비

관련 법 제도 역시 정비되었다. 기존의 「전자정부법」이 행정기관간 전자문서유통 근거만을 정의하고 있음에 따라 2004년부터 「전자정부법」과 「사무관리규정」 등 관련 법령 정비가 추진되었다. 그 결과 2006년 3월 사무관리 규정을 개정하였고, 2006년 12월에는 「전자정부법」이 개정되어 공공기관까지 전자문서유통을 확대하기 위한 근거와 행정전자서명의 공공기관 확대 적용을 위한 근거가 마련되었다. 이어서 2010년 9월에는 전자정부법의 개정 시에 '행정기관의 전자문서시스템 규격'과 '정부전자문서 유통 표준' 등을 현실에 맞게 개정하였다.

3. 기대효과

전자문서유통체계 고도화 과제의 주요 성과를 살펴보면, 우선 이용활성화 측면에서 전자문서유통 서비스가 행정기관에서 공공기관까지 확대됨으로써 공공기관과의 전자적 문서유통이 가능해져 업무처리 능력이 크게 개선되었다. 또한 국제표준 유통방식(ebXML) 적용과 정부전자문서유통센터 이중화 등으로 신속 · 정확하고 안정적인 전자문서유통이 가능해졌다. 또한, 배달증명시스템 구축을 통해 송수신 이력에 대한 위 · 변조 방지 및 객관적 처리이력과 검증자료 제공 등으로 송수신 처리에 대한 신뢰성이 확보되어 송수신 부인에 따른 분쟁을 해소하고 기관 간 안정적인 전자문서 수 · 발신체계가 확립되었다.

전자문서유통체계 고도화의 성과를 각종 지표로 살펴보면, 2017년 12월 현재 2,390개 기관에서 전자문서유통 서비스를 이용하고 있다. 이와 같이 정부 전자문서 유통체계를 고도화하여 행정기관뿐만 아니라 공공기관, 민간기관까지 전자문서 유통을 확대하였다. 이에 따라서 기존에 1~2일 소요되던 문서유통 시간이 수분 내로 단축되어 행정 효율성이 제고되고, 사용자 편의성을 향상하는 한편 행정 비용을 절감할 수 있게 되었다. 또한 전자문서 유통 기반기술에 개방형 국제표준을 적용하여 공공기관 및 민간기관까지 안정적인 전자문서 유통을 지원할 수 있는 체계를 마련하였다. 특히 배달증명시스템의 구축으로 향후 전자문서 유통의 신뢰성이 강화될 것으로 기대된다.

9.2 기록물보존관리 체계

1. 추진배경 및 목표

국가기록원은 체계적인 국가기록물 관리체계 확립을 위하여 「공공기록물 관리에 관한 법률(이하 기록물관리법)」의 제정과 기록물 관리의 정보화를 추진해 오고 있다. 2003년에 관련 법령이 2004년 1월부터 전면 시행에 들어감으로써 문서의 생산 · 보존 및 활용을 전자적으로 관리해야 할 필요성이 대두되었다. 그 일환으로 각급 기관 자료관에 자료관시스템[1]을 도입하여 (그림 9-2)와 같이 처리과(전자문서시스템) → 자료관(자료관시스템) → 전문 관리기관(기록보존시스템)으로 이어지는 국가기록물관리시스템 체계를 구축하였다.

1) 자료관 또는 특수 자료관에서 기록물의 수집 · 보존 · 활용 · 이관 · 정보공개 청구 접수 등 기록 관리를 전자적으로 수행하는 시스템으로 해당기관의 전자문서시스템으로부터 전자 문서, 종이문서 등 모든 기록물을 이관 받아 체계적으로 관리 활용한다. 관련규정 : 2007년 7월 전부개정 이전 「공공기관의 기록물관리에 관한 법률 시행령」 제2조.

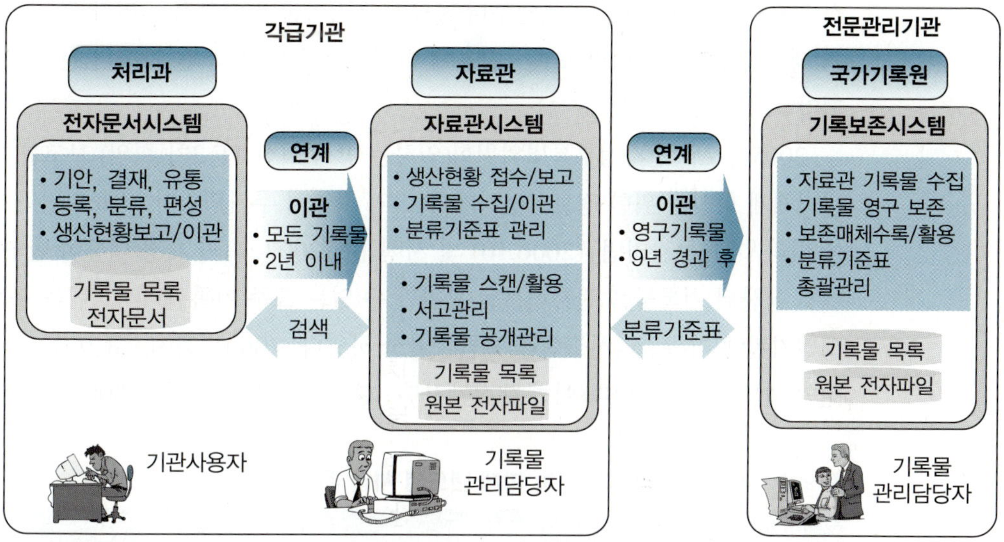

그림 9-2 기록물관리 정부처리 흐름도

사업 추진체계는 국가기록원이 표준규격, 확산방안, 인증 등 자료관시스템 구축과 관련된 제반 규정을 마련하고, 자료관 설치대상 기관이 자료관 단위에서 해당 기관의 기록물을 전자적으로 관리할 수 있도록 시스템을 도입한 것이다.

자료관시스템은 국가 중요 기록물에 대한 보존관리 체계 개선, 행정투명성 확보 그리고 국민의 정보공개 · 열람에 대한 신속한 대민서비스 제공, 기록관리 업무 능률 향상 등을 위하여 추진하였다. 전자문서시스템에서 생산된 등록정보, 전자문서 관리 및 분류 기준표 적용 등의 기록물 관리업무가 기존 수작업 체계로는 불가능하고, 각급 기관 사물함 및 전산장비에 방치되어 활용이 불가능한 종이 및 전자 기록물들은 관리의 책임성이 모호하여 소멸의 위험성이 높아졌기 때문이다.

그러므로 종이 · 전자 문서가 한 권의 기록물철에서 관리되어야 하고, '처리과 ↔ 자료관 ↔ 기록보존시스템'까지 전자적으로 추적할 수 있는 관리체계를 구축하여 원본성과 진본성을 유지함으로써, 국정투명성의 확보, 행정의 책임성 및 효율성을 강화할 수 있는 기록자치 기반 구축이 필요하게 되었다. 또한 국민의 알권리 요구 급증에 따라 정보공개 체제를 지원할 수 있는 시스템이 필요하고, 기록물 생산현황 관리, 내용요약 및 분류, 원본의 매체수록, 유한문서 폐기 등 복잡하고 반복적인 자료관 업무를 자동화 · 표준화 및 간소화 할 수 있는 기록물 관리방법이 필요하게 되었다.

2. 추진과정 및 현황

기록물 관리체계 구축 과제는 전자정부 로드맵으로 선정될 당시 「기록물관리법」 시행규칙 개정(2003)으로 2004년 1월 1일부터 공공기관 기록물의 전자적 처리가 의무화됨에 따라 문서의 생산단계뿐만 아니라 보존 · 활용에 이르는 기록물 관리 전 과정의 전자화를 목표로 추진되었다.

2005년 7월 전자정부특별위원회(일하는 방식 혁신 TF 3차 회의) 보고를 통해 국가 기록관리체계 혁신을 위한 정보화전략계획(ISP) 사업이 추가되었다. 정보화전략계획(ISP) 결과에 따라 「기록물관리법」(2006.10) 및 시행규칙(2007. 4)의 개정 내용이 반영되어 업무과정에서 생산된 기록물을 전자적으로 보관할 수 있는 표준 기록관리시스템을 구축하고 각 중앙행정기관에 기록관리시스템을 보급 · 확산 하였다. 2007년까지 〈표 9-2〉와 같이 약 290억원의 예산이 투입되었다(이하 행정안전부 · 한국정보사회진흥원, 2008: 56~59).

표 9-2 기록물 관리체계 구축 과제 년도별 사업 추진내역 (단위: 백만원)

년도	주요내용	사업기간	예산(자체)
2003년	• 자료관 표준규격 개발 및 인증(17개 제품)	2003.11	–
	• 중앙부처 자료관시스템 시범구축	2003.12~2004.5	1,100
2004년	• 중앙부처 자료관시스템 보급완료 – 56개 중앙행정기관 및 132개 특별행정기관	2004.10~2004.12	12,808
2005년	• 기록관리시스템 혁신 ISP	2005.9~2006.2	865
2006년	• 기록관리시스템 표준모델 구축 및 시스템간 연계 추진	2006.7~2006.12	1,801
	• 기록관리시스템 연계 및 고도화	2007.7~2007.12	1,540
2007년	• 국가기록통합검색체계 구축 및 연계확대	2007.12~2008.5	1,346
	• 기록관리시스템 중앙부처 확산	2007.10~2007.12	(9,500)
합계			19,460(9,500)

1) 자료관시스템 보급 · 확산(2003.12~2004.12)

2002년 자료관시스템 시범적용을 통해 2003년 자료관시스템 표준규격이 개발되었다. 이를 토대로 2003년 12월부터 5개월간 국가보훈처, 통일부, 산업자원부, 중소기업청 등 4개 기관을 중심으로 자료관시스템이 시범 구축되었다. 2004년 10월에는 56개 중앙행정기관과 132개 특별행정기관을 대상으로 본격적인 자료관시스템이 설치 · 보급되었다. 2005년 12월까지 기관 자체 도입 등을 통해 지방자치단체, 교육청 등 582개 기관(총 708개 기관)에 보급되어 처리과(전자문서시스템) → 기록관(자료관시스템)을 통하는 국가 기록물 관리체계의 전자적 기반이 마련되었다.

2) 기록관리혁신을 위한 ISP(2005. 9~2006. 2)

기록관리체계 구축 과제는 시대적 환경 변화에 따라 모든 공적 기록을 기록화하여 책임행정을 구현하고, 업무과정에 기반한 전자기록관리체계 구축을 통해 행정의 투명성을 확보하는 것은 물론, 기록정보의 공개 및 활용을 확대해 국민의 알권리를 증진할 목적으로 변경이 추진되었다. 이를 위해 기록관리 전 과정의 프로세스 혁신 방안과 업무기반의 기록관리시스템 구축방안 마련을 위해 당초 추진 예정이었던 '자료관시스템과 국가기록원시스템 간 연계 구축사업'이'기록관리시스템 혁신 정보화전략계획(ISP) 수립'사업으로 변경 · 추진되었다.

이 과정에서 기존의 기록물분류체계와 정부기능연계모델(BRM)과의 통합 방안이 마련되었으며 업무과정에 기반한 전자적 기록관리가 가능하도록 프로세스 및 기능이 재설계되었다. 이를 기반으로 각급 기관에서 범용적으로 적용할 수 있는 기록관리시스템 표준 모델(기록관리 기능 및 문서보존 포맷) 등이 제시되었다.

3) 기록관리시스템 표준 모델 구축 및 시스템 간 연계(2006. 7~2006.12)

2006년도에는 정보화전략계획(ISP) 수립결과를 반영해 각급 기관에서 범용적으로 활용할 수 있는 표준 기록관리시스템이 개발되었다. 또한 정부기능연계시스템과의 연계가 완료됐으며, 기존 전자문서시스템과 자료관시스템의 연계 API를 활용해 전자문서시스템과 기록관리시스템 간 연계 기능이 구축되었다.

업무관리 · 전자문서시스템으로부터의 기록물 인수, 기록물 보존, 공개재분류, 폐기심사 등 기록물 평가, 영구기록관리시스템으로의 이관, 검색 · 활용 등이 가능한 표준시스템 개발로 기록물체계 혁신을 위한 기반시스템이 마련되었다.

4) 기록관리시스템 연계 및 고도화(2007. 7~2007.12)

'기록관리 유관시스템 연계 및 고도화'사업을 통해 업무관리시스템, 중앙영구기록관리시스템, 통합정보공개시스템, 전자서명 장기검증시스템 등 타 유관시스템과의 연계가 추진되었다. 또한 업무관리시스템과 전자문서시스템 간 통합을 대비해 주요 서식변경사항 반영, 기관별 다양한 환경에 적합한 기록관리시스템 구현, 기록관리기준표 관리기능 변경, 시범운영 과정을 통해 나타난 사용자 요구사항 반영 등 기존 기능에 대한 고도화가 진행되었다. 중앙부처 확산을 대비해 행정자치부, 건설교통부, 해양경찰청, 문화재청을 대상으로 한 시범운영도 병행 추진되었다.

5) 국가기록 통합검색 체계 구축 및 연계 확대(2007.12~2008. 5)

국가기록 통합검색 체계 구축 사업은 표준 기록관리시스템 보급이 완료된 각급 기관의 기록관리시스템과 중앙 영구기록관리시스템이 연계된 나라기록정보 통합검색 기능을 구축해 기록관련 정보를 한 곳에서 편리하게 검색 · 활용할 수 있는 범국가적 단일창구 서비스 제공을 목적으로 2008년 5월까지 추진하였다. 이를 위해 국가기록 통합검색에 필요한 메타데이터를 추출해 온톨로지(Ontology) 기반의 메타데이터 저장소(MDR : Metadata Registry)와 국가통합 검색서비스를 제공하기 위한 국가기록통합검색시스템을 구축하였다.

6) 중앙영구기록관리시스템(Central Archives Management System, CAMS) 운영(2015)

중앙영구기록관리시스템(Central Archives Management System, CAMS)은 우리나라 공공기록물 관리를 총괄 지도 · 감독하는 기관인 국가기록원에서 중앙부처와 특별지방행정기관 등 174개 공공기관의 10년 이상 장기 보존이 필요한 전자기록물 기록관리를 전자적으로 수행하는 시스템이다. 2015년부터는 「공공기록물법」에 따라 10년 이상 장기 보존이 필요한 중앙부처와 특별지방행정기관 등 174개 기관의 전자기록물이 본격적으로 국가기록원으로 이관됐다. 이관은 물리적 이송 없이 네트워크를 통해 해당 부처에서 국가기록원의 중앙영구기록관리시스템(CAMS)로 단기간에 이뤄졌다.

7) 클라우드 활용을 통한 차세대 전자기록관리체계(2015년~현재)

국가기록원은 2017년부터 차세대 전자기록관리체계 모델을 재설계하는 방향을 모색하고 있다. 이것은 클라우드, 빅데이터 등 정부 업무환경의 변화에 따라 전자기록 수집대상을 확대하고 지능형 기록서비스 도입, 정부 기록관리 기관 역할 재정립, 기록관리 법 · 제도 재편 등의 내용을 포함하는 것이다. 구체적으로는 클라우드, 디지털포렌식, 인공지능 음성인식 등 최첨단기술을 기록관리 분야에 적극 응용하고 활용하고자 하는 것이다.

이 가운데 가장 대표적인 분야는 클라우드의 활용이다. 국가기록원은 클라우드 기술을 기록관리에 적용하기 위해 2015년 전환 검증 정보화전략계획 수립(ISP)을 추진한데 이어, 2016년에 클라우드 기록관리시스템(Cloud Record Management System: CRMS)을 개발하여 행정안전부를 대상으로 시범 운영하여 왔다. 이러한 클라우드 기록관리시스템(CRMS)은 부처별로 구축 · 운영되던 기존의 기록관리시스템(RMS)을 개선한 통합형으로, 여러 부처가 협업하면서 공동으로 결재한 문서를 기록으로 관리하거나, 클라우드 기록관리시스템 내에서 타 부처 기록물을 검색 · 활용할 수 있다. 그러므로 이를 통하여 국가정보자원관리원에 위치한 범정부 클라우드 인프라를 사용하여, 정부조직 개편에 따른 신규 구축 등에 빠르게 대응할 수 있게 되었다.

8) 관련 법 · 제도 정비

기록물 관련 법 · 제도는 기록관리체계의 혁신 요구에 부응하고 변경 내용들에 대한 법적 근거 마련을 위해 법령이 정비되었다. 1999년 1월 '공공기관의 기록물관리에 관한 법률'(법률 제5709호)이 제정되고, 2000년 1월부터 시행되었다. 이어서 2006년 10월「공공기록물 관리에 관한 법률」로 전면 개정 · 공포됐으며, 2007년 4월부터는 시행령이 마련되어 적용되었다. 개정된 주요 내용을 살펴보면, 우선 기록물의 관리범위가 공공기관에서 생산 · 접수한 기록물뿐만 아니라 국가적으로 보존할 가치가 있거나 공공성이 높은 민간기록물까지 확대되었다. 또한 종이기록 보존이나 업무결과만을 관리하던 관행에서 벗어나 업무 전 과정의 기록을 전자적으로 관리 · 활용할 수 있는 선진 기록관리체계로 전환하기 위한 내용을 담고 있으며 기록정보의 공개 · 열람 확대를 지향하였다.

이어서 2012년 3월 21일 일부 개정되어 2012년 7월 1일부터 시행되었다. 이 법률에 따르면 공문서뿐만 아니라 회의록, 비공식보고서, 비밀기록, 메모노트까지도 보존대상에 포함시켜 국정의 입안단계부터 최종종결까지 전 과정을 사후에 규명할 수 있도록 하였다.

3. 기대효과

기록관리시스템의 본격적인 중앙행정기관 확산은 2008년 11월까지 부처 자체적으로 추진되었다. 1차적으로 중앙행정기관에 대해 예산이 확보된 52개 기관은 2007년까지 확산이 완료되었고, 2차로 2007년도 예산을 확보하지 못한 4개 기관(청와대경호실, 외교통상부, 법무부, 국가정보원)도 2008년 11월까지 완료하였다. 지방자치단체의 경우는 중앙행정기관 확산이 완료된 후 2009년부터 순차적으로 보급하였다.

2009년부터 지방자치단체 등에 단계적으로 확산되어 기록물의 생산에서 보존까지의 전 과정이 전자화되면서, 국가 중요 기록물의 멸실 및 고의 유실을 방지할 수 있는 것은 물론 국가 중요기록물을 안전하게 보존 · 활용할 수 있는 토대가 마련되었다. 이러한 공공 업무의 철저한 기록화는 투명하고 책임성 있는 행정 구현에 기여하게 되었다.

이러한 기록물 관리체계 시스템의 구축 효과는 다음과 같이 정리할 수 있다.

우선 공개 기록물을 국민에게 즉시 제공할 수 있는 서비스 기반이 마련되어 국민의 알권리 증진과 함께 언제 어디서든 원하는 기록물을 인터넷 등에서 편리하고 쉽게 검색할 수 있게 함으로써 대국민 서비스 역시 향상될 것으로 기대된다.

그동안 업무 결과만을 종이문서 위주로 기록 관리하고, 업무와 무관한 기록분류체계를 운영하던 관행에서 벗어나, 전자적 업무관리 추세에 맞추어 정부기능분류(BRM)에 기반하여 업무 및 기록분류 체계를 확립하고, 업무처리 전 과정에서 생산된 기록물을 시스템적으로 철저히 기록 관리하게 되었다.

이어서 비공개 기록물에 대한 주기(매5년)적인 재분류를 통해 적극적으로 기록물의 공개를 수행하고, 기록물의 검색 · 활용 기능을 강화함으로써 공무원들이 언제든지 편리하게 기록물을 업무에 활용할 수 있도록 하고, 국민들에게는 다양한 기록정보 서비스를 제공하게 되었다. 또한 종이문서 중심의 비효율적인 프로세스를 업무과정과 연계하여 기록관리가 자동화될 수 있도록 개선하고, 국제표준에서 제시하는 전자기록의 4대 기준인 진본성, 무결성, 신뢰성, 이용성을 강화하였다.

따라서 공적행위의 철저한 기록화로 책임행정이 구현되고, 행정기록 및 데이터의 신속한 활용으로 업무생산성 및 품질이 제고되는 등 공무원에게는 정부의 일하는 방식 혁신에 기여할 수 있게 되었고, 국민들에게는 공적기록의 철저한 보존 및 공개, 기록물의 다양한 지식정보 제공 등으로 알권리를 보장할 수 있는 기반을 구축하였다.

9.3 정부업무관리시스템(온－나라 시스템)

현재 대한민국의 거의 모든 중앙부처와 많은 지방자치단체들이 업무처리를 위하여 정부업무관리시스템을 사용하고 있다. 이것은 지난 참여정부에서 청와대 업무관리스템(e-지원)을 바탕으로 하여 정부의 일하는 방식을 혁신하고자 개발된 것이다. 정부업무관리시스템(온－나라)은 행정기관의 업무에 대한 문서 작성 · 검토 · 결재 · 등록 · 공유 · 공개 등 문서처리의 모든 과정을 기록 · 관리하는 전자결재시스템을 포함한다.

1. 추진배경 및 목표

정부업무관리시스템은 정부기능연계시스템과 업무관리시스템을 통칭하는 것이며, 2004년 8월부터 11월까지 '정부업무관리시스템 구축을 위한 BPR/ISP사업'을 완료하고, 2005년 2월 행정자치부에 통합행정혁신추진단(이후 국정과제실시간관리추진단으로 명칭변경)을 구성하면서 본격적인 사업 준비를 시작하였다.

2005년 3월 업무관리시스템 구축을 위한 토론회를 청와대에서 개최하였고, 청와대에서 먼저 추진된 e-지원시스템의 기본 개념을 반영하여 행정기관의 환경에 맞는 업무관리시스템을 구축하여 행정자치부에 우선 적용하고 시범부처를 대상으로 검증한 후 전 부처와 자치단체로 확산하는 것으로 방향을 잡게 되었다.

이에 따라서 2005년부터 2006년 봄까지 다섯 개의 중앙행정기관[2]을 대상으로 하여 시범 실시하였고, 2006년말까지 48개 모든 중앙부처에 업무관리시스템이 확산되었다(윤길준, 2006: 84~92).

2) 기획예산처, 과학기술부, 건설교통부, 해양경찰청 및 대통령경호실

2. 추진과정 및 현황

1) 업무관리시스템의 주요 내용

업무관리시스템 사업의 영역은 (그림 9-3)과 같이 크게 업무관리시스템, 기능연계시스템, 고객관리시스템, 성과관리시스템 등 4가지로 구분된다.

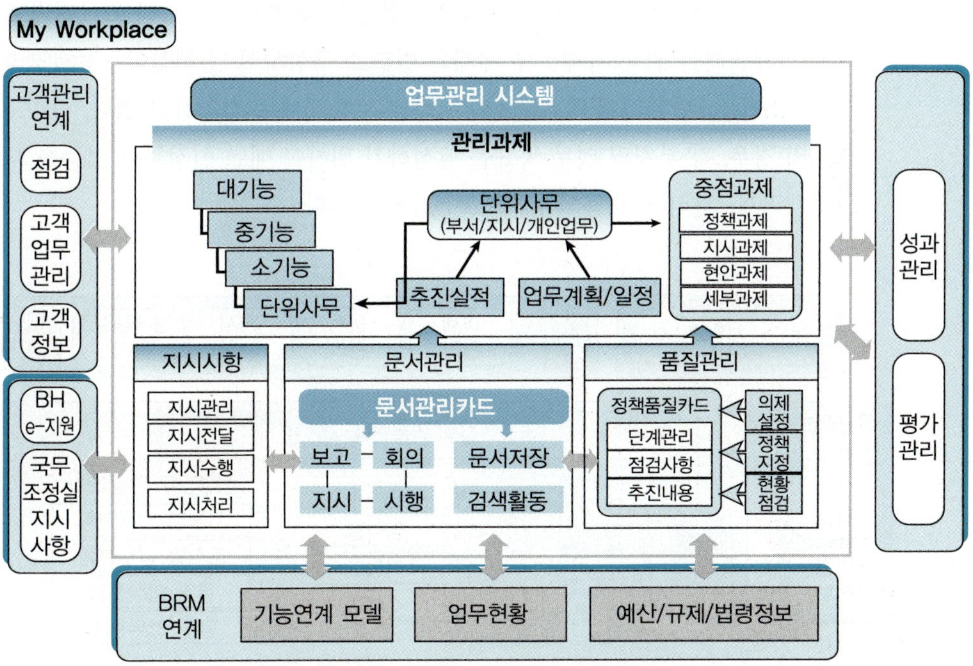

그림 9-3 **업무관리시스템 개념도**

(1) 업무관리시스템

업무관리시스템은 현재 각 행정기관에서 결정사항 위주의 일하는 방식을 기록관리의 측면으로 개선하여 업무의 진행과정을 공유하고 정책의 의사결정 과정을 그대로 남겨두고자 하는 사상을 가진 시스템이다. 이 시스템을 통하여 주요 정책과제와 업무를 실시간으로 처리하고 실적을 관리할 수 있게 되었다.

이를 위해 업무관리시스템은 정부기관의 업무처리 전 과정을 과제관리카드 및 문서관리카드 등을 이용하여 전자적으로 관리함으로써 정부의 업무처리 절차를 표준화하고 체계화하는 시스템이다. 따라서 표준화된 업무관리카드를 통하여 실시간으로 업무의 조회가 가능하고, 업무실적과 진행상황의 공유가 가능해졌다. 이로 인해 기억에 의존해서 과거의 업무수행 과정을 반복하던 것에서 언제라도 과거에 수행한 업무 전 과정을 참조할 수 있게 행정환경이 변화하므로, 사람이 바뀌어도 경험과 지식이 고스란히 남아있어 시스템적으로 업무의 인수인계가 가능해졌다.

(2) 기능연계시스템

정부기능을 분류하고 그 기능연계모델(BRM: Business Reference Model)을 구축하여, 전 중앙행정기관의 단위사무별 기본정보와 유관정보를 조회할 수 있도록 인프라를 제공하는 시스템이다. 이 기능연계시스템은 업무관리시스템의 기본이 되며, 여러 기관과 관련된 단위사무의 정보를 얻을 수 있게 되었다.

이 시스템은 (그림 9-4)와 같이 정부의 업무를 기능별로 그리고 목적별로 분류하고 있다. 즉 과제관리를 위해 과제분류 체계를 별도로 구성하여 '정책분야–정책영역–대기능–중기능–소기능–단위과제'의 6레벨의 기능별 분류체계로 정의하고 있다. 그리고 목적별 분류체계의 경우, 각 부처의 업무 목표를 달성하기 위하여 매년 설정하는 기능을 '비전–정책목표–이행과제–관리과제' 등의 4레벨로 분류하고 있다.

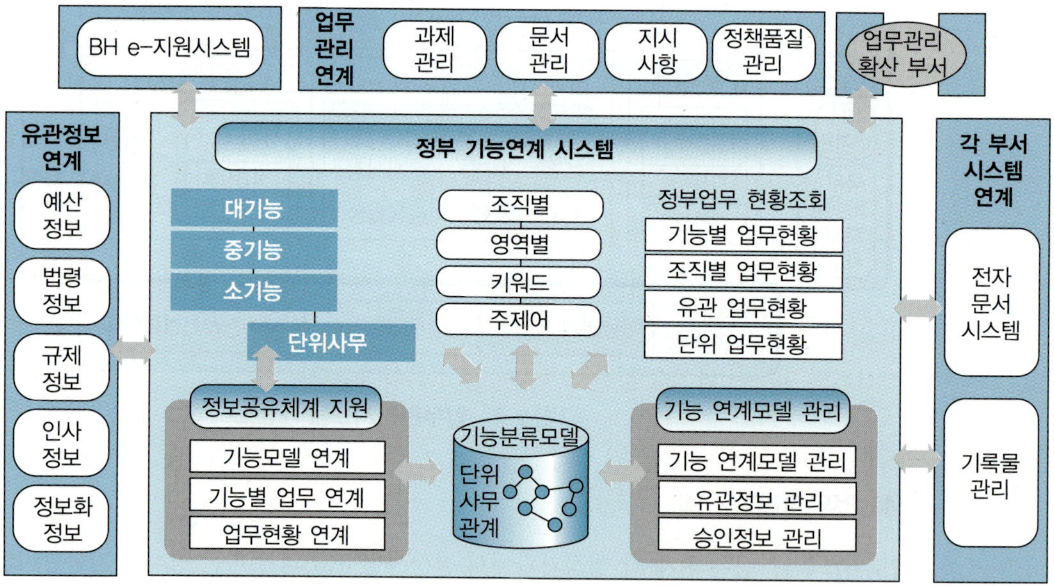

그림 9-4 정부기능연계시스템 개념도

행정자치부 내부에서는 단위사무별 기능분석을 위하여 각 단위사무 담당자별로 프로세스 절차도를 작성하였고 그 결과를 단위사무의 기본정보로서 활용하며, 본 사업에서 기능연계시스템에 중앙행정기관의 정보를 모두 담아 범정부적으로 활용할 수 있게 제공하고 있다.

(3) 성과관리시스템

기존 연공서열 위주의 평가에서 벗어나 성과위주의 평가를 위하여 BSC를 도입하였고, 선행 사업으로 BSC개념에 기초하여 전략체계도를 도출하고, 조직별(본부단위) 성과지표를 개발하는 컨설팅 용역을 추진하였다. 따라서 사업준비 과정에서 BSC 기반의 성과관리를 위한 토대를 행정자치부 조직 내에 마련해 두고, 그 자료를 시스템에 구축하는 절차를 밟음으로써 이행과정을 단축하여 추진하였다. 또한 (그림 9-5)와 같이 팀단위 전략체계도와 성과지표를 마련하였고 평가체계를 구축하였다.

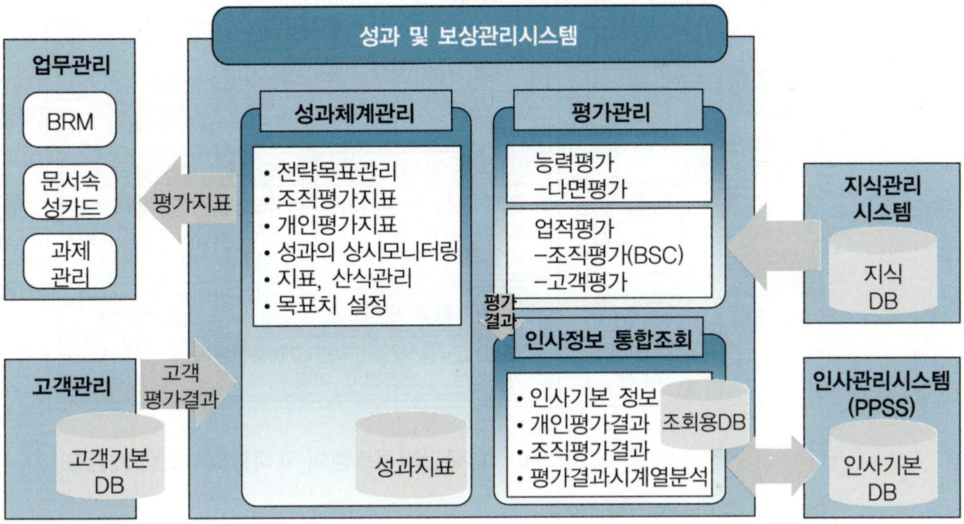

그림 9-5 성과관리시스템 개념도

따라서 업무관리시스템의 문서관리카드 사용실적과 내용충실도, 고객 만족도 조사결과 등을 실시간으로 성과관리시스템에 축적하여 성과를 상시 모니터링하여 조직의 목표달성 정도를 실시간으로 확인할 수 있게 되었다. 더불어 다면평가시스템을 추가로 개발하여 조직평가는 BSC 성과지표에 의하여 평가하고, 개인평가는 다면평가에 의하여 평가할 수 있도록 평가체계를 구성하였다. 최종적으로 개인은 본인의 모든 평가결과를 열람할 수 있고, 관리자는 하위조직의 평가결과와 그 구성원의 평가결과를 열람할 수 있게 되었다.

(4) 고객관리시스템

일방적인 서비스에 지나지 않았던 행정업무에 고객이라는 개념을 도입하여, 업무별로 정책수립 과정을 자문해 줄 수 있는 정책고객, 일반민원을 요구하는 전 국민 대상의 일반고객, 업무처리를 위하여 접점을 갖게 되는 업무고객 3가지로 분류하여 관리한다. 고객 접점업무에 대하여 (그림 9-6)과 같이 고객관계관리시스템(CRM)을 도입하여 관리대상 업무를 선정하고 그 서비스의 업무흐름도(Work Flow)를 구축하여 업무처리 과정을 자동화하는 것이다. 이로 인해 고객만족도를 조사하여 그 결과가 성과시스템에 실시간으로 반영되게 되었다.

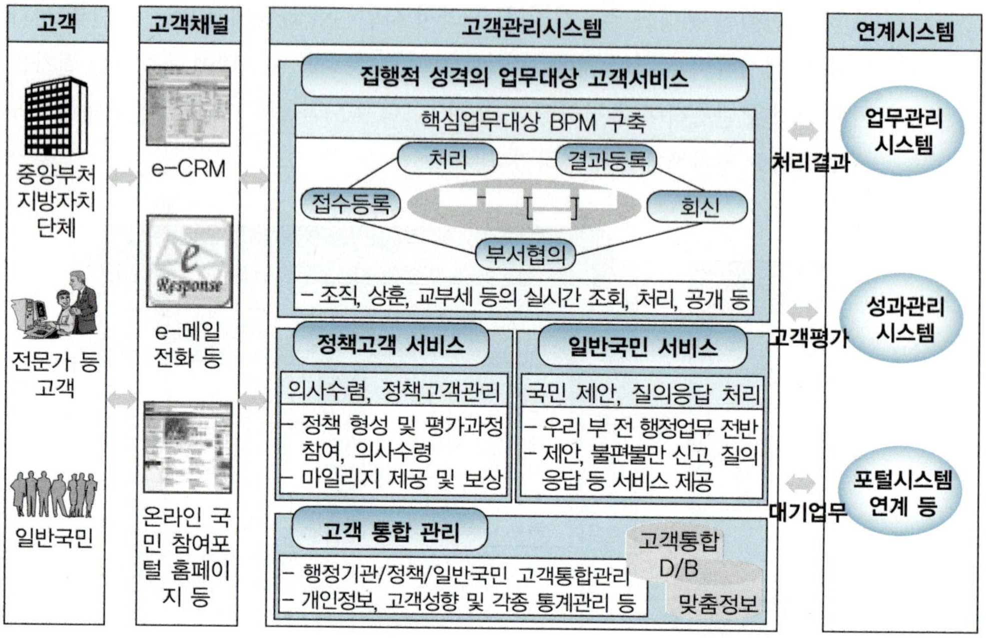

그림 9-6 업무관리시스템의 고객관리시스템 개념도

2) 추진과정

정부업무관리시스템은 〈표 9-3〉과 같이 2004년부터 2007년까지 약 357억원의 예산을 투입하여 시스템 개발, 보급, 확산 등 3단계에 걸쳐 추진되었고, 2007년 1월 55개 중앙행정기관에서 시스템을 오픈하였다(이하 행정안전부 · 한국정보사회진흥원, 2008: 148~149).

표 9-3 정부업무관리시스템 과제 년도별 사업 추진내역 (단위: 백만원)

년도	주요내용	사업기간	예산
2004년	• 정부업무관리시스템 BPR/ISP → 정부기능연계모델(BRM) 과제와 통합 추진	2004.8~2004.11	978
2005년	• 정부업무관리시스템 구축(표준시스템 개발)	2005.5~2005.12	6,243
	• 정부업무관리시스템 시범부처 적용	2005.12~2006.3	2,310
2006년	• 온라인 정부업무관리시스템 확산	2006.7~2007.5	13,750
2007년	• 온-나라 이용활성화를 위한 연계 상세설계 및 통합방안 연구	2007.5~2007.9	1,113
	• 온-나라 시스템 고도화 구축	2007.12~2008.7	11,279
총계			35,673

(1) 정부업무관리시스템 BPR/ISP 수립(2004. 8～2004.11)

2004년 8월부터 3개월간 정부업무관리시스템 구축을 위한 업무재설계 및 정보화전략계획(BPR/ISP) 수립이 추진되어 청와대 업무관리시스템인 e-지원시스템의 문서관리시스템과 과제관리시스템을 기반으로 하는 정부업무관리시스템 표준 모델이 마련되었다. 이와 함께 대기능(190여개), 중기능(660여개), 소기능(3,600여개)으로 구성된 정부기능연계모델(BRM)도 도출되었다.

(2) 정부업무관리시스템 개발 및 시범부처 적용(2005. 5～2006.3)

2005년 3월에는 e-지원시스템 기반의 업무관리시스템 구축으로 과제내용이 구체화되고 행정자치부에서 시범 구축하도록 결정됨에 따라 모호한 상태로 남아 있던 국정과제 실시간관리 과제가 구체화되었다.

행정자치부는 이에 따라 정부업무관리시스템 구축을 추진하기 위한 실무조직으로 통합행정혁신추진단을 구성하고 행정자치부 정부업무관리시스템인 하모니(Hamoni : Harmonized Model of New Innovation, 통합행정혁신시스템)를 구축하여 2005년 7월 시범 개통(10월 전면 개통)하였다.

그리고 2005년 12월에는 부처 확산을 위한 정부업무관리시스템 구축을 위한 표준 업무관리시스템과 기능 표준을 제시하였으며, 표준 업무관리시스템을 중앙행정기관에 확산하기 전에 대통령 경호실, 기획예산처, 과학기술부, 건설교통부, 해양경찰청 등 5개 부처에 시범 적용하였다. 이와 함께 정부기능연계시스템도 병행 개발되어 정부업무관리시스템의 업무관련 기준정보를 제공하고, 서비스 중심의 정부기능 분류체계 표준을 통해 정부자원의 효율적 관리기반을 마련하였다.

(3) 온라인 정부업무관리시스템 확산(2006. 7～2007. 5)

시범운영 결과를 바탕으로 2006년 3월 국무회의에서는 그해 12월말까지 전 중앙행정기관에 표준 업무관리시스템을 확산 · 보급하기로 한 '중앙행정기관의 온-나라 시스템 확산 계획'이 보고되었다. 전 부처 확산을 성공적으로 추진하기 위해 행정자치부와 국무조정실, 중앙인사위원회, 법제처, 한국정보사회진흥원 등 관련기관으로 구성된 '국정과제실시간관리추진단'이 발족되어 기존 시스템을 고도화한 업무관리시스템 표준 모델을 개발해 중앙행정기관에 설치하고 2007년 1월부터 55개 부처에서 서비스를 실시하였다.

(4) 온-나라 이용활성화를 위한 연계 · 통합방안 연구 및 시스템 고도화 구축 (2007. 5～2008. 7)

시스템 오픈 후 사용자들의 요구와 의견 등을 분석한 결과, 외부 기관으로의 문서 시행을 위해서는 기존 전자문서시스템을 병행해서 사용해야 하는 번거로움에 대한 사용자 불만이 제기되었다. 이에 따라 전자결재시스템과의 관계 정립 및 통합이 이슈로 대두되었고, 결국 두 시스템의 통합에 대한 대통령 지시사항에 따라 2007년 4월부터 5개월간 온-나라 시스템과 전자문서 결재시스템 통합 및 범부처 공통시스템과의 연계 방안에 대한 연구용역이 수행되었다. 그 결과를 바탕으로 2007년 12월부터 2008년 7월까지 온-나라 시스템 전자문서시스템과의 통합 및 범정부 유관시스템과의 연계를 위한 온-나라 시스템 고도화 사업이 추진되었다.

주요 내용으로는 전자문서시스템의 기능을 온-나라 시스템에 수용하여 문서의 작성, 처리, 발송, 접수, 공유 전 과정을 온-나라 시스템에서 통합 수행할 수 있도록 전자문서시스템의 기능을 통합하고, 개별 기관별로 온-나라 시스템을 기관 특성에 맞게 커스터마이징하여 기관 사용자들에게 맞춤형 서비스를 제공하는 방향으로 추진되고 있다. 범정부 시스템들과의 연계는 온-나라 시스템을 중심으로 계획 수립과 이후의 업무 수행 및 이에 대한 평가에 이르기까지 중앙행정기관의 주요 활동이 연계될 수 있도록 추진하였다.

(5) 온-나라시스템 시군구 확산 사업(2010~2012)

정부는 2010년에 서울시, 합천, 경기 광주 · 하남 그리고 2011년에 수원시, 고흥군 등에 온-나라시스템의 시군구확산을 시도하였다. 이어서 2011년 하반기에 시군구용 온-나라시스템의 시군구확산 사업을 시작하였다. 이러한 시군구용 온-나라시스템은 시군구의 전자문서시스템이 노후화함에 따라 중앙부처에 적합하도록 개발된 통합 온-나라시스템을 시군구 실정에 맞게 개선 · 보급하여 행정의 효율성, 협업기반 구축, 차후 정보시스템 유지보수비를 절감하겠다는 것이었다. 따라서 부평구, 양평군, 청주시 등 16개 기관에 자치단체용 슬림형 온-나라시스템을 구축하였다.

(6) 개방형 클라우드 기반의 온-나라시스템의 고도화 및 확산(2015년~현재)

현재 공직사회에서는 세종청사 이전 등으로 업무 장소에 구애받지 않고, 다양한 장소에서 보다 쉽게 공유 지식에 접근하여 개인 업무의 생산성을 향상시킬 수 있는 환경에 대한 요구가 높아졌다. 따라서 우리 정부는 정부 클라우드 구현으로 공무원 개인의 일처리 방식을 혁신하고, 부처 간 협업 및 융합 행정을 혁신하여 이후 대국민 서비스 혁신의 기반 마련하기 위하여 범정부 클라우드 정책을 추진하고 있다. 이 가운데 온-나라시스템은 정부 업무처리의 기관 시스템으로써, 업무 표준화 · 체계화를 위한 핵심이 되므로, 범정부 클라우드의 빠른 정착을 위해 가장 먼저 클라우드로 전환할 필요가 있었다.

따라서 〈표 9-4〉와 같이 온-나라 클라우드 전환을 지속적으로 추진하여 왔으며 지속적으로 클라우드 기반 온-나라시스템 고도화 사업을 통하여 중앙의 26개 기관을 대상으로 각 기관별로 보고서 및 문서를 저장 · 보관하는 기존방식에서 통합저장소(클라우드)에서 공동기안 · 결재가 가능하도록 하는 사업을 추진한 이후에 2019년까지 전 중앙부처에 확산할 계획이다.

표 9-4 온-나라 클라우드 전환 사업

구분	1차 사업 ('15.8.20.~'16.3.31.)	2차 사업 (계약일 ~ '17.3.31.)	비고
온-나라 클라우드 전환	• 온-나라 클라우드 전환 재개발 및 시범기관 적용 – 행자부, 국무조정실/국무총리실, 18개 위원회 적용 • 신규기능 개발 – 공유 · 협업 기능(기관간 메모, 의견모음, 부서블로그, 과제블로그, 자료취합) 보강	• 온-나라 클라우드 기관 확산 – 클라우드 온-나라 시스템 이용기관 확대(17개 기관) – 클라우드 온-나라 시스템 운영 및 기능개선	(1차)개발 → (2차)확산
기록관리 클라우드 전환	• 클라우드 기반의 기록관리 전환검증 및 설계	• 클라우드 기반의 기록관리 개발 및 시범적용	(1차)검증 → (2차)개발
클라우드 공통기반 구축	• 클라우드 공통기반 개발 – PaaS, SaaS 기반에서 구동되는 클라우드 플랫폼 구축 – 클라우드 통합계정 체계로 전환	• 클라우드 공통기반 기능 개선 및 적용 확대	(1차)개발 → (2차)기능 개선
클라우드 저장소 구축		• 공직자용 클라우드 저장소 구축, 온-나라 확산과 연계하여 보급 확대 추진	(2차)개발 · 확산

(7) 관련 법 · 제도 정비

온-나라시스템의 도입과 활용에 따르는 법과 제도의 정비는 우선 사무관리 규정의 개정에서 시작하였다. 기존의 「사무관리규정」에서는 전자서명이 날인된 문서만을 공문서로 규정하고 있어, 온-나라 업무관리시스템의 문서관리카드는 정책결정권자가 의사를 결정해서 대내 · 외적으로 확정하는 공문서로 보기에는 근거 규정이 미약한 상태였다. 이에 따라 2006년 3월 29일 「사무관리규정」을 개정함으로써 행정자치부 및 시범부처의 문서관리카드가 공문서로 인정될 수 있도록 함과 아울러, 온-나라 업무관리시스템에 관한 근거 규정을 두었는데, 그 개정된 내용은 다음과 같다.

첫째, 새로운 「사무관리규정」에서는 각 행정기관의 장으로 하여금 업무처리의 전과정을 효율적으로 관리하기 위하여 업무관리시스템을 구축 · 운영하도록 하는 의무를 부과하였고, 행정자치부장관으로 하여금 업무관리시스템의 구축 · 운영을 지원하기 위한 계획을 수립 · 시행할 수 있도록 하였다.

둘째, 업무관리시스템에는 과제관리카드와 문서관리카드 등이 포함되도록 하였다. 과제관리카드는 행정기관의 소관업무를 기능 및 목적 등의 기준에 따라 구분하여 업무처리 과정에 따라 관리할 수 있도록 구성되고, 문서관리카드에는 기안한 내용, 의사결정과정에서 제기된 의견 · 수정된 내용 및 지시사항, 의사결정내용 등이 기록 · 관리될 수 있도록 구성되도록 하였다.

셋째, 문서관리카드는 결재권자의 전자문서서명 및 처리일자의 표시에 의한 결재가 있음으로 공문서로써 성립하고, 과제관리카드 및 문서관리카드는 공공 기관의 기록물관리에 관한 법령이 정하는 바에 따라 관리하도록 하였다.

넷째, 행정기관의 장은 효율적인 업무관리를 위하여 업무관리시스템을 행정 정보 시스템 및 그 밖의 정부 기능분류 관련 시스템과 연계 · 운영하도록 하고, 온-나라 업무관리시스템으로 관리한 업무실적 등을 효과적으로 활용하도록 하였다.

다섯째, 행정자치부장관으로 하여금 온-나라 업무관리시스템 관련 규격표준 및 유통 표준 등을 정하여 이를 관보에 고시하고 인터넷에 게시하도록 하고, 각 행정 기관의 장은 특별한 사유가 없는 한 행정자치부장관이 정한 표준에 적합한 온-나라 업무관리시스템을 사용하도록 하였다.

3. 기대효과

온-나라 시스템은 2016년 12월말 기준으로 총 284개 기관에서 사용되고 있다. 구체적으로는 47개의 중앙행정기관 및 위원회, 16개 시도 및 202개의 시군구 그리고 19개의 기타 위원회에서 근무하는 공무원들이 활용하고 있다. 이를 통해 개인별 · 기관별로 이루어지던 행정업무 처리의 전 과정이 표준화, 통합화, 시스템화 되었으며, 업무에 대한 계획과 실적이 자동으로 축적되는 것은 물론 정부내 의사결정과정을 전자적으로 관리함으로써 불필요한 일은 줄이고 보다 효율적으로 일할 수 있게 되었다.

온-나라시스템 도입으로 기안자 · 중간관리자 및 결재자 등 정책결정에 참여하는 모든 계층의 의견이 기록되며, 표준화된 문서관리카드와 과제관리카드에 의해 업무 추진실적을 실시간으로 관리할 수 있는 온라인 정책결정 프로세스가 확립되었다. 또한 정부기능연계시스템과 연계된 정부의 기능을 기능별, 목적별로 분류하여 체계적으로 관리할 수 있게 되었다.

또한 각 부처의 온-나라 시스템, 국무조정실의 국정관리시스템 및 청와대의 e-지원 등과 연계될 경우 정책의제 및 국정과제 관련 자료를 실시간 조회함으로써 의사결정과 동시에 대통령의 재가 및 국무위원들의 부서가 전자적으로 이루어짐에 따라 정책결정의 속도와 질을 크게 향상시킬 것으로 기대되었다. 그 결과 궁극적으로는 행정효율성 제고 및 대국민서비스의 질을 높일 수 있게 되었다.

9.4 스마트워크 활성화 추진

지난 2010년 이명박정부는 전자적 업무처리의 새로운 영역으로 스마트워크 활성화 추진 전략을 발표하였다. 스마트워크는 전자정부 사업의 하나로 시행되었으며, 저탄소 녹색성장이라고 하는 시대적 흐름과 행정기관의 세종시 이전에 부합하였기 때문에 지속적으로 사업이 추진되어 왔다. 이 내용을 간략하게 살펴보면 다음과 같다.

1. 추진배경 및 목표

정부는 업무생산성의 향상, 저출산 · 고령화 대비, 저탄소 녹색성장 등 국가사회 현안의 해결을 위한 방안의 일환으로 스마트워크 활성화를 추진하고 있다. 스마트워크는 IT를 활용하여 시간과 장소에 구애받지 않고 언제 어디서나 일할 수 있는 선진화된 근무방식을 총칭한다. 이는 단순히 근무장소의 유연화만을 의미하지 않고, 일하는 방식 및 근무문화의 선진화까지 포함한다는 점에서 기존의 원격근무와는 다르다.

정부는 2010년 7월 20일, '스마트워크 활성화 전략' 대통령 보고회를 통해 스마트워크의 비전을 (그림 9-7)과 같이 제시하고, 이를 실행하기 위한 전략을 마련하였다(심덕섭, 2010). 정부는 2015년까지 전체 근로자의 30%가 스마트워크를 할 수 있는 환경을 조성하여 스마트코리아를 구현할 것을 선포하였다. 이러한 추진 전략은 현재 정부의 업무처리 환경이 급속하게 클라우드 활용으로 변모함에 따라서 이에 대응하여 진행되고 있다.

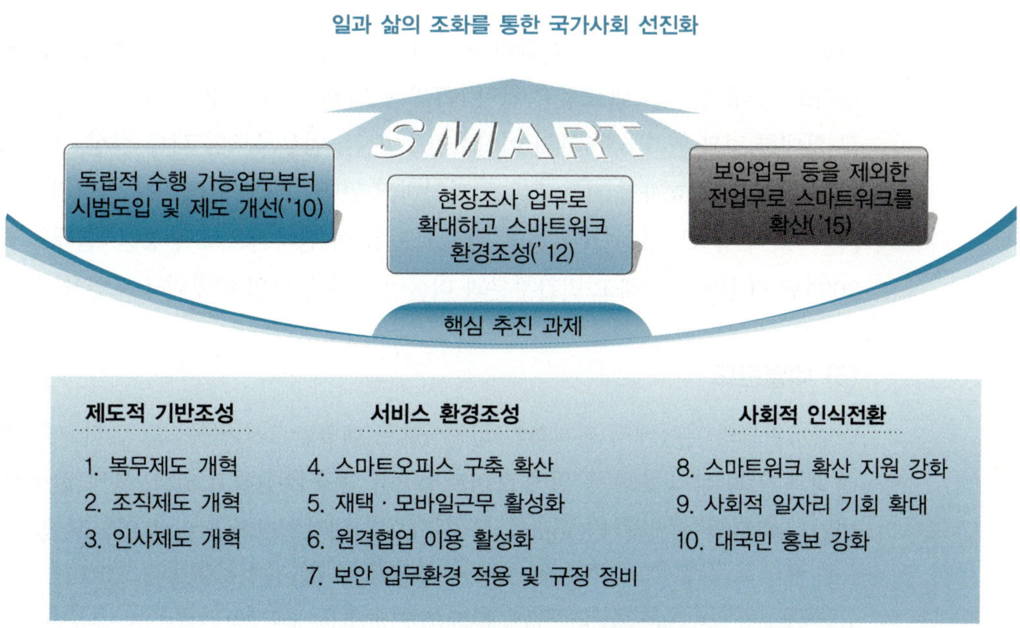

그림 9-7 스마트워크의 비전과 전략

그리고 2012년부터 16개 중앙부처가 세종시로 이전하였고[3], 147개 공공기관이 혁신도시로 이전하였기 때문에 향후 스마크워크 수요는 대폭적으로 증가할 것으로 예상된다.

이를 위해 정부는 우선 공공부문이 스마트워크를 선도하여 성공사례를 만든 후, 이를 바탕으로 전 국가사회로 스마트워크를 확산하는 계획을 추진하였다. 스마트워크센터 구축, 클라우드 컴퓨팅 도입, 디지털 협업 등 스마트워크 인프라구축과 함께 유연근무제, 성과평가 및 복무제도 등 스마트워크를 뒷받침하기 위한 제도를 개선하고, 교육 · 홍보 등을 통해 스마트워크에 대한 인식도 확산시켰다.

2. 국내외 추진현황

1) 해외 스마트워크 현황

(1) 미국

미국의 경우 비상대응체제 확보의 수단으로 공공부문의 스마트워크 촉진에 주력하고 있다. 특히 캘리포니아 지진과 뉴올리안즈 허리케인 재난 시에 공무원들의 출근이 불가능해졌을 때 스마트워크를 통한 업무활동이 그 진가를 발휘하였다. 따라서 미국은 2010년 12월에 연방정부 공무원의 원격근무를 촉진하기 위해 '텔레워크 촉진법(Telework Enhancement Act of 2010)'을 제정하였다. 이에 따라 연방정부 공무원의 62%가 원격근무가 가능하게 되었으며, 2011년에 15만 명이 원격근무에 참여하는 것을 목표로 하였다.

(2) 일본

일본은 민간부문 스마트워크 관련 비즈니스 활성화를 위해 수요창출 정책을 우선적으로 시행하고 있다. 일본의 대표적 기업인 NTT는 2008년부터 재택근무를 실시하여 전 임직원으로 확대한 결과 연간 6.75톤의 이산화탄소 저감, 업무창조성 71% 향상, 가족과의 의사소통 71% 향상 등의 효과를 거둔 것으로 파악하고 있다. 공공부문에서는 텔레워크 추진 관계성청(총무성, 후생노동성, 경제산업성, 국토교통성)이 산학관으로 구성된「텔레워크 추진포럼」을 2005년 11월에 설립하고 민간부문과 더불어 정부 부문의 텔레워크 도입을 추진하고 있다.

(3) 네덜란드

스마트워크의 분야에서 세계적인 성공사례로 네덜란드가 인용되고 있다. 네덜란드는 저탄소 정책과 '일과 삶의 조화'를 위해 스마트워크를 적극 추진하고 있다. 특히 전국 약 100여 개의 민간 스마트워크 센터가 'Double U' 재단으로 네트워크화 되어 운영되고 있으며, 스마트 워

3) 중앙부처의 경우, 2012년에 6개, 2013년에 6개 및 2014년에 4개 등이 단계적으로 세종시로 이전하였기 때문에 출장수요 및 장거리 출퇴근 등에 대한 지원이 필요한 실정이다.

크를 모범적으로 수행하는 기관을 대상으로 인센티브를 부여하고 있다. 현재 네덜란드는 전체 사업체 중 49%가 원격 근무제도를 운영하고 있으며, 500인 이상 기업 중 91%가 원격근무를 운영할 정도로 스마트워크가 보편화되어 있다.

(4) 시사점

앞에서 살펴본 세 나라에서 스마트워크 활성화를 위한 정책의 시사점을 도출하면 다음과 같다. 첫째, 미국의 경우 스마트워크 도입과 확산을 위한 대통령의 지속적 관심이 중요하게 부각된다. 텔레워크가 가장 급속히 성장했던 클린턴 행정부에서는 대통령이 각 부처에 직접 텔레워크 추진을 독려하고 보고와 지시를 함에 따라서, 당시에 엘고어 부통령이 이끈 NPR의 강력한 실행계획에 따라서 텔레워크가 활성화될 수 있었다.

둘째, 일본의 경우 민간부문에 세제혜택을 통한 활성화 지원이 중요하다. 총무성은 2005년 '원격근무 인구 배증 계획'을 수립하고, 2010년까지 원격근무자 비율을 취업인구 대비 20%로 확대하는 정책을 추진하였다. 이 과정에서 총무성은 민간부문 원격근무 도입 촉진을 위해 관련 설비투자에 대한 지원책으로 "원격근무 환경정비세제"를 제정하였다. 또한 후생노동성은 원격근무자 권익 보호를 목적으로 노동법과 관련하여 원격근무 도입 및 시행을 위한 가이드라인을 제정하였다.

셋째, 스마트워크 도입과 확산을 가장 단시일 내에 성공적으로 추진한 네덜란드의 사례에서는 민관협력을 참조할 필요성이 있다. 네덜란드는 2007년 12월을 기준으로 전 사업체의 49%가 원격근무를 실시하였다. 또한 최근에는 스마트워크센터(SWC)에 원격근무, 영상회의, 금융 및 복지시설 등을 완비하여 집과 회사의 장점을 복합한 제3의 공간으로 창조하여 생활 및 업무방식을 혁신적으로 변화시키고 있다. 이처럼 네덜란드의 스마트워크센터가 매우 발달할 수 있었던 것은 정부와 민간이 공동으로 설립한 재단(Double U Foundation)을 통해 스마트워크센터로 인증해 주는 제도에 도움을 받았기 때문이다.

2) 국내 스마트워크 추진 현황

(1) 스마트워크 인프라 구축

행정안전부(구 행정자치부)는 주거지 인근 또는 교통요지에 IT 기반의 원격업무시스템을 갖추어 지식근로 활동에 필요한 사무공간을 제공하는 스마트워크센터를 구축하여 운영하고 있다. 스마트워크센터는 도심의 사무실과 동일한 사무환경을 제공함으로써 업무몰입도 유지 및 복무관리에 용이하고, 휴게실 등 편의시설도 구비하고 있다. 2010년에는 서울의 도봉과 경기도 분당센터를 개소한데 이어, 2011년에는 수도권을 중심으로 8개의 센터(서초, 고양일산, 수원, 부천, 인천남구 등)를 추가로 구축하여 운영하였다. 2017년 현재에는 17개 광역자치단체에 모두 스마트워크 센터가 개설되었으며, 이와는 별도로 수도권 13개(도봉, 고양, 부천, 서울청사, 연풍문, 국회, 서울역, 구로, 서초, 잠실, 과천청사, 수원, 분당), 세종특별자치시 2개가 운영 중이다.

정부는 스마트워크의 전 부처 확산에 앞서 시스템작동, 근무여건 등에 대한 문제점을 발굴 · 개선하기 위해 스마트워크 센터를 시범 운영 하였으며, 현재는 전 부처의 스마트워크 문화 정착을 위해 노력중이다.

스마트워크센터는 시범운영에 대한 만족도 조사결과 응답자의 84.3%가 센터근무에 만족한다고 답변하였으며, 83.6%는 동료에게 스마트워크를 권하겠다고 답변하였다. 또한 스마트워크센터에서 지속적으로 근무한다면 업무수행 및 일과 삶의 균형에 도움이 될 것이라는 응답이 85.1%로 나타나는 등 스마트워크에 대해 높은 만족도를 보였다(성욱준, 2013b).

이와 함께 스마트폰, 태블릿 PC 등 모바일 기기를 활용하여 시간 · 장소에 관계없이 모바일 이동근무를 할 수 있는 환경도 구축 중이며, 2011년 하반기부터 현장 행정업무 수행 및 전자메일 등에 대한 서비스도 제공하고 있다. 또한 개인별 PC가 아닌 정부통합전산센터의 중앙서버에 접속하여 언제 어디서나 일할 수 있도록 하는 클라우드 컴퓨팅 기반의 스마트오피스 환경(G-Cloud)도 구축하였다. 더 나아가 모든 사람이 한자리에 모일 필요 없이 원거리에서도 효율적으로 협업할 수 있도록 디지털 행정협업시스템 등도 추진하였다.

(2) 스마트워크 문화 확산

스마트워크를 국가 전체적으로 확산 · 활성화하기 위해 관계부처가 참여하는 '스마트워크 추진협의회'를 구성하여 운영 중이며, 스마트워크 활성화를 위한 민 · 관 협력을 강화하기 위하여 관련전문가 및 업체 등이 참여하는 '스마트워크 포럼'을 창립하여 스마트워크 민간 확산을 위한 정책제언, 기술개발, 수요창출, 비즈니스 모델개발, 대국민 홍보 등을 추진하고 있다.

또한 스마트워크 인식 제고를 위해 공공부문에서는 중앙공무원교육원, 농업연수원 등에 스마트워크 교과목을 개설하고, 사이버교육 콘텐츠도 개발하였다. 그리고 민간부문의 스마트워크에 대한 인식개선과 정책홍보를 위해 각종 세미나 · 컨퍼런스 등에서 스마트워크관련 정책을 소개 · 홍보하고 있다.

3) 관련 법제도 정비

스마트워크의 국가사회 확산을 위한 스마트워크 촉진 법안이 2012년에 의원발의 되어 국회 미래창조과학방송통신위원회에 회부되었으나 제정은 불투명한 실정이다. 공공부문이 선도적으로 스마트워크를 도입하고, 유연근무제 활성화 및 대면 중심의 조직문화 개선을 위해서는 공무원 복무제도 및 성과평가제도 등이 개선되어야 한다. 이에 따라서 정부는 2011년 7월에는 스마트워크의 공공부분 확산을 위해 국가공무원 복무규정에 '유연근무제'의 직접적인 근거 명시 및 불이익 금지조항을 신설하고 같은 해 9월 성과평가지침 개정을 통해 제도적 기반을 견고히 하였다. 또한 2013년 3월에는 성과평가지침에 소속 직원의 삶의 질과 업무 효율성 제고를 위하여 4급 이상의 관리자가 직원의 스마트워크 활성화 책임을 반드시 개인 성과목표로 설정하도록 하는 등의 활성화 노력을 지속하고 있다. 또한 스마트워크 적합 직무 발굴을 위하여 2011년 5월에 1차 직무분석을 실시하여, 행정안전부, 고용노동부, 국세청 등 3개 부처(3,602명)에 대한 스마트워크 직무적합도 시범분석을 완료하였다. 이어서 지속적으로 30개 중앙부처 1만 2,000여명 대상으로 직무분석을 확대 실시할 계획이다(성욱준, 2014).

3. 기대효과

1) 추진일정 및 소요예산

정부는 2010년부터 스마트워크 활성화 추진정책을 위하여 구체적으로 스마트오피스 구축 및 확산, 원격협업 이용활성화 등의 사업에 2015년까지 약 1,312억원의 예산 투입을 추진하였다.

표 9-5 스마트워크 활성화 추진전략 및 소요예산

(단위: 억원)

추진과세	세부 과세	'10	'11	'12	'13	'14	'15	계
1. 스마트워크센터 구축 및 확산	공공부문 스마트워크센터 선도 구축	12	18	26	52	83	83	274
	서비스 지속운영 환경조성	2	4	10	10	10	10	46
	글로벌 스마트워크센터 허브		5	5	5			15
2. 모바일워크도입 및 활성화기반마련	모바일 행정업무 환경		35	37	37	37	37	183
	모바일 대국민 · 기업 행정서비스		40	46	46	46	46	224
	재택 · 원격근무 장비지원		10	10	10	10	10	50
	모바일 서비스 공동기반 마련		30	30	30	30	30	150
3. 디지털 협업 이용 활성화	통합 커뮤니케이션 체계 구축		10	10	10	10	10	50
	공공부문 영상회의		20	20	20	20	20	100
4. 보안 업무환경 적용 및 규정 정비	공공부문 서비기반 컴퓨팅		15	20	20	20	20	95
	서버기반 컴퓨팅 연구개발		10	10	10	10	10	50
5. 복무제도 개혁 6. 조직제도 개혁 7. 인사제도 개혁	스마트워크 제도 개선		2	2	2	2	2	10
	직무분석, 실태파악 및 성과분석		4	5	5	5	5	24
8. 민간부문 스마트워크 확산을 위한 지원 강화			4	4	4	4	4	20
9. 스마트워크 기반의 사회적 일자리 기회 확대			2	2	2	2	2	10
10. 일하는 방식 선진화를 위한 대국민 홍보			3	2	2	2	2	11
합계		14	212	239	265	291	291	1,312

2) 기대효과

정부는 스마트워크의 활성화 정책 추진을 통하여 다음과 같은 다양한 효과를 거둘 수 있을 것으로 기대하고 있다.

① 사회간접 비용 절감

출퇴근 거리 감소, 협업 시스템에 의한 원거리 출장 대체로 인해, 교통, 환경 및 에너지 등 사회간접에서 상당한 비용절감 효과를 기대하고 있다.

- 1인당 사무공간 감소(41%): 22 m^2(6.655평)에서 13 m^2(3.9325평)
- 1인당 전기소모량 감소(40%): 550 kwh에서 330 kwh로 감소

② 업무생산성 향상

스마트워크센터 근무 시, 기존의 자택과 출장지 등에서 수행했던 제한된 행정업무(전자결재, 문서유통 등)의 처리 한계를 극복하여 업무생산성의 향상을 기대하고 있다.

- 기존 재택/이동 근무대비 70% 이상
- 실감형 영상회의 도입으로 의사소통 75% 개선, 업무생산성 68% 향상, 문제해결 소요시간 58% 단축, ICT지원 77% 감소

③ 행정서비스 향상

모바일 원격 근무를 통해 조직 및 개인 간에 활발한 의사소통 및 빠른 의사결정 수단을 제공할 수 있다.

- 민생현안 발생 시 신속히 현장을 방문하여 문제점을 파악하고, 정책 의사 결정에 즉시 반영하는 등 행정서비스 향상

④ 시장확대를 통한 기업의 해외진출 지원

스마트워크 관련 글로벌 시장이 확대되고 있으나, 국내 기업의 해외진출은 저조한 실정이다. 특히 대기업과 달리 중소기업의 경우, 글로벌 네트워크 부족 및 해외시장에서 낮은 인지도와 신뢰성으로 해외진출에의 어려움이 있다. 따라서 정부가 스마트워크 활성화 정책으로 스마트워크 관련 글로벌 시장을 주도할 수 있도록 글로벌 협력 조직 구성, 국제 표준화 선도, 국내 중소산업체의 해외시장 진출 및 홍보 지원 방안을 제시할 예정이다.

생각해 볼 문제들

1. 행정정보시스템의 문서화 필요성과 포함되어야 할 내용을 설명하시오. 제40회 행정고시(1996)

2. B2G(Business to Government)의 등장배경, 의의, 기능, 향후 정책방향을 서술하시오. 제44회 행정고시 (2000)

쉬어가기

정부 액티브 X 드디어 걷어낸다.... 전자결재시스템 올해 100% 클라우드로 전환

중앙정부 전자결재시스템이 연내 100% 클라우드 환경으로 전환된다.

행정안전부는 클라우드 기반 '온-나라 문서 2.0' 구축 사업을 올해 말까지 마무리한다고 25일 밝혔다. 부처와 위원회 등 42개 기관이 대상이다. 온나라 문서 2.0 구축 사업이 정부 혁신 과제에 포함되면서 완료 시기가 1년 앞당겨졌다. 지금까지 행안부와 산업통상자원부, 소방청을 비롯해 20개 정부 부처가 시스템 구축을 마쳤다. 정부는 상반기에 6개 부처, 하반기에 16개 부처 구축 사업을 마무리한다. 4차산업혁명위원회, 일자리위원회 등 19개 위원회도 시범 적용하고 있다. 경기도 포천시는 지방자치단체 가운데 유일하게 구축 사업에 동참했다.

온나라 시스템은 문서 작성 · 검토 · 결재 · 등록 · 공유 · 공개 등 행정기관 문서 처리 과정을 기록 · 관리하는 전자결재시스템이다. 2.0은 클라우드 기반 서비스로 진화된 형태다.

정부 부처가 시스템을 도입하면 정부 통합저장소에서 공동 기안 · 결재가 가능해진다. 소속 부처 내에서만 보고하거나 결재하던 방식과 달리 업무 연관성이 있는 타 부처와도 보고서, 문서 등을 공유할 수 있다. 부처 · 지자체 간 소통과 협업이 가능한 개방형 업무 환경도 마련된다.

온나라 시스템은 '액티브 X' 등을 없앤 웹 표준 환경으로 바뀐다. 특정 운용체계(OS)나 브라우저에 국한되지 않도록 한다는 구상이다.

공문 본문도 기존의 한글(HWP) 파일을 사용하지 않는다. 국제표준 워드파일 형식 'ODT'를 쓴다. ODT는 오픈소스 오피스 프로그램에서 다룰 수 있는 포맷이다. 마이크로소프트(MS)오피스의 DOCX나 한컴오피스 HWP에도 대응한다. 개방형 문서 포맷으로 생산, 특정 소프트웨어(SW) 종속에서 벗어나 공공 기록 보존성을 확보할 계획이다.

클라우드 전환에 따라 노후장비 교체 비용도 60% 이상 줄어든다. 장비 교체 시기를 5년으로 계산하면 257억원 절감 효과가 발생한다. 행안부는 통합 검색 시간은 절반이 단축되고, 업무 생산성은 60% 향상된다고 설명했다.

부처가 신설돼도 별도 장비 구축 없이 서비스 이용이 가능하다. 부처당 장비 구축에만 평균 3억 5000만원이 들고, 데이터베이스(DB) 이관 비용도 5000만원 수준이다.

시스템 운영 · 관리는 국가정보자원관리원이 맡는다. 서버와 스토리지는 대전센터에 뒀다.

행안부 관계자는 "온나라 문서 2.0 도입으로 부처 간 협업과 정보 공유가 가능해졌다"면서 "정책이나 제도 시너지가 극대화되도록 시스템 안정화에 주력할 것"이라고 말했다.

자료: (전자신문, 2018년 3월 25일).

CHAPTER

10

전자적 민원행정서비스

행정정보의 공개 및 공유는 오래전부터 많은 나라에서 행정업무의 핵심으로 자리 잡아 왔다. 이러한 정보의 공개와 공유가 디지털 환경에서 전자정부 시스템 구축과 결합되어 완전히 새로운 국면을 맞이하고 있다. 최근에는 미국과 영국 등도 정부가 보유하고 있는 행정정보를 모두 공개하는 방향으로 전자정부 사업을 추진하여 왔다.

특히 우리나라는 지난 10여년간 인터넷을 활용한 전자적 민원행정서비스 구축 사업을 지속적으로 추진하여 왔다. 이 사업은 지난 2000년에 민원서비스시스템(Government for Citizens: G4C) 구축 사업으로 시작되어 되었다. G4C시스템은 국민들이 민원처리를 위해 직접 관청의 민원창구를 방문하여 처리하던 기존의 방식을 인터넷이 되는 곳이면 어디서나 전자적인 민원창구를 이용하여 민원처리를 할 수 있도록 주요 행정기관의 시스템들을 연계시키는 사업이었다.

이로 인해 국민들이 민원처리를 위해 관청을 방문하는 횟수를 최소화하는 등 행정서비스의 질을 향상시킬 수 있는 패러다임의 변화를 가져오게 되었고, 우리나라가 세계 최고 수준의 전자정부로 자리매김 할 수 있는 계기를 마련하게 되었다. 이러한 정책기조는 이명박정부에서도 계승되어 2010년 8월부터 '민원24'라고 하는 새로운 명칭으로 서비스가 제공되고 있다. 이후 박근혜정부를 거쳐서 2017년에 '정부24'에 포함되어 서비스가 진행되고 있다. 현재 서비스되는 '민원24'는 "누구나 행정기관 방문 없이 집 · 사무실 등 어디서든, 24시간 365일 인터넷으로 필요한 민원을 안내받고, 신청하고, 발급 · 열람할 수 있는 서비스"를 말한다.

이 장에서는 전자적 민원행정서비스의 기반이 되는 행정정보의 공개, 행정정보의 공동활용 및 '민원24'의 추진과정 및 이용 현황을 살펴보고자 한다.

10.1 행정정보의 공개제도

정보공개제도는 국가기관 · 지방자치단체에서 어떤 일을 하고 있고 예산을 어떻게 집행하고 있는지 국민들이 알 수 있도록 공공기관이 보유 · 관리하는 정보를 국민에게 공개하는 것이다. 즉 국민의 알권리를 보장함으로써 더 많은 정보를 바탕으로 국정운영에 참여할 수 있도록 하기 위한 제도이다. 이처럼 정보공개제도는 헌법상 기본권인 국민의 알 권리를 구체적으로 실현하고 국민주권주의를 실질적으로 보장하는 민주주의의 핵심적인 장치 중의 하나이다.

국민의 올바른 정치적 의사형성은 국정에 관한 광범위하면서도 정확한 정보 접근이 보장될 때 가능하다. 정보공개제도는 국민의 정보접근권을 실질적으로 실현하여 국정에 대한 국민의 참여욕구를 충족시키고 정책과정을 투명하게 공개함으로써 국민의 감시와 비판을 제도적으로 보장하게 하며, 이러한 과정을 통해 정부는 국민의 신뢰와 적극적인 협조를 이끌어낼 수 있다. 또한 지식정보사회에서 공공기관이 업무수행 과정에서 생산하거나 취득한 정보는 다양한 부가가치를 창출하는 바 이를 일반 국민들이 유용하게 쓸 수 있도록 제공하는 것은 국가의 의무라고도 할 수 있다.

1. 행정정보 공개제도 개관

우리 정부는 국민의 알권리를 확대하고 국정운영의 투명성을 높이기 위해 지난 1996년에 '공공기관의 정보공개에 관한 법률: (이하 정보공개법)'을 제정 · 공포하고, 1998년 1월 1일부터 시행하고 있다. 이러한 정보공개법은 세계의 여러 국가들 가운데서 13번째로 제정한 것이다.

1) 행정정보 공개제도의 내용

모든 국민은 청구인 본인 또는 그 대리인을 통하여 공공기관에 정보공개를 청구할 수 있다. 법인과 단체의 경우에는 대표자의 명의로 공공기관에 정보공개를 청구할 수 있으며, 국내 거주 외국인도 가능하다. 대상기관은 모든 국가기관, 지방자치단체, 정부투자기관 및 대통령령이 정하는 공공기관을 포함한다.

공개 청구가 가능한 정보는 공공기관이 직무상 작성 또는 취득하여 관리하고 있는 문서(전자문서 포함) · 도면 · 사진 · 필름 · 테이프 · 슬라이드 및 기타 이에 준하는 매체 등에 기록된 사항 등이다. 결국 "공공기관이 업무와 관련하여 생산 또는 접수한 문서 · 도서 · 대장 · 카드 · 도면 · 시청각물 · 전자문서 등 모든 형태의 기록정보자료"인 기록물은 모두 정보공개 청구의 대상이 되는 정보에 해당한다. 다만, 예외적으로 개인의 사생활 정보, 국가안전보장을 해할 우려가 있는 정보 등 정보공개법 제9조 제1항 각호의 비공개 사유에 해당하는 정보는 공개하지 않을 수 있다. 그러나 비공개대상 정보라 할지라도 기간의 경과 등으로 비공개의 필요성이 없어진 경우에는 공개대상이 된다.

2) 행정정보 공개제도의 절차

청구인은 원하는 정보가 있을 경우 이를 보유 · 관리하는 공공기관의 정보공개청구서에 청구서기재사항(청구인의 이름, 주민등록번호 및 주소, 청구하는 정보의 내용, 정보형태, 공개방법 등)을 기재하여 제출한다. 청구인이 공공기관에 직접 출석하여 제출하거나 우편 · 팩스 또는 정부의 정보공개 홈페이지(http://www.open.go.kr)를 통해서도 청구서를 제출할 수 있다.

청구를 받은 공공기관은 정보공개처리대장에 기록하고 청구인에게 접수증을 교부하고, 접수부서는 이를 담당부서 또는 소관기관에 이송하게 된다. 공공기관은 청구를 받은 날부터 "10일" 이내에 공개여부를 결정해야 하며, 부득이한 경우 10일의 범위내에서 연장할 수 있다.

공공기관은 청구정보가 제3자와 관련이 있는 경우 제3자에게 통보하고 필요한 경우 그 의견을 청취하여 결정하게 된다. 공개 청구된 사실을 통보받은 제3자는 의견이 있을 경우 통지받은 날로부터 "3일" 이내에 당해 공공기관에 공개하지 아니할 것을 요청할 수 있다.

국가기관 · 지방자치단체 · 정부투자기관은 공개 청구된 정보의 공개여부를 결정하기 곤란한 사항과 이의신청사항을 심의하기 위하여 정보공개심의회를 설치 · 운영하고 있다. 공개를 결정한 때에는 공개일시 · 공개장소 등을 명시하여 청구인에게 서면으로 통지하되, 공개를 결정한 날로부터 "10일" 이내에 공개되도록 하여야 한다. 비공개로 결정한 때에는 비공개사유 · 불복방법 등을 명시하여 청구인에게 지체 없이 문서로 통지하여야 한다.

공개를 실시할 때 청구인 본인 또는 정당한 대리인임을 확인하여야 하며, 이를 확인할 필요가 없는 경우 청구인의 요청에 의해 사본 · 출력물, 복제파일 등을 우편 · 팩스 또는 전자우편으로 송부할 수 있다.

청구인은 공공기관의 비공개 또는 부분공개결정에 대하여 불복이 있는 때에는 공개여부의 결정통지를 받은 날 또는 비공개의 결정이 있는 것으로 보는 청구 후 20일이 경과한 날부터 "30일" 이내에 공공기관에 이의신청을 할 수 있다.

공공기관은 이의신청을 받은 날부터 "7일" 이내에 결정하여야 하며, 부득이한 경우 7일 이내의 범위에서 결정기간을 연장할 수 있다. 각하 또는 기각결정을 하는 경우 행정심판 또는 행정소송을 제기할 수 있으며, 공공기관은 이를 고지하여야 하다.

이러한 행정정보 공개제도의 내용과 절차를 그림으로 나타내면 (그림 10-1)과 같다.

2. 행정정보 공개제도 현황

정부는 정보공개제도 운영과정에서 지적된 문제점을 개선하고 정보공개제도의 틀을 바꾸어, 국민의 알권리를 확대하고 행정의 투명성을 높일 수 있도록 정보공개법을 제정 이후에 2004년, 2006년, 2008년, 2013년 및 2016년에 이르기까지 5회의 개정(전부 및 일부)을 통해 정

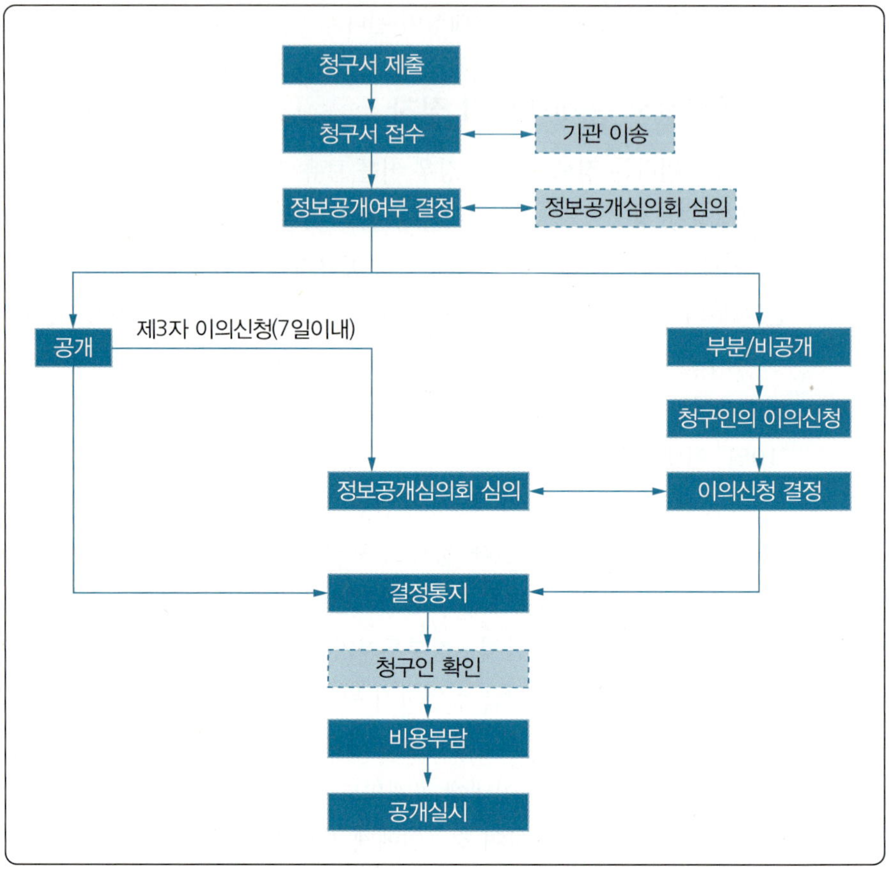

그림 10-1 정보공개 업무의 처리 상세 절차도

보공개 활성화를 위한 노력을 지속하여 왔다. 개정된 정보공개법은 비공개대상 정보의 축소, 공공기관의 사전적 · 자발적 정보공개 의무화, 정보공개위원회와 정보공개심의회의 설치를 통한 정책수립 · 집행과정에 대한 외부 통제 강화 등 기타 정보공개제도의 발전에 필요한 여러 획기적인 사항이 반영되어 있다. 또한 정보공개법은 정보공개 청구가 없더라도 정부가 선제적으로 공개할 수 있도록 '행정정보 사전공표제'를 도입하였으며 정보공개심의회를 구성하여 비공개에 대한 이의신청을 객관적으로 심의토록 하였다.

아울러 비영리법인의 공공복리 유지 증진 목적의 정보공개 청구 등에 대한 정보공개 수수료 감면 규정을 도입하여 청구인의 행정 감시활동을 제도적으로 지원해주고 있다. 또한 정보공개 결정기간을 종래 15일에서 10일로 단축하여 보다 신속하게 정보를 제공받을 수 있게 하고 추상적인 비공개 요건을 삭제하였으며 공공기관으로 하여금 비공개 대상 정보의 범위에 관한 세부기준을 수립하게 하는 등 객관적이고 일관성 있게 정보공개 여부를 결정 할 수 있도록 하였다.

한편 정부는 국민이 보다 편리하고 신속하게 공공기관의 정보에 접근할 수 있도록 2004

년에 전자적 정보공개의 법적근거를 마련하였다. 2006년 4월에는 정보공개시스템(www.open.go.kr)을 개통하여 온라인을 통해 본격적인 정보공개 서비스를 제공하게 되었다.

2013년 개정에서는 그간 국민의 정보 청구에 대응하는 수동적인 정보의 제공이라는 한계를 극복하고 개방 · 공유 · 소통 · 협력의 가치를 지향하는 정부3.0 시대를 실현하려는 박근혜 정부의 국정운영 기조를 반영하여 공개대상 전자결재 문서를 정보통신망을 통해 국민들이 직접 볼 수 있는 '원문정보 공개제도'를 도입함으로서 정보공개의 패러다임을 적극적 정보공개로 전환하는 계기를 마련하였다.

이와 함께 비공개 대상 정보 중 의사결정 · 내부검토 과정을 이유로 비공개하는 경우 청구인에게 그 결과를 통지하고, 정보공개 청구일로부터 20일이 경과한 경우 이의 신청, 행정심판, 행정소송을 제기할 수 있음을 명시하였다.

1) 개정안의 주요 내용

이제까지의 정보공개법 주요 개정 내용은 다음 〈표 10-1〉과 같이 정리할 수 있다.

(1) 주요 정책정보의 사전 공표 확대

국민생활 관련정보, 예산 집행내역 등 중요정보는 정보공개청구가 없더라도 공공기관이 사전에 공개범위 · 주기 · 시기 · 방법을 미리 공표하고 정기적으로 공개하게 되었다.

(2) 정보공개 절차와 방법의 개선

정보공개여부 결정기간이 기존 15일에서 10일로 단축되었으며, 구술에 의한 정보공개청구도 가능하게 되었다. 전자우편(e-mail)을 통해서도 청구한 정보를 받아볼 수 있게 되어 더욱 손쉽게 정보에 접근할 수 있게 되었다.

(3) 정보공개위원회 설치

정보공개제도를 개선하고 정보공개기준을 수립하며, 정보공개운영실태의 평가에 관한 사항을 심의 · 조정할 수 있는 정보공개위원회가 대통령소속으로 설치(2004.8)되었다. 위원회는 위원장을 포함하여 5명의 민간전문가와 4명의 정부위원으로 구성하여 제도운영의 공정성을 강화하였다. 2008년에는 법을 개정하여 정보공개위원회의 소속을 대통령에서 행정안전부장관으로 변경하여 운영을 활성화하고 책임행정을 보다 강화시켰다.

(4) 비공개대상 범위의 축소

비공개할 수 있는 정보를 대통령령 이상의 법령에 의해서만 정할 수 있도록 하고, 개인에 관한 사항이라 할지라도 사생활의 비밀 또는 자유를 부당하게 침해하지 아니하는 정보와 공익

표 10-1 정보공개법 개정을 통한 제도개선 사항들

구분	개정 항목	주요 내용
정보공개청구 민원 편의 제공	전자적 정보공개 근거마련	• 열람, 사본 · 복제물 교부 이외에 정보통신망을 통하여 정보를 제공하는 것도 "공개"의 범위에 포함(2004)
	정보목록의 작성 · 비치	• 국민이 쉽게 알 수 있도록 해당 기관이 보유 · 관리하는 정보목록을 작성 · 비치, 정보공개시스템 등을 통해 공개(2004)
정보공개 활성화	행정정보의 사전 공표제 도입	• 국민생활에 큰 영향을 미치는 정책, 대규모 예산투입 사업, 예산 집행내용과 사업평가결과 등의 정보를 미리 공개(2004)
	비공개대상정보의 축소	• 법령에 의해서만 비밀 또는 비공개 사항을 규정 • "기타 공공의 안전과 이익"과 같은 추상적 기준 삭제 등(2004)
		• 기관별 업무성격을 고려하여 비공개 대상 정보의 세부기준을 수립 · 공개(2006) • 의사결정 과정 또는 내부검토 과정을 이유로 비공개 한 경우 의사결정 과정 및 내부검토 과정 종료 시 청구인에게 통지(2013)
	정보공개비용 부담완화	• 비영리단체에 대한 감면기준 도입 등(2004)
	원문정보 공개 도입	• 전자적 형태로 보유 및 관리하는 정보 중 공개대상으로 분류된 정보를 국민의 청구가 없더라도 정보통신망에 공개(2013)
정보공개 청구권 강화	정보공개심의회 구성	• 국가기관, 지방자치단체, 정부투자기관은 정보공개여부 등을 심의하기 위하여 정보공개심의회를 설치 · 운영(2004)
	불복절차 보완	• 불복구제요건 완화, 이의신청기간 연장, 제3자 권리구제 강화(2004) • 청구 후 20일 경과에도 공개 여부 미결정 시 이의신청, 행정심판 청구, 행정소송 제기가 가능함을 명시(2013)
정보공개 절차 등의 효율화	정보공개절차의 개선	• 청구목적 미기재, 청구인 요구에 따라 공개, 구술청구가능 • 공개여부 결정 처리일 단축(15일 → 10일) • 정보의 양 과다 시 일정기간 분산, 열람과 병행하여 교부(2004) • 2회 이상 반복적 청구 시, 내부 종결 처리(2011)
	정보공개위 설치 및 소속 변경	• 정보공개위원회 설치(2004) • 위원회 소속을 대통령 → 행정안전부장관으로 변경하여 책임 행정 강화(2008)

을 위하여 필요한 경우 정부 업무의 일부를 위탁 또는 위촉받은 개인의 성명 · 직업 및 직무를 수행한 공무원의 성명 · 지위는 공개가 가능하도록 하였다.

2) 행정정보공개 운영 현황

(1) 정보공개 접수 현황

① 국민의 청구권 증가 추세의 지속

국민의 알권리 의식 및 국정참여 욕구 증가로 공공기관의 정보에 대한 국민의 수요는 매년 급증하고 있다. 2016년 정보공개 접수건수는 756,342건에 달하는데 이는 전년도에 비해 약 9.3%('15년 691,963건)가 증가한 수치이다. 정보공개법이 처음 시행된 1998년 26,338건에 비해 무려 29배 이상 국민의 정보 공개 수요가 증가하였다.

(그림 10-2)를 보면 특히 2007년 이후 정보공개에 대한 국민의 요구가 대폭 상승하였음을 알 수 있다. 이는 정보공개시스템(www.open.go.kr)을 통한 온라인 서비스 실시로 국민들이 집에서도 신속하고 편리하게 정보공개를 청구할 수 있게 되었기 때문으로 분석된다. 정보공개시스템은 2006년 정보공개 청구에 의한 공개형태로 서비스를 시작하여 2016년 현재 사전정보공개를 통한 검색중심 방식으로 전환하였으며, 전 정부 기관 및 교육기관, 공기업 및 준정부기관의 원문정보를 통합 제공하는 수준에 이르고 있다.

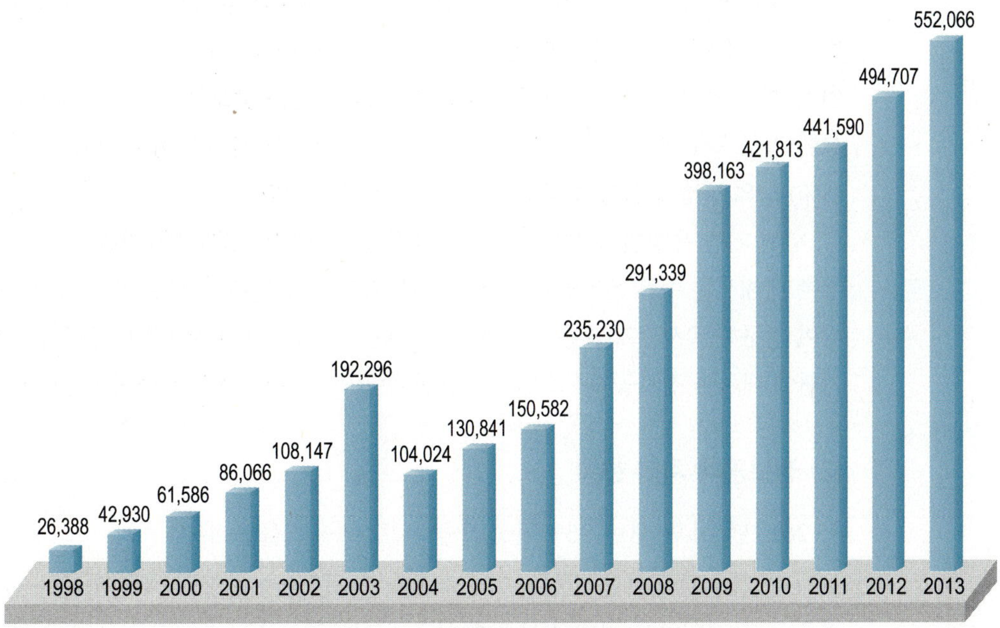

(단위: 건)

그림 10-2 연도별 정보공개청구 현황

'공공기관의 정보공개에 관한 법률'이 시행된 이후의 연도별 정보공개 청구 증가율은 가히 폭발적으로 증가한 것으로 나타났다. 2016년도의 청구건수를 2001년도와 비교해 보면 879% 증가된 수치이며, 정보공개법이 처음 시행된 1998년에 비해서는 무려 2,872%가 증가한 것으로 공공기관의 정보에 대한 국민의 알권리 수요가 여전히 급증하고 있음을 보여주고 있다.

② '지방자치단체'에 대한 정보 수요가 다수 차지

2016년에 접수된 총 756,342건을 기관별로 살펴보면 중앙행정기관이 179,288건(24%), 지방자치단체가 434,618건(57%), 교육청이 28,025건(4%), 공공기관이 114,411건(15%)을 차지하고 있다. 지방자치단체에 대한 정보공개 청구가 중앙행정기관에 비해 많은 편인데 이는 지방자치단체의 경우 주민들의 이해관계를 조정하거나 직접 행정서비스를 국민에게 제공하는 역할을 하기 때문인 것으로 보인다. 이러한 이유로 중앙행정기관 중에서도 직접적으로 국민생활에 관련된 집행업무를 수행하는 기관에 대한 정보공개 청구가 많은 것으로 나타났다.

③ 주로 '온라인'을 통한 정보공개 청구가 다수

정보공개법은 국민이 보다 손쉽게 정보공개를 청구할 수 있도록 직접 출석 · 우편 · 모사전송 · 정보통신망 등 다양한 청구방법을 보장하고 있다. 2007년까지만 해도 국민이 직접 기관을 방문하여 청구하는 사례가 전체 청구건수의 48%에 달했으나 우리나라의 정보화 수준이 향상되고 온라인 정보통신여건이 개선됨에 따라 온라인 청구가 지속적으로 증가하여 왔다. 이에 2016년 가장 많이 활용된 정보공개 청구방법은 정보공개시스템(www.open.go.kr)을 통한 청구로서 전체의 약 75%를 차지하고 있다. 그 밖에는 직접출석(18%), 우편(2%), 팩스(5%) 등의 방법을 활용하여 정보공개를 청구하고 있다.

한편 기관 유형별로 정보공개 청구방법을 살펴보면, 중앙행정기관, 지방자치단체 및 교육청에 대해서는 주로 온라인을 이용하는 데 비해, 공공기관의 경우 아직 직접 공공기관을 방문하여 청구하는 사례가 많은 것으로 나타났다. 이에 2011년부터 정보공개시스템 미 이용 공공기관에 대하여 정보공개시스템을 이용할 수 있도록 단계적으로 확대해 나가고 있다.

(2) 정보공개 처리 현황

① 2012년 이후 매년 95%이상의 높은 정보공개율을 유지

2016년 접수된 정보공개 신청 756,342건 중 청구인이 스스로 취하하거나 민원으로 이첩된 경우 등을 제외하고 실제 정보공개 청구에 해당하는 504,147건에 대하여 처리한 결과를 살펴보면, 약 85%에 해당하는 427,721건이 청구인의 요구에 따라 '전부공개'되었다. 그밖에 약 11%(54,091건)는 부분공개 되었으며 비공개로 결정된 것은 약 4%에 해당(22,335건)하여 약 96%의 높은 정보공개율[1]을 보이고 있다. 이는 2015년 96%와 동일한 수준으로 2006년

1) 정보공개율 : ('06) 90.5% → ('07) 90.8% → ('08) 91.1% → ('09) 91.4% → ('10) 89.7% → ('11) 90.7% → ('12) 95.0% → ('13) 95.8% → ('14) 95.6% → ('15) 96.1% → ('16) 95.6%

이후 지속적으로 90%이상의 정보공개율을 유지하고 있다.

한편 정보공개로 접수된 건 중 취하 또는 민원으로 이첩 처리되는 건수가 상당한 비중을 차지하고 있다. 정보취득 목적이 아닌 진정 · 질의 · 건의 등 민원성격의 신청은 정보공개 처리절차에 의하여 결정되는 것이 청구인의 권익보호에 크게 도움이 되지 않기 때문에, 이러한 경우 정보공개 청구를 민원으로 이첩하여 민원사무 처리절차에 따라 처리하고 있다.

또한 기관별로 정보공개율을 살펴보면 중앙행정기관(90%), 지방자치단체(97%), 교육청(96%), 공공기관(97%)으로 나타났다. 지자체나 교육청 또는 공공기관보다 중앙행정기관의 정보공개율이 다소 낮은 편인데, 이는 중앙행정기관의 경우 정책결정 등 민감한 정보 또는 국가의 안보 등과 관련된 정보를 많이 보유 · 관리하는 등 비공개대상 업무가 상대적으로 많기 때문으로 판단된다.

② 법령상 대부분의 정보공개 청구는 기한 내 처리

정보공개법 제11조는 각기관은 정보공개 청구를 받은 날부터 10일 이내에 공개여부를 결정하고, 부득이한 경우에는 10일 이내의 범위에서 기간을 연장하여 처리하도록 규정하고 있다. 2015년도에 이어 2016년에도 청구의 99% 이상이 법령상의 처리기한인 20일 이내에 처리된 것으로 나타나, 대부분의 정보공개 처리가 공개기한 내에 이루어지고 있음을 알 수 있다. 10일 이내 처리 비율도 96%를 넘어 정보공개결정은 대체로 신속하게 처리되고 있다고 볼 수 있다.

특히 2004년에는 신속한 결정을 통한 국민의 편의 제고를 위하여 정보공개법 개정을 통해 정보공개 결정기간을 15일에서 10일로 단축하였는데 이러한 기간 단축에도 불구하고 법정기간 내 처리율은 99% 이상으로 매우 높은 수준을 유지하고 있다.

③ 정보는 주로 전자파일을 통하여 공개

정보공개법은 특별한 사정이 없으면 청구인이 원하는 방법으로 공개하도록 규정하고 있다. 이에 따라 정보는 열람 · 시청, 사본 · 출력물, 전자파일, 복제 · 인화물 등 다양한 방법으로 공개된다. 정보공개 방법으로는 주로 전자파일, 사본 · 출력물의 교부 등이 이용되고 있는데, 2016년도에 전자파일(66%), 사본 · 출력물(31%), 열람 · 시청(3%)의 방법으로 공개하였다.

연도별 변화추세도 뚜렷한데 정보통신망을 이용한 정보공개 청구건수가 대폭 증가함에 따라 전자파일에 의한 공개가 지속적으로 증가한 반면, 사본 · 출력물에 의한 공개는 계속 감소하고 있다. 이러한 추세는 정보통신망에 연결이 가능한 다양한 기기의 보급에 따라 앞으로도 계속될 것으로 보이며 사본 · 출력물 요구 시 자료를 일일이 복사해야 하는 공공기관의 업무부담도 줄어든다는 점에서 전자파일을 통한 공개가 보다 활성화될 필요성이 있다.

④ 공개된 정보는 주로 온라인을 통해 교부

2016년도에는 정보통신망을 활용한 교부방법을 68%로 가장 많이 활용하였다. 이어서 직접 방문(18%), 우편(7%), 팩스(7%)를 통한 교부방법이 활용되었는데, 정보통신망을 통한 교부 비율은 지속적으로 증가하고 있고 직접방문 비율은 감소하고 있음을 알 수 있다. 특히 지방자치단체와 교육청에서는 정보통신망 활용률이 매우 높은 것으로 나타나고 있는데, 이러한 추세는 앞으로도 지속될 것으로 예상된다.

⑤ 주로 사생활 보호, 법령상비밀을 사유로 비공개[2)]

각 기관은 2016년도 정보공개 청구건수 중 약 4%에 해당하는 22,335건에 대해 비공개 결정을 하였다. 주된 비공개 사유는 개인의 사생활 비밀 침해 우려가 있는 정보(28%), 법령상 비밀 또는 비공개 정보(25%)인 경우가 많았다. 그 외에도 공정한 업무수행에 지장을 주는 정보(17%) 등이 비공개 사유를 차지하였다.

기관별 비공개사유는 중앙행정기관이 법령상 비밀 정보(33%), 지방자치단체와 교육청이 개인의 사생활 침해 정보(32%, 35%), 공공기관이 법인 등 경영 · 영업상 비밀(30%)을 사유로 들어 비공개하는 경우가 상대적으로 많아 기관에 따른 담당 업무의 특성이 비공개 사유에 영향을 미치고 있음을 알 수 있다.

3. 전자적 정보공개시스템 구축

앞에서 살펴본 것처럼 오늘날의 정보공개는 대다수가 전자적인 정보공개 시스템을 통하여 이루어지고 있다. 이러한 전자적 정보공개시스템은 지난 참여정부에서 구축되어 지속적으로 고도화되어 왔다. 정보공개시스템의 구축 과정 및 내용을 간략하게 살펴보면 다음과 같다.

1) 추진배경 및 필요성

급증하는 국민의 정보공개 요구에 능동적으로 대응하기 위하여 정부는 2004년 1월 정보공개법을 개정하고 급변하는 지식정보사회에서 온라인을 통한 정보공개가 원활하게 이루어질 수 있도록 전자적 정보공개의 근거를 마련하였다.

먼저, '정보'의 범위에 전자문서를 포함하였으며, 열람이나 사본 · 복제물의 교부 이외에도

2) 2011년 법 개정 이전의 전체 비공개결정 사유 중 가장 큰 비중을 차지하는 것은 정보 부존재였다. 2010년에는 정보 부존재로 인한 비공개결정 건수가 총 15,620건으로 비공개결정의 47%에 해당하였다. 실제로 정보공개 청구 대상정보는 '공공기관이 보유 · 관리하는 정보'이지만, 정보부존재의 경우 처리규정이 없어 기관에서 '비공개 결정'으로 처리하여 왔다. 이러한 제도적 미비사항을 보완하기 위하여 2011년부터는 '정보부존재'처리규정을 신설하였다. 법 개정 이후 공공기관이 보유 · 관리하지 아니하는 정보를 청구한 경우, 일반 민원으로 처리하고, 부존재 사유(보존기간 경과 폐기, 해당기관이 작성 · 취득하지 않음 등)를 청구인에게 구체적으로 설명토록 개선함으로써 정부의 정보비공개 이유를 보다 명확히 파악할 수 있게 하였다.

정보통신망을 통해 정보를 제공하는 것도 '공개'의 범위에 포함하였다. 또한 전자적 형태로 보유 · 관리하는 정보는 물론이고 비전자적 형태의 정보라도 청구인이 요구하는 경우에는 전자적 형태로 공개할 수 있도록 하였다.

한편으로는 각 기관이 보유 · 관리하는 정보에 대하여 국민이 쉽게 알 수 있도록 정보목록을 작성하도록 하였고, 그 목록을 정보통신망을 활용한 정보공개시스템 등을 통하여 공개하도록 의무화하였다(2005년 7월 30일 시행).

국민의 정보공개에 대한 관심과 요구가 지속적으로 증가하는 한편 국민의 인터넷 이용이 일상화됨에 따라 원하는 정보를 손쉽게 얻을 수 있도록 하기 위한 다양한 온라인서비스 제공의 필요성이 제기되고 있다. 그러므로 국민이 행정기관을 직접 방문할 필요 없이 원하는 정보의 소재 및 존재 여부를 파악하기 위한 정보목록의 검색부터 해당 정보의 공개청구, 공개정보의 획득까지 온라인으로 처리할 수 있는 서비스 제공이 필요하다.

또한 국민이 정보의 소재 기관을 일일이 파악할 필요가 없도록 정부 단일창구를 통해 전체 기관의 정보목록에 대한 통합검색 서비스를 제공하고, 정보공개를 청구할 수 있도록 하는 정보 공개 서비스 제공이 필요하다.

정보공개 업무를 담당하는 공무원의 생산성 및 효율성 측면을 고려하여 현재 대부분 수작업으로 처리되고 있는 업무를 전면 자동화하고, 부분적인 정보화로 인해 이중으로 처리되고 있는 업무를 완전 전자화 하는 것 또한 필요하다고 하겠다.

2) 통합 정보공개시스템의 추진 과정

(1) 시스템의 목표

우리 정부는 2005년도에 이와 같은 정보화전략계획 결과를 바탕으로 (그림 10-3)과 같이 통합정보공개시스템을 구축하였다. 이 시스템을 통해 정보목록의 검색부터 정보공개 청구 및 공개정보의 획득까지 기관을 직접 방문할 필요가 없는 온라인서비스가 제공되고 있다.

정보공개 청구, 처리상태 확인, 수수료 납부, 공개정보 열람 등의 서비스 제공을 위해서 정보공개청구시스템을 구축하였고, 온라인과 오프라인 정보공개 청구 통합관리를 포함하여 정보공개 업무처리를 위한 정보공개관리시스템도 구축하였다. 또한 각 기관의 정보목록을 수집하여 통합목록을 생성하기 위한 통합목록관리시스템을 구축하는 한편, 키워드검색, 기관분류체계를 기본으로 한 디렉토리 검색 등을 위한 통합목록 검색시스템도 구축하여 서비스를 제공하고 있다.

(2) 시스템의 추진과정

행정정보 온라인 공개 확대 과제는 2004년 1월「공공기관의 정보공개에 관한 법률」개정 내용의 반영과 사업추진 범위(정부 KMS, 전자결재시스템, 자료관 등 관련 시스템 연계)에 대

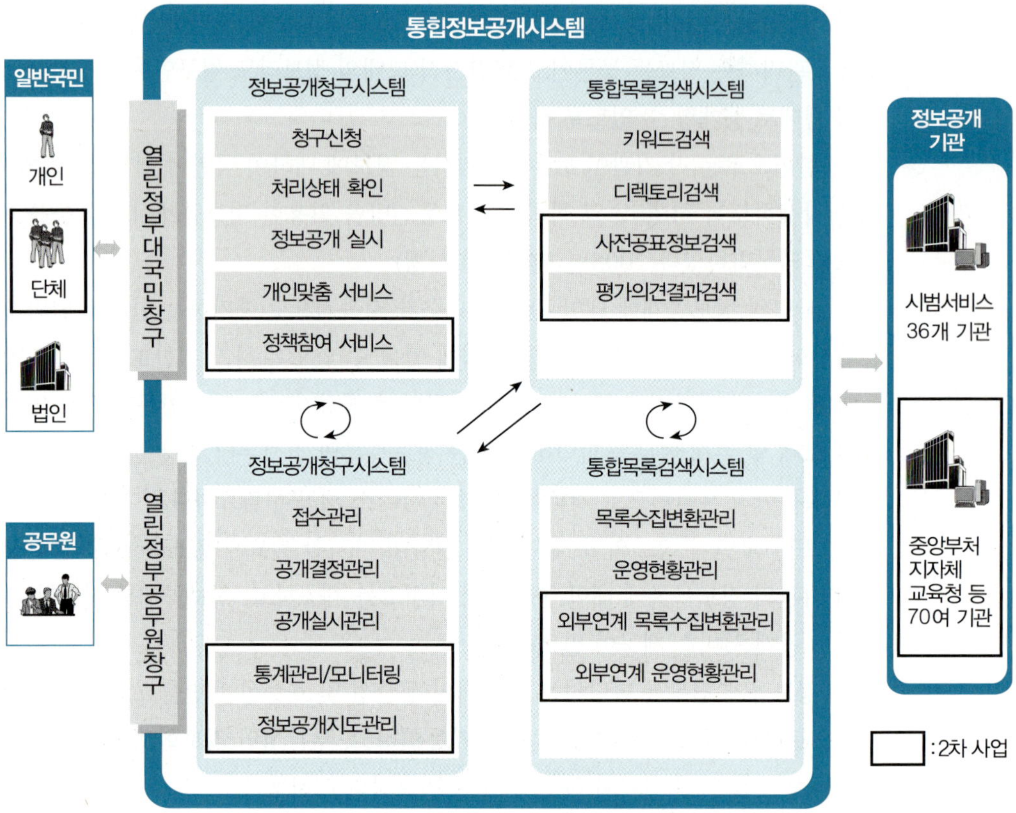

그림 10-3 통합정보공개시스템의 구성도

표 10-2 행정정보 온라인 공개 확대 과제 년도별 사업 추진내역 (단위: 백만원)

년도	주요내용	사업기간	예산
2004년	• 행정정보 온라인 공개 확대 ISP	2004.10~2005.2	465
2005년	• 통합행정정보공개시스템 구축	2005.10~2006.4	2,400
2006년	• 통합행정정보공개시스템 연계 및 확대(2차)	2006.10~2007.3	2,230
2007년	• 통합행정정보공개시스템 연계 및 확대(3차)	2007.9~2008.3	1,745
총계			6,840

한 검토 지연 등으로 전체 추진 일정이 순연되어 2004년 10월부터 ISP 사업이 추진되었다. 〈표 10-2〉와 같이 2007년까지 총 68억원의 예산이 투입되었다.

① 행정정보 온라인 공개 확대를 위한 ISP 수립(2004.10~2005.2)

중앙행정기관, 지방자치단체, 교육청 등 정보공개 대상기관의 정보공개업무처리 절차와 관련 정보시스템에 대한 운영현황을 조사 · 분석하고, 사용자 만족도 조사를 실시해 온라인 정보공개 확대를 위한 개선모델을 수립하였다. 정보공개 전처리 과정에 대한 온라인화 방안, 통합정보목록DB 구축 및 관리 방안, 이용기관의 단계적 확대 방안 및 운영기반 강화 방안 등의 개선모델이 제시되었다. 이를 토대로 인터넷 통합정보공개시스템 구축 방안을 마련하고 공개대상 통합정보목록DB 구축전략을 수립하였다.

② 통합정보공개시스템 구축 1차(2005.10~2006.4)

2005년 추진된 1차 사업에서는 통합정보공개시스템으로 정보공개 단일창구포털(열린 정부, www.open.go.kr), 정보공개청구시스템, 정보공개관리시스템, 통합목록검색시스템, 통합목록연계 및 관리시스템이 구축되었다. 이를 통해 국민들은 행정기관 홈페이지를 일일이 방문하지 않고 한 곳에서 정보공개 전체 과정(정보목록 검색, 정보공개 청구, 공개자료 열람 등)을 온라인으로 원스톱(One-Stop) 서비스 받을 수 있게 되었으며, 정보공개 청구 이후부터의 처리상태를 실시간으로 확인할 수 있게 되었다.

또한 행정자치부, 대검찰청, 부산광역시, 인천광역시 등 36개 기관을 대상으로 각 기관의 정보목록을 자동으로 연계해 통합목록DB를 구축하고 전자문서시스템과 연계하여 생산 · 관리되고 있는 정보목록을 자동으로 추출할 수 있도록 하였으며, 통합목록 검색시스템을 구축하여 다양한 방법으로 정보목록을 검색할 수 있도록 지원하였다.

③ 통합정보공개시스템 구축 2차(2006.10~2007.3)

2차 사업에서는 통합정보공개시스템의 통합목록 DB에 대한 연계 확대에 중점을 두고 다양한 연계방식(직접 · 경유, 내부망 · 외부망)을 제공하여 정보목록 자동연계 기관을 중앙부처(22개), 지방자치단체(52개), 교육청(12개) 등 86개 기관으로 확대하였다. 또한, 기존의 정부기관별 위주로 검색하던 통합목록 검색을 보다 손쉽게 검색 · 열람할 수 있도록 정부기능연계모델(BRM) 기반의 정부 기능별 디렉토리 검색 서비스를 제공하였으며, 사전공표정보 연계서비스를 위해 중앙행정기관(43개), 시도(16개), 시도 교육청(16개) 등 75개 기관과 연계하였다. 여기에 정보공개청구시스템 및 관리시스템 기능 강화를 통해 공개된 정보에 대한 다양한 의견을 나눌 수 있도록 서비스를 개선하였으며, 복합정보 공개청구, 공개문서 보안관리 기능 등 체계적인 업무지원을 위해 정보공개관리시스템의 기능도 보강하였다.

④ 통합정보공개시스템 구축 3차(2007.9~2008.3)

3차 사업은 정보공개 서비스의 활성화를 위해 수요자 중심의 정보공개 서비스를 제공할 수 있도록 서비스 대상 확대 및 고도화를 추진하였다. 폭 넓은 공개정보의 제공 및 국민의 관심사항(정보공개 · 비공개 결정사례, 행정심판 및 행정소송결과 등) 위주의 정보검색 서비스를 위해 중앙행정기관(24개), 지방자치단체(83개), 교육청(118개) 등 정보목록 자동연계기관 225개를 추가 확대하였으며, 전자문서시스템에 이어 정부업무관리시스템인 온-나라 시스템과의 연계를 확대하여 행정업무처리 과정에서 생산되는 정보의 검색이 가능하게 하였다. 또한 기록관리시스템과의 연계를 통해 문서이관 · 폐기 · 공개 재분류 등 문서관리정보 변경에 따라 정보목록의 변경관리가 가능하게 하였다. 또한 통합검색서비스도 보강하여 사용자 양방향 서비스도 제공하였다.

⑤ 법 · 제도 개정

통합행정정보공개시스템 개발과 병행하여 행정자치부는 2004년 1월 「공공기관의 정보공개에 관한 법률」을 개정하여 온라인 행정정보 공개 확대를 위한 법적 근거를 마련하였다. 개정안에는 문서의 범위에 전자문서를 포함하고 공개의 범위에 정보통신망을 통한 정보제공을 포함하였으며, 기관이 전자적 형태로 보유 · 관리하는 정보에 대한 정보목록작성 및 온라인 공개를 의무화 하였다.

3) 기대효과

그동안은 국민이 원하는 정보에 대한 소재를 정확하게 파악하기 어려워 불필요한 정보공개 청구가 발생하였으나 통합목록 검색 서비스가 제공되어 이러한 불편이 상당 부분 해소되었다. 또한 정보의 공개청구부터 정보의 획득까지 온라인을 통한 일괄처리 구현으로 신속하고 정확한 서비스가 제공되고 있으므로, 관련 시스템과의 연계를 통한 이중 작업 최소화 및 다양한 시스템 지원 기능 제공을 통한 업무처리시간 단축으로 행정의 생산성 및 효율성 향상이 가능해졌다.

특히 정보공개시스템을 이용할 수 있는 기관이 2006년에 805개 기관에 불과하던 것이 2016년 현재 국가기관, 지방자치단체, 공공기관 뿐만 아니라 290여개 사립대학교까지 확대되면서 대부분의 청구가 온라인으로 가능하게 되었고 이를 통하여 국민들은 집에서도 편리하게 원하는 정보를 원스톱으로 제공받을 수 있게 되어 실질적인 정보공개제도 활성화에 크게 기여하였다.

주요 성과를 살펴보면 우선, 정보공개포털 서비스 이용률의 증가를 꼽을 수 있다. 또한 정보공개포털에서 제공되는 서비스 대상 목록도 꾸준히 확대하여 재가공하지 않은 정부 내 원본 문서까지 대상으로 공개하고 있으며, 정보공개포털에서 제공하고 있는 기관별 원문은 2017년 기준 중앙행정기관이 114,396건, 지방자치단체가 1,148,208건, 교육청이 3,367,977건, 공공기관이 82,415건에 이르고 있다.

또한 정보통신망을 이용한 정보공개청구 비율도 2006년에는 55%에 불과했으나 열린정부 사이트 개통 이후에는 2016년에 75%까지 급증하였다. 또한 2002년까지는 정보 열람을 위해 기관을 직접 방문하여 열람하고 사본을 우편으로 송부해주는 등 오프라인을 통한 종이문서 위주의 공개가 이루어졌으나 통합정보공개시스템이 서비스를 개시한 2007년 3월에는 전체 공개건수 중 53%가 전자파일로 공개되었다.

그러나 향후 정보공개 이용기관의 확대가 요망된다. 공공기관의 경우, 2016년 정보공개 접수건수가 114,411건으로 총 정보공개 청구건수(756,342건)의 15%를 차지하고 있다. 그러나 이 중 정보통신망을 이용한 온라인 청구율은 51%로 전체 온라인 청구율 75%에 비해 비교적 낮은 수준이다. 이는 일부 공공기관이 아직까지 정보공개시스템을 이용하지 않고 있기 때문인 것으로 풀이 된다.

이에 지속적으로 증가하는 공공기관의 정보공개 수요에 대응하여 보다 편리한 정보공개 서비스를 제공하고 기관간 업무처리의 효율화를 위해 정보공개시스템 확대 방안을 모색할 필요성이 있다.

따라서 앞으로 행정정보의 온라인 공개시스템의 고도화를 통한 이용률 확대는 인터넷으로 하나의 사이트에 접속해서 한 번에 여러 기관에 동시 청구가 가능하고, 인터넷을 통한 처리 단계별 실시간 확인이 가능하게 되어 대국민 정보공개 서비스의 이용률 향상에 크게 기여할 것으로 판단된다.

특히 앞으로는 사전공개하는 정보의 양적 확대 기조는 유지하면서 정보의 질적 수준 향상에 주력할 예정이며, 원문공개의 양적 확대와 더불어 국민에게 유용하고 활용 가치가 높은 정보를 지속적으로 발굴 · 제공하는 등 다양한 노력을 수행해 나갈 계획이다. 이를 통하여 관련 시스템과의 연계를 통하여 이중 작업 최소화 및 업무처리시간 단축 등으로 행정 업무의 생산성 및 효율성 향상이 기대된다.

이와 같이 정보공개를 위한 정보화 기반이 고도화되면서 능동적, 적극적 정보공개서비스 제공이 가능해지고 정확한 정보를 바탕으로 활발한 국정참여의 기회가 제공될 것이다. 또한 투명한 행정의 구현으로 정부에 대한 국민의 신뢰성이 향상될 것으로 기대된다.

4. 미국의 전자적 정보자유법 사례

미국의 정보공개제도는 1946년에 제정된 행정절차법에서 그 근원을 찾을 수 있다. 이어서 1966년 정보의 자유에 관한 법률(Freedom of Information Act: 이하 정보자유법)이 제정되면서 정보공개에 대한 청구권자의 범위가 확대되었으며, 이 법은 이후 시대 상황을 반영하여 1974년, 1976년, 1978년, 1986년 그리고 1996년에 걸쳐 개정되어 오늘에 이르고 있다.

미국의 경우 정보자유법에 근거한 정보의 공개는 행정기관의 기록을 국민들이 자유로이 접근하여 이용함으로써 국정에 대한 국민의 신뢰성을 확보하고 행정의 책임성을 확보할 수 있었다. 그러나 동시에 정보자유법은 당초에 예상하였던 것 이상으로 여러 부작용[3]을 가져

3) 정보자유법에 의한 정보공개의 주된 청구자는 연방의회가 당초에 예상했던 것처럼 국가의 정책에 관한 정보를 청구하는 언론인들이 아니라, 대부분이 의뢰인의 경쟁상대의 기업비밀을 정탐하는 기업의 변호사들이나 자신을 밀고한 자를 찾기 위한 중범죄인 또는 법망을 빠져나가고자 하는 마약밀매자들이었다(한국행정연구원, 1992: 67).

오고 또한 막대한 비용이 지불되었음을 지난 30년간의 경험이 잘 나타내주고 있다. 1974년의 개정법은 행정기관에게 매년 의회에 연차보고서의 제출 의무를 부과하였다. 이러한 연차보고서에 의하면 정보자유법에 의한 정보공개 청구건수는 80년대에 매년 10% 가까이 증가하여 왔다. 매년 청구건수가 증가함에 따라 비용도 지속적으로 증가하였으나 총 비용 중에서 수수료 등으로 회수된 금액은 6~7%에 불과하고 나머지는 모두 국고에서 부담하였다. 또한 공개 청구에 대한 행정기관의 거부 건수 역시도 지속적으로 증가하여 왔다(한국행정연구원, 1992).

따라서 이러한 정보공개제도의 문제점들을 해결하기 위해 1980년대 중반부터 전자적인 정보공개 방안이 거론되기 시작하였다.[4] 미국의 경우 온라인 시스템을 통한 전자적인 정보공개에 대한 관심은 관리예산처가 전자적인 정보시대에 자료관리를 위한 일반 규정을 준비하면서 제기되었다.

클린턴행정부는 열린정부의 원칙을 천명하면서 새로운 정보기술을 행정개혁과 접목시켜 적극 활용하려고 시도하였다. 1993년 2월 22일 Gore부통령은 "정보고속도로"의 추진을 천명하면서 정부기관으로부터 공개 가능한 전자정보의 목록인 정부정보소재시스템(Government Information Locator System)의 구축을 언급하였다(NPR, 1993). 이어 1993년 6월 25일 OMB의 OIRA는 정부기관들의 전자적인 정보공개가 가능하도록 Circular A-130을 수정하였다. 이에 따라 1994년 103차 상원회기중에 상원의원인 Leahy는 전자적인 정보자유법안(S.1782 Electronic FOI Improvement Act)을 발의하였다. 이 법안은 1996년 9월 17일 의회를 통과하였고, 1996년 10월 2일 Clinton대통령이 전자적인 정보자유법 개정안(H.R. 3802, the "Electronic Freedom of Information Act Amendments of 1996")에서 명[5]함으로써 지난 1986년이래 10년만에 시대상황을 반영하여 전자적인 정보공개를 실현하였다(Dempsey, 1996).

미국의 전자적인 정보자유법안의 주된 내용은 〈표 10-3〉과 같이 전자적인 형식과 자동화된 정보검색을 인정하고 있다. 특히 이제까지 모든 정부부처에서 직면하고 있던 정보자유법에 의한 정보공개 요구의 적체(backlog)문제를 해결하기 위해 처리기간을 기존의 10일에서 20일로 변경하였다. 더구나 이전에 발간된 모든 자료의 목록을 1999년 12월 31일 이전까지 전자화하도록 함으로써 21세기부터는 미국의 모든 행정정보는 전자적으로 검색이 가능해졌다.

---

4) 물론 이전에 1974년 정보자유법의 개정 시에 종이문서 뿐만 아니라 전자적인 정보도 검색되도록 Documents를 Records로 대체하고, 이어 1980년 문서감축법에서도 전자적인 문서에 대해 규정하고 있으나 전자적인 공개는 80년대 중반부터 제기되었다.

5) Clinton대통령은 전자적인 정보공개법안에 서명하면서 1966년 이후 지난 30년간 세상이 크게 변화하여 더 이상 기록이 종이의 형태로 유지될 필요가 없다고 언급하며 이 법에 의해 미국이 민주주의의 기본원칙을 확립하였다고 선언하였다(Clinton, Statement by President, Oct 2, 1996).

표 10-3 미국의 전자적인 정보공개법 내용 요약

항목	개정내용	조항
1. 기록의 범위 확장	정부가 보유하는 모든 기록은 저장매체의 형식에 구애됨이 없이 모두 포함됨	Section 3
2. 전자적 접근	1996년 11월 1일 이후에 산출되는 모든 기록은 전자적으로 접근 가능하여야 함(법 개정 후 180일 이후부터)	Section 5
3. 색인	정부기관은 이전에 발간했던 모든 기록들에 대한 색인을 전자적인 접근이 가능하도록 하여야 한다(1999년 12월 31일 이전까지).	Section 4
4. 자료 형식	공개 자료는 요청자가 원하는 형식으로 제공되어야 함	Section 5
5. 개선된 DB 검색	전자적인 방법으로 DB 검색	Section 5
6. 다단계 요청처리	이제까지 선입선출법에 의하여 처리했으나 요청의 난이도에 따른 우선 처리 가능(법 개정 후 1년 이후부터)	Section 7(a)
7. 처리 기간 확대	기존의 10일을 20일로(법 개정 후 1년 이후부터)	Section 8(b)
8. 컴퓨터 편집	공개되지 않는 정보라도 요청자에게 범위는 알려져야 함 (법 개정 후 180일 이후부터)	Section 9
9. 보고 의무	각 기관들은 공개 거부 이유, 처리 기간, 적체된 건수, 수수료 액수 등을 의회에 매년 보고해야함(법 개정 후 180일 이후부터)	Section 10

자료: Dempsey(1996: 1~4)의 재구성

10.2 행정정보의 공동이용 제도

행정정보 공동이용 제도는 국민들이 인 · 허가 등 각종 민원신청 시에 필요한 구비서류를 제출하지 않아도 민원담당자가 전산망으로 확인하여 민원을 처리하는 것이다. 예를 들어 여권발급(변경) 민원신청 시에는 별도의 구비서류를 제출하지 않고 신청서만 작성하여, 민원담당자에게 제출하면, 민원담당자가 여권발급(변경)에 필요한 각종 행정정보를 전산망으로 확인하여 업무를 처리하는 제도이다.

정부는 이러한 행정정보 공동이용을 활성화시키기 위하여 2006년에 행정정보공동이용센터(Public Information Sharing Center: PISC)를 설치하고 지속적으로 행정정보 공동이용의 대상 기관 및 이용 범위를 확대하여 오고 있다. 행정정보 공동이용 시스템은 최근에 민원24와 통합되면서 전자정부의 핵심으로 부상하고 있다. 따라서 이 절에서는 행정정보 공동이용 시스템 구축과정 및 발전방안을 살펴보고자 한다.

1. 추진배경 및 목표

과거에 국민들이 행정기관에 제출하는 구비서류의 다수는 다른 행정기관에서 발급받아야 하는 서류였다. 따라서 국민들의 입장에서는 과다한 행정기관의 방문을 행정편의에 따라 요구

받아 오고 있는 실정이었다. 이러한 상황을 해소하기 위하여 국민의 행정기관 방문횟수를 줄이고, 민원처리를 편리하게 할 수 있도록 행정 기관들 사이의 정보공유가 중요하게 대두되게 되었다. 또한 민원 이외 일반 행정업무를 처리하는 데 있어 여러 기관의 정보를 조회, 참고해야 되는 경우, 기존의 공문에 의한 협조방식으로는 여러 가지 한계가 있어 행정효율을 높여야 한다는 필요성이 제기되었다. 이에 따라서 범정부적인 협업기반의 막힘없는(Seamless) 업무처리를 위하여 행정정보 공동이용체계의 구축을 추진하게 되었다.

정부는 2005년 말에 국무총리실 산하에 행정정보공유추진위원회를 구성하고 이를 지원하기 위한 실무기구로 행정정보공유추진단을 신설하였다. 이 추진단에서는 범정부 행정정보공유센터의 설립을 목표로 (그림 10-4)와 같이 행정정보 공동이용 구축사업을 추진하였다.

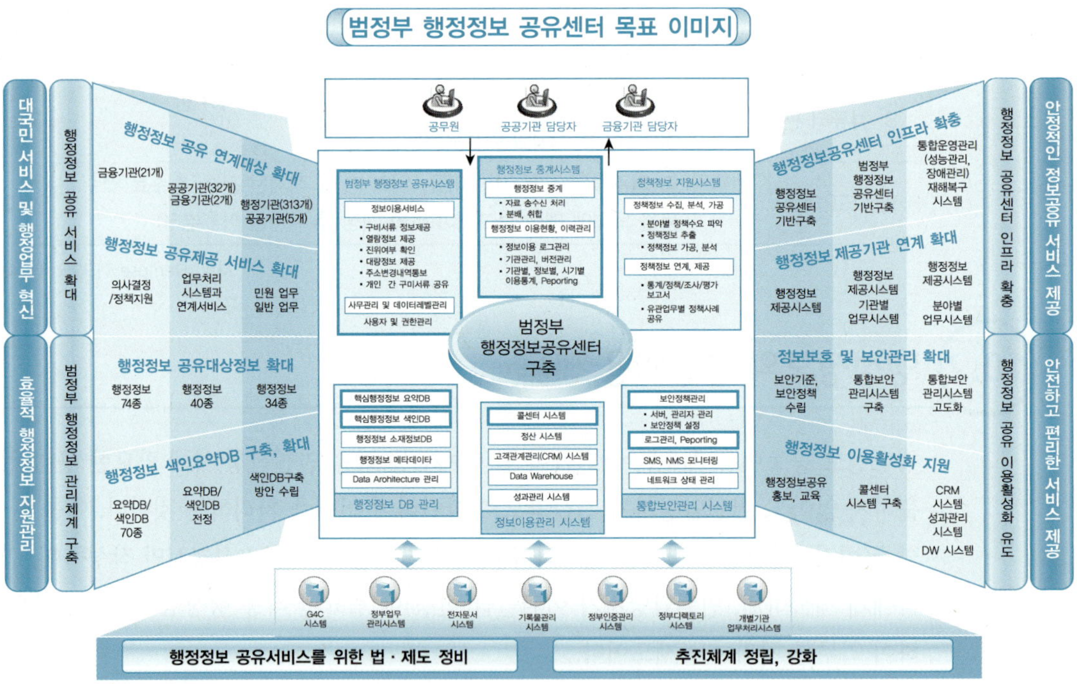

그림 10-4 범정부 행정정보공유센터 구성도

1) 사업 시행 이전의 문제점

행정정보 공동이용 시스템 구축 사업이 진행되기 이전에 우리나라 민원행정서비스에서는 다음과 같은 문제점들이 있었다.

(1) 민원사무 신청 시 여러 개의 구비서류를 첨부해야 하는 불편

2008년 기준 5,037종의 민원사무를 조사해 본 결과 민원인이 첨부서류를 제출해야 하는 민원사무는 3,680여종(약 73%)으로 이를 준비하기 위해 국민들은 관공서를 방문해야 하는 불편함이 있었다.

(2) 기관별 정보의 중복수집 · 관리로 예산 낭비

A기관이 보유한 자료를 B기관이 이용할 수 없어 B기관에서도 별도로 자료를 수집 · 관리함에 따라 예산이 중복 투입되고, 같은 사항에 대해 불일치된 자료가 발생할 수 있어, 행정기관에서 보유한 자료의 신뢰성이 저하되고 있었다.

(3) 다량의 개인정보를 제공하여 개인정보에 대한 보안문제가 발생

관련업무를 처리하기 위해 필요한 자료는 개인의 이름과 주소, 주민등록번호 뿐이나 이를 주민등록등본을 받아 확인하는 체계에서는 세대관련 정보 등 불필요한 개인정보도 노출되고 있었다.

(4) 종이 구비서류 유통 시 서류의 위 · 변조 문제가 상존

행정기관에서 발급받은 종이문서나 인터넷을 통해 발급받은 종이문서를 위조해 제출하는 등 종이문서를 유통할 경우 위 · 변조의 가능성이 있었다.

(5) 종이 구비서류 발급 및 보관에 따른 행정력의 낭비

2007년 당시 연간 4억 4천만통의 서류가 행정기관에서 발급되어 행정 · 공공 · 금융기관 등에 제출되고 있어 예산낭비, 보관 공간과 발급 인력 소요 등 행정력이 낭비되고 있었다.

2) 사업의 필요성

그러므로 이러한 민원행정서비스의 불편 사항들을 개선하기 위한 이 사업의 필요성은 다음과 같이 정리해 볼 수 있다.

(1) 정보기술을 활용한 민원행정 혁신

행정정보 공동이용 개선방안을 정부 정책으로 채택하여 정부 내부의 행정개혁을 추진함으로써 국민의 행정서비스 요구에 부응할 필요성 있다. 이를 위해 행정 · 공공 · 금융기관 간 구비서류 정보의 공유를 통한 징구 폐지가 필요하다. 구체적으로는 '행정정보공유센터'를 통해 정부기관이 보유하고 있는 행정DB를 연계하여 행정 · 공공 · 금융기관의 구비서류 징구의 폐지를 통한 근본적인 업무처리 절차의 개선이 요망된다.

(2) 행정혁신에 대한 국민 요구 증대

정부에 대한 국민의 요구가 증가하고 있다는 점이다. 즉 국민들이 정부 정책에 대하여 적극적으로 의견을 제시하고 있으며, 행정 감시 및 투명한 행정에 대한 요구가 증가하고 있다. 더 나아가 행정 서비스에 대한 국민들의 요구 수준이 높아지고 있으므로 이에 적극적으로 대처할 필요가 있다.

(3) 새로운 행정정보 공유시스템의 필요성

행정정보공유 확대를 위한 정보화전략계획에 의해 정의된 새로운 행정정보공유체계 구축이 필요하게 되었다. '행정정보공유센터'를 중심으로 하는 범정부(행정, 공공, 금융) 행정정보공유체계 구축을 위한 종합적인 정보화 전략계획에 따른 후속 사업이 추진되어야 한다. 이러한 사업은 수립된 행정정보공유센터의 기능 및 역할에 충족되는 센터를 구축하며, 업무처리를 위한 공동이용 열람 내역을 행정정보공유센터에서 보관할 수 있는 증적관리시스템도 구축할 예정이다. 특히 중요하게 부각되는 것은 "정보 주체자의 자기통제권 강화를 위하여 사전 동의 및 정보 주체자 본인의 정보를 누가, 언제, 어디서, 어떤 정보를 이용했는지 인터넷으로 확인 가능한 서비스를 제공할 예정"인 점이다.

(4) 공동이용 대상 기관 및 범위의 확대

공공 및 금융기관으로의 서비스 대상 확대 및 대상정보 확대(2016년말 기준 153종)에 따른 인프라 확충이 필요하다. 행정기관 위주로 운영되던 행정정보공유시스템을 행정 · 공공 · 금융기관으로 대상기관을 확대하여 통합, 운영할 수 있도록 범정부 행정정보공유센터를 구축할 필요성이 제기되었다. 또한 공동이용 대상정보의 단계적 확대 ('02)17종 → ('05)24종 → ('06)34종 → ('07)42종 → ('08)71종 → ('09)80종 → ('10)92종 → ('11)120종 → ('12)135종 → ('13)141종 → ('14)147종 → ('15)148종 → ('16)153종 등에 따른 시스템의 확충도 필요하다.

(5) 개인정보보호 강화

개인정보보호 강화를 통해 국민에게 신뢰받는 정부의 실현이 필요하다. 이 사업을 통하여 행정정보 및 개인정보 보호를 위한 보안체계 구축을 실현하고 행정정보공동이용 확대에 따른 부작용을 최소화할 예정이다. 이에 따라서 행정정보 유출 및 개인정보 오남용을 사전에 방지할 수 있는 대책을 마련하여 안전한 전자정부 서비스의 기반을 구축하고자 하였다.

3) 제공되는 업무의 내용

(1) 범정부 행정정보공유 서비스(대국민)

국민들에게 제공되는 정보공동이용 대상정보 및 서비스를 확대한다. 행정기관에 제출하던 구비서류 중 행정정보공유를 통해서 갈음 할 수 있는 정보가 145종으로 확대되어 해당 구비서류를 제출하지 않아도 민원처리가 가능하게 되었다. 또한 행정정보공유 서비스 대상이 행정기관에서 공공 · 금융기관으로 확대됨에 따라 기관에 제출하던 구비서류 중 행정정보공유를 통해서 갈음 할 수 있는 대상 정보는 서비스 대상 기관에 한하여 제출하지 않아도 된다. 개인정보 보호의 차원에서 행정정보공유를 통해서 열람되어진 개인의 정보에 대하여 정보열람에 대한 기록 확인이 가능하게 되었다.

(2) 행정기관 정보공유서비스(공무원)

공무원의 업무처리 시에 행정정보공유대상 정보에 대하여 구비서류의 접수, 보관 등의 업무처리가 간소화된다. 앞으로는 행정정보공유대상(120종)에 대하여 민원 접수 시, 구비서류를 수령하지 않고 행정정보공유센터가 제공하는 이용기관 API 등 업무처리시스템과 연계된 서비스를 이용하거나 공유포털(www.share.go.kr)을 통해서 해당정보를 열람할 수 있도록 서비스가 지원된다. 따라서 행정정보공유 대상 정보별 데이터 레벨 적용 및 데이터 매칭(진위확인) 등의 서비스로 필요 정보만 확인하면 되어 업무처리 절차가 간편해졌다.

(3) 공공 · 금융기관 정보공유서비스(업무처리담당)

행정정보공유대상이 행정기관에서 공공 및 금융기관으로 확대됨에 따라 공공 · 금융기관용 정보공유시스템을 구축하여 독립적인 운영체계를 마련하고, 보다 신속하고 안정적인 서비스를 제공한다. 따라서 공공 · 금융기관별로 사전 협의된 행정정보공유대상에 대하여 민원인으로부터 필요 구비서류를 수령하지 않고 행정정보공유센터가 제공하는 이용기관 API 등 업무처리시스템과 연계된 서비스를 이용하거나 공유포털(www.share.go.kr)을 통해서 해당정보를 열람하여 해당업무를 간편하게 처리한다. 이때에는 정보 공유에 대한 적절한 권한을 가진 자가 정당한 목적으로 이용할 수 있도록 권한 관리 체계를 적용하여 개인정보보호를 강화한다.

2. 추진과정 및 현황

행정정보 공유 확대 과제는 당초에는 행정정보공유 확대를 위해 2002년부터 서비스되고 있던 인터넷 민원서비스(G4C)의 정보공동이용센터의 공유 DB를 확대 구축하고, 부처별 행정정보DB를 상호 연계하는 것에서 시작되었다.

1) 시스템 구축 과정 및 현황

'행정정보 공유를 위한 기본계획' 수립과 추진체계 정비를 통해 2005년 12월부터 1단계 사업을 본격적으로 추진하였으며, 현재까지 지속적으로 고도화 사업을 진행하여 행정정보 대상정보 및 대상 기관을 확대하는 사업을 추진하고 있다.

(1) 행정정보 공동이용 확대를 위한 BPR/ISP (2003. 9~2004. 5)

행정정보 공동이용의 확대와 중 · 장기 계획 수립을 위해 2003년 9월부터 8개월간 인터넷 민원서비스(G4C) 시스템 확충을 위한 선행사업의 일환으로 행정정보 공동이용 활성화를 위한 BPR/ISP가 인터넷 민원서비스(G4C) 고도화 사업과 통합 추진되었다. 이를 통해 과제 내용의 구체화가 추진되었다.

(2) 행정정보 공동이용 범위 확대(2004. 12~2005. 9)

행정정보 공동이용 확대를 위한 업무재설계 및 정보화전략계획(BPR/ISP) 수립 결과에 따라 행정정보 공동이용 중계시스템의 장비 보강 및 기능개선 사업(2004. 9 ~ 12)과 행정정보 공동이용 대상 정보 확대를 위한 사업(2004.12 ~ 2005. 9)이 인터넷 민원서비스(G4C) 고도화 1단계 구축 사업과 통합되어 추진되었다. 병적, 국가유공자, 출입국, 외국인 등록 등 4종의 공동이용 대상정보가 추가되어 기존의 주민, 토지대장, 호적 등 20종에서 24종으로 확대하고 제도 보완 등을 거쳐 2006년 1월 30일부터 시행에 들어갔다.

본 사업과는 별도로 2005년 4월부터 12월까지 '행정DB 공유현황조사 및 정보공유를 위한 개선 방안'의 후속 작업으로 중앙 및 지방자치단체를 대상으로 '행정정보공동활용 및 DB 표준화사업'이 추진되었다. 본 사업에서는 범정부 행정정보 공유 및 공동이용 현황에 대한 실태 파악과 현황 조사가 실시되어 그 결과를 반영하여 2005년 11월 '행정정보공유 종합계획'이 수립되었다.

(3) 1차: 행정정보 공유 확대를 위한 기반 구축(2005. 12~2006. 8)

1차 사업은 '행정정보공유 종합계획'결과를 반영하여 우선, 여권정보, 토지이용계획 확인원, 건축허가서 등 10종이 추가되어 공동이용 대상정보는 24종에서 34종으로 확대되었다. 또한, 공동이용 대상기관도 당초 행정기관에만 적용되던 것이 한국전력, 근로복지공단, 국민연금관리공단 등 위임위탁민원 및 대국민 업무를 처리하는 5개 공공기관에 추가로 적용되었다.

(4) 2차: 행정정보 공유 확대(2006. 9~2007. 3)

2차 사업은 34종이었던 대상정보가 42종으로 확대되었다. 또한 43개 공공기관이 추가로 공동이용 대상기관에 편입되었다. 특히 2007년 4월에는 2개 시중은행(우리, 기업은행)에도 행정정보공유 서비스가 시범 운영되었다. 민원인들이 은행 업무를 볼 때 일일이 행정서류를 따로 준비할 필요 없이, 고객의 동의하에 은행이 이를 전용회선으로 직접 발급받아 사용하는 것으로 주민등록등초본, 건물토지등기부등본, 법인 등기부등본 등이 서비스되었다.

(5) 3차: 행정정보 공유 확대(2007.12～2008. 8)

2007년 12월부터 시작된 3차 사업은 지속적인 서비스 확대를 통한 정보공유 효과를 극대화하고 서비스의 신뢰성 보장을 위한 안정적인 운영기반을 확보하기 위해 2008년 8월까지 추진하였다. 본 사업에서는 행정정보 공동이용 대상을 확대하기 위해 공동이용 대상 정보 24개를 추가하여 66개까지로 확대하고 공동이용 대상기관을 공공기관과 금융권까지 확대하였다.

공동이용 대상기관은 우선적으로 공사 및 공단 등의 공공기관을 상대로 43개 기관에서 50개 기관까지 확대하고, 금융기관은 2개 시범기관에서 주요 시중은행들과 조합으로 단계적으로 확대하였다. 또한 행정정보 공동이용 서비스 통합관리체계 수립을 위해 사무신청, 승인 등 공동이용 사무관리포털을 구축하고, 변경관리 · 민원상담관리 등을 연계한 운영관리시스템을 구축하였다. 이와 함께 행정정보공동이용 서비스 확대를 위해 담당자 알리미 기능, 주민번호 및 이름변경 서비스를 제공하고 각 기관의 공통 업무(계약 · 인사업무 등)에 대한 구비서류 제출 등의 서비스를 제공하고 있다. 마지막으로 행정정보 공동이용 서비스의 신뢰성 보장을 위해 행정정보 공동이용 센터의 보안시스템을 고도화하고 개인정보보호체계를 강화하는 작업을 추진하였다.

(6) 중장기 발전방안 수립을 위한 BPR/ISP (2008.12～2009.6)

행정정보 공동이용 서비스의 중장기 발전방안을 모색하고 3차에 걸쳐 구축된 시스템을 고도화하기 위하여 '수요자 맞춤형 행정정보 공동이용체계 구축을 위한 BPR/ISP 사업'을 실시하였다. 주요내용은 기존 오프라인 방식의 종이서류 중심에서 필수 항목 중심의 '맞춤형 서류정보 열람체계(One Screen 서비스)'를 구축하고, 민원서비스선진화 사업을 지원하기 위한 전자민원서류관리시스템을 구축하며, 정책정보 등 다른 행정정보의 공동이용 방안을 모색하고, 행정정보공동이용센터의 역할과 위상을 새롭게 정립하는 등의 방안을 담고 있다.

(7) 제1차: 수요자 맞춤형 공동이용체계 기반 구축사업(2009.8～2009.12)

'수요자 맞춤형 행정정보 공동이용체계 구축을 위한 BPR/ISP 사업' 결과에 따라 행정정보 공동이용 중기전략계획(2009~2012년)을 수립하고 1차 사업으로 수요자 맞춤형 공동이용체계 기반 구축 사업을 추진하였다. 이 사업은 보다 쉽고 편리하고 안전한 행정정보 공동이용체계 구축을 목적으로 공동이용 대상정보 11종 및 11개 이용기관 확대, 맞춤형 서류정보 열람체계 및 전자민원서류관리시스템 구축, 현행 행정정보 공동이용시스템 개선 및 이용활성화 등을 핵심과제로 추진하게 되었다.

또한 전자민원 서류관리시스템을 구축하여 전자민원 포털(민원24)과 연계, 민원인이 온라인으로 제출한 구비서류 및 민원발급기관 발급서류의 등록 · 보관 · 열람서비스를 가능하게 하였으며, 행정정보 유통시스템을 사회복지 통합관리망과 연계하여 국세청, 국민연금 관리공단 등 15개 기관 25종의 소득 · 재산자료를 실시간으로 조회할 수 있는 서비스를 개발하였다.

(8) 제2차: 수요자 맞춤형 공동이용체계 기반 구축사업(2010.4~2010.11)

2009년도 제1차 사업에 이어 2010년도에는 행정정보 공동이용 대상 확대 및 범정부 정보유통허브(HUB) 시범구축 등을 위한 제2차 기반 구축 사업이 2010년 11월까지 추진되었다. 이 사업에서는 보건복지부 의료면허증(의사, 치과의사, 한의사, 간호사), 국민건강보험공단 건강보험료 납부확인서 정보 등 12종 정보를 공동이용 대상으로 확대하는 등 대상정보를 추가하여 총 92종으로 확대하고, 서울메트로 등 공공기관 19개, 교육기관 3개, 민간기관(금융) 2개 기관 확대 등 24개 이용기관을 추가하여 총414개 기관으로 확대하였다.

이어서 2009년 여권발급(변경)신청 등 5개 사무에 시범적용된 맞춤형 정보(원스크린) 조회서비스를 2종 이상 구비서류가 포함된 사무 400개로 확대 적용하여 총 405종의 사무에서 이용할 수 있게 되었다. 또한 특정 민원 및 업무에서 관련 서류를 확인하지 않고 진위여부만 확인하여 이용기관 편의를 높일 수 있는 장애인사실여부(Y/N)서비스 등 6개 보유기관, 8종 서비스를 '실시간 사실여부 확인서비스'로 구축 · 제공하고 있다.

(9) 제3차: 수요자 맞춤형 공동이용체계 확대 구축사업(2011.3~2011.11)

2009년에 수립된 '행정정보 공동이용 중기전략계획(2009~2012년)'을 국가정보화 시행계획 변경, 예산변경 등을 고려하여 책정한 목표를 달성하기 위하여 제3차 사업을 추진하였다. 이 과정에서 미환급금 찾아주기 통합서비스를 지속적으로 확대하였으며, 이와 같이 다양한 기관 및 국민 수요에 최적화된 서비스를 제공하도록 행정정보 공동이용체계에서 도로명주소 전환지원서비스, 자격증정보 통합조회서비스 등 '맞춤정보 유통서비스'를 체계적으로 구축하여 제공하고 있다.

또한 공동이용 대상정보 28종을 추가적으로 확대하고, 25개 사무를 대상으로 맞춤형 정보조회서비스를 적용하여 확대하였다. 과거 행정정보중계서비스에서 발전해 온 범정부 정보유통허브는 2010년 시범 구축한 개방형 실시간 정보유통기반을 본격적으로 구축하여 서비스하고, 기존 사실여부 확인서비스는 관내 거주여부 사실 여부 확인서비스 등 15개 서비스를 추가로 확대하여 구축하였다.

(10) 제4차: 행정정보 공동이용체계 기능 고도화사업(2012.6~2012.12)

기존의 대상정보를 120종에서 135종으로 확대하였으며, 이용기관 역시도 행정 및 공공기관 6곳 및 교육기관 11곳 등을 추가하였다. 특히 맞춤형 정보조회(One Screen) 서비스를 기존의 430개 사무에서 450개로 확대하여 구축하였고, 정보유통서비스 연계체계를 개선하여 정보유통서비스의 관리기능을 고도화 하였다.

(11) 행정정보 공동이용 확대를 위한 범정부 정보유통 확대사업(2014.~2016)

행정정보공유 확대를 위한 범정부 정보유통 허브(HUB) 확대 구축 사업을 진행하였다. 따라서 대상정보 및 이용기관들을 지속적으로 확대하여 오고 있으며, 공동이용 대상 확대 및 서비스 다양화에 따른 개인정보 영향평가를 실시하였다. 그리고 관리 기능의 고도화 및 지속적인 시스템 성능 진단, 보안취약점 점검 및 보완 등을 시행하였다. 이어서 공동이용 활성화를 위하여 사용자 교육을 실시하였다.

2) 법 · 제도 정비

(1) 제도 개선

시스템 구축 사업이 추진되는 동안 지속적으로 법과 관련 제도를 개선하려는 노력을 기울였다. 정부는 2006년 11월 국회에 행정정보공동이용법(안)을 제출하였으나 2008년 제17대 국회의 임기 만료로 자동 폐기되었다. 이어서 이 법안의 핵심 내용이 포함된 전자정부법 개정(안)을 마련하여 2008년 11월 국회에 다시 제출하고 2010년 2월에는 전부 개정하였다. 개정된 전자정부법은 국민편익과 행정효율을 증진하고 개인정보보호를 강화하기 위하여 행정정보 공동이용 대상과 방법 및 절차를 규정하고, 정보주체로부터 행정정보 공동이용에 대한 사전 동의를 받도록 하며, 정보주체의 열람청구권을 규정하여 개인정보에 대한 자기통제권을 신설하고, 개인정보침해에 따른 벌칙 규정을 대폭 강화하는 것 등을 주요내용으로 하고 있다.

이와는 별도로 2008년 11월 행정정보 공동이용에 관한 세부절차를 정한 '행정정보공동이용지침'을 제정하였고, 2010년 5월에는「전자정부법」및 동법 시행령과 그동안 지침을 운영하면서 제기된 불편사항 · 건의 사항을 반영하여 전부 개정하였다.

거버넌스의 측면에서는 2011년에 기존의 행정정보공동이용센터와 민원선진화추진단을 통합하여 행정정보공유 및 민원선진화추진단을 출범시켰다. 이어서 2012년 7월에 한시적으로 운영되던 행정정보공동이용센터를 행정안전부의 소속기관으로 정규조직화하였다. 따라서 현재 행정정보공동이용센터는 행정안전부의 전자정부국 소속으로 운영되고 있다.

(2) 개별 법령 개정

행정정보 공동이용을 실질적으로 뒷받침하기 위해서는 구비서류 제출을 면제하는 내용의 개별 법령 개정이 필요하여 2006년 84개와 2007년 29개의 대통령령을 각각 일괄 개정하였다. 2008년에는 추가된 행정정보에 관한 사항과 등기부등본 등 이른바 공시성 정보에 대하여 사전동의를 면제하는 내용으로 39개의 대통령령을 일괄 개정하였다. 이와 동시에 각 소관 부처별로 총리령 및 부령 개정 작업을 독려하여 2006년과 2007년 각각 293개와 91개를 개정하도록 하였고, 2008년에도 농림수산식품부 등 11개 부처의 16개 부령(총리령)을 개정하도록 하였다.

2010년에도 일괄개정으로 총 264건의 시행령이 개정 완료되어 행정정보 공동이용 의무화의 개별 근거를 마련하는 작업이 크게 진척되었다고 할 수 있다. 이에 따라 일선 민원창구에서 자의적인 구비서류 제출요구 관행이 근절되었다. 이를 바탕으로 수백만 건의 구비서류가 감축됨에 따라 수수료 · 교통비 · 출력경비 등 사회적 비용이 절감되고 이산화탄소 발생량도 저감되어 녹색행정을 촉진하는데 기여할 것으로 기대된다.

3. 주요 성과

행정정보 공유 확대는 결국 국민들의 불편을 가능한 최소화한다는 목적을 두고 있다. 다양한 관계기관들이 행정정보를 공유하게 되면 서류 발급을 줄일 수 있고, 이는 민원인들의 행정기관 방문 최소화로 이어져 결국 국민들이 일일이 관계기관을 방문해 서류를 준비해야 하는 불편을 줄일 수 있다. 구비서류를 제출하지 않고 신청서만 제출하게 됨에 따라 과거에는 서류를 준비하는 데 최대 10일 정도 소요되었으나 이제는 즉시 처리할 수 있어 국민들은 신속하게 민원을 처리할 수 있을 뿐만 아니라, 서류 준비에 필요한 시간을 크게 절약할 수 있게 되었다. 공동이용 대상정보 확대로 2016년에는 월 500만 건 이상의 정보가 공동 활용되어 민원인의 불편이 대폭 감소되었으며, 행정업무의 효율성 및 생산성이 향상되었다.

또한 행정기관의 민원창구에서는 증명서 발급 수요 감축에 따라 약 2천 명의 민원담당 공무원을 사회복지와 같은 현장 중심의 업무에 투입할 수 있게 되는 등 인력절감의 효과도 크게 기대할 수 있게 되었다. 이러한 내용을 정리하면 다음과 같다.

1) 정량적인 기대효과

행정정보 공동활용의 정량적인 기대효과는 다음과 같이 정리해 볼 수 있다.

(1) 이용확대에 따른 경제적 효과

행정정보 공동이용 서비스 확대 및 이용 활성화 추진으로 〈표 10-4〉와 같이 최근 5년간 280

표 10-4 행정정보 공동이용을 통한 경제적 효과

구분	연간 이용건수(건)	비용 절감효과(억원)	탄소 저감효과(천톤)
계	280,874,194	13,616	533
2012년	49,897,813	2,254	100
2013년	58,738,601	2,787	117
2014년	52,418,345	2,566	104
2015년	59,549,668	2,990	118
2016년	60,269,767	3,019	94

자료: e-나라지표(http://www.index.go.kr).

백만건의 이용량을 달성하였다. 따라서 공동이용에 따른 구비서류 감축으로 5년간 1조361억원의 사회적 기회비용을 절감하였다고 평가할 수 있다.

- 국민의 구비서류 준비비용(교통비 · 시간), 행정기관의 서류 발급비용 등

※ 1건당 절감 비용 : 민원사무 4,673원, 일반사무 3,041원 적용

(2) 이용 확대에 따른 탄소저감 효과

행정정보 공동이용의 고도화 사업을 통한 서비스 확대로 인하여 민원인들이 구비서류를 절감함에 따라서 지난 5년간 약 533천 t-CO_2 탄소저감 효과를 계상할 수 있다.

※ 1건당 종이절감계수 $20.65/10^6$ t CO_2, 평균왕복거리 10 Km, 평균주행거리 10.76 Km/리터 적용

2) 정성적인 기대효과

행정정보 공동활용의 정성적인 기대효과는 다음과 같이 정리해 볼 수 있다.

(1) 구비서류 유통관련 대국민 서비스 개선

공동이용 대상정보를 153종으로 확대함으로써 민원인의 구비서류 준비를 위한 기관 방문의 불편을 감소시켰다. 또한 행정정보공유를 통해서 정보를 열람 할 수 있는 정보도 확대되어, 행정기관뿐 아니라 공공 · 금융기관에서도 해당 구비서류를 제출하지 않고 민원을 처리할 수 있는 기반을 마련하였다. 진위확인서비스를 통해서 업무처리에 필요한 최소한의 정보만을 제공하여 과다한 개인정보 노출을 원천적으로 방지한다. 또한 정보공유센터 기반 강화 및 연계체계 고도화를 통해 공무원 및 업무 담당자의 업무 생산성을 극대화한다. 민원신청서만 작성하고, 구비서류를 준비할 필요가 없어 인 · 허가 및 대출신청 등의 업무 간소화를 통하여 시간 및 비용이 절감된다.

※ 일부 민원은 구비서류를 완전 폐지, 신청서만 제출
- 일반여권발급 : 주민등록, 병적증명, 출입국사실증명, 가족관계증명 등 7종
- 기초노령연금지급 : 건축물대장, 토지대장, 건물등기부등본 등 6종

(2) 행정 · 공공 · 금융기관의 업무 처리 혁신

행정 · 공공 · 금융기관의 업무 프로세스가 획기적으로 개선되었다. 기존의 종이증명서 대신 구비서류 정보를 실시간으로 확인할 수 있어 신속 정확하게 민원을 처리할 수 있고, 유통 서류의 위 · 변조 문제를 근본적으로 차단한다. 이에 따라서 기존의 종이증명서 보관에 따른 행정적, 재정적 낭비를 방지할 수 있다. 또한 행정기관 민원창구의 획기적인 업무개선을 이룩할 수 있다. 이처럼 증명서 발급이 획기적으로 감축되어 시군구, 읍면동 등 구비서류를 발급하는 행정기관 민원창구를 현장지원 중심으로 전환하는 것이 가능해졌다.

※ 정보유통 서비스를 통해 기초생활보호대상자 선정, 여권 만료대상자 통보 등 630여개 행정업무의 효율적 수행을 지원

3) 행정정보공유센터 구축을 통한 행정의 신뢰도 제고

행정정보공유센터를 통해서 각 행정기관이 보유하고 있는 정보의 일치성 및 무결성을 보장함으로써 전자정부의 신뢰성을 제고시킬 수 있게 되었다. 또한 다양한 행정기관 보유 정보를 필요로 하는 기관에서 사용할 수 있도록 행정정보공유체계를 구현함으로써 전자정부의 업무 효율성도 제고시켰다. 이를 바탕으로 행정정보공유센터의 안정적 인프라 확충을 통한 공무원의 체감 만족도를 향상시켰다.

10.3 민원행정서비스 포털(민원24) 시스템의 개요

1. 사업의 개요

1) 추진 배경

민원24(구축 당시에는 G4C이므로 이하 G4C와 민원24를 혼용하여 표기함)사업은 지난 2000년에 인터넷 대중화시대를 맞이하여 정보기술을 행정에 도입하고 민원을 비롯한 행정업무를 혁신함으로써 국민에게 보다 편리하고 신속한 민원서비스를 제공함과 아울러 행정의 효율성과 투명성을 제고하고자 하는데서 비롯되었다.

이러한 G4C사업은 전자정부 구현을 위한 핵심 사업으로서 그 동안의 행정전산망사업 등 정부의 정보화에 대한 투자로 이루어진 정보화 기반을 바탕으로 추진이 시작되었다. 그 동안

국민들은 민원처리를 위해 일일이 관청을 직접 방문하거나 많은 구비서류를 제출해야하는 등 적지 않은 불편함을 겪어왔으나, G4C의 구축 이후에는 국민들이 민원처리를 위해 관청을 방문하는 횟수를 최소화하고 언제 어디서나 원하는 정보를 얻을 수 있고, 각종 민원을 인터넷으로 해결할 수 있게 되었다. 특히, 인터넷을 통해 주요 생활 민원서류를 직접 민원인 PC에서 신청하고 그 결과물을 출력할 수 있도록 One-Stop 서비스를 제공함으로써 한층 더 편리한 전자민원 서비스 환경이 구현되었다.

더 나아가 민원 신청과 결과물 수령 방법을 다양화하여 행정기관의 위치에 상관없이 민원인이 원하는 행정기관 어디서나 민원처리가 가능하도록 서비스 방식을 지속적으로 개선하여 국민에게 민원서비스를 이용할 수 있는 기회의 폭을 넓혀나가고 있다.

2) 사업 개요

초기에 G4C사업은 (그림 10-5)와 같이 개인 PC 보급과 초고속 인터넷 통신으로 대표되는 민간부문의 정보화 확산에 따라 질 높은 행정서비스에 대한 국민의 요구 증가에 보다 적극적으로 부응하기 위하여 시작되었다. G4C사업은 온라인 행정서비스의 창구 단일화를 통한 국민의 편의성 및 행정의 효율성, 투명성 제고를 목적으로 추진된 국민의정부 전자정부 11대 핵심과제 중 하나였다.

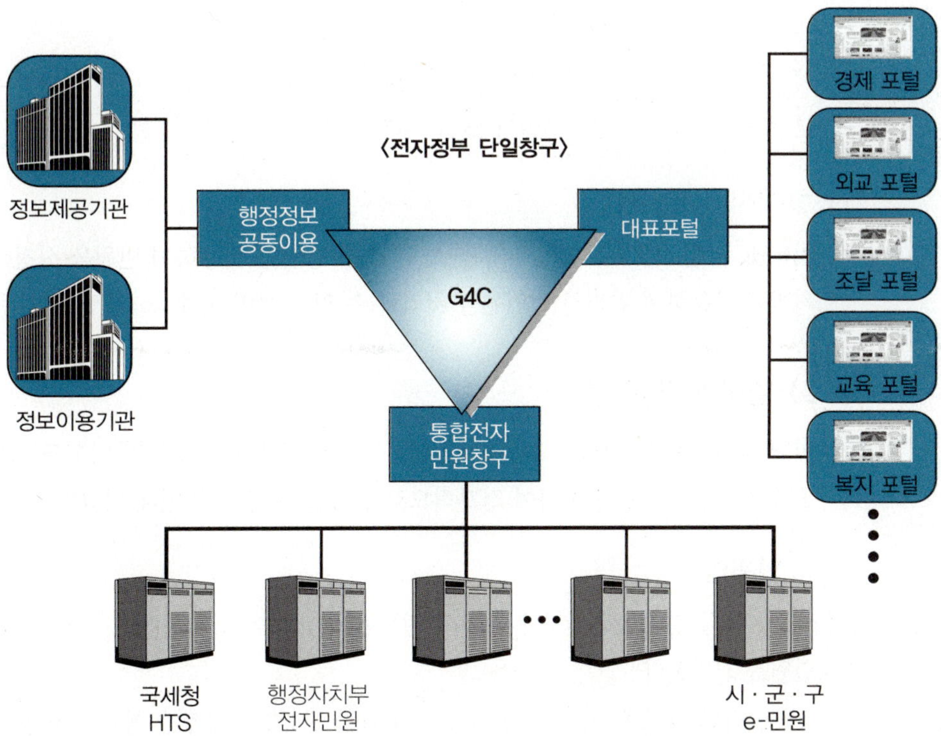

그림 10-5 G4C 사업 개요도

초기에 G4C 사업은 민원 행정업무에 정보기술을 보다 적극적으로 도입하여 전자정부 단일창구를 구축함으로써 민원안내, 신청, 열람과 발급 등 민원관련 업무들 가운데서 정보화의 파급 효과가 큰 부분들을 전자적으로 제공하는 데 그 목적이 있었다. 또한 민원처리와 관련된 각종 정보를 타 행정기관과 공동이용 할 수 있도록 인프라를 구축함으로써 민원서비스와 관련된 구비서류 발급을 획기적으로 감축할 수 있도록 하였다.

이 과정에서 전자적민원행정서비스 시스템은 행정정보공유시스템과 결합하여 현재 민원24로 확장된 서비스를 제공하고 있다. 이러한 민원24의 주요 기능을 살펴보면 다음과 같다.

① 민원안내

법률에서 규정하고 있는 모든 민원에 대해 처리기관, 처리기한, 수수료, 구비서류, 및 연락처 등을 안내하는 서비스 (전입신고 등 5,000 여종)

② 인터넷 열람민원

필요 민원을 신청하여 화면상으로 열람할 수 있는 서비스(개별주택 가격확인원 등 22 여종)

③ 인터넷 발급민원

필요 민원을 화면으로 열람할 수 있으며, 프린터로 출력할 수 있는 서비스 (주민등록등초본 등 1,208 여종)

④ 생활민원 일괄서비스

일상생활 중에 발생하는 다수의 생활민원을 인터넷 상에서 한 번에 처리할 수 있도록 묶음으로 제공하는 서비스 (이사민원 등 20 여종)

⑤ 어디서나 민원

인터넷, 방문, 전화 접수 등 다양한 민원 접수 방법을 이용하여 민원을 신청하고, 가까운 공공기관을 방문하여 편리하게 민원을 처리할 수 있는 서비스(대학교졸업증명 등 290 여종)

3) 업무처리 과정

민원24 시스템에 의하여 민원인은 해당 관공서를 직접 방문하지 않고도 (그림 10-6)과 같이 통합 전자민원창구를 통하여 전자적으로 업무를 수행할 수 있게 되었다.

① 민원인

- 통합 전자민원창구에서 필요 민원을 선택하여 민원신청서식에 필요정보를 입력하여 민원을 신청한다.
- 민원 신청 후 처리 상태 및 처리 결과를 민원24시스템을 통해 조회할 수 있다.

② 정보제공기관

- 정보제공기관은 요청된 신청정보를 바탕으로 해당되는 정보를 추출하여 민원24로 전달한다.

③ 민원처리기관

- 해당 민원처리기관의 담당자는 접수 받은 민원을 처리절차에 의거 처리한다.
- 신청 즉시 처리상태 및 처리결과를 민원24로 전달하여 민원인에게 알려준다.

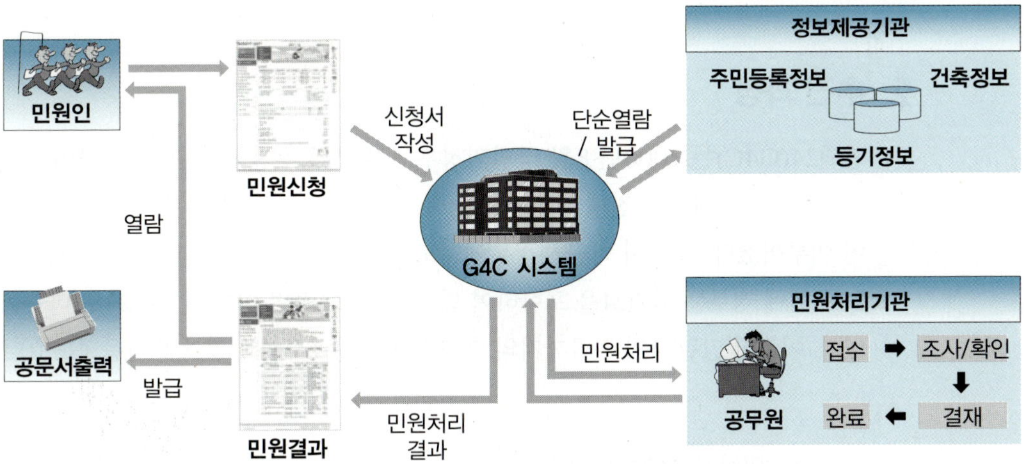

그림 10-6 민원24시스템의 업무흐름도

4) 기대효과

민원24시스템의 구축으로 다음과 같은 관점에서 대국민 서비스의 제고 및 행정업무 처리의 효율화 등을 도모할 수 있게 되었다.

① 국민의 편리성 측면–빠르고 편리한 통합 전자민원창구

국민들은 인터넷을 통해 주요 민원의 신청이 가능하여 굳이 행정기관이나 대행사를 찾을 필요 없이 사무실 또는 가정에서 직접 민원신청과 증명서 발급이 가능해졌다. 일부 민원에 대해서는 전자파일 형태나 인터넷 열람을 통해 결과를 확인할 수도 있다. 또한 800여종의 민원에 대해서는 구비서류가 감축되어 민원인이 하나의 민원을 처리하기 위해 여러 행정기관을 방문하는 부담이 감소되었다.

② 행정업무처리의 효율화 · 투명화 측면

행정기관 간 자료를 공동이용 함으로서 행정업무처리를 위해 다른 행정기관을 방문하여 서류를 발급하여 필요한 내용을 확인하는 데 따른 비용이 줄어들고, 증명서 발급을 담당하는 민원

담당공무원은 각종 인 · 허가 등의 민원을 보다 충실하게 취급하게 되어 민원서비스의 질적 향상이 가능해졌다. 또한 민원처리 과정이 인터넷으로 실시간 조회가 가능해 짐에 따라 행정의 투명성도 향상되었다.

③ 행정기관의 중복투자 방지

전자정부 단일창구 및 각 기관별 전자민원시스템간의 실질적이고 효과적인 서비스 제공을 위해서, 서비스기반 확보, 기존 인프라 재활용 극대화, 이용 편의성을 고려한 다양한 연계방식을 제공하여 전자정부 전산자원의 효율성을 극대화 시킬 수 있게 되었다

2. 추진 과정

민원24(G4C)는 2000년 8월 국민의정부 시절부터 추진되어 왔으며, 참여정부에서도 지속적으로 고도화사업이 진행되었고, 이명박정부에서도 다양한 부분에서 대폭적인 시스템 보완이 이루어졌다. 이어서 박근혜정부에서도 전자정부 포털로서의 중요한 기능을 담당하였다. 2017년에 정부는 민원24을 포함하여 민원서비스포털의 이름을 정부24로 바꾸어서 제공하고 있다. 이러한 민원24의 지금까지의 추진경과를 간략하게 살펴보면 다음 〈표 10-5〉와 같다.

표 10-5 민원24 시스템의 추진 경과

기간	단계	사업 내용
2000. 8	G4C계획 수립	• 정보화를 통한 민원서비스 혁신 기본계획 수립 • 전자정부 단일창구 구축을 위한 기본계획 수립
2000.11 ~2001.05	G4C BPR/ISP 사업	• 민원서비스 혁신을 위한 민원업무 재설계 및 정보화전략계획 수립 • 5대 민원분야의 주요 민원 온라인화 계획 수립
2001.11 ~2002.12	G4C 시스템 구축 사업	• G4C 시스템 구축 사업 추진 • 주요 민원의 온라인 서비스 제공을 위한 전자정부 단일창구 구축
2003.06 ~003.12	인터넷 민원서류 발급 시스템 구축 사업	• 민원서류 인터넷 발급시스템 구축 추진 • 주민등록 등·초본 등 8종의 민원서류에 대한 인터넷 발급서비스 추진
2003.09 ~2004.05	G4C시스템 확대를 위한 BPR/ISP 사업	• G4C 시스템 확충을 위한 고도화 선행사업(BPR/ISP) 추진 • 단계별 온라인 서비스 계획과 단일창구의 활용도 및 편의성 제공 방안 수립
2004.12 ~2005.09	G4C시스템 고도화 1단계 구축 사업	• 민원신청 대상을 기존 430여종에서 526종, 인터넷 발급대상을 8종에서 20종으로 확대 • 팩스민원 방식을 '어디서나 민원처리제'로 개선

〈계속〉

표 10-5 민원24 시스템의 추진 경과(계속)

기간	단계	사업 내용
2005.12 ~2006.08	G4C시스템 고도화 2단계 구축사업	• 휴대폰·PDA 등 모바일 기기를(M-Gov) 통해서도 이용할 수 있도록 이용매체 다양화를 시도 • 2006년 4월부터는 민원인의 휴대폰으로 민원처리 상태를 알려주는 서비스(SMS)를 제공
2006.10 ~2007.05	G4C시스템 고도화 3단계 구축 사업	• 인터넷 민원신청의 종수를 591종에서 650종으로 확대 • 발급도 지방세 납세증명서 등을 추가하여 33종으로 확대 • 발급대상을 개인에서 법인, 재외국민, 외국인으로 확대
2009. 3	민원서비스선진화 추진단 구성	• 제11차 국가경쟁력강화위원회를 통해 '온라인 민원선진화 추진계획'을 수립하여 보고
2009.6 ~2009. 12	1단계 민원서비스 선진화 BPR/ISP 및 시스템 구축 사업	• 신청민원은 1,820종, 발급민원은 500종으로 확대 • 한 번의 민원신청으로 다수의 민원을 처리할 수 있도록 생활민원 일괄서비스 도입 • 국민이 자주 이용하는 민원 중에 이사 · 사망 등 5개 분야에 우선 적용
2010. 4 ~2010. 12	2단계 민원24 구축 사업	• 민원사무241종 통 · 폐합, 구비서류 820건 감축 • 민원신청 종수를 3,020종으로 확대, 발급민원 종수도 1,208종으로 확대 • 생활민원일괄서비스를 취업준비 · 부동산 거래 등 20개 분야로 확대
2013. 10.	생활민원 패키지 서비스	• 이사 · 사망 등 여러 기관을 방문하거나 복잡한 처리가 필요한 생활민원을 한 곳에 모아 안내 · 처리
2013. 12	시스템 연계	• 건강보험료 납부확인서, 초중고 성적 · 졸업증명 등 즉시 발급 • 온라인으로 신청 즉시 발급받을 수 있는 민원은 38종에서 총 43종으로 확대
2014. 9	생활민원 패키지 서비스 확대	• 부동산, 자동차, 취업 · 창업 패키지 민원도 추가로 확대
2015. 3	생활정보 연계 확인	• 21종의 생활정보 열람 확인 • 건강, 병역, 세금, 연금, 미환급금, 과태료, 자동차

1) 국민의정부

정부는 2000년 8월 정보화를 통한 민원서비스 혁신 기본계획을 수립하였다. 이어서 2000년 11월부터 2001년 5월까지 민원업무 재설계 및 정보화전략계획(BPR/ISP)을 수립하여 주민, 부동산, 자동차, 기업, 세금 등 5대 분야 835종의 민원 중 이용 빈도가 높고 전자적 처리가 가능한 419종을 발굴하였다. 그리고 그 결과를 토대로 2001년 10월부터 2002년 11월까지 시스템 구축을 추진하여, 2002년 11월에 인터넷 민원서비스(G4C) 시스템의 본격 서비스를 개시하였다.

그 당시에는 인터넷을 통해 4,400여종의 민원사무를 안내하고, 393종의 민원사무를 인터넷으로 신청할 수 있게 하였으며, 특히 행정기관이 보유하고 있는 주민, 세금, 기업, 자동차 등 주요 행정정보 20종을 공동이용하여 민원인들의 구비서류 제출을 최소화시켰다.

2) 참여정부

이어서 참여정부에서는 기존에 인터넷으로 신청만 되고 결과물은 우편이나 직접방문으로 수령하는 방식에서 신청 민원의 결과물을 인터넷으로도 발급하여 활용할 수 있도록 개선하였다. 따라서 2003년 6월부터 그 해 12월까지 인터넷 발급시스템을 구축하여 국민생활과 가장 밀접한 주민등록등초본 등 8종에 대해서는 2004년부터 인터넷 발급서비스를 개시한 바 있다.

또한 2003년 9월부터 2004년 5월까지 G4C시스템의 고도화를 위한 정보화전략계획(ISP)을 수립하여, 향후의 시스템 고도화 방향을 정립하였다. 그 결과를 토대로 2005년에 1단계 확대 사업을 추진하여 인터넷 민원신청 대상을 기존 430여종에서 526종, 인터넷 발급대상을 8종에서 20종으로 확대하였다. 아울러 민원인이 소관이 아닌 가까운 다른 행정기관에서 민원서류를 신청하고 원하는 곳에서 결과물을 받아볼 수 있도록 기존의 단순한 팩스민원서비스 방식을 개선하여 '어디서나 민원처리제'로 확대 발전시켰다.

한편 전자민원 서비스를 제공하기 위해 각 기관에서 공통으로 이용하는 기능(통합인증(SSO), 전자지불 등 7종)을 발굴 · 개발하여 공통서비스(Shared Service)화하여 각 기관에 보급한 바 있으며, 이는 각 기관 시스템 간 상호운용성 확보는 물론 서비스에 대한 정보자원의 혁신을 시도한 대표적인 사례로 볼 수 있다.

그 외에도 인터넷 위주의 전자정부서비스를 휴대폰 · PDA 등 모바일 기기(M-Gov)를 통해서도 이용할 수 있도록 이용매체 다양화를 시도하고 있으며, 2006년 4월부터는 민원인의 휴대폰으로 민원처리 상태를 알려주는 서비스(SMS)도 제공하고 있다.

이어서 2005년부터 2007년까지 고도화 사업을 진행하면서 인터넷으로 신청 가능한 민원의 종수를 확대하였으며, 발급 대상 종수 역시도 확대하였다. 또한 개인에게만 허용되던 발급대상이 법인(토지대장, 자동차등록원부 등 5종)까지 확대되었고, 재외국민 및 외국인에 대한 민원신청도 가능하게 되었다.

3) 이명박정부

이명박정부는 2009년 3월에 민원서비스선진화추진단을 구성하여 당시 G4C의 고도화 및 선진화를 추구하였다. 2009년의 1단계 사업을 출발점으로 2010년 하반기와 2011년 상반기에는 민원선진화를 더욱 더 가속화하였다. 먼저 유사 · 공통 민원 또는 지나치게 세분화된 민원 447종을 통폐합하고, 민원사무와 구비서류의 수를 대폭 감축하였다. 둘째로, 강력한 민원서비스 기반을 구축하였다. 2010년 말까지 3,020종의 신청민원과 1,208종의 발급민원 구축체계를 완료하였는데 이는 온라인으로 처리할 수 있는 모든 민원서비스를 완전하게 제공할 수 있음을 의미한다. 또한 사용자인 민원인 입장에서 회원가입과 민원신청절차를 간소화하여 쉽게 접근할 수 있도록 재설계하고, 원격지원서비스를 지원하는 등 정보소외 및 취약계층을 위한 이용편의 기능을 대폭 개선하는 한편, 행정정보공동 이용기반을 확대하였다.

이러한 내용을 구체적으로 살펴보면 다음과 같다. 이명박정부는 '민원24'의 공식 사용을 계기로 장애인을 위한 서비스 강화, 사용자 인터페이스(UI) 개선 등 온라인 민원 이용 편의성 제고를 위한 대폭적인 시스템 보완을 추진하였다.

(1) 장애인을 위한 서비스 강화

민원24의 메뉴 개선 등으로 마우스 없이 키보드만으로도 필요한 민원을 검색 · 신청할 수 있도록 하고, PC 화면상의 이미지를 음성안내 프로그램으로 설명하는 등 시각장애인을 위한 편의기능을 대폭 보강했다. 또한 「장애인 도우미」를 개설하여 장애인복지 관련 민원과 장애인에게 유용한 여러 생활정보를 한눈에 열람할 수 있도록 했다. 이어서 정부민원포털에서 전기 · TV수신료 · 인터넷 · 유선전화 · 이동통신요금 감면을 한 번에 신청할 수 있도록 했으며, 향후 장애인차량 취 · 등록세 면제 등 장애인 복지관련 온라인 서비스를 지속적으로 확대할 예정이다.

(2) 생활민원 일괄서비스 확대

다수의 생활관련 민원을 묶어 한 번에 온라인으로 신청 · 처리하는 서비스를 활성화시켰다. 구체적으로는 이사, 장애인복지, 사망, 보훈, 개명 등 지난 2010년 1월부터 서비스 중인 일괄서비스 5종에 연계되는 민원 · 서비스를 64종에서 88종으로 확대시켰다. 또한 2010년 7월 30일, 취업준비, 교육제증명, 소자본창업, 부동산거래, 기초생활수급 등 서민생활 안정에 꼭 필요한 5종의 일괄서비스를 추가 개통했다.

(3) 정부민원포털 화면 · 메뉴 개선

정부민원포털에서 민원인이 자주 찾는 서비스를 스마트폰의 앱(App) 아이콘과 같은 이미지로 보기 쉽게 배열하고, 장애인 도우미, 생활민원 일괄서비스 등 핵심 콘텐츠를 중심으로 간결하고 가독성 높게 화면을 구성했다.

4) 박근혜정부

박근혜정부에서도 정부3.0을 추진하면서 민원24 시스템에 대한 지속적인 고도화사업을 추진하여 왔다. 박근혜정부의 고도화사업의 특징은 다 부처 연계를 통한 생활민원 패키지 서비스 및 시스템 연계 확대를 들 수 있다. 이러한 내용을 간략하게 정리하면 다음과 같다.

(1) 생활민원 패키지 서비스

2013년 10월에 민원24(minwon.go.kr)의 고도화를 통하여 이사 · 사망과 같이 여러 기관을 방문하거나 복잡한 처리가 필요한 생활민원을 한 곳에 모아 안내 · 처리하는「생활민원 패키지」서비스를 실시하였다. 또한, 대한민국 정부포털(korea.go.kr)과 법제처의 생활법령정보(oneclick.law.go.kr) 등 공공 및 민간의 유용한 서비스를 연계하여 국민이 필요한 각종 유용한 서비스를 더욱 쉽게 이용할 수 있게 하였다.

구체적으로는 공공기관 및 민간에서 제공하는 우체국 주소이전 서비스, 한국전력, 부동산 포털 등 유용한 서비스 연계를 통해 이사 전 과정에서 발생하는 25종의 민원서비스를 확인 및 처리할 수 있다. 또한「대한민국 정부포털(korea.go.kr)」생활 플러스 서비스를 통해 이사 일정별 체크리스트, 폐기물신고, 확정일자 등 이사 관련 약 23종의 정보를 안내받을 수도 있다.

이어서 2014년 9월부터 부동산, 자동차, 취업 · 창업 패키지 민원도 추가로 확대해서 제공하고 있다. 새로이 확대된 민원패키지 서비스의 주요 내용은 부동산 패키지의 경우, 분양중인 아파트 조회, 청약자격 확인, 인터넷 청약신청, 부동산 시세 및 실거래가 조회 등 총 40종의 부동산 관련 민원서비스를 확인 및 처리할 수 있다.

자동차 패키지의 경우, 운전면허 조회, 자동차 신규 · 이전 등록신청, 자동차 등록원부 발급, 자동차 검사예약, 자동차 등록 · 말소 신청 등 총 50종의 자동차 관련 민원서비스를 조회 및 신청, 발급 할 수 있다.

취업 및 창업과 관련한 패키지는 청년취업 인턴제 신청, 국가기술자격 원서접수, 졸업 · 성적 증명 등 공공 및 민간의 유용한 서비스를 연계해 총 47종의 취업 · 창업 관련 민원서비스를 확인 및 처리할 수 있다.

(2) 시스템 연계 확대

2013년 12월부터 건강보험공단 및 교육부, 미래부(G4B)와 중소기업청(Bizinfo) 등과 협업을 통해 건강보험 납부확인서[6]와 초중등학교 성적 · 졸업증명 및 검정고시 성적 · 합격증명서를「민원24」에서 즉시 발급 받을 수 있고 창업 및 기업활동에 필요한 주요 정보도「민원24」에서 한번에 확인할 수 있게 되었다. 따라서「민원24」를 통해 온라인으로 신청 즉시 발급받을 수 있는 민원은 38종에서 총 43종으로 확대되었다.

기업민원 전용창구는 미래창조과학부의 '기업지원 통합포털 G4B'와 중소기업청 '기업마

6) "건강보험료 납부확인서"는 직장 구직 · 이직 시 또는 대학 등에서 장학금 지급 시 소득수준을 확인하는 용도로 많이 활용되고 있으며, 2012년 기준 발급 건수는 654만건이다.

당 Bizinfo'에서 제공하는 창업 및 기업활동에 필요한 주요 정보를 한 번에 확인하고 필요시 G4B 또는 Bizinfo로 쉽게 이동 할 수 있도록 구성하였다. 또한, 「민원24」와 「G4B」간 통합인증(SSO : Single Sign On)을 통해 한 번의 로그인으로 두 시스템을 별도의 로그인 없이 쉽게 이용할 수 있게 되었다.

이어서 2015년 3월부터 21종의 "나의 생활정보 열람 및 확인서비스"를 제공하고 있다. 이러한 내용은 〈표 10-6〉과 같다. "나의 생활정보 서비스"는 PC와 스마트폰에서 모두 확인이 가능하며, 공인인증서로 「민원24(www.minwon.go.kr)」 로그인 후, 생활정보 서비스 이용에 동의하면 건강, 세금, 병역, 연금 등 나와 관련된 생활정보를 실시간으로 확인 할 수 있다.

표 10-6 민원24의 생활정보 제공 현황

영역	나의 생활정보	제공기관
건강	일반 건강검진, 생애전환기 건강진단, 암검진 등	건강보험공단
	영유아 예방접종 등 국가필수 예방접종일	질병관리본부
병역	징병검사일, 입영일, 예비군훈련일, 민방위교육일	병무청
세금	종합소득세 납입기간	국세청
	재산세, 주민세, 자동차세 등	행정자치부
연금	연금 예상액, 연금개시일 등	연금관리공단(국민, 공무원, 사학)
미환급금	국세, 지방세, 국민연금, 건강보험, 고용보험	국세청, 연금공단 등
과태료	경찰청 과태료(속도위반, 끼어들기, 차선위반 등)	경찰청
자동차	적성검사 갱신기간, 운전면허 정지기간, 벌점 등	경찰청

이처럼 민원24시스템은 국민들이 행정기관을 방문하지 않고 인터넷, 휴대폰 등 다양한 매체를 이용하여 신속하고 편리하게 민원서비스를 이용할 수 있도록 기반을 마련하였고, 오프라인 민원시대를 온라인 민원시대로 행정서비스의 패러다임을 변화시키는 선봉 역할을 하고 있다. 이러한 민원선진화 사업의 꾸준한 노력으로 민원24 사용자는 2014년 12월말 현재 기준으로 회원수는 1,330만명이다. 구체적으로는 민원서비스 종수 확대 및 이용자 편의를 고려한 시스템 개선을 통해 민원24 이용실적은 계속 증가하여, 신청민원, 발급민원 및 열람민원을 모두 포함하여 2017년말에 전년대비 1,530만건(12%) 증가한 140,259,426건의 실적을 이루었다.

이러한 민원24 시스템 구축사업은 국민의정부 시절에 전자정부 11대 사업의 하나로 시작되었으며, 당시 전자정부 사업의 절반 이상을 차지할 정도로 큰 비중을 지니고 있었다. 또한 현재 우리나라가 UN 전자정부 평가에서 최우수 국가로 선정되는 배경에도 이러한 민원24 시스템이 자리 잡고 있다. 특히 이러한 민원24시스템은 개발 초기인 국민의정부에서 전자정부 사업들 가운데서 최초의 다부처 사업으로 진행되었다(서보람, 2003).

10.4 시스템 활용 및 발전 방안

1. 시스템의 활용현황

1) 초기 단계의 활용 미비

민원24(G4C)시스템은 2002년 11월 서비스 개시 이후, TV · 신문 등을 통해 다양한 홍보를 실시하였으나 이용량이 저조하여 오프라인(창구방문) 대비 온라인 이용건수가 너무나도 미미한 실정이었다. 시스템 구축 초기에는 민원서비스의 혁신이라고 할 만큼 획기적인 서비스였음에도 서비스 개시 이후 일 1,000건 미만의 이용 실적을 보여 이용량 저조로 인하여 시스템에 대한 부정적인 견해도 많았다. 그러나 이용활성화를 위하여 민원수수료 납부 시에 전자적으로 결제할 수 있는 수단을 다양화하고, 복잡한 민원신청 서식을 간소화하여 민원인의 입력항목을 대폭 축소하는 등 다양한 개선을 추진하였으며, 이에 힘입어 꾸준히 이용량이 증가하였다.

참여정부에 들어와서도 지속적으로 G4C시스템의 고도화를 추진하였고, 특히 인터넷발급시스템을 구축하여 국민생활과 밀접한 주민등록등 · 초본, 토지(임야)대장 등을 직장이나 가정에서 직접 출력할 수 있도록 적용한 이후 〈표 10-7〉과 같이 서비스 이용이 급격히 증가하고 있다.

민원24는 2002~3년까지는 거의 미미한 수준의 활용도를 보이다가, 2004년부터 급속하게 이용량의 증가세를 보이고 있다. 이것은 2003년 후반기에 구축된 민원서류 인터넷 발급시스템의 이용이 급증한 결과로 볼 수 있다. 2017년 12월말 기준으로 민원24를 통하여 서비스되고 있는 민원처리는, 연간으로 신청이 61,893,547건, 발급이 65,371,705건 그리고 열람이 12,994,174건에 이르는 등 편리한 서비스 제공으로 이용률이 증가추세에 있다.

따라서 이 사업으로 2005년 말까지 인터넷 발급서비스를 이용하여 국민들이 구비서류 발급을 위해 관청을 방문하지 않음으로써 〈표 10-8〉과 같이 약 280억원의 경제적인 효과를 거둔 것으로 추정된다.

현재는 일선 민원창구의 제증명 발급서류 업무가 대폭 축소됨에 따라서 민원인의 소요시간, 관청방문 비용 및 민원제공자의 업무효율성 향상을 기준으로 매년 500여억원 이상의 비용 절감이 발생하고 있다.

2) 서비스 이용실태

(1) 2010년 전자정부 서비스 활용수준 조사

한국정보화진흥원은 2010년에 두 차례에 걸쳐서 전자정부 서비스 활용수준을 조사하였다. 이 조사는 인터넷을 이용하는 전국 19세 이상 성인 남 · 녀 1,500명을 대상으로 전자정부서

표 10-7 민원24 시스템 이용현황

(단위: 천건)

구분	민원신청	민원발급	민원열람
2017	61,893	65,371	12,994
2016	58,460	58,709	7,787
2015	65,191	60,755	9,070
2014	63,435	57,487	10,959
2013	64,407	50,093	10,572
2012	68,736	39,443	7,207
2011	68,262	28,245	5,950
2010	62,347	21,106	5,263
2009	63,132	16,245	3,944
2008	53,503	10,946	1,769
2007	30,125	7,224	1,015
2006	22,468	4,126	860
2005	10,840	2,259	1,091
2004	7,799	903	652
2003	7,735	58	200
2002	1,438	–	7

자료: e-나라지표(http://www.index.go.kr).

표 10-8 인터넷 민원발급서비스 이용에 따른 경제적인 효과

【산정금액】 280억원 (≒ 3,219천건 × ((1,000원 × 50%) + 8,200원))

【산정기준】

• 인터넷 민원발급 건수('03. 9 ~ '05. 12): 3,219천건

• 교통비(마을버스 기준): 500원 × 2(왕복) = 1,000원

※ 오프라인 이용시 50% 버스 이용 가정

• 관청방문에 소요되는 기회비용(1시간으로 가정): 8,200원

비스 전반에 대한 국민들의 이용실태와 인식정도 및 요구수준을 파악하여, 이용활성화를 위한 정책 수립과 개선방안을 도출하기 위하여 실시되었다(행정안전부, 2011C :275~277).

2010년 전자정부서비스 활용수준 조사결과, 전자정부서비스 인지도는 평균 92.6%로 2008년 이후 90%를 상회하는 수준으로 최고 수준에서 안정된 상태로 나타났다. 전자정부서비스이용률은 2008년도에 큰폭으로 상승한 이후 60%대에서 정체된 상태를 보이고 있으며, 전자정부서비스에 대한 만족도는 응답자의 73% 이상이 만족한다고 느끼고 있는 것으로 나타났다(백점 기준으로 환산 시 63.2점).

전자정부서비스 인지도, 이용률 및 만족도는 대부분의 연령층에서 큰 편차가 없었으나 40대 이상의 중장년층에서 높게 나타났으며, 직업군별로는 화이트칼라와 자영업자, 인터넷 이용시간을 기준으로는 인터넷 이용 시간이 많을수록 높은 것으로 분석됐다. 특히 만족도는 전자정부서비스 이용경험이 많은 계층에서 높게 나오는 것으로 나타났다. 전자정부서비스이용자들은 행정 · 민원서비스이용에 있어 관공서를 직접 방문하는 것보다 인터넷을 통해 이용하는 것을 선호하고 있어, 전자정부서비스에 대해 긍정적 평가가 높은 것으로 분석됐다.

다양한 전자정부서비스 중 최근 1년 동안 가장 많이 이용한 사이트로는 '민원24'(21.8%), '현금영수증서비스'(11.6%),' 홈택스'(9.5%),' 인터넷등기소'(8.3%) 등의 순으로, 일반국민들은 민원 서류발급이나 세금관련 서비스 등 생활 민원이나 연말정산과 관련한 국세관련 서비스에 대한 온라인 활용도가 높았으며, 전자정부 접근 방법으로는 관련 기관의 서비스를 직접 방문하는 사용자보다 일반 포털사이트에서 검색을 통하여 전자정부 사이트로 접속하는 사용자 비율이 높게 나타났다.

서비스 개선 의견으로 간편한 인증절차가 필요하다고 느끼고 있는 것으로 나타났으나, 다른 한편으로 개인정보 노출위험 등 보안대책 강화를 제시, 편리성과 보안성에 대한 상반된 시각이 존재하는 것으로 나타났다. 또한 다양한 콘텐츠의 개발과 사용자 입장에서 보다 편리하게 전자정부서비스를 이용할 수 있도록 개선이 필요하다는 의견도 있었다.

(2) 2017년 전자정부 서비스 활용수준 조사

행정안전부와 한국정보화진흥원은 우리나라 국민들의 전자정부서비스 전반의 이용실태를 종합적으로 파악하기 위해 설문조사를 실시하였다(행정안전부 · 한국정보화진흥원, 2017). 2017년 전자정부서비스 이용실태 조사는 2017년 10월 1일부터 10월 31일까지 수행되었으며, 대한민국 내 해당 가구의 만 16~74세 일반국민 4,000명을 대상으로 하였다. 2017년 전자정부서비스 이용실태 조사의 결과는 다음과 같다.

① 행정서비스 이용 현황

2017년 10월말 현재 만 16~74세 인구의 행정서비스 이용률(최근 1년간 행정서비스 이용 경험이 있는 인구 비율)은 97.2%로 모수 추정 결과 행정서비스 이용자는 39,718,058명으로 나타났다. 행정서비스 이용률은 2013년 84.4% → 2014년 90.3% → 2015년 93.1% → 2016년 94.5%, 그리고 2017년 97.2%로 전년도 대비 2.7%p 높아졌다. 또한 16~19세 연령층은 전년도 대비 5.9%p, 50~59세 연령층은 전년도 대비 4.1%p, 60~74세 연령층은 전년도 대비 4.8%p 상승하였다.

행정서비스 이용자의 이용목적으로는 '민원서류 열람, 교부, 신청 및 접수'가 92.8%로 가장 높았으며, 다음으로 '세금 및 공과금 조회/납부/환급'(69.6%), '정보 문의 및 조회'(67.3%),

'공공서비스/시설물 예약/신청'(65.3%)도 65% 이상으로 높게 나타났다. 행정서비스 이용자가 최근 1년 동안 이용해 본 행정서비스 이용방법으로는 '인터넷/이메일'이 49.7%로 가장 많으며, '직접방문'은 46.0%로 나타났다. 반면에 '문자/전화/팩스/우편' (4.3%)의 이용은 많지 않은 것으로 조사되었다.

② 전자정부서비스 인지도

만 16~74세 인구(40,843,182명)의 90.7%는 "행정기관 및 공공기관이 전자정부서비스를 제공 한다"는 사실을 알고 있는 것으로 나타났다. 전자정부서비스 인지도는 여성(88.5%)보다 남성(92.9%)이 상대적으로 높았으며, 연령별로는 40대 이하 연령층에서 95% 이상으로 높게 나타났다. 2017년의 조사결과, 전자정부서비스 인지도(90.7%)는 전체적으로 전년도(90.4%) 대비 0.3%p 높게 조사되었다. 전자정부서비스 인지자(37,043,280명)의 인지 경로는 '인터넷에서 직접 검색' (51.5%)이 50% 이상으로 가장 많으며, '아는 사람을 통해서'(49.2%)와 '언론매체' (42.1%)를 통해 알게 된 경우도 40%이상이었다.

③ 전자정부서비스 이용율

만 16~74세 인구 중 최근 1년간 전자정부서비스를 이용해본 인구 비율은 86.7%로 모수 추정 결과 35,397,343명인 것으로 나타났다. 전자정부서비스 이용률은 남성(88.8%)이 여성(84.5%)보다 높았으며, 연령별로는 40대 이하 (16~19세: 96.7%, 20대: 97.7%, 30대: 98.3%, 40대: 95.0%)에서 95% 수준인 반면, 60세 이상 (54.3%)은 50%대로 낮게 나타났다.

전자정부서비스 이용률은 전년도(85.8%) 대비 0.9%p 상승했으며, 남녀 및 전 연령층에서 대부분 상승한 반면, 50~59세(83.9%)에서는 전년(84.5%) 대비 0.6%p 하락하였다. 전자정부서비스 이용자의 이용목적으로는 '정보 검색 및 조회'가 86.7%로 가장 높았으며, 다음으로 '행정/민원서류 신청, 열람 및 교부'(83.6%), '공공서비스 예약 · 신청' (78.5%) 등의 순으로 나타났다.

전자정부서비스 이용자의 44.0%는 전자정부서비스 이용 시 '주요 포털사이트를 통해서 접속'하고 있으며, '홈페이지의 인터넷 주소 직접 입력'하는 이용자도 19.3%로 조사되었다. '즐겨찾기 등록 후접속'(10.0%), '모바일 어플리케이션(앱)을 통해 접속'(9.4%), '다른 행정기관, 공공기관 홈페이지에서 연결'(7.8%), '무인민원발급기, SNS, 디지털 · 스마트TV 전자정부서비스를 통해 접속'(7.0%) 등은 10% 이하를 나타내었다.

④ 전자정부서비스 만족도

만 16~74세 전자정부서비스 이용자의 96.6%는 전자정부서비스의 서비스 수준에 대해 '만족'(약간 만족 33.9% + 만족 50.3% + 매우 만족 12.3%)하는 반면, '보통' 2.0%, '불만' 1.4%

이며, 7점 척도 평균은 5.70점으로 '약간 만족'과 '만족' 사이의 수준을 보였다. 전년도 대비 전자정부서비스 이용자의 '만족' 비율은 0.8%p 상승하였으며, 성 · 연령별로 대부분 상승하였다. 20대와 40대, 50대, 60~74세 연령층에서 만족율이 전년도 대비 1.0%p 이상 상승한 반면, 16~19세 연령층의 만족율이 전년도 대비 2.0%p 하락하였다.

⑤ 모바일 전자정부서비스 이용률

만 16~74세 전자정부서비스 이용자의 78.0%가 최근 1년 동안 모바일 전자정부서비스 이용 경험이 있으며, 지난해보다 0.4%p 상승한 것으로 나타났다. 모바일 전자정부서비스 이용률은 성별에 따른 차이는 크지 않은 반면, 연령별로는 30대 이하 연령층과 40대 이상 연령층에 따라 이용률 차이가 있는 것으로 조사되었다.

모바일 전자정부서비스 이용률이 30대와 40대 연령층에서 전년도 대비 최소 2.0%p 이상 증가한 반면, 20대 연령층과 60~74세 연령층의 이용률은 전년도 대비 4.5%p, 4.0%p 하락하였다. 모바일 전자정부서비스 이용자의 이용목적으로 가장 많이 나타난 것은 '정보 검색 및 조회'(92.2%)이며, 다음으로 '공공서비스 예약 · 신청'(78.3%), '행정/민원서류 신청, 열람 및 교부'(67.2%) 등의 순으로 나타났다.

모바일 전자정부서비스 이용목적별 이용 빈도를 살펴보면, 비교적 자주 이용하는 빈번사용자(1일에 한 번 정도 + 1주일에 한 번 정도 + 1개월에 한 번 정도)가 '정보 검색 및 조회'를 목적으로 모바일 전자정부서비스를 이용하는 비율이 60.4%로 가장 높게 나타났다. 전자정부서비스 이용자들이 최근 1년 동안 이용해본 전자정부서비스를 부문별로 구분해보면 〈생활 · 여가〉서비스 이용률이 72.3%로 가장 높았으며, 그 다음은 〈지식 · 정보〉 61.5%, 〈민원〉 49.7%, 〈경제활동〉 45.5%, 〈공공〉 24.9% 등의 순으로 나타났다.

⑥ 모바일 전자정부서비스 만족도

모바일 전자정부서비스 이용자의 93.8%가 모바일 전자정부서비스에 대해 전반적으로 '만족'하고 있는 것으로 나타났다. 모바일 전자정부서비스 이용자의 93.8%는 모바일 전자정부서비스의 서비스 수준에 대해 '만족'(약간 만족 36.3% + 만족 46.1% + 매우 만족 11.4%)하는 반면, '보통' 5.1%, '불만족' 1.0%이며, 7점 척도 평균값은 5.61점으로 만족도는 '약간 만족'과 '만족' 사이의 수준이었다.

⑦ 전자정부서비스 이용활성화 방안

전자정부서비스 이용활성화를 위해서는 '본인확인/인증절차 간소화 또는 대체수단 제공'이 우선적으로 필요한 것으로 나타났다. 전자정부서비스 이용 활성화 방안(1+2+3순위)으로는 '본인확인/인증절차 간소화 또는 대체수단 제공'이 필요하다는 의견이 45.9%로 가장 많았다. 그 다음으로는 '최신의 신뢰성 있는 정보 제공' (39.6%), '주요 민원업무에 대한 원스톱 서비스 제공' (38.2%), '개인정보보호 및 보안 강화' (35.0%), '온라인 서비스 이용매체의 다양화' (31.2%) 등이 30% 이상으로 나타났다. 또한 전년도와 동일하게 '본인확인/인증절차 간소화 또는 대체수단 제공'이 우선적으로 필요하다는 의견이 가장 많이 나타났다.

2. 시스템의 문제점 및 활성화 전략

1) 시스템의 안전성 문제

전자적 민원행정서비스는 이제까지 국민들의 많은 호응에도 불구하고 과거에 시스템의 안전

표 10-9 인터넷 발급문서 위 · 변조 관련 추진내용

일자	주요내용
'05. 9. 23	• G4C시스템에서 위 · 변조 쉽다 언론보도(조선일보) • 행정자치부 국정감사 시 전자민원서비스(G4C) 위 · 변조 가능성 시연 • G4C시스템의 인터넷 민원서류 발급서비스 잠정 중단 ※ 대검찰청(9. 26), 대법원(9. 27), 국세청(9. 28)도 인터넷 발급서비스 중단 • 인터넷 민원서류 문서진위여부 확인 공문, 각급 기관에 시달
'05. 9. 28	• 국무총리 주재 국정현안정책조정회의 개최 – 위 · 변조 문제 제기, 조치사항 및 향후 조치계획에 대한 보고 • 행정자치부장관 기자 간담회 – 인터넷 발급서비스 중단 후 진행사항 및 향후계획 발표 • 정부합동보안특별대책반 구성(7차례 대책회의 개최)
'05. 9. 29	• 민간 보안전문가 간담회 개최 – 해킹 및 위 · 변조 방지를 위한 현행 법 · 제도의 보완방안, 전자문서의 위 · 변조에 대한 처벌 강화방안 등 • 행정자치부내 위 · 변조 방지대책 추진단 구성
'05. 9. 26~10.11	• 행정자치부 G4C구축사업 전반에 대한 자체 감사 실시(1차) ※ 행정자치부 및 자치단체를 통해 위 · 변조 피해사례 접수('05. 10. 1~10.31)
'05. 10. 4	• 당정협의회 개최 (행자부 · 정통부장관 참석, 문제점 및 향후 대책 논의)
'05. 10.10~10.31	• 행정자치부 · 국정원 합동으로 시스템 안전성 점검 실시
'05. 10. 11	• 행정자치부 국정감사시 위 · 변조 방지대책 추진상황 보고
'05. 10. 28	• 대법원, 행자부, 국세청, 대검찰청 공동으로 "인터넷 발급 민원서류 위 · 변조 방지대책 공청회"개최(세종문화회관 컨벤션센터 3층)
'05. 11. 3~11. 9	• 행정자치부와 정보통신부 합동감사(2차)
'05. 11. 10	• 행자부, 국세청, 대검찰청 인터넷 발급서비스 재개 ※ 서비스 재개에 대한 언론보도자료 발표
'05. 11. 28	• 인터넷 민원서류 위 · 변조방지 정보보안종합대책 수립 및 각 기관 배포

자료: (행정자치부 내부자료)

성과 관련하여 사회적으로 큰 파장이 제기되었다. 즉 2005년 9월 국정감사 시에 〈표 10-9〉와 같이 인터넷 발급문서 위 · 변조 가능성이 제기되어 전자민원 서비스뿐만 아니라 전자정부 사업 전반에 대한 신뢰성 문제가 사회적 관심사로 대두되기도 하였다. 이처럼 G4C에서 전자적 민원서류 발급의 안전성 문제가 제기되자, 정부는 1개월 이상 G4C에서 인터넷 민원증명 발급서비스를 중단하고 위, 변조 방지대책을 마련하였다.

이러한 인터넷 발급서류의 안전성 문제제기는 그간 전자적 민원행정서비스 확대에만 치중하여 해킹, 문서 위 · 변조 등 정보화의 역기능에 관심이 소홀했음을 뒤돌아보고 보안에 대한 중요성을 부각시키는 계기로 작용하였다.

이후에 정부는 전자적 민원행정서비스에서 개인정보를 포함하는 정보보호 및 보안에 주력하고 있다. 최근에는 주민등록번호 등 주요한 정보는 일부 암호화하여 저장하고 개인정보보호를 위해 2010년 10월부터 아이핀(i-PIN)을 활용한 회원가입 서비스를 제공하였다. 또한 전자문서의 진본성 여부를 확인하기 위해 전자문서 진본확인시스템을 구축하고 민원24, 전자관보, 국세청연말정산간소화, e민원, 방위사업청 전자조달 및 방산 수출입지원 시스템 등에 적용하여 서비스를 제공 중에 있다. 또한 민원서비스의 대내외적인 보안신뢰도를 높이기 위해 노력한 결과 행정기관의 대민서비스 최초로 정부 정보보호 관리체계(G-ISMS)를 획득하였다.

2) 이용 활성화 전략

최근에 민원24의 서비스 이용률이 급격히 증가하고 있으나 아직은 미흡한 실정으로 시스템 이용활성화가 가장 시급한 과제로 대두되어 여러 가지 방안이 마련되었다. 우선적으로는 민원24시스템의 '이용이 어렵다'는 지적처럼 불특정 다수의 국민을 대상으로 서비스하는 시스템으로 접근의 용이성과 이용의 편리성이 보장되어야 한다. 그러나 현재 서비스 중인 시스템은 민원신청을 위해 입력해야 하는 항목이 많고, 처리를 위해 거쳐야 하는 단계가 너무 복잡하다는 지적에 따라서 국민과 공무원들을 대상으로 설문조사 등을 통한 의견 수렴 과정을 거쳐, 이를 토대로 시스템을 개선해 나가고 있다.

또한 온라인으로 신청 가능한 민원사무를 대폭 확대하였다. 특히 편리한 서비스인 인터넷 발급 역시도 확대하였다. 이에 온라인 신청대상 민원을 단계적으로 확대하기 위해 선행사업(BPR/ISP)에서 검토하였고, 이를 토대로 단계적으로 확대해 나가고 있다. 최근에는 민원24 시스템과 행정정보공유시스템을 통합하는 작업을 진행하고 있다. 따라서 향후 민원24 시스템은 통합전자민원창구로서 민원처리를 위한 기반시스템으로 지속적인 온라인 민원사무를 확대해 나갈 것이다.

지금까지 각종 매체를 통해 시스템에 대한 홍보를 하고 있지만 아직도 민원24시스템에 대한 인지도는 그리 높지 않은 것이 현실이다. 따라서 앞으로도 국민에 대한 홍보는 물론이고 민원을 담당하는 공무원이나 관청이 인터넷 민원서비스에 대한 홍보를 적극적으로 할 수 있도록 하고 이에 기여한 공무원에 대해서는 인센티브 부여 등 다각적인 홍보정책을 마련해 나갈 계획이다.

특히 이러한 사업들과는 별도로 전자민원 창구를 통해 신청한 민원사무의 수수료를 무료로 할 수 있는 근거를 마련하기 위해 관련법령 개정 작업을 추진하였다. 따라서 현재 주민등록 초본과 등본 등 대다수 민원발급이 무료로 제공되고 있다. 또한 다양한 관점에서 이용활성화 전략이 요구된다. 특히 전자정부 포털을 이용하지 않는 대다수의 사람들이 PC 및 인터넷 사용방법에 익숙하지 못한 실정이므로 이러한 정보 취약계층에 대한 교육과 지원이 지속적으로 추진되어야 한다. 그리고 직업군별 분석에서 상대적으로 이용률이 낮은 학생과 주부를 대상으로 한 특화된 서비스 확대가 필요한 것으로 나타났다. 따라서 지속적으로 전자정부서비스 사용방법을 보다 쉽고 편리하게 개선하고, 전자정부서비스 연계 확대를 통한 복합 민원의 원스톱서비스 제공 등 사용자 중심의 서비스가 강화되어야 한다.

3) 민원24의 발전 방향

최근의 UN 전자정부 수준 평가에서 우리나라 전자정부 서비스가 2010년, 2012년 및 2014년에도 세계 1위(193개국 중)를 차지하여 전자정부 선진국으로서의 위상을 확고히 하였다. 2016년에는 3위를 기록하였다. 이러한 국제적인 성과 평가에서 최상위를 차지할 수 이었던 이유는 민원24시스템의 전자적인 민원처리 방식이 높이 평가되었기 때문이다.

민원24시스템은 앞으로도 지속적으로 온라인 대상 민원을 확대하고 서비스의 질을 높여 나갈 계획이다. 지금까지는 구비서류 없이 단순 민원 신청만으로 완료되는 민원사무 위주로 서비스를 확대해 왔으나, 구비서류를 첨부할 수 있는 기능을 추가하여 구비서류가 있는 민원사무도 인터넷을 통하여 신청할 수 있도록 확대해 나가고자 하는 것이 그 예가 될 것이다. 이는 명실상부한 “안방민원행정”을 실현할 수 있는 계기가 될 것으로 보인다.

이를 위해서는 행정정보 공동활용의 기반을 마련하는 것이 중요하다. 정부는 2007년에 행정정보공유센터를 구축하여 보다 많은 종류의 행정정보를 공유하여 민원인들의 구비서류를 감축하고 있다. 특히 중요한 점은 행정정보의 공유 이용 대상기관을 기존의 행정기관에서 공공기간 더 나아가 금융기관까지 확대시키는 것이다. 이러한 행정정보 공유기반이 마련되어 행정기관에서 여러 증명서류를 발급받아 금융기관에 제출하는 방식에서 민원24를 이용한 열람방식으로 전환되었다. 또한 향후에 민원인의 신청에 의해 행정기관이 보유하고 있는 정보를 민원인이 지정하는 기관으로 바로 전송해주는 서비스가 개발된다면 진정한 논스톱 민원행정서비스가 구현될 것이다.

그러나 이러한 서비스의 확대뿐만 아니라 시스템의 안전성에 대한 대책도 보다 철저하게 마련되어야 한다. 발전하는 해킹 및 문서 위 · 변조 기술에 적극적으로 대처하여 신뢰성 있는 전자정부 서비스를 제공하기 위하여 민원24시스템은 보안을 더욱 강화함으로써 국민들이 안심하고 편리하게 서비스를 이용할 수 있도록 발전시켜 나가야 한다.

아울러 스마트폰 등 모바일 기기의 이용이 보편화됨에 따라 인터넷 위주의 전자민원서비스를 모바일 기기로까지 확대하고, 더 나아가 디지털 양방향 방송기술을 전자민원 서비스에 접목하여 TV를 통해서도 전자민원 서비스를 이용할 수 있도록 접근성을 보다 강화시킬 필요가 있다.

국내의 스마트폰 보급은 2011년 11월에 2,000만대를 넘어섰다. 이러한 급격한 국민의 라이프스타일과 IT 환경의 변화에 발맞춰 민원24는 2011년 3월부터 모바일 민원서비스 전환과 신규서비스 발굴에 착수하였다. 민원인이 필요로 하는 서비스를 적극 발굴하기 위하여 대규모 설문조사도 실시하였다. 이 결과를 토대로 민원24는 모바일 서비스를 본격적으로 구축하고 있으며, 모바일서비스를 지속적으로 확대시키고 있다.

또한 다문화가족과 외국인이 지속적으로 늘고 있는 추세임을 고려할 때 외국어 서비스 확대도 중요하다. 현재 5종의 외국어 서비스 종수를 7종으로 늘리고, 외국어 전용 화면도 마련하여 시범서비스를 제공하고 있다. 따라서 향후 모든 국민들이 언제, 어디서나 전자정부 서비스를 이용할 수 있도록 명실상부한 지능형 전자정부 실현을 위해 민원24가 선도적 역할을 수행하여야 한다.

생각해 볼 문제들

1. 정부는 정책기능을 통해 가치를 창출한다. 최근에는 다수 부처 관련 업무를 통합적으로 수행하면서 기업과 국민에게 유용한 서비스를 제공하는 창의적 정부가 바람직한 모습으로 여겨지고 있다. 이러한 수요자 중심의 가치 창출적 행정을 실현하기 위해 G2G, G4B, G4C 각각의 관점에서 어떠한 정보기술이 활용될 수 있는지 구현기술과 실현방안에 대하여 설명하시오. 제55회 행정고시 (2011)

2. 주요 선진국들에서 일반적으로 사용되고 있는 전자적 행정서비스 전달모형으로서 포털기반 통합 행정서비스 제공의 의미와 발전방안을 설명하시오. 5급(행정) 공채시험(2013)

쉬어가기

2017년 전자정부서비스 이용 실태 조사 결과

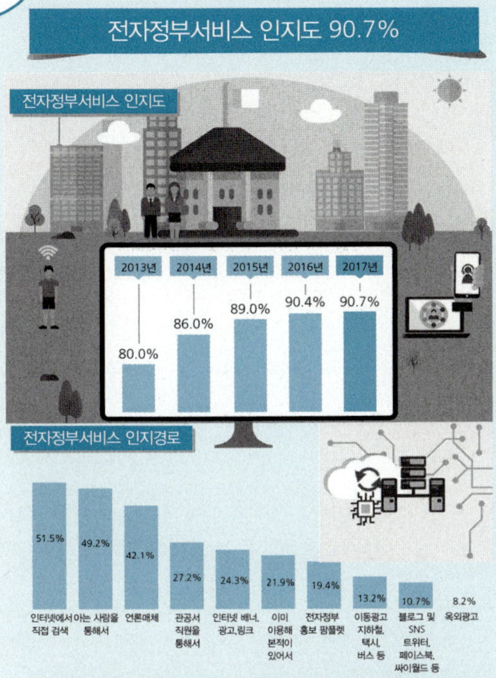

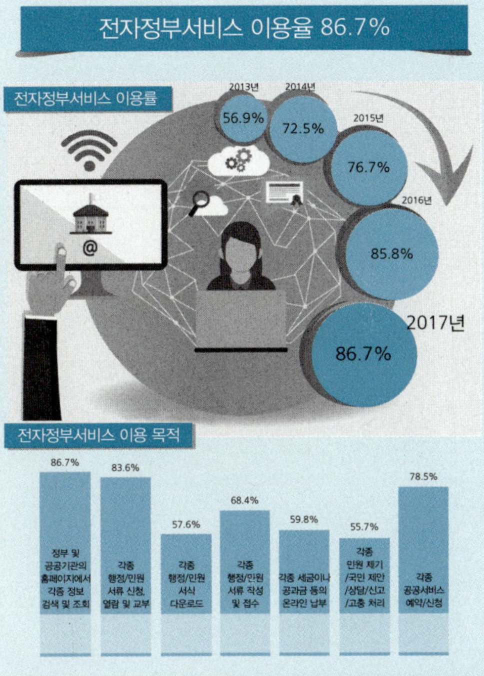

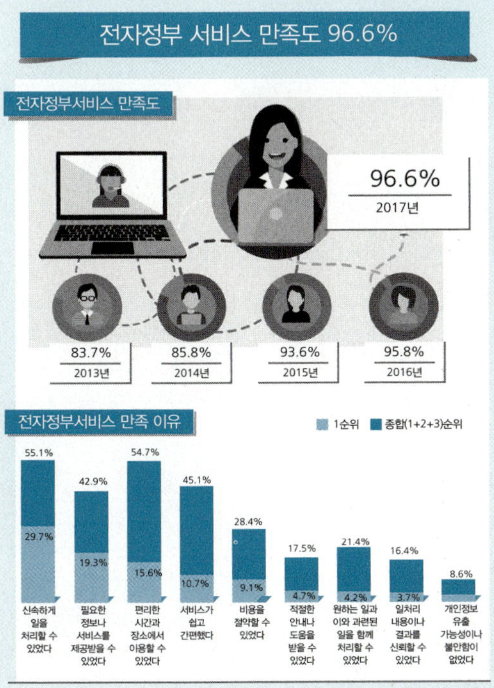

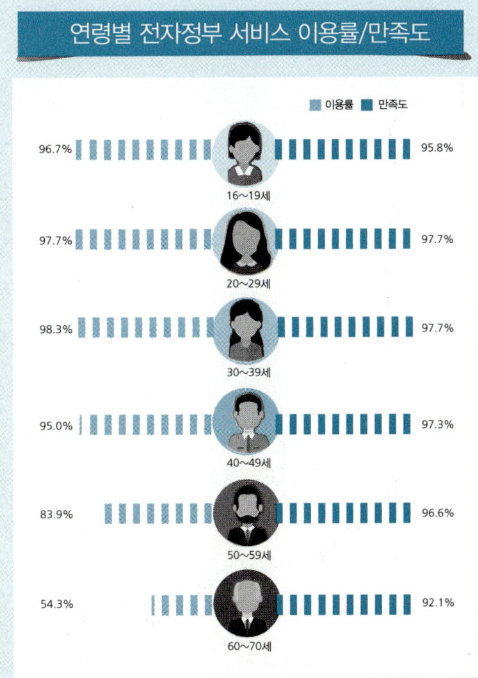

CHAPTER

11

전자적 행정처리의 기반 구조

정부는 선진화된 정보화 관리 방법인 정보기술아키텍처를 제도화하고, 정보시스템 구축의 안정성 및 품질제고를 위한 정보 시스템 감리제도를 도입하기 위해 2005년 12월에 「정보시스템의 효율적 도입 및 운영 등에 관한 법률」 (일명 ITA법)을 제정하고 2006년 7월 1일부터 시행하여 왔다. 이 법에 따르면 중앙행정기관, 지방자치단체는 정보기술아키텍처를 의무적으로 도입해야 하고, 정부투자기관 등의 공공기관도 이전 3년간 정보화 예산의 평균이 20억 이상, 신규 단위 정보화 사업의 투자 규모가 100억 이상 등 일정 기준에 해당하는 경우 정보기술아키텍처를 의무적으로 도입해야 했다.

이명박정부는 정보통신부의 해체에 따라서 ITA법의 내용들을 전자정부법에 통합하였다. 특히 이명박정부는 이제까지의 국가정보화가 기본설계 없이 기관별, 분야별 정보화의 추진으로 시스템 간에 중복과 단절이 발생하여 막대한 예산을 낭비하였다고 보았다. 따라서 이명박정부에서는 국가정보화의 방향을 범정부적인 정보자원의 연계와 통합을 기반으로 추진하였다. 이러한 정책 기조는 박근혜정부에서도 그대로 이어져서 실행되었다.

전자정부와 관련하여 정보자원 통합의 가장 성공적인 사례가 국가정보자원관리원(구 정부통합전산센터)이다. 우리나라는 현재 국가정보자원관리원을 중심으로 하여 정부 클라우드 정책을 추진하고 있다. 따라서 이 장에서는 전자적 행정처리의 기반 구조를 이루고 있는 정보자원관리의 개념과 전자정부 아키텍처 도입현황을 살펴보고, 이어서 국가정보자원관리원의 현황, 발전방향 및 공공부문에서 클라우드 컴퓨팅의 동향 등을 기술하였다. 마지막으로는 본인 확인을 통하여 사이버 공간의 여러 문제점들을 해결할 수 있는 전자서명에 대하여 살펴보고자 한다.

11.1 정보자원관리 및 전자정부 아키텍쳐(EA)

지금까지의 국가정보화는 개별 부처별 업무단위로 정보화시스템을 개발하는 방식으로 추진되었다. 개별 업무단위로 정보시스템이 구축됨에 따라 시스템 간 중복으로 인한 예산 낭비가 발생하고, 정보화가 가속화됨에 따라 개별 업무 정보시스템 간 자료 교환이 빈번해지면서 정보시스템 간 연계가 복잡해져 정보시스템 운영관리를 어렵게 하고 있다. 이러한 문제를 해결하기 위해 전체 업무에 대한 정보화 기본 설계를 하고, 기본 설계에 따라 개별 업무 정보시스템을 구축하여 체계화되고 일관성 있는 정보화를 추진 할 수 있도록 해주는 것이 정보기술 아키텍처(Enterprise Architecture: EA)이다. 이러한 EA는 미국의 정보자원관리에서 출발하였다.

1. 미국의 정보자원관리 개념

1) 정보자원관리 개념의 등장

미국에서 정보자원관리 개념을 본격적으로 소개한 대표적인 초기의 문건으로는 의회의 연방문서작업위원회(Commission on Federal Paperwork)가 약 4년의 작업을 거쳐 1977년에 내놓은 최종보고서인 "정보자원관리(Information Resources Management)"를 들 수 있다. 연방문서작업위원회의 보고서에 담긴 내용의 대부분은 1980년 11월에 공포된 문서감축법(Paperwork Reduction Act)에 반영되어 미국 연방정부에서 시행되어 오고 있다.

정보자원관리의 필요성은 정보자원관리의 초기개념이 나타나게 된 시점에서 출발할 수 있다. 미 의회는 정부가 보관하고 있는 문서가 급증하여 관리에 문제가 있을 뿐만 아니라 국민에게 반복 부과되는 문서작업의 부담이 과중한 점을 인식하여 1975년 연방문서작업위원회를 설치하여 정보수집 처리 제공 및 정보활동의 관리 통제와 관련한 연방정부의 법령, 정책, 규칙, 규제, 절차, 관행 등을 연구 조사하여 그 이유를 분석하도록 하였다.

위원회는 문제의 근본이유가 정보가 관리될 필요가 있는 가치 있는 자원으로 고려되지 않고 대부분의 공무원들이 정보를 '자유재'로 인식하기 때문에, 이미 작성된 관련 정보의 소재를 파악하지 못하여 발생되는 중복작업의 악순환 때문이라는 결론을 내렸다. 그 결과 연방정부는 정부의 모든 정보와 정보자원을 효율적, 경제적으로 관리하기 위해서는 인적자원, 재정자원과 같은 다른 전통적 자원과 동일한 방법으로 관리해야 한다는 정보자원관리의 도입을 제안하였다.

연방문서위원회의 제안에 따라 1980년 11월에 제정된 문서작업감축법(Paperwork Reduction Act)은 공공부문에 있어서 정보관리의 중요성을 강조한 중요한 이정표가 되었다. 문서작업감축법의 목적은 ① 동일의 일관된 정보정책 및 관행을 개발하고 집행할 것을 요구함으로써 국민 및 민간부문에 부여되는 정보처리 부담을 감축하며, ② 기관의 데이터 및 정보의 이용 가능성과 정확성을 증대시키며, ③ 연방정보관리활동을 확대하고 강화하며, ④ 연방정부 내에 정보관리를 위한 단일의 중심기관(single focal point)를 설정하며, ⑤ 개인, 기업 및 주/지방정부에게 문서부담을 줄이고자 한 것이다.

1980년의 문서작업감축법은 연방정부가 자원으로서 정보기술과 정보를 관리하는 방법에 대해 크게 수정하였음을 반영하고 있으며, 구체적으로 행정에 있어서 정보관리와 기술의 접합에 대한 필요성을 인식하는 주요 단계에 접어들었음을 의미 한다.

이와 같이 일련의 정보과정, 즉 정보의 수집, 생성, 활용, 폐기에 이르는 주요 과정에 대한 인식과 함께 정보의 중요성에 대한 인식이 정보자원관리의 핵심요소인 정보관리에 초점을 맞추고 있는 동안 정보기술의 획기적 발전이라는 새로운 환경변수가 대두되었다. 각 행정기관은 정보기술에 대한 투자를 집행하였고 이는 투자로 인한 효과가 검증되지 않은 상태에서 정부의 행정비용을 초래하게 되었다. 이에 대한 반발로 정보기술을 비롯한 일련의 정보자원에 대한 합리적인 관리가 필요하다는 반성이 나오게 된 것이다.

2) 정보자원관리의 개념

미국 의회 문서작업위원회의 보고서와 문서감축법 그리고 문서감축법의 집행을 위한 관리예산처(Office of Management and Budget) 회람 A-130에 담긴 정보자원관리의 개념정의는 이제껏 사용되고 있는 정보자원관리 개념 정의의 원류를 이룬다. 미국대통령 비서실 소속의 관리예산처는 각 연방행정 부처 및 기관의 수장으로 보내는 행정명령서에서 정보자원관리를 다음과 같이 정의하고 있다(이하 김성근 외, 2004의 수정).

"정보자원관리란 정부기관의 정보 부담(burden), 수집(collection), 창출(creation), 사용(use) 및 보급(dissemination)에 관련된 계획화(planning), 예산화(budgeting), 조직화(organizing), 지휘(directing), 훈련(training), 그리고 통제(control)를 뜻한다. 이 개념은 정보자체 및 이와 관련된 인력, 기구, 기금, 그리고 기술과 같은 자원들의 관리를 포함한다(OMB, Circular No. A-130, 1985, 1쪽)."

미국의 관리예산처(Office of Management and Budget: OMB)가 1996년에 개정한 회람 A-130에서 정보자원관리를 다음과 같이 정의하여 정보자원관리의 전략적 의미를 명백하게 강조한 것은 이러한 변화의 예다.

"정보자원관리란 정부기관의 임무를 달성하기 위하여 정보자원을 관리하는 과정을 의미한다. 정보자원관리는 정보자체 및 관련자원—예를 들어, 인력, 장치, 재원 그리고 정보기술—을 포괄한다. 정보자원에는 정부정보와 정보기술이 동시에 포함 된다" (OMB, 1996).

관리예산처는 2000년 4월 13일자로 A-130을 다시 공중회람에 부치고 정보기술관리혁신법(ITMRA: the Clinger-Cohen Act of 1996)의 규정에 보다 적절히 부합하도록 수정을 가했다. 이 수정본인 A-130 Transmittal 4는 정보자원관리를 다음과 같이 규정하여 1996년도의 정의를 그대로 유지했다.

"정보자원관리란 정부기관의 임무를 달성하기 위하여 정보자원을 관리하는 과정을 의미한다. 정보자원관리는 정보자체 및 관련자원—예를 들어, 인력(personnel), 장치(equipment), 재원(funds), 그리고 정보기술(information technology)—을 포괄한다. 정보자원에는 정부정보와 정보 기술이 동시에 포함된다."

정부정보란 연방정부에 의해 혹은 연방정부를 위해 생성 · 수집 · 처리 · 전파 · 삭제되는 정보를 의미한다. 정보기술이란 자료와 정보의 자동획득, 저장, 조작, 관리, 이동, 통제, 전시, 스위칭, 교환, 전파, 혹은 수신을 위해 정부기관에 의해 사용된 일체의 기구 혹은 상호 연관된 시스템 혹은 기구의 하위 시스템을 의미한다. "정보기술"은 the Clinger-Cohen Act of 1996에 의해 정의된 국가안보시스템을 포함하지 않는다(OMB, 2002).

한편 1980년에 제정된 문서작업감축법은 정보자원관리의 의미를 다음과 같이 규정하였다.

"정보자원관리는 정보자원의 관리를 위한 철학적이자 실제적인 접근법이다. 정보자원관리의 맥락에서 정보란 가치를 지닌 하나의 자원으로서 다른 부류의 조직적 자원과 마찬가지로 주의 깊게 관리되어야 한다. 또한 정보는 조직적 목적과 목표의 달성에 직접적으로 공헌할 수 있도록 관리되어야 한다. 따라서 정보자원관리는 정보의 생애주기를 관리하기 위한 통합적인 관점을 제공하게 된다(Paperwork Reduction Act, PL 96~511)."

이후 미국 의회는 1997년 문서업무삭제법(Paperwork Elimination Act)을 통과시켜 문서작업감축법을 보강하였다. 문서업무삭제법은 연방 기관들로 하여금 2003년 10월 21일까지 가능한 경우 종이를 대체할 수 있는 전자적 정보 관리, 제출 및 공개 수단을 마련하고, 가능한 경우 전자서명을 사용하며, 또한 수용할 것을 요구한 바 있다. 관리예산처는 이 법안의 집행을 위해 각 연방기관으로부터 매년 진도보고서(GPEA Data Collection Tool, 기관자체의 메모 등)를 제출 받고 있다.

이상에서 제시한 정보자원관리의 개념규정에서도 나타나고 있듯이 정보자원관리란 정보기술 관리의 차원을 뛰어넘는 개념이다. 대부분의 조직에 있어서 정보기술 및 그 외 정보자원을 관리하는 일이란 조직이 나름의 목적을 수행하는 데에 도움을 줄 수 있는 수단일 뿐, 정보자원관리 그 자체가 조직의 목적일 수는 없다. 이 점과 관련해서 OMB Circular A-130 작성의 주역이었던 Sprehe(1987)는 다음과 같이 주장한다.

"연방정부 내에서 정보자원관리는 그 자체가 목적이 아니라 기관의 임무를 성취하기위한 수단이다. 기관의 기획가들은 정보자원관리(수단)가 구체적으로 어떻게 프로그램 목적(목표)의 달성에 도움을 주게 되는지를 분석해야만 한다. 바람직한 정보자원관리전략은 정보사용자—정부 내에 존재하건 혹은 정부밖에 존재하건—와 정보서비스 공급자간의 대화를 통해 만들어 낼 수 있다(Sprehe, 1987).”

이상의 논의와 몇몇 연구자들의 주장을 중심으로 정보자원관리의 개념을 정리하면 다음과 같다. 첫째, 정보자원관리란 정보기술과 정보체계는 물론 그의 산물인 정보 자체가 조직의 희소한 자원으로서 관리의 대상이 되어야 한다는 점을 강조하는 개념이다. 둘째, 정보자원관리에서는 무엇보다도 정보 자원의 관리가 조직의 사업 혹은 목적을 명백하게(explicitly) 돕는 방향으로 이루어져야 한다는 점이 강조된다. 셋째, 정보자원의 관리를 통해 조직의 목적을 명확하게 돕기 위해서 정보자원관리에서는 정보자원이라는 수단과 조직의 목적을 체계적으로 연계하는 기획기능이 강조된다. 아울러 정보자원관리의 개념에서는 정보의 수집, 제도화, 가공 및 처리, 유포에 걸치는 정보생애주기 전반에 대한 체계적인 관리가 강조된다는 점을 빼놓을 수 없다. 넷째, 정보자원관리는 각 기능부서가 각자의 정보자원을 일정 수준에서 분권적으로 관리해야 할 필요성을 인정하기는 하나 이러한 분권적 관리가 조직전반에 걸친(organization-wide) 정보자원관리 전략 위에서 이루어져야 한다는 점을 강조한다.

결국 정보자원관리란 정보기술을 포함한 정보자원과 조직가치의 구현을 매개하는 개념이라 할 수 있다. 그리고 한 조직에 있어서 정보자원관리의 성숙도는 그 조직의 각종 정보관련 자원들이 조직의 임무수행을 지원하는 방향으로 얼마나 효과적으로 통합화되어 있는가를 통해 판단할 수 있게 된다.

2. 우리나라에서 정보자원관리의 등장

1) 정보자원관리에 대한 연구

정보자원관리의 중요성이 부각됨에 따라 국내에서도 1990년대 후반부터 정보자원관리에 대한 많은 연구가 이루어졌다. 공공부문에서 정보자원관리에 대한 개념을 소개한 연구는 주로 국책연구기관을 중심으로 이루어졌으며, 이들 연구결과는 공공 기관에서 정보자원관리를 이해하는데 크게 기여하였다. 정보자원관리의 개념을 담은 국책연구기관의 초창기 연구보고서를 소개하면 다음의 〈표 11-1〉과 같다.

표 11-1 정보자원관리의 개념을 담은 국책연구기관의 연구보고서

기관명	연구보고서
한국전산원	정보자원관리체계의 도입방안 연구(1996)
	정보자원관리 방법론 및 활용방안 연구(1998)
	정보자원관리방안 연구(2002)
한국행정연구원	공공정보자원관리의 활성화 방안(1998)
정보통신정책연구원	공공정보자원관리 효율화를 위한 법 · 제도 정비방안(1998)
한국보건사회연구원	보건복지분야 공공정보자원 현황 및 정책과제(1999)

공공부문에서의 정보자원관리에 대한 연구는 한국전산원(1996)의「정보자원관리 체계의 도입방안 연구」를 시작으로 본격적으로 논의가 이루어졌다. 정보자원관리의 개념 역시 이 보고서에서 논의된 것이 이후 한국행정연구원(1998), 정보통신정책연구원(1998), 보건사회연구원(1999), 한국전산원(2002)에 이르기까지 주요 연구보고서에서 계속되고 있다. 이어서 행정자치부도 2004년에 행정정보자원관리의 혁신방안 수립에 관하여 연구를 수행하였다.

2) 정보자원관리의 개념

이러한 연구들을 바탕으로 하는 국내의 정보자원관리의 개념은 다음과 같이 서술될 수 있을 것이다(최흥석 외, 2000).

정보자원관리란 “개별 중앙정부 부처 및 기관의 수준에서는 ① 정보를 수집 및 생성, 보관, 분배 및 공유, 사용, 폐기하는 단계를 효과적 · 효율적으로 수행하기 위하여 H/W, S/W, N/W 등의 정보기술을 적절히 활용하고, ② 정보생애주기의 각 단계를 계획 · 조직 · 지휘 · 조정 · 통제하며, ③ 예산관리, 인사관리, 민원사무처리 등의 행정업무를 수행함에 있어 정보기술을 활용한 행정관리기법을 도입 · 활용하는 것이다. 이어서 범정부 차원에서는 ① 개별 중앙정부 부처 및 기관이 정보자원을 효과적으로 관리할 수 있도록 법, 규정, 업무지침을 정비하는 등의 제도적인 지원을 수행하고, ② 개별 중앙정부 부처 및 기관에 필요한 예산, 인력 등의 자원을 지원함으로써, 궁극적으로는 효율성, 효과성, 반응성, 책임성 등의 행정적 가치를 창출하는 과정” 을 의미한다.

이러한 중앙정부 정보자원관리 개념정의의 특성을 열거하면 다음과 같다. 첫째, 정보자원관리의 주된 수행주체는 개별 중앙부서 및 기관이고, 지원주체는 범정부적 조직이다. 둘째, 정보자원관리는 정보생애주기(life cycle)의 각 단계－정보의 수집 및 생성, 정보의 저장, 정보의 분배 및 공유, 정보의 사용, 정보의 폐기—를 관리 대상으로 한다. 셋째, H/W, S/W, N/W 등의 정보기술을 정비하고 정보의 효율적인 관리를 위해 활용한다. 넷째, 일반적인 행정관리주기－기획, 조직화, 충원, 지휘, 조정, 예산화—와 혁신적인 행정관리기법－BPR, 재구조화, 벤치마킹 등—을 통하여 정보자원관리를 수행하고, 정보자원 관리를 통해 행정관리의 혁신을 이룬다. 그리고 다섯째, 범정부 수준의 정보자원관리 관련 법, 규정, 업무 지침 등을 마련하여 개별 부처 및 기관의 정보자원관리를 제도적으로 지원한다.

그러므로 이처럼 정보자원관리는 조직단위의 정보기술 관리의 차원을 뛰어넘는 개념이며, 정보를 유용한 요소로 파악하는 모든 관리적 기법들을 포함한다고 광의적으로 이해할 수 있다. 그리고 이러한 관점에서 볼 때, 정보자원관리는 조직목표의 달성을 위한 효과적 수단으로 조직에게 다양한 의미로 작용하고 있다.

3) 정부의 정보자원관리 개념

우리 정부는 정보자원관리의 개념을 "행정기관의 업무수행 효율성 제고 및 대국민 행정서비스 품질제고 등 행정기관의 업무 목적달성을 위하여 필요한 행정정보자원을 체계적이고, 효율적이며, 투명하게 계획, 구축, 운영 및 평가하는 활동"으로 정의하고 있다. 이상의 내용은 (그림 11-1)과 같이 요약된다.

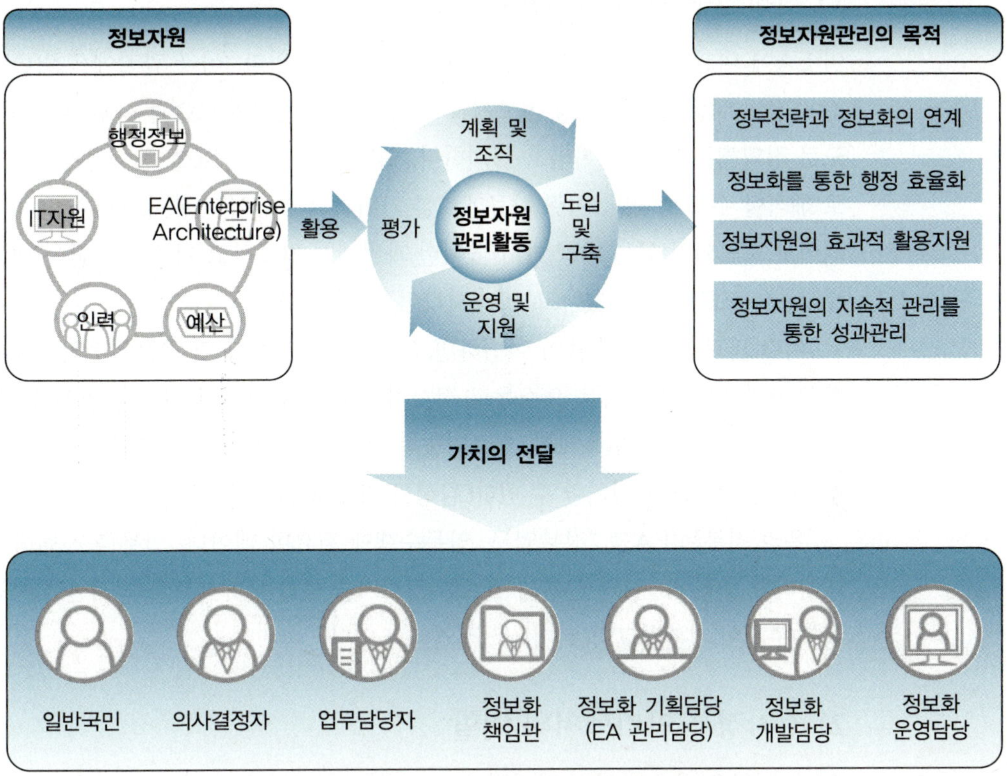

그림 11-1 정보자원과 정보자원관리 가치전달 체계

특히 정부는 「전자정부법」에 제2조 제11호를 신설하여 정보자원의 개념을 다음과 같이 정의하였다. "정보자원"이란 행정기관등이 보유하고 있는 행정정보, 전자적 수단에 의하여 행정정보의 수집 · 가공 · 검색을 하기 쉽게 구축한 정보시스템, 정보시스템의 구축에 적용되는 정보기술, 정보화예산 및 정보화인력 등을 말한다.

이어서 제2조 제12호에서는 정보기술아키텍처의 개념을 다음과 같이 정의하였다. "정보기술아키텍처"란 일정한 기준과 절차에 따라 업무, 응용, 데이터, 기술, 보안 등 조직 전체의 구성요소들을 통합적으로 분석한 뒤 이들 간의 관계를 구조적으로 정리한 체제 및 이를 바탕으로 정보화 등을 통하여 구성요소들을 최적화하기 위한 방법을 말한다.

이러한 전자정부법에 따라서 과거 이명박정부는 전자정부 추진 시에 정보기술 아키텍처를 기반으로 범정부적인 정보자원의 연계와 통합을 추구하면서 관리의 효율화를 지향하였다.

3. 전자정부 아키텍처(EA)의 개념 및 구성

최근 정보자원관리 구현의 주요한 성공 수단의 하나로 자리매김하고 있는 것이 EA(Enterprise Architecture)이다. EA라는 용어는 다양하게 번역되고 있으나, 여기에서는 전자정부 아키텍처로 명명하고 논의를 진행하고자 한다.

1) 전자정부 아키텍처(EA)[1)]의 개념

이 EA에 대한 정의는 다양한 관점에서 내려질 수 있다. 미국 관리예산처(OMB) 회람에서는 규정된 대로 '업무활동과 정보기술 간의 관계를 현재의 모습과 향후 추구해나갈 모습을 별도로 정의해둔 청사진' 이라고 정의한다. 일반적으로, 이 EA를 청사진과 같은 다큐멘트만으로 해석할 수도 있지만, 이런 다큐멘트를 기획하고 수립하고 유지, 관리하는 활동(process)의 의미도 포함되어 있을 뿐만 아니라 이런 과정에서 참조하고 기준으로 삼을 내용물(reference contents)도 포함되어 있다고 보는 시각이 더 적합하다.

이런 관점에서 쉽게 풀어 설명하면, '조직의 전략 방향 및 정보기술의 변화속도에도 불구하고 크게 변화되지 않을 요소들로 정보화에 대한 밑그림과 기준을 먼저 설정하고, 이를 토대로 정보화에 대한 투자계획, 정보기술 획득 및 시스템 구축, 시스템 운영 및 사후 평가 등을 수행하는 활동'으로 정의할 수 있다(김성근 외, 2004).

우리 정부는 EA를 "정부업무, 업무수행에 필요한 데이터, 업무를 지원하는 응용시스템, 데이터와 응용시스템의 실행에 필요한 정보기술 등을 체계적으로 정리한 청사진으로서, 전자정부 추진의 기본밑그림(뼈대)"로 정의하고 있다.

2) 전자정부 아키텍처의 역할

EA의 역할은 다음과 같이 정리된다. 첫째, 정보, HW, SW, 인력, 예산 등 정보자원이 기관의 목표달성에 기여하도록 전자정부의 전 과정에 기준으로 활용하는 것이다. 둘째, 정부 정보시스템 간 상호연계성 증대, 정보자원 중복투자 방지로 전자정부의 투자효율성 제고 등에 기여하는 것이다. 이처럼 전자정부 추진과정에서의 EA의 역할은 (그림 11-2)와 같다.

---

1) EA라는 용어는 연구자들의 관점에 따라서 다양하게 번역되고 있다. 가장 널리 사용되는 용어는 전사적아키텍처라는 용어이지만 특히 공공부문에서는 적합하지 않다고 생각된다. 또한 일부에서는 이 EA를 정보기술 아키텍처(information technology architecture: ITA)로 부르기도 하고 이와 유사한 개념으로 ITA를 정의하고 있다. 이러한 움직임은 미국의 경우를 봐도 적절하지 못한 것으로 이해된다. 실제, 미국에서도 1996년 정보기술관리혁신법에서 information technology architecture 라는 용어를 사용했고, 이어서 발표된 OMB A-130 회람에서 ITA는 EA, 기술참조모델(technical reference model), 그리고 표준프로파일(standard profile)로 구성된다고 하였다. 이 정의는 정보기술아키텍처의 일부분으로 EA가 포함되는 모순을 만들어 버린 셈이다. 이에 2002년 OMB A-130 회람의 개정 시 아키텍처 노력은 Enterprise Architecture 로 정의하며 이 EA의 구성요소로는 Business Processes, Information Flow 및 Relationships, Applications, Data Descriptions 및 Relationships, 그리고 Technology Infrastructure로 이루어진다고 정의함으로써 이런 혼란을 해소하였다. 그 이후로는 미국 행정부에서는 ITA라는 용어는 사용되지 않고 Enterprise Architecture 라는 용어로 모두 통일하여 사용하고 있다.

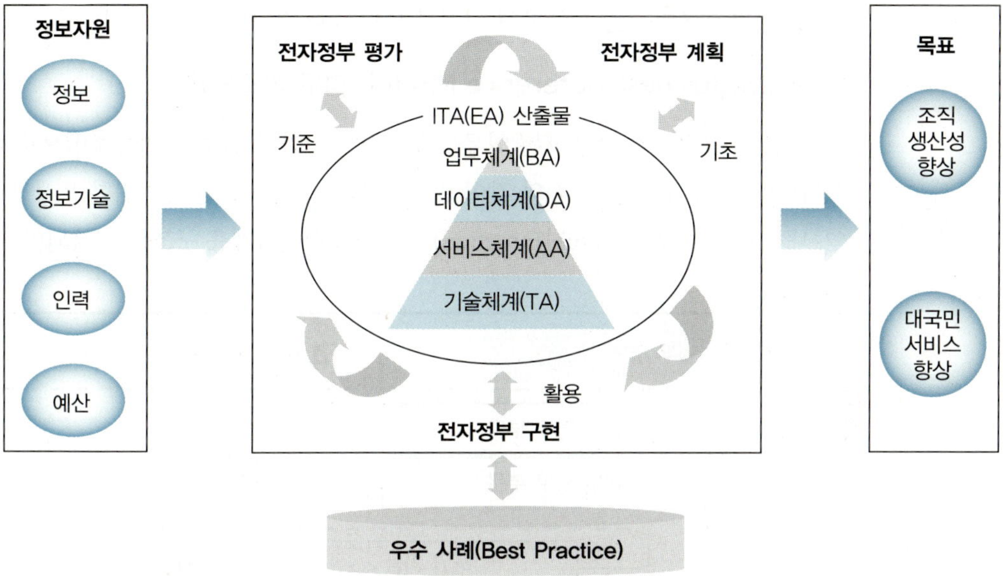

그림 11-2 전자정부 추진과정에서 EA의 역할

3) 전자정부 아키텍처(EA)의 구성 및 참조모델

EA의 구성요소는 크게 업무(BA), 데이터(DA), 적용처리(AA) 및 기술(TA)아키텍처로 구성되어 있다. 미국 연방정부(OMB)에서는 EA 개발 시 범정부차원에서 공통적으로 참조해야 하는 연방전사적아키텍처(FEA) 참조모델을 (그림 11-3)과 같이 개발하여 보급하고 있다. 이에 따르면 크게 성과(PRM), 업무(BRM), 데이터(DRM), 응용(SRM) 및 기술(TRM) 참조모델로 구성되어 있다.

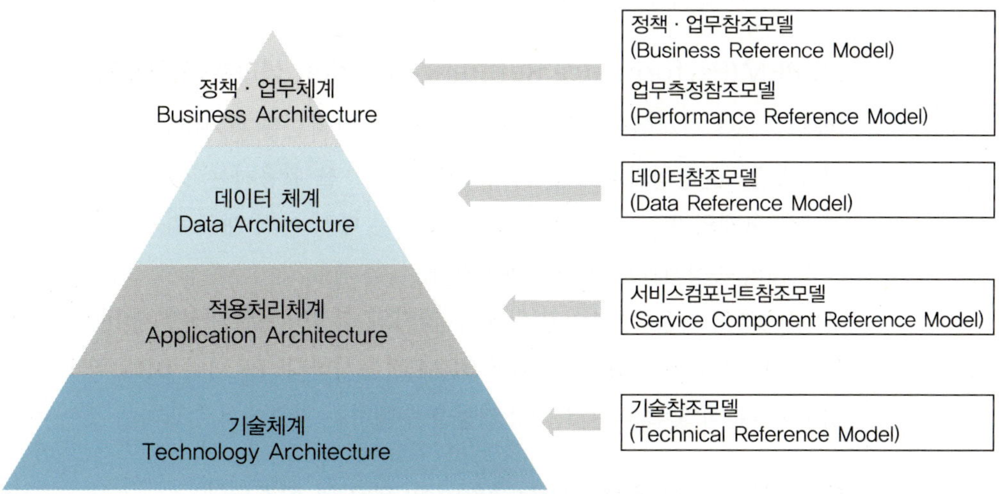

그림 11-3 EA체계와 참조모델

이들 참조모델들을 간략하게 살펴보면 다음과 같다.

(1) BRM(Business Reference Model: 업무 참조모델)

BRM은 연방정부가 수행하는 업무들을 수행조직과 상관없이 기능중심으로 체계화한 모델이다. 이 모델은 (그림 11-4)와 같이 연방정부의 업무를 표현하기 위한 프레임워크로, 업무영역, 내 · 외부, 하위기능(sub-Function)으로 구분하는 3계층 구조로 구성되어 있다.

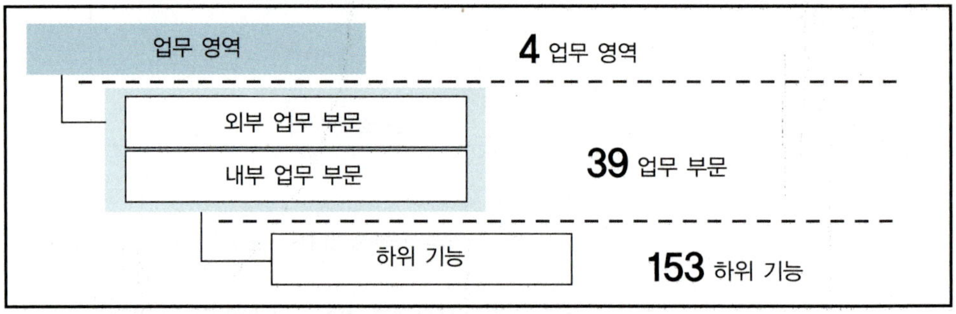

그림 11-4 업무참조모델의 구조

미국 연방정부(특히, OMB)는 업무참조모델을 통해 IT 투자의 중복 제거 및 상호운용성 확보, 관련 기관 간 협업을 활성화하는데 활용하고 있다. 또한 각 기관들은 연방 업무참조모델을 기준으로 각 기관의 업무참조모델을 구성하고, 그에 따라 각 기관 기능별 성과, 비전, 프로세스 설계를 수행하고 있다. 특히 미국의 의회는 해당기관이 달성하고자 하는 목표, 지출비용, 목표달성 결과에 대한 모니터링을 위한 수단으로 업무참조모델을 활용하고, 예산심의와 성과간의 연계에도 이용하고 있다. 이러한 업무참조모델 개발은 과거 우리 정부에서도 행정자치부에서 참여정부의 전자정부 로드맵 과제로 수행하였다.

(2) PRM(Performance Reference Model: 성과측정 참조모델)

PRM은 정보화사업의 수행성과와 조직에의 기여도를 평가하기 위한 체계로 기존의 다양한 평가방법—균형성과지표 및 가치측정방법론—을 활용하는 것이다. 참조모델은 (그림 11-5)와 같이 4개의 평가영역으로 구분되고, 이는 다시 여러 개의 평가범주로, 그리고 평가범주는 여러 개의 측정지표로 세분화되어 있다.

측정영역 가운데서「미션 및 업무」영역의 측정범주는 대국민 서비스, 지원서비스, 정부자원관리의 업무부문으로 구성되어 BRM과 유사하다. PRM은 BRM과 밀접하게 연계되므로 정부기능분석 및 조직관리 등의 기능을 수행하는 기관에서 주관하는 것이 바람직할 것이다.

(3) DRM(Data Reference Model: 데이터 참조모델)

DRM은 업무수행에 필요한 데이터를 유형별로 분류하고 각 데이터 항목의 구조를 정의한 것

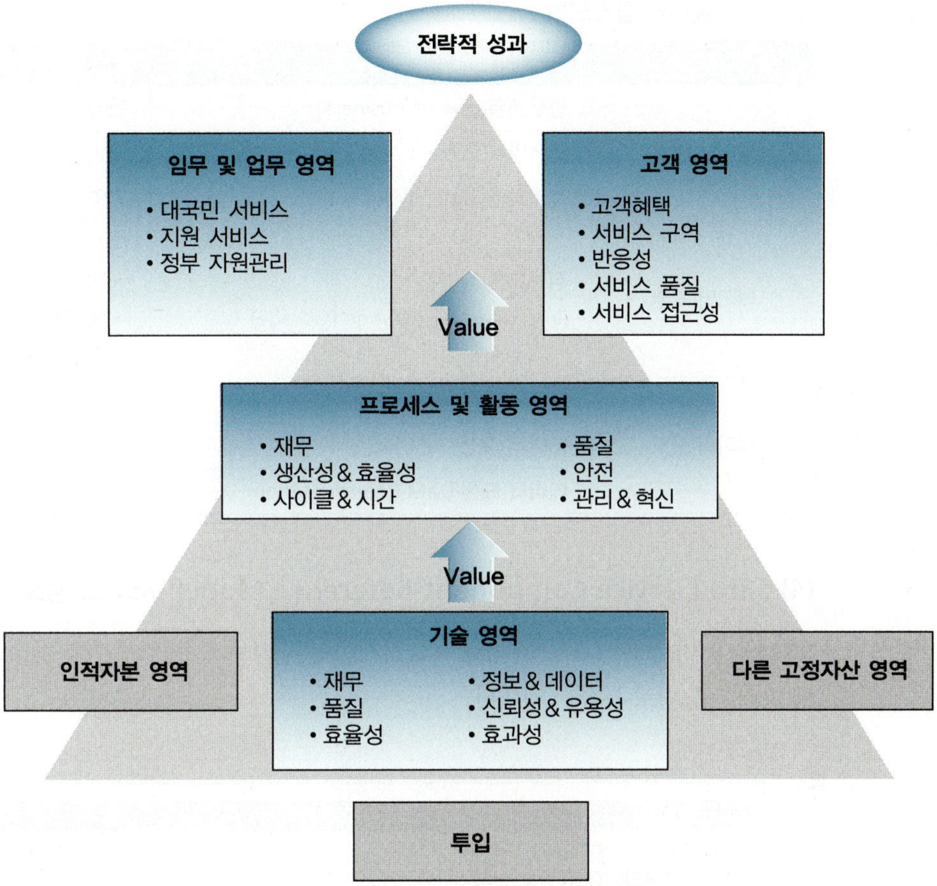

그림 11-5 성과참조모델의 구성도

이다.

DRM의 구성요소는 크게 다음의 세 가지로 구분된다.

① 자료 분류(Categorization of Data): 업무참조모델(BRM) 분류를 사용하여 업무영역별로 필요한 자료를 분류

② 자료 교환(Exchange of Data): 정보의 공동이용을 위하여 자료를 주고받을 때의 구조를 정의

③ 자료 구조(Structure of Data): 데이터, 데이터 속성 및 표현방법을 정의

DRM의 활용은 다음과 같다.

① 데이터의 표준화된 접근방식을 제시함으로써, 정보시스템 간 상호운용성 확보로 기관 간 정보공유를 촉진

② 데이터의 공유와 재사용을 가능하게 하여, 정보화투자의 효율성 제고

다음 〈표 11-2〉는 데이터 참조모델을 예시한 것이다.

표 11-2 데이터 참조모델

구조	상세구조	예시
데이터 분류	업무계열(Line of Business)	건강
	주제영역(Subject Area)	국민건강관리
	수퍼타입(Super Type)	면역
데이터 교환	정보교환패키지 (Information Exchange Package)	백신 전달 • 백신이름 • 백신 도착 날짜 • 전달자 이름 등
데이터 구조	데이터(Data Object)	백신
	데이터 속성(Data Property)	이름
	데이터 표현(Data Representation)	문자

(4) SRM (Service Component Reference Model: 서비스 컴포넌트 참조모델)

SRM은 (그림 11-6)과 같이 응용애플리케이션을 업무 또는 업무수행 목적을 지원하는 방법에 따라 기능별로 분류한 것이다.

그림 11-6 서비스 컴포넌트 참조모델

SRM은 업무를 지원하는 방식에 따라 필요한 서비스를 체계적으로 분류한 것으로써, BRM과 밀접한 연계가 필요하다. 이러한 SRM의 사례로는 웹서비스 등록관리(UDDI), 통합인증, 모바일 서비스, 민원안내, 온라인 민원발급 지원, 전자서식 시스템, 전자지불 시스템, 본인확인 시스템 등 행자부 G4C 사업의 민원공통서비스 구축사업을 들 수 있다.

(5) TRM (Technical Reference Model: 기술 참조모델)

TRM은 (그림 11-7)과 같이 업무 및 서비스를 지원하기 위해 사용되는 기술을 체계적으로 분류하고 각 기술별 표준과 규격을 정리한 것이다. TRM은 4개의 서비스분야와 각 분야별 서비스 카테고리, 각 카테고리별 서비스 표준과 규격을 제시하고 있다.

서비스 접근 및 전달

접근채널	전달채널	서비스 요구사항	서비스 전송
웹 브라우저 무선/PDA 장치 통신 기타 전자채널	인터넷, 인트라넷 익스트라넷 Peer to Peer(P2P) 가상 네트워크	컴플라이언스 인증 호스팅	네트워크 서비스 전송

서비스 플랫폼 및 인프라스트럭처

자원 플랫폼	전달서버	소프트 엔지니어링	하드웨어/인프라스트럭처	데이터베이스/저장
Wireless/모바일 플랫폼 종속(J2EE) 플랫폼 독립(.NET)	웹, 미디어 애플리케이션 포탈	통합 개발환경 소프트웨어 인증관리 테스팅 관리, 모델링	서버/컴퓨터 기술장치 WAN, LAN 네트워크 장치/표준 비디오 회의, 주변장치	데이터베이스 저장장치

컴포넌트 프레임워크

보안	인터페이스	비즈니스 논리	데이터 관리	데이터 교환
공증/전자서명 자원 보안 서비스	정적인 디스플레이 다이나믹 서버 디스플레이 내용번역 무선/모바일/보이스	플랫폼 종속 플랫폼 독립	리포팅 및 분석 데이터베이스 연결	데이터 교환

서비스 인터페이스 및 통합

통합	상호작용	인터페이스
미들웨어 데이터베이스 접근 거래절차 Object Request Broker	데이터 포맷/분류 데이터 타입/인증 데이터 전송	서비스 개발 서비스 묘사/인터페이스

그림 11-7 기술 참조모델

이러한 TRM은 다음과 같이 활용된다.

① 범정부 차원에서 기술 및 서비스의 재사용을 촉진

② 정보기술간 상호운용성 확보를 위한 핵심기술 제공

③ 정보기술 성능과 투자의 최적화 지원

4) 전자정부 아키텍처의 활용

우리 정부는 이러한 전자정부 아키텍처를 도입하여 전자정부의 성과관리에 활용하고 있다. 현재 우리나라 공공부문의 정보시스템 구축과 운영을 위한 사업들은 지속적으로 추진되고 있으나 구조의 경직성과 노후화 등으로 인하여 운영 및 유지보수비가 지속적으로 상승하고 있는 실정이다. 따라서 정부는 전자정부의 모든 과정에 대하여 성과중심으로 재편하고자 한다. 현재 중앙 부처의 경우, 10억원 이상의 신규 및 계속사업에 대하여 전자정부 성과관리를 시도하고 있다.

11.2 국가정보자원관리원(구 정부통합전산센터)의 현황

지난 2000년대 이후로 우리나라 전자정부 사업은 정보화 총괄 부처에서 주도하되 개별부처에서 자율적으로 추진하는 방식으로 진행되어 왔다. 정보화 총괄 부처는 정보화 사업을 지원하고 개별부처는 부처의 특성에 맞춰 업무를 개발하고 관련 장비를 구축 및 운영하는 방식이었다. 그 결과 각 부처의 IT활용도는 단 기간 내에 괄목할 만큼 향상되고 정보화 수요도 크게 증대되었다.

하지만 개별부처마다 서로 독립적으로 정보화를 추진해왔기 때문에 부처별로 운영인력의 수준이 제각각이었고, 부처의 전산실 규모나 관리수준도 모두 다른 환경이 조성되었다. 또한 각 기관이 별도로 정보시스템을 구축하였기 때문에 비슷한 업무에 정보화 예산이 중복투자되는 경우가 적지 않았다. 특히 한 사람이 관리하는 서버수가 민간선진기업의 평균 10분의 1 수준에 불과해, 정보자원 운영의 효율성도 매우 낮았다. 더 큰 문제는 각 부처마다 보안수준이 상이하고 대다수의 정보시스템들이 해킹 및 바이러스 등 사이버 위협에 그대로 노출되어 있다는 점이었다.

따라서 정부는 이 같은 문제점들을 개선하고 향후 안정적이며 지속적으로 성장 가능한 튼튼한 전자정부 기반을 구축하기 위하여 세계 최초로 정부부문 통합 데이터센터 구축 사업을 추진하게 되었다. 이러한 내용을 간략하게 살펴보면 다음과 같다(이하 김경섭, 2012의 요약).

1. 국가정보자원관리원(구 정부통합전산센터)의 구축 및 현황

1) 구축 경과

정부통합전산센터의 구축은 지난 2002년 국민의정부 시절에 정부차원에서 범정부 통합전산환경에 대한 혁신방안(BPR)이 마련되면서 시작되었다. 이어서 참여정부는 2003년에는 이를 토대로 정부통합전산센터 구축사업을 '전자정부 로드맵 31대 과제'로 포함시켰다. 이에 따라서 2004년 7월 통합센터 구축에 대한 구체적인 정보화전략계획(ISP)을 시작으로 대통령보고, 국무회의 상정, 부처 의견수렴 등을 거치고 2005년 11월에 1센터인 대전통합전산센터가 출범하게 되었다. 대전통합전산센터에는 24개 중앙행정기관의 정보시스템이 옮겨져서 2006년 10월 모든 이전이 마무리 되었다.

이어서 2007년 11월에 2센터인 광주통합전산센터가 완공되었다. 광주통합전산센터에는 나머지 24개 부처의 정보시스템 이전이 추진되어, 2007년 말까지 거의 모든 중앙행정기관의 정보시스템이 2개의 데이터센터에 성공적으로 분산 이전되었다. 이러한 제1 및 제2의 정부통합센터는 2017년 초에는 포화상태가 될 것으로 예상되어 제3센터 건립에 대한 필요성이 제기되었다. 2015년 3월 박근혜정부는 제3 통합전산센터의 입지로 대구시를 선정하였다. 이어서 2017년 7월 26일에 정부통합전산센터의 명칭을 국가정보자원관리원으로 변경하였다.

현재 국가정보자원관리원은 대한민국 모든 중앙행정기관의 정보시스템들을 통합운영 및 관리하고 있으며, 정보시스템에 대한 안전한 보호 · 보안 및 재해복구와 중앙부처 정보화 사업에 대한 기술지원 임무 등을 수행하고 있다.

2) 구축 현황

국가정보자원관리원은 대한민국 전자정부의 심장 역할을 하고 있다고 볼 수 있다. 이러한 국가정보자원관리원의 현황을 요약하면 다음과 같다.

(1) 안정적인 전자정부 인프라 운영

국가정보자원관리원은 2010년 10월 데이터센터 부문에서 Future-Government Award를 수상하면서 세계 수준의 정부 데이터센터라는 공신력을 획득했으며, 매년 수백 명의 해외 고위급 IT관료가 방문하는 전자정부 벤치마킹 사이트가 되었다.

국가정보자원관리원이 이러한 평가를 얻게 된 근본적인 배경에는 통합센터가 한국의 전자정부에 매우 안정적인 IT 인프라와 관리환경을 제공하고 있으며, 비용과 효율성 면에서도 가시적인 운영성과들이 속속 나타나고 있기 때문이다.

실제로, 국가정보자원관리원 설립 전인 2004년 장비 당 월평균 장애시간이 67분이었으나 2010년에는 4.9초로 줄어들었으며, 시스템의 가동율은 2010년말에 99.9999%를 기록하였다. 이것은 관리 대상 장비 수가 2004년 약 4,000여대에서 2010년 약 18,000여대로 5배가량 증가한 것을 감안하면 매우 의미 있는 수치이다.

(2) 최적의 물리적 기반환경 조성

2개의 데이터센터가 실시간 상호백업체계를 이루고 있는 국가정보자원관리원은 애초부터 세계 최고 수준의 데이터센터로 설계 구축되었다. 건축구조는 내진 특등급을 적용하고 하중도

1,000㎏/㎡까지 견딜 수 있도록 하였다. 기반설비는 입주기관 정보시스템의 설치 및 운영을 위한 상면공간, 무중단 전원공급 및 항온항습, 물리적 보안 등을 종합적으로 고려하여 설계되었기 때문에 각종 재해 및 재난에도 정보자원을 안전하게 운영할 수 있도록 하였다.

특히 최근에는 온실가스 저감을 위한 그린IDC 정책을 채택하고, 다양한 그린 기술을 활용하여 탄소배출과 전력소비를 획기적으로 줄여나가고 있다. 도입장비는 기본적으로 에너지 고효율 제품을 선정하고, 신재생에너지 도입, 외기 냉각방식 채택, 전산랙 표준화, 전력모니터링 자동화 등 다양한 신기술을 적용하여 데이터 센터의 에너지 효율을 최대화 하였다.

(3) 효율적인 시스템 통합 운영환경 구축

국가정보자원관리원이 주목할 만한 성과를 이뤄낼 수 있었던 것은, 센터의 설립과 동시에 구축하였던 '통합운영관리체계'에 상당 부분 기인한 것이라 할 수 있다. 통합운영관리체계는 정보서비스 운영관리 부문의 국제 표준인 ITIL(IT Infrastructure Library)을 기반으로 제정된 '표준운영절차'와 (그림 11-8)과 같이 이들 절차를 시스템으로 구현한 'nTOPS'(National Total Operating Platform System), 그리고 절차를 운영 하는 '조직' 등 세 가지 요소로 구성되어 있다.

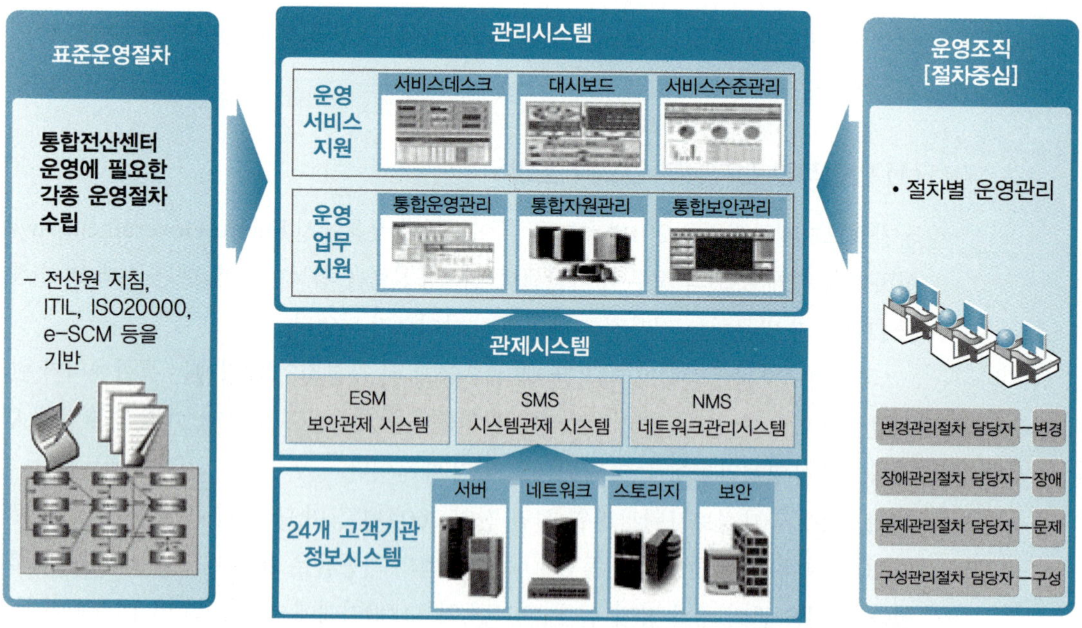

그림 11-8 국가정보자원관리원 통합운영관리체계

(4) 국가기관의 정보통신 환경 개선

기존 전자정부통합망과 통합전산센터 통신망을 통합하여 일원화하고, 행정기관이 공동 활용할 수 있도록 정비하여 행정기관의 통신망 구성과 정보유통을 위한 국가 네트워크 허브역할을 할 수 있도록 국가백본망을 통합 · 정비하였다.

국가정보통신망은 기존 전자정부 통합망과 센터 통신망의 전송망 통합 · 재구성, 행정기관 접속환경 정비, 정보 트래픽 유통 최적화를 위한 교환망을 통합 · 재구성하였다. 이를 통하여 업무, 인터넷망을 분리시켜 대전정부통합전산센터와 중앙별관을 중심으로 광주센터, 중앙 · 과천 · 대전 정부청사 및 17개 광역시 · 도간을 대용량 광전송망으로 구성하였다.

또한 행정기관의 접속환경은 중복투자를 방지하고 운영관리의 효율화를 달성하도록 동일지역에 중복적으로 존재하는 접속환경을 통합하는 것과 행정기관의 트래픽 종류 및 이용목적에 따라 차별적 서비스 수준을 제공할 수 있도록 환경을 개선하였다. 2010년 말 현재 국가정보통신망 백본 서비스 회선은 342개이며, 이용기관은 중앙부처, 지방자치단체, 산하기관을 합쳐 모두 1,022기관이다.

(5) 사이버 보안 및 신기술 도입 체계 구축

보안 이슈에 있어서 2010년은 통합센터에게 획기적인 전환점이 된 해였다. 통합센터의 보안체계를 시험이라도 하듯 DDoS 공격이 빈발하였고 그중에서도 특히 7.7 DDoS 같은 대형 공격 시도는 자주 발생하였다.

이에 대응하여 정부통합전산센터는 DDoS라는 신종 사이버 공격을 항구적으로 방어할 수 있는 방안으로 DDoS 쉴드시스템을 구축하게 되었고, 이를 계기로 사이버 방어체계 전반을 원점에서부터 새롭게 구축하기 시작하였다. 이제까지의 방어체계가 단순 침해사고에 사후 대응하는 수동적 방어망 이었던데 비해 새롭게 정립한 방어체계는 각종 사이버 공격에 대한 대응시스템, 대응기술, 대응인력, 대응프로세스 등이 망라된 종합방어체계이다. 통합센터는 이 방어체계를 고구려 안시성의 정신을 본 따 'e-안시성'이란 브랜드로 명명해 전자정부 최일선의 보안을 담당하도록 하고 있다.

또한 조직 · 인력 측면에서는, 2010년 부서의 계단위 전담조직을 만들어 사이버 대응 업무를 수행하다가 2011년에 들어와 준 과단위 조직인 '사이버안전팀'으로 확대 개편해 사이버 대응 및 분석업무를 전담하였고, 2012년 10월에 사이버안전과를 신설하였다. 이후 2015년 5월에는 빅데이터분석과를 신설하였다. 2016년 3월에는 클라우드팀을 신설하여 G-클라우드를 운영하고 있다. 이러한 전담조직에는 보안, 빅데이터 및 클라우드 경험이 풍부한 외부 전문가를 적극 기용하여 빠른 시간 안에 분석과 대응기술의 수준을 전반적으로 끌어 올릴 수 있도록 하였다.

경계가 없는 사이버 상에서의 공격에 효과적으로 대응하기 위해서는 유관기관과의 정보공유가 필수적이다. 그러나 외부 노출을 꺼리는 보안업무의 특성상 이러한 정보교류가 쉽지 않은 것이 현실이다. 이에 2010년에 정부통합전산센터가 주축이 되어 유관기관과 민간 보안사업자를 아우르는 사이버침해 공동대응 네트워크를 출범시키고, 이를 지원할 사이버위협 정보공유시스템까지 구축함으로써 침해정보에 대한 상호 정보공유의 통로를 마련하였다.

2. 국가정보자원관리원의 성과 및 발전방향

1) 구축 과정

2008년 이명박 정부는 실용을 강조해 작고 효율적인 정부, 국민편익을 최우선으로 하는 원스톱 서비스, 저탄소 녹색성장을 국정철학으로 내세웠다. 이는 국가정보자원관리원이 나아갈 방향과도 일치하는 개념이었다. 국가정보자원관리원은 각 부처의 IT 인프라를 단순히 물리적으로 모아서 대신 운영해 주는 차원을 넘어 서버, 스토리지 등 정보자원을 통합센터가 일괄 구축한 뒤 이를 부처가 공동 활용하는 방식으로 사업을 일대 전환하게 되었다.

자원통합 첫 해인 2008년에는 서버장비 중심으로 정보자원 풀(Pool)을 구축하였고, 각 부처 공무원들의 인사관리 업무시스템인 'e-사람'을 통합구축 하였다. 이어서 2009년에는 각 부처의 수요설계를 바탕으로 편성된 장비구매 예산을 통합센터가 일괄 배정받아 본격적으로 각 부처 신규업무에 투입될 장비와 노후장비의 교체장비를 통합하여 구매하고 구축하게 되었다. 2009년 통합구축사업은 35개 부처 79개 단위업무를 대상으로 하였다.

2010년에는 2009년의 성과를 바탕으로 총 8차에 걸쳐 20개 부처 52개 신규 정보화 사업과 28개 부처 87개 업무시스템 노후장비 대 · 개체 사업을 추진하여 자원의 도입과 할당이 분리된 진정한 자원통합의 기반을 다지게 되었다.

2) 정보자원통합 사업의 성과

이러한 정보자원통합 사업을 통해 2008년부터 2010년까지 부처 개별구축 대비 714억원의 장비구매 예산을 절감할 수 있었으며, 동시에 시스템 운영에 소모되는 전력 또한 2009년에서 2010년 사이 약 34%를 절약하는 성과를 거두었다.

또한 운영하는 장비 수에 있어서도 업무단위로 개별 서버나 스토리지를 구축할 때 보다 약 80% 정도 줄어들어 하드웨어의 유지보수와 운영에 드는 비용 또한 연간 약 30% 절감하게 되었으며, 장비를 배치할 상면 공간도 보다 여유롭게 운영할 수 있게 되었다.

이처럼 정보자원 통합구축을 통한 전자정부 분야의 예산 절감은, 2017년말 현재 구체적으로 장비 공동구매, 클라우드 전환을 통해 부처단위 구매 보다 50% 정도의 비용 절감 효과를 거두었으며, 노후 장비 집중 교체 및 국산 HW/SW 도입 등을 추진하고 있다.

3) 세계로 수출하는 정부데이터센터 모델

'세계 최초에서 세계 최고로', 이것은 통합센터의 성장을 한마디로 나타내주는 말이다. 2000년대 초반 한국정부가 각 부처가 저마다 운영하고 있던 방대한 IT 자원을 물리적으로 한 장소에 모아 통합 운영하겠다는 아이디어는 그야말로 세계 어느 정부도 시도하지 못했던 야심찬 발상이었다.

이러한 의사결정의 배경에는 당시 팽창 일로에 있던 전자정부가 안고 있던 크고 작은 부작용들을 한꺼번에 해결하고, 정부의 IT 자원관리 패러다임까지도 효과적으로 재편하겠다는 두 개의 포석이 깔려 있었다. 이 당시에는 부처 간 이해관계도 복잡하고 사업규모도 너무 컸기 때문에 그 실현가능성에 대해서는 반신반의 하는 분위기가 지배적이었다. 그러나 우여곡절 끝에 '세계 최초의 범정부 통합데이터센터'라는 개념으로 탄생한 국가정보자원관리원은 지금 주변의 우려와 불신을 잠재우고 세계 전자정부의 교과서라고 인용되면서 최고 수준의 전자정부솔루션으로 인정받게 되었다.

이에 따라서 한국 전자정부의 발전경험과 성공스토리를 배우고자 찾아오는 외국 정부 인사가 매년 증가하고 있다. 이들 중 대다수가 한국 전자정부의 실체적 구현현장으로 지목한 곳이 바로 국가정보자원관리원이다. 따라서 이제 통합센터를 통해 확인된 한국형 데이터센터의 운영 성과는 전자정부를 확산시키고자 하는 많은 개발도상국들로 하여금 정부통합전산센터의 도입을 요청하게 만들었다.[2)]

이처럼 아시아, 아프리카, 중동 등의 여러 개발도상국에서 국가정보자원관리원의 모델에 주목하고 있다. 최근 한국 내 IT 수출기업을 상대로 행정안전부가 실시한 설문에서도 여타의 단일 솔루션을 제치고 정부통합전산센터가 가장 경쟁력 있는 전자정부 수출상품으로 조사되기도 하였다. 따라서 정부는 한국 전자정부의 종합 세일즈를 위한 '전자정부 홍보관'을 통합센터 안에 구축하였다. 이러한 홍보관을 찾는 해외 전자정부 인사들에게 한국 전자정부에 대한 이해를 높이는 한편 전자정부 안에 포함된 개별 솔루션(Best Practice)과 정부데이터센터 모델 등에 대한 정보도 제공하고 있다.

4) 발전 방향

국가정보자원관리원은 다가오는 클라우드 컴퓨팅 시대에 대응하여 다음과 같은 발전 전략을 수립하고 지속적으로 전자정부의 심장 역할을 수행하여 오고 있(정부통합전산센터, 2011; 2012).

(1) 정부 클라우드 데이터 센터로 전환

글로벌 IT 패러다임의 전환에 대응하여 우리 정부는 2009년 부처 합동으로 '클라우드 컴퓨팅 활성화 종합계획'을 수립해 클라우드 강국으로의 도약을 선언하였다. 특히 행정안전부는 정부부문에서 IT기술과 서비스의 융 · 복합을 통해 시간과 장소에 상관없는 서비스를 구현하겠다는 포부로 (그림 11-9)와 같이 '스마트 전자정부 추진계획'을 발표하고 여기에 클라우드 컴퓨팅을 주요과제로 포함시켰다.

---

2) 몽골과 네팔은 2009년 한국으로부터 무상 ODA를 지원받아 현지에 정부데이터센터를 구축해 운영하고 있다. 베트남 정부도 2011년에 미화 1억달러 규모의 EDCF 차관을 활용해 베트남 하노이에 정부데이터센터를 구축하기로 확정하고 현재 후속절차를 진행 중이다.

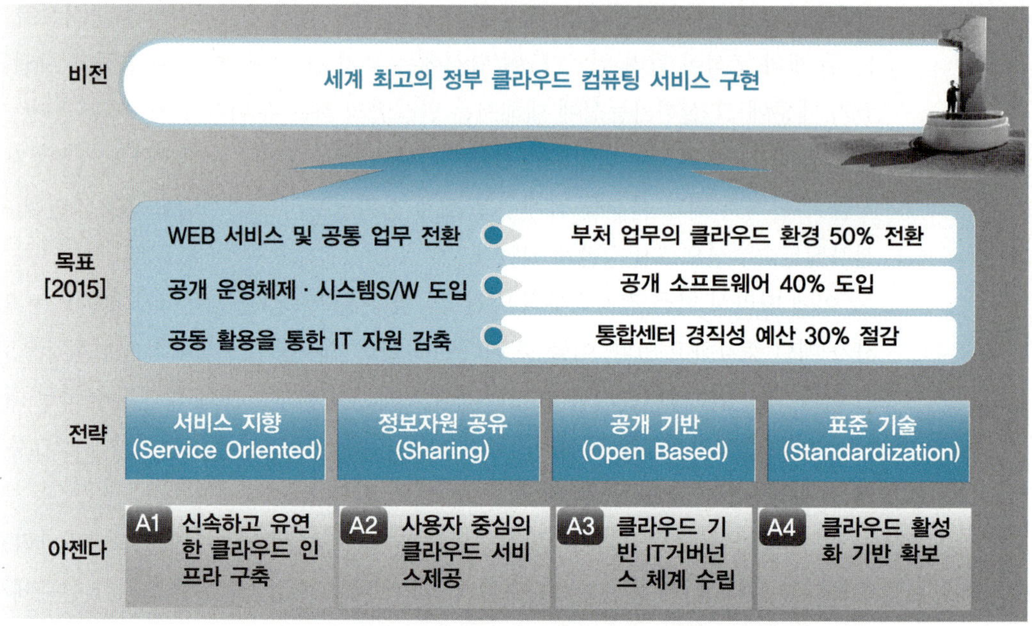

그림 11-9 통합전산센터 클라우드컴퓨팅 추진계획

이 계획에 따라 정부클라우컴퓨팅 플랫폼의 역할을 맡게된 국가정보자원관리원은 2010년 말 클라우드컴퓨팅 시범센터를 구축해 일부 부처를 대상으로 클라우드 서비스를 제공하기 시작했으며, 5년간의 클라우드 로드맵이 담긴 '정부 클라우드컴퓨팅 추진계획'도 수립하였다. 이 계획에는 정부부처 업무의 50% 클라우드 전환과 공개 소프트웨어 도입비중 40% 확대, 운영예산의 30% 절감 등과 같은 정부 클라우드 컴퓨팅의 청사진이 담겨 있다.

2011년에는 구체적인 정부 클라우드 컴퓨팅 수행전략과 실행모델을 정립하기 위해 클라우드 컴퓨팅 정보전략계획(ISP)을 수립하였으며, 이와 동시에 클라우드 자원풀(Pool)을 구축하여 긴급한 IT 자원수요가 발생하는 부처를 대상으로 서비스할 준비를 갖추었다. 이어서 2013년부터 2017년까지 본격적으로 클라우드 전환을 실시하였다.

(2) 정부 클라우드 데이터센터의 지향점

국가정보자원관리원은 다음 세 가지 측면에 주안점을 두고 정부 클라우드 컴퓨팅을 추진하고 있다.

① IT 운용 예산의 절감

클라우드컴퓨팅을 위한 자원 도입 시에 저비용 · 고효율의 x86 기반의 하드웨어 및 공개소프트웨어를 적극 채택하여 구매 비용을 절감하는 한편 도입된 정보자원에 대해서는 가상화 기술을 적용하여 자원 활용률을 극대화한다. 또한 운영 과정에서는 사용량을 기반으로 하는 측정(미터링) 체계를 마련하여 업무별 활용도를 객관적으로 분석함으로써 정보자원이 낭비 없이 적재적소에 신속하게 배치될 수 있도록 할 계획이다.

② 기술 표준화 부분

지금까지 국가정보자원관리원은 여러 종류의 백화점식 정보자원을 하드웨어 차원에서 통합하고 표준화하는데 노력을 기울여 왔으나 향후에는 이에 더해 시스템 소프트웨어, 소프트웨어 개발플랫폼 및 공통행정업무 서비스 등의 영역까지 아우르는 통합과 기술 표준화를 추진해 나갈 계획이다. 이렇게 되면 IT 구성요소가 단순화되어 자동화된 프로비저닝이 손쉬워지고 정보자원 운용의 효율성도 극대화 될 것으로 보인다.

③ 수요자 관점의 서비스 체계의 정립

국가정보자원관리원이 제공하는 모든 IT서비스 기능은 고객 부처의 업무와 연계가 가능하도록 서비스화 하여 완성된 상품 형태로 제공한다는 계획이다. 그리고 이러한 서비스 상품의 선택을 돕기 위해 클라우드 서비스 카탈로그를 만들어 부처에 제공할 예정이다. 또한 정부 클라우드 주도기관으로서 이제 막 조성된 국내 민간 클라우드 생태계의 진화를 위해서도 꾸준히 클라우드 수요를 만들어내는 조력자의 역할을 하게 될 것이다.

11.3 공공부문 클라우드 컴퓨팅의 최근 동향

오늘날 정보통신기술의 분야에서 미래 성장동력으로 가장 주목받는 분야가 클라우드 컴퓨팅이다. 이러한 클라우드 컴퓨팅은 그 난해한 개념과 우려에도 불구하고 다양한 국가와 기업들이 앞 다투어 채택하고 있는 실정이다. 우리 정부도 이러한 세계적인 흐름에 맞추어서 정보자원 통합의 관점에서 이를 적극적으로 추진하여 왔다. 이러한 내용을 간략하게 살펴보면 다음과 같다.

1. 클라우드 컴퓨팅의 등장

1) 클라우드 컴퓨팅의 개념

클라우드 컴퓨팅은 PC, PDA, 모바일 등 다양한 단말기를 이용하여 사용자들이 ICT 자원을 필요할 때마다 사용료를 주고 자유롭게 빌려 쓰는 것을 의미한다. 구체적으로는 서버, 스토리지, SW 등 ICT 자원을 구매하여 소유하지 않고, 필요 시에 인터넷을 통해 서비스 형태(as a service)로 이용하는 방식이다. 이를 위하여 서비스공급자는 가상화 기술을 접목하여 분산된 ICT 자원을 통합하여 확장성 높고 유연한 자원 할당 서비스를 제공한다. 또한 사용자는 언제 어디서나 인터넷에 접속할 수 있는 다양한 형태의 단말기를 이용하여 저렴하고 향상된 ICT 서비스 이용이 가능하다.

이것을 다시 한 번 정리하면, 클라우드 컴퓨팅은 가상화 기술과 분산처리 기술을 통해 정보자원을 가상화된 형태로 제공하는 서비스로, 자원을 필요한 만큼 탄력적으로 제공하여 자원 활용을 극대화하고, 자동화로 효율적인 Green IT 실현을 가능하게 한다. 따라서 클라우드 컴퓨팅 서비스 이용자는 하드웨어나 소프트웨어 등의 정보자원을 원하는 시점에 필요한 만큼 신속하게 할당받아 사용할 수 있으며, 자산 구매 비용 및 시스템 유지관리비용을 절감할 수 있다.

이러한 클라우드는 크게 다음과 같이 세 가지로 나누어 볼 수 있다.

첫째는 Infrastructure as a Service(IaaS)로 서버, 스토리지, 네트워크 등과 같이 IT 인프라 자원을 서비스로 제공하는 것이다.

둘째는 Platform as a Service(PaaS)로 서비스 구현을 위한 개발도구, 개발환경, 실행 환경 등의 플랫폼을 서비스로 제공하는 것이다.

셋째는 Software as a Service(SaaS)로 응용프로그램(AP)을 서비스로 제공하는 것이다.

이처럼 클라우드 컴퓨팅은 H/W, S/W 등 IT자원을 필요한 만큼 빌려 쓰고 사용량에 따라 요금을 지불하는 서비스로서, 시스템 도입비용 절감 및 신속한 IT서비스 구축과 제공 등의 장점으로 인하여 전 세계적으로 그 중요성이 부각되고 있다. 아울러 스마트폰의 확산에 따른 모바일 기반 행정서비스 수요증가도 모바일 클라우드 등의 환경을 촉진시키고 있다. 이미 주요 선진국들은 클라우드 컴퓨팅의 효과를 인식하고 각종 중장기 계획을 수립하여 추진 중에 있다.

2) 해외 동향

이미 주요 선진국들은 클라우드 컴퓨팅의 효과를 인식하고 오래전부터 정부차원의 활성화 정책을 수립하여 추진 중이다. 미국의 Cloud First 전략, 영국의 G-cloud 계획, 일본의 가스미가세키프로젝트 등이 그 예라 할 수 있다.

(1) 미국

현재 미국 정부 IT전략의 주축이 되고 있는 것은 지난 2010년 12월에 발표된 '연방정부 IT관리 쇄신을 위한 25개 실행 계획(25 Point Implementation Plan to Reform Federal Information Technology Management)'이다. 이 계획은 연방정부 기관의 IT조달 비용(연간 800억 달러) 절감을 위해 IT프로그램 관리 개선과 운용 효율화 촉진을 목적으로 정리된 것이다.

이러한 25개 계획은 달성 기간을 18개월간으로 설정하여 2012년 6월까지 연방CIO위원회와 연방정부 기관이 최우선 IT전략으로 추진하였다. 이러한 25개 실행 계획에는 클라우드 전략인 'FCCI', 'FDCCI' 등의 이니셔티브를 주요한 요소로 포함하고 있으며 실행 계획의 '제1부'가 데이터센터 통합 · 축소와 클라우드 도입 등이다.

표 11-3 미국 연방정부의 주요 클라우드 정책 및 계획

주요계획	내용
FCCI	• 주요 전략목표는 IT인프라 통합(Consolidation)과 가상화(Virtualization) • 클라우드를 이용한 IT 비전을 확립, 공통 솔루션 선정이나 통합 추진 ※ FCCI : Federal Cloud Computing Initiative('09. 3)
FDCCI	• 데이터센터 운영비용 절감을 위한 6단계 공공데이터센터 통합계획 ※ FDCCI : Federal Data Center consolidation Initiative('10. 8)
Cloud First Policy	• 2011년에 최소 한 개 이상의 시스템을 클라우드 환경으로 전환 유도 • 연간 800억 달러의 IT 예산 중 25%를 클라우드 환경 전환에 활용 ※ 25 Point Implementation Plan To Reform Federal Information Technology Management('10. 12)
FCCS	• 향후 클라우드 이행 계획을 (1) 클라우드로 이행할 IT서비스 선택, (2) 클라우드로 이행, (3) 이행 후 관리체계 구축 등 3단계로 구분 • 클라우드 도입 가속화를 위해 기관별 클라우드 이행 IT서비스 3개를 정하게 하고, 실행 완료 요구(1개는 12개월 내, 2개는 18개월 내 실행) ※ FCCS : Federal Cloud Computing Strategy('11. 2)
25개 실행계획	• 행동 계획 A : 클라우드서비스('Light Technology')와 공유 솔루션 적용 – 실행 항목 : 1) 데이터센터 축소(800곳)를 위한 실행 계획 수립(2015년까지), 2) 연방정부 전용 데이터센터의 온라인 조달사이트 시작, 3) 'Cloud First'정책 이행과 클라우드 전략 입안, 4) IaaS 솔루션 도입, 5) 연방정부 기관 공통으로 SaaS 기반 메일 서비스 도입, 6) 연방정부 기관간 공유서비스 발전을 위한 전략 구상 ※ 데이터센터 통합 · 축소와 클라우드 이행은 FCCI나 FDCCI 등의 연방정부 지침에서 이미 강조되었기 때문에 본 계획에서는 최우선으로 실행해야 항목으로 자리매김
Apps.gov	• '생산성 향상 툴, 기초 인프라 제공'을 위한 사이트로, 연방정부 마켓플레이스 ※ 제공 서비스 : Business와 Productivity Apps, Cloud IT Services, Social Media Apps 등 4개 분야

(2) 영국

영국정부는 지난 2009년 6월에 발표한 차세대 IT정책인 'Digital Britain'에서, 클라우드 시스템이 그 어떤 정보시스템 공동이용보다 효과가 있다면서 정부내 도입과 활용의 촉진을 명시하였다. 이를 위해 범정부 차원의 클라우드 기반인 'G-Cloud'를 구축하고, 향후 클라우드에 의한 가상 PSN(Public Service Network)으로 행정서비스를 제공하기로 하였다.

한편 2011년 3월에 발표한 'Government ICT Strategy'에서는 IT사업 개선을 위해 비용

절감과 투자효과를 올리는 것이 중요하다고 언급하며 클라우드 정책을 지원할 것을 명기하였다. 또한 실행과정에서는 보안상의 우려가 큰 퍼블릭 클라우드가 아닌 프라이빗 클라우드 모델을 우선적으로 채용할 것을 밝히고 있다.

(3) 일본

일본 정부는 2009년 7월에 발표한 'i-Japan전략 2015'에서 클라우드 정책의 추진을 명시하고 있다. 구체적으로는 정보시스템 효율화와 비용절감을 위해 클라우드 기술을 활용하여, '가스미가세키 클라우드'와 '자치체 클라우드'를 추진한다는 것이다. 가스미가세키 클라우드는 클라우드 기술을 활용, 부처 간 또는 지자체 정보시스템의 통합화 · 집약화와 정보시스템 구축 · 운용 등의 효율화 · 저비용화를 도모하는 것이다. 자치체 클라우드는 전국 3개소(홋카이도, 교토, 사가)에 실험용 자치체 클라우드를 설치하고, 주로 주민용 클라우드 서비스 실증실험을 추진하는 것이다. 이어서 2010년 5월에 발표된 '새로운 정보통신기술 전략'에서도 클라우드 기반의 정부 정보시스템의 통합과 집약화 추진을 통한 행정쇄신을 포함시켰다.

2. 공공부문 클라우드 도입 현황

현재 클라우드 컴퓨팅의 국내 기술수준은 클라우드 컴퓨팅이 가장 활발한 미국과 비교하면 약 4년 정도 뒤떨어져 있는 것으로 평가되고 있다. 특히 네트워크 구축 · 운영 측면의 경쟁력은 뛰어나지만, 가상화, 플랫폼과 같은 핵심기술이 없어 글로벌 외국기업의 국내시장 잠식 위협과 클라우드 컴퓨팅 핵심기술에 대한 외국 의존도 심화 등이 우려되고 있다. 따라서 정부는 지속적으로 다양한 정책을 수립하여 오고 있다.

1) 2009년 클라우드 활성화 종합계획

지난 2009년 12월에 행정안전부 · 지식경제부 · 방송통신위원회 등 3개 부처는 공동으로 기업과 공공분야가 상생할 수 있는 생태계 조성에 초점을 맞춘 범정부 '클라우드 컴퓨팅 활성화 종합계획'을 (그림 11-10)과 같이 발표하였다. 이 계획에는 2014년까지 국내 클라우드 컴퓨팅 시장을 현재(6,739억 원)의 4배인 2조 5천억 원 규모로 키우고, 세계시장 점유율을 10%까지 확대하는 등 세계 최고 수준의 클라우드 컴퓨팅 강국으로 도약하고자 하는 정부의 목표가 담겨 있었다.

클라우드 컴퓨팅 종합계획은 ① 공공부문 선제 도입을 통한 수요 창출 ② 민간 클라우드 서비스 출현 기반 마련 ③ 핵심 클라우드 기술 R&D를 통한 기술력 강화 ④ 클라우드 서비스 활성화 여건 조성 등 4대 분야 10대 세부과제를 담고 있다.

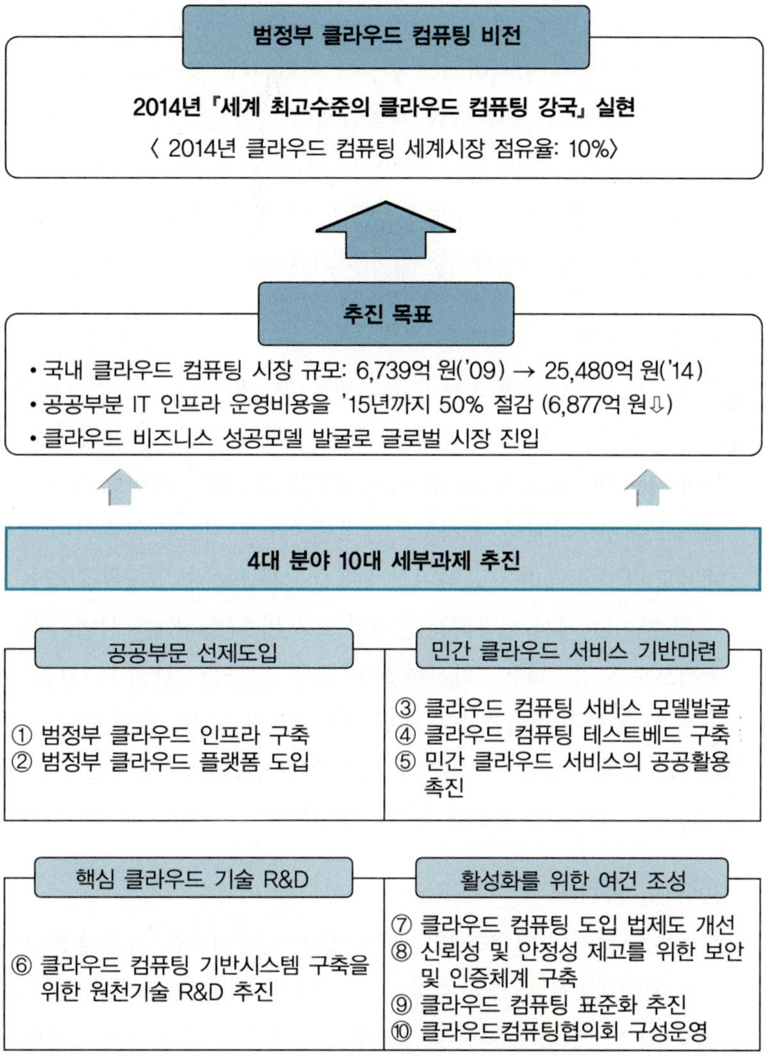

그림 11-10 범정부 클라우드 비전 및 목표

이러한 클라우드 4대 분야 10대 추진과제는 다음과 같이 정리할 수 있다.

① 공공부문 선제 도입

공공부문에 클라우드 컴퓨팅을 선도적으로 적용하여 국내 초기시장 수요를 창출하고, 국가 IT자원의 운영 효율성을 획기적으로 향상시켰다. 정부통합전산센터 내 중소형 및 저 사용률 서버(1,970대)를 고성능 서버(255대)로 통합하여 시스템 사용량에 따라 H/W 자원을 탄력적으로 할당하였다. 아울러 연말정산, 신종플루, 입시발표, G20 홈페이지 등 사용량이 일시적으로 폭주하는 시스템 또는 한시적으로 필요한 시스템을 대상으로 일시적 H/W 자원 수요에 대응하기 위한 'Emergency Pool'을 구축하였다.

클라우드 기반으로 표준화된 가상 개발환경을 공공정보화사업 수주업체에게 제공하는 클라우드 플랫폼 시범서비스를 추진할 계획이다. 클라우드 플랫폼서비스는 국가적인 IT 비즈니스 육성정책 및 국내 S/W 개발업체의 편의성 등을 고려하여 국가정보화지원센터(누리꿈스퀘어) 내에 시범환경을 구축하고, 2010년에는 5개 공공 프로젝트를 대상으로 시범적용하여 개발비용 절감효과, 개발기간 단축효과 등을 산정하였다. 2011년 중앙부처 대상 정식서비스, 2012년 이후 지방자치단체, 산하기관에 단계적으로 확대 추진하여 왔다.

② 민간 클라우드 서비스 기반 마련

민간분야 시범사업을 통해 성공모델을 확산하는 등 민간의 다양한 클라우드 서비스 출현을 위한 기반을 마련하고자 하였다. 2014년까지 IPTV, 모바일 등 초고속 정보통신망 활용서비스와 그린 PC방, u-Work 등 녹색성장을 견인하는 서비스 등 클라우드 8대 시범서비스를 단계적으로 구축하였다. 클라우드 컴퓨팅 테스트베드를 구축하여 정부주도 시범사업 외에 민간에서도 다양한 클라우드 서비스가 개발 · 제공될 수 있도록 환경을 조성하였다.

또한 민간에서 제공하는 클라우드 서비스(SaaS)를 시범기관을 지정하여 공공부문에 적극적으로 도입 · 적용 · 확산하였다. 정부 및 공공기관의 IT서비스를 개방하여 민간에 개방 · 공유 시 사회적 파급효과가 높은 교통, 방재, 보육, 취업 등의 국민생활과 밀접한 100대 서비스를 단계적으로 구축하여 다양한 민간 클라우드 서비스가 생겨날 수 있는 기반을 조성하였다

③ 핵심 클라우드 기술 R&D

클라우드 컴퓨팅 인프라 및 플랫폼 분야 기반기술을 조기에 확보하고 서비스 상용화를 위한 응용 기술개발을 본격 추진하여, 우리나라 기술경쟁력을 한층 강화하였다. 2010~2014년까지 약 582억 원을 투자하여 클라우드 플랫폼 및 응용서비스 관련 클라우드 핵심기술을 개발하고, R&D 결과를 시범사업과 연계함으로써, 해당기술을 검증하고 보완하였다.

④ 클라우드 활성화를 위한 여건 조성

시스템장애, 보안사고 시 이용자 권익보호를 위한 제도정비 등 클라우드 컴퓨팅 활성화를 위한 여건을 조성하였다. 구체적으로는 클라우드 서비스 사업자의 권한 남용방지를 위한 법 · 제도 정비와 서비스계약(SLA), 과금 및 정산 등 서비스 가이드라인을 마련하고, 서비스의 안정성과 신뢰성 확보를 위해 보안침해사고에 대비한 대응체계를 구축하고 서비스 품질인증 제도를 마련하였다. 또한 공공과 민간 클라우드 서비스 상호운용성 확보를 위한 표준을 제정하였고, 관련 부처와 민간전문가 등으로 구성되어 국내 역량을 결집하고 부처 간 긴밀한 정책 공조체제를 이끌어 갈 수 있는 범정부적 단일 추진체계 마련을 위해 '범정부 클라우드 컴퓨팅 정책협의회'를 구성하여 지속적으로 운영하였다.

이어 2011년 5월에는 ① 글로벌 클라우드 서비스 창출을 통한 경제 활성화 ② 공공분야

IT 인프라의 선진화 · 효율화 ③ 믿고 안전하게 쓸 수 있는 이용 환경 조성 등을 통해 2015년까지 우리나라를 글로벌 클라우드 강국으로 육성하기 위한 '클라우드 컴퓨팅 확산 및 경쟁력 강화전략'을 발표하였다.

이처럼 정부는 국내 클라우드 서비스 조기 활성화 여건조성을 위해 공공분야에서 선도적으로 클라우드 컴퓨팅을 도입하고 민간분야의 시범사업을 통해 클라우드 서비스 성공모델을 개발하는 한편, 시스템장애, 보안사고 시 이용자 권익보호를 위한 제도정비를 병행하였다. 또한 해외 기업이 이미 기술을 선점한 인프라 분야보다는 플랫폼, 응용서비스 분야의 기술개발을 중점적으로 추진하고, R&D 결과를 시범사업과 연계함으로써 해당기술의 검증 · 보완을 동시에 추진하였다

2) 2011년 클라우드 기반의 IT거버넌스 추진계획

2011년 6월 행정안전부는 (그림 11-11)과 같이 스마트 시대에 맞는 선진 국가 IT인프라 구현을 위해 '클라우드 기반 범정부 IT거버넌스 추진계획'을 수립하여 발표하였다.

'클라우드 기반 범정부 IT거버넌스' 비전 및 세부 추진과제

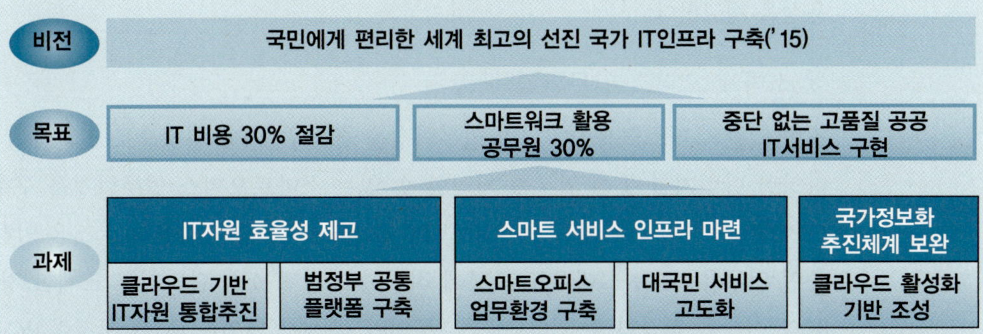

5대 과제	주요 내용
① 클라우드 기반 자원 통합	• 정부통합전산센터를 범정부 클라우드 센터로 육성하고 공공 IT인프라 30%를 클라우드로 전환
② 범정부 공통 플랫폼 구현	• 정부시스템 개발에 필요한 환경을 클라우드로 표준화해 개발기간 단축 및 상호운용성 향상
③ 스마트오피스 업무환경	• 클라우드 PC 도입, 모바일 오피스 구현 등을 통해 30% 이상의 공무원이 스마트워크 가능한 환경 조성
④ 대국민 서비스 고도화	• 클라우드 서비스 품질제고, 클라우드 기반 신서비스 발굴
⑤ 클라우드 활성화 기반 조성	• 클라우드 활성화에 필요한 법제도 정비, 정보보호 · 보안 강화방안 수립, 기술 가이드라인 마련 등

그림 11-11 클라우드 기반의 범정부 IT거버넌스 비전과 전략

이러한 클라우드 기반의 IT거버넌스 비전과 전략은 클라우드 기반의 정부 정보자원 이용 · 관리의 효율성 제고로 정보화의 실질적 성과 창출 및 범정부 IT거버넌스 패러다임을 전환시키기 위한 것이었다. 이러한 IT거버넌스를 통하여 각 기관별로 흩어져 있던 정보자원을 저비용 · 고효율 구조의 클라우드로 전환하여 국가 IT 인프라의 관리에 소요되는 비용을 절감하고, 스마트워크 확대를 위한 기반을 구축하는 한편, 무중단 고품질 대국민서비스를 구현해 나갈 수 있을 것으로 기대하였다. 이러한 세부 내용은 다음과 같다.

① 클라우드 기반 자원 통합

공공부문 정보자원의 단계적 클라우드 전환 및 통합으로 저비용 · 고효율 구조의 국가 IT 인프라를 구현하여 관리에 소요되는 비용을 30% 이상 절감할 수 있도록 추진한다. 우선 정부통합전산센터를 범정부 클라우드 데이터센터로 육성하여 중앙부처 대상 클라우드 정보자원서비스를 제공하고, 향후에는 지자체 및 공공기관까지 서비스 범위를 확대한다.

② 범정부 공통 플랫폼 구축

아울러 정보시스템 개발 및 테스트에 필요한 H/W 및 S/W 일체를 개방형 표준에 따라 규격화하여 클라우드 기반으로 제공함으로써 시스템 구축기간을 단축하고 서비스품질 및 상호운용성을 제고한다.

③ 스마트 오피스 업무환경 구축

또한 기존의 데스크톱 PC 기반 업무환경을 클라우드 PC 환경으로 전환하여 언제 어디서나 다양한 단말기를 통해 업무를 처리할 수 있는 스마트오피스 업무환경을 구축한다. '클라우드PC'란 중앙의 서버에 구성된 가상 PC를 온라인을 통해 사용하는 것을 말하며, 현재 사용 중인 업무용 PC를 클라우드 환경에 적합한 저전력 소형 단말기로 교체할 경우 소비전력의 80% 이상을 절감할 수 있다. 공공부문의PC 전체(약 120만대)를 저전력 PC로 교체하는 경우, 고리원전 1호기 발전용량(587MW)의 절반 이상(312MW)을 절감할 수 있을 것으로 예상된다.

④ 대국민 서비스 고도화

아울러 수요에 따라 유연하고 신속하게 설비를 증설할 수 있는 클라우드 컴퓨팅의 특성을 활용하여 갑자기 접속자가 폭주하는 경우에도 중단 없는 고품질 서비스를 제공할 수 있도록 주요 대국민 서비스를 대상으로 적용 방안을 연구하고 높은 접근성, 간편한 정보공유, 저비용 · 고효율 등 클라우드의 특성을 반영한 새로운 공공서비스 모델을 발굴한다.

⑤ 클라우드 활성화 기반 조성

클라우드 컴퓨팅으로 국가 IT 인프라를 선진화하기 위해서는 법제도, 예산, IT운영 프로세스 등 국가정보화 추진체계 전반의 변화가 필요하다. 이에 따라 공공분야 클라우드 활성화에 필요한 법제도 정비, 정보보호 및 보안강화 방안수립, 기술 가이드라인 마련 등을 조속히 추진한다.

또한 공공부문 클라우드 활용을 위한 컨설팅과 기술지원, 프로젝트 관리 등을 수행할 PMO(Project Management Office) 조직을 구성하여 운영하고 공공과 민간 클라우드 서비스 간 상호운용성 확보를 위한 표준마련 및 다양한 이해관계자의 의견을 수렴할 수 있는 범정부 협의체, 자문위원회 등을 지속적으로 운영한다.

3) 2017년 국가정보자원관리원의 G-클라우드 추진계획

2017년 현재 국가정보자원관리원은 세계 1위의 전자정부 서비스를 선도하는 세계 최고 수준의 클라우드 컴퓨팅 서비스를 제공하기 위하여 G-클라우드 정책을 추진하고 있다. G-클라우드란 GOVERNMENT, GLOBAL을 뜻하는 국가정보자원관리원 클라우드의 고유명칭이다. 이러한 G-클라우드는 스마트 전자정부 서비스를 위해 행정기관의 IT자원 수요를 모아 정보자원을 통합하여 일괄구축 · 공동활용하고, 필요한 만큼 신속하게 제공하는 서비스이다. 이러한 국가정보자원관리원 G-클라우드의 비전과 전략은 (그림 11-12)와 같이 정리할 수 있다.

그림 11-12 국가정보자원관리원 G-클라우드의 비전과 전략

이처럼 국가정보자원관리원의 G-클라우드 비전은 안전하고 편리한 디지털 정부를 선도하는 IT핵심기관을 구현하는 것이다. 이를 위한 구체적인 추진 목표는 행정기관 업무의 클라우드 전환을 60% 달성하고, 공개소프트웨어 도입을 50% 달성하며, IT운영의 예산 절감을 40% 추진하는 것이다. 이를 위하여 2017년이 국가정보자원관리원이 클라우드 컴퓨팅 센터로 전환하는 원년이 되는 것이다. 이러하 비전과 전략을 달성하기 위한 구체적인 추진과제들은 ① G-클라우드 인프라 통합구축, ② G-클라우드 플랫폼 구현, ③ G-클라우드 서비스 제공 및 ④ G-클라우드 업무 전환 및 보안 강화 등이다.

3. 시사점

이러한 클라우드 서비스를 통하여 기존의 정부 정보자원관리의 방식에서 시작하여 IT거버넌스에 이르기까지 다양한 분야에서 매우 큰 변화가 초래될 것이다. 따라서 정부는 다양한 분야에서 이에 대처해야 한다.

1) 정부의 정책 분야

클라우드 서비스의 확산에 따라서 정부는 다음과 같은 분야에서 정책방안을 모색하여야 한다.

① 범국가 거버넌스 차원의 '클라우드 전담지원조직' 설치와 역할 강화

클라우드 추진 특성상 정책적 기술적 거버넌스가 불가피하므로, 추진의 효율화와 성공적인 관리를 위한 전담지원조직을 설치하여 운영할 필요가 있다. 앞에서 살펴본 것처럼 미국과 영국 등도 범정부 클라우드 사업의 추진을 위해 강력한 리더십 하에 거버넌스 체계를 정립하여 운영하고 있다. 이러한 '클라우드 지원조직'은 개별 시스템이나 프로젝트 관점이 아닌 조직 전체와 중장기적 관점에서 프로세스 전반에 대응하여 국가정보화 사업의 비전과 아키텍처 정의, 지침수립, 사업관리 및 프로세스 표준화 등을 추진하여야 한다.

② 보안문제 해결

클라우드 컴퓨팅을 활용하는데 있어서 가장 중요하게 부각되는 요인이 바로 보안일 것이다. 개인이든 기업이든 간에 자신의 정보가 다른 기관에 저장되어 있다고 할 때, 보안에 대한 의구심이 해소되지 않는 한 더 이상 서비스를 받을 수 없을 것이다. 따라서 정부는 통합 가상화, 이용자 데이터 집중 관리라는 클라우드 특성에 맞도록 데이터 처리, 장애 시 대처, 사업자 책임 등에 관한 보안 지침과 제도를 마련하여야 한다. 이것은 클라우드 사업자와 이용자 간에 서비스 내용 범위 품질 등에 관한 보증기준을 공통으로 인식하는 SLA(Service Level Agreement) 기준을 수립하는 것을 의미한다.

③ 업무절차 개선

클라우드 환경을 구현하는 것은 단순히 주요 정보기술을 도입하는 것이 아니라 업무 처리 전 과정의 재구조화(BPR)가 핵심으로 부상한다. 따라서 클라우드 기반으로 정보자원을 운영하고 정보를 관리하기 위해서는 무엇보다 업무 프로세스를 분석하고 표준화하는 것이 우선되어야 한다. 즉 업무 프로세스에 대한 이해와 분석, 그리고 업무처리 절차에 대한 재구조화가 필요하기 때문에 조직 전체에 대한 혁신이 수반된다. 따라서 공공부문의 경우, 강력한 리더십으로 이를 지원할 수 있는 체계가 마련되어야 한다.

④ 법제도 정비

클라우드의 이용을 촉진하기 위해서는 새로운 기술의 도입과 활용을 저해하는 법과 제도의 정비가 우선되어야 한다. 즉 정보시스템의 자원을 빌려 쓰는 형태의 클라우드 환경을 반영하지 못하는 기존 법령을 개정하여야 한다. 또한 공공부문이 선도하여 민간 클라우드 서비스를 활용하기 위해 필요한 제도적 기반도 마련할 필요성이 있다. 구체적으로는 클라우드 과금모델이 적용 가능한 제도를 마련하고, 다국적 기업의 출현으로 인한, 국경을 초월한 클라우드 서비스에 대한 관할권 문제도 해결이 되어야 한다. 특히 국제적으로 데이터센터(IDC) 입지 선정이나 데이터 소유권 문제 등의 법제도 문제도 검토하여 정립할 필요성이 있다.

2) 새로운 접근의 필요성

클라우드는 현재 단순한 기술적 기반으로 인식되고 있지만, 점차 사회구조와 환경, 산업구조를 변화시키는 인프라로 발전할 전망이다. 따라서 앞으로는 정부의 모든 업무처리에서 클라우드 자원을 가상화해 효율적으로 공유하고, 업무절차를 표준화해서 비용 절감과 서비스 품질을 담보하는 것이 중요하다. 이에 따라 클라우드는 공공부문만이 아니라 국가사회 전반에 걸쳐서 전략적 제휴 외에 거버넌스나 사회 서비스의 책임을 담보하는 데 있어서 주요한 키를 잡는 도구로 발전할 전망이다.

실제로 현재 클라우드 서비스는 모바일 디바이스, 무선 네트워크, 빅데이터(Big data) 분석과 SNS 같은 획기적 기술에 의해 가속화되고, 서로 밀접하게 연계되고 있다. 따라서 클라우드를 단순 기술기반이 아닌 사회 시스템을 변화시킬 수 있는 주요 변화 요인으로 생각하는 인식의 전환이 필요할 것이다.

11.4 전자서명에 대한 이해

사이버 세상에서는 주민등록번호를 도용하여 상대방을 비방하는 글을 인터넷에 유포하고 타인의 명예를 훼손하거나, 거래사실을 부인 또는 거래내용을 변경하는 경우 등 많은 문제가 발생하고 있다. 이 절에서는 사이버 세상에서 흔히 발생하는 이러한 문제들을 예방하고 해결할 수 있는 전자서명에 대해 간략하게 살펴보도록 한다.

1. 전자서명의 개념과 보안성

인터넷을 이용하면 안방에서 손끝 하나로 은행 일을 처리할 수 있고, 증권사 객장을 직접가지 않고도 주식을 사고 팔 수 있으며, 직접 상점에 가지 않아도 원하는 물건을 편하게 살 수 있다. 그러나 이렇게 편리한 인터넷을 이용한 거래는 누구에게나 개방되어 있는 공간에서 얼굴을 보지 않고 이루어지기 때문에 주민등록번호, 신용카드번호 등과 같은 개인정보의 유출, 거래 정보의 위조 · 변조 및 거래 사실에 대한 부인 등의 위험성이 내포되어 있다. 전자서명을 이용하면 이와 같은 사이버 세상에서 발생할 수 있는 거래 내역의 위조나 변조를 예방하고 상대방이 누구인지 확인하여 전자상거래의 안전을 보장받을 수 있다.

1) 전자서명의 개념

현행 전자서명법에서는 전자서명이 다음과 같이 정의되어 있다(제2조 정의).

> "전자서명"이라 함은 서명자를 확인하고 서명자가 당해 전자문서에 서명을 하였음을 나타내는 데 이용하기 위하여 당해 전자문서에 첨부되거나 논리적으로 결합된 전자적 형태의 정보를 말한다.

이어서 공인전자서명에 대하여 다음과 같이 정의하고 있다.

> "공인전자서명"이라 함은 다음 각목의 요건을 갖추고 공인인증서에 기초한 전자서명을 말한다.
> 가. 전자서명생성정보가 가입자에게 유일하게 속할 것
> 나. 서명 당시 가입자가 전자서명생성정보를 지배 · 관리하고 있을 것
> 다. 전자서명이 있은 후에 당해 전자서명에 대한 변경여부를 확인할 수 있을 것
> 라. 전자서명이 있은 후에 당해 전자문서의 변경여부를 확인할 수 있을 것

이처럼 전자서명은 전자적인 형태로 발급되는 자신만의 인감이며 서명이다. 전자서명은 거래를 증명하거나 상대방이 누구인지 신원을 확인하는 데 사용할 수 있다. 이러한 전자서명의 원리는 상대방의 신원을 확인하기 어려운 사이버 공간에서 서로를 알아볼 수 있도록 한 쌍의 정보를 사용하여 신원을 증명하는 것이다. 또한 공인인증서는 일상생활의 인감증명서에

비유할 수 있다. 인감증명서는 읍 · 면 · 동사무소에서 발급하듯이, 공인인증서는 정부가 지정한 공인인증기관에서 발행한다. 이러한 공인인증서로 확인할 수 있는 전자서명을 공인전자서명이라고 한다.

2) 전자서명의 보안성

전자서명의 보안성을 확보하기 위해서는 전자적 거래에서 수기서명 및 인감과 같은 역할을 하고 동시에 사이버 범죄와 해킹과 같은 역기능을 막을 수 있어야 한다. 전자서명의 보안성은 신원확인(Authentication), 무결성(Integrity), 기밀성(Confidentiality), 부인방지(Non-Repudiation)의 기능을 갖추고 있어야 한다. 즉 전자적 거래에 있어 신뢰성과 안전성을 확보하기 위해 본인임을 확인하고, 전자문서의 위조와 변조를 방지하며, 전송내용의 비밀을 유지하고, 전자문서의 작성사실을 부인하지 못하게 하는 장치가 요구되는 것이다. 따라서 전자서명의 보안 요구사항은 다음과 같이 네 가지로 분류된다.

(1) 신원확인(Authentication)

사이버상의 거래에 있어 본인확인의 어려움은 신원확인(Authentication)으로 해결된다. 신원확인은 사용자 인증을 의미하는 것으로서 인터넷상에서 전자문서의 작성자와 송신자의 신원을 확인하는 것이다.

(2) 무결성(Integrity)

전자적 거래의 문서가 중간에 변조되거나 위조될 위험성은 무결성(Integrity) 보장에 의해 해결된다. 이는 메시지 인증 기술로서 송신자가 수신자에게 보낸 메시지가 위조 또는 변조되지 않은 진본임을 증명하는 것이다.

(3) 기밀성(Confidentiality)

전자문서의 내용이 밖으로 알려질 위험성에 대한 해결은 기밀성(Confidentiality)으로 해결된다. 기밀성이란 전송되는 메시지를 송신자 및 적법한 수신자를 제외한 제3자는 볼 수 없도록 하는 기능이다.

(4) 부인방지(Non-Repudiation)

전자적거래 이후 거래사실을 부인할 수 있는 문제점을 해결하기 위해서 전자서명은 부인방지(Non-Repudiation) 기능을 사용한다. 부인방지는 메시지를 보내는 사람의 행위를 부인할 수 없을 뿐 아니라 메시지를 받은 사실 역시 부인할 수 없게 함으로써 전자적 거래를 완성시킨다.

2. 전자서명의 활용

1) 전자서명 활용분야

우리나라에서 전자서명의 활용분야는 다음의 〈표 11-4〉와 같이 정리해 볼 수 있다.

표 11-4 전자서명의 활용분야

구분	활용 분야
정부/공공	• 인터넷을 통한 민원행정 서비스 – 각종 증명서류 신청 · 발급, 인허가 신청, 세금납부(HTS), 수출입 통관 등 • 기관 내 그룹웨어 프로그램에 인증서를 탑재하여 행정전자서명을 이용한 전자결재 및 공문서 유통 • 조달 EDI, 전자투표 등
금융	• 사이버 증권거래 • 인터넷 뱅킹
전자상거래	• 인터넷 쇼핑 • 서비스 요금청구 및 납부(Billing System) • 전자영수증 • 인터넷 쇼핑몰 거래 시 지불정보에 대한 보안, 거래내역 증명 등 • 기업 간 상거래에서 거래정보 보증 • 극장, 항공권, 기차표 등의 예약 · 발매
기타부문	• 시점확인 서비스 • 성적조회 • 인터넷을 통한 보험의 가입 · 해지, 보험료 납부 • 인증서를 통해 성인여부를 확인하여 청소년들의 유해사이트 접속을 차단 • 개인 휴대폰, 휴대용 단말기 등에 인증서를 탑재하여 m−Commerce 이용 • 전자공증, 내용증명, 법원경매 등

자료 : 한국인터넷진흥원(KISA) 홈페이지

우선 공공분야에서는 정부의 전자적인 민원행정서비스, 각종 인허가의 신청, 조세행정, 정부조달 업무, 수출입 통관 및 공문서유통 등에서 활용되고 있다. 예를 들면 인터넷을 통해 증명서류를 신청하고 발급받으며, 세금을 납부하고, 수출입 통관업무 등이 가능하다. 또한 정부는 전자서명의 사용으로 전자결재와 전자문서의 유통을 시행하고 있다. 금융분야에서는 전자공시, 사이버 증권거래, 인터넷 뱅킹, 전자화폐, 보험계약 등에 전자서명이 활용되고 있다. 일반 전자상거래 분야에서는 기업 간 정보유통, 인터넷 쇼핑, 우체국 전자상거래, 화물운송 등에 활용하고 있다. 그 외에도 법원경매, 전자공증, 내용증명, 성적조회 등 다양한 분야에서 전자서명이 활용되고 있다.

2) 공공분야

전자서명의 활용은 전자금융의 분야에서 가장 활발하지만 앞으로 중요하게 추진되어야 하는 분야가 공공부문이다. 공공분야는 어느 분야보다도 높은 보안성이 요구되고 해킹과 같은 사이버범죄로 인한 피해가 심각할 수 있기 때문에 전자서명의 사용은 필수적이다. (그림 11-13)은 현재 전자정부 단일창구(www.egov.go.kr)에서의 공인인증서 활용을 보여주고 있다.

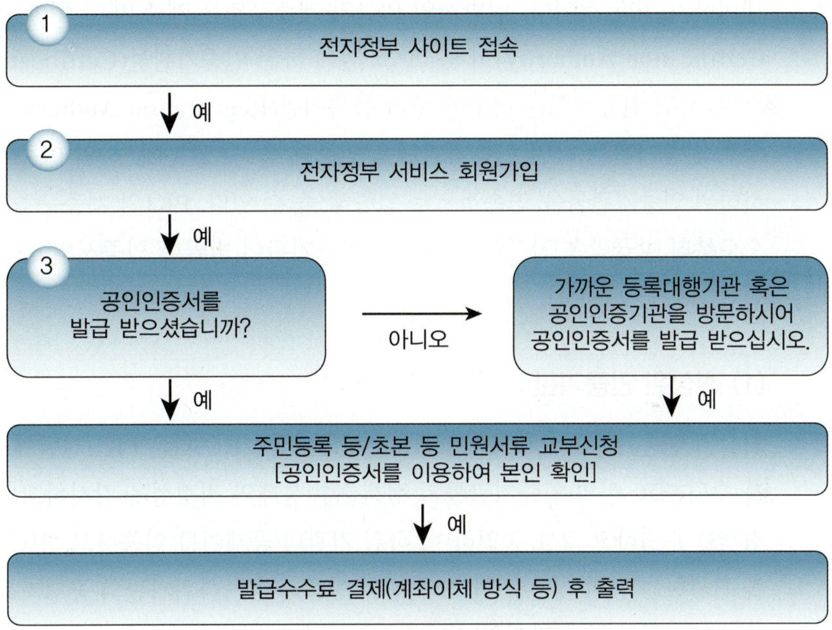

그림 11-13 전자정부 단일창구의 민원처리 흐름도

이제 전자정부의 구현으로 행정기관을 직접 방문하지 않고도 가정이나 직장에서 인터넷을 통해 각종 민원 서비스를 받을 수 있게 되었다. 현재 주민등록표등본(초본), 호적부의 등·초본 교부신청, 토지대장 등과 같은 대한민국 전자정부(전자정부 단일창구)를 통해 본인 확인이 필요한 민원사무를 신청할 때는 공인인증서를 통해 본인 확인과정을 거쳐야 한다.

3. 공개키기반구조(PKI) 현황

많은 선진국들은 정부와 국민 간에 이루어지는 전자거래에서 발생하는 문제점을 방지하고 신뢰를 제공하는 방안으로 공개키기반구조(Public Key Infrastructure: PKI)를 구축하고 있다. PKI기술은 거래 내용의 기밀성을 보장해 주는 암호화 기술과 거래 상대방의 신원확인(인증), 거래 내용의 위·변조 방지(무결성), 거래 사실의 부인방지 등을 보장해 주는 전자서명 기술로 나누어진다. PKI의 구성요소는 공인인증기관(CA: Certification Authority), 공인등록기관(RA: Registration Authority)과 인증서발급 및 폐지 절차로 구성되어 있다.

1) PKI의 계층구조

전자서명을 활용하기 위한 PKI의 구축에는 다양한 방법들이 있지만 대부분은 계층적으로 구성된다. 이는 전자서명을 사용하는 개인과 법인 그리고 정부기관 등의 규모가 커지는 경우에 대비하기 위한 것이다. 일반적인 PKI의 계층구조는 계층 제일 위에 최상위 인증기관(Root Certification Authority)이 있고, 그 밑에 하위 인증기관들(Certification Authorities)이 있으며, 하위 인증기관은 경우에 따라 등록기관(Registration Authority)을 거느리게 된다. 최상위 인증기관은 하위 인증기관들을 인증해 줄 수 있는데, 하위 인증기관들은 다시 그 밑의 하하위 인증기관들을 연속적으로 인증해 줄 수 있다. PKI의 계층구조로 인해 하위 인증기관으로부터 발급받은 인증서는 최상위 인증기관이 발급한 인증서와 동일한 효력을 갖는다(정철현, 2003: 93~94).

(1) 최상위 인증기관

최상위 인증기관(Root Certification Authority: RCA)은 PKI 전반에 사용되는 정책과 절차를 수립하고, 하위 인증기관들의 정책준수 상태와 적정성을 감사하고, PKI 상호연동을 위한 정책을 수립하고 그를 승인하며, 하위 기관의 공개키를 인증하고, 인증서와 인증서 폐지목록을 관리하는 등의 역할을 한다. 최상위 인증기관은 하위기관의 공개키를 인증하고 인증서, 인증서 폐지목록 등을 관리한다.

(2) 인증기관

인증기관(Certification Authority: CA)은 사용자의 공개키 인증서를 발행하고 또 필요에 따라 인증서를 폐지하고, 사용자에게 자신의 공개키와 상위기관의 공개키를 전달하고, 등록기관의 요청에 의해 인증서를 발행한다. 또한 인증기관 간 인증을 위한 상호인증서를 발행하고, 최소한의 정책 책임을 지고, 인증서와 그 소유자 정보가 담겨 있는 데이터베이스를 관리하고, 인증서와 인증서 폐지목록 그리고 감사 파일을 보관하는 등의 역할을 담당한다.

인증기관은 운전면허증 또는 여권을 발급해 주는 기관과 비교될 수 있다. 전자서명 인증제도는 일반적으로 가입자의 인적사항, 공개키, 유효기간, 고유의 일련번호, 인증기관에 대한 정보를 포함한다. 자신의 신원을 확인하고자 하는 사람은 인증기관의 데이터베이스를 이용하여 자신의 ID와 키(Key)가 유효한지 확인할 수 있다.

(3) 등록기관

전자서명의 사용을 위해서는 가입이 필수적이다. 그런데 몇 개의 인증기관으로 수많은 가입자를 처리하기는 어려우며 가입자에게도 불편을 초래한다. 따라서 인증기관을 대신하여 가입을 받는 하위기관이 필요한데, 이러한 역할을 하는 것이 등록기관(Registration Authority: RA)이다.

즉 등록기관은 인증기관과 멀리 떨어져 있는 사용자들이 인증서를 신청하는 경우 인증기관 대신 그들의 신분과 소속을 확인하는 기능을 수행한다. 등록기관은 사용자들의 신분을 확인한 후 인증서 요청에 서명을 해서 인증기관에 제출하고, 인증기관은 등록기관의 서명을 확인한 후 사용자의 인증서를 발행하여 등록기관에 보내거나 사용자에게 직접 전달한다.

가입자는 등록기관을 직접 방문하여 전자서명을 등록할 수 있고, 학교 또는 회사와 같은 공식적인 조직은 등록기관을 방문하지 않고 원격지에서 집단으로 전자서명을 등록할 수 있다. 또한 등록기관은 전자적 거래에 있어서 전자서명의 핵심적인 요소들을 확인하고 인증기관의 전자서명 인증을 지원한다.

2) 국가 공개키 기반구조(National Public Key Infrastructure: NPKI)

우리나라의 공개키 기반구조(PKI)는 국가 공개키 기반구조(NPKI)와 정부 공개키 기반구조(GPKI)의 이원화 체제로 구축되었다. 즉 과거에 정부통신부를 중심으로 한 민간부문 NPKI와 행정자치부를 중심으로 한 GPKI로 발전하였던 것이다(이하 정철현, 2003: 280~299의 수정). NPKI는 전자서명법에 의해 그리고 GPKI는 전자정부법에 의해 관장된다. NPKI는 민간부문의 전자거래를 위한 기반을 제공하는 것으로서 인터넷을 비롯한 온라인 전자상거래의 활성화를 꾀하고, 정부의 GPKI와 상호연동을 통하여 국민들에게 안전하고 편리한 전자환경을 제공해 주고 있다.

(1) 전자문서와 전자서명

전자서명법에서의 전자문서는 정보처리 시스템에 의하여 전자적 형태로 작성되어 송신 또는 수신되거나 저장된 정보로 정의된다. 종래의 전자서명은 암호키와 복호키의 비대칭 암호화 방식으로 행해지는 것만을 지칭하였다. 그러나 이 방식에 대해서만 법적 효력을 부여하면 뛰어난 기술의 다른 전자서명 방식이 개발되었더라도 법적 효력을 인정받지 못하게 되는 단점이 있다. 이는 개방형 네트워크 사회에서 상대적으로 특정기술을 가진 업체를 옹호하는 결과를 낳게 된다.

따라서 전자서명법에서는 전자문서의 명의인 내지는 작성자를 식별할 수 있게 하는 전자적 형태의 정보로 일반적으로 정의하여 다양한 전자서명 기술을 수용할 수 있도록 개념을 확대하였다. 앞으로 전자서명 기술이 발전하면 PKI의 디지털 서명 이외에도 지문인식, 홍체인식, 수기서명 방식의 전자서명 등 다양한 전자서명 기술이 사용될 수 있을 것이다. 이는 세계적 추세로서 독일을 비롯한 많은 나라들이 기술중립적 전자서명법으로 전자서명의 개념을 확대하고 있다.

NPKI의 전자서명 개념은 다음과 같다. 첫째, 전자문서에 첨부 또는 논리적으로 결합된 정보로서 전자서명 기술에 따라서 전자서명 정보가 전자문서 내에 첨부되거나 전자문서에 함께 첨부될 수 있고, 또한 논리적인 결합을 통하여 성립될 수 있다. 둘째, 서명자를 확인하고 서명자가 당해 전자문서에 서명하였음을 나타나게 함으로써 전자서명이 있는 전자문서는 당해 전자문서의 성립이 진정하게 이루어졌음을 추정할 수 있다.

(2) 공인전자서명

전자서명법의 전자서명의 개념을 기술중립적으로 확대해 두었기 때문에 전자서명법이 규정하는 일반적 전자서명은 서명자의 신원만 확인해 주고 전자문서를 인증해 주지는 못한다. 따라서 전자서명법에서는 NPKI의 공인인증기관에 의해 인증되는 전자서명을 공인전자서명으로 부르고 일반적인 전자서명과는 달리 법적 효력을 갖는 것으로 규정한다. 공인인증기관은 공인인증서를 발급하여 전자서명에 법적 혜택과 의무가 부여된 보다 안전성이 있는 공인전자서명을 제공하는 것이다. NPKI는 공인인증기관의 공인인증서 발급에 관련된 운영과 관리를 체계적으로 제도화한 것이다. 즉 NPKI는 서명자의 신원확인, 위조불가, 변경불가, 부인불가 및 재사용불가 등의 조건을 충족시켜 주는 공인전자서명을 안전하고 신뢰할 수 있는 전자환경에서 사용할 수 있도록 공인인증기관을 구성하고 법령에 따른 운영관리를 담당하는 체계라고 할 수 있다.

(3) 공인전자서명의 요건 및 효력

법적 효력을 부여할 수 있는 신뢰성 있는 공인전자서명이 되기 위해서는 다음 네 가지의 구비요건이 필요하다. 첫째, 전자서명 생성정보가 가입자에게만 유일하게 속해야 한다. 둘째, 전자서명 생성정보가 서명 당시 가입자의 지배 · 관리하에 있어야 한다. 셋째, 전자서명 후 전자서명에 대한 변경여부를 확인할 수 있어야 한다. 넷째, 전자서명 후 전자문서의 변경여부를 확인할 수 있어야 한다. 이러한 요건들은 전자서명 생성정보가 다른 사람이 아닌 서명자에게 소유되거나 연계되고 통제 가능해야 한다는 전자서명 생성정보의 객관적 특성을 정하고, 전자서명 생성정보가 사용될 때에 그 정보가 서명자의 유일한 관리하에 있도록 하며, 전자서명 후 전자서명 및 전자문서의 무결성을 보장하는 장치를 갖추도록 한 것이다.

현행 개정 전자서명법은 공인전자서명의 법적 효력에 관해 안전성과 신뢰성을 갖추어서 공인인증기관으로 지정된 인증기관의 공인인증서를 이용하는 경우에만 다른 법령이 정하는 서명요건을 충족하는 것으로 법적효력을 부여한다. 즉 공인전자서명인 경우에는 전자서명의 신원의 동일성과 전자문서의 무결성 추정의 효력이 있으나, 공인전자서명 외의 전자서명에 대해서는 당사자 간의 약정에 따른 서명 또는 서명날인으로서의 효력만 있는 것이다.

(4) 공인인증기관

① 최상위 공인인증기관

NPKI 최상위 공인인증기관은 한국인터넷진흥원이다. 전자서명법은 전자서명을 안전하고 신뢰성 있게 이용할 수 있는 환경을 조성하고 공인인증기관을 효율적으로 관리하기 위하여 한국인터넷진흥원의 전자서명인증관리 업무를 규정하고 있다. 다양한 전자서명 기술의 적용 가능성으로 공인인증기관의 안전성 확보가 주요한 과제로 부각됨에 따라, 한국인터넷진흥원은 공인인증기관의 인증역무 및 인증관리업무와 관련하여 기술적 · 절차적 측면에서 안전성 및 신뢰성을 확보해야 한다.

이를 위한 한국인터넷진흥원의 업무로는 공인인증기관을 지정하는 경우 공인인증기관으로 지정받고자 하는 자가 갖추어야 할 시설 및 장비에 대한 심사지원, 공인인증기관에 대한 검사지원, 보호조치에 대한 심사 및 기술지원, 시설 및 장비의 안전운영 여부에 관한 점검, 공인인증기관에 대한 공인인증서 발급 · 관리 등 인증업무, 전자서명 인증 관련 기술개발과 보급 및 표준화 연구, 전자서명 인증 관련 제도 연구 및 상호인증 등 국제협력 지원 등이 있다.

② 하위 공인인증기관

하위 공인인증기관으로 2017년 12월 현재 공인인증서비스 제공기관은 한국정보인증(주) http://www.signgate.com, (주)코스콤 http://www.signkorea.com, 금융결제원 http://www.yessign.or.kr, 한국전자인증(주) http://gca.crosscert.com, (주)한국무역정보통신 http://www.tradesign.net 등이 지정되어 있다.

한국정보인증은 공인인증서의 이용 확산을 위한 홍보 및 적용 업무의 확산에 주력해 왔다. 금융결제원은 예스사인(YesSign) 서비스를 제공하여 공인인증서를 이용한 인터넷 뱅킹, 인터넷 지로, 주택청약, 자금관리 서비스(CMS) 등 지금결제 서비스 및 국방부 조달본부의 전자입찰, 국세청 전자고지 · 납부업무 등에 적용하고 있다. 또한 가입자가 하나의 공인인증서를 발급받아 예스사인 서비스를 제공하는 은행의 전자거래 시스템에 모두 활용할 수 있도록 하였다. 한국전자인증은 국제적 상호인증 서비스를 목적으로 CrossCert 라는 브랜드를 갖고 출범한 국내 최초의 민간인증 회사이다.

3) 정부 공개키 기반구조(Governmental Public Key Infrastrusture: GPKI)

(1) GPKI란?

앞에서 살펴본 것처럼 우리나라의 PKI는 NPKI와 GPKI로 이원화되어 있다. 대국민 행정서비스의 고도화와 정부의 생산성 향상을 기반으로 하는 전자정부 구현을 위해서 GPKI는 전자결재와 전자문서 유통에 있어 보안성을 확립해야 한다. 즉 컴퓨터 네트워크를 통해 국가의 기밀이 유출되거나 개인정보가 누출되지 않도록 행정전자서명을 사용하며 이의 인증을 위해 GPKI가 필요한 것이다. 결국 GPKI란 네트워크의 활용비중이 점차 늘어가는 행정환경에서 정부문서에 대한 신뢰 및 인증의 수단을 확보하기 위해 인증기관, 원격등록소, 저장소, 사용자 등을 구조적으로 결합시킨 전자정부의 핵심 기반시설이라고 할 수 있다.

(2) GPKI의 목적

GPKI는 각 정부부처, 행정기관 사이에 전자적 공문서의 수 · 발신 및 인터넷을 통한 전자민원처리 체계를 확립하고 전자정부의 안전성과 신뢰성을 확보하기 위한 것이다. GPKI의 목적은 다음과 같다. 첫째, 전자정부의 기본 기능인 정부업무 흐름의 전자화를 위한 것으로 정부부처와 공무원에게 공인인증서를 발급하여 효율적인 전자정부 서비스 기반을 마련하는 것이다. 둘째, 기업과 국민들에게 온라인 행정 서비스를 제공하기 위한 것이다. 언제 어디서나 편리하게 정부의 공문을 찾아볼 수 있고, 각종 증명서를 온라인으로 발급받을 수 있고, 각종 인 · 하가를 온라인으로 처리할 수 있고, 이를 통해 정부조달과 계약에 있어 행정의 투명성을 제고할 수 있다.

GPKI는 민간부문과의 상호연동으로 다양한 민원 서비스를 제공하고 있다. GPKI의 전자적 민원 서비스를 인터넷에서 제공할 경우, 서비스의 품질이 획기적으로 향상될 뿐 아니라 불필요한 대기비용의 감소, 시간과 장소의 제약 탈피, 행정의 투명성 제고 등으로 정부 경쟁력 강화와 국민편의 증진이 가능할 것이다. GPKI는 인터넷을 통한 전자적 민원 서비스 제공을 위한 신원확인, 전자문서의 무결성, 전자문서의 법적 효력, 개인정보 보호 등을 보장함으로써 비대면 가상공간에서 정부와 국민 간의 거래에 대한 신뢰를 제공한다.

(3) 행정전자서명

전자정부는 정보기술을 활용하여 행정기관의 사무를 전자화함으로써 행정기관 상호간 또는 국민에 대한 행정업무를 효율적으로 수행한다. 전자정부를 위해서는 전자문서의 사용이 필수적인데 이러한 전자문서의 보안을 위해 행정전자서명이 필요하다. 전자정부법에 의하면 업무의 성격 그 밖에 특별한 사정이 있는 경우를 제외하고는 행정기관의 문서는 전자문서를 기본으로 하여 작성 · 발송 · 접수 · 보관 · 보존 및 활용되어야 한다고 규정하고 있어 전자문서의 활용을 권장하고 있다.

행정기관의 장은 구비서류를 전자문서로 접수한 때에 구비서류를 최초로 작성한 자가 작성권한이 있는 자인지의 여부를 확인해야 하는데, 이것은 전자서명 또는 행정전자서명을 권한 있는 자가 하였는지의 여부를 확인함으로써 가능하다. 즉 민간부문의 경우 전자서명을 그리고 공공부문의 경우 행정전자서명을 사용하여 신원을 확인하고 전자문서의 내용을 확인할 수 있는 것이다.

(4) 공인인증기관

① 최상위 인증기관

최상위 인증기관은 사용자가 최우선적으로 가장 신뢰하는 인증기관을 가리킨다. 계층상 최상위에 존재하며 GPKI 정책을 구현하며 다른 국가 정부나 민간 지역사회와 같은 외부기관과 상호인증하는 공통지점을 제공한다. 최상위 인증기관의 주요 기능은 하위 인증기관들을 인증하고, 외부 PKI를 인증하거나 또는 상호인증하는 것이다. 그리고 공인인증서와 공인인증서 폐지목록을 디렉토리에 게시하고, 생성한 공인인증서와 공인인증서 폐지목록 · 감사기록 등을 보관한다. 현재 행정안전부가 GPKI의 최상위 인증기관의 역할을 한다.

② 하위 인증기관

하위 인증기관은 GPKI의 정책에 따라 설치되고 운영된다. 하위 인증기관은 사용자, 원격등록기관, 하하위 인증기관을 관리할 책임이 있다. 하위 인증기관은 공인인증서를 발급하고 폐지된 공인인증서들의 목록을 발급한다. 하위 인증기관의 주요 기능으로는 사용자 공개키에 대한 공인인증서 생성, 공인인증서 폐지, 공인인증서 폐지목록 생성 기능이 있다. 또한 공인인증서와 공인인증서 폐지목록을 저장소에 게시하고 공인인증서 요청자가 공개키에 해당되는 비밀키를 갖고 있는가를 확인하며, 사용자 이름의 유일성, 공개키의 유일성을 확인한다.

현행 행정전자서명 인증체계에서 인증기관은 행정안전부 장관이 지정 · 고시한 5개 인증기관(행정안전부, 교육부, 대검찰청, 병무청 및 대법원)이 업무를 수행하고 있다.

③ 등록기관 및 원격등록기관

원격등록기관은 인증기관의 기능 중에서 지역적인 접근 또는 신원확인을 위해 설치할 수 있다. 사용자와 인증기관이 지리적으로 또는 조직 측면에서 멀리 떨어져 있는 경우에 사용자와 인증기관을 연결해 준다. 원격등록기관은 인증기관에 종속되는 것으로 GPKI의 정책에 따라 하나 또는 복수로 운영될 수 있다. 예를 들어 행정안전부 장관이 지방자치단체의 행정전자서명 인증업무를 모두 수행할 수 없을 것이므로 지방자치단체별로 원격등록기관을 구축하고 인증업무의 위임이 이루어질 수 있다.

NPKI의 경우 민간부문의 활발한 전자상거래로 이미 많은 등록기관들이 활동하고 있으나 GPKI의 경우 원격등록기관을 시청, 구청, 동사무소 등에서 지정하여 활용하고 있다. 현행 행정전자서명 인증체계에서 등록기관은 12개 중앙행정기관 및 17개 시도를 포함하여 29개이며, 원격등록기관은 684개의 시군구 및 소속기관이 업무를 수행하고 있다. 행정전자서명은 2016년 12월말 기준으로 143만 건이 발급되어 공무원의 신원확인, 전자문서 위 · 변조 방지 등을 위하여 859개 기관의 7,522개 전자정부 행정서비스에 활용되고 있다.

쉬어가기

우리나라 G-클라우드 전환 사례

2016년까지 총 577건의 전자정부 업무시스템 전환 완료

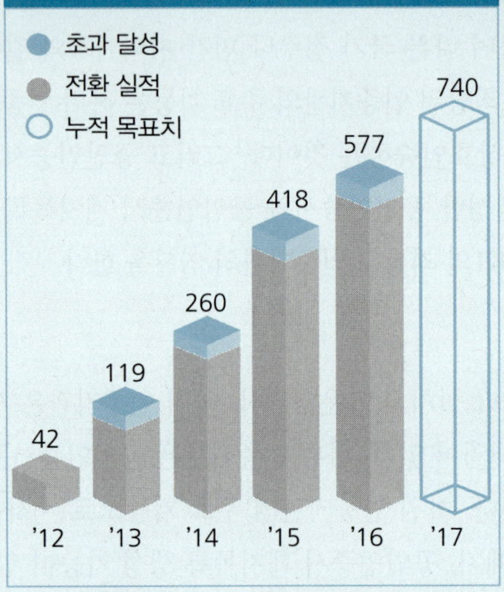

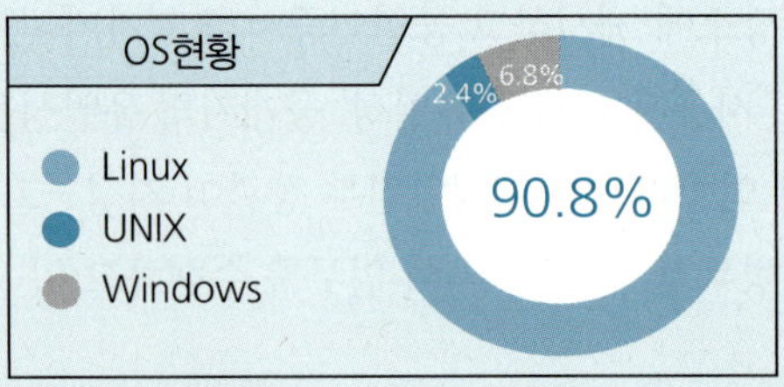

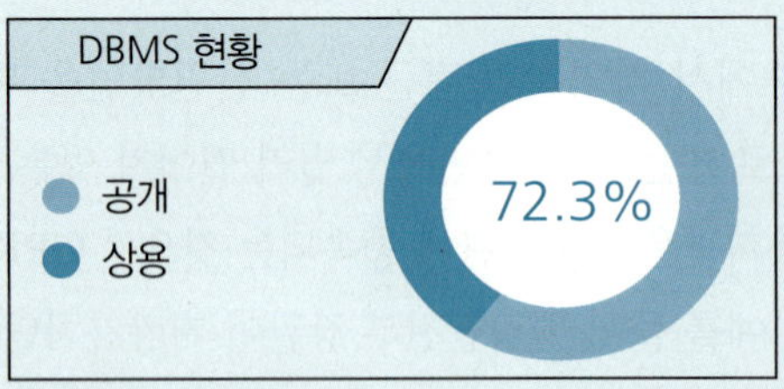

※'17.5.11.기준

기관별 주요 전환 사례

기관	업무
감사원	차세대 e-감사, 자료관리시스템 등
경찰청	온라인 조회, 민원포털 등
교육부	한국사능력검증시험, 교육비원 클릭신고 등
국민권익위원회	행정심판허브시스템, 업무지원시스템 등
국민안전처	긴급이송정보, 구급상황관리, 119소방현장통합관리, 안전정보통합관리, 안전신문고포탈 등
국토교통부	세움터, 유가보조금관리, 부동산행정정보일원화, 화물운송실적관리 등
기상청	국가수문 기상재난안전 공동활용시스템 등
기획재정부	국고보조금 정보망시스템, 국민참여 예산 홈페이지 등
농림축산식품부	농어촌 종합지원 포털, 농수산사업정보 등
법제처	국가입법지원, 법령입안시스템 등
산림청	자연휴양림 예약정보시스템 등
산업통상자원부	국가표준 인증통합관리체계, FTA포탈, 전략물자관리 등
식품의약품안전처	통합식품 안전정보망, 식품이력 추적, 의약품안전관리, 의료기기안전관리 등
행정자치부	온-나라, 통합사용자 관리 등
여성가족부	성범죄자 신상공개, 아이 돌보미, 청소년 활동통합관리 등
통계청	인구주택총조사, 농림어업총조사, 가구주택 기초조사관리 등
통일부	이산가족 정보통합, 남북회담본부 홈페이지 등
특허청	헤이그 국제디자인 심사시스템, 기록관리시스템 등
해양수산부	무인도서관리, 어촌어항관리, 해역이용협의시스템 등

PART 4

전자정부의 역기능에 대한 대비

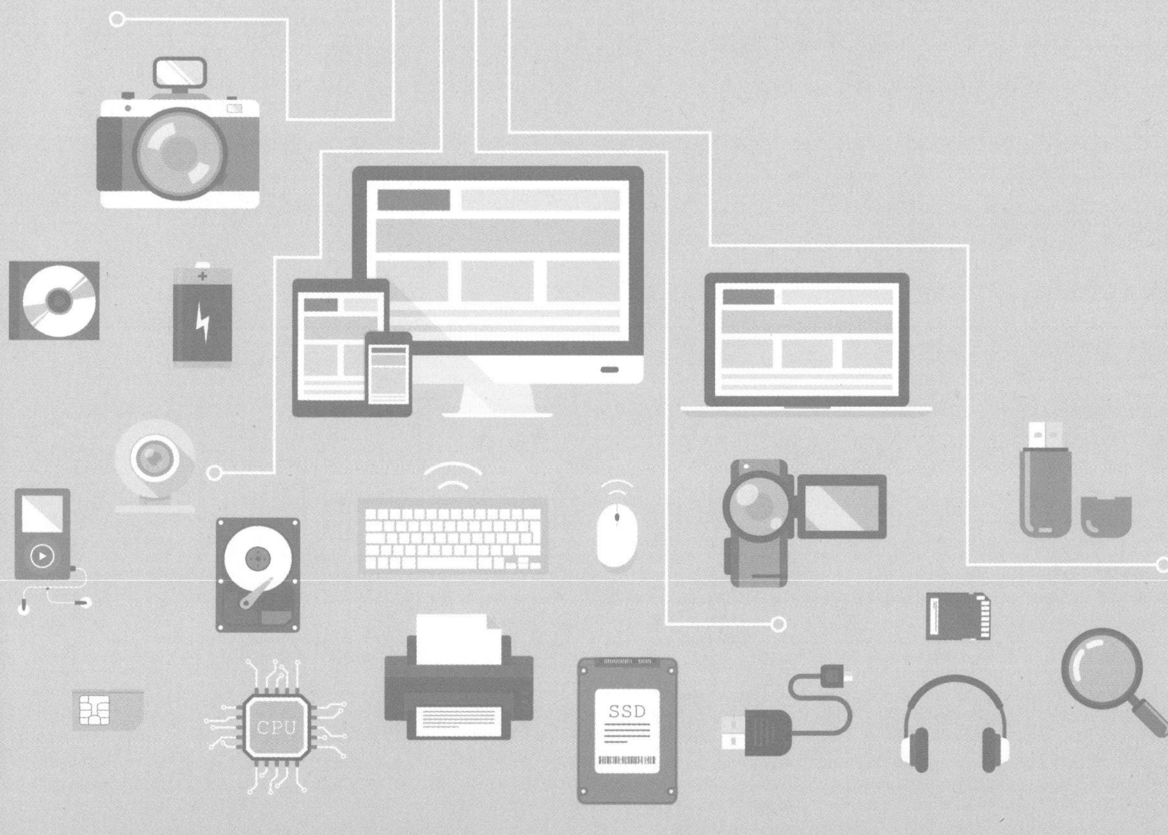

CHAPTER 12

전자정부의 역기능들과 대응 정책

전자정부의 구현에 따라서 여러 가지 부작용과 역기능이 확대되고 있다. 먼저 중요한 것은 사회에서 정보통신 이용이 급격히 확산되면서 해킹, 자료유출, 정보의 변조와 파괴 및 바이러스의 유포 등과 같은 사이버범죄와 불건전 정보의 유통, 전자우편의 남용, 개인정보의 유출에 의한 프라이버시의 침해 등이 해를 거듭할수록 늘어나고 있다는 점이다.

특히 최근에는 SNS를 통한 정보의 왜곡 전달이나 쏠림현상, 고소득층과 저소득층 및 중앙과 지방간의 정보격차 문제, 그리고 청소년들의 게임 중독과 모바일 온라인 기기의 중독 등이 심각한 사회문제로 대두되고 있다. 따라서 이러한 역기능에 대해 적절하게 대처하지 못할 경우에 사회 전반에 걸쳐 심각한 위기의 국면을 맞이할 수도 있는 상황이다.

또한 클라우드, 사물인터넷, 인공지능의 시대가 본격화됨에 따라 정보보호의 대상이 기존의 정보통신기기 중심에서 우리 주변의 모든 사물로 확대될 것이다. 이와 함께 그 피해의 범위도 확대되어 기존의 정보유출이나 금전적 피해에 그치지 않고 사용자의 생명 또는 신체에 대한 위협으로도 나타날 수 있다.

이 장에서는 이들 가운데서 사이버 범죄, 전자감시사회 및 정보격차의 문제점들을 살펴보고, 프라이버시의 침해와 개인정보보호의 문제는 다음 장에서 다루고자 한다.

12.1 사이버 범죄의 등장

전자정부의 대민행정서비스는 온라인화함으로써 언제, 어디서나 국민들의 접근과 이용이 가능하도록 추진되고 있다. 따라서 이러한 대민행정서비스는 사이버 공간에서 정보통신기술을 이용하여 제공되므로 다양한 사이버 위협에 노출될 수밖에 없는 실정이다. 전자정부의 사이버 위협이란 전자정부의 핵심요소인 정보시스템 등의 취약한 부분을 공격하여 시스템 내부에 침입하여 각종 정보를 유출, 위조 및 변조하거나 시스템을 마비 또는 파괴하는 등의 사고를 유발하는 것으로 정의해 볼 수 있다(한승환 · 송효진, 2005: 27).

전자정부에 대한 위협은 초기에는 정부전산망의 침입 및 데이터파괴 등 컴퓨터범죄에 국한되었으나 최근에는 다양한 윤리적인 문제들까지 결합되어 넓은 의미의 사이버범죄로 확장되고 있는 추세이다.

1. 컴퓨터 범죄의 정의와 시스템의 취약성

1) 컴퓨터 범죄의 정의

컴퓨터 범죄라는 용어는 1970년대 초반부터 사용되기 시작하였으나 이에 대한 정의를 내리는 것은 여러 가지 면에서 어려움이 있어 국가나 학자들에 따라 조금씩 다르게 해석되어 왔다(박태희, 1992: 13). 그러나 이제 보다 폭넓은 범죄유형을 수용할 수 있도록 광범위하게 정의될 필요성이 있다. 따라서 컴퓨터 범죄는 "컴퓨터를 행위의 수단으로 하거나 목적으로 하여 부정행위를 저질러 처벌 대상이 된 행위 전체"라고 정의할 수 있다. 간단히 표현하면 "컴퓨터와 관련된 모든 범죄(computer related crime)"라고 정의한다.

컴퓨터 범죄는 기존 범죄와는 다른 몇 가지의 특성을 지닌다. 예를 들면 범행자의 직업, 범죄환경, 범죄수법, 자산손실의 형태, 시간규모, 증거색출의 어려움 등을 들 수 있을 것이다. 따라서 범죄유형도 날이 갈수록 다양해지며 새로운 수법들이 등장하고 있다(이우재, 1995).

국내에서 최초로 발생한 컴퓨터 범죄는 1973년 10월에 서울 반포 AID 차관 아파트 분양과 관련된 사건으로 알려져 있다(김세헌, 1989: 40). 이 사건은 컴퓨터 프로그래머가 프로그램을 조작, 미리 뇌물을 받고 청탁 받았던 9가구 아파트를 당첨시켰던 것으로 당시 사회에 큰 충격을 주었다.

그 사건 이후 컴퓨터 범죄는 매년 증가추세에 있는 것으로 분석되고 있다. 우리나라의 경우 일반인들에게 컴퓨터의 보급이 많지 않았던 1970년대와 1980년대에는 비교적 컴퓨터의 보급이 활발하게 이루어진 은행 등 금융기관에서 단말기를 조작한 데이터의 변조나 자료의 부정입력 사고가 많았다. 그러나 1990년대 이후에는 PC보급의 확대와 인터넷 이용이 증가하면서 금융관련 범죄뿐만 아니라 자료의 유출 및 해킹 등 컴퓨터의 오 · 남용이 빈번하고도 광범위하게 발생하고 있다. 따라서 오늘날에는 컴퓨터 범죄를 포함하여 보다 넓은 의미인 사이버 범죄의 개념으로 확대되고 있다.

2) 정보시스템의 취약성

컴퓨터 범죄의 대상이 되는 정보의 특성에 대해서 살펴보면 다음과 같다. 정보는 보호해야 할 세 가지의 특성이 있다. 즉 무결성(integrity), 비밀성(confidentiality) 및 가용성

(Availability)이다. 이것은 정보 보안정책의 기본요소가 되고 있다. 무결성이란 '정보는 원형대로 보존되어야 한다'는 원칙이다. 따라서 우발적이던 고의적이건 간에 허가 없이 변경되어서는 안된다. 비밀성이란 '정보는 소유자가 원하는 대로 비밀이 유지되어야 한다'는 원칙이다. 따라서 소유자의 인가 없이 절대 공개되어서는 안 된다. 또한 가용성이란 '정보는 필요로 할 때 언제든지 가용하여야 한다'는 원칙이다. 이 세 가지 원칙들은 정보시스템의 안전과 보안대책 수립 시에 반드시 고려되어야 한다.

이러한 정보의 특성을 취급해야 하는 정보시스템은 다음과 같은 약점을 지니고 있으므로 컴퓨터 범죄의 유발 요인이 되고 있다. 정보시스템의 취약성은 다음과 같은 세 가지로 분류된다.

(1) 기술적 측면에서 본 취약성

정보시스템은 대량 데이터의 고속처리로 인하여 오류 발견 및 복구가 어렵고 데이터의 불가시성으로 수정 변경의 증거 수집이 곤란하다. 또한 기능과 데이터의 집중으로 문제가 발생할 경우에는 피해가 커질 위험이 있다. 시스템 온라인 접근이 용이하며 주요 자료의 구분 없이 모든 자료를 균일하게 처리하여 보안성이 취약한 측면도 있다.

(2) 조직적 측면에서 본 취약성

소수 인원에 의한 데이터 처리의 장점이 오히려 내부 통제가 취약할 경우에는 부정사용의 위협을 유발할 가능성이 있다. 또는 전문가에게만 블랙박스화되어 있는 장점은 내부 통제가 취약할 경우에는 부정 조작의 위협을 유발한다.

(3) 사회적 측면에서 본 취약성

정보시스템에 대한 사회전체의 의존도가 높아져 고장 발생 시 큰 혼란과 손실을 야기시키며 네트워크화됨에 따라 시스템의 신뢰성이 연쇄적으로 영향을 받게 되는 취약성이 있다. 2003년 1월 25일 우리나라에서 발생한 '웜 바이러스'(worm virus)에 의한 인터넷 대란은 그 좋은 예라고 할 수 있다. 최근에는 2017년 5월에 등장한 워너크라이가 우리나라를 강타하면서 랜섬웨어[1]가 화제가 되었다.

1) 랜섬웨어는 컴퓨터 시스템을 감염시켜 접근을 제한하고 일종의 몸값을 요구하는 악성 소프트웨어의 한 종류이며, 컴퓨터로의 접근이 제한되기 때문에 제한을 없애려면 해당 악성 프로그램을 개발한 자에게 지불을 강요받게 된다. 특히 비트코인으로 결제하기 때문에 범죄자 추적이 더욱 어려워졌고, 각종 랜섬웨어들이 우후죽순 생겨나 급격히 유행하기 시작했다. 2016년 랜섬웨어 피해 신고는 1,438건으로 2015년 770건보다 86.8%급증하였고, 정부에서 분석한 랜섬웨어 악성코드의 수도 약 3.5배 증가하였다. 전세계적으로도 2016년 한 해 동안 랜섬웨어 공격자들이 랜섬웨어를 통해 벌어들인 수익은 8억 5,000만 달러(한화 1조200억원)에 육박하는 것으로 추정된다.

2. 사이버 범죄의 정의 및 유형

1) 사이버 범죄의 정의

사이버공간은 흔히 컴퓨터 네트워크를 통해 접할 수 있는 공간으로 시간적 · 공간적 제약이 없기 때문에 접속의 기회가 무한하다. 경계도 없이 어떠한 정보에 접근할 수 있는 이 자유로운 공간을 가상공간 혹은 가상세계라고도 한다. 이처럼 사이버공간은 우리가 살아가고 있는 현실과는 구별이 되는 상상의 공간이다.

사이버 범죄는 컴퓨터를 이용한 범죄 일반을 의미하는 '컴퓨터 범죄'와 구분해 볼 수 있다. 사이버 범죄란 컴퓨터를 이용해 인터넷 공간(사이버 공간)에 접속해 있는 상황에서 또는 접속 상황에서 획득한 정보의 이용 과정에서 발생하는 범죄로 정의한다. 말하자면 보안을 위해 접근이 제한되어 있거나 보호되어야 할 개인정보들에 부당하게 접근하여 손상이나 손해를 입히거나, 인터넷의 익명성과 확산성을 악용하여 다른 사람의 인격이나 명예에 손상을 입히는 것을 의미한다고 할 수 있다(정태석 · 설동훈, 2004: 12).

그러므로 사이버 범죄는 인터넷 또는 사이버 공간을 통해 이루어지는 범죄로 제한한다. 다음 〈표 12-1〉에 제시되어 있는 것처럼, 사이버 범죄는 단순해킹, 해킹과 결합한 금융범죄, 자료 변조 및 유출, 개인정보 도용 등 물리적이고 경제적인 피해, 컴퓨터 바이러스 및 악성프로그램의 유포, 명예훼손, 음란물 유포 등에 따른 개인에 대한 물리적, 정신적 피해를 가져오는 비윤리적 행위 등으로 구분할 수 있다.

2) 사이버 범죄의 유형

사이버 범죄의 유형에는 다양한 종류가 있으며, 계속해서 새로운 유형이 출현하고 있다. 사이버범죄는 사이버공간을 이용한 불법행위로서 사이버도박, 사이버 스토킹과 성폭력, 사이버 명예훼손과 협박, 전자상거래 사기, 개인정보 유출 등의 행위를 예로 들 수 있다. 한편, 사이버테러형 범죄는 정보통신망 자체를 공격대상으로 하는 불법행위로서 해킹, 컴퓨터 바이러스, 웜, 스팸메일 등 전자적 침해 장비를 이용하여 컴퓨터시스템과 정보통신망을 공격하는 행위이다(정보통신부, 2006b)

그 중에서 가장 빈번히 일어나고 피해정도가 큰 사이버테러형 범죄의 네 가지 유형을 살펴보면 다음과 같다.

(1) 해킹

네트워크를 통해 타 시스템에 침입하여 시스템 내의 자료를 변조, 삭제하거나 이상 작동을 유발시키는 행위를 말하며 이러한 행위를 하는 사람들을 보통 '해커(Hacker)'라고 지칭한다. 원래 전문적인 의미에서 해커는 컴퓨터의 잘못된 점을 발견하여 고치거나 더 나은 방향으로 발

표 12-1 사이버 범죄의 유형

<table>
<tr><th colspan="2">유형</th><th>내용</th></tr>
<tr><td colspan="2">단순해킹</td><td>① 개인 컴퓨터 해킹
② 홈페이지, 카페, 도메인, 서버 해킹</td></tr>
<tr><td rowspan="2">해킹과
결합된 범죄</td><td>금융범죄</td><td>① 개인정보 또는 개인계좌 유출
② (계좌)해킹을 통한 금융범죄
③ 신용카드 및 계좌 도용
④ 주식 매도(조작)를 통한 범죄
⑤ 인터넷 대출 사기
⑥ 사이버 머니 도용</td></tr>
<tr><td>자료 및 정보관련 범죄</td><td>① 개인정보나 신분증의 유출 및 도용
② 각종 프로그램(소프트웨어, 게임 등)의 도용 및 유포
③ 각종 자료 및 문서의 도용 및 유포
④ 각종 정보의 변조, 삭제</td></tr>
<tr><td colspan="2">컴퓨터 바이러스 및 악성프로그램 유포</td><td>① 컴퓨터 바이러스 및 악성프로그램 제작 및 유포
② 해킹 프로그램 제작 및 유포</td></tr>
<tr><td colspan="2">기타 비윤리적 행위</td><td>① 명예훼손
② 스토킹
③ 음란물 유포 및 관련 범죄
④ 사기/도박
⑤ 범죄유도사이트개설
⑥ E-Mail 불법 확인</td></tr>
</table>

자료: (정태석 · 설동훈, 2004:13)

전시키는 건설적인 부류를 의미하는 반면, 타 시스템에 침입하여 악의적인 행위를 하는 부류는 '크래커(Cracker)'라 지칭하여 해커와 구별한다. 그러나 보통 사회에서는 이를 구분하지 않고 혼용하여 해커를 크래커와 동일한 의미로 사용하고 있다.

(2) 컴퓨터 바이러스

컴퓨터 바이러스는 정상적인 프로그램이나 데이터를 파괴하도록 특수하게 개발된 악성 프로그램으로 컴퓨터 시스템의 부팅 영역, 메모리 영역, 파일 영역 등에 기생하다가 컴퓨터가 가동되거나 특별한 날이 오면 작동하며 자기 증식 및 복제가 가능하다. 컴퓨터 바이러스는 트로이 목마, 웜 등 보다 고도화되면서 다른 프로그램의 실행 없이도 스스로 이동하거나 실행이 가능한 형태로 발전하고, 해킹 기법과 혼합하여 발전된 형태로 진화하고 있다. 이러한 컴퓨터 바이러스는 네트워크를 통해 전파되고 사용자가 모르는 사이에 개인 정보의 유출이나 정보의 파괴 등 다양한 형태의 피해를 입힐 수 있다.

(3) 웜

일반적으로 컴퓨터 바이러스는 자기 자신을 복제할 수는 있지만 전파에는 한계를 가지고 있음에 반하여, 웜은 네트워크를 통하여 자기 자신을 복제하여 전파할 수 있는 프로그램이다. 웜은 컴퓨터 바이러스와 달리 다른 프로그램을 감염시키지 않고 동작을 한다. 웜과 인터넷 웜은 동일한 명칭이며, 다만 전파를 위해 사용되는 주 매개체가 인터넷을 통한 것에 한하여 인터넷 웜이라 부르기도 한다. 웜의 확산 방법은 주로 전자우편을 이용하는 경우가 대부분이며, 발송하는 메일 주소도 사용자의 메일 클라이언트 프로그램에 저장된 메일주소를 이용하거나 임시 인터넷 파일에서 메일을 추출하는 등 경로가 다양해지고 있다.

초기 웜은 시스템에 영향을 미치지 않았으나 현재는 악의의 기능을 갖고 있는 웜도 다수 존재한다. 국내에 많은 피해를 끼친 대표적인 웜은 슬래머 웜, 코드레드 웜, 님다 웜, 블래스터 웜 등이 있다. 해킹 기술을 응용하기도 하고 원격 시스템으로의 전파가 가능하다는 점에서 웜은 바이러스보다 전파력과 파괴력이 강하며 보다 위험한 유형이라고 볼 수 있다. 최근에는 새로운 취약점이 계속적으로 나타나고 있으며, 이 취약점에 대한 침입 모듈을 쉽게 추가하거나 갱신하도록 웜이 개발, 보급되고 있기 때문에 이에 대한 위험성은 매우 심각하다.

(4) 스팸 메일

스팸 메일이란 광고 등 상업적 목적으로 불특정다수에 대해 무차별적으로 발송되는 메일을 말한다. 이러한 메일은 사용자에게 스트레스와 시간적 손실을 끼치며, 네트워크 대역을 소비하여 네트워크 상태를 악화시키고, 메일 서버로 하여금 대량의 메일을 처리하느라 성능이 크게 저하되는 등 많은 경제적 손실을 발생시키고 있다. 또한 최근 급증하는 음란 스팸 메일은 청소년에게 심각한 악영향을 끼치고 있다. 뿐만 아니라 국내 메일 서버들이 스팸 릴레이 서버로 이용됨으로써 해외에서 스팸 메일 서버로 오인되는 등 국가적 위신이 손상되고 있다.

3) 사이버 범죄의 현황

오늘날 사이버 범죄는 다양한 형태를 보이고 있지만 가장 대표적인 유형은 악성코드의 유포와 해킹이다. 특히 최근에는 가상화폐의 등장으로 이를 탈취하려는 악성코드와 해킹이 빈번하게 발생하고 있는 실정이다.

(1) 악성코드 현황

최근 홈페이지를 통한 악성코드 유포는 꾸준히 증가하고 있는 추세이며, 2013년 유포지의 경우는 2012년 대비 36.8% 증가하였고, 유포지로 연결해 주는 경유지도 36.2% 증가하였다. 2013년에는 점검 대상 도메인에 대한 현행화 및 확대를 통해 홈페이지 230만 개를 대상으로 악성코드 은닉 여부를 점검하였으며, 탐지하여 조치한 건수는 2012년 대비 36.3%(13,018건

→ 17,750건) 증가하였다.

악성코드 신고건수는 매년 증가하고 있으며, 특정 온라인 게임의 계정정보 탈취를 목적으로 하는 온라인게임 해킹 신고건수가 가장 많은 비율을 차지하였다. 또한 각종 DDoS 공격이 지속적으로 발생하였고 대량의 악성코드가 자동으로 유포된 사례가 발견 되었으며 여전히 금전 취득 목적이나 각종 이슈를 악용한 사회공학적 기법을 통해 악성코드를 전파하는 사례가 많았다. 특히, 국가 주요기반시설 공격용 악성코드의 출현과 SNS 관련 악성코드의 발견은 새롭게 등장한 이슈이다.

구체적으로는 2014년말에 한국수력원자력에 악성코드를 활용한 해킹은 이메일 스팸을 통하여 이루어졌다. 이러한 이메일 스팸은 메일서버를 해킹, 메일 SW 취약점을 이용, 포털계정을 탈취, 좀비PC 등의 경로를 통해 발송되는데, 한국수력원자력의 경우에는 주로 퇴직자의 계정을 통하여 이루어졌다.

이메일 스팸 발송은 봇넷(Botnet, 스팸메일이나 악성코드 등을 전파하도록 하는 악성봇에 감염되어 해커가 마음대로 제어할 수 있는 좀비PC들로 구성된 네트워크)을 통해 대부분 이루어지고 있다. 스팸 발신자는 자신의 위치가 노출되지 않으면서 자신이 통제하고 제어하는 컴퓨터네트워크를 구성하는 기술을 이용한다. 즉, 악의를 가진 공격자가 PC에 악성코드를 감염시켜 자신이 마음대로 제어할 수 있는 봇(Bot)으로 만들고, 이렇게 감염된 수만 대 이상의 PC가 네트워크를 통해 연결됨으로써 원격 조종을 가능하게 하였다.

2017년에는 다양한 랜섬웨어 및 가상통화 채굴형 악성코드가 많이 발견되었다. 한국인터넷진흥원에서 수집한 악성코드 중 일부를 분석한 결과 랜섬웨어가 가장 많이 발견된 것으로 확인되었다. 한국인터넷진흥원에서 2017년에 수집 · 분석한 악성코드 중 가장 많이 확인된 유형은 랜섬웨어, 정보탈취, 원격제어 순으로 나타났다. 수집 · 분석된 악성코드 중 랜섬웨어 비율은 지속적으로 증가하고 있는 것으로 확인되었다.

(2) 해킹사고 현황

최근 몇 년 사이에 국내에서 발생한 주요 침해사고 동향 및 보안위협을 정리해 보면 다수의 방송사, 언론사 및 금융기관 등을 공격하여 피해를 유발한 사이버 테러가 늘어나고 있다. 이러한 사이버공격을 비롯해 금융기관을 사칭한 피싱(Phishing), 파밍(Pharming) 사고와 스마트폰 이용자 대상 스미싱(SMS+Phishing) 공격 등 사이버 사기사고가 연중 지속적으로 발생하면서 피해도 커지고 있다.

공격 대상이 되는 주요 시설은 방송사, 언론사, 정당, 금융기관 등이었고, 공격 형태도 DDoS(분산서비스 거부, Distributed Denial of Service)공격, 홈페이지 변조를 비롯한 시스템 파괴 등 복합적이어서 피해 규모가 커지고 있다. 2013년 3월 20일 주요 방송사 3사, 시중 대형 은행 등 6개사의 PC, 서버, ATM기 등 총 4만 8,700여 대의 시스템이 파괴되어 접속장애 및 금융서비스 장애가 발생하였다.

또한 2013년 6월 25일부터 정부기관, 언론사, 방송사 등 총 69개 기관의 웹 변조 및 DDoS 공격 등이 연쇄적으로 발생하였는데, 정부통합전산센터 DNS서버가 DDoS 공격을 받아 부처의 개별 홈페이지 접속장애가 아닌 정부부처 전체 홈페이지에 대한 접속장애가 발생하는 등 진화된 공격 형태를 보였다. 이어서 2014년에는 청와대와 한국수력원자력 등 국가기간시설에 대한 공격이 지속적으로 진행되었다.

2016년에 세계적으로 금융권 대상 해킹사고 중 대표적인 사례가 방글라데시 중앙은행 해킹이었다. 북한으로 의심되는 해커 조직이 글로벌 금융거래 정보를 은행과 기타 금융기관 간 연결 전송기능을 제공하는 SWIFT(Society for Worldwide Interbank Financial Telecommunication)에서 악성코드를 이용하여 8,100만 달러(약 966억 원)을 탈취하였던 사건으로 국제적으로 큰 화제가 되었다. 이러한 금융권에 대한 해킹은 2017년에도 지속적인 디도스 공격으로 이어졌다.

2017년에는 가상통화 관련 해킹이 가장 큰 사회적 문제로 등장하였다. 2017년 12월에는 가상통화 거래소 '유빗'이 해킹당해 전체 자산의 17%를 잃고 파산하게 되었다. 이처럼 국내외에서 가상통화 거래소 해킹으로 인한 파산, 정보유출 등 각종 사고가 지속적으로 발생하였고, 가상통화는 그 자체의 이슈뿐만 아니라 랜섬웨어, 채굴형 악성코드 등과 결합하여 지능화되고 있는 사이버 범죄 세계의 새로운 수익 모델로 등장하였다.

사회적으로 가상통화에 대한 관심이 급격히 높아지며 다양한 방식으로 가상통화를 채굴 · 탈취하기 위한 지능화된 사이버 위협이 대두되었다. 이력서, 택배 배송으로 위장하여 채굴을 위한 좀비PC로 만드는 악성코드 유포, 유명 유틸리티 배포판에 채굴용 악성코드를 몰래 삽입하여 배포, 해킹된 워드프레스 웹사이트의 채굴 용도 사용 등 다음과 같이 다양한 악용 사례들이 발견되었다.

★ 스팸릴레이: 타 시스템을 스팸메일 발송에 악용한 공격

★ 피싱경유지: 보안이 취약한 국내 시스템이 주로 해외 위장사이트로 악용된 신고가 접수되어 처리한 건수

★ 단순침입시도: 인터넷상에 연결된 시스템의 취약점을 찾기 위하여 네트워크 서비스를 파악해 보는 공격(주로 자동화된 해킹도구, 악성코드에 의한 감염 시도 트래픽이 포함됨)

★ 기타해킹: 한국인터넷진흥원으로 접수된 침해사고 가운데 기타 분류 항목(원격터미널접속, 웹 서비스 대상 해킹시도, 의도적인 스캔공격, 이메일로 접수된 악성코드 은닉사이트 신고 등이 포함됨)

★ 홈페이지변조: 해커가 공명심, 정치적 목적 등의 이유로 홈페이지를 변조하는 사고. 홈페이지만 변조되며, (홈페이지 방문자에게는 서비스 이용의 불편을 끼칠 뿐 개인정보 유출 등의 악의적인 행위를 가하지 않음)

3. 사이버 범죄의 대응 방안

1) 사이버 전쟁 시대의 개막

이러한 사이버 범죄와 함께 최근 주목을 받고 있는 것이 사이버 전쟁이다. 우리나라 주변의 국가들이 정책적으로 해커를 양성하여 상대국의 정보시스템을 무력화시키는 시도를 하고 있다. 러시아를 비롯한 동유럽 국가와 북한 · 중국의 해커들은 이미 국가적인 조직이 돼 있으며 규모도 상당히 크다고 알려져 있다.[2)]

2004년 4~6월 다수 국가기관의 PC가 해외로부터 전면 공격을 받았다. 진원지는 중국이었다. 해양경찰청, 국회, 원자력연구소, 국방연구원, 국방과학연구소, 공군대학, 해양수산부, 중소기업청 및 통일교육원 등 국가기관 PC 235대와 기업 · 대학의 PC 79대 등 총 314대 PC가 해킹을 당했다. 우리 국방부는 이를 중국에 근거지를 둔 북한 해커부대의 소행으로 추정했다. 중국은 1985년부터 국방과학기술정보센터를 설립해 '정보전'을 연구해 온 것으로 알려져 있다. 특히 중국 중앙군사위원회는 '컴퓨터 바이러스 침투가 원자탄보다 효율적'이라는 개념 아래 1997년 6월 대규모의 컴퓨터바이러스 부대를 창설했다. 러시아는 KGB 후신인 연방보안국(FSB)에 사이버전 전담부서를 설치하고 컴퓨터바이러스 등 사이버 무기를 개발, 실전에 배치하며 활발하게 활동하고 있다.[3)] 따라서 최근의 한국수력원자력에 대한 침투까지 수없이 많은 사이버 전쟁이 일어나고 있다.

(1) 2009년 7 · 7 DDoS 공격

7 · 7 DDoS침해사고는 2009년 7월 7일부터 7월 10일까지 국내 · 외 주요 웹사이트를 대상으로 계획적으로 발생한 동시다발적 DDoS 공격으로 인해 인터넷서비스 장애 및 지연이 발생한 사건을 말한다. 당시 공격으로 인해 청와대, 국방부 등의 12개와 미국 14개 사이트가 접속 장애 상태가 되었다. 방송통신위원회와 한국인터넷진흥원, 정부통합전산센터는 비상대응체제를 구축하여 DDoS 공격에 즉각적으로 대응하였다.

7월 8일 18시에 있었던 2차 공격은 1차 공격 대상에 대해 공격이 지속되었고 보안 업체가 공격 대상에 추가되었다. 7월 9일 18시에는 3차 공격이 있었으나 이미 많은 사이트가 도메인 주소를 변경하거나 DDoS 대응 장비 업그레이드 등으로 대응하는 등 국내에서는 7개 사이트에서만 접속 장애가 발생하였다. 3차 공격 이후에는 악성코드에 감염된 PC의 하드디스크 또는 파일이 파괴되거나 부팅 에러를 일으켜 전국적인 이용자 피해가 발생하였다.

2) 정부 자료에 의하면 "북한은 3,000명 규모의 해킹 전문 인력을 보유, 해킹 및 지휘통신 체계 무력화 임무 수행을 목표로 해킹 기법을 연구하고 있는 것으로 파악된다". 중국군은 현재 '홍커'(red hacker)라고 불리는 수십만 명의 해커 집단이 활동하고 있는 것으로 국정원은 파악하고 있다.

3) 2009년 1월 중순 러시아 해커들이 중앙아시아 키르기스스탄공화국 정부, 기업과 미군 부대를 대상으로 한 DDoS(서비스 거부)공격을 퍼부어 이 지역 상당 부분의 전산망이 오프라인 상태가 됐다. 일주일 이상 계속된 이 공격으로 키르기스스탄 내 미 공군기지의 e-메일도 불능 상태에 빠졌다.

7 · 7 DDoS 침해사고는 3일 동안 좀비PC 11만 5천여대가 공격에 이용되었던 사고로 이들 감염PC에 대한 치료가 중요한 해결책이었다. 이 사고로 인해 감염PC 이용자에게 신속히 감염사실을 알리고 치료수단을 제공할 수 있는 체계 마련이 더욱 절실해졌고 이를 반영하여 2010년도에 감염PC 사이버 치료체계를 구축하였다.

(2) 2010년 스턱스넷 공격

2010년 하반기에 단연 이슈로 등장했던 악성코드는 '스턱스넷'이었다. 스턱스넷은 독일 지멘스(Siemens)社의 '산업자동화제어시스템(PLC7)'을 채용한 SCADA 시스템에 침투하는데 현재까지 이란 · 중국 등의 핵 · 산업시설 시스템에 대한 공격이 확인되었다. 이러한 스턱스넷은 이스라엘에서 만들어서 이란 핵시설을 공격한 것으로 추정하고 있다.

SCADA는 폐쇄망으로 되어 있어 해커가 직접적으로 침투하기가 매우 어렵기 때문에 스턱스넷은 MS 및 지멘스의 취약점을 통해 우회하여 감염 · 전파하는 방법을 사용했다. 침투 후에는 SCADA 제어시스템을 감염시켜 기반설비(밸브, 펌프 등) 제어 기능을 방해하는 명령코드 입력 및 시스템 마비가 가능하도록 설계되어 있다. 따라서 우리나라도 유사한 위협에 대비해 국가기반시설에 대한 상시 점검은 물론 국내외 피해 현황과 악성코드 발생 추이를 지속적으로 모니터링 할 필요가 있다.

(3) 2014년 한국수력원자력 해킹

한국수력원자력에 대하여 해킹 조직은 2014년 12월부터 여러 차례에 걸쳐 한수원 원전 도면관련 자료를 공개하며 원전 가동을 중단하라고 협박했다. 해커 조직은 이메일에 피싱(phishing) 메일을 보내 한수원 관계자들의 이메일 비밀번호를 수집한 뒤 이메일 계정에서 자료들을 빼내는 등 범행을 미리 치밀하게 준비했다. 해커는 본격적인 협박 이전인 2014년 12월 9일~12일 한수원 직원 3571명에게 5986통의 악성코드(파괴형) 이메일을 발송해 PC 디스크 등의 파괴를 시도했다.

해당 이메일에 첨부된 한글파일에는 악성코드 300여종이 담겨 있는 것으로 나타났다. 이 악성코드들은 감염된 컴퓨터의 파일 실행에 장애를 일으키거나, 트래픽을 유발해 감염된 컴퓨터와 연결된 네트워크에 과부하를 발생시키는 기능을 갖고 있었다. 감염된 컴퓨터의 하드디스크를 파괴하는 기능도 발견됐다. 하지만 한수원 PC 8대만 감염되고, 그 중 5대의 하드 디스크가 초기화되는 정도에 그쳤고, 원전 운용이나 안전에는 이상이 없었다.

한국수력원자력 해킹 사건을 수사해온 개인정보범죄 정부합동수사단 수사 결과 발표에서 "한수원 해킹은 북한 해커 조직의 소행으로 잠정 결론을 내렸다"고 밝혔다.

(4) 2017년 사드배치에 따른 롯데 및 국방부 해킹

2017년 2월 28일 롯데가 국방부와 고고도미사일방어체계 사드(THAAD)의 부지계약 이후 사드배치를 반대하는 중국 해커들의 공격으로 롯데 홈페이지가 마비되는 사건이 발생했다. 이후 3월 1일 한미 연합 '독수리 훈련'시기까지 평소 1건 발생하던 국방부 등 군내 인터넷 홈페이지 사이버 공격이 19건으로 증가하였다. 그리고 사드 발사대 등이 한반도에 반입되고 이 사실이 보도된 3월 2일부터 8일까지는 25건, 3월 13일 한미 연합 '키리졸브'의 시작으로 한국 단체관광 금지가 내려진 3월 9일부터 15일 사이에 44건의 사이버 공격이 발생되었다.

이처럼 국내에서는 사드배치로 인한 정치적 이슈로 인해 기업과 군이 사이버공격의 대상이 되었으며, 특히 사드부지를 제공한 롯데계열사를 향한 공격이 급증되었다. 이로 인해 롯데 면세점의 경우 3시간 동안 5억 원의 손실을 본 것으로 추산되었다. 기업뿐만 아니라 공공기관 및 일반 기업까지 디도스나 디페이싱 공격이 발생되어 사이버 공격을 통한 반한 감정을 드러냈다. 공격을 주도한 판다정보국(PIB), 화샤해커동맹, 1937CN 등은 중국 해커들이었다.

2) 전자정부 대응 방안

앞으로 사이버 범죄는 더욱 기술적으로 교묘해지고 고도화되며, 그 수법이 다양해지고 은밀해질 것으로 예상할 수 있다. 그 피해 또한 단순한 전산망 장애에 국한되지 않고, 기업과 국가기관의 중요자료 및 개인정보 유출 등으로 이어질 가능성이 높다. 정부는 국민들에게 편리하고 안전한 전자정부 대민서비스를 제공하기 위하여 각 행정기관에서 운영 중인 전자정부 대민서비스에 대한 보안실태를 조사하여 제도 개선, 인프라 확충 등 보안수준 향상대책을 수립 · 추진하여 왔다.

2005년부터 2006년까지 당시 행정안전부는 전자정부통합망의 네트워크 장비를 중심으로 취약점 분석 · 평가를 실시하여 개선대책을 마련 · 조치토록 하였으며 2007년부터는 전자정부 대민서비스에 대한 보안수준 실태조사를 실시하고 조사 결과 미흡한 사항에 대한 개선대책을 마련 · 시행하고 있다. 조사 첫 해인 2007년은 10월 8일부터 26일까지 전국 295개 중앙행정기관 · 지방자치단체의 홈페이지 등 501개 서비스를 대상으로 〈표 12-2〉와 같은 지표를 활용하여 서면 및 방문 조사를 실시하였다. 행정안전부는 조사결과 미비점에 대한 개선대책 및 각 기관별 · 서비스별 개선 조치사항을 마련하여 2008년 4월 각 기관에 통보한 후 보안인프라 확충 등을 개선하도록 하였다.

이후 매년 조사대상을 확대하고 신규 보안위협을 측정할 수 있는 보안지표를 마련하여 전자정부 대민서비스 보안수준 실태조사의 내실화를 기하였으며 조사결과를 바탕으로 미비점 개선을 위한 법 · 제도 정비, 보안인프라 확충 등 보안수준 제고를 위한 활동을 지속적으로 추진하고 있다.

2012년에는 기존 서면조사 방식을 정보보호전문가의 현장방문(인터뷰, 증적자료 확인,

표 12-2 전자정부 대민서비스 보안수준 실태조사 지표

분야		지표 수	내용
관리적 분야		7개 지표	• 정기적 보안점검, 백업계획 수립/시행, 매체관리 등
인적 분야		5개 지표	• 보안교육, 외주관리, 훈련 등
제도적 분야		7개 지표	• 자체보안정책수립, 재해복구절차 수립 등
기술적 분야	PC	6개 지표	• 웜 · 바이러스 차단, 개인방화벽 등
	N/W	14개 지표	• 침입방지시스템, 침입탐지시스템 등
	서버	4개 지표	• 보안 OS, 패치관리솔루션, SVS 등
	DB	3개 지표	• DB 접근통제, DB정보암호화 기능 등
	웹	14개 지표	• 웹페이지 개발 보안, 웹방화벽 등
	가용성	4개 지표	• 서버 이중화, 네트워크 이중화 등
	사후관리	4개 지표	• 로그 저장 및 분석, 오남용 모니터링 등
	온라인 거래 증명서 발급	9개 지표	• 전송구간 암호화, 문서보안 솔루션 등

현장 실사 등 종합적으로 수행)으로 조사방식을 변경하여 수행하였고, 2013년에는 기관별 정보보호 수준 강화를 위한 '계획(P)-집행(D)-점검(C)-개선(A)'의 선순환체계 정착을 위해 중앙행정 및 소속기관, 광역 및 기초자치단체 등 116개 기관을 대상으로 수준 진단 및 보안 개선대책 수립 지원을 추진하였다.

전자정부 대민서비스 정보보호 수준진단을 위해 대민서비스의 정보자산 관리, 시스템 영역별 보안관리, 대민서비스 공통기반분야 등 3개 분야의 점검 항목 42개를 개발하여 점검한 결과, 2013년에는 최초 시행한 2007년의 보안수준 57.6%보다 38.5%가 향상된 96.1%로 조사되었다. 이는 법제도 정비와 함께 정보보호 담당인력 증원, 정보보호 전문교육 확대 실시, 정보보호 컨설팅 지원, 행정기관 웹사이트 보안취약점 점검 · 개선 및 보안 인프라 확충사업 등 보안수준 제고 노력에 기인한 것으로 판단된다.

특히 국가정보통신망 내 정보시스템에 대한 DDoS 대응역량 강화를 위해 정부통합 전산센터에 실시간 패킷 분석, DDoS 공격 차단, 사이버대피소 등 다단계 방어체계를 구축하였으며, 보안인프라 등이 상대적으로 열악한 센터 미 입주기관의 정보시스템을 보호하기 위해, 중앙부처 소속기관 등 300여개 기관을 대상으로 DDoS 방어체계를 2012년에 확대 구축하고, 2013년부터 방어 서비스를 제공 중이다. 정부는 「정보통신기반보호법」에 따라 국가안보 및 경제사회에 미치는 영향 등을 고려하여 각 부처 소관의 중요시스템에 대해 주요정보통신기반시설로 지정('16.1월, 385개) 관리하고 있으며, 정보화가 진전됨에 따라 정보통신 서비스에 대한 의존도가 심화되면서 이란 석유시설('12.4월), 3.20사이버테러('13.3월) 등 주요정보통신기반시설을 겨냥한 표적공격이 현실화되고 있는 상황이다.

이에 행정안전부는 소관 분야에 대하여 주요정보통신기반시설을 지정('16.12월, 98개) 관리 중에 있으며, 사이버 침해로부터 주요정보통신기반시설을 보호하기 위하여 취약점 분석 · 평가, 보호대책 수립 및 보호조치 이행 등의 지원과 기술가이드 배포 등의 관리 · 감독을 수행하고 있다.

2016년에는 신규 지정 등 23개 주요정보통신기반시설에 대한 보호수준 조기향상을 위해 취약점 분석 · 평가를 수행하여 취약점별 조치방안을 제시하였고, 주요 위협 동향 등과 관련하여 긴급 보안점검을 실시하는 등 사이버공격 피해방지를 위한 즉각적인 조치를 수행했다.

이처럼 전자정부 대민서비스 보안수준은 지속적으로 향상되어 왔으며 향후에도 행정안전부는 전자정부 대민서비스에 도입 · 활용될 것으로 예상되는 클라우드 서비스, 모바일 전자정부 등 신규 IT서비스에 대한 보안위협을 분석하고 이에 대한 대응능력을 확보하는 등 전자정부 서비스의 안정성 · 신뢰성을 지속적으로 제고할 계획이다.

3) 보안취약점 신고장려금 제도 실시

정부는 해킹 · 바이러스 유포 등 피해를 사전에 예방하고 사이버 안전에 대한 국민들의 관심을 도모하기 위해 '보안취약점 신고장려금 제도' 를 운영하고 있다. 소프트웨어 보안취약점 신고 포상제는 해외에서는 버그바운티(Bug Bounty)로 널리 알려져 있으며, 소프트웨어 제작사 또는 기업 및 기관에서 자사의 소프트웨어나 홈페이지 등에서 버그를 찾는 사람에게 상금을 주는 제도이다.

소프트웨어의 해킹이 가능한 신규 보안취약점과 주요전산망 · 정보통신기반시설의 마비를 초래하는 해킹 및 악성코드 제작 · 유포 등의 행위를 국가정보원 · 한국인터넷진흥원의 취약점 신고 홈페이지에서 접수받고 있으며 접수된 취약점 또는 사이버위협 행위의 가치에 따라 분기별로 신고자에게 포상이 이루어진다.

접수된 사안은 악성코드 유포가 가능한지 등을 검증한 후 해당 소프트웨어 개발사에게 취약점 보고서를 보낸다. 이후 해당 소프트웨어 개발사가 패치를 개발해 배포하여 해킹 피해 및 대규모 악성코드 감염 등을 사전 예방할 수 있도록 운영되고 있다.

한편 2016년 10월 미국에서 IP 카메라, DVR, 온도조절장치 등 악성코드에 감염된 IoT 장비로 인해 웹호스팅업체 딘(Dyn)이 DDoS 공격을 받아 트위터, CNN, 뉴욕타임즈 등 다수 웹사이트에 장시간 접속 장애가 발생하였고, 이를 계기로 우리나라도 2016년 11월 IoT 기기와 IoT용 스마트폰 앱 관련 취약점에 대한 집중 신고 포상제를 실시하였다. 우수 신고 사례에 대해서는 30만원에서 500만원까지의 포상금을 지급하였다. 세계적으로 버그 바운티는 민간 기업 및 정부 기관에서 확대되고 있다. 그러나 글로벌 기업에 비해 우리나라 기업의 보안취약점 신고 포상제의 참여 수준은 매우 저조한 실정이다.

12.2 전자감시사회의 가능성

오늘날 스마트 정보사회에서는 모든 업무처리가 가상공간에서 디지털의 형태로 처리되기 때문에 감사증적(Audit Trails)을 남기게 된다. 또한 우리 정부는 지능정보사회에 대응하기 위하여 지능형 전자정부를 추진하고 있다. 따라서 이러한 지능형 전자정부는 전자감시정부로 진화할 가능성이 상당히 높다고 할 수 있다. 그러므로 이 절에서는 전자감시사회를 지능형 CCTV설치를 중심으로 살펴보고자 한다.

1. 전자감시사회의 등장

스마트 지능정보사회에서는 개인정보가 수집되는 양이 방대하고 실시간으로 정보가 누적되기 때문에 정보사회와는 다른 형태의 전자감시의 위험 가능성이 존재한다. 우선 개인이 스마트폰을 이용하여 위치기반서비스(LBS)와 SNS를 사용할 경우 서비스 제공업체는 개인의 과거 위치정보와 SNS에 남아있는 기록들을 조합하여 라이프스타일에 맞는 상품과 업소를 추천해 준다. 그러나 이 정보가 유출될 경우 다른 누군가가 그의 행적을 꿰뚫어 볼 수 있어서 프라이버시 침해의 우려가 발생한다. 요즘 널리 활용되고 있는 클라우드컴퓨팅의 경우에는 해킹이나 서비스관리자의 실수로 수많은 개인정보가 유출될 우려가 있고, 기술적인 문제로 인한 시스템 사고의 위험도 안고 있다.

이 외에도 스마트 홈, 스마트 시티 및 스마트그리드(smart grid)의 경우, 거주자가 집에 머무르고 있는 시간, 외출하고 있는 시간, 전기자동차 사용 내역 등에 관한 정보를 포함하고 있기 때문에 이 정보가 유출될 경우에는 빈집털이와 같은 범죄에 악용될 소지가 있다. 따라서 이제까지 데이터베이스를 해킹하거나 개인 PC에 악성코드를 심어서 개인정보를 유출하던 기존의 전자감시 위험은 스마트 지능정보사회가 본격화됨에 따라 새로운 국면을 맞이하게 된다.

1) 전자감시의 배경

정보사회에서의 감시, 즉 전자감시는 전자기기 등을 사용하여 감시대상을 감시하는 것을 말한다. 미국의 기술평가처(OTA: Office of Technology Assessment)는 전자감시기기를 다음과 같은 다섯 가지 범주로 나누고 있다(Lyon, 1994).

① 청각감시: 전화도청, 마이크로폰과 같은 소형 송수신기와 와이어시스템
② 영상감시: 사진, 도로와 슈퍼에 설치된 CCTV, 야간비전장치, 위성관측
③ 자료감시: 자료처리배포, 컴퓨터 네트워크, 전문가시스템과 패턴인식을 인식하는데 사용되는 소프트웨어

④ 센서기술: 마그네틱, 진동, 적외선, 전자 마그네틱

⑤ 그외: 차량추적 시스템, 마그네틱 스트립, 음성분석기, 음성인식기, 레이저 차단, 셀룰러 라디오 등이 있다.

상식적으로 감시는 “단속을 하기 위하여 혹은 나쁜 의도를 지니고 은밀하게 숨어서 관찰한다”라고 하는 이미지를 가지고 있다. 이와 같은 정의에서 ‘단속’이 반드시 나쁜 의미를 가진 것은 아니지만, 우리들은 감시자가 되건 피감시자가 되건 간에 감시에 연루되는 자체에 대하여 좋은 느낌을 가지지는 않는다. 물론 정보사회에서의 감시를 반드시 은밀하고 부정적인 것으로만 해석할 필요는 없다. 교통의 흐름을 통제하기 위한 감시카메라나 차량의 과속을 방지하기 위한 감시카메라 등은 시민의 안전과 생명을 지켜주고 있는 것 또한 사실이다.

그러나 정보기술 혁명에 의한 정보사회의 도래는 필연적으로 사회적 감시 및 통제에 새로운 차원을 예고하고 있다. 디지털 정보처리기술은 다양한 방법으로 감시능력의 증대를 수반하고 있는 것이다.

구체적으로 기술적 측면에서 정보통신기술이나 생체인식기술, 생명공학기술, 원격감시기술 등 감시기술이 비약적으로 발전하였고, 정보처리기술의 발전으로 정보의 수집, 처리, 저장의 비용이나, 속도, 정확성이 크게 향상되었다. 이러한 정보기술의 발전으로 저렴한 비용으로 고도의 정확성을 유지하면서 거의 무제한의 정보 수집과 처리 및 저장이 가능해졌다. 이로 인하여 수집 · 처리 · 저장되는 정보의 양과 질은 10여년 전보다 비교할 수 없을 만큼 많아지고 좋아졌다. 그리고 오늘날 빅데이터(Big Data) 시대를 맞이하면서 그 증가 추세는 폭발적이다.

2) 전자감시의 특징

전자감시는 다음과 같은 특징을 갖는다(이은우, 2003).

(1) 은밀성

최근의 정보수집, 감시는 감시당하는 사람이 알지 못하는 사이에 은밀하게 이루어진다. 예컨대 전자우편이나 메신저, 인터넷 및 스마트폰 이용현황에 대한 감시나 컴퓨터 이용현황 감시는 감시당하는 사람이 알아채지 못하는 사이에 은밀하게 이루어질 수 있다. 최근에는 일반인들 사이에도 배우자 및 연인들을 대상으로 하여 스마트폰의 스파이앱 설치가 확산되는 추세에 있다.

(2) 원격성

정밀한 망원경이나 심지어는 인공위성을 이용한 원격감시가 가능해졌다. 그리고 위치추적장치의 활용이 일반화되었기 때문에 이를 이용할 경우에도 원격감시가 가능하다. 특히 인공위

성을 이용한 원격감시는 상대 국가의 잠수함 경로 추적 등 군사적으로 활용되다가, 스마트폰의 보급으로 인하여 일반 민간 분야에서도 상업적으로 널리 활용되는 추세이다.

(3) 대량성

감시가 매우 짧은 시간에 대량적으로 이루어지게 된 것도 최근의 감시기술의 발달에 따른 새로운 양상이다. 예를 들어, 과거에는 전 세계의 거의 모든 통신내용을 감청하는 것이 물리적으로 불가능했었는데, 이제는 가능해졌다. 또한 인공지능과 빅데이터의 결합으로 인하여 수많은 사회관계망 서비스에서 제공되는 문자 내용들도 실시간으로 감시되고 있는 실정이다.

(4) 정밀성

과거에는 감시를 통해 얻을 수 있는 정보의 내용이 한정되어 있었는데, 최근에는 감시를 통해 얻을 수 있는 정보가 거의 무제한적으로 늘어나고 있다. 감시의 양과 질이 과거와는 비할 수 없을 정도로 월등하게 많아지고, 높아진 것이다. 최근 발달하고 있는 데이터마이닝(data-mining)기법은 감시로 수집한 정보를 수집자의 필요에 따라 다양하게 가공해 준다. 마음만 먹으면 한 사람의 일거수 일투족은 물론 사상이나 성향까지도 알아낼 수 있게 된 것이다.

예컨대 한 사람에 대하여 인터넷의 로그기록, 인터넷 상에서 그가 행한 행위에 대한 분석, 위치정보의 파악에 의한 이동상황에 대한 분석, 신용카드 사용상황 분석을 할 경우 그 사람의 거의 모든 행위를 파악할 수 있다. 이와 같이 수집된 정보를 다양한 방법으로 분석하면 본인보다도 더 정확하게 본인의 생활습관이나 사고방식, 성향을 알아낼 수 있는 것이다.

(5) 보편성

오늘날은 대상을 불문한 보편적인 감시가 가능해졌고, 실제로 보편적인 감시가 행해지고 있다. 이것은 우리 인류가 처음으로 경험하는 상황이다. 실제로 대학생들의 경우, 취업을 위한 면접시험장에서 면접관들에게 자신이 과거에 소셜네트워크서비스(SNS)에 게시했던 글들에 대하여 해명해야 하는 상황에 직면하고 있다.

3) 구글의 개인정보 통합

2012년 3월 1일부터 발효된 구글의 새로운 개인정보 보호정책을 둘러싸고 전 세계적으로 논란이 진행되고 있다. 구글은 개인정보 정책의 변경을 통해서 검색, 이메일(G메일), 동영상(유튜브), SNS(구글플러스), 캘린더, 안드로이드 등 운영 중인 60여개 서비스의 개인정보를 통합 관리하게 됐다. 새로이 '하나의 회사, 하나의 정책(one company, one policy)'에 입각해 그동안 서비스별로 운영하던 개인정보 보호정책을 하나로 통합한 것일 뿐이라는 게 구글의 설명이지만, 수많은 사용자들이 구글의 의도에 여전히 의혹의 눈길을 보내고 있다.

이는 한 사용자가 사용하는 모든 구글 서비스를 한 번에 관리함으로써 보다 편리하고 직관적인 서비스가 가능하게 된 반면, 구글이 전 세계 모든 사람의 개인 정보를 독점하는 '빅 브라더'가 될 수도 있음을 의미한다. 따라서 우리나라를 비롯해서 프랑스, 미국 등 각국의 정부도 실정법 위반을 놓고 구글과 공방을 펼치고 있다. 미국과 EU의 정부위원회도 2011년부터 구글의 사생활 침해 여부를 수사하고 있다. 실제로 구글은 광고를 주요 수입원으로 삼고 있기 때문에, 광고를 목적으로 개인정보를 수집할 수 밖에 없는 한계를 지니고 있다.

따라서 이러한 구글의 사례에서 알 수 있는 것처럼 앞으로는 다국적 거대기업이나 국가가 개인들의 사생활을 포함하는 모든 정보를 보유하고 관리하면서 이를 가공해서 활용할 수 있는 시대에 살고 있는 것이다.

2. CCTV의 설치 사례

최근에 우리나라 지방자치단체들은 교통과 치안을 목적으로 수많은 CCTV를 설치하고 있는 실정이다. 이제 기존의 CCTV들은 지능정보시대를 맞이하여 지능형 CCTV로 급속하게 대체되고 있다. 이러한 공공기관의 CCTV 설치 현황과 문제점을 살펴보면 다음과 같다.

1) CCTV의 현황

"폐쇄회로텔레비전(CCTV: Closed Circuit Television)"은 특정 공간에 설치된 카메라에 찍힌 영상정보를 폐쇄적인 유선 또는 무선 전송로를 통해 특정한 수신자에게만 전송하는 시스템을 의미한다. CCTV종류는 제품의 특징에 따라 돔형(Dome Type), 박스형(Box Type), 핀홀형(Pin-hole Type)을 구분되며 설치 유형에 따라 폐쇄형 CCTV, 네트워크형 CCTV(유선 · 무선)로 구분된다. CCTV설치 목적별 분류로는 방범, 교통정보수집, 과속 · 주정차단속, 시설물관리, 쓰레기투기감시, 재난 · 화재관리, 공항 · 항만관리, 기차 · 지하철관리 등으로 구분한다.

국내의 민간분야 CCTV 설치 현황에 대한 조사 자료는 구체적으로는 없으나 시장규모 등을 통해 추산하면 약 1,000만대 이상으로 추정하고 있다. CCTV는 초기에 공장(또는 작업장)이나 백화점 등을 모니터링하기 위해 설치 · 운영되었으나, 최근에는 범죄예방 등을 목적으로 주택가, 전철, 도서관 등 공공장소에 급속하게 확대 설치됨에 따라 프라이버시 침해 가능성이 사회적 이슈로 제기되고 있다.

현재 중앙 정부 및 지방 정부를 비롯한 공공기관에서 설치되어 있는 CCTV는 60만대 이상이다. 지역별로 보면 CCTV 설치 대수는 경기도가 6만 9,095대로 가장 많았고, 서울 4만 7,387대, 경북 1만 6,909대, 경남 1만 5,909대, 부산 1만 5,382대, 충남 1만 4,281대 순이다. 인구별로 보면 평균적으로 인구 195명당 1대 꼴로 CCTV가 운영되고 있다. 이는 지역마다 편차를 보이는데 제주도가 인구 92명당 1대, 충남 145명당 1대, 강원 150명당 1대, 경북 159

명당 1대, 전남 166명당 1대 순이다. 경기는 180명당 1대, 서울은 인구 212명당 1대였고, 세종시는 인구 317명당 1대의 비율로 CCTV가 설치되어 있다(시큐리티월드, 2015).

2003년 11월에 '함께하는시민행동'이 발표한 "공공기관의 감시카메라 운영실태보고서"에 의하면, 대도시 경찰청이 운영하는 감시카메라는 총 1,178대로서, 그 가운데 교통흐름용 CCTV가 466대, 교통법규위반단속용 무인카메라가 712대였다. 또한 종로 · 강남 · 관악구청이 설치하여 운영하는 감시카메라는 총 107대로서 교통법규위반단속용 무인카메라가 67대, 쓰레기무단투기단속용 CCTV가 35대, 방범용 CCTV는 강남구청의 5대가 전부였다. 그러나 강남구청은 2004년에 방범용 CCTV를 267대 추가로 설치하여 총 272대의 방범용 CCTV를 운영하고 있다. 특히, 대당 가격이 1,500만원에 이르는 강남구의 CCTV는 360도 회전이 가능하며, 12배 이상의 줌인(zoom in) 기능을 갖추고 있어 500m 앞까지 볼 수 있는 고성능 장비로 알려지고 있다(동아일보 2004. 2. 19).

2008년 2월 행정안전부가 실시한 공공기관 CCTV 관리 실태 조사결과에 의하면, 총 14개 기관에서 12,778대의 CCTV를 설치하고 운영하고 있으며 지하철안전관리용(26%), 방범용(18%), 교통정보수집용(17%) 등의 순으로 많이 활용되고 있었다. 그러나 일부 기관에서 법률상 금지 사항인 음성녹음 기능을 사용하고 있었으며, 조사대상 CCTV 중 64%가 설치사실(안내판 설치, 홈페이지 게재 등)을 미공지하고 있는 것으로 확인되었다.

특히 2009년 초반에 경기도 서남부 연쇄 살인 사건의 여파로 강력 범죄에 대한 경각심이 전사회적으로 고조되고 있는 가운데, 범인 검거에 주행차량용 CCTV가 결정적인 역할을 함에 따라 CCTV의 설치가 급증하고 있다. 행정안전부는 이와 관련하여 경기도에 범인 검거를 위한 주행차량 판독용 CCTV 확충 소요예산을 지원키로 하고 특별교부세 30억원을 배정하였다. 이 결과 경기도내 국도 및 지방도에 342대의 주행차량용 CCTV를 설치하는 사업이 추진되었다. 따라서 최근에는 각종 범죄의 예방, 화재와 재난의 방지 등 사회안전 확보를 위한 대응책으로써 공공목적의 CCTV 설치가 급속하게 증가되고 있는 추세이다.

2) 지능형 CCTV의 등장

얼굴인식 및 인공기능 기술은 기존의 CCTV에 접목되어 지능형 CCTV로 진화하고 있다. 이러한 지능형 CCTV는 감지 대상을 영상으로 탐지하고 상황을 분석, 경보를 감시자에게 전달하는 시스템이다. 쉽게 말해 기존의 기록형 CCTV 형태를 넘어 범죄 상황 예측과 피해 예방을 위해 CCTV에 IoT 기술을 접목시켰다. 얼굴 감지 · 인식 정보, 차량 번호인식 정보를 분석하고 사건 발생 전 징후를 감지해서 관제센터에 통보한다.

지능형 감시시스템은 ① 영상 정보를 수집하고, ② 자동으로 특정 개체나 행위를 감지하여, ③ 필요시 사용자에게 알리는 시스템을 의미한다. 강력범죄, 재난 재해에 대한 예방 및 즉각적 대응에 초점을 맞춘 사회안전망의 필요성이 높아지고, CCTV 등 감시시스템 확대에 따라 분석 가능한 영상 정보가 늘어나면서 지능형 감시시스템이 빠르게 도입되고 있다(현대경제연구원, 2014).

현재 상용화가 이루어지고 있는 지능형 감시시스템은 활용 목적에 따라 크게 보안 · 안전, 교통 · 관제, 비즈니스 인텔리전스로 구분할 수 있다. 세계 지능형 감시시스템 시장에서 최근에 보안 · 안전 분야가 빠르게 성장하고 있다. 국내 지능형 감시 시스템 시장도 AI CCTV 설치가 빠른 추세로 증가함에 따라 지능형 감시시스템 구축 수요는 앞으로 더욱 증대될 전망이다.

이전의 CCTV는 단순히 영상만 제공하는 감시형 아날로그 CCTV로서 그 기능과 역할이 한정되어 있었다. 그러나 최근에는 CCTV가 디지털화, 네트워크화, 고화질화, 고성능화 및 다채널화 추세로 발전하면서 네트워크 기반의 지능형 CCTV로 진화하고 있다.

CCTV의 지능화는 CCTV를 구성하고 있는 여러 기술 요소들의 발전결과이다. 영상 촬영 기술은 기존의 CCTV의 촬영 결과물이 외부 환경 변화(날씨 변화, 밝기 변화 등)와 촬영 대상의 속도, 수 등에 영향을 받았다면 지능형 CCTV의 경우 환경과 대상 등에 관계없이 고품질 영상을 제공한다. 또한 기존의 CCTV에서 2차원 영상만을 제공하였다면 지능형 CCTV는 필요에 따라서 3차원 혹은 열화상 화면 등을 제공한다. 기존의 CCTV에서는 아날로그로 촬영하고 출력하는 방식이었지만 지능형 CCTV에서는 촬영된 영상을 디지털화 시켜서 인터넷 표준 프로토콜인 TCP/IP(transfer control protocol/Internet protocol) 네트워크를 이용한 전송이 자유롭다.

인터넷 네트워크를 이용하는 것은 CCTV를 원격으로 관제 할 수 있게 하고 통합관제센터 등을 이용하여 CCTV 관리하여 성능유지, 운영인력 등의 측면에서 이점을 갖는다. 또한 기존의 CCTV 시스템과 달리 인간이 아닌 컴퓨터가 감시 대상에 대한 데이터베이스, 알고리즘을 기반으로 하여 감시를 수행한다. 빅데이터와 인공지능 기술은 자동화된 CCTV 운용을 더욱 효율적이게 한다. 디지털화된 영상은 저장에 효과적일 뿐만 아니라 알고리즘에 의한 자동 분석과 경보를 위한 기반이다. 인간이 직접 눈으로 확인하고 분석하여야 했던 아날로그 영상과는 달리 디지털 영상은 생체인식정보, 동작정보 등을 분석하는 알고리즘을 통하여 자동화되고 정밀한 분석이 가능하다. 또한 분석된 정보는 축척됨으로서 데이터베이스를 보강하고 더 정확한 분석과 이에 따른 경보 등 행동이 가능해진다.

3) CCTV 관련 문제점

(1) 프라이버시 침해 위험성

CCTV의 설치 · 운영은 범죄수사의 증거확보 또는 지하철 역사에서 발생할 수 있는 안전사고의 예방에 있어서 중요한 역할을 하고 있는 것은 사실이다. 그러나 개인의 의사와 무관하게 이미지 및 활동 정보가 일정기간 보관되어 무단 공개, 변조, 복제 가능성 등으로 인한 프라이버시 침해가 우려되고 있다.

2003년도에 전 세계에 설치된 감시카메라는 2,600만대로서, 미국에만 1,100만대에 이르며, 15만대의 카메라가 설치된 런던 시민들은 하루 평균 5분에 한번씩, 하루 300번 정도 감시카메라에 노출된다고 한다. 2014년에 서울신문과 국가인권위원회는 상업 · 업무지구인 강남대로와 지하철 1 · 2호선 시청역 일대, 주거지역인 지하철 2호선 낙성대역 일대와 금천구 시흥4동 등 4곳의 CCTV 현황을 분석하여 보도하였다. 이 보도에서 내어 놓은 분석에 따르면 조사 대상인 4곳에서 평균적으로 CCTV는 14.2 m에 한 대 꼴로 설치돼 있었고, 보행자들은 5.5초(성인 남성 걸음 2.8m/s 기준)에 CCTV에 노출된다(서울신문, 2014년 8월 25일). 지역별로는 강남대로는 9.3 m(620 m 구간 67대)에 한 대씩 CCTV가 설치되어있고 보행자는 3.3초에 한번씩 CCTV에 노출됐다. 시청역 일대는 5.3초(15 m)에 한번, 원룸이 많은 낙성대역 부근도 5.5초(15.2 m)에 한번씩 CCTV에 노출되었다.

특히 공공장소에 설치 · 운영되는 CCTV는 그 설치지역과 운영방법 등에 따라 개인의 초상뿐만 아니라 특정 시간에 어디서 어떤 모습으로 누구와 함께 있었는가에 대한 개인정보를 취득하는 것이며, CCTV 카메라의 작동 방법에 따라서는 개인의 사생활 영역에 대한 녹화 · 저장이 가능하여 프라이버시 침해 가능성이 상대적으로 클 수밖에 없다.

최근에는 웹 카메라(worldwide web camera)[4]를 특정 공간에 설치하여 이를 컴퓨터와 연결시켜 카메라에 찍힌 영상을 인터넷을 통해 실시간(real time)으로 보여주는 정보제공서비스까지 등장하고 있다. 또한 인공지능(AI)을 갖춘 CCTV가 급속하게 확산되고 있다. 이처럼 전자감시 기술의 발전으로 과거 단순 모니터링에서 개인식별, 특정 행동양식 주시, 실시간 추적 등이 가능해져 프라이버시 침해의 가능성이 급증하고 있다.

(2) 설치 및 운영상의 문제점

최근에 부녀자들을 상대로 하는 강력 범죄가 빈발함에 따라서 민간영역에서 CCTV가 확대설치되고 있으며 외부의 자료요구, 내부 모니터링 시 개인정보보호에 대한 인식과 고려가 부족한 실정이다. 이처럼 CCTV촬영 사실을 제대로 고지하지 않을 경우, 몰래 카메라식 촬영이 되어 사생활 및 프라이버시 침해 우려가 높은 실정이다. 백화점, 아파트 등의 경우, 이미지 훼손을 우려하여 설치에 대한 고지가 이루어지지 않고 있으며, 대형 빌딩 등은 건물 내부 뿐 아니라 건물 주위의 행인 등도 모니터링 하고 있다.

대한 변협은 2003년 국가인권위원회에 제출한 의견에서 “24시간 CCTV로 거리를 촬영할 경우 개인들에 대한 무차별한 정보가 수집된다”며 “개인 정보를 해당 개인의 승낙이나 동의 없이 수집 · 저장하는 것은 명백한 사생활 침해에 해당한다”고 지적했다.

4) 네트워크(또는 웹)CCTV: 네트워크 CCTV는 영상자료 전송 시 전용선을 사용하지 않고 일반 ISP(Internet Service Provider)가 제공하는 유무선망을 이용하여 영상자료를 제공하는 CCTV를 말한다.

지난 2004년 4월에 국가인권위원회는 "CCTV의 설치 · 운영이 지방자치단체나 경찰서장의 재량에 의해 이뤄지고 있고 장비의 성능이 점차 향상돼 운영방법 등에 따라 국민의 기본권을 침해할 소지가 크다"고 판단하면서, 국회의장과 행정자치부 장관에게 CCTV 설치 · 운영에 관한 법적 기준을 마련할 것을 권고하였다.

3) 정부 대응

행정안전부는 공공기관 CCTV의 무분별한 설치를 막고, CCTV를 통해 수집된 개인화상정보를 보호하기 위해 2007년 5월 「공공기관의 개인정보보호에 관한 법률」을 개정하여 CCTV 관리강화를 위한 의무사항을 신설하였다. 이어서 2008년 4월 '공공기관 CCTV 관리 가이드라인'을 마련하여 공공기관의 CCTV 관리를 강화하였다(행정안전부, 2008). 이러한 가이드라인의 제정은 범죄예방 등을 목적으로 CCTV 설치가 급증하고 있음에도 불구하고 CCTV와 관련된 개인영상정보를 보호하는 대책은 미흡하다는 판단에 따라 추진한 것이다.

행정안전부의 가이드라인에 따르면 CCTV의 설치는 ① 범죄예방 및 증거확보 ② 교통정보제공 및 법규위반단속 ③ 시설안전 및 화재예방 ④ 출입통제 등으로 엄격히 제한되며, 특히 도로 · 공원 · 도서관 등 공공장소에 설치하는 경우에는 반드시 공청회 등의 의견수렴절차를 거치도록 하였다.

그리고 2011년 9월 30일 「개인정보보호법」이 시행됨으로 인하여 공공부문과 민간부문의 개인정보를 종합적으로 보호할 수 있는 기반이 마련되었다. 「개인정보보호법」법령의 주요내용을 살펴보면, 공공기관 및 민간영역의 무분별한 CCTV설치를 방지하기 위해 법령에서 구체적으로 허용하는 경우, 범죄예방 · 교통단속 · 시설안전 등을 위해 필요한 경우에 한해서만 설치하도록 규정하였다.

제25조(영상정보처리기기의 설치 · 운영 제한)

① 누구든지 다음 각 호의 경우를 제외하고는 공개된 장소에 영상정보처리기기를 설치 · 운영하여서는 아니 된다.

1. 법령에서 구체적으로 허용하고 있는 경우
2. 범죄의 예방 및 수사를 위하여 필요한 경우
3. 시설안전 및 화재 예방을 위하여 필요한 경우
4. 교통단속을 위하여 필요한 경우
5. 교통정보의 수집 · 분석 및 제공을 위하여 필요한 경우

② **누구든지** 불특정 다수가 이용하는 목욕실, 화장실, 발한실(發汗室), 탈의실 등 개인의 사생활을 현저히 침해할 우려가 있는 장소의 내부를 볼 수 있도록 영상정보처리기기를 설치 · 운영하여서는 아니 된다. 다만, 교도소, 정신보건 시설 등 법령에 근거하여 사람을 구금하거나 보호하는 시설로서 대통령령으로 정하는 시설에 대하여는 그러하지 아니하다.

또한 모든 CCTV 운영자는 정보주체가 CCTV를 쉽게 인식할 수 있도록 설치목적 · 촬영범위 등을 담은 안내판을 반드시 설치하도록 하였다.

> ④ 제1항 각 호에 따라 영상정보처리기기를 설치 · 운영하는 자(이하 "영상정보처리기기운영자"라 한다)는 정보주체가 쉽게 인식할 수 있도록 대통령령으로 정하는 바에 따라 안내판 설치 등 필요한 조치를 하여야 한다. 다만, 대통령령으로 정하는 시설에 대하여는 그러하지 아니하다.

특히 공공기관의 경우 CCTV 설치 시 주민 등 이해관계자의 사전 의견수렴 절차를 의무화하여 공정성을 담보하였다.

> ③ 제1항 각 호에 따라 영상정보처리기기를 설치 · 운영하려는 공공기관의 장과 제2항 단서에 따라 영상정보처리기기를 설치 · 운영하려는 자는 공청회 · 설명회의 개최 등 대통령령으로 정하는 절차를 거쳐 관계 전문가 및 이해관계인의 의견을 수렴하여야 한다.

또한 CCTV의 운영과정에서 사생활 침해를 방지하기 위해 카메라의 임의조작 및 녹음기능 사용을 금지하는 한편 이를 위반하였을 경우 3년 이하 징역 또는 3,000만 원 이하 벌금에 처할 수 있도록 처벌규정을 강화하였다.

> ⑤ 영상정보처리기기운영자는 영상정보처리기기의 설치 목적과 다른 목적으로 영상정보처리기기를 임의로 조작하거나 다른 곳을 비춰서는 아니 되며, 녹음기능은 사용할 수 없다.

4) 시사점

발전하는 감시기술에 맞추어 정보기술에 대한 민주적 통제가 강화되어야 한다. 최근의 감시기술 발달은 과거처럼 감시행위에 대해 영장주의라는 법원의 통제만으로 실효성 있게 대응할 수 없게 되었다는 것을 보여주고 있다. 즉 과거에는 감시행위가 눈에 보이고, 감시행위에 인적, 물적인 한계 때문에 법원의 관여가 어느 정도 효과가 있었지만, 최근의 스마트 지능정보사회에서는 은밀하고, 원격적으로 동시에 대량감시가 가능하므로 얼마든지 법원의 통제를 벗어나 법원 몰래 감시를 하는 것이 가능해진 것이다. 따라서 과거 법원의 영장을 통한 관여 외에 새로운 통제 시스템이 필요한 것이다.

다양한 통제 시스템을 설계할 때, 그 핵심은 국민의 민주주의적 참여의 보장에 있다. 그러므로 국민의 참여를 보장하는 다양한 통제 시스템이 국가와 민간의 과도한 정보의 수집이나 유통, 감시를 규제할 수 있도록 마련되어야 한다. 구체적으로는 전자정부의 사업의 추진 시에 국민들이 그 시스템의 설계단계에서부터 참여할 수 있는 제도가 마련되어야 하고, 전체적인 절차가 국회나 국민이나 독립적인 감독기구에 의하여 통제될 수 있도록 하여야 한다.

12.3 정보격차의 문제

지난 20여 년간 정부주도로 추진된 급속한 국가사회 정보화와 정보통신기술 및 산업 발전의 결과, 우리나라는 다른 어느 나라보다도 심각한 정보격차(Digital Divide)현상을 겪고 있다. 따라서 정부도 이러한 문제점을 인식하고 정보접근성을 기반으로 취약계층의 정보역량 및 활용수준 제고를 위한 정책을 지속적으로 추진하여 왔다. 이러한 정보격차의 현황 및 대응 정책을 간략하게 살펴보면 다음과 같다.

1. 정보격차의 개념 및 현황

최근 몇 년간에 걸친 실태조사 및 각종 통계지표를 살펴보면 사회경제적, 지역적, 신체적 여건 등으로 인한 정보소외계층은 지속적으로 감소하고 있으며, 연령별, 소득별, 학력별 정보격차도 계속 축소되고 있다. 그러나 취약계층의 스마트폰 이용률이나 지능정보사회의 다양한 사물인터넷관련 기술들이 등장함에 따라서 예상되는 지능정보기술 기반 신(新) 정보격차에 선제적으로 대응할 필요가 있는 것으로 나타났다.

1) 정보격차의 개념

정보격차는 일반적으로 컴퓨터와 인터넷과 같은 새로운 정보기술에 접근할 수 있는 사람들과 없는 사람들 사이에 발생하는 격차를 의미한다(성욱준, 2017a). 정보격차에 대한 개념은 학자나 기관마다 조금씩 상이하게 용어가 정의된다. OECD에 따르면, 정보격차란 “정보통신기술의 접근의 기회와 활용과 관련한 사회경제적 수준에서 개인과 가구, 기업, 지역 간 차이”라고 할 수 있다[5](OECD, 2001).

우리나라 국가정보화기본법의 제3조 제9호에 의하면 정보격차는 ‘사회적, 경제적, 지역적 또는 신체적 여건으로 인하여 정보통신서비스에 접근하거나 정보통신서비스를 이용할 수 있는 기회에 차이’가 발생하는 것을 말한다.

5) The gap between individuals, households, businesses and geographic areas at different socio-economic levels with regard both to their opportunities to access information and communication technologies (ICTs) and to their use of the Internet for a wide variety of activities.

정보격차와 관련하여 가장 널리 알려진 정의는, 다이크가 정의한 것으로 정보격차란 '새로운 기술에 접근이 가능한 자와 가능하지 않은 자들 간의 차이(the gap between those who do and those who do not have access to computers and the Internet)'를 의미한다(van Dijk, 2005).

스마트기술의 발전과 새로운 서비스의 공급이 정보역량과 정보격차에 어떤 영향을 미칠 것인가에 관한 논의는 스마트시대의 정보격차 혹은 스마트 디바이드의 개념을 통해 앞으로 전개될 수 있을 것이다.

2) 정보격차의 현황

우리나라는 UN의 전자정부 평가 결과에 의해 전자정부 구현의 선도국가로 세계적으로 인정받고 있다. 하지만 적지 않은 국민들은 이러한 흐름에 동참하지 못하고 있는 실정이다. 정부는 지난 2002년부터 소외계층별(장애인, 저소득층, 장노년층, 농어민) 정보격차 실태조사를 실시하였다. 이를 위해 2003년에 정보격차지수를 개발하여 활용하였다. 이어서 2012년에는 4개 계층 외에 북한이탈주민 및 결혼이민자를 조사 대상에 추가하였다. 그리고 2016년에 지능정보사회에 대응하여 기존의 정보격차지수 대신에 디지털정보격차지수로 조사를 진행하고 있다. 이러한 최근의 정보 격차 현황은 다음과 같이 정리할 수 있다.

(1) 일반국민 대비 정보화 수준

2016년도 디지털정보격차지수 산출 결과, 4대 계층(장애인 · 저소득층 · 농어민 · 장노년층)의 유무선 융합 환경에서의 디지털정보화 수준[6]은 2015년 52.4%에서 2016년 58.6%로 전년 대비 6.2%p 상승하였다. 계층별로는 장노년층의 디지털정보화 수준이 일반국민의 54.0%로 가장 낮은 수준이며, 농어민 61.1%, 장애인 65.4%, 저소득층 77.3% 순으로 나타났다. 계층별 전년 대비 디지털정보화 수준 상승폭은 장노년층(8.4%p↑), 농어민(5.9%p↑), 장애인(2.9%p↑), 저소득층(2.8%p↑)의 순으로 나타나, 일반국민 대비 장노년층의 디지털정보화 수준이 전년에 비해 가장 크게 상승하였다. 세부 내용을 정리하면 다음과 같다.

① 디지털정보접근지수

일반국민의 디지털정보화접근 수준을 100으로 할 때, 일반국민 대비 4대 계층의 평균 디지털 정보화접근수준은 84.5%로 전년 대비 10.8%p 상승하였다. 2016년 기준, 일반국민의 디지털정보화접근 수준을 100으로 할 때 장노년층의 디지털정보화 접근 수준이 일반국민의 82.5%로 가장 낮은 수준이며, 그 다음으로는 농어민(84.8%), 장애인(88.1%), 저소득층(89.2%)의 순으로 나타났다.

6) 각 수준은 일반국민의 디지털정보화 수준을 100으로 할 때 일반국민 대비 4대 계층의 디지털정보화 수준을 의미한다.

② 디지털정보역량지수

일반국민의 디지털정보화역량 수준을 100으로 할 때, 일반국민 대비 4대 계층의 평균 디지털 정보화역량 수준은 45.2%로 전년 대비 7.8%p 상승하였다. 2016년 기준, 일반국민의 디지털 정보화역량 수준을 100으로 할 때 장노년층의 디지털정보화 역량 수준이 일반국민의 34.9%로 가장 낮은 수준이며, 그 다음으로는 농어민(46.2%), 장애인(49.8%), 저소득층(69.1%)의 순으로 나타났다.

③ 디지털정보활용지수

일반국민의 디지털정보화활용 수준을 100으로 할 때, 일반국민 대비 4대 계층의 평균 디지털 정보화활용 수준은 59.0%로 전년 대비 7.4%p 상승하였다. 2016년 기준, 일반국민의 디지털 정보화활용 수준을 100으로 할 때 장노년층의 디지털정보화활용 수준이 일반국민의 52.2%로 가장 낮은 수준이며, 그 다음으로는 농어민(59.0%), 장애인(64.6%), 저소득층(76.9%)의 순으로 나타났다.

(2) 소외계층의 인터넷 이용률 및 스마트폰 보유율

이 지수는 과거 정보격차지수에서는 가구 당 컴퓨터 보유율을 활용했지만 디지털정보격차지수에서는 시대적 조류를 반영하여 스마트폰 보유율로 대체되었다.

① 인터넷 이용률

2016년 소외계층 인터넷 이용률(63.4%)은 전년(56.5%) 대비 6.9%p 상승하였지만, 일반국민의 인터넷 이용률(88.3%)에 비해서는 24.9%p 낮은 수준을 보이고 있다. 구체적으로는 저연령층 비율이 상대적으로 높은 저소득층의 인터넷 이용률이 76.0%로 가장 높고, 장애인(70.6%), 농어민(59.9%), 장노년층(59.3%)순으로 나타났다.

② 스마트폰 보유율

4대 소외계층의 스마트폰 보유율은 61.2%로 전년(54.9%)보다 6.3%p 상승하였다. 인터넷 이용률과 마찬가지로 스마트폰 보유율도 저연령층 비율이 높은 저소득층(73.1%)에서 가장 높고, 그 다음은 장애인 66.8%, 농어민 59.6%, 장노년층 57.2% 순으로 나타났다. 따라서 일반국민의 스마트폰 보유율(85.0%)보다 소외계층의 스마트폰 보유율이 23.8%p 낮은 수준을 보이고 있다.

(3) 시사점

이러한 정보격차의 현황은 정보기술이 빠르게 확산되고 있음에도 불구하고 정보화가 매우 불균등하게 진행되어 왔음을 보여준다. 결과적으로 아직도 사회계층별 정보격차는 상당부분 남아 있으며 정보소외 계층들은 정보화의 사각지대에 머무르고 있다. 따라서 아직도 국민의 상당수가 디지털 정보기술의 혜택을 누리지 못하는 소위 디지털 배제(digital exclusion) 상태에 놓여 있는 것이다. 디지털 배제는 두 가지의 심각한 사회 · 경제적 결과를 초래한다.

첫째, 디지털로 제공되는 사회적 서비스의 혜택을 누리지 못하고, 디지털로 진행되는 사회 · 정치적 의사결정과정에도 참여할 수 없게 됨에 따라 시민으로서의 참정권을 제대로 행사할 수 없으며, 결과적으로 사회 · 경제적 불이익을 당할 수 있다.

둘째, 정보화 수준이 높아질수록 정보격차는 정보화 투자의 생산성을 저해하는 요소로 작용하게 된다. 예컨대 정부는 전자정부사업에 매년 수천 억 원을 투입하면서 행정의 효율성과 행정서비스 품질을 높이려고 노력하고 있지만, 오프라인 행정서비스는 거의 그대로 유지하고 있다. 누구도 행정서비스로부터 배제되어서는 안 된다는 국가행정의 정신을 구현하기 위한 불가피한 조치로 이해된다. 그러나 언제까지나 온라인과 오프라인 서비스를 병행하면서 막대한 행정 비용을 지불할 것인가?

따라서 향후 인터넷의 보편적 서비스를 달성한다면 오프라인 서비스는 대폭 감축할 수 있을 것이며, 행정의 효율성도 획기적으로 향상될 수 있을 것이다(한국정보문화진흥원, 2005: 16~17).

3) 정보격차의 특징

(1) 사회변화 추이와 정보격차

디지털시대의 정보격차는 동일한 기술적 환경과 사회구조 속에서 나타나는 특정 디지털기기의 불균등한 정보확산 과정의 한 특성이다. 디지털기기들이 사회적으로 확산되어가면서 중단기적으로 불균등하게 접근 · 활용되는데, 그러한 격차가 직접적으로 여타 사회적 불평등을 심화시키기도 하고 향후 다른 디지털기기의 접근과 활용을 제약하여 전반적으로 정보격차를 확대하기 때문이다.

특히 정보격차는 사회구조의 변화에 따라 그 위상이 변한다. 정보격차는 정보사회에서 추가된 사회불평등의 하나로서, 사회구조의 한 표현이다. 통상 사회 구조는 정보격차를 포함한 경제적 · 교육적 · 문화적 불평등 등 다양한 사회불평등을 낳고, 이들 불평등의 다양한 차원의 상호영향관계 속에서 현상적으로 다양한 사회문제와 갈등이 출현한다. 이러한 점에서 사회구조의 변화는 정보격차를 낳은 기본 틀을 변화시켜 이에 대한 대응정책을 근본적으로 변화시키고 있다.

(2) 양극화와 정보격차

우리 사회의 양극화는 경제발전전략의 산물인 측면이 짙다. 무엇보다도 세계시장에서 수출의 첨병 역할을 하는 대기업과 이를 뒷받침하면서 부품을 공급하거나 내수시장을 겨냥하는 중소

기업 사이에 여러 측면의 불균등이 심화되면서 양극화가 발생하였다. 수출을 주로 하는 대기업과 내수를 주로 하는 중소기업, 또는 완성품을 만드는 대기업과 협력관계나 하청관계에 있는 중소기업 사이에 산업의 양극화는 세계시장의 경쟁이 높아지면서 더욱 심화되었다. 이러한 산업 간의 불균등은 일자리의 양극화로 귀결되었다. 특히 1997년 IMF 외환위기 이후 구조조정 과정에서 대기업은 중간 수준의 일자리를 대거 축소하거나 비정규직으로 전환하였고, 중소기업은 상당수가 도산하거나 생산규모를 축소하게 되었기 때문이다.

따라서 1993~2002년 사이의 일자리 수 변화의 질적 측면을 보면, 중위직 일자리에서 정규직이 급속하게 소멸되고 있고 하위직 일자리에서는 비정규직의 충원이 증가하여 전반적으로 비정규직화가 진전되고 있다는 특징을 보여준다. 중간수준의 일자리가 상대적으로 적어지거나 줄어드는 일자리의 양극화 현상은 다시 소득의 양극화로 직결되고 있다. 그 결과 중산층이 급격하게 불안정해지면서 정치사회적인 불안감이 심화되고 있다. 이러한 경향은 2008년 세계 경제위기를 거치면서 고착화되었다.

특히 우리나라의 정보격차는 세대와 지역 간 격차뿐만 아니라 계층 간에도 상당히 심하기 때문에 이러한 양극화의 경향은 정보격차를 더욱 심화시킬 것으로 보인다.

(3) 고령화와 정보격차

사회의 양극화와 더불어 사회구조적 측면에서 나타나는 뚜렷한 변화 중의 하나는 고령화 경향이다. 우리 사회의 노령화는 빠르게 진전되고 있다. 통상 65세 이상 인구를 고령층으로 계산할 때, 고령인구가 전체 인구에서 차지하는 비율은 2000년 7.2%, 2002년 7.9%, 2004년 8.7%, 2005년 9.1%, 2008년 10.3%로 빠르게 증가하고 있다. UN의 분류기준에 따르면, 우리나라는 고령인구가 7%를 넘어선 2000년부터 이미 고령화사회(aging society)에 진입하였으며, 2017년에 14%를 넘어 고령사회(aged society)로 진입하였다.

이러한 고령화 경향은 우리 사회의 저출산 경향과 평균수명의 증가추세를 감안할 때 더 빠르게 진행될 전망이다. 고령화 경향은 빠른 속도로 압축 성장을 하고 있는 우리나라에서 더욱 많은 사회문제를 야기할 것으로 보인다. 빠른 사회변화로 인하여, 고령인구층의 사회적 적응력이 현저하게 빨리 상실되고 있는데 비해 이들 고령인구를 유지할 수 있는 사회적 인프라가 구축되지 않고 있기 때문이다.

이러한 고령화의 경향은 정보격차를 더욱 심화시키는 결과를 초래할 것으로 보인다. 첨단 정보기술의 확산, 특히 인터넷의 등장과 더불어 불거지게 된 새로운 쟁점들은 외형적 유사성에도 불구하고 이전의 '산업사회형' 문제들과 여러 면에서 구별된다. 이들은 익명성, 중층성, 가상성, 탈 제약성 등과 같은 사이버공간의 특성들과 결부되어 문제의 파장을 종전의 한정된 범위를 넘어선 생활 전반으로 확산하거나 심화시키고 있기 때문이다. '정보 격차(digital divide)'란 그러한 정보화 부작용의 특성을 극명히 드러내는 전형적 문제의 하나이다.

2. 정보격차해소 정책

정보격차 문제는 1998년 7월 미국 상무부가 정보화 추진과정에서 정부차원의 대책마련의 필요성을 제기하면서 정책의제화 되었다. 우리나라는 2000년 4월 대통령 주재로 개최된 제4차 정보화전략회의에서 당시 재정경제부, 정보통신부 등 9개 부처가 공동으로 "함께하는 지식정보강국 건설: 정보격차(Digital Divide)없는 사회 구현" 계획을 발표하면서 정보격차 해소정책이 주요 정책의제로 등장하였다.

1) 법 제정

정부는 정보취약계층의 정보통신망에 대한 자유로운 접근과 정보이용을 보장하기 위한 법적 장치로서 「정보격차해소에관한법률」을 제정(2001)하고, 이에 기반을 둔 종합적인 범부처적 정보격차해소 정책 지원을 위해 「제1차 정보격차해소 종합계획(2001~2005)」을 수립하였다. 제1차 정보격차해소 종합계획은 전 국민이 정보화의 혜택을 함께 누리는 '디지털 복지사회'를 건설하기 위하여 전 국민이 세계에서 컴퓨터를 가장 잘 쓰는 나라를 건설하고, 모든 국민이 경제적 · 신체적 · 지역적 여건 등에 구애됨이 없이 정보를 활용할 수 있는 환경을 조성하는 데 그 목표를 두었다.

이 계획은 2005년까지 전국의 모든 지역에 초고속정보통신서비스 제공, 2003년까지 전국의 모든 읍 · 면 · 동 단위당 최소 1개 이상의 무료 인터넷 이용시설 설치, 희망하는 모든 국민에게 인터넷 기초교육 기회를 제공하고 실생활에 필요한 정보활용 교육 실시, 장애인 · 노인 · 농어민 등 정보취약계층별로 실생활에 필요한 콘텐츠 개발 · 보급 등의 4대 주요정책 과제를 제시하였다.

이에 「제1차 정보격차해소 종합계획(2001~2005)」을 토대로 체계적인 범부처별 정보격차 해소정책을 추진하기 위해 2001년부터 매년 각 부처별로 정보격차 해소 시행계획을 수립 · 시행하였다. 이어서 "모두가 함께하는 따뜻한 디지털 세상 구현"이라는 비전과 함께 「제2차 정보격차해소 종합계획(2006~20010)」을 마련하여 추진하여 왔다.

그러나 2009년 이명박정부는 정부조직 개편을 통하여 정보격차해소 정책의 주무부처가 정보통신부에서 행정안전부로 이전됨에 따라서 「정보격차해소에관한법률」을 폐지하고 정보화촉진기본법과 통합하여 국가정보화기본법을 제정하였다. 정부에 의하면 기존 차관급 정보격차해소위원회(정보화추진위원회 분과위원회)를 대통령 소속 국가정보화전략위원회로 통합하고, 국가정보화기본계획의 한 분야로 정보격차해소가 포함되도록 하여 이를 위한 추진체계를 보다 강화하였다고 한다. 또한 정보격차해소에 관한 주요 규정을 모두 이관하였고, 공공기관 웹접근성 보장 규정, 정보격차해소제품 우선구매 노력 규정 등을 신설하는 등 정보격차해소 정책을 보다 강화하는 방향으로 재정비하였다고 주장한다.

그러나 「정보격차 해소에 관한 법률」이 장애인 · 고령자 등 정보소외 계층을 배려하기 위한 특별법이었음을 감안할 때, 이 법의 폐지로 인하여 그동안 추진되어 오고 있는 정보격차해소 정책이 위축될 가능성이 있다는 지적도 나오고 있다. 따라서 향후 정보소외 계층에 대한 관심과 정책적 배려가 더욱 강화될 필요가 있다.

2) 법 내용

과거「정보격차해소에 관한 법률」의 핵심조문들은 국가정보화의 역기능 방지를 위한 정보이용의 건전성 · 보편성 보장을 다루고 있는「국가정보화 기본법」제4장 제1절로 이관되었다. 정보격차 해소에 관련 규정의 주요 내용을 살펴보면 다음과 같다.

제31조(정보격차 해소 시책의 마련) 국가기관과 지방자치단체는 모든 국민이 정보통신서비스에 원활하게 접근하고 정보를 유익하게 활용할 기본적 권리를 실질적으로 누릴 수 있도록 필요한 시책을 마련하여야 한다.

과거「정보격차해소에 관한 법률」에 따른 정보격차 해소대상이 정보소외 계층임에 반하여 국가정보화 기본법은 지식정보사회의 필수요소인 정보접근 및 이용보장을 권리로 보장하고 정보격차 해소대상을 모든 국민으로 확대하여 일반국민의 정보접근과 이용을 보장하는 정책의 입법적 근거를 제시하고 있다. 또한 이를 실천하기 위하여 매 5년마다 정보격차해소에 관한 사항을 포함하는 국가정보화기본계획을 수립하고(제6조), 매년 그 시행계획을 수립 · 시행토록 하고 있다(제7조).

제32조(장애인 · 고령자 등의 정보 접근 및 이용 보장)

① 국가기관등은 인터넷을 통하여 정보나 서비스를 제공할 때 장애인 · 고령자 등이 쉽게 웹사이트를 이용할 수 있도록 접근성을 보장하여야 한다.

②「정보통신망 이용촉진 및 정보보호 등에 관한 법률」제2조제3호에 따른 정보통신서비스 제공자(이하 "정보통신서비스 제공자"라 한다)는 그 서비스를 제공할 때 장애인 · 고령자 등의 접근과 이용의 편익을 증진하기 위하여 노력하여야 한다.

③ 정보통신 관련 제조업자는 정보통신기기 및 소프트웨어(이하 "정보통신제품"이라 한다)를 설계, 제작, 가공할 때 장애인 · 고령자 등이 쉽게 접근하고 이용할 수 있도록 노력하여야 한다.

④ 국가기관등은 정보통신제품을 구매할 때 장애인 · 고령자 등의 정보 접근과 이용 편의를 보장한 정보통신제품을 우선하여 구매하도록 노력하여야 한다.

⑤ 과학기술정보통신부장관은 장애인 · 고령자 등의 정보 접근 및 이용 편의 증진을 위한 정보통신서비스 및 정보통신제품 등의 종류 · 지침 등을 정하여 고시하여야 한다.

그리고 장애인과 고령자가 차별 없이 웹사이트에서 원하는 서비스를 더욱 쉽고 편리하게 접근하여 이용할 수 있도록 공공기관의 웹 접근성 보장을 강화하고, 정보통신서비스 제공자와 정보통신 관련 제조업자들에게 정보통신기기 및 서비스의 장애인 · 노령자의 접근 및 이용편의 증진을 위한 노력의무를 부여하는 한편, 관련 산업과 시장 활성화를 통해 궁극적으로 정보생활 환경을 개선할 수 있도록 정부의 공공시장 역할을 위하여 공공기관에게 장애인 · 고령자 등의 정보접근과 이용편의를 보장한 정보통신서비스 제품을 우선 구매할 노력의무를 부여하고 있다(제32조).

제33조(정보격차의 해소와 관련된 기술 개발 및 보급지원)
① 국가기관과 지방자치단체는 장애인 · 고령자 등의 정보 접근 및 이용환경 개선을 위한 관련 기술을 개발하기 위하여 필요한 시책을 마련하여야 하며, 과학기술정보통신부장관은 관련 기술의 개발을 지원할 수 있다.

또한 정보통신기기 및 서비스의 장애인 · 노령자의 접근 및 이용편의 증진을 보장하기 위한 지침마련과 이들에 대한 콘텐츠 제공사업자, 정보통신개발 · 생산자 및 관련기술 개발 · 보급자에 대한 지원을 명시하고 있다(제32조와 제33조).

제34조(정보통신제품의 지원)
국가기관과 지방자치단체는 다음 각 호의 어느 하나에 해당하는 사람에게 대통령령으로 정하는 바에 따라 유상 또는 무상으로 정보통신제품을 제공할 수 있다.

이어서 정보소외계층의 정보통신기기 이용을 촉진하기 위해 장애인, 저소득층 주민 등에는 국가 혹은 지방자치단체가 정보통신기기를 유상 혹은 무상으로 지원하도록 하고 있다(34조).

정보격차해소사업이 실효성을 거두기 위해서는 예산이 뒷받침되어야 하며, 이를 위해 국가 또는 지방자치단체는 정보격차해소사업을 국가예산 · 지방자치단체예산으로 지원할 수 있도록 하고 있다(제36조).

이렇듯「국가정보화 기본법」은 정보격차해소의 기본원칙, 시책강구, 보편적 서비스 제공, 정보격차해소기술 개발 · 보급, 정보격차해소교육 실시, 재원확보 등「정보격차해소에 관한 법률」의 주요 규정을 모두 포함하고 있다. 구체적으로는 공공기관의 웹 접근성 보장의무 및 정보격차 해소 제품의 우선구매에 관한 조항 신설, 정보격차해소 추진체계 강화를 통해 정보소외계층의 권리보장을 강화하고 있다. 또한 국가정보화 기본법은 독립적으로 수립 · 추진되는 정보격차해소 기본계획을 국가정보화기본계획에 포함하도록 하여 국가정보화 비전 · 기본방향 등과의 연계 추진이 가능할 것으로 기대된다.

3) 정보격차 해소 정책

정보격차해소 시행계획에 따르면 전체국민 대비 취약계층의 정보화 수준을 제고하기 위하여 다양한 정책을 추진하였다. 이를 구체적으로 살펴보면 다음과 같다.

우선 정보소외계층의 정보접근권 보장을 강화하기 위하여 온라인 제공 정보 및 인쇄출판물에 대한 시각장애인의 정보접근성 향상을 위한 인프라 구축, 웹 접근성 실태조사 대상기관의 단계적 확대, 웹 접근성 자격증 도입, 자동평가도구 개선 및 웹 접근성 품질마크제를 확대 운영중이다. 또한 다문화가족 밀집지역의 도서관에 소외계층을 위한 전용코너 설치, 문화교육프로그램 운영지원 및 농어촌 지역을 대상으로 정보격차해소 도서관정보서비스 모델시범사업을 추진하고 있다.

이와 함께 취약지역 정보이용환경 개선을 위하여 장애인 인터넷센터, 정보화혁신클러스터 구축 등 정보이용시설 확충과 개선을 위해 노력하고 있으며, 취약계층의 정보접근 기회를 확대하기 위하여 정보통신보조기기 보급, PC 보급, 방송수신기 보급 등을 실시하고 있다.

정보소외계층 및 중소기업 종사자의 정보활용여건을 개선하고 이들의 정보활용능력을 배양하기 위하여 계층별 특성을 고려한 맞춤형 정보화 교육을 실시하고, 농어민, 고령층 등의 정보화 참여의지를 제고하기 위하여 온라인 정보화교육시스템 운영, 장애인 사이버교육시스템 등 온라인 정보화교육 실시, 내고향 IT봉사단, 어르신 IT봉사단, 농어민 정보화 선도자 등을 운영하고 있다. 이와 더불어 정보화에 소외된 농어촌에 인터넷 이용을 촉진하고 농어촌 소득향상을 위하여 정보화마을 쇼핑몰, 체험관광 사이트를 활성화시키기 위한 정책을 추진 중이며, 농어업 · 농어촌 관련 정보를 지속적으로 개발, 발굴하여 농 · 어업인이 알기 쉽게 가공하여 제공하고, 농어업인 정보교류 및 도농교류를 위한 커뮤니티 서비스 지원 등을 추진하고 있다.

또한 정보화를 통한 소득창출 기회를 제공하기 위하여 장애인 IT전문 인력 양성교육을, 지식정보사회에 대한 적응력 향상과 진학 및 취업능력을 제고하기 위하여 보호소년 및 수용자 및 치료감호대상자 대상으로 정보화교육을 실시하고, 장애인의 직업생활에 필요한 상용보조공학기기 지원, 직업능력 향상 프로그램과 연계한 IT 전문교육 강화 등을 통해 장애인의 취업 · 창업 지원, 고용창출 및 고용안정을 도모하기 위한 정책을 추진하고 있다.

이렇듯 범정부적 추진과제인 정보격차해소를 위하여 각 부처별로 다양한 노력을 경주하고 있어 정보격차는 지속적으로 완화되고 있으나, 여전히 취약계층의 정보 이용능력과 활용수준은 아직 낮은 수준에 머무르고 있다. 더욱이 디지털 컨버전스, 정보화의 일상화와 지식정보사회의 전면화가 진전됨에 따라 물적 · 인적 · 문화적 자본 등의 활용능력이 더욱 중요시되고 있어 질적인 정보격차해소가 그 어느 때보다도 시급한 상황이다. 따라서 지식정보사회에서 세계 최고의 정보통신 인프라 수준을 경제성장과 국가경쟁력 제고로 연계시키기 위해 필요한 것은, 국민의 정보활용 수준을 전반적으로 끌어올려 일상 생활내 편익을 증대시키고 부가가치를 창출하는 것이기에, 정보활용 격차해소를 위한 지속적인 정책개발과 사업추진 확대가 필요하다.

12.4 보편적 서비스의 제공

1. 보편적 서비스의 개념과 현황

1) 보편적 서비스의 개념

스마트 지능정보사회로의 이행은 고용의 불안정을 가속화시켜 실업과 복지감축 등으로 저소득층의 상대적 빈곤화를 촉진시킬 가능성이 존재한다. 따라서 정부는 언제, 어디서나, 누구나 원하는 정보를 얻을 수 있는 '보편적 정보서비스(universal information service)'의 원칙을 실현하는 정책을 추구하여야 한다. 보편적 서비스는 지역 · 소득 · 이용능력 등에 관계없이 모든 국민이 정보통신 서비스를 쉽게 이용할 수 있도록 해야 한다는 정보통신 정책의 이념으로, 법 · 제도를 통해서 구현되어 왔다.

보편적 서비스는 이와 같은 복지적 측면뿐만 아니라 경제적인 측면에서도 중요한 의미를 지니고 있다. 정보통신 산업은 망의 외부효과를 전제로 하고 있는데, 이것은 망의 사용자가 증가하면 증가할수록 망의 가치와 망 사용자의 효용이 증가하는 현상을 말한다. 그러므로 보편적 서비스의 제공은 정보통신 서비스의 잠재적 이용자층을 증가시켜 관련 산업의 시장성을 높이는 효과를 가져다준다. 이렇듯 보편적 서비스는 복지의 향상뿐만 아니라 망 전체의 효율성을 높이는 경제합리성을 기반으로 하고 있다.

일반적으로 정보불평등을 초래하는 요인을 다음과 같은 다섯 가지의 영역에서 찾아볼 수 있으며, 보편적 서비스의 제공도 동일한 영역에서 모색되고 있다. 첫째, 어디에서나 정보에 접근하여 활용할 수 있도록 통신망이 구축되어 있는가? 둘째, 개인의 신체적 · 정신적 능력에 맞추어 이용할 수 있는 정보통신기기, S/W가 개발되어 있는가? 셋째, 모든 사람들이 정보통신 제품을 구입하고 정보통신 서비스 이용료와 통신료를 감당할 수 있도록 가격이 저렴한가? 넷째, 정보통신기기, S/W, 정보통신 서비스를 이용하는데 필요한 교육을 받을 수 있는가? 끝으로 누구나 개인적 욕구를 충족시키고 삶의 질을 향상시킬 수 있도록 다양한 정보통신 서비스가 제공되는가? 등이다.

2) 보편적 서비스의 현황

현재 우리나라의 전자정부 정책에서 보편적 서비스의 실태는 심각한 수준이다. 특히 장애인들에 대한 전자정부서비스는 제대로 전달될 수 있는 기반을 갖추고 있지 못한 실정이다. 2009년 4월 11일부터 우리나라에서 장애인 웹접근성을 의무화한 장애인차별금지법이 시행되었다. 그러나 장애인의 인터넷 이용률은 2016년 기준으로 70.6%에 불과한 실정이다. 또한 장애인들을 위한 정보통신 기기 및 소프트웨어의 지원이 이루어지지 않고 있다.[7)]

장애인차별금지법에는 공공기관, 특수학교, 특수반이 설치된 국공립 유치원, 특수학급이 설치된 국공립학교, 장애아전담보육시설, 종합병원, 복지시설, 근로자 300인 이상 기업 등은 홈페이지에 장애인이 접근할 수 있도록 관련 조치를 취해야 한다. 이를 어기면 장애인 차별로 간주되어 국가인권위원회와 법무부의 조사 결과에 따라서 시정명령을 받게 되고, 이를 이행하지 않으면 3,000만원 이하의 과태료를 물어야 한다.

하지만 2009년 3월 행정안전부의 조사에 의하면 전국 500여개 행정 및 공공기관의 웹 접근성 실태는 낙제점인 것으로 파악되었다. 한국장애인인권포럼이 중앙정부기관, 지방자치단체, 국회 및 교육기관 등의 1,100여개 홈페이지의 웹 접근성을 조사한 결과, 13개 항목에서 평균 90점을 넘는 기관은 3%에 그쳤다.

이어서 2013년 웹 접근성 실태조사 결과를 살펴보면, 중앙부처 · 광역자치단체는 90점대로 우수한 수준이며, 기초자치단체 · 대민서비스 · 공공기관 · 교육 기관 · 의료기관 · 문화예술단체는 80점대로 보통 수준으로 나타났으며, 민간법인은 70점대, 복지시설 · 방송 · 언론은 60점대로 접근성 수준이 미흡하여 개선이 필요한 것으로 나타났다. 특히 장애인의 실생활에 도움이 되는 복지시설, 방송, 언론 등에서 웹 접근성이 상대적으로 낮은 것으로 나타나 이 부분에 대한 사회적 공감대 및 노력이 필요하다고 하겠다.

2016년 2월부터 12월까지 한국웹접근성평가센터가 설문조사를 통해 선정된 시각장애인의 이용욕구가 높은 웹사이트 및 모바일 애플리케이션(이하 앱)을 대상으로 정보접근성 실태조사를 실시한 결과, 조사 대상들의 웹 접근성 평균은 63.7점, 모바일 앱 접근성 평균은 66.3점으로 매우 미흡한 것으로 나타났다. 민원 분야의 공공부문은 상대적으로 높은 점수를 보였으나, 민간 부문의 웹접근성은 현저하게 낮게 나타났다. 특히 교육의 경우 대상 사이트 모두가 접근성 준수가 매우 미흡하여 시각장애인의 교육권을 침해하는 것으로 점검 및 개선이 가장 시급하게 요구되었다. 이처럼 우리나라의 전자정부 분야 보편적서비스의 수준은 아직 가야할 길이 먼 실정이다.

---

7) 2009년 4월 16일 행정안전부의 '장애인 정보격차해소 홍보대사'로 위촉된 서울대 이상묵교수는 차량 전복사고로 목 아랫부분이 마비된 지체장애인이다. 그는 매일 인터넷으로 세상과 소통한다. 하지만 음성인식 프로그램이 한국어를 지원하지 않기 때문에 영문 윈도우 비스타를 쓰고 있다. 보건복지부에 따르면 2007년 기준으로 이상묵교수와 같은 지체장애인은 114만명에 이르고 있다. 시각장애인과 청각장애인도 각각 20만여명에 이르지만 사정은 마찬가지다. 인터넷을 이용하는 시각장애인의 90%이상이 PC에 이미지를 소리로 바꿔주는 스크린리더를 설치했으나 이와 연동되는 홈페이지는 10%에 그치고 있다.

2. 보편적 서비스의 내용

정보불평등을 초래하는 다섯 가지의 내용을 보다 구체적으로 살펴보면 다음과 같다.

1) 통신망에의 접근

통신망 접근 측면에서의 보편적 서비스는 지리적인 여건에 관계없이 전국 어디에서나 정보통신 서비스를 제공받을 수 있어야 함을 의미한다. 최근까지는 통신을 국가의 기반산업으로 인정하고, 공공부문에서 독점적으로 서비스를 제공해 왔기 때문에 이 영역에서의 보편적 서비스는 매우 높은 수준을 유지해 왔다.

그러나 정보통신기술의 발전과 경쟁의 도입에 따라 다양한 종류의 통신망과 서비스가 출현하게 되면서 보편적 서비스의 제공이 벽에 부딪히고 있다. 통신망의 경우 속도와 용량면에서 점차 향상되고 있으며, 개별사업자에 의해 여러 종류의 유선통신망과 무선통신망이 구축되고 있다.

이처럼 통신망에 접근하는 것은 정보화의 가장 기초적인 문제로 지역산업과 지역 정보화의 발전에 중대한 영향을 미치며, 향후 다양한 정보서비스가 원격으로 제공될 경우 심각한 지역 격차의 원인으로 작용할 수 있다.

2017년에 우리 정부는 보편적 서비스를 초고속인터넷까지 확대하는 방안을 마련하기 위한 작업에 본격 착수했다. 현재 초고속인터넷 가입자는 2015년 기준 2002만 명으로 전국 가구수인 1911만을 넘어서면서, 초고속인터넷 역시 보편적으로 사용되는 통신수단으로 인식되고 있다. 따라서 2020년 경에 초고속인터넷이 보편적 서비스로 제공될 수 있을 것이다. 주요 선진국은 이미 초고속 인터넷을 보편적 서비스에 포함시켰다. 2008년 1월 스위스가 세계 최초로 초고속 인터넷을 보편적 서비스로 지정했으며, 미국과 스페인, 핀란드 등이 뒤따라 같은 제도를 운영하고 있다.

2) 정보통신 제품의 개발

정보통신 제품의 개발에 있어서 보편적 서비스는 주로 장애인에 대한 배려에 초점이 맞추어지는데, 보편적 설계와 보조기기의 개발이라는 두 가지 차원에서 접근할 수 있다. 장기적으로는 모든 제품이 보편적으로 설계되어 동일한 제품을 모든 사람들이 사용할 수 있어야 하며, 단기적으로는 특수한 요구를 충족시키기 위해 보조기기를 별도로 개발함으로써 모든 사람들이 그 혜택을 이용할 수 있도록 해야 한다.

보편적 설계란 신체적, 정신적 능력이나 특성에 관계없이 누구나 쉽게 정보통신 서비스를 이용할 수 있도록 기기, 서비스, 환경을 설계하는 것을 말한다. 보편적 설계는 제품의 초기단계에서 장애인 등 보다 많은 사람들의 요구를 수용함으로써 사후단계에서 조정하는 것보다 비용을 절감시키고 장애인들을 사회에 통합시키는 환경을 제공해 사회 전반적으로 사회보장비용을 감소시키는 효과를 가져온다.[8)] 현재 국내의 보편적 설계 수준은 선진국에 비해 매우 낮은 실정이다.

3) 경제적 부담

산업사회에서는 경제적인 빈부의 차이에 의한 불평등이 가장 심각했는데, 이러한 경제적 불평등은 산업사회의 연속선상에서 구축되는 정보사회의 불평등 형성에도 중요한 영향을 미칠 것으로 예상된다. 정보사회에서 정보를 이용하려면 우선 컴퓨터가 있어야 하고, 컴퓨터와 통신의 사용법을 알아야 하며, 통신망에 접근해서 필요한 정보를 검색해야 한다. 이 모든 과정에서 나타나는 비용발생 단계를 살펴보면 다음과 같다.

우선 컴퓨터는 가격이 비싸고 가격에 따라 성능 차이도 많이 난다. 뿐만 아니라 S/W 구입 비용도 상당하다. 또한 정보통신 기술은 발전 속도가 매우 빠르고, 대부분의 S/W도 최신 사양에 맞추어 제공되기 때문에 컴퓨터를 제대로 이용하기 위해서는 구입 후에도 계속적인 투자를 해야 한다.

두 번째로 컴퓨터와 통신 사용법을 익히려면 사설 교육기관을 이용하든지, 책을 사서 독학을 하든지, 주위의 사람들에게 배우든지 해야 한다. 여기에도 시간과 돈이 투자되어야 하는데, 빈곤층의 경우 이를 위한 시간 확보, 비용 마련, 직업 등의 측면에서 상대적으로 어려운 위치에 놓여 있다.

세 번째로 인터넷의 정보서비스를 이용하기 위해서는 정보서비스 이용료와 통신비용을 부담해야 한다. 정보서비스 이용료에는 기본요금과 정보이용 건당 부과하는 부가정보 이용료가 있다. 정보서비스 이용료와 통신비용은 계속적으로 발생하는 비용이기 때문에 상당한 부담으로 작용한다. 아직은 인터넷에 올려지는 많은 정보들이 무상으로 제공되기 때문에 정보서비스 비용부담이 심각하지 않은 상태일 수 있다. 그러나 이러한 정보들이 점차 상업화되는 추세에 있기 때문에 이 부분의 비용부담은 더욱 확대되고, 궁극적으로는 정보불평등의 가장 심각한 요인으로 작용할 수도 있을 것이다.

4) 정보이용 교육

전화나 TV와 같은 정보통신매체를 이용하는 데는 별도의 교육이 필요하지 않지만 컴퓨터는 이와 다르다. 컴퓨터는 다양한 기능을 수행하는 만큼이나 사용 방법도 어렵고 사용 능력에 따라 다른 결과물을 산출해낸다. 선진 각국은 정보사회에서의 경쟁력이 정보이용 능력에 의해 좌우된다는 판단에 기초하여 정보이용 교육을 정보화의 최우선 과제로 선정하고 많은 노력과

8) 예를 들어, 전화의 경우 청각적 양식을 이용하기 때문에 청각장애인은 사용할 수 없었으나 최근 시각적 양식을 포함하는 문자전화기가 개발되어 청각장애인도 전화를 이용할 수 있게 되었다. 또한 일반인들도 시끄러운 환경에서 통화할 때 문자전화기를 유용하게 사용할 수 있는 등 보편적 설계는 장애인뿐만 아니라 일반인들에게도 편리함을 제공한다.

비용을 아끼지 않고 있다.

국내에서도 대학입학시험과 공무원시험에 관련 과목을 포함하려는 움직임이 가시화되고, 사설컴퓨터학원과 컴퓨터 관련 서적이 우리의 일상 생활 속에 자리잡게 되었으며, 학교에서도 컴퓨터교실을 만들어 학생들에게 컴퓨터 이용방법을 가르치고 있다. 그러나 아직도 많은 사람들이 컴퓨터와 인터넷을 이용할 줄 몰라서 정보사회로의 진입을 두려워하거나, 소외감을 느끼고 있다.

5) 다양한 서비스의 제공

컴퓨터와 통신망에 접근이 가능하다고 해서 사람들이 정보통신 서비스를 이용하는 것은 아니다. 필요로 하는 것들을 보다 손쉽고 저렴하게 얻을 수 있어야만 사람들은 정보통신 서비스를 이용하게 되는 것이다. 즉 모든 사람들의 요구를 만족시킬 수 있는 다양한 내용의 서비스가 적절한 형식으로 제공될 때 정보화를 통한 국민 삶의 질의 향상을 기대할 수 있는 것이다.

현재 우리나라의 전자적인 행정서비스의 수준은 제한적이므로 내용면에서 아직은 풍부하게 서비스를 제공하지 못할 수 있으며, 서비스가 특정 부문에 치우쳐서 제공될 수도 있다. 앞으로 전자정부의 서비스가 지능형 전자정부의 성숙단계에 이르면 풍부한 정보서비스가 맞춤형으로 그리고 선제적으로 제공될 수 있을 것이다. 또한 앞에서 살펴본 것처럼 각 행정부처와 지방자치단체들이 인터넷을 활용하여 전자적인 행정서비스를 제공하고 있으나 부처나 지역별로 커다란 차이를 보이고 있다. 따라서 보편적인 행정서비스의 중요성이 더욱 커질 수밖에 없는 실정이다.

3. 보편적 서비스 추진 정책 현황

신체적, 경제적, 지역적, 사회적 여건 등으로 인하여 정보통신제품 및 서비스에 접근이 어려운 장애인, 고령자, 저소득층, 농어민 등 정보소외계층에 대한 평등한 정보접근 기회 제공은 모두가 함께하는 따뜻한 디지털세상 구현을 위한 핵심과제이다. 이에 정부는 정보 소외계층의 평등한 정보접근 기회 제공을 위하여 장애인 웹 접근성 제고, 사랑의 그린PC 보급 및 통신중계 서비스 제공 등으로 장애인 · 고령자 등의 정보 접근 및 이용 보장을 하고 있다.

1) 웹접근성 제고

정부는 장애인, 고령층 등 국민 모두가 차별 없이 웹사이트에서 제공하는 정보에 접근할 수 있는 웹 환경을 조성하기 위하여 지난 2005년부터 웹 접근성 표준화, 웹 접근성 실태조사, 웹 접근성 품질마크, 전문교육, 인식 제고, 웹 접근성 자문 등을 지속적으로 추진해 왔다. 또한 「장애인차별금지 및 권리구제 등에 관한 법률」을 제정하여 2009년 모든 공공기관을 시작으로 2015년 민간부문까지 단계적으로 장애인에 대한 웹 접근성 편의 제공 의무화 기틀을 마련하였다.

2) 중고 PC 보급

정부는 경제적 능력에 따른 정보격차를 해소하기 위해 공공기관 · 기업체 또는 개인 등으로부터 불용 PC를 기증받아 장애인 · 사회복지시설 등 정보소외계층과 해외 저개발국을 대상으로 총 24만 7,567대를 보급하였다.

3) 청각 · 언어 장애인을 위한 통신중계서비스 제공

정부는 청각 · 언어장애인의 전화를 이용한 의사소통 지원을 위해 2005년 11월부터 통신중계서비스를 제공하고 있다. 통신중계서비스는 청각 · 언어 장애인의 문자나 영상(수화) 메시지를 중계사가 전화(음성)로 비장애인 통화 상대방에게 전달하는 실시간 전화중계서비스로, 이를 통해 그동안 음성전화를 사용할 수 없었던 청각 · 언어 장애인들이 구직활동, 홈쇼핑, 각종 문의, 예약 등 다양한 분야에서 비장애인과 전화를 이용하여 의사소통이 가능하게 되었다

4) 정보통신기기 지원

정부는 컴퓨터 및 인터넷활용 등 정보화에 대한 접근이 어려운 장애인의 정보접근 기회 제공을 위하여 정보통신 보조기기 보급사업을 2003년부터 추진하여 왔다. 보급대상자는 「장애인복지법」제32조에 의해 등록된 장애인, 국가유공자 등 예우 및 지원에 관한 법률에 따라 상이등급 판정을 받은 자로, 정부 보조 약80%, 자부담 약 20%의 매칭 펀드 방식으로 보급한다. 특히 경제적으로 어려운 국민 기초생활 수급자 및 차상위계층 장애인의 경우에는 정부보조금을 약90% 지원한다. 2003년부터 2010년까지 총 2만 8,935대의 정보통신 보조기기를 보급하였으며, 지원품목은 2003년 10종에서 2008년 41종, 2011년 62종으로 확대하여 장애유형 및 수준에 적합한 정보통신 보조기기를 선택할 수 있는 기회를 제공하였다.

5) 정보화교육 확대

정보화가 진전될수록 정보격차는 사회참여 활동기회 및 삶의 질 저하로 이어져 사회통합을 저해하는 주요한 요인으로 지적되고 있다. 이에 따라 정부는 정보화에 소외된 장애인, 고령층 등 정보취약계층에게 정보화를 통한 삶의 질 개선은 물론 정보화를 통한 사회 통합을 유도하기 위해 계층별 정보화교육을 실시하는 한편 다양한 맞춤형 교육 콘텐츠를 개발 · 지원하는 등 정보취약 계층에 대한 정보화교육을 지속적으로 강화해 나가고 있다.

(1) 장애인 정보화교육

장애인 정보화교육은 장애인의 유형에 따라 컴퓨터 · 인터넷 등에 대한 기본 실용교육을 실시하는 집합 정보화교육과 거동이 불편한 중증 재가 장애인을 대상으로 한 1:1 맞춤형 방문교육 그리고 ICT분야 기초 소양을 갖춘 장애인을 대상으로 직무활용이 가능한 수준의 교육을

실시하는 ICT전문인력 양성교육을 실시하고 있다.

(2) 고령층 정보화교육

고령층 정보화교육은 급속한 고령화 추세는 현재 우리나라가 안고 있는 심각한 사회문제 중 하나이다. 특히 정보화사회에 있어 고령층의 정보 격차문제는 사회통합에 있어 해결해야 할 중요 이슈로 대두되고 있다. 이에 따라 정부는 2000년부터 고령층의 정보이용 능력증진과 정보화 사회참여 유도를 위해 고령층 정보화교육을 추진하고 있다.

고령층 정보화교육은 장노년층들이 교육에 참여할 수 있도록 접근성이 좋고 자체적으로 정보화교육장을 갖추고 있는 교육기관을 선정해 지원하는 '집합교육'과 어르신들이 어르신을 가르침으로써 고령층의 눈높이에 맞는 정보화교육 서비스를 제공하는 '어르신 IT봉사단'의 형태로 이뤄지고 있다. 고령층 정보화교육을 통해 2000년부터 2014년 6월까지 총 55만 7,000명의 어르신에게 교육을 실시했으며, 2014년에는 21개 어르신 IT봉사단이 활동하고 있다.

생각해 볼 문제들

1. 정보통신 네트워크(network)에서 정보보안을 위한 암호화방안에 대하여 설명하시오. 제44회 행정고시(2000)

2. 지방자치제가 본격적으로 시행되면서, 지역경쟁력 확보를 위한 지역정보화가 추진되고 있다. 최근에는 정보격차(Digital Divide)에 대한 우려도 제기되고 있는데, 이를 극복하기 위한 지방자치단체의 역할과 전략에 대해 논하시오 제45회 행정고시(2001)

3. 각종 휴대기기(mobile devices: 예를 들면 휴대폰, PDA 등)를 통하여 행정서비스를 제공하기 위해 필요한 정보보안 기술에 대해 설명하고, 이동 중에 업무를 수행하는 경우에 나타날 수 있는 사회적 측면에서의 장 · 단점을 지적하시오. 제46회 행정고시(2002)

4. 산업사회에서의 문맹개념은 정보사회에서 많은 변화를 가져왔다. 정보사회에서의 정보활용능력(information literacy)의 개념을 정의해보고, 우리나라의 정보활용능력 제고방안을 논하시오. 제46회 행정고시(2002)

5. 정보취약계층의 전자정부서비스 이용활성화를 위한 웹 접근성(Web Accessability)의 향상방안에 대하여 논하시오. 5급(행정) 공채시험(2012)

6. 정보화를 통해 지역균형발전을 촉진시킬 수 있는 방안을 논하시오. 5급(행정) 공채시험(2012)

7. 정보격차의 원인과 대응방안을 국내적 관점과 글로벌 관점에서 설명하시오. 제28회 입법고시(2012)

쉬어가기

공공기관 영상정보처리기기 설치 · 운영 가이드라인

1. 제정 목적

이 가이드라인은 공공기관의 영상정보처리기기 설치 · 운영 및 개인영상정보 보호에 대하여 공공기관이 준수하여야 할 사항을 업무담당자가 쉽게 이해할 수 있도록 기준을 제시함을 목적으로 합니다.

2. 용어 정의

"영상정보처리기기"란 일정한 공간에 지속적으로 설치되어 사람 또는 사물의 영상 등을 촬영하거나 이를 유 · 무선망을 통하여 송하는 일체의 장치로써 시행령 제3조에 따른 폐쇄회로 텔레비전(CCTV) 및 네트워크 카메라를 의미합니다.

1. 폐쇄회로 텔레비전: 다음 각 목의 어느 하나에 해당하는 장치
   가. 일정한 공간에 지속적으로 설치된 카메라를 통하여 영상 등을 촬영하거나 촬영한 영상정보를 유무선 폐쇄회로 등의 전송로를 통하여 특정 장소에 전송하는 장치
   나. 가목에 따라 촬영되거나 전송된 영상정보를 녹화 · 기록할 수 있도록 하는 장치
2. 네트워크 카메라: 일정한 공간에 지속적으로 설치된 기기로 촬영한 영상정보를 그 기기를 설치 · 관리하는 자가 유무선 인터넷을 통하여 어느 곳에서나 수집 · 저장 등의 처리를 할 수 있도록 하는 장치

"개인영상정보"라 함은 영상정보처리기기에 의하여 촬영 · 처리되는 영상정보 중 개인의 초상, 행동 등 사생활과 관련된 영상으로서 해당 개인의 동일성 여부를 식별할 수 있는 정보를 의미합니다.

3. 기본원칙 및 주요내용

영상정보처리기기를 설치 · 운영하려는 공공기관은 개인의 사생활이 침해되지 않도록 영상정보처리기기를 최소한으로 설치 · 운영하여야 하며, 개별 구체적 사안에서 아래의 각 원칙이 구현될 수 있도록 적용 · 운영하여야 한다.

- 영상정보처리기기 설치 · 운영 제한 및 필요 최소한 촬영
- 영상정보처리기기 임의조작 · 녹음 금지
- 설치 시 의견수렴 및 안내판 설치를 통한 설치 사실 공지
- 영상정보처리기 운영 · 관리 방침 수립 · 공개 및 책임자 지정
- 영상정보의 목적 외 이용 · 제공 제한 및 보관 · 파기 철저
- 영상정보처리기기의 설치 · 운영 위탁 시 관리 · 감독 철저
- 정보주체의 자기영상정보 열람권 보장
- 개인영상정보의 안전성 확보 조치 및 자체 점검 현황 등록

자료: (행정자치부, 2012년 3월 5일 제정, 2012년 12월 1일 1차 개정, 2015년 1월 12일. 2차 개정).

CHAPTER 13

프라이버시 침해 및 개인정보보호 정책

오늘날 스마트 지능정보사회에서는 프라이버시의 침해 가능성이 산업사회에 비하여 보다 많아지고 있다. 따라서 개인정보의 보호 차원에서 개인에게 적극적으로 정보처리를 통제할 수 있는 권한을 부여하여야 한다.

특히 우리나라는 주민등록번호 제도를 운영하고 있기 때문에 인터넷 상에서 개인정보 보호의 문제가 지속적으로 야기되고 있으며, 그 사회적 파장이 더욱 커지고 있는 실정이다. 앞으로 빅데이터와 사물지능통신을 활용하는 지능정보사회에서는 맞춤형 서비스와 같은 사용자 중심의 서비스가 일상화될 것이며, 그러기 위해서는 개인정보가 적절히 공유되어야 하기 때문에 주민등록번호의 의존도는 더욱 심화될 수 있다.

따라서 안전한 전자정부를 구현하기 위해서는 공공기관에서 개인정보를 보호하는 것이 선결과제이다. 그러므로 이제 빅데이터 활용의 시대를 맞이하여 개인정보에 대하여 새로운 접근이 필요한 시점이다.

13.1 프라이버시 침해

1. 프라이버시의 개관

정보사회가 진전됨에 따라서 개인에 관한 여러 가지의 정보가 정부기관에 수집된다. 그러므로 여러 정부부처에서 이 자료들을 한곳에 모아서 비교하고 분석하여 개인의 모든 생활행태를 손바닥 들여다보듯이 할 가능성이 우려되고 있다. 이런 국가 감시의 형태는 조지 오웰의 소설인 '1984년'에서도 묘사되어 있다. 이러한 분석활동은 좋은 동기에서 시작한다 할지라도,

개인의 행동을 관련 기관에서 관찰하고 있다는 사실은 그야말로 프라이버시의 침해이다(김세헌, 1995). 또한 이러한 목적이 체제유지를 위한 방편으로 쉽게 오용될 수 있다는 점도 우려되고 있다.

1) 프라이버시의 개념

그러면 정보사회에서 프라이버시에 대한 개념은 무엇인가? 우선 프라이버시의 개념은 개인의 공적 생활과 대조되는 것으로서 사적이면서 비밀스러운 어떤 사생활을 지칭하는 것이지만 명확히 정의되지 않은 채 일반적으로 사용되어 왔다.[1] 미국의 법관이었던 쿨리(T. M. Cooly)는 1888년에 프라이버시를 "인간의 신체에 대한 권리는 완전한 불가침의 권리, 즉 혼자 있을 수 있는 권리(the right to be let alone)이다"라고 함으로써 처음으로 정의한 것으로 알려져 있다(이하 고영삼, 1998: 26~36). 그 이후 1890년에 워렌과 브렌다이스(S. D. Warren & L. D. Brandeis)는 문명이 발달함으로써 인간의 생활이 매우 복잡하게 되었기 때문에, 세계로부터 '도피'할 수 있는 어떤 것이 필요하다고 역설하고서 프라이버시를 "혼자 있을 수 있는 개인의 일반적인 권리(the more general right of individual to be let alone)"라고 규정하였다.

2) 법 제정

이러한 프라이버시에 대한 개념은 최근에 와서 보다 구체적으로 법의 보호를 받게 되었다. 1970년대 프라이버시에 관련된 구체적인 대책들이 각국에서 모색되어 스웨덴이 1973년에 세계 최초로 데이터보호법을 제정한 뒤 각국에서 프라이버시에 관련된 입법이 경쟁적으로 추진되었다. 미국은 1974년에 '프라이버시법(The Privacy Act of 1974)'을 제정하였고, 프랑스는 1978년에 정보처리 · 축적 및 자유에 관한 법률을 제정하였다. 일본은 1980년 경제협력개발기구 권고안에 의해 '1988년 행정기관이 보유하는 전자계산처리에 따른 개인정보의 보호에 관한 법률'을 제정하였다.

우리나라는 1994년 1월에 프라이버시 관련법으로는 처음으로 「공공기관의 개인정보보호에 관한 법률」을 공포하였다. 그리고 2011년 3월 29일 개인정보보호법을 제정하였다.

이러한 각국의 프라이버시 관련법들은 초기의 프라이버시에 관한 규정들 보다 훨씬 더 적극적인 내용들을 포함하고 있다. 그 이유는 정보사회의 도래에 따라서 다음과 같이 시대적 상황이 변화하였기 때문이다.

첫째, 현대 사회는 고도로 분화되어 있기 때문에 조직 간에 의존성이 높고 타인과의 접촉

1) 우리에게 어떤 면에서 프라이버시는 개인주의가 정착된 서구적 분위기를 많이 가지고 있는 것으로 생각된다. 사회적 관계가 상대적으로 강조되어 왔던 우리 문화권에서는 이제까지 프라이버시가 별로 중요한 것으로 간주되지 않아 왔다. 그러나 이제 교육행정정보시스템(NEIS)의 구축이 큰 사회적 문제로 부각되었던 것처럼 프라이버시의 침해는 우리 사회에서 중요 문제로 인식되고 있다.

이 너무나도 빈번하다. 따라서 '혼자 있을 수 있는 권리'라는 것은 사실상 불가능하게 되었다.

둘째, 폭증하는 데이터가 경제적인 자산이 되는 '빅데이터'[2] 시대가 도래 하였다. 세계 여러 나라들도 이러한 환경변화에 대응하여 빅데이터를 활용하는 정부의 역량을 강화하는 노력을 기울이고 있다.

셋째, 정보기술이 확산됨으로써 개인에 관한 각종 데이터들이 당사자의 의도와 무관하게 생산 · 유통 · 이용될 수 있다. 그러므로 이제 정보사회에서 개인들은 자신의 '개인정보에 대한 부당한 접근을 통제할 것과 자신의 정확한 정보가 자신의 동의하에서 유통될 것을 가능하게 할 권리'를 가질 필요가 있게 되었다.

2. 개인정보의 유형과 종류

우리나라에서는 프라이버시와 관련하여 법률상 '사생활'과 '개인정보'라는 용어를 공식적으로 채택하고 있다.

1) 개인정보의 개념

우리나라 개인정보보호법에서 규정한 "개인정보"란 살아 있는 개인에 관한 정보로서 성명, 주민등록번호 및 영상 등을 통하여 개인을 알아볼 수 있는 정보(해당 정보만으로는 특정 개인을 알아볼 수 없더라도 다른 정보와 쉽게 결합하여 알아볼 수 있는 것을 포함한다)를 말한다. 이 정의에서 사용된 개인정보의 범주를 다시 정리하면 다음과 같다.

① 법인, 단체, 사업체, 그리고 외국인은 포함되지 않는 개인의 정보
② 사망자(생존자와 연계 시 예외)를 포함하지 않고 생존해 있는 개인의 정보
③ (생년월일 등) 해당 정보만으로 당해 개인을 식별할 수 없을지라도 여타 정보(특정지역)와 혼합했을 때 개인을 식별할 수 있는 정보
④ 컴퓨터로 처리되는 개인정보

2) 개인정보의 종류

오늘날의 정보사회에서는 인간의 일상적인 삶이란 사실 개인정보의 지속적 생산 및 이용과정이라고 볼 수 있다. 현재 평범한 남성 사회인으로서 개인은 정보주체에 따라 차이가 있지만 대개 100~200개 정도의 개인정보를 소유하고 있는 것으로 알려져 있다. 〈표 13-1〉에서 보듯이 개인정보는 일반정보, 가족정보 등 14개 정보군의 100개 정도에 이르고 있다.

2) 대용량 데이터를 활용, 분석하여 가치 있는 정보를 추출하고, 생성된 지식을 바탕으로 능동적으로 대응하거나 변화를 예측하기 위한 정보화 기술을 말한다.

표 13-1 개인정보의 유형과 종류

구분	개인정보의 종류
일반정보	이름, 주민등록번호, 운전면허번호, 주소, 전화번호, 생년월일, 출생지, 본적지, 성별, 국적
가족정보	부모의 이름 및 직업, 배우자의 이름 및 직업, 부양가족의 이름, 가족구성원들의 출생지 및 생년월일, 가족구성원들의 주민등록번호
교육 및 훈련정보	학교 출석사항, 최종학력, 학교성적, 기술자격증 및 전문면허증, 이수한 훈련 프로그램, 서클활동, 상벌사항, 성격 및 형태보고
병역정보	군번 및 계급, 제대 유형, 주특기, 근무부대
부동산정보	소유주택, 토지, 자동차, 기타 소유차량, 상점 및 건물
동산정보	보유 현금, 저축 현황, 현금카드, 주식 · 채권 및 기타 유가증권, 수집품, 고가의 예술품, 보석
소득정보	현재 봉급액, 봉급 경력, 보너스 및 수수료, 기타 소득의 원천, 이자소득, 사업소득
기타 수익정보	보험(건강 · 생명 등) 가입 현황, 수익자, 회사차, 회사의 판공비, 투자 프로그램, 퇴직 프로그램, 휴가 · 병가
신용정보	대부 잔액 및 지불현황, 저당, 신용카드, 지불연기 및 미납의 수, 임금압류 통보에 대한 기록
고용정보	현재의 고용주, 회사주소, 상관의 이름, 직무수행 평가기록, 훈련기록, 출석기록, 상벌기록, 성격 테스트 결과, 직무태도
법적정보	전과기록, 자동차 교통위반기록, 파산 및 담보기록, 구속기록, 이혼기록, 납세기록
의료정보	가족병력기록(심장병 · 알코올중독 · 암 · 정신병 등) 과거의 의료기록, 정신질환기록 여부, 신체장애, 혈액형 등
조직정보	노조 가입, 종교단체 가입, 정당가입, 클럽회원
습관 및 취미정보	흡연, 음주량, 선호하는 스포츠 및 오락, 여가활동, 비디오 대여기록, 도박성향 등

자료: (R. J. Weible, 1993: 166–168을 고영삼, 1998: 29에서 재인용)

3. 프라이버시의 개념 변화

이제 프라이버시의 개념은 정보기술의 발전에 따라서 다음과 같이 보다 적극적으로 해석되고 있다(정준현, 2004).

1) 고전적 개념–혼자 있을 권리

주로 개인 간의 사적인 영역에서 프라이버시의 침해가 문제가 되었던 과거에는 ① 도용금지–이름이나 사진 등의 사전동의 없는 영리이용 금지 ② 침입금지–주거지 등에 침입하거나 대화, 통신을 엿듣는 것, 도청과 동의없는 촬영금지 ③ 개인에 관해 공중에게 잘못된 인상을 주는 공표행위를 금지하는 것 ④ 난처한 개인적인 일의 공표금지 등을 통하여 개인의 프라이버시 침해를 보호할 수 있었다. 이를 1세대 프라이버시권이라고 부를 수 있다.

2) 새로운 개념-자기정보통제권

2세대의 프라이버시권이라고 볼 수 있는 개인정보에 대한 자기결정권은 국가의 활동이나 거래가 활발해지면서 개인정보의 수집과 통합이 활성화된 시기에 정립된 권리이다. 이는 독일의 연방헌법재판소에서의 위헌결정을 계기로 정립된 것인데, 1세대 프라이버시권보다는 적극적인 의미를 갖고 있다. 2세대 프라이버시권은 1980년에 제정된 OECD개인정보보호의 8원칙[3]에 구체화되어 있다.

우리 정부도 2000년대 중반에 행정정보 공유시스템을 구축하면서 이러한 프라이버시권의 일환으로 자기정보통제권을 사업에 추가하여 시스템을 구현하였으며, 이제 2011년 개인정보보호법에 이를 명문화하였다.

3) 발전하는 프라이버시 개념-반감시권

정보의 디지털화가 급속하게 진행되고, 국가가 개인에 관한 정보를 수집, 보유, 이용하는 최대의 조직인 상황에서 프라이버시권이 추구하는 개인정보의 '유통과 흐름'에 대한 통제는 사실상 불가능한 것으로 여겨지고 있다. 디지털화의 진전에 따라 일단 체득된 개인정보는 무한복제가 가능하게 되고 특히 유통의 과정에서 발생하는 개인정보의 생성에 대해 개인이 적극적인 통제를 가하지 못할 뿐만 아니라, 정보기술의 발달에 따라 발생하는 다중적인 개인정보의 수집과 생성과정에 대해 단순한 유통과 흐름에 대한 통제만으로 개인정보에 대한 적절한 통제권을 갖고 있다고 말하기 어렵기 때문이다.

오늘날은 비약적인 감시기술의 발달에 따라 국가 및 기업은 매우 저렴한 비용으로, 대규모적이고 신속하게 개인에 대하여 체계적인 정보를 수집하여 관리할 수 있게 되었다. 더 나아가 국가와 기업들은 개인의 모든 활동과 생각까지도 분석, 감시할 수 있게 되었고, 심지어는 유전자 등의 생체정보를 이용하여 개인의 현재뿐만 아니라 과거와 미래까지도 분석할 수 있게 되었다.

이에 따라 감시의 문제는 프라이버시권이나 개인정보의 자기결정권으로는 해결할 수 없는 새로운 국면의 문제를 제기하고 있다. 오늘날 이러한 감시에 의하여 야기되고 있는 문제들에 대응하기 위해서는 3세대 프라이버시권이라고 부를 수 있는 보다 고양된 권리인 '반감시권'이 정립되어야 한다.

반감시권은 민주주의와 인권에 대한 중대한 위협에 대하여 대응하는 권리이며, 개인의 프라이버시나 개인정보를 넘어 개인과 집단의 사상과 행동의 자유를 제한하는 모든 행위를 통제의 대상으로 삼아야 한다는 것이다. 과거에는 개인 사생활의 보호나 개인정보의 보호가 문

---

3) OECD의 개인정보의 국제유통과 프라이버시 보호에 관한 원칙(이하 개인정보보호의 원칙)은 ① 수집제한의 원칙 ② 정보정확성의 원칙 ③ 목적 명확성의 원칙 ④ 이용제한의 원칙 ⑤ 안전성 보호의 원칙 ⑥ 공개의 원칙 ⑦ 개인참여의 원칙 ⑧ 책임의 원칙이다.

제되었으므로 보호법익이나 보호의 객체는 개인이었고, 보호의 대상도 개인이 식별되는지 여부에 맞추어져 있었다. 그러나 감시기술의 발달로 감시는 생각과 활동에 대한 통제로 변질되었다. 따라서 보호의 객체도 개인으로 국한되어서는 안 되며, 보호의 대상도 개인이 식별되는지 여부에 맞추어져 있는 개인정보에 머물러서는 안 된다. 단체나 집단이나 개인의 식별여부를 불문하고 생각과 활동에 대한 통제가 가해지는 모든 행위, 계획, 제도를 감시행위로 보고 이에 대응하여 적절한 보호가 이루어져야 한다.

13.2 주민등록번호 및 주민등록증 제도

전자정부를 기반으로 하는 전자적 민원처리와 전자상거래가 활성화됨에 따라서 가상공간에서 본인확인의 문제가 사회적 이슈로 대두되고 있다. 특히 주민등록번호의 경우, 공공부문에서의 사용을 목적으로 출발하였으나 현재는 민간영역에서 광범위하게 사용되고 있으며, 이로 인하여 프라이버시의 침해 논란이 야기되고 있는 실정이다.

원래 주민등록제도의 입법 목적은 국민 개인의 편익증대와 행정의 효율성 증대에 있었다. 그러나 정보사회의 진전에 따라서 가상공간에서 주민등록번호가 신원확인의 수단으로 널리 활용되고, 프라이버시의 개념이 확대됨에 따라서 주민등록번호의 오용과 남용의 문제가 사회적으로 대두되고 있다(홍준형, 2005).

1. 주민등록번호 개관

1) 주민등록법의 변화

「주민등록법」은 지난 1962년에 법률 제1067호로 제정되어, 지금까지 20차례의 개정을 거쳐 오늘에 이르고 있다. 이러한 주민등록법에 대하여는 상반된 시각이 공존하고 있다. 즉 주민등록법에 의하여 주민복지를 포함하는 효율적인 행정서비스를 제공할 수 있다는 관점과 주민통제를 목적으로 하고 있다는 주장이다. 물론 이 법이 냉전의 시대인 1960년대에 제정되었으므로 주민의 관리를 목적으로 시작되었다는 점은 부인할 수 없을 것이다.[4] 그러나 여러 차례의 개정을 거치면서 이러한 부분이 많이 탈색된 것 또한 사실일 것이다. 오늘날 이 법의 목적은 주민생활의 편익 증진과 행정사무의 적정한 처리에 초점을 두고 있다.[5]

4) 제정 당시의 주민등록법 제1조 (1962년 5월 10일)에 의하면 본 법은 "시 또는 군의 주민을 등록하게 함으로써 주민의 거주관계를 파악하고 상시로 인구의 동태를 명확히 파악하여 행정사무의 적정하고 간이한 처리를 도모함을 목적으로 한다"고 명기되어 있다

5) 제1조(목적)이 법은 시(특별시 · 광역시를 제외한다. 이하 같다) · 군 또는 구(자치구를 말한다. 이하 같다)의 주민을 등록하게 함으로써 주민의 거주관계등 인구의 동태를 상시로 명확히 파악하여 주민생활의 편익을 증진시키고 행정사무의 적정한 처리를 도모함을 목적으로 한다. [전문개정 1997.12.17]

그러나 이러한 주민등록법 및 이 법에 의한 주민등록증과 주민등록번호에 의한 본인확인이 민간부문에서 과다하게 시행되고 있기 때문에 사생활 침해의 문제가 야기되고 있는 것이다. 특히 주민등록법 제25조에서 명기된 주민등록증에 의한 확인이 민간부문 특히 인터넷의 웹사이트에서 주민등록번호를 통한 신원확인 수단으로 활용되면서 남용의 문제가 확대되기 시작하였다.

2) 주민등록번호 체계

1962년 주민등록법의 제정을 통하여 처음 도입된 초기의 주민등록번호는 2부분으로 구분된 6자리 숫자(모두 12자리)로 이루어져 있었다. 이후 1975년 8월 26일의 주민등록법 시행령과 같은 해 11월 4일 시행규칙의 개정으로 생년월일, 성별 및 지역을 식별할 수 있도록 된 13자리의 숫자체계로 바뀌어 현재에 이르고 있다(정연수 · 김희은, 2004: 198~199).

주민등록번호가 담고 있는 개인정보를 살펴보면 앞의 여섯 자리 숫자는 생년월일을 나타낸다. 뒤의 7자리 숫자 중 맨 앞자리 숫자는 출생연대와 성별을 나타낸다. 예컨대, 1900년대에 태어난 남자는 1번, 여자는 2번, 2000년대에 태어난 남자는 3번, 여자는 4번이 부여된다. 두 번째 자리부터 다섯번째 자리까지의 네자리 숫자는 최초 주민등록번호 발급기관의 고유번호이다. 여섯번째 자리는 신고순위이다. 즉, 신고당일 같은 지역의 같은 성(姓)을 쓰는 사람들 중에 몇 번째로 신고가 되었는지를 기록하는 것이다. 그리고 마지막 일곱번째 숫자는 주민등록번호가 맞는지 여부를 증명해주는 오류수정 번호이다.

3) 주민등록번호 제도의 찬반의견

우리나라에 있어서 주민등록번호는 공공기관 뿐만 아니라 민간부문에서도 광범위하게 사용되고 있는 개인식별번호[6]로서 표준통일식별번호의 기능을 하고 있다. 우리나라의 주민등록번호는 외국에서는 유래가 없는 종합토지세의 도입을 가능하게 했고, 부동산관리시스템에 의한 주택소유현황을 개인 및 가구별로 파악하는 것을 가능하게 했다. 또 금융실명제의 개인식별인자로서도 주민등록번호가 활용됨으로써 금융종합소득세의 도입기반으로서의 역할도 하고 있다(서지원, 1998:90).

이처럼 주민등록번호가 우리의 실생활에 깊숙이 자리 잡고 있지만, 지난 1990년대 중반

6) 개인식별번호(Personal Identification Number)는 개인에 관한 정보에 있어서 당해 정보의 객체를 식별하기 위해 쓰이는 일련번호를 의미한다. 개인을 식별할 수 있는 지표로 사용할 수 있는 것은 이름, 성별, 주소, 사진 기타의 신체적 특성 등이 있는데 이들은 중복의 가능성이 있다는 단점이 있다. 중복의 가능성이 없는 개인마다 고유한 유전자 지도, 지문 등도 개인을 식별할 수 있는 지표가 되지만 검색 비용과 시간상의 문제로 특수한 경우에만 사용되고 있다. 따라서 보통 개인식별자로서 사용되는 것은 인위적으로 부여한 개인식별번호가 된다(Garfinkel, 2000). 개인식별번호가 사회에서 공통적으로 이용될 경우에는 이를 표준통일식별번호(Universal Identification Number)라고 할 수 있고 우리나라의 주민등록번호나 미국의 사회보장번호(Social Security Number: SSN)가 그 예가 된다고 할 것이다.

의 전자주민카드 추진을 계기로 하여 주민등록번호가 프라이버시를 침해하고 있다는 주장이 점차 확산되고 있는 실정이다. 주민등록번호에 대한 비판론자는 주민등록제도 자체가 모든 국민들을 효과적으로 관리할 필요가 있는 사회 변동기에 시행됨으로써 사회적 공론화의 과정이 생략되었기 때문에 문제점의 공유와 시정 없이 행정편의만을 추구하면서 발전되어 왔다는 사실을 지적하고 있다(김기중, 1999).

또한 프라이버시 침해의 방지와 정보집중에 의한 폐해의 방지를 위해서 표준통일식별번호의 기능을 하고 있는 주민등록번호의 사용에 대하여 사용기관을 제한하거나, 주민등록번호를 통한 개인정보의 검색을 위해서는 특별한 허가를 받게 하는 등의 제한을 가해야한다고 하기도 한다. 나아가 행정상의 필요에 의해 개인식별번호를 인정한다고 하더라도, 그 번호로 개인에 관한 정보를 직접 알아낼 수 없는 무의미한 일련번호로 바꿀 것을 제안하기도 한다(이은우, 2004).

그러나 주민등록번호제도를 긍정하는 견해에 따르면, 주민등록번호에 의해 생년월일 · 성별 · 지역번호 등을 식별할 수 있기 때문에 프라이버시의 침해가 된다는 비판에 대하여 본인이 이를 기재하거나 알려주기 전에는 타인이 알 수 없으며, 본인의 동의하에서만 그 정보의 활용이 가능하므로 주민등록번호가 포함하고 있는 정보에 의해 프라이버시의 침해가 발생하는 것은 아니라고 한다. 또한 주민등록번호의 무의미한 일련번호로의 전환에 대해서는 전 국민의 재산관련 문서들과 학적부, 은행통장 등 모든 서류의 주민등록번호를 변경한다는 것은 엄청난 비용과 시간이 소요되고 사회적으로 일대 혼란을 초래할 수밖에 없다는 것을 근거로 주민등록번호와 관련되는 일체의 변경에 반대하고 있는 실정이다.

2. 해외의 사례

세계 여러 나라들은 현재 다양한 방법으로 자국민들에게 개인식별번호를 부여하고 있다. 특히 9.11테러 이후에는 이러한 개인식별번호의 부여가 스마트카드의 매체와 결합하여 더욱 광범위하게 전개되고 있는 양상이다. 또한 우리의 인접국가인 일본도 최근에 이러한 방식을 도입하였다. 따라서 이러한 세계 각국의 추세를 간략하게 살펴보면 다음과 같다(이하 서지원, 1998: 65~75의 부분수정).

1) 스칸디나비아 국가

덴마크 · 핀란드 · 노르웨이 · 스웨덴 등 스칸디나비아 국가들은 제2차 세계대전 시대부터 주민등록제도를 실시하여 현재는 주민등록시스템이 컴퓨터화 되었으며 각 지역주민등록시스템은 중앙주민등록시스템을 통하여 연결되어 있다. 또한 모든 주민들은 표준통일식별번호를 부여받고 있으며, 이 번호는 광범위한 행정업무에 활용되고 있다. 개인식별번호의 부여는 스웨덴이 1947년, 노르웨이는 1960년대, 덴마크는 1968년에 도입하였다. 스칸디나비아 국가의 주민등록시스템의 특징은 다음과 같다. 첫째, 모든 국민이 개인식별번호를 부여받고 있다. 둘째, 지역주민등록 시스템이 성명, 개인식별번호, 성별, 출생지, 생년월일, 주소 등의 정보를 보유하고 있다. 셋째, 중앙주민등록시스템은 지역주민등록시스템의 정보를 조정하는 역할을 하고 있다. 넷째, 국민은 주민등록시스템에 보유된 정보의 변경 시 이를 신고할 의무를 부여받고 있다. 다섯째, 개인식별번호는 행정기관의 업무에 광범위하게 사용되고 있다. 여기에서는 이들 국가 중 스웨덴의 경우를 살펴보도록 한다.

스웨덴의 주민등록제도는 300여 년 전에 교회에 의해서 시작되었다. 현재도 기본적인 주민등록은 교회에 의해서 수행되고 있으나 주민등록의 총책임은 국세청(the National Tax Board)이 지고 있다. 현재의 컴퓨터화된 주민등록제도는 비용절감과 행정효율성 증대를 위해 1962년에서 1963년까지 추진한 주민등록시스템에서 비롯하고 있다.

서구의 주요국가에서 프라이버시나 개인정보보호에 관한 논의가 시작된 것은 거의 1970년대에 들어서면서부터인데, 스웨덴은 1960년대부터 프라이버시의 논의가 시작되었고, 1973년에 세계 최초로 데이터법(Data Act)을 제정하였다. 이는 포괄적인 주민등록제도와 주민등록시스템의 전산화, 표준통일식별번호의 사용 등의 과정에서 프라이버시와 개인정보보호의 필요성을 절감한 결과라고 생각할 수 있다. 스웨덴의 데이터법은 1979년과 1981년에 개정되어 오늘에 이르고 있다.

2) 미국

미국은 스칸디나비아 국가와 같은 주민등록제도와 이와 관련된 표준통일식별번호가 존재하지 않으며 대신 사회보장제도와 관련하여 사회보장번호(Social Security Number: SSN)가 개인의 신청에 의해서 부여되고 있다. 사회보장번호는 사회보장제도가 실시된 1935년부터 부여되기 시작하였는데, 1935년의 사회보장법(the Social Security Act of 1935)은 명시적으로 사회보장번호에 대한 규정을 두고 있지 않고 다만 "조세부과와 납세자의 확인을 위해 필요하거나 도움이 되는 합당한 수단이나 장치를 고안할 수 있다" 고만 규정하고 있다. 사회보장번호는 이 규정에 근거하여 행정부가 고안해낸 것이다.

사회보장번호는 XXX-XX-XXXX의 형태를 띠게 된다. 사회보장성(Social Security Administration)은 1996년 현재 3억 8천 3백만 개의 사회보장번호를 부여하였고, 해마다 6백만 개의 사회보장번호를 새로 부여하고 있다. 납세자는 2세 이상의 부양가족을 사회보장성에 신고해야 하기 때문에 사회보장번호는 대개의 경우 2세가 되기 전에 부여받는다. 따라서 미국인은 18세 정도가 되면 대개 사회보장번호를 부여받게 된다.

사회보장번호는 신분증명의 수단이 아니며 민간부문에서는 사회보장번호의 제시의무가 없다는 것이 미국 사회보장성의 공식적인 입장이지만, 공사영역에서의 광범위한 사용으로 인하여 사실상의 표준통일식별번호의 역할을 하고 있다는 지적이 있어왔고 또 실제로도 그런

우려가 현실로 나타나고 있다. 연방이나 주차원에서 실시하는 거의 모든 컴퓨터 매칭 프로그램은 사회보장번호를 이용하고 있으며, 조세개혁법(The Tax Reform Act of 1976)은 연방 조세행정에 사회보장번호의 사용을 명문화하고 주(州)가 광범위한 목적으로 사회보장번호를 사용하는 것을 허용했다.

3) 캐나다

캐나다에는 미국의 경우와 마찬가지로 주민등록제도가 존재하지 않으며 다만 사회보장과 관련하여 사회보험번호(Social Insurance Number: SIN)의 사용이 문제되고 있다. 사회보험번호는 1965년에 실업보험과 조세부과를 위해서 도입되었는데, 실제로는 미국의 사회보장번호(SSN)와 같이 공사(公私)영역에서 광범위하게 개인을 식별하는 도구로 이용되어 왔다. 그러므로 한편으로는 사회보장번호가 가지는 프라이버시 침해의 위험에 대해 계속적인 문제제기가 있어 왔다.

4) 영국

영국의 주민등록제도의 역사는 제1차 세계대전까지 거슬러 올라간다. 전쟁 수행 중이던 1915년의 주민등록법(The National Registration Act of 1915)은 모든 성인들에게 주민등록증 소지 의무를 부과하였으며 주소의 변경 때마다 변경사항을 신고하도록 했다. 이 법률은 제1차 세계대전이 끝난 후 바로 폐지되었다가, 제2차 세계대전의 발발과 함께 1939년에 개인식별번호, 주소 등의 정보를 수록하고 있는 신분증의 소지를 강제하는 주민등록제도가 부활하였으며 이 제도는 1952년에 폐지되었다.

현재 영국에는 주민등록제도가 존재하지 않으며 국민건강보험서비스(the National Health Service: NHS)가 제한적이지만 이와 유사한 기능을 하고 있다. 현재 대부분의 영국 국민은 국민건강보험서비스에 등록하고 있으며 이와 동시에 개인식별번호를 부여받고 있다.

5) 독일

독일에서는 1971년에 개인식별번호의 도입을 포함한 중앙주민등록시스템의 도입과 전산화에 대한 법안이 의회에 제출되었다. 동 법안은 광범위한 행정목적을 위해서 개인식별번호를 통해 전산화된 지역주민등록시스템의 정보를 연결시킬 수 있도록 하는 것을 내용으로 하고 있었다. 또한 정보의 연결은 주(州) 내부에서만 가능하도록 주간(州間)의 정보연결을 금지하고 있었다. 그러나 이 법안은 프라이버시와 기본권침해의 가능성을 이유로 각계의 비판을 받았고, 의회는 이러한 이유를 받아들이면서 '개인식별번호를 기초로 한 정보처리시스템은 그에 상응하는 보호 장치가 마련되지 않는 한 설치되어서는 안된다'고 하여 본 법안을 부결시켰다.

1980년에 독일연방 하원의회는 개인식별번호를 사용하지 않는 주민등록법률을 통과시켰는데 동 법률은 등록기관이 선거, 여권발급, 군사행정, 기타 행정업무에 필요한 정보를 사용할 수 있는 것을 허용하였고, 행정기관 간에 19종의 정보를 공유하는 것을 허용하고 있다.

따라서 독일은 통일적이고 일반적인 형태의 개인 식별번호는 사용하고 있지 않다. 그러나 다양한 분야에서 개인식별 번호를 사용하고 있다(이석민, 2015). 첫째는 납세자번호이다. 이러한 납세자번호 혹은 조세확인번호는 과세당국에 의해 모든 자연인과 법인을 포함한 납세자들에게 부여된 번호이다. 2007년 7월 1일부터 기존과 다른 평생 동안 유효하고 전 독일에서 동일한 새로운 조세 식별번호(TIN: Taxpayer Identification Number)가 도입되었다. 이러한 식별번호에는 이름, 주소, 성별, 출생일과 출생지 및 과세관청 등의 개인정보가 수록된다.

이어서 주민증(ID 카드) 일련번호가 있다. 독일 기본법 제116조 제1항에 의하여 만 16세가 되는 독일인은 주민등록신고를 해야 하고, 주민증(ID 카드, Ausweis)을 소지해야 할 의무가 있다. 이와 같이 16세 이상의 모든 독일 거주민에게 발급되는 ID카드의 일련번호(Seriennummer)의 경우 국민식별번호로 볼 수 있지만 그 이용범위는 상당히 제한적이다.[7)]

독일은 2010년 11월 1일부터 새 연방주민등록법(Personalausweisgesstz)이 발효되었다. 새 주민증에는 일반 신용카드 형태의 전자칩이 부착되어 있어서 전자적 신원증명과 서명카드로 활용될 수 있는 가능성이 제시되었다. 그러나 독일 국민들 사이에서 온라인 인증기능을 신청하고 사용하는 비율은 아직까지는 낮은 것으로 보고되고 있다.

6) 프랑스

프랑스는 지역주민등록시스템이 없는 대신에 중앙주민등록시스템(National Identification Register: NIR, 전에는 Repertoire National d'Identification des Personnes Physiques: RNIPP 라고 불림)을 운영하고 있으며, NIR에는 개인식별번호가 포함되어 있다. 프랑스의 주민등록제도의 역사는 1941 년 Vichy 정권이 국가통계기구를 만들면서 주민등록제도와 개인식별번호를 도입한 것에서 시작한다.

1946년 국가경제통계연구소(National Institute of Statistics and Economic Studies: INSEE)의 설립과 함께 주민등록업무를 위 연구소가 담당하게 되었으며, 1973년 전산화 과정을 거치면서 새로 태어난 어린이들에게 다목적 적으로 사용될 수 있는 13 자리의 개인식별번호를 부여하였다. 프랑스의 주민등록시스템은 강제적인 것이 아니어서 국민은 자발적으로 자신의 정보를 등록하고 개인식별번호를 부여받게 되는 데 전 국민의 거의 모두가 주민등록시스템에 등록하고 있다. 이처럼 보통 프랑스 국민들은 출생과 동시에 자발적으로 개인식별

7) 우선 민간 기관은 ID카드 번호를 수집, 처리하는 것이 제한된다. 나아가 주민증소지자는 공공부문 또는 비공공부문에서 자신의 증명을 위한 신원확인과 면책증권으로 사용할 수는 있다. 그러나 전자적 증명 외의 공공부문이나 비공공부문을 통한 증명은 개인정보의 자동적인 호출이나 자동 저장을 위해서는 사용될 수 없다고 규정하고 있다.

번호를 부여받고 있지만 실제로 개인의 신원을 확인하는 수단으로는 거의 사용되지 않고 있는 실정이고 대개의 경우 개인식별번호 대신에 성명, 성별, 생년월일 등이 사용되고 있다.

7) 일본

일본의 근대 주민등록제도의 연원은 1871년의 호적법(이른바 壬申戶籍)에 있다. 본적을 주소로 하는 것이 기본 방침이었기 때문에, 이때부터 90일 이상 본적지를 벗어나 주소나 거주지를 정한 경우 신고서를 제출해야 하는 기류제도(寄留制度)가 호적법에 부속되었다. 1940년대를 전후로 일본의 시정촌(市町村)은 주민 관리를 위한 세대대장(世帶臺帳)을 만들게 되었다.

이후 일본은 시정촌이 관장하는 주민등록제도인 주민기본대장제도에 의하여 주민의 주소변동사항을 관리하여 왔고, 시정촌의 구역을 넘는 주민의 전입과 전출을 신고하도록 하여 왔다. 일본은 1990년대 후반까지는 주민등록에 관하여 전국적인 관리체계를 갖추고 있지 않았으나, 지난 1999년 8월에 주민대장기본법을 개정하여 국민들을 대상으로 11자리수의 개인식별번호를 부여하여 주민기본대장 카드라는 ID카드를 발급하기 시작하였다. 이에 따라서 2002년 8월 5일부터 주민기본대장 네트워크가 가동되고 있다.

주민기본대장 네트워크는 전국의 시 · 구 · 정 · 촌(市區町村)이 개별적으로 관리해 온 기존의 주민대장 시스템을 연결시켜 모든 '주민'(법률상 외국인은 '주민'에서 제외되기 때문에 실제로는 '국민'이다)에게 11자리 수의 번호를 붙여 성명, 주소, 생년월일, 성별이라는 네 가지의 정보에다 번호와 변경 이력 정보를 더한 여섯 가지의 정보를 전국의 서버로 관리한다는 거대한 데이터베이스가 구축된 것이다.

이러한 일본의 주민기본대장 네트워크는 전자정부 구축정책의 일환으로 추진된 것이다. 일본은 주민기본대장 네트워크를 추진하면서 민간이용 금지, 공정업무에 한정 및 IC카드 희망제 등 단계적인 접근을 취하였으나, 많은 시민단체들의 반대에 직면하였고 중앙정부 대 지방정부의 자치와 분권의 싸움으로 인식되고 있다.

일본의 주민기본대장 카드가 우리나라의 주민등록증과 다른 점은 주민기본대장에 입력되는 주민표 코드를 민간부문이 이용하는 것을 금지하고 있으며, 행정기관이 이용하는 것도 법률에 의해 구체적으로 지정하고, 주민표 코드 자체는 우리의 주민등록번호와 같은 변경불가의 번호가 아니라 무작위번호이므로 주민의 신청에 의해 언제라도 변경이 가능하다는 점이다.

3. 주민등록번호 제도의 문제점 및 개선 방안

앞에서 살펴본 바와 같이, 정보사회 프라이버시 논의의 중심에 우리나라 주민등록번호가 자리 잡고 있다. 특히 최근에 민간부문에서 주민등록번호의 오용과 남용은 정도를 넘어서고 있다. 또한 최근에는 기업들에서 보유한 개인정보들이 무더기로 유출되어 엄청난 사회문제를 유발시키고 있는 실정이다.[8)]

1) 주민등록번호 개선의 필요성

우리나라는 최근에 전자정부 구현을 위한 기반 구축의 일환으로 전자적 대민행정서비스를 제공하기 위하여 다양한 정책들을 추진하여 왔다. 그러나 우리나라는 서구의 국가들과는 달리 오랫동안 도장 및 주민등록증을 본인확인의 수단으로 사용하여 왔기 때문에 이러한 웹기반의 전자적 민원행정서비스를 추진하는 과정에서 많은 문제점이 노출되었다(정충식, 2001a).

(1) 정보사회의 신원확인 수단의 변화

인터넷이라고 하는 가상공간에서 전자적인 행정서비스가 제공되고 민원인이 본인임을 확인하기 위해서는 전자서명이 활용되어야 한다. 그러나 우리나라는 인터넷이라는 가상공간에서 주로 주민등록번호를 사용하여 성인인증 및 본인확인을 하여 왔다. 지금 이 순간에도 주민등록번호가 민간영역에서 무수히 사용되고 있다. 신용카드를 발급받거나, 휴대전화를 신청할 때, 비행기를 탈 때, 인터넷을 통해 물건을 구매할 때, 인터넷 이용을 위해 회원가입을 할 때, 혹은 어학시험을 신청할 때에도 주민등록번호를 반드시 기입해야 한다. 이처럼 아무도 강제하거나 규정하지 않았음에도 불구하고, 일상의 모든 영역에서 '국가의 제도적, 공식적 인증/보증'의 소지여부를 요구하는 상황이다(장종인, 2005b).

이러한 주민등록번호의 대표적인 특징은 각 개인이 하나의 고유한 번호를 갖고 있다는 점이다. 즉 표준통일식별번호로서의 기능을 담당하고 있기 때문에 현대사회에서 행정업무를 간편하게 처리할 수 있고, 개인정보 데이터베이스에 수록된 정보를 용이하게 검색 · 정리 · 종합한다. 반면 주민등록번호를 통해 개인의 정보를 역으로 추적하여 한 개인과 관련된 정보들을 검색 · 축적하여 악용할 소지도 있다.

개인식별정보인 주민등록번호가 개인의 다른 정보들과 연동될 위험뿐만 아니라, 주민등록 번호 자체에 노출되어 있는 정보도 문제다. 즉 주민등록번호 자체만으로 생년월일, 성별, 출생연대, 출신지역 등을 확인할 수 있기 때문에, 나이나 성별에 의해 차별을 받은 적이 있는 사람들은 연령, 성별 노출을 꺼리고 주민등록번호 요구 때마다 곤란함을 느끼기 쉽다.

---

8) 2007년 8월 케이티(KT)와 하나로 텔레콤 등이 보유한 고객 730만 여명의 개인 정보 유출, 2008년 3월 LG 텔레콤의 800만 여명의 개인 정보 유출, 2008년 4월 옥션의 1,081만 명 개인 정보 유출, 2008년 9월 GS칼텍스의 1,125만 명 개인 정보 유출 등은 개인정보 유출로 인한 2차 피해 우려와 집단 소송 등의 파장으로 이어져 개인정보 보호의 필요성과 심각성을 동시에 일깨워주고 있다. 2016년 5월 인터파크는 아이디(ID) · 암호화된 비밀번호 · 휴대전화 번호 · 주소 등 1천30만여 명의 고객 정보가 유출됐고, 이로 인하여 2014년 개정된 정보통신망법에 의해 45억원의 과징금을 부과받았다. 2017년 10월 국회가 방송통신위원회로부터 제출받은 자료에 따르면 최근 5년간 해킹 등으로 116건의 유출 사고를 겪었고, 이로 인해 5,342만개 이상의 개인정보가 빠져나간 것으로 드러났다.

따라서 전자정부 하에서 가상공간에서 신원을 확인하여 전자적인 민원행정서비스를 지속적으로 제공하기 위해서는 주민등록번호를 본인확인의 수단으로 사용하는 문화적 환경의 제약을 극복해야만 한다. 특히 향후 전자정부 사업들이 고도화되면 주민등록정보를 직접이용하거나 또는 간접적으로 이용하는 일이 더욱 빈번하게 발생할 수 있다. 특히 행정정보의 공동활용 분야에서 중요한 역할을 하게 되는 것이 표준통일식별번호로 기능하고 있는 주민등록번호이다. 주민등록번호는 각종 전산망을 통한 공공기관간의 개인정보공유에 있어서 매칭코드로 이용되며, 본래적인 특성으로 인하여 완벽한 정보전송의 매개체로 활용될 수 있다.

따라서 암호인증키 등의 보안장치가 비록 여러 가지 방법을 이용하여 활용된다고 하더라도 암호인증키를 사용하기 위한 신원확인의 방법으로 주민등록번호가 사용된다고 할 때, 주민등록번호의 유출이 이루어진다면 언제든지 해킹과 같은 불법적인 수단이 아니라 합법적인 경로로 타인의 개인정보를 확인할 수 있는 가능성이 있게 되는 것이다.

(2) 주민등록번호 제도의 개선 방안

이제 우리 국민들의 정보인권 의식이 보다 성숙해지고 있으므로 기존의 주민등록번호 제도는 다음과 같이 변화하여 왔다.

① 1단계－민간부문의 사용 금지

지금의 주민등록번호는 나이, 성별, 출신지역이 표시되고 있어서 프라이버시 침해의 소지가 있는 것이 사실이다. 따라서 민간부문에서의 주민등록번호의 사용은 원천적으로 금지시키는 방안이 강구되어야 한다. 현재에도 민간부문의 경우, 전자상거래 등에서 전자서명이 활용되고 있으므로 이를 활용하여 민간부문에서의 주민등록번호의 사용을 점진적으로 억제하는 정책이 필요하다. 또한 행정자치부가 마련 한 대체 ID를 적극적으로 활용하는 것도 하나의 방법이 될 수 있을 것이다. 정부는 2013년 8월부터 온라인상에서 주민등록번호를 수집하여 이용하는 것을 금지하고 있다.

② 2단계－공공부문도 제한적 범위에서 사용

기존의 공공부문에서의 주민등록번호 활용 역시도 억제하는 전략이 요망된다. 이것은 앞에서 언급한 것처럼 공공분야에서 운전면허번호나 건강보험카드번호 등 세분화된 식별자를 활용하면서 주민등록번호는 제한된 범위 내에서만 활용하도록 하여야 한다(행정자치부, 2005b). 또한 기존에 법령에 근거하지 않은 상태에서 주민등록번호의 기재를 요구하는 민원서식 등을 선별하여 이들 서식에서 주민등록번호의 기재란을 삭제하여야 한다.[9] 정부는 2015년 2월부

9) 현재 정부 부처들은 관련 법률, 시행령, 시행규칙, 시행규칙 서식 등을 통하여 주민등록번호를 수집하고 있다. 2013년 10월 기준으로 법제처 법령정보센터(www.law.go.kr)를 통하여 조사한 바에 따르면, 1,510개 법률 중에서 77개 법률, 1,115개 시행령 중에서 404개 시행령, 827개 시행규칙 중에서 별지서식을 두고 있는 385개 시행규칙, 그리고 10,179개 별지 서식 중에서 약 35%인 3,557개 시식에서 주민등록번호를 수집하였다(신영진, 2015).

터 법령(법률 또는 시행령)에 근거하지 않는 경우 주민등록번호 수집을 전면 금지하고 있다.

③ 3단계 – 전자정부의 고도화(행정정보 공동활용)

향후 전자정부의 고도화에 대비하여야 한다. 즉 세계 각국의 전자정부는 평가기관에 따라서 다르기는 하지만 5~6단계의 발전과정을 거치면서 진화하고 있다. 하지만 주민등록번호를 포함하는 전자적 민원행정서비스 관점에서 볼 때는 3단계로 나누어 볼 수 있다. 즉 종이문서의 활용을 수반하는 1단계 전자적 민원행정서비스는 민원인에게 종이문서를 제공한다. 민원인에게 직접적으로 전자적 민원행정서비스를 제공하여 집이나 직장에서 출력하거나 활용할 수 있게 하는 것은 2단계 전자정부이며 현재 많은 나라들의 수준이다.

이러한 전자정부가 민간과 공공부문이 결합되고 종이문서의 출력 없이 민원인의 요구사항이 전자정부를 통하여 민간기관에 전자적으로 연결될 경우, 전자정부 하에서 주민등록번호의 활용이 필요 없는 3단계의 상황이 도래할 수 있다. 현재 우리나라의 전자정부 발전추세를 감안해 볼 때, 이러한 3단계 즉 통합된 전자적 민원행정서비스 제공은 2020년 정도에 구현될 것으로 전망된다. 따라서 공공부문의 경우, 2020년 경에는 민원행정의 업무처리 시에 더 이상 주민등록번호를 통한 본인확인이 필요 없게 될 것이다.

④ 4단계 – 주민등록번호의 대체

이러한 3단계의 진화 과정을 거치고 우리 국민들의 정보인권 의식이 신장될 경우, 주민등록번호는 새로운 번호로 대체될 수 있을 것이다. 개인정보의 보호 차원에서도 프라이버시 침해의 가능성을 지니고 있는 현재의 주민등록번호 제도는 다른 번호로 대체되어야 한다. 기존의 주민등록번호 구조는 인간의 수명이 100세를 넘지 않을 것을 가정하여 설계되었기 때문에 향후 50년 이내에 새로운 제도로 대체될 수밖에 없는 실정이다.

그러나 정부의 입장은 기존 주민번호체계를 그대로 유지한 상태에서 개선책을 모색하고 있다. 정부는 2017년 5월 30일부터 주민등록번호 유출로 신체 · 재산 피해를 입었거나 피해가 우려되는 사람에게 주민등록번호 변경위원회 심의 의결을 거쳐 주민등록번호를 변경할 수 있도록 했다. 1968년 주민등록번호가 부여되기 시작한 이후 변경이 가능해진 것은 약 50년 만에 처음이다. 기존에는 출생 일자 · 성별 등 가족관계등록사항의 변동이나 번호 오류가 있는 경우에 주민등록번호를 정정하는 것만 가능했다. 주민등록번호 13자리 중 생년월일 6자리, 성별 1자리를 제외한 뒤 6자리가 변경 대상이다. 주민등록번호가 변경되면 행정기관에 연계된 복지 · 세금 · 건강보험 정보는 자동 변경된다.

이와는 별도로 행정안전부는 스마트카드를 통한 주민등록증의 개선을 추진하여 왔으며, 가상공간에서 활용될 수 있는 대체 ID 활용방안을 모색하였다. 이하에서는 이러한 내용을 살펴보고자 한다.

2) 주민등록증의 개선

(1) 행정안전부의 입장

정보사회에서 전자정부의 고도화를 준비하면서 기존의 주민등록번호의 활용도 이에 걸맞게 변화하여야 할 시점이다. 하지만 과거에 행정자치부는 주민등록번호가 사회전반의 기반 제도로 자리 잡고 있는 상황이므로 시대의 변화에 대응하되 시간을 가지고 점진적으로 개선책을 마련해나간다는 입장을 고수하였다. 특히 주민등록번호 오, 남용 문제가 대두되게 된 것은 주민등록증이 온라인상에서 신분확인의 기능을 하지 못했기 때문이라고 인식하였다. 따라서 문제점들은 주민등록증 대신 주민등록번호가 사용되게 됨에 따른 것이라고 파악하여, 주민등록증을 온라인상에서도 활용 가능할 수 있는 매체로 바꾸어야 한다고 주장하였다.

이에 정부는 2005년부터 3차례에 걸쳐 새로운 주민등록증 발전모델의 연구방향에 대한 관계 전문가와 국민들의 의견을 수렴하기 위한 공청회를 개최하였다. 이러한 공청회는 급속한 사회변화 속에서 현행 주민등록증에 대하여 제기되는 위 · 변조 범죄 증가, 개인 프라이버시 보호 취약, 실생활에서 활용도와 소지가치 저하 등의 한계를 극복하기 위한 새로운 주민등록증 발전모델을 모색하는 연구 절차로 추진되었다. 정부는 새로운 주민등록증의 연구 초점을 신분확인 기능의 충실한 수행, 프라이버시 보호 강화, 소지자 편의(민원처리 등) 증대 등에 두고 있다.

이어서 2014년 카드 3사의 개인정보 유출사고가 발생하면서 주민등록번호 체계의 개편을 다시 논의하게 되었으며, 정부는 보안성을 강화하여 1999년 이후 16년만에 약 4천 200만 장의 주민등록증을 교체하겠다는 방안을 발표하였다. 다만, 주민등록번호를 당장 바꾸기보다 주민등록번호체계의 개선계획에 대해서는 장기적으로 진행하고자 하였다. 따라서 새로운 주민등록증에는 기존의 형태와는 다르게 (그림 13-1)과 같이 주민등록번호가 표시되어 있지 않다.

그림 13-1 차세대 주민등록증 시안

(2) 행정안전부의 발전모델 기본모형(안)

행정안전부가 과거의 행정자치부 시절부터 검토하여 온 차세대 주민등록증의 기본 모형은 다음과 같이 정리된다.

① 프라이버시 보호 강화

개인 프라이버시 보호 강화를 위한 조치로서, 증의 수록 · 노출정보를 최소화하고 프라이버시 측면에서 민감한 정보(주민등록번호, 지문 등)는 외부에 노출시키지 않고 IC칩 내부에 탑재하여 개인 정보가 최대한 보호될 수 있도록 하였으며, PIN(Personal Identification Number, 비밀번호) 등으로 타인의 불법사용을 방지하는 방안도 고려하고 있다.

> ※ 증 외부 수록정보: 성명(영문성명), 생년월일, 성별, 사진, 카드발급번호, 발급기관정보, 유효기간, 혈액형(주민 신청 시), 주소, 국외이주국민 표시(해당자), 등
> ※ IC칩 수록정보: 주민등록번호, 지문(주민번호, 지문은 증 표면에서 삭제, IC칩에만 수록)

② 전자정부 접근성 강화

온-오프라인 상에서 확실한 신분확인 기능을 제공하고 국민 생활편익을 증진하기 위한 것으로서, 카드발급번호 등을 통하여 국민들의 전자정부 서비스 접근성을 크게 개선한다.[10] 예를 들어, 현재 동사무소를 방문하여 등 · 초본을 발급 받아 은행에 서류로 제출하던 것을 은행창구에서 새로운 주민등록증으로 대한민국전자정부(e-gov)에 접속하여 등 · 초본사항을 바로 확인할 수 있어 국민편익이 한층 증진될 것으로 기대된다.

또한 출 · 입국절차 간소화, 경로우대 확인, 건강보험증 자격여부 확인 등 국민 편의 및 복지서비스 기능도 도입된다. 기타 부가적인 기능은 본인들의 선택에 따라 추가할 수 있도록 할 계획이다. 아울러 향후 다양한 행정서비스 및 전자투표 등에도 활용할 수 있도록 확장성을 고려할 계획이다.

③ 보안 강화

위 · 변조 및 오 · 남용 방지를 강화하기 위한 것으로써, 선진사례에서 검증된 우수한 최신 위 · 변조 방지기술을 적용하여 증의 외형을 설계하고, 암호화 등 보안기술을 적용한다. 또한 카드발급번호가 온라인상에서 주민등록번호 대체수단으로도 활용할 수 있는 방안도 고려한다.

10) 행정안전부는 이러한 전자정부하의 접근성 강화를 강조하면서 향후 주민등록증의 명칭도 한때는 시민복지카드 또는 민원편의카드로 개칭할 것을 검토하였으나, 지속적으로 전자주민등록증을 고수하고 있다.

정부는 새로운 주민등록증의 채택 보급은 세부적인 기능설계 연구와 법 · 제도적인 개선 방안 연구, 충분한 국민 공감대 형성을 선행한 후 국회 입법절차를 거쳐 추진할 것이라고 밝혔다(행정자치부, 2006c). 하지만 이러한 새로운 주민등록증의 보급 사업은 시민단체들의 반대로 지난 10년 동안 제대로 추진되지 못하고 있는 실정이다.

(3) 프라이버시 침해 이슈 대응

과거 행정안전부가 검토하고 있던 차세대 주민등록증의 기본 모형에 대하여 시민단체들을 중심으로 사생활 침해에 대한 다양한 비판이 전개되자 정부는 다음과 같이 대응하였다(행정안전부, 2010b).

① 통합신분증이 아닌 단순 신분증

전자주민증에 혈액형, 운전면허증, 건강보험증, 공인인증서 등 다른 정보를 추가로 기재하여 통합신분증 역할을 하는 방안을 검토하고 있다는 비판이 제기되었다. 이에 대하여 정부는 이번에 추진하는 전자주민등록증에는 공인인증서, 운전면허증, 건강보험증 등의 다른 정보를 기재하지 않으며, 통합신분증 역할을 하는 방안도 전혀 검토하지 않고 있다고 밝혔다. 다만, 혈액형은 응급상황 발생 시 본인생명 보호를 위해 필요할 수 있으므로 본인이 원할 경우에 수록할 계획이다.

② 사생활 침해가 아닌 유출 방지

전자주민증에 개인정보가 통합 관리되어 사생활 침해가 우려되고, 개인정보 유출가능성이 크다는 비판에 대하여, 정부는 전자주민등록증은 개인정보가 통합 관리되는 것이 아니며, 주민등록증 본래 기능 정보만을 수록할 계획이므로 사생활침해 우려가 전혀 없다고 밝혔다. 또한 오히려 주민등록번호 등 민감한 개인정보를 전자칩에 숨겨 유출을 방지하고자 하는 것이 목적이라고 설명하였다.

③ 전자감시사회 우려 불식

전자주민증이 보급되면 본인의 모든 행적이 전자적으로 기록이 남게 되고, 감시사회가 된다는 우려에 대하여, 정부는 전자주민등록증은 필요 시 주민등록증에 수록된 내용을 리더기로 확인만 할 뿐 주민등록증 정보가 수집 · 저장되거나 다른 어떤 데이터베이스와 연계하여 기록을 남기는 것이 아니므로 감시사회가 될 것이라는 우려는 전혀 근거가 없다고 주장하였다. 또한 주민등록증은 개인 신상기록카드가 아니므로 장애인 여부나 개인 건강기록을 넣을 필요성도 계획도 없다고 밝혔다.

이처럼 정부는 시민단체의 반발을 고려하여 초기에 계획했던 인증서나 PIN 등의 부가서비스는 모두 삭제하고, 부동산 · 금융 · 공공 민원 등의 경우에 정확한 신분확인을 위하여 리더기를 통해 IC칩 내용을 읽어서 위 · 변조 및 개인정보 열람하도록 하는 방식을 추진하였다.

정부는 주민등록증의 위 · 변조 방지 및 개인정보의 보호를 위하여 주민등록증에 수록되는 정보를 전자적으로 수록이 가능하도록 하는 내용을 골자로 하는 주민등록법 개정(안)을 마련하여 2010년 9월 20일 국회에 제출하였으나, 시민단체들의 반발로 18대 국회에서 개정되지 못하였다.

3) 대체 ID의 활용

과거에 정보통신부는 개인정보 보호를 위해 가상 주민번호와 같은 대체수단을 통해 인터넷 사이트에 가입할 수 있도록 하는 방안을 추진하였다. 이러한 내용의 변화 과정을 살펴보면 다음과 같다.

(1) 인터넷상 주민번호 대체수단 본격 도입

2006년 10월 정보통신부는 인터넷상에 개인의 주민등록번호와 이름이 유포되는 등의 문제점을 해소하기 위해 가상의 주민등록 번호와 같은 대체수단을 통해 인터넷을 이용할 수 있도록 하는 방안을 발표하였다. 구체적으로 '인터넷상의 주민번호 대체수단 가이드라인'을 확정하고 가상주민번호, 개인ID인증, 개인인증키 등 여러 명칭으로 불리고 있는 대체수단의 명칭을 '아이핀(i-PIN)'으로 통합하기로 했다고 밝혔다(정보통신부, 2006c).

이에 따라 인터넷 이용자들은 현재 한국신용평가정보, 한국신용정보, 서울신용평가정보, 한국정보인증 등 4개 본인 확인기관에 이용자의 실명확인 및 본인확인을 거쳐 대체수단(아이핀)을 발급받은 뒤 이를 활용해 포털사이트나 게임사이트 등 각종 인터넷 사이트에 가입할 수 있다.

본인확인 수단으로는 공인인증서, 신용카드번호, 휴대전화번호, 대면확인 등의 방법이 사용되며 이 과정을 거친 뒤 별도의 식별ID와 패스워드, 가상주민등록번호가 개개인에 부여된다. 또한 미성년자, 재외국민 등 본인확인 수단을 보유하고 있지 못한 이용자도 법정대리인의 동의나 여권 또는 재외국민등록증을 통해 대체수단(아이핀)을 발급받을 수 있다.

현재 자신의 이름과 주민등록번호로 인터넷사이트에 가입한 이용자들은 기존의 ID와 패스워드를 그대로 이용하거나 대체수단을 통해 재가입한 뒤 자신의 이름과 주민등록번호 삭제를 요청할 수 있다. 인터넷사이트 운영회사들은 4개 본인 확인기관을 통해 가입 희망자들의 본인 확인 정보를 전송받을 수 있다.

그러나 현재 주민번호 대체수단으로 가입할 수 있는 사이트가 거의 없었기 때문에 보급과 확산이 지체되었다. 그 이유는 실정법에 의해 이를 강제하지 않고 정부의 가이드라인을 통해 대체수단의 사용을 권장하는 정도의 수준이어서 활성화되지 못하였다(김민천, 2009).

(2) 공공 아이핀(i-PIN) 보급 확대 추진

행정안전부는 인터넷상에서 주민등록번호의 불법적인 수집을 막고 주민등록번호의 유·노출을 사전에 방지하기 위한 공공 아이핀(i-PIN: Internet Personal Identification Number, 인터넷상 개인 식별번호) 서비스를 개발하여 서비스를 시작하였다. 공공 아이핀 서비스는 공공·민간 웹 사이트에서 주민등록번호를 사용하지 않고 본인을 확인할 수 있는 개인정보보호 무료 서비스로서, 웹 사이트에서 주민등록번호 대신 공공 아이핀을 사용하므로 주민등록번호 유출로 인한 개인정보 침해를 방지할 수 있다.

공공 아이핀은 노출될 경우에도 변경이 불가능한 주민등록번호와 달리 공공 아이핀은 언제든지 새로운 공공 아이핀 발급 또는 기존 공공 아이핀의 사용 중지가 가능하므로 공공 아이핀 도용에 대한 위험이 감소되게 되며, 공공 아이핀으로 회원가입한 공공기관 웹사이트는 클릭 한 번으로 쉽게 탈퇴 처리되므로 자신의 개인정보를 안전하게 보호할 수 있다.

또한 공공 아이핀을 이용하여 자신이 회원가입한 공공기관웹 사이트 목록과 회원가입 아이디, 가입일 등의 상태를 확인할 수 있도록 서비스를 제공하고 있으며, 2008년 6월부터는 공공 아이핀을 발급받으면 공공·민간 웹 사이트에서 아이핀 서비스를 자유롭게 이용할 수 있게 되었다.

공공 아이핀을 이용하기 위해서는 공공 아이핀 웹 사이트(www.i-pin.go.kr)에 접속하여 아이핀에 가입할 수 있으며, 사용자가 직접 읍·면사무소 또는 주민센터를 방문하여 공공아이핀에 가입할 수 있다. 2009년 3월에는 법무부의 외국인등록관리 시스템 등과 연계하여 국내 거주 외국인에게 공공 아이핀 가입 서비스를 제공하고, 2009년에는 주민등록증이 없는 초·중·고등학생에게 보호자 주민등록정보를 이용해아이핀 가입을 수행하고 있으며, 2010년 1월에는 여권 정보를 이용하여 재외국민을 대상으로 아이핀 서비스를 시작했다.

주민등록번호 대체수단인 공공 아이핀은 2011년 3월 제정된 「개인정보보호법」에 따라 2012년 3월부터 전 공공기관이 웹사이트 회원가입 시 적용하게 되었기 때문에 향후 활성화가 기대되었다. 지속적으로 발생하는 주민등록번호의 유출사고로 인한 주민번호 수집금지 의무화로 인해 온라인 상에서의 주민등록번호가 무분별하게 이용되지 못하도록 하였다. 이로 인해 회원가입 등에서 주민등록번호를 수집하지 않도록 개인정보 보호법 및 정보통신망법을 개정하였다. 또한, 주민번호 대체수단의 활용에 있어서 본인확인수단의 적용이 확대됨에 따라 주민등록번호를 통상적으로 사용하게 되었던 정보서비스 환경이 바뀌었는데, 그럼에도 불구하고 발급의 불편함 등으로 인해 2018년에도 널리 활용되지는 못하고 있는 실정이다.

13.3 공공부문 개인정보보호 현황 및 대책

1. 공공기관의 개인정보 보호 현황

주민등록번호를 포함하는 개인정보 보호의 중요성에 대하여 우리 정부도 심각성을 인식하고 이에 대한 조사를 실시하여 대비책을 마련하여 왔다. 수집된 개인정보가 적법하고 안전하게 관리되고 있는지 파악하기 위해 공공과 민간분야에서는 매년 실태조사를 실시하고 있다. 행정자치부는 지난 2004년부터 매년 상 · 하반기 2회에 걸쳐 50여개 기관에 대해 공공기관의 컴퓨터에 의해 처리되는 개인정보가 적법하고 안전하게 관리되고 있는지 조사하여 왔다. 또한 2007년부터 실시한 전자정부서비스 보안 수준 실태조사에는 전국 295개 중앙부처 · 지방자치단체의 홈페이지 등 501개 서비스를 대상으로 서면 및 방문조사를 통해 제도적 · 관리적 · 기술적 보안수준에 대한 실태 조사를 실시하였다.

행정자치부는 더욱 안전한 전자정부서비스 제공을 위하여 2008년에 이어 2011년에 전자정부 정보보호 3개년 중기 종합계획을 마련하였다. 전자정부 정보보호 중기추진계획에는 정보보호 인력 전문성 향상을 위해 공무원 채용제도를 개선하고 정보보호 전문교육을 확대하도록 하고 있다.[11] 또한 2009년과 2011년 대규모 DDoS 공격에 따라 DDoS 대응장비, 방화벽 등 사이버침해 대응인프라도 확충하였고, 이에 따라서 60%인 사이버침해 대응 인프라 수준이 2014년 말에는 92% 수준까지 상향될 것으로 기대하였다. 이러한 정부 정책들 가운데서 개인정보 보호와 관련한 내용을 정리하면 다음과 같다.

1) 개인정보 관리실태 점검강화

급격한 정보환경 변화에 따른 주민등록번호 등 개인정보의 과다 수집, 개인정보관리소홀 문제가 지속적으로 발생됨에 따라 행정자치부는 1999년부터 공공기관 대상 취약기관을 선정 개인정보보호 관리 실태점검을 추진하여 미비사항에 대하여 개선 및 시정 권고 등을 실시하여 왔다. 그러나 업무목적 외 이용제공 등의 개인정보 오남용 문제들이 근절되지 않고 유사사례 등이 지속적으로 발생되어 대책의 일환으로 개인정보관리 실태 내, 외부 점검체계 강화 등을 규정한 '공공기관 개인정보보호 기본 지침'을 2008년 4월 시달하였다.

주요내용으로는 각 기관의 분야별책임관(개인정보파일 보유 부서의 장, 중앙부처 과장급)은 업무목적 외 열람, 불법유출 등의 로그기록을 활용하여 정기적으로 점검하고, 접근권한 부여 및 주기적 관리, 처리정보 이용, 제공의 적정성 및 대장 작성여부 등을 점검하여 그 결과 및 조치사항 등을 분기별로 당해 기관의 개인정보관리책임관(CPO)에게 보고토록 하였다.

11) 공무원 임용 시험령 개정 절차를 거쳐 5급 · 7급 · 9급 전산직렬의 시험과목에 정보보호관련 과목을 신설하고, 정보보호 전문성 강화를 위해 정보보호 책임자의 경우 연 16시간, 실무자의 경우 연 40시간 이상 정보보호교육을 받아야 하는 등 공무원의 전문성이 강화된다.

개인정보관리책임관은 부서별 정기점검 결과 및 관련 통계를 관리 감독하고 개인정보 수집에서 파기 등 전 단계에 대한 자체 실태조사를 실시하여 그 결과를 상위기관(중앙행정기관 또는 자치단체)에게 반기별로 통보하고, 중앙행정기관 및 지방자치단체의 개인정보관리책임관은 당해 기관은 물론 소속 및 산하 공공기관의 개인정보관리에 대한 실태조사를 실시하여 반기별로 행정자치부에 통보하도록 하였다. 마지막으로 행정자치부는 통보된 결과를 분석하여 취약기관을 선별하고 법률 및 지침에 따른 의무사항 준수여부 등에 대하여 년 2회 기획 점검을 실시토록 명시하였다.

「개인정보 보호법」시행 이후 법 적용대상이 민간 영역까지 확대됨에 따라 개인정보 관리실태가 취약한 분야 및 업종들에 대한 실태점검 필요성이 급증하였다. 법 시행 초기에는 개인정보보호 실태점검을 개인정보침해 관련 언론보도 또는 신고민원 등에 따라 주로 실시해 왔으나, 계도기간이 끝난 2012년 3월 말부터 개인정보 관리실태가 취약한 업종에 대한 사전 모니터링을 통해 점검대상을 선정하는 등 체계적이고 기획적인 형태의 점검을 실시하였다.

이어서 2012년 11월 출범한 개인정보보호 합동점검단을 중심으로 민간부문의 경우 회원유치 과열로 불법매매, 유출 위험이 큰 회원제업체 등과 개인정보를 대량 보유하고 있는 공공기관, 대기업 등을 대상으로, 개인정보보호 관리방침 수립 및 운영, 기술적 보호조치의 적정성, 안전성 확보조치, 개인정보 처리업무의 위 · 수탁 절차의 적정성 등 의무 사항의 준수 여부에 대한 점검을 실시하였다. 또한 공공기관, 아파트 등에 설치된 CCTV에 대한 오 · 남용 실태점검을 실시하였다. 또한 개인정보보호 합동점검단은 개인정보 침해사고 분석 및 전파는 물론 노출조기경보시스템 운영을 통한 사전 모니터링도 주기적으로 실시함으로써 사전예방 관제활동 강화에도 주력하고 있다.

2) 웹사이트 개인정보보호 강화

홈페이지 공시, 공고 확대, 온라인 민원처리, 정보공개 활성화 등으로 웹사이트상의 개인정보관리 중요성이 증대되고 있으나, 공공기관 웹사이트 상의 개인정보 노출은 여전하여 침해사고의 핵심적 사안으로 이슈화되고 있다. 인터넷에 노출된 개인정보는 인터넷상 대량 유포, 온 · 오프라인 불법거래, 불법스팸, 전화금융사기 등으로 추가 악용될 가능성이 크다. 따라서 개인정보 유 · 노출사고를 신속히 대응하고 추가적인 피해를 방지하기 위해 행정자치부, 방송통신위원회, 한국인터넷진흥원은 인터넷에 노출된 개인정보를 신속하게 찾아서 삭제하는 개인정보 노출 대응시스템을 운영하고 있다.

이에 행정자치부에서는 개인정보 노출을 막기 위해 2006년부터 정기적으로 공공기관 웹사이트 및 구글 DB를 대상으로 개인정보 노출여부를 점검하고 있으며, 개인정보보호 취약기관을 대상으로 집중 보안컨설팅을 실시하고, 관리자를 위한 노출방지 가이드라인을 보급하는 등 적극적으로 대처하고 있다.

행정자치부는 공공기관 등을 대상으로 한 모니터링 대상을 2006년도에 304개 사이트에서 2013년도에 12만여 개 사이트로 지속적으로 확대해 나가고 있다. 이러한 노력으로 전년 대비 개인 정보 노출 페이지 수는 증가하였지만, 1페이지 당 개인정보 노출 건수는 현저히 감소하였으며, 노출 비율(노출 페이지 수/점검 사이트 수) 또한 2007년 10.1%에서 2013년 0.03%로 대폭 감소하였다.

그러나 여전히 개인정보가 노출되고 있고, 모니터링 대상에 포함되지 않은 많은 사이트가 개인정보 노출에 취약점을 갖고 있어, 모니터링 사각지대 해소 및 지속적인 모니터링이 요구되고 있다.

2011년 상반기에는 모니터링 장비를 추가적으로 보강하여 점검대상 사이트 및 점검항목 확대를 위한 기반을 마련, 6월부터 주민등록번호 외에 여권번호와 운전면허번호 2종을 추가하여 모니터링을 실시하고 있으며, 점검 대상 사이트도 계속 확대해 나가고 있다. 또한 행정자치부는 대량으로 개인정보를 처리하고 있는 공공기관과 민간부문 중 비영리 협회 · 단체, 중소사업자 홈페이지 등 12만여 사이트를 대상으로 개인정보 노출의 조기탐지 및 삭제에 힘쓰고 있다. 그 결과 2010년 0.12%였던 노출 비율이 2013년에는 0.03%로 감소하였다. 아울러 개인정보 노출의 사전예방을 위해 사이버교육과정 개설, 가이드라인 배포, 그리고 노출기관 대상 컨설팅을 실시하였다.

3) 개인정보보호 수준측정을 위한 진단지표 개발

정보사회가 급진전되어 개인정보의 이용가치가 높아졌음에도 그에 대한 전반적인 관리수준은 저조한 실정이었다. 특히, 이를 해결하기 위하여 공공기관의 「개인정보 보호법」을 개정하는 등 제도적 인프라를 마련하였으나, 수집, 이용, 제공, 파기에 이르는 전 과정을 체계적으로 관리할 진단프로그램이 미흡한 실정이었다. 이에 각급 공공기관에서는 개인정보보호수준을 객관적으로 진단하는 기준과 표준화된 관리지표의 필요성을 지속적으로 요구하였다.

이에 행정자치부에서는 전문가들의 의견을 반영하여 전 공공기관의 개인정보보호수준을 객관적으로 진단할 수 있는 표준화된 진단프로그램을 개발하였다. 공공기관의 개인정보보호 수준 진단프로그램은 개인정보보호기반, 처리단계별 개인정보관리, 개인정보 침해대응 등 3개 분야 총 18개 지표로 구성되었는데, 이는 1차적으로 각급 기관이 자율진단을 실시하여 분석된 취약점을 스스로 개선하고, 2차적으로 행정안전부가 각급 기관의 진단결과에 대해 검증하는 메타진단과 컨설팅을 실시하는 방식으로 진단프로세스를 진행하였다.

공공기관의 개인정보보호 수준진단은 2008년 이후 매년 확대(2008년 286개, 2009년 695개, 2010년 1,023개)하여 실시하고 있으며, 2011년에는 2만 5,000여개 전 공공기관을 목표로 확대하였다. 수준진단은 기관별 개인정보보호 담당자를 대상으로 한 교육을 통해 진단시스템(www.pepi.go.kr)을 활용한 1차 자율진단을 실시하였다. 자율진단 결과에 대한 정확성과 신뢰성을 확보하기 위해 중앙부처, 시도, 지방 공기업 등 200여 개 기관은 관련 분야

전문가로 구성된 진단위원회를 통해 진단결과를 검증하고 자문하는 현장진단을 병행하여 실시하였다.

이후 공공기관 수준진단 지표체계를 정비하여 2018년 현재에는 〈표 13-2〉와 같이 3개 분야 12개 진단지표 24개 진단항목으로 진단을 실시하고 있다. 또한 대상기관도 확대하여 2018년 현재 총 773개 공공기관을 대상으로 하여 진단시스템(intra.privacy.go.kr)에 담당자가 등록하여 증빙자료를 입력하여 진단하도록 하고 있다.

2. 공공기관의 개인정보 보호 개선 방안

현재 공공기관의 개인정보 관리 실태는 열악한 실정이다. 따라서 공공기관이 효율적인 개인정보관리를 통해 정보보호수준을 향상시키기 위해서는 다음과 같은 개선 방향이 모색되어야 한다(이하 신영진, 2005의 수정 및 보완).

1) 관리체계 정비 및 담당인력 확보

공공기관에서 개인정보의 보호를 위해서는 관리체계 정비와 담당인력 확보가 이루어져야 한다. 개인정보 관리를 위한 예산이 기관마다 차이가 있으며, 정보보호를 위한 예산이 매우 낮은 수준이다. 또한 「개인정보보호법」에 근거하여 개인정보관리책임관이라고 선정하고는 있으나, 실질적인 업무의 독립성이 없어 타 업무와의 겸업하는 등 업무의 효율성이 저하되고 있다. 따라서 현재 개인정보처리를 위해 반영하고 있는 예산의 실질적인 집행과 개인정보관리 전담인력의 효율적인 업무재배치를 바탕으로, 각 기관의 개인정보관리 관련 업무를 종합화하여 체계적인 관리체계를 마련해야 한다.

2) 개인정보보호의 중요성 교육

개인정보보호에 관한 담당자 및 조직구성원들에게 지속적인 정보보호의 중요성을 인식시키고, 정보보호에 관한 정기적인 교육을 실시해야 한다. 현재 정보화교육의 일부로 정보보호교육이 이루어지고 있으나 전반적인 정보보호관련 상식을 교육하고 있다. 따라서 긴급사항 발생 시 대처방안 및 향후 대응의식 고취에 관한 실질적인 정보보호교육이 필요하며, 이에 대한 전문교육프로그램 운영, CD 및 동영상을 통한 실시간 교육여건 제공, 전문가 진단평가 등 정보보호마인드를 고취시킬 실질적인 교육과정이 마련되어야 한다.

2007년 9월 개인정보보호담당자를 대상으로 조사한 결과, 개인정보보호의 주요 문제점으로 '인식부족'을 지적하고, 2007년 웹사이트상 주민번호노출 원인의 74%가 담당자 부주의가 차지할 정도로 개인정보보호 인식이 매우 부족한 상태이다. 이에 따라 행정안전부는 공공기관 직원들의 개인정보보호 인식 제고 및 전문성 강화를 위하여 2008년 6월에 개인정보보호 교육 기본계획을 수립하여 각급 기관에 배포하고 단계별로 추진하였다.

표 13-2 공공기관 개인정보보호 수준진단 지표

분야	진단지표	진단항목
관리체계 구축 및 운영	1. 개인정보보호 기반마련	개인정보 보호를 위한 전담조직과 인력 구성 · 운영
		개인정보 보호활동을 수행하는데 필요한 예산 반영
	2. 개인정보 처리업무 위탁에 따른 개인정보 보호	개인정보 처리업무 위탁 현황을 파악하고 법 의무사항 문서화
		개인정보 처리업무를 위탁한 후 수탁자 대상 교육 및 감독 이행
	3. 개인정보 보호 교육 추진	교육대상별 연간 개인정보 보호교육계획 수립
		교육대상별 개인정보 보호 교육 이행
	4. 개인정보 보호 책임자의 역할 수행	개인정보 보호책임자가 관리 · 감독 등 역할을 이행
		개인정보보호 수준향상을 위한 개인정보 보호책임자 주도 실적
보호대책 수립 및 이행	5. 개인정보 수집	필요 최소한의 개인정보 수집
		개인정보 수집 · 제공 등 처리에 대한 동의절차 잘 이행여부
	6. 개인정보 목적 외 이용 · 제공 절차 운영	개인정보의 목적 외 이용 · 제공에 대비하기 위한 목적 외 이용 · 제공 절차서 수립
		목적 외 이용 · 제공 절차서를 개인정보취급자에게 전파하고, 목적 외 이용 · 제공 절차 준수
	7. 개인정보 영향 평가 수행	개인정보 영향평가 대상 여부 파악
		개인정보 영향평가 계획 수립 · 이행
	8. 영상정보처리기기 설치 및 운영	영상정보처리기기 운영 · 관리 방침을 수립 · 공개하며, 법 의무사항이 모두 반영
		개인영상정보에 대한 이용 · 제공 · 열람 · 파기내역을 대장에 기록 · 관리
침해대책 수립 및 이행	9. 개인정보 유 · 노출 방지 조치	홈페이지 및 개인정보처리시스템의 개인정보 유 · 노출방지를 위한 체계 구축 · 운영
		업무용 컴퓨터, 모바일 기기 등에 대한 개인정보 유 · 노출방지를 위한 체계 구축 · 운영
	10. 개인정보 침해대응 및 재해 · 재난 대응 절차 수립	개인정보 침해사고 발생에 대응하기 위한 절차서의 수립 · 전파
		재해 · 재난 발생에 대응하기 위한 절차서의 수립 · 전파
	11. 개인정보처리시스템의 안전한 이용 및 관리	개인정보처리시스템의 접근권한 관리 정책을 수립 · 이행
		개인정보처리시스템의 접속기록에 대한 점검 및 후속조치 이행
	12. 고유식별정보의 처리 제한	고유식별정보의 처리 현황 파악
		고유식별정보 암호화 이행

자료: 행정안전부 외(2018)의 수정.

계획의 첫 번째 내용으로는 개인정보보호담당자 교육이수를 의무화하여 교육계획의 실효성을 제고하고자 하는 것이며, 두 번째는 공무원 교육기관 및 정보보호 전문기관을 중심으로 정보보호 전문교육기관으로 지정하고, 교재 및 강사 Pool 등을 지원하여 교육 품질 제고 및 확산할 수 있는 기반을 조성하고자 하는 것이다. 세 번째는 기관별 CPO 대상 년 2회 워크숍 개최, 과장급 및 담당자 등 교육 대상별 맞춤형 교육프로그램 개발, 지원으로 교육의 효율성을 도모하고자 하는 것이며 네 번째는 기관별 자체교육 활성화 지원을 위해 전직원 대상 기본 교육교재 및 교육용 동영상을 제작, 배포하는 것이다.

3) 홈페이지 모니터링 제도의 활용

홈페이지를 통해 제공되는 정보이용으로 발생하는 정보침해 요소를 최소화하기 위해 홈페이지 모니터링제도를 도입하고 있다. 홈페이지 모니터링제도는 공공기관 관련 웹사이트 및 포털사이트에서 공개하고 있는 내용을 중심으로 개인정보유출사항을 조사하도록 한다. 이러한 모니터링방식은 실시간 가능하기 때문에, 정보유출에 대한 즉각적인 대응이 가능하다. 개인정보에 접근하는 대표적인 통로는 ID와 비밀번호로서, 이에 대한 철저한 관리와 초기 정보유출을 제어하기 위한 관리체계가 필요하다.

4) 개인정보침해신고센터 운영

그간 개인정보침해신고센터는 공급자 중심의 공공, 민간부문으로 이원화하여 운영되고 있어 국민의 혼란과 불편이 존재했었다. 이에 따라, 행정안전부는 국민 편의를 위해 신고창구 단일화를 2008년 7월 1일부터 시행하기로 결정하였으며, 인터넷, 전화를 통한 상담, 신고체계도 '1336'이라는 단일번호로 통합하였다. 아울러 2008년 하반기에 개인정보침해신고센터 상담, 신고 절차에 대한 리플릿과 상담, 신고처리 사례 유형을 정리한 사례집을 배포하여 대국민 홍보를 강화하였다. 이후 한국인터넷진흥원을 중심으로 2009년 '118'로 번호 변경을 통해 쉽게 신고 가능하도록 운영하고 있다.

13.4 개인정보보호법의 제정

세계 각국은 프라이버시 관련법제 정비에 만전을 기하고 있으며, 우리나라 역시도 정부는 물론 시민단체에서 개인정보보호 법제의 개선을 위한 노력을 계속하여 왔다. 개인정보보호법제의 제정경과는 각 국가마다 전통과 문화에 따라 다르지만 OECD원칙의 수용을 통해 국제적인 개인정보 유통 활성화에 따른 개인정보보호 강화를 위한 법제 정비를 지속적으로 추진하고 있다.

1. 우리나라의 개인정보보호법 제정 과정

1) 과거 개인정보보호관련 법제

과거에 우리나라의 개인정보보호 법제는 「공공기관의개인정보보호에관한법률」, 「통신비밀보호법」, 「정보통신망이용촉진및정보보호등에관한법률」, 「신용정보의이용및보호에관한법률」처럼 보호가 필요한 분야별로 개별적인 입법을 하거나, 「주민등록법」, 「전자정부법」, 「전자상거래등에서의소비자보호에관한법률」 등과 같이 비밀보호 또는 개인정보보호 관련규정을 두는 형태로 이루어졌다(김형준, 2005).

따라서 과거에 우리나라의 개인정보보호법제는 부처별 · 영역별로 산재해 있는 실정이었다. 우선 공공영역에서는 1994년 1월 7일 「공공기관의개인정보보호에관한법률」이 제정되었으며 이밖에 「주민등록법」, 「통계법」, 「공공기관의정보공개에관한법률」, 「전자정부법」 등에 개인정보보호와 관련한 조항이 담겨져 있었다.

교육부문에 있어서는 2005년 3월 24일 공표된 「교육기본법」 중 개정법률에서 학생정보의 보호에 관한 사회적 인식을 제고하기 위하여 학생 정보의 보호원칙을 규정하고 있다. 「정보통신망이용촉진및정보보호등에관한법률」에서는 정보통신서비스제공자가 개인정보를 취급하는 경우의 준수사항 등을 규정하고 있으며, 전기통신기본법, 전파법, 통신비밀보호법 등에서도 개인정보보호 관련규정을 두고 있다. 기타 금융 분야의 개인정보보호 관련 법률로는 「신용정보의보호및이용에관한법률」, 「금융실명거래및비밀보장에관한법률 」등이 있다.

2) 과거 개인정보보호법제의 문제점

우리나라 개인정보보호의 가장 큰 문제점은 법제가 분산되어 일관성 있는 개인정보 보호체계가 정립되지 못하고 있었다는 것이다. 따라서 각 영역의 기본적 법령에 비밀보호를 위한 규정을 두어 규제하거나, 개별적인 입법만이 이루어지고 있어 입법적 보완조치가 이루어지지 못한 분야에서는 적용할 규정이 없는 경우도 있었다.

과거에 우리나라에서는 대부분의 법제에서 OECD의 "개인데이터의 국제유통과 프라이버시 보호에 관한 가이드라인"의 목적명확화의 원칙, 관리적 · 기술적 보호조치의 원칙, 개인참가의 원칙, 수집제한의 원칙을 거의 찾아볼 수 없는 실정이었다. 또한 개인정보보호 관련 업무를 수행하는 기관이 담당 부처별로 상이하거나 업무가 중첩되어 있었다. 따라서 사회의 제반 프라이버시 보호에 대해 일반적으로 적용될 수 있는 원칙이 제시되어야 하며, 기존의 각종 프라이버시 보호와 관련된 법률 조항들을 포괄할 수 있는 일반법 제정의 필요성이 제기되었다(권헌영, 2004).

3) 개인정보보호법 제정 경과

시민단체와 학계에서는 오래전부터 개인정보보호에 관한 법제정비의 시급함을 지적하여 왔다. 구체적으로는 정보사회의 사회적 요구에 부합하는 기본법을 제정하여 정보주체의 참여를 보장하고 공정하고 투명하게 개인정보의 취급이 이루어지도록 현행 개인정보보호 제도의 운영상 미비점을 보완할 것을 요구하였다. 정부도 이러한 요구에 부합하기 위하여 오래전부터 개인정보보호법의 제정을 위하여 노력해왔다.

정부는 2003년 10월 국정과제회의에서 개인정보보호기본법의 제정을 추진하기고 결정하고 개인정보보호기본법(안)을 마련하여 2005년 2월 의원입법으로 국회에서 발의하게 되었다.[12] 그러나 이 법(안)은 2008년 2월에 17대 국회가 끝나면서 폐기되어 제정되지 못하였다. 이어 이명박정부에서는 2009년 국회에 모두 3개의 개인정보보호법안이 제출되었다.[13] 이 법안들은 행정안전위원회와 법제사법위원회에서 3년간 6차례 심사 끝에 통과되었다.

이 과정에서의 쟁점은 추진체계(개인정보보호위원회)의 소속과 성격에 관한 것이었다. 원래 정부(안)에 의하면 개인정보보호위원회는 국무총리실의 소속으로 정책의 심의를 담당하는 기구였으나, 법안의 심사과정에서 대통령 소속으로 변경되었으며 성격도 정책의 심의 및 의결기구로 바뀌었다. 또한 개인정보보호위원회는 위원장 1명 상임위원 1명을 포함한 15명 이내의 위원을 대통령, 국회 및 대법원으로부터 각 5인씩 추천을 받아 구성하고 개인정보보호위원회 업무지원을 위해 사무국을 설치하도록 하였다. 「개인정보보호법(법률 제10465호)」은 2011년 3월 29일 공포되었고, 공포 이후 6개월이 경과된 2011년 9월 30일부터 전면 시행되었다(성욱준, 2013a).

2. 개인정보보호법의 기본 내용

1) 제정 이유

국가사회 전반을 규율하는 개인정보보호원칙과 개인정보 처리기준이 마련되지 못해 개인정보보호의 사각지대가 발생할 뿐만 아니라 최근 개인정보의 유출 · 오용 · 남용 등 개인정보 침해 사례가 지속적으로 발생함에 따라 국민의 프라이버시 침해는 물론 명의도용, 전화사기 등 정신적 · 금전적 피해를 초래하고 있는 바 공공부문과 민간부문을 망라하여 국제 수준에 부합하는 개인정보 처리원칙 등을 규정하고 개인정보 침해로 인한 국민의 피해 구제를 강화하여 국민의 사생활의 비밀을 보호하며 개인정보에 대한 권리와 이익을 보장하려는 것이다.

2) 주요 내용

「개인정보보호법」은 〈표 13-3〉과 같이 본문 9장 75조, 부칙 7조로 구성되어 있다.[14] 법의 내용을 간략하게 살펴보면 다음과 같다.

---

12) 정부의 입법노력과 별도로, 민주노동당 노회찬의원이 시민단체가 결성한 프라이버시법 제정을 위한 연석회의에서 제시한 초안을 바탕으로 개인정보보호기본법(안)을 2004년 11월에 발의하였다. 또한 정성호의원도 2005년 2월 1일 독자적으로 마련한 개인정보보호법(안)을 입법발의하였다.

13) 이혜훈의원 대표발의 법안(73개 조문)은 2008년 8월 8일에 발의되었다. 변재일의원 대표발의 법안(86개 조문)은 2008년 10월 27일에 발의되었다. 정부제출 법안(64개 조문)은 2008년 11월 28일에 제출되었다.

14) 2013년 개정하여 9장 76조(제76조 과태료에 관한 규정 적용의 특례 추가) 부칙 7조로 변경되었다.

표 13-3 「개인정보 보호법」의 주요 내용

구분	세부 내용
제1장 총칙	• 법률의 목적, 용어의 정의(적용 범위) • 개인정보보호원칙, 정보주체의 권리, 국가 등의 책무, 다른 법률과의 관계
제2장 개인정보 보호정책의 수립 등	• 개인정보 보호위원회의 구성 및 기능, 개인정보 침해요인 평가 등 • 개인정보보호 기본계획 및 시행계획의 수립 • 실태조사, 개인정보보호지침, 자율규제의 촉진시책, 국제협력 등
제3장 개인정보의 처리	제1절 개인정보의 수집, 이용, 제공 등 • 개인정보의 수집 · 이용기준 및 수집제한, 제공기준, 목적외 이용 · 제공 제한, 개인정보의 파기, 동의를 받는 방법 등 제2절 개인정보의 처리 제한 • 민감정보의 처리 제한, 고유식별정보의 처리 제한, 주민등록번호 처리의 제한, 영상정보처리기기의 설치 · 운영 제한, 업무위탁에 따른 개인정보의 처리 제한, 영업양도 등에 따른 개인정보의 이전 제한, 개인정보취급자에 대한 감독 등
제4장 개인정보의 안전한 관리	• 안전조치의무, 개인정보 처리방침의 수립 및 공개, 보호책임자의 지정 • 개인정보파일의 등록 및 공개, 개인정보 보호 인증, 개인정보 영향평가, 개인정보 유출통지, 과징금의 부과 등
제5장 정보주체의 권리 보장	• 개인정보의 열람, 개인정보의 정정 · 삭제, 개인정보의 처리정지 등, 권리행사의 방법 및 절차, 손해배상책임, 법정손해배상의 청구
제6장 개인정보 분쟁조정위원회	• 설치 및 구성, 위원의 신분보장, 위원의 제척 · 기피 · 회피 • 조정신청, 처리기간, 자료요청, 조정 전 합의 권고, 분쟁의 조정, 조정의 거부 및 중지, 집단분쟁조정 등
제7장 개인정보 단체소송	• 단체소송의 대상, 전속관할, 소송대리인의 선임, 소송허가신청, 소송허가요건 등, 확정판결의 효력, 「민사소송법」의 적용 등
제8장 보칙	• 적용의 일부 제외, 금지행위, 비밀유지의무 • 의견제시, 개선권고, 침해사실 신고, 자료제출 요구 및 검사, 시정조치, 고발 및 징계권고, 결과공표, 권익위임 · 위탁 등
제9장 벌칙	• 벌칙, 과태료 및 양벌 규정
부 칙	• 시행일, 다른 법률의 폐지, 경과조치, 다른 법률의 개정 등

(1) 적용대상(법 제2조)

적용대상을 공공 · 민간부문의 모든 개인정보처리자로 하여 공공기관뿐만 아니라 비영리단체 등 업무상 개인정보파일을 운용하기 위하여 개인정보를 처리하는 자는 모두 이 법에 따른 개인정보보호규정을 준수하도록 하고 전자적으로 처리되는 개인정보 외에 수기(手記) 문서까지 개인정보의 보호범위에 포함한다.

(2) 개인정보보호위원회 설치(법 제7조 및 제8조)

개인정보보호 기본계획, 법령 및 제도 개선 등 개인정보에 관한 주요 사항을 심의 · 의결하기 위하여 대통령 소속으로 위원장 1명, 상임위원 1명을 포함한 15명 이내의 위원으로 구성하는 개인정보보호위원회를 두고 개인정보보호위원회에 사무국을 설치한다.

(3) 개인정보의 수집, 이용, 제공 등 단계별 보호기준 마련(법 제15조부터 제22조까지)

개인정보를 수집 · 이용하거나 제3자에게 제공할 경우에는 정보주체의 동의 등을 얻도록 하고 개인정보의 수집 · 이용 목적의 달성 등으로 불필요하게 된 때에는 지체 없이 개인정보를 파기하도록 한다.

(4) 고유식별정보의 처리제한 강화(법 제24조)

주민등록번호 등 법령에 의하여 개인을 고유하게 구별하기 위해 부여된 고유식별정보는 원칙적으로 처리를 금지하고 별도의 동의를 얻거나 법령에 의한 경우 등에 한하여 제한적으로 예외를 인정하는 한편, 대통령령으로 정하는 개인정보처리자는 홈페이지 회원가입 등 일정한 경우 주민등록번호 외의 방법을 반드시 제공하도록 의무화한다.

(5) 영상정보처리기기의 설치제한 근거마련(법 제25조)

영상정보처리기기 운영자는 일반적으로 공개된 장소에 범죄예방 등 특정 목적으로만 영상정보처리기기를 설치할 수 있도록 한다.

(6) 개인정보 영향평가제도 도입(법 제33조)

개인정보처리자는 개인정보파일의 구축 · 확대 등이 개인정보보호에 영향을 미칠 우려가 크다고 판단될 경우 자율적으로 영향평가를 수행할 수 있도록 하되 공공기관은 정보주체의 권리침해 우려가 큰 일정한 사유에 해당될 때에는 영향평가 수행을 의무화한다.

(7) 개인정보 유출사실의 통지 · 신고제도 도입(법 제34조)

개인정보처리자는 개인정보 유출 사실을 인지하였을 경우 지체 없이 해당 정보주체에게 관련 사실을 통지하고 일정 규모 이상의 개인정보가 유출된 때에는 전문기관에 신고하도록 하는 한편, 피해의 최소화를 위해 필요한 조치를 하도록 한다.

(8) 정보주체의 권리 보장(법 제35조부터 제39조까지)

정보주체에게 개인정보의 열람청구권, 정정 · 삭제 청구권, 처리정지 요구권 등을 부여하고 그 권리행사 방법 등을 규정한다.

(9) 개인정보분쟁조정위원회 설치 및 집단분쟁조정제도의 도입(법 제40조부터 제50조까지)

개인정보에 관한 분쟁조정 업무를 신속하고 공정하게 처리하기 위하여 개인정보 분쟁조정위원회를 두고 개인정보 분쟁조정위원회의 조정결정에 대해 수락한 경우 재판상 화해의 효력을 부여하며 개인정보 피해가 대부분 대량 소액 사건인 점을 고려하여 집단분쟁조정제도를 도입한다.

(10) 단체소송의 도입(법 제51조부터 제57조까지)

개인정보처리자로 하여금 개인정보의 수집 · 이용 · 제공 등에 대한 준법정신과 경각심을 높이고 동일 · 유사 개인정보 소송에 따른 사회적 비용을 절감하기 위해 개인정보단체소송제도를 도입하되 단체소송이 남발되는 것을 막기 위해 단체소송 전에 반드시 집단분쟁조정제도를 거치도록 하고 단체소송의 대상을 권리침해행위의 중단 · 정지 청구소송으로 제한한다.

(11) 개인정보 침해사실의 신고(법 제62조)

개인정보처리자로부터 권리 또는 이익을 침해받은 자는 행정안전부장관에게 그 침해사실을 신고할 수 있으며 행정안전부장관은 신고 접수 및 업무처리 지원을 위해 개인정보 침해신고센터를 설치 · 운영한다.

3. 개인정보보호법에 의한 변화 내용들

이제 개인정보보호법의 제정으로 인하여 여러 부문에서 다양한 변화가 나타나고 있다. 이 가운데서 개인정보 침해 구제기능의 강화와 관리수준의 제고 등을 중심으로 살펴보면 다음과 같다.

1) 개인정보 침해 구제기능 강화

(1) 개인정보 침해 구제의 필요성

과거의 개인정보는 개인의 신분을 나타내는 단순한 의미였으나, 오늘날 정보사회에서의 개인정보는 인간의 존엄과 자유를 실현하기 위하여 반드시 보호되어야 하는 필수적인 요소로서 기능하고 있다. 이러한 개인정보의 수집 및 이용이 사회 전 영역에서 다양한 형태로 확대되고 있고, 그 규모면에서 대규모로 수집 · 이용되고 있기 때문에 개인정보의 유출이나 오 · 남용 위험성도 증가되었고 그로 인한 정신적 · 경제적 피해 역시 더더욱 심각하게 되었다.

따라서 개인정보 과잉 수집과 오 · 남용에 의한 정보 주체의 권리 침해를 사전에 예방함은 물론 사후에 신속하게 구제함으로써 정보 주체의 존엄과 자유로운 인격의 보호, 안전하고 믿을 수 있는 신뢰사회 구축을 위한 예방대책 및 구제절차가 마련되어야 한다.

개인정보 침해사건의 신속하고 공정한 구제를 위하여 '개인정보침해신고센터'와 '개인정보분쟁조정위원회'가 설립되어 운영되어 왔으며, 2011년 9월 30일 시행된「개인정보보호법」에 설치근거가 이관되어 공공 · 민간 영역을 아우르는 명실상부한 개인정보 침해 구제기관으로서 역할을 확대하였다.

(2) 개인정보 분쟁조정위원회

① 개인정보 분쟁조정위원회의 설립근거 및 구성

개인정보분쟁조정위원회(이하 위원회)는 개인정보와 관련된 분쟁이 발생한 경우 당사자 간에 합리적이고 원만하게 분쟁을 해결하기 위하여 설립된 대안적 분쟁 해결기구로서, 개인정보보호법 제40조에 근거해 발족하였다. 위원회는 위원장1인을 포함한 20인 이내의 위원으로 구성되고, 위원은 행정자치부장관이 임명 또는 위촉하며 법조계 또는 학계의 전문가 · 사업자 및 소비자단체에서 추천하는 인사 등으로 구성되어 개인정보 분쟁해결의 전문성은 물론 독립성과 자율성을 보장하고 있다.

② 기능 및 권한

위원회는 개인정보와 관련한 분쟁조정을 고유 기능으로 하고 있다. 위원회는 필요한 경우 조정 절차를 진행하기 전에 당사자에게 합의를 권고할 수 있다. 또한 위원회는 분쟁조정을 위해 필요한 자료의 제공을 분쟁당사자에게 요청할 수 있으며, 분쟁당사자 또는 참고인으로 하여금 분쟁조정위원회에 출석하게 하여 의견을 들을 수 있다. 분쟁당사자는 정당한 사유가 없는 한 위원회의 자료제공 요청에 응해야 한다.

③ 분쟁조정의 범위

위원회는 개인정보, 즉 생존하는 개인에 관한 정보로서 성명 · 주민등록번호 등을 비롯하여 개인을 알아볼 수 있는 부호 · 문자 · 음향 및 영상 등의 정보침해로 인한 분쟁이면 모두 조정대상으로 하고 있다.

④ 조정신청 자격

개인정보와 관련하여 분쟁이 있는 이해관계인은 누구나 위원회에 분쟁의 조정을 신청할 수 있다. 여기에는 이용자뿐만 아니라 분쟁의 해결을 원하는 사업자도 포함된다. 다만 개인정보 침해자가 국가 · 지방자치단체 등 공공기관인 경우는 제외된다. 분쟁당사자는 변호사 기타 제3자를 대리인으로 선임할 수 있는데, 이 경우는 대리권의 범위를 명시한 위임장을 위원회에 제출하도록 하고 있다.

⑤ 처리기간

분쟁조정위원회는 제43조제1항에 따른 분쟁조정 신청을 받은 날부터 60일 이내에 이를 심사하여 조정안을 작성하여야 한다.

⑥ 분쟁의 조정

- 분쟁조정위원회는 다음 각 호의 어느 하나의 사항을 포함하여 조정안을 작성할 수 있다.
    1. 조사 대상 침해행위의 중지
    2. 원상회복, 손해배상, 그 밖에 필요한 구제조치
    3. 같거나 비슷한 침해의 재발을 방지하기 위하여 필요한 조치
- 분쟁조정위원회는 제1항에 따라 조정안을 작성하면 지체 없이 각 당사자에게 제시하여야 한다.
- 제1항에 따라 조정안을 제시받은 당사자가 제시받은 날부터 15일 이내에 수락 여부를 알리지 아니하면 조정을 거부한 것으로 본다.
- 당사자가 조정내용을 수락한 경우 분쟁조정위원회는 조정서를 작성하고, 분쟁조정위원회의 위원장과 각 당사자가 기명날인하여야 한다.
- 제4항에 따른 조정의 내용은 재판상 화해와 동일한 효력을 갖는다.

2) 개인정보 관리수준 제고

(1) 개인정보 영향평가제 도입의 필요성

사회 전반에 걸쳐 전산 처리가 일반화되면서 각 기관에서 보유하는 개인정보가 대규모로 집적화되고 있어 개인정보 침해 가능성이 더욱 커져가고 있다. 실제로 크고 작은 개인정보 침해사고가 발생할 경우, 개인정보의 유출로 인해 막대한 피해를 입을 수 있다. 또한 정보시스템의 특성상 한번 구축된 시스템을 변경하는 것은 쉽지 않으며 현실적으로도 많은 비용이 들기 때문에, 정보시스템을 구축하기 전 설계단계부터 안전하게 구축하여 개인정보 침해요소를 사전에 예방할 수 있게 개인정보 영향평가를 실시하여야 한다(이하 행정안전부, 2011c: 368~369).

개인정보 영향평가는 새로운 정보시스템이 구축 · 운영될 때 개인정보의 침해요인을 미리 조사 · 예측 · 검토하여 대책을 마련하는 체계적인 절차이다. 따라서 개인정보 영향평가는 일반적으로 시스템 구축 전 단계인 사업방향 설정 및 업무정의단계, 시스템 제안단계, 시스템의 예비 설계 및 모형 설정단계 등에서 수행된다. 또한 기존에 보유하고 있는 개인정보파일을 다른 기관과 연계하는 경우, 기존 정보시스템이 운영 중이더라도 개인정보의 수집 · 이용 및 관리상에 중대한 침해 위험을 예방하기 위하여 개인정보 영향평가를 수행할 수 있다.

개인정보 영향평가의 과정은 개인정보 영향평가의 필요성 검토를 거쳐 선정된 시스템의

개인정보 수집부터 파기까지 개인정보 흐름을 분석하여 발생 가능한 침해요인과 위험요소별 보완대책을 마련하여 개선하도록 하는 단계로 진행된다. 이미 해외 주요 선진국에서는 개인정보 영향평가에 대해 법적 근거와 제도를 마련하여 운영하고 있다. 특히 미국은 2002년 「전자정부법」에 개인정보 영향평가를 명문화하였고 캐나다, 호주, 뉴질랜드 등에서도 개인정보 영향평가에 관한 구체적인 가이드라인을 마련하여 실시하고 있다.

(2) 개인정보 영향평가제의 내용

공공기관이 수집 · 보유하는 개인정보파일을 대상으로 개인정보 침해를 사전에 예방하기 위한 개인정보 영향평가를 실시하여야 한다(법 제33조). 공공기관에서 개인정보파일을 운용함에 있어 정보주체의 개인정보 침해가 우려되는 경우 그 위험요인의 분석과 개선사항을 도출하도록 하고 있으며, 법 시행령 제35조에 구체적인 대상을 명시하고 있다.[15] 이를 위해서 행정자치부 장관이 지정한 법인에 의해 개인정보 영향평가를 수행하고 그 결과를 행정자치부 장관에게 보고하도록 하고 있다(법 시행령 제37조). 행정자치부 장관은 제출받은 영향평가서를 개인정보 보호위원회에 제출하여 심의 · 의결을 받을 수 있도록 규정하고 있다.

개인정보 영향평가를 국회, 법원, 헌법재판소, 중앙선거관리위원회(그 소속 기관을 포함한다)는 국회규칙, 대법원규칙, 헌법재판소규칙 및 중앙선거관리위원회 규칙으로 정하는 바에 따라 시행하며, 민간기관의 경우는 개인정보의 취급 유형이 다양하여 일률적인 기준으로 개인정보 영향평가를 시행하기보다는 자율적으로 시행하도록 한다. 개인정보 영향평가는 법 시행 당시(2011.9.30.) 제35조에 따른 개인정보파일을 운영하고 있거나, 운용할 목적으로 제35조에 따른 개인정보파일을 구축하고 있는 공공기관의 장은 법 시행일로부터 5년 이내에 해당 개인정보파일에 대한 영향평가를 실시하며, 법시행일(2011.9.30) 이후에 개인정보 영향평가 실시대상이 되는 정보시스템을 구축 · 운용 · 연계 · 변경하려는 공공기관의 장은 2011년 12월31일까지 영향평가계획을 수립하고, 2016년 9월 30일까지 영향평가를 완료하도록 경과조치를 시행령 부칙 제6조에 두었다.

개인정보 영향평가에 관한 고시(2011)에 따라 일정 수준과 역량을 갖춘 기관으로 개인정보 영향평가기관을 영향평가기관 지정심사위원회의 심사를 거쳐 신규 지정 및 지정 갱신을 하도록 하였다. 고시 제정(2011) 시에는 2년을 유효기간으로 두었다가 2017년 고시 개정을 통해 3년을 갱신주기로 두었다. 2017년 1월 23일부터 18개 보안전문업체, 감리업체, SI업체가 지정갱신되어 영향평가를 수행하고 있다. 개인정보 영향평가 점검항목은 2011년 4개 영

15) 개인정보 영향평가의 대상은 1. 구축 · 운용 또는 변경하려는 개인정보파일에 5만명 이상의 정보주체에 관한 개인정보가 포함된 경우, 2. 해당 공공기관 내부 또는 외부에서 구축 · 운용하고 있는 다른 개인정보파일과 연계한 결과 50만명 이상의 정보주체에 관한 개인정보가 포함된 경우, 3. 구축 · 운용 또는 변경하려는 개인정보파일에 100만명 이상의 정보주체에 관한 개인정보가 포함된 경우, 4. 영향평가를 받은 후 개인정보 검색 체계 등 개인정보파일의 운용 체계를 변경하려는 경우: 해당 개인정보파일 중 변경된 부분이다(법 제35조).

역 114개 점검항목으로 구성하였다가 2015년 5개 영역 78개 점검항목으로 변경하여 점검하고 있다.[16)]

3) 개인정보보호법의 개정 내용

2011년 3월「개인정보 보호법」이 제정된 이후, 매년 급변하는 정보화환경에 맞추어 지속적으로 개인정보보호에 관한 규정이 강화되었다. 먼저, 2013년 8월 개정된 경우, 개인정보의 수집에 관하여 제16조(개인정보의 수집 제한)에 정보주체가 개인정보수집에 관하여 최소한의 정보 외에 수집을 동의하지 않을 수 있는 사실을 고지하고, 이로 인해 정보주체에게 재화 또는 서비스의 제공을 거부할 수 없도록 명시하였다. 제24조의2(주민등록번호 처리의 제한)에서는 정보주체의 주민등록번호를 수집 · 이용함에 정보주체의 동의를 받지 않을 수 있는 예외규정을 두었으며, 인터넷 홈페이지에 회원가입 함에 있어서 주민등록번호를 사용하지 않고 다른 방법으로 가입할 수 있는 방법을 제공하도록 명시하고, 이를 위한 법령의 정비, 계획의 수립, 필요한 시설 및 시스템의 구축 등 제반 조치를 마련 · 지원할 수 있게 하였다. 또한, 개인정보처리자의 안전성 확보조치를 강화하기 하기 위하여 제34조의2(과징금의 부과 등)를 개정하여 주민등록번호가 분실 · 도난 · 유출 · 변조 또는 훼손된 경우에는 5억원 이하의 과징금을 부과 · 징수할 수 있게 되었다.

둘째, 2014년 2차 개정에서는 제24조의2(주민등록번호 처리의 제한)에 따라 주민등록번호가 분실 · 도난 · 유출 · 변조 또는 훼손되지 아니하도록 암호화 조치를 통하여 안전하게 보관하도록 한다. 이에 따라 암호화의 적용대상 및 대상별 적용시기 등에 관하여 필요한 사항은 개인정보의 처리 규모와 유출 시 영향 등을 고려하여 대통령령으로 정한다. ③ 개인정보처리자는 제1항 각 호에 따라 주민등록번호를 처리하는 경우에도 정보주체가 인터넷 홈페이지를 통하여 회원으로 가입하는 단계에서는 주민등록번호를 사용하지 아니하고도 회원으로 가입할 수 있는 방법을 제공하여야 한다. ④ 안전행정부장관은 개인정보처리자가 제3항에 따른 방법을 제공할 수 있도록 관계 법령의 정비, 계획의 수립, 필요한 시설 및 시스템의 구축 등 제반 조치를 마련 · 지원할 수 있다.

셋째, 2015년 3차 개정으로 인해 제8조(보호위원회의 기능 등)에 개인정보보호위원회의 권한을 강화하여 기존의 심의 · 의결에 관한 행위뿐만 아니라, 그에 따른 관계 기관의 개선을 권고하고 그 이행여부를 점검할 수 있도록 하였다. 또한, 제8조의2(개인정보 침해요인 평가)에서 개인정보 처리를 수반하는 정책이나 제도를 도입 · 변경할 경우 개인정보보호위원회에게 개인정보 침해요인 평가를 받도록 신설하였으며, 제32조의2(개인정보 보호 인증)에 관하

16) 4개 영역(대상기관의 개인정보보호 관리체계, 대상사업의 개인정보보호관리체계, 개인정보처리단계별 보호, 대상시스템의 기술적 보호조치, 신규 IT기술 활용시 개인정보보호) → 5개 영역(대상기관 개인정보보호 관리체계, 대상시스템의 개인정보보호관리체계, 개인정보처리단계별 보호조치, 대상시스템의 기술적 보호조치, 특성 IT기술 활용시 개인정보보호)

여 개인정보처리자의 개인정보 처리 및 보호와 관련한 일련의 조치에 대한 인증을 하도록 신설하였다. 제39조의2(법정손해배상의 청구)에 따라 개인정보처리자의 고의 또는 과실로 인하여 개인정보가 분실 · 도난 · 유출 · 위조 · 변조 또는 훼손된 경우 300만원 이하의 범위에서 상당한 금액을 손해배상 청구할 수 있도록 신설하였다. 제70조(벌칙)에 관하여 기존의 개인정보의 변경, 말소 등으로 인한 심각한 지장을 초래한 자는 10년 이하의 징역 또는 1억원 이하의 벌금에 함에 있어서 각호[17]로 세분화하였다. 또한, 제74조의2(몰수 · 추징 등)을 신설하여 제70조부터 제73조까지의 벌칙에 해당되는 경우 외에 위반행위와 관련하여 취득한 금품이나 그 밖의 이익은 몰수할 수 있으며, 이를 몰수할 수 없을 때에는 그 가액을 추징할 수 있다.

넷째, 제4차 개정내용에서는 개인정보의 수집출처 고지에 관하여 제20조(정보주체 이외로부터 수집한 개인정보의 수집 출처 등 고지)를 개정하여 고지의 시기 · 방법 및 절차 등에 관한 규정을 시설하였다. 제23조(민감정보의 처리 제한)에 따라 민감정보의 처리에 있어서 분실 · 도난 · 유출 · 위조 · 변조 또는 훼손되지 아니하도록 제29조에 따른 안전성 확보에 필요한 조치를 하도록 하였다. 제24조(고유식별정보의 처리 제한)에 관하여 제4항과 제5항을 신설하였는데, 제3항으로는 행정자치부장관은 처리하는 개인정보의 종류 · 규모, 종업원 수 및 매출액 규모 등을 고려하여 대통령령으로 정하는 기준에 해당하는 개인정보처리자가 제3항에 따라 안전성 확보에 필요한 조치여부를 정기적으로 조사하도록 하였다. 제4항에서는 행정자치부장관은 대통령령으로 정하는 전문기관으로 하여금 제4항에 따른 조사를 수행하도록 하였다.

다섯째, 제5차 개정에서는 법률 제17조에 따라 정보주체로부터 동의를 받음에 있어서 개인정보처리자가 서면으로 정보주체의 동의를 받을 때에는 개인정보의 수집、이용 목적, 수집、이용하려는 개인정보의 항목 등 대통령령으로 정하는 중요한 내용을 행정자치부령으로 정하는 방법에 따라 명확히 표시하여 알아보기 쉽게 하도록 하였다(안 제22조제2항 신설)(https://www.law.go.kr). 이러한 개인정보보호법의 개정 내용을 정리하면 다음 〈표 13-4〉와 같다.

4) 개인정보보호법의 향후 과제

(1) 적용범위 확대에 따른 혼란

정부는 개인정보보호법을 제정하면서 210개의 개인정보처리법령을 일괄 정비하였으며, 개인정보보호를 위한 전담인력을 확충하고 관련 정보보호시스템을 도입하는 등의 정책을 추진

17) 1. 공공기관의 개인정보 처리업무를 방해할 목적으로 공공기관에서 처리하고 있는 개인정보를 변경하거나 말소하여 공공기관의 업무 수행의 중단 · 마비 등 심각한 지장을 초래한 자
2. 거짓이나 그 밖의 부정한 수단이나 방법으로 다른 사람이 처리하고 있는 개인정보를 취득한 후 이를 영리 또는 부정한 목적으로 제3자에게 제공한 자와 이를 교사 · 알선한 자

표 13-4 「개인정보 보호법」의 개정사항

개정	주요 내용
1차 개정(2013.8.6, 2014.8.7 시행)	• 정보주체 미동의 가능 고지 • 주민번호 수집 법정주의 • 주민번호 유출시 과징금 부과
2차 개정(2014.3.24, 2016.1.1 시행)	• 주민번호 보관 시 암호화 조치 의무화
3차 개정(2015.7.24, 2016.7.25 시행)	• 개인정보보호위원회 기능 강화 • 개인정보 침해요인 평가, 개인정보 보호 인증 등 강화 • 법정 · 징벌적 손해배상제 도입 • 개인정보 범죄 처벌강화
4차 개정(2016.3.29, 2016.9.30 시행)	• 개인정보 수집 출처 고지의무화 • 민감정보 안전성 확보조치 의무화 • 주민등록번호 수집 법정주의 강화
5차 개정(2017.4.18, 2017.10.19. 시행)	• 개인정보 동의방법 구체화

하였다.[18] 또한 개인정보보호법의 적용범위가 확대되면서 발생할 수 있는 혼란을 고려하여 6개월간의 계도기간을 두었으며, 지속적인 법집행에 앞선 컨설팅과 교육 및 홍보를 적극적으로 하고 있다.

구체적으로는 개인정보 암호화의 경우에는 고시 제정 3개월 이내에 암호화 계획을 수립하고 2012년 12월 31일까지 암호화를 적용하도록 하였으며, 개인정보 영향평가의 경우는 시행령에 기존 시스템은 5년 이내에, 개인정보보호법 시행 이후 개인정보 취급시스템을 구축하는 경우는 2012년 9월 30일까지 영향평가를 완료하도록 하여 제도적 파악 후에 정책집행이 이루어지도록 하였다. 특히 개인정보처리자가 주민등록번호의 저장 · 전송시 필요한 암호화 수행방식과 사례를 포함한 알고리즘 등에 관한 안내서를 2010년 10월 작성하여 개인정보처리시스템의 환경변화에 따른 적용방식을 수록한 '개인정보 암호화 조치 안내서'를 발간하여 제공하였다. 2014년 주민등록번호 수집 법정주의가 도입되면서 주민등록번호 보관규모가 100만명미만의 경우 2016년 12월 31일까지, 100만명이상인 경우 2017년 12월 31일까지 암호화조치를 완료하도록 유예기간을 주었다. 이후「개인정보 보호법」의 개정에 따라 2016년 9월 '개인정보의 암호화 조치 안내서를 개정하여 민감정보(제23조), 고유식별정보(제24조), 주민등록번호(제24조의2) 등의 분실 · 도난 · 유출 · 위조 · 변조 또는 훼손되지 않도록 암호화하며, 안전성 확보조치(제29조)를 암호화하여 안전성 확보조치를 하도록 하고 있다.

따라서 개인정보보호법 제정에 의해 지금까지 개인정보 사각지대로 분류되던 소상공인까

18) 정보보호환경의 변화를 측정함에 있어서 국가정보보호순위(WEF)가 51위(2008) → 12위(2011), 중앙 · 지자체 정보보호시스템 도입률이 64%(2008) → 84%(2011)및 정보통신기반시설이 109개(2008) → 185개(2011)로 증가함을 알 수 있다.

지 개인정보를 보호할 수 있어 개인정보의 안전성을 강화하였다고는 볼 수 있으나, 개인정보보호법의 범위 확대에 적절하게 대응하지 못할 경우 큰 사회적 혼란이 야기될 수 있다.

(2) 정보기술 발전에 대응 미흡

개인정보보호법은 법을 제정하기 위해 오랜 기간이 소요되었지만, 시시각각 발전하는 정보통신기술을 고려하여 규제하는 선제적 법규로 적용하기에는 한계가 있다. 더욱이 최근 이슈가 되고 있는 빅데이터, 클라우드 컴퓨팅 등이 개인정보 보호에 심각한 장애로 등장하고 있다. 우선 빅데이터의 활용은 정보주체의 동의를 얻고, 법령에 근거하여 개인정보를 수집 · 이용 · 제공 · 파기하였다 하더라도, 이 과정에서 정보주체가 동의한 개인정보처리자가 아닌 다른 제3자에 의해 개인정보가 통합 · 관리될 수 있다. 따라서 개인정보처리자의 범위를 확대할 수 있으며, 개인정보의 집적화로 인해 또 다른 정보로 가공하여 활용하거나 새로운 서비스를 창출할 수 있는 환경을 가져왔다.

더구나 이러한 과정에서 발생할 수 있는 개인정보의 침해우려가 클라우드 환경으로의 전환을 제약하는 요인으로 작용할 수 있다. 일례로 2012년 3월 국가정보원은 빅데이터와 클라우드 기반으로 인해 개인정보의 침해우려가 있다며, 국가정보원 내부에서는 '클라우드 서비스 이용 금지령'을 내렸다. 이후에 빅데이터와 클라우드 기반의 서비스 확대에 따라 개인정보보호를 위한 조치를 강화하게 하였다. 2014년 '빅데이터 개인정보보호 가이드라인'을 마련하여 개인정보 또는 이용내역정보를 전자적으로 설정된 체계에 의해 수집 · 저장 · 조합 · 분석 등 처리하여 새로운 정보를 생성함에 있어서 개인정보를 보호하여 안전한 이용환경을 조성하고자 하였다. 2015년 3월「클라우드컴퓨팅 발전 및 이용자 보호에 관한 법률」을 제정하여 클라우드 컴퓨팅 서비스를 제공함에 있어서 이용자의 권익보호를 근거로 마련하였다.

특히, '빅데이터 개인정보보호 가이드라인'에 수집된 개인식별정보에 대한 철저한 비식별 조치를 취한 후 수집 저장 조합 분석 및 제3자 제공 등이 가능하도록 명시하고 있고 있다. 이후 2016년 '개인정보 비식별 조치 가이드라인'을 제정하여 빅데이터활용에 필요한 비식별 조치 기준 · 절차 · 방법 등을 구체적으로 안내하여 개인정보보호를 강화하고 있다. 2018년 3월「개인정보보호법」 개정안에서는 빅데이터로 처리할 수 있는 '가명정보(비식별정보)'[19]를 활용할 수 있으며, 정보주체는 개인에 대해 프로파일링하거나 자동화된 의사결정을 할 경우 설명을 받고 거부할 권리를 신설하였다.

이제 개인정보는 새로운 기술에 의해 집적화됨으로써 침해사고가 발생할 경우, 지금까지 유출되었던 침해사고로 인한 피해보다 훨씬 더 큰 국가적 위기를 가져올 수 있다. 따라서 사

19) 가명정보란 이름이나 주소, 전화번호, 직장 등을 비롯해 개인을 특정할 수 있는 정보(식별정보)를 가공해 누구인지 알아볼 수 없도록(비식별화 조치)만든 정보를 말한다. 이는 병력 등 민감정보를 제외한 가명정보를 학술연구 및 통계작성 등 공익적 목적에 사용할 수 있다.

물인터넷과 인공지능 등 지능정보기술의 급속한 발전에 따른 전자정부의 환경 변화로 개인정보보호에 관한 다양한 이슈사항을 다룰 수밖에 상황에 직면하였다. 그러므로 이제 「개인정보보호법」에 개인정보의 집적 등에 관한 보호규정을 포함시켜서 개정할 필요성이 있다.

쉬어가기

OECD 개인정보보호 가이드라인 8원칙

1980년 제정, 2013 개정

1. 정보수집 제한의 원칙(Collection Limitation Principle)

개인정보는 수집에 있어서 합법적이고 정당한 수단에 의하여, 그리고 정보 주체의 인지 및 동의에 의하여 수집되어야 한다.

2. 정보의 질의 원칙(Data Quality Principle)

개인정보는 사용하고자 하는 목적에 따라 정확하고 완전하며 최신의 것이어야 한다.

3. 목적 구체성의 원칙(Purpose Specification Principle)

개인정보를 수집할 때는 수집의 목적이 구체적으로 명시되어야 하며, 이후의 이용에 있어서도 처음의 목적과 일치되어야 한다.

4. 이용제한의 원칙(Use Limitation Principle)

개인정보는 정보주체의 동의에 의한 경우와 법률에 근거한 경우를 제외한 경우,
목적 외 공개 · 이용 · 사용되어서는 안된다.

5. 안전성 확보의 원칙(Security Safeguards Principle)

개인정보는 상실이나 부당한 접근 · 파괴 · 이용 · 수정, 그리고 공개와 같은 위험에 대처하여 적절한 안전성 장치가 확보되어야 한다.

6. 공개의 원칙(Openness Principle)

개인정보를 개발 · 이용하는 등의 정책은 공개되어야 하며, 이용 목적과 통제자,
그리고 권한의 소재가 알기 쉽게 되어야 한다.

7. 정보주체 참여의 원칙(Individual Participation Principle)

정보주체인 개인은 자신이 제공한 정보를 통제하는 이로부터 다음의 권리를 가진다.

- 개인정보의 보유 유무를 확인할 권리
- 원한다면 정해진 시간, 적은 비용 내에서, 이해하기 쉽게 조회할 수 있을 권리
- 위의 요구가 거절되었을 경우, 타당한 이유를 요구할 권리
- 개인정보의 내용에 대하여 이의를 신청하고, 데이터의 정정을 요구할 권리

8. 책임의 원칙(Accountability Principle)

개인정보 관리자는 앞서 언급한 원칙들이 실행될 수 있게 조치를 취할 책임이 있다.

PART 5

성공적인 전자정부 구현을 위한 과제들

CHAPTER

14

정보기술을 활용한 행정개혁

이제 스마트 지능정보기술의 급속한 발전으로 인하여 전자정부의 미래 모습은 급격하게 변화하고 있다. 우리 정부도 이에 대응하여 스마트 지능형 전자정부 전략을 추진하고 있다. 이제 다양한 지능정보기술들을 행정에 도입하여 국민과의 접점에서 일어나는 전자적 민원행정서비스의 모든 분야들이 급속하게 변화할 것이다.

따라서 이러한 스마트 지능형 정보기술들과 업무 혁신이 결합하여 내 손안의 맞춤형정부에서 스스로 알아서 처리해주는 지능형정부에 이르기까지 다양한 전자정부의 모습들이 도출될 수 있다. 이 장에서는 이러한 지능정보기술들 가운데서 현재 가장 주목받고 있는 분야들인 블록체인의 활용, 빅데이터를 통한 맞춤형 지능형 전자정부 등을 중심으로 전자정부의 발전 과제들을 살펴보고자 한다. 또한 이러한 지능정보기술을 활용한 행정혁신과 부패통제를 함께 알아보고자 한다.

14.1 블록체인 기반의 전자정부

2018년 초에 비트코인의 광풍이 대한민국을 강타하면서 가상화폐에 대한 관심이 급속하게 증가하였다. 이제까지 블록체인은 비트코인을 운영하기 위한 핵심기술로 인식되었다. 그러나 많은 나라들이 이러한 블록체인 기술을 여러 가지의 산업 분야에 응용하면서 그 활용이 주목받고 있다. 이에 우리 정부도 이러한 블록체인 기반 기술을 활용하여 전자정부를 고도화시키는 작업에 착수하였다.

1. 블록체인의 정의 및 등장 의미

「유엔 미래보고서 2050」에서는 블록체인을 10대 유망기술 중 하나로 선정했다(박영숙 외, 2016). 2015년 세계경제포럼에서는 ICT전문가 800명 중 58%가 '2025년까지 GDP의 10% 이상이 블록체인에서 발생할 것'으로 전망했다. 또한 2017년 2월 열린 세계경제포럼에서도 블록체인을 10대 유망기술의 하나로 뽑았다. 이처럼 블록체인은 전 산업에 영향을 미칠 것으로 보인다. 한국정보화진흥원 미래전략센터는 빅데이터를 분석해 STEEP(사회, 기술, 경제, 환경, 정치)분야 미래 이머징 이슈를 지속적으로 도출하여 왔다. 그 중 기술(ICT) 분야에서는 '기반기술'과 '응용분야'로 나누어 가장 주목받을 것으로 예상되는 12개의 이머징 이슈를 선정하였고, 기반기술 이머징 이슈의 하나로 선정된 '블록체인'은 2017년 가상화폐의 열기와 더불어 금융 · 공공 · 물류 분야에서 활용 방안이 제기되어 왔다. 특히 2018년부터는 음악, 유통, 계약, 전자투표, 부동산 소유 증명 등 무결성 입증이 필요한 콘텐츠의 새로운 거래 기반으로 주목받고 있다.

1) 블록체인의 정의

블록체인이 21세기를 바꿀 신기술로 주목받고 있다. 일반인들에게는 블록체인 보다는 가상화폐인 비트코인이 잘 알려져 있다. 그 이유는 블록체인이 처음부터 비트코인의 거래 기록 기술로 구현되었기 때문이다. 블록체인은 '분산형 원장(Distributed Ledger)'으로 정의할 수 있다. 좀 더 구체적으로 말하면 블록체인은 '그룹을 형성하고 있는 참여자들 사이에서 만들어낸 데이터를 참여자 모든 기기에 저장하도록 하는 기술'로 정의할 수 있다. 즉 모든 거래기록 내용을 한 곳에 저장하는 것이 아니라 모든 참여자 장부에 기록하는 방식이다. 이처럼 블록체인은 주기별로 본인이 새롭게 기록한 정보를 이웃 참여자가 업데이트 하게 한다. 이러한 블록체인의 원리는 비트코인 거래 기록의 위 · 변조를 방지하는 목적으로 활용된다.

블록체인은 거래 기록을 주기별로 끊임없이 상호간에 매핑한다. 거래 기록 중 불일치하는 부분이 있으면, 다수 원칙에 따라서 위 · 변조 된 기록을 찾아낸다. 이는 해커가 기록을 위 · 변조 하는 것을 거의 불가능하게 만든다. 기록 정보를 서로 매핑하는 과정에서 개인의 컴퓨팅 파워를 이용한다. 그래서 이미 모든 참여자에게 기록한 정보를 해킹하기 위해서는, 모든 참여자의 50%를 넘는 컴퓨팅 파워를 이용해야 한다. 따라서 블록체인은 참여자가 많을수록 데이터 위변조가 어려워진다고 볼 수 있다.

가상화폐의 기반 기술이 되는 블록체인은 기존 중앙집중형 시스템에 비해 효율성, 보안성, 시스템 안정성, 투명성 등에 장점이 있다. 2017~2018년까지 세계 여러 나라들은 비트코인으로 대표되는 가상화폐의 극심한 가격 변동성 때문에 사회 혼란을 겪으면서 규제 필요성에 공감했다. 그러나 이 과정에서 기반 기술인 블록체인의 활용 가능성을 인식하고 블록체인 기술과 산업의 육성 방안을 찾고 있다.

2) 블록체인의 특징을 활용한 전자정부

블록체인 기술의 특징을 활용한 전자정부는 크게 세 가지 관점에서 살펴볼 수 있다. 첫째는 우수한 보안성이다. 블록체인은 분산형 원장이기 때문에 위 · 변조 공격을 어렵게 한다. 둘째는 효율성이다. 중앙기관이 없어 중앙에서 처리하는 비용이 들지 않기 때문이다. 셋째는 신뢰성이다. 모든 참여자에게 정보를 분산형으로 저장해 모든 참여자가 관련 정보를 볼 수 있기 때문이다.

(1) 보안성이 강화된 전자정부

블록체인은 위 · 변조 방지를 거의 불가능하게 만드는 특징이 있다. 이는 블록체인 적용으로 정부가 중요 정보를 안전하게 보관할 수 있음을 의미한다. 현재 세계 여러 나라들이 납세정보나 의료정보 등 민감한 정부 보유의 정보를 블록체인을 활용하여 보관하고 있다.

(2) 효율성이 향상된 전자정부

블록체인은 기존 중앙 방식과 달리 실시간으로 모든 정보를 분산하게 한다. 이는 정부의 업무 효율성을 높여준다. 그리고 국민의 편의 증가로도 이어진다. 현재 여러 나라들이 국민들의 신원관리나 전자문서 등을 블록체인 기술을 활용하여 공유하는 사업을 추진하고 있다. 기존처럼 전자문서를 각 부처에서 중앙 시스템에서 관리하는 것이 아니라, 블록체인 형태로 시스템을 구축해 전자문서를 공유할 수 있게 구현하는 것이다. 이것은 부처 간에 문서로 협업할 일이 발생할 때, 문서를 서로 공유하고 검토하는 시간을 줄여준다. 왜냐하면 각 부처에서 발생한 정보가 타 부처에 실시간으로 기록되기 때문이다.

(3) 신뢰성이 향상된 전자정부

블록체인은 정보를 공유하고 있고, 한 번 기록된 정보는 위변조가 불가능하다는 특징이 있다. 이는 기록내용을 투명하게 하고, 악의적인 조작을 방지한다. 그래서 블록체인을 전자정부에 적용하면, 서비스의 신뢰성을 향상시킬 수 있다. 구체적인 사례로는 온두라스가 토지대장에 블록체인을 적용하고 있다.

온두라스는 부정부패로 유명한 국가이다. 2016년 기준으로 부패인식지수는 180개국 중에 123위이다. 특히 토지대장 조작 관련 부패가 가장 심하다. 정부 고위 관료들이 빈번하게 토지대장을 조작해 토지를 빼앗기 때문이다. 이에 온두라스 정부는 토지 조작을 방지하기 위해 토지 계약 시스템을 블록체인에 적용하는 과제를 2015년부터 진행하고 있다. 토지대장을 블록체인으로 관리하면, 한 번 저장된 토지 내역은 조작이 불가능하다. 이는 관료들이 토지에 대한 조작을 하지 못하게 막아준다. 아울러 토지 내역이 모두 공유되기 때문에 투명하다.

이와 함께 많은 나라들에서 전자투표에 블록체인을 적용해 신뢰성을 향상시키는 방안을 모색하고 있다. 또한 블록체인을 적용하면 더 나은 모습의 개방형 전자정부를 구현할 수 있을 것으로 예상된다. 블록체인 방식으로 공유 가능한 정보를 실시간으로 개방함으로써 전자정부를 더욱 더 발전시켜 나갈 수 있기 때문이다.

2. 블록체인 전자정부의 해외 사례

미국, 영국, 독일, 스위스 등 여러 국가가 블록체인 기반을 활용한 다양한 서비스를 개발 중에 있다. 블록체인 서비스는 공공에만 국한되지 않는다. 금융, 사물인터넷 기반 서비스, 시장예측, 전자문서, 전자투표 등 여러 분야에 활용될 수 있다.

1) 미국

미국은 블록체인 선도 국가 중 하나이다. 그러나 국가 특성상 정부가 아닌 민간주도로 블록체인 산업이 고도화 됐다. 블록체인 기술 선도기업인 IBM과 리눅스 재단 등 미국에서는 민간기관이 블록체인 산업을 주도하고 있다. 현재 미국정부는 의료정보 기록의 위 · 변조를 방지해서 환자 생명의 안전을 보호하기 위하여, 의료정보 시스템에 블록체인 도입을 검토하고 있다. 미국 우정청 역시 블록체인 기반의 가상화폐인 '포스트 코인'을 개발하고 있다. 미국 우정청은 포스트 코인을 더욱 더 확대시켜서 물품구매 및 환전 지급을 보다 효율화 할 계획이다. 미국 버몬트 주에서는 2016년 6월에 블록체인에 기록한 데이터를 법으로 인정하는 법안이 통과됐다. 이로써 개인 간 계약을 블록체인으로 보관할 수 있게 되었다.

2) 두바이

스마트시티 선두 도시인 두바이는 2016년 2월 '글로벌 블록체인 의회(Global Blockchain Council)'를 설립했다. 그리고 2016년 5월에 두바이는 스마트시티 구축과제의 목적으로 블록체인 추진전략을 발표했다.

기술구현은 IBM이 중점적으로 맡고 있다. 두바이의 블록체인 주요 추진 목표는 전자정부를 구현해서 종이자원을 절약하는 것이다. 이를 위해서는 신뢰할만한 시스템이 필요한데 그것이 바로 블록체인인 것이다. 두바이는 블록체인 기반으로 전자문서가 구축되면 연간 약 1조 7천억원을 절감시킬 수 있는 것으로 기대한다. 블록체인 공유 시스템으로 인해서 업무 효율도 증가할 것으로 전망하고 있는데, 2천 5백만 시간이 절감될 것으로 추정하고 있다.

이외에도 두바이는 환자 이력과 같은 중요정보들을 블록체인으로 관리해서 위 · 변조 위협을 막고 간편한 거래를 제공하는 사업을 추진하고 있다. 관광객들에게는 블록체인 기반 관리 시스템을 제공해서 관광객의 편의성을 향상시켜 관광 산업을 육성하겠다는 방안도 발표했다.

3) 영국

영국은 블록체인 선도국가라고 말할 수 있다. 비트코인을 세계 최초로 국가화폐로 인정한 국가이기 때문이다. 이는 영국이 유럽의 핀테크 중심지 역할을 하기 때문으로 볼 수 있다. 따라서 영국은 블록체인의 잠재성을 보고 금융 산업 이외의 분야에 블록체인을 적용하려는 움직임을 보이고 있다. 2016년 영국 과학부는 블록체인에 대한 보고서를 출간하는데 블록체인이 영국 산업에 중요하다는 내용이 주로 담겨있다. 영국 정부는 블록체인 분석 보고서를 통해서 적극적으로 블록체인을 추진해야할 것을 강조하고 있다.

블록체인과 관련하여 영국 정부가 추진하려고 하는 항목은 아래의 8가지이다.

- 정부(경제관련 부)는 블록체인 로드맵을 반드시 구상해야 한다.
- 연구 단체는 블록체인의 효용성을 반드시 평가해야 한다(안정성, 확장성).
- 실증을 위해서 지방정부가 추진할 수 있게 지원해야 한다.
- 블록체인에 대한 규제 사항을 명확히 고려해야 한다.
- 보안성과 통합성을 위해서 산학협력을 이뤄야 한다.
- 효과적이고 실용적인 보안 프로토콜 사용을 위해 산학협력을 구성해야 한다.
- 정부는 블록체인이 연구수준이 아니라, 실제 적용될 수 있게 지원해야 한다.
- 탑 다운 방식뿐만 아니라 협력으로 정부가 블록체인 역량을 쌓아야 한다.

4) 러시아

2017년 5월 러시아는 2019년까지 블록체인 사용에 대한 법안을 마련하겠다고 밝혔다. 블록체인 담당부서인 통신부(Ministry of Communication)는 블록체인을 위한 조항을 만들어나갈 계획임을 밝혔다. 아울러 러시아 정부 소유 은행인 스브르뱅크(Sberbank)는 이더리움 기반의 '마스터 체인(Masterchain)'을 개발했다. 스브르뱅크는 마스터체인으로 금융거래를 더욱더 안전하고 빠르게 하는 것이 목적이라고 밝혔다. 그 뿐만 아니라 러시아 정부는 블록체인 기반의 문서관리 시스템도 개발하고 있다. 러시아 반독점청(Federal Antimonopoly Service)과 스브르뱅크는 문서교환을 블록체인으로 관리하는 솔루션을 함께 개발하고 있다. 2016년에 이미 테스트를 마친 상태이다. 이처럼 러시아가 블록체인에 활용에 적극적인 이유는, 블록체인을 국가 신성장 동력으로 보고 있기 때문이다. 블록체인은 현재 초기 진입단계 기술이기 때문에 기술격차가 크지 않다. 따라서 러시아 정부의 주요 목표는 "기술격차를 좁히고 블록체인 산업을 주도해서 국가 경쟁력을 강화하겠다"는 것이다.

5) 호주

호주 우정청과 신원관리청은 '블록체인 기반의 신원관리' 구현방안을 모색하고 있다. 현재 호주 우정청은 호주시민의 90% 가량 되는 여권을 관리하고 있다. 주된 목적은 신원관리를 더욱 신속하게 해서 업무 능률을 향상시키는 것이다. 호주에서는 블록체인 기반의 정치를 표방하는 플럭스(Flux)라는 정당도 등장했다.

플럭스(Flux)는 2016년 3월 29일에 정식으로 정당으로 등록됐다. 플럭스의 최종 목표는 직접 투표이다. 블록체인의 신뢰성으로 모든 정책에 직접 투표가 가능하기 때문에 이러한 목표는 절대 불가능 한 것은 아니다. 플럭스는 1,536명의 자원봉사자와 6,374명의 당원으로 구성돼 있다. 참고로 자원봉사자는 플럭스의 진행을 보조하는 역할을 한다.

6) 시사점

이제까지 해외의 블록체인 정책 추진 동향에서 얻을 수 있는 정부정책 추진 방향 특징은 세 가지로 요약할 수 있다.

첫째, 미래 성장 동력으로서, 여러 국가기관에서 준비하고 있다는 것이다. 특히 이러한 경향을 영국과 러시아의 추진 정책에서 찾아 볼 수 있다. 이는 블록체인 시장과 기술이 초기 단계이기 때문이다. 비트코인을 제외하면 아직까지 블록체인 서비스는 크게 안정적이지 않다. 최근 등장한 여러 가상화폐들은 아직 초기 시장을 형성하고 있다. 아울러 이더리움 또한 해킹 위협이라는 이슈가 있다. 그러므로 여러 나라들은 후발주자도 격차를 좁힐 수 있다고 판단해서, 블록체인 사업을 적극 추진하고 있다. 이는 국내도 마찬가지 이다.

둘째, 신뢰도 향상이다. 세계적으로 부정부패로 유명한 국가들이 있다. 대표적인 예가 온두라스이다. 조지아 공화국 또한 부정부패가 심하다. 따라서 이들 나라들은 국가의 부정부패를 개선하고자 블록체인을 도입하고 있다. 그리고 전자투표의 활용 또한 신뢰도를 향상 시킬 수 있다.

셋째, 비용절감과 서비스 개선이다. 스웨덴, 미국, 두바이 등이 이에 해당한다. 블록체인은 데이터를 공유함으로서 정보전달에 드는 비용을 감소시킬 수 있고, 데이터 위 · 변조 공격을 막을 수 있다. 이를 바탕으로 보안에 드는 비용을 줄일 수 있다. 아울러 정보전달 간소화는 서비스 속도를 빠르게 해주기 때문에 서비스 질의 향상에도 기여한다.

3. 블록체인 전자정부의 국내 추진 동향

우리나라의 경우 블록체인 후발주자라고 할 수 있다. 그러나 기술격차가 크지 않기 때문에, 블록체인 산업을 주도하기 위해서 다양한 사업을 전개하고 있다. 정부가 블록체인에 관심을 가지게 된 것은 2016년부터이다. 당시 미래창조과학부(현 과학기술정보통신부)는 블록체인 사업을 선도하기 위해서, 2016년 11월 30일에 블록체인 활성화 방안을 논의하였다. 이어서 2018년 현재 과학기술정보통신부는 한국정보화진흥원(NIA)과 함께 블록체인 시범사업을 추진하고 있다. 이처럼 과학기술정보통신부는 블록체인을 미래 성장 동력으로 인식하고 산업을 활성화 하는 방향으로 추진하고 있다. 이와 함께 행정안전부은 기존 전자정부 서비스를 블록체인을 활용하여 고도화하는 방안을 모색하고 있다.

1) 행정안전부의 추진 현황

행정안전부는 블록체인을 행정서비스에 도입해서 서비스의 질을 높이고자 하는 방향으로 정책을 추진하고 있다. 이를 위하여 2017년 2월에 블록체인 전문가들과 함께, 행정 서비스에 블록체인 서비스 도입방향을 논의했다. 제4차 산업혁명 시대를 맞아, 인공지능, 사물인터넷(IoT)과 더불어 미래 전략 기술로 부각되고 있는 블록체인 기술을 전자정부에 도입하는 방안을 모색하였다.

구체적으로는 '블록체인이 만드는 미래의 정부 혁신'이라는 주제로, 블록체인 기반의 시민참여 디지털 거버넌스, 투명한 행정처리, 공유경제 플랫폼 등에 대한 해외 정책 동향과 추진방향이 제시되었다. 또한 '블록체인과 디지털 공공서비스 개혁'이라는 주제로, 블록체인을 활용한 행정정보 공동이용 기반조성, 기관 간 협업 확대, 공공서비스 인증, 공공데이터 거래 등 공공서비스 전달체계 개선 방안이 제시되었다. 이러한 블록체인의 행정 도입 방안은 다음 〈표 14-1〉과 같이 정리되었다.

이러한 연구 내용들을 바탕으로 하여 행정안전부는 2018년에 '2018년 첨단 정보기술 활용 공공서비스 촉진사업'을 통해 인공지능, 블록체인 등 지능정보기술을 적용한 전자정부서비스를 추진하고 있다. 2018년에 추진하는 사업은 ▲인공지능 우범화물 검사대상 선별시스템 ▲지능형 스마트 선별관제 ▲블록체인 기반 원산지증명서 발급 · 교환 ▲지능형 대형생활폐기물 처리서비스 ▲대국민 인명구조 수색시스템 ▲IoT 기반 소외계층 공유차량 카쉐어링 서비스 등 총 6개 과제로 4차 산업혁명의 핵심기술을 채택한 것들이다. 이 가운데 블록체인 기반 원산지증명서 발급 및 교환사업이 포함되어 있다.

국가 간의 원산지 증명서 발급 · 교환에 위 · 변조가 불가능한 특성을 가진 블록체인 기술을 적용하는 것이다. 기존에는 수출입 기업이 원산지 증명서 원본을 상대국가에 항공편 등으로 직접 제출해야 함에 따라 불필요한 시일이 소요되었다. 향후에는 블록체인망을 통해 진본

표 14-1 블록체인의 행정분야 도입 분야 및 방법

도입 분야	도입 방법
전자투표	– 투표권자에게 투표를 위해 구축된 블록체인에 참여할 권한을 부여 – 투표내용은 암호화, 투표결과는 공개되도록 구현
전자계약	– 상호 동의한 계약의 내용은 암호화되고 블록체인에 분산 저장 – 계약의 내용은 계약 당사자만 보유하는 개인키를 이용하여 복호화 가능
주민등록 · 전자문서 등 관리	– 모든 정보는 암호화되며 열람가능한 자만 복호화 가능
부동산 등기	– 법원 등기소 및 부동산 등기를 열람하고자 하는 사람이 블록체인에 참여

성이 검증된 원산지 증명서를 국가 간 즉시 교환 가능하게 됨으로써 수출입 기업의 물류비용이 크게 절감될 것으로 보인다. 행정안전부는 "인공지능 · 블록체인 등 다양한 지능정보기술의 적용을 통해 국민이 체감할 수 있는 혁신적인 공공서비스를 발굴해 지능형 정부 구현을 이끌어 가겠다."라고 밝혔다.

2) 과학기술정보통신부의 추진 현황

2018년 3월에 과학기술정보통신부와 한국인터넷진흥원은 블록체인의 우수 활용사례 발굴을 위해 시범사업을 추진한다고 밝혔다. 블록체인은 다양한 산업 분야에서 데이터의 안전성과 거래 효율성을 높일 수 있는 4차 산업혁명을 구현하는 미래 유망기술이다. 과학기술정보통신부는 전 산업분야 블록체인 기술 활용 확산을 위해 2017년부터 시범사업을 진행하고 있다.

2018년 과학기술정보통신부는 국가기관 · 지자체를 대상으로 한 사전수요조사에서 41개 기관이 제출한 72개 과제 중 6개를 선정해 2017년 대비 3배 규모인 총 42억 원의 예산을 투입할 계획이다. 2018년 시범사업 과제는 ▲전자투표 시스템(선관위) ▲전자문서 발급 인증 시스템(외교부) ▲축산물 이력관리 시스템(농식품부) ▲부동산거래 플랫폼(국토부) ▲스마트 개인통관 서비스(관세청) ▲청년활동지원 온라인 플랫폼(서울시) 등이다. 이러한 사업의 내용을 간략하게 정리하면 다음과 같다.

(1) 투명한 전자투표 시스템

최근 온라인 전자투표의 활용 영역이 정당경선, 대학총장선거 등 공공성이 높은 영역으로 확장되면서 한 차원 더 높은 수준의 보안성이 요구되고 있다. 이에 과기정통부는 저장된 데이터의 위 · 변조가 어려운 속성을 지닌 블록체인 기술을 전자투표 시스템에 적용해 투표과정과 결과에 대한 신뢰성을 확보하고 온라인 전자투표 활용을 확산할 계획이다.

(2) 블록체인 기반 전자문서 발급 인증 시스템

최근 우리나라에서 발행한 문서(공문서 · 공증문서)를 해외에서 인정받기 위해 외교부, 법무부에서 별도로 발급하는 '아포스티유(Apostille) 인증서'의 발급 기록(2017년 기준 13만건) 시스템을 블록체인 기반으로 구축하는 것이 필요하다는 의견이 국제적으로 지속 제기되고 있다. 이에 과기정통부는 '블록체인 기반 아포스티유 관리 시스템'을 선제적으로 구축해 우리나라 발행 문서의 해외활용 신뢰성을 제고하고, 글로벌 시스템 구축 방안에 대한 국제 표준화를 추진한다는 방침이다.

(3) 믿을 수 있는 축산물 이력관리 시스템

농식품부는 소(牛)의 출생부터 사육, 도축, 가공, 판매단계에 이르기까지 전 단계의 이력정보를 관리해 대국민 공개하고 있다. 하지만 이행주체의 신고 내용에 의존하고 있어 오류가 있을 수 있고 실시간 확인이 미흡한 실정이다. 이에 과기정통부는 사물인터넷 센서로부터 이력정보를 실시간 수집해 블록체인으로 연계하는 '블록체인 기반 축산물 이력관리시스템' 구축을 통해 이력정보의 실시간 공유 및 검증체계를 갖춰 소비자의 신뢰도를 제고하고 각종 유통관련 서류에 대한 관리부담을 경감한다는 계획이다.

(4) 종이 없는 스마트계약 기반 부동산거래 플랫폼

현재 부동산 거래 시, 각종 부동산 증명서를 요구하고 있어 사회적 비용이 소요되고 있다. 또 종이증명서의 경우 위 · 변조 가능성이 높아 범죄에 악용되는 사례가 빈번히 발생하고 있다. 이를 해결하기 위해 기존 부동산종합공부시스템에 블록체인 기술을 도입해 금융권, 법무사, 공인중개사 등과 연계를 통해 부동산 거래를 원스톱 서비스로 제공하는 부동산 스마트 거래 플랫폼을 시범 구축할 예정이다.

(5) 빠르고 효율적인 스마트 개인통관 서비스

최근 개인의 해외 직구가 가파르게 증가하고 있다. 그러나 통관과정에서 각종 신고서를 수기로 작성해 전달하는 등 다양한 참여자(전자상거래 업체, 특송업체, 세관 등) 간 정보공유가 불편한 상황이다. 스마트 개인통관 서비스는 상품구입부터 선적, 도착까지 각 유통단계별로 생산되는 정보를 블록체인으로 실시간 공유해 위 · 변조로부터 안전하게 보호하고 통관절차를 효율적으로 개선할 것으로 전망된다.

(6) 청년활동지원 온라인 플랫폼

서울시의 청년 수당, 학자금 이자지원 등 청년지원사업은 신청 시 자격요건 확인에 필요한 구비서류를 별도로 준비해 제출해야 하기에 절차가 번거롭다. 또한 접수된 서류를 검증하는데 1개월 이상의 시간이 소요된다는 점에서 개선사항으로 검토돼 왔다. 청년활동지원 온라인 플랫폼은 서류발급 관련기관들(국민건강보험공단, 근로복지공단, 대학, 서울시 등)을 블록체인으로 연계해 서류 준비 · 제출의 번거로움과 검증 소요시간을 대폭 개선하고, 연계된 데이터를 기반으로 다양한 맞춤형 청년지원사업을 제공한다.

14.2 빅데이터 기반의 전자정부

현재 우리 정부내에서의 업무처리는 기관별로 단절된 정보의 제한적 활용으로 인하여 합리적 의사결정을 지원하는데 한계를 지니고 있다. 특히 정보의 부족과 단절로 인한 공백을 경험칙이나 결단으로 메우게 되어 현실과 괴리된 의사결정을 내리게 될 가능성이 존재한다. 따라서 앞으로는 정부 내에서 빅데이터를 활용하여 정책 과정을 혁신시켜서 정부의 의사결정 구조가 크게 변화될 것으로 예상된다.

궁극적으로는 분야별 정보의 수평적 융합과 실시간 데이터 분석에 기반을 둔 의사결정으로 스마트 전자정부를 구현할 수 있게 될 것이다. 이러한 스마트 전자정부는 범정부적인 데이터 융합과 소셜 미디어 등 민간 데이터와의 융합 활용으로 빅 데이터 분석의 토대가 구축되어야만 구현될 수 있을 것이다.

1. 빅데이터의 등장 배경 및 정의

1) 빅데이터의 등장 배경

2010년부터 모바일 인터넷과 소셜 미디어의 등장으로 폭증하는 데이터가 경제적 자산이 되는 '빅데이터 시대'가 도래하였다. 이것은 단순히 정보를 전달하던 웹1.0에서 참여와 소통으로 집단 지성을 창출하는 웹 2.0을 지나 데이터 분석으로 융합지식을 창출하는 웹 3.0시대가 시작된 것을 의미한다. 이와 함께 정부의 운영방식에 있어서도 융합 지식 창출을 통한 정부 운영 효율화 및 투명성 제고, 맞춤형 민원행정 서비스 제공에 대한 시민들의 요구가 커지는 상황이 나타났다.

특히 2010년 12월에 미국의 대통령 과학기술자문위원회는 'Designing a Digital Future' 보고서에서 '모든 미국 연방 정부 기관은 빅 데이터 전략이 필요하다'고 강조하면서 많은 나라들이 빅데이터 활용에 나서게 되었다. 구체적으로는 스마트폰의 활용과 소셜 네트워크 효과로 디지털 공간의 데이터 빅뱅이 발생하여 정부 차원의 데이터 지식 확보 및 활용 방안에 대한 요구가 급증하게 되었다. 따라서 정부가 이러한 빅 데이터를 활용할 경우에 예산 절감, 대내외 변화에 대한 신속한 대처, 삶의 질과 정부 신뢰도 향상이 가능할 것으로 예상되었다.

미국과 독일 정부는 정부내에서 이러한 빅데이터의 활용으로 많은 비용을 절감하고 있다고 보고하였다. 따라서 도래하는 스마트 지능사회에서 이러한 빅데이터가 핵심 자원이며 이를 수집 · 분석하는 새로운 빅데이터 기업과 산업들이 출현하고, 공공 분야에서 이것을 선제적으로 대응할 필요성이 제기되었다. 따라서 정부가 빅데이터 활용 및 인프라 기반조성을 선도적으로 추진하기 위하여 빅데이터 경쟁력 함양을 위한 국가적, 사회적 기반을 정비하기 시작하였다.

2) 빅데이터의 정의

일반적으로 기술적 정의로서의 빅데이터는 "다양한 종류의 대규모 데이터로부터 저렴한 비용으로 가치를 추출하고, 데이터의 초고속 수집, 발굴, 분석을 지원하도록 고안된 차세대 기술 및 아키텍처"를 의미한다. 또한 규모적 정의에 의하면 "일반적인 데이터베이스 SW가 저장, 관리, 분석할 수 있는 범위를 초과하는 규모의 데이터"를 의미한다. 더 나아가 방법적 정의에서는 "빅 데이터는 당초 수십-수천 테라바이트에 달하는 거대한 데이터 집합 자체만을 지칭하였으나, 점차 관련 도구, 플랫폼, 분석기법까지 포괄하는 용어로 변화"하였다.

그러나 전자정부의 측면에서는 "대용량 데이터를 활용 · 분석하여 가치 있는 정보를 추출하고, 생성된 지식을 바탕으로 능동적으로 대응하거나 변화를 예측하기 위한 정보화 기술"을 의미한다(국가정보화전략위원회, 2011a).

2. 빅데이터 활용의 해외 사례

미국, 영국, 독일 등 여러 국가가 빅데이터를 공공부문에 활용하여 다양한 분야에서 정부를 혁신시키고 있다. 이러한 빅데이터를 활용한 정부혁신 분야는 크게 국가 안보분야, 국가 인프라 분야 및 정부효율성 향상 등이다.

1) 국가안보 분야

빅데이터의 가장 큰 활용 분야는 재난방재 및 국가 안보의 분야이다. 미국, 영국 및 일본 등은 국가 안전을 위협하는 글로벌 요인이나 질병, 위기 등을 수평적 리스닝을 통해 분석하여 선제적으로 대응하고 있다. 특히 기후변화, 해상오염방지, 방사능 유출탐지 분야 등 광범위한 지역에 걸쳐 생성되는 대용량 정보를 실시간으로 처리하고 있다. 또한 방재선진국들은 첨단장비나 센서를 활용하여 다양한 감시체제를 연계, 구축하여 재난 예방에 상호 협력하고 있다. 더 나아가 금융사기, 자금세탁 방지 및 고객 행동 분석 솔루션 등에도 빅데이터를 활용하고 있다.

특히 대테러 분야에서 빅데이터의 활용이 급증하고 있다. 미국은 국가 안보 위협 요인을 사전에 감지 · 대응하기 위하여 빅데이터를 활용한다. 구체적으로 상황인지 및 공유 정보 분석을 통해 정부 · 민간의 정보활용 효과를 극대화하고 있다. 세계적으로 국가안전(Homeland Security)에 대한 관심 및 투자가 증대하고 있으며, 미국은 홈랜드 안보를 위해 정보(intelligence) 부분에 연간 200조원 이상을 투입하고 있다. 이를 위하여 소셜네트워크, 신문, 잡지, 기사 등으로부터 수집된 정보를 분석하여 테러 동향을 파악하고, 테러 징후를 사전에 예측하고 있다. 이러한 미국 국가테러방지센터는 24시간 운영되며, 매일 10,000개 이상의 테러관련 정보를 수신하여 분석하고 있다.

2) 국가 인프라 혁신 분야

선진국들은 빅데이터를 활용하여 국가 경제, 의료 및 과학기술 분야의 혁신을 추구하고 있다. 구체적으로는 물가 안정화 및 글로벌 금융 위기의 대응력 확보 차원에서 빅데이터 활용을 시작하였다. 미국은 정유, 통신 등 독과점 산업의 가격 결정 구조개선 등에 빅데이터 분석을 활용하여 물가안정에 기여하였다. 구체적으로는 글로벌 금융 위기에 대응력을 높이기 위해 시장 감시 및 국제 금융 정보 수집 및 분석, 국내외 금융시장 동향 분석과 전망, 위험요인에 대한 정책 대응 지원, 국가별 금융 · 경제 동향 및 위험요인에 대한 분석과 대응방안을 제시하는데 빅데이터를 활용하였다.

영국의 국립 연구소에서는 대규모 임상 데이터를 사용하여 신약의 임상과 비용 효과를 조사 하여 제약 및 의료 회사들과 가격 및 시장 접근 조건을 협상하는 가이드라인으로 활용하였다. 구체적으로는 데이터분석을 통한 새로운 연구 성과 도출로 국가 경쟁력을 제고하고 있다. 이러한 유전자 · 질병 · 진료 데이터 분석을 통해 의료기술을 향상시켜서, 유전자 데이터 분석을 통해 질병 발생 확률을 예측할 수 있게 되었다. 또한 검색 데이터 및 소셜 데이터 분석을 통해 질병 확산 상황을 분석하고 있다. 가장 유명한 사례는 구글의 독감 확산 지도 서비스이다. 구글은 지역별 검색어 분석을 통해 전세계 독감 확산 지도를 서비스 하고 있다. 이 서비스는 의료 당국에서 조사를 통해 알게 되는 정보보다 빠르고 정확한 것으로 알려져 있으며, 기존 시스템으로는 분석 불가능한 대규모 데이터에 대하여 빅데이터 분석을 하고 있다.

더 나아가 차량, 선박 교통량 및 환경 데이터 분석 및 예측을 통한 교통망 · 항만 시스템 최적화에 활용되고 있다. 많은 나라에서 도로에 설치된 카메라, 소음측정기, 오염도 측정기 등에서 수집된 데이터를 분석하여 교통량 측정 및 교통 정책 수립에 이러한 빅데이터를 활용한다. 특히 항만 물류의 분야에서는 다양한 데이터를 융합 처리함으로써 선박 추적 및 선박 운항 정밀도를 개선하여 선박 운항의 효율성을 개선시켰다.

3) 정부 효율성 향상 분야

선진국들은 빅데이터 활용을 통한 정부의 효율적 운영 등으로 국가 경쟁력을 제고시키고 있다. 현재 공공 업무에 필요한 정보의 양이 급격히 증가하고 있기 때문에 효율적인 공공 업무 처리 시스템을 위해서는 빅데이터 기법을 활용하는 것이 필수적이다.

독일 BA(연방 노동기구)에서는 실업자 이력, 고용 중재, 사람들이 직장을 구하는데 걸리는 시간과 고용주에 대한 방대한 량의 데이터를 분석, 분류하여 고용 중재에 활용하고 있다. 매킨지 보고서에 의하면, 정부와 부동산 분야가 GDP 영향 크기가 가장 큰 것으로 집계되었으며, 유럽의 공공 분야에 적용 시 경제 가치는 150억~300억 유로로 추산되고 있다.

또한 지방자치 단체의 정보시스템과 중앙 정부를 연계하는 접근 채널 다중화 인프라를 구축하는데 빅데이터를 활용하고 있다. 구체적으로 영국은 지방정부의 전자정부 구축 촉진을 위하여 'National CRM Programme'를 추진하여 Brent 의회의 전자상점 Pathfinder 프로젝트, Bromley Pathfinder 프로젝트, Camden Pathfinder 프로젝트 등 10여개 이상의 CRM 구축 사업을 빅데이터를 활용하여 진행하고 있다. 이러한 세계 여러 나라들의 빅데이터 활용 현황을 요약하면 다음 〈표 14-2〉와 같다.

표 14-2 주요국의 빅데이터 활용 현황

국가	활용 분야	내용
미국	국토보안	• 9.11 이후 미국은 국토안보부를 중심으로 테러 범죄 방지를 위한 범정부적 빅데이터 수집, 분석 및 예측체계를 도입 – 부시행정부의 국토안보부 장관인 Michael Chertoff는 국토보안을 위한 빅데이터 추진현황 언급 – 국내외 금융 시스템의 개인, 기관의 금융거래 감시로 자금 세탁 및 테러 자금 조달 색출 강화
	치안	• FBI의 종합 DNA 색인 시스템(CODIS) – DNA포렌직, 클라우드DNA분석 등 "빅DNA데이터"의 활용을 통해 2007년 45,400건의 범인 DNA Hit rate 달성 – 1시간 안에 범인 DNA 분석을 위한 주정부 데이터 연계 및 빅데이터 실시간 분석 솔루션 확보
	의료	• 오바마 Health.20 – 필박스 프로젝트(Pillbox) – 국립보건원(National Library of Medicine)의 사이트로 약 검색을 서비스 – Pillbox를 통해 수집된 빅데이터를 통해 후천성면역 결핍증(HIV) 등 관리대상 주요 질병의 분포, 연도별 증가 등에 대한 통계치 확보 가능
영국	정보공개	• 영국은 정부 사이트(data.gov.uk)를 통해 공공부문의 정보 공유 및 활용을 위한 데이터 원스톱 서비스 제공 – 정부의 투명성 제고, 국민의 권리 향상, 데이터의 공개를 통한 경제적 사회적 가치 증대, 차세대 웹 (web of data)에서 주도권 획득 목표 – 일반인들의 참여를 장려하고 아이디어 수렴, 앱 개발, 데이터 공개 등의 주제에 대한 커뮤니티 제공
싱가포르	국가 위험관리	• 싱가포르 정부는 빈번히 발생하는 테러 및 전염병으로 인한 불확실한 미래 대비를 위하여 2004년부터 빅데이터 기반 위험 관리 계획을 추진 – RAHS(Risk Assessment & Horizon Scanning) 시스템을 통해 질병, 금융위기 등 모든 국가적 위험을 수집 및 분석하여 위험을 선제적으로 관리 – 수집된 위험 정보는 시뮬레이션, 시나리오 기법 등을 통해 분석되어 사전에 위험을 예측하고 대응 방안을 모색함
호주	정보공개	• 호주 정보관리청은 정부 2.0을 통한 정보 개방 – 방대한 양의 정보를 검색하고 분석 및 재사용할 수 있도록 자동화된 툴을 활용하여 시간과 자원을 절감 – AGIMO 산하 정부 2.0 전략/서비스 팀에서는 정부 데이터에 대한 리포지터리 및 검색 툴을 서비스하는 data.gov.au 웹사이트 운영

자료: (국가정보화전략위원회, 2011a)

3. 빅데이터 기반의 전자정부 국내 동향

1) 2011년 국가정보화전략위원회 추진 정책

우리나라에서 빅데이터를 활용한 스마트 전자정부의 추진은 오랜 역사를 지니고 있다. 지난 2011년말에 당시 국가정보화전략위원회는 빅데이터를 활용한 스마트 정부 구현(안)을 마련

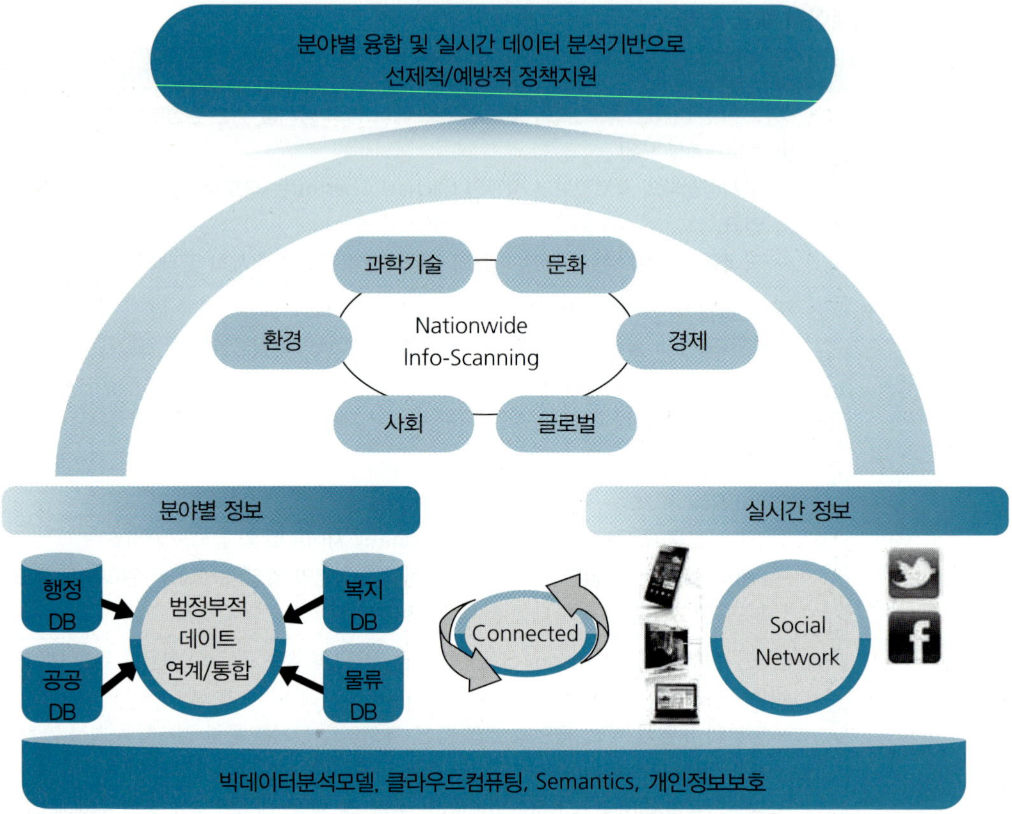

자료: (국가정보화전략위원회, 2011a)

그림 14-1 빅데이터를 활용한 미래 지능형 행정 모형

하였다. 이 계획에 의하면 미래에는 (그림 14-1)과 같이, 실시간으로 수집되는 방대한 실제 정보에 대한 빅데이터 분석을 통해, 적시성 있고 현실적이고 선제적인 의사결정 및 정책집행 체계가 마련될 수 있을 것으로 기대하였다.

이러한 빅데이터를 활용한 미래 정부의 지능형 행정업무 처리 시나리오는 다음과 같이 설명되었다(국가정보화전략위원회, 2012a).

(1) 재난 전조 감지 분야

현재는 재난분야에서 경험기반의 획일화된 점검과 조치, 시설위주의 구조적 대비, 인력에 의존한 상황모니터링 등으로 신속한 판단에 어려움이 존재한다. 그러나 앞으로는 빅데이터를 활용한 피해 위험 사전예측을 통하여 분석 기반의 예방 대비 체계를 구축할 수 있으며, 실시간 상황분석 및 신속 정확한 대응 · 복구가 가능해 질 것이다.

빅데이터를 활용하면 실시간 전조감지를 통해 대형재난으로의 확산을 사전에 차단할 수 있게 될 것이다. 이를 위하여 과거 피해기록과 예상 강우에 따른 도시 침수지역 구간을 사전예측, 유관기관의 실시간 정보의 자동분석으로 신속한 상황판단, 소셜데이터 뉴스 등의 실시간 분석으로 피해지역 맞춤형 경보, 대응, 복합 피해원인 분석 및 환류체계 구축으로 지능형 재난관리가 수행될 것이다.

구체적으로는 기상정보(기상청), 수문(국토해양부), 절개지(산림청), 센서(기상청, 산림청), CCTV(경찰청), 계측기, 교통정보(경찰청), 인공위성 자료(국정원, 기상청), 재해위험 예측, 과거 피해기록, 언론(신문기사, 방송보도), 민원 및 여론, 소셜네트워크, 지리 · 사회 · 환경적 특성 등을 빅데이터를 활용하여 분석한다면, 실시간 전조감지와 융합분석을 통한 위험등급 예측으로 신속하고 정확한 예방책이 마련될 수 있을 것이다.

(2) 구제역 예방 분야

현재는 가축질병 관련 방역정보가 산재되어 있고, 방역의 핵심정보인 농장 방문(자)정보 등이 수집되지 않아 신속한 의사결정 및 대책 수립에 한계를 지니고 있다. 구체적으로는 축산농장을 관리하는 시스템마다 농장DB를 기관별로 관리하고 있어, 연계 및 공동활용의 문제가 발생하고 있다. 또한 부정확한 농장DB 및 탐문중심 역학조사 등으로, 예방 · 예찰부터 진단 · 통제까지 업무처리 절파가 비효율적으로 운영되고 있다.

그러므로 각 기관별로 산재되어 있는 가축방역 및 농장정보 관련 데이터를 융합하여 분석하고, 구제역 등 가축질병 예방 및 통제를 위한 선제적 의사결정지원시스템을 구축하여야 한다.

구제역 예방 분야에 빅데이터를 활용할 경우, 기관별 농장정보, 축산관계자, 가축이동 정보는 물론 해외 질병발생, 출입국자, 농장방문 정보 등을 융합하여 분석할 수 있기 때문에 사전예방 및 선제적 의사결정 지원이 가능해진다. 구체적으로는 해외 질병발생 동향, 출국자, 축산관련 차량이동, 소셜 미디어 정보 등을 실시간 자동수집 · 분석하여 질병 가능성을 예측하고 소독 · 예방접종 등을 통해 사전예방이 가능해진다.

더 나아가 가축전염병 이상 징후 발견 시, 확산 및 전파경로 사전분석을 통해 예찰활동, 방역조치 등 지역별 맞춤형 예찰 매뉴얼 체계를 마련할 수 있다. 구체적으로는 국가지리정보, 토양, 수질관리 등 시스템과 데이터의 연계를 통해 신속하고, 효과적으로 진단이 가능해지며, 발생지역에 대한 살처분, 매몰, 백신접종 등을 위한 최적의 인력, 장비, 물자 등 대응자원을 확보하고 농장방문 및 이동 통제, 위기 경보 등을 매뉴얼화된 지령체계 및 SNS를 통해 긴급하게 전파할 수 있게 된다.

(3) 맞춤형 복지 분야

현재 우리 정부는 사회복지통합관리망을 구축하여 복지사업별 기준에 맞는 적정 수급자 관리에 필요한 소득, 재산, 인적사항 등 219종의 정보를 행정안전부, 국세청 등 27개 기관으로부터 수집하여 자격 및 중복수급 여부 판단에 활용하고 있다. 이러한 사회복지통합관리망을 통해 적정 수급자를 관리하여, 2011년 8월말을 기준으로 하여 3,847억 원의 복지재정 누수를 방지하고 있다. 그러나 현재 시스템은 적정 수급자 관리에 필요한 정보만 갖고 있어 복지사각지대 발굴 및 맞춤형 복지서비스 제공에 한계를 드러내고 있다.

향후에 빅데이터를 활용할 경우, 다양한 복지 정보 수집을 통한 맞춤형 복지 서비스를 제공할 수 있게 될 것이다. 구체적으로는 사회복지사, 각종 포털, 상담센터 등 복지수요 정보와 사회복지시설, 종교 단체, 사회복지공동모금회 등 복지공급 정보를 수집하여 생애주기별, 복지서비스 유형별로 필요로 하는 맞춤형 복지서비스를 제공할 수 있게 된다.

또한 수집된 복지수요 정보를 활용하여 잠재적 복지 대상자를 발굴하고, 욕구 조사 및 분석을 통하여 필요로 하는 복지 서비스가 무엇인지를 식별할 수 있게 된다. 따라서 복지자원을 조사하여 이를 복지 수요와 매칭시켜 맞춤형 서비스를 제공해주고, 서비스 결과에 대한 분석을 통하여 복지수요와 복지공급을 예측할 수 있게 될 것이다.

(4) 물가관리 분야

현재의 물가관리 방안은 생산 · 소비 · 물류 정보를 부처별로 인력에 의존하는 표본 조사 기반으로 산출하고 있어, 부처들 간에 정보 공유가 미흡하고 조사주기가 길어 신속한 대응에 한계를 보이고 있다.

특히 여러 기관들이 기관별로 특정 물가관리 대상품목을 선정하고 정기적으로 오프라인 방식(방문, 전화, 서면 등)을 통해 물가지수를 조사 · 발표하고 있는 실정이다. 따라서 통계 방식의 표본선정 오류나 대체효과에 의한 왜곡으로 공시 물가와 체감 물가와의 괴리가 크게 나타나고 있다. 통계청과 한국은행의 조사를 제외하더라도 관세청의 수출입 물동량, 국세청의 생산유통 물동량, 공정거래위원회의 거래 물류정보 등은 개개 기관별로 신고자의 신고 내역으로만 물류 정보를 파악하므로 잠재적 오류 또는 불성실 신고 가능성이 늘 존재하고 있다.

따라서 이제는 빅데이터를 활용하여 실시간으로 생산 · 소비, 물류 정보의 모니터링을 통해 물가 안정 대책을 수립할 필요성이 있다. 빅데이터를 활용할 경우, 생산자부터 소비자까지의 가격 및 물동량 정보를 대용량 데이터베이스 기술을 활용하여 물류 유통 전체 단계에 대해 전수 조사를 기반으로 연계 분석을 수행할 수 있게 된다. 구체적으로는 다양한 관련 부처들(기획재정부, 지식경제부, 관세청, 식약청, 농림수산부, 공정거래위원회, 통계청, 국세청, 지자체 등)에서 가지고 있는 생산자 가격 및 물량, 관세 데이터(수출입 물품 데이터), 시장 물가 데이터(전국 마트, 재래시장, 백화점, 경매 POS 시스템 데이터 등), 소비물류정보(신용/체크카드 전표 DB), SNS제공정보(시민단체, 개인) 등을 종합하여 분석할 수 있게 될 것이다.

이러한 빅데이터 활용을 통하여 지역 · 품목별 생산자 · 소비자 가격 변동을 실시간으로 제공하여, 생산 및 수입 규모를 조절하고, 물가 안정화를 위한 거시적 대책 수립 등에 활용할 수 있게 되며, 지역 · 품목별 물류관리를 통해 유통 구조 최적화 및 물류 재분배로 물가 안정에 기여할 것이다. 더 나아가 실시간으로 불공정거래 및 불법물량을 탐지하여 세수 확대 및 조세의 투명성 제고에 이바지할 수 있다.

2) 2013년–2017년 공공분야 빅데이터 분석 사업들

앞에서 살펴본 빅데이터 활용 계획을 중심으로 하여 2013년부터 본격적으로 공공분야에 빅데이터 분석 사업들이 추진되었다. 구체적인 내용은 빅데이터를 활용하여 데이터 중심의 정책수립을 지원하는 것이며, 이를 위하여 선제적 공공서비스를 개발하여 유능한 정부를 구현하기 위한 사업을 추진하는 것이었다. 구체적으로 2013년에는 빅데이터 표준분석모델 정립에 주력하여 플랫폼을 구축하였다. 이어서 2014년부터 공공부문 빅데이터 분석 사업들이 다음 〈표 14-3〉과 같이 추진되었다.

이제까지 공공분야의 빅데이터 분석 과제들은 이처럼 다양한 기관들이 여러 분야에서 시도하였다. 이들 가운데 성공 사례로 선정된 과제들을 중심으로 내용을 설명하면 다음과 같다.

표 14-3 공공분야 빅데이터 분석 사례들

년도	빅데이터 분석 과제(수행기관)
2014년	• 산불위험예보(산림청) • 스마트 재난안전체계구축(재난안전연구원) • 시내버스 운영방안 분석(광주광역시) • 민원 데이터 분석(영천시) • 국가법령정보센터 로그분석(법제처) • CCTV 사각지대 분석(경기도)
2015년	• 공동주택 관리비 투명성 제고(국토교통부, 경기도) • 지자체 갈등 이슈 파악을 통한 선제적 대응(행정자치부) • 근로감독 사업장 선정 과학화(노동부) • 지역관광 활성화(전라북도, 전주시)
2016년	• 실시간 국민관심질병 예측 서비스(건강보험심사평가원) • 잠재적 사회취약계층 일자리 창출 및 자립 지원(국민연금, 남양주시) • 국민참여형 어린이 안전 및 교통사고 원인분석(행정자치부, 경기도) • 데이터 기반의 공공서비스 품질진단모델 수립(행정자치부) • 실업급여 부정수급 방지(고용노동부)
2017년	• 자동차 보험료 누수 방지를 위한 교통사고 다발생 환자 탐지 및 예측(건강보험심사평가원) • 빅데이터 분석을 통한 병역면탈 의심자 포착(병무청) • 전기차 충전 인프라 설치 입지 선정(대구광역시) • 광역버스 DTG를 활용한 경부고속도로 운전 위험구간 예측(교통안전공단) • 외국인 밀집화 분석을 통한 기초생활 인프라 개선 모델(행정안전부, 안산시)

1) 2014년 CCTV 사각지대 분석(경기도)

(1) 사업 배경

- 경기도 31개 시군에서는 매년 지속적으로 CCTV를 설치하고 있으나, 설치지역에 대한 객관적 선정방안 부재
- CCTV 설치 담당자가 최적화된 설치 위치를 알고 있어도 이를 뒷받침할 만한 객관적 데이터가 부재
- 대부분 민원에 근거하여 특정 지역에만 집중적으로 CCTV가 설치됨에 따라 방범 효율성이 저하

> * 서울특별시, 광주광역시, 울산광역시, 수원시, 천안시, 고양시 등의 지자체에서 표준 분석모델을 활용 중

(2) 활용 데이터

구분	데이터명	출처	사이즈(개수)
공공	CCTV 설치현황	지자체	6,578
	CCTV 설치예정 현황		620
	CCTV 설치요청 민원데이터		914
	가로등 초 · 보안 등(방범 등) 설치현황	국립재난안전연구원	121,571
	개발정보	지자체	41
	어린이집현황	경기도 교육청	12,591
	학교기본현황(유치원, 초 · 중 · 고)		4,455
	용도지역지구 도시지역	국토교통부	106,262
	연속지적도	경기도	4,812,860
	하천용도지역	하천지리정보시스템	3,893
	공원	경기도청	6,288
	어린이 놀이시설 현황	놀이시설안전관리시스템	14,199
	상가업소 데이터	소상공인시장진흥공단	135,361
	가중치 항목의 중요도	지자체	77
민간	경기도 내국인 유동인구	민간업체	4,129,517
	경기도 외국인 유동인구		4,129,517
	도로링크		1,946,621
	아파트 단지 정보		24,713

〈계속〉

구분	데이터명	출처	사이즈(개수)
민간	도로명주소 건물 데이터	민간업체	1,579,235
	인구정보		71,740
	블록영역		83,392
	가구정보		71,110
	거처유형별 주택정보		785,038
	표준지 공시지가		59,843
	버스정류장		146,452
	건물유형별 가구 비율		533,666

(3) 분석 내용

- CCTV우선 설치지역을 분석하기 위해 분석 공간 확정 후 범죄 예측지수를 모델링하여 감시 취약지수를 개발하고, CCTV우선설치 지역분석 최종지수를 도출
- CCTV속성변수 분석 및 유동인구 분포지수를 활용하여 CCTV운영관리를 위한 분석 진행

(4) 분석 결과

- CCTV우선설치지역 분석 결과 및 시각화－최종지수를 평가결과에 따라 6등급으로 구분하고 범죄예측지수와 CCTV감시 취약지수가 높은 곳을 CCTV우선설치지역으로 선정
- CCTV운영관리 분석 결과 및 시각화－CCTV운영관리 목적에 따라 크게 'CCTV성능개선', 'CCTV가까움'으로 구분, 'CCTV성능 개선'은 '설치일자 오래됨', '화소 수 낮음', '개수 부족'의 지표 값으로 구분하여 시각화

(5) 활용 및 기대효과

- 도민의 CCTV설치요청 민원데이터 및 분석 결과와 민원데이터의 타당성을 검토하여 필요 지역에 CCTV를 우선설치
- CCTV운영관리의 우선순위 제공을 통해 운영관리 효율성 증대
- 도민 안전관련 추가 정책 고려 시, 참고 자료로 활용

2) 2015년 공동주택 관리비 투명성 제고(국토교통부, 경기도)

(1) 사업 배경

- 공동주택 관리비 부조리가 계속 반복되어 관리비 투명성 제고를 위해 공동주택 관리

비 부당사용 방지 대책 필요

- 현재 1개 단지 기준 감사 필요기간은 2~3주인데, 경기도의 관리 대상 공동주택 단지 수는 3,600여 단지이기 때문에 총 240년이 소요된다는 결과에서 문제의식 출발

* 창원시, 수원시, 성남시, 울산광역시, 김해시, 세종특별자치시 등의 지자체에서 표준 분석모델 활용 중

(2) 활용 데이터

구분	세부내용
에너지(전기, 수도, 난방) 자료	단지유형별 분류 에너지 제공방식별 분류
K-apt(단지관리비 입찰정보)	결측치 및 이상치 보정 결합변수 생성
입찰자료	입찰공고분 text mining 원/하도급 공사 유형별 분류
공동주택감사 결과	적발사례 유형별 분류
민원 데이터	인원 유형별 분류

(3) 분석 내용

- 관리비 비리 분석: 한국감정원(공동주택 관리비정보, 공동주택 단지정보), 건축데이터 민간개방 시스템(경기도 전유공용면적), 경기도 내 지자체 상하수도 사업소(수도세 부과데이터), 한국전력(전기 요금), 한국지역난방공사(난방 요금) 데이터를 수집 및 전처리하여 관리비 분석 마트 생성 후 분석에 활용
- 입찰 비리 분석: 한국감정원(공동주택 관리비정보, 공동주택 입찰결과정보), 대한시설물유지관리협회(업체별 공동주택 공사실적), 대한전문건설협회(업체별 공동주택 공사실적) 데이터를 수집 및 전처리하여 입찰 분석 마트 생성 후 분석에 활용
- 민원 자료 분석: 국토교통부 공동주택 관리비리 및 부실감시 신고센터(이하 국토부 비리신고센터)와 경기도 공동주택 조사단 및 시범단지인 안양시의 민원 및 감사(조사)결과에 대해 분석을 실시하고 민원 · 감사 패턴을 도출

(4) 분석 결과

- 다양한 비리 패턴 추출
  - 입찰 부조리 지수: 입찰 계약금 부조리 지수, 입찰 제한 과(過) 부조리 지수
  - 관리비 부당 지수: 전기로 부당 지수, 수도료 부당 지수, 난방료 부당 지수, 수선 ·

장충금 부당 지수, 인건비 부당 지수
  - 민원 · 감사 패턴
- 현장 감사를 통한 분석결과 정확도 검증
  - 공동주택별로 입찰 부조리 지수와 관리비 부당지수를 산출하여 리스트를 도출
  - 입찰 부조리 지수 상위 공동주택과 관리비 부당지수 상위 · 하위 공동주택 현장 실사를 통해서 분석 결과 검증
  - 공공 공사 대비 평균 22.75% 공사비가 과다 책정

(5) 활용 및 기대효과

- 공동주택 관리비 비리 근절을 통해 관리비 10%를 절감하여 총 1.1조 원의 비용을 절감
  - 공동주택 관리비 및 입찰 비리 조사의 효율성 증대
  - 공동주택 관리비 및 입찰 비리 적발을 통한 자정효과 유도
  - 접수 민원 대비 실사 적발 상승 및 강화

3) 2016년 잠재적 사회취약계층 일자리 창출 및 자립 지원(국민연금, 남양주시)

(1) 사업 배경

- 사회취약계층이 지방자치단체에 지원을 신청하기 전에는 도움이 필요한 것을 선제적으로 알 수 없으며 능동적인 대응이 부재
- 공단과 지방자치단체에 업무 추진과정 중 축적되는 대량의 데이터를 분석, 활용하여 선제적으로 지원 대상을 파악하고 소득 보장 및 자립 지원 제공이 필요

(2) 활용 데이터

제공기관	대상정보	주요속성
국민연금공단	• 고객–고객기본	• NPS정보, 성명, 관할지사 등
	• 자격–지역가입자 월별현황	• 지역가입자 월별 집계
	• 자격–사업장가입자–사업장	• 직강가입자의 가입자 정보
	• 자격–사업장가입자 비자월별현황	• 직장가입자 월별 집계
	• 자격–관리대상자 가입이력	• 관리대상자 주소, 재산 등 가입내역
	• 자격–사업장 분석	• 월별 사업장별 근로자수 등 합계
	• 자격–사업장 명부	• 가입자별 사업장 정보
	• 자격–사업장변동 통합분석	• 사업장 등록형태, 업종 주소 등
남양주시(워크넷)	• 구직신청목록	• 구직자 성명, 학력, 연봉, 성별 등

〈계속〉

제공기관	대상정보	주요속성
남양주시(워크넷)	• 구인신청목록	• 사업장명, 업종, 주소 등
	• 취업자목록	• 취업자 성명, 연령, 고용형태 등
남양주시(경기버스정보)	• 버스정류소정보	• 정류소 ID, BUS NO, 정류소 명 등

(3) 분석 내용

- 취약계층은 실직자 중 세대 수입월액이 보건복지부 기준 가족 수에 따른 최저생계비용보다 적은 세대에 귀속된 주민으로 정의
- 우선순위 스코어링을 적용하여 지원 우선순위 리스트를 도출하는 분석 프로세스

(4) 분석 결과

- 취업현황 분석: 경제활동인구 수를 기준으로 지역별 · 업종별 · 연령대별 · 소득금액별 취업자에 대한 분석을 수행하고, 취업자의 업종과 이전 업종을 교차 분석하여 고용복지센터의 교육훈련계획 수립
- 실직현황 분석: 실직자 분석을 지역별 · 업종별 · 연령대별 · 실직기간별로 수행하여 취업지원 활동 계획 수립에 활용하고, 취약계층밀집도 분석 결과를 바탕으로 희망일자리 상담소 설치 및 홍보계획 수립
- 사업장현황 분석: 사업장에 대한 월별 추이 현황을 분석하고, 거주민의 관내외 사업장으로의 이동량 및 과내외 사업장 중 전월 대비 취업자 및 실직자가 높은 상위 사업장 리스트 도출

(5) 활용 및 기대효과

- 지자체 고용복지센터 주요 업무: 구인 · 구직과 관련하여 희망일자리 상담소 등을 활용한 일자리상담, 관내외 사업장을 방문하여 구직자와 사업장을 매칭시키는 일자리 알선 및 구직자 대상 교육훈련 실시
- 희망일자리 상담소 업무에 활용: 타겟 지역의 업종별 · 연령대별 · 성별 · 실직기간별 실업자 분석 자료 및 실직자 상위 지역 리스트 제공
- 일마니 발굴단 업무에 활용: 능동적 · 적극적 취업 지원활동 및 집중 홍보의 날, 찾아가는 일자리버스 등 현장 활동에 활용
- 교육훈련계획 등 정책기획에 활용: 일자리 미스매칭 파악 · 해소, 업종에 맞는 훈련계획 수립 등 정책기획에 활용
- 기관 간의 협력을 통한 시너지 효과 창출: 데이터를 공유 · 활용하여 국민을 위한 보다 나은 복지 지원

4) 2017년 전기차 충전 인프라 설치 입지 선정(대구광역시)

(1) 사업 배경

- 경유 · 휘발유를 연료로 하는 자동차 배기가스에 의한 대기오염 및 미세먼지 유발 증가
- 대기환경 개선과 신재생 에너지 사용 장려를 위한 정부의 전기차 보급 확산 정책에 따라 전기차 이용자 증가
- 전기차의 증가에 걸 맞는 충전 인프라의 지속적인 설치와 편리한 접근을 위한 입지선정 필요
- 입지 특성을 고려한 급속 또는 완속 충전기 설치를 통해 효율적인 충전기 운영 필요
- 전기차 충전 편의성 향상을 통해 전기차 보급 확산에 기여

* 대구광역시, 제주특별자치도, 경기도 등의 지자체에서 표준분석모델을 활용 중

(2) 활용 데이터

기관	관련 데이터(197종)
대구광역시/구 · 군, 한국자산관리공사, 한국재정정보원, 한국정보화진흥원, KT, 전기안전 기술인협회	대중 집합시설(178종), 전기차, 충전소, 충전기, 변압기 용량, 도로별 교통량, 유동인구, 충전시설 전기사용량, 전기안전관리자정보, 재개발 및 재건축계획, 국유지 · 사유지(3종), 전기차민원(+설문조사), 충전소 구축현황 및 계획, 대구광역시 연속지적도, 대구광역시 지도정보(50 × 50), 주차장(2종)등

(3) 분석 내용

- 설문조사 내용 분석: 응답자 중 80%가 남성이며 40대 이상의 중장년 남성들의 차량 운행이 가장 높음
- 대중 집합시설 분석: 대구광역시에 대중 집합시설이 60,789개가 존재, 대구광역시 내 대중 집합시설 수를 파악하여 입지선정모델에 활용
- 전기차 정보 및 충전소 구축현황 분석: 대구광역시 내 전기차량은 2015년(50대), 2016년(249대), 2017년(636대+출고예정 1,010대)로 꾸준히 증가

(4) 분석 결과

- 주변 환경 요소에 의한 입지선정 후보지 군집화
  - 지역분류(대분류) 16종과 지역분류(소분류) 82종으로 분류

- 총점수의 산출 값 계산은 변수정규화 점수의 합으로 계산, 총 점수 및 백분율이 높은 후보지일수록 대구광역시 전역에서 충전소가 설치되기 좋은 입지 후보지
- 케이스별로 비교하여 회귀분석을 통해 유의미한 변수인 '1km 내 전기차 수'의 경우 가중치 적용으로 평균 총 점수에 의한 두 지역 분류의 순위를 확인할 수 있으며 각 케이스의 상황에 맞게 선택하여 충전소 입지선정 후보지 도출

(5) 활용 및 기대효과

- 단기: 충전 인프라 입지선정 모형 활용
  - 입지선정 요건에 대한 과학적이고 객관적인 지표 제공을 통한 지방 자치 예산의 효율적 사용
  - 전기차 충전소 이용에 따른 사용자의 불편을 최소화하여 전기차 사용 촉진을 위한 홍보 매개체로 활용
- 중장기: 충전인프라 입지선정 모형 고도화 및 전기차 신청 수요 예측
  - 충전인프라 환경의 향후 변동성을 고려한 확대 적용 예측모델 및 입지선정모델 고도화 추진
  - 전기차 이미지 개선과 제약요건 해소를 통해 전기차 수요증가 예측

14.3 전자정부와 시민참여를 통한 행정개혁

1. 정부혁신의 필요성

1) 공공부문 혁신의 미흡

오늘날 공공행정의 대국민서비스에 있어서 주요 장애요인으로는 복잡성, 경직성, 접근곤란성, 지체성, 불친절성 및 비효율성 등을 들 수 있다. 이러한 이유로 인하여 공공서비스는 민간부문의 서비스에 비하여 그 질이 낮다고 평가되고 있다. 이러한 민간과 공공서비스의 질적인 차이의 원인으로서는 여러 가지 요인이 있을 수 있으나, 그 중에서 가장 중요한 요인은 민간부문에서는 고객서비스를 위해 정보기술을 적극적으로 사용하여 왔으며, 그 결과 신축적이며 접근이 용이하고, 편리하며 신속하고 효율적인 정보의 제공이 가능하게 되었다는 점이다. 그러나 공공서비스 분야에서의 정보기술의 활용은 아직까지는 광범위하게 도입되고 있지 않은 실정이다.

역사적으로 볼 때, 세계 여러 나라 정부는 행정개혁을 통해 작고 효율적인 정부를 구현하기 위한 노력을 무수히 기울여 왔다. 그러나 그 노력에 비해 정부의 규모는 더욱 확대되었고,

비능률도 지속되었다. 이는 대부분의 행정개혁이 장기적인 비전을 제시하지 못하고, 사회의 전반적인 변화를 주도하는 기술지원 없이, 정권유지의 차원에서 정치적인 필요에 따라 단편적이고 임기응변적인 기구의 조정 또는 인원감축 등을 내용으로 전개되었기 때문이다. 일시적, 전시적인 성격이 농후한 개혁은 그 성과도 미미할 뿐 아니라 국민의 정부에 대한 부정적 이미지를 강화시켜 정부와 국민사이의 불신감만 더욱 깊게 만들 수 있다.

2) 정부실패의 가능성

정부는 어떠한 형태의 조직보다 사업집행에 필요한 물적 · 인적 자원을 동원하는 데 큰 어려움을 겪지 않는다. 일단 정부가 법령을 제정하여 집행하면 국민은 복종하게 되어 있기 때문에 정부의 입장에서는 노력하지 않고 인적 · 물적 자원을 손쉽게 동원할 수 있다. 그렇기 때문에 자원의 수집에 적극적이지 않고 오히려 수동적이다. 그러나 반대로 국민의 입장에서 보면 국민들은 실제 행정 과정에서 별다른 선택의 대안을 가지지 못하기 때문에 정부의 안일한 태도나 부당한 대우에도 불구하고 이를 수용할 수밖에 없는 실정이다.

국민들이 현재의 정부이외에 선택할 대안이 없다는 것은 정부는 파산의 위험이 없다는 것을 뜻한다. 또한 필요하다면 적극적인 노력 없이도 비교적 쉽게 자원을 동원하여 사용할 수 있다는 것은, 비용을 절감할 이유를 절실하게 느끼지 못한다는 것을 의미한다. 이처럼 파산이나 생산비용 절감의 필요성을 느끼지 않는 정부조직은 비능률과 역기능이 가장 많이 나타나는 조직이 될 가능성이 크며, 이것이 정부부문에서의 개혁이 절실하게 이루어져야 하는 이유이다.

또한 정부조직은 변화에 느리게 반응하는 조직 중 하나이다. 정부조직의 외부환경은 크게 변화하였지만 조직 내부에는 여전히 산업사회의 관료제적인 타성이 남아있어 변화의 장애가 되고 있을 뿐만 아니라 정부의 경쟁력 제고에도 도움이 되지 못한다. 또한 과거와는 다른 형태의 질적 서비스를 바라는 국민의 요구를 제대로 감지하지 못하고 있다. 국민이 무엇을 원하는지, 국민이 어떠한 서비스를 필요로 하는지, 정부가 국민에게 양질의 서비스를 제공하기 위해 어떤 일을 수행해야 하는지를 파악하지 못하는 것이다. 환경이 변한 만큼 지금까지 경직적이고 변화에 무감각했던 정부도 그 변화한 환경에서 살아남기 위해서는 더 이상 변화의 흐름에서 예외일 수는 없다. 그러므로 정부부문에서도 과거와는 다른 혁신을 이룩하여 새로운 환경에 적응해야 할 필요가 있다.

2. 정보기술을 활용한 행정혁신

1) 정부혁신과 정보기술

정부조직은 앞에서 살펴본 바와 같이 소위 말하는 파산의 위험이나 효율화, 능률화의 유인이 적고 변화에 대한 반응성이 다른 유형의 조직에 비해 크게 떨어져 진정한 의미의 정부혁신을 이루지 못하고 있다. 따라서 앞으로 이런 문제를 해결하기 위한 구체적인 전략을 수립해야 한다. 즉 변화된 환경에 적응하고, 작고 효율적인 정부로 변화하기 위한 진정한 혁신작업이 필요한 것이다.

혁신작업은 기존의 정부개혁의 모습과는 다르게 전개되어야 한다. 이를 위해 요청되는 기술이 바로 정보기술이다. 정보기술은 현재의 정부가 가지고 있는 여러 가지 문제를 그 어떤 수단이나 방법보다도 가장 효과적으로 해결할 수 있는 기술이다. 따라서 정보기술과 정부의 혁신을 효과적으로 연결시키면 정부부문의 내부적 행정효율성을 제고하고 대국민 서비스에 충실할 수 있는 고객지향적인 전자정부로의 변화를 가져올 수 있다.

최근에야 비로소 정보기술은 정보화의 기반구조로서 행정부문의 활동과 깊은 연관을 맺으며 다양한 영향을 미치고 있다. 정보기술의 발전은 정보의 전달, 처리, 유통, 축적을 획기적으로 증대시킴으로써 행정기능의 새로운 변혁을 가능하게 해주며, 새로운 행정패러다임의 창출을 가속화시키고 있다. 정보기술의 혁신은 행정서비스의 고도화를 실현하게 해 주며 이는 기존의 단순 반복적인 정형화된 업무처리뿐만 아니라 고도의 창의적인 업무에도 정보기술이 적용될 수 있음을 의미한다.

2) 전자정부의 중요 분야

우리는 지난 20여 년 동안 전자정부 사업들을 통하여 전자적 대민행정서비스를 제공하고, 내부의 행정효율성을 향상시키기 위하여 노력하여 왔다. 따라서 이러한 부분에서는 상당한 효과를 거둔 것으로 판단된다. 그러나 아직도 한국 사회는 선진국에 진입하지 못하고 있으며, 국가경쟁력도 제자리에서 맴돌고 있는 실정이다. 그 이유는 국가사회 전반이 선진화되지 못하고, 특히 행정부분에 부정부패가 만연해 있기 때문일 것이다.

현재 우리나라가 전자정부 분야에서 세계 최고의 국가로 인정받고 있으면서도, 국가경쟁력, 반부패지수 및 국가투명성 순위에서 40위권 아래로 자리매김하고 있는 현실은 이러한 부분이 취약하기 때문이다. 그러므로 우리나라의 경우, 정보기술을 이용한 행정혁신에서 가장 중요하게 다루어져야 할 부분이 전자적 시민참여와 전자적 정보공개이다.

특히 정보기술의 전략적 활용분야 가운데 하나가 정보기술을 활용한 조직의 투명성의 증대이다. 정보기술의 적용 특히 인터넷의 활용을 통하여 외부적으로는 물론 내부적으로도 파악하기 힘든 업무처리 과정을 투명하게 보여줄 수 있다면 이는 부패방지에 상당한 기여를 할 수 있을 것이다.

3. 과거 서울시 강남구의 전자민주주의 사례

전통적으로 시민참여에 대한 논의는 오프라인의 직접참여를 대상으로 하였으나 이제 전자정부의 등장으로 새로운 형태의 전자시민참여가 활성화되고 있으며, 이것은 정부에 대한 신뢰 제고로 이어질 수 있다(김구, 2009). 따라서 전자적 시민참여를 강남구의 사례를 통하여 살펴보고자 한다.

전자정부 실현은 고대 그리스 아테네의 직접민주주의가 현실의 시 · 공간 제약에도 불구하고 오늘날 우리나라에서 가능하도록 만들어 주고 있다. 서울시 강남구의 사례를 살펴보면 다음과 같다. 강남구는 최고의 초고속 인터넷망과 인터넷 이용률을 기반으로 인터넷을 활용한 21세기형 직접민주주의를 실현할 수 있는 최상의 환경이 갖추어져 있다. 지난 2000년대에 시작된 강남구의 전자적 시민참여의 사례를 살펴보면 다음과 같다.

미국의 필라델피아는 800명의 이메일 리스트가 시 행정에 참여하고 있으나, 강남구는 이미 2000년대 초반에 10만여명의 이메일리스트가 구 행정에 참여하고 있다. 따라서 모든 정책은 전문가에 의해서 철저하게 대안을 마련한 후, 주민의 의견을 물어서 결정하는 구조를 지니고 있다. 이러한 변화는 겸손하고, 공정하며, 깨끗한 결정을 유도하는 제도를 이 나라에 제시하는 일이 될 것이다.

인터넷 주민의견 조사의 예를 보면, 2001년 9월에 강남구 홈페이지 회원 2,000여명을 대상으로 이메일을 주고받으며 2002년도 예산을 편성하였고, 세목교환에 대한 의견 등 현재까지 수 백건의 시책과 사업을 주민의견에 따라 결정하고 시행하였다. 1건당 주민참여 수는 2,000~3,000여 명으로 앞으로 이것이 확대될 때 이보다 더 좋은 지방자치는 없을 것이다.

또한 3선 구청장이 되면서 취임식 개최여부도 인터넷 주민 설문조사를 실시하였고, 실시결과 개최해도 좋다는 의견이 812명(37%), 개최에 반대하는 의견이 1,387명(63%)이 나와 주민의 의견에 따라 취임식은 개최하지 않고 직원정례 조례로 갈음하였다. 이것은 지방자치의 주체이자 객체인 주민의 의견을 따르는 것으로 당연한 것이라 여겨진다. 앞으로도 전자메일시스템과 오프라인 방식의 강남 Panel제 등 인터넷을 통한 전자민주주의를 계속 보완하고 발전시켜 나갈 것이며 이는 전 세계적으로 민주주의의 새로운 모델이 될 것이다(김동욱, 2004).

1) 시민참여에 따르는 정책과정의 변화

전자정부에서 시민참여의 활성화에 따르는 변화를 정책과정의 측면에서 살펴보면 다음과 같이 정리해 볼 수 있다(이하, 이삼열, 2005: 44~62의 수정).

(1) 정책의제형성 주도세력의 변화

기존 관료집단이 주도해 오던 정책 의제형성의 주도권이 점차적으로 지역 주민들의 참여 확대에 기반을 둔 정책 아마추어들에게로 옮겨가게 될 것이다. 지방자치단체들은 이러한 변화의 불가피성을 인식하고 이를 능동적으로 수용할 수 있는 대책을 마련해야 할 것이다.

(2) 정책결정과정의 투명성 향상

기존에 '블랙박스'라고 불리던 정책결정과정은 민주화의 진전과 정보기술의 발전에 힘입어 점차적으로 시민들에게 공개되어 '밀실의 정책결정'에서 '광장의 정책결정'으로 변화할 것이다. 이미 많은 정보들이 시민들에게 공개되고 있으며 앞으로 더 많은 정보들이 공개될 것이다. 이러한 정보공개와 정책과정의 효율성과의 균형을 잘 이루는 것이 앞으로 정부의 과제일 것이다.

(3) 정책집행상황의 실시간 모니터링

정보기술의 발전으로 인하여 과거 공무원들이 독점하거나 알리지 않았던 많은 정책집행과 관련된 정보들이 실시간으로 정책관리자에게 제공되고 이는 시민들에게도 공개될 것이다. 이러한 실시간 모니터링은 업무관리의 효율성을 높일 것이며 정책과정에 대한 주민참여를 제고할 것이다. 이러한 실시간 모니터링을 위해서는 정부 업무방식의 재구조화가 필요할 것이다.

(4) 소규모 행정구역에서부터 직접민주주의 요소 실현

이는 간접민주주의에서 직접민주주의로의 점차적 이행을 뜻한다. 정보기술의 발전에 기반을 둔 전자투표의 도입은 이러한 변화의 핵심을 차지할 것이다. 하지만 본인인증 등의 보안과 관련된 문제들은 계속된 숙제로 남을 것이다.

2) 정책과정에 시민참여 방안

(1) 정책의제형성 주도세력의 변화: 온라인 시민참여의 확대

정보기술의 발전으로 인해 정책의제형성을 주도하는 세력의 구성이 바뀔 것으로 기대된다. 기존에 주도적인 역할을 했던 소수 관료집단 중심에서 일반시민의 역할이 점차 커지는 방향으로 정책의제 형성 주도세력에 변화가 있을 것이다. 이는 참여자의 정책전문성은 엷어지게 되지만 참여의 폭은 확대되는 것을 의미한다. 참여자의 전문성 부족도 정보기술이 발전함에 따라 상당히 해결될 것이다.

물론 이러한 정책의제 형성과정에 있어 일반시민의 대거 참여에는 장단점이 있다. 먼저 시민 개개인의 의견이 반영된다는 점에서는 민주주의가 원리가 더욱 충실히 실천되고 직접민주주의의 요소가 기술적으로 구현된다는 장점이 있다. 또한 정부는 국민의 목소리를 균형 있게 보다 잘 들을 수 있다는 점에서는 매우 긍정적이다.

그러나 인터넷을 이용한 의견 표출도 끊임없이 조작의 위험에 노출되어 있다. 특정 의견에 대한 견해를 조직적으로 한 방향으로 몰고 가는 현상이 일어날 수 있기 때문이다. 예를 들어 강남구 홈페이지에서 재건축 대상 아파트 단지를 인터넷 주민투표에 의해 결정한다고 가정해 보자. 이 경우, 강남구 대단위 아파트단지의 주민들이 홈페이지에 회원으로 가입하여 자신들의 의견을 반영한다면 이것은 민의가 반영되는 것이 아니라 왜곡되는 것이다.[1)]

(2) 정책결정과정의 투명화: 밀실의 정책결정에서 광장의 정책결정으로

정책결정과정은 많은 이해관계들이 조정되는 과정이다. 정책의 내용에 따라 많은 이익단체들의 이해관계가 크게 엇갈리기 때문이다. 그렇기 때문에 정책결정과정은 과거 '블랙박스'라고 불리어 왔다. 투입과 산출은 분명하지만 그 중간과정은 베일에 쌓여있기 있기 때문에 그렇게 불렸다. 하지만 민주화의 진전과 이에 따른 시민의식의 성숙은 정책결정과정이 더 이상 블랙박스로 남을 수 없게 만들고 있다.

현재 대부분의 정책결정의 경우, 최종결과물만 나타날 뿐 특정 집단의 이해관계가 어떻게 정책에 영향을 미쳤는지 혹은 어느 공무원의 생각이 정책의 근간이 되었는지 또는 최초의 생각이 어떤 변화과정을 거쳤는지 알기는 거의 불가능에 가깝다. 이러한 구조는 정책결정에 있어 소수 권력집단의 독주와 부패를 조장할 수 있으며 정책결정과정의 민주성을 해칠 수 있다.

정보기술의 발전은 정책결정과정을 보다 투명하게 할 것이다. 보다 많은 정보가 공개되어서 더 이상 블랙박스는 존재하지 않을 것이며 '광장의 정책결정'을 가능하게 할 것이다. '광장의 정책결정'을 결정짓는 가장 핵심적인 요소는 정책결정을 둘러싼 주요 정보의 생성과 공개이다.

그러한 시스템을 가능케 하는 제도 중의 하나는 정책실명제이다. 정책실명제는 특정 정책이 태어나서 집행되기까지의 전 과정을 기록하는 정보시스템을 말한다. 이 시스템에는 누가 어떤 이유로 정책의 특정부분을 다듬고 바꾸거나 더했는지에 관한 모든 자료를 보관한다. 이러한 기록은 별도의 서류처리를 요구하지 않고 정책결정이 이러한 시스템에 따라 이루어지도록 유도하여 정책자료의 생성이 실시간으로 이루어지도록 고안될 것이다.

지난 참여정부 시절에 행정부에 도입되어 운영되고 있는 시스템들은 이러한 요소를 갖추고 있다. 청와대는 2005년 초기에 내부전산망에 기반을 둔 '이지원(e-知園)'에서 '문서관리카드'라는 새로운 개념을 도입했다. 이 문서관리카드를 보면 최초의 보고서 작성자와 그 작성내용, 그 후 처리과정에서 어떻게 토의 수정되었는지 또한 대통령의 지시사항은 무엇인지 일목요연하게 알 수 있도록 설계되었다. 청와대의 대부분의 업무는 이지원을 통해 처리되고 있으며 정부는 이를 혁신성과로 발표하였다.

2005년 행정자치부는 '이지원'을 행정부처 업무에 적합하게 변형하여 정부업무관리시스

1) 실제로 2001년 12월 26일, 강남구청이 전자우편을 통하여 강남구 지역의 재건축 우선 시행단지에 대한 설문을 실시한 직후, 수많은 아파트 거주민들이 일시에 강남구청 회원에 가입을 신청하는 바람에 강남구청 서버가 마비된 사례가 있다.

템을 구축하고, 이를 온-나라시스템(On-nara BPS)으로 고도화하여 현재 사용 중이다.[2] 이 시스템은 문서관리카드, 메모보고, 일정등록, 민원처리 등의 기능을 갖추고 있으며 이의 활용 실적은 성과평가와도 밀접하게 연관되어 있다. 시스템의 활용실적이 성과평가와 연관되어 있기 때문에 공무원들이 불이익을 당하지 않기 위하여 시스템을 적극적으로 이용하고 있다.

또한 정책결정과정의 공개는 보다 많은 시민의 참여를 유도할 것이다. 결국 이러한 시스템의 도입은 이전에는 소수에 의해 독점되었던 정보를 다수에게 공개하는 것이기 때문에 정책결정의 단계에 따른 시민의 참여가 제도적으로 보장될 수 있을 것이다.

(3) 정책집행상황 실시간 모니터링

정보기술의 발전은 정책책임자나 관련 시민들이 특정 정책의 집행상황을 실시간으로 파악할 수 있게 할 것이다. 정책관리자의 입장에서 보면 정보의 집중화로 인해 관리업무가 보다 수월해질 것이다. 시민들의 입장에서 보면 정책집행에 관한 보다 많은 정보를 간편하게 얻을 수 있게 되는 것을 의미하며, 이를 통해 시민들은 특정 사안에 관해 정책담당자들과 대등한 또는 버금가는 정보력을 지니게 될 것이다. 이러한 변화는 정책집행의 향상된 관리를 뜻하게 되며, 또한 시민들의 보다 엄격한 통제를 의미한다.

현재 정책의 집행상황을 점검하기 위해서는 많은 시간과 인력이 소요된다. 왜냐하면 어떠한 정보도 별도의 노력이 없이는 생성되지 않기 때문이다. 민원인들이 정책의 진행사항에 관한 정보에 접근하려고 해도 정보 자체가 존재하지 않기 때문에 또는 불필요한 보안으로 인해 정보를 얻지 못하는 경우가 많았다. 아울러 진행상황이 집계되어 있더라도 대개는 시기가 늦은 데이터이기 때문에 적실성을 놓치기도 쉽다.

정보기술의 발전은 이러한 상황을 변화시킬 것이다. 이는 전자정부의 발전에 따라 모든 업무가 전산환경에서 이루어지고 이를 집계하는 프로그램이 자동적으로 실시간 정보를 제공할 것이기 때문에 가능하다. 이러한 시스템은 다음과 같은 기능을 할 것이다. 먼저 정책집행 정보의 입력이 자동화될 것이다. 예전에는 일반적으로 각종 서류에 흩어져 있는 정보를 하나의 서류로 통합하고 이를 전산시스템으로 옮기는 절차를 밟았다. 하지만 정보기술의 발전에 힘입은 정보시스템의 사용을 통해 이러한 절차를 간소화하여 업무처리를 별도의 종이서류가 아닌 전산시스템을 통하여 처리하고 그 정보가 자동 저장, 분석되고 있다. 이러한 정보입력 자동화는 정보의 수집 및 정리, 입력에 소요되는 자원을 절약시킬 것이며, 입력 시 발생하는 오차를 최소화하여 자료의 정확성을 높일 것이다.

2) 2007년 10월 프랑스에서 개최된 제8회 세계 전자민주주의 포럼(World e-Democracy Forum)에서 우리나라의 온-나라시스템이 올해의 Top10에 선정되었다. 온-나라시스템은 정부가 수행하는 모든 업무를 체계적으로 분류하여 온라인상에서 실시간으로 업무를 처리하는 혁신적인 시스템으로, 특히 정부내 의사결정과정 및 결과가 시스템에 모두 기록, 저장되어 보존되고 공유됨으로써 행정의 투명성과 책임성 및 민주성을 획기적으로 향상시키는 시스템이다.

다음으로는 정보의 실시간 집계가 가능해질 것이다. 업무가 집행되는 순간 자료가 입력되기 때문에 시스템의 자료는 항상 실시간으로 갱신될 것이다. 실시간 집계가 가능해 진다는 것은 정보의 분석 또한 실시간으로 이루어질 수 있다는 것을 의미한다. 이러한 실시간 분석은 미리 프로그램에 입력된 자료의 분석틀에 따라 실시간 정보를 사용해 항상 실시간 분석결과를 내놓을 수 있다.

(4) 소규모 행정구역에서부터 직접민주주의 요소 실현: 간접민주주의에서 직접민주주의로 점차적 이행

현재 우리의 민주주의 체제는 직접민주주의 요소를 일부 가미한 간접민주주의 제도인 대의제를 채택하고 있다. 대통령선거와 국회의원 선거 같은 직접적인 투표를 제외한 나머지 의제들에 대해서는 국민들이 의사를 표현하지 않고 자신들의 대표를 뽑아 그들로 하여금 의사결정을 하도록 하고 있다. 더구나 행정의 모든 분야는 전문 관료들 즉 공무원들에 의하여 계획이 입안되고 집행되었다. 그러나 이제 전자정부의 시스템 구축으로 직접민주주의 및 행정에의 주민참여가 가능하게 되었다. 지역 주민들의 경우, 계속해서 정책과정에 폭넓은 참여를 원하고 있다.

특히 인터넷을 활용한 주민참여 시스템의 구축으로 인하여 의사소통은 더욱 광범위해졌고 이제 국민 참여는 돌이킬 수 없는 거대한 흐름이 되었다. 과거 노무현 정부는 스스로를 '참여정부'로 이름 짓고 국민 참여를 가장 큰 화두로 삼았다. 포탈과 인터넷대안매체들에서는 정책현안에 대해 국민들이 안방에서 편안하게 자신의 신원을 들어내지 않은 채(또는 실명게시판에서는 실명을 사용하여) 자신들의 의견을 자유로이 표출할 수 있는 장을 마련해 주고 있다. 이를 통해 자유로운 토론이 이루어지고 정책결정자들도 이러한 의견표출이나 토론에 주목하고 이를 정책결정에 반영하기도 하며 토론에 직접 참여하기도 한다.

하지만 일반적으로 의사표현의 자유는 급격히 신장되었지만 지역 주민들이 지역 현안 문제들에 대하여 주민의 직접투표에 의해 권리를 행사하는 방식은 몇몇 주요 지방자치단체를 제외하고는 아직 이루어지고 있지 않다.

직접민주주의의 성장을 막고 있는 요소들은 정보기술의 발달로 인해 상당수 제거되고 직접민주주의 요소의 사회적 적용이 현실적으로 가능해질 것이다. 직접민주주의 제도의 적극적 도입은 소규모 자치단체에서부터 시작되어 제도가 검증되고 안정화됨에 따라 보다 큰 행정구역으로 차츰 확대될 것이다. 이러한 변화의 핵심에는 정보기술에 기반을 둔 전자투표가 있다.

전자투표를 통해 소규모 행정구역에서부터 대의제 절차와 더불어(또는 이를 거치지 않고) 직접민주주의 요소를 도입하여 크고 작은 결정은 주민들의 투표로 결정할 수 있게 될 것이다. 서울의 강남구 사례가 그러한 전자민주주의의 도입가능성을 보여주고 있다.

4. 현재 문재인정부의 청와대 국민청원 사례

1) 개요

청와대 홈페이지의 '국민청원 및 제안' 게시판은 2017년 8월에 문재인 대통령 취임 100일을 맞아 문을 연 국민소통 창구이다. 청와대는 홈페이지를 '국민소통플랫폼'으로 개편하면서 "일정 규모 이상의 질문이나 청원이 있을 경우 책임 있는 정부 및 청와대 당국자가 답변을 할 수 있게 하겠다"고 밝혔다. 이것은 취임 100일 당시 청와대가 "국민의 소리를 귀 기울여 듣고 공감하고 응답하는 대한민국과 크게 '통'하는 대통령과 청와대가 되겠습니다."라고 말한 것의 국민소통 수단이다. 이것은 과거부터 있어왔던 국민신문고와는 별도로 제작된 것이다.

청원은 정치개혁, 외교/통일/국방, 일자리, 미래, 성장동력, 농산어촌, 보건복지, 육아/교육, 안전/환경, 저출산/고령화대책, 행정, 반려동물, 교통/건축/국토, 경제민주화, 인권/성평등, 문화/예술/체육/언론, 기타 등 17가지 카테고리로 분류되어 있으며, 이 중에서 인권/성평등과 정치개혁 카테고리의 호응이 가장 높다. 청원을 받기만 하는 것이 아니라 30일 동안 20만 명 이상의 동의가 모일 경우에는 장관과 수석비서관을 포함한 정부 관계자의 공식 답변을 30일 이내에 들을 수 있도록 했다. 미국 백악관에서 운영하는 '위더피플'(We the People (petitioning system))은 30일 동안 10만 명 이상을 기준으로 하고 있어, 상대적으로 다소 기준이 높은 편이지만, 국민들의 높은 관심하에 엄청난 이용율을 나타내고 있다.

2) 전개과정 및 현황

2018년 4월 7일 현재 이제까지 156,262개의 청원이 제기되었고, 17개의 청원에 대하여 답변이 이루어졌으며, 20만명의 동의를 얻은 7개의 청원이 답변대기 중인 상태이다. 청원에 대한 1호 답변은 「소년법」 개정 청원이었다. 이처럼 국민청원은 단순히 창구의 기능을 넘어서 국회와 정당, 그리고 언론의 전통적인 역할이었던 의제 설정 기능, 공론화 장의 역할을 대신하고 있다. 또한 국민청원은 과거처럼 언론이나 정당에 호소하거나, 국민신문고 등의 정부 사이트를 이용하여 문의를 하는 것과는 달리 청와대가 직접 사안과 그에 대한 국민의 뜻을 인지하고 답변한다는 점에서 높은 만족도를 준다고 볼 수 있다.

이 제도가 도입된 초기에만 활발한 것이 아닌 현재까지도 새로운 청원이 올라오면 이슈화가 되는 현상을 볼 때, 그만큼 국민들의 제도에 대한 관심과 만족도가 높다는 것을 알 수 있다. 따라서 앞으로 일부 제기되는 문제점들을 개선한다면 참여 민주주의의 좋은 사례로 남을 가능성이 높다.

3) 문제점

청와대 국민청원으로 자칫 정치가 인기에 영합하는 포퓰리즘과 중우정치로 흘러갈 수 있다는 비판이 제기되고 있다. 일부 이용자들의 삼권분립에 대한 이해 부족 탓에 행정부 능력 밖의 일을 요구하는 인민재판식 떼법 청원들이 쏟아져서, 국민청원 시스템의 도입 이유가 점점 사라지고 있다. 청와대 국민청원이 아닌, 그냥 국민한풀이장이라고 해도 무방할 정도로 무게감 없고 취지에도 맞지 않는 청원들이 연이어 올라오고 있다.

따라서 언론에서도 청와대 국민청원 게시판이 특정인을 비난하고 분노 어린 감정만 배출하는 창구가 되고 있다는 비판이 나오고 있다. 특히 2018년 평창 동계올림픽 당시에 빙상 선수에 대한 국가대표 자격박탈 등을 요구한 국민청원은 하루 만에 답변 의무 조건인 20만 명을 넘어 바로 50만 명 이상이 동참하면서 최고 기록을 세웠다. 이에 청와대도 언론에서 빙상 선수의 자격박탈 국민청원 게시물을 언급하면서 "굉장히 빠른 속도로 불어나고 있다. 국민청원 게시판이 분노의 배출창구나 인민재판소가 되고 있다는 우려의 목소리가 있다"고 말했다.

여러 언론에서는 "당초 국민들의 불편 사항, 국민이 원하는 정책을 청와대가 복잡한 절차 없이 바로 듣고 직접 답변을 해 사회경제를 발전시켜나가겠다는 취지로 도입된 청와대 국민청원이 점차 특정 계층의 분노 배출 창구, 특정인의 해코지 수단 등으로 변질되고 있다는 우려가 커지고 있다"면서 '광장민주주의 폐해'라는 전문가의 말을 인용해 비판했다.

이러한 청원 내용과는 별도로 실명 본인확인 과정 상의 문제점도 제기되었다. 현재 청원 등록이나 추천 계정은 본인인증 절차가 없이 소셜로그인 만으로 계정이 만들어지게 되어 있다. 따라서 이러한 구조상 한 사람이 다수의 계정을 동원해서 추천 조작을 하기 매우 쉽다는 점이 지적되고 있으며, 실제로 추천 수 조작 문제가 상당히 발생하였다. 이에 청와대 홈페이지는 현재 "일부 이용자의 부적절한 로그인 정황이 발견되어, 소셜로그인 서비스 중 카카오톡 연결을 잠정 중단하오니 양해 부탁드립니다. 일반 민원 혹은 제안, 정책 참여 등은 국민권익위원회의 '국민신문고(링크)' 를 이용해 주시면 감사하겠습니다."라는 메시지를 올려 놓고 있다.

4) 대안

따라서 청와대 국민청원의 이러한 문제를 해결하기 위해 일부에서는 국회에서 입법 요구나 법 개정 청원을 받는 자체적인 청원 시스템을 만들어야 한다는 주장이 제기되고 있다. 그러나 실제로 국회의 청원은 이미 제도화되어 있지만 법률상 국회나 지방의회에서는 청원을 하려면 반드시 국회의원/지방의원의 소개를 얻어야 하기 때문에 접근성이 떨어진다는 문제가 있다. 따라서 이번 기회에 이러한 접근성을 해소하기 위하여 청원법은 물론이고, 특히 주민소환을 보다 확실하게 확대하여 실행할 수 있도록 국민소환제를 공인인증서를 통한 본인확인을 활용할 수 있도록 제도를 개선하는 방안을 모색하여야 한다. 영국의 스코트랜드에서는 오래전부터 주민소환에 공인인증서를 활용하여 이를 활성화하고 있는 실정이다(정충식, 2005).

14.4 전자정부와 투명성 제고를 통한 부패통제

현재 우리나라 국가경쟁력 향상의 가장 큰 걸림돌은 사회적으로 만연해 있는 부정부패일 것이다. 최근 세계경제포럼(WEF)의 2014년 세계경쟁력보고서에 의하면 우리나라 정부 정책결정의 투명성(Transparency of government policymaking)순위는 전체 144개 국가들 가운데서 133위를 기록할 정도로 낮게 평가를 받고 있다. 또한 국제투명성기구(TI)의 2013년 조사에 의하면, 세계 182개국 가운데 우리나라의 부패정도가 46위를 기록하고 있는 실정이다. 이러한 상황에서 전자정부를 통한 행정개혁의 핵심은 정보기술을 활용한 행정의 투명성 향상으로 집약될 수 있다.

1. 부패에 대한 최근 동향

1) 국제적 동향

오늘날은 세계와의 국경 없는 경제전쟁에서 살아남기 위해 치열한 경쟁이 이루어지고 있으며, 국제 상거래에서 경쟁력을 갖추기 위해 투명한 경영, 부패 없는 깨끗한 행정이 요구되며, 이것이 대외신인도에 커다란 영향을 미치고 있다.

1999년 2월 OECD의 「해외공무원에 대한 뇌물방지협약」이 발효되면서 세계적인 「부패라운드」가 출범되어 국제적으로 부패문제가 쟁점이 되고 부패행위에 대한 국제적 제재와 압력이 증대되고 있다. 또한 OECD는 1990년대말에 행정의 가치로서 그동안 금과옥조로 여겨왔던 3Es, 즉 경제성(economy), 능률성(efficiency), 효과성(effectiveness)외에 윤리성(ethics)을 추가하여 4Es의 지향을 제안한 바 있다.

1997년 9월 국제반부패회의에서 채택된 '리마선언'에서도 부패는 사회의 도덕성을 무너뜨리고 빈곤 · 소외계층의 사회경제적 권리를 침해하여 민주주의를 훼손하고 모든 사회운영의 기초가 되는 법치질서를 파괴하며 발전을 지연시키고, 특히 빈곤층에게 공개와 자유경쟁이 주는 편익을 침해함으로써 인류사회에 커다란 해악을 끼치는 것으로 논의되었다.

2) 국내의 대응

1990년대 이후 여러 국가들이 부패문제에 많은 관심을 기울이기 시작하면서, 우리나라도 이 문제를 심각하게 받아들이고 있다. 특히 최근 들어 국제기구들과 부패를 연구하는 학자들에 의해 국가신인도와 국가경쟁력에 부패가 미치는 부정적인 영향이 지적되면서 우리정부도 부패를 근절하기 위해 부단한 노력을 하고 있다. 그러나 한국에서 부패는 여전히 심각한 사회문제로 인식되고 있고, 그 중 관료집단에 의한 공공부문의 부패는 근절되지 못한 채 큰 문제로 남아있다.

부패방지위원회(현 국민권익위원회)가 2004년 7월에 일반국민과 공무원을 대상으로 조사한 설문결과에 따르면 "공무원이 부패하다"고 생각하는 응답이 59.0%에 달하였다. 이 수치는 2004년 4월에 실시된 설문조사 결과인 65.5%에서 다소 감소한 것이긴 하지만, 여전히 국민들 과반수이상이 공직 사회의 부패를 심각하다고 여기는 실정이다(부패방지위원회, 2005: 402~403).

공공부문에서 발생하는 부패는 국민들로 하여금 정부에 대한 신뢰를 무너뜨리고, 행정의 민주성을 약화시킨다는 점에서 결코 가볍게 대할 수 없다. 이러한 인식을 바탕으로 한국 정부도 다각도에서 부패예방과 척결을 위한 노력을 기울이고 있다. 실제로 중앙 정부의 차원에서 2001년 7월 24일 법률 제6494호「부패방지법」을 제정하고, 이 법에 근거하여 2002년에는 「부패방지위원회」를 설립하였고, 「부패방지위원회」가 2005년에 「국가청렴위원회」로 명칭을 달리하는 등 정부도 부패를 국가의 주요 정책의제로 설정하였다. 이명박정부는 출범과 함께 국민고충처리위원회와 국가청렴위원회 및 국무총리행정심판위원회의 기능을 합쳐서 국민권익위원회를 출범시켰다.

시민사회 역시 부패척결을 위해 적극적으로 나서고 있다. 한국투명성 기구, 경제정의실천시민연합, 참여연대, 함께하는 시민행동 등의 대표적 시민단체들도 사회에서 발생하는 부패에 감시를 늦추지 않고 있다. 지방정부도 이러한 노력에서 예외는 아니다. 특히 1999년 서울특별시(이하 "서울시")는「민원처리 온라인공개 시스템(Online Procedures ENhancement for Civil Application, 이하 "OPEN 시스템")」을 도입하였다. OPEN 시스템은 서울시가 시정 운영에 있어서 시민들에게 정보의 공개를 확대하고 효율성을 높이며, 시와 시민들의 거리를 좁히는 동시에 민원처리의 투명성을 강화하여 부패와 비리에 효과적으로 대처할 수 있을 것으로 기대하면서 도입한 전자정부 시스템이다(장인봉, 2004). 서울시의 OPEN 시스템은 도입된 지 10년 여 밖에 되지 않았지만 부패감소와 예방의 가능성에 대해 국내뿐만 아니라 국제적으로도 적지 않은 관심을 불러일으키고 소개되고 있다.

2. 행정의 투명성과 부패방지

시민을 배제시키고 관료만이 정보를 독점하고 행정에 비밀주의가 만연된다면 관료의 권력은 비대해지고 시민은 관료에 대해 효과적으로 통제할 수 없게 된다. 민주주의를 가능케 하는 것은 정부의 활동에 대해 충분한 정보공개가 먼저 이루어져야 시민이 행정과정에 참여할 수 있고 관료에 대한 민주적 통제를 통하여 시민의 권리보호가 가능해진다. 오늘날 국민의 '알 권리'(Right to Know)는 기본권으로 인정되고 정보공개청구권이 법적으로 보장되고 있다.

1) 부패의 공식

부패에 대하여 다음의 공식이 성립할 수 있다(Klitgaard, 1997).

부패	=	독점	+	재량권	−	책임성

우선 관료가 권력을 독점하고 재량권이 많을수록 부패가능성이 높아지며, 통제수단을 통하여 책임성을 높일수록 부패는 줄어든다. 따라서 행정처리 과정에 대한 정보공개를 통하여 행정을 투명하게 한다면 재량권을 줄이고 시민감시를 통하여 책임성을 높임으로써 부패를 효과적으로 통제할 수 있을 것이다.

공개행정은 사회와 산업의 질병을 치료하며 햇빛은 최고의 살균제라고 말해진다. 그러므로 공공정보의 공개는 행정의 투명성을 높이고 경보체제를 작동시키므로 부패억제에 가장 효과적인 수단의 하나이다.

정보공개에서 공개의 최대의 목적은 국정이 공정하게 행해지도록 국민이 감시하는 기능을 가지며 국민이 행정의 비리에 감시의 눈을 구석구석까지 미치고 유리처럼 투명한 행정을 실현시키고자 하는 것이다. 정보공개를 통한 투명행정은 시민의 알 권리를 충족시켜 민주행정을 가능케 하며 관료의 권력남용과 부패를 방지할 수 있는 수단이 된다.

2) 행정 '투명성'(transparency)의 개념

행정의 투명성은 행정의 의사결정 및 행정서비스 제공과 관련된 적절한 모든 정보를 시민 누구나 적시에 접근가능하고 정보가 자유롭게 유통되는 정도라고 할 수 있다. 투명성의 개념에는 다음 세 가지 요소가 포함되어 있다. 첫째, 누구든지 평등하게 정보에 쉽게 접근 가능해야 한다. 둘째, 시민이 정보를 얻고자 하는 분야에서 타당하고 적절한 모든 정보가 빠짐없이 제공되어야 한다. 셋째, 정보가 제공되어야 할 시기에 질 높은 정보가 신뢰성 있게 제공되어야 한다.

3) 투명성과 부패

전통적으로 행정의 익명성은 공복으로서의 공무원의 특징을 잘 나타내는 표현이었다. 정책과정, 행정과정에서 공무원의 익명성의 확보는 행정의 불편부당성을 의미하기도 하였다. 하지만 이러한 행정의 불투명성은 외부적인 감시와 통제를 어렵게 하는 요인으로 작용하였고 동시에 부정과 부패의 원인을 제공하거나 국민의 정부에 대한 신뢰를 떨어뜨리는 요인으로 작용하였다.

투명성의 증가는 행정의 환경으로부터의 직접적인 통제의 증가로 이어지며 이는 부정과 부패의 가능성을 줄이는 직접적인 요인으로 작용하게 된다. 민원처리의 경우 민원인이 직접 자신의 민원 처리과정에 대한 정확한 정보를 얻게 되는 효과와 함께 모든 시민이 감시자가 되는 효과를 볼 수 있다. 동시에 조직 내부적으로도 하나의 민원처리 과정에 모든 관련자가 쉽게 접근하여 처리과정을 파악할 수 있게 된다. 기하급수적으로 늘어난 내·외부 감시, 감독의 빈도는 자연스럽게 부정과 부패의 발생을 억제하거나 발생한 부정과 부패를 보다 쉽게 적발한다.

이제 전자정부의 등장으로 감독비용을 최소활 수 있는 가능성이 열렸다. 인터넷의 발달과 정보기술의 조직 활동에의 적용은 국민이 컴퓨터 네트워크를 통하여 정부의 활동을 원격지에서 확인하는 것을 가능하게 하여 국민의 감시로부터 사각지대에 놓였던 내부적 행정활동을 투명하게 하는 효과를 가져오게 되었다. 서울시의 민원처리 온라인공개시스템은 구축은 그 대표적인 사례라고 할 수 있다.

3. 전자부패의 등장 및 대응방안

전자정부 시스템이 정부내의 업무처리에 확산됨에 따라서 공무원들에 의한 컴퓨터범죄는 급속하게 증가하고 있다. 이러한 공무원들의 컴퓨터범죄는 기존의 뇌물수수, 상납 및 이권수수 등 전통적인 형태의 공무원 부패행태가 전자정부하에서 정부업무시스템을 수단으로 삼아서 전자부패(e-Corruption)로 변화하고 있음을 보여주고 있다.

1) 전자부패의 개념

전자부패라는 용어는 전자정부가 등장하고 난 이후에 소개된 최근의 개념이다. 따라서 학계에서 합의된 개념으로 정립되어 있지는 않다. 하지만 전자부패는 "공공정보에 접근할 수 있는 권한을 획득한 자가 사익을 위해 공공의 목적으로 생성된 전자적인 문서나 정보를 조작 또는 유출하는 행위"로 정의할 수 있다(이태영, 2006: 9).

이러한 전자부패가 발생하는 원인은 정보통신기술의 특성에서 기인한다고 볼 수 있다. 특히 이전에 수작업으로 처리되던 업무들이 정보시스템의 도입으로 자동화되면서 기존의 감사나 부패적발 장치들이 가동될 수 없는 영역(Black Box)으로 변화하였다. 또한 컴퓨터를 포함한 정보시스템의 처리과정에 대한 맹목적인 신뢰로 인하여 내부통제가 기능하지 못하고 있기 때문에 전자부패가 급증하고 있다.

그러므로 정보기술이 정보공개와 시민참여를 통하여 정부업무의 투명성을 제고시키는 측면도 있지만, 한편에서는 새로운 부패발생의 기회를 공무원들에게 제공하고 있는 것이 현실이다.

2) 전자부패의 최근 사례 및 대응방안

2009년 봄에 서울시 양천구청을 필두로 전라남도 해남군에 이르기까지 사회복지관련 공무원들의 공금횡령 사건이 빈번하게 적발되었다.[3] 이러한 사례를 분석해 보면 업무를 처리하는 공무원들이 존재하지 않는 급여수급자들을 정보시스템내에 허위로 등록하여 복지급여를 횡령한 경우가 다수를 차지한다. 구체적으로는 서울시의 복지급여 기본 자료가 각 구청의 결재시스템 및 첨부자료와 불일치하는 경우에도 전자결재만으로 업무처리가 시행되어 상급자의 관리 감독이 철저하게 수행되지 못하였기 때문에 발생한 범죄이다.

그러므로 이러한 사례의 배경에는 사회복지 전달체계 정보시스템의 운용에 대한 문제점이 내재되어 있다. 결국은 정부내부의 모든 업무처리가 정보시스템에 의해 전자적으로 수행되고 있음에도 불구하고 내부통제시스템은 이를 따라가지 못하고 있는 현실을 보여주고 있는 것이다.

따라서 전자정부의 고도화에 따르는 전자부패 대응방안이 종합적으로 마련되어야 한다. 특히 이러한 대응방안은 사전예방의 차원에서 마련되어야 하며 전자부패에 대한 인식확산과 함께 이루어져야 한다. 원칙적으로는 앞으로 전자정부 시스템을 구축할 경우에는 시스템 설계의 단계에서 전자부패의 취약성에 대하여 고려하고 대응책이 마련되어야 한다. 또한 전자적 업무환경에 맞는 새로운 정보시스템 감사기법들이 도입되고, 공무원들에게 정보기술의 이용과 관련한 윤리규범에 대한 교육이 강화되어야 한다(최영훈, 2004).

---

3) 서울의 양천구청 사회복지과에 근무하는 8급 기능직 공무원이 장애인과 기초생활수급자에게 지급되는 복지 보조금을 2006~2008년까지 3년간 72차례에 걸쳐서 26억원을 횡령하였다. 해남군 읍사무소의 7급 공무원 역시도 기초생활 수급대상자 관련 업무에서 10억원을 횡령한 사실이 2009년초에 적발되었다. 이러한 사건은 충남 아산시를 포함하여 다른 지방자치단체에서도 빈발하고 있는 실정이다.

쉬어가기

나는 사이버 국가 '비트네이션' 국민입니다.

❸ 비트네이션 특징 · 서비스

국경이 없다	탈중심이다	자발적이다
시민이 어디에 있더라도 상관하지 않는다. 모든 사람은 최고의 정부 서비스를 받을 권리가 있다.	블록체인을 기반으로 작동한다. 수백만명이 쓰는 이 분산 장부는 개인 대 개인(P2P) 자치권을 보장	비트네이션은 사람들이 완전히 새로운 정부 시스템을 스스로 개발하고 만드는 플랫폼이다.

법	안전	경제	외교	교육	복지
비트네이션에는 법이 따로 없다. 개인 간 약속 · 문서를 블록체인에 올려 공증받는다.	보안 컨설팅과 드론 등을 통해 지구상 어디에나 찾아가는 개인 보호 서비스를 제공(현재 중단)	마스터카드와 제휴해 은행 직불카드처럼 쓸 수 있는 비트코인 카드 판매	누구나 공유해 쓸 수 있는 '대사관'이 각지에 있음. 난민 긴급 신분증 발급 사업 등 진행	칠레 교육기업 '엑소스피어'와 제휴해 창업 기술 등을 교육(현재 방문교육만 가능)	디지털 화폐를 모든 국민에게 지급하는 보편적인 기본소득 실현(현재는 구상중)

비트네이션에 결혼증명 등록하기

① 내 결혼 사실을 비트네이션에 등록하고 싶다.

② 비트네이션 신분증을 이용해 결혼증면서가 담긴 블록을 만든다.

③ 해당 블록이 모든 참가자들 컴퓨터에 보내진다.

④ 모든 컴퓨터가 검증 · 인증하면 블록이 등록된다.

⑤ 블록은 순서대로 사슬(체인)로 쌓이기 때문에 조작이 거의 불가능하다.

⑥ 누구나 볼 수 있는 영구기록으로 결혼증명서가 비트네이션에 등록됐다.

비트네이션은 2014년 설립된 최초의 블록체인 기술을 이용한 가상국가다. 비트네이션은 수잔 타르코프스키 템펠호프와 릭 팔크빙에 등에 의해 2014년 설립됐다. 템펠호프는 스웨덴 출신 해커이며, 팔크빙에는 지식재산권법 철폐를 위해 해적당을 창당한 인물이다.

〈계속〉

국가는 국민 · 영토 · 주권으로 구성되지만, 그 실체는 기록이다. 국민의 출생 · 결혼 · 사망기록, 국토의 부동산등기, 주권의 법적 문서 등은 모두 기록이다. 거대한 관료사회는 이를 관리하고 이를 통해 움직이며 존재한다. 블록체인 덕에 비트네이션은 중앙관료기구 없이 작동할 수 있다. 비트네이션 국민으로서 내가 처음 해본 일도 결혼서약서를 블록체인에 시험삼아 올려 본 것이었다. 비트네이션이 제공하는 공증 서비스를 이용하면 누구나 몇 번의 클릭으로 원하는 문서를 블록체인에 기록할 수 있다. 이는 모든 참여자들의 컴퓨터에 조작 불가능한 기록으로 거의 영구히 남을 것이다(이하 생략......).

자료: (한겨레신문. 2016년 1월 10일)

CHAPTER 15

성공적인 전자정부 구현을 위한 정책제안

성공적인 전자정부의 구현을 위해서는 여러 가지의 방안들이 논의될 수 있다. 여기에서는 역대 정부의 전자정부 추진 정책을 평가하고, 실패의 경험에서 교훈을 얻고자 한다. 또한 전자정부 추진의 주요 성공요인으로 도출된 강력한 추진체계의 정비 및 리더십의 확보를 한국적인 상황에 비추어서 살펴보고자 한다.

15.1 역대 정부의 전자정부 구현정책 평가

이 절에서는 역대 정부의 전자정부 추진정책에서 대통령의 리더십을 추진체계의 측면에서 살펴보고 시사점을 도출하고자 한다.

1. 역대 정부의 경험

1) 김영삼정부–초고속정보통신기반 정책의 추진

우리나라에서 정보화의 중요성이 강조되기 시작한 것은 문민정부 시절의 일이다. 물론 그 이전에도 행정전산화, 행정정보화 및 국가기간전산망의 구축 사업이 진행되었으나 종합적인 국가정보화 기본계획이 마련되어 추진된 것은 아니었다. 또한 체신부가 정보통신부로 변화하는 것이 이 시점이다. 그러나 문민정부의 정보화 정책은 김영삼 대통령 집권 초반에는 별다른 모습을 보여주지 못하였다.

문민정부 이전의 시기, 군사정부의 시절에는 국가기간전산망 사업이 청와대 위주의 전산망조정위원회가 중심이 되어 그야말로 상명하복(上命下服)식의 정보화정책이 추진되었다.

그러나 김영삼정부 시절 초반에는 이전의 군사정부 시절과 달리 민주화의 욕구가 분출하던 시점이었으므로 중앙 통제식의 정보화 추진을 기대하기 힘든 시절이었다.

구체적으로 문민정부의 집권초반에는 하나회숙정, 공직자 재산등록, 금융실명제 실시 등 그야말로 총체적인 정부개혁이 진행되었으나 정보화는 국정의 우선순위로 부각되지 못하였다. 이어서 집권 후반기인 1996년 5월부터 청와대에서 "정보화추진확대보고회의"가 개최되었다. 그러나 이 시기는 개혁논리가 정치와 경제논리에 밀리면서 정보화의 추진이 총체적인 정부혁신과 결합되지 못하고, 정책추진의 탄력을 받기가 힘든 상황이 전개되었다.

김영삼정부는 정보화촉진기본법을 제정하여 정보화추진위원회를 구성하였음에도 불구하고, 청와대에서 대통령이 참석하는 정보화추진확대보고회의를 별도로 개최하여, 이를 기반으로 정보화정책을 추진하였다. 따라서 이때부터 정보화추진위원회가 제 기능을 발휘하지 못하였다. 이 시기에는 개별 부처나 조달, 특허, 관세 등 외청 단위의 정보화가 정보통신부의 기술 및 기금 지원에 힘입어 괄목할만한 성과를 거두었다. 이 단계에서는 인터넷이 충분하게 보급되지 않았기 때문에 제공되는 서비스들은 대부분 기관 내부의 단일 업무나 제한된 외부고객을 대상으로 하는 것이었다.

결론적으로 김영삼대통령이 정보화의 중요성을 인식하고 이를 정책의제화하여 추진했다고 보기는 힘들 것이다. 이 시기의 가장 큰 성과는 초고속정보통신 기반정책이 수립되어 정보화의 기반을 다질 수 있게 된 것이다. 더 나아가 체신부에서 정보통신부로의 전환이 이루어진 것이다. 김영삼정부 시절에 각종 자료에서 전자정부의 용어가 등장하기는 하지만 이를 국정과제로 채택하여 적극적으로 추진한 것은 아니었다.[1)]

2) 김대중정부–집권 후반기에 전자정부 사업의 추진

이어서 등장한 국민의정부 역시도 마찬가지의 길을 걸어왔다. 1998년 2월 12일 대통령직 인수위원회는 국민의 정부 품질혁신을 위한 100대 국정과제를 발표하였다(대통령직 인수위원회, 1998). 이 가운데 중앙정부의 경쟁력강화 부문인 99번째 "정책실명제와 행정정보 공개확대로 열린정부 구현"을 위한 추진계획 네 가지 중 하나가 바로 전자정부의 구현이었다. 그러나 국민의정부는 '작지만 강력한 정부'의 구현을 표방하면서 경제위기를 극복하기 위해 4대 부문 개혁을 시도하였고, 첨단 정보기술을 활용한 전자정부를 행정개혁과 연계시키려는 시도를 하지 않았다. 이것은 문민정부의 정보화추진체계를 계승한 것에서도 잘 알 수 있다.

국민의정부 역시도 집권초반기에는 다양한 분야의 개혁에 전념하다가 집권후반기인 2001년 1월에 가서야 전자정부특별위원회를 구성하게 된다. 비록 출발은 늦었지만 2년간 한

---

1) 김영삼정부 시절에 청와대에 근무했던 관료나 학자들 중에서 우리나라 전자정부가 김영삼정부 시절에 시작되었다고 주장하는 사람들이 있다. 그러나 이것은 사실이 아니다. 당시 청와대의 정보화추진확대보고회의에 전자정부 안건이 상정된 적이 없으며, 전자정부와 관련하여 종합계획을 수립한 사실이 없다.

시적으로 일한 전자정부특별위원회는 청와대비서실과 긴밀하게 업무협조 관계를 유지하면서 우리나라 전자정부의 기반을 완성한 것으로 평가받고 있다.

김대중정부는 집권 초반에 진행된 공공부문 구조조정, 기구통폐합, 인력 감축 등을 통하여 하드웨어적인 정부개혁을 추진하였다. 이어서 2001년부터는 일하는 방식과 프로세스 혁신, 대민서비스의 품질향상 등 소프트웨어적 정부개혁으로 전환하면서 전자정부를 정부혁신의 전략적 수단으로 선택하였다. 이에 따라서 전자정부특별위원회를 설치하고, 정부개혁을 총괄하는 기획예산처 정부개혁실이 전자정부 사업에 본격적으로 참여하였다.

그러므로 전자정부특별위원회는 차관급의 직위를 유지하면서 대통령의 강력한 권한부여(Empowerment)에 의거하여 종전에는 시도조차 하기 힘든 다 부처 관련 사업을 적극 추진하였다. 전자정부특별위원회의 민간위원장은 다 부처 사업을 추진하는 데 핵심요소인 행·재정 및 인적자원의 조달과 부처 간 조정을 위하여 정보통신부(정보화촉진기금 배정 및 정보기술 지원)와 기획예산처(정부혁신 및 예산배정) 및 행정자치부(조직개편 및 지방자치단체 관리권) 간의 실무협의를 원활하게 이끌면서 큰 힘을 발휘하였다. 따라서 전자정부특별위원회를 중심으로 하여 김대중 정부에서 우리나라 전자정부 정책이 대통령 의제로 격상되어 본격적으로 추진되었다.

이처럼 전자정부의 추진이 성공을 거두게 된 것은 전자정부특별위원회가 당시 안문석 위원장을 중심으로 헌신적인 노력을 한 결과이지만, 결국 대통령이 전자정부의 중요성을 인식하고 수시로 이를 공개석상에서 피력하였기 때문에 가능하였다고 볼 수 있다.[2)]

3) 노무현정부–집권 초반기에 행정혁신의 일환으로 강력하게 추진

노무현 정부 이전에는 우리나라에서 정보화전략 및 전자정부의 구현은 집권하반기에 추진되는 경향을 보여주었다. 이러한 배경에는 전자정부나 정보화를 기술지향적으로 이해하면서, 정보기술을 활용한 행정개혁으로 인식하지 못했기 때문이었다. 이와는 대조적으로 참여정부는 집권 초반부터 행정개혁과 연계시켜 강력하게 추진하는 다른 모습을 보여주었다. 하지만 참여정부에서는 연도별로 조금씩 추진체계를 개편하면서 추진기반을 약화시켰다.

노무현정부는 2003년 초반에 정부혁신지방분권위원회를 신설하여 여기에 전자정부전문위원회를 두어 전자정부의 추진을 행정혁신과 연계시키고자 하였다. 전자정부전문위원회는 대통령 의제인 전자정부 로드맵을 개발하고, 그 집행과정을 점검 및 평가하면서, 필요하다면 조정하는 기능을 수행하였다. 대통령비서실과의 연계부분은 김대중정부에서는 대통령비서실의 정책기획수석이 전담하였으나, 노무현정부에서는 신설된 대통령 정책실이 전자정부 로

2) 2000년 초반에 김대중대통령은 당시 여러 부처들로부터 새천년 업무보고를 받는 자리에서 전자정부 구현의 중요성을 강조하였고, 이에 따라서 행정자치부, 기획예산처 및 정보통신부의 업무보고에서 전자정부의 구현이 맨 앞에 등장하게 되었다.

드맵의 쟁점과 진도를 관리하였다.

또한 주요 쟁점이 되는 사항은 대통령이 참석하는 국정과제회의에서 직접 정리하였다. 따라서 국무총리가 위원장인 정보화추진위원회는 참여정부에서도 계속해서 형태만을 유지할 뿐, 전자정부 사업과 관련하여 큰 역할을 수행하지 못하였다. 이러한 전자정부 로드맵의 행정지원 및 집행기능은 2004년에 행정자치부로 일원화되었다. 2005년 4월 제2기 정부혁신지방분권위원회가 출범하면서, 전자정부 로드맵에 대하여 임기 말까지 추진할 계획으로 전자정부전문위원회의 역할과 기능을 승계하면서 당연직 위원의 위상을 차관급으로 격상시킨 전자정부특별위원회가 신설되었다. 이 시기에 대통령 비서실도 정부혁신과 전자정부를 총괄하는 혁신관리수석실을 신설하였다.

그러나 이러한 새로운 체계는 부처 간에 발생한 이해관계를 조정하는데 한계를 드러내었다. 그 결과 2006년 1월 혁신관리수석실의 조정에 의해 전자정부특별위원회는 기능과 역할이 순수한 대통령 자문기능으로 전환되었고, 전자정부 사업과 관련한 모든 집행기능이 행정자치부로 이관되었다.

결론적으로 참여정부에서 전자정부 구현이 큰 성공을 거두게 된 것은 제도적인 관점보다는 노무현대통령의 탁월한 식견에 기인한다고 볼 수 있다.[3] 노무현대통령은 정보기술을 활용한 행정혁신을 국정의 지표로 설정하고, 정부혁신지방분권위원회에서 강력하게 전자정부를 추진할 수 있도록 권한을 부여하였다. 따라서 31대 로드맵 과제를 통하여 일관되게 전자정부 사업들을 추진할 수 있었다.

4) 이명박정부–초기 국정과제에 포함되지 못함

2008년 2월 이명박정부의 출범은 우리나라에서 10년 만에 정권이 교체되는 결과를 가져왔다. 이러한 정권의 교체는 전자정부의 추진정책에도 커다란 영향을 미치게 되었다. 우선 기존에 노무현정부가 추진해 오던 전자정부 정책들은 최소한의 사업만을 남기고 폐기되었다.[4] 따라서 전자정부의 관점에서 볼 때, "잃어버린 10년"이 시작되었다.

특히 2008년 2월의 정부조직 개편으로 정보통신부가 폐지되고 행정안전부가 국가정보화의 기능을 수행하게 됨에 따라서 기존의 전자정부 기능은 국가정보화에 편입되는 결과를 낳았다. 이러한 추세를 반영하여 기존의 전자정부본부는 정보화전략실로 개편되었으며, 제1차

3) 2007년의 어느 날 노무현대통령은 사석에서 다음과 같이 말하였다. "제가 왜 전자정부에 이토록 집착하는지 아십니까? 제 이후에 대통령이 되실 분들이 많겠지만, 적어도 10년 동안은 제 후임자들이 저 보다 전자정부에 대한 식견이 부족할 수 있다고 생각해서, 저는 10년 이후를 내다보고 준비하는 것입니다." 결국 이 말은 10년이 지난 오늘날 사실임이 증명되고 있다.

4) 노무현정부는 저출산과 고령화 및 세계화의 추세에 대응하여 국가미래전략인 Vision2030을 수립하였고 전자정부는 이러한 '희망 한국 건설'의 핵심수단으로 인식되었다. 이에 따라서 2007년 9월 행정자치부는 "차세대 전자정부 추진계획"을 마련하여 전자정부 구현의 4대 목표와 5대 추진전략을 제시하였다. 이것은 유비쿼터스 기반기술을 활용하여 정부혁신을 가속화하고 국가경쟁력을 강화하고자 하는 24개 중점추진과제로 이루어져 있었다. 그러나 이명박정부는 집권과 동시에 Vision2030 및 "차세대 전자정부 추진계획"을 모두 백지화하였다.

관에서 제2차관으로 소속이 변경되면서 기능이 대폭 축소되었다.[5)]

그러므로 2008년과 2009년 행정안전부의 대통령 업무보고에서 전자정부 분야는 거의 찾을 수가 없게 되었으며, 정보보호 기능만이 남게 되었다. 이러한 흐름을 반영하여 2008년 10월에 발표된 '이명박정부 100대 국정과제'에서도 전자정부와 국가정보화는 포함되지 않았다.

특히 2008년 상반기에는 이전에 참여정부가 수립해 놓은 전자정부관련 예산이 거의 집행이 되지 못함으로 인하여 ICT업계의 불만과 원성이 높아졌다. 이 당시에 정보통신부의 해체로 인한 ICT콘트롤 타워의 부재로 인하여 대다수 ICT업체들은 고사위기에 직면하였다. 기존의 정보통신부 기능은 신설한 방송통신위원회, 지식경제부, 문화체육관광부 및 행정안전부로 이관시켰으나, 부처별 기능 중복 및 예산 중복 등 ICT산업의 지원기능 분산에 따르는 문제점이 지속적으로 제기되었다.

당시 행정안전부는 부처별 정보화 사업 시에 중복투자와 사업의 타당성을 검증하기 위하여 사전협의제를 시행하였지만 예산권을 갖지 못한 상태에서 실효성을 거두지 못하였다. 따라서 당시에 ICT산업계에서는 국내 ICT산업의 성장률이 저하되고 있는 이유를 세계적인 경기 침체 보다는 부처별 기능 중복에 따르는 정부조직 개편의 후유증으로 진단하였다.

2010년 4월 13일, 당시 김형오 국회의장은 이명박 정부의 ICT정책 추진체계에 대하여 공식적으로 문제 제기를 하였다.[6)] 김형오 국회의장의 문제제기로 논의가 촉발된 ICT총괄 통합부처 설립은 정보통신부의 부활론에서부터 미래부의 신설에 이르기까지 다양한 방안으로 제시되었다. 그러나 대내외 상황을 고려한다면 이명박 정부 임기 내에 실현 가능성은 거의 없었다.

이명박정부에서 전자정부 사업의 예산들은 〈표 15-1〉과 같이 매년 지속적으로 감소하였다. 전자정부사업은 전자정부 구현에 필요한 정보화 사업으로 각 기관에서 정보화예산을

표 15-1 전자정부 지원사업 투자 추이

(단위 : 억원)

연도	2005	2006	2007	2008	2009	2010	2011	2012	2013	2014	2015
예산	2,202	2,822	2,877	1,438	1,307	1,600	1,304	1,087	584	839	1,262

자료: (한국정보화진흥원, 2013b의 수정 및 보완).

5) 행정안전부는 2008년 2월 출범하면서 복수차관제를 실시하여 제1차관 아래 기획조정실, 조직실, 인사실의 3실을 두고, 제2차관 아래 재난안전실, 정보화전략실, 지방행정국, 지방재정세제국, 지역발전정책국의 2실 · 3국을 두었다. 그러나 2011년 1월말에 2차관 소속으로 있던 정보화전략실을 조직운영의 효율성을 높이기 위해 1차관 소속으로 바꾸었다. 그 이유는 국가정보화 등을 담당하는 정보화전략실 업무의 70% 이상이 인사, 조직 등과 관계가 있어, 1차관 소속으로 옮기는 게 더 시너지 효과가 있다고 보았기 때문이다.

6) 김형오 국회의장은 "모바일 빅뱅 등 변화하는 시장 상황에 대응하지 못해 그동안 쌓아온 IT분야의 성장 동력이 힘을 잃고 있다"고 지적하였다. 김 의장은 문제의 원인을 4개 부처로 분산돼 난맥상을 보이고 있는 IT정책의 의사결정 구조에서 찾았다. 따라서 미래 먹거리가 될 정보 · 통신 · 콘텐츠 등 이른바 ICCT (Information, Communication and Contents Technology)분야를 총괄할 통합 부처 설립을 대안으로 제시했다(전자신문, 2010년 4월 14일).

확보하여 자체적으로 추진하는 일반 정보화사업과 행정안전부가 다수 부처 관련 정보화 사업에 필요한 예산을 확보하여 지원해오고 있는 전자정부지원사업으로 구분할 수 있다.

노무현정부에서 핵심 정책과제로 추진한 2단계 전자정부 사업이 종료된 2008년 이후부터 전자정부에 대한 투자는 급속하게 축소되었다. 이명박정부의 출범 첫해인 2008년에는 이전 년도에 비하여 절반으로 축소되는 상황이 발생하였다.

물론 이명박정부도 국가정보화의 추진체계 개편을 위하여 다양한 노력을 기울여 왔다. 앞에서 살펴본 바와 같이 2008년 7월 기존 정보화촉진기본법에 의거한 정보화추진실무위원회의 구성과 기능을 보강하였다.[7] 또한 2008년 12월 3일 국가정보화 기본계획을 발표하였으며, 2009년 4월 21일에는 국가정보화 실행계획을 발표하였다. 또한 정보화촉진기본법을 전부 개정하여 국가정보화기본법이 제정되었으며, 이에 의거하여 2009년 11월에 대통령직속의 제1기 국가정보화전략위원회가 출범하게 되었다. 이어서 2011년 11월에 제2기 국가정보화전략위원회가 구성되어 활동하였다.

이명박정부의 전자정부 추진 문제점은 우선 전자정부의 범위 및 방향에 대한 상실에서 찾아야 한다. 과거 정부들에서는 국가정보화와 전자정부의 추진 부처가 분리되어 있었기 때문에 나름대로의 부처 간 갈등이 유발되더라도 조정이 가능하였다. 하지만 이명박정부에서는 행정안전부가 국가정보화와 전자정부를 함께 추진하였기 때문에 두 영역이 혼재되어 구분하기 힘든 상황이 전개되었다. 더구나 전자정부와 달리 국가정보화는 산업을 기반으로 국가경쟁력의 향상을 추구할 수밖에 없기 때문에 S/W진흥 및 ICT산업을 담당하는 지식경제부와 영역 갈등으로 나타나게 되었다.

또한 2008년의 국가정보화기본계획, 2009년의 국가정보화실행계획 그리고 2010년의 제1기 국가정보화전략위원회의 11대 전문위원회 과제 등이 전혀 유기적으로 연결되지 못하고 따로 집행되면서 일선 실무자들의 혼란이 가중되었다. 제2기 국가정보화전략위원회는 출범 직후에 이러한 문제점을 인식하고 전문위원회를 5개로 축소하고 선택과 집중을 표방하였으나, 임기 말에 별다른 모습을 보여주지 못하였다.

결론적으로 이명박정부는 전자정부를 대통령 의제로 추진하지 못하였다. 따라서 비록 2010년 2012년에 UN의 전자정부 평가에서 연속하여 세계 1위를 달성하였지만, 성공적으로 추진하였다고 평가하기는 힘든 상황이다.[8] 실제로 이명박정부 시절에 UN전자정부 평가 세계 1위는 모두 노무현정부의 업적이 시차적 효과로 인하여 반영된 것이다. 그러므로 이명박

7) 이 개편에 의해 기존의 국무총리실장이 맡고 있던 정보화추진위원회실무위원장이 행정안전부 제2차관과 민간의 공동위원장 체제로 전환되었다.

8) 정책과 제도의 시차적 접근방법(Time Lag Approach)에 의하면 제도나 조직은 생명체와 비슷한 생명주기(Life Cycle)를 지니고 있기 때문에 정책평가에서 시간적 요소를 고려하여야 한다(정정길, 2005). 이러한 관점에서 볼 때, 2010년 UN 전자정부의 평가는 2009년 초반의 자료를 대상으로 한 것이며, 이러한 평가 대상들은 모두 2003~2008년까지 참여정부에서 구축된 시스템들이다.

정부에서의 전자정부 평가는 여러 가지의 시각에서 바라볼 수 있겠지만, 이명박대통령의 전자정부에 대한 리더십이 부족했다는 점은 분명하다.

5) 박근혜정부-정부3.0 추진으로 전자정부와 혼선 초래

2013년 2월 박근혜정부의 출범은 정권교체가 아니라 같은 당 출신의 대통령이 취임한 것이다. 그러나 전자정부 및 국가정보화와 관련하여 많은 변화가 초래되었다. 첫째는 국가정보화전략위원회를 해체한 것이다. 지난 이명박정부에서 정보화추진위원회를 대체하고자, 어렵게 정보화촉진기본법을 국가정보화기본법으로 개정하면서 출범시켰던 국가정보화전략위원회를 폐지하였다. 폐지 이유는 과거 정부에서 방만하게 운영되었던 위원회 조직들을 정비하는 것이었다.

둘째는 국가정보화의 기능을 새로이 신설된 미래창조과학부로 이관한 것이다. 따라서 국가정보화와 전자정부 및 정부3.0 정책 등은 분산된 추진체계를 지니게 되었다. 국가정보화는 신설된 미래창조과학부에서 그리고 전자정부는 행정안전부에서 이름이 바뀐 안전행정부에서 담당하게 되었다. 이 부처의 이름은 세월호 사건 이후에 다시 행정자치부로 명칭이 바뀌게 된다.

셋째는 정부3.0의 등장이다. 박근혜정부는 '국민행복, 희망의 새시대'라는 국정비전을 설정하고 이를 달성하기 위한 수단으로 5대 분야에서 국정목표와 추진전략을 설정하였다. 또한 5대 국정목표의 달성을 뒷받침하기 위한 정부 운영시스템의 혁신 방안으로 신뢰받는 정부를 설정하였다. 이것은 일방향(1.0)을 넘어 쌍방향 정부(2.0)를 구현하고 이를 바탕으로 개인별 맞춤정보와 서비스를 제공하는 '정부3.0 시대'를 달성하는 것이다. 또한 민간과의 협치를 강화하고 정부 내 협업시스템을 구축하는 등 개방, 공유, 소통 및 협력하는 새로운 미래를 선도하는 유능한 정부를 구축하는 것이었다.

이러한 정부3.0을 정권 초기에는 전자정부와 전혀 무관한 것으로 홍보하면서 박근혜정부만의 독창적인 정책으로 포장하였다. 이 과정에서 정부3.0과 전자정부는 분리되고, 초기에 정부3.0 정책들이 전자정부의 도움을 받지 못함으로 인하여 추진 동력을 상실하는 결과를 가져왔다. 2014년 후반에 정부3.0추진위원회를 구성하고 전자정부와의 융합을 도모하였지만, 전자정부 시스템에 기생(寄生)하면서 기존의 전자정부 시스템을 정부3.0 추진의 하위 수단으로 전락시켰다.

이 과정에서 전자정부 예산은 〈표 15-2〉와 같이 연평균 1,000억 원으로 지속적으로 축소되었으며, 과거 정부에서 구축한 전자정부 시스템의 유지 보수 및 정부3.0을 지원하는 기능만을 수행하였다. 참고로 정부3.0 정책에는 연간 3,500억 원씩을 투자하였다.

결론적으로 박근혜정부는 전자정부가 아니라 정부3.0 정책을 중점적으로 추진하였다. 이 과정에서 전자정부와 정부3.0 사이에 개념 및 서비스 영역 등에서 혼란이 야기되었다. 정부

표 15-2 정부별 전자정부 예산

구 분	국민의 정부	참여정부	MB정부	박근혜 정부
시기	2001~2002년	2003~2007년	2008~2012년	2013~2016년
과제명	전자정부 11대 과제	전자정부 로드맵 31대 과제	MB정부 전자정부 과제	박근혜정부 전자정부 과제
주요 목표	정부업무와 대민 서비스의 전자적 처리	다수 부처 서비스 연계 전자적 국민 참여 확대	일 잘하는 지식정부 행정서비스 연계 · 통합	정보개방 · 공유 · 협업 유능한 정부
예산액	2,219억(연평균 1,110억)	8,786억(연평균 1,757억)	6,736억(연평균 1,347억)	4,026억(연평균 1,006억)

자료 : 행정자치부 홈페이지

3.0이 전자정부와 무관하다고 주장하던 박근혜정부가 2014년 UN전자정부 평가에서 우리나라가 세계1위를 하자, 정부3.0의 덕택이었다고 자화자찬하는 상황이 전개되었다. 그런데 2016년 UN전자정부 평가에서 3위를 달성하자 정부3.0과는 무관하다고 주장하였다.

국가정보화전략위원회라고 하는 법제화된 대통령직속의 이명박정부 정보화추진체계가 같은 당의 박근혜정부에서 바로 뒤집어지는 상황은 우리나라 정당 정치의 후진성에서 기인하는 것이다. 즉 정당이 집권하는 것이 아니라 대통령 개인이 집권하는 상황에서, 대통령 후보를 둘러싸고 있는 이른바 캠프에 참여하는 폴리페서 등이 전면에 나서는 형국이 된다. 대통령이 되고자 하는 사람들은 후보 시절부터 개인의 정책 캠프를 구성하고 개인적인 정치조직을 통하여 선거 운동을 한다(김병준, 2016). 따라서 선거에서 승리하여 집권한 이후에 정당에 대하여 큰 의무감을 지니지 않기 때문에 같은 당의 전임 대통령 정책들에 대하여 전혀 계승할 생각을 하지 않는다.

도리어 이들은 전임 정권과 차별화를 위해서 이전 정부의 추진 정책들을 모두 폐기하고 새로운 정책을 만들어 내기에 골몰한다. 이 과정에서 국민들을 현혹시키기 위하여 과거 정부의 정책을 이름만 바꾸어서 새로이 포장해서 선보이거나, 작은 정부를 구현한다는 미명하에 조직의 통 · 폐합을 추진한다. 박근혜정부는 이러한 두 가지를 집권 초기에 모두 실시하였다. 정부3.0의 추진 정책이 급조되어 새로이 포장된 대표적인 사례이다.

2. 과거 정부 경험의 시사점

1) 미국의 사례

미국의 경우에는 우리와는 달리 정권교체에도 불구하고 전자정부의 추진을 지속적으로 제도적으로 진행시키는 모습을 보여주고 있다. 미국의 전자정부 구현은 1993년 클린턴행정부 시절에 시작되어 8년간 지속적으로 추진되어 왔다. 이 당시에 클린턴 대통령은 부통령인 고어에게 환경과 정보화분야의 전권을 부여하였다. 따라서 대통령 자신은 국방, 외교 및 치안 등을 전담하고 전문가인 고어 부통령에게 전자정부와 관련한 모든 권한을 위임(Delegation)하였다. 따라서 클린턴 집권 8년 동안 고어부통령이 미국의 NPR을 이끌면서 지속적으로 전자정부 사업을 추진하였다.

이후 민주당에서 공화당으로 정권이 교체되었으나, 전자정부 추진의 정책기조는 바뀌지 않고 오히려 법의 제정으로 추진체계가 제도화되었다. 우선 부시행정부는 집권 초반에 전자정부의 확산(Expanding E-Government)을 부시행정부의 다섯 가지 '대통령의 핵심적 관리 의제(the Presidential management agenda)' 중 하나로 선정하였다(Executive Office of the President, 2002). 부시행정부는 '적극적이면서도 제한된(active, but limited)정부'를 표방하며 시민중심적(citizen-centered), 결과지향적(results-oriented), 그리고 시장경제에 바탕을 둔(market-based) 정부의 창조를 지향하였다.

따라서 미국의 경우, 정권교체에도 불구하고 전자정부의 구현은 미국 행정개혁의 큰 맥락 속에서 행정개혁의 수단으로 지속되었다. 특히 미국은 2002년 전자정부법을 제정하면서 관리예산처 산하에 전자정부국을 두어 책임과 권한 및 예산에 이르기까지 모든 부분을 법제화하였으며, 강력한 추진체계를 구성하였다.[9)]

이어서 공화당에서 다시 민주당으로 정권이 교체되어, 2009년 1월에 집권한 오바마정부도 이전 정부보다 더욱 적극적인 IT 활용을 강조하며, 정부의 사활이 걸린 국가혁신의 충분조건으로써 국가정보화전략을 추진하였다. 오바마정부는 '열린정부'라는 새로운 국정운영방식을 도입하고, 국민/기업과의 소통과 참여, 협력으로 새로운 가치를 만들어 내는 보다 견고한 IT기반의 혁신전략을 추진하였다. 구체적으로는 투명성, 참여, 협업의 3대 구현원칙에 따른 추진전략과 서비스 모델 개발에 집중하였다. 이러한 미국 전자정부의 정책 기조는 2017년 공화당의 트럼프대통령이 집권한 이후에도 전혀 변화하지 않고 지속적으로 유지되고 있다.

미국은 정보화 거버넌스에 있어서는 대통령 중심의 강력한 리더십뿐만 아니라 전문가로 구성된 다양한 합의체간 협력 및 조정체계를 구축하였다. 구체적으로는 전자정부법을 통하여 대통령실을 중심으로 한 강력한 리더십과 다양한 정책 이해관계자들 간 협력 거버넌스 방식을 활용하고 있다. 정보화정책들은 관리예산처(OMB)에 의해 기획과 예산의 연계를 통해 통제되며, 개별부처의 독립적 정보화 사업들은 연방 CIO협의회에 의해 거시적으로 통합하는 방식을 채택하고 있다.

결론적으로 지난 20년간 미국의 전자정부 추진은 정권 교체와 무관하게 대통령 의제(Presidential Agenda)로 지속되면서 대통령의 강력한 리더십하에서 추진되어 오고 있다.

---

9) 미국의 전자정부 추진은 대통령 행정관리위원회(PMC: the President's Management Council), 관리예산처(OMB) 그리고 분야별 책임관리자와 운영위원회(steering committee)의 3단계 전자국정관리(E-Governance)의 구조를 갖추고 있다. 미국은 전자정부 구현의 가장 큰 걸림돌이 변화에 대한 조직의 저항이라는 것을 인식하고 행정부 최고위층의 적극적이고 지속적인 관심을 유도하기 위하여 대통령 행정관리위원회(PMC)를 최상위 조직으로 하고 있다(OMB, 2002).

2) 과거 정부의 교훈

앞에서 살펴본 미국 NPR의 사례는 전자정부 추진에 있어서 대통령 권한의 이양을 통한 리더십을 잘 보여주고 있다. 우리나라의 경우에도 전자정부 추진 시에 대통령 1인의 관심 보다는 시스템으로서의 제도화가 필요한 시점이다. 이하에서는 지난 국민의정부 시절에 전자정부특별위원회에 참여했던 학자의 회고를 통하여 과거 정부의 전자정부사업이 주는 교훈을 찾아보고자 한다(윤영민, 2003: 70~74).

첫째, 대통령의 역할이 성공의 관건이라는 점이다. 전자정부의 발전 단계가 올라갈수록 전자정부사업에 있어 부처 간의 이해관계를 조정하는 일이 중요해지고 따라서 대통령의 역할도 그만큼 결정적이 된다. 그러나 이는 대통령이 직접 조정에 나서야 한다는 것을 의미하지 않는다. 실제로 국민의 정부 전자정부사업에서 대통령이 직접 조정에 나선 적은 없다. 그럴 필요도 없고, 그것이 바람직하지도 않다. 전자정부사업에 관해 대통령이 깊은 의지와 관심을 갖고 있음을 각 부처가 인식할 수 있으면 된다.

둘째, 조정기구에 확실하게 힘을 실어주어야 한다. 전자정부특별위원회의 주요 위원들이 모두 민간인이었지만 조정자의 역할을 성공적으로 수행할 수 있었던 것은 대통령, 정책수석실 등이 그들을 존중하고 그들에게 권한을 분명히 위임해 주었기 때문이다. 대통령에게 효과적 보고통로를 확보하였으며, 또한 사업수행 성과와 예산을 효과적으로 연계시킴으로써 전자정부특위는 적어도 11대 사업에 관한 한 막강한 영향력을 행사할 수가 있었다. 민간인들이 정부의 고위 관리자들에게 사업의 주도권을 행사한 것은 역사상 대단히 이례적이었다.

셋째, 조정에 있어 절충주의적 해법이 능사는 아니다. 일을 성사시키기 위해서 최대한 여러 부처의 이해관계를 조정하고 타협을 유도해야 되겠지만, 국가와 국민의 이익이 최우선이라는 조정의 대원칙은 반드시 지켜져야 한다. 그렇지 않으면 결국 국가와 국민에게 불필요한 부담을 안기게 된다.

넷째, 정부 내부에 전자정부에 관한 전문성을 제고해야 한다. 외부로부터 전문성의 투입은 한계가 있다. 특히 장 · 차관과 같은 고위직이 문제이다. 아예 전자정부에 관해 충분한 지식을 가진 전문가로 하여금 전자정부 추진 부처의 장 · 차관을 맡게 하거나, 아니면 그 부처의 장 · 차관들이 전자정부에 관한 지식을 빠른 시일 내에 터득할 수 있는 기회를 제공해 주어야 할 것이다.

3) 시사점

따라서 이제 우리에게 전자정부의 리더십 관점에서 앞으로의 정책방향은 확실하다. 그것은 대통령이 집권 초반에 정보화 전반을 포함하여 전자정부에 대한 명확한 비전을 제시하면서 국가적 의제로 설정하는 것이다. 대통령에 의해 제시되어야 하는 전자정부의 비전에는 "정보기술을 활용한 소통과 신뢰의 정부"를 정책의 기본 방향으로 담는 것이 바람직할 것이다.

즉 전자정부가 단순히 정부의 생산성과 효율성을 높이고 국민이 정부의 서비스를 편리하게 받을 수 있게 한다는 것에서 더 나아가 참여민주주의를 증진시키고 정부의 투명성을 높이는 핵심 수단이 됨을 천명하는 것이 필요하다. 또한 전자정부를 통하여 공공부문의 부패를 척결하여 정부에 대한 국민들의 신뢰를 다시금 찾겠다는 의지를 표명하여야 한다.

이러한 비전의 제시와 함께 대통령 구상에는 전략적으로 중요한 핵심 전자정부 사업의 리스트, 구체적인 성과 목표 및 목표 연도, 추진 원칙들을 담아야 한다. 그리고 마지막으로는 강력한 추진체계를 구성하고 전자정부 구현의 전권을 위임하여 집권기간 5년 동안 지속적으로 추진하여야 할 것이다.

그러나 이명박정부는 집권 초반의 중요한 시기를 미국 쇠고기 수입과 광우병 파동 그리고 이에 따르는 촛불시위에 대응하느라 허비하였다. 또한 한반도 대운하 정책의 공론화 과정에서 불필요하게 국론이 분열되는 경험도 하였다. 더 나아가 대통령이 국가정보화에 관한 관심과 의지를 적극적으로 표명하지 않음으로써, 전자정부가 강력한 추진력을 가질 수 없는 환경이 조성되었다. 그러므로 현재 국민들에게 과거 이명박정부의 이미지는 한반도 대운하, 4대강 살리기, 경제위기 극복을 위한 일자리 창출 등의 산업사회 구호만으로 인식되고 있는 실정이다.

박근혜정부는 정부3.0에 초점을 둠으로 인하여 스스로 바닥을 향하는 모습을 보여주었다. 박근혜대통령의 정부3.0에 대한 의지는 매우 강력해 보였지만 추진 체계의 관점에서 강력한 리더십을 부여하지는 않았다. 박근혜정부는 기존의 전자정부를 활용하여 부정부패의 척결을 포함하는 정보기술을 활용한 행정개혁을 추진할 수 있었음에도 불구하고, 데이터의 개방에 치중하는 정부3.0을 선택함으로 인하여 스스로 입지를 축소시킨 결과를 초래하였다.

15.2 정부3.0 실패의 교훈

모든 정부는 성공하기를 원한다. 그리고 국민들에게 성공한 대통령으로 기억되기를 원한다. 따라서 여러 정책과 사업에서 성공요인을 도출하고자 한다. 하지만 그 반대로 접근하여야 한다. 이제까지 정책과 사업들이 왜 실패했는지? 에 대한 실패요인을 분석하여 이것을 성공의 기회로 삼아야 한다. 따라서 이러한 관점에서 박근혜정부의 정부3.0 실패 사례의 분석은 매우 중요하다(이하 정충식, 2016a).

일상적인 의미의 평가는 어떠한 것의 장점과 가치를 판단하는 일반적인 과정을 말한다. 정책평가는 정책의 가치를 판단하는 과정이며, 정책과정에는 정책의 결정자와 집행자, 일반국민과 이해관계자 집단 등 관점이 다른 여러 사람들이 참여하거나 결과를 이용한다(남궁근, 2012: 524). 따라서 입장과 관점이 다른 집단들은 정책 평가를 서로 다른 의미로 사용하며, 그에 따라서 평가기준도 상당히 달라질 수 있다. 하물며 앞에서 이야기한 것처럼 정책의 시차적 관점을 고려해 볼 때, 최근에 진행된 정책에 대하여 평가를 내리는 것은 한 편으로는 위험할 수도 있다. 그러나 그럼에도 불구하고 평가를 진행하는 이유는 우리나라 국가정보화와 전자정부의 추진과 관련하여 더 이상의 국력 낭비를 막고 국가경쟁력을 강화하려는 목적 때문이다.

박근혜정부가 추진한 정부3.0 정책은 크게 다음과 같은 네 가지의 관점에서 실패한 정책으로 평가할 수 있을 것이다.

1. 지속가능성 없는 정책-Unsustainable Policy

우선 정부3.0정책은 지속가능하지 않았다는 문제점을 지니고 있다. 지속가능하다는 단어는 1972년 '로마클럽'의 제1차 보고서인「성장의 한계」에서 환경과 개발에 관한 강한 우려를 표명하면서, '지속가능한 발전(sustainable development)'이란 용어를 사용하면서 시작되었다. 최근에는 UN이 지난 2000년부터 2015년까지 달성하기로 설정한 새천년개발목표(MDGs)의 후속 의제로, 2016년부터 2030년까지 지속가능한 발전목표(Sustainable Development Goals: SDGs)를 실행하고 있다.

그러나 우리나라의 ICT정책은 일관된 정책 추진과는 거리가 멀게 하루살이 기획을 반복하여 오고 있다. 이명박정부는 2008년에 참여정부의 전자정부 정책을 폐기하면서 신성장 동력과 일자리 창출을 위한 국가발전 전략으로 녹색 성장을 꺼내 들었다. 그리고 이러한 저탄소 녹색성장의 일환으로 그린 IT정책을 추진하였다. 이 과정에서 국가정보화와 전자정부를 연구하는 국책 연구기관들은 개별 ICT정책들의 효과로 인하여 이산화탄소(CO_2)가 얼마나 줄어드는지 밝혀야 하는 촌극을 연출하였다.

이러한 저탄소 녹색 성장은 2013년 박근혜정부가 출범해서 '이전 정부 색깔 지우기' 와중에 어디론가 사라져 버렸다. 그린 IT 정책 역시도 이제는 어느 국책연구기관들도 이야기 하지 않는다. 여기서 중요한 것은 녹색성장이나 그린IT가 나쁜 것이어서 폐기된 것이 아니라는 사실이다. 5년 단임의 대통령제에서 새로 들어선 정부가 지우개로 지우고 새로 쓰듯이 다른 ICT 정책을 내놓으면서 과거 성과가 쌓이지 않고 5년마다 원점에서 새로 시작하는 '정책 블랙홀'이 만들어졌다. 이것은 이명박정부와 박근혜정부가 자초한 결과이다. 따라서 전자정부의 관점에서는 "잃어버린 10년"이 되었다.

한 가지의 사실은 분명하다. 문재인정부에서 정부3.0이라는 이름의 정책을 계속 추진하거나 정부4.0을 추진하는 일은 없을 것이다. 이것은 정권의 문제를 떠나서 국가의 앞날을 생각해 볼 때, 불행한 일임에는 틀림없다. 박근혜정부 시절에 한국정보화진흥원, 한국행정연구원 및 한국지역정보개발원 등이 정부3.0의 성과에 대하여 홍보 마당도 운영하고 글로벌 포럼도 개최하여 국민들에게 확산시키려고 했지만, 문재인정부가 들어서면서 조직 본연의 업무에 치중한다고 정부3.0을 지우는 작업에 나서고 있다. 이처럼 정부3.0은 개방과 공유와 협업이라는 좋은 단어들로 구성되어 있었지만 정책의 영속성이 없었기 때문에, 즉 지속가능하지 않다는 문제점을 지니고 있었기 때문에 실패할 수밖에 없는 구조를 지니고 있었다.

2. 이념의 부재 및 개념의 혼돈

박근혜정부에서 정부3.0은 출범이후에, "공공정보를 적극 개방 · 공유하고, 부처 간 칸막이를 없애고 소통 · 협력함으로써 국정과제에 대한 추진동력을 확보하고 국민 맞춤형 서비스를 제공함과 동시에 일자리 창출과 창조경제를 지원하는 새로운 정부운영 패러다임"으로 설명되었다. 또한 과거 행정자치부 홈페이지에서는 정부3.0과 관련하여 다음과 같은 10대 과제들이 제시되어 있었다.

- 공공정보 공개 확대로「국민의 알권리」충족
- 공공데이터 민간 활용 활성화로 새로운 일자리 창출
- 민관협치를 강화하여 국민과 함께하는 정부 구현
- 정부 내 칸막이 제거로 통합행정서비스 제공
- 정보공유와 디지털 협업으로 더 나은 행정서비스 제공
- 데이터에 기반한 과학적 행정 구현
- 개인 맞춤형 서비스 제공
- 창업과 기업활동 지원 강화
- 정보취약계층 서비스 접근 제고
- 새로운 정보기술을 활용한 맞춤형 서비스 제공

결국 정부3.0은 종합해 보면, 정부가 보유하고 있는 공공정보 즉 데이터 개방을 통한 맞춤형 행정서비스 제공이다. 여기서 중요한 것은 무엇이 새로운가? 에 대한 것이다. 정부3.0은 이론적 기반을 갖고 있지 못하기 때문에, 전혀 새로운 것이 없음에도 불구하고 새로운 패러다임이라고 주장하였다. 우선 정부3.0에서 중요한 기반으로 생각하는 정보의 개방과 공유는 지난 20년 전부터 우리 전자정부가 지속적으로 추진해 오던 것들이다.

1) 개방

구체적으로 지난 노무현정부는 2004년 1월에 정보공개법을 개정하여 급변하는 지식정보사회에서 온라인을 통한 정보공개가 이루어질 수 있도록 전자적 정보공개의 근거를 마련하였다. 이어서 각 기관이 보유 · 관리하는 정보에 대하여 국민이 쉽게 알 수 있도록 정보목록을 작성하도록 하였고, 그 목록을 정보통신망을 활용한 정보공개시스템 등을 통하여 공개하도록 의무화하여, 2005년 7월 30일부터 시행하여 오고 있다.

이와 함께 2004년부터 2007년까지 68억의 예산을 투입하여 통합정보공개시스템을 구축

하였다. 특히 정보공개시스템을 이용할 수 있는 기관이 2006년에 805개 기관에 불과하던 것이 2013년에 18,613개 기관으로 확대되면서 대부분의 청구가 온라인으로 가능하게 되었고, 이를 통하여 국민들은 집에서도 편리하게 원하는 정보를 원스톱으로 제공받을 수 있게 되어 실질적인 정보공개제도 활성화에 크게 기여하였다.

이처럼 전자정부 시스템의 기반 고도화를 통하여 능동적, 적극적 정보공개서비스 제공이 가능해지고 정확한 정보를 바탕으로 활발한 국정참여의 기회가 제공되었다. 또한 전자정부를 통한 투명한 행정의 구현으로 정부에 대한 국민의 신뢰성이 향상될 것으로 기대하였다. 이와 같이 지난 10여년간 추진되어 온 전자정부의 사업들을 박근혜정부는 정부3.0으로 포장하여, 이 세상에 어느 국가에도 없는 것을 자신들만이 수행하고 있다고 홍보하였다.

물론 시대가 바뀌어서 단순한 정보공개가 아니라 데이터의 개방이 중요하다고 이야기 할 수 있다. 그러나 데이터의 개방보다 훨씬 중요하고 정교하게 다루어져야 하는 것이 정보라고 볼 때, 이것은 설득력을 지닐 수 없을 것이다. 더 나아가 정부3.0을 추진하지 않았다면, 대한민국 정부가 현재 정부 데이터를 개방하지 않을까? 라고 생각해 본다면 답은 자명하다. 결론은 박근혜정부의 정부3.0에서 데이터 개방은 전자정부의 하위시스템일 뿐이다.

2) 공유

공유와 관련한 전자정부 시스템은 개방 보다 더 오랜 역사를 가지고 있다. 과거 노무현정부는 2005년 말에 국무총리실 산하에 행정정보공유추진위원회를 구성하고 이를 지원하기 위한 실무기구로 행정정보공유추진단을 신설하였다. 이 추진단에서는 범정부 행정정보공유센터의 설립을 목표로 행정정보 공동이용 구축사업을 추진하였다.

그런데 행정정보 공유 확대의 과제는, 당초에는 행정정보공유를 위해 2002년부터 서비스되고 있던 인터넷 민원서비스(G4C)의 정보공동이용센터의 공유 DB를 확대 구축하고, 부처별 행정정보 DB를 상호 연계하는 것에서 시작되었다. 따라서 공유의 근원은 김대중정부에서 구축한 G4C, 즉 현재의 민원 24이다.

참여정부는 '행정정보 공유를 위한 기본계획' 수립과 추진체계 정비를 통해 2005년 12월부터 1단계 사업을 본격적으로 추진하였다. 이후 전자정부 고도화의 일환으로 현재까지 지속적으로 사업을 진행하여 행정정보 대상 정보 및 대상 기관을 확대하는 사업을 추진하여 왔다.

참여정부에서는 공동이용의 범위를 확대하고 1차에서 3차에 이르는 공유 확대 사업을 추진하였으며, 이명박정부에서는 1차에서 3차에 이르는 수요자 맞춤형 공동이용체계 기반 확대 사업들을 전개하였다. 이러한 10여년에 걸친 전자정부 행정정보 공동이용 및 공유 사업의 과실들을 박근혜정부는 정부3.0의 데이터 공유로 포장하여 홍보하였다. 더 나아가 민원 24 포털에 정부3.0 로고를 집어 넣더니, 슬그머니 민원 24을 포함하여 정부 24로 명칭을 바꾸는 작업을 시도하였다.

3) 새로운 정부운영 패러다임?

정부3.0이 정말로 새로운 정부운영의 패러다임인가? 이에 대하여 답하기 위해서는 개방과 공유 및 협업에 대한 기존의 연구 결과들에 대하여 살펴볼 필요가 있다. 이명박정부 시절에 이러한 주제에 대하여 국책 연구기관들을 중심으로 여러 연구들이 진행되어 왔다.

우선 2009년 한국정보화진흥원은 "ICT를 활용한 소프트파워 강화전략"의 연구보고서에서 ICT를 활용한 소통, 신뢰 및 협업을 통하여 시민참여의 확대, 의사결정 과정의 투명성 및 정부의 효율성 증대 방안을 제시하였다(한국정보화진흥원, 2009).

2010년에 한국행정연구원은 전자정부의 고도화 방안으로 지능형 전자정부(Intelligent Government)개념을 도입하여 I-Government를 제안하였고, 이를 위한 실행전략으로 소통정부(Interactive Government), 정보정부(Informative Government)및 통합정부(Integrated Government)를 제시하였고, 참여와 공유와 통합을 통한 지능형 미래정부 모델을 제시하였다(한국행정연구원, 2010).

이어서 2012년에 한국행정연구원은 미래 전자정부 구현을 위한 정부조직 재설계를 위한 연구에서 데이터 중심의 개방과 공유 전략을 미래 전자정부의 비전으로 제시하였다(한국행정연구원, 2012).

또한 정보통신정책연구원은 지속적으로 ICT를 활용한 공공과 민간의 협업 방안을 오랫동안 연구하여 왔다. 2010년에 정보통신정책연구원은 IT실용화를 통한 국가정보화 선진화 방안 연구(II)에서 공공정보와 민간정보를 결합하여 이용자에게 서비스를 제공하기 위해서는 공공-민간부문 전체를 국가차원의 틀에서 통합할 수 있어야 한다는 전제를 중심으로 연구를 진행하였다(정보통신정책연구원, 2010). 2011년에는 국가정보화 아키텍처 기반 공공-민간 협업시스템 구축 방안에 대한 연구를 진행하여, 정보화를 선진화시키기 위해 공공과 민간부문의 협업을 촉진하는 구체적인 시스템의 구축 방안을 제시하였다(정보통신정책연구원, 2011).

국가정보화전략위원회 역시도 오래전부터 빅데이터와 클라우드를 활용한 스마트 정부의 구현에 대하여 지속적으로 당시 이명박대통령에게 보고하고 추진 계획을 수립하여 진행하여 왔다(국가정보화전략위원회, 2011a; 2012b). 또한 국가정보화전략위원회는 외부 용역도 실시하여, 플랫폼 기반의 미래 전자정부 전략을 담고 있는「미래 전자정부를 위한 플랫폼 e-Gov 추진전략」의 연구 보고서도 발간하였다(국가정보화전략위원회, 2012c).

학계에서도 많은 전자정부 전문가들이 차세대 전자정부의 발전 방향으로 정부3.0을 이야기 하였다. 특히 이명박정부의 말기부터 정부3.0에 대한 논의가 많이 등장하면서 2012년 한국정책학회에서는 차세대 전자정부의 새로운 패러다임으로 개방, 공유, 협업의 정부3.0이 제안되었다(명승환 · 허철준, 2012).

2013년 6월 19일에 관계부처 합동으로 개최된 정부3.0 비전선포식 자리에서 발표된 정부3.0의 주요 추진 계획은 이제까지 진행해 오던 전자정부 사업에 무임승차(Free Ride)하여 개방, 공유, 소통 및 협력을 통하여 투명하고 유능한 서비스 정부를 만들겠다는 것이었다.

구체적으로 공공정보를 적극 개방 · 공유하고, 부처 간 칸막이를 없애고 소통 · 협력함으로써 국정과제에 대한 추진동력을 확보하고 국민 맞춤형 서비스를 제공함과 동시에 일자리 창출과 창조경제를 지원하는 새로운 정부운영 패러다임이라고 홍보하였다. 특히 국민 개개인이 행복한가? 라고 하는 물음에 답하기 위해서 현재의 비정상적인 행정을 정부3.0을 통하여 바로 잡고 국민신뢰를 회복하겠다고 주장하였다(오철호, 2013).

그러나 이러한 정부3.0은 이론적 바탕이 미약하기 때문에 일선 행정현장에서 정부3.0의 개념에 대하여 지속적으로 의문을 제기하였다. 이 당시 많은 연구자들 역시도 이러한 정부3.0의 이론적 기반이 취약하다는 것에 대하여 인식하고 있었다. 따라서 구체적인 개념화가 더 필요한 실정이라고 여러 연구들에서 밝히고 있다. 또한 2013년말에 발간된 연구 보고서에서는 연구의 필요성에서 다음과 같이 기술하고 있다.

> "새로운 정부혁신 관점인 정부3.0이 지향하는 바에 대한 일반적인 이해나 동조에도 불구하고 정부3.0을 둘러싼 여러 가지 궁금증이 존재하는 것이 사실이다. 예컨대, 박근혜정부가 의도하는 정부3.0의 개념은 무엇이며, 어느 수준과 범위에서 정부혁신을 하고자 하는지, 관련된 이론적 배경은 무엇이며, 정부3.0으로의 이행과정(즉 변화과정)을 어떻게 관리할 것인지 등에 대한 다양한 의견이 존재할 수 있다. 이런 궁금증과 관련하여 일관성 있고 분명한 내용정립 없이는 향후 정부3.0을 추진하는 과정에서 불필요한 오해와 순응 확보의 어려움이 예상된다. (중략)
> 박근혜정부가 지향하는 정부3.0을 통한 행정혁신의 의미, 내용 및 범위 등에 대한 분명한 설정 없이는 연계성이 낮은 다양한 주장을 양산하게 되고, 후속적인 세부사업추진이나 활동과 관련한 추후 평가기준 설정 시 혼란을 야기할 수 있다. 추진과정에서 개별사업들을 체계적으로 유도하고 관리할 관리전략의 부재로 이어져 분절적인 사업추진이 발생할 것이고, 결과적으로 5년 후 정책성과를 판단하는데 갈등을 초래할 수 있다."
>
> 자료: (한국정책학회, 2013: 2~3).

이처럼 연구진들도 정부3.0의 개념의 혼란 및 정책 추진에서 순응확보의 어려움을 충분히 예상하고 있었다. 그러나 그럼에도 불구하고 연구 보고서 상에 나타나는 정부3.0의 새로운 개념은 없다. 단순하게 전문가들과 지방자치단체장들에게 정부3.0에 대한 전망을 조사하여 "정부3.0에 바란다" 라고 하는 내용들만이 정리되어 있지, 정부3.0의 개념에 대하여는 기술하지 않고 있다.

연구보고서에 의하면 이 연구의 목적은 다음과 같이 세 가지로 구성되어 있다. 첫째, 행정환경 및 행정패러다임 변화와 정부3.0의 등장배경에 관한 사항이다. 둘째, 해외에서 추진되고 있는 정부3.0 관련 사항과 우리나라의 그간 정부혁신 패러다임을 살펴본다. 셋째, 정부3.0 구현을 위한 변화관리 전략에 대해 살펴본다.

따라서 이 연구에서는 세계화3.0 및 자본주의4.0의 대두를 정부3.0의 출현 배경으로 설명하고, 기존 정부개혁의 한계 및 후기 신공공관리모형(Post-NPM)으로의 정부3.0을 기술하고 있다. 더 나아가 미국을 비롯한 해외 사례 설명에 치중하고 있다. 박근혜정부의 정부3.0 홍보자료인 "국민이 행복해지는 정부3.0 이야기"에서는 미국 오바마정부의 열린 정부(Open Government)를 벤치마킹했다고 이야기 한다. 이 보고서 역시도 지속적으로 미국의 열린 정부 사례를 강조하고 있다. 그러나 미국 오바마정부의 열린정부 정책들은 우리나라 노무현정부의 참여정부 전자정부를 벤치마킹한 것이다.

따라서 우리나라에서 이전 정부의 정책이 단절되고 제대로 계승되지 못한 사이에 해외를 거쳐서 다시 역수입되는 촌극을 연출한 것이다. 이것은 "이전 정부에서 한 것은 계승하지 않지만 미국이 하면 무조건 따라서 한다"라고 하는 일부 폴리페서들의 학문적 사대주의와도 연관이 있다고 볼 수 있다.

이처럼 정부3.0의 이론적 배경 및 개념이 제대로 정립되지 않은 상태에서 범정부적인 국정과제로 추진되면서, 행정 현장에서는 여러 가지의 혼란이 초래되었다. 즉 개방, 공유, 협업 및 소통이 부처의 어느 수준에서 어느 정도까지 이루어져야 하는지에 대하여 다양한 의견이 표출되었다. 심지어는 공개석상에서 박근혜대통령이 어느 부처의 장관에게, "장관님은 정부3.0에 대하여 그렇게 생각하시느냐? 나하고는 아주 많이 다르게 알고 계시다"고 면박을 주는 상황이 발생하였다.

이에 안전행정부는 2013년 9월에 공공정보의 공개 및 공유 활성화 방안을 마련하여 국무회의에 보고하게 된다(안전행정부, 2013). 이에 따라서 박근혜정부의 집권 첫 해인 2013에 정부3.0은 공공 데이터의 개방에 초점을 두었다고 평가할 수 있다. 그 이유는 2013년 6월 19일에 정부3.0 비전선포식을 개최하여 정부3.0 기본계획을 발표한 이후에 2013년 7월 30일에 공공데이터의 제공 · 이용 활성화에 관한 법률이 공포되어 10월 31일부터 시행되었기 때문에 다른 분야보다 상대적으로 앞서서 추진할 수 있는 기반이 마련되었기 때문이다. 따라서 2013년에는 7월에 국가오픈데이터 포럼을 창립하고, 9월에 공공데이터활용 지원센터를 설치 등 데이터의 관리와 개방 및 활용 분야에 집중하게 된다.

그러나 정부3.0의 가장 큰 취약점은 이론적 기반이 미비한 것에 그치지 않고, 이것을 수행할 수 있는 시스템을 갖추고 있지 못하다는 것이었다. 단순히 데이터를 개방하는 것은 각 부처들이나 지방자치단체들이 할 수 있지만 국민들에게 맞춤형 서비스를 제공하기 위해서는 전자적인 민원행정서비스의 기반을 갖추어야 한다. 하지만 정부3.0은 데이터의 개방 및 활용만을 강조하였지, 시스템 기반의 구축은 제대로 이루어지지 못하였기 때문에 결국에서는 기존의 전자정부 시스템을 활용하는 전략을 구사하게 된다. 따라서 아래 (그림 15-1)과 같이 지난

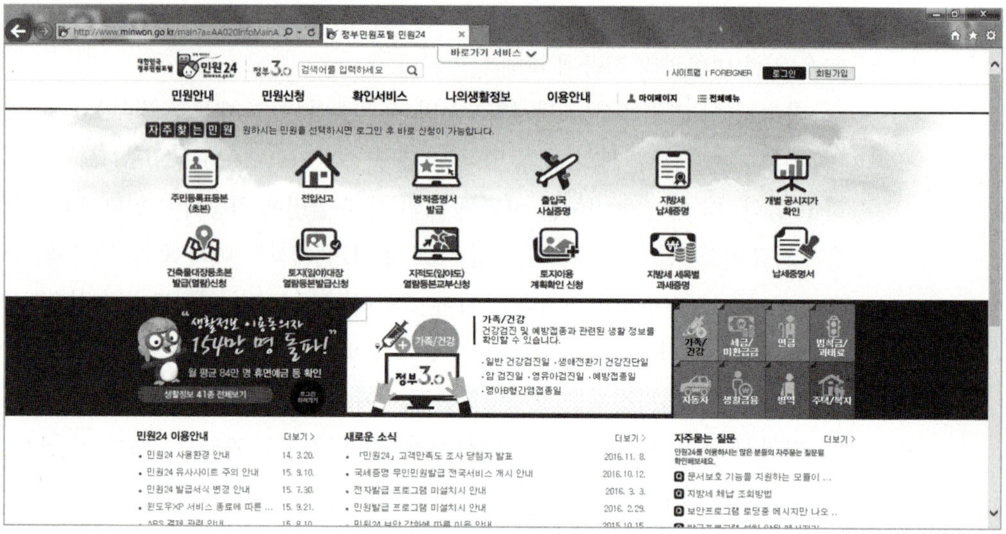

그림 15-1 대한민국 전자정부 포털에 기생한 정부3.0

10여년간 이전 정부에서 구축한 전자정부 포털인 민원24에 정부3.0이 들어오게 된다.

따라서 정부3.0은 시작은 행정혁신이라고 하는 새로운 행정 패러다임의 담론으로 출발하면서, 이전 정부의 전자정부와 거리를 두고 시작하였으나, 그 시행과정에서 서비스 제공 수단을 갖고 있지 못하였기 때문에 기존의 전자정부에 의존하는 모습을 보여 주었다. 따라서 "정부3.0은 전자정부에 기생(寄生)하는 불완전한 행정이념이었다"라고 볼 수 있다.

여기에서 문제가 되는 것은 정보기술을 활용한 정부혁신이라고 하는 전자정부의 관점에서 볼 때, 정부3.0은 데이터 개방 및 전자적 서비스 제공 등 하위시스템에 불과한데도, 박근혜정부의 국정과제라고 부각시키면서 기존의 전자정부시스템을 정부3.0의 하위 수단으로 활용하였다는 사실이다.

3. 추진체계의 문제점

박근혜정부의 ICT거버넌스는 너무 분산되어 추진되었다. 여기에서 중요하게 다루어져야 하는 것은 정부3.0추진체계의 변화 과정에 대한 것이다. 정부3.0 정책은 추진체계의 관점에서 두 가지 실패 요인을 지니고 있었다.

1) 초기에 전담 추진체계의 부재

박근혜정부에서 정부3.0추진위원회가 구성된 것은 2014년 7월 25일이다. 즉 제대로 된 추진체계를 구성하는데 박근혜정부 출범 이후에 1년 반에 가까운 시간을 허비하였다. 즉 박근혜 대통령이 즐겨 사용했던 이른바 골든타임을 놓친 것이다. 정부3.0 추진위원회가 구성되기 이

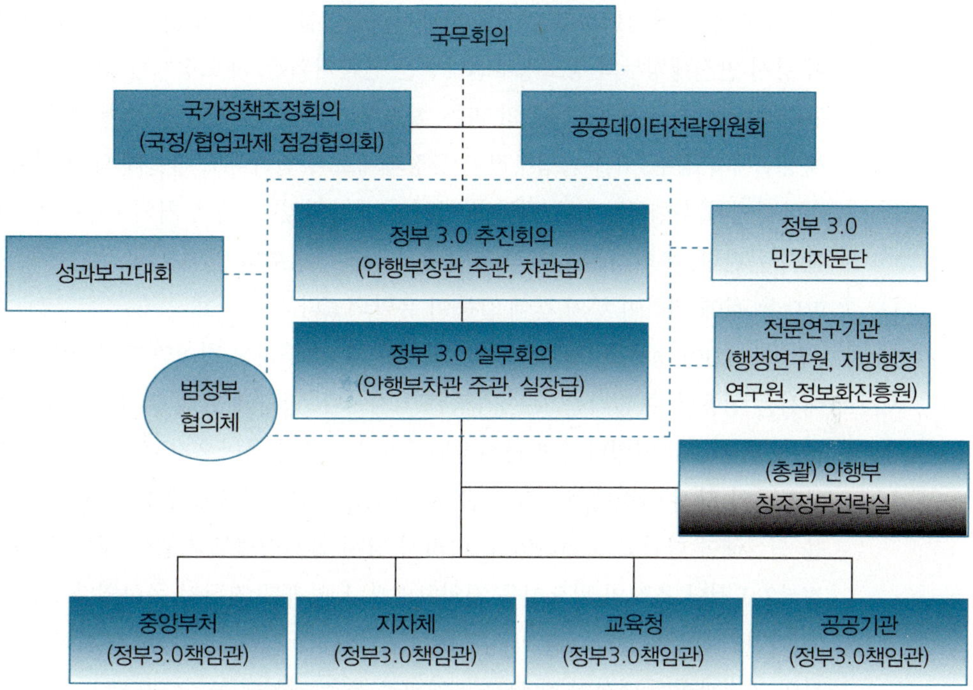

그림 15-2 2013~2014년 정부3.0 추진체계

전의 정부3.0 추진체계는 (그림 15-2)와 같다.

조직도의 맨 위에 국무회의가 자리 잡고 있지만 아무런 의미가 없다. 국무총리와 각 부처의 장관들인 국무위원들이 정부3.0과 관련하여 실제적으로 할 수 있는 것은 아무 것도 없었다. 국가정책조정회의나 공공데이터전략위원회 역시도 자신들의 본연의 임무가 있는 다른 조직이다. 결국 정부3.0의 추진과 관련하여 범정부협의체라고 하는 정부3.0추진회의 및 정부3.0실무회의가 존재하였다.

이 회의 역시 상설기구가 아니라 안 건이 있을 때, 한 번씩 모이는 말 그대로 협의체일 뿐이다. 안행부장관이 주관하고 차관급이 위원인 정부3.0추진회의는 일년에 한 두 번 정도 열리는 임시 회의체일 뿐이다. 그리고 대한민국의 안전행정부장관의 임무가 정부3.0 정책을 추진하는 것에 국한되는 것도 아니다.

따라서 정부3.0 실무회의 즉 안행부차관이 주관하고 각 부처의 실장급이 위원인 정부3.0 실무회의가 말 그대로 정부3.0 정책의 실무를 책임져야 하는 구조이다. 그러나 이 역시도 대한민국 안행부차관과 각 부처의 실장급 고위공무원들 중에서 정부3.0 하나만을 전적으로 담당하고 있는 사람은 없었다. 각 중앙부처와 지자체 및 교육청 그리고 공공기관에 정부3.0책임관을 두도록 하였으나 기획관리실장, 기획조정관, 부시장 및 부구청장 등이 겸직하면서, 정부3.0을 전담하는 인력은 없는 실정이었다.

이 과정에 안전행정부는 창조정부전략실[10]을 중심으로 총괄기능을 수행하고자 하였다. 이 당시 안전행정부의 창조정부전략실은 전략기획관, 제도정책관 및 조직정책관의 세 국으로 구성되었으며, 정부3.0 이름의 과는 설치하지 않았다. 따라서 각 부처들의 입장에서는 박근혜정부에서 정부3.0을 범정부적인 국정과제로 추진한다고 하는데 왜 안전행정부의 창조정부전략실에서 수행하는지에 대하여 이견이 제시되었다. 즉 부처의 수준에서 다른 부처를 규율하기 곤란한, 우리의 행정조직 환경에서 안전행정부의 일개 실국 수준에서 정부혁신을 주도한다는 것에 대하여 부처 간에 갈등이 유발되었다.

정부3.0이 정말로 행정개혁 및 행정혁신을 추구하는 것이라면 부처의 실국 단위에서 추진해서는 성공할 수 없다는 것은 자명한 이치이다. 만약에 일개 부처의 실국 단위에서 행정혁신을 성공시킬 수 있었다면 박근혜정부에까지 차례가 돌아오지도 않았을 것이다. 이에 많은 전문가들이 당시 안전행정부의 차관에게 대통령에게 보고해서 정부3.0 추진을 위한 전담조직을 신설해야 한다고 조언하였다. 따라서 당시 안전행정부 차관이 대통령에게 두 번 이상이나 정부3.0 전담 조직의 필요성을 건의하였으나 성과를 거두지 못하였다. 이것은 박근혜대통령이 이전의 대통령들과는 달리 장관이나 시장 등의 직책을 수행해 본적이 없기 때문에, 행정업무와 조직관리에 대하여 잘 모르는 결과로 유추 해석해 볼 수 있다.

이처럼 정부3.0의 추진체계가 제대로 정립되지 못한 상황에서 안전행정부는 모든 부처와 지방자치단체를 대상으로 하여 데이터 개방을 독려하면서 정부3.0 교육에 치중하였다. 이 과정에서 일선 공무원들은 정부3.0의 개념의 혼란 및 데이터 개방으로 인한 업무 과중을 호소하였다. 특히 일선 자치단체들의 경우, 정부3.0 업무를 수행할 전문 인력이 충원되지 못한 상황에서 데이터 개방이 요구되자, 기존의 정보화 담당관 산하의 전산직 인력들이 업무에 동원되어 기존 업무와 함께 이중고를 겪어야 했다.

이처럼 정부3.0 추진을 위한 전담조직이 설치되지 못한 상황에서 일선 현장에서 정부3.0 정책은 혼선이 야기되었다. 이 와중에 박근혜정부 출범 1년이 다가오는 시점에 언론에서 정부3.0 정책이 표류하고 있으며 정부0.3에 불과하다는 비판이 제기되었다(중앙SUNDAY, 2014년 2월 9일). 이 신문은 특집 기사에서 공공데이터법 시행 이후에도 데이터의 제공이 PDF포맷으로만 제공되어 일선 기업들에서 전혀 활용가치가 없음을 지적하면서, 정부3.0이 아니라 정부0.3의 수준이라고 비판하였다. 신문기사에 의하면 특히 일선 행정현장에서 "정부3.0의 데이터 개방에 대한 혼란이 지속되고 있다"고 비판하면서, 주무부처인 안전행정부 관계자는 "아직 개별 부처들이 정부 방침을 제대로 이해하지 못한 것 같다"며 "앞으로 지속적인 교육과 지침을 하달하겠다"고 답했다.

10) 이 당시 안전행정부의 창조정부전략실(2013. 3.23~9.26)은 이후에 안전행정부 창조정부조직실(2013, 9, 26~2014, 11, 19)로 명칭이 바뀌었다가, 2017년 박근혜정부 임기 말까지 행정자치부 창조정부조직실로 운영되었다.

이러한 상황에 직면하자 박근혜정부는 2014년 상반기에 정부3.0추진을 위한 전담기구 신설을 고려하기 시작하였으며, 이 결과 2014년 7월에 정부3.0추진위원회가 출범하였다. 그러나 이미 골든타임을 놓친 상태였고, 설립 이후에도 다른 ICT관련 위원회 및 행정자치부와 갈등 관계를 조성하면서 추진 동력이 약화되었다. 특히 이 과정에서 청와대의 역할은 전혀 찾아 볼 수 없는 상황이었다. 즉 정부3.0이 박근혜정부의 주요 국정과제이고 범정부적으로 추진되어야 하는 과제라면 단일 부처가 아니라 청와대에서 과제에 힘을 실어주어야 했지만 앞의 조직도나 이후에도 청와대의 리더십은 발휘된 적이 없다.

2) 행정자치부내 조직의 분리

박근혜정부에서 후반에 정부3.0 정책의 추진은 국무총리실 소속의 정부3.0추진위원회가 중심이며, 이를 지원하는 총괄 업무를 행정자치부 창조정부조직실이 맡고 있었다. 그러나 임기 후반에 정부3.0의 주요 과제들은 거의가 다 기존 전자정부 사업들의 고도화와 관련된 것들이었다. 그럼에도 불구하고 당시 행정자치부 내의 조직을 볼 때, 창조정부조직실의 정부3.0과 전자정부국의 전자정부가 분리되어서 따로 움직이는 모습을 보여주었다. 이 과정에서 창조정부조직실은 전자정부를 정부3.0의 하위 집행수단으로 활용하였다. 이것은 주객이 전도된 것이며 따라서 향후 정부조직 개편 시에 바로 잡아야 했다. 하지만 이것은 문재인정부에 들어와서도 전혀 개선되지 못한 채 지속되고 있다. 이제 이 세상은 스마트 정보기술이 지배하는 지식정보사회가 되었기 때문에 창조정부조직실은 조직국으로 전자정부국은 전자정부실로 편제하여 범정부적인 정보기술을 활용한 행정혁신 기반을 마련하여야 한다.

4. 박근혜정부 정부3.0 실패의 교훈

정부3.0의 실패에서 얻을 수 있는 교훈은 간단하다. 문재인정부가 진정하게 정부혁신이나 행정개혁을 추진하기를 원한다면, 정보기술을 활용한 행정혁신 즉 전자정부를 구현하면 될 것이다. 이 때는 전자정부를 단순히 정보시스템을 구축하고 고도화하는 기술지향적인 관점이 아니라, 도래하는 스마트 지능정보사회에서 새로운 정부의 국정이념을 지원하는 정보기술을 활용한 총체적인 정부혁신으로 인식하여야 한다.

데이터정부, 디지털정부, 사이버정부 및 플랫폼정부 등 수 없이 많은 용어들이 등장하기 때문에, 시류에 휩쓸려서 새로운 것을 찾아서 작명을 하고, 세계에 하나밖에 없는 것을 정권 임기 중에 추진한다고 정치적 수사(Political Rhetoric)를 내세우고 싶겠지만, 근본으로 되돌아가는 것만이 성공의 지름길이라는 것을 명심해야 한다.

15.3 전자정부 추진체계의 변천 및 개편 방안

우리나라의 전자정부 추진체계는 시대 상황을 반영하여 지속적으로 변화하여 왔다. 따라서 앞으로도 계속해서 변화할 가능성이 매우 높다. 이 과정에서 전자정부 추진과 관련되는 조직들 간에 역할을 명확하게 정립할 필요가 있다. 그 이유는 법제화된 추진체계와 실제 추진조직들 사이에 정책수립, 심의, 조정 및 평가에 이르기까지 기능이 분산되어 조정력이 필요하기 때문이다. 이러한 추진체계의 현황 및 문제점을 살펴보면 다음과 같다.

1. 전자정부사업 이전의 시기

1) 전산망조정위원회-국가기간전산망사업

1980년대에 제5공화국이 출범하면서, 우리나라 정보화 정책은 중대한 변화를 보였다. 제5공화국 시절인 1980년대 중반에 5대 국가기간전산망(행정망, 국방망, 공안망, 교육연구망 및 금융망) 사업이 추진되었다. 이 가운데 행정전산망 사업은 각 부처별 전산자원의 개별 개발 및 운영을 원칙적으로 금지하며, 공공부문의 모든 전산자원을 5개의 국가기간전산망을 중심으로 하여 네트워크화 하고 이를 통하여 정보의 공동활용을 도모하는 것이었다(안문석, 1996).

이러한 당시로서는 새로운 패러다임을 구체화하기 위하여 전산망보급확장과이용촉진에 관한법률(약칭 전산망법)이 만들어 졌고, 이 법은 5공화국 전체를 통한 정보화의 기본틀이 되었다. 이러한 5대 국가기간전산망은 우리나라 정보화에 큰 기여를 한 것으로 평가되고 있다.

5대 국가기간전산망 사업의 추진주체였던 전산망조정위원회는 초기에 대통령의 강력한 지원을 받아 참모조직인 대통령비서실장이 위원장이 되어 사업을 주도하는 특이한 형태를 지니고 있었다(송희준, 2003). 이것은 그 이전에 경제기획원을 중심으로 이끌어졌던 정보화 정책의 주도권이 이 시기에 청와대 수준까지 올라갔다는 것을 의미한다. 이처럼 강력한 힘을 지녔던 전산망조정위원회는 예산제도에 있어서 '선투자, 후정산'이라는 초유의 예산배정 및 집행방법을 도입하여 강력하게 정보화를 추진하였다. 이에 따라서 초기에 각 부처 및 공무원의 반대를 극복하고 국가 주요 행정정보의 DB화에 성공을 거두게 되었다.

그러나 1980년대 후반에 제6공화국이 들어서면서 제5공화국 시기의 정보화 정책은 동면기로 들어섰다. 전산망조정위원회는 유명무실해졌고, 전산망 조정위원회 사무국도 청와대로부터 당시 체신부로 이관되어 조정력을 상실하게 되었다.

2) 정보화추진위원회-초고속정보통신망사업

1993년 문민정부가 출범하면서 우리나라의 정보화 정책도 다시 본격적으로 추진되기 시작하였다. 첫째의 중요한 변화는 정부조직 개편의 일환으로 체신부를 확대 개편하여 정부의 정보화 관련 기능을 모두 통합한 것이다. 둘째 변화는 제6공화국을 통하여 이미 유명무실해진 전산망법을 재정비하여 정보화촉진기본법을 제정한 것이다.

이 변화는 정보화 정책의 변화라는 큰 흐름에서 보면 다음과 같은 중요한 의미를 갖는다. 첫째, 정보화의 주역이 청와대로부터 정보통신부로 바뀐 것이다. 둘째, 제5공화국에서 볼 수 있었던 가시적인 국가기간전산망에 필적하는 구체적인 정책내용을 찾을 필요성이 등장하였고, 여기에 초고속정보통신망의 구축이 정책으로 채택되었다. 셋째, 문민정부가 추진하고 있는 개혁의 핵심인 금융실명제, 부동산실명제 등이 모두 전산화를 전제로 하는 것이기 때문에, 전산화는 이미 '개발의 수단으로 부터 정책집행의 중요한 수단'으로 바뀌게 되었다(안문석, 1996).

정부는 1994년 4월 국무총리를 위원장으로 하는 범정부적인 초고속정보통신망 추진위원회를 구성하여 국가정보화를 제도적으로 뒷받침하였다. 또한 1995년 8월에 "정보화촉진기본법"을 제정하였으며, 1996년 1월부터 법이 시행됨에 따라 이전의 차관급의 전산망조정위원회는 국무총리를 위원장으로 하는 장관급의 정보화추진위원회로 대체되었다. 2009년 4월까지 정보화추진위원회는 범정부적인 추진기구로 이제까지 부처별로 추진해오던 정보화사업을 총괄 · 조정하였다. 그러나 대통령중심제에서 국무총리의 제한적인 역할과 부처 간 정책조정의 곤란으로 인하여, 정보화추진위원회의 기능은 일관성을 지니지 못하였다.

2. 전자정부사업의 시기

1998년부터 현재까지 전자정부는 다양한 추진체계를 거쳐서 변화해 오고 있다.

1) 국민의정부 – 전자정부특별위원회

1998년 국민의정부 출범 이후 경제위기 극복을 위한 노력이 어느 정도 성과를 거두자 국민의 정부는 2000년말부터 전자정부 사업에 본격적인 관심을 기울이기 시작하였다. 2001년 1월 범 정부차원에서 전자정부사업을 추진할 필요성이 제기됨에 따라 대통령자문 정부혁신추진위원회의 특별위원회 형태로 전자정부특별위원회(이하 특위)가 출범하여 11대 사업을 추진하였다.

특위는 2001년 2월에 출범하여 과제추진 우선순위 결정 및 과제선정을 거쳐, 같은해 5월 대통령에게 사업 시작을 보고했다. 그 뒤 2002년 11월 사업 완료보고를 마치고, 2003년 1월까지 2년 동안 활동했다. 그동안 3회의 대통령보고, 7회의 본회의, 51회의 실무회의 등을 통해 사업과제의 선정과 점검 및 조정, 자문에 이르는 활발한 활동을 펼쳤다.

특위는 형식상으로는 정부혁신추진위원회의 특별위원회로 출범했지만 운영에서는 독립성과 자율성을 가졌으며, 업무의 대부분을 청와대 비서실에 직접 보고하는 준독립적인 지위를 확보하였다. 전자정부특별위원회는 최고심의기구인 본위원회와 실무지원단, 실무작업반, 그리고 수 개의 특정과업 수행팀으로 구성 · 운영되었다. 본위원회는「전자정부특별위원회의 운영세칙」제3조에 입각하여 특위 최고 심의기구로서의 역할을 수행하였다. 특위는 대통령비서실, 정책비서관(후에 기획조정비서관) 및 당연직부처위원(행정자치부 · 정보통신부 · 기획예산처차관)과 과제수행 부처위원(재정경제부 · 교육인적자원부 · 보건복지부 · 노동부차관), 서울시 행정1부사장, 국무조정실 경제조직관 등 정부위원 10인, 그리고 민간위원 7인 등 총 17인으로 구성되었다.

「전자정부특별위원회운영세칙」제5조에 근거하여 설치된 실무지원단은 동 세칙 제7조에 따라 전자정부 추진전략의 수립지원, 전자정부 사업의 원활한 추진을 위한 사전 · 사후 평가지원, 정보화를 통한 정부혁신 과제발굴 및 개선방안 도출에 대한지원, 기타 전자정부의 구현 및 운영을 위한 사항 지원 등의 기능을 수행했다. 실무작업반「전자정부특별위원회운영세칙」제5조 4항 및 5항에 의거, 실무지원단의 운영을 지원하는 실무작업반이 구성되었다. 이 작업반은 특위의 전 활동기간에 걸쳐 소관사항에 대한 전문적인 조사 · 연구 · 보고서 작성 및 위원회 활동에 필요한 제반 행정지원 업무를 수행했다.

이러한 전자정부특별위원회의 활동 형태는 관련 법령개정과 부처 간 이견조정, 이해 당사자의 설득, 기술적 문제의 해결 등 숱한 어려움을 극복하고 이미 설정된 목표를 정해진 기간 내에 완료한 대표적인 성공사례로 제시될 수 있다.

2) 참여정부-정부혁신지방분권위원회

참여정부는 출범과 더불어 설치된 대통령자문 정부혁신지방분권위원회 산하에 전자정부전문위원회를 구성하고 10대 분야 31개 과제를 중심으로 전자정부 로드맵을 발표하고, 사업들을 추진하여 왔다. 참여정부의 전자정부 추진체계는 2003년부터 연도별로 조금씩 변화하여 왔다.

(1) 전자정부전문위원회

2003년 중반에 출범한 전자정부전문위원회는 대통령 의제인 전자정부 로드맵을 개발하고, 그 집행 과정을 점검하고 평가하며, 필요한 경우 조정하는 역할을 수행하였다. 행정자치부 등 관련 부처들은 행정적, 재정적 지원을 담당하며, 한국전산원이 기술 지원을 담당하는 형태로 출발하였다. 그러나 중요한 쟁점은 대통령이 참석하는 국정과제회의에서 직접 정리하였다.

참여정부 초기의 전자정부전문위원회는 정부혁신지방분권위원회내에 다른 4개의 전문위원회와 병렬로 설치된 실 · 국장급 분과위원회로서, 로드맵 과제를 선정하고, 과제 집행과정에서 발생하는 쟁점들에 대하여 심의 · 조정하는 기능을 부여받았다. 전문위원회의 민간위원들도 과거 특위 시절의 두 배인 15명으로 증가하였다.

그러나 과거 특위가 차관급으로 준독립적 지위를 확보하고 활동하였던 것에 비하여 전자정부전문위원회는 실·국장급 분과위원회로서의 한계를 지니고 있었기 때문에 강력한 조정력을 발휘하지 못하였다. 그 이유는 법과 제도적인 위상은 물론 운영방식과 자원조달 측면에서 과거에 비하여 현저하게 낮아진 위상 때문이다.

(2) 전자정부특별위원회

정부혁신 로드맵을 확정하고 추진한 제1기 정부혁신지방분권위원회가 해체되고 2005년 4월 제2기 위원회가 출범하면서, 전자정부 추진체계도 큰 변화를 겪게 되었다. 제1기 위원회는 행정개혁, 인사개혁, 전자정부, 재정세제, 혁신관리 및 기록관리 등 6개 전문위위원회 중심으로 운영되었으나, 제2기 위원회는 6개 분야별 전문위원회가 해체되고 혁신기획전문위원회와 혁신평가전문위원회 등 2개 기능별 전문위원회가 등장하였다.

이에 따라서 전자정부 로드맵에 대하여, 임기 말까지 추진할 계획으로 전자정부전문위원회의 역할과 기능을 승계하면서 당연직 위원의 위상을 차관급으로 격상하여 전자정부특별위원회가 재출범하게 되었다. 전자정부특별위원회는 김대중 정부의 경험과 선진 국가의 동향을 고려하고, 전자정부 사업에 막대한 국민세금이 투입되며, 범부처 및 다부처 사업의 특성상 부처 간 조정이 중요하다는 판단에 따른 것이었다.

따라서 2005년 6월 행정자치부, 정보통신부 및 기획예산처 등 3개 부처의 차관을 당연직 위원과 13명의 민간위원을 포함한 2차 전자정부특별위원회가 출범하게 되었다. 이 시기에 대통령비서실도 정부혁신과 전자정부를 총괄하는 혁신관리수석실을 신설하였다. 그러므로 외견상으로는 추진체계가 힘을 얻을 수 있는 구조였으나, 전자정부 사업에서 발생하는 부처들 간의 이견을 조정하는데 한계를 나타내었다.[11] 따라서 2006년 1월 혁신관리수석실의 조정에 의하여 전자정부특별위원회의 기능과 역할은 순수한 대통령 자문기능으로 전환되었고, 전자정부 사업과 관련한 모든 집행기능은 행정자치부로 이관되었다.

3) 이명박정부-국가정보화전략위원회

이명박정부는 출범과 함께 정보통신부를 해체하고 국가정보화의 기능을 행정안전부로 이관하여 전자정부와 국가정보화의 기능을 통합하였다. 이와 함께 기존의 정부혁신지방분권위원회도 해체됨에 따라서 새로운 정보화추진체계가 필요하게 되었다. 그러나 정보화촉진기본법을 전부 개정하여 국가정보화기본법으로 제정하는 작업이 지연됨에 따라서 이명박정부의 국가정보화 추진체계는 2008년부터 연도별로 조금씩 변화하였다. 이명박정부는 정보화 추진체

11) 앞의 4장에서 설명한 바와 같이, 행정자치부와 정보통신부 등 부처들 사이의 이해를 조정하는 주체인 전자정부특별위원회가 통합전산센터 조직 및 인력의 과제와 정부혁신 홍보관 사업 등 몇 가지 사안에 대하여 주무부처와 이견이 발생하였고 이를 조정하지 못하였다.

계의 전면 개편에 앞서서 2008년 7월 정보화촉진기본법시행령을 개정하여 우선적으로 정보화추진위원회 산하의 정보화추진실무위원회를 개편하여 활용하였다.

(1) 위원회 주요 기능 및 역할

이명박정부는 2009년 1월 23일 정보화촉진기본법의 전부개정법률안인「국가정보화기본법」을 국회에 제출하였다. 정부는 법률안의 제안이유를 "2008년 2월 정부조직 개편으로 정보화 기능이 다수 부처로 분산되고 세계적으로 국가정보화의 패러다임이 정보화 촉진에서 정보 활용 중심으로 변화하는 등 국가정보화의 추진 환경이 급격히 변화하고 있어, 이에 부응하는 새로운 국가정보화의 기본이념 및 원칙을 제시하고 관련 정책의 수립·추진을 위한 사항을 규정하여 지식정보사회의 실현에 이바지하려는 것"이라고 밝히고 있다.

국가정보화기본법에 따라서 이명박정부는 2009년 11월에 국가정보화 추진체계로 국가정보화전략위원회를 신설하였다. 국가정보화전략위원회는 국가정보화 추진과 관련된 사항을 심의하기 위하여 대통령 소속으로 설치하였다. 위원장은 국무총리와 대통령이 위촉하는 민간위원이 공동으로 되고, 위원은 위원장을 포함하여 35명 이내로 하며, 임기는 2년으로 하고 연임할 수 있도록 하였다.[12)]

또한 위원회의 효율적 운영 및 지원을 위하여 간사 1명을 두되, 간사는 행정안전부의 국가정보화 업무를 관장하는 차관이 맡도록 하였다. 이어서 위원회에 상정할 안건을 미리 검토하고 위원회가 위임한 안건을 심의하기 위하여 위원회에 국가정보화전략실무위원회를 두며, 실무위원회 소속으로 안건 심의 등을 지원하기 위하여 분야별 11대 전문위원회를 두었다.

국가정보화전략위원회는 정보화정책을 총괄하여 조정하면서 국가정보화 기본계획과 실행계획의 수립 및 이행관리, 그리고 부처 간 이견 조정 등의 업무를 수행하였다. 이를 위하여 각 부처의 시행계획을 사전에 검토하고 성과점검 등의 수단을 이용하여 실행계획의 이행을 관리하였다.

제1기 국가정보화전략위원회가 범정부적인 국가정보화와 관련하여 활동한 실적은 거의 없으며 위원회 전체적으로도 2010년 7월 20일 대통령에게 스마트워크 활성화 전략을 보고한 것을 제외하고는 제 기능을 발휘하지 못하였다(국가정보화전략위원회, 2011b). 이렇게 국가정보화전략위원회의 위상이 추락하게 된 것은 위원장을 포함하여 민간위원들을 인선하면서 정보기술 전문가 보다는 명망가 중심으로 안배하였기 때문이다. 또한 위원회의 구조가 본위원, 실무위원 및 전문위원으로 너무 옥상옥(屋上屋)의 형태를 지녀서 각 위원들 간에 업무추진에 있어서 비효율적인 요소가 내재되어 있었다. 이러한 구성하에서는 본위원들은 거수기

---

12) 위원은 국회 사무총장, 법원 행정처장, 헌법재판소 사무처장과 중앙선거관리위원회 사무총장 및 중앙행정기관의 장과 지방자치단체의 장 중 대통령령으로 정하는 사람, 그리고 국가정보화에 관한 전문지식과 경험이 풍부한 사람 중에서 대통령이 위촉하는 사람으로 한다.

로 전락하게 될 수밖에 없는 구조였다.

따라서 2011년 11월에 출범한 제2기 국가정보화전략위원회는 일하는 위원회로 개선할 것을 표방하였다. 제2기 국가정보화전략위원회는 2012년 1월에 운영방안을 마련하면서, 기존의 11개의 전문위원회를 6개로 축소하였다. 또한 전략위원 중 1명이 실무위원장을 겸임토록 하여 전략위원회와 실무위원회 간에 연계성을 강화하도록 하였다. 그리고 전략위원 중심으로 위원회를 운영하고, 실무위원은 전략위원회 활동 지원 및 안건 사전 조율에 집중하도록 하고, 전략위원들이 전문위원회에 참여토록 함으로써 전략위원회와 전문위원회 간에 연계성을 확보하도록 하였다(국가정보화전략위원회, 2012a).

(2) 위원회에 대한 평가

이명박정부에서 운영된 국가정보화전략위원회는 대통령직속 기구였지만 성공적인 평가를 얻지는 못하였다. 그 이유는 다음과 같이 정리할 수 있다. 첫째는 정책의 영속성을 지니지 못하였기 때문이다. 즉 이명박정부는 출범하면서 "잃어버린 10년"이라는 구호를 내세우며 과거 정부와의 단절을 시도하였다. 이 과정에서 가장 크게 부각된 것이 참여정부의 전자정부였다. 따라서 이명박정부 초기 시절에는 전자정부라는 용어의 사용도 금기시되었고 국가정보화의 용어로 대체되었다. 이후 2010년 UN의 전자정부 평가에서 우리나라가 1위를 달성하게 되자 다시금 전자정부의 용어 사용이 가능해졌다.

둘째는 ICT정책과 관련한 대통령의 리더십 부족이었다. 이명박대통령은 국가정보화 사업들에 대하여 눈에 보이지 않는 진행과정을 거친다고 하여 과거 정부에서 매우 방만하게 운영되어 온 것으로 간주하였다.[13] 따라서 집권 초기에 정보화에 대하여 부정적인 인식이 많았으며, 이후 "저탄소 녹색성장"의 구호 아래서 그린 IT를 추진하였으나, 정보화를 대통령 의제로 추진하지는 않았다.

따라서 대통령직속으로 구성된 국가정보화전략위원회는 대통령의 무관심 속에 각 부처의 정보화 사업들에 대하여 강력한 통제력을 행사할 수 없는 한계를 지니고 있었다. 특히 전자정부의 경우에는 국가정보화전략위원회 산하의 하나의 전문위원회로 구성되어 있었으나 스마트워크나 모바일 전자정부 분야를 제외하고는 별다른 성과를 거두지 못하였다.

결국 이명박정부는 전자정부를 통하여 정보기술을 활용한 행정개혁을 추진할 수 있는 기회를 놓치고, 전자정부를 정부혁신이 아니라 정보시스템의 구축사업으로 전락시켰다. 이처럼 전자정부의 실패는 정권교체에 따라서 이전 정부의 흔적을 지우겠다는 치졸한 발상에서 비롯한 정책실패의 대표적 사례로 기록될 것이다.

13) 이명박정부에서는 과거 정부 시절에 추진되어 오던 정보화 사업들의 고도화 예산들을 일률적으로 20~30%씩 삭감하도록 요구하였다. 이 과정에서 정보자원 및 시스템의 연계와 통합이 강조되었으며, 이렇게 삭감된 정보화 부문의 예산들은 4대강 사업에 배정되었다.

4) 박근혜정부–추진 체계의 혼돈 : ICT 추진체계의 다기화

박근혜 대통령은 당선인 시절에 "우리나라가 '위원회 공화국'이란 말을 들을 정도로 정부 산하에 각종 위원회가 많다"고 말하였다. 이에 대통령직인수위원회는 2013년 1월에 "21개의 대통령 직속위원회 중 지역발전위원회를 제외하고 모두 폐지한다"는 공약을 발표하였다.[14] 그러나 2016년 6월 현재 정부위원회는 549개에 이르고 있으며, 이는 지난 이명박정부 말기의 위원회 수인 505개 보다 많은 숫자이다(이하 정충식, 2016b: 81~84의 수정).

(1) ICT 거버넌스의 다기화–Control Tower의 부재

이명박정부가 국가정보화전략위원회 하나를 구성하여 운영한 것에 비하여 박근혜정부에서는 ICT관련 정부위원회가 너무 많이 설치되어 운영되었다. 이러한 ICT관련 위원회들은 서로 독립적으로 운영되면서 범위의 중복 문제를 야기하였다. ICT 관련 위원회는 설치 근거에 대해 법률적 차이가 있다. 먼저 설립된 '공공데이터전략위원회' 및 '정보통신전략위원회'는 법률, '정부3.0추진위원회'는 대통령령, '전자정부추진위원회'는 행정자치부 훈령에 근거를 둔다.[15]

간사 역할을 하는 부처를 살펴보면 '정보통신전략위원회'를 제외한 3개 위원회는 모두 행정자치부를 간사로 두고 있다. 따라서 실질적으로 이 당시 우리나라 ICT 정책은 미래창조과학부와 행정차치부가 주요 부처임을 알 수 있다. 특히 행정자치부가 간사 역할을 수행하는 '공공데이터전략위원회', '정부3.0추진위원회' 및 '전자정부추진위원회'는 기능이 중복될 수밖에 없는 구조를 가지고 있었다. 박근혜정부 국정 운영 방침에 의하면, '공공데이터전략위원회'는 창조경제, '정부3.0추진위원회'는 행정서비스, '전자정부추진위원회'는 행정효율화를 위한 기반 구축의 영역으로 구분하였다. 그러나 박근혜정부의 ICT 정책 구분의 논리, 비논리성 여부를 떠나 이러한 분류가 사회적 합의를 이끌어 내지 못한 것은 명백하다. 따라서 ICT 정책의 일관된 정책 추진을 위해서는 기존 위원회를 개편하거나 업무 영역을 명확히 할 필요가 있었다.

왜냐하면 이렇게 다기화된 ICT거버넌스는 국가적으로 큰 문제에 직면했을 때, 제대로 기능할 수 없는 한계를 보여주었다. 박근혜정부에서 발생한 가장 큰 국가적인 재난들은 2014년의 세월호 사태와 2015년의 메르스 확산이었다. 그러나 세월호 사태에서는 경찰, 해경 및 관계 정부기관들의 통신망 연계 미비에서, 그리고 메르스 확산 시에는 정보공개의 대응 부분에

14) 하지만 이 공약은 지켜지지 못했다. 국가정보화전략위원회를 포함하여 6개를 폐지하였으며, 1개를 이전하고 2개를 신설하였다. 이에 대해 대통령직인수위원회는 폐지 대상의 상당수가 법률에 규정된 위원회로 정비가 어렵다는 입장을 밝혔다.

15) '위원회 설치 사전협의 제도'에 따르면 법률 및 대통령령에 의하여 신규로 설치하는 위원회는 별도의 협의가 필요하기 때문에 '전자정부추진위원회'는 타 위원회와 그 지위가 다르다 할 수 있다. 그러나 2016년 11월에 행정자치부가 전자정부법 개정안을 발의한 상태이고, 이 개정안에 따르면 앞으로 전자정부추진위원회는 법률적 지위를 갖게 된다.

서 ICT관련 정부위원회들이 모두 무기력한 모습을 보여주었다.[16)]

행정학계의 원로인 안문석 고려대 명예교수는 이에 대하여 다음과 같이 이야기 하고 있다.

> "지난 정권에서 금기어로 여겨지던 '전자정부'가 되살아나고 있어요. 전자정부는 살아 있는 생물처럼 사회가 변화함에 따라 지향점도 달라지고, 기술이 발전할수록 구현할 수 있는 역량도 달라집니다. 정부가 빅데이터 등 최신 정보통신기술(ICT)을 적극 활용했다면 메르스(중동호흡기증후군) 확산 사태, 세월호 침몰 사고 등에 선제적으로 대응할 수 있었을 것입니다."
>
> 자료: (서울신문, 2016년 6월 30일).

이것은 지난 이명박정부에서 국가정보화전략위원회가 ICT를 활용하여 구제역과 조류독감의 확산에 대응하는 전략을 수립하여 시행한 것에 대비되는 모습들이다. 따라서 이러한 국가적 재난 사태를 겪으면서 박근혜정부의 정부신뢰는 하락하였으며(윤상오, 2015), 그 배경에 ICT관련 정부위원회들이 제대로 대응하지 못한 책임이 자리 잡고 있다.

(2) 위원회의 기능 및 역할 중복

위원회 기능은 '정보통신전략위원회'가 「국가정보화기본법」에 명시된 ICT 총괄 기관으로 가장 폭넓은 분야를 포함하여 업무를 수행하고 있다. '정보통신전략위원회'의 안건을 살펴보면 빅데이터, ICT 법 · 제도, 데이터산업, IoT 등을 심의하고 있기 때문에 '공공데이터전략위원회' 및 '정부3.0추진위원회'의 영역을 거의 모두 포함하고 있었다.[17)]

'공공데이터전략위원회'와 '정부3.0추진위원회' 역시도 실질적으로 많은 영역을 공유하고 있었다. '공공데이터전략위원회'는 공공데이터를 활용한 창조경제 활성화에 중점을 두고 있지만 데이터개방에 따른 정량적 효과로 정부 부서 간 정보공유, 부처 정보 개발 등을 상정하고 있었다. '정부3.0추진위원회'는 정부3.0이 단순히 정부운영의 패러다임이 아니라 국민 맞춤형 서비스를 제공하고 동시에 일자리 창출과 창조경제를 지원하기 위한 목적을 지닌다고 밝히고 있다(송효진 외, 2014).

특히 '정부3.0추진위원회'는 2013년과 2014년 상반기의 이른바 골든타임을 놓치고 뒤늦

16) 메르스 확산 시에 국민들은 SNS를 통하여 환자 발생 경로를 추적하여, 메르스 발생 지도를 만들어서 정보를 공유하였다. 따라서 경기도 남부의 어느 시의 어느 병원에서 시작되고 전파되었는지 다 알고 있는 상황이었다. 이 와중에 보건정책 관련 담당자는 계속해서 정보를 공개할 수 없다고 모르쇠로 일관하였다. 이러한 사태에서 국민들은 정부의 정보공개에 대한 기대와 희망을 접었고, 결구 정부3.0 정책에 대한 국민신뢰를 상실하는 단초를 제공하였다. 따라서 우리나라에서 정부3.0 정책은 메르스 사태 때 사망선고를 받았다.

17) 박근혜정부는 ICT정책에서 전자정부를 별도로 언급하지 않아 전자정부를 국가정보화 분야와 별도로 분류하고 있었던 것으로 여겨진다. 다만 2016년 5월에 이루어진 7차 회의에서 전자정부 2020 기본계획에 대한 보고를 받음으로써 향후 필요한 경우에는 '정보통신전략위원회'에서 전자정부를 주요하게 다룰 가능성도 남겨 놓았다.

게 구성됨으로 인하여 정부3.0 추진 및 개념에 대하여 여러 가지의 혼선을 초래하였다. 정부3.0은 2013년에는 데이터 개방을 강조하다가 2014년에는 일자리 창출에 초점을 두었다. 이어서 2015년에는 국민맞춤형 서비스를 강조하다가 2016년에 들어와서는 정부혁신이라고 주장하였다. 이처럼 정부3.0의 추진은 매년 그 초점이 달라졌기 때문에 전자정부와의 범위 중복 및 정체성의 문제가 야기되었다.

마지막으로 '전자정부추진위원회'는 전자정부가 '공공데이터전략위원회' 및 '정부3.0추진위원회'가 활용하고자 하는 공공데이터의 실질적 생산 기반이라는 점에서 매우 밀접하게 연관되어 있다. 따라서 4개의 위원회들은 공공데이터의 개방, 활용 및 전자정부의 모든 부분에서 그 기능과 역할이 중복되어 있었다.

(3) 위원회 조직-임시조직의 위상 및 역할 미비

위원회들 가운데는 국무총리실 소속으로 국무총리를 위원장으로 하는 '공공데이터전략위원회' 및 '정보통신전략위원회'가 위원 구성에서 타 위원회에 비해 높은 위상을 가지고 있었다. 이에 비하여 '정부3.0추진위원회'는 국무총리실 소속이지만 민간위원장이 맡고 있으며 정부위원들의 직급도 가장 낮은 편이다. '전자정부추진위원회'는 소속 측면에서는 국무총리실이 아닌 행정자치부 이지만 정부위원들의 직급은 상당히 높은 편이다.

그러나 이러한 위원회의 조직 구성은 외형일 뿐 실제적인 업무는 사무국이나 지원단의 상근 인력에 의하여 수행되고 있었다. 앞에서 살펴본 것처럼 과거에 정보화추진위원회의 경우, 위원들이 모두 관계부처 장관이었으나 국무회의와의 중복성 문제로 인하여 제대로 기능할 수 없었다. 또한 본위원회, 실무위원회 및 전문위원회 등의 다단계 및 옥상옥(屋上屋) 구조로 인하여 서류 작업만 남발하였던 경험이 있다.

마찬가지로 공공데이터전략위원회의 경우, 34명의 위원들로 전략위원회를 구성하고 있다. 이어서 실무위원회는 25명의 위원들로 구성되어 있으며, 전문위원회는 5개 분과에 45명의 전문위원으로 구성되어 있다. 이들 100여명의 위원들 가운데 상근하는 위원은 단 한명도 없으며 일부는 다른 ICT위원회의 위원으로 중복되어 있는 실정이다. 심지어 위원장의 경우에도 정부 내의 여러 다른 위원회 위원장을 겸직하고 있는 실정이었다.

더 나아가 이러한 ICT관련 정부위원회의 운영이 정부부처들 간의 정책조정이나 상호협력 등 조정기능을 수행하기 보다는 대부분 심의기능과 의결기능을 수행함으로써 정책수립의 과정에서 부처 입장을 대변하는 역할 이상을 하지 못하여 정부의 책임 회피 수단으로 악용되고 있는 실정이었다(김정해 외, 2007; 나채준, 2013).

5) 문재인정부-추진 체계 정비의 필요성

2017년 5월에 문재인정부가 출범하면서 전자정부 추진체계와 관련하여 바뀐 것은 하나도 없다. 문재인정부는 전자정부의 추진체계는 전혀 손대지 않고, 이른바 박근혜정부의 조직 구조를 계승하였다. 다만 ICT거버넌스 분야에서는 다양한 개편이 이루어졌다. 첫째는 과거 미래창조과학부를 과학기술정보통신부로 개편한 것이고, 중소기업청을 중소벤처기업부로 승격한 것이다. 둘째는 기존의 정부3.0위원회를 폐지한 것이다. 셋째는 대통령직속의 4차산업혁명위원회를 신설한 것이다.

따라서 현재 문재인정부에서는 전자정부가 아니라 4차산업혁명이 대통령 의제로 추진되고 있는 실정이다. 이와 관련하여 제기되는 문제는 정부가 지능정보사회 도래에 대응하기 위하여 시류에 영합하여, 혁명이라는 단어를 공공부문에 무분별하게 도입하여 남용하고 있다는 것이다.

문재인정부는 2017년 8월 국무회의에서 「4차산업혁명위원회의 설치 및 운영에 관한 규정」을 심의 · 의결하여 4차산업혁명위원회를 구성하였다. 따라서 한시적인 조직으로 출발한 문제점을 지니고 있다. 5년간 한시적으로 운영되는 위원회는 지속가능하지 않기 때문에 많은 비판에 직면하였고(정충식, 2017), 현재 위원회를 법제화하기 위한 작업이 진행되고 있다.

그러나 여기에서 가장 중요하게 다루어져야 할 것은 전자정부추진위원회의 위상과 법제화에 대한 것이다. 문재인정부는 출범하면서 전자정부 추진체계를 개선하지 않았기 때문에 현재 행정안전부의 전자정부위원회는 전자정부법에 근거한 것이 아니라 행정안전부 장관의 훈령에 기초하여 설립되어 있다. 현재의 전자정부추진위원회'는 2016년 3월 30일에 「전자정부추진위원회 설치 및 운영에 관한 규정」이 시행됨에 따라 이에 근거를 두고 2016년 4월 1일에 구성되었다.

따라서 이 역시도 지속가능성을 담보하지 못하고 있는 실정이다. 그러므로 하루 빨리 전자정부추진위원회를 전자정부법에 명문화하여 설립 근거를 확고히 하고 위상을 강화시켜야 할 것이다.

15.4 문재인정부의 정책과제

우리나라는 이제까지 정부주도의 정확한 목표 설정과 발전 단계별 로드맵을 통하여 전자정부를 비약적으로 성장시켰으며, 세계적인 선도국가로 자리매김하여 왔다. 그러나 이명박정부는 전자정부 정책 보다는 국가정보화 정책을 추진하였다. 그리고 박근혜정부는 정부3.0 정책을 추진하여 혼란을 초래하였다. 따라서 이제 과거정부에서 표류해온 전자정부 정책들을 바로잡아야 할 시점이다.

전자정부 구현의 가장 큰 성공요인은 최고 지도자의 리더십을 확보하는 것이다. 이러한 최고 지도자의 리더십을 바탕으로 강력한 추진체계를 구성하여야 전자정부의 지속가능성을 확보할 수 있다. 따라서 이 절에서는 이러한 관점에서 문재인정부의 전자정부 정책과제를 살펴보고자 한다.

1. 전자정부 추진의 의미

오늘날의 복합행정 환경에서 국민에게 원스톱 혹은 논스톱 방식을 통한 행정서비스를 전달하기 위해서는 다수 관련 부처들의 협동적 행위가 불가피하다. 그리고 막대한 양의 재원과 노력이 소요되는 전자정부를 개별 부처들이 상호조정 없이 추진할 경우, 중복투자 등으로 인한 자원 활용의 난맥상이 극심해질 수도 있다. 따라서 전자정부를 효과적으로 구현하기 위해서 범정부적인 추진체계를 구성하는 것은 필수적이다. 여러 국가들이 나름대로의 범정부적 추진체계를 설치하여 운영하고 있는 것도 이러한 맥락에서 충분히 납득할 수 있는 일이다.

전자정부를 구현한다는 것은 어느 한 부처의 기능에 국한되는 것이 아니다. 전자정부를 하나의 정부형태로 보았을 때, 전자정부를 구현한다는 것은 정부의 틀을 새로이 만드는 것과 같은 것이다. 정부를 위한 새로운 틀을 만들기 위해서는 전체적인 정부가 지향하는 방향을 설정해야 하고, 전체적인 방향이 설정되면 정부를 구성하는 하위부문들을 그 방향에 맞게 조정할 수 있어야 한다. 그러므로 전자정부를 구현하는 일이 새로운 정부의 틀을 만드는 것이라고 했을 때, 전자정부의 구현은 범정부적 차원에서 추진되어야 한다.

본질적으로 전자정부를 구현한다는 것은 정부의 전 영역에 걸쳐 행정의 기능수행방식의 변화, 그 결과로서 상당한 정도의 행정구조의 변화, 그리고 공무원들의 의식의 변화를 수반한다. 그러므로 전자정부의 구현은 개별 행정기관에 정보기술을 도입하는 차원에 머무르는 것이 아니라, 정보기술을 활용하여 행정이 이루어지는 과정을 재설계하고 행정이 실제 이루어지는 과정을 변화시켜 정부 전체의 변혁을 추구하는 것이다.

또한 전자정부 구현을 위한 정부노력에서 주된 과제로 등장하는 것은 지방정부와 중앙정부를 정보기술을 활용하여 연계함은 물론 지방정부와 중앙정부간 공유영역을 관리하는 것이다. 다른 한편으로는 대국민서비스의 차원에서 공유영역을 설계 · 관리하는 것이다.

이 과정에서 등장하는 것이 새로운 지능정보기술의 활용이다. 우리는 이제까지 빅데이터와 클라우드를 활용한 스마트워크를 추진하였지만, 이제 지능정보기술의 활용으로 이제까지 경험하지 못한 새로운 세상에 진입하고 있다. 따라서 이러한 스마트 지능형 전자정부 역시도 새로운 정부 운영방식과 형태를 필요로 한다.

이처럼 새로운 정보기술을 행정에 도입할 경우, 재원의 규모 및 그 활용의 효율성 측면에서 전자정부의 구현은 부처수준의 행정기관에 의해 운용 · 관리하기에는 막대한 재원을 요구하며, 개별 부처에 의한 전자정부 구현은 중복투자 등으로 인한 재원활용의 효율성을 저하시킨다. 따라서 강력한 조정력을 갖춘 범정부적 추진체계의 확립이 필수적이다.

그리고 이것은 최고 지도자의 리더십을 통하여 구현될 수 있다. 이러한 최고 지도자의 리더십은 주변에서 정보기술을 활용한 정부혁신의 중요성을 강조하고 이것을 최고지도자에게 제시해 줄 수 있는 국가CIO에 의해서 구현된다. 현재 우리는 국가CIO가 없는 상태이기 때문에 전자정부의 추진과 관련하여 대통령의 리더십을 기대하기 힘든 실정이다.

2. 전자정부 구현의 10대 성공요인

저자는 20여년 전에 우리나라에서 처음으로 전자정부를 구현하는 데 있어서 주요성공요인(Critical Success Factor: CSF)을 도출해 내고자, 전문가들을 대상으로 하여 정책델파이(Delphi)기법을 사용하여 설문조사를 실시하였다. 이 조사는 1996년 7월부터 9월까지, 3개 분야 30명의 전문가 집단을 대상으로, 매월 한 번씩 세 번에 걸쳐서 시행되었다. 이러한 델파이조사 결과, 다음과 같이 전자정부를 구현하는 데 있어서 중요한 10대 성공요인이 도출되었다. 그 순위는 다음과 같았다(정충식, 1997).

1위: 법과 제도의 정비
2위: 정부 최고위층의 구축의지
3위: 정부의 업무처리 방법 및 절차의 변화
4위: 행정정보 공동이용을 위한 DB구축
5위: 초고속정보통신망의 구축
6위: 행정정보의 디지털화
7위: 대민 서비스 업무의 개발
8위: 각 부처의 이해관계 조정
9위: 공무원 교육
10위: 추진체계의 정립

이러한 10위권에 드는 주요성공요인들을 범주화해 본다면 1, 2위는 사회구조적인 요인, 3, 4위는 업무의 재설계와 관련한 요인, 5, 6위는 정보기술과 관련한 요인, 그리고 8, 9, 10위는 조직의 변화요인 등으로 나누어 볼 수 있을 것이다. 10위에 기록된 추진체계 정립의 경우는 그 내용이 갖는 중요성에도 불구하고 8위의 부처간 이해관계 조정과의 중복으로 인하여 영향을 받은 것으로 보인다. 이 두 개의 요인을 합하여 계산할 경우에는 6위에 기록될 수 있었다.

이제 20여년이 지난 지금 당시 5위와 9위를 기록했던 요인들은 배제될 수밖에 없을 것이다. 그러나 나머지 요인들은 아직도 유효하다고 볼 수 있다. 20여년의 기간 동안에 수많은 전자정부 사업이 진행되었고, 여러 가지 유형의 추진체계도 겪어 보았다. 따라서 이러한 경험을 바탕으로 하여 새로이 전자정부 구현의 10대 요인을 정리해 보면 다음 (그림 15-3)과 같이 나타낼 수 있을 것이다.

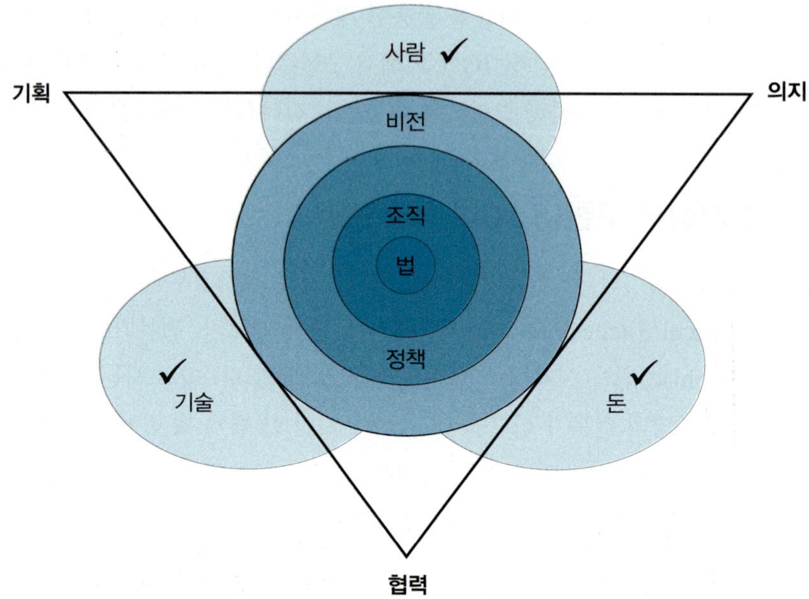

그림 15-3 전자정부 구현에 필요한 10대 핵심요소

우선 기본적으로 고도의 전문 기술력을 갖추어야 한다. 우리나라는 초고속정보통신기반을 구축하면서 다양한 기술 경험을 축적하였고, 정보기술의 활용측면에서도 강점을 지니고 있다. 이어서 기술을 개발하거나 활용할 수 있는 우수한 전문 인력이 확보되어 있어야 한다. 우리나라의 경우, 지난 20여년 동안 한국정보화진흥원이 전자정부 전문기술지원 기관의 임무를 잘 수행하여 왔다. 그리고 사업 추진에 필요한 돈, 즉 재원이 확보되어 있어야 한다. 과거 정보통신부의 정보화촉진기금은 전자정부 사업 수행에 많은 지원을 하였다. 그러나 전자정부법에는 아직 전자정부기금이 조문화되어 있지 못한 실정이다.

이런 요소들과 함께 소프트웨어적 요소도 함께 갖추어야 한다. 그 중에서도 특히 미래적 상황에 대한 정확한 예측에 기초한 분명한 비전을 가지고 있어야 하며, 이런 비전을 현실화하기 위한 잘 짜여진 정책을 입안할 수 있어야 하며, 이를 추진할 수 있는 강력한 추진조직이 갖추어져야 한다.

우리의 경우, 정부가 새로이 들어설 때마다 전자정부의 비전과 전략을 수립하고 있다. 그러나 전자정부 비전의 경우, 일반 국민들에게 잘 알려져 있지 못한 것이 현실이다. 그 이유는 여러 가지가 있을 수 있으나 가장 큰 요인은 전자정부 사업의 결과물인 시스템의 이용이 활성화되지 못하였기 때문이다. 따라서 전자정부 시스템의 이용활성화가 향후 과제로 부각되고 있다(김석주, 2009; 김현성, 2009).

그리고 이런 정책의 문자적 표현에 해당하는 것으로서 정책에 구속력을 부여하는 법제를 갖추고 있어야 한다. 또한 구슬이 아무리 많아도 꿰어야 보배가 되듯이, 이런 일곱 가지의 개별적 요소들을 상호 연계시켜 전자정부가 실제로 제대로 구현될 수 있도록 하는 세 가지의 요소가 더 있어야 한다.

이 세 가지 요소에는 국가 최고 지도자나 정부 정책의 핵심 결정권자들의 강한 전자정부 구현의지가 있어야 하고, 정교한 기획력을 갖추어야 하며, 동시에 정부 내부의 다양한 기관 간 협력과 정부와 민간간의 긴밀한 협력 체제가 이루어져 있어야 한다.

현재 상태의 우리나라 전자정부 구현 사업들을 종합해 보면, 우리의 경우는 최소한 기술, 사람, 돈 등 세 가지 요소만큼은 다른 나라들에 비해 결코 뒤지지 않을 정도로 잘 갖추어져 있다고 볼 수 있다. 특히 전국적인 초고속정보통신 기반의 구축으로 누구라도 쉽게 고속통신망을 통하여 전자적인 행정서비스를 제공받을 수 있는 기반이 마련되어 있다. 그러나 나머지 요소들 즉 비전과 추진조직, 정책, 법, 전자정부 사업 기획력, 그리고 관련 기관 간 협력 체제는 아직 상대적으로 미흡한 측면이 있기 때문에 보다 강력한 추진 정책이 요망된다.

3. 성공적인 전자정부 추진을 위한 정책 제언

과거 이명박정부는 집권 초반의 중요한 시기를 미국 쇠고기 수입과 광우병 파동 그리고 이에 따르는 촛불시위에 대응하느라 허비하였다. 또한 한반도 대운하 정책의 공론화 과정에서 불필요하게 국론이 분열되는 경험도 하였다. 더 나아가 대통령이 국가정보화에 관한 관심과 의지를 적극적으로 표명하지 않음으로써, 전자정부가 강력한 추진력을 가질 수 없는 환경이 조성되었다. 이전 박근혜정부는 정부3.0을 통한 데이터 개방에만 초점을 둠으로 인하여 전자정부의 입지를 축소시킨 결과를 초래하였다.

이제까지 지난 30여년 동안에 대한민국 정보화와 관련하여 ICT거버넌스 체계에서 가장 성공한 조직은 김대중정부 시절의 전자정부특별위원회로 평가되고 있다. 그 이유는 물론 당시 대통령의 절대적인 관심을 통한 리더십 확보 및 위원장과 위원들의 헌신적인 노력이 바탕이 되었다. 그러나 이제 ICT의 급속한 발전으로 인하여 이 세상은 스마트 인공지능 지식정보사회로 변모하였다. 또한 각 부처의 공무원들도 그동안의 학습효과를 통하여 이제 과거처럼 위원회 조직을 대하지 않고 있다. 하지만 김영삼정부에서 박근혜정부에 이르기까지 지난 30여년 동안에 ICT 거버넌스는 변함없이 위원회 체제를 유지하여 왔다. 따라서 이러한 문제점을 해결하기 위한 정책방안들은 다음과 같이 정리해 볼 수 있다(이하 정충식, 2016b의 수정).

1) 전자정부 방향의 정립: 정보기술을 활용한 행정혁신

박근혜정부는 출범과 함께 창조경제를 추진할 부처로 미래창조과학부를 신설하였다. 물론 정보통신기술의 융합 시대에 이것을 전담하는 부처를 설립한 것은 중요한 일이다 그러나 이처럼 정보통신이 산업의 측면에서만 부각됨으로 인하여 국가정보화의 고유기능 그 가운데서도 전자정부의 추진력은 약해지는 모습을 보여주었다. ICT가 미래의 성장원동력으로 각광을 받는 것도 중요할 수 있지만, 정부는 산업정책과 구분하여 공공부문에 초점을 두고 국가정보화

정책을 추진하여야 한다. 구체적으로는 정보기술이 급속하게 발전함에 따라서 이를 공공부문에 도입하여 확산시킬 수 있는 다음과 같은 정책들이 추진되어야 한다.

첫째, 공공부문에 ICT신기술(가상화, 클라우드 컴퓨팅, 협업기술 등)을 적용하여 비용절감 및 소통 증진을 확대하는 전략이 마련되어야 한다. 또한 고령화사회에 대비하여 의료복지체계 개편, 저소득층의 교육기회 증진 등 사회적 이슈의 해결을 위해 ICT의 활용을 확대하는 방안도 마련되어야 한다.

둘째, 새로운 정보기술을 적용한 전자정부의 인프라와 서비스 채널의 도고화가 시급히 요청된다. 현재 구축된 전자정부 시스템들의 경우, 지속적인 고도화 사업을 통하여 서비스를 활성화시킬 필요성이 있다. 현재는 인터넷뿐만 아니라 모바일 그리고 앱을 통한 전자적인 민원행정서비스가 급속하게 확산되고 있다. 따라서 이러한 변화하는 정보기술과 인프라 채널을 고도화하는 전략이 마련되어야 한다. 이를 통하여 미래의 전자정부는 플랫폼 정부로 거듭나야 한다.

셋째, 공공부문에 정보기술이 원활하게 적용되어 확산될 수 있도록 기존에 걸림돌이 되고 있는 관련 법과 제도를 정비하여야 한다. 이러한 법제 정비는 단순하게 법 조문의 수정으로 이루어지는 것이 아니라 대통령의 강력한 리더십에 따라서 정치적인 합의가 필요한 영역이므로 지속적인 관심이 요구되는 분야이다.

넷째, 국정운영의 패러다임을 전자정부를 통하여 디지털 시대에 걸맞게 바꾸어야 한다. 기존에 정부가 나서서 국민을 계몽하고, 규율하던 방식에서 벗어나 가상공간을 활용하여 참여와 소통을 이끌어낼 수 있는 전자정부 추진전략을 마련하여 실천하여야 한다.

전자정부의 구현은 특정한 정부나 대통령에 의해서 완성될 수 있는 시스템의 문제가 아니다. 전자정부 시스템은 기술적인 관점에서 정부의 하부 인프라에 불과한 것이다. 전자정부는 이러한 시스템의 관점이 아니라 지식정보사회에 맞는 국정운영패러다임으로 인식되어야 한다. 따라서 정권의 교체와 무관하게 일관성을 지니고 추진해야 하는 국가정책으로 파악하여야 한다. 그리고 단순히 정부 보유 데이터의 개방이 아니라 정보기술을 활용한 정부 재창조의 관점에서 접근하여야 한다.

2) 문재인정부의 전자정부 추진 비전과 전략 수립

이제 우리에게 전자정부의 리더십 관점에서 앞으로의 정책방향은 확실하다. 그것은 문재인대통령이 2018년 내에 정보화 전반을 포함하여 전자정부에 대한 명확한 비전을 제시하면서 국가적 의제로 설정하는 것이다. 대통령에 의해 제시되어야 하는 전자정부의 비전에는 “정보기술을 활용한 행정혁신으로 신뢰받는 정부 구현”을 정책의 기본 방향으로 담는 것이 바람직할 것이다.

즉 전자정부가 단순히 정부의 생산성과 효율성을 높이고 국민이 정부의 서비스를 편리하게 받을 수 있게 한다는 것에서 더 나아가 참여민주주의를 증진시키고 정부의 투명성을 높이는 핵심 수단이 됨을 천명하는 것이 필요하다. 또한 전자정부를 통하여 공공부문의 부패를 척결하여 정부에 대한 국민들의 신뢰를 다시금 찾겠다는 의지를 표명하여야 한다.

이러한 비전의 제시와 함께 대통령 구상에는 전략적으로 중요한 핵심 전자정부 사업의 리스트, 구체적인 성과 목표 및 목표 연도, 추진 원칙들을 담아야 한다. 그리고 마지막으로는 강력한 추진체계를 구성하고 전자정부 구현의 전권을 위임하여 남은 집권기간 4년 동안 지속적으로 추진하여야 한다.

이와 관련하여 중요한 점은 새로운 것을 추구한다고 하면서 작명(作名, Naming)에만 신경을 써서는 안 된다는 것이다. 즉 오늘날 4차 산업혁명의 시대라는 이름하에 정보화와 관련하여 플랫폼정부, 디지털정부 및 데이터정부 등 수 많은 이름이 거론될 수 있다. 그러나 이처럼 새로운 정부 이름에 집착하는 순간 정부3.0과 같은 운명을 맞이하게 될 것이다.

따라서 근본으로 돌아가는(Back to the Basic) 것이 중요하다. 문재인정부는 정보화의 새로운 작명과 수단을 찾으려고 하지 말고 그냥 전자정부 하나만 열심히 잘 하면 된다. 이 과정에서 쓸데없이 100여개 이상의 국정과제를 남발하지 말고 선택과 집중을 통하여 대통령 어젠다를 선별하고 축소하는 작업을 수행하여야 한다(박재완, 2016).

3) ICT의 정치적 외풍 배격: 지속가능성의 확보

우리 정부는 5년의 대통령 단임제하에서 집권 기간에만 작동하는 ICT위원회를 신설하여 운영하고 폐기하는 작업을 반복하여 왔다(정진우, 2012; 이승종 외, 2012). 따라서 앞으로 ICT와 관련하여 거버넌스의 정립에서 가장 중요하게 부각되는 부분은 지속가능성을 확보하는 것이다. 이를 위해서는 이제 전자정부에 대한 정치적 인식을 바꾸어야 한다. 즉 전자정부는 노무현정부 때 열심히 추진하여 진보진영의 정책적 수단으로 인식되어 있지만, 보수진영에서도 이를 열심히 추진하여야 한다는 것을 강조해야 한다. 왜냐하면 전자정부는 수단일 뿐 어느 진영의 목표가 될 수는 없기 때문이다. 따라서 다음 정부에서 진보와 보수 어느 진영이 집권하든지 간에 전자정부는 지속적으로 추진해야 할 대한민국의 국정과제일 뿐이다.

이를 위해서는 현재 행정안전부 훈령으로 되어 있는 전자정부추진위원회의 근거를 전자정부법으로 상향시켜서 전자정부 추진체계를 법제화하면서, 기존의 공공데이터전략위원회 기능을 분과위원회로 구성하면 될 것이다.

이 과정에서 중요하게 부각되는 것이 ICT관련 정책의 정치적 중립성을 확보하는 것이다. 과거에는 국가정보화 및 전자정부와 관련하여 대통령의 관심 및 리더십이 중요한 성공요인으로 부각되던 시절이 있었다(Accenture, 2001; 소영진, 2003). 물론 현재에도 이러한 대통령의 관심은 중요하며 이를 통하여 국가정보화 및 전자정부 사업들이 대통령 임기 중에 국정과제에 포함되어 추진 동력을 확보할 수 있는 장점이 있다.

하지만 이제 그 반대의 상황도 나타나고 있다. 즉 대통령이 자기 임기 중에 ICT를 활용하여 자신의 업적을 이루겠다고 새로운 국정과제를 추진할 경우에 야당이 다수를 점한 국회 및 지방자치단체의 협조를 얻지 못하는 상황이 발생하고 있다. 실제로 박근혜정부는 2013년 2월에 출범하였지만 미래창조과학부는 국회에서 정부조직법 개정이 늦어져서 4월에 신설되었다. 또한 박근혜정부가 추진했던 정부3.0의 경우에 야당 자치단체장이 집권하고 있는 지역에서는 상대적으로 실적이 저조한 모습을 보여주었다.

4) 범정부적인 위원회 구성 및 권한 확보

이제까지 우리정부는 ICT관련 위원회를 구성하면서 이른바 명망가 중심의 보여주기 방식의 위원회를 구성하였다. 따라서 많은 교수들이 김대중정부에서 박근혜정부에 이르기까지 다양한 위원회에 위원으로 참여하였다. 그러나 앞으로는 이러한 임시적인 위원회 구성이 아니라 지속가능성을 감안한 일하는 위원회가 구성되어야 한다. 그 방식은 미국 클린턴정부 시절에 구성된 NPR의 성공사례를 참조할 필요가 있다.

1993년 미국 클린턴정부에서 시작된 NPR은 미국 행정개혁 최초의 성공사례로 우리에게 잘 알려져 있다(김병섭, 1996; Gore, 1997).[18] 이러한 NPR의 성공요인으로 크게 세 가지가 지적된다. 첫째는 당시 클린턴 대통령이 부통령인 엘 고어에게 환경과 정보화관련 모든 권한을 이양하여 리더십 체계를 확실하게 하였다는 점이다. 둘째는 정부혁신을 시도하면서 정보기술을 최초로 접목시켰다는 점이다. 우리에게는 이것만 잘 알려져 있지만 보다 중요한 것은 세 번째 요인이다.

셋째는 공무원들로만 NPR을 구성하였다는 점이다. 클린턴정부는 과거 100년 동안 미국의 행정개혁 실패사례를 분석하면서 명망가 중심의 위원 선임에 문제가 있다고 판단하였다. 즉 과거 미국정부의 행정개혁은 Harvard나 Yale 및 Stanford 등 유명한 대학교의 저명한 교수들을 위원으로 위촉하여 진행되었기 때문에 실패한 것이다(Kamensky, 1996). 따라서 고어 부통령의 NPR에는 초기에 약 250명의 공무원들만이 참여하였다.

따라서 앞으로 차기 정부의 ICT관련 위원회는 교수들 중심이 아니라 중앙정부와 지방정부에서 행정혁신 및 ICT관련 공무원들이 중심이 되어서 운영하는 구조이어야 한다. 이것은 48개 중앙부처 및 17개 광역지방자치단체로부터 1명씩만 파견 받아서 구성하면 간단하게 해결할 수 있는 문제이다. 굳이 전문성 보강을 위하여 교수들과 전문가들이 필요할 경우, 소속 대학과 기관에 휴직계를 제출하고 2~3년 동안을 임시 위원이 아니라 정식직원으로, 파견이 아니라 채용되어 상시 근무를 하는 환경을 조성하여야 한다. 이렇게 위원회를 구성하여야 지

---

18) 1900년대 들어서서 미국 연방정부의 행정개혁은 Keep Commission(1905~1909)부터 Grace Commission(1982~1984)까지 10여 차례가 있었다. 그러나 이들의 행정 개혁은 대부분 행정부내의 조직개편이나 사무관리 방법의 개선 등 단편적인 행정 효율성 목적으로 추진되었고, 정보기술의 활용과 연계되지 못하여 그 효과는 제한적이었다(송희준, 1996).

금처럼 '아니면 말고' 행태의 일하는 방식을 혁신할 수 있을 것이다.

그리고 이보다 더욱 중요한 것은 정보화사업들과 관련하여 예산권을 확보하는 것이다. 기획재정부의 반대로 예산권의 확보가 어려울 경우에는 정보화사업들의 평가권을 확보하여 이를 부처 예산 배정과 연계시키는 방식을 활용하여야 한다.

쉬어가기

전자정부 구현과 대통령의 리더십(1)

2007년판

먼저 행정고시에 전혀 나올 수 없는 시험문제를 하나 출제하려고 합니다. 부담 없이 생각해 보세요. 우리나라의 전, 현직 대통령들 가운데 컴퓨터를 가장 잘 쓸 줄 아는 사람은 누구일까요? 정답을 파악해 봅시다.

전두환과 노태우 두 사람은 모두 육군사관학교출신입니다. 물론 육사, 좋은 대학교입니다. 그런데 전두환 전 대통령은 축구선수였다고 합니다. (우리는 운동선수 출신들에게 이상하게도 공부에 대한 편견을 지니고 있습니다). 노태우 전 대통령 역시도 비자금 확보에만 능했지 컴퓨터하고 관련은 없다고 보면 됩니다. 이 사람들은 모두 부하들 시켜서 일하는 데 일가견이 있었습니다.

김영삼 전 대통령 역시도 컴맹이었습니다. 김영삼 전 대통령의 경우, 아들이 구속되고 집권 후반에 정보화에 관심을 기울였습니다. 이것은 1995년말에 당시 호주의 키팅수상을 만나서 정보화의 중요성을 깨달았기 때문이라고 하는데 확인할 수는 없습니다. 일설에는 정보화관련 설명회 때 너무 어려워하면서 졸았다는 이야기도 있지만 이 역시 마찬가지로 확인할 수 없습니다.

김대중 전 대통령의 경우는 약간 다릅니다. 김대중 전 대통령 역시도 컴맹이었으나, 정보화의 중요성을 잘 알고 있었습니다. 그는 1998년 2월 취임식에서 "튼튼 정보대국"을 강조하면서, 온 국민이 컴퓨터를 세상에서 가장 잘 쓰는 나라를 만들겠다고 공언하였습니다. 하지만 IMF 경제위기 때 취임하면서, 초반에는 국가신인도 회복에 매달릴 수밖에 없었습니다. 이어서 집권 후반에 전자정부특별위원회를 설치하고 최초로 전자정부 사업을 대통령 사업으로 추진하였습니다. 특히 각 부처의 업무 보고를 받을 때도 항상 전자정부 구현의 중요성을 역설하여, 공무원들에게 정보화 마인드를 확산시키는 데 큰 기여를 하였습니다.

노무현대통령의 경우, 사법시험 합격자이고 변호사출신입니다. 당연히 머리도 좋을 것입니다. 따라서 공부에도 일가견을 가지고 있다고 보아야 합니다. 일설에 의하면 노무현대통령은 변호사 시절에 지금 스프레드쉬트의 대명사인 엑셀의 전신인 dBASEIII+ 를 잘 활용했다고 합니다. dBASEIII+ 의 매크로 기능을 활용해서 변호사 사무실의 기장회계프로그램을 직접 작성했다고 합니다. 따라서 상당한 실력의 소유자라고 보면 됩니다. 그러므로 결국 정답은 노무현대통령입니다. 조금 싱거운 감이 있지요?

자 그러면 미국 대통령과 비교를 해 보겠습니다. 미국의 부시대통령은 아버지 잘 만나서 아이비(IVY)리그 대학인 예일대학교를 나왔습니다. 하지만 외신 보도에 의하면 학교 다닐 때, 성적은 엉망이었다고 합니다. 따라서 우리나라 대통령과 미국 대통령 중에 누가 컴퓨터를 더 많이 활용하고 있을까요? 이 역시 정답은 우리나라 대통령이라고 생각합니다.

그러면 전자정부와 관련하여 국가 간 순위를 비교해 봅시다. 컴퓨터에 능숙한 대통령이 있는 우리는 전자정부 순위가 세계 5위입니다. 미국은 항상 1위를 해 왔습니다. 여기서 둘 중에 하나입니다. 순위 선정방식이 틀렸거나, 아니면 대통령의 컴퓨터에 대한 지식은 그 국가의 전자정부 구현과 관련이 없거나 입니다. 저는 후자의 경우라고 생각합니다.

노무현대통령의 컴퓨터 및 전자정부에 대한 식견은 정말로 대단합니다. 일례로 탄핵 시

〈계속〉

절에는 청와대 내부전산망에 기반을 둔 '이지원(e-知園)'을 개발하는 데 최종사용자(End-User)로 큰 역할을 하였다고 합니다. 이지원에는 '문서관리카드'라는 새로운 개념이 도입되어 있습니다. 이 문서관리카드를 보면 최초의 보고서 작성자와 그 작성내용, 그 후 처리과정에서 어떻게 토의 수정되었는지, 또한 대통령의 지시사항은 무엇인지 일목요연하게 알 수 있도록 설계되어 있습니다. 현재 청와대 업무의 대부분은 이지원을 통해 처리되고 있습니다.

또한 2004년말에 행정자치부와 정보통신부 사이에 범정부통합전산센터의 소관부처를 가지고 갈등이 유발되었을 때에도 대통령이 교통정리를 하였습니다. 그 이전에 2004년 초반 정보통신부와 행정자치부가 전자정부 구현의 주도권 다툼을 할 때에도 행정자치부는 CIO 역할을, 정보통신부는 CTO의 역할을 하도록 직접 정리하였습니다. 청와대 비서실에 전자정부를 직접 담당하는 인력이 없는데, 이러한 일을 대통령이 직접 한다는 것은 대단한 일입니다.

그러나 행정자치부를 전자정부의 CIO로 지정한 이후에도 전문성이 없는 사람들을 계속해서 행정자치부 장관에 임명하고 있습니다. 그것도 아주 자주 하고 있습니다. 그러므로 전자정부와 관련되어 실무를 담당해야 할 공무원들은 큰 문제가 생기면 대통령이 나서서 해결해 주기를 기다리고 있습니다. 2003~2004년까지 국정과제회의에서 자주 해 왔던 모습을 기대하고 있습니다. 그러나 2005년 이후 북핵문제가 생기고 지지율이 급락하면서 대통령님께서 더 이상 전자정부에 신경을 쓸 시간을 내기가 곤란한 상황이 되었습니다.

따라서 선장을 잃은 대한민국의 전자정부호는 표류할 수밖에 없습니다. 지난번의 김대중 전대통령은 비록 컴맹일지라도 확실하게 한시적인 추진체계를 갖추어서 힘을 부여해 주었습니다. 하지만 현재 참여정부에서는 전자정부 구현과 관련하여 국가CIO는 물론 주무부처의 조정력을 기대하기 곤란한 실정입니다. 부처의 국 수준에서는 다른 부처와의 이견을 조정할 수 없기 때문입니다.

그러므로 이제 대통령이나 임시조직에 의존해서 전자정부를 추진하는 방식을 지양하고 전자정부법에 전자정부의 추진체계를 명확하게 하여 제도화해야 할 시점에 와 있습니다. 리더십이란 자신이 직접 하는 것이 아니라 전문가를 활용하여 최대한 권한을 부여하고 이를 지원하는 것에서 나옵니다. 이런 측면에서 제가 출제한 문제는 의미가 없는 것이었습니다.

2007년 1월 정충식

쉬어가기

전자정부 구현과 대통령의 리더십(2)

2009년판

우선 노무현 전 대통령의 이야기를 하나 하면서 시작해야 할 것 같습니다. 2009년 4월 30일 노무현 전 대통령이 포괄적 뇌물죄의 혐의로 대검찰청 중앙수사부에 소환되면서 온 나라가 시끄럽습니다. 이 사건은 권력층의 부정부패와 관련된 것이므로 우리 전자정부 분야와는 약간 떨어져 있습니다. 하지만 노무현 전 대통령은 현재 서울지방검찰청에 배당된 또 다른 사건에 당사자입니다. 바로 대통령기록물 유출사건입니다. 이 사건과 관련하여 여러 가지의 쟁점이 있지만 두 가지만 살펴보겠습니다.

사건의 전말을 간단하게 설명하면 다음과 같습니다. 노무현 전 대통령은 퇴임 후에 봉하마을에 내려가면서 대통령기록물 사본을 가져갔습니다. 그리고 여러 대의 서버를 가지고 e-지원 시스템을 포함하여 민주주의2.0 등 다양한 업무시스템을 가동하였습니다(노무현 전 대통령 측은 모두 7대의 서버를 구입하였습니다, 5대는 분당의 IDC에 노무현 전 대통령의 홈페이지인 '사람사는 세상'의 운용에 사용되었고, 봉하마을에는 2대가 있습니다).

2008년 6월부터 언론에는 노무현정부가 40만명의 인사자료를 포함하는 국가기록을 조직적으로 유출시켰고, 봉하마을의 e-지원시스템을 통하여 계속해서 기록이 유출될 위험이 있으므로 온라인 차단을 공식적으로 요청했다는 기사들이 등장합니다. 이어서 7월에는 페이퍼컴퍼니(유령회사)를 동원하여 불법적으로 서버를 구축한 국기문란 행위로 규정하게 됩니다.

이에 대하여 노무현 전 대통령 측은 봉하마을로 가져간 것은 사본이고, 열람권을 확보하기 위해서 가져갔기 때문에 정당하다고 주장하였습니다. 반면에 청와대 측에서는 원본 · 사본 관계없이 기록을 봉하마을로 가져간 것 자체가 불법이라고 주장했습니다. 이 문제는 국가기록원의 대통령기록관 설치와 관련이 있습니다.

참여정부는 2007년 4월 27일 법률 제8395호로 「대통령기록물 관리에 관한 법률」을 제정하였습니다. 이에 따라서 국가기록원은 2007년 대통령기록관리시스템 구축 계획을 세웠습니다. 하지만 이 과정에 대통령기록 이관 시스템만 구축되고 전직 대통령기록의 열람권을 포함해 대통령기록을 서비스 할 수 있는 체계는 만들지 못하고 있었습니다. 당시까지도 국가기록원에서 대통령기록관리시스템을 고도화하지 않고 있어 여전히 전직대통령이 시스템을 통해서 열람하는 것은 불가능했습니다. 이 문제로 인해 노무현 전 대통령은 봉하마을에서 열람을 할 수 없다고 판단하고 복사를 진행했을 가능성이 매우 높아 보입니다. 물론 이것은 대통령기록물관리에관한법을 위반한 것입니다.

두 번째는 e-지원시스템의 재산권과 관련한 문제입니다. 청와대는 e-지원이 국가의 예산으로 개발된 것이기 때문에 국가재산이라고 주장하였습니다. 즉 노무현 전대통령 측이 참여정부 시절에 청와대 내에 별도로 구축하여 무단 반출한 e-지원시스템은 정부예산으로 개발한 국가 자산인 e-지원 프로그램이 설치되어 있는 시스템으로써, 이의 사용을 위해서는 국가의 허락을 얻어 설치하여야 하나, 이러한 절차를 밟은 증거가 없다는 것입니다.

여기에 대해서 노무현 전대통령측은 서버 등 하드웨어 시스템은 노무현 전 대통령이 사비를 들여 구축한 개인사유물이고, e-지원시스템은 노무현 전 대통령이 직접 고안에 참여했고, 노무현 전 대통령이 특허를 받았다고 주장하였습니다.

〈계속〉

실제로 2005년 7월, 당시 노무현대통령은 "e-지원에 대하여 특허 출원이나 경진대회 출품을 검토하라"는 지시를 내립니다. 이에 따라서 청와대는 2005년 8월 16일, 특허청에 e-지원 시스템의 특허를 신청합니다. e-지원시스템의 특허 신청자는 노무현대통령, 강태영 청와대 업무혁신비서관 및 시스템 개발에 참여한 구축 담당자 등 총 5명입니다. 이어서 2006년 2월 13일에 특허가 나왔습니다. 당시 김만수 청와대 대변인은 2월 14일 브리핑을 통하여 "지난해 특허청에 특허 신청한 e-지원의 특허가 나왔다면서, 앞으로 경제적 목적이 아닌 경우 필요로 하는 기관이나 민간이 무상으로 자유롭게 활용하게 할 것"이라고 밝혔습니다. 따라서 이 문제는 간단해 보이지 않습니다.

이명박대통령은 2008년 3월 15일, 행정안전부 업무보고에서 "청와대에 들어간 2월 25일 저녁에 청와대 내 컴퓨터가 작동하지 않았다"고 밝힌 바 있습니다. 또"컴퓨터가 다시 작동하기에도 열흘이 걸렸다."며 청와대 내부 전산망인 e-지원시스템에 문제가 있다는 식으로 말씀을 했습니다. 하지만 나중에 확인된 결과, 사실은 컴퓨터 화면보호기 '락'(Lock)이 걸려있었던 것인데, 그 동안 비밀번호를 제대로 몰라서 컴퓨터를 활용할 수 없었던 것이었습니다.

이명박정부는 2008년 2월 대통령직인수위원회 시절에 청와대의 업무보고를 받지 않았습니다. 따라서 청와대 e-지원시스템의 인계 · 인수가 제대로 이루어지지 않았습니다. 여기에서 중요한 것은 청와대의 내부 정보시스템이 상당 기간 사용되지 않았다는 사실입니다. 이명박정부는 e-지원시스템을 위민(爲民)이란 명칭으로 바꾸어서 사용하고 있는데, 과거 참여정부처럼 적극적인 활용을 보이고 있지 않다고 합니다. 다만 작년 하반기에 이명박대통령이 위민시스템을 사용하면서 극찬을 아끼지 않았다는 소문이 있었는데 제가 직접 듣지 않아서 잘 모르겠습니다.

제가 직접 보고 들은 바로는 이명박대통령은 전자정부에 대하여 큰 관심을 보이고 있지 않습니다. 2009년 12월 3일 이명박대통령이 참석한 국가정보화 비전과 전략 선포식에서 15분간 대통령말씀이 있었습니다. 저는 그 자리에서 대통령님이 전자정부라는 용어를 몇 번이나 언급하실 지를 세어보려고 했습니다. 하지만 한 번도 듣지 못했습니다. 이명박대통령은 국가정보화 회의에서 에너지 절약 및 녹색성장을 강조하셨습니다. 그 덕에 현재 우리나라의 국가정보화는 녹색정보화 즉 Green IT에 초점이 맞추어져 있습니다.

하지만 최근 들어 조금씩 IT의 중요성을 강조하는 발언의 횟수가 늘어나고 있는 것은 사실입니다. 2009년 4월 22일 청와대에서 취임 후 처음으로 IT기업 간담회를 개최하였고, 그 자리에서 청와대에 IT전담비서관을 둘 수 있도록 적극 검토하겠다고 말씀하신 것으로 알려졌습니다. 따라서 IT전담비서관 직제가 생긴다면 이명박대통령의 정보화에 대한 인식이 많이 향상될 수 있을 것이라고 기대해 봅니다. 더 나아가 국가정보화전략위원장에게 권한을 위임한다면 전자정부 추진에서 대통령의 리더십이 발휘될 수 있을 것입니다. 아주 간단합니다(?).

여기까지 읽어주신 독자여러분들께 감사의 말씀을 올립니다.
2009년 4월 30일 정충식 배상

2009년 5월 29일 노무현 전 대통령의 국민장이 거행되었습니다. 다른 분야는 정치적으로 견해가 대립할 수 있겠지만, 전자정부에서는 위대한 대통령으로 기록될 것입니다. 삼가 고인의 명복을 빕니다.

쉬어가기

전자정부 구현과 대통령의 리더십(3)

2013년판

이제 마지막으로 이명박대통령과 전자정부에 대하여 이야기할 시간입니다. 그 전에 우선 일반적인 대통령 평가에 대하여 말해보겠습니다(이명박대통령은 노무현대통령과 달리 전자정부에 대하여 할 말이 별로 없습니다). 2012년 12월 19일에 제18대 대통령선거가 실시됩니다. 따라서 올해가 이명박대통령의 임기 마지막해로, 결국 어쩔 수 없이 레임덕(임기말 권력누수 현상)에 시달려야 하는 상황입니다. 물론 이명박대통령은 "임기 마지막 날까지 일하는 사람이 레임덕하고 무슨 관련이 있나? 나는 권력을 가지고 일하는 사람이 아니다."라는 말씀을 하셨지만 현실은 많이 다를 수 있습니다.

저는 개인적으로 역대 대통령들의 평가에 대해서 아쉬운 마음을 지니고 있습니다. 그것은 우리나라에 아직 성공한 대통령이 없다고 하는 평가에 관한 것입니다. 군사정부의 종식 이후에 선출된 김영삼, 김대중, 노무현 및 이명박대통령에 대하여 세간의 평가는 그리 높지 않습니다. 김영삼대통령은 IMF의 경제위기를 불러왔고, 김대중대통령은 햇볕정책으로 북한에 무한정 지원을 했으며, 노무현대통령은 국가보안법 폐지 시도 등으로 좌파정권으로 낙인찍혔습니다. 이명박대통령에 대해서는 치기어린 판사들까지 가세해서 대통령을 희화화하고 있습니다.

하지만 저는 전혀 다른 생각을 가지고 있습니다. 위에서 언급한 네 명의 대통령 모두 성공한 대통령입니다. 왜냐하면 이들은 모두 우리나라의 시대적인 상황에서 주어진 막중한 역할을 잘 해낸 분들이기 때문입니다. 김영삼대통령은 군사정부를 종식시키고 문민정부의 서막을 열었으며, 금융실명제와 하나회 숙정 등 많은 일을 하였습니다. 김대중대통령은 단군이래 국가적으로 최대의 어려움에 봉착한 대한민국을 국제적인 신인도를 바탕으로 회복시켰습니다. 노무현대통령은 한국 사회의 권위주의와 기득권 세력을 타파하는데 크게 기여하였습니다. 이명박대통령은 2008년 후반의 글로벌 금융위기에 잘 대처하고 대한민국의 국격을 높였습니다.

대한민국은 현재 세계화와 신자유주의, 이로 인한 빈부격차의 심화에 더하여 내적으로 세대 간, 이념 간의 갈등의 골이 깊어서 사회통합을 이루는데 큰 어려움에 직면해 있습니다. 따라서 이러한 잣대를 들이민다면, 누가 대통령에 당선되더라도 성공한 대통령이 될 수 없을 것입니다. 그러므로 저는 개인적으로 어느 당의 누가 18대 대통령에 선출되는지에 대하여 아무런 관심이 없습니다.

4대강 사업에 대해서도 저는 평가를 유보하는 편입니다. 왜냐하면 제가 토목공사나 하천준설에 대하여 아는바가 없고 우리나라가 물부족 국가이기 때문에 앞으로 수자원의 관리가 크게 부각될 수도 있기 때문입니다.

자 이제 전자정부에 대한 이명박대통령 리더십에 대한 평가입니다. 이명박대통령은 두 가지 측면에서 문제점을 보여주었습니다. 첫째는 정보기술과 정보화에 대한 대통령의 의식과 식견에 대한 것입니다. 이명박대통령은 정보화를 통하여 일자리가 줄어든다는 생각을 지니고 있습니다(저는 그렇게 생각하고 계시다고 믿고 있습니다). 하지만 이것은 전산화와 자동화 시절의 이야기입니다. 물론 산업사회의 관점에서 보면 건설업이 가장 고용을 유발하는 산

〈계속〉

업입니다. 하지만 이제 정보기술의 융합을 통하여 정보산업의 분야는 외연을 크게 확장하였기 때문에 건설업 보다 훨씬 많은 일자리를 창출하는 부문이 되었습니다. 그러나 이명박대통령은 건설회사 CEO출신이기 때문에 정보화에 대한 태생적 한계를 보여주고 있습니다.

이명박대통령의 비즈니스 감각은 역시 뛰어납니다. 덕분에 최근에 전자정부 해외 수출은 기하급수적으로 늘고 있습니다. 다 대통령의 비즈니스관심 덕분입니다. 이명박정부는 지난 참여정부에서 전자정부 사업이 방만하게 추진되었다고, 통합과 연계를 통하여 예산을 절감하는 것을 미덕(?)으로 내세우고 있습니다. 따라서 전자정부 사업의 예산을 매년 20% 정도씩 절감하여 4대강 사업에 보태고 있습니다. 이러한 정책기조는 임기말인 2012년까지 지속되고 있습니다. 따라서 이명박대통령은 저탄소 녹색성장 분야에서는 탁월한 식견을 지니고 있으나 전자정부에 대해서는 관심을 보여주지 못하였습니다. 이러한 상황에서 이명박대통령에게 전자정부를 통한 총체적인 정부혁신의 관점을 기대하는 것은 무리가 따릅니다.

둘째는 인사에 대한 것입니다. 대통령의 정보화에 대한 식견이 이 정도 수준이라면 주위에서 이것을 바로잡아 줄 사람이 필요합니다. 그 역할은 청와대 수석비서관, IT특보, 행정안전부장관 및 국가정보화전략위원회위원장 등이 해 주어야 합니다. 지난 국민의정부 시절에는 안문석 전자정부특별위원회 위원장이 그리고 참여정부 시절에는 서삼영 한국전산원 원장 등이 그 역할을 수행하였습니다. 하지만 이명박정부에서는 청와대내에서 이러한 역할을 할 수 있는 사람이 없습니다. 현재 청와대내에 녹색성장기획관, 방송통신이나 뉴미디어를 담당하는 비서관은 있지만 국가정보화나 전자정부를 담당하는 직제나 전문가는 없습니다. IT특보의 경우, 지난 대선 시절의 논공행상 차원의 1인 자리이므로 별 의미가 없습니다. 행정안전부 장관의 경우, 정부정보화책임관협의회 의장을 맡고 있으나 항상 비전문가로 인선해 왔습니다.

결국 국가정보화전략위원회 위원장이 역할을 해 주어야 했지만 잃어버린 10년이라는 구호아래 과거 시절의 비전문가를 인선하였습니다. 국무총리와 동급의 민간위원장 자리이기 때문에 연령이 많은 사람을 찾았다고 하는데, 믿기지 않는 이야기입니다(제가 잘못된 이야기를 들었기 바랍니다). 제2기 국가정보화전략위원회가 출범 했지만 임기말이라서 기대할 것이 없습니다. 결국 이명박정부에서 전자정부는 높은 평가를 받을 수 없는 형편입니다.

따라서 다음 정부에 기대를 걸어야 하는데 정답은 간단합니다. 정보화(정보산업 포함)와 전자정부를 차기 정부에서 국정과제에 포함시켜서 대통령의제로 격상시켜야 합니다. 이를 뒷받침하기 위하여 청와대내에 정보화수석과 비서관 직제를 신설하고, 정보화관련 전문가를 국가정보화전략위원회 위원장으로 인선하여 대통령이 힘을 실어주어야 합니다. 이러한 대통령 권한의 이양을 통하여 정보화 분야에서 리더십을 발휘하면 됩니다. 간단해 보이지만 결코 쉽지만은 않은 일입니다. 하지만 대한민국의 미래가 달려 있습니다.

여기까지 읽어주신 독자 여러분들께 감사의 말씀을 드립니다.
2012년 4월 15일 정충식

쉬어가기

전자정부 구현과 대통령의 리더십(4)

2015년판

자 이제 박근혜대통령과 전자정부에 대하여 이야기할 시간입니다. 전자정부와 관련하여 저자는 박근혜대통령에 대하여 많은 기대를 하였습니다. 왜냐하면 박근혜대통령은 이전의 대통령들과는 다른 면을 지니고 있습니다. 그것은 박근혜대통령이 전자공학과를 졸업한 공학도라는 사실입니다. 박근혜대통령은 후보 시절에 100만인 ICT대연합 연설에서 공학도라는 사실을 자랑스럽게 밝히면서 당선되면 ICT 전담부처를 신설하겠다는 공약을 하였습니다. 또 하나는 2012년 여름에 대전 정부통합전산센터를 방문해서 후보 수락연설과 함께 정부3.0을 추진하겠다고 표명한 것입니다. 따라서 박근혜대통령의 ICT에 대한 식견과 의지는 의심할 필요가 없을 것입니다.

그러나 박근혜대통령은 취임 후에 전자정부가 아니라 정부3.0을 전면에 내세웠기 때문에 많은 어려움에 직면해 있습니다. 물론 정부3.0이 중요하지 않다는 이야기는 아닙니다. 그리고 박근혜대통령의 정부3.0에 대한 추진 의지는 높이 평가받아야 합니다. 박근혜대통령은 2013년 6월 20일에 개최된 정부3.0 비전선포식에서 끝까지 자리를 지켰습니다. 대통령의 바쁜 일정으로 중간에 자리를 비울 수도 있었는데 끝까지 참석하면서 정부3.0 추진에 대한 굳은 의지를 표명하였습니다.

그러나 정부3.0에 대한 박근혜대통령의 추진 의지와는 달리 실제 상황은 혼돈의 연속입니다. 우선 정부3.0의 개념과 범위에 대하여 대통령과 장관 및 정책실무자들이 모두 다른 견해를 가지고 있습니다. 따라서 박근혜대통령이 장관들에게 정부3.0에 대하여 그렇게 나와 다르게 생각하고 있냐고 면박을 주는 상황이 발생하였습니다. 일선 공공기관의 사정은 더 합니다. 박근혜정부는 2013년 집권하면서 전자정부에 무지한 교수들을 동원해서 전국적으로 모든 정부, 지방자치단체 및 공공기관 임직원들을 대상으로 정부3.0 교육을 실시하였습니다. 그러므로 가르치는 교수나 배우는 공무원들이나 혼란스럽기는 마찬가지였습니다.

이 과정에서 박근혜정부는 대통령님이 좋아하는 단어인 이른바 골든타임을 허비하였습니다. 2013년 집권과 함께 추진된 정부3.0은 당시 안전행정부에서 추진하였습니다. 안전행정부의 창조정부조직실에서 업무를 수행하다 보니 조직 업무 이외에 부가적인 업무로 인식될 수밖에 없었습니다. 물론 당시에 안전행정부 차관이 정부3.0 전도사 역할을 자임했지만 자신의 앞날을 생각해 지방자치단체장 선거에 출마하려고 중도하차했습니다.

당시에 많은 전문가들은 대통령님께 정부3.0과 관련하여 전담 추진 조직이 필요하다는 의견을 개진하고자 했습니다. 2013년 하반기에 안전행정부 차관을 통하여 두 번 정도 건의를 하였는데, 그냥 기존 조직을 활용해서 추진하라고 말씀하셨다는 이야기만 전해 들었습니다. 따라서 정부3.0은 개념과 추진 체계의 혼돈으로 제대로 진척되지 못하였습니다. 이러한 상황이 지속되자 2014년 여름에 정부3.0 추진위원회가 국무총리실 소속으로 구성되었지만 골든타임은 이미 지나간 후였습니다. 왜냐하면 정부3.0이 단순한 데이터 개방만이 아니라 정말로 총체적인 정부 혁신을 추구하는 것이라면 당연히 집권 초반에 강력한 리더십을 바탕으로 추진했어야 합니다.

하지만 2014년 여름에 구성된 정부3.0 추진위원회 역시도 과거 정부의 정보화관련 위원

〈계속〉

회와 다를 것이 하나 없이 즉 정부2.0의 수준에서 진행되고 있습니다. 과거와 똑같이 민간위원을 선임해서 분과위원장을 시키고 분과별로 공무원들이 준비한 정책을 심의해서 본위원회에 상정해서 통과시키는 방식은 이제 모든 공무원들이 학습효과를 통하여 잘 알고 있습니다. 또한 정보통신전략위원회, 공공데이터개방위원회 그리고 정부3.0 추진위원회가 난립하고 있고, 위원들의 다수도 중복되어 있기 때문에 그 나물에 그 밥으로 흐르고 있습니다. 이러한 상황에서 범정부적인 강력한 추진 정책을 기대하는 것은 무리가 있다고 봅니다.

그렇지만 정부3.0은 성공해야 합니다. 왜냐하면 박근혜정부의 성패가 문제가 아니라 대한민국의 미래를 위해서입니다. 따라서 이제 박근혜대통령이 정부3.0과 전자정부를 잘 결합해서 성공한 대통령으로 기억되기를 원한다면 두 가지만 하면 될 것입니다. 첫째는 현재 행정자치부의 창조정부조직실에서 조직 기능을 분리시킨 이후에 정부혁신실로 개편하는 것입니다. 이와 함께 전자정부국을 정부혁신실 산하에 배치하는 것입니다. 둘째는 현재 국무총리 소속으로 되어 있는 정부3.0 추진위원회를 대통령 직속으로 격상시켜서 정부3.0과 전자정부를 대통령 의제(Presidential Agenda)로 설정하고 직접 챙겨야 합니다. 주례 보고는 아니더라도 한 달에 한 번씩 정기적으로 보고 받고 진도를 점검한다면, 정보기술을 활용해서 행정혁신을 이룬 대통령으로 기억될 것입니다. 2014년에 정부조직법을 개정해서 인사혁신처와 국민안전처도 만들었는데, 이것은 법을 개정하지 않고도 쉽게 가능한 일입니다. 다만 박근혜대통령의 ICT에 대한 인식이 정부3.0에서 전자정부 활용의 수준으로 격상되어야만 가능합니다.

참고로 대통령이 공과대학을 졸업하거나 과학기술에 대해서 잘 아는 것은 전자정부의 구현과 아무런 관련이 없습니다.

독자 여러분들께 감사의 말씀을 드립니다.

2015년 4월 13일 정충식

쉬어가기

전자정부 구현과 대통령의 리더십(5)

2018년판

이제 마지막으로 문재인대통령과 전자정부에 대하여 이야기해야 할 시점입니다. 하지만 그 이전에 전직 두 대통령에 대하여 짚고 넘어가야 할 것들이 있습니다. 우선은 이명박 전 대통령에 대한 것입니다. 2018년 4월 현재, 이명박 전 대통령은 20여 가지의 죄목으로 구속 기소된 상태입니다. 이명박 전 대통령의 혐의는 특가법상 뇌물수수, 공직선거법 위반, 직권남용, 권리행사 방해, 특경법상 횡령과 배임 등 이루 열거할 수 없을 정도로 많이 있습니다. 이 가운데 전자정부와 관련해서는 대통령기록물관리법 위반이 있습니다. 상황을 설명하면 다음과 같습니다.

2018년 1월 25일 밤에 서울중앙지검 첨단범죄수사1부는 "다스는 누구 것인지?" 를 확인하기 위해서 서초동 영포빌딩 지하 2층을 압수수색했습니다. 이 때 확보한 압수물을 분석하던 검찰은 이 가운데 청와대에서 생산된 문건, 즉 대통령기록물 다수가 포함돼있다는 점을 확인했습니다. 이명박 전 대통령이 대통령기록물을 사적으로 보관했기 때문에 대통령기록물관리법 위반이라는 새로운 범죄가 추가된 것입니다.

이 때 다스 관련 영장을 통해 대통령기록물을 확보하게 됨에 따라, 향후 이 전 대통령 측이 문제 삼을 것으로 판단한 검찰은 법원에 대통령지정기록물법 위반 혐의로 압수수색 영장을 청구, 발부받아 증거능력 논란 사전차단에 나섰습니다. 당시에 검찰 관계자는 "그 문건은 거기(영포빌딩) 있으면 안되는 자료"라면서 "청와대 관계자들과 무관하거나 무관하다고 주장되는 다스의 창고에 그런 자료들이 보관돼있다는 그 자체로 증거로서의 의미가 있다"고 강조했습니다.

그러나 이명박 전 대통령 측은 "이미 압수된 물품에 대해서 추가로 압수수색 영장을 청구할 때 압수수색 장소를 영포빌딩으로 하였다면 해당 압수물은 이미 영포빌딩에서 옮겨진 상태이므로 영장이 허위작성된 것"이라며"장소를 검찰청사로 하였다면 이전 압수 과정이 부당하였음을 검찰 스스로 인정하는 것"이라고 거듭 증거능력을 문제 삼았습니다. 심지어 이 전 대통령 측은 "검찰은 편법적인 영장 청구와 무리한 집행을 계속할 것이 아니라 대통령기록물관리법 제12조에 의거 적법한 조치를 즉시 실행할 것을 요구한다"고 거듭 주장했습니다.

이 대목에서 연상되는 광경이 하나 있습니다. 바로 이 책 2009년 개정2판의 전자정부 구현과 대통령의 리더십(2) 내용입니다. 2008년 당시 이명박정부는 노무현 전 대통령에 대하여 대통령기록물관리에관한법을 위반했다고 언론과 국가기록원을 통하여 압박했습니다. 이 과정에서 2008년 7월 13일 국가기록원 원장이 직접 무진동차량을 끌고 봉화마을에 나타나서 노무현 전 대통령 측으로부터 기록물을 회수했고, 노 전 대통령은 자신의 이미지에 타격을 입는 것은 물론 기록물 반출에 연루된 핵심 측근들이 줄줄이 검찰에 소환 됐습니다. 이 과정에서 맹 활약한 국가기록원 원장은 2008년 11월에 1급 관리관에서 차관보를 거치지 않고 차관급인 행복도시건설청장에 전격 발탁됩니다.

10년의 세월이 흐른 지금 국가기록원은 지난 정부 10년간 국가기록원이 기록관리 전문기관으로서 제 역할을 하지 못했다며 대국민 사과를 했습니다. 2018년 3월 15일 국가기록원장은 정부서울청사에서 "국민 여러분께 드리는 국가기록원의 약속"이라는 입장문을 통해 "저

〈계속〉

는 오늘 국가기록원장으로서 그동안 국가기록원이 기록관리 전문 행정기관으로서 제 역할을 수행하지 못한 데 대해 국민 여러분께 사과드리기 위해 이 자리에 섰다"고 밝혔습니다. 그러면서 "국가기록원은 '봉하 e-지원(참여정부 문서관리시스템)'과 'NLL 대화록' 등 기록으로 촉발된 정치적 사건에서 해당 사안이 올바른 방향으로 논의되도록 안내해야 할 책무를 다하지 못했다"고 반성했습니다.

이제 과거에 노무현 대통령을 압박했던 바로 그 대통령기록물관리법 위반이 이명박 전 대통령의 죄목에 들어가 있습니다. 그런데 여기에서 큰 차이가 있습니다. 노무현 전 대통령의 경우, 대통령의 열람권 확보 차원에서 다툼의 여지가 큰 사안이었습니다. 즉 무죄로 추정할 수 있다는 이야기입니다. 하지만 이명박 전 대통령의 경우에는 사안이 다릅니다. 측근들은 "청와대에서 이삿짐을 정리, 분류하는 과정에서 착오로 대통령 개인 짐에 포함돼 이송됐다"며 "이후 창고에 밀봉된 채로 보관되어 있었던 것으로 파악된다"고 해명했습니다.

그러나 분명히 유죄이고, 죄질이 아주 좋지 않습니다. 왜냐하면 청와대 e-지원 시스템의 경우, 종이 문서가 아니라 전자문서가 우선이기 때문에 전자적으로만 보고되고 유통되면 되는 것인데, 이것을 종이로 프린트해서 보관했다고 하는 것은 아주 무식한 행동입니다. 즉 이명박 전 대통령이 전자적 보고가 아니라 대면보고에 의존하는 컴맹 수준이었다는 것을 의미합니다.

이번에는 박근혜 전 대통령에 대한 것입니다. 박근혜 전 대통령은 2017년 3월 31일 구속기소되었고, 이 당시 검찰이 범죄사실로 적시한 혐의는 총 18개에 이릅니다. 주요 죄명은 직권남용, 권리행사방해죄 및 강요죄입니다. 이와 함께 제3자 뇌물수수, 뇌물수수, 제3자 뇌물요구, 강요미수, 공무상비밀누설 등이 있습니다. 이 가운데 공무상 비밀누설은 2013년 1월부터 2016년 4월까지 정호성과 공모해서 청와대와 정부 부처 공문서 47건을 최순실에게 유출한 것입니다. 상황을 설명하면 다음과 같습니다.

박근혜 전 대통령은 2013년 10월, 국토부장관 명의의 '복합 생활체육시설 추가대상지 검토' 문건을 정호성 부속비서관을 통해 보고받았습니다. 경기도 하남시 미사동이 수도권 내 복합 체육시설 입지로 가장 양호하다는 내용이었습니다. 박 대통령은 문건을 훑어본 뒤 정호성 비서관에게 이를 최순실씨에게 보내라고 지시했습니다. 정 비서관은 자신의 청와대 사무실에서 최순실씨와 아이디 · 비밀번호를 공유하고 있는 외부 이메일에 이 문건을 첨부했습니다. 박 대통령 지시에 따라 2013년 1월부터 2016년 4월까지 이렇게 최씨에게 전달된 '직무상 비밀'은 모두 47건입니다. 물론 훨씬 더 많았겠지만 테블릿 PC에 남아 있는 내용들만 간추린 것입니다. 감사원장, 검찰총장, 국정원, 금융위원장 등 고위관료 인선안, 대통령 순방 일정표, 드레스덴 연설문 등이 포함됐습니다. 정권 초기인 2013년 4월에는 '북한 문제 관련 고위관계자 접촉 내용' 등 매우 민감한 국가기밀도 최씨에게 전달됐습니다.

2018년 4월 6일, 법원은 직권남용, 강요, 공무상 비밀누설, 강요미수, 뇌물수수 등 모두 18개 혐의로 기소된 박근혜 전 대통령에 대해 16개의 죄를 인정하고 징역 24년과 벌금 180억원을 선고했습니다. 법원은 1심 재판에서 공무상 비밀 유출 혐의에 대해 일부 유죄라고 판단했습니다. 재판부는 33건의 공무상 비밀 문서에 대해서는 적법하게 수집된 증거가 아니라고 판단했습니다. 이에 따라 나머지 14건에 대해서만 공무상 비밀 유출로 판단했습니다.

〈계속〉

박근혜 정부는 임기내내 문건 유출에 시달렸습니다. 2014년 12월 1일, 박근혜 대통령은 정윤회씨의 국정개입 의혹을 담은 청와대 내부 보고서 논란과 관련해 "이번에 문건을 외부에 유출하게 된 것은 어떤 의도인지 모르지만 결코 있을 수 없는 국기문란 행위"라고 이야기했습니다. 박대통령은 문건 공개를 통해 본격 제기된 정윤회씨의 국정개입 의혹 등은 사실상 루머로 단정하고, 청와대 보고서가 외부에 유출된 경위를 적발하는 데 검찰 수사를 집중하라는 쪽으로 일종의 공개지침을 내렸습니다. 또한 박 대통령은 이날 수석비서관회의를 주재한 자리에서 "이런 공직기강의 문란도 반드시 바로잡아야 할 적폐 중 하나"라며 이렇게 말했습니다.

하지만 이제 박근혜 전 대통령이 적폐청산의 대상입니다. 본인이 수 많은 청와대와 정부 문서를 개인에게 유출한 당사자입니다. 물론 박근혜 정부에서 청와대 인사들은 정부3.0 이라는 정책을 표방하면서, 국민들에게는 개방과 소통을 강조하면서 정작 자신들은 모두 대포폰을 사용한 사람들입니다. 그나마 최순실에게 종이로 전달한 것이 아니라 파일로 전송했기 때문에, 이명박정부에 비해서 아날로그에서 디지털로 진화했다고 위안을 삼아야 할지 모르겠습니다.

결론적으로 이명박정부와 박근혜정부에서 전자정부는 "잃어버린 10년"을 보내야 했습니다. 지난 10년간 우리나라 전자정부는 정책의 영속성을 얻지 못하고 방치되었습니다. 따라서 현재의 전자정부 시스템들은 지난 10년간 지속적인 예산 삭감을 통하여, 제대로 된 유지보수가 이루어지지 못한 상태에서 급속하게 노후화되어서 정부혁신의 걸림돌로 작용할 가능성이 있습니다.

그동안 이명박정부는 전자정부 대신에 국가정보화를, 그리고 박근혜정부는 정부3.0을 추진하면서 우리나라의 정부경쟁력을 퇴보시켰습니다. 이명박정부는 정보기술을 활용한 정부혁신의 전자정부를 단순히 전자정부 시스템 구축 사업으로 격하시켰습니다. 전자정부관련 예산을 통폐합하여 4대강 사업의 재원으로 돌렸습니다. 박근혜정부는 전자정부를 정부3.0의 업적 포장을 위한 수단으로 전락시키고, 기존의 전자정부 시스템에 무임승차하였습니다. 임기말에는 기존의 민원24에 슬그머니 정부3.0을 끼워 넣고, 이후에는 민원24를 포함하여 정부24로 이름을 바꾸어 버렸습니다.

이제 문재인대통령에 대한 이야기입니다. 문재인 정부에서 전자정부는 존재감이 없습니다. 2017년 초반에 당시 문재인 대통령 후보는 집권하면 '제4차 산업혁명' 추진을 위하여 대통령직속의 '4차산업혁명위원회'를 설립할 것을 공약으로 제시하였습니다. 하지만 전자정부와 관련한 공약은 찾아볼 수 없었습니다. 문재인정부는 2017년 8월에 국무회의에서 4차산업혁명위원회의 설치 및 운영에 관한 규정을 심의 · 의결하고 대통령령 제28250호로 시행에 들어 갔습니다. 따라서 현재 4차산업혁명위원회는 대통령이 위원장은 아니지만 대통령직속 기구입니다. 하지만 대통령령으로 제정되었기 때문에 한시적인 기구입니다. 이에 대하여 여러 비판적인 의견이 제시되자 정부는 2018년 초에 기존의 국가정보화기본법을 전면 개정하여(가칭)4차산업혁명기본법을 제정하면서 4차산업혁명위원회의 지위를 법률에 근거한 법정위원회로 전환하려고 준비하고 있습니다.

하지만 이러한 정책 기조는 완전히 틀린 방향과 내용을 담고 있습니다. 왜냐하면 이제 세

〈계속〉

상은 지능정보기술의 급속한 발전으로 인하여 새로운 국정운영 패러다임이 요구되고 있습니다. 그런데 문재인정부는 지난 이명박정부와 박근혜정부의 연장선상에 서서 그들이 잘못한 그 길을 그대로 답습하여 가고 있습니다. 따라서 이대로 진행된다면 문재인정부의 성공은 기대하기 힘들 것입니다.

지난 2016년과 2017년에 삼성전자가 사상 최대의 순이익을 거두었을 때, 우리 국민 어느 누구도 이것을 박근혜정부의 공적이라고 생각하지 않았습니다. 삼성전자가 반도체에 투자할 때, 당시 우리 정부가 해 준 것이 무엇이었습니까? 아무것도 없습니다. 이제 이 세상은 기업에, 더 나아가 산업에 정부의 개입과 지원을 필요로 하지 않습니다. 4차 산업혁명의 시대가 되었다고 해서 정부가 '4차산업혁명위원회'를 만들어서 기업과 산업을 지원하겠다고 하는 발상을 버려야 합니다. 지금 이 순간에 보다 중요한 것은 기업에 대한 지원이 아니라, 지능정보기술을 공공부문에 확산시켜서 정부혁신을 이루는 것입니다.

따라서 문재인정부는 출범과 함께 대통령직속으로 정부혁신위원회를 만들었어야 했습니다. 그리고 현재 행정안전부 장관 훈령에 기초한 전자정부추진위원회를 전자정부법을 개정하여 법제화하고, 정부혁신위원회와 전자정부추진위원회를 쌍두마차로 하여 정보기술을 활용한 행정혁신을 지속적으로 추진하여야 했습니다. 하지만 문재인정부는 캠프 출신의 폴리페서들의 의견과 시류에 영합하여 대통령직속으로 4차산업혁명위원회를 만들고 할 일을 다 했다고 하는 분위기입니다. 하지만 이러한 접근 방식은 문재인대통령의 레임덕과 함께 정권에 부메랑이 되어 돌아올 것입니다.

문재인정부는 또한 2018년 초에 정부혁신을 추진한다는 구상을 발표하였습니다. 일 년에 두 번 대통령에게 보고하는 정부혁신전략회의를 신설했습니다. 하지만 이러한 추진체계를 자세히 들여다보면, 이미 실패했던 과거 박근혜정부 초기에 정부3.0 추진 조직과 유사합니다. 창조정부조직실이 정부혁신조직실로 포장만 바꾼 것에 불과합니다. 따라서 이 역시도 반드시 실패할 것입니다.

문재인대통령은 이제까지 집권해서 전자정부에 대하여 제대로 언급한 적이 없습니다. 지난 2017년 11월 1일 전자정부 50주년 기념식에 참석하기로 되어 있었으나, 국회의 2018년 예산안 연설과 겹쳐서 영상메시지로 대체한 것이 전부입니다. 따라서 현재 문재인정부에서 전자정부의 추진은 대통령의제는 물론이요 국정과제에도 제대로 포함되어 있지 못합니다. 그러나 나중에 문재인정부의 평가는 4차 산업혁명이 아니라 정부혁신으로 받게 될 것입니다.

이를 위해서는 정보기술을 활용한 정부혁신 즉 전자정부를 대통령 의제로 격상시켜서 지속적으로 추진해야 합니다. 현실적인 방안은 다음과 같습니다. 이제 청와대에 과학기술보좌관 하나 가지고는 다가오는 지능정보사회에 대응할 수 없습니다. 청와대에 정부혁신 수석을 신설하고, 그 밑에 전자정부비서관을 두어 정부혁신위원회와 전자정부추진위원회를 청와대가 직접 관장해야 합니다.

그리고 행정안전부의 전자정부국을 전자정부실로 격상시켜서 정부혁신 수석과 연계시켜야 합니다. 신설된 전자정부실은 기존의 정부혁신조직실로부터 정보화관련 조직과 업무를 이관 받고, 정부혁신위원회 및 전자정부추진위원회의 사무국 역할을 수행해야 합니다. 마지

〈계속〉

막으로 현재의 한국정보화진흥원을 국가정보화진흥원과 전자정부진흥원으로 분리하여 전자정부 추진의 전담 조직을 신설하여야 합니다.

현재 문재인정부는 과거 이명박정부에서 시행된 잘못된 정부조직 개편에 따르는 산하기관들을 제대로 정비하지 못하고, 원장들만 캠프출신 인사로 대체하는 것에 만족하고 있습니다. 이것은 분명히 미봉책에 불과한 것입니다. 이제 과거에 잘못 시행된 정부조직 개편의 문제점을 바로 잡아야 할 시점입니다. 다시 말하지만 산업 분야는 정부가 이제 더 이상 나설 분야가 아니고, 지능정보기술을 활용한 총체적인 정부혁신 분야만이 정부가 나서서 해야 할 과제입니다.

따라서 정보기술을 활용한 행정혁신, 즉 전자정부를 제대로 추진할 때, 문재인정부는 성공할 수 있을 것입니다. 이 과정에서 "비록 지난 정부에서 정부3.0위원장을 지낸 인물이더라도, 이번 정부에서 모셔다가 청와대 정부혁신 수석이나 정부혁신위원장으로 임명할 수 있다"고 하는 초재진용(楚材晋用)의 사고로 접근해야 합니다. 현재 문재인정부도 과거 정부와 다를 바 없이 선거 캠프출신의 폴리페서와 정치꾼들이 산하기관장으로 속속 임명되고 있습니다. 이것은 결국에는 정부실패로 귀결될 것입니다. 왜냐하면 산하 기관의 많은 인력들이 낙하산 인사를 지켜보고 있기 때문입니다. 그들의 마음속에는 문재인정부도 박근혜정부와 연속선상에 위치하게 됩니다. 즉 차기 정부에서 적폐의 대상이 될 수 있다는 말입니다.

다스는 누구 것인지에 대하여 새빨간 거짓말을 자주 하던 이명박 전 대통령이 재임 중에 본인도 모르게 한 거짓말이 하나 있습니다. 그것은 집권 후반기를 맞이하여 2010년 7월 30일 청와대 비서관회의에서 한 발언입니다.

"8월 25일이면 정권 임기의 절반이 된다. 어떤 사람들은 2년 반이 지나면 레임덕이 있어서 일하기 힘들 것이라고 말하는데 나는 생각이 다르다. 마지막 떠나는 날까지 마지막 시간까지 최선을 다해 열심히 일할 것이다"라고 강조했습니다. 이처럼 당시 이명박 전 대통령은 국정에 대한 강한 의지와 자신감을 밝혔지만, 임기 중에 친형이 구속되는 것을 지켜봐야 했습니다.

권력은 유한합니다. 그리고 국민들의 평가는 냉정할 것입니다. 문재인정부는 대한민국의 미래를 위해서 꼭 성공해야 합니다. 왜냐하면 대한민국 국민들은 성공한 대통령을 가져 보지 못한 불행한 사람들이기 때문입니다. 문재인정부의 성공을 위해서는 2018년 내에 전자정부 추진체계가 확실하게 정비되어야 합니다. 따라서 집권 2년차를 맞이한 현재 문재인정부에게 남아 있는 시간은 생각보다 많지 않습니다.

지난 10여년 동안 이 책을 사랑해주신 독자 여러분들께 깊은 감사의 말씀을 드립니다. 2년 후에 영문판 Electronic Government로 찾아 뵙겠습니다.

2018년 4월 30일 정충식

참고문헌

강경근. (2002). “지식정보사회에서 정보공개제도의 부패방지기능을 위한 정보공개법 개정 문제.”「한국부패학회보」, 제7권: 1-16.

강근복 외. (1999).「지식정보사회와 전자정부」. 서울: 나남출판사.

강남구. (2002). e-Government 실현을 위한 Cyber City Smart강남. 2002년 10월.

강휘원. (1999). “정보빈곤과 민주공동체, 보편적 서비스”,「한국행정학보」33(2): 57-73.

______. (2000), “정보프라이버시 보호를 위한 자율규제: 한계와 정책적 시사”,「한국행정학보」34(3): 111-128.

고영삼. (1998).「전자감시사회와 프라이버시」. 서울: 도서출판 한울.

국가과학기술자문회의. (1999).「21세기 전자정부 구현을 위한 주요 입법과제와 추진방안」, 1999년 12월.

국가사이버안전센터. (2006).「2005년도 사이버 침해사고 사례집」,

국가정보화전략위원회. (2011a). “빅데이터를 활용한 스마트정부 구현(안)”. 2011년 11월.

______. (2011b). “국가정보화 거버넌스 개편 방안”. 2011년 12월.

______. (2012a). “제2기 국가정보화전략위원회 운영방안”. 2012년 1월 30일.

______. (2012b). “빅데이터 마스터플랜 추진현황 및 향후 계획”. 2012년 6월 21일.

______. (2012c).「미래 전자정부를 위한 플랫폼 e-Gov 추진전략」. 2012년 7월 27일

국회행정안전위원회. (2009). “전자정부법 전부개정법률안 검토보고서”. 2009년 2월.

관계부처합동. (2017).「4차 산업혁명 대응계획」. 2017년 11월 30일.

권기헌. (2003).「전자정부와 정부혁신」. 서울: 커뮤니케이션북스.

______. (2007).「전자정부론: 전자정부와 국정관리」. 서울: 박영사.

______. (2012).「전자정부론」, 서울: 박영사.

권헌영. (2004). "전자정부시대의 개인정보보호법제의 쟁점."「정보화정책」. 11(3). pp.55~78.

김경섭. (1998). "전자정부의 비전과 전략".「한국행정학회 1998년 하계학술대회논문집」. 259~271.

______. (2001). 공개키(PKI) 기반의 e-정부 구현방안. 정보화정책

______. (2012). "대한민국 전자정부의 심장 정부통합전산센터, 출범 6년을 돌아본다".「The e-Bridge」, 제12호. 86-145. 한국정보처리학회.

김광식 · 이성복. (1991), "광역지방정부의 전산화방향에 관한 연구: 서울시의 전산화 현황 및 추진방향을 중심으로",「한국행정학보」25(1): 93-122.

김구. (2001). "행정에 있어서 정보통신기술의 활용성 제고에 영향을 미치는 요인",「한국행정학보」제35권 제4호: 31~53.

______. (2009). "지방정부에 있어서 정부신뢰를 통한 전자시민참여 활성화 방안 탐색: 웹 2.0을 중심으로",「한국지역정보화학회지」, 제12권 제1호. 131-154. 서울: 한국지역정보화학회.

김기중. (1999). "국가의 국민관리체계와 인권-호적과 주민등록제도를 중심으로",「세계인권선언 50주년 기념 학술행사 발표논문집」.

김기환. (2008). "지역정보화사업의 경제성 분석틀 연구: u-지역정보화사업에 대한 예비타당성조사를 중심으로",「한국지역정보화학회지」. 제11권 제2호: 79-104. 서울: 한국지역정보화학회.

______. (2013). "공공부문 빅데이터의 활용과 과제",「빅데이터와 위험 정보사회」. 서울: 커뮤니케이션북스.

김기훈. (1996). "복지정보통신정책의 발전 방향".「국가기간전산망 저널」. 3(2): 81-103.

김남석. (2011). '지역정보화의 과거와 현재 그리고 미래 전망'.「The e-Bridge」, 제10호. 58-81. 한국정보처리학회.

김동욱. (1996). "전자정부 구현을 위한 행정정보화의 효율적인 추진방안".「행정논총」. 서울대학교 행정대학원. 1996. 12.

______. (2000). "전자정부 추진체계 검토",「한국정책분석평가학회 2000년도 동계학술대회 논문집」, 171-185.

______. (2004).「전자정부와 정부운영방식의 변화」. 서울: 정보통신정책연구원.

______. (2008).「새 정부조직 설계」. 법문사. 2008년 2월.

______. (2009). '정보사회 정책 추진체계와 법제 정립 방안'.「The e-Bridge」, 창간호. 78-118. 한국정보처리학회.

______. (2012). "스마트 생태계와 국가혁신을 위한 ICT거버넌스" 2012년 4월 17일. 한국IT리더스포럼.

______. (2016). "이명박 정부의 조직개편 성찰" 한국행정학회 동계학술대회 발표논문집.

김동욱 · 이원희. (1998), "정보화사업 추진체계의 유형화에 관한 연구", 「한국행정학보」 32(2): 19-37.

김동욱 · 윤건. (2010). "국가미래전략기구 설계에 관한 연구" 「행정논총」, 제48권 제2호, 1-24. 서울대학교 한국행정연구소.

김동욱 · 정준화. (2011). "국가전략 연구를 위한 공공부문 조직 설계" 「행정논총」, 제49권 제2호, 1-24. 서울대학교 한국행정연구소.

김만기. (1990), "정보공개와 한국의 행정문화", 「한국행정학보」 24(2): 773-787.

김문조. (2009). '정보화 역기능, 정보화 정책의 새로운 과제'. 「The e-Bridge」, 창간호. 120-153. 한국정보처리학회.

______. (2013). "「융합문명론 – 분석의 시대에서 종합의 시대로 – 」, 서울: 나남.

김민천 (2008). "가상공간에서 수집되는 개인 정보의 비교 분석." 「사회과학연구」, 24(3): 1-28. 경성대학교 사회과학연구소.

______. (2009). 「안전한 전자정부 구현을 위한 i-PIN 정책집행 과정 분석」. 경성대학교 대학원 행정학과 박사학위 논문.

김민천 · 송근원 · 정충식. (2011). "i-PIN의 활성화를 위한 정책집행 과정분석", 「정보화정책」 제17권 제1호, 43-62. 서울: 한국정보화진흥원.

김병섭. (1996). "기업가적 정부혁신의 길; 그 의미와 한계" 「한국정책학회보」. 제5권 제2호:11-30. 서울: 한국정책학회.

______. (2007). "정부혁신지방분권위원회의 활동과 행정학자의 역할" 「한국행정학보」. 제41권 제4호:23-44. 서울: 한국행정학회.

김병준. (2016). "정부 전환기의 정책변동과 행정변화: 참여정부 대통령직 인수위원회를 중심으로" 「한국행정연구원 25주년 학술대회논문집」. 2016년 10월 21일. 서울: 한국행정연구원.

김사혁. (2009), "미국 오바마 차기정부의 IT투자와 일자리 창출 정책 분석", 「정보통신정책」, 제21권 1호 통권 454호, pp.43~47.

김상훈. (2017)."4차 산업혁명: 주요개념과 사례", 「KIET산업경제」, 산업경제연구원. 2017년 5월.

김석주. (2009). "우리나라 전자정부서비스 이용 활성화 전략과 과제",「한국지역정보화학회지」, 제12권 제2호. 31-57. 서울: 한국지역정보화학회.

______. (2010), "전자정부 추진과정에서 부처간 갈등분석: G4C사업의 갈등분석을 중심으로", 「한국지역정보화학회지」, 제13권 제2호: 79-106, 한국지역정보화학회.

김선경. (2003a). 「차세대 전자도시정부의 행정서비스 기반 도입가능성 탐색에 관한 연구 – 유비쿼터스 정보기술을 중심으로」, 서울시립대학교 대학원 박사학위 논문.

______ . (2003b). “유비쿼터스 정보기술을 활용한 차세대 전자정부의 기본 구도 탐색”. 「도시행정학보」. 제16집 2호. 한국도시행정학회. 2003. 8.

______ . (2004). “유비쿼터스 서비스 어플리케이션과 기대효과”. 「도시문제」. 제39권 2호. 대한지방행정공제회. 2004년 6월.

______ . (2014). “전자정부에서의 시민 참여”. 「정보통신 기술과 행정」. 서울: 대영문화사. 2014년. 7월.

김성근 외. (2004). 「행정정보자원관리 혁신방안 수립에 관한 연구」, 2004년 7월. 행정자치부.

김성태. (1999). 「행정정보체계론: 정보정책론과 전자정부론」. 서울: 법문사.

______ . (2000), “광역자치단체의 전자정부 추진 실태 분석: 정보화 지표와 지표간 관계를 중심으로”, 「한국행정학보」 34(4): 235-255.

______ . (2003). 「전자정부론: 이론과 전략」. 서울: 법문사.

______ . (2011). 「스마트사회를 향한 대한민국 미래전략」. 2011년 7월. 서울: 법문사.

______ . (2013). 「스마트사회의 정보정책과 전자정부 이론과 전략」. 법문사. 2013년 09월.

김세헌. (1989). 「컴퓨터범죄와 프라이버시 침해」. 희성출판.

______ . (1995). “개인정보보호: 문제점, 현황 및 보안정책 제안”, 「'95 전산보안 세미나 전산보안 어떻게 해야 하나」. 한국전산원. 161-200.

김영미. (2006). “전자정부 로드맵 과제의 성과와 평가를 위한 시론적 접근”. 「한국행정학회 동계학술대회논문집」. 한국행정학회.

______ . (2015). “한국의 전자정부 ODA사업의 현황과 방향에 관한 논의”. 「한국행정학회 하계학술대회논문집」. 한국행정학회.

김영삼. (1992), “지역간 정보화 격차분석: 특히 정보생산부문을 중심으로”, 「한국행정학보」 26(2): 667-686.

김영삼 · 최영훈. (2001). “21세기 행정패러다임으로서의 전자정부 연구의 의미와 과제”, 「한국행정학회 동계학술대회 발표논문집」.

김영평 · 이근주. (2001). 서울시 OPEN 시스템의 효과성에 대한 연구. 「2001년 한국행정학회 동계학술대회 논문집」.

김용훈. (2000). “정부 인증기반 구축을 둘러싼 부처간 경쟁에 관한 연구”, 「한국행정학보」 34(3): 93-109.

김정해 · 조성한(2007). “정부위원회의 운영 및 관리상의 문제점과 개선방안”, 「현대사회와 행정」 제17권 제2호, pp. 173-204. 한국국정관리학회.

김재윤. (2003). 「유비컴퓨터 컴퓨팅: 비즈니스 모델과 전망」. 서울: 삼성경제 연구소.

김종무. (2003). “전자정부 웹사이트(Website)의 운영성과에 영향을 미치는 요인”, 「한국행정학보」 제37권 제3호: 331~356.

김준한. (2002). "중앙정부의 정보화평가체제 정립", 「한국행정학보」 제36권 제4호: 1~20.

______. (2010). "전자정부 이용 실태 조사에 대한 벤치마킹 연구: '전자정부 이용'의 정의 및 측정 방법", 「한국지역정보화학회지」, 13(4): 121-150. 한국지역정보화학회.

김찬곤. (2000). "투명행정의 사례, 서울시의 민원처리온라인 공개시스템". 2000년 한국행정학회 학술대회 발표논문집.

김태은 · 안문석 · 최용환. (2008). "전자정부가 부패에 미치는 영향에 관한 연구: 횡단 및 패널자료를 통한 증거", 「한국행정학보」 제42권 제1호: 293 ~ 321.

김태응. (2001). "전자정부법 해설 및 검토", 「법제」: 19~33. 2001년 9월. 법제처.

김현경 · 한영미 · 김진숙. (2011). "주요국의 정보화 거버넌스 체계와 정책방향", IT & Society 제5호, 2011년 8월. 서울: 한국정보화진흥원.

김현성. (1996). "행정정보체계 관리를 위한 조직경제론적 분석: 일반직과 전산직의 관계를 중심으로", 「한국행정학보」 30(4): 55-72.

______. (2009). "유비쿼터스 시대에서 지역정보화의 딜레마와 전자정부서비스 활성화 방안",「한국지역정보화학회지」, 제12권 제1호. 103-129. 서울: 한국지역정보화학회.

______. (2012). "빅데이터 시대에서 정보기술 패러다임의 변화와 스마트정부의 공공정보 활용방안 ", 「현대사회와 행정」, 제22권 제3호. 277-302. 서울: 한국국정관리학회.

김현성 · 이미정. (2005). "전자정부에서 정부간 관계(e-IGR)의 개념 및 평가에 관한 실증연구: 중앙-서울시의 관계를 중심으로", 「한국행정학보」 제39권 제4호: 149~173.

김형준. (2005). "개인정보보호법제의 현황과 그 발전방안". 「CIO Report」. 05-6호. 서울: 한국전산원. 2005년 3월 31일.

김호균. (2001). "노태우 · 김영삼 · 김대중 정부의 장관성적표", 「신동아」 2001년 10월호.

김환선. (1996). 「미국 1996년 전기통신법의 개요 및 분석」, 통신개발연구원.

나채준. (2013). "정부조직법상 행정위원회제도의 문제점에 대한 재검토", 「홍익법학」, pp335-365. 홍익대학교 법학연구소.

남궁근. (2012). 「정책학」. 제2판. 2012년 2월 15일. 서울: 법문사.

남궁근 외. (2002). 「전자정부를 통한 부패통제: 이론과 사례」. 서울: 한울.

남기범. (2017). 「한국의 스마트워크 정책과 일본의 텔레워크 정책」. 서울: 윤성사. 2017년 8월.

노화준 · 이달곤. (1990). "지방행정에 있어서 컴퓨터 실용화에 영향을 미치는 요인과 활성화 제고방안", 「한국행정학보」 24(2): 959-980.

대통령직인수위원회. (1998). 「국민의정부 100대 국정과제」.

대한민국정부. (2008). 「2008 정보화에 관한 연차보고서」. 2008년 8월 25일.

라융길. (1998).「정보사회의 건설촉진을 위한 효율적 국가정보화추진체계 정립방향」. 서울대학교 행정대학원 정보통신방송정책과정 졸업논문.

류광택 · 이용건 · 조성배. (2012). “미래 전자정부 모델에 대한 탐색적 연구: 지속가능한 발전을 위한 전자정부 3.0의 가치와 개념을 중심으로.” 2012년 한국정책학회 하계학술대회 발표논문.

류현숙 · 이재호 · 최호진 · 홍재환. (2008).「Web2.0시대 정부신뢰 제고를 위한 전자정부 추진전략 연구」. 2008년 12월. 서울: 한국행정연구원.

명승환. (2005). “전자정부 고도화에 따른 발전모형 및 지표에 관한 연구”,「한국지방정부학회 학술대회 논문집」. 한국지방정부학회.

______. (2012).「스마트 전자정부론: 정보체계와 전자정부의 이론과 실제」, 서울: 율곡출판사. 2012년 10월.

______. (2015).「스마트 전자정부론: 정보체계와 전자정부의 이론과 실제」, 개정판. 서울: 율곡출판사. 2015년 8월.

명승환 · 허철준. (2005). 전자정부 고도화에 따른 발전모형 및 지표에 관한 연구.

______. (2012). “스마트사회 전환에 따른 Gov3.0 기반의 전자정부 개념과 패러다임 변화.” 한국정책학회 춘계학술대회 발표논문집: 325-341 . 2012년 4월. 한국정책학회.

명승환 · 최영훈 · 허철준, (2007), “정보기술이 정책결정과정에 미치는 영향: 주요 광역자치단체 공무원의 인식 변화를 중심으로”,「한국행정학보」제41권 제4호: 153~175. 한국행정학회.

명승환 · 황성수 · 허철준, (2011), “스마트사회의 정부: 플랫폼형 정부 모델을 중심으로”,「한국행정학회 동계학술대회논문집」. 한국행정학회

목진휴 · 최영훈 · 명승환. (1998). “정보기술이 정책결정과정에 미치는 영향: 주요 광역자치단체를 중심으로”,「한국행정학보」32(3): 35-54.

문정욱. (2006). “일본 전자정부 추진 동향”,「정보통신정책」. 2006년 3월 2일. 정보통신정책연구원.

______. (2009). “미국의 IT를 활용한 열린 정부 구현 전략 소개: Data.gov를 중심으로”, 서울: 정보통신정책연구원.

______. (2017). “영국의 디지털기반 정부혁신 동향: ‘Government Transformation Strategy 2017 to 2020’ 보고서를 중심으로”,「정보통신방송정책」, 제29권 11호: 22-27, 진천: 정보통신정책연구원.

미래창조과학부. (2016). 제4차 산업혁명에 대응한 지능정보사회 중장기 종합대책.

박동진. (2005).「국가혁신을 위한 차세대 전자정부 전략」. 21세기 한국 메가트랜드 시리즈II. 한국정보통신정책연구원.

박민정. (2007).「참여정부의 전자정부 추진과정과 전략 평가 연구」, KIPA연구보고서 2007-14. 한국행정연구원.

박상현 · 어재경 · 정지선. (2011). "지속가능한 사회발전을 위한 정보화 정책: 녹색정보화를 넘어 지속가능한 정보화로." 2011년 한국정책학회 동계학술대회 발표논문.

박선주. (2011). "스마트 사회 실현을 위한 新 국가정보화전략 분석 ④ 미국", IT & Society 제6호, 2011년 10월. 서울: 한국정보화진흥원.

박선주 · 윤미영. (2009) "온라인 공공서비스 선진화를 위한 영국의 추진 전략 및 성과", 한국정보화진흥원.

______. (2011). "스마트 사회 실현을 위한 新 국가정보화전략 분석 ③ 영국", IT & Society 제4호, 2011년 6월. 서울: 한국정보화진흥원.

박영기. (1990). "정보사회와 새 행정인상: 정보사회의 행정이념",「한국행정학보」24(2): 753-771.

박영숙 · 제롬 글랜. (2016).「UN 미래보고서 2050」, 교보문고. 2016년 1월.

박은아. (1997). 미국의 전자정부 추진정책과 동향.「정보통신정책」. 9(8): 25-53.

박재신 · 김병준. (2013). "전자정부 ODA 사업의 지속가능성 제고 방안: 베트남 전자조달 시스템 시범사업 사례연구".「한국정책학회 추계학술대회논문집」. 한국정책학회.

박재완. (2016). "정부 전환기 정치와 관료제의 관계 형성"「한국행정연구원 25주년 학술대회 논문집」. 2016년 10월 21일. 서울: 한국행정연구원.

박치성 · 명성준. (2013). "정책의제 설정과정에 있어 인터넷의 역할에 관한 탐색적 연구 - 2008년 미국산 쇠고기 재협상 사례를 중심으로".「한국정책학회보」. 제18권 제3호: 41-70. 한국정책학회.

박태희. (1992).「컴퓨터범죄 분류체계에 관한 연구: 정보시스템 감사 측면에서」. 석사학위논문, 성균관대학교 행정대학원.

박희서. (1991). 정보사회의 발전과 행정조직의 변화.「행정과 전산」, 13(2): 6-15.

반형식. (2010). "말레이시아의 IT정책과 전자정부 현황분석을 통한 우리나라와의 협력방안 연구." 2010년 한국행정학회 하계학술대회 발표논문.

방민석. (2003). "전자정부 구축과정의 정책네트워크 분석: 단계별 정책변동을 중심으로". 2003년 한국행정학회 춘계학술대회 발표논문.

______. (2009). "인도네시아 정보화와 전자정부 구축에 대한 탐색적 연구."「한국지역정보화학회지」, 12(3): 25-50. 한국지역정보화학회.

방석현. (1989).「행정정보체계론」. 서울: 법문사.

______. (1990). "정보화와 행정기능의 변화",「한국행정학보」24(2): 679-691.

방석호. (1996). "미국 문서감축법안(Paperwork Reduction Act of 1995)의 의미와 분석".「국가기간전산망 저널」. 3(2): 69-80. 한국전산원.

방송통신위원회 · 한국인터넷진흥원. (2015).「빅데이터 개인정보보호 가이드라인 해설서」. 2015년 2월.
배규한. (1995).「미래사회학」. 서울: 사회비평사.
변미리. (2005). 전자정부 시민활용과 시민참여: 서울시 전자정부 사례.「2005년 한국행정학회 동계학술대회 발표 논문집」.
부패방지위원회. (2005).「2004 부패방지백서」. 서울: 부패방지위원회.
새정치국민회의. (1998).「전자정부의 비전과 구현정책」.
서보람. (2003). "정보화를 통한 민원서비스 혁신사업(G4C)".「전자정부백서」. 전자정부특별위원회.
서삼영. (1995). 서비스행정 증진을 위한 정보화 정책.「한국행정연구」. 4(2): 21-38.
______. (2001). "한국형 전자정부의 성공적 구현전략". 제1회 전자정부구현을 위한 기업과 정부의 역할 세미나 발표논문집.
서순복. (2002).「지식정보사회와 전자행정」.서울: 대왕사.
서울시립대학교 전자정부연구소. (2004).「전자정부 Bibliography 2004」.
서울특별시. (2005a). 민원처리온라인공개시스템.
______. (2005b). 보도자료: 2004-2005 청렴지수 조사결과.
서지원. (1998).「프라이버시와 국가신분증제도」, 서울대학교대학원 석사학위논문.
서진완. (2000). "정보리터러시(Information Literacy)의 개념을 이용한 지역주민의 정보화 수준 측정",「한국행정학보」34(1): 309-325.
서진완 · 남기범 · 김계원. (2012). "지방자치단체의 소셜미디어 활용 현황 분석과 의미",「한국행정학보」46(1): 131-155. 한국행정학회.
서필언. (2005).「영국행정개혁론」. 서울: 대영문화사.
성욱준. (2013a). 개인정보보호법 입법과정에 관한 연구: 정책흐름모형을 중심으로.「한국정책학회보」. 22(2)
______. (2013b). 공공부문 스마트워크 정책수용요인에 관한 연구: 스마트워크센터 사용자 인식조사를 중심으로.「한국정책학회보」. 22(1)
______. (2014). "공공부문 스마트워크 활성화 방안에 관한 연구".「정보화정책」. 20(3): 43-62.
______. (2017a).「정보정책론」. 서울: 한국학술정보. 2017년 6월.
______. (2017b). "4차 산업혁명시대 지역발전의 기회와 도전".「한국지역정보화학회 추계학술대회논문집」. 2017년 8월.
소영진. (1998). 정보사회의 개념정립을 위한 시론".「정보사회와 정보화정책」. 서울: 나남출판. 55-82.

______. (2003). 전자정부 구축사업 추진체계의 딜레마와 극복방안: 전자정부특별위원회의 사례를 중심으로, 「정보화정책」, 제10권 제2호 30-49. 2003년 여름호.

송경주. (2006). "전자정부구현을위한행정업무등의전자화촉진에관한법률의 개정과 이해", 「전자정부법제연구」, 창간호. 서울: 행정자치부.

송영조 · 홍영교. (2011). "미래연구 기반의 정책구현을 위한 정보화의 역할." 2011년 한국정책학회 동계학술발표 논문.

송효진 · 황성수. (2014). "정부 3.0 추진에 따른 공공데이터 개방과 지방정부의 방향성 모색 :공공데이터법에 관한 이해와 개방 사례를 중심으로", 「한국지역정보화학회지」 제17권 제2호: 1-28. 2014년 6월. 한국지역정보화학회.

송희준. (1996). 한 · 미 · 일의 전자정부 구축 사례에 대한 국제 비교. 「국가기간전산망저널」, 3(3): 96-106. 한국전산원.

______. (2003). 전자정부 추진체계 발전방향. 정부혁신지방분권위원회.

______. (2009). '국가정보화 정책의 성찰과 전망'. 「The e-Bridge」, 제3호. 82-111. 한국정보처리학회.

______. (2012a). "통신 · 방송 환경 변화와 정부조직", 「정보통신 방송정책 세미나자료집」, 서울대학교 행정대학원, 2012년 1월 17일.

______. (2012b). "ICT 생태계를 위한 공공 거버넌스 구축전략", 「정책학회 하계학술대회발표논문집」, PP: 515-543.

송희준 · 김준한. (1991). "행정전산망사업의 효과분석: 고용관리전산망을 중심으로", 「한국행정학보」 25(1): 69-92.

송희준 · 조택. (2008). "한국의 전자정부: 성과와 과제." 「정보화정책」, 14(4): 20-37.

송희준 · 조택 · 권효진 · 유효정 · 김상운. (2008). 전자정부정책 성과구조와 영향요인 분석. 「한국정책학회보」. 17(4): 223-248.

신영진. (2005). "공공기관의 개인정보보호에 관한 효율적 방안 -개인정보관리의 실태분석 및 효율성분석을 중심으로- ". 「2005년 한국행정학회 추계학술대회논문집」. 한국행정학회. 신영진

______. (2008). "말레이시아의 행정과 정책발전에 관한 연구: 우리나라와의 정보화협력방안을 중심으로." 2008년 한국행정학회 추계학술대회 발표논문.

______. (2012). "스마트사회의 도래와 변화 – 개인정보보호법의 제정과 향후 과제 –" 「서울대 스마트사회연구팀 세미나자료집」. 서울대학교. 2012년 3월 8일.

______. (2015). "공공기관의 주민등록번호 운영 현황과 대체수단 적용가능 방안", 「주민등록번호 보호와 대체수단」. 2015년 3월 27일. 한국규제학회 토론회.

신윤식. (1992). 「정보사회론」. 서울: 데이콤 출판부.

심덕섭. (2010). “일하는 방식 선진화를 위한 스마트워크 추진계획,” 「스마트코리아를 향한 스마트워크 국가전략 세미나 발표 자료」. 국가정보화전략위원회 행정안전부.

안문석. (1989). 「정보체계론」. 서울: 학현사.

______. (1990), “사무자동화와 행정행태의 변화”, 「한국행정학보」 24(2): 735-751.

______. (1996). “한국정부의 정보화 현황 및 과제”. 「한국행정연구」. 서울: 한국 행정연구원. 5(3): 5-25.

______. (1998). “정부개혁의 이슈”. 「한국행정연구」, 서울: 한국행정연구원. 7(2): 5-19.

______. (2008). 「한국전자정부론」, 서울: 박영사.

______. (2010). “스마트 융합시대, 공공콘텐츠와 국가경쟁력”. 「한국지역정보화학회 하계학술대회논문집」. 한국지역정보화학회.

______. (2016a). “한국 전자정부의 과거 현재 미래: 혁신 이론적 접근”. 「심층분석」. Vol 17, 12-17, 서울: 한국행정연구원. 2016년 6월.

______. (2016b). “전자정부 구축과정에 나타난 대통령의 리더십 사례”, 제159회 국가리더십 포럼 발표자료, 서울대학교 국가리더십 연구센터. 2016년 10월 12일.

안전행정부. (2013). “공공정보 개방 및 공유 활성화 방안”, 2013년 9월 17일.

______. (2014). 「2008-2012 전자정부백서」. 2014년 7월 31일.

엄석진. (2008). 「전자정부 추진결과의 제도적 결정요인: 한국과 미국의 “정부기능연계모델” 사업을 중심으로」. 서울대학교 행정대학원 박사학위 논문. 2008년 8월.

______. (2014). “한국행정의 역량: 경로의존에 의한 행정개혁의 형식화를 중심으로”. 「한국행정학보」 50(4): 91-137. 한국행정학회.

엄석진 · 황한찬 · 윤영근. (2014). “광역자치단체장의 트위터 활용: 누가 어떻게 트위터를 행정에 활용하는가?”. 「한국행정학보」 48(3): 381-412. 한국행정학회.

오강탁. (2001). 전자정부 평가방법론 및 지표 개발에 관한 시론적 연구. 「정책분석평가학회보」, 11(2): 119-143.

______. (2016). “초연결 융합사회의 신 전자정부 패러다임”, 「한국지역정보화학회 학술발표대회 논문집」 233-56. 한국지역정보화학회.

______. (2017). “더 좋은 전자정부 구상”, 「서울행정학회 학술대회 발표논문집」 213-238. 서울행정학회.

오강탁 · 이연우. (2005). “참여정부 전자정부 수준진단과 정책적 함의: 전자정부 발전모형 관점에서”, 「정보화정책」, 제12권 제3호 104-120. 2005년 가을호.

오광석. (2003). “유비쿼터스 전자정부 추진전략 및 구축방안”. 「Telecommunications Review」, 제13권 1호. 2003년 2월. pp.57~64.

오철호. (2013). “정부3.0 이해하기: 맥락, 지향성 그리고 성공조건”, 「정부3.0 심포지움 자료집」. 2013년 7월 12일.

오철호 외. (2002).「정보통신 기술과 행정」. 서울: 대영문화사.

유민봉. (2012).「한국행정학」제4판. 서울: 박영사.

유성민. (2017a). "블록체인으로 개방형 전자정부 완성한다".「Tech M」. 2017년 9월호. 2017년 9월 5일.

______. (2017b).「블록체인으로 인한 서비스 플랫폼의 변화」, 한국정보화진흥원, 지능화연구시리즈 2017. 2017년 9월 29일.

유평준. (1990). "행정전산화의 조직내적 동기와 영향간의 관계",「한국행정학보」24(2): 719-734.

______. (2002). "전자정부론 교과목 개발방향 모색을 위한 문제제기", 한국행정학회 하계학술대회 발표논문집.

유평준 · 김도훈 · 유병욱. (1994). "행정전산화에 따른 행정조직상의 변화분석: 컴퓨터의 영향에 대한 공무원들의 인식조사를 통해",「한국행정학보」28(4): 1371-1386.

윤광석 · 박경돈. (2018). "ICT정책 활성화 방안 연구: 조직과 기능의 통합 및 조정을 중심으로",「정보화정책」, 제25권 제1호: 30-59. 대구: 한국정보화진흥원.

윤길준. (2006). "정부업무관리시스템의 개요 및 구축방향",「디지털행정」, 행정자치부. 2006년 가을호. Vol(105): 84-92.

윤미영 · 박선주. (2010) "주요국의 인터넷 중독 해소 정책 및 시사점", CIO 리포트 vol. 23, 한국정보화진흥원.

윤상오. (2002). 정보화 패러다임 변화에 따른 정보화 수준평가 발전 방안.「정책분석평가학회보」, 12(2): 209-234.

______. (2013). "빅데이터의 두 얼굴: 기대와 위험",「빅데이터와 위험 정보사회」. 서울: 커뮤니케이션북스.

______. (2015). "전자정부와 정부신뢰의 관계에 관한 연구",「한국지역정보화학회지」제18권 제4호: 29-58. 2015년 12월. 한국지역정보화학회.

윤석훤 · 이경희. (1995).「초고속정보통신망추진전략과 민간 및 정부의 역할」서울: 통신개발연구원.

윤영민. (2003). "전자정부의 리더십과 조정-국민의 정부가 남긴 교훈".「사상」2003년 여름호(통권 제57호): 55-74, 2003년 6월.

윤현식. (2001).「개인정보의 국가등록제도와 프라이버시권과의 관계에 관한 연구-감시와 통제의 기제로서 주민등록법을 중심으로」, 건국대학교 대학원 석사학위논문. 2001년 12월.

이강규. (2011). "세계 각국의 사이버 안보 전략과 우리의 정책방향".「방송통신정책」, 제23권 16호 통권 515호. 1-27. 정보통신정책연구원.

이기식. (2012). "차세대 전자정부탐색: 플랫폼정부(P-Gov)의 가능성과 한계", 「한국행정학회 2012년 하계학술대회 발표논문집」. 2012년 6월 28일.

이민영. (2004). 주민등록번호 남용억제에 관한 법제적 고찰「정보통신정책」, 제16 권 8호 통권 346호. pp. 1-17. 정보통신정책연구원.

이삼열. (2005). "IT와 디지털 정책과정 트렌드: 대응적 정책결정에서 시스템적 정책결정으로"「e-Government와 정부의 변화」. 서울: 정보통신정책연구원. 이상진. (2011). "인도 전자정부의 구조." 2011년 한국행정학회 동계학술대회 발표 논문.

이상희. (2000). "전자정부로 정부퇴출을 막자", 전자신문 2000년 11월 24일.

이석민. (2015). "주민번호의 문제와 목적별 식별번호 연구 -독일의 현황으로부터-", 「주민등록번호 보호와 대체수단」. 2015년 3월 27일. 한국규제학회 토론회.

이승종 · 최영출 · 권혁주 · 오영균. (2012). "차기정부 정부조직 개편의 원칙과 방향", 「한국행정학회 2012년 하계학술대회 발표논문집」. 2012년 6월 28일.

이신주. (2012). 「스마트워크(Smart Work)의 주요 확산 요인에 관한 연구」. 경성대학교 대학원 행정학과 박사학위 논문. 2012년 2월.

이용규. (1996). 「행정정보체계론」. 서울: 박영사.

이용효 · 최승기. (1994). "정보공동활용의 효율적 추진방안 연구 -여권발급 민원전산망 구축사례를 중심으로-", 「국가기간전산망저널」, 서울: 한국전산원.

이윤식. (1990). 「행정정보체제론」. 서울: 법영사.

______. (1998). "국가경쟁력 강화를 위한 전자정부의 방향". 「행정자치부 주관 하반기 정보기술 세미나 발표논문집」. 21-58.

______. (2009). 「신 행정정보체제론」. 대영문화사. 2009년 8월

이윤희. (2010). "디지털 시대의 사회 통합을 위한 전략 및 시사점", CIO 리포트 vol. 20, 한국정보화진흥원

이은우. (2003). "정보의 수집과 유통을 통제하기 위한 독립감독기구의 구성", 2003년 6월 27일. 「전자정부 정보인권 토론회 자료집」.

______. (2004). "주민등록제도의 문제점과 해결방안", 「주민등록법의 올바른 개정을 위한 시민인권단체 토론회 자료집」. 2004년 8월 18일. 지문날인반대연대.

이자성. (2009). "말레이시아 정보화와 전자정부의 현황." 2009년 한국행정학회 하계학술대회 발표논문.

이정우. (2012). "스마트사회와 스마트워크 – 메타연구 결과의 소개-", 「서울대 스마트사회연구팀 세미나자료집」. 서울대학교. 2012년 3월 8일.

이제은. (2016). "제4차 산업혁명과 지역정보화 방향: 법제적 시사점". 「한국지역정보학회 추계 학술대회 논문집」. 2016년 9월 30일.

이준형. (1991). "정보공개와 프라이버시", 「한국행정학보」 25(1): 273-290.

이창원 · 임영제. (2004). "정보기술의 도입이 행정조직의 변화와 조직효과성에 미치는 영향", 「한국행정학보」 제38권 제1호: 69-92. 한국행정학회.

이철주. (2010). "공무원의 정보기술 사용과 영향요인에 대한 실증연구: 조직특성과 개인특성 그리고 기술특성의 비교", 「한국행정학보」 제44권 제2호: 221-260. 한국행정학회.

이태영. (2006). 「전자부패의 유형과 통제전략에 관한 연구」. 한국외국어대학교 대학원 행정학과 박사학위논문.

이혜원 · 명승환. (2013). "국내의 정보화 및 전자정부 연구동향 분석", 「정보화정책」 20(4): 3-22. 서울: 한국정보화진흥원.

임광현. (2002). 전자정부 서비스수준분석을 통한 전자정부 성숙도 평가. 「정책분석평가학회보」, 12(2): 179-207.

임성근 · 기정훈. (2017). 「빅데이터 기반 국가전략 수립 활성화 방안」, 한국행정연구원 연구보고서 2017-08. 2017년 12월 31일.

임정빈 · 이성춘. (2014). 전자정부 통합성과평가 모델 및 지표에 관한 시론적 연구. 「한국인사행정학회보」. 13(2): 345-375.

임종인. (2009). "녹색성장과 정보보호의 역할". 「인터넷 정보보호 세미나 논문집」, 15-25. 한국정보보호진흥원. 2009년 4월 9일

______. (2011). "포털의 주민등록번호 수집 이슈를 통해 살펴 본 정보주체 권리강화를 위한 정부의 역할". 「The e-Bridge」, 제11호. 86-145. 한국정보처리학회.

임준형. (2006). "도시전자정부가 시민참여에 미치는 영향: 환경의제를 중심으로". 「한국행정학보」 40(3). 53-76. 한국행정학회.

______. (2007). 「행정정보시스템이 공공조직 효과성에 미치는 영향」, KIPA연구보고서 2007-06. 한국행정연구원.

임준형 · 윤성채. (2010). "정부업무관리시스템의 활용실태 및 효과성에 관한 연구: 사용자인식을 중심으로." 「한국지역정보화학회지」, 제13권 제2호: 129-168. 한국지역정보화학회.

임준형 · 명성준 · 김재영. (2017). "공공부문 정보화사업평가－지식경영 측면의 접근." 「지식경영연구」, 제18권 제3호: 231-246. 한국지식경영학회.

장인봉. (2004). "행정정보공개의 운영실태와 개선방안: 서울특별시의 민원처리 온라인공개시스템(OPEN)을 중심으로." 「복지행정연구」, 20: 61-84.

장종인. (2005a). 「개인 감시의 확장: 주민등록번호의 상업적 이용」, 서울대학교 대학원 석사학위논문. 2005년 2월.

______. (2005b). "개인정보시장에서 주민등록번호의 이용", 「정보통신정책」. 제17권 18호. 26-50. 정보통신정책연구원.

______. (2006). "사이버 범죄에 대한 사회, 문화적 논의", 「정보통신정책」. 제18권 7호. 1-26.

______
정보통신정책연구원.

전대성 · 신승윤 · 정충식 · 김동욱. (2017). “공공부문의 성공적인 지능정보행정 구현을 위한 정책적 제언: 정책 델파이 조사를 중심으로”「한국지역정보화학회 하계학술대회논문집」. 한국지역정보화학회.

전자정부특별위원회. (2001).「세계 일류국가 도약을 위한 전자정부 구현 전략」. 2001년 5월.

______. (2003).「전자정부 백서」. 2003년 1월.

전황수 · 조원진, (2004). “유비쿼터스 시대의 새로운 서비스모델 창출방안 연구”.「전자통신동향분석」. 제19권 제6호. 전자통신연구원. 2004년 12월.

정명선. (2008). “주요국 정보화전략 분석 및 시사점－미국, EU, 영국, 일본, 싱가포르, IT 이슈 & 트렌드”, 한국정보화진흥원.

정명주. (2006). “우리나라 정보화 평가제도 변화과정에 대한 역사적 고찰.”「행정논총」. 제44권1호. 187-218. 서울대학교 행정대학원.

______. (2008). “정보기술아키텍처를 활용한 정보화 수준평가 모형 개발: 정책통합적 관점에서의 분석.”「한국행정학회 하계학술대회논문집」. 한국행정학회.

정보통신부. (1995).「정보화 촉진을 통한 국가경쟁력 강화: 일본의 정보화 구상과 행정 정보화 추진 방향」. 1995년 1월.

______. (1996).「정보화에 관한 연차보고서」.

______. (1996).「정보화에 관한 연차보고서」. 1999년 11월.

______. (2003). 전자정부 추진기구 운영방안 검토. 2003년 5월.

______. (2005).「한국의 정보화정책 발전사」. 2005년 6월 30일.

______. (2006a).「u-KOREA 기본계획(2006-2010)(안): 세계 최초의 유비쿼터스 사회 실현」. 2006년 3월 7일.

______. (2006b).「2005 국가정보보호백서」. 2006년.

______. (2006c). “인터넷상 주민번호 대체수단 본격 도입”. 2006년 10월 3일.

정보통신정책연구원. (2003). 전자정부사업 성과평가모델 연구. 2003년 12월. 경기도: 정보통신정책연구원.

______. (2008).「공공정보화 성과평가 방법론 연구」. 2008년 12월. 경기도: 정보통신정책연구원.

______. (2010).「IT 실용화를 통한 국가정보화 선진화 방안(II) 연구」. 2010년 12월.

______. (2011).「국가정보화 아키텍처 기반 공공-민간 협업시스템 구축 방안 연구」. 2011년 12월.

정부통합전산센터. (2011). “정부 클라우드컴퓨팅 센터 추진계획”, 2011년 3월.

______. (2012). “범정부 정보자원 통합 2단계 추진을 위한 통합센터 클라우드 컴퓨팅 구축

계획". 2012년 6월. 대전: 정부통합전산센터.

______. (2017). "G-클라우드", 2017년 5월. 대전: 정부통합전산센터.

정부혁신지방분권위원회. (2003). 참여정부 전자정부 로드맵. 2003년 8월.

______. (2005).「참여정부의 전자정부」. 2005년 12월.

정성화. (2017).「개발도상국의 전자정부 성과관리 모형에 관한 연구」, 상명대학교대학원 석사학위 논문. 2017년 2월.

정신량. (1996). 미국의 1996년 전기통신법 개정 내용과 전망.「통신정책동향」, 8(3): 1-20.

정연수 · 김희은. (2004). "주민등록번호 도용의 문제점 및 개선방안",「인터넷법연구」제3권 제2호. 195-231. 인터넷법학회.

정연정. (2009). "미국에서의 정보화 정책의 변화 추이와 추진체계 특징: 전자정부 프로그램을 중심으로",「한국지역정보화학회지」제12권 제4호, 197-216. 서울: 한국지역정보화학회.

정윤수. (2002). "미국의 전자정부 추진",「지역정보화」, 통권 제20호: 83-87. 2002년 8월.

정윤수 · 권헌영 · 고윤석. (2009)「공공 · 민간 정보공유시스템 구축방안 연구: MyGov 구축방안을 중심으로」. 경제 · 인문사회연구회 협동연구총서, 서울: 정보통신정책연구원.

정정길 . (2005). "정책과 제도의 변화과정과 인과법칙의 동태적 성격",「행정의 시차적 접근」. 서울: 박영사.

정준현. (2004). "유비쿼터스 컴퓨팅과 프라이버시 보호".「성균관법학」제16권 제1호. pp.463-480.

정준화. (2017). 규제와 혁신의 관계와 오해: 4차 산업혁명 논의를 중심으로.「한국정책학회 춘계학술발표논문집」: 45-64. 한국정책학회.

정지선. (2012). "성공적인 빅데이터 활용을 위한 3대 요소: 자원, 기술, 인력",「IT & Future Strategy」. 제3호, 2012년 4월 12일. 서울: 한국정보화진흥원.

정진우. (2002). "전자정부서비스 벤치마킹과 시사점".「디지털행정」. 정부전산정보관리소. 12-38.

______. (2012). "우리나라의 지역정보화 조직에 관한 연구".「한국지역정보화학회지」. 제15권 제4호: 71-87. 한국지역정보화학회.

______. (2013). "우리나라의 정보화 성과 고도화전략에 관한 연구: 해외 선진국사례 분석을 중심으로".「한국사회와 행정연구」. 제23권 제4호: 1-29. 서울행정학회.

정진우 · 박정은. (2002).「정보화추진체계 개편 논의와 개선방안」. 한국전산원.

정철현. (2000).「행정정보체계론」. 서울: 법문사.

______. (2003).「PKI 전자서명과 인증제도」, 서울: 다산출판사.

정충식. (1997).「전자정부론」, 서울: 녹두.

______. (1999). 「멀티미디어시대의 행정」, 서울: 나남출판.

______. (2000). "전자정부구현을위한법률(안)로 본 행정행태의 변화" 「행정과 전산」, 22(4): 43-49, 행정자치부, 2000. 12.

______. (2001a). "정보사회에서 신원확인을 위한 국가정책 방안", 「21세기 정치학회보」, 21세기 정치학회. 11(1): 93-112.

______. (2001b) "전자정부법의 제정과정 및 문제점 분석", 「21세기 정치학회보」, 21세기 정치학회. 11(2): 189-212.

______. (2001c) "인증기반을 활용한 e-행정서비스 도입을 위한 정책방안", 「Information Systems Review」. Vol.3. No.1: 47-60.

______. (2003). "한국과 미국의 전자정부법 비교 분석", 「사회과학연구」 경성대학교 사회과학연구소.

______.. (2005). "선진국의 사례를 통한 전자의정의 가능성 모색 – 미국과 영국의 최근 사례를 중심으로 – " 「의정연구」, 제20권 0호: 169-197. 발행기관: 한국의회발전연구회.

______. (2010). 정보통신산업 지원을 위한 정부조직 개편방안: 정보통신산업 지원 기능의 재설계를 위한 논의, 한국사회와 행정연구. 제21권 제3호, 서울행정학회.

______. (2012a). "전자정부의 미래와 행정", 「한국미래행정학회보」. 제1권 제1호, 27-57. 2012년 4월. 서울: 한국미래행정학회.

______. (2012b). "행정안전부의 조직 개편을 통한 국가정보화 정립방안 – 정보화전략실의 기능 재편을 중심으로-", 「한국정책학회 추계학술대회논문집」. 417-440. 2012년 9월 15일. 서울: 한국정책학회.

______. (2016a). "박근혜정부의 ICT 거버넌스 분석: ICT관련 정부위원회를 중심으로" 「한국지역정보화학회지」. 제19권 제3호: 53-90. 한국지역정보화학회.

______. (2016b). "전자정부: 잃어버린 10년의 교훈 – 정부3.0은 왜? 실패 했는가", 「2016 한국행정학회 동계학술대회논문집」. 한국행정학회.

______. (2017). "문재인정부 성공과 실패의 갈림길", 「한국정책학회 추계학술대회논문집」. 한국정책학회.

정충식 · 김동욱. (2017). 「지능정보시대의 전자감시사회론」. 서울경제경영. 2017년 5월.

정충식 · 엄석진. (2011). "개발도상국 전자정부 지원 전략." 2011년 한국행정학회 동계학술대회 발표논문.

정충식 · 진영빈. (2012). "스마트워크 추진 정책의 거버넌스 체계 분석 – 부처 간 갈등을 중심으로 – ", 「한국거버넌스학회보」. 제19권 제2호: 53-73, 한국거버넌스학회.

정태석 · 설동훈. (2004). 「사이버범죄와 보안의식」. IT의 사회, 문화적 영향연구: 21세기 한국메가트렌드 시리즈. 서울: 정보통신정책연구원.

정희정 · 김준형 · 엄석진. (2016). "스마트폰 기반 모바일 전자정부의 발전수준 측정 및 영향

요인 분석: 지방자치단체의 스마트폰 모바일 애플리케이션을 중심으로". 「한국행정학보」 50(2): 155-188. 한국행정학회.

조덕호 · 권윤희. (2002). "웹에서의 전자정부 발전단계 모형에 관한 연구". 「한국행정학회 2002년도 춘계학술대회논문집」, 713-718.

조은경. (2002). 행정절차의 투명성과 부패: 건설행정절차에서의 부패유발요인분석 및 대책. 서울시립대학교 반부패행정시스템연구소 연구보고서 2002-6.

조화순 · 송경재. (2004). "인터넷을 통한 시민 정책참여: 단일이슈 네트운동의 정책결정과정", 「한국행정학보」제38권 제5호: 197~214.

주진형. (2005). 국가 정보화평가 현황과 정책제언. 「정보통신정책」. 제17권 23호. 25-50. 정보통신정책연구원.

중앙SUNDAY. (2014). "정부 3.0 속 뜯어보니 '정부 0.3' 수준: 창조경제의 기초, 공공데이터 허와 실", 2014년 2월 9일.

진영빈. (2014). 「공공부문 스마트워크 활성화를 위한 조직문화 연구 – 경쟁가치모형을 이용한 현재문화와 적합문화의 차이분석을 중심으로 – 」. 경성대학교 대학원 행정학과 박사학위 논문. 2014년 8월.

초고속정보통신기반연구반. (1994). 「21세기의 한국과 초고속정보통신」. 서울: 한국전산원.

초고속정보통신망구축기획단. (1995). 「풍요로운 생활을 앞당기는 초고속정보통신」. 서울: 한국정보문화센터.

총무처. (1997a). 「신정부혁신론」. 서울: 동명사.

______. (1997b). 「행정정보화촉진시행계획(1996-2000)」.

______. (1997c). 「정보사회의 전자정부(Electronic Government in the Information Society)」. ICA 제30차 회의.

______. (1997d). 「미 · 캐 · 영국의 전자정부 – 전자정부 구현 정책연수 보고서」. 1997년 11월.

최성모. (1998). "정보화의 개념과 함축적 의미". 「정보사회와 정보화정책」. 서울: 나남출판. 19-54.

최순영 · 이삼열. (2017). 「미래 사회변화와 파괴적 기술발전에 대응하는 정부 운영방안」, 한국행정연구원 연구보고서 2017-10. 2017년 12월 31일.

최영훈. (2004). "전자정부의 부패 취약성 및 대응방안: 전자부패", 「지역정보화」. 제26호: 66-71. 서울: 자치정보화조합.

______. (2016). "제4차 산업혁명시대를 위한 지역정보화의 입법적 과제". 「공공정책과 국정관리」. 제10권 제4호: 35-58. 단국대학교 사회과학연구소.

______. (2017). “전자정부의 ‘맞춤화, 연결성”.「한국지역정보화학회지」. 제20권 제3호: 135-166. 한국지역정보화학회.

최영훈 외. (2006).「전자정부론」. 서울: 대영문화사.

______. (2014).「정보통신기술과 행정」. 서울: 대영문화사.

최준환. (1996).「행정정보 공동이용의 정책집행에 관한 분석」. 석사학위논문, 서울대학교 행정대학원.

최진욱. (2006). “서울특별시 OPEN 시스템이 부패에 미치는 영향”.「2006년한국행정학회 춘계학술대회논문집」. 한국행정학회.

최천근. (2012). “우리나라 방송통신 융합산업 및 정책분석”,「한국정책학회 하계학술대회발표논문집」, PP: 699-714. 서울: 한국정책학회.

최항섭. (2012). “한국사회의 미래와 미래전략처의 필요성 – 사회, 경제, 기술 메가트렌드를 중심으로 – ”,「한국정책학회 추계학술대회논문집」. 387-402. 2012년 9월 15일. 서울: 한국정책학회.

최호진 · 류현숙. (2010). “미래전자정부에 관한 탐색적 연구: I-Government모델 구축을 중심으로”,「한국지역정보화학회 춘계학술대회논문집」. 한국지역정보화학회.

최흥석 · 이정준 · 구상회. (2000). “핵심성공요인에 기초한 중앙정부 정보자원관리모델”,「한국정책분석평가학회보」제9권 제1호: 73-90. 한국정책분석평가학회.

최흥석 · 한승주. (2008). “정보기술과 조직개편의 상호작용에 관한 연구: 국세청의 국세통합전산망과 홈택스서비스 구축사례를 중심으로”,「한국행정학보」제42권 제1호: 323-344. 한국행정학회.

하미승. (1996).「행정정보체계론」. 서울: 법문사.

하원규. (2003). “u-Korea 구축전략과 행동계획”.「Telecommunications Review」. 13권 1호. 2003년 2월.

하원규 · 최문기. (2008).「슈퍼 아이티 코리아 2020, 한국형 선진국가 전략모델: 만물지능화 IT입국」, 전자신문사.

한국투명성기구. (2002).「2002년도 서울시 민원처리 온라인공개 시스템 모니터링 보고서」. 서울: 한국투명성기구.

한국산업연구원. (2011). ICT 분야 ODA 종합평가 및 개발효과성 제고방안 연구.

한국수출입은행. (2015).「전자정부분야 종합평가」. 평가보고서 2015-1. 한국수출입은행 경협평가팀. 2015년 11월.

한국인터넷진흥원. (2017).「2017 국가정보보호백서」. 2017년 4월.

한국전산원. (1993).「1993 국가정보화백서」.

______. (1994).「국가정보기반과 행정서비스: 미국의 작고 효율적인 전자정부 구축 계획, 원제: A Vision for Government Information Technology Services(GITS) and the National Information Infrastructure」.

______. (1995a).「국가정보화백서」.

______. (1995b).「정보기술을 활용한 정부서비스 혁신방안, 원제: Blueprint for Renewing Government Services Using Information Technology」

______. (1995c).「미연방정부 정보자원 관리규정, 원제: OMB Circular A-130: Federal Information Resources Management」

______. (1996a).「전자정부의 개념정립 및 구현방안에 관한 연구」.

______. (1996b).「정보화촉진 기본계획 해설서」.

______. (1996c).「정보사회의 개념정립 및 정보화 추진방안에 관한 연구」.

______. (1996d).「정보화촉진 기본계획 해설서」.

______. (1997a).「국가정보화백서」.

______. (1997b).「정보화시대의 행정서비스와 행정체제 개선방안 연구」.

______. (2004a).「유비쿼터스 시대의 공공행정 서비스 발전방안 연구」.

______. (2004b).「2004년 전자정부 평가 분석」. 2004년 10월.

. (2004c).「전자정부사업 성과관리체계에 관한 연구」. 2004년 12월.

______. (2005).「미국 전자정부의 현황」

______. (2006).「2006 국가정보화 백서」. 2006년 7월.

한국정보문화진흥원.「2005 정보격차해소 백서」. 서울: 한국정보문화진흥원.

한국정보화진흥원. (2009). "주요국의 미래전망 및 ICT 활용전략 연구: 미국, 중국, 영국, 인도".

______. (2010a). 국가정보화백서 2010.

______. (2010b). "스마트폰의 정부서비스 도입 및 확산방안", 2010년 2월 25일. IT정책연구시리즈, 제2호.

______. (2010c). "Smart IT를 통한 Smart KOREA 구현 방안", IT정책연구시리즈 제18호. 2010년 9월 8일. 서울: 한국정보화진흥원.

______. (2010d). G20 정보화 동향 선집. 2010년 10월 28일. 서울: 한국정보화진흥원.

______. (2010e). "가치중심의 지능사회 구현을 위한 8대 新기술 트랜드", IT & Future Strategy 제12호. 2010년 12월 10일. 서울: 한국정보화진흥원.

______. (2011a). "미래 정부를 위한 SNS 기반 지식경영 시스템 구축방향" IT & Future Strategy 제6호. 2011년 9월 1일. 서울: 한국정보화진흥원.

______. (2011b). "스마트사회 구현을 위한 신국가정보화전략 분석" IT & Society, Vol 6. 2011년 10월. 서울: 한국정보화진흥원.

______. (2013a)「2013년 IT ODA사업 평가 및 개선방안 연구」, 2013년 12월.

______. (2013b). "국가정보화 투자의 특성과 시사점: 지난 10년간(2003-2013)의 정보화 투자 현황을 중심으로", 2013년 5월.

______. (2014a).「2014 국가정보화백서」. 2014년 10월 15일.

______. (2014b).「국가정보화 20주년 기념 보고서」. 2014년 12월 31일.

______. (2015). 전자정부 이슈 매거진. 창간호.

______. (2016a). "지능화 시대, 새로운 대한민국으로 빅디자인하라", 2016년 3월.

______. (2016b). "지능화 시대의 새로운 생산 3요소: 데이터 · AI · 알고리즘", 2016년 7월.

______. (2016c).「지능화시대의 패러다임의 변화와 대응전략」. IT & Future Strategy 보고서, 2016년 12월 20일.

______. (2016d).「2016 UN전자정부평가 결과분석 및 시사점」. D.gov 기획보고서, 제2016-04호. 2016년 12월.

______. (2017a). "블록체인 활용 전자투표 주요사례 및 시사점", 스페셜 리포트 2017-5. 2017년 7월 24일.

______. (2017b).「2017 국가정보화 백서」. 2017년 12월.

한국정책학회. (2013).「정부3.0의 이론적 배경 및 변화관리에 관한 연구」. 서울: 한국정책학회.

한국행정연구원. (1992).「행정정보 공개제도에 관한 연구」.

______. (2010).「Web2.0과 컨버전스 환경 특성을 반영한 I-Government 구축 방안 연구」. 2010년 3월. 서울: 한국행정연구원.

______. (2011). 스마트시대에 적합한 ICT 거버넌스 연구. 2011년 12월.

______. (2012).「미래 전자정부를 위한 정부조직 재설계에 대한 연구」. 2012년 12월. 서울: 한국행정연구원.

한세억. (1999). "지식행정에 대한 탐색적 연구",「한국행정학보」33(3): 1-19.

______. (2011). "창조성기반 전자정부의 탐색과 실천." 2011년 한국행정학회 춘계학술대회 발표논문집.

______. (2012). "창의성결핍 - 전자정부의 불편한 진실." 2012년 한국행정학회 하계학술대회 발표논문집.

한승환 · 송효진. (2005). 실천적 전자정부의 사이버 위협과 대응방안. 서울시립대학교 전자정부연구소.

현대경제연구원. (2014). "인공지능(AI) 관련 유망산업 동향 및 시사점". 2014년 9월 15일.

호진원 · 김충영. (2009). 공공기관 정보기술 성과 평가모형에 관한 연구 – 타당성과 균형성의 관점 –. 정보화정책. 16(1): 3-21.

행정안전부. (2008a). "공공기관 CCTV 관리 가이드라인". 2008년 4월.

______. (2008b)「2007년도 정보공개연차보고서」, 2008년 8월.

______. (2008c)「2008 정부조직개편 백서」, 2008년 11월.

______. (2009) "녹색정보화 추진계획" 2009년 1월 15일.

______. (2010a). "모바일 확산에 따른 전자정부(M-Gov) 정책 방향". 2010년 6월 29일.

______. (2010b). "전자주민등록증 도입과 관련한 행정안전부 입장". 2010년 9 월 15일.

______. (2011a). "국민과 하나되는 세계 최고의 전자정부 구현을 위한 스마트 전자정부 (Smart Gov) 추진 계획(안)". 2011년 3월.

______. (2011b). "전자주민등록증 도입 추진 방안". 2011년 3월.

______. (2011c).「국가정보화백서」. 2011년 8월 31일.

______. (2017).「전자정부 50년사: 1967-2017」. 2017년 10월.

______. (2018a). "2018년 전자정부 10대 유망기술". 2018년 1월 24일.

______. (2018b). "2018년 전자정부 성과관리 추진계획". 2018년 2월 28일.

행정안전부 · 한국인터넷진흥원. (2018).「2018년 공공기관 개인정보보호 관리수준 진단 매뉴얼」. 2018년 3월.

행정안전부 · 한국정보사회진흥원. (2008).「2003-2007 전자정부사업 백서」, 2008년 6월.

행정안전부 · 한국정보화진흥원. (2017)「2017 전자정부서비스 이용실태조사 요약보고서」, 2017년 12월.

행정자치부. (1998a).「전자정부의 비전과 전략」.

______. (1998b). 경제회생을 위한 국가사회정보화 촉진방안. 1998년 5월 21일.

______. (1999).「전자정부 구현을 위한 장단기과제논집」.

______. (2000).「2000년도 주요업무 세부추진계획」. 행정정보화계획관실.

______. (2001).「전자정부법의 이해와 해설」.

______. (2005a).「2005 전자정부사업 연차보고서」. 2005년 8월.

______. (2005b). "전자정부 구현을 위한 ID관리 개선 방안". 2005년 9월. 행정자치부 전자정부본부 전략기획팀.

______. (2006a).「국민과 함께 한 정부혁신 3년」. 2006년 3월.

______. (2006b).「2005년도 정보공개 연차보고서」. 2006년 8월.

______. (2006c). "주민등록증 개편방안 공청회 보도자료". 2006년 4월 14일.

______. (2007).「차세대 전자정부 추진계획」. 2007년 9월.

______. (2008).「2007 전자정부사업 연차보고서」. 2008년 2월 25일.

행정자치부 · 한국인터넷진흥원. (2012).「개인정보의 암호화 조치 안내서」.

홍성걸. (2009). "이명박 정부의 IT정책 추진체계",「정보화정책」제16권 제4호. 서울: 한국정보화진흥원.

홍준형. (2005). "정보화시대의 사생활, 어떻게 보호할 것인가?", 「한국행정학회 국정토론회 발표논문집」. 2005년 9월 9일.

홍필기. (1996). "고도정보통신 사회의 보편적 서비스 개념과 정책". 「국가기간전산망저널」, 3(1): 49-62.

______. (2007). "전자정부 효율성 측정방법론에 대한 탐색적 연구", 「한국지역정보화학회지」, 10(1): 165-191. 한국지역정보화학회.

황성돈 외. (2000). 「전자정부 법제화의 기본 논리와 법안」, 행정자치부. 2000년 9월.

황성돈 · 정충식. (2002). 「전자정부의 이해」. 서울: 다산출판사.

황성돈. (2006). "전자정부 과제의 해법", 디지털타임스. 2006년 11월 16일.

황성수. (2012). "스마트 정부시대에 맞는 참여적 거버넌스 모색: Social Media를 활용한 정책홍보와 시민참여를 중심으로". "한국지역정보화학회지". 15(4): 29-46. 한국지역정보화학회.

______. (2017). "스마트시티와 지역정보화: 정보화마을에서 스마트빌리지로?", 「한국지역정보화학회 하계학술대회논문집」. 한국지역정보화학회.

황성수 · 명승환. (2011). "전자정부 환경변화에 따른 새로운 효과성 측정모델 탐색연구: 전자거버넌스(e-governance) 측정모델 개발", 「한국행정학회 춘계학술대회논문집」. 한국행정학회.

황성수 · 안재성. (2012). "지역 공공정보 이용 플랫폼 구축 방안 모색: 지리정보와 시민참여로 이루어지는 참여지도(community mapping) 구축", 「한국행정학회 동계학술대회논문집」. 한국행정학회.

황종성. (2016). "지능사회의 패러다임 변화 전망과 정책적 함의", 「정보화정책」, 제23권 제2호: 3-18. 대구: 한국정보화진흥원.

______. (2017). " 인공지능시대의 정부 – 인공지능이 어떻게 정부를 변화시킬 것인가?". IT & Future Strategy 2017-3. 대구: 한국정보화진흥원. 2017년 6월.

황주성, 최선희. (2003). 전자정부 사업과 개인정보보호 이슈 – NEIS를 중심으로 –, KISDI 이슈 리포트. 2003년 3월.

Accenture. (2001). eGovernment Leadership: Rhetoric vs Reality-Closing the Gap.

Baddeley, Simon. (1997). "Governmentality," In In Brian D. Loader. The Governance of Cyberspace. London, England: Routledge. pp. 64-96.

Bell, Daniel. (1981). The Social Framework of the Information Society. in Tom Forester (ed.), The Microelectronics Revolution, Cambridge, Massachusetts: The MIT Press. 이동만 역. (1984). 「 정보화사회의 사회적구조」. 서울: 도서출판 한울.

Bhatnagar, Subhash. (2002). "E-government and Access to Information". in Robin

Hodess (ed.). Global Corruption Report 2003: Access to Information. London: Profile Books.

Brown University. (2004). E-Government 2004. http://www.InsidePolitics.org/, 2004.9

Budge, Ian. (1996). The New Challenge of Direct Democracy. Cambridge, U.K.: Polity Press.

Cabinet Office. (2004). e-government: a strategic framework for public services in the Information Age, 2000.4

______. (2005). Transformational Government - Enabled by Technology, 2005.11

______. (2006). Transformational Government Implementation Plan, 2006. 4.

______. (2007). Transformational Government Annual Report 2006, 2007. 1.

______. (2008). Transformational Government Annual Report 2007, 2008. 7.

______. (2010). Government ICT Strategy: Smarter, cheaper, greener, 2010. 1.

______. (2011). Government ICT Strategy, 2011. 3.

Chung, Choong-Sik. (2006). "E-Government Initiatives in Korea: Government for Citizen(G4C) Case". Journal of KARIS. Vol 9. No. 2. 2006. 147-175.

______. (2014). The Introduction of e-Government in Korea: Development Journey, Outcomes and Future. COLLOQUE AIRMAP SEMAINE DU MANAGEMENT 2014. May 21. France.

CITU. (1996). Government.direct: A Prospectus for the Electronic Delivery of Government Services.

Congress of the United States of America. (2009). "American Recovery and Reinvestment Act of 2009."

Deloitte Consulting. (2000). "At the Dawn of e-Government: The Citizen as Customer",

______. (2001). "THROUGH THE PORTAL: Enterprise Transformation for e-Government".

______. (2015). Gov2020: A Journey into the Future of Government, 2015.

Deloitte University Press. (2017a). AI-augmented government: Using cognitive technologies to redesign public sector work.

______. (2017b). Rewriting the Rules for the Digital Age: 2017 Deloitte Global Human Capital Trends.

Dempsey, X. James. (1996). Electronic FOIA Act Adopted; Will Affect Paper Records Too. (http://www.seas.gwu.edu/nsarchive/nsa/efoiacom.html).

Department of Defense. (2011), "Department of Defense Strategy for Operating in Cyberspace".

Etzioni-Halevy, Eva. (1985). Bureaucracy and Democracy: A Political Dilemma. Revised edition. London, England: Routeledge & Kegan Paul.

General Accounting Office. (1999). National Archives:Preserving Electronic Records in an Era of Rapidly Changing Technology, GAO/GGD-99-94 (Washington, D.C.:- July 19,1999).

_____. (2000). Electronic Government: Federal Initiatives Are Evolving Rapidly But They Face Significant Challenges. May 22.

_____. (2001). Electronic Government: Challenges Must Be Addressed With Effective Leadership and Management, GAO-01-959T (Washington,D.C.: July 11, 2001).

_____. (2002). Information Technology: Enterprise Architecture Use across the Federal Government Can Be Improved, GAO-02-6 (Washington, D.C.: Feb.19, 2002).

Garfinkel, Simon. (2000) Database Nation: The Death of Privacy in the 21st Century, O'Reilly & Associates, Inc.

Gartner Group. (2000). Gartner's Four Phases of E-Government Model. Research Note, 12.

Gore, Al. (1993). Creating A Government that Works Better and Costs Less: From Red Tape To Results. Report of the National Performance Review. Washington, D.C.: U.S. Government Printing Office.

_____. (1997). Access America: Reengineering Through Information Technology. Report of the National Performance Review and the Government Information Technology Servieces Board. Wahington, D.C.: U.S. Government Printing Office.

Hartley, John. et al. (1985). Key Concepts in Communication. London & New York: Methuen. 박명진 편. (1994). 「비판커뮤니케이션과 문화이론: 기본 개념과 용어」. 서울: 나남출판.

Hart-Teeter. (2000). E-Government: The Next American Revolution. The Council for Excellence in Government.

Heeks, Richard and Anne Davies. (1999). "Different Approaches to Information Age Reform", In Richard Heeks. ed., Reinventing Government in the Information Age: International Practice in IT-enabled Public Sector Reform. London, England: Routledge.

Heeks, Richard (2001). Understanding e-Governance for Development. i-Government Working Paper Series No. 11. Institute for Development Policy and Management,

University of Manchester.

Hill, Kevin A. and John E. Hughes. (1998). Cyberpolitics: Citizen Activism in the Age of the Internet. Lanham, MD: Rowman & Littlefield.

HM Government. (2009). Putting the Frontline First : smarter government.

HM Government. (2010). Government ICT Strategy : Smarter, cheaper, greener.

Information Infrastructure Task Force(IITF). (1994). A Vision for Government Information Technology Services(GITS) and the National Information Infrastructure.

Kamensky, M. John. (1996). Role of the "Reinventing Government" Movement in Federal Management Reform, Public Administration Review. 56(3): 247-255.

Kevin Kelly. (2014). The Three Breakthroughs That Have Finally Unleashed AI On The World, Wired. Oct. 27, 2014.

Klitgaard, Robert. (1997). "Controlling Corruption", in Kimberly Ann Elliott(ed.), Corruption and the Global Economy, (Washington, DC: Institute for International Economics, 1997) pp.181~185.

Lenk, Klaus. (1997). "The Challenge of Cyberspatial Forms of Human Interaction to Territorial Governance and Policing", In Brian D. Loader. The Governance of Cyberspace. London, England: Routledge. pp. 126-135.

Lyon, David. (1994). The Electronic Eye-The Rise of Surveillance Society. Basil Blackwell Ltd.

Loader, Brian. (1998). "Cyberspace divided: equality, agency and policy in the information society", In Brian D. Loader. ed., Cyberspace Divide. London, England: Routledge.

Mattern, Friedemann. (2001). Ubiquitous Computing: From Smart Devices to Smart Everyday Objects. ETH Zurich.

Naisbitt, John. (1982). Megatrends. 한국경제신문 외신부 역. (1982). 「대변혁의 물결」. 서울: 한국경제신문사.

National Performance Review. (1993). Reengineering Through Information Technology.

______. (1995). Reinvention Roundtable: Helping Federal Workers Create a Government That Works Better and Costs Less.

______. (1997). Access America.

OECD. (1996). "Ethics in the public Service, Current Issues and Practice", Public Management Occasional Papers No. 14, 1996, pp. 25~28.

______. (2001). UNDERSTANDING THE DIGITAL DIVIDE.

______. (2003). The e-Government Imperative.

OECD & ITU, (2011) M-Government-Mobile Technologies for Responsive Governments and Connected Societies, OECD & ITU, 2011.11

O'Brien, Rita Cruise. (1986). The Political Economy of Information: A North-South Perspective. in George Gerbener and Marsha Siefert(ed.), World Communication, New York: Longman.

Office of e-Envoy,(2004). UK-online Annual Report 2001-2003. Cabinet Office.

Office for Public Service. (1996). Green Paper: Government Direct/A Prospectus for the Electronic Delivery of Government Services. London.

OMB. (1985). Circular No. A-130. December 24, 1985.

______. (1996). Circular No. A-130 Revised Transmittal Memorandum No. 2.

______. (2002a). INFORMATION QUALITY GUIDELINES. October 1, 2002.

______. (2002b). The E-Government Act of 2002: Guideline. December 17, 2002.

______. (2011). National Action a Plan for the United States of America, 2011.9

Rash, Jr., Wayne. (1997). Politics on the Nets: Wiring the Political Process. New York, N.Y.: W. H. Freeman.

Smart Dubai. (2016). "DUBAI BLOCKCHAIN STRATEGY".

http://www.smartdubai.ae/dubai_blockchain.php.

Sprehe, J.T. (1987). "Developing Federal Information Resources Management Policy: Issues and Impacts for Information Managers". Information Management Review, 2:3, 33-41.

Statskontoret (The Swedish Agency for Administrative Development). (1998). The Swedish Central Governemnt in Transition 1997. Solna, Sweden: Williamssons Offset.

Tapscott, Don. (2016). "How the blockchain is changing money and business".

The Royal Society. (2017). Machine Learning: the power and promise of computers that learn by example.

Tsagarousianou, Roza, Damian Tambini, and Cathy Bryan. (1998). ed., Cyberdemocracy: Technology, Cities and Civic Networks. London, England: Routledge.

Toeffler, Alvin. (1980). The Third Wave. New York: Bantam Books Inc. 유재천 역. (1981). 「제3의 물결」. 서울: 주우.

U.K Government office for Science. (2016). "Distributed Ledger Technology: beyond block chain". January, 2016.

UNDPEPA & ASPA. (2002). Benchmarking E-government.

United Nations Development Programme (2004). "E-governance. Essentials." 15:1-12.

United Nations. (2001). Benchmarking E-Government: A Global Perspective. New York: United Nations.

______. (2004). Global e-Government Readiness Report 2004-Towards Access for Opportunity.

______. (2005a) UN Global E-Government Readiness Report 2005.

______. (2005b) World Public Sector Report: E-Government at the Crossroads

______. (2008). UN E-Government Survey 2008: From E-Government to Connected Governance.

______. (2010). UN E-Government Survey 2010: Leveraging e-government at a time of financial and economic crisis.

______. (2012). UN E-Government Survey 2012: E-Government for the people.

______. (2014). UN E-Government Survey 2014: E-Government for the Future we want.

______. (2016). UN E-Government Survey 2016: E-Government in support of sustainable development.

United States Postal Service. (2016). "Blockchain Technology: Possibilities for the U.S. Postal Service", RARC Report. May, 2016.

Van Dijk, J. (2005). Deepening Divide. Sage Publications.

Weiser, Mark. (1991). "The Computer for the Twenty-First Century", Scientific American, pp. 94-10, September 1991

White House. (2011), "International Strategy For Cyberspace: Prosperity, Security, and Openness in a Networked World".

찾아보기

한글

ㄱ

ㄴ

ㄷ

ㄹ

ㅁ

ㅂ

ㅅ

ㅇ

ㅈ

영 어

A

B

C

D

E

F

G

H

I

K

M

N

O

P

R

S

T

U

V

W

기 타

저자약력

고려대학교 사회학과 졸업
고려대학교 경영학 석사(경영정보 전공)
성균관대학교 행정학 석사(정보시스템감사론 전공)
성균관대학교 행정학 박사(전자정부 전공)
컴퓨터회사, 회계법인 및 외국은행 근무
2003-2004년 미국 Syracuse대학교 Maxwell School 방문교수
2001-6년 국무총리실 정보화평가위원회 위원
2005-7년 행정자치부 정책평가위원(전자정부 분야)
2005-7년 정부혁신지방분권위원회 혁신분권평가전문위원
(전자정부 분야)
2007년 한국지역정보화학회 회장
2007-2009년 행정고시, 입법고시 및 5급공무원 승진시험 출제
2009년 한국행정연구원 객원 연구위원
2009-2012 행정안전부 정책자문위원(전자정부 분야)
2010-2012 정부통합전산센터 자문위원
현재 경성대학교 법정대학 행정학과 교수

수상

1998 우수학술도서 (문화관광부)
2007 홍조근정훈장 (대한민국정부)

주요논저

전자정부론(1997, 녹두)
멀티미디어시대의 행정(1999, 나남출판)
전자정부의 이해(2002, 다산출판사)
미래정부론(2012, 대영문화사)
이야기 행정학(2014, 조명문화사)
지능정보시대의 전자감시사회론(2017, 공저)
스마트지능정보시대 혁신을 위한 정책(2017, 공저)

2018 전자정부론 전면 개정판

정보기술을 활용한 정부혁신론

제1판 1쇄 발행 | 2007년 2월 05일
제2판 1쇄 발행 | 2009년 6월 10일
제3판 1쇄 발행 | 2012년 6월 13일
제4판 1쇄 발행 | 2015년 6월 15일
전면 개정판 1쇄 발행 | 2018년 6월 08일
전면 개정판 2쇄 발행 | 2020년 1월 30일

지은이 | 정충식
발행인 | 김은중
발행처 | 서울경제경영출판사
편집디자인 | (주)우일미디어디지텍

주소 | 03767 서울특별시 서대문구 신촌로 205, 506호
전화 | (02) 313-2682
팩스 | (02) 313-8860

등록 | 1998년 1월 22일 제5-63호

ISBN 979-11-6282-039-1 93350 정가 35,000원

※ 파본은 바꾸어 드립니다.

※ 이 책은 2017년 정부(교육부)의 재원으로 한국연구재단의 지원을 받아 수행된 연구임(NRF-2017S1A3A2066084)